# 汉代外来文明研究

A Study of Foreign Cultures in Han Dynasty

石云涛 著

中国社会科学出版社

## 图书在版编目（CIP）数据

汉代外来文明研究/石云涛著. —北京：中国社会科学出版社，2017.10（2021.11重印）

ISBN 978-7-5203-1164-9

Ⅰ.①汉… Ⅱ.①石… Ⅲ.①中外关系—文化交流—文化史—汉代 Ⅳ.①K234.03

中国版本图书馆 CIP 数据核字（2017）第 240721 号

| 出 版 人 | 赵剑英 |
|---|---|
| 责任编辑 | 宋燕鹏 |
| 责任校对 | 石春梅 |
| 责任印制 | 李寡寡 |

| 出　　版 | 中国社会科学出版社 |
|---|---|
| 社　　址 | 北京鼓楼西大街甲 158 号 |
| 邮　　编 | 100720 |
| 网　　址 | http://www.csspw.cn |
| 发 行 部 | 010-84083685 |
| 门 市 部 | 010-84029450 |
| 经　　销 | 新华书店及其他书店 |
| 印刷装订 | 北京君升印刷有限公司 |
| 版　　次 | 2017 年 10 月第 1 版 |
| 印　　次 | 2021 年 11 月第 3 次印刷 |
| 开　　本 | 710×1000　1/16 |
| 印　　张 | 44 |
| 插　　页 | 2 |
| 字　　数 | 758 千字 |
| 定　　价 | 168.00 元 |

凡购买中国社会科学出版社图书，如有质量问题请与本社营销中心联系调换
电话：010-84083683
版权所有　侵权必究

# 国家社科基金后期资助项目
# 出版说明

　　后期资助项目是国家社科基金设立的一类重要项目，旨在鼓励广大社科研究者潜心治学，支持基础研究多出优秀成果。它是经过严格评审，从接近完成的科研成果中遴选立项的。为扩大后期资助项目的影响，更好地推动学术发展，促进成果转化，全国哲学社会科学规划办公室按照"统一设计、统一标识、统一版式、形成系列"的总体要求，组织出版国家社科基金后期资助项目成果。

全国哲学社会科学规划办公室

# 目　　录

绪　论 …………………………………………………………（1）

第一章　动物篇 ………………………………………………（1）
　　一　域外良马的输入与汉代社会 …………………………（1）
　　二　狮子入贡与狮形艺术的产生 …………………………（17）
　　三　犀牛入贡与王莽宣示威德 ……………………………（25）
　　四　象、象戏的输入及白象的政治寓意 …………………（30）
　　五　符拔与天禄的关系 ……………………………………（35）
　　六　安息雀的文化寓义 ……………………………………（37）
　　七　骆驼的输入及其用途 …………………………………（40）
　　八　沐猴与"沐猴而冠" ……………………………………（54）
　　九　孔雀及其在诗赋中的意象 ……………………………（57）
　　十　越裳献白雉与王莽托古自颂 …………………………（59）
　　十一　翡翠与翠羽 …………………………………………（63）
　　十二　"九真之麟"是否长颈鹿 ……………………………（66）
　　十三　鹦鹉和文士怀才不遇的寄托 ………………………（68）
　　十四　其他禽畜野兽 ………………………………………（70）
　　小　结 ………………………………………………………（74）

第二章　植物篇 ………………………………………………（76）
　　一　葡萄、葡萄种植与葡萄酒的输入 ……………………（76）
　　二　伴随天马而来的苜蓿 …………………………………（87）
　　三　从波斯传来的安石榴 …………………………………（90）
　　四　胡麻的引种及其文化意义 ……………………………（96）
　　五　胡桃与胡桃宫 …………………………………………（118）
　　六　医食两用的胡荽 ………………………………………（120）

## 2 汉代外来文明研究

    七  西域传来的胡蒜、大葱 …………………………………… （123）
    八  豌豆、蚕豆、豇豆皆为胡豆 ………………………………… （128）
    九  可以作燕脂的红蓝花 ………………………………………… （131）
    十  好一朵外来的茉莉花 ………………………………………… （135）
    十一  与茉莉花并称的耶悉茗花 ………………………………… （138）
    十二  指甲花不是金钱花 ………………………………………… （140）
    十三  胡瓜改名为黄瓜 …………………………………………… （142）
    十四  荔枝 龙眼 橘柑 薏苡 甘蔗 …………………………… （144）
    十五  几种相传汉代传入的域外作物 …………………………… （147）

**第三章 器物篇** …………………………………………………… （150）
    一  胡床的引入与汉人坐姿、坐具的改变 …………………… （150）
    二  玻璃、琉璃、料器和玻璃器 ………………………………… （191）
    三  金、银和金银器 ……………………………………………… （201）
    四  其他金属和金属制品 ………………………………………… （208）
    五  域外影响与马具铠甲的改良 ………………………………… （216）
    六  古代东北民族与中原政权关系中的楛矢 ………………… （220）
    七  貂弓、檀弓和角端弓 ………………………………………… （237）
    八  天文知识、浑天仪、日晷与漏刻 …………………………… （238）
    九  续弦胶与切玉刀 ……………………………………………… （244）

**第四章 毛皮与纺织品** …………………………………………… （248）
    一  毛皮制品 ……………………………………………………… （248）
    二  毛制品 ………………………………………………………… （255）
    三  火浣布 ………………………………………………………… （264）
    四  棉花与棉织品 ………………………………………………… （269）

**第五章 香料、医药与医术** ……………………………………… （273）
    一  来自异域的香料 ……………………………………………… （273）
      （一）概说 ……………………………………………………… （274）
      （二）胡椒传入及其文化意义 ………………………………… （279）
      （三）乳香与"乳香之路" ……………………………………… （283）
      （四）郁金香 …………………………………………………… （288）
      （五）苏合香 …………………………………………………… （291）

（六）其他香料 …………………………………………………（293）
　二　异域医药与医术的传入 …………………………………………（302）
　　　（一）汉代医学文献所见异域药物 …………………………………（303）
　　　（二）伴随佛教传入的印度医术和药物 ……………………………（309）
　　　（三）汉代医药学中的东南亚、中亚、西亚元素 …………………（318）
　　　（四）边疆民族地区疗疾养生的医药和偏方 ………………………（324）

第六章　珠宝篇 …………………………………………………………（330）
　一　概述 ………………………………………………………………（330）
　二　贝　紫贝　文贝 …………………………………………………（334）
　三　玳瑁及其背甲的应用 ……………………………………………（341）
　四　作为宝石的翡翠 …………………………………………………（346）
　五　琥珀的迷雾 ………………………………………………………（348）
　六　聚焦取火之火齐珠 ………………………………………………（359）
　七　神秘的琅玕 ………………………………………………………（362）
　八　玛瑙不是"马脑" …………………………………………………（368）
　九　西海海底之珊瑚 …………………………………………………（373）
　十　犀角　文犀　通犀 ………………………………………………（378）
　十一　南越国的非洲象牙 ……………………………………………（382）
　十二　从"车渠"到砗磲 ………………………………………………（386）
　十三　青金石 …………………………………………………………（389）
　十四　珍珠的来源与用途 ……………………………………………（391）

第七章　人工饰珠 ………………………………………………………（405）
　一　概述 ………………………………………………………………（405）
　二　蚀花肉红石髓珠 …………………………………………………（407）
　三　蜻蜓眼式玻璃珠 …………………………………………………（417）
　四　印度—太平洋珠 …………………………………………………（427）
　五　金珠饰品 …………………………………………………………（431）
　六　装金玻璃珠 ………………………………………………………（440）
　七　象生造型珠 ………………………………………………………（443）
　　　（一）壶形珠 ………………………………………………………（444）
　　　（二）狮形珠 ………………………………………………………（446）
　　　（三）人面纹珠和人头坠子 ………………………………………（448）

八　玉珠 …………………………………………………… (449)

**第八章　佛教的初传** ………………………………………… (452)
　　一　佛教传入中国的传说 …………………………………… (452)
　　二　佛教从西北陆路传入 …………………………………… (457)
　　三　佛教传入中国的路线问题 ……………………………… (468)
　　四　孔望山摩崖造像的佛教因素 …………………………… (475)
　　五　佛典的早期汉译 ………………………………………… (481)
　　　　(一)《四十二章经》的作者、译地和翻译时代问题 ……… (483)
　　　　(二) 汉末译经之大小乘倾向 ……………………………… (486)
　　六　汉地最早的佛学著作《理惑论》 ………………………… (489)
　　七　汉代人眼中的佛道 ……………………………………… (497)

**第九章　艺术篇** ……………………………………………… (505)
　　一　乐器 乐曲 ……………………………………………… (505)
　　　　(一) 箜篌 …………………………………………………… (505)
　　　　(二) 琵琶 …………………………………………………… (510)
　　　　(三) 笙箫 …………………………………………………… (514)
　　　　(四) 羌笛 …………………………………………………… (515)
　　　　(五) 其他乐器 ……………………………………………… (517)
　　　　(六) 乐曲 乐舞 …………………………………………… (519)
　　　　(七) 佛教音乐艺术 ………………………………………… (523)
　　二　杂技 魔术 游戏 ………………………………………… (525)
　　　　(一) 杂技 …………………………………………………… (525)
　　　　(二) 魔术 …………………………………………………… (530)
　　　　(三) 樗蒲游戏 ……………………………………………… (535)
　　三　佛教建筑艺术 …………………………………………… (538)
　　　　(一) 佛塔 …………………………………………………… (538)
　　　　(二) 佛寺 …………………………………………………… (538)
　　　　(三) 石窟 …………………………………………………… (540)
　　四　各类造型艺术 …………………………………………… (541)
　　　　(一) 织物图案 ……………………………………………… (541)
　　　　(二) 雕塑 …………………………………………………… (543)
　　　　(三) 胡人俑 ………………………………………………… (550)

（四）画像石和画像砖 ································· (560)
　　（五）铜镜纹饰 ····································· (571)
　　（六）绘画 ········································· (574)

**第十章　诗赋中的外来文化因子** ························· (577)
　一　汉代诗赋中的外来文明意象 ························· (577)
　二　汉代诗赋中的胡人形象 ····························· (591)
　三　汉代诗赋中和抚四夷的天下观 ······················· (594)

**余　论** ··············································· (600)

**参考文献** ············································· (623)

**索　引** ··············································· (673)

**后　记** ··············································· (686)

# 绪　　论

西汉都城长安西郊有上林苑，置上林尉。汉文帝至上林苑，"问上林尉《禽兽簿》，十余问，尉左右视，尽不能对"。① 这位难堪的官员固然失职，但也说明苑中禽兽数量之多。汉武帝时上林苑周围扩展至200多里，苑中养着来自域外的狮子、孔雀、大象、骆驼、汗血马和成群的珍禽异兽，种植着来自域外的奇花异草瓜果树木。苑中离宫别馆数十处，其中建章宫有奇华殿，"四海夷狄器服珍宝"充塞其中。② 其他宫殿里都有来自域外的奇珍异宝，种植着异域的植物。"离宫别观旁尽种蒲萄、苜蓿极望"。③ 汉代迎来中外文化交流史上第一个高潮，然而汉代究竟传入中国的域外产品有哪些？这些域外产品又是如何传入中国的？这些域外物产跟汉代社会有什么关系？至今还没有一本专门的著作进行探讨，本书的写作就是想回答这些问题。

"汉朝"与"外来"是本书常常使用的概念，所谓"外来文明"之"外"，即所谓"域外"，本书大体上立足今日之中国版图而言，但又考虑到汉代的历史状况。中国的疆域范围在历史上是动态变化的，汉代之疆域固然不同于今日之中国，西汉和东汉统治的疆域也有所不同。因此我们在讨论汉代外来文明时，有时需要从汉代人的观念思考问题和说明问题。当时活跃在今日中国版图之内，地属汉朝边境内外的诸族群，往往被汉朝人视为异族和外族，称之为"胡"，汉朝通过贡纳、交易和俘掠所得其地其人之物，在中原地区人之观念中亦属外来物品。余英时曾对汉代周边的胡族进行"内外之分"，他们被汉人区分为"内蛮夷"和"外蛮夷"。④ 无论内外，他们的文化都被汉人视为异质文化。因此本书中论及外来文明，

---

① 《汉书》卷50《张释之传》，中华书局1962年点校本，第2307页。
② 佚名撰，何清谷校注：《三辅黄图校注》卷3《建章宫》，三秦出版社1995年版，第168页。
③ 《史记》卷123《大宛列传》，中华书局1982年第2版，第3174页。
④ 余英时：《汉代贸易与扩张》，邬文玲等译，上海古籍出版社2005年版，第60—64页。

既包括无论古代还是现代对于中国人来说皆属外国、外族的文明，也包括属于汉代边疆族群的文化成果。

回顾中外交通与文化交流的历程，可以知道汉代是丝绸之路发展的重要时期，中外交通和交流在规模和成就上是空前的。在全部中外交通和文化交流史上，这一时期特别是汉武帝时代以后的两汉时期都堪称一个高潮，而且是第一次高潮，不仅在当时成果丰硕，而且对后世影响深远。中国人对外部世界的了解和认识以及对外交往从此发生了质的飞跃。经济文化交流一经产生，就像一泻千里奔腾不息的江河，其本身潜在的动因推动这种交流必然发展下去，不以人们的意志而转移。汉武帝在中外交通和文化交流上具有独特的地位。从他开始，不仅两汉历朝统治者，而且中国历代历朝统治者都大力开展以朝贡贸易为主的交往活动。历史研究喜欢追根溯源，这被人称为历史学家的"源头崇拜"。因为只有了解源头，才对一条江河的流向、流程有更清楚的认识。因此，汉代中外文化交流研究具有重要意义。

两汉时期中外文化交流的研究是古今中外学者关注的课题，然而这项研究并不令人满意。首先，虽然出现过不少中外文化交流史著作，这些著作都不能不谈到汉代中外文化交流的开展，但至今我们没有看到一部专门研究汉代中外文化交流的专著，汉代中外文化交流有不少问题并没有认真探讨。其次，学者们更多关注张骞出使西域这一活动的意义，而实际上推动汉代中外交流的开展有很多种因素，张骞出使西域只是其中一个具有标志性的事件。例如汉武帝平南越对于海上丝路创辟的意义，征服卫氏朝鲜和汉四郡建立对中国与东北亚、东亚各国各民族的交往的影响，反击匈奴所取得的重大胜利，通西南夷等，都在中外交通与交流史上具有更加重大的意义。再次，在汉代的中外交流中，中国获得了哪些域外文明成果，学术界一直没有系统地总结和明确地认识。至今不少论著还把汉代许多外来的器物产品归于张骞名下，似乎外来的东西都是张骞两次出使带回的。把不是汉代传入的东西说成汉代传入的，把汉代传入的东西又误以为后世传入的，这样的失误不仅出现在一般性的著作中，甚至出现在专家学者的论著中；不仅外国学者存在失误，中国学者的著作中往往也模棱两可。简单地说，汉代中国获得哪些外来文明，至今没有一张清单，基本上还是一笔糊涂账。虽然在某些具体问题或某一方面有着非常精深的研究，但从全局上看是远远不够的。因此，本课题研究有助于深入认识汉代文化交流的成就。另外，汉武帝是中国历史上大力开展对外交往活动的第一位皇帝，因此历来成为议论的中心人物，对其开拓西域的动机和功过有很多不同的议论和评价。这种不同认识甚至在汉武帝在世和去世不久就已经产生，此后历代统治者在不同情况下都会有不同的评价。实际上对于历代统治阶级所开展的对外交往、经济贸易和文化交流活动，以及这种活动的价值和作用，都存在不同的认识和评价，褒贬不一。这些议论和评价集中代表和反映了历代中国人制定对外政策、处理对外关系以及开展外交活动的原则和指导思想。这也是需要认真探讨和重新评价的问题。还有，有关丝绸之路考古成果不断为两汉时期中外文化交流史研究提供新资料。这些新资料和新成果促使我们重新认识两汉时期中外文化交流的开展。近年来海外汉学研究的新成果不断得到译介，其中有关丝绸之路的研究成果十分丰富，对认识汉代中外交流具有重要意义，需要我们学习和借鉴。

在中外文化交流史研究日益深入的今天，关于两汉时期中外文化交流的研究必然是在一个新的起点上进行。本书作者希望在早期中外交通和文化交流的研究方面取得新的进展，为此做了如下努力。

首先，全面检阅两汉时期的历史文献，捕捉和搜集汉代中外交通和文化交流的信息和资料，系统地考证并探讨汉代域外文明的传入及其影响，力图提供一份完整而可靠的汉代外来文明清单。本课题研究主要立足传统史学研究方法，运用实证的方法探讨汉代外来文明的内容，揭示其来源、传播途径及其在汉代社会的影响。从传世文献看，中国历史文献是最基本的史料。中国历史文献的系统性和可靠性是公认的，世界上其他国家和地区在这方面都难以比肩。不仅中国历史，世界上许多国家的历史也要借助中国文献来研究。对于中国学者来说，研究中国史、中外交通和文化交流史，乃至世界史，在文献方面具有得天独厚的条件和优势。这对研究汉代外来文明尤其重要。研究中泰关系史的泰国华裔学者黎道纲先生说，在他的研究过程中深深体会到："中国古籍记载是经得起推敲的，不能轻易否定。"[①] 20世纪二三十年代，张星烺先生编撰的《中西交通史料汇编》问世，辑录传世的有关中西交通和文化交流的史料，包括中国的和域外的内容，可谓皇皇巨著，成为迄今为止这一领域最好的史料合集，沾溉学林，厥功甚伟。周一良先生说："我国学者中，筚路蓝缕开创中西关系史（不包括近代外交史）研究者当推张星烺先生。张先生创始于20年代的《中西交通史料汇编》煌煌六卷巨著，参考西贤成果，辅以新知，举凡交通路线、人物往来、物产传播等等，无不囊括。虽名为交通，实即文化交流之内

---

① ［泰］黎道纲：《泰国古代史地丛考》弁言，中华书局2000年版，第6页。

容。"① 但张先生大作之外，有关中西交通史料仍有遗珍；限于张先生的那个时代，张先生不少论断还值得再推敲。事过这么多年，新的资料发现和研究成果问世，不断地纠正和补充了张先生的研究。

其次，尽可能地利用新发现的史料补正过去研究的不足，并开拓新的研究领域。从张星烺先生《中西交通史料汇编》出版以来，新的史料不断被发掘和被发现。自20世纪30年代以来，考古发现了大批新的文献材料，有关汉代文化交流的如简帛文书、石刻类史料、画像石、画像砖、胡人俑、玻璃器、汉墓壁画等，皆可与汉代文献记载相印证，大大丰富和扩展了我们对汉代中外文化交流史的认识。国内外丝绸之路考古活动的丰硕成果应接不暇，不断改写、充实和刷新中外文化交流的篇章和内容，也令许多先前的学术成果相形见绌而日渐落伍和过时。王国维先生提出的历史研究的"二重证据法"特别适用于中外文化交流史这一领域。古代历史文献记载偏重政治史、军事史和经济史，对于域外历史的记载并不完整。古代中外交流活动的遗存大量见于考古材料，自从中国考古学兴起，中国境内的大量考古材料极大地丰富了有关中外文化交流史研究的素材，许多不见于记载的外来物品公之于世，昭示着汉代中外文化交流的丰硕成果。当一件件域外珍品从一处文化遗址或古代墓葬中露面时，它们令多少考古学家和历史学家欣喜若狂啊，因为即便一块小小的石头、一枚小小的钱币便让学者们透过历史风烟，窥探到丰富的历史信息，似乎回归千百年、上万年甚至几万年前，仿佛看到古时候不同地区的人们风尘仆仆进行交往的身姿和从事交换交流的面影。本课题研究充分利用了考古发现的新资料，笔者多年来一直关注和追踪考古学界的活动和成果，细心搜集了与汉代外来文明相关的考古资料，并努力与文献资料相互印证，互相发明，揭示其在中外文化交流史上的意义。

再次，运用跨学科视野和全球史观，深入探讨汉代外来文明的文化意义。本书的内容涉及汉代外来文明的方方面面，既有物质文明，也有精神成果，举凡外来的动物、植物、器物、医药、香料、珠宝、毛皮、纺织品、佛教以及艺术、文学中的外来因子等，皆在论列范围。研究这些问题，涉及动物学、植物学、矿物学、地理学、传播学、医药学、宗教学、民族学、民俗学、语言学、图像学、文学、艺术等多领域的知识。笔者为了完成这项研究，广泛涉猎多学科知识，力求对其产地、属性、传播、影响、作用、价值进行多角度的阐释和说明。力求超越单纯的考据，通过汉

---

① 黄时鉴主编：《插图解说中西关系史年表》序，浙江人民出版社1994年版，第1页。

代外来文明的探讨透视汉代社会,从而说明外来文明在汉代社会中化合生新的作用,说明外来文明怎样改变了汉代社会生活面貌,推动了汉代文明的跃升。全球史观是将人类社会的历史作为一个整体来看待的一种历史观,又称为整体史观,它从世界历史的整体发展和统一性方面考查历史,认为人类历史的发展过程是从分散向整体发展转变的过程。世界各个地区、各种文明在各自和交互的发展中,逐步打破了孤立、分散状态,逐渐融合成密切联系的全球统一体,这种全球一体化进程是历史发展的客观主导趋势。全球史观要求历史工作者从全球整体的大视角去研究世界历史,从世界历史的整体发展和统一性考察历史,全面探讨世界历史各个时期的时代特征、发展主流和总体趋势,不同文明之间的相互关联和渗透。在人类社会的发展中,世界上各地区各民族各国家曾长期处于封闭发展状态。随着交通发展和人类交往的迈进,进而产生亚非欧三大洲地区性局部交流。中国的汉代是这种地区性局部交流的突飞猛进时期,丝绸之路的开拓为这一地区性局部交流创造了有利条件。由于这种突飞猛进,亚非欧三大洲之间的文明得以互相传播、渗透和互动。全球史观把对象置于建立了普遍联系的"世界"之中。汉代中国文明的输出和外来文明的输入是这种渗透的结果,它给旧大陆人民带来的巨大利益又进一步刺激人们交流的欲望和热情,从而形成一种内驱力,推动这种交流、互渗和互动向更深更广的领域推进,把世界上不同地区置于"普遍联系"之中。文化交流一旦产生,便形成一股不可阻遏的力量奔腾澎湃,任何力量也无法阻挡其前进。从全球史视野来看,汉代确是亚非欧三大洲地区性局部交流的关键时期,这种交流为全球一体化开辟了道路。张骞出使西域被全球史观学者视为"开启了中国与外部世界互动认知的新时代"。[①] 从那时起中国的丝绸不断输出,换来了域外各种器物产品的源源不断地输入。不要小看那些小小的不起眼的东西,它是世界普遍联系的媒介,作为异质文明的传入,给输入地区人们带来了生活的便利,同时异域民族富有创造性的智慧和思想也随之而来,给他们以刺激、启发和借鉴,让他们在外来文明的基础上进行改造和创新,推动自身文明的进步。这就是文明的互动,文明的互动是推动社会进步和历史前进的巨大动力。因此,我们在探讨汉代外来文明中每一事物的起源、传播和输入时,都努力探讨其在汉代社会土壤上产生的影响和化合作用,观察其推动汉代社会进步中的效能。

---

[①] 王永平:《从"天下"到"世界":汉唐时期的中国与世界》,中国社会科学出版社2015年版,第33页。

最后，充分吸收前人的研究成果。中外交通和文化交流史，国内外都有人进行过深入研究，前人已经积累了大量成果。我们在整个研究过程中始终注意了解、吸纳前人过去的和新的成果，以充实自己的论述。在这个领域里中国曾有过非常优秀的学者，其中不乏大师级的学者，在目前的学术界也有不少硕果累累的学者，他们的成果沾溉学林，阅读他们的著作，就是在与最优秀的学者对话，在学术态度和理论方法上都令我受益匪浅。海外汉学成果也非常值得我们关注和借鉴。在这里我们不能不汗颜地想到两位美国东方学家，一是劳费尔（Berthold Laufer 1874—1934），他的《中国伊朗编》(Sino-Iranica) 享誉学界；二是薛爱华（Edward H. Schafe, 1913—1911），其《撒马尔罕的金桃——唐代舶来品研究》（The Golden Peaches of Samarkand: A Study of T'ang Exotics）举世瞩目。中国古代外来文明本应由中国学者首先耕耘，而且实际上中国人应该更有优势，却让这两位美国人捷足先登。西方学者自明代中叶传教士入华便开始了对中国历史文化的研究和介绍，19世纪后半期及其以后西方考古学家、探险家、传教士、外交官、商人大量涌入中国，他们中很早就有人关注古代中国与域外的关系和中外文化交流史，他们的学术成果值得重视。西方学者观察和分析问题的理论、理念、方法和眼光往往有其独到之处，他们深厚的学术素养为他们的研究提供了创新的条件，这些往往令中国学者钦佩不已，有时又望尘莫及。即如劳费尔和薛爱华，他们都精通多种语言，比较语言学的优势令他们在学术研究中如虎添翼，解决了中外关系史和文化交流史研究中许多困难的问题，为后来者提供了继续迈进的阶梯。近邻日本学界在中外交通史和文化交流史的研究中出现过许多著名的学者，也有不少精通各种语言的大学者，成果丰硕。中国学者极少有这样精通多种语言的大家和学者，这极大地限制了中国学者走向学术前沿的步伐。现当代国内外丝绸之路研究方面涌现出不少著名的考古学家和学者，他们的成果有的被翻译介绍过来，大量地则存在于各种外文资料中，这是我们需要了解和译介的。本课题研究中尽最大可能地搜集国外学者的相关成果，但由于笔者见闻有限，这方面可能存在很大的不足，需要今后继续努力。当然，我们也看到海外学者的局限与不足，中国史书无与伦比的系统性，令那些汉学家钦佩浩如烟海的中国典籍，也令他们中的不少人望洋兴叹。我们常常发现他们由于史料掌握不足而造成的某些失误，时时有心生遗憾之感。

中外交通和文化交流是世界性课题，各国都有自己的优秀学者。在这个领域里，没有人能"包打天下"或"独占鳌头"，它需要的是协助攻关，共同进步。好像攻占一个山头，每一支军队可以有自己的路线和方式，在研究中外交通和文化交流中，每个学者都可以发挥自己的优势，有自己的切入点和研究方向。我们不能忽略西方学者的成果，随着近代西学东渐，文化交流还产生了汉学西传的另一方向，西方各国涌现出一大批卓有成就的汉学家，我们可以列入长长的名单，其中便有以研究中外交通和文化交流见长的专家学者。美籍华裔学者朱学渊先生说："外人治中国史有条件的限制，中国人治自家史又有传统的束缚"；"中国传统学术和西方学术间的区别，首先在于目标的差异。几千年来，中国的读书人都是以训练背诵和注释经典的能力，来达到做官行政的终极目标；结果往往是学贯满盈，而见地不足。然则，西方学者却能大胆假设，虽时有疏于求证的结论，而探新的优势反倒在他们手中"。朱先生认识到中国文献的重要价值，同时看到中国学者的不足。他说，在北方诸族的研究领域里，"中国史料有必须被征引的机会，而中国学者之说却难有登堂的荣誉。面对西人的大胆宏论，国人往往只有小心求证的本分。如果说西方学术有海洋民族勇敢的精神，中国传统学术则表现为农业民族的勤奋和执着"。[①] 应该说西方学术和中国学术各有自己的长处和局限，我们不应该厚此薄彼，故步自封；也不应该妄自菲薄，盲目崇拜。朱先生曾经身历两种学术文化环境，是通过切身体验和认真比较后作出的判断，极有见地。我们不必去追求一定要超越西方学者，而应该思考如何发挥中国学术之长，在应该由中国学者作出判断的课题中发出自己应有的声音，以达到短长互补，这就是中外学者对话的必要。

---

① ［美］朱学渊：《中国北方诸族的源流》序言，中华书局2002年版，第1页。

# 第一章 动物篇

汉代从域外引进动物，包括牲畜、野兽、禽鸟等。从用途上分有两类，一类为实用，一类为观赏。有供实用的，如马、骆驼等；有供观赏的，如一些域外的奇禽异兽。西汉上林苑中放养着来自异域远方的珍禽奇兽。东汉班固《西都赋》写西汉长安："西郊则有上囿禁苑，林麓数泽，陂池连乎蜀汉，缭以周墙，四百余里。离宫别馆，三十六所。神池灵沼，往往而在。其中乃有九真之麟，大宛之马，黄支之犀，条枝之鸟，逾昆仑，越巨海，殊方异类，至三万里。"[①] 远方国家入贡奇禽异兽为汉人津津乐道，被视为政治清明皇威远被的表征。那么，汉代从域外输入了哪些动物呢？

## 一　域外良马的输入与汉代社会

> 天马来兮从西极，经万里兮归有德。
> 承威灵兮降外国，涉流沙兮四夷服。
>
> ——（西汉）武帝刘彻：《天马歌》

古代我国周边游牧民族地区都出良马，因此中原地区很早就从西北游牧族输入包括马在内的牲畜。更远的域外国家出好马的地方也很多，世界各地皆有本土的良马和名马，古代通过各种途径传入中国。《逸周书·王会解》记载，商时伊尹奉汤之命为《四方献令》："正北崆峒、大夏、莎车、姑他、旦略、貊胡、戎狄、匈奴、楼烦、月氏、截犁、其龙、东胡，

---

[①] （南朝·梁）萧统编：《文选》卷1，上海书店1988年影印本，上册，第4页。

诸令以橐驼、白玉、野马、騊駼、駃騠、良弓为献。"① 騊駼、駃騠皆良马名。河南洛阳金村出土战国时代的铜马，躯体雄伟壮大，应当有极强的纵跳力，可能是北狄良马的形象。秦汉时中原马体型较小，在汉对匈奴和西域用兵的过程中发展骑兵，需要大量战马和驮马，因此对养马和马种改良十分重视。② 汉朝通过各种途径从周边民族和域外国家获得良马。

汉朝首先从匈奴得到北方的良马，主要有互市、礼赠和战争俘掠等途径。

一是通过互市获得。汉与匈奴无论战和，一直保持着边境贸易，称为关市、合市。在汉初和亲政策之下，汉匈之间虽然时战时和，彼此之间的贸易交流一直存在着。汉高祖刘邦始与匈奴和亲，"使刘敬结和亲之约"。③ 在这种和亲之约中包括互市贸易，《史记·匈奴列传》记载，汉景帝时，"复与匈奴和亲，通关市，给遗匈奴"。武帝即位之初，仍然保持边境互市贸易，"明和亲约束，厚遇，通关市，饶给之。匈奴自单于以下皆通汉，往来长城下"。这种互市贸易，在武帝时汉与匈奴和亲关系破裂，双方进行军事对抗时仍然存在。"然匈奴贪，尚乐关市，嗜汉财物，汉亦尚关市，不绝以中之"。④ 原因是这种边境互市对双方都是有利的。东汉时匈奴仍然希望与汉朝互市，在这种互市中匈奴的主要商品是牛、马、驴、骡、骆驼。汉朝也乐于这种互市，既可以获得匈奴的牲畜，又加强双方的友好互信。桓宽的《盐铁论·力耕》记载，桑弘羊论与匈奴贸易之利："夫中国一端之缦，得匈奴累金之物，而损敌国之用。是以骡驴馲驼，衔尾入塞；䭹騠騵马，尽为我畜。"⑤《资治通鉴·汉纪》记载，东汉时匈奴分裂，南匈奴和北匈奴都极力与汉朝加强互市贸易。东汉建武二十八年（52年），北匈奴复遣使诣阙，贡马及裘，更乞和亲，并请音乐。光武帝刘秀命三府议酬答之宜。司徒掾班彪上奏，并替朝廷草拟报答之词，其中

---

① 《逸周书》卷7《王会解》，《汉魏丛书》，吉林大学出版社1992年影印本，第286页。按：这里记载的地名，其方位并不确切，例如崆峒、大夏、莎车皆不在北方。这与古时人们对域外认识上的局限有关。《逸周书》，原名《周书》，古代历史文献汇编。旧说乃孔子删定《尚书》后所剩，是为"周书"的逸篇，故得名。今人多以为此书主要篇章出自战国人之手。
② 汉景帝时开始在西北地区置苑养马。汉敦煌马圈湾木简有云："张兵以马为本，马以食为命。"胡之主编：《甘肃敦煌汉简》（四），重庆出版社2008年版，第15页。
③ 《史记》卷110《匈奴列传》，第2894页。
④ 同上书，第2904—2905页。
⑤ （汉）桓宽撰，王利器校注：《盐铁论校注》卷1《力耕》，中华书局1992年版，第28页。

有云:"今北单于见南单于来附,惧谋其国,故数乞和亲,又远驱牛马与汉合市,重遣名王,多所贡献。"胡注云:"合市,与汉和合为市也。"①《后汉书·南匈奴列传》记载:"元和元年,武威太守孟云上言北单于复愿与吏人合市,诏书听云遣驿吏迎呼慰纳之。北单于乃遣大且渠伊莫訾王等,驱牛马万余头来与汉贾客交易。诸王大人或前至,所在郡县为设官邸,赏赐待遇之。"②汉与匈奴的关市、合市必然大大促进汉朝良马的输入。

二是通过礼赠而得。汉与匈奴和亲后,虽然仍有战争,但和平交往的情况更多。双方聘使不断,互有书信来往。汉统治者赠给匈奴贵族的礼物主要是金帛丝絮,匈奴单于赠送汉统治者主要是马和骆驼。除了有时作为礼品赠送匈奴贵族之外,汉朝的丝绸、衣物、酒米、粮食每年大批定量供应匈奴。匈奴之骆驼、乘马和车驾也作为礼物进献汉朝统治者。文帝时,冒顿单于遗汉文帝书云:"使郎中係雩浅奉书请,献橐他一匹,骑马二匹,驾二驷。"③汉文帝《遗匈奴和亲书》回复:"皇帝敬问匈奴大单于无恙,使当户且渠雕、渠难、郎中韩辽遗朕马二匹,已至,敬受。"汉赠遗匈奴单于的礼物则是:"服绣袷绮衣、绣袷长襦、锦袷袍各一,比余一,黄金饰具带一,黄金胥纰一,绣十匹,锦三十匹,赤绨、绿缯各四十匹,使中大夫意、谒者令肩遗单于。"④东汉时匈奴南单于降汉,向光武帝进献文马。《东观汉记·匈奴南单于传》记载:"建武二十六年,南单于遣使献骆驼二头,文马十匹。"⑤文马,毛色有文彩的骏马。

三是通过战争获取。汉朝在与匈奴之间的战争中常常夺取良马为战利品。匈奴寇边,常抄掠汉之"人民畜产"。而汉朝对匈奴的进攻,往往获得许多战利品,马是重要内容。匈奴以骑兵为主,汉军对于匈奴的每一次胜利,都会获得大批战马。桓宽《盐铁论·未通》记载桑弘羊论汉武帝战争所得:"孝武皇帝平南越以为园囿,却羌、胡以为苑囵。是以珍怪异物充于后宫,騊駼駃騠实于外厩。匹夫莫不乘坚良,而民间厌橘柚。由此观之,边郡之利亦饶矣。"⑥武帝元朔二年(前127年)《益封卫青》诏

---

① 《资治通鉴》卷44,《汉纪》三十六,中华书局1956年版,第1420页。
② 《后汉书》卷89《南匈奴列传》,中华书局1965年标点本,第2950页。
③ 《史记》卷106《匈奴列传》,第2896页。
④ 同上书,第2897页。
⑤ (唐)徐坚等:《初学记》卷20《贡献》,中华书局1962年版,第474页。
⑥ (汉)桓宽撰,王利器校注:《盐铁论校注》卷3《未通》,第190页。

书中表彰卫青进击匈奴的战功:"执讯获丑,驱马牛羊百有余万。"①《汉书·匈奴传》记载,常惠与乌孙兵进击匈奴,"虏马牛羊驴赢橐驼七十余万"。②《后汉书·耿夔传》记载,耿夔随大将军窦宪北击匈奴,金微山之战,"尽获其匈奴珍宝财畜"。永初三年(109年),南单于檀反叛,耿夔率军进击,"获穹庐车重千余辆,马畜生口甚众"。③ 同书《窦宪传》记载,窦宪率军出塞击北匈奴,与北单于战于稽落山,大破之,虏众崩溃,"获生口马牛羊橐驼百余万头"。④

汉朝还从西域得到良马。余太山先生对汉代盛产良马的西域国家进行了梳理,首先是大宛国"多善马,马汗血,其先天子马也"。其他塔里木盆地周围诸国鄯善国、蒲类国、龟兹国、焉耆国、高昌国、渴盘陀国、于阗国,天山以北之乌孙国,葱岭以西之粟弋国、康居国、吐火罗国、嚈哒国、副货国、波斯国、乌秅国、大秦国等,皆出良马或名马。⑤ 敦煌悬泉置汉简中有西域国家向汉朝贡献马与骆驼的记录:

  □守府卒人,安远侯遣比胥健……者六十四人,献马二匹、橐他十匹、私马。□名藉(籍)畜财财物。(A)
  ……□□辛酉日出时受遮要御。……□行。(B) (Ⅱ0214③:83)⑥

比胥健贡使在途中遇"受遮要御",他们的情况被记录下来。据刘国防先生研究,比胥健乃地名,当在西域鄯善国。⑦ 汉朝获得西域良马,首先是

---

① 《汉书》卷55《卫青传》,第2473页。
② 《汉书》卷94上《匈奴传》上,第3786页。
③ 《后汉书》卷19《耿夔传》,第718页。
④ 《后汉书》卷23《窦宪传》,第814页。
⑤ 余太山:《两汉魏晋南北朝正史西域传研究》,中华书局2003年版,第288—289页。
⑥ 胡平生、张德芳:《敦煌悬泉汉简释粹》,上海古籍出版社2001年版,第123页。
⑦ 刘国防指出:"比胥鞬屯田,始见于《汉书》卷九十六《西域传》,其文曰:'乃因使吉并护北道,故号曰都护。都护之起,自吉置矣。僮仆都尉由此罢,匈奴益弱,不得近西域。于是徙屯田,田于北胥鞬,披莎车之地,屯田校尉始属都护。'其中北胥鞬,《通典》卷一百九十一作比胥鞬,汉简中又作比胥健、比胥鞬。因文献记载过于简略,后世研究者对比胥鞬屯田的具体情况难知其详,以至于连比胥鞬屯田究在何处也是见仁见智,各执一词。近年来,随着简牍资料的披露,一些新的信息使我们对比胥鞬屯田有进一步探讨的可能。""比胥鞬当在今鄯善,初屯时约有数百人。随着西汉屯田重心的北移,车师前部屯田人数逐渐增多。至元帝初元元年,汉置戊己校尉对车师前部屯田力量进行了整合,以戊己二校尉领护车师屯田。"见氏著《西汉比胥鞬屯田与戊己校尉的设置》,载《西域研究》2006年第4期。

乌孙马和大宛汗血马。

乌孙国"多马，富人至四五千匹。"① 汉朝从乌孙获得良马主要有两个途径，一是乌孙国的礼赠和贡献，二是和亲的聘礼。张骞第二次出使西域，到了乌孙。归国时随行而来的乌孙使者以马数十匹献汉报谢。汉武帝非常喜欢乌孙马，"天子发书《易》，曰：'神马当从西北来'。得乌孙马好，名曰'天马'。"② 后来匈奴欲击乌孙，乌孙为了与汉结盟，"使使献马，愿得尚当女翁主，为昆弟"。汉朝提出"必先纳聘，然后遣女"为条件，乌孙又以马千匹为聘礼献汉。③ 元封三年（前108年），汉朝以江都王刘建的女儿细君为公主，妻乌孙王。此后乌孙马仍以各种方式源源不断地输送汉地。《后汉书·耿恭传》记载，耿恭任戊己校尉，屯车师后王部金蒲城，"移檄乌孙，示汉威德，大昆弥已下皆欢喜，遣使献名马"。④

西域有名的大宛马从汉武帝时开始传入中原地区。⑤ 大宛马又称蒲梢马。⑥《汉书·西域传》记载，大宛国"多善马，马汗血，言其先天马子也"。颜师古注引孟康曰："言大宛国有高山，其上有马不可得，因取五色母马置其下与集，生驹，皆汗血，因号曰天马子云。"⑦ 据说所谓"汗血"，跟马身上的一种寄生虫有关，有一种寄生虫寄生于马的前肩与项背皮下组织里，寄生处皮肤隆起，马奔跑时血管扩张，寄生处创口张开，血就流出来。古代的大宛汗血马可能就是因此而得名。⑧ 这种马是今中亚吐库曼马的祖先。大宛汗血马通过战争的手段和贡献、贸易等途径获得。张骞第一次出使西域归来，曾向武帝介绍了这种汗血马。武帝听说大宛有好马藏在贰师城，不肯给汉使，便派专使以金换马，结果遭到大宛的拒绝，连使者也遭杀害。于是武帝命李广利率军远征大宛，李广利远征胜利，获得"善马数十匹，中马以下牝牡三千余匹"。⑨ 得到大宛汗血马，武帝认为比乌孙马好，改称大宛汗血马为"天马"，把乌孙马改名"西极马"。⑩

---

① 《汉书》卷96下《西域传》下，第3901页。
② 《汉书》卷61《张骞传》，第2693页。
③ 《汉书》卷96下《西域传》下，第3903页。
④ 《后汉书》卷19《耿恭传》，第720页。
⑤ 《汉书》卷96上《西域传》上，第3894页。
⑥ 《史记》卷24《乐书》，第1178页。
⑦ 《汉书》卷96上《西域传》上，第3895页。
⑧ ［日］白鸟库吉：《大宛國の汗血馬》，《西域史研究》上，東京：岩波書店1981年版，第485页。
⑨ 《汉书》卷61《李广利传》，第2702页。
⑩ 《汉书》卷61《李广利传》，第2693—2694页。

武帝作《西极天马之歌》①，表达欣喜之情："太一贡兮天马下，沾赤汗兮沫流赭。骋容与兮跇万里，今安匹兮龙为友。"②

从汉武帝时代开始，大宛汗血马成为西域国家向汉朝经常入贡的特产。大宛良马终两汉之世，一直源源不断地输入。汉武帝为了得到宛马，频频遣使往西域。"天子好宛马，使者相望于道"。③ 李广利伐大宛获胜，"西域震惧"，大宛国王蝉封"遣其子入质于汉，汉因使使赂赐以镇抚之"。"宛王蝉封与汉约，岁献天马二匹"。④ 敦煌悬泉置出土汉代简牍中有大宛向汉朝进贡大宛马的记录：

> 元平元年十一月己酉，□□诏使甘□□迎天马敦煌郡。为驾一乘传，载舆一人。御使大夫广明下右扶风，以次为驾，当舍传舍，如律令。（Ⅱ0115④：37）⑤

这是一枚命甘某迎接西域国家贡献的天马的诏书，天马即大宛汗血马。元平，汉昭帝年号。甘某，胡平生等先生推测可能是甘延寿。⑥ 此简记载奉献天马的应该是大宛国使节。另一简云：

---

① 《汉书》卷6《武帝纪》，第202页。
② 此诗《史记·乐书》作《太一之歌》，司马迁《史记》、班固《汉书》皆误将咏大宛马当作咏渥洼水马，而把咏乌孙马误作咏大宛马。《史记》卷24《乐书二》，第1178页；《汉书》卷6《武帝纪》，第184页。《后汉书》第42卷《东平王苍传》记载，汉章帝曾赐大宛汗血马一匹给东平王刘苍，云："致宛马一匹。闻武帝歌天马：'霑赤汗。'今亲见其然，血从前髆上小孔中出。"李贤注云："《前书》'天马歌'曰：'太一况（一作贶），天马下，霑赤汗，沫流赭'也。"章帝给东平王苍的信和李贤的注是对的，此诗云"霑赤汗，沫流赭"符合大宛汗血马的形象。武帝诗后经改编入乐府《郊祀乐》，歌词有变化，云："太一况，天马下，霑赤汗，沫流赭。志俶傥，精权奇，尔浮云，晻上驰。体容与，泄万里，今安匹，龙为友。"见《汉书》第22卷《礼乐志》第二，中华书局1962年版，第1060页。但《汉书》亦沿袭《史记》之误，把这首诗当作咏渥洼水马。颜师古显然认识到《汉书》记载之误，故注"霑赤汗，沫流赭"两句，引应劭曰："大宛马汗血霑濡也，流沫如赭也。"至于《史记》《汉书》记载渥洼水出天马云云，乃汉武帝亲自制造的神话。《汉书》第6卷《武帝纪》记载，天汉二年三月诏："有司议曰，往者朕郊见上帝，西登陇首，获白麟以馈宗庙，渥洼水出天马，泰山见黄金，宜改故名。今更黄金为麟趾褭蹄以协瑞焉。"可见这些事都是朝廷杜撰的子虚乌有的所谓祥瑞，后人煞费苦心地探讨渥洼水在何处，马为何马，徒费心力和笔墨。
③ 《汉书》卷61《张骞传》，第2694页。
④ 《汉书》卷96上《西域传》上，第3895页。
⑤ 胡平生、张德芳：《敦煌悬泉汉简释粹》，上海古籍出版社2001年版，第104页。
⑥ 同上书，第104页。

建平五年十一月庚申，遣卒史赵平，送自来大宛使者侯凌奉献，诣□□以……（A）

乐哉县（悬）泉治。（B）（Ⅱ0D114④：57）①

"建平"是西汉哀帝年号，建平元年即公元前46年。这是大宛国使者经过悬泉置，当地有关部门派人送大宛使者入朝贡献的记载。其贡物未见记载，但通常情况下大宛国入贡的少不了汗血马。《汉书·冯奉世传》记载，昭帝时，冯奉世出使大宛国，"大宛闻其斩莎车王，敬之异于它使。得其名马象龙而还"。颜师古注云："言马形似龙者。"② 西汉长安城外养马所有八厩，其中有"大宛厩"③，显然是饲养大宛马的马房。东汉班固的《西都赋》写上林苑集中了四方奇物："西郊则有上囿禁苑，林麓薮泽，陂池连乎蜀汉，缭以周墙四百余里，离宫别馆三十六所，神池灵沼往往而在。其中乃有九真之麟，大宛之马，黄支之犀，条支之鸟。逾昆仑，越巨海，殊方异类至三万里。"④ 颜师古注曰："上囿谓上林苑也。"⑤ 大宛马被养在建章宫奇华殿。《三辅黄图·建章宫》记载，上林苑中有建章宫，"奇华殿在建章宫旁，四海夷狄器服珍宝，火浣布、切玉刀、巨象、大雀、师子、宫马，充塞其中"。⑥ "宫"当为"宛"字之误。西汉时宛马、天马成为快捷的象征，当时的卜筮书用以形容面临险境云："宛马疾步，盲人坐御。目不见路，中止不到"⑦；"天马五道，炎火之处，往来上下，作文约己。衣衰丝麻，相随笑歌，凶恶如何！"⑧

东汉时大宛马继续大量输入中国中原地区。卫宏《汉官旧仪》记载："中黄门驸马、大宛马、汗血马、乾河马、天马、果下马。"清孙星衍注

---

① 胡平生、张德芳：《敦煌悬泉汉简释粹》，第113页。
② 《汉书》卷79《冯奉世传》，第3295页。
③ 佚名撰，何清谷校注：《三辅黄图校注》卷6《厩》，三秦出版社1995年版，第335页。
④ 《汉书》卷40上《班固传》，第1338页。
⑤ 《汉书》卷40上《班固传》，第1340页，注［九］。
⑥ 佚名撰，何清谷校注：《三辅黄图校注》卷3《建章宫》，三秦出版社1995年版，第168页。
⑦ （汉）焦延寿：《易林》卷2《蹇》"师"，中国国家图书馆编：《国立原北平图书馆甲库善本丛书》，国家图书馆出版社2013年影印本，第512册，第1003页。
⑧ （汉）焦延寿：《易林》卷4《革》"渐"，中国国家图书馆编：《国立原北平图书馆甲库善本丛书》，国家图书馆出版社2013年影印本，第512册，第1062页。

云:"大宛、汗血马皆高七尺。"① 《后汉书·段颎传》记载,段颎在边十余年,建宁三年(170年)"征还京师,将秦胡步骑五万余人,及汗血千里马,生口万余人"。② 东汉时的西域官员甚至还通过贿赂获得大宛马。《东观汉记·李恂传》记载:"为西域副校尉,西域殷富,多珍宝,诸国侍子及督使贾胡数遗恂奴婢、宛马、金银、香罽之属,一无所受。"③ 《后汉书·李恂传》李贤注云:"督使,主蕃国之使也。贾胡,胡之商贾也。"④ 这种贿赂行为在当时可能是常例,只是因为李恂清廉,才"一无所受",其他官员通常是接受的。《后汉书·梁冀传》记载,梁冀与其妻孙寿大起第舍,对街为宅,其中"远致汗血名马"。⑤ 梁冀的汗血马有的来自贿赂,有的来自远购,因为当时既"四方调发,岁时贡献,皆先输上第于冀";梁冀又"遣客出塞,交通外国,广求异物"。⑥ 大宛马成为君臣父子间赐赠的贵重礼物。汉章帝曾赐大宛汗血马一匹给东平王刘苍。⑦ 东汉末年曹操把大宛马赐赠诸子,曹植从父亲那里获得此种好马,其《献文帝马表》云:"臣于先武皇帝世,得大宛紫骍马一匹,形法应图,善持头尾,教令习拜,今辄已能;又能行与鼓节相应。"⑧ 《三国志·任城王彰传》记载:"太祖尝抑之曰:'汝不念读书慕圣道,而好乘汗马击剑,此一夫之用,何足贵也!'"⑨ 曹彰的"汗马"应当也来自父亲的赐赠。

除了乌孙马和大宛马之外,汉朝还得到月氏马、康居马。武帝时得到渥洼良马,《汉书·汉武帝纪》记载,元鼎四年(前113年)"六月,得宝鼎后土祠旁。秋,马生渥洼水中。作《宝鼎》、《天马》之歌"。武帝元

---

① (汉)卫宏:《汉旧仪》卷下,(清)孙星衍辑:《汉官六种》,中华书局1990年版,第79页。按:《汉仪注》,东汉卫宏撰。又名《汉旧仪》,后人见该书所载多官制,又名之为《汉官旧仪》。该书原本有注,魏晋唐人引曰《汉仪注》,皆指此书。主要记述皇帝起居、官制、名号、职掌、中宫及太子制度、二十等爵等内容,是研究汉史的重要资料之一。原为四卷,今本《汉官旧仪》二卷,系残本,清人孙星衍有校正,并辑补遗二卷。
② 《后汉书》卷65《段颎传》,第2153页。
③ (汉)刘珍等撰,吴树平校注:《东观汉记校注》卷16,中华书局2008年版,第730页。
④ 《后汉书》卷51《李恂传》,第1684页,注[一]。
⑤ 《后汉书》卷34《梁冀传》,第1182页。
⑥ 同上书,第1181页。
⑦ 《后汉书》卷42《东平王苍传》,第1439页。
⑧ (三国·魏)曹植撰,赵幼文校注:《曹植集校注》卷2,人民文学出版社1984年版,第310页。
⑨ 《三国志》卷19《魏书·任城王彰传》,中华书局1959年版,第555页。

鼎五年（前112年）十一月《郊祠泰畤诏》云："渥洼水出马，朕其御焉。"① 《史记·乐书》记载："又尝得神马渥洼水中。"② 据考证渥洼良马乃月氏马。③ 渥洼水，亦名寿昌海、寿昌湖，在今甘肃敦煌市西南南湖乡东南黄水坝。汉武帝《天马歌》曰："天马来兮从西极，经万里兮归有德。承威灵兮降外国，涉流沙兮四夷服。"④ 东汉时月氏马也传入中国，班固曾请身在西域的弟弟班超为窦宪买月氏马，在他给班超的信中写道："窦侍中令载杂彩七百匹、白素三百匹，欲以市月支马、苏合香、毾㲪。"⑤ 三国吴康泰《外国传》记载："外国称天下有三众，中国为人众，秦为宝众，月氏为马众也。"⑥ 那时大月氏以多马而闻名于世，曾经成为马的主要输出国。康居出善马。《后汉书·西域传》记载："栗弋国属康居，出名马牛羊。"⑦ 《晋书·四夷传》记载："康居国在大宛西北可二千里，与粟弋、伊列邻接……多牛羊，出好马。"⑧ 敦煌悬泉置出土汉简有康居向汉朝入贡良马的记录，有一简记载康居国使者入贡：

---

① 《汉书》卷6《武帝纪》，第185页。
② 《史记》卷24《乐书》二，第1178页。
③ 渥洼水出神马之说，出于骗局，而武帝信之。《汉书》卷6《武帝纪》颜师古注引李斐曰："南阳新野有暴利长，当武帝时遭刑，屯田敦煌界，数于此水旁见群野马中有奇（异）者，与凡马（异），来饮此水。利长先作土人，持勒鞲于水旁。后马玩习，久之代土人持勒鞲收得其马，献之。欲神异此马，云从水中出。"第184页。钱伯泉考证，汉武帝时渥洼水出天马的史事并非发生在敦煌郡，而是发生在武威郡。"渥洼水"为武威郡媪围县"媪围水"的异译，"天马"是月氏马中的骏马，其体质和形象与武威市雷台东汉墓中出土的铜马相似，为世界上特有的走对侧步的"走马"。见氏著《渥洼水天马史实新证》，载《甘肃社会科学》2006年第3期。
④ 《汉书·武帝纪》作《天马歌》。《史记》卷24《乐书》："尝得神马渥洼水中，复次以为《太一之歌》。"司马迁误将咏大宛马诗当作咏渥洼水马诗，此诗当为咏渥洼水马诗，经改编后入乐府《郊祀乐》，文字不同："天马徕，从西极，涉流沙，九夷服。天马徕，出泉水，虎脊两，化若鬼。天马徕，历无草，径千里，循东道。天马徕，执徐时，将摇举，谁与期？天马徕，开远门，竦予身，逝昆仑；天马徕，龙之媒，游阊阖，观玉台。"见《汉书》卷22《礼乐志》第二，第1060—1061页。所谓"出泉水"云云，符合"马生渥洼水中"之说。但《汉书》沿袭《史记》之误，也把这首诗当作叹大宛马诗。
⑤ 此段文字散见于古代类书各处，经严可均《全后汉文》整理。见《艺文类聚》卷85《布帛部》，上海古籍出版社1982年版，第1456页；《太平御览》卷814、卷982，上海古籍出版社2008年影印本，第8册，第262页；第9册，第645页。（清）严可均校辑：《全后汉文》卷25，《全上古三代秦汉三国六朝文》，中华书局1958年影印本，第609页。
⑥ （唐）司马贞：《史记索隐》引，《史记》卷123《大宛列传》，第3160页，注［一］。
⑦ 《后汉书》卷88《西域传》，第2922页。
⑧ 《晋书》卷97《四夷传》，第2544页。

甘露二年正月庚戌敦煌太守千秋库令贺兼行丞事敢告酒泉大□
罢军候丞赵千秋上书送康居王使者二人贵人十人从者□
九匹驴卅一匹橐他廿五匹牛戌申入玉门关已閲□□（Ⅱ90DXT0213
③∶6）①

这是一枚记载康居王遣使贡献的木牍。第三行"九匹"前缺字应该是"马"，此牍记载了康居王贡献马、驴和骆驼的数量。"甘露"是汉宣帝年号，说明至迟宣帝时汉与康居已经发生通贡关系。

西北地区游牧民族的马也通过商贾贸易而来。《史记·货殖列传》云："天水、陇西、北地、上郡与关中同俗，然西有羌中之利，北有戎翟之畜，畜牧为天下饶。"②同传记载边塞地区一位因畜牧而致富的名叫桥姚的人，"塞之斥也，唯桥姚已致马千匹，牛倍之，羊万头，粟以万钟计"。③桥姚，《汉书·货殖传》作"桥桃"。颜师古注云："塞斥者，言国家斥开边塞，更令宽广，故桥姚得恣其畜牧也。"④桥姚所以能以畜牧致富，与国家边境地区开放对匈奴的贸易有关，他从塞外匈奴游牧民那里交换到良马、牛、羊，贩卖到内地，从这种转手经营中获取厚利。在汉朝对西域用兵的过程中也获得战马。《后汉书·耿秉传》记载，耿秉率军击车师后王国，"斩首数千级，收马牛十余万头。"⑤同书《耿恭传》记载："建初元年正月，会柳中击车师，攻交河城，斩首三千八百级，获生口三千余人，驼驴马牛羊三万七千头。"⑥

东北亚各民族政权也向中原地区进献良马。《汉书·朝鲜传》记载，汉武帝遣使因兵威劝降朝鲜王卫右渠，右渠"遣太子入谢，献马五千匹，及馈军粮"。⑦《后汉书·东夷传》记载，夫余国"出名马、赤玉、貂豽、大珠如酸枣"。⑧建武二十五年（49年），"夫余王遣使奉贡"。⑨濊族人有一种小马称果下马，这种马可能在西汉时已经传入长安，长安城外有八

---

① 张德芳：《悬泉汉简中若干西域资料考论》，载荣新江、李孝聪主编《中外关系史：新史料与新问题》，科学出版社2004年版，第146页。
② 《史记》卷129《货殖列传》，第3262页。
③ 同上书，第3280页。
④ 《汉书》卷91《货殖传》，颜师古注，第3693页。
⑤ 《后汉书》卷19《耿秉传》，第717页。
⑥ 《后汉书》卷19《耿恭传》，第722页。
⑦ 《汉书》卷95《朝鲜传》，第3865页。
⑧ 《后汉书》卷85《东夷列传》，第2811页。
⑨ 同上书，第2812页。

厩，其中有"果马厩"①，可能是饲养果下马的马房。东汉时有人贡汉朝的记载。同传记载，濊族"多文豹，有果下马，海出班鱼，使来皆献之"。李贤注云："高三尺，乘之可于果树下行。"② 东汉卫宏《汉官仪》卷下记载，中黄门有"果下马，高三尺，驾辇"。③《三国志·乌丸鲜卑东夷传》记载："濊南与辰韩，北与高句丽、沃沮接，东穷大海，今朝鲜之东皆其地也。户二万。……其海出班鱼皮，土地饶文豹，又出果下马，汉桓时献之。"裴松之注云："果下马高三尺，乘之可于果树下行，故谓之果下。见《博物志》、《魏都赋》。"④ 西晋张华《博物志》云："濊貊国南与辰韩、北与句丽沃沮接，东穷大海。……出果下马，汉时献之，驾辇车。"⑤ 这种果下马后来仍不断输入中原地区。《魏书·高句丽传》又提到高句丽"出三尺马，云本朱蒙所乘，马种即果下也"。⑥《北齐书·尉景传》记载："景有果下马，文襄求之，景不与。"⑦ 尉景的果下马应该来自东北亚地区。东汉时乌桓大人曾向东汉光武帝进献良马。《后汉书·乌桓传》记载，建武二十五年（49年），"辽西乌桓大人赦旦等九百二十二人率众向化，诣阙朝贡，献奴婢、牛马及弓、虎、豹、貂皮"。⑧

汉末，游牧于东北地区的鲜卑人西下南迁，进入原来属于匈奴人的草原地带，成为北方草原的主人，与东汉王朝发生密切联系。在鲜卑与东汉王朝的军事对抗中，汉朝从战争中获得鲜卑的良马。《后汉书·祭肜传》记载，祭肜任辽东太守，建武二十一年（45年），大败鲜卑，"斩首三千余级，获马数千匹"。⑨ 在与中原政权的交往中，鲜卑人以其良马进献。同书同传记载，建武二十五年（49年），祭肜"使招呼鲜卑，示以财利。其大都护偏何遣使奉献，愿得归化，肜慰纳赏赐，稍复亲附。其异种满离、高句骊之属，遂络绎款塞，上貂裘好马"。⑩《三国志·公孙瓒传》记载："太祖与袁绍相拒于官渡，阎柔遣使诣太祖受事，迁护乌丸校尉。……太祖

---

① 佚名撰，何清谷校注：《三辅黄图校注》卷6《厩》，三秦出版社1995年版，第335页。
② 《后汉书》卷85《东夷列传》，第2818页。
③ （汉）卫宏：《汉官仪》卷下，《汉官六种》，中华书局1990年版，第79页。
④ 《三国志》卷30《乌丸鲜卑东夷传》，第849页。
⑤ （晋）张华撰，范宁校证：《博物志校证》，中华书局1980年版，第132页。
⑥ 《魏书》卷100《高句丽传》，中华书局1974年版，第2215页。
⑦ 《北齐书》卷15《尉景传》，中华书局1972年版，第195页。
⑧ 《后汉书》卷90《乌桓传》，第2982页。
⑨ 《后汉书》卷20《祭肜传》，第744页。
⑩ 同上书，第745页。

破南皮，柔将部曲及鲜卑献名马以奉军。"① 太祖即曹操，鲜卑人曾向曹操进献名马。中原地区与鲜卑存在互市贸易，鲜卑以其良马交换中原地区的"珍货"。《后汉书·应劭传》记载，应劭说鲜卑："唯至互市，乃来靡服。苟欲中国珍货，非为畏威怀德。"②

汉武帝尚武爱马，不仅用战马充实汉军骑兵，同时又追求长生。他听信方士的话，以为西域的马叫天马，是神龙的化身，乘之能升天成仙，所以更孜孜以求。汉朝卜筮的著作说："异国他土，出良骏马，去如奔尘，害不能伤"③；"陇西冀北，多见骏马，去如炎飚，害不能伤"。④ 可知在汉人观念中，异域骏马居然有驱害避邪之功能。西域良马的输入，曾使武帝求仙思想达到一个高潮，同时最终又造成了他求仙思想的破灭。汉武帝迷信方士神仙之说，成仙长生的欲望非常强烈，"孝武皇帝初即位，尤敬鬼神之祀"。⑤ 在方士炫惑之下，武帝屡行求仙之举。《史记·封禅书》记载，元鼎四年（前113年）六月，汾阴出土宝鼎，方士公孙卿编造黄帝铸鼎铜山，鼎成而乘龙升天的神话，武帝心向往之："吾诚得如黄帝，吾视去妻子如脱屣耳。"⑥ 神龙不可见，武帝怅然，"嗟黄其何不来？""天子既闻公孙卿及方士之言，黄帝以上封禅，皆致怪物与神通，欲效黄帝，以接神人蓬莱，高世比德于九皇，而颇采儒术以文之。"武帝派方士栾大入东海，想接迎仙人于海，封禅泰山。结果，"五利将军（栾大）使不敢入海，之泰山祠。上使人微随验，实无所见。五利妄言见其师，其方尽，多不雠，上乃诛五利。"⑦ 此事在元鼎五年（前112年）。第二年，"上遂东巡海上，行礼祠八神，齐人之上疏言神怪奇方者以万数，然无验者"。这年春，公孙卿又上言，在东莱山见到神人，"若云欲见天子，天子于是幸缑氏城，拜卿为中大夫，遂至东莱，宿留之数日，无所见"。⑧ 正是在武帝求仙之举屡以失败告终之时，西域天马之说又激发他新的希望。汉朝人听说西域有良马，方士又妄言西域之马是神马，乘之可以代龙而升天成仙，于是武帝孜孜以求。《史记·大宛列传》记载："初天子发书《易》

---

① 《三国志》卷8《公孙瓒传》，第247页。
② 《后汉书》卷48《应劭传》，第1608页。
③ （汉）焦延寿：《易林》卷3《解》"晋"，中国国家图书馆编《国立原北平图书馆甲库善本丛书》，国家图书馆出版社2013年影印本，第1041页。
④ （汉）焦延寿：《易林》卷3《益》"师"，第1045页。
⑤ 《史记》卷12《孝武本纪》，第451页。
⑥ 《史记》卷28《封禅书》，第1394页。
⑦ 同上书，第1395页。
⑧ 同上书，第1399页。

云：'神马当从西北来'。得乌孙马，好，名曰天马；及得大宛汗血马，益壮，更名乌孙马曰西极，名大宛马为天马。"[1] 西域马入汉，武帝初时仍信此等妄说，作《天马》诗二首，一为元狩三年（前120年）马生渥洼水中作，其中有云："今安匹兮龙为友。"二是太初四年（前101年）诛宛王获宛马作。太初四年春，李广利伐大宛获胜，得汗血马。汉武帝又作《西极天马之歌》[2]，都表达了乘之升天为仙的思想。然而天马既到，久之并不能升天，武帝之梦想最终归于破灭。

周边与域外的良马输入中原，促进了汉地马种的改良。考古发现的材料说明汉代马的改良取得巨大成就。1981年，陕西省兴平县汉武帝茂陵东侧1号无名冢被认为是汉武帝姊阳信长公主墓，其1号从葬坑出土一尊鎏金铜马。[3] 据研究这尊铜马所表现的就是天马的体型，是旱热地区舍饲的乘型品种。在汉代以前的造型艺术中，不见这种体型的马，而从汉迄唐约千年间，这类马的造型艺术品屡见不鲜。与现代良马相比，这尊铜马与中亚土库曼的阿哈—捷金马最为近似，可能属于同一血缘品种的马。1969年，在甘肃武威雷台东汉晚期墓出土了大批铜俑，其中有驾车乘骑的铜人马38件，铜奔马1件，组成浩浩荡荡的车马仪仗。铜奔马又称马踏飞燕或马超龙雀，造型上一反秦汉雕塑以静态或静中寓动的方法表现马的方式，而着意表现马的动态，雕塑了一匹躯体健壮的骏马头微左侧、张口嘶鸣、束尾飘举的俊逸姿态，完全符合骏马在运动中的自然形态，给人协调自然、神采飞扬的印象。大量的异域良马进入中原地区，必然发生交配，造成马种的改良。北方游牧民族以骑射见长，善于养马，汉代大量胡人进入中原，也带来了草原民族的养马技术。《汉书·金日磾传》记载，金日磾是匈奴休屠王之长子，休屠王与昆邪王降汉，休屠王半途后悔，欲归，被昆邪王所杀。金日磾与母亲、弟弟入汉，"输黄门养马"，因而受到爱马的汉武帝的赏识。"武帝游宴见马，后宫满侧。日磾等数十人牵马过殿下，莫不窃视，至日磾独不敢。日磾长八尺二寸，容貌甚严，马又肥好，上异而问之，具以本状对。上奇焉，即日赐汤沐衣冠，拜为马监，迁侍中驸马都尉光禄大夫。……贵戚多窃怨，曰：'陛下妄得一胡儿，反贵重

---

[1] 《史记》卷123《大宛列传》，第3170页。
[2] 《汉书》卷6《武帝纪》，第202页。颜师古注引应劭曰："大宛旧有天马种，蹋石汗血。汗从肩髆出，如血。号一日千里。"颜师古说："蹋石者，谓蹋石而有迹，言其蹄坚利。"
[3] 咸阳地区文管会、茂陵博物馆：《陕西茂陵一号无名冢一号从葬坑的发掘》；负安志：《谈"阳信家"铜器》，《文物》1982年第9期。

之！'"① 金日䃅善养马，与其出身草原民族有关，由他掌管宫苑御马的饲养，自然把匈奴人养马的技术运用其中。在汉代西北地区养马的地方，当有更多的胡人参与其事。

汉朝获得大量域外良马，发展了骑兵，提高了汉朝骑兵的战斗力。西汉从景帝开始置苑养马，至汉武帝反击匈奴，已经拥有大量良马。这些马有的饲养在京师长安，有的在西北地区置苑牧养。《后汉书·质帝纪》记载：汉安元年"秋七月，始置承华厩。"章怀太子注引《东汉记》曰："时……远近献马众多，园厩充满，始置承华厩令，秩六百石。"东汉卫宏《汉官旧仪》卷下云："天子六厩，未央厩、承华厩、騊駼厩、路軨厩、骑马厩、大厩，马皆万匹。""中黄门驸马、大宛、汗血马、乾河马、天马、果下马。（果下马，高三尺，驾辇。大宛、汗血马皆高七尺。乾河马，华山神马种也）。"② 同书补遗云："太仆帅诸苑三十六所，分布北边。以郎为苑监，官奴婢三万人，分养马三十万头。"③ 南齐时孔稚珪《上和虏表》论汉朝对付北方游牧民族的策略："匈奴为患，自古而然。虽三代智勇，两汉权奇，算略之要，二途而已。一则铁马风驰，奋威沙漠；二则轻车出使，通驿虏廷。"④ 汉武帝时反击匈奴，汉朝已经拥有强大的骑兵。元朔六年（前123年）春天，大将军卫青率领六将军和十余万骑兵，二出定襄数百里，攻击匈奴。元狩二年（前121年），骠骑将军霍去病率骑兵数万，两次从陇西出击，夺取河西走廊。元狩四年（前119年），大将军卫青、骠骑将军霍去病率领骑兵二十四万，步兵十余万，分兵两路出击，北越大漠（今蒙古戈壁沙漠），大败匈奴单于。从汉武帝反击匈奴到东汉时最终击溃匈奴，汉朝骑兵发挥了重要作用。

在汉军中"胡骑"是重要组成部分。汉代文献中提到的胡骑有的指胡人的骑兵，亦泛指胡人军队，包括匈奴骑兵。《史记》中屡称匈奴骑兵为"胡骑"，如周勃"至武泉，击胡骑"，"击韩信胡骑晋阳下"，"还攻楼烦三城，因击胡骑平城下"⑤；高帝"十一年春，故韩王信复与胡骑入居参合，距汉"。⑥ 有时指归附的胡人骑兵，包括胡兵和胡马。在西汉保

---

① 《汉书》卷68《金日䃅传》，第2959—2960页。
② （汉）卫宏：《汉官仪》卷下，《汉官六种》，中华书局1990年版，第79页。
③ 《汉官仪》补遗卷上，《汉官六种》，中华书局1990年版，第90页；佚名撰，何清谷校注：《三辅黄图校注》卷4引《汉仪注》，与此文字稍异。三秦出版社1998年版，第231页。
④ 《南齐书》卷48《孔稚珪传》，中华书局1972年版，第838页。
⑤ 《史记》卷57《绛侯周勃世家》，第2069页。
⑥ 《史记》卷93《韩信卢绾列传》，第2635页。

卫京师长安的卫戍部队里有"胡骑"。《汉书·百官公卿表上》云："长水校尉，掌长水宣曲胡骑。又有胡骑校尉，掌池阳胡骑，不常置。"颜师古注："长水，胡名也；宣曲，观名，胡骑之屯于宣曲者。""胡骑之屯于池阳者也"。① 《汉书·宣帝纪》记载，西羌反，汉朝调发军队平叛，其中有"胡、越骑"。② 在边境地区汉军中也有"胡骑"。上引《后汉书·段颎传》记载，段颎"征还京师，将秦胡步骑五万余人"。③ 居延汉简中有一简云："以食斥侯胡骑二人五月尽□"。④ 另一简乃《□属国胡骑兵马名籍》。⑤ 又一简云："始摈过胡骑外输沈里前"。⑥ 说明胡骑是屯守居延驻军的重要组成部分。汉末陈琳《为袁绍檄豫州》写袁绍军中有大量胡骑："莫府奉汉威灵，折冲宇宙，长戟百万，胡骑千群。"陈琳《武军赋》写袁绍军队有大量胡马："南辕反旆，爰整其旅。胡马骈足，戎车齐轨。"⑦ 这种包括胡兵和胡马的胡骑，可能是周边游牧民族降附骑兵改编而来，成为汉军重要组成部分。

马也是重要的交通运输工具。敦煌悬泉置出土简牍和居延汉简中有不少"传马""驿马"的记载，传马、驿马即置驿供行人骑乘的公用马匹。出土的Ⅴ1610②：11—20简为建始二年（前31年）三月悬泉置《传马名籍》，将传马匹数、特征都记录在案。⑧ 悬泉置的驿马随时被征用，供东西往来的外国使节和汉朝出行的官员出行。敦煌悬泉置出土一枚汉简云："……騩，乘，齿十八岁，送渠犁军司马令史勋，承明到遮要，病柳张，立死。卖骨肉临乐里孙安所，贾（价）千四百。"⑨ 騩，是毛浅黑色的马，被指令送到渠犁军司马令史，病死半途。又一简云："五凤四年九月己巳朔己卯，县（悬）泉置丞可置敢言之：廷移府书曰：效谷驿传马病死爰书：县（悬）泉传马一匹，骊，乘，齿十八岁，高五尺九寸，送渠犁军司（马）令史……"（Ⅱ0115③：98）⑩ 这两简记载的都是以悬泉置驿马

---

① 《汉书》卷19上《百官公卿表》上，第738页。
② 《汉书》卷8《宣帝纪》，第260页。
③ 《后汉书》卷65《段颎传》，第2153页。
④ 中国社会科学院考古研究所编：《居延汉简甲乙编》（下册），中华书局1993年版，第124页。
⑤ 同上书，第265页。
⑥ 同上书，第268页。
⑦ 费振刚等辑校：《全汉赋》，北京大学出版社1993年版，第696页。
⑧ 胡之主编：《甘肃敦煌汉简》（四），重庆出版社2008年版，第21—26页。
⑨ 胡平生、张德芳：《敦煌悬泉汉简释粹》，上海古籍出版社2001年版，第112页。
⑩ 同上书，第116页。

送渠犁屯田官马病死的事件。又一简云："……齿九岁，高六尺二寸，乃三月乙卯送罢戊校侯张君……"（Ⅰ0205②：3）① 又："□骑士六人，持马送戊校。"（Ⅱ0115②：173）② 似乎都是送人后发生了事故，才记录下来的。Ⅴ1311④：82 和Ⅱ0115③：96 两简内容都与冯夫人路经悬泉置有关。③ Ⅱ0114③：522 简则与乌孙公主路经悬泉置有关。④ 在汉代驿置饲养供骑乘的驿马有的来自周边或域外良马。居延汉简有一简记载，属吏士张禹病，其弟张宗"自将驿牝胡马一匹来视禹"。⑤

马作为个人坐骑，从汉武帝开始，马主人注重马的佩戴和装饰，并以域外珠宝装饰为尚。东晋葛洪《西京杂记》记载："武帝时，身毒国献连环羁，皆以白玉作之。马瑙石为勒，白光琉璃为鞍。鞍在暗室中，常照十余丈，如昼日。自是长安始盛饰鞍马，竞加雕镂。或一马之饰直百金，皆以南海白蜃为珂，紫金为华，以饰其上。犹以不鸣为患，或加以铃镊，饰以流苏，走则如撞钟磬，若飞幡葆。后得贰师天马。帝以玟瑰石为鞍，镂以金银鍮石。以绿地五色锦为蔽泥，后稍以熊黑皮为之。熊黑毛有绿光，皆长二尺者，直百金。卓王孙有百余双，诏使献二十枚。"⑥ 骑上来自域外的良马，马身上又满饰域外输入的金银珠宝，是当时人感到十分荣耀的排场。

汉代马作为重要交通工具还表现在以马驾车上，汉代墓室壁画、画像石、汉画像砖上有不少车马出行图，是贵族出行生活的反映。这种艺术在全国各地均有发现，特别是徐州、山东、四川、河南、陕西等地出土的汉画像石、画像砖和壁画。绘制车马出行图壁画是东汉墓葬墓室最为显著的特征之一，也是东汉盛行厚葬观的重要体现。洛阳汉代墓室壁画中《车马出行图》频频出现，为我们研究中原地区汉代艺术、了解汉代社会提供了图像资料。《车马出行图》是墓主人身份、地位、财富的象征，是汉代厚葬之风的产物。同时在汉代人的观念中车马又是遨游三界的交通工具。⑦ 车马出行图具有极其丰富的文化艺术信息，目前出土发现的汉代的车马出行图大多呈现"战争""狩猎""出行"等题材。有的车马过桥还

---

① 胡平生、张德芳：《敦煌悬泉汉简释粹》，第130页。
② 胡平生、张德芳：《敦煌悬泉汉简释粹》，上海古籍出版社2001年版，第130页。
③ 同上书，第141页。
④ 同上书，第142—143页。
⑤ 中国社会科学院考古研究所编：《居延汉简甲乙编》下册，第158页。
⑥ （晋）葛洪纂集：《西京杂记》卷2，《汉魏丛书》，吉林大学出版社1992年影印本，第305页。
⑦ 刘兰芝：《车马出行在汉代壁画中的象征意义》，《美术界》2009年第10期。

有"升天"等文化寓意。① 以马驾车,马的匹数跟主人的身份地位有关,在汉代壁画和画像石中有的单马驾车,有的两马驾车,有的三马驾车,这些都体现出主人的不同身份。

"胡马"在汉代已经进入诗歌的咏唱中,成为思乡意象。被匈奴拘留的苏武归国,与投降匈奴的李陵作别,诗云:"黄鹄一远别,千里顾徘徊。胡马失其群,思心常依依。"② 以黄鹄自比,用胡马比李陵,写留在异乡的他对家乡和朋友的思念。汉无名氏《古诗十九首》中有《行行重行行》一首,云:"行行重行行,与君生别离。相去万余里,各在天一涯。道路阻且长,会面安可知?胡马依北风,越鸟巢南枝。"③ "依北风""巢南枝"是动物怀念乡土情感的本能的表现。这是托物喻义,在文中意思是说胡马和越鸟尚且如此,难道远游的人就不思念故乡吗?这两句是思妇对游子说的,意思是人应该有恋乡之情。"胡马"作为诗歌意象更多地出现在魏晋南北朝和隋唐诗歌中,有的借胡马写壮志,有的借胡马写思乡。

## 二 狮子入贡与狮形艺术的产生

> 西方老胡,厥名文康。遨游六合,傲诞三皇。……非直能俳,又善饮酒。箫管鸣前,门徒从后。济济翼翼,各有分部。凤皇是老胡家鸡,师子是老胡家狗。④
>
> ——(南朝·梁)周舍《上云乐》

狮子,古代波斯语音译⑤,分类学上属哺乳纲食肉目猫科大型猛兽。狮是现代猫科动物中进化得最为成功的种类,其演化在第四纪达到顶峰。⑥ 狮子

---

① 叶磊、高海平:《汉墓丹青——陕西新出土四组东汉墓室壁画车马出行图比较浅探》,《湖北美术学院学报》2010年第4期。
② (南朝·梁)萧统编:《文选》卷29,上海书店1988年影印本,第405页。
③ 同上书,第401页。
④ (宋)郭茂倩编:《乐府诗集》卷51,中华书局1979年版,第746页。
⑤ 狮子,古代文献中常写作"师子",原词属于伊朗语族,一说原词是波斯语的ser,一说是东伊朗语的se/si。参见刘正埮《汉语外来词辞典》,上海辞书出版社1984年版,第315页。
⑥ 第四纪(Quaternary Period)是地质时代中最新的一个纪,包括全新世和更新世两个世,从约260万年前开始,一直延续至今。其间生物界已进化到现代面貌,灵长目中完成了从猿到人的进化。

曾广泛分布于非洲、欧亚和北美大陆，在最后一次冰期时代一度进入南美中南部。在其进化过程中分化出许多形态以适应各大洲不同的气候、地理环境及猎物基础，如洞狮（Panthera spelaea）和美洲拟狮（Panthera atrox）。古生物学证据显示，最早的大型猫科动物豹属化石出土于非洲坦桑尼亚，在地质年代上属于晚上新世（Early Villafranchian），距今350万年。这种大型猫科动物在形态上具有很多现代狮的骨学特征，大部分学者将其视为最古老的狮类动物。后来在东非发现距今180万—170万年前的早更新世的狮子化石。

狮子这类大型猫科动物的扩散和辐射能力非常惊人，中更新世早期已广泛分布于非洲大陆东部和南部，同时化石记录显示起源于非洲的狮子已开始进入欧亚大陆。至更新世中晚期，狮子便扩散到欧洲大陆、英伦群岛和亚洲的中东、西伯利亚、西南亚的大部分地区。狮子从西伯利亚经白令陆桥迁徙至北美的阿拉斯加，仅用了大约100年时间。① 至最近的一次冰期时代，狮子从北美进入南美中南部今秘鲁一带。美国汉学家薛爱华说："在古代的亚洲，在印度、波斯、巴比伦、亚述及小亚地区，狮子这种巨大的猫科动物是很常见的动物。在古典时代，甚至在马其顿和色萨利也可以见到狮子的身影。"② 可知狮子在古代的分布很广。亚洲虽然也盛产狮子，但是包括中国在内的亚洲东部地区却不产狮子，亚洲狮原产于美索不达米亚③，主要生活于南亚和西亚，即中国古代称之为西域的地区。狮类没有扩散到东亚，很可能是由于东亚的山地森林不适于狮类这样的集群动物生存，而更适于另一个崛起的大型豹属动物虎的生存。化石证据表明，

---

① 西伯利亚雅库特冻土带中发现两具上万年洞穴狮子尸体，为狮子的早期传播提供了新的证据。据阿根廷 Infobae 网站援引《西伯利亚时报》2015 年 10 月 26 日报道，综合塔斯社和俄罗斯卫星新闻网 2015 年 12 月 17 日报道，2015 年夏，考古学家在西伯利亚雅库特冻土带中发现两具已冻结上万年的洞穴狮子尸体。12 月 17 日，两只今年夏季被发现的已冻结上万年的洞穴狮子尸体在雅库特被展出。这是迄今为止在该地区发现的保存最为完整的洞穴狮子尸体。新发现的两只洞穴狮子与现代狮子十分相像，这一发现有助于对这些在 1 万年前已灭绝生物的研究，这种动物的尸体大多在西伯利亚、阿拉斯加、加拿大等地区发现。雅库特科学院专家称将尝试克隆洞穴狮子。参见黄蓉编辑《西伯利亚发现冰冻万年狮子尸体，保存完整极为罕见》，《国际在线》专稿，http://gb.cri.cn/42071/2015/10/28/7651s5146932.htm，2015 年 10 月 28 日；姜泽菲编辑《西伯利亚冰冻万年狮子尸体展出 专家称有望被克隆》，《国际在线》专稿，http://china.ynet.com/3.1/1512/26/10661574.html，2015 年 12 月 26 日。
② [美] 薛爱华：《撒马尔罕的金桃——唐代舶来品研究》，吴玉贵译，社会科学文献出版社 2016 年版，第 229 页。
③ 尚永琪：《莲花上的狮子——内陆欧亚的物种、图像与传说》，商务印书馆 2014 年版，第 2 页。

虎与狮在辐射、扩散过程中，总是采取生态位的分离来避免直接的进化竞争，虎倾向于封闭型生境，狮倾向于开放型生境。人类种群的繁盛，导致狮和虎在最后一次冰期时代种群衰退，那些曾经占有统治地位的大型猫类，最终被智人所取代。

在中国古代文献中，狮子常常被写作"师子"。在汉代狮子传入中国之前，中国文献中已经提到这种猛兽，但在先秦文献中称作"狻猊"。先秦古书《穆天子传》云："名兽使足□走千里，狻猊□野马走五百里。"晋人郭璞注云："狻猊，师子，亦食虎豹。"①《穆天子传》出自战国汲冢墓，说明至迟战国时代中原人民已经知道狮子。先秦文献《尔雅》对狮子作了这样的介绍："狻麑如虦猫，食虎豹。"郭璞注："即师子也，出西域。汉顺帝时疏勒王来献封牛及师子。"② 可见当时对狮子的特点已有了解。林梅村认为，"狻猊"一词的词源应来自塞语，或称斯基泰语，这是游牧于欧亚草原的古代游牧民族斯基泰人使用的语言。先秦时期斯基泰人在东方的分布已达哈密盆地。据英国语言学家贝利研究，于阗塞人称狮子为 sarau。该词的形容词形式作 sarvanai；抽象名词作 sarauna。汉语"狻猊"可能来自塞语表示狮子的词 sarvanai（形容词）或 sarauna（抽象名词）。③ 汉代有了"师子"之称，《汉书·西域传》"乌弋"条云乌弋有"师子"，颜师古注曰："师子即《尔雅》所谓狻猊也。"④ 乌弋山离国是公元前 2 世纪至公元 1 世纪位于西亚伊朗高原东部的古国。狮子又称䖘，东汉时许慎《说文解字》云："䖘，虎鸣也，一曰师子。"⑤ 古代中国人听说大秦国"有猛虎、狮子为害，行道不群则不得过"。⑥

汉代以前，狮子的艺术形象就已经在中国境内发现，新疆考古工作者在伊犁河流域的塞人墓地以及天山东部的塞人墓地相继发现带有狮子图案的先秦文物。1983 年，在伊犁河支流巩乃斯河畔发现的青铜器中，有一枚高足承兽方盘，盘上的对兽表现的正是狮子形象。类似的方盘在中亚七

---

① 《穆天子传》卷1，（晋）郭璞注，《汉魏丛书》，吉林大学出版社 1992 年影印本，第 294 页。
② （晋）郭璞注，（南朝·宋）邢昺疏：《尔雅注疏》卷 10，《十三经注疏》，中华书局 1980 年影印本，第 85 页。
③ H. W. Bailey, *Dictionary of Khotan Saka*, Cambridge University Press, 1979, p. 421. 参见林梅村《狮子与狻猊》,《汉唐西域与中国文明》，文物出版社 1998 年版，第 89 页。
④ 《汉书》卷 96 上《西域传》，第 3889 页。
⑤ （汉）许慎：《说文解字》（五），中华书局 1963 年版，第 103 页。
⑥ （三国·魏）鱼豢：《魏略·西戎传》，《三国志》卷 30《乌丸鲜卑东夷传》，裴注引，第 861 页。

河流域的塞人墓地也有发现。1976 年发掘的新疆阿拉沟战国墓地也发现了一件带有对狮的同类器物，与之共出的还有一件狮形金牌饰，长 20 厘米，其年代在距今 2345 年至 2040 年之间。金牌狮体作昂首跳跃状，张口卷尾，振鬣奋足，造型极为生动。俄罗斯阿尔泰山区巴泽雷克发现的塞王墓中有许多狮子纹饰，其年代相当于中国战国时期，其中同出的还有其他中国文物。①

汉朝人知道乌弋山离国、月氏国、条支国、安息国、大秦国有"师子"。② 西汉时狮子传入中国，汉语中便有了"师子"的新的称谓。相传西汉东方朔撰《海内十洲记》记载，征和三年（前 90 年），汉武帝幸安定，西胡月氏国曾献猛兽一头，据其描写："形如五六十日犬子，大似狸而色黄。"③ 当即狮子。西汉时上林苑有"兽圈九"，其中有狮子圈。④《三辅黄图》记载，上林苑建章宫旁奇华殿兽圈内有"师子"。⑤《太平御览·居处部》引《三辅故事》云："师子圈，在建章宫西南。"又引《汉宫阙疏》云："有虎圈，有师子圈，武帝造。"⑥《汉书·西域传赞》描述西汉所获异域物产："明珠、文甲、通犀、翠羽之珍，盈于后宫；蒲梢、龙文、鱼目、汗血之马充于黄门；巨象、师子、猛犬、大雀之群，食于外囿。殊方异物，四面而至。"⑦ 敦煌悬泉置出土汉代简牍中有西域国家向汉朝进献师子的信息：

☐其一只以食折垣王一人师使者
☐只以食钧耆使者迎师子
☐☐以食使者弋君（Ⅱ90DXT0214S：55）⑧

折垣、钧耆都是汉代文献中没有见过的西域国名，第一行简文中

---

① 林梅村：《狮子与狻猊》，《汉唐西域与中国文明》，文物出版社 1998 年版，第 89—95 页。
② 余太山：《两汉魏晋南北朝正史西域传研究》，中华书局 2003 年版，第 290 页。
③ （汉）东方朔：《海内十洲记》，景印《文渊阁四库全书》第 1042 册（子部·小说家类），台湾商务印书馆 1986 年版，第 277 页。
④ 佚名撰，何清谷校释：《三辅黄图校释》卷 3，中华书局 2005 年版，第 338 页，注（一）。
⑤ 佚名撰，何清谷校释：《三辅黄图校释》卷 3，中华书局 2005 年版，第 168 页。
⑥ 《太平御览》卷 197《居处部》，上海古籍出版社 2008 年影印本，第 3 册，第 5 页。
⑦ 《汉书》卷 96 下《西域传赞》，第 3928 页。
⑧ 张德芳：《悬泉汉简中若干西域资料考论》，载荣新江、李孝聪主编《中外关系史：新史料与新问题》，科学出版社 2004 年版，第 130 页。

"师使者"可能指折垣王遣送师子的使者；第二行简文大意是供应钧耆使节饮食，并迎接其送来的师子。

东汉时继续从西域获得狮子，来自大月氏、安息、疏勒。司马彪《续汉书》记载："章和元年，安息国遣使献狮子、符拔，形似麟而无角。"①《后汉书·章帝纪》记载，章和元年（87年），"月氏国遣使献扶拔、师子"。②《后汉书·班超传》记载："月氏尝助汉击车师有功，是岁贡奉珍宝、符拔、师子，因求汉公主。超拒还其使，由是怨恨。"③ 说明月氏是贡献师子给西域都护，由西域都护班超转送京师。《后汉书·西域传》记载，安息国"章帝章和元年，遣使献师子、符拔。符拔形似麟而无角"。《后汉书·和帝纪》记载，章和二年（88年），"安息国遣使献师子、扶拔"。④ 又云，永元十三年（101年）"冬十一月，安息国遣使献师子及条支大爵"。⑤《后汉书·顺帝纪》记载，阳嘉二年（133年）六月，"疏勒国献师子、封牛"。李贤注引《东观记》云："疏勒王盘遣使文时诣阙。"又云："师子似虎，正黄，有髯耏，尾端茸毛大如斗。"⑥《东观汉记》记载："阳嘉中，疏勒国献狮子、封牛。狮子形似虎，正黄有髯耏，尾端茸毛大如斗。"⑦ 阳嘉，汉顺帝年号。疏勒即今新疆喀什一带，此地并不产狮子，疏勒王进献中原地区的狮子应该来自更远的西亚地区。汉代文献中的这些描写"已经是非常写实、准确地对亚洲雄狮的描写"。⑧

狮子的形象尤其为人喜爱，成为中国古典造型艺术的重要素材，狮子艺术成为中国传统文化艺术的重要组成部分。日本东京大学工学部收藏有汉代山东济宁晋阳山慈云寺画像石，有犬，敏捷强悍，有的却作狮子姿态。⑨ 画像石出现于西汉末和东汉初，类似埃及的浅浮雕，图案则有西域题材和表现手法的影响，有马、狮、象、骆驼、有翼兽、有翼天禄、鹰头

---

① 《太平御览》卷889《兽部》，上海古籍出版社2008年影印本，第9册，第27页。
② 《后汉书》卷3《章帝纪》，第158页。
③ 《后汉书》卷47《班超传》，1580页。
④ 《后汉书》卷4《和帝纪》，第168页。按：此处所记疑与章和元年安息国献师子、符拔为同一事件。
⑤ 《后汉书》卷4《和帝纪》，第189页。《后汉书》卷88《西域传》记载，和帝永元十三年（101年），"安息王满屈复献师子及条支大鸟，时谓之安息雀"。第2918页。
⑥ 《后汉书》卷6《顺帝纪》，第263页，注［一］。
⑦ 《太平御览》卷889《兽部》，上海古籍出版社2008年影印本，第9册，第27页。
⑧ 尚永琪：《莲花上的狮子——内陆欧亚大陆的物种、图像与传说》，商务印书馆2014年版，第4页。
⑨ 法国巴黎大学北京汉学研究所编：《汉代画像全集》（初编、二编），学苑出版社2014年版。

兽、裸体人像等。四川新都雒阳令王稚子二阙画像石中有狮子和大象的形象。① 新疆尼雅东汉墓出土有带狮子图案的棉布残片。② 狮子舞是中国传统艺术，历史悠久，《汉书·礼乐志》记载，朝贺置酒为乐，有"常从象人四人"。三国时魏国人孟康解释象人："若今戏蝦鱼师子者也。"③ 即扮演鱼、虾、狮子进行表演的艺人。由此可知，在汉代至迟三国时已有装扮狮子的表演。在东汉黄香《九宫赋》中，狮子成为仙人的坐骑："招摇丰隆骑师子而俠毂，各先后以为云车。"④ 丰隆，中国古代神话中的云神。屈原《离骚》云："吾令丰隆乘云兮，求宓妃之所在。"《九歌·云中君》汉王逸注云："云神，丰隆也，一曰屏翳。"⑤ 狮子成为中国神话中云神的坐驾。

西域狮形饰品或其创意也传入中国西南地区。云南晋宁石寨山13号墓出土一镏金铜饰物，被称为"二怪兽镂花铜饰物"。据考古工作者描述："二怪兽交股站立，兽形似狮而有如鹿之角及獠牙，耳上及足上皆戴圆环，上、下端有四蛇缠绕，蛇口咬住二兽的面颊。"⑥ 童恩正细审原图，认为此二怪兽是从狮子变化而来。石寨山13号墓的时代是公元前2世纪中期，或在公元前175年至公元前118年之间，正值西汉时期。童恩正认为这种主题肯定不起源于古代黄河流域或云南的装饰文化中，但在古伊朗（Achaemenid Iran）带角的狮饰却非常普遍，例如在苏萨（Susa）宫殿发现的公元前5世纪铸在戒指上带角的狮形饰以及著名的上釉砖浮雕。这个图案中两头狮子相背而立的构图，在公元前1世纪的早期Kushana石雕中可以见到。这件作品或许为当地滇人所制，但其构思可能来自印度。⑦ 汉代铜镜制作工巧，常常采用西域传入的动植物如葡萄、有翼兽、石榴、海兽、飞马、狮、犀、大象、孔雀、宝相花等作装饰图案。汉代铜镜装饰图案明显受到印度和西方风格的影响。拜占庭时期，罗马赖文那出土古棺，

---

① 王士禛《蜀道驿程记》云："王稚子阙，下方上锐，垒石，如累石，其巅如盖覆之，望之如卒堵波状，垒石凡五层，二层刻人物之形，三层像虎海马，五层狮子也。"王士禛《秦蜀驿程后记》详录阙上题记之文。王士禛此记作于康熙三十五年（1696年）丙子，其时不但双阙俱存，且阙上所刻人物像、虎、海马、狮子之形象及逐层后人题记之字皆无恙。《王士禛全集》（四），齐鲁书社2007年版。
② 林梅村：《狮子与狻猊》，《汉唐西域与中国文明》，文物出版社1998年版，第93页。
③ 《汉书》卷22《礼乐志》，第1075页。
④ 费振刚等辑校：《全汉赋》，北京大学出版社1993年版，第372页。
⑤ （宋）洪兴祖：《楚辞补注》卷2，中华书局1957年版，第103页。
⑥ 云南省博物馆：《云南晋宁石寨山古墓群发掘报告》，《考古学报》1975年第2期。
⑦ 童恩正：《古代中国南方与印度交通的考古学研究》，《考古》1999年第4期。

在葡萄唐草纹饰中刻有孔雀，象征不死的灵鸟。安息王朝和罗马装饰图像中流行飞马和狮子题材。自通西域后，西域各国商人一定有将此类工艺品输入者，而中国铜镜工匠则吸收或参用了此类纹饰图案。

狮子形象凶猛，传说可以辟邪，所以用石刻狮子镇门、镇墓。我们现在所看到的狮子艺术形象，大约在西汉时已经定型，20世纪80年代汉元帝渭陵寝殿遗址曾出土玉狮子。[1] 1976年，苏州虎丘农机厂出土有汉成帝河平元年（前28年）铭文的辟邪形铜座，属有翼狮形兽。[2] 以石刻狮子作为镇墓兽，至迟在东汉时已经出现。山东嘉祥东汉武氏家族墓葬石阙前的一对石狮子，长约4尺6寸，两相对立，形态生动。据石阙铭文可知造于桓帝建和元年（147年）。[3] 北魏郦道元《水经注》卷二十三"汳水"条引《续述征记》云："西去夏侯坞二十里，东一里，即襄乡浮图也。汳水迳其南，汉熹平中某君所立。死因葬之，其弟刻石树碑，以旌厥德。隧前有狮子、天鹿，累砖作百达柱八所，荒芜颓毁，凋落略尽矣。"[4] 熹平乃东汉灵帝年号（172—178年）。隧，墓道，古墓中运送棺材到墓室的通道。隧前狮子，应当是镇墓石刻狮子。四川省雅安市的东汉高颐墓前的石狮子，立于汉献帝建安十四年（209年），雄壮威武，胸前刻有飞翼，具有古代波斯艺术风格，可能是受波斯文化影响的结果。辟邪是古代汉族民间传说中的一种神兽，形似狮，头有角，身有翅，具有祈福祛邪的作用。辟邪古已有之，汉代的辟邪形象应是吸收了狮子、虎、豹等猛兽体形元素而形成的新的神兽形象，其中以狮子形象为主。狮子在佛教中具有某种神圣性，这种观念伴随着佛教传入中国。汉末牟融《理惑论》记载佛"颊车如师子"。[5]

在中国的考古发现中，有相当数量的珠饰制作成狮子形象，这种珠饰最早的是汉代，据统计至少有40件（含被定名为兽、虎的珠饰）。考古报告中明确为狮形者也有如下多例。广西合浦风门岭M23西汉后期墓出土赫石色琥珀狮形珠1颗，横孔，长2.4厘米，高1.5厘米。同墓还出土

---

[1] 李宏涛、王丕忠：《汉元帝渭陵调查记》，《考古与文物》（创刊号）总第1期，陕西人民出版社1980年版。
[2] 沈福伟：《中西文化交流史》，上海人民出版社2006年第2版，第64页。
[3] 武氏祠石阙铭文录文，参见阎文儒《关中汉唐陵墓石刻题材及其风格》，《考古与文物》1986年第3期。
[4] （北魏）郦道元著，陈桥驿校证：《水经注校证》卷23，中华书局2013年版，第534页。
[5] （南朝·梁）僧祐：《弘明集》卷1，《中华大藏经》第62册，中华书局1993年版，第709页。

浅蓝琉璃狮形珠2颗,紫色水晶狮形珠1颗,都作为串饰组成部分。[1] 合浦风门岭M26西汉后期墓出土玛瑙珠31颗,其中有狮形珠,作为串饰组成部分。[2] M27西汉中期墓出土玛瑙狮形珠1件,微残,橘红色,作伏地状,可见前足,横穿孔,长1.8厘米,高1厘米。有线条刻划表现头部及身体细部。小巧精致,形象动人。[3] 贵县汉墓出土琥珀珠199颗,其中东汉142颗,珠子141颗,有琥珀小狮一枚,带乳白和黑白斑纹,作伏状,长5厘米,高3厘米,宽2.5厘米。[4] 贵州安顺宁谷东汉晚期石室墓出土两颗琥珀珠,形似爬伏之狮,身中部有一穿孔,红色半透明体,长3厘米,高约2厘米。[5] 贵州兴仁东汉墓M5、兴义东汉墓M4各出土琥珀狮饰3件。[6] 贵州清镇平坝M1、M14西汉末期到东汉墓分别出土玻璃狮形珠1颗、骨制狮形珠1颗。[7] 广东广州东汉前期墓M4018出土琥珀珠7颗,多为象生形状,有鱼、蛙、狮等。东汉后期墓M5001出土浅棕色伏兽形琥珀珠一颗,长1.8厘米。[8] 其他东汉后期墓也出土有伏兽形琥珀珠一颗,作为串饰的组成部分。[9] 顺德猪仔岗东汉墓M1出土琥珀珠3颗,其中兽形饰1件,雕刻成狮虎之形,有穿孔。[10] 四川绵阳何家山东汉晚期崖墓2号墓出土琥珀狮形珠1颗,头、五官、身体均为粗线条刻成,卧姿。腰部有一小孔,长3.1厘米,高2.2厘米。[11] 湖南常德南坪公社东汉晚期墓M5、M10出土琥珀饰珠6颗,暗红色,两件椭圆形,雕虎、狮等动物形象,作蹲伏状,中心有穿孔。[12] 内蒙古科左中旗六家子鲜卑墓葬,年代

---

[1] 广西壮族自治区文物工作队、合浦县博物馆:《合浦风门岭汉墓:2003—2005年发掘报告》,科学出版社2006年版,第42页。
[2] 《合浦风门岭汉墓:2003—2005年发掘报告》,第83页。
[3] 同上书,第16页。
[4] 广西省文物管理委员会(黄增庆执笔):《广西贵县汉墓的清理》,《考古学报》1957年第1期。
[5] 贵州省博物馆:《贵州安顺宁谷发现东汉墓》,《考古》1972年第2期。
[6] 贵州省博物馆考古组:《贵州兴义、兴仁汉墓》,《文物》1979年第5期。
[7] 贵州省博物馆:《贵州清镇平坝汉墓发掘报告》,《考古学报》1959年第1期。
[8] 广州市文物管理委员会、广州市博物馆:《广州汉墓》,文物出版社1981年版,第453页,图版173:1。
[9] 广州市文物管理委员会、广州市博物馆:《广州汉墓》,文物出版社1981年版,第454页,图版174:1。
[10] 广东省博物馆、顺德县博物馆:《广东顺德县汉墓的调查和清理》,《文物》1991年第4期。
[11] 绵阳博物馆:《四川绵阳何家山2号东汉崖墓清理简报》,《文物》1991年第3期。
[12] 湖南省博物馆:《湖南常德东汉墓》,《考古学集刊》(1),中国社会科学出版社1981年版,第174页。

在东汉末至西晋，出土琥珀珠3颗，一颗作卧狮形，长2.9厘米，宽1.8厘米，高1.6厘米，腹下有一椭圆形穿孔。①陕西旬阳汉墓出土煤精狮形珠1颗，墨黑色，卧状，腹间横穿一圆孔，长2厘米，高、宽各1.7厘米。②湖北当阳刘家冢子东汉末年画像石墓出土金狮1件，长1.5厘米，通高1.1厘米。昂首卷尾，张口露牙，蹲坐，作欲扑状。身躯中间有一圆孔，报告者以为"可能是某器零件"。③湖北宜都陆城东汉晚期墓出土金狮子，长1.1厘米，高0.7厘米，作向天怒吼状，腿蹬头昂，制作精细，生动美观。④山东莒县双合村汉墓出土绿松石兽形珠，报告称：双爪扶膝，作蹲踞状，瞋目嘴牙，神态凶猛。⑤应该也是狮形珠，或狮子的变形。那些制成蹲踞的狮子形象的珠饰被学者们称为"辟邪形珠"。⑥这样的狮形珠饰被葬于墓中，其中的辟邪意味是明显的。从最早的发现属西汉后期来看，狮形饰珠的出现与丝绸之路的开辟和西域狮子入贡有密切关系。

## 三 犀牛入贡与王莽宣示威德

元犀处自林麓，食惟棘刺，体兼五肉。或有神异，表露以角。含精吐英，望如华烛。置之荒野，禽兽莫触。⑦

——（西晋）傅咸《犀钩铭》

犀牛是犀的俗称，因状如水牛，故称犀牛。犀是哺乳类犀科的总称，陆生动物中最强壮的动物之一，也是最大的奇蹄目动物，是仅次于大象体型的陆地动物。犀类动物体肥笨拙，腿短粗壮，皮厚粗糙，肩腰等处成褶皱排列。毛被稀少而硬，甚至大部分无毛。耳朵呈卵圆形，头大而长，颈

---

① 张柏忠：《内蒙古科左中期六家子鲜卑墓群》，《考古》1989年第5期。
② 张沛：《陕西旬阳出土汉代煤精狮》，《文博》1988年第6期。
③ 沈宜扬：《湖北当阳刘家冢子东汉末年画像石墓发掘简报》，《文物资料丛刊》(1)，文物出版社1977年版，第126页；图版拾壹：2。
④ 宜昌地区博物馆、宜都县文化馆：《湖北宜都陆城发现一座东汉墓》，《考古》1988年第10期。
⑤ 刘云涛：《山东莒县双合村汉墓》，《文物》1999年第12期。
⑥ 赵德云：《西周至汉晋时期外来珠饰研究》，科学出版社2016年版，第104页。
⑦ 《太平御览》卷890引，上海古籍出版社2008年版，第9册，第34页。

短粗，长唇延长伸出。头部有实心的独角或双角，有的雌性无角，角脱落仍能复生。无犬齿，尾细短，身体呈黄褐、褐、黑或灰色。

大约6000万年前犀牛就已出现，史前时代中国南北方都有犀牛生存。考古发现，犀科动物在第三纪时化石分布很广泛，中国很多地区都有发现。文献上记载中国古代有犀牛，周武王的猎物中就有犀。《逸周书·世俘解》记载："武王狩，禽虎二十有二……犀十有二。"① 《国语·楚语》记载，白公子张讽谏楚灵王有云："巴浦之犀、牦、兕、象，其可尽乎。"② 《山海经》中有11处提到"犀"，并说其"状如牛而黑"。《尔雅·释兽》云："犀，似豕。"河北平山县战国墓葬中发现错金银青铜犀牛。③ 汉代以前中国人已经把石犀牛用作镇妖辟邪的灵兽，战国后期秦国蜀郡太守李冰作石犀牛五枚，以镇压水怪，"江水为害，蜀守李冰作石犀牛后来枚。二枚在府中，一在市南下，二在渊中，以压水精，因曰石犀里也。"④

汉代时中国境内仍有犀牛。《史记·货殖列传》讲到各地特产："江南出楠、梓、姜、桂、金、锡、连、丹沙、犀、玳瑁、珠玑、齿革。"⑤ 又云："番禺亦其一都会也，珠玑、犀、玳瑁、果布之凑。"⑥ 说明司马迁的时代江南和广东沿海地区有犀牛。汉末王粲《游海赋》写会稽东南大海山岛之上，"群犀代角，巨象解齿"。⑦ 但自从有了文字记载的历史时期，犀牛就越来越少见了。汉代犀牛已经是珍稀动物，犀角已经成为珍贵物产从海外国家传入。正如桓宽所云："犀象兕虎，南夷之所多也……中国所鲜，外国贱之。"⑧ 汉文帝时，南越王赵佗归汉，他上书朝廷中称托汉使陆贾带回的贡品中包括"犀角十"。⑨ 1955年发掘南越国时期墓葬广州东山梅花村2号墓，出土四枚陶制犀牛角模型。1960年在广州三元里马鹏岗1号墓发现15枚陶制犀牛角模型。同墓出土的木胎漆扁盒两面均以朱漆绘犀牛。这些考古资料被当作海外犀牛和犀牛角在汉初以前已经传

---

① 《逸周书》卷4《世俘解》，《汉魏丛书》，吉林大学出版社1992年影印本，第278页。
② 徐元诰：《国语集解》，王树民、沈长云点校，中华书局2002年版，第505页。
③ 张守中等：《河北省平山县战国时期中山国墓葬发掘简报》，《文物》1979年第1期。
④ 《太平御览》卷890引《蜀王本纪》，上海古籍出版社2008年版，第9册，第34页。
⑤ 《史记》卷129《货殖列传》，第3253—3254页。
⑥ 同上书，第3268页。
⑦ 《艺文类聚卷8《水部》上，上海古籍出版社1982年版，第153页。
⑧ （汉）桓宽撰，王利器校注：《盐铁论校注》卷7《崇礼》，中华书局1992年版，第438页。
⑨ 《汉书》卷95《南粤传》，第3852页。

至中国的例证，赵佗献给汉文帝的犀牛角应该是通过海上丝路从域外传入的。因为中原地区不产犀牛，或者犀牛角不易得，南方沿海地区将犀角作为特产进贡朝廷，沿海诸国遣使也将犀牛作为特产献给汉朝皇帝。

西汉时上林苑养有犀牛，来自域外。司马相如《上林赋》写来自域外之奇兽云："其兽则庸旄獏犛，沈牛麈麋，赤首圆题，穷奇象犀。"① 扬雄《校猎赋》写天子上林苑中狩猎："钩赤豹，牵象犀。"② 汉时中国从南亚地区获得犀牛。扬雄《交州箴》云："大汉受命，中国兼该，南海之宇，圣武是恢。稍稍受羁，遂臻黄支。抗海三万，来牵其犀。"③ 意谓武帝平南越，开拓疆宇，造成黄支国贡献犀牛。东汉班固《西都赋》借"西都宾"之口，盛夸西汉上林苑集中了四方奇物："西郊则有上囿禁苑，林麓薮泽，陂池连乎蜀汉，缭以周墙四百余里，离宫别馆三十六所，神池灵沼往往而在。其中乃有九真之麟，大宛之马，黄支之犀，条支之鸟。逾昆仑，越巨海，殊方异类至三万里。"④ 一般认为，黄支国在今印度马德拉斯西南的康契普腊姆（Kan-chipuram）附近，汉武帝平南越之后，汉朝使节到达此地。⑤《汉书·平帝纪》记载，元始二年（2年）春，"黄支国献犀牛。"颜师古注云："犀状如水牛，头似猪而四足类象，黑色，一角当额前，鼻上又有小角。"⑥ 元始，汉平帝年号。其时王莽执政，平帝只是傀儡。王莽贿赂黄支王，令献生犀牛以颂扬太后的功德，树立个人的威望。《汉书·地理志》"粤地"条记载："平帝元始中，王莽辅政，欲耀威德，厚遗黄支王，令遣使献生犀牛。"⑦ 王莽送给黄支王大量金帛，换取黄支国入贡生犀牛，此犀牛是通过海上丝绸之路传入的。《后汉书·南蛮传》记载："逮王莽辅政，元始二年，日南之南黄支国来献犀牛。"⑧ 黄支国进献生犀牛成为王莽扬威耀德的手段，王莽上太后《奏羌豪内附书》中便夸耀："黄支自三万里贡生犀。"⑨ 黄支国献生犀，当时被当作祥瑞，所以《汉书·王莽传》云："肇命于新都，受瑞于黄支。"⑩ 昆阳之战，

---

① 费振刚等辑校：《全汉赋》，北京大学出版社1993年版，第63页。
② 《汉书》卷87上《扬雄传》上，第3547页。
③ 《艺文类聚》卷6《州郡部》，上海古籍出版社1982年版，第116页。
④ 费振刚等辑校：《全汉赋》，北京大学出版社1993年版，第313页。
⑤ 《汉书》卷28下《地理志》下，第1671页。
⑥ 《汉书》卷12《平帝纪》，第352页。
⑦ 《汉书》卷28下《地理志》，第1671页。
⑧ 《后汉书》卷86《南蛮传》，第2836页。
⑨ 《汉书》卷99上《王莽传》上，第4077页。
⑩ 《汉书》卷99中《王莽传》中，第4112页。

王莽曾把犀牛、大象用于战争。《后汉书·光武帝纪》记载，刘伯升、刘秀起兵，王莽派兵镇压，"征天下能为兵法者六十三家数百人，并以为军吏；选练武卫，招募猛士，旌旗辎重，千里不绝。……又驱诸猛兽虎豹犀象之属，以助威武。自秦汉出师之盛，未尝有也。"①

汉代中国还从日南徼外和西南夷获得生犀牛。扬雄《蜀都赋》写西南地区出产"于远则有银、铅、锡、碧、马、犀、象、僰"。②《东观汉记》记载："章帝元和元年，日南献白雉、白犀。"③《后汉书·章帝纪》记载，元和元年（84年）春正月，"日南徼外蛮夷献生犀、白雉。"④此蛮夷指"究不事"。《册府元龟·外臣部》云："章帝元和元年正月，日南徼外蛮夷究不事人邑蒙献生犀、白雉。"⑤究不事，其地不详，大约乃东南亚某地。其时今缅甸境内有敦忍乙国，其王亦向汉进贡犀牛。《后汉书·和帝纪》记载，永元六年（94年）"正月，永昌徼外夷遣使译献犀牛、大象"⑥；"九年春正月，永昌徼外蛮夷及掸国重译奉贡"。⑦《后汉书·安帝纪》记载，永初元年（109年）三月，"己卯，永昌徼外僬侥种夷贡献内属"。⑧按照常例，其贡物可能仍是犀牛、大象。据同书《西南夷·哀牢夷传》记载："永元六年，郡徼外敦忍乙王莫延慕义，遣使译献犀牛、大象。"⑨汉朝还从西南夷哀牢国获得犀牛、犀角。《后汉书·西南夷列传》记载哀牢国："出铜、铁、铅、锡、金、银、光珠、虎魄、水精、瑠璃、轲虫、蚌珠、孔雀、翡翠、犀、象、猩猩、貊兽。"⑩"西部都尉广汉郑纯为政清洁，化行夷貊，君长感慕，皆献土珍，颂德美。""哀牢"是达光王国国王的名字，因哀牢是最早与汉朝有接触的达光王，达光王国也就被汉史称作"哀牢国"。达光王国是濮人（傣族先民）在怒江—澜沧江流域建立的部落联盟国家，前期被汉史称作"哀牢国"或"滇越乘象国"，后期被汉史称作"掸国"。

---

① 《后汉书》卷1《光武帝纪》，第5页。
② 费振刚等辑校：《全汉赋》，北京大学出版社1993年版，第160页。
③ 《太平御览》卷890《兽部》，上海古籍出版社2008年版，第9册，第33页。
④ 《后汉书》卷3《章帝纪》，第145页。
⑤ 《册府元龟》卷968《外臣部》，中华书局1960年版，第12册，第11378页。"究不事"，古代民族名，一说在今越南南部至马来半岛一带；一说在今柬埔寨，即Kamboja的讹音。参见陈佳荣等《古代南海地名汇释》，中华书局1986年版，第445页。
⑥ 《后汉书》卷4《和帝纪》，第5页。
⑦ 同上书，第183页。
⑧ 《后汉书》卷5《安帝纪》，第207页。
⑨ 《后汉书》卷86《西南夷列传》，第2851页。
⑩ 同上书，第2849页。

考古发现汉代犀牛造型的艺术品。1963年，陕西兴平县曾发现一件错金银铜犀尊，属于战国至于西汉年代作品，通高34.4厘米、长58.1厘米、重13.3公斤，现由国家博物馆珍藏。有人认为，这种犀牛形象可能还演变为辟邪的灵兽形象，成为辟邪形象的元素之一。林梅村《天禄辟邪与古代中西文化交流》一文考证，天禄、辟邪艺术形象在中原兴起始于东汉桓、灵之际，与当时东西方经济文化交流的蓬勃发展分不开，辟邪的动物原形或许是西域犀牛。[1] 用犀牛形象镇妖辟邪，战国时已经出现，汉代仍有此风。1952年，在徐州茅村发现的汉墓前室门额，与左青龙、右白虎并刻有独角犀，显然出于辟邪的观念。[2] 考古发现证明，犀牛曾广泛生活在中国古代中南部地区。中国古代不仅有十分珍稀的野生犀牛，而且有丰富多彩的犀牛文化。犀牛皮质坚韧，春秋战国时期被用于制作盔甲。犀牛皮制成的铠甲，称为犀甲。因为，犀皮不常有，或用牛皮，亦称犀甲。战国屈原《国殇》描写战争场面："操吴戈兮被犀甲，车错毂兮短兵接。"[3]《淮南子·兵略训》云："蛟革犀兕，以为甲胄。"[4] 王褒《圣主得贤臣颂》云："巧冶铸造干将之璞，清水淬其锋，越砥敛其锷，水断蛟龙，陆剸犀革。"[5] 汉末陈琳《武军赋》称赞袁绍的军队兵器之犀利："其刃也，则楚金越冶，棠溪名工，清泾皓锷，苗山锐锋，陆陷玄犀，水截轻鸿。"[6] 所谓犀革、玄犀，即坚韧的犀甲。作为军需，消耗量特别大，因而导致大量的犀牛被捕杀，汉代已经开始从国外进口犀角。从考古发现的材料看，汉代帝陵有用外来的犀牛陪葬。1975年，西安市东郊白鹿原发现20座西汉帝陵从葬坑，其中第20号坑出土有犀牛骨骼。据中国科学院古脊椎动物与古人类研究所专家鉴定，此从葬坑中之犀牛则是生活在东南亚爪哇岛的独角犀。

---

[1] 林梅村：《汉唐西域与中国文明》，文物出版社1998年版，第97—98页。
[2] 俞伟超：《战国秦汉考古》（下），北京大学考古研究室，1973年，第41页；孙机：《汉代物质文化资料图说》，文物出版社1991年版，第450页；沈福伟：《中西文化交流史》，上海人民出版社2006年第2版，第63页。
[3] （宋）洪兴祖：《楚辞补注》卷2，中华书局1957年版，第137页。
[4] （汉）刘安：《淮南子》卷15《兵略训》，《二十二子》，上海古籍出版社1986年影印本，第1276页。
[5] （隋）虞世南：《北堂书钞》卷122《剑》，学苑出版社1998年版，下册，第275页。
[6] 同上书，第276页。

## 四　象、象戏的输入及白象的政治寓意

　　巨兽百寻，是为曼延；神山崔嵬，欻从背见。熊虎升而挐攫，猨狖超而高援。怪兽陆梁，大雀踆踆。白象行孕，垂鼻辚囷。

　　　　　　　　　　　　　　——（东汉）张衡《西京赋》

　　中国原产象，商代时黄河流域大象是常见的野兽，人们不仅捕捉大象，为了实用的目的还豢养象。日本学者藤田丰八在《象》一文中指出："中国人知有象，为时甚早。'象'字为象形……迄《周易》完成时，此字已用为第一义形象之意矣，《系辞》解曰：'象也者，像也。'"① 西周时象仍是威胁百姓生命的猛兽，所以《孟子·滕文公下》颂扬周公的功绩："驱虎豹犀象而远之，天下大悦。"② 人们为了取得象牙，而猎杀大象。《左传·襄公二十四年》有云："象有齿，以焚其身。"③ 意谓大象被猎杀有其自身的原因，象牙的珍贵给它惹了祸。古时也有食象肉者，而且属美味佳肴。《吕氏春秋·本味篇》云："肉之美者，猩猩之唇、獾獾之炙、隽觾之翠、述荡之掔、旄象之约。"④ 高诱注云："旄象，肉之美者。"⑤ 约，鼻也。旄即牦牛，"旄象之约"即牦牛和象的鼻，古人以为是一种珍味。谢肇淛《五杂俎·物部一》："象体具百兽之肉，惟鼻是其本肉，以为炙，肥脆甘美。《吕氏春秋》曰：'肉之美者，有旄象之约焉'，约即鼻也。"⑥《五杂俎·物部三》："猩唇獾炙，象约驼峯，虽间有之，非常膳之品也。"⑦ 随着中国北部森林覆盖面积减少和人口增加，象逐渐迁移到南方。大约成书于战国秦汉间的《尔雅》云："南方之美者，有梁

---

① ［日］藤田丰八：《中国南海古代交通丛考》，何健民译，商务印书馆1936年版，第429页。
② 杨伯峻：《孟子校注》，中华书局1960年版，第155页。
③ 《春秋左传正义》卷35，《十三经注疏》，中华书局1980年影印本，第277页。
④ （战国）吕不韦：《吕氏春秋》卷14《本味》，《二十二子》，上海古籍出版社1986年影印本，第670页。
⑤ （唐）徐坚等：《初学记》卷29，中华书局1962年版，第699页。
⑥ （明）谢肇淛：《五杂俎》卷9《物部》一，中华书局1959年版，第244页。
⑦ （明）谢肇淛：《五杂俎》卷11《物部》三，第311页。

山之犀象焉。"邢昺注云："犀牛皮、角，象牙、骨。"① 《山海经·海内南经》中有云："巴蛇食象，三岁而出其骨。"② 桓宽《盐铁论·崇礼》云："犀象兕虎，南夷之所多也……中国所鲜，外国贱之。"③ 唐代时岭南山区还有大象生存。《禹贡》中将中国划分为九州，豫州是其一。后来河南简称豫。"豫"作为会意字，表示的意思是一人牵着大象。中国古代曾使用大象作战，鲁定公四年（前506年），楚国的军队曾以燧火烧象尾，驱赶大象与吴国军队作战。④

汉代时北方已经罕见大象，对黄河流域的人来说，大象已经成为异域奇兽，东汉许慎《说文解字》云："象，长鼻牙，南越之大兽。"⑤ 在汉晋人笔下象已经成为今越南境内特产。东汉郭宪《别国洞冥记》云，离长安九千里有吠勒国，在日南，"人长七尺，被发至踵，乘犀象之车。乘象入海底取宝"。⑥ 西晋张华《博物志》云："昔日南有四象，各有雄雌。其一雌死，百有余日，其雄泥土著身，独不饮酒食肉。长吏问其所以，辄流涕焉。"⑦ 日南郡，中国古代行政区划，交州最南一郡，在今越南中部。郡治西卷县，在今越南广治省东河市。汉武帝元鼎六年（前111年）设郡，辖地包括今越南横山以南到平定省以北一带地区，今越南顺化、岘港等地都在日南郡的范围内。东汉后期，日南郡南部兴起林邑国，不断对郡境侵犯蚕食，南齐以后撤废。张勃《吴录·地理志》云："九真郡（都）庞县多象，生山中。郡内及日南饶之。"⑧ 九真郡，中国古代行政区，位于今越南中部，后北移越南北部。秦时属于象郡，汉武帝于元鼎六年（前111年）置此郡，治胥浦县（今越南清化省清化市西北十余里），属交州。王莽新朝时九真郡改称为九真亭，东汉时复名九真郡，三国吴时由

---

① 《尔雅》卷7《释地》，《十三经注疏》，中华书局1980年影印本，第2615页。
② 袁珂：《山海经校译》卷10《海内南经》，上海古籍出版社1985年版，第220页。
③ （汉）桓宽撰，王利器校注：《盐铁论校注》卷7《崇礼》，中华书局1992年版，第438页。
④ 《左传》记载："吴伐楚，鍼尹固与王同舟。王使执燧象奔吴师。"杜预注："烧燧火击象尾，使吴师惊却之。"《初学记》卷29，中华书局1952年版，第699页。参见 E. H. Schafer, "War Elephants in Ancient and Medieval China"（《古代和中世纪中国的战象》），*Oriental*, Vol. 10 (1957), pp. 289—291. ［美］薛爱华：《撒马尔罕的金桃——唐代舶来品研究》，吴玉贵译，社会科学文献出版社2016年版，第218页。
⑤ （汉）许慎：《说文解字》（九），中华书局1963年版，第198页。
⑥ （汉）郭宪：《别国洞冥记》卷2，《汉魏丛书》，吉林大学出版社1992年影印本，第693页。
⑦ 《艺文类聚》卷95《兽部》下，上海古籍出版社1982年版，第1643页。
⑧ （唐）徐坚等：《初学记》卷29《兽部》，中华书局1962年版，第698页。

九真郡分出九德郡。九真郡仍治胥浦县，辖胥浦、移风（居风改）、都庞、常乐（在今越南）、建初（在今越南）、扶乐（在今越南）六县。秦时置郡名之曰象郡，汉代又有象林县，当与此地多象有关。

张骞出使西域和汉武帝平南越后，大象从域外传入，中国人了解到不少关于域外大象的知识。汉朝人知道在东南亚、南亚和西域一些国家，象作为坐骑和战骑使用，象牙受人珍视。据《史记·大宛列传》记载，张骞向汉朝的报告中，知道身毒国（印度）"人民乘象以战"。① 《汉书·西域传》记载，罽宾"出封牛、水牛、象、大狗、沐猴、孔雀"。② 扬雄《蜀都赋》写西南所出"于远则有银、铅、锡、碧、马、犀、象、僰"。③ 东汉杨孚《异物志》云："金邻一名金陈，去扶南可二千余里，地出银，人民多好猎大象，生得乘骑，死则取其牙。"④ 金邻，东南亚古国名，或译为"金陈"或"金遴"，故地可能在今泰国西南部。名见《太平御览》第七百九十卷引《异物志》《外国传》《梁书·海南诸国列传》"扶南国"条和《新唐书·宦者列传》等处。隋唐时的金邻大湾，即因此国而得名。《后汉书·西域传》记载天竺国"乘象而战"。⑤ 东离国"乘象、骆驼往来邻国，有寇，乘象以战"。⑥ 汉代开始从域外输入大象。《汉书·西域传赞》描述西汉所获异域物产："明珠、文甲、通犀、翠羽之珍，盈于后宫；蒲梢、龙文、鱼目、汗血（四种骏马名）之马充于黄门；巨象、师子、猛犬、大雀之群，食于外囿。殊方异物，四面而至。"⑦ 汉上林苑中建章宫养有域外输入的大象，《三辅黄图》卷三记载："奇华殿在建章宫旁，四海夷狄器服珍宝，火浣布、切玉刀、巨象、大雀、师子、宫马，充塞其中。"⑧ 司马相如《上林赋》云："其兽则庸旄貘氂，沈牛麈麋，赤首圆题，穷奇象犀。"⑨ 扬雄《校猎赋》写天子上林苑中狩猎："钩赤豹，牵象犀。"⑩ 王莽曾把外来的犀牛、大象用于战争。《后汉书·光武帝纪》

---

① 《史记》卷123《大宛列传》，第3166页。
② 《汉书》卷96上《西域传》上，第3885页。
③ 费振刚等辑校：《全汉赋》，北京大学出版社1993年版，第160页。
④ （汉）杨孚撰，（清）曾钊辑：《异物志》，《丛书集成初编》，中华书局1985年版，第1页。
⑤ 《后汉书》卷88《西域传》，第2921页。
⑥ 同上书，第2922页。
⑦ 《汉书》卷96下《西域传》下，第3928页。
⑧ 佚名撰，何清谷校注：《三辅黄图校注》卷3，三秦出版社1995年版，第168页。
⑨ 费振刚等辑校：《全汉赋》，北京大学出版社1993年版，第63页。
⑩ 《汉书》卷87上《扬雄传》上，第3547页。

记载，王莽派兵镇压刘伯升、刘秀，"王莽征天下能为兵法者六十三家数百人，并以为军吏；选练武卫，招募猛士，旌旗辎重，千里不绝。……又驱诸猛兽虎豹犀象之属，以助威武。自秦汉出师之盛，未尝有也。"①

汉朝从西南夷获得大象。《后汉书·和帝纪》记载，和帝永元六年（94年），"正月，永昌徼外夷遣使译献犀牛、大象"。②此事在《后汉书·南蛮西南夷列传》也有记载："永元六年，郡徼外敦忍乙王莫延慕义，遣使译献犀牛、大象。"③永昌徼外夷即敦忍乙国，是地处今上缅甸的小王国。《后汉书·安帝纪》记载，安帝永初元年（107年），"永昌徼外僬侥种夷贡献内属"。僬侥部族的献物是象牙、水牛和封牛。汉时罽宾、缅甸皆曾贡献大象。西域诸国以象进贡汉朝时，象牙是贵重物品，大象则供观赏。汉朝还从西南夷哀牢国获得大象。上引《后汉书·南蛮西南夷列传》记载，哀牢国出象，西部都尉郑纯为政清洁，其君长献土珍。哀牢是达光王国国王的名字，哀牢最早与汉朝有接触的是达光王，达光王国也就被汉史称作"哀牢国"。达光王国是濮人（傣族先民）在怒江—澜沧江流域建立的部落联盟国家，前期被汉史称作"哀牢国"或"滇越乘象国"，后期被汉史称作"掸国"。《后汉书·南蛮西南夷列传》记载："永初元年，徼外僬侥种夷陆类等三千馀口举种内附，献象牙、水牛、封牛。"④同传史官论汉代域外传入的物品云："其賨幏、火毳、驯禽、封兽之赋，䡞积于内府。"⑤李贤注云："封兽，象也。"⑥1983年，发掘广州市解放北路象岗山南越王赵眜墓，在西耳室发现大象牙5支，每支长度均超过1.2米，最长的达1.26米，全属粗壮型，从形态特征和大小比例看应为非洲象牙。⑦那时中国与非洲之间还没有直接通航，这应该是通过印度洋航路辗转贩运至中国南方沿海地区的。

大象通过朝贡进入汉代都城，成为人们观赏的动物。《汉书·武帝纪》记载，元狩二年（前121年）夏，"南越献驯象、能言鸟"。⑧《后汉

---

① 《后汉书》卷1《光武帝纪》，第5页。
② 《后汉书》卷4《和帝纪》，第177页。
③ 《后汉书》卷86《南蛮西南夷列传》，第2851页。
④ 同上书，第2851页。
⑤ 同上书，第2860页。
⑥ 同上书，第2861页。
⑦ 麦英豪：《汉代番禺的水上交通与考古发现》，《广州文博》1987年第4期；邓炳权：《海上丝绸之路的东方发祥地》，广东省人民政府外事办公室、广东省社会科学院编《广州与海上丝绸之路》，广东省社会科学院1991年版，第73页。
⑧ 《汉书》卷6《汉武帝纪》，第176页。

书·献帝纪》记载,建安七年(202年),"于阗国献驯象"。章怀太子注曰:"驯象随人意也。"① 即能按照人的训练,进行各种表演。汉宫驯养大象,桓帝延熹五年(162年)四月曾发生"惊马逸象突入宫殿"的事件。② 东汉张衡《西京赋》写人们的娱乐活动,有大象游戏,"白象行孕,垂鼻辚囷"。③ 白象是来自西域或东南亚的象。象分灰象和白象,白象是白色的亚洲象,白色的象非常稀少,所以被视为珍奇动物。西汉上林苑有"观象观"④,是皇帝欣赏大象游戏的地方。古代暹罗国(今泰国)盛产大象,泰国人将患有白化病的亚洲象视为圣物,严禁役使,必须虔诚供奉。一般的大象可以用来劳动,但是白象只能用来供养。科学研究证明,白象不是象的品种,而是一般的象得了白化病。后来《魏书·世宗纪》的记载,也说明白象来自域外:

(永平)二年春正月……壬辰,嚈哒、薄知国遣使来朝,贡白象一。⑤

嚈哒人(Hephthalite,亦作 Ephthalite)是古代生活在欧亚大陆的游牧民族,称霸中亚达百余年,公元5—6世纪一再侵入萨珊波斯和印度。根据中国史书,他们原来居住长城以北,称滑国,是汉代大月氏人的后裔,西方史学家称之为"白匈奴"。⑥ 薄知国,西域古国,在今阿富汗之巴尔赫。⑦ 据《魏书·西域传》,中国人知道波斯国"出白象、师子、大鸟卵"。⑧ 叠伏罗国"有白象,并有阿末黎,木皮中织作布。土宜五谷。世宗时,其国王伏陀末多遣使献方物,自是每使朝贡"。⑨ 北魏杨衒之《洛

---

① 《后汉书》卷9《献帝纪》,第382页。
② 《后汉书》卷7《桓帝纪》,第309页。
③ (南朝·梁)萧统编:《文选》卷2,上海书店1988年影印本,第29页。
④ 佚名撰,何清谷校注:《三辅黄图》卷4《苑囿》,三秦出版社1995年版,第221页。
⑤ 《魏书》卷8《世宗纪》,第207页。
⑥ 余太山:《嚈哒史研究》,齐鲁书社1986年版,第8页。
⑦ 薄知,大夏国首都巴克特里亚(Bactria)。古代文献中又称八剌黑、薄提、缚喝、薄渴罗、巴里黑、班城,今阿富汗巴尔赫省内小镇,在首府马扎里沙里夫西北20公里处。巴尔赫古城乃阿富汗最古老的一处遗址,临巴尔赫河口。《魏书·西域传》云:"薄知国,都薄知城,在伽色尼南。""吐火罗国……国中有薄提城,周匝六十里,城南有西流大水,名汉楼河,土宜五谷,有好马、驼、骡。其王曾遣使朝贡。"北魏宣武帝永平二年(509年),薄提国隶属于嚈哒,二国合贡白象一只。
⑧ 《魏书》卷102《西域传》,第2271页。
⑨ 同上书,第2278页。

阳伽蓝记》记载："永桥南道东有白象、狮子二坊。白象者，永平二年，乾罗国胡王所献，皆（一作背）施五彩屏风，七宝坐床，容数人，真是异物。常养象于乘黄曹，象常坏屋败墙，走出于外，逢树即拔，遇墙亦倒。百姓惊怖，奔走交驰。太后遂徙象于此坊。"[1] 可见杨衒之笔下的白象应该是来自域外。在中国古代瑞应书中，白象为祥瑞之一。《宋书·符瑞志》云："白象者，人君自养有节则至。"[2] 因此，域外来献白象和文学家歌咏白象，都有歌功颂德的寓意在。

## 五　符拔与天禄的关系

符拔，兽名，古代文献中又写作扶拔、桃拔。《汉书·西域传》上记载，乌弋国"有桃拔、师子、犀牛"。颜师古注引三国魏孟康曰："桃拔一名符拔，似鹿，长尾。一角者或为天鹿，两角者或为辟邪。"[3] 《后汉书·章帝纪》记载，章和元年（87年），"月氏国遣使献扶拔、师子"。[4]《后汉书·和帝纪》记载，章和二年（88年），"安息国遣使献师子、扶拔"。[5]《后汉书·班超传》记载，月氏国曾通过班超向汉朝"贡奉珍宝、符拔、师子"。[6]《后汉书·西域传》记载，安息国"章帝章和元年，遣使献师子、符拔。符拔形似麟而无角。"[7]

符拔来自西亚和中亚希腊化古国。据法国汉学家沙畹研究，"符拔"一词译自古希腊文 boubalis，羚羊之类，即叉角羚。[8] 叉角羚和我们熟悉的蒙古草原上的羚羊不同，分布于非洲和欧亚大陆，非洲巨大的角斑羚肩高1.75米。雄性叉角羚都长有独特的向后弯曲的角，雌性叉角羚大部分无角。孙机指出，孟康认为符拔有角的说法是正确的。既然符拔是叉角羚，而叉角羚雌性大部分无角和雄性有角，也不能说《后汉书·西域传》

---

[1]（北魏）杨衒之撰，范祥雍校注：《洛阳伽蓝记校注》卷3，上海古籍出版社1978年版，第161页。

[2]《宋书》卷28《符瑞志》中，中华书局1974年校点本，第802页。

[3]《汉书》卷96上《西域传》上，第3889页。

[4]《后汉书》卷3《章帝纪》，第158页。

[5]《后汉书》卷4《和帝纪》，第168页。

[6]《后汉书》卷47《班超传》，第1580页。

[7]《后汉书》卷88《西域传》，第2918页。

[8] E. Chavannes, *Six inscriptions chinoises de l'Asie Centrale d'après les estampages de M. Ch.-E. Bonin*, Paris, Imprimerie Nationale, 1902, p. 232.

中"无角"的说法完全是错的,只是当时人们见到的符拔数量不多又不相同罢了。汉代铜镜有的铸有带角的灵兽,并有题铭称其为"天禄",据汉镜题铭,双角者为天禄,独角者为辟邪。① 林梅村认为汉代灵兽天禄的原型即汉代被称为"符拔"的叉角羚,而独角兽辟邪则来自另一种西域动物。②

汉代时符拔来自安息、月氏、乌弋。帕提亚帝国又名阿萨息斯王朝或安息王朝,是亚洲西部伊朗高原地区古典时期的奴隶制王国。建于前247年,开国君主为阿尔撒息。公元226年被波斯萨珊王朝代替。月氏起源于乌拉尔山、南西伯利亚一带,居于河西走廊、祁连山古代原始印欧人种游牧部族,亦称"月支""禺知"。月氏于公元前2世纪为匈奴所败,西迁伊犁河、楚河一带,后又败于乌孙,遂西击大夏,占领妫水(阿姆河)两岸,建立大月氏王国。月氏西迁伊犁河、楚河时,驱逐了原居该地的塞人,迫使塞人分散,一部分南迁罽宾,一部分西侵巴克特里亚的希腊人王国,建立大夏国。张骞第一次出使西域,寻找的大月氏就是这个民族。后来大月氏征服大夏,并南下恒河流域建立贵霜王朝。班超的时代,大月氏已经被贵霜王朝取代,因此向东汉章帝进献符拔的是贵霜王国。

乌弋,即乌弋山离国,伊朗高原东部古国,位于现今阿富汗南部的坎大哈,公元前329年为亚历山大东征中亚时所建。约在公元前128年,安息以北各部塞人为西迁中亚的大月氏人所迫,纷纷南下进入安息境内,直到德兰吉亚那和阿拉科西亚二郡之地,占据锡斯坦。安息王米特拉达梯二世(前123年—前68年在位)即位后,派遣贵族苏林率大军镇压入侵的塞人,经过十年战争,塞人降服,与土著安息人逐渐融合。苏林在德兰吉亚那和阿拉科西亚两郡建立了军事独裁政权。政治中心在锡斯坦。《汉书》把苏林家族治下安息人与塞人杂居地区称为乌弋山离国。公元1世纪乌弋山离国被贵霜帝国所并。据《汉书·西域传》记载:"乌弋山离国,去长安万二千二百里,不属都护;户口胜兵,大国也。东北至都护治所六十日行。行可百余日乃至条支,国临西海。……乌弋地暑热莽平,其草木、畜产、五谷、果菜;食饮、官室、市列、钱货、兵器、金珠之属,皆与罽宾同,而有桃拔、师子、犀牛。"③ 此西海当指今波斯湾。从《汉书》记载来看,汉朝与乌弋山离国有直接往来。安息国进献的符拔,可

---

① 孙机:《汉代物质文化资料图说》,文物出版社1991年版,第420页。
② 林梅村:《天禄辟邪与古代中西文化交流》,《汉唐西域与中国文明》,文物出版社1998年版,第97页。
③ 《汉书》卷96上《西域传》上,第3888页。

能也出于乌弋山离。

## 六 安息雀的文化寓义

嘉大雀之所集，生昆仑之灵丘。同小名而大异，乃凤凰之匹俦。怀有德而归义，故翔万里而来游。

——［东汉］班昭《大雀赋》

安息雀，即后世称为鸵鸟的大鸟，是产于西域条支和安息的大鸟，汉代文献中称为"大鸟""大雀""大马爵""大马雀""安息大雀""条支之鸟"等。《史记·大宛列传》记载："条支在安息西数千里，临西海，暑湿，耕田，田稻。有大鸟，卵如瓮。人众甚多，往往有小君长，而安息役属之，以为外国。"① 《汉书·西域传》记载，安息国"有大马爵"。② 荀悦《前汉纪·孝武皇帝纪》记载："安息国，王治潘兜城，去长安万二千六百里，地方数千里，城郭数百。……出犬、马、大雀。"③ 晋郭义恭《广志》描写安息雀："安息大雀，鹰身，蹄骆，色苍，举头八九尺，张翅丈余，食大麦，卵大如瓮。"④ 此段为颜师古注《汉书》时采用。

汉代时从西域获安息雀及其大鸟卵。《汉书·张骞传》记载："大宛诸国发使随汉使来，观汉广大，以大鸟卵及犛靬眩人献于汉，天子大说。"颜师古注引应劭曰："卵大如一二石瓮也。"颜师古云："鸟卵如汲水之瓮耳，无一二石也。应说失之。"⑤《汉书·西域传赞》描述西汉所获异域物产云："明珠、文甲、通犀、翠羽之珍，盈于后宫；蒲梢、龙文、鱼目、汗血（四种骏马名）之马充于黄门；巨象、师子、猛犬、大雀之群，食于外囿。殊方异物，四面而至。"⑥ 其中"大雀"即安息雀，称"群"，可见数量还不少。东汉班固《西都赋》写西汉上林苑集中了四方奇物："西郊则有上囿禁苑，林麓薮泽，陂池连乎蜀汉，缭以周墙四百余

---

① 《史记》卷123《大宛列传》，第3163页。
② 《汉书》卷96上《西域传》上，第3889页。
③ （汉）荀悦：《汉纪》卷12，《两汉纪》，张烈点校，中华书局2002年版，第203页。
④ 《艺文类聚》卷96《鸟部》下，上海古籍出版社1982年版，第1595页。
⑤ 《汉书》卷61《张骞传》，第2696页。
⑥ 《汉书》卷96下《西域传赞》，第3928页。

里，离宫别馆三十六所，神池灵沼往往而在。其中乃有九真之麟，大宛之马，黄支之犀，条支之鸟。逾昆仑，越巨海，殊方异类至三万里。"《后汉书·班固传》李贤注云："条支国临西海，有大鸟，卵如瓮。条支与安息接，武帝时，安息国发使来献之。"①

东汉时西域国家继续向汉朝进献安息雀。《东观汉记》记载："永元十三年，安息王献条支大雀，此雀卵大如瓮。"② 《后汉书·和帝纪》记载，永元十三年（101年）"冬十一月，安息国遣使献师子及条枝大爵"。李贤注引《西域传》云："安息国居和椟城，去洛阳二万五千里。条支国临西海，出师子、大雀。"又引郭义恭《广志》云："大爵，颈及身蹄都似橐驼，举头八九尺，张翅丈余，食大麦，其卵如瓮，即今驼鸟也。"③《后汉书·西域传》"安息"条记载，和帝永元十三年（101年），"安息王满屈复献师子及条支大鸟，时谓之安息雀。"同传"条枝"条云："条枝国城在山上，周回四十余里，临西海。土地暑湿，出师子、犀牛、封牛、孔雀、大雀；大雀其卵如瓮。"④ 班超任西域都护，获西域安息雀，献朝廷。其妹班昭应诏作《大雀赋》，序云："大家（即班昭，班昭嫁曹氏，称曹大家，家音姑）同产兄西域都护定远侯班超献大雀，诏令大家作赋。"班超进献朝廷的大雀来自西域无疑，应该就是这种安息雀。故赋中说："嘉大雀之所集，生昆仑之灵丘。同小名而大异，乃凤凰之匹俦。怀有德而归义，故翔万里而来游。"当时是把西域大雀之类的珍禽异兽的输入，视为汉朝天子有德有义的象征和太平盛世的表现，故赋又云："集帝庭而止息，乐和气而优游。上下协而相亲，听《雅》、《颂》之雍雍。自东西而南北，咸思服而来同。"⑤

后来的文献则不再称安息雀或条支大雀，从北魏起文献中称作"驼鸟""骆驼鹤""走禽"。宋李石《续博物志》讲到《广志》中的条支国大雀，云："今之䭴鸟也。"⑥ 驼鸟是中古波斯语 ushtur murgh（骆驼鸟）的译称。在中国文献记载中，其所生活的地方分别作"波斯国""大食国""吐火罗国""富浪国""弼琶罗国"。《魏书·西域传》"波斯"条

---

① 《后汉书》卷40上《班固传》，第1338、1340页。
② 《艺文类聚》卷92《鸟部》下，上海古籍出版社1982年版，第1595页。
③ 《后汉书》卷4《和帝纪》，第189页。
④ 《后汉书》卷88《西域传》，第2918页。
⑤ 《艺文类聚》卷92《鸟部》下，上海古籍出版社1982年版，第1596页。
⑥ （宋）李石：《续博物志》卷3，《文渊阁四库全书》第1047册，台湾商务印书馆1983年版，第946页。

记载:"波斯国,都宿利城,古条支也。又出白象、师子、大鸟卵。有鸟形如橐驼,有两翼,飞而不能高。食草与肉,亦能噉火。"① 波斯指以伊朗为中心的古代萨珊王朝。《通典·边防》转引杜环《经行纪》记载,大食国"有驼鸟,高四尺以上,脚似驼蹄,头颈胜得人骑,行五六里。其卵大如二升"。② 大食即阿拉伯帝国。《新唐书·西域传》下记载,吐火罗国"居葱岭西,乌浒河之南,古大夏地","永徽元年,献大鸟,高七尺,色黑,足如橐驼,翅而行,日三百里,能噉铁,俗谓驼鸟"。③ 吐火罗既是民族名,也是地名,亦作兜佉勒、吐呼罗、货逻,希腊典籍中作Tokharoi,位于今天的阿富汗北部乌浒水(今阿姆河)上游即缚刍河流域。"吐火罗"一词可能源自吐火罗人的自称。中国唐朝以前称其为大夏,自唐朝开始称吐火罗。宋代周去非《岭外代答·昆仑层期国》记载:"有骆驼鹤,身项长六七尺,有翼能飞,但不高耳。"④ 昆仑层期国,张星烺考证为桑给巴尔,在今东非肯尼亚、坦桑尼亚一带。⑤ 刘郁《西使记》云:"密乞儿国……至报达六千余里,国西即海,海西有富浪国……有大鸟,驼蹄,苍色,鼓翅而行,高丈余,食火,其卵如升许。"⑥ 报达即巴格达,密乞儿即今埃及。富浪,丁谦《西使记地理考证》以为即佛郎之转音,冯承钧以为乃波斯语对地中海东岸之欧洲人之称。⑦ 一说即拂菻⑧,东罗马帝国;或云即今地中海之塞浦路斯岛。周致中《异域志》"大食弼琶罗国"条云:"有州四座,无国主,惟土豪更互主事。……地产骆驼鹤,长六七尺,有翼能飞,食杂物,或烧赤热铜铁与之食,生卵如椰子,破之如瓮瓮有声。"⑨ 弼琶罗乃 Berbera 之对音,拨拔力国的异译,今非洲索马里北部亚丁湾沿岸之柏培拉。

---

① 《魏书》卷102《西域传》,中华书局1974年版,第2270—2271页。
② (唐)杜佑:《通典》卷193《边防》,王文锦等校注,中华书局1988年版,第5280页。
③ 《新唐书》卷221下《西域传》下,中华书局1974年版,第6252页。
④ (宋)周去非著,杨武泉校注:《岭外代答校注》卷3,中华书局1999年版,第113页。
⑤ 张星烺:《中西交通史料汇编》第三册"古代中国与非洲之交通",辅仁大学图书馆1930年版,第55、92页。
⑥ 杨建新:《古西行记选注》,宁夏人民出版社1987年版,第241页;陈得芝:《刘郁(常德)西使记校注》,《中华文史论丛》(总第117期),中华书局2015年版,第101页。
⑦ 冯承钧原编,陆峻岭增订:《西域地名》(增订本),中华书局1980年增订第2版,第27页。
⑧ 陈佳荣等:《古代南海地名汇释》,中华书局1986年版,第787页。
⑨ (元)周致中:《异域志》卷上,陆峻岭校注,中华书局1981年版,第10页。

## 七　骆驼的输入及其用途

> 使郎中系雩浅奉书请，献橐他一匹，骑马二匹，驾二驷。
> ——（匈奴）冒顿单于《遗文帝书》

骆驼是骆驼科骆驼属动物，在古代不同的汉文文献中被写作"橐驼""駞驼""橐它""橐他""橐佗""橐駞""骆駞"等。骆驼，最早见于西汉陆贾《新语·道基》。颜师古注《汉书》云："橐驼者，言其可负橐囊而负驼物，故以名云。"[①] 从体型上分，骆驼有单峰驼和双峰驼两种。单峰骆驼比较高大，在沙漠中能走能跑，可以运货，也能驮人。双峰骆驼四肢粗短，更适合在沙砾和雪地上行走。骆驼科的进化最早发生于北美，后来其分布范围扩大到南美和亚洲，而在其原产地却消失了。英国学者梅森主编《驯养动物的进化》云："在冰川时代，由于阿拉斯加和西伯利亚之间的白令海峡是相连的，使得早期的骆驼能从美洲扩散到亚洲。不同类型的化石表明，它们在穿过干旱的亚洲大陆中部而进入欧洲东部（南俄罗斯和罗马尼亚）。某些早期的骆驼通过中东和北非，一直向西迁徙到大西洋或向南到达坦桑尼亚北部。"[②] 传统观点认为现代骆驼的祖先4000万年前生活在北美，有可能体型巨大，没有脚趾。在大约300万年前至亚洲，并进而到达中东和非洲。也有一种观点是100万年前骆驼远祖越过白令海峡到达亚洲，进而至非洲，并演化出双峰驼和人类驯养的单峰驼。[③]

按照贺新民等《中国骆驼资源图志》的介绍，骆驼起源于距今5500万年新生代始新世时期北美洲的"原踝蹄类"。距今约3000万年的渐新世中期，演化成"二趾原驼"；距今约2500万年的中新世末期进化为"原驼"，外形与现代骆驼仍有差异，但在解剖学上已经非常相近。距今约100万年，原驼开始自北美大批迁徙。一支经白令海峡到东半球，在中亚细亚进化为双峰驼；一支越过大陆干旱地区，至西亚、北非热带沙漠地区，演变为单峰驼；还有一支南下，越过巴拿马海峡，进入南美地区，演

---

① 《汉书》卷57上《司马相如传》上，第2556—2557页。
② ［英］梅森（I. L. Mason）:《驯养动物的进化》，中译本，南京大学出版社1991年版，第121页。
③ 贺新民、杨宪孝:《中国骆驼发展史》（上），《农业考古》1981年第1期。

化为四种无峰驼：驼马、原驼、羊驼和美洲驼。① 大迁徙后的骆驼，各自适应迁入地区的自然环境，繁衍生息，逐渐进入人类驯化的历史。一般认为，距今约6000年，西亚、北非和阿拉伯南部地区驯化出单峰驼；距今约4500年，中亚地区则驯化出双峰驼。②

单峰驼最早在阿拉伯半岛中部或南部被驯养。有人认为单峰驼早在公元前4000年已被驯养，而大部分人则认为是公元前1400年。约于公元前两千年，单峰驼逐渐在撒哈拉沙漠地区普及，但在公元前900年左右消失，它们大多是被人类捕猎的。后来埃及入侵波斯，波斯阿契美尼德王朝国王冈比西斯二世（Cambyses Ⅱ，前529年—前522年在位）把已经被驯养的单峰驼传入波斯地区。被驯养的单峰驼在北非被广泛使用，罗马人使用骆驼骑兵在沙漠边缘巡逻。波斯骆驼不适合用来穿越撒哈拉沙漠，起初穿越大沙漠的长途旅行通常是靠战车实现的。更强壮和耐久力更强的双峰驼，原产于亚洲中部土耳其斯坦、中国北方和蒙古，大约在公元前八九世纪被驯化。亚述王室碑文记载了公元前8世纪的地区香料贸易："从阿拉伯女王撒木斯（Samsi）那里，我得到了1100名囚犯，30000头骆驼，20000头牛，5000蒲式耳各种各样的香料，而她却像野驴一样逃往没有水源的巴祖去了。摩挚、特马、萨芭、阿帕、巴达那、海地等国的居民知道我的势力后也纷纷臣服于我的统治。他们每年要为我纳贡，有公骆驼、母骆驼，还有香料。"圣经《旧约全书·列王纪》记载，示巴女王拜访所罗门，"跟随她到耶露撒冷的人甚多，又有骆驼驮着香料、宝石和许多金子"。③ 在公元前4世纪，双峰驼传入非洲，在这里越来越多的人开始使用它们。这种骆驼适合做穿越大漠的长途旅行之用，而且可以装运更多更重的货物，跨撒哈拉沙漠的贸易活动得以进行。

关于中国双峰驼的起源和驯养的时间问题，学术界存在争议。《驯养动物的进化》的作者认为："直到公元前4世纪末，在中国尚不知骆驼的存在，这就近乎排除了中国是早期驯化地的可能。"④ 中国学者贺新民、杨宪孝考证的结果，内蒙古、新疆、甘肃黄河南西以及青海柴达木盆地等

---

① 贺新民：《中国骆驼资源图志》，湖南科学技术出版社2002年版，第1—2页。
② Reitz E. J., Wing E. s. *Zooarchaeology* (second edition), Cambridge University Press, 2008. p. 291. 罗运兵：《我国骆驼的早期驯养与扩散》，《中国〈活兽慈舟〉学术研讨会论文集》（四川威远），2013年，第13页。
③ 《圣经》，中国基督教三自爱国运动委员会、中国基督教协会出版发行，上海，2008年，第331页。
④ ［英］梅森（I. L. Mason）：《驯养动物的进化》，第123页。

省区的荒漠、半荒漠地带，既是中国双峰驼的发源地区，也是亚洲驯养双峰驼最早的地方。中国驯养双峰驼的时期是在公元前5000年至前3000年的氏族公社时代。① 罗运兵指出："从目前已有的考古材料来看，中国是否是双峰驼的最初驯化地还不能确定，但可以肯定的是，中国是驯养双峰驼的较早地区之一。"② 2012年11月14日，中国科学家破译了世界上首例双峰驼全基因组图谱，完成了世界首例双峰驼全基因组序列图谱绘制和解析工作。他们的结论是双峰驼同牛遗传关系最近，在5500万—6000万年前有了最近的共同祖先。他们的成果发表在《Nature》子刊《Nature Communications》上。③ 这项研究说明中国西北地区早就有双峰驼的生存。

在塔里木盆地至柴达木盆地之间，向东至蒙古，汉代时仍有双峰野驼栖居。野双峰驼驼峰比家骆驼的小而尖，躯体比家骆驼细长，脚比家骆驼小，毛较短。数量稀少，单独、成对或结成小群4—6只聚在一起，很少见12—15只的大群。双峰驼特别耐饥渴，它可以十多天甚至更长时间不饮水，在极度缺水时，能将驼峰内的脂肪分解，产生水和热量。一次饮水可达57升，以便恢复体内的正常含水量。它们以梭梭、胡杨、沙拐枣等各种荒漠植物为食，吃沙漠和半干旱地区生长的几乎任何植物，包括盐碱植物。而且双峰驼比较驯顺、易骑乘，适于载重，四天内可运载170—270公斤东西，每天行走约47公里，最高速度约每小时16公里。居延汉简中有西北边境地区驿置人员出塞捕获野骆驼的记载，其中一简记载，张宗骑驿牝胡马看望其生病的哥哥，"见塞外有野橐佗□□□□□宗马出塞逐橐佗，行可卅余里，得骆驼一匹。"④ 张宗所获野骆驼应该是这种双峰驼。陕北绥德延家岔出土一狩猎图案的画像石，所绘被围猎的对象是一只在漠北才有可能作为猎物的野骆驼。⑤ 从考古发现的骆驼化石或骨骼遗存来看，中国北方更新世时期就有骆驼的生存。晋东地区下更新世地层中发现"类驼"化石，河南、北京周口店出现年代较晚的更新世"巨类驼"化石，内蒙古萨拉乌苏河流域晚更新世地层中出土"诺氏驼"的骆驼化石。⑥ 根据古生物学家的研究，从骨骼特征上分析，类驼可能是现生骆驼

---

① 贺新民、杨宪孝：《中国双峰骆驼起源考》，《中国农史》1986年第2期。
② 罗运兵：《我国骆驼的早期驯养与扩散》，《中国〈活兽慈舟〉学术研讨会论文集》（四川威远），2013年，第14页。
③ 科学人网：http://www.guokr.com/article/384798/2012-11-16 16：00。
④ 中国社会科学院考古研究所编：《居延汉简甲乙编》（下册），中华书局1993年版，第158页。
⑤ 吕静：《陕北汉画像石探论》，《文博》2004年第4期。
⑥ 史庆礼：《沙漠之舟》，《化石》1979年第1期。

的较早祖先，而"诺氏驼"是现代双峰驼的近祖。[①] 内蒙古朱开沟遗址出土双峰驼上臼齿一枚，年代相当于夏代晚期，因无法判断是否驯化，被考古界定性为野生动物。新疆地区，特别是北疆地区，考古发现大量的随葬骆驼骨骼遗存，说明至迟在西周中晚期中国西北地区已驯养骆驼。[②]

　　骆驼可用作骑乘、驮运、拉车、耕地等。骑乘方面，骆驼是荒漠半荒漠地区，尤其是沙漠地区的主要骑乘工具。骆驼和其他动物相比，特别耐饥耐渴。骆驼鼻孔能开闭，足有肉垫厚皮，适合在沙漠中行走；骆驼腿长，步幅大而轻快，持久力强，加之其蹄部的特殊结构，非常适合作为沙漠中的交通工具。短距离骑乘双峰驼的速度可达每小时10—15公里，长距离骑乘每天行程可达30—35公里。驮运方面，在沙漠、戈壁、盐酸地、山地及积雪很深的草地上运送物资，其他交通工具往往难以发挥作用，而骆驼则是这些地区最为重要的驮畜，发挥着其他家畜及交通工具难以替代的作用，被广泛用于这些地区的运输活动。骆驼在气候恶劣、水草供应不足的情况下仍可坚持运输。背有肉峰，肉峰内蓄藏脂肪，在骆驼得不到食物的时候，能够分解成骆驼身体所需要的养分，因此骆驼能够连续四五天不进食；骆驼的胃有三室，第一室有20—30个水脬，即瓶子形状的小泡泡，那是贮存水的地方，水脬里贮存的水使骆驼即使几天不喝水，也不会有生命危险。骆驼可以多日不吃不喝，一旦遇到水草，可以大量饮水贮存。大漠中多风沙，骆驼耳朵里有毛，能阻挡风沙入耳；有双重眼睑和浓密的长睫毛，可防止风沙进入眼睛；鼻子能自由关闭，可以防止风沙入鼻。这些生理"硬件"使骆驼不怕风沙。沙地松软，人脚踩上去很容易陷入，而骆驼的脚掌扁平，脚下有又厚又软的肉垫，可以在沙地上行走自如，不会陷入沙中。冬天沙漠地带非常寒冷，而骆驼的皮毛厚实，其皮毛对保持体温极为有用。骆驼熟悉沙漠里的气候，有大风或沙尘暴将要来临，它就会跪下应对，旅行的人可以预先做好准备。骆驼对地下水也特别敏感。西晋张华《博物志》记载："敦煌西度流沙，往外国，济沙千余里中，无水，时有伏流处，人不能知，骆驼知水脉，过其处，辄停不行，以

---

[①] 贺新民、杨宪孝：《中国双峰骆驼起源考》，《中国农史》1986年第2期。
[②] 参见中国社会科学院考古研究所新疆工作队等《新疆轮台县群巴克墓葬第二、三次发掘简报》，《考古》1991年第8期；新疆文物考古研究所等《新疆尼勒克县加勒克斯卡茵特墓地发掘简报》，《考古与文物》2011年第5期；新疆文物考古研究所等《新疆鄯善三个桥墓葬发掘简报》，《文物》2002年第6期；新疆文物考古研究所、西北大学文化遗产与考古学研究中心《新疆巴里坤县东黑沟遗址2006—2007年发掘简报》，《考古》2009年第1期。

足踏地，人于所踏处掘之，辄得水。"① 骆驼一般行走缓慢，但有很强驮载能力。骆驼的平均寿命可长达 30—50 年。成年骆驼到肩膀身高 1.85 米，到驼峰身高可达 2.15 米。奔跑起来也有相当的速度，冲刺速度可达每小时 40 英里，长途持续速度可达每小时 25 英里。双峰驼驮重约为体重的 33.8%—43.1%，即 100—200 公斤，短途运输可驮重 250—300 公斤。驮用单峰驼一般比骑乘用驼体格粗重，速度为每小时 2—3 公里，负重为 165—220 公斤。骆驼还可用于耕地、挽车、抽水等，骆驼最大挽力为 369 公斤，相当于本身体重的 80%。古代丝绸之路沿线多沙漠地区，各国和各地区常以它为驮畜，跋涉戈壁、沙漠。骆驼除了用于商业活动，也用于战争。战争中骆驼是军事物资的运载工具，特别是在北方和西北沙漠地区。

  骆驼在秦汉之前即已传入中国内地。《逸周书·王会解》记载商时伊尹奉汤之命为《四方献令》云："正北崆峒、大夏、莎车、姑他、旦略、貌胡戎狄、匈奴、楼烦、月氏、截犁、其龙、东胡，诸令以橐驼、白玉、野马、駒騟、駃騠、良弓为献。"② 战国时与北方游牧民族接壤的燕赵等地有骆驼传入，并进行畜养。甚至传入南方的楚国。苏秦说楚威王说："大王诚能用臣之愚计，则……燕代橐驼良马必实外厩。"③ 但直至汉初，骆驼还被中原人视为"奇畜"。汉代时中原地区从北方、西北游牧民族以及西域国家那里得到骆驼。陆贾《新语·道基》里提到："夫驴、骡、骆驼、犀、象、瑇瑁、琥珀、珊瑚、翠羽、珠玉，山生水藏，择地而居。"④ 把骆驼与各种外来物品相提并论，说明他也是把骆驼看作外来牲畜的。汉武帝时北击匈奴，西通西域，中原地区始多见骆驼。但从汉代文献可知，汉人对骆驼产地尚无完整的知识，但知道燕、代、匈奴、康居、鄯善、大月氏、东离国、蒲类国等有骆驼：

  匈奴……居于北蛮，随畜牧而转移。其畜之所多则马、牛、羊，其奇畜则橐驼、驴、骡、駃騠、駒騟、驒騱。⑤

---

① 《艺文类聚》卷 94《兽部》，上海古籍出版社 1982 年版，第 1630 页。
② 《逸周书》卷 7《王会解》，《汉魏丛书》，吉林大学出版社 1992 年影印本，第 286 页。
③ 《史记》卷 69《苏秦列传》，第 2260 页。
④ （汉）陆贾：《新语》卷上《道基》，《汉魏丛书》，吉林大学出版社 1992 年影印本，第 323 页。
⑤ 《史记》卷 110《匈奴列传》，第 2879 页。

康居亦遣贵人,橐它驴马数千匹,迎郅支。①
鄯善国,本名楼兰……民随畜牧逐水草,有驴马,多橐它。②
大月氏国……出一封骆驼。③
东离国……乘象、骆驼,往来邻国。④
蒲类国……有牛、马、骆驼、羊畜。⑤
移支国居蒲类地……随畜逐水草,不知田作。所出与蒲类同。⑥

这些是古代处于北方、西域、中亚和南亚的国家和地区。

骆驼是北方草原民族的普通家畜,但在中原地区少见。桓宽《盐铁论·崇礼》云:"骡驴馲驼,北狄之常畜也。中国所鲜,外国贱之。"⑦直至东汉末年,牟子《理惑论》中尚以"睹骆驼言马背肿"以喻"少所见多所怪"。⑧在中原政权和北方游牧民族的交往中,北方草原民族往往以骆驼献赠,如著名的冒顿单于《遗文帝书》云:"使郎中系雩浅奉书请,献橐他一匹,骑马二匹,驾二驷。"⑨东汉时匈奴南单于降汉,向光武帝进献骆驼。《东观汉记·匈奴南单于传》记载:"建武二十六年,南单于遣使献骆驼二头,文马十匹。"⑩华峤《汉书》记载:"南单于遣使诣阙,奉藩称臣,入居于云中,遣使上书,献骆驼二头,文马十匹。"⑪汉朝从匈奴获得骆驼,更多的还是通过贸易所得。桓宽《盐铁论·力耕》记载,桑弘羊论与匈奴贸易之利,云:"夫中国一端之缦,得匈奴累金之物,而损敌国之用。是以骡驴馲驼,衔尾入塞;䮫騠騵马,尽为我畜。"⑫汉朝与匈奴时战时和,在与匈奴的战争中也获得不少骆驼。西汉时,宣帝本始三年(前71年),常惠率汉与乌孙联军击败匈奴,获"马牛羊驴骡橐驼

---

① 《汉书》卷94下《匈奴传》下,第3802页。
② 《汉书》卷96上《西域传》上,第3876页。
③ 同上书,第3890页。
④ 《后汉书》卷88《西域传》,第2922页。
⑤ 同上书,第2928页。
⑥ 同上书,第2929页。
⑦ (汉)桓宽撰,王利器校注:《盐铁论校注》卷7,中华书局1992年版,第438页。
⑧ (南朝·梁)僧祐编:《弘明集》卷1,《中华大藏经》第62册,中华书局1993年版,第710页。
⑨ 《史记》卷110《匈奴传》,第2896页。
⑩ (汉)刘珍等撰,吴树平校注:《东观汉记校注》卷20,中华书局2008年版,第885页。
⑪ 《艺文类聚》卷94《兽部》,上海古籍出版社1982年版,第1630页。
⑫ (汉)桓宽:《盐铁论》卷1《力耕》,中华书局1992年版,第28页。

七十余万头"。① 《后汉书·窦宪传》记载,永元三年(91年),窦宪率军出塞击北匈奴,与北单于战于稽落山,大破之,虏众崩溃,"获生口马牛羊橐驼百余万头"。② 汉军对匈奴战争的每一次胜利,其战利品都少不了大量骆驼。美国汉学家薛爱华说:"汉朝人不得不依赖象匈奴这样的边境游牧民族,以满足汉朝对这些牲畜的需求。大夏驼在运送士兵、商品通过戈壁和塔里木的高原荒漠时表现出来的安全性能,使它身价百倍,备受珍爱。"③

汉朝从西北地区和西域获得骆驼,有时是作为战利品获得的。东汉时西北地区的羌人时有反叛,中原政权在对羌人的战争中常获其骆驼。永初七年(113年),马贤与侯霸掩击零昌别部牢羌于安定,获驴、骡、骆驼、马、牛、羊二万余头。④ 元初四年(117年),任尚、马贤破羌獂狼莫,获牛、马、驴、羊、骆驼十余万头。⑤ 建宁二年(169年),伐东羌,获牛、马、羊、骡、驴、骆驼四十二万七千五百余头。⑥ 汉敦煌马圈湾木简中有"湖部尉得虏橐也"的记载⑦,可能就是缴获的战利品。《后汉书·耿恭传》记载:"建初元年正月,会柳中击车师,攻交河城,斩首三千八百级,获生口三千余人,驼驴马牛羊三万七千头。"⑧ 延平元年(106年),梁慬在西域平龟兹、温宿和姑墨诸国反叛,"获生口数千人,骆驼畜产数万头"。⑨ 有的则出于贡献。顺帝阳嘉二年(133年)六月,"疏勒国献狮子、封牛"。李贤注云:"封牛,其领上肉隆起若封然,因以名之,即今之峰牛。"⑩ 《通典·边防》"条支"条云:"条支,汉时通焉……出封牛、孔雀。"⑪ 敦煌悬泉置汉代简牍中有西域国家疏勒、鄯善、莎车、乌孙、康居、大宛诸国贡献骆驼的记录:

1. 甘露元年二月丁酉朔己未,县(悬)泉廄佐富昌敢言之,爰

---

① 《汉书》卷96下《西域传》下,第3905页。
② 《后汉书》卷23《窦宪传》,第814页。
③ [美]薛爱华:《撒马尔罕的金桃——唐代舶来品研究》,吴玉贵译,社会科学文献出版社2016年版,第198页。
④ 《后汉书》卷87《西羌传》,第2888页。
⑤ 同上书,第2891页。
⑥ 《后汉书》卷65《段颎传》,第2153页。
⑦ 胡之主编:《甘肃敦煌汉简》(四),重庆出版社2008年版,第9页。
⑧ 《后汉书》卷19《耿恭传》,第722页。
⑨ 《后汉书》卷47《梁慬传》,第1591页。
⑩ 《后汉书》卷6《顺宗纪》,第263页。
⑪ 《通典》卷192《边防》八"条支"条,中华书局1988年版,第5237页。

富：使者段君所将踈（疏）勒王子橐佗三匹、其一匹黄、牝，二匹黄、乘，皆不能行，罢（疲）亟死。即与假佐开、御田遂、陈……复作李则、耿癸等六人杂诊橐佗丞所置前，橐佗罢（疲）亟死、审。它如爱书。敢言之。（Ⅱ0216③：137）①

2. 大宛贵人乌莫塞献橐他一匹、黄、乘、须两耳、絜一丈、死县（悬）泉置……（Ⅱ0214②：53）②

3. 乌孙、莎车王使者四人、贵人十七，献橐佗六匹，阳赐记□（A）

十九日薄（簿）至今不移，解何？（B）（Ⅰ0309③：20）③

4. □守府卒人，安远侯遣比胥健……者六十四人、献马二匹、橐他十四、私马。□名藉（籍）畜财财物。（A）……□□辛酉日出时受遮要御。……□行。（B）（Ⅱ0214③：83）④

5. 甘露二年正月庚戌敦煌太守千秋库令贺兼行丞事敢告酒泉大□

罢军候丞赵千秋上书送康居王使者二人贵人十人从者□

九匹驴卅一匹橐他廿五匹牛戊申入玉门关已阔□□（Ⅱ90DXT0213③：6）⑤

6. 康居王使者杨伯刀、副扁阑，苏䞈王使者、姑墨副沙囷、即贵人为匿等皆叩头自言，前数为王奉献橐佗入敦煌（877简）

关县次赎（?）食至酒泉昆归官，太守与杨伯刀等杂平直（值）肥瘦，今杨伯刀等复为王奉献橐佗入关，行直以次（878简）

食至酒泉，酒泉太守独与吏直畜，杨伯刀等不得见所献橐佗。姑墨为王献白牡橐佗一匹。牝二匹。以为黄。及杨伯刀（879简）

等献橐佗皆肥，以为瘦，不如实，冤（880简）

永光五年六月癸酉朔癸酉，使主客部大夫谓侍郎，当移敦煌太守，书到验问言状。事当奏闻，毋留，如律令（881简）

七月庚申，敦煌太守弘、长史章、守部候修仁行丞事，谓县，写

---

① 胡平生、张德芳：《敦煌悬泉汉简释粹》，上海古籍出版社2001年版，第106—107页。
② 同上书，第108页。
③ 同上书，第109页。
④ 同上书，第123页。
⑤ 这是一枚记载康居王遣使贡献的木牍。第三行"九匹"前缺字应该是"马"，此牍记载了康居王贡献马、驴和骆驼的数量。甘露是宣帝年号，说明至迟宣帝时汉与康居已经发生通贡关系。

移书到，具移康居、苏薤王使者杨伯刀等献橐佗食用谷数，会月廿五日，如律令/掾登、属建、书佐政光（882简）

七月壬戌，效谷守长合宗、守丞、敦煌左尉忠谓置，写移书到，具写传马止不食谷，诏书报会月廿三日，如律令/掾宗，啬夫辅（883简）（Ⅱ0216②：877—883）①

悬泉置汉简中关于西域国家入贡活动有不少记载，其贡物品种和数量一般要记录在案，特别是一些特殊情况发生，更要详细叙述事故原因情况。以上诸条大都是有特殊情况发生，如疏勒王子入贡，所携三匹骆驼都在半途疲累病死；大宛国贵人所献骆驼死在悬泉置；乌孙、莎车使节入贡的六匹骆驼一直未到，因此被悬泉置守吏记入竹简文书。康居王使者杨伯刀、副扁阗，苏擅王使者姑墨、副沙囷，即贵人为匿因献骆驼事诉冤，其册书留传下来。

汉朝从西域得到单峰骆驼。汉代从匈奴那里获得的骆驼，应当是双峰驼，所以从西域得到单峰驼时便感到稀奇。《汉书·西域传》记载大月氏"出一封橐驼"。颜师古注云："脊上有一封也。封言其隆高，若封土也。今俗呼为封牛。封音峰。"② 汉朝人所谓"封牛"，即单峰骆驼，除了大月氏，还产于条支、罽宾。《汉书·西域传》上记载，罽宾"出封牛"。颜师古注云："封牛，项上隆起者也。"③ 汉朝还通过地处今缅甸的僥侥国得到单峰骆驼。《后汉书·西南夷传》记载，安帝永初元年（107年），"徼外僥侥种夷陆类等三千余口举种内附，献象牙、水牛、封牛。"④ 封牛或峰牛，即单峰骆驼。这种单峰驼是作为奇兽进献的，因此数量较少。我们没有看到汉代有关单峰驼的考古资料。山东益都北齐一石室墓曾发掘出一件刻绘商旅驼运图的石板，葬于武平四年（573年）。线刻画内容有一仆人牵一头骆驼、一匹马。骆驼乃较为罕见的单峰驼，张口昂首，背负兽面纹鞍具，上挂一水囊。仆人短发，深目高鼻，上穿翻领衫，下着紧腿裤，脚穿尖头鞋，其长相衣着显示为西域胡人，骆驼则随仆人匆步前行。⑤

---

① 此件被定名为《康居王使者册》，参见胡平生、张德芳《敦煌悬泉汉简释粹》，上海古籍出版社2001年版，第118—119页；张德芳《悬泉汉简中若干西域资料考论》，荣新江、李孝聪主编《中外关系史：新史料与新问题》，科学出版社2004年版，第144页。
② 《汉书》卷96上《西域传》上，第3890页。
③ 同上书，第3885页。
④ 《后汉书》卷86《西南夷传·哀牢夷》，第2848页。
⑤ 夏名采：《益都北齐石室墓钱刻画像》，《文物》1985年第10期。

无论从匈奴，还是从西域、西南夷获得骆驼，主要的途径应该是贸易。汉与北方的匈奴和东北、西北边地其他民族都存在互市贸易，汉地通过互市贸易从游牧民族那里主要获得其骆驼和马畜。"汉魏以降，缘边郡国皆有互市，与夷狄交易，致其物产也。"① 敦煌汉简中有骆驼和骆驼笼头买卖的记载：

元平元年七月庚子，禽（擒）寇卒冯时卖橐络六枚杨卿所，约至八月十日……与时小麦七石六斗，过月十五日以日斗计，盖卿任……（敦1449A）②

这是一份债券簿，据分析，杨卿购买擒寇卒冯时骆驼笼头六枚，应有八月十日以前支付冯时小麦七石六斗，超过八月十五日，每日就要额外加付一斗小麦。

由于汉代得到大量骆驼，太仆寺有专门负责饲养骆驼的机构，如橐泉厩；有负责饲养骆驼的官员，称橐泉监长、橐泉监丞、牧橐令和牧橐丞。③ 司马相如《上林赋》云："其兽则麒麟角端，騊駼橐驼，蛩蛩驒騱，駃騠驴骡。"④ 说明上林苑中养有骆驼。东汉卫宏《汉仪注》云："太仆、牧师诸苑三十六所，分布北边、西边，以郎为苑监，宦官奴婢三万人，养马三十万匹。"⑤ 饲养骆驼归太仆寺管理，因此北边、西边监苑饲养的也有骆驼。上文中提到李广利伐大宛，汉武帝能够调发酒泉橐驼，就是西北牧苑饲养的骆驼。敦煌悬泉置出土汉简有一简云："所遣骊轩苑监侍郎古成昌，以诏书送驴、橐他。"（Ⅳ0317③：68）⑥"苑监侍郎"是朝廷派遣到边地牧苑任职的官吏，牧苑饲养的不仅是马，还有驴、骆驼。汉代在西北边地设苑养马始于汉景帝，其时尚不包括河西。汉武帝时开始在河西地

---

① 《大唐六典》卷22《诸互市监》，三秦出版社1991年影印本，第415页。
② 李天虹：《居延汉简簿籍分类研究》，科学出版社2003年版，第141页。
③ 《汉书》卷19上《百官公卿表》上，第729页。颜师古注云："牧橐，言牧养橐驼也。"又引如淳曰："橐泉厩在橐泉宫下。"
④ 费振刚等辑校：《全汉赋》，北京大学出版社1993年版，第64页。
⑤ 佚名撰，何清谷校注：《三辅黄图校注》卷4引，三秦出版社1995年版，第231页。按：《汉仪注》，东汉卫宏撰。又名《汉旧仪》，后人见该书所载多官制，又名之为《汉官旧仪》。该书原本有注，魏晋唐人引曰《汉仪注》，皆指此书。主要记述皇帝起居、官制、名号职掌、中宫及太子制度、二十等爵等内容，是研究汉史的重要资料之一。原为四卷，今本《汉官旧仪》二卷，系残本，清人孙星衍有校证，并辑补遗二卷。
⑥ 胡平生、张德芳：《敦煌悬泉汉简释粹》，上海古籍出版社2001年版，第60页。

区设苑养马，同时饲养驴、骆驼等。这件文书是朝廷命担任苑监的古成昌向指定地点输送驴和骆驼的记录。

骆驼对沙漠环境有特殊的适应能力，历史上著名的丝绸之路途经广大沙漠地区，在现代化的交通工具产生之前，骆驼是古代丝绸之路上最重要的交通运载工具。骆驼是沙漠里重要的交通工具，因此人们把它看作渡过沙漠之海的航船，有"沙漠之舟"的美誉。早在汉代，随着丝绸之路的开辟，骆驼就成为人们穿越大漠进行长途贩贸的重要运载工具。在从中国洛阳、长安出发西行经河西走廊进入西域，越葱岭进入中亚、西亚的绿洲之路上，骆驼成为最佳的运载工具，奔波在丝绸之路的商旅依靠骆驼进行丝绸贸易。骆驼也是战争中重要的驮载工具，其负重驮载能力优于驴骡牛马，在战争中常常被用来运输军用物资，特别是在西北到处是戈壁沙漠的自然环境恶劣的地区。正如有人指出的："西汉时与西域各国的经济交流，主要依靠骆驼商队。往来西域的商人，成群结队骑着骆驼，根据沿路骆驼遗粪认识路线，越过四面茫茫的流沙。"[①] 据说那时人们使用的主要是大夏双峰驼。美国汉学家薛爱华说："到唐朝统治的初年，北方的中国人知道使用大夏双峰驼至少已经有一千多年的历史了。早在汉代时，在新开拓的西域地区，商业性和军事性的驼队中就使用了成千上万的大夏驼。"[②] 骆驼用于战争，也供人们食用。汉武帝《轮台诏》中讲到伐大宛之战："汉军破城，食至多，然士自载不足以竟师，强者尽食畜产，羸者道死数千人。朕发酒泉驴、橐驼负食，出玉门迎军。"[③] 这段话告诉我们，远征大宛的汉军以骆驼作为运载工具，同时在军粮不足的情况下，亦食其畜产，当然包括军中的骆驼。汉朝供应凯旋的汉军，亦用驴和骆驼"负食"。驼蹄羹作为一种美味，可能在东汉末年已经出现。明董斯张《广博物志》引《晋书》："陈思王（曹植）制驼蹄羹，一瓯值千金。"唐沈如筠《异物志》云，曹植驼蹄羹又"号七宝羹"。考古发现的材料说明，汉代也用骆驼驾车。河南新密市发现一块汉代骆驼御车空心画像砖，图案为两头骆驼拉着一辆张着伞盖的车子，后乘一人，似胡人。前有一御者，手拉四条缰绳。[④] 在中亚、西亚、北非和阿拉伯等干旱沙漠地区，很早就在

---

① 陈竺同遗著：《两汉和西域等地的经济文化交流》，上海人民出版社1957年版，第14页。
② [美]薛爱华：《撒马尔罕的金桃——唐代舶来品研究》，吴玉贵译，社会科学文献出版社2016年版，第198页。
③ 《汉书》卷96下《西域传》下，第3913页。
④ 魏殿臣：《汉代骆驼御车空心画像砖》，《史学月刊》1984年第1期。

日常生活、商业活动和战争中把骆驼运用于骑乘、驮载和运输，在这些地区的陆上贸易活动主要是通过驼队进行的。驼鞍的使用使骆驼能够承载重负，在公元初的几个世纪里，驼鞍加工业曾遍布上述地区。骆驼运输的发展，造成西亚和中亚的主要城市中为驼队服务的客栈的兴起。汉代丝绸之路上的贸易活动越来越繁荣，骆驼及其利用方式传入中国，骆驼也越来越引起中国人的重视。骆驼的利用极大地促进了欧亚非世界的沟通和往来，在中国与中亚、西亚、阿拉伯地区和北非的商贸文化交流中，骆驼发挥了重要作用，驼铃悠扬成为古代丝绸之路上富有诗意的一大景观。

在西北地区很早就有以骆驼殉葬的习俗。新疆轮台县群巴克墓葬二号墓地单室墓的墓室周围封土边缘下的一些小墓中，葬有幼儿、成人，陪葬物多是马头，个别的则有骆驼头，或完整的马或狗。其墓葬时间在公元前810年至公元前610年，相当于西周中期至春秋中期。[1] 尼勒克县加勒克斯卡茵特山墓地M80号墓出土有牛、羊、骆驼头骨，墓葬时间在公元前6世纪至公元前4世纪。[2] 新疆鄯善县三个桥墓地中公元前400年左右的墓葬共18座，其中祭祀坑6座，发现用完整骆驼随葬的情况，坑内葬有马和骆驼。[3] 新疆巴里坤县东黑沟遗址是一处战国末期至西汉前期规模较大和具有代表性的古代游牧文化聚落遗址，其M012封堆西侧发现3座殉牲坑，分别殉有一头骆驼和两匹马，皆为完整骨架，经鉴定为家养双峰驼。[4] 新疆吐鲁番交河故城沟北墓地一号台地墓葬发掘汉代墓葬55座，殉牲坑55座（其中殉马坑51座，殉驼坑4座），全肢殉葬者39座。即将马、驼杀死后整匹整头殉葬，有的骨骼保存完好，有的甚至皮毛还附着在骨架上。[5] 这种杀驼殉葬的现象在汉代中原地区也有发现，在汉代帝陵陪葬坑中发现以骆驼随葬的现象。咸阳汉昭帝平陵陪葬坑发现了大量骆驼骨骸，这也是陕西乃至中原地区发现最早的骆驼骨架，经鉴定确认为33头骆驼。[6] 此墓还发现一乘木制四头双峰驼驾车模型，驼车说明除了骑乘、

---

[1] 中国社会科学院考古研究所新疆工作队等：《新疆轮台县群巴克墓葬第二、三次发掘简报》，《考古》1991年第8期。
[2] 新疆文物考古研究所等：《新疆尼勒克县加勒克斯卡茵特墓地发掘简报》，《考古与文物》2011年第5期。
[3] 新疆文物考古研究所等：《新疆鄯善三个桥墓葬发掘简报》，《文物》2002年第6期。
[4] 新疆文物考古研究所、西北大学文化遗产与考古学研究中心：《新疆巴里坤县东黑沟遗址2006—2007年发掘简报》，《考古》2009年第1期。
[5] 联合国教科文组织驻中国代表团、新疆文物局、新疆文物考古研究所：《交河故城——1993、1994年度考古发掘报告》，东方出版社1998年版，第15—74页。
[6] 袁靖：《动物考古学研究的新发现与新进展》，《考古》2004年第7期。

驮载之外，当时还以骆驼驾车。

骆驼很早就成为艺术表现的对象。甘肃嘉峪关"黑山石刻画像"中有三幅刻画骆驼形象的岩画，一幅上层刻骆驼、牛各一头，下层刻鹿两头；一幅刻骆驼一头，后一人持长绳，绳系于骆驼后腿，人后跟随一匹马；一幅是狩驼图，刻有八位猎人围捕三峰、双峰骆驼，猎人手持捕猎工具。这些岩画反映了我国西北地区古代游牧民族的生活，也是野双峰驼在嘉峪关一带生活的证明。[①] 内蒙古阴山山脉狼山地区岩画中有骑驼和野生骆驼的形象。[②] 新疆吐鲁番托克逊县柯尔加依地区有两处面积较大的岩画，即盘吉尔山岩画和托格拉克布拉克岩画，刻画有驯养家畜马、骆驼、骡和牛等。[③] 托格拉克布拉克岩画中有一幅"牵驼狩猎图"，画面上刻有大角羊八只，双峰骆驼5头，还有骑驼和牵驼者7人。据考证，属早期姑师人生活的地区，其年代在春秋至西汉时期。湖北江陵望山二号楚国贵族墓、荆门后港楚墓出土有战国中期形制相同的人骑骆驼铜灯柱，表明当时这种铜灯是成批生产的。[④] 河北易县燕下都辛庄头战国晚期墓地30号墓出土一件人骑骆驼饰牌，同墓出土的其他器物如剑和金银器上也有骆驼纹图案。[⑤] 新疆吐鲁番交河故地沟墓地出土两件骆驼形金质饰片，为双峰驼，静卧状，平视，造型逼真，是战国至西汉时期器物。

随着汉代丝绸之路的开拓，更多的骆驼输入中原地区，骆驼异于中原牲畜的形象以及其耐劳性格受到汉地人们的喜爱，汉朝出现了更多的以骆驼为题材的造型艺术。西安沙坡村出土的西汉陶骆驼像，没有任何装饰，比较写实。整体造型十分高大，高73.5厘米，长90厘米，这与汉代流行制作其他大型动物塑像一致。[⑥] 汉代画像石中有胡人、骆驼、狮子、象以及佛教人物等许多外来艺术形象，这些艺术形象反映了汉代战争、丝绸之路、佛教的传入所带来的外来文化对汉代文化艺术的影响，其中有不少骆驼形象。汉代骆驼的使用主要在西北地区，内地还比较少见，故被《史记》称为"奇畜"，在河南南阳，山东长清、沂南，江苏徐州、洪泗，四川新都，陕北等地汉墓出土的画像石上，都发现有骆驼形象，刻画比较稚

---

① 嘉峪关市文物清理小组：《甘肃地区古代游牧民族的岩画——黑山石刻画像初步调查》，《文物》1972年第12期。
② 盖山林：《阴山史前狩猎岩画研究》，《内蒙古师范大学学报》（自然科学版）1984年第1期。
③ 克由木·霍加、夏克尔·赛伊德：《柯尔加依岩画》，《文艺理论研究》1992年第6期。
④ 陈振玉：《湖北发现战国西汉的骆驼图像》，《农业考古》1987年第1期。
⑤ 陈平：《北方幽燕文化研究》，群言出版社2006年版，第362页。
⑥ 齐东方：《丝绸之路的象征符号——骆驼》，《故宫博物院院刊》2004年第6期。

拙。江苏徐州汉画像石馆收藏的就有来自域外珍禽奇兽的作品,其中有石刻画骆驼。① 陕北大保当汉城址出土的画像石中有"牵驼图"。② 河南南阳画像石中出现的骆驼,以四肢纤细,如马狂奔为特色。四川成都新都区东汉墓出土被命名为《骆驼载乐画像砖》的画像砖,画面上一头双峰骆驼,背负一建鼓,前后有两人击鼓成乐,骆驼稳步前进,人物和骆驼的刻画非常具有动态感。齐东方指出:"这些汉代的骆驼形象显得有些稚拙,特别是蹄子,与同时期塑像、画像上的马蹄无异,反倒与骆驼差距很大。骆驼与其他有蹄类动物的最大差别是蹄趾特别发达,趾端有蹄甲,两趾之间有很大的开叉,外面有海绵状胼胝垫,增大接触地面的面积,能在松软的流沙中行走而不下陷,还以防止足趾在夏季灼热、冬季冰冷的沙地上受伤。汉代对骆驼的塑造中忽视了这一关键的细节,似乎作者对骆驼并不十分了解。在汉代动物塑像中,骆驼大都混同在各类动物之中,没有数量上的优势和变化多样的姿态,显然与其他大量动物等同起来,没有明显的特别含义。"③ 中国古代骆驼的形象更多地出现在魏晋南北朝和唐代造型艺术中,艺术性大大提高,特别是在表现与丝绸之路有关的造型艺术中,骆驼更是主角。茫茫大漠上一队骆驼行走于夕阳残照之中,令人对古代丝绸之路产生无限遐想。因此,骆驼被称为"丝绸之路的形象大使"。但骆驼作为汉代艺术表现中的新的对象,其形象的雕刻还是初级阶段。

北方草原民族的斗骆驼游戏曾流行于丝绸之路沿线国家和民族。汉代匈奴地区盛行赛骆驼和斗骆驼游戏,随着匈奴向汉朝进贡骆驼传入中原。《后汉书·南匈奴传》记载:"匈奴俗,岁有三龙祠,常以正月、五月、九月戊日祭天神。南单于既内附,兼祠汉帝,因会诸部,议国事,走马及骆驼为乐。"④《东观汉记·匈奴南单于传》记载:"南单于上书献橐驼。单于岁祭三龙祠,走马斗橐驼,以为乐事。"⑤ 史书上记载单于向汉朝进献骆驼,特意交代其赛马和斗骆驼的活动,显然单于进献的骆驼就是用以比赛的骆驼,这些骆驼在汉朝进行了表演。后世文献记载,北方草原与西域一直流行斗骆驼游戏。《新唐书·回鹘传》记载,黠戛斯"戏有弄驼、

---

① 郝利荣、杨孝军:《徐州汉画像石中的"胡人"及其文化影响》,徐州史志网,2012—2—21, http://www.pzgl.com/wenshiminsu/_ xuzhoushizhi_ /17556.html。
② 吕静:《陕北汉画像石探论》,《文博》2004年第4期。
③ 齐东方:《丝绸之路的象征符号——骆驼》,《故宫博物院院刊》2004年第6期。
④ 《后汉书》卷89《南匈奴传》,第2944页。
⑤ (汉)刘珍等撰,吴树平校注:《东观汉记》卷20,中华书局2008年版,第886页。

师子、马伎、绳伎"。① 黠戛斯即汉时之坚昆国，在康居西北，坚昆王庭所在地位于苏联阿巴干城以南八公里处，现地名改为阿巴坎。阿巴坎所在的叶尼塞河东岸是历史悠久的米努辛斯克买卖城。坚昆曾被北匈奴郅支单于征服，在文化上与匈奴有密切联系。《新唐书·西域传》记载，龟兹国"岁朔，斗羊马橐它七日，观胜负以卜岁盈耗云"。② 龟兹国乃西域古国，在今新疆库车、拜城和新和一带，匈奴曾长期统治西域，龟兹是亲匈奴的国家之一，其文化上自然受到匈奴影响。土耳其现在仍然流行斗骆驼活动，可能是古代草原民族斗骆驼游戏传统的传承。

## 八　沐猴与"沐猴而冠"

> 项王见秦宫皆以烧残破，又心怀思欲东归，曰："富贵不归故乡，如衣绣夜行，谁知之者！"说者曰："人言楚人沐猴而冠耳，果然。"项王闻之，烹说者。
>
> ——（汉）司马迁《史记·项羽本纪》

沐猴，学名 Macaca，猴科的一属，是亚洲和北非地区常见的一类猴，又称为猕猴。古代文献记载，西域古国罽宾出产沐猴，《汉书·西域传》云：

> 罽宾地平，温和，有苜蓿、杂草、奇木、檀、槐、梓、竹、漆。种五谷、蒲陶诸果，粪治园田。地下湿，生稻，冬食生菜。其民巧，雕文刻镂，治宫室，织罽，刺文绣，好酒食。有金、银、铜、锡，以为器。市列。以金银为钱，文为骑马，幕为人面。出封牛、水牛、象、大狗、沐猴、孔爵、珠玑、珊瑚、虎魄、璧流离。它畜与诸国同。

颜师古注引郭义恭《广志》云："沐猴，即猕猴也。"③ 这个解释并不正

---

① 《新唐书》卷217下《回鹘传》下，第6148页。
② 《新唐书》卷221上《西域传》上，第6230页。
③ 《汉书》卷96上《西域传》上，第3885页。

确。明代张岱《夜航船·四灵部·走兽》云："沐猴，小猴也，出罽宾国。"① 罽宾国又作凛宾国、劫宾国、羯宾国，为汉朝时之西域国名。古希腊人称喀布尔河为 Kophen，罽宾乃其音译。自汉代至唐代，中国文献中的罽宾均指卡菲里斯坦至喀布尔河中下游之间的河谷平原，某些时期可能包括克什米尔西部。公元前 4 世纪时，罽宾曾被来自欧洲东南部的马其顿亚历山大大帝征服，其后属巴克特里亚之希腊王朝统治。公元前 2 世纪，塞种一支越兴都库什山，占领喀布尔河流域，取代希腊人成为当地的统治者，建都于修鲜城（或作循鲜，在今斯利那加附近），即古迦毕试（Kapisa）城，原为马其顿的亚历山大大帝所筑，称为高加索之亚历山大城。此即汉代之罽宾。该国农业发达，盛产稻米。城市生活、商业、手工业都很繁荣。

中国与罽宾建立关系始于汉武帝。公元前 115 年，张骞出使乌孙，派副使至罽宾。当时罽宾地处丝绸之路南道上的一条重要支线之上，罽宾商人经常来往中国。《汉书·西域传》记载汉与罽宾国的关系："自武帝始通罽宾，自以绝远，汉兵不能至，其王乌头劳数剽杀汉使。乌头劳死，子代立，遣使奉献。汉使关都尉文忠送其使。王复欲害忠，忠觉之，乃与容屈王子阴末赴共合谋，攻罽宾，杀其王，立阴末赴为罽宾王，授印绶。后军侯赵德使罽宾，与阴末赴相失，阴末赴锁琅当德，杀副已下七十余人，遣使者上书谢。孝元帝以绝远不录，放其使者于悬度，绝而不通。成帝时，复遣使献，谢罪。……罽宾实利赏赐贾市，其使数年而一至云。"② 罽宾向汉朝贡献的物品即封牛、水牛、象、大狗、沐猴、孔爵、珠玑、珊瑚、虎魄、璧流离之类。

沐猴在汉朝建立前已经从域外输入，汉代时形成"沐猴而冠"的成语，沿用至今。《史记·项羽本纪》中有"人言楚人沐猴而冠耳，果然"。③《汉书·伍被传》记载，伍被曾在淮南王刘安手下做"淮南中郎"的官，刘安谋反，伍被多次谏劝，刘安以轻蔑的口吻对伍被说："夫蓼太子智略不世出，非常人也，以为汉廷公卿列侯皆如沐猴而冠耳！"④ 焦延寿卜筮书《易林·剥》之《随》云："沐猴冠带，盗在非位，众犬共吠，

---

① （明）张岱：《夜航船》卷17《四灵部·走兽》，四川文艺出版社1996年版，第293页。
② 《汉书》卷96上《西域传》，第3885页。
③ 《史记》卷7《项羽本纪》，第315页。
④ 《汉书》卷45《伍被传》，第2169页。

仓狂蹶足。"① 曹操《薤露》诗云:"惟汉二十世,所任诚不良。沐猴而冠带,知小而谋强。犹豫不敢断,因狩执君王。白虹为贯日,己亦先受殃。"② 猕猴戴帽子,比喻虚有仪表。这一成语大概与游戏有关,人们以沐猴扮演人物,故戴帽表演,所以说"沐猴而冠"。沐猴滑稽可爱的形象被人模仿,则成为娱乐游戏节目,汉代时有沐猴舞。《汉书·盖宽饶传》记载:

> 平恩侯许伯入第,丞相、御史、将军、中二千石皆贺,宽饶不行。许伯请之,乃往,从西阶上,东向特坐。许伯自酌曰:"盖君后至。"宽饶曰:"无多酌我,我乃酒狂。"丞相魏侯笑曰:"次公醒而狂,何必酒也?"坐者皆属目卑下之。酒酣乐作,长信少府檀长卿起舞,为沐猴与狗斗,坐皆大笑。宽饶不说,仰视屋而叹曰:"美哉!然富贵无常,忽则易人,此如传舍,所阅多矣。唯谨慎为得久,君侯可不戒哉!"因起趋出,劾奏长信少府以列卿而沐猴舞,失礼不敬。③

沐猴斗狗大概是当时流行的游戏,主要是模仿沐猴的动作表演,并不是檀长卿的创作,他只是临场表演以助酒兴。在这种表演中沐猴是滑稽可笑的样子,是人们嘲弄的对象。在焦延寿的卜筮书中,还用沐猴形容得不到好结果:"猕猴兔走,腥臊少肉。"④ 古代中国人还认为猕猴具有人性,死后也跟人一样变成鬼,且祸害人。晋干宝《搜神记》记载一则故事:"护军张劭母病笃。智筮之,使西出市沐猴系母臂。令傍人搥拍,恒使作声,三日放去。劭从之,其猴出门,即为犬所咋死,母病遂差。"⑤ 陶潜《搜神后记》记载一则故事:"晋太元中,丁零王翟昭后宫养一猕猴,在妓女房前。前后妓女,同时怀妊,各产子三头,出便跳跃。昭方知是猴所为,乃杀猴及子。妓女同时号哭。昭问之,云:'初见一年少,著黄练单衣,白纱帕,甚可爱,笑语如人。'"⑥ 葛洪《抱朴子外篇》记载一则猕猴鬼的故事:"余友人腾永叔尝养一大猕猴,以铁锁锁之,著床间,而犬嚣杀

---

① (汉) 焦延寿:《易林》卷2《剥》"随",中国国家图书馆编:《国立原北平图书馆甲库善本丛书》,国家图书出版社 2013 年影印本,第 512 册,第 1000 页。
② (宋) 郭茂倩:《乐府诗集》卷 27,中华书局 1979 年版,第 396 页。
③ 《汉书》卷 77《盖宽饶传》,第 3245 页。
④ (汉) 焦延寿:《易林》卷3《姤》"泰",中国国家图书馆编:《国立原北平图书馆甲库善本丛书》,国家图书出版社 2013 年影印本,第 512 册,第 1051 页。
⑤ (晋) 干宝:《搜神记》卷 3,中华书局 1979 年版,第 36 页。
⑥ (晋) 陶潜撰,汪绍楹校注:《搜神后记》卷 9,中华书局 1981 年版,第 58 页。

之，永叔使合锁埋之。后百许日，有若见鬼者，见猕猴走上承尘上，不悟是猕猴鬼也。惊指之曰：'猕猴何以被伤流血断走乎？'永叔曰：'始乃知猕猴死复有鬼也。'"① 承尘，承接尘土的帐子或小帐幕。唐代以前没有天花板，房梁横木之上用遮布挡灰，名曰"承尘"。葛洪还有"猕猴之鬼，令人疾疟"的说法。②

## 九 孔雀及其在诗赋中的意象

> 有南夏之孔雀，同号称于火精。寓鹓虚以挺体，含正阳之淑灵。首戴冠以饰貌，爱龟背而鸾颈。徐轩翥以俯仰，动止步而有程。
> ——（东汉）杨修《孔雀赋》

孔雀，属鸡形目，雉科，又名为越鸟，被视为"百鸟之王"。孔雀是美丽的观赏鸟，也是吉祥、美丽、善良、华贵的象征。孔雀产于东南亚和东印度群岛，是一种非常大型的陆栖雉类，群居在热带森林中或河岸边，有绿孔雀、蓝孔雀、黑孔雀和白孔雀四种。孔雀头上有羽冠。雄鸟颈部羽毛呈绿色，多带有金属光泽；尾羽延长成巨大尾屏，上具五色金翠钱纹，开屏时如彩扇，尤为艳丽。雌鸟无尾屏，羽色亦较差。孔雀产于热带，在中国仅见于云南。可供观赏，羽毛可作装饰品。绿孔雀又名爪哇孔雀，分布在中国云南省南部，现在是国家一级保护动物。蓝孔雀又名印度孔雀，分布在印度和斯里兰卡。白孔雀和黑孔雀是蓝孔雀的两个变异形态，人工养殖主要是蓝孔雀。孔雀不仅羽毛美丽，而且善解人意。东汉杨孚（孝元）《交趾异物志》曰："孔雀，人拍其尾则舞。"③ 孔雀展翅如扇，翩翩起舞，羽色艳丽，姿态优美，因此受到人们喜爱。

据《周书》记载，周成王时，"西方人献孔雀"。④ 楚辞《九歌·少司命》云："孔盖兮翠旌。"王逸注云："言司命以孔雀之翅为车盖，翡翠

---

① （唐）马总：《意林》卷4，中国国家图书馆编：《国立原北平图书馆甲库善本丛书》，国家图书馆出版社2013年影印本，第556册，第910页；（清）严可均：《全晋文》卷117，《全上古三代秦汉三国六朝文》，中华书局1958年版，第2132页。
② 《太平御览》卷743《疾病部》，上海古籍出版社2008年版，第7册，第590页。
③ 《艺文类聚》卷91《鸟部》中，上海古籍出版社1982年版，第1574页。
④ 同上书，第1574页。

之羽为旗旌，言殊饰也。"① 说明中国人很早就知道这种鸟。孔雀在中国古代文献中有时写作"孔爵"，汉代中国人认为它产于南越、条支、罽宾、西南夷等地。桓宽《盐铁论·崇礼》云："南越以孔雀珥门户……今贵人其所贱，珍人之所饶，非所以厚中国明盛德也。"②《汉书·南粤传》记载南越王赵佗给汉文帝的上书中云："谨北面因使者献白璧一只，翠鸟千，犀角十，紫贝五百，桂蠹一器，生翠四十只，孔雀二只。"③《汉书·西域传》记载，罽宾出"孔爵"。④ 汉朝还从西南夷哀牢国获得孔雀。司马彪《续汉书》云："西南夷曰滇池，出孔雀。"又云："西域条支国，出孔雀。"⑤《通典·边防》"条支"云："出封牛、孔雀。"⑥ 条支是西亚古国，在今伊拉克境内底格里斯河和幼发拉底河之间。据说为塞琉西古王国，公元前312年由亚历山大大帝部将塞琉古一世建立，公元前64年亡于罗马。汉永和九年（97年）班超曾派甘英出使大秦（罗马），至此因临海受阻而返回。萨珊波斯兴起后，领有条支，故《魏书·西域传》又称波斯为古条支国。

汉朝宫中养有孔雀，刘歆《甘泉宫赋》云："翡翠孔雀，飞而翱翔。"⑦ 汉司马相如《长门赋》写长门宫之冷落："孔雀集而相存兮，玄猨啸而长吟。"⑧ 扬雄《校猎赋》写上林苑中有"玄鸾孔雀，翡翠垂荣"。⑨ 西汉时孔雀已经作为宠物进入贵族之家，《西京杂记》卷二记载："鲁恭王好斗鸡鸭及鹅雁，养孔雀、鵁鶄，俸谷一年费二千石。"⑩ 东汉末年，曹操养有孔雀，曹植作《孔雀赋》借孔雀感叹才士不遇，并请杨修同赋。曹植的作品已佚，杨修《孔雀赋》云："有南夏之孔雀，同号称于火精。寓鹓虚以挺体，含正阳之淑灵。首戴冠以饰貌，爰龟背而鸾颈。徐轩翥以俯仰，动止步而有程。"⑪ 说明曹操的孔雀来自南方，应当是来自印度、斯里兰卡的蓝孔雀。《春秋元命苞》曰："火离为孔雀"，火离，八

---

① （宋）洪兴祖：《楚辞补注》卷2《九歌·少司命》，中华书局1957年版，第124页。
② （汉）桓宽撰，王利器校注：《盐铁论校注》卷7，中华书局1992年版，第438页。
③ 《汉书》卷95《南粤传》，第3852页。
④ 《汉书》卷96上《西域传》上，第3885页。
⑤ 《艺文类聚》卷91《鸟部》中，上海古籍出版社1982年版，第1574页。
⑥ （唐）杜佑：《通典》卷192《边防》，中华书局1988年版，第5237页。
⑦ 费振刚等辑校：《全汉赋》，北京大学出版社1997年版，第237页。
⑧ 同上书，第100页。
⑨ 《汉书》卷87上《扬雄传》上，第3550页。
⑩ （晋）葛洪：《西京杂记》卷2，《汉魏丛书》，吉林大学出版社1992年影印本，第306页。
⑪ 《艺文类聚》卷91《鸟部》中，上海：上海古籍出版社1982年版，第1574页。

卦之一，离代表火，还代表热、南方、夏天等。"同号称于火精"，也是这个意思。鹑虚，即鹑火，古代天文学术语，星次名。南方有井、鬼、柳、星、张、翼、轸七宿，称朱鸟七宿。首位者称鹑首，中部者（柳、星、张）称鹑火（也叫鹑心），末位者称鹑尾。"寓鹑虚以挺体"，说的也是孔雀生活之地。按照阴阳五行观念，南方属阳，所以说孔雀含阳气（正阳之淑灵）。

在汉末文人的文学作品中，作家用孔雀形容才士的命运。杨修《孔雀赋序》云："魏王园中有孔雀，久在池沼，与众鸟同列。其初至也，甚见奇伟，而今行者莫眠。临淄侯感世人之待士，亦咸如此，故兴志而作赋，并见命及，遂作赋。"① 临淄侯即曹植，可见曹植的赋有感叹才士不为世所重的痛惜之情。孔雀爱惜自己的羽毛，被比喻为君子爱惜自己的才德声望。刘向《说苑·杂言》云："夫君子爱口，孔雀爱羽，虎豹爱爪，此皆所以治身法也。"② 孔雀来自南方，所以东汉末年产生的著名民歌《古诗为焦仲卿妻作》开头便以孔雀起兴："孔雀东南飞，五里一徘徊。"③ 孔雀虽然来自南方，但因为在北方生活已久，对第二个家乡有依恋之感，所以飞回南方，又频频回顾，眷恋不舍。这个意象正是写刘兰芝被遣回家时的矛盾心情。

## 十　越裳献白雉与王莽托古自颂

启灵篇兮披瑞图，获白雉兮效素鸟。嘉祥阜兮集皇都，发皓羽兮奋翘英。容洁朗兮于纯精，彰皇德兮侔周成，永延长兮膺天庆。

——（东汉）班固《白雉诗》

白雉是白色羽毛的野鸡，古时以为瑞鸟。西周成王时越裳国献白雉，被认为是周公治致太平的结果。中国古籍中关于越裳的记载，最早见于大

---

① 《艺文类聚》卷91《鸟部》中，上海：上海古籍出版社1982年版，第1574页。
② （汉）刘向：《说苑》卷17《杂言》，《汉魏丛书》，吉林大学出版社1992年影印本，第451页。
③ （南朝·陈）徐陵编：《玉台新咏》卷1，中华书局1985年版，第43页。

约成书于战国时期的《竹书纪年》卷七，周成王十年，"越裳氏来朝"。①《后汉书·南蛮传》云："交趾之南有越裳国。周公居摄六年，制礼作乐，天下和平，越裳以三象重译而献白雉。"②《周礼》云："九夷远极越裳，白雉、象牙，重九译而来。"③ 马缟《中华古今注》卷上云：

> 大驾指南车，起于黄帝，与蚩尤战于涿鹿之野。蚩尤作大雾，皆迷四方，于是乃作指南车，以示四方，遂擒蚩尤而即位，故后汉恒建。旧说云周公所作也。周公治致太平，越常氏重译来献白雉一、黑雉二、象牙一，使者迷其归路，周公锡以文锦二疋、軿车五乘，皆为司南之制，使越常氏载之以南，缘扶南林邑海际，期年而至其国，使大夫簺将送至国而还至。始制车，辖軎皆以铁，还至，铁亦销尽。以属巾车氏收而载之，常为先导，示服远人而正四方也。车法在《尚方故事》，汉末丧乱，其法中绝，马先生钧绍而作焉。今指南车，马先生之遗法也。

越裳，古代国名、氏族名，又作越常、越尝，其故地迄无定论。④ 汉代以前，古代文献记载的越裳，系指我国南方荒远之国。《汉书》颜师古注曰："越裳，南方远国也。"⑤ 有人认为越裳在越南，越南学者陶维英《越南古代史》说："在扬子江（长江）流域以南地区，越族的一个国家越裳国，是可能存在过的。因此，今日越族的一些后裔民族，其中包括越南在内，他们仍然还追溯着越裳，并被他们视为自己的祖国。"⑥《中华古今注》说由扶南、林邑沿海行，到越裳须坐船"期年"，即一年，海行如此之久，似乎不在今越南，应该更加遥远。张星烺从法国鲍梯之说，认为"越裳"不在今之越南，而在迦尔底（Chaldaea，古巴比伦人的一个王

---

① 佚名：《竹书纪年》卷7《成王》，《二十二子》，上海古籍出版社1986年影印本，第1075页。
② 《后汉书》卷86《南蛮西南夷列传》，第2835页。
③ （北魏）郦道元著，陈桥驿校证：《水经注校证》卷36《温水》，中华书局2013年版，第799页。
④ 参见何平《越裳的地望与族属》，《东南亚》2003年第3期；黄现璠《回忆中国历史学会及越裳、象郡位置的讨论》，载《顾颉刚先生学行录》，中华书局2006年版。
⑤ 《汉书》卷12《平帝纪》，第349页。
⑥ ［越南］陶维英：《越南古代史》第一篇第三章，刘统文、子钺译，商务印书馆1976年版，第69页。

国）。① 有人认为向周成王献白雉的越裳，应该在今老挝或缅甸。韩婴《韩诗外传》卷五云：

> 成王之时，有三苗贯桑而生，同为一秀，大几满车，长几充箱。成王问周公曰："此何物也？"周公曰："三苗同为一秀，意者天下殆同一也？"比期三年，果有越裳氏，重九译而至，献白雉于周公。道路悠远，山川幽深，恐使人之未达也，故重译而来。周公曰："吾何以见赐也？"译曰："吾受命国之黄发曰：久矣天之不迅风疾雨也，海不波溢也，三年于兹矣。意者中国殆有圣人，盍往朝之？于是来也。"周公乃敬求其所以来。诗曰："于万斯年，不遐有佐。"②

清魏源《圣武记》云："老挝，即古越裳氏。"③ 黄现璠认为是在老挝与缅甸一带。以为越裳即是今天的缅甸掸人，可能是根据"裳""掸"两字的对音，掸族自称"傣人"，和泰国人同源。④ 汉代以后史籍多以今越南中南部为周越裳氏的故地。按照《尚书大传》云"交阯之南有越裳国"，交阯之南在今越南南部。汉扬雄《交州箴》云："交州荒裔，水与天际；越裳是南，荒国之外。爰自开辟，不羁不绊，周公摄祚，白雉是献。昭王陵迟，周室是乱。越裳绝贡，荆楚逆叛。"⑤ 也以为越裳在交州之南。三国以后，九德郡设越裳县，位今越南义静省南部的河静（Ha Tinh）一带。北魏郦道元《水经注》卷三十六引《林邑记》云："九德，九夷所极，故以名郡。郡名所置，周越裳氏之夷国。"⑥ 三国吴时曾置越裳县，属骥州，骥州州治在今乂安地区，越裳在其南。据黄盛璋考证，此越裳县当在今越南德寿附近。⑦

王莽善于作秀和炫耀。因为周公时越裳献白雉，昭示西周天下和平，

---

① 张星烺：《中西交通史料汇编》第一册"上古时代中外交通"，辅仁大学图书馆1930年版，第27、64页。
② （汉）韩婴：《韩诗外传》卷5，《汉魏丛书》，吉林大学出版社1992年影印本，第47页。
③ （清）魏源：《圣武记》卷7，《魏源全集》第3册，岳麓书社2005年版，第284页。
④ 黄现璠：《回忆中国历史学会及越裳、象郡位置的讨论》，载《顾颉刚先生学行录》，中华书局2006年版。
⑤ 《艺文类聚》卷6《州部》引，上海古籍出版社1982年版，第116页。
⑥ （北魏）郦道元著，陈桥驿校证：《水经注校证》卷36，中华书局2013年版，第799页。
⑦ 黄盛璋：《道明国考》，载《中外交通与交流史研究》，安徽教育出版社2002年版，第434页。

因此他也排演了一出"越裳献白雉"的政治闹剧。《汉书·平帝纪》记载:"元始元年春正月,越裳氏重译献白雉一,黑雉二,诏使三公以荐宗庙。"① 此时平帝年幼,太皇太后临朝,王莽秉政。王莽以周公时典故,借越裳献白雉炫耀威德。《汉书·王莽传》记载:"始,讽益州令塞外蛮夷献白雉,元始元年正月,莽白太后下诏,以白雉荐宗庙。"可见"越裳献白雉"是王莽一手捏造的故事。"越裳"可能出于王莽的伪托,他通过益州令塞外蛮献白雉,把西南夷某地入贡国家附会为越裳。王莽以此大做文章,达到了自己的目的,"群臣因奏言太后,'委任大司马莽定策安宗庙。故大司马霍光有安宗庙之功,益封三万户,畴其爵邑,比萧相国。莽宜如光故事。'太后问公卿曰:'诚以大司马有大功当著之邪?将以骨肉故欲异之也?'于是群臣乃盛陈'莽功德致周成白雉之瑞,千载同符。圣王之法,臣有大功则生有美号,故周公及身在而托号于周。莽有定国安汉家之大功,宜赐号曰安汉公,益户,畴爵邑,上应古制,下准行事,以顺天心。'太后诏尚书具其事。"②

王莽推让,群臣恳请,最后太后准群臣奏,下诏策封王莽:"大司马新都侯莽,三世为三公,典周公之职,建万世策,功德为忠臣宗,化流海内,远人慕义,越裳氏重译献白雉。其以召陵、新息二县户二万八千益封莽,复其后嗣,畴其爵邑,封功如萧相国。以莽为太傅,干四辅之事,号曰安汉公。以故萧相国甲第为安汉公第,定著于令,传之无穷。"太后策封王莽诏再次强调"越裳献白雉"的意义。"于是莽为惶恐,不得已而起受策。策曰:'汉危无嗣,而公定之;四辅之职,三公之任,而公干之;群僚众位,而公宰之;功德茂著,宗庙以安,盖白雉之瑞,周成象焉。故赐嘉号,曰安汉公。辅翼于帝,期于致平,毋违朕意。'"③ 王莽因此获得"安汉公"的爵号,成为他的重要政治资本。后王莽上太后《奏羌豪内附书》又云:"太后秉统数年,恩泽洋溢,和气四塞。绝域殊俗,靡不慕义,越裳氏重译献白雉,黄支三万里贡生犀,东夷王度大海奉国珍,匈奴单于顺制作去二名,今西域良愿等复举地为臣妾,昔唐尧横被四表,亦无以加之。"④ 字面上推功于太后,实际上在吹捧自己辅政之功。

东汉建立之初,又有日南徼外蛮献白雉的记载。《后汉书·光武帝

---

① 《汉书》卷12《平帝纪》,第348页。
② 《汉书》卷99上《王莽传》上,第4046页。
③ 《汉书》卷99上《王莽传》,第4047—4048页。
④ 同上书,第4077页。

纪》记载，建武十三年（37年）"九月，日南徼外蛮夷献白雉、白兔。"①《后汉书·南蛮传》也记载此事，云东汉"建武十二年，九真徼外蛮里张游率种人慕化内属，封为归汉里君。明年，南越徼外蛮夷献白雉、白兔。"② 明帝时也有白雉出现的神话。《后汉书·明帝纪》记载，永平十一年（68年），"是岁，漅湖出黄金，庐江太守以献。时麒麟、白雉、醴泉、嘉禾所在出焉"。③ 章帝元和元年（84年），"日南徼外蛮夷究不事人邑豪献生犀、白雉"。④ 东汉光武帝是相信图谶之说的，他相信诸如越裳献白雉象征天下和平的故事，因此才有日南徼外蛮献白雉的故事发生，虽然没有说是越裳国所献，但既然是白雉，其含义是相同的。王莽刚制造过"越裳献白雉"的神话，不便重复他的故事，而是由日南徼外蛮来献。可能是朝廷讽日南徼外蛮来献，也可能是日南徼外蛮故意迎合光武帝的心理来献，总之其用意是明显的，借周公故事以称扬当今皇上的功德。东汉文学家班固《白雉诗》颂其德："启灵篇兮披瑞图，获白雉兮效素乌。嘉祥阜兮集皇都，发皓羽兮奋翅英。容洁朗兮于纯精，彰皇德兮侔周成，永延长兮膺天庆。"李善《文选》注引范晔《后汉书》曰："永平十（一）年，白雉所在出焉。"又引《东观汉记》："章帝诏曰：'乃者白乌神雀屡臻，降自京师也。'"⑤ 说明当时也对此事大加渲染，歌功颂德，粉饰太平。班固发挥赋这一文体"润色鸿业"的功能，加入了这一片颂扬声中。

## 十一　翡翠与翠羽

翡翠戏兰苕，容色更相鲜。绿萝结高林，蒙笼盖一山。
中有冥寂士，静啸抚清弦。放情凌霄外，嚼蕊挹飞泉。

——郭璞《游仙诗十九首》其三

翡翠，鸟名。这种鸟羽毛色彩鲜艳，雄性羽毛呈红色，名翡鸟；雌性羽毛呈绿色，名翠鸟，合称翡翠。东汉许慎《说文解字》云："翡，赤羽

---

① 《后汉书》卷99下《光武帝纪》下，第62页。
② 《后汉书》卷86《南蛮传》，第2836页。
③ 《后汉书》卷2《明帝纪》，第114页。
④ 《后汉书》卷86《南蛮传》，第2837页。
⑤ （南朝·梁）萧统：《文选》卷1，上海书店1988年影印本，第16页。

雀也，出郁林"；"翠，青羽雀也，出郁林"。① 杨孚《交趾异物志》云："翠鸟，似燕，翡赤而翠青，其羽可以为饰。"② 在中国古代文献中，翠鸟又称为鹬，《尔雅·释鸟》曰："翠，鹬。"③《仓颉解诂》曰："鹬，翠别名也。"④

翡翠产于南方，《说文》所谓"郁林"即郁林郡，治布山，在今广西桂平西，辖今广西大部。《逸周书·王会》云："正南瓯邓、桂国、损子、产里、百濮、九菌，请令以珠玑、瑇瑁、象齿、文犀、翠羽、菌鹤、短狗为献。"又云："仓吾翡翠，翡翠者，所以取羽。"⑤ 翡翠之羽即翠羽。翡翠出交州，郁林、仓吾二郡皆在今广西，其地属交州。其实，交州包括今越南之北部，古代输入中原地区之翡翠鸟有的来自今越南之地。杨孚《交趾异物志》记载："翠鸟先高作巢，及生子，爱之，恐堕，稍下作巢。子生毛羽，复益爱之，又更下巢也。"⑥ 王粲《游海赋》写会稽东南南方大海，"鸟则爱居孔鹄，翡翠鹔鹴，缤纷往来，沈浮翱翔。"⑦ 晋郭义恭《广志》云："翡色赤，翠色绀，皆出交州兴古县。"⑧ 据说西周时南方就献翡翠。《周书》记载："成王时，苍梧献翡翠。"⑨《汉书·南粤传》记载，汉代时尉佗献文帝"翠鸟千""生翠四十只"。⑩ 司马相如《长门赋》写长门宫之冷落："翡翠胁翼而来萃兮，鸾凤翔而北南。"⑪ 枚乘《梁王菟园赋》写梁王的苑囿有翡翠。⑫ 扬雄《校猎赋》写上林苑中有"玄鸾孔雀，翡翠垂荣"。垂荣，颜师古注云："言其毛羽有光华。"⑬ 东汉蔡邕《翠鸟诗》云："庭陬有若留，绿叶含丹荣。翠鸟时来集，振翼修容形。回顾生碧色，动摇扬缥青，幸脱虞人机，得亲君子庭。驯心托君素，雌雄保百龄。"⑭《三国志·吴书·薛综传》记载，来自交州的奇珍异物有

---

① （汉）许慎：《说文解字》（四），中华书局1963年版，第75页。
② 《太平御览》卷924《羽族部》，上海古籍出版社2008年影印本，第9册，第267页。
③ 《尔雅注疏》卷10《释鸟》，《十三经注疏》，上海古籍出版社1980年影印本，第83页。
④ 《艺文类聚》卷92《鸟部》，上海古籍出版社1982年版，第1608页。
⑤ 《逸周书》卷7《王会》，《汉魏丛书》，吉林大学出版社1992年影印本，第286页。
⑥ 《艺文类聚》卷92《鸟部》，上海古籍出版社1982年版，第1609页。
⑦ 《艺文类聚》卷8《水部》，第153页。
⑧ 《艺文类聚》卷92《鸟部》，第1609页。
⑨ 同上书，1608页。
⑩ 《汉书》卷95《南粤传》，第3852页。
⑪ 费振刚等校辑：《全汉赋》，北京大学出版社1993年版，第100页。
⑫ 同上书，第29页。
⑬ 《汉书》卷87上《扬雄传》上，第3551页。
⑭ 逯钦立辑校：《先秦汉魏晋南北朝诗》，中华书局1983年版，第193—194页。

"名珠、香药、象牙、犀角、玳瑁、珊瑚、琉璃、鹦鹉、翡翠、孔雀"等。① 翡翠与鹦鹉、孔雀等珍宝并列,此指鸟类。

汉代翠羽被视为珍宝之类。《汉书·西域传赞》描述西汉所获异域物产:"明珠、文甲、通犀、翠羽之珍,盈于后宫;蒲梢、龙文、鱼目、汗血(四种骏马名)之马充于黄门;巨象、师子、猛犬、大雀之群,食于外囿。殊方异物,四面而至。"② 东汉时内地至交阯任职的官员往往含赃纳贿获得南海的珠宝,携之以归。他们又用这种珠宝贿赂权贵,以求升迁。《汉书·江都王建传》记载刘建"遣人通越繇王、闽侯,遗以锦帛奇珍,繇王、闽侯亦遗建荃、葛、珠玑、犀甲、翠羽、蝯熊奇兽,数通使往来,约有急相助"。③ 江都和越地的繇王、闽侯都地近南方沿海地区,故能获得大量翠羽。《后汉书·贾琮传》记载:"旧交阯土多珍产,明玑、翠羽、犀、象、瑇瑁、异香、美木之属,莫不自出。前后刺史率多无清行,上承权贵,下积私赂,财计盈给,辄复求见迁代。"④ 其中,都把翠羽与明珠、文甲、犀角、象牙、瑇瑁并称。《后汉书·单超传》记载:"其后四侯转横,天下为之语曰:'左回天,具独坐,徐卧虎,唐两堕。'竞起第宅,楼观壮丽,穷极伎巧。金银罽毦,施于犬马。"⑤ 说明宦官之骄奢淫佚的程度。毦,用鸟羽兽毛做成的装饰。李贤注云:"毦,以毛羽为饰。"⑥ 把鸟羽兽毛与金银罽并称,极言其珍贵。

翡翠鸟的羽毛十分美丽,称为翠羽,常用为装饰,尤其是女性富贵华丽的装饰。先秦时人们就用翠羽装饰帷帐,楚辞《招魂》中有"翡帷翠帐"的句子。汉代皇室贵族喜欢用翠羽装饰各种器物。《汉书·武五子传》记载,燕刺王旦"郎中侍从者著貂羽,黄金附蝉,皆号侍中"。颜师古注引晋灼曰:"以翠羽饰冠也。"颜师古指出:"貂羽附蝉,又天子侍中之饰,王僭为之。"⑦ 汉制举行祭礼时,太皇太后、皇太后入庙,"簪以瑇瑁为擿,长一尺,端为华胜,上为凤皇爵,以翡翠为毛羽,下有白珠,垂黄金镊"。⑧ 司马彪《续汉书》记载:"太皇后花胜上为金凤,以翡翠为

---

① 《三国志》卷53《吴书·薛综传》,第1252页。
② 《汉书》卷96下《西域传赞》,第3928页。
③ 《汉书》卷53《江都王建传》,第2417页。
④ 《后汉书》卷31《贾琮传》,第1111页。
⑤ 《后汉书》卷78《宦者列传》,第2521页。
⑥ 同上书,第2521页。
⑦ 《汉书》第63卷《武五子传》,第2754页。
⑧ 《后汉书》志第三十《舆服志》下,第3676页。

毛羽,步摇贯白珠。"① 东汉张衡的《西京赋》追忆西汉时平乐观置乐设宴皇帝临观的情景:"大驾幸乎平乐,张甲乙而袭翠被。"李善注《文选》云:"班固《汉书》赞曰:'孝武造甲乙之帐,袭翠被,冯玉几。'《音义》曰:'甲乙,帐名也。'《左氏传》曰:'楚子翠被。'杜预曰:'翠羽饰被。'"②《西京杂记》记载,汉成帝宠幸赵飞燕姐妹,其居昭阳殿,"壁带往往为黄金釭,含蓝田璧,明珠翠羽饰之"。③ 傅毅《舞赋》写舞女之美:"珠翠的砾而炤燿兮,华袿飞髾而杂纤罗。"④ 刘騊駼《玄根赋》有"戴金翠,珥珠玑"的句子。⑤ 王粲《神女赋》写神女:"戴金羽之首饰,珥昭夜之珠珰。"⑥ 曹植《洛神赋》写女神宓妃:"戴金翠之首饰,缀明珠以耀躯。"⑦ 翠羽与珍珠、金银首饰一起装扮贵族妇女的女性之美。

## 十二 "九真之麟"是否长颈鹿

> 长安少年无远图,一生惟羡执金吾。
> 麒麟殿前拜天子,走马西击长城胡。
> 胡沙猎猎吹人面,汉虏相逢不相见。
> 遥闻鼙鼓动地来,传道单于夜犹战。
>
> ——(唐)王翰《饮马长城窟行》

长颈鹿乃非洲特有动物,陆地上最高的动物,长长的脖子是其最大的特征,最高的雄长颈鹿抬头身高可达6米。中国自古不出产长颈鹿,长颈鹿仅产于东非(今埃塞俄比亚和索马里),长颈鹿是否汉代已经传入中国是有争议的问题。1979年,在徐州贾旺发现的东汉画像石上绘有多只

---

① (南朝·梁)萧统编:《文选》卷19,曹植《洛神赋》李善注引,上海书店1988年影印本,第255页。
② (南朝·梁)萧统编:《文选》卷2,张衡《西京赋》李善注引,第28页。
③ (晋)葛洪:《西京杂记》卷1,《汉魏丛书》,吉林大学出版社1992年影印本,第303页。
④ 费振刚等辑校:《全汉赋》,北京大学出版社1993年版,第280页。
⑤ (南朝·梁)萧统编:《文选》卷19,曹植《洛神赋》李善注引,第255页。
⑥ 《艺文类聚》第79卷《灵异部》下,上海古籍出版社1982年版,第1352页。
⑦ (南朝·梁)萧统编:《文选》卷19,第255页。

"麒麟"，其中至少三只具有非洲长颈鹿的典型特征，具有写实的倾向，与中国传统的麒麟形象不同。因此有人推测长颈鹿可能在东汉时已传入中国，应当是经西亚、中亚各国传来的。①

长颈鹿传入中国，这在汉代的文献中也有某种信息。司马相如《上林赋》写西汉上林苑放养的野兽："其兽则麒麟角端，駒騟橐驼，蛩蛩驒騱，駃騠驴骡。"②刘向《别录》记载有"麒麟角杖"。③班固《西都赋》写上林苑集中了四方奇物："西郊则有上囿禁苑（颜师古注曰：'上囿谓上林苑也'），林麓薮泽，陂池连乎蜀汉，缭以周墙四百余里，离宫别馆三十六所，神池灵沼往往而在。其中乃有九真之麟，大宛之马，黄支之犀，条支之鸟。逾昆仑，越巨海，殊方异类至三万里。"④

世界上并无所谓麒麟，"九真之麟"可能就是来自南海国家的长颈鹿。九真郡，中国古代行政区，位于今越南北部。该地秦时属于象郡，赵佗称王后，分其地为交趾、九真二郡，属南越四郡之一。汉武帝于元鼎六年（前111年）灭南越国后沿袭旧称，属交州，东汉时沿置。称之为"九真之麟"，可能是经东南亚传入的，是九真郡入贡的动物。汉宣帝神爵元年（前61年）《祠后土诏》云："元康四年，嘉谷玄稷降于郡国，神爵仍集，金芝九茎，产于函德殿铜池中；九真献奇兽，南郡获白虎、威凤为宝。"所谓"奇兽"，被汉宣帝视为祥瑞。颜师古注引苏林曰："白象也。"又引晋灼曰："駒形，（鳞）[麟]色，牛角，仁而爱人。"颜师古云："非白象也，晋说是矣。"⑤但晋灼并没有说出兽名。这里所谓"九真献奇兽"，麟色，正是上文所谓"九真之麟"，可能还是指长颈鹿。

---

① 徐州博物馆：《论徐州汉画像石》，《文物》1980年第2期，第55页，图14。49页正文说明是麒麟，沈福伟认为当是长颈鹿，参见氏著《中西文化交流史》，上海人民出版社1985年版，第70页。郝利荣、杨孝军《江苏徐州贾旺汉画像石墓》，《文物》2008年第2期。
② 费振刚等辑校：《全汉赋》，北京大学出版社1993年版，第64页。
③ 《太平御览》卷710《服用部》引刘向《别传》，上海古籍出版社2008年影印本，第7册，第387页。《北堂书钞》卷133《服饰部》二引刘向《别录》："有《麒麟角杖赋》。"学苑出版社1998年影印本，第2册，第370页。
④ 费振刚等辑校：《全汉赋》，北京大学出版社1993年版，第311页。
⑤ 《汉书》卷8《宣帝纪》，第259、260页。

## 十三　鹦鹉和文士怀才不遇的寄托

> 惟西域之灵鸟兮，挺自然之奇姿。体金精之妙质兮，合火德之明辉。性辩慧而能言兮，才聪明以识机。故其嬉游高峻，栖跱幽深。飞不妄集，翔必择林。
>
> ——（东汉）祢衡《鹦鹉赋》

鹦鹉分布在温带、亚热带、热带的广大地域，中国南方和西南地区也有鹦鹉。《山海经》云："黄山及数历之山有鸟焉，其状如鸮，赤喙人舌，能言，名曰鹦鹉。"郭璞注云："鹦鹉，舌似小儿舌，有五色者，亦有纯白、纯赤者。"① 《汉书·汉武帝纪》记载，元狩二年（前121年）夏，"南越献驯象、能言鸟"。② 鹦鹉经过驯养，能模仿人说话，所以被称为"能言鸟"。汉末魏初的刘艾《汉帝传》记载，汉献帝"兴平元年，益州蛮夷献鹦鹉三，诏曰：'往者益州献鹦鹉三枚，夜食三升麻子。今谷价腾贵，此鸟无益有损，可付安西将军杨定因，令归本土。'"③

汉代上林苑中养有奇禽异兽，其中应该有鹦鹉。西汉民间有富人养鹦鹉，袁广汉私养的包括鹦鹉在内的奇禽异兽就被没入上林苑。《西京杂记》卷三记载："茂陵富人袁广汉，藏镪巨万，家僮八九百人。于北邙山下筑园，东西四里，南北五里，激流水注其内，构石为山，高十余丈，连延数里。养白鹦鹉、紫鸳鸯、牦牛、青兕、奇兽、怪禽，委积其间。积沙为洲屿，激水为波潮，其中致江鸥、海鹤、孕雏、产鷇，延蔓林池；奇树异草，靡不具植。屋皆徘徊连属，重阁修廊，行之移晷不能遍也。广汉后有罪诛，没入为官园，鸟兽草木皆移植上林苑中。"鹦鹉中有五色鹦鹉，尤其珍贵。《山海经》记载："黄山及数历之山有鸟焉，其状如鸮，赤喙人舌，能言，名曰鹦鹉。"郭璞注云："鹦鹉舌似小儿，舌，有五色者，亦有纯白、纯赤者。"④ 据此记载，袁广汉的鹦鹉最终进入皇家园林上林

---

① （唐）徐坚等：《初学记》卷30《鸟部》，中华书局1962年版，第737页。
② 《汉书》卷6《武帝纪》，第176页。
③ （唐）徐坚等：《初学记》卷30，第737页。刘艾，与汉献帝同时人，撰《汉灵献二帝纪》三卷，已佚。
④ （唐）徐坚等：《初学记》第30卷，第737页。

苑中。

三国时吴国康泰奉孙权之命访问扶南国,归来著《吴时外国传》一书,云:"扶南东有涨海,海中有洲,出五色鹦鹉。其白者如母鸡。"① 晋顾微《广州记》云:"根杜出五色鹦鹉。曾见其白者,大如母鸡。"② 佚名作者《南方异物志》云:"鹦鹉有三种,(一种)青大如乌白,一种白大如鸥鸮,一种五色大于青者,交州巴南尽有之。及五色出杜薄州,凡鸟四指,三向前,一向后。此鸟两指向后。"③ 根杜当即杜薄州,又作诸薄,据《吴时外国传》所言五色鹦鹉所出方位,当在今加里曼丹岛。

鹦鹉羽色艳丽而爱叫,以美丽的羽毛和善学人语的特点而为人们所爱,常被作为宠物饲养。《后汉书·南蛮西南夷列传》史官论汉代域外传入的物品:"其竁嫁、火毳、驯禽、封兽之赋,軨积于内府。"李贤注云:"驯禽,鹦鹉也。"④ 汉末祢衡、曹植、应场、陈琳、王粲、阮瑀等作家皆著有《鹦鹉赋》。⑤ 他们有的写鹦鹉形象的美好,如陈琳《鹦鹉赋》云:"咨乾坤之兆物,万品错而殊形。有逸姿之令鸟,含嘉淑之哀声。抱振鹭之素质,被翠羽之缥精。"⑥ 有的用异域献鹦鹉歌颂盛世,如阮瑀《鹦鹉赋》云:"惟翩翩之艳鸟,诞嘉类于京都。秽夷风而弗处,慕圣惠而来徂。被坤文之黄色,服离光之朱形。配秋英以离绿,苞天地以耀荣。"⑦ 有的悲悯鹦鹉幽系樊笼失去自由,孤单独处,如王粲《鹦鹉赋》云:"步笼阿以踯躅,叩众目之希稠。登衡干以上干,噭哀鸣而舒忧。声嘤嘤以高厉,又憀憀而不休。听乔木之悲风,羡鸣友之相求。日奄蔼以西迈,忽迢遥而既冥。就隅角而敛翼,倦独宿而宛颈。"⑧ 有的借鹦鹉表达人生感悟,应场《鹦鹉赋》云:"何翩翩之丽鸟,表众艳之殊色。被光耀之鲜羽,流玄黄之华饰。苞明哲之弘虑,从阴阳之消息。秋风厉而潜形,苍神发而动翼。"⑨ 意谓君子处世应有明哲保身之道,天下有道则仕,天下无道则隐。

---

① 《艺文类聚》卷91《鸟部》,上海古籍出版社1982年版,第1575页。
② (唐)徐坚等:《初学记》卷30《鸟部》,第737页。
③ 《南方异物志》,作者不详,卷目无考,已佚。《齐民要术》《初学记》《一切经音义》《太平御览》等书均有引文。据佚文引用情况,应成书于魏晋南北朝时期。最早引用此书的是《齐民要术》。佚文多记甘蕉、棘竹、鹦鹉等南方物产。此书与唐代房千里《南方异物志》同名,但早于房氏之书,应注意分别。
④ 《后汉书》卷86《南蛮西南夷列传》,第2860页。
⑤ 《艺文类聚》卷91《鸟部》,上海古籍出版社1982年版,第1575—1576页。
⑥ 同上书,第1576页。
⑦ 同上书,第1576页。
⑧ 《艺文类聚》卷91《鸟部》,第1576页。
⑨ 同上。

有的则借鹦鹉表达个人身世之感，祢衡的《鹦鹉赋》是传世名作。《后汉书·祢衡传》记载，汉末祢衡在江夏，人有献鹦鹉于太守黄祖者，黄祖子黄谢请祢衡为赋，祢衡"揽笔而作，文无加点，辞采甚丽"。[①] 据祢衡《鹦鹉赋》并序的描写，此鹦鹉来自域外。其序云："时黄祖太子射，宾客大会。有献鹦鹉者，举酒于衡前曰：'祢处士，今日无用娱宾，窃以此鸟自远而至，明慧聪善，羽族之可贵，愿先生为之赋，使四座咸共荣观，不亦可乎？' 衡因为赋，笔不停缀，文不加点。"[②] 其中说这只鹦鹉乃"西域之灵鸟"；"流飘万里，崎岖重阻；逾岷越障，载罹寒暑"；"想昆山之高岳，思邓林之扶疏"都意在说明鹦鹉来自异域。这篇赋借鹦鹉的遭遇表达了祢衡对现实人生的感慨，也表达了自己漂泊流寓和不得志的情怀。

曹植《鹦鹉赋》也是托物寓意之作，赋写一对鹦鹉春日双飞："美洲中之令鸟，超众类之殊名。感阳和而振翼，遁太阴以存形。"但"遇旅人之严网，殊六翮而无遗。身挂滞于重纸，孤雌鸣而独归。"雄鸟被旅人猎获，雌鸟飞归，它之所以没有殉情，是为了护养幼雏："岂余身之足惜，怜众雏之末飞。分麋躯以润镬，何全济之敢希！"这里是以雏鸟自比，感谢恩人救护之德，所以他说："蒙含育之厚德，奉君子之光辉。怨身轻而施重，恐往惠之中亏。常戢心以怀惧，虽处安而若危。永哀鸣以报德，庶终来而不疲。"[③] 在与曹丕的权力斗争中，曹植曾得到一部分人的支持，这些人受到曹丕的打击和迫害。曹植这篇赋表达了对这些人的感激之情和自己如履薄冰的忧危恐惧之心态。

## 十四 其他禽畜野兽

若乃藏山隐海之灵物，沉沙栖陆之玮宝，莫不呈表怪丽，雕被宫幄焉。又其宝骆、火毳、驯禽、封兽之赋，軨积于内府；夷歌巴舞、殊音异节之技，列倡于外门。

——（南朝·宋）范晔《后汉书·南蛮西南夷列传论》

---

① 《后汉书》卷80下《祢衡传》，第2657页。
② （汉）陆贾等撰，费振刚等辑校：《全汉赋》，北京大学出版社1993年版，第611—612页。
③ 《艺文类聚》卷91《鸟部》，第1576页。

大狗。《汉书·西域传》记载罽宾有大狗,颜师古注引郭义恭《广志》云:"罽宾大狗大如驴,赤色,数里摇靰以呼之。"① 《汉书·西域传赞》描述西汉所获异域物产云:"明珠、文甲、通犀、翠羽之珍,盈于后宫;蒲梢、龙文、鱼目、汗血(四种骏马名)之马充于黄门;巨象、师子、猛犬、大雀之群,食于外囿。殊方异物,四面而至。"② 所谓"猛犬"当即指罽宾大狗。据《三辅黄图》记载,上林苑有犬台宫,在"长安城西二十八里"。③《汉书》卷四十五《江充传》记载:"初充召见犬台宫。"晋灼注引《三辅黄图》云:"上林有犬台宫,外有走狗观也。"何清谷说:"犬台宫、走狗观,顾名思义,应为汉帝养犬之所,以备游猎。《汉书》卷九十九《王莽传》下的'大台'疑为'犬台'之误,因为'大台'在'城西苑中',与犬台在长安西上林苑中的位置一致,'犬'字也极易误写为'大'字。如果大台即犬台,那么犬台宫也毁于王莽之手。"④ 长乐宫也有走狗台。⑤ 从罽宾传入的大狗,应该圈养在这些地方,并在此观赏。

鸹鶋。王嘉《拾遗记》"后汉"条记载:"章帝永宁元年,条支国来贡异瑞,有鸟名鸹鶋,形高七尺,解人语。其国太平,则鸹鶋群翔。昔汉武时,四夷宾服,有献驯鶋,若有喜乐事,则鼓翼翔鸣。按庄周云雕陵之鹊,盖其类也。"⑥《拾遗记》所载大多为志怪故事,出于传说逸闻,不可作为信史。因此鸹鶋可能只是传说中的异鸟。

黑鹰。《艺文类聚》卷九十二引《异类传》云:"汉武帝时,西域献黑鹰,得鹏雏。东方朔识之。"⑦ 这也是作为"奇禽"记载的,未必实有其事。

长鸣鸡、司晨鸡,出交趾等地。《西汉杂记》记载:"成帝时,交趾、越巂献长鸣鸡、伺晨鸡。即下漏验之,昝刻无差。长鸣鸡则一食顷不绝,长距善斗。"⑧

白兔。《后汉书》卷一《光武帝纪》记载:建武十三年(37年)"九

---

① 《汉书》卷96上《西域传》上,第3885页。
② 《汉书》卷96下《西域传》下,第3928页。
③ 佚名撰,何清谷校注:《三辅黄图校注》卷3《甘泉宫》,三秦出版社1995年版,第182页。
④ 佚名撰,何清谷校注:《三辅黄图校注》卷3,第183页。
⑤ 同上书,第275页。
⑥ (晋)王嘉:《拾遗记》卷6,《汉魏丛书》,吉林大学出版社1992年版,第722页。
⑦ 《艺文类聚》卷92《鸟部》引《异类传》,上海古籍出版社1982年版,第1608页。
⑧ (晋)葛洪:《西京杂记》卷4,《汉魏丛书》,吉林大学出版社1992年影印本,第309页。

月，日南徼外蛮夷献白雉、白兔。"《后汉书·南蛮传》也记载此事："建武十二年，九真徼外蛮里张游率种人慕化内属，封为归汉里君。明年，南越徼外蛮夷献白雉、白兔。"

文豹、班鱼，出东北亚濊族。《后汉书·东夷传》记载，濊族"多文豹，有果下马，海出班鱼，使来皆献之"。① 西晋张华《博物志》云："秽貊国南与辰韩、北与句丽沃沮接，东穷大海。海中出斑鱼皮，陆出文豹。又出果下马，汉时献之，驾辇车。"②

猩猩。汉朝还从西南夷哀牢国获得猩猩。《后汉书·西南夷列传》记载哀牢国："出铜、铁、铅、锡、金、银、光珠、虎魄、水精、瑠璃、轲虫、蚌珠、孔雀、翡翠、犀、象、猩猩、貊兽。""西部都尉广汉郑纯为政清洁，化行夷貊，君长感慕，皆献土珍，颂德美。"③

水牛。《后汉书·西南夷传》"哀牢"记载："永初元年，徼外僬侥种夷陆类等三千馀口举种内附，献象牙、水牛、封牛。"④

角端牛、野马、原羊，西汉时上林苑中养有角端牛。司马相如《上林赋》云："其兽则麒麟角端，騊駼橐驼，蛩蛩驒騱，駃騠驴骡。"⑤ 角端牛是鲜卑的特产。《后汉书·鲜卑传》记载："禽兽异于中国者，野马、原羊、角端牛，以角为弓，俗谓之角端弓者。"李贤注引郭璞注《尔雅》曰："原羊似吴羊而大角，出西方。"又引《前书音义》曰："角端似牛，角可为弓。"⑥

驴、骡，有从匈奴战争中缴获而得，有与匈奴贸易所得，也有西域国家贡献而得。桓宽《盐铁论·力耕》记载，桑弘羊论与匈奴贸易之利，云："夫中国一端之缦，得匈奴累金之物，而损敌国之用。是以骡驴馲驼，衔尾入塞；驒騱騵马，尽为我畜。"⑦《汉书·匈奴传》记载，常惠与乌孙兵进击匈奴，"虏马牛羊驴蠃橐驼七十余万"。⑧ 敦煌汉简有一简云："降归义乌孙女子……复贡献驴一匹……"⑨ 敦煌悬泉置出土汉简有康居

---

① 《后汉书》卷85《东夷传》，第2818页。
② （晋）张华撰，范宁校证：《博物志校证》，中华书局1980年版，第132页。
③ 《后汉书》卷86《南蛮西南夷列传》，第2849页。
④ 同上书，第2851页。
⑤ 费振刚等辑校：《全汉赋》，北京大学出版社1993年版，第64页。
⑥ 《后汉书》卷90《鲜卑传》，第2985页。
⑦ （汉）桓宽撰，王利器校注：《盐铁论校注》卷1《力耕》，中华书局1992年版，第28页。
⑧ 《汉书》卷94上《匈奴传》上，第3786页。
⑨ 罗振玉、王国维编著：《流沙坠简》，中华书局1993年版，第200页。

向汉朝贡驴的记录：

甘露二年正月庚戌敦煌太守千秋库令贺兼行丞事敢告酒泉大□
罢军候丞赵千秋上书送康居王使者二人贵人十人从者□
九匹驴卅一匹橐他廿五匹牛一戌申入玉门关已阕□□（Ⅱ90DXT0213③：6）①

在康居国使人的队伍里有驴31头，可能用于驮载，但从上引敦煌汉简乌孙曾"复贡献驴一匹"来看，也可能用作贡物。

蝯熊。《汉书·江都王建传》记载刘建："遣人通越繇王、闽侯，遗以锦帛奇珍，繇王、闽侯亦遗建荃、葛、珠玑、犀甲、翠羽、蝯熊奇兽，数通使往来，约有急相助。"②

貂、豽。夫馀国向汉朝进贡有"貂、豽"。《后汉书·东夷传》记载，夫馀国"出名马、赤玉、貂、豽，大珠如酸枣"。建武二十五年（49年），"夫馀王遣使奉贡"。此后"使命岁通"，安帝、顺帝、桓帝和灵帝时都"诣阙贡献"。③夫馀人的贡献中少不了如上物产。豽，古同"貀"，猴类动物。李贤注云："豽似豹，无前足，音奴八反。"④晋郭义恭《广志》云："貂出扶余、挹娄。"⑤夫馀国是古东北亚民族秽貊别族所建，古代北方政权高句丽和百济的王室都来自扶馀。此外，北沃沮、东沃沮、濊都是扶馀的兄弟民族。扶馀，在古代文献中有时写作"扶余"。《后汉书·东夷传》记载："夫馀国在玄菟北千里，南与高句骊、东与挹娄、西与鲜卑接，北有弱水，地方二千里。本濊地也。"⑥关于貂的输入，详见本书"毛皮和纺织品"一章。

白鹇、黑鹇。《西京杂记》记载："闽越王献高帝石蜜五斛，蜜烛二百枚，白鹇、黑鹇各一双。高帝大悦，厚报遣其使。"⑦白鹇分布于中国东南沿海、缅甸、泰国和中南半岛。黑鹇分布于喜马拉雅山脉、印度北

---

① 张德芳：《悬泉汉简中若干西域资料考论》，载荣新江、李孝聪主编《中外关系史：新史料与新问题》，科学出版社2004年版，第146页。
② 《汉书》卷53《江都王建传》，第2417页。
③ 《后汉书》卷85《东夷传》，第2811—2812页。
④ 同上书，第2811页。
⑤ 《艺文类聚》卷95《兽部》下，上海古籍出版社1982年版，第1655页。
⑥ 《后汉书》卷85《东夷传》，第2810页。
⑦ （晋）葛洪：《西京杂记》卷4，《汉魏丛书》，吉林大学出版社1992年影印本，第308页。

部、缅甸北部及西部。国内相当罕见,仅分布于云南、西藏海拔 2100—3200 米的亚热带森林。

## 小　结

汉代获得周边和域外珍禽异兽很多。司马相如《上林赋》曾盛夸上林苑中来自异域的禽兽:"其南则隆冬生长,涌水跃波;其兽则庸旄貘犛,沈牛麈麋,赤首圜题,穷奇象犀。其北则盛夏含冻裂地,涉水揭河;其兽则麒麟角端,騊駼橐驼,蛩蛩驒騱,駃騠驴骡。"① 后来天子终于醒悟,以为是奢侈之极,"放怪兽"。颜师古注引张揖曰:"苑中奇怪之兽,不复猎也。"② 传说中西域进贡之奇禽异兽还有"花蹄牛""双头鸡"之类,有的过于荒诞,不足信据。这些珍禽异兽传入以后,对中国的文化艺术和宗教生活发生了很大的影响。由于它们形象的新奇和怪异,人们常常把它们和神话传说中的某种灵怪联系起来,成为一种吉祥或者凶险的象征,而且还常常被用作各种装饰题材,如汉代毛毯的图案多有这种动物形象。又常常摹其形状制作出各种工艺品,《三辅黄图》卷四引《汉书》,在汉太液池,"刻金石为鱼龙、奇禽、异兽之属"。

把外来的奇禽异兽作为观赏的动物,汉代时不仅皇宫内宛如此,诸侯王国和民间个人也有。《三辅黄图》记载:"梁孝王好营宫室、苑囿之乐,作曜华宫,筑兔园。园中有百灵山……延亘数十里,奇果异树、珍禽怪兽毕有。"③《西京杂记》记载茂陵富人袁广汉,于"北邙山下筑园,养白鹦鹉、紫鸳鸯、牦牛、青兕、奇兽、怪禽,委积其间。积沙为洲屿,激水为波潮,其中致江鸥、海鹤、孕雏、产鷇,延蔓林池"。④《后汉书·梁冀传》记载,东汉时梁冀既"遣客出塞,交通外国,广求异物";当时"四方调发,岁时贡献,皆先输上第于冀,乘舆乃其次也"。⑤ 所以在梁冀的园林里,"深林绝涧,有若自然,奇禽驯兽,飞走其间"。⑥

---

① 《汉书》卷 57 上《司马相如传》,第 3556 页。
② 同上书,第 3574 页。
③ 佚名撰,何清谷校注:《三辅黄图》卷 3,三秦出版社 1995 年版,第 2008—2009 页。
④ (晋)葛洪:《西京杂记》卷 3,《汉魏丛书》,吉林大学出版社 1992 年影印本,第 306 页。
⑤ 《后汉书》卷 34《梁冀传》,第 1181 页。
⑥ 同上书,第 1182 页。

以获奇禽异兽作为政治清明、天下太平的象征,也由来已久,可以追溯至西周。史载:"周公居摄六年,制礼作乐,天下和平,交址之南有越裳国,以三象、重译而献白雉。"① 这就把域外奉贡之奇禽野兽与本国政治联系起来。周宣王时,周室中兴,史载:"追邈之国来贡,故韩奕之诗曰:'献其貔皮、赤豹、黄罴。'"② 西汉末年,王莽执政,贿赂和讽劝黄支国王以生犀牛贡献,以此显示自己恩德和威风海外。域外献白雉,被视为礼定乐成天下太平的象征,被王莽用以歌颂自己的盛德。东汉初光武帝时,越裳国又献白雉、白兔,"章帝元和元年正月,日南徼外蛮夷究不事人邑蒙献生犀、白雉"。③ 史书郑重地记载此事,都包含着这种寓意。历代统治者都以域外入贡视为荣耀,而以外夷不贡感到不安。

中国古代人还赋予域外的某种动物以各种象征意义。接受域外入贡某种动物,有时被视为玩物丧志、重宝失德的表现。《尚书·周书》中之《旅獒》记载:"惟克商,遂通道于九夷八蛮。西旅底贡厥獒。太保乃作《旅獒》,用训于王。"獒,一种凶猛的狗,体大善斗。《说文解字》云:"狗四尺为獒。"说明周时域外民族便以动物为贽入贡。太保召公担心武王玩物丧志,劝谏他建立王业必须尚德审慎,不宝远方异域之奇物,应当重贤、安国、保民。

---

① 《册府元龟》卷968《外臣部》,中华书局1960年影印本,第11376页。
② 《册府元龟》卷968《外臣部》,第12册,第11376页。
③ 《册府元龟》卷968《外臣部》,第12册,第11378页。"究不事",古代民族名,一说在今越南南部至马来半岛一带;一说在今柬埔寨,即 Kamboja 的讹音。参见陈佳荣等《古代南海地名汇释》,中华书局1986年版,第445页。

# 第二章 植物篇

汉代统治者喜欢获取域外的名果异卉，名果可供食用，异卉可供观赏。因此丝绸之路和南方海上交通开辟以后，西域、南海诸国各种奇花异草、名果异木通过各种途径传入，有的移植而来，不能移植者则又源源不断的输入。王逸《荔支赋》云："大哉圣皇，处乎中州。东野贡落疏之文瓜，南浦上黄甘之华橘，西旅献昆山之蒲桃，北燕荐朔滨之巨栗，魏土送西山之杏。"又有"宛中朱柿、房陵缥李、酒泉白柰"，以及南方的"荔支"。[1]《三辅黄图·苑囿》记载，汉武帝初修上林苑，"群臣远方，各献名果异卉三千余种植其中，亦有制为美名，以标奇异"。[2] 其中有本土所产，亦有来自异域的。汉代输入的域外植物名果品种很多，对当时社会生活和文化艺术产生了重要影响。

## 一　葡萄、葡萄种植与葡萄酒的输入

于是乎卢橘夏熟，黄甘橙楱，枇杷橪柿，亭柰厚朴，梬枣杨梅，樱桃蒲陶，隐夫薁棣，荅遝离支。罗乎后宫，列乎北园，貤丘陵，下平原。

——（西汉）司马相如《上林赋》

葡萄是世界上最古老的植物之一，在中国汉代文献上被写作"蒲

---

[1]　费振刚等辑校：《全汉赋》，北京大学出版社1993年版，第517页。
[2]　佚名撰，何清谷校注：《三辅黄图校注》卷4，三秦出版社1995年版，第216页。

陶"①，后来的文献也有的写作"蒲萄"②"蒲桃"。③葡萄树是葡萄属落叶藤本植物，掌叶状，3—5缺裂，复总状花序，通常呈圆锥形，浆果多为圆形或椭圆形，色泽随品种而异。葡萄营养价值很高，可制成葡萄汁、葡萄干和葡萄酒。人类在很早以前就开始栽培这种果树。

关于葡萄原产地，学术界有很大争议，有"一个中心说"和"多个中心说"。G. Curtel 和 A. Stummer 的研究证明，葡萄的原产地在东方，从东方传播到希腊和意大利，而罗马人（或说是希腊人）又把葡萄移植到高卢和莱茵河两岸。④坎多勒从植物学观点出发，认为高加索以南地带是葡萄树的"中心产地，或是最古老的产地"。⑤《圣经·创世纪》中说诺亚在阿剌拉（Ararat）附近种植葡萄树，由此人们容易会把亚美尼亚揣测为最早发现葡萄的国家。⑥史剌德说葡萄是前亚细亚（Anterior Asia）的印度—欧罗巴族人栽种的，名字也是他们起的。美国汉学家劳费尔指出："葡萄的栽培意味着错综复杂的看法，然而在整个古代世界这些看法较为一致和持续地存在着，因此可以肯定它只能是从一个中心地区播传出去的。"他认为"葡萄的原产地肯定是在东方，从东方传播到希腊和意大利，而罗马人（或说是希腊人）又把葡萄移植到高卢和莱茵河两岸"。"关于它的中心地区在哪里的问题，当然看法是很分歧的。我们目前对这问题所掌握的知识只能允许我们在理论上做一些推测"。⑦他认为作为"葡萄酒"讲的那个字尽管很可能来自印欧语，或者更明确地说，来自亚美尼亚语，但是这并不足以证明葡萄栽培的发端可以追溯到印欧人。葡萄树和葡萄酒至少在公元前三四千年在埃及就已经有了⑧，在美索不达米亚也同样在很早的年代就为人所熟知了。葡萄、葡萄酒来自闪族（Semitic）的可能性更大。⑨

多个中心说又有不同见解，有南高加索、中亚细亚、叙利亚、伊拉克

---

① 《史记》卷 123《大宛列传》，第 3160、3173 页；《汉书》卷 96 上《西域传》，第 3894、3895 页。
② 《后汉书》卷 88《西域传》，第 2922 页。
③ 《周书》卷 50《异域传》下，中华书局 1971 年标点本，第 916 页。
④ G. Curtel, *La Vigne et le vin chez les Romains*, Paris, 1903; A. Stummer, *Zur Urgeschichte der Rebe und des Weinbaues*, Mitt. Anthr. Ges. Wien, 1911, pp. 283—296. 转引自劳费尔《中国伊朗编》，林筠因译，商务印书馆 1964 年版，第 44 页。
⑤ A. de Candolle. *Origin of Cultivated Plants*, p. 192. 转引自《中国伊朗编》，第 44 页。
⑥ 同上。
⑦ [美] 劳费尔：《中国伊朗编》，林筠因译，商务印书馆 1964 年版，第 44 页。
⑧ V. Loret：*Flore pharaonique*, p. 99. 转引自《中国伊朗编》，第 44 页。
⑨ [美] 劳费尔：《中国伊朗编》，第 44 页。

等地区之说；有土耳其、格鲁吉亚、亚美尼亚、伊朗等国家之说；有地中海东岸以及小亚、中亚地区之说；有西亚、亚美尼亚、高加索地区、欧洲中部以及南部地区之说；有东方各地说。陈习刚先生认为，人类最初栽培葡萄、酿造葡萄酒的时代，从有关文献和考古资料初步判断，约5000年至7000年以前比较可信。葡萄、葡萄酒的最初起源地应该说在东方，应该说是"多个中心"，包括地中海东岸以及小亚细亚、南高加索等地区，主要涵盖叙利亚、土耳其、格鲁吉亚、亚美尼亚、伊朗等国家；而葡萄、葡萄酒的"后起源中心"大致在欧洲和北美，北美又主要包括美国、墨西哥等国家。[1]

　　一般认为，葡萄原产于西亚和北非。像中国一样，世界上其他地区可能都有野生的葡萄，后来又传入人工栽培的品种优良的葡萄。据考古资料，最早栽培葡萄的地区是小亚细亚里海和黑海之间及其南岸地区。大约在7000年以前，南高加索、中亚细亚、叙利亚、伊拉克等地区也开始了葡萄栽培。公元前4600年，希伯来人已开始栽种葡萄并酿酒。《圣经》中《旧约·创世纪》记载，大洪水时代过后，诺亚做起了农夫，经营一个葡萄园，种植葡萄。有一天他酒醉失态，赤身倒在帐中，他的儿子们给他盖上衣服遮羞。《旧约·列王记》说所罗门的时代，"犹太人和以色列人都在自己的葡萄树下和无花果树下安然居住"。拿伯在耶斯列有一个葡萄园，遭到亚哈的诬陷。亚述王对犹太人说："你们要与我和好，出来投降我，各人就可以吃自己葡萄树和无花果的果子。"又说迦南沃土是"有五谷和新酒之地，有粮食和葡萄园之地，有橄榄树和蜂蜜之地"。《旧约·雅歌》第七章所罗门赞美女性的诗说："愿你的两乳好像葡萄累累下垂。"《旧约·以赛亚书》中有《葡萄园之歌》赞美其所爱的人的葡萄园。《旧约·历史书》"历代志"上记载，以色列管理王产的官员有"掌管葡萄园的是拉玛人示每；掌管葡萄园酒窖的是实弗米人撒巴底"。公元前3000年中期，属于闪米特族的亚述人在底格里斯河中游建立亚述尔城，逐渐形成贵族专制的奴隶制城邦。亚述人也种植葡萄，并酿酒。在古埃及，特别是在尼罗河河谷地带，从发掘的墓葬群中，考古学家发现一种底部小圆，肚粗圆，上部颈口大的盛液体的土罐陪葬物品。经研究，这是古埃及人用来装葡萄酒或油的土陶罐。在古埃及第四王朝（前2613—前2494年）的象形文字中已有葡萄和酿酒的形象。新王朝时期天文学家纳

---

[1] 陈习刚：《葡萄、葡萄酒的起源及传入新疆的时代与路线》，《古今农业》2009年第1期。

克哈特（约前1397—前1387年间）的墓室壁画中有葡萄丰收、奴隶采摘葡萄、酿酒和封坛、装船外运的内容。在埃及十八代王朝时期的纳黑特（Nakht）古墓中，发现一幅壁画（fresco），画面上有一位脸略向左侧站着而穿一白色服装的贵夫人，从其左脚跟起，经头部向右脚跟，用一串葡萄蔓藤叶饰物围着。其左侧为一狼头人身，右侧为一美丽年轻的仕女，他们各擎一长形酒杯，似向女主人从头上浇葡萄酒之状。[①]

葡萄酒为人类提供了一种味美而又有益健康的饮料，多数历史学家认为波斯（以今伊朗为中心的古代国家）是最早酿造葡萄酒的国家。传说古代有一位波斯国王爱吃葡萄，曾将葡萄压紧保藏在一个大陶罐里，标明"有毒"，防人偷吃。数日之后，有一位妃子轻生，饮用陶罐内葡萄酿成的饮料，口感淳美，非但没结束生命，反而异常兴奋。妃子盛了一杯专门呈送给国王，国王饮后也十分愉悦，于是颁布命令，专门收藏成熟的葡萄，压紧盛在容器内进行发酵，以便得到葡萄酒。古代西亚的亚述语中，称葡萄为"Karanu"，意为"生命饮料之树"。尼尼微古城（在今伊朗境内）出土被称为"亚述王园中饮宴"的石板浮雕，制作于公元前645年，可能是葡萄纹饰的最早艺术品之一。内容是亚述王战胜古巴比伦后，在自己的园中饮宴欢庆的情景。葡萄荫下，微醉的国王斜倚在沙发里，王后陪他对饮。古代波斯人爱喝酒。《旧约·以斯帖记》第一章第七节云："用金器皿赐酒，器皿各不相同。御酒甚多，足显王的厚意。"皇帝进餐时都用最精选的葡萄酒。波斯王大流士一世的卧榻上有一株金色葡萄树遮着，乃一位名叫毕提阿司的吕底亚人贡献。伊朗首都波塞波利斯的碑文说，每天有五十康格斯（容量单位，相当于六品脱）的甜酒和五千康格斯的普通酒送入皇宫。宫里很重要的职务之一是捧酒杯。小居鲁士喝到味道特别芳香的美酒，总是把剩下的半瓶送给朋友，并附上几句话："居鲁士久未尝如此美酒，分赠些许，请与所欢共饮。"公元前1世纪的历史学家斯特拉波说，喀马尼亚的农产品和波斯相同，其中有葡萄酒，"我们称为喀马尼亚的葡萄者，常结每串达两腕尺长的葡萄，子多且大，此植物在本土或颇茂盛。"波斯国王不满足于本地葡萄所制的酒，当叙利亚和波斯帝国合并时，叙利亚的沙利波尼亚酒变成了他们专用的酒。据波西多尼厄说，这酒是在叙利亚的大马士革城酿造的，是用波斯人在那里种植的葡萄酿制的。[②]

---

① 毛民：《榴花西来——丝绸之路上的植物》，人民美术出版社2005年版，第7—16页。
② [美]劳费尔：《中国伊朗编》，第47—48页。

据被称为"西方历史学之父"的古希腊历史学家希罗多德的《历史》一书记载,波斯人很爱喝酒,而且是大量地喝。他们习惯于在陶醉的状态下讨论重要事情。第二天早晨清醒过来,房主人把决议放到他们面前,如果赞成这决议,他们就执行;如果不赞成,就只当没有这回事。如果第一次讨论时神智是清醒的,那要在喝醉了酒时重新考虑这件事。① 斯特拉波说,他们商量最重大的事情时,也是一面喝酒一面商谈,他们认为在那时候通过的决议比在清醒时作出的更可靠。在波斯的叙事诗《王纪》(āāhnāmeh)里讲到,讨论问题总是在酒席间举行,而决议要延迟到第二天才通过。冈比西斯王(前529—前522年)以嗜酒而声名狼藉。色诺芬(Xenophon,约前430—前354年,古希腊历史学家)为波斯人的堕落腐化而叹息:"他们继续不断地喝酒,直到熬夜最晚的人也入寝了才停止。他们有个规矩,不能把大酒杯带到宴会上来。显然他们觉得有节制地不过度饮酒可使身心少受损害。现在这禁用大酒杯的习惯还继续存在,但是他们纵酒过于厉害,即使不带进大酒杯,也要喝到烂醉直不起身子,才被抬了出去。"6世纪拜占廷史家普洛科匹说:在所有的人们当中要算玛赛基特人(一个伊朗种族)最为纵酒。塞族人也如此。他们因喝得狂醉而被居鲁士击败。斯特拉波讲到波斯人有一个闹酒节,男女都穿着司乞特的服装,日夜喝酒狂欢。②

随着古代的战争和商业活动,葡萄种植和葡萄酒酿造的方法传遍了以色列、叙利亚、小亚细亚和阿拉伯地区。阿拉伯国家产生了伊斯兰教,伊斯兰教提倡禁酒律,因而阿拉伯国家的酿酒行业后来日渐衰萎,目前几乎被禁绝。后来葡萄酒酿造的方法从波斯、埃及传到希腊、罗马、高卢。然后,葡萄酒的酿造技术和消费习惯由希腊、意大利和法国传到欧洲各国。由于欧洲人信奉基督教,基督教徒把面包和葡萄酒称为上帝的肉和血,把葡萄酒视为生命中不可缺少的饮料酒,所以葡萄酒在欧洲国家发展起来,法国、意大利、西班牙成为当今世界葡萄酒的"湖泊"。欧洲最早开始种植葡萄并进行葡萄酒酿造的国家是希腊。公元前2000年以前,米诺斯文明时期,希腊克里特岛就盛产葡萄,葡萄酒也是当地生产的大宗产品。希腊人从亚洲西部得到葡萄树和酒,并举行一年一度的酒神节。在希腊的考古发掘中,一座古墓室墓壁上有一幅公元前20世纪的浮雕,内容是主神

---

① [古希腊]希罗多德:《历史》(希腊波斯战争史),王嘉隽译,商务印书馆1959年版,第235页。

② [美]劳费尔:《中国伊朗编》,第47—49页。

阿波罗（Apollon）和胜利女神（Victoire）共同向造物主（God）敬献葡萄的情景。地中海的腓尼基人于公元前600年左右把葡萄带入欧洲高卢地区，那正是第一批罗马人在泰伯河始建七座城的时代，葡萄从此在古罗马繁茂起来。古罗马沿袭希腊酒神节旧俗，酒神叫作巴库斯。公元前329年至前323年，希腊马其顿王亚历山大东征，把希腊化文明带入中亚，种植葡萄、酿造葡萄酒和酒神崇拜开始在中亚粟特人中流行。汉语中的"葡萄"乃一外来词，多马旭克（Tomschek）、肯斯弥尔（T. W Kingsmill）和夏德（Friedrich Hirth）都以为是希腊文 Botrus 的对音。希腊学家罗念生考证汉时"蒲桃"二字发音，直接源于希腊文"Botrytis"。张星烺同意夏德之说。[1] 美国汉学家劳弗尔认为，葡萄原产西亚、埃及，西传希腊、罗马、高卢一带，东传大宛。张骞出使西域至大宛，其语源应当是大宛语，来自波斯语 Budawa。[2] 在中亚粟特语中，Butao 这个音的意思是"藤蔓"。明代李时珍《本草纲目·果部》云："人哺饮之则陶然而醉，故有是名。"[3] 是望文生义。

中国内地本也有野生葡萄，古代文献称"葛藟""婴薁"等，《诗经·国风》中有《葛藟》篇，又有"六月食薁"的句子。宋人李石《续博物志》云："蘡薁是山葡萄。"[4] 据植物学家的研究，中国野生葡萄有20多种，统称山葡萄、刺葡萄，或野葡萄，分布很广。这种野生葡萄可以酿酒。苏颂《图经本草》云："蘡薁子生江东，实似葡萄，细而味酸，亦堪为酒。"[5] 中国人也早已饮用天然葡萄酒。陕西眉县马家镇杨家村发现一批古代的粗陶酒器，考古学家鉴定为新石器时代仰韶文化中晚期的遗物，距今约有5800年至6000年。中国引进西域葡萄已有2000多年历史，乃张骞出使西域后引入。中国引进的西域葡萄来自今新疆地区、中亚和西亚等国家。余太山梳理了两汉魏晋南北朝正史西域传记载，有葡萄的西域国

---

[1] 张星烺说："葡萄又作蒲陶，脱马歇克（Tomaschek）、荆斯密尔（Kingsmill）及夏德（Hirth）等皆以为希腊文 Botrus 之译音，劳福尔谓为波斯文 Budawa 之译音。酒之义，两说中吾取夏德，盖较直接也。……张骞使西域时，大夏之希腊王朝亡尚未久，希腊人在大夏者甚多，葡萄之名，骞或闻自希腊人。"《中西交通史料汇编》四"中国与伊兰之交通"，第169页，辅仁大学图书馆1930年版。
[2] [美]劳费尔：《中国伊朗编》，商务印书馆1964年版，第49—50页。
[3] （明）李时珍：《本草纲目》卷33《果部》，中医古籍出版社1994年版，第801页。
[4] （宋）李石：《续博物志》卷7，景印《文渊阁四库全书》（第1047册），台湾商务印书馆1983年版，第962页。
[5] （明）李时珍：《本草纲目》卷33《果部》，第802页。

家有大宛、安息、粟弋、且末、伊吾、于阗、高昌、焉耆等国。[1] 汉时西域诸国安息、大宛、罽宾、乌弋山离、伊吾、车师、且末、龟兹、于阗、康居、大月氏等地都盛产葡萄，并善酿葡萄酒。龟兹一家富户能收藏千斛葡萄。大宛以葡萄酿酒，贮藏葡萄酒多的有一万多石，长久的数十年不致酒败。《史记·大宛列传》记载，大宛"有蒲陶酒"[2]；"安息在大月氏西可数千里。其俗土著，耕田，田稻麦，蒲陶酒"[3]；大夏"在大宛西南二千余里妫水南。其俗土著，有城屋，与大宛同俗"[4]；《后汉书·西域传》记载："伊吾地宜五谷、桑麻、蒲萄"[5]；"粟弋国属康居，出名马、牛、羊、蒲萄、众果。其土水美，故蒲萄酒特有名焉。"[6]《晋书·四夷传》记载，康居国"地和暖，饶铜柳蒲陶"。[7]《周书·异域传》记载，焉耆国"俗尚蒲桃酒，兼爱音乐"。[8] 唐杜环《经行记》记载，石国人"饮蒲萄酒、糜酒、醋乳"。[9] 石国，中亚古国，在今乌兹别克斯坦塔什干一带。大食国"蒲陶大者如鸡子"。[10]

汉代文献明确交代了葡萄是汉朝出使西域的使节从西域带来的，"宛左右以蒲陶为酒，富人藏酒至万余石，久者数十岁不败。俗嗜酒，马嗜苜蓿。汉使取其实来，于是天子始种苜蓿、蒲陶肥饶地。及天马多，外国使来众，则离宫别观旁尽种蒲萄、苜蓿极望"。[11] 后世文献多将葡萄引种归功于张骞，但实则未必是张骞带回。北魏贾思勰《齐民要术》卷三引王逸曰："张骞周流绝域，始得大蒜、葡萄、苜蓿。"[12] 王逸的说法可能是现在所知最早把这几种作物记在张骞名下的记载，但王逸的时代距张骞已二百年左右，这个说法未必可靠。中国后来的笔记、植物学和医药学著作都沿袭这一说法。劳费尔肯定张骞出使西域带回了葡萄和苜蓿[13]，也是接受

---

[1] 余太山：《两汉魏晋南北朝正史西域传研究》，中华书局2003年版，第285—286页。
[2] 《史记》卷123《大宛列传》，第3160页。
[3] 同上书，第3162页。
[4] 同上书，第3164页。
[5] 《后汉书》卷88《西域传》，第2914页。
[6] 同上书，第2922页。
[7] 《晋书》卷97《四夷传》，中华书局1974年标点本，第2544页。
[8] 《周书》卷50下《异域传》下，第916页。
[9] （唐）杜佑：《通典》卷193《边防》九，中华书局1988年版，第5276页。
[10] 同上书，第5280页。
[11] 《史记》卷123《大宛列传》，第3173—3174页。
[12] （北齐）贾思勰著，石声汉校释：《齐民要术今释》卷3《种蒜》，中华书局2009年版，第233页。
[13] [美] 劳费尔：《中国伊朗编》，第35页。

了中国古代文献的记载，其实没有直接的证据。① 司马相如《上林赋》写到汉上林苑移植有"樱桃、蒲陶"。② 据《汉书·匈奴传》，汉朝上林苑中有"蒲陶宫"③，当因栽种葡萄而得名。《资治通鉴》卷三十五胡三省注云："蒲陶本出大宛，武帝伐大宛，采蒲陶种植之离宫，宫由此得名。"④ 汉哀帝元寿二年（前1年）单于来朝住在此宫。《三辅黄图》"未央宫"条云："葡萄宫，在上林苑西。汉哀帝元寿二年，单于来朝，以太岁厌胜所，舍之此宫也。"⑤ 汉使首先在长安栽种，于是引进了优良的品种。东汉时首都洛阳北宫正殿德阳殿北有濯龙苑，苑中种植有葡萄。李尤《德阳殿赋》云："德阳之北，斯曰濯龙。葡萄安石，蔓延蒙笼。"⑥ 据北魏杨衒之《洛阳伽蓝记》记载，汉明帝时洛阳白马寺种有葡萄："白马寺，汉明帝所立也……浮屠前，柰林、葡萄，异于余处，枝叶繁衍，子实甚大，柰林实重七斤，蒲陶实伟于枣，味并殊美，冠于中京。帝至熟时，常诣取之，或复赐宫人。宫人得之，转饷亲戚，以为奇味。得者不敢辄食，乃历数家。"⑦ 葡萄栽种不是用种子，而是秧植。南宋周密曾专记"种葡萄法"，云："于正月末取葡萄嫩枝长四五尺者，捲为小圈，令紧，先治地土松而沃之以肥，种之止留二节在外。异时春气发动，众萌竞吐，而土中之节不能条达，则尽萃华于出土之二节。不二年，成大棚，其实大如枣，而且多液，此亦奇法也。"⑧

新疆葡萄从中亚细亚传入时间更早。《汉书·西域传》记载，且末国"有蒲陶诸果"。⑨ 难兜国"种五谷、蒲陶诸果"。⑩ 且末、难兜皆在今新疆境内，说明张骞出使西域之前，新疆地区已有葡萄种植。陈习刚探讨了

---

① 石声汉《试论我国从西域引入的植物与张骞的关系》一文探讨过葡萄、苜蓿等相传是张骞带回的域外作物，指出张骞带回这些植物在汉代都没有直接的文献的记载，出于后人的附会。载《科学史集刊》1963年第4期，收入《石声汉农史论文集》，中华书局2008年版。
② 《汉书》卷57上《司马相如传》上，第2559页。
③ 《汉书》卷94下《匈奴列传》，第3817页。
④ 《资治通鉴》卷35"汉纪三十七"，中华书局1956年版，第1123页。
⑤ 佚名撰，何清谷校注：《三辅黄图校注》卷3，三秦出版社1995年版，第183页。
⑥ 费振刚等辑校：《全汉赋》，北京大学出版社1993年版，第382页。
⑦ （北魏）杨衒之著，范祥雍校注：《洛阳伽蓝记校注》卷4，上海古籍出版社1978年版，第196页。
⑧ （宋）周密：《癸辛杂识》续集（下），中华书局1988年版，第151页。
⑨ 《汉书》卷96上《西域传》上，第3879页。
⑩ 同上书，第3884页。

葡萄、葡萄酒的起源和传入新疆的时代和路线。① 在张骞出使西域之前，新疆各地已经种植葡萄。我国最早种植葡萄、酿制葡萄酒的地区也是新疆。新疆何时开始种植葡萄、酿制葡萄酒，史籍记载不详。但两三千年前中亚古国和我国新疆地区种植葡萄及酿制葡萄酒是毫无疑问的。在我国古代史籍中，这一地区属于"西域"。历史上"西域"所指的地区有广狭两义。狭义指玉门关以西、葱岭以东的地区，即今新疆天山南北地区；广义泛指自玉门关以西通过狭义的西域所能达到的地区，包括亚洲的中西部、印度半岛、欧洲的东部和非洲的北部，但其核心部分则是包括中国新疆在内的中亚地区。古代新疆与中亚地区葡萄的种植和葡萄酒的酿制年代紧密相关。中亚是葡萄较早的分布地区之一，但是否在 5000 年前就已经栽培葡萄、酿造葡萄酒，现有文献及考古资料还无法确切证明。年代约为公元前第 3000 年初至前第 2000 年中的布尔扎霍姆文化遗址，在与中亚和中国新疆相邻的南亚次大陆北部克什米尔地区，其中个别遗址发现小麦、大麦、稻、小扁豆、豌豆和葡萄籽等遗存。据推测该文化可能与伊朗的希萨尔 III 期文化或与前哈拉帕文化以及哈拉帕文化有联系。如果此条消息来源可靠，且所出土葡萄籽属栽培葡萄，那么中亚地区在 5000 年前种有葡萄、酿造葡萄酒是可能的。

先秦时期，葡萄和葡萄酒是由西向东经新疆北疆地区传播的，那是欧亚草原的一部分，欧亚大草原游牧民族最早沟通了东西方的联系。公元前 3 世纪以前，横贯欧亚大陆的交通线是经过中亚北部草原地带的，新疆南疆区的塔里木盆地并不处在主要交通线上，东西双方对它的了解较少。先秦时期今新疆北疆区伊犁河流域、奇台、木垒及东疆区哈密、巴里坤等，当时已种植葡萄和酿造葡萄酒，尤其是北疆区，其时间比公元前 5 世纪还要早。据新疆鄯善县洋海墓地葡萄藤的出土，可知今东疆区的鄯善一带在公元前 5 世纪前已栽培葡萄和酿造葡萄酒。这一时期塔里木盆地绿洲小国是否种植葡萄和酿造葡萄酒，因史料缺载，尚不能肯定，但据情理推测，也是有可能的。李时珍《本草纲目》卷三十三云："《神农本草》已有葡萄，则汉前陇西旧有，但未入关耳。"② 《神农本草》即《神农本草经》，成书于东汉时，据以推断汉前陇西已有葡萄，可能是一种误解。汉代时中国医家也认识到葡萄的医药价值。《神农本草经》云："味甘平。主筋骨

---

① 陈习刚：《中国古代葡萄、葡萄酒及葡萄文化经西域的传播》，《新疆师范大学学报》2006 年第 3 期；《先秦至魏晋南北朝时期的葡萄文化》，《许昌学院学报》2007 年第 4 期；《葡萄、葡萄酒的起源及传入新疆的时代与路线》，《古今农业》2009 年第 1 期。
② （明）李时珍：《本草纲目》卷 33《果部》，中医古籍出版社 1994 年版，第 801 页。

湿痹，益气，倍力，强志，令人肥健，耐饥，忍风寒。久食轻身，不老延年，可作酒。生山谷。"①

葡萄传入中国内地以后，不久也就有了人工酿造的葡萄酒。西汉中期，中国人已知葡萄可以酿酒，并将欧亚种葡萄引进中原。他们在引进葡萄的同时，可能还招来了酿酒艺人，自西汉始中国有了西方制法的酿葡萄酒人。葡萄酿酒技术并不复杂，至迟在东汉末年，中国已能自酿葡萄酒。《后汉书·张让传》记载，孟佗巴结宦官张让，被任命为凉州刺史。李贤注引《三辅决录注》云："佗字伯郎，以蒲陶酒一斗遗让，让即拜佗为凉州刺史。"② 张让是东汉末年桓帝和灵帝时有名的宦官，十常侍之一。一斗葡萄酒换来凉州刺史的官职，可见当时葡萄酒的贵重。曹魏初年，魏文帝曹丕喜食葡萄，在《诏群臣》中说："南方有龙眼荔枝，宁比西国蒲萄、石蜜乎？"讲到葡萄的价值，又说："中国珍果甚多，且复为蒲萄说，当其朱夏涉秋，尚有余暑，醉酒宿醒（当作醒），掩露而食，甘而不饴，脆而不酢，冷而不寒，味长汗多，除烦解渴，又酿以为酒，甘于鞠（当为麴）蘗，善醉而易醒。导之固已流涎咽唾，况亲食之邪也。他方之果，宁有匹之者？"可见曹丕时代中国确以葡萄酿酒。③ 唐末，阿拉伯商人苏莱曼（Suleiman）记载中国人"喝自己用发酵稻米制成的饮料，因为中国

---

① 佚名撰，（清）黄奭辑：《神农本草经》，中医古籍出版社1982年版，第136页。
② 《后汉书》卷78《张让传》，李贤注引，第2534页。
③ 《艺文类聚》卷87《果部》，上海古籍出版社1982年版，第1495页；《太平御览》卷972《果木部》九，上海古籍出版社2008年影印本，第9册，第582—583页；（清）严可均：《全三国文》卷6，《全上古三代秦汉三国文》，中华书局1958年影印本，第1082页。从曹丕"又酿以为酒"云云，可知曹丕所饮葡萄酒，乃中国人酿制，不像是从域外传入之成品酒。劳费尔《中国伊朗编》据《唐书》《唐本草》的记载，断定葡萄酒酿造法至公元7世纪唐太宗时才传入中国，并不可靠。韩香认为，葡萄酒酿法直到唐太宗时才传入中国，理由是直到唐代葡萄还是稀罕之物，种植很少。（氏著《隋唐长安与中亚文明》，中国社会科学出版社2006年版，第156页。）这个问题需要探讨。葡萄在汉代已经大量种植，如《史记·大宛列传》记载，已经"离宫别观弥望"。而且如唐人段成式《酉阳杂俎》云："在汉东京，似亦不少。杜陵田五十亩，中有葡萄百树。今在京兆，非直止禁林。"葡萄酿酒的工艺并不复杂，如唐人苏颂所说："凡作酒醴须曲，而蒲桃、蜜等酒独不用曲。"（李时珍《本草纲目》卷25引）很难想象从汉代张骞时已知西域葡萄酒，五胡十六国时新疆地区龟兹的富人"家有蒲桃酒，或至千斛"（《晋书·吕光载记》），其酿制方法竟然六七百年不为中原地区所知。《宋书·张畅传》记载，北魏时拓跋焘南征，随行带大量葡萄酒，甚至作为礼物送给南朝，不可能从遥远的西域运送而来。南朝没有葡萄酒，原因是南方气候不适宜种植葡萄，并不是不懂酿酒法。《唐会要》卷100记载，唐太宗时始从高昌获酿酒法，可能只是指高昌地区特殊的酿酒法。这条记载说"收马乳葡萄实，于苑中种之"云云，本来就是缺乏常识的说法。因此这条记载需要分析，并不可靠。

没有葡萄酒，中国人既不知道这种酒，也不喝这种酒，所以也没有人带葡萄酒到中国来。在中国，人们用米造醋，酿酒，制糖以及其他类似的东西。"① 其论不确。美国汉学家劳费尔指出："华南确系如此。阿拉伯航海者对中国的知识，都得自华南。但是葡萄主要还是华北所产。在苏莱曼的时代北方已知制造葡萄酒术。"② 张星烺指出，苏莱曼未至中国内地，"所记乃广州附近情形。盖广州溽暑与淫雨皆过度，不适于蒲陶之生长。至若中国北方，则自武帝以来，即知种植葡萄与酿造其醴也。"③

葡萄美观好看，葡萄没有引种内地之前，已经被用为一种新颖的装饰题材，用为器物上的纹饰图案。据考古发现，秦代咸阳宫殿遗址上有葡萄壁画。据目击者称，壁画刚出土时可以清楚地看到绘有葡萄，但拍照时已经模糊不清了。④ 葡萄还用于织锦图案，见于记载的有葡萄锦。《西京杂记》卷三记载："尉陀献高祖鲛鱼、荔枝，高祖报以蒲桃锦四匹。"⑤ 同书卷一记载，汉武帝时"霍光妻遗淳于衍蒲桃锦二十四匹"。⑥ 斯坦因于1906年和1914年对楼兰遗址进行两次大规模的考古发掘，在公元2世纪至3世纪的罗布淖尔木门楣残片上，发现有葡萄纹样。1959年，考古工作者在新疆民丰尼雅古代精绝国遗址发掘了一座公元2世纪东汉晚期的夫妇合葬墓，墓中出土有葡萄纹毛织物和葡萄动物纹绮。同时出土的一件蜡染蓝白印花棉布残片，上绘一位袒胸的女神像，手持盛满葡萄的丰饶角。丰饶角源出希腊神话，代表大神宙斯的乳母牝山羊，以羊角中盛葡萄、石榴和谷物象征丰收。据专家们研究，此女神应为中亚特有的丰收女神阿尔多克修（Ardoxsho）。⑦ 考古发现和阗、尼雅遗址出土东汉绮、罽，都有葡萄图案。在东汉时夫妻合葬棺内出土一件黄色鸟兽葡萄纹绮缝制的女上衣，是中原地区的织品。还有一件绿底人兽葡萄纹罽，在绿底上用黄色显出卷发高鼻的人物采摘葡萄的图案，是新疆当地的织物。有用葡萄纹饰的丝织品，也有葡萄纹饰的毛织品。葡萄纹饰还作为铜铸图像，汉代有铜铸的海马葡萄镜和海兽葡萄镜，是汉代工艺美术的精品。《宁寿古鉴》《宣

---

① ［阿拉伯］佚名：《中国印度见闻录》，穆根来等译，中华书局1983年版，第11页。
② ［美］劳费尔：《中国伊朗编》，第56页。
③ 张星烺：《中西交通史料汇编》第四册《中国与伊兰之交通》，辅仁大学图书馆1930年版，第169页。
④ 胡澍：《葡萄引种内地时间考》，《新疆社会科学》1986年第6期。
⑤ （晋）葛洪：《西京杂记》卷3，《汉魏丛书》，吉林大学出版社1992年影印本，第307页。
⑥ 同上书，第303页。
⑦ 孙机：《建国以来西方古器物在我国的发现与研究》，《文物》1999年第10期。

和博古图录》《西清古鉴》《金石索》等书著录的汉代海兽葡萄鉴，制作精细，图像绮丽。中国花鸟画中有葡萄画，还有以画葡萄闻名的画家。

## 二　伴随天马而来的苜蓿

> 苜蓿来西域，葡萄亦既随。胡人初未惜，汉使始能持。
> 宛马当求日，离宫旧种时。黄花今已发，撩乱牧牛陂。
> ——（北宋）梅尧臣《咏苜蓿》

苜蓿是苜蓿属（Medicago）植物的通称，是一种多年生开花植物。在中国古代文献中亦写作目宿、牧蓿、木粟，乃古大宛语 buksuk 的音译。俗称怀风、光风、风光草、金花菜、盘歧头、草头、连枝草等。佛经中译为"塞鼻力迦"。[1] 原生伊朗波斯、阿富汗、俾路支斯坦、高加索南部、大宛、罽宾等地。美国汉学家劳费尔考证"苜蓿"（Medicago sativa）这个词最早出现于公元前 424 年亚理斯多芬（Aristophane）所著的《骑士》："马食科林斯之山查子以代苜蓿。"[2] 从语源上说，翟理斯字典认为是希腊语 Mēdikē 的译音，意为"米地亚草"，拉丁文作 Medica。劳费尔说希腊语 Mēdikē 这个字是从国名米地亚（Media，今伊朗西部）而来的。伊朗是苜蓿的重要原产地，原始种植苜蓿的中心地区当可断定为伊朗。拉丁作家斯脱拉波《地理书》中也提到这种草，在描述米地亚时，他说米地亚"盛产此草"，是马类的主要食料，希腊人称为 Mēdikē。普林尼说苜蓿原非希腊产，而是在大流士一世时期经历次波斯战争而从米地亚传入希腊的。迪欧斯柯利兹也讲到过这种植物，说饲牛的人常用它当饲料。研究亚述的学者指出，大约公元前 700 年的一部巴比伦尼亚经书中提到过苜蓿，当马由伊朗输入到两河流域时，马所喜食的苜蓿也随之输入。还有人以为是 Buso 的译音，来自里海附近居民语。伊朗语作 Musu，发音最为接近。

苜蓿是古代伊朗极重要的农作物，与饲养良种马匹有密切关系，波斯盛产良马。波斯波利斯（Persepolis）城的碑柱上刻着大流士一世的话："欧拉玛斯达神赐我的波斯国，土地美丽，人口稠密，产马甚多。虽大敌

---

[1]（明）李时珍：《本草纲目》卷 27《菜部》，中医古籍出版社 1994 年版，第 701 页。
[2]［美］劳费尔：《中国伊朗编》，第 31 页。

当前而无惧——此乃欧拉玛斯达之意，亦朕意也。"① 阿维斯塔语和古伊朗语"苜蓿"（aspō-asti），字义是"马的饲料"。苜蓿种类繁多，多是野生的草本植物。其花有紫、黄或同开白黄青紫三种，可作饲料和菜蔬。苜蓿中最著名的是作为牧草的紫花苜蓿（Medicago sativa），营养价值很高，是良好的牲畜饲料。据现代科学研究，紫花苜蓿含有最丰富的维他命 K，成分之高，超过各种蔬菜。其他如维他命 C、B 也相当丰富，具有清脾胃、利大小肠、下膀胱结石的功效。苜蓿以"牧草之王"著称，不仅产量高，而且草质优良，各种畜禽均喜食。大宛国盛产良马，其汗血马闻名于世。汗血马喜食苜蓿，因此大宛早就引入了苜蓿的种植。这种草于公元前 470 年就传入希腊、罗马。意大利至今称苜蓿为"米地亚草"（erba medica）。② 公元前 5 世纪，发生希波战争，波斯入侵希腊，波斯骑兵用苜蓿喂马和骆驼，把苜蓿种子带入希腊。公元前 200 年，苜蓿种子传入意大利和北非。

中国西汉时引进苜蓿，是伴随着西域良马的输入而引种的。汉武帝时，为了获得大宛汗血马，贰师将军李广利率军远征大宛国，获得不少汗血马。为了饲养汗血马，汉使从大宛国带回紫花苜蓿种子。《史记·大宛列传》记载大宛国："俗嗜酒，马嗜苜蓿。汉使取其实来，于是天子始种苜蓿、蒲陶肥饶地。及天马多，外国使来众，则离宫别观旁尽种蒲萄、苜蓿极望。"③《汉书·西域传》记载，罽宾国"有目宿（苜蓿）"。④ 大宛国"马耆（嗜）目宿"⑤，"宛王蝉封与汉约，岁献天马二匹。汉使采蒲陶、目宿种归。天子以天马多，又外国使来众，益种蒲陶、目宿离宫馆旁，极望焉"。⑥《西京杂记》卷一记载："乐游苑中自生玫瑰，树下多苜蓿，一名怀风，时或谓之光风。风在其间，常萧萧然。日照其花，有光采，故名苜蓿为怀风，茂陵人谓之连枝草。"⑦ 乐游苑，本为秦时的宜春苑，汉宣帝时改为乐游苑，故址在今陕西省西安市南郊。李时珍《本草纲目》引

---

① 波斯波利斯，波斯阿黑门尼德王朝第二座都城，建于大流士王（前 522—前 486 年在位）时期，位于伊朗扎格罗斯山区的盆地中。遗址在设拉子东北 52 公里塔赫特贾姆希德附近，东面依山，其余三面有围墙，主要遗迹有大流士王接见厅与百柱宫等。
② ［法］布尔努瓦:《丝绸之路》，山东画报出版社 2001 年版，第 260 页。
③ 《史记》卷 123《大宛列传》，第 3173—3174 页。
④ 《汉书》卷 96 上《西域传》上，第 3885 页。
⑤ 同上书，第 3894 页。
⑥ 同上书，第 3895 页。
⑦ （晋）葛洪:《西京杂记》卷 1，《汉魏丛书》，吉林大学出版社 1992 年影印本，第 303 页。

陶弘景曰："长安中乃有苜蓿园。北人甚重之，江南不甚食之，以无味故也。"①

汉时文献并没有说苜蓿是张骞带回。把苜蓿的传入记在张骞名下，最早见于西晋人的记载。张华《博物志》云："张骞使西域所得蒲陶、胡葱、苜蓿。"② 陆机《与弟书》云："张骞使外国十八年，得苜蓿归。"③ 相传梁代任昉著《述异记》云："张骞苜蓿园，在今洛阳中，苜蓿本胡中菜，骞始于西国得之。"④ 李时珍《本草纲目·菜部》也说："杂记言苜蓿原出大宛，汉使张骞带归中国。"⑤ 西方学者相信了这些后来的传说，例如劳费尔一直强调张骞从西域归来，带来了苜蓿的种子，他想象着"张骞在大宛把苜蓿和葡萄的本地名字抄下，携带着这新奇植物和它们的名称一同归国，这几个字是大宛语，亦即伊朗语"。⑥ 劳费尔说："外国植物的输入从公元前第二世纪下半叶开始。两种最早来到汉土的异国植物是伊朗的苜蓿和葡萄树。其后接踵而来的有其他伊朗和亚洲中部的植物。这输入运动延续至十四世纪的元朝。十六、十七世纪美洲栽培植物之输入标志着这种经济发展的最后阶段。……除了伊朗之外，中国有不少的栽培的植物是由印度支那、马来亚地区和印度来的。我们必须知道伊朗植物向中国的移植是一个延续一千五百年的过程。……其实张骞只携带两种植物回中国——苜蓿和葡萄树。"⑦ 法国汉学家布尔努瓦推测："张骞于公元前125年左右归国时，或者是稍后于第二次出使回国时，携回了某些植物种子和中国人所陌生的两种苗禾，即苜蓿和葡萄。"⑧ 说苜蓿种子是张骞带回，跟葡萄一样是没有直接证据的，实际上这是将其他汉使带回的物产记在了张骞名下。有意思的是劳费尔对中国古代文献中记载的由张骞带回的各种西域物产都持怀疑和否定态度，只对苜蓿和葡萄深信不疑，可是他并没有可靠的论据说明他的观点。

---

① （明）李时珍：《本草纲目》卷27《菜部》，中医古籍出版社1994年版，第701页。
② 《太平御览》卷996《百卉部》，上海古籍出版社2008年影印本，第9册，第743页。
③ （北齐）贾思勰著，石声汉校释：《齐民要术今释》卷3《种苜蓿》，中华书局2009年版，第278页。
④ "洛中"可能是"关中"之误，石声汉指出："说张骞苜蓿园在洛中，是荒唐可笑的。张骞是汉中人，前汉都城在长安，无论如何，很难想象到他会特地旅行到洛阳去种一个苜蓿园。"参见氏著《试论我国从西域引入的植物与张骞的关系》，载《科学史集刊》1963年第4期。
⑤ （明）李时珍：《本草纲目》卷27《菜部》，中医古籍出版社1994年版，第701页。
⑥ [美]劳费尔：《中国伊朗编》，林筠因译，商务印书馆1964年版，第35页。
⑦ [美]劳费尔：《中国伊朗编》序言，第9页。
⑧ [法]布尔努瓦：《丝绸之路》，耿昇译，山东画报出版社2001年版，第257页。

李广利远征大宛胜利，获得大宛的天马，又叫汗血马。天马嗜食苜蓿，随着中外交流的开展，天马越来越多，而且外国使者来时也带来苜蓿、葡萄种子，于是苜蓿种植也越来越多，此后苜蓿在汉地得到推广。唐人颜师古注《汉书·西域传》云："今北道诸州，旧安定、北地之境往往有苜蓿者，皆汉时种也。"① 据《本草纲目·菜部》，苜蓿除了作马之饲料之外，"可为饭，亦可酿酒"。② 苜蓿出现在李世珍的医药学著作中，显然中国人也注意到苜蓿的医药价值。

## 三　从波斯传来的安石榴

中庭有奇树，当户发华滋。素茎表朱实，绿叶厕红蕤。
既标太冲赋，复见安仁诗。宗生仁寿殿，族代河阳湄。
有美清淮北，如玉又如龟。退书写虫篆，进对多好辞。
我家新置侧，可求不难识。相望阻盈盈，相思满胸臆。
高枝为君采，请寄西飞翼。

——（南朝·梁）王筠《摘安石榴赠刘孝威诗》

安石榴，即石榴。东汉至唐，中国文献中常写作"若留""若榴""楉留"，也有写作"千涂""丹若""石榴"的。《广雅》曰："若榴，石榴也。"③ 为什么叫安石榴？西晋张华《博物志》云："汉张骞出使西域，得涂林安石国榴种以归，故名安石榴。"④ 唐代诗人元稹《感石榴二十韵》诗云："何年安石国，万里贡榴花。迢递河源边，因依汉使槎。"⑤ 一说石榴原产于伊朗，古安息国，坚固若石，形状似瘤。故安石榴即安息石榴的简称。北魏贾思勰《齐民要术》记载安石榴树的种植方法："置枯骨礓石于枝间，下土筑之。一重土，一重骨石，平坎止。""既生，又以骨石布其根下，则科圆滋茂可爱。若孤根独立者，虽生亦不佳焉。"置以骨石的

---

① 《汉书》卷96上《西域传》上，第3895页。
② （明）李时珍：《本草纲目》卷27《菜部》，中医古籍出版社1994年版，第701页。
③ 《太平御览》卷970《果部》，上海古籍出版社2008年影印本，第9册，第571页。
④ （明）李时珍：《本草纲目》卷30《果部》，中医古籍出版社1994年版，第756页。
⑤ 《元稹集》卷13，中华书局1982年版，第151页。

目的并不是为了稳定树枝,而是"骨石,此是树性所宜"。① 栽种时"若不能得多枝者,取一长条,圆屈如牛拘(穿在牛鼻孔中的圆圈形木条)而横埋之,亦得。……其拘中,亦安骨石。其斫根栽者,亦圆布之,安骨石于其中也"。② 于是清代高学山关于安石榴之名又提出另一解释:"植榴宜安僵石于根下,则安石之名,或又以此也?"③ 石榴是人类栽培引种最早的果树和花木之一,瑞士植物学家德允朵儿认为安石榴原产地是库尔德斯坦、伊朗、阿富汗、俾路支(即今巴基斯坦和伊朗的一部分)一带。④ 坎多勒对安石榴原产地进行了认真研究,结论是"波斯及其邻近国家"。⑤ 在伊拉克出土距今4000多年的皇冠上,有精美的石榴图案,足见其栽培史源远流长。公元前10世纪,古以色列所罗门王就爱饮石榴汁榨的香酒,他的王冠用石榴纹装饰。古波斯人称石榴为"太阳的圣树",喜爱像宝石一样的石榴籽,认为是多子丰饶的象征。在早期亚述的石板浮雕图案中,在葡萄藤下有石榴、无花果和枣椰树,是祭祀用的神圣之树。波斯人崇拜的安娜希塔女神,手执石榴象征丰收。如今在伊朗、阿富汗、阿塞拜疆、格鲁吉亚等国海拔300—1000米的山上,尚有大片野生石榴树林。

石榴传入北非很早,古埃及第十八王朝的法老墓壁画上绘有石榴树,画面上法老向神奉献的瓜果中有石榴。希腊人种植石榴的年代在荷马时代(约前9世纪—前8世纪)之后,得自小亚细亚。在古希腊的神话中,石榴被称为忘忧果,人们相信它的魔力可以使人忘记过去。荷马史诗《奥德赛》记载,奥德赛的船队返乡途中经过忘忧果之岛,三个同伴吃了香甜的石榴之后,乐不思蜀,不肯再离此岛。大地女神得墨特尔之女帕尔赛福聂被冥王劫入冥府,在冥王引诱下吃了一枚石榴,从此忘记了自己的身世,不想脱离冥界。阿拉伯人的石榴情结可以追溯到《古兰经》中。它与橄榄、无花果并称"天堂三圣果",并带有"忠诚"的含义。在阿拉伯

---

① (北魏)贾思勰著,石声汉校释:《齐民要术今释》卷4,中华书局2009年版,第382页。
② 同上书,第383页。
③ (汉)张仲景著,(清)高学山注:《高注金匮要略》,上海人民卫生出版社1956年版,第339页。
④ [瑞士]德允朵儿(A. De. Candoll):《农艺植物考源》,俞德浚、蔡希陶编译,商务印书馆1940年版。转引自石声汉《试论我国从西域引入的植物与张骞的关系》,载《科学史集刊》1963年第4期。按:《农艺植物考源》一书是瑞士植物学家德允朵儿(1806—1893年,或译德·康道尔、底坎多)1882年写成。
⑤ A. de Candolle. *Origin of Cultivated Plants*, p.240. 转引自劳费尔《中国伊朗编》,第101页。

人的婚礼上，石榴是告诫男人的道具。当新娘来到新郎的帐篷前下马时，接过来一个石榴，将石榴在门槛上砸碎，再把石榴籽扔进帐篷里，以此告诫新郎要一生善待妻子。石榴作为阿拉伯文化的一个载体，其影响还被带到了欧洲。世界上将石榴花定为国花的两个国家，一个是阿拉伯国家利比亚，另一个则是欧洲国家西班牙。仔细看西班牙国徽，就能发现上面有一个石榴图案，它象征的是 15 世纪西班牙从阿拉伯人手中夺回的最后一个据点格拉纳达。

在汉文文献里，安石榴最早出现于东汉张仲景的医学名著《金匮要略》，其"果实菜谷禁忌并治"部分讲到"安石榴不可多食，损人肺"。[1] 汉末魏初的缪袭（186—245 年）《祭仪》云："秋尝果以梨、枣、柰、安石榴。"[2] 安石榴是从域外引进的水果和植物，因此梁元帝《赋得石榴诗》云："涂林未应发，春暮转相催。燃灯疑夜火，连珠胜早梅。西域移根至，南方酿酒来。"[3] 孔绍《咏石榴诗》云："可惜庭中树，移根逐汉臣。"[4] 历来认为石榴是张骞出使西域带来汉地，一说张骞在大夏得涂林安石榴，归国后移栽中原。此说最早见于西晋陆机《与弟陆云书》："张骞为汉出使外国十八年，得涂林，安石榴也。"[5] 所谓涂林，是梵语 Darim 的音译，即石榴。晋张华《博物志》说："张骞使西域还，得安石榴、胡桃、蒲桃。"[6] 唐封演《封氏闻见记》卷七云："汉代张骞自西域得石榴、苜蓿之种，今海内遍有之。"李冗《独异志》也以为张骞带回。后世植物学、医药学著作皆沿袭此说。这与葡萄、苜蓿一样，将其他汉使的成绩记在了张骞的名下。石榴被叫作安石榴，也是张骞回国带回了这个名字。过去人们对这个解释不曾提出质疑，劳费尔不同意这个观点，他说："这两个地理上的名称怎么会合并成一个，用来作为石榴产地的名称，这是不可信的事情。"他认为"安石"表示一个单名，与"安息""安西"相等。[7] 我们知道，安西是唐时的地理概念，伊朗一带在张骞的时代称为安息，所以还是指安息比较合理，"安石"即"安息"，符合石榴原产地的意义。

---

[1] （汉）张仲景撰，（清）高学山注：《高注金匮要略》，上海人民卫生出版社 1956 年版，第 339 页。
[2] （唐）徐坚等：《初学记》卷 28 引，中华书局 1962 年版，第 683 页。
[3] 《艺文类聚》卷 86《果部》，上海古籍出版社 1965 年版，第 1480 页。
[4] （唐）徐坚等：《初学记》卷 28 引，第 684 页。
[5] （北魏）贾思勰著，石声汉校释：《齐民要术今释》卷 4，中华书局 2009 年版，第 382 页；《太平御览》卷 970《果部》，第 9 册，第 571—572 页。
[6] （唐）徐坚等：《初学记》卷 28 引，第 683 页。
[7] ［美］劳费尔：《中国伊朗编》，林筠因译，商务印书馆 1964 年版，第 110 页。

"榴",李时珍的《本草纲目》中解释为"瘤",石榴的果实形似瘤。劳费尔也不同意这一说法,他认为"'榴'这个植物名称也是一个伊朗字的译音,中国人从住在帕提亚以外的伊朗人把这字整个采取了来,而那些伊朗人是从帕提亚地区得到此树或灌木的,所以称它为'帕提亚石榴'。"① 帕提亚即安息帝国。

石榴树的种子并不是张骞带回的。石榴树应该是先传入中亚和中国新疆地区,而后渐至中原。劳费尔认为石榴树不是从帕提亚直接移植到中国的,是逐渐移植过来的。在移植过程中伊朗本部以外的伊朗殖民地、中亚粟特人和中国新疆地区都起了很大作用。② 这个论断是很有道理的。但他推测"它最初来到中国似乎是第三世纪后半叶"③,受其影响,法国学者索瓦杰也说:"石榴起源于伊朗,公元三世纪或四世纪引进中国。"④ 这个认识是完全错误的。劳氏怀疑《金匮要略》上关于安石榴的记载,"或许是在原书上增添的"⑤,但他并没有给出解释。而且文献上有材料说明汉代中国的确有石榴树的种植。石榴种经丝绸之路传入内地,首先在当时的帝都长安上林苑、骊山温泉宫种植。葛洪《西京杂记》卷一记载,汉上林苑有"安石榴"。并云:"余就上林令虞渊得朝臣所上草木名二千余种,邻人石琼就余求借,一皆遗弃。今以所记忆列于篇右。"⑥ 因得到汉武帝的喜爱,后又命人将石榴栽植于骊山温泉宫。东汉时首都洛阳北宫正殿德阳殿北有濯龙苑,种植有安石榴。东汉文学家李尤《德阳殿赋》云:"德阳之北,斯曰濯龙。葡萄安石,蔓延蒙笼。"⑦ 安石,即安石榴。据北魏杨衒之《洛阳伽蓝记》记载:"白马寺,汉明帝所立也……浮屠前,柰林、葡萄,异于余处,枝叶繁衍,子实甚大,柰林实重七斤,蒲陶实伟于枣,味并殊美,冠于中京。帝至熟时,常诣取之,或复赐宫人。宫人得之,转饷亲戚,以为奇味。得者不敢辄食,乃历数家。京师语曰:'白马

---

① [美]劳费尔:《中国伊朗编》,第110页。
② 同上。
③ 同上书,第111页。
④ [阿拉伯]佚名撰,穆根来等译:《中国印度见闻录》,中华书局1983年版,第53页,注⑥。
⑤ [美]劳费尔:《中国伊朗编》,第104页,注⑤。
⑥ (晋)葛洪:《西京杂记》卷1,《汉魏丛书》,吉林大学出版社1992年影印本,第304页。
⑦ 《艺文类聚》卷62《居处部》,上海古籍出版社1982年版,第1122页。

甜榴,一实直牛。'"① 柰林,"荼林"之误,即涂林、石榴。说明汉明帝时洛阳已有石榴栽培,而以白马寺品种最为优良。东汉张衡《南都赋》有"樗枣若榴"的句子,萧统《文选》卷二李善注引张楫《广雅》云:"石榴,若榴也。"②

从考古资料看,1995 年至 1997 年,在新疆尉犁县营盘 15 号墨山国贵族墓,考古发现一幅红地黄纹对石榴对童子图案锦罽袍,这种装饰图案应该来自古波斯艺术。墨山国是汉时西域古国。李文瑛、周金玲认为此锦袍融希腊和波斯两种文化于一体。③ 林梅村认为童子可能是常与石榴树一同出现的小爱神丘比特(希腊称厄洛斯),锦袍可能制作于中亚的希腊化大夏或犍陀罗地区。在古希腊的神话中,小爱神丘比特常一手持弓箭,一手拿石榴。石榴象征着爱情的天长地久。④ 东汉蔡邕《翠鸟诗》写到"若榴":"庭陬有若榴,绿叶含丹荣。"⑤ 曹植诗《弃妇篇》中有咏石榴树名句:"石榴植前庭,绿叶摇缥青。丹华灼烈烈,璀采有光荣。光华晔流离,可以处淑灵。"⑥ 这些材料都说明石榴在汉代已经引种中国内地,而不会晚至 3 世纪后半叶。劳氏依据的材料是晋陆翙撰《邺中记》的记载:"石虎苑中有安石榴,子大如碗盏,其味不酸。"⑦ 显然他没有接触到上述更早的资料。唐代以后,种植地区逐渐扩大。2000 多年来,石榴不断南下东进,在各地扎根,开花,结果。离长安 25 里的临潼,以自然条件得天独厚,所产石榴品质最优,至今仍为我国名产之一。石榴花可供观赏,果可解渴造酒,充作杀虫剂,榴木有文采,用制几案、枕头。

关于临潼石榴的来历,还有一个优美的传说。相传女娲炼石补天,把一块红色的宝石遗落在骊山脚下。远方安石国王子打猎,在山林里看到一只快要冻死的金翅鸟,抱回宫中喂养,又给它治病,使它恢复了健康。为了报答王子的救命之恩,金翅鸟不远万里,飞到骊山脚下,把那块红宝石衔到安石国的御园,不久就长出一棵花红叶茂的奇树,国王赐名"安石

---

① (北魏)杨衒之著,范祥雍校注:《洛阳伽蓝记校注》卷 4,上海古籍出版社 1978 年版,第 196 页。
② (南朝·梁)萧统:《文选》卷 4,上海书店 1988 年影印本,第 52 页。
③ 李文瑛、周金玲:《营盘墓葬考古收获及相关问题》,马承源、岳峰主编《丝路考古珍品》,上海译文出版社 1998 年版,第 63—74 页。
④ 毛民:《榴花西来——丝绸之路上的植物》,人民美术出版社 2005 年版,第 36 页。
⑤ 逯钦立辑校:《汉诗》卷 7,《先秦汉魏晋南北朝诗》,中华书局 1983 年版,第 193 页。
⑥ (三国·魏)曹植撰,赵幼文校注:《曹植集校注》卷 1,人民文学出版社 1984 年版,第 33 页。
⑦ (晋)陆翙:《邺中记》,《丛书集成初编》,商务印书馆 1937 年版,第 9 页。

榴"。公元前119年，张骞出使西域，来到安石国。安石国正值大旱，赤地千里，连御花园中的石榴树也奄奄一息。张骞便把汉朝兴修水利的经验告诉他们，救活了一批庄稼，也救活了这棵石榴树。张骞回国，国王送给他许多金银珠宝，他只要了一些石榴籽带了回来。由骊山"红宝石"变成的石榴，便开始在长安上林苑和骊山脚下种植，成为今日的临潼石榴。临潼因此获得"石榴城"之雅号。这个故事的另一个版本说，安石国石榴树化为红衣美女，随张骞归汉，而后又转身变回树身，从此在长安落户。

按照劳费尔的研究，石榴树传入中国，还有海上丝绸之路和西南丝绸之路二途。从词源学角度探讨，大概在公元1世纪，石榴树从伊朗地区移植到印度。石榴果从印度传播到马来亚群岛和真腊（柬埔寨），占语和吉蔑语的"石榴"一词都是根据梵语来的。唐代段成式《酉阳杂俎》卷十八提到的那种南诏所产的皮薄如纸的石榴或许也是从印度来的。[1] 但他说"西藏人好像是从尼泊尔人获得此树"[2]，这个推测未必正确。1983年，中国学者对西藏果树资源考察发现，在三江流域海拔1700—3000米的察偶河两岸的荒坡上分布有大量野生古老石榴群落，因此有学者认为三江流域地区可能是石榴的原产地之一。

石榴树花红似火，果大籽多，味道甜美，因此受到各地人们的喜爱。自汉代引进以后，石榴文化便渗入中国民俗中，进入诗人文士的吟咏中。如上所述，汉赋和汉诗中已经有作品写到石榴。西晋时许多文人作赋咏叹石榴，傅玄、应贞、庾儵、夏候湛、潘岳等皆有《安石榴赋》。南北朝以后，出现许多咏石榴的诗，如梁元帝、隋魏彦深、孔绍等人的作品，都对石榴极尽赞美。服饰方面出现了石榴裙。石榴多籽，象征多子多福，这种观念至迟在南北朝时已经形成。《北史·魏收传》记载："安德王延宗纳赵郡李祖收女为妃，后帝幸李宅宴，而妃母宋氏荐二石榴于帝前，问诸人莫知其意，帝投之。收曰：'石榴房中多子，王新婚，妃母欲子孙众多。'帝大喜，诏收'卿还将来'。"[3] 明代画家王谷祥《题石榴》诗云："榴房拆锦囊，珊瑚何齿齿。试展画图看，凭将颂多子。"后以"榴房"喻多子。石榴为吉祥之物，唐代流行结婚赠石榴的礼仪。宋代流行"石榴生殖崇拜"，开始盛行石榴对联，谜语。宋代人还用石榴果裂开时内部的种

---

[1] ［美］劳费尔：《中国伊朗编》，林筠因译，商务印书馆1964年版，第112页。
[2] 同上书，第111页。
[3] 《北史》卷56《魏收传》，中华书局1974年标点本，第2033页。

子数量,来占卜预知科考上榜的人数,形成"榴实登科"的成语,寓意金榜题名。金元时流行"石榴曲",院栽和盆栽石榴开始普及。中秋时正是石榴上市季节,明清时形成"八月十五月儿圆,石榴月饼拜神仙"之风俗。石榴文化表现在许多方面,如石榴书画、石榴肚兜、石榴饼模、石榴篆刻、石榴剪纸、石榴发绣、石榴摄影、石榴荷包、石榴地毯、石榴面塑、石榴托盘,甚至有石榴领带。古代把煮熟的红榴汁做饮料、食品色素、染色剂等。中国石榴名产有临潼大红蛋"冰糖石榴"、怀远"水晶石榴"、巧家会理"铜皮石榴"、西昌"宝石榴"、峄县"软核石榴"、铜山"无籽石榴"等。

石榴可以酿酒,古代近东地区、埃及、马来半岛和东南亚、南亚等沿海国家有以石榴酿酒的记录。中国历史上也曾以石榴酿酒,如上引梁元帝诗便云:"西域移根至,南方酿酒来。"中国也有以石榴作为制作药酒配料的记载。西晋张华《博物志》记载了制作胡椒酒的方法:"以好春酒五升,干薑一两,胡椒七十枚,皆捣末。好美安石榴五枚押取汁,皆以薑椒末及安石榴汁悉内着酒中,火暖取温,亦可冷饮,亦可热饮之,温中下气。若病酒苦觉体中不调,饮之。能者四五升,不能者可二三升从意。若欲增薑椒亦可,若嫌多欲减亦可。欲多作者,当以此为率。若饮不尽,可停数日。此胡人所谓荜拨酒也。"[①] 据这条记载可知,这种胡椒酒制法也是从域外传入的。

石榴在其原产地西亚依然兴盛,伊朗水果以石榴著称。如今中国、印度及亚洲、非洲、欧洲沿地中海各地,石榴均作为果树栽培,而以非洲尤多,美洲主要分布在美国加利福尼亚州。欧洲西南部伊比利亚半岛上的西班牙把石榴花作为国花,在50万平方公里的国土上,不论是高原山地、市镇乡村的房舍前后,还是海滨城市的公园、花园,遍种石榴树,石榴花开,异常鲜艳。利比亚是北非地中海沿岸的国家,其国花为石榴花,花语为"成熟的美丽、富贵和子孙满堂"。在原产地伊朗及附近地区,石榴树分布甚广,而且选育不少优异品种提供给世界各地。

## 四 胡麻的引种及其文化意义

帝城风日好,况复建平家。玉枕双纹簟,金盘五色瓜。

---

① (晋)张华撰,范宁校证:《博物志校证》,中华书局1980年版,第117页。

山中无鲁酒，松下饭胡麻。莫厌田家苦，归期远复赊。
——（唐）王缙《送孙秀才》

胡麻是一种外来植物，随着丝绸之路的开辟传入中国。胡麻应该在汉代时已经传入中国，由于对中国古代文献掌握不足或理解有误，美国汉学家劳费尔有关胡麻以及其他外来植物的论述，存在某种失误。胡麻传入中国以后，中国人不仅把它作为食品原料，而且注意到它的医药价值，方士、道家夸张其养生长寿的功用，在中国古代各种仙话传说中，食之可以成仙，而神仙都好以胡麻为饭食。胡麻为人所喜食，又有许多神奇传说，因此常常引起诗人的歌咏，成为古代诗歌中的常见意象。

## （一）胡麻的引种

胡麻是通过丝绸之路传入中国的域外植物，最早见于汉代淮南王刘安著《淮南子》："汾水濛浊，而宜胡麻。"① 冠名"胡"字，跟胡桃、胡萝卜一样，意谓是域外传入之品物。东汉崔寔《四民月令》云："二月可种胡麻，谓之上时也"。② 杜笃《边论》曰："汉征匈奴，取其胡麻、稗麦、苜蓿、葡萄，示广地也。"③ 大约成书于东汉时的《神农本草经》记载了胡麻。④ 至迟东汉时汉地人已引进胡饼的做法，而胡饼需要胡麻。一般认

---

① 《太平御览》卷989《药部》，上海古籍出版社2008年影印本，第9册，第695页。
② 同上书，第696页。
③ 《太平御览》卷972《果木部》，上海古籍出版社2008年影印本，第9册，第584页。
④ 《神农本草经》成书年代有不同观点，或谓战国，或谓秦汉。南朝梁阮孝绪《七录》始记有《本经》，三卷，云："世谓神农尝药，黄帝以前，文字不传，以识相付，至桐雷乃载篇册。然所载郡县多汉时，疑张仲景、华陀窜记其语。"宋叶梦得《书传》云："《神农本草》但三卷，所载甚略，初议者与其出产郡名，以为东汉人所作。"书中记录有来自域外的物品，如薏苡仁、菌桂、胡麻、蒲陶、戎盐等。成书年代当在这些物品传入中国之后。《史记·大宛列传》记载，大宛国以葡萄为酒，马嗜食苜蓿，"汉使取其实来，于是天子始种苜蓿、蒲陶肥饶地。及天马多，外国使来众，则离宫别观旁尽种蒲萄、苜蓿极望"。胡麻汉代来自大宛，故陶弘景云："本生大宛，故名胡麻。"现代学者一般认为《神农本草经》为汉人著作，非先秦古书。参尚志钧《神农本草经辑校》卷2，学苑出版社2014年版，第73页；李楠等《刘民叔〈神农古本草经〉探析》，《中国中医基础医学杂志》2013年第4期。有人认为东汉人作。清姚际恒《古今伪书考》云："《汉志》无《本草》，按《汉书·平帝纪》，诏天下举知方术本草者。书中有后汉郡县地名，以为东汉人作也。"陈叔方《颖川语录》认为书中使用的某些药名有故意做雅的痕迹，如称"黄精"为"黄独"，"山芋"为"玉延"，"莲"为"藕实"，"荷"为"水芝"，"芋"为"土芝"，"螃蟹"为"拥剑"等。其华而不实的故意做雅，乃东汉学风的典型表现。

为因此饼出自胡地，以胡麻做配料，故称胡饼。东汉人刘熙的《释名·释饮食》云："饼，并也，溲面使合并也。胡饼，作之大漫沍也，亦言以胡麻著上也。"① 按照刘熙的解释，一般意义的饼是面与水的并合，而胡饼之所以被称为胡饼，因为"作之大漫沍"（极言其大），还因为它是面与胡麻并合制成。居延汉简中有一简云："□（当为戍）卒芳胡麻因得□椠视老□母书。"（一二三·六二 乙玖伍版）② 又一简云："儋胡麻会甲寅旦毋留如律令/尉史寿昌。"（三一二·二五 甲一六七二）③ 芳胡麻、儋胡麻似乎皆是人名，或许与其地种植胡麻有关。东汉末年，"灵帝好胡服、胡帐、胡坐、胡饭、胡空篌、胡笛、胡舞。"④ 胡饭中包括胡饼，应该配有胡麻。黄文弼在新疆"通古斯巴什旧城及周围之古址"之色当沁城南发现一城，"墙内堆满沙子，间有胡麻"。他判断"必为古时陈储粮食之仓库"。又据附近拾到的小铜钱、铜片和一枚五铢钱，认为"此地又为汉代遗址矣"。⑤ 以上这些材料说明胡麻在汉代时已经引种中国。

南朝梁陶弘景云："胡麻，八谷之中，惟此为良。纯黑者名巨胜，巨者大也。本生大宛，故名胡麻。"⑥ 北魏贾思勰《齐民要术》引《汉书》云："张骞外国得胡麻，今俗人呼为'乌麻'者，非也。"⑦ 北宋沈括《梦溪笔谈·药议》区别了汉地大麻与西域传入之胡麻，云："胡麻直是今油麻，更无他说……张骞始自大宛得油麻之种，亦谓之麻，故以胡麻别之，谓汉麻为大麻也。"⑧ 宋人寇宗奭则以为"胡麻与白油麻为一物"。⑨ 李时珍《本草纲目·谷部》云："汉使张骞始自大宛得油麻种来，故名胡麻，

---

① （汉）刘熙撰，（清）毕沅疏证，王先谦补：《释名疏证补》卷4，中华书局2008年版，第135页。毕沅指出，《初学记》引此段文字，"面"字之前有"麦"字；《太平御览》引此段文字，"面"作"麦"。
② 中国社会科学院考古研究所编：《居延汉简甲乙编》下册，中华书局1980年版，第86页。
③ 同上书，第217页。
④ 《后汉书》志第十三《五行志》，中华书局1965年标点本，第3272页。
⑤ 黄文弼：《塔里木盆地考古记》，科学出版社1958年版，第21页。
⑥ （明）李时珍：《本草纲目》卷22《谷部》，中医古籍出版社1994年版，第612页。
⑦ （北魏）贾思勰著，石声汉校释：《齐民要术今释》卷2，中华书局2009年版，第175页。据石声汉考证，《汉书》中没有提到过胡麻，疑"书"乃"使"或"时"字之误。参见氏著《试论我国从西域引入的植物与张骞的关系》，载《科学史集刊》1963年第4期。
⑧ （宋）沈括撰，胡道静校正：《新校正梦溪笔谈》卷26，中华书局1957年版，第267页。
⑨ （宋）寇宗奭：《图经衍义本草》卷37引，《道藏》第17册，文物出版社、上海书店、天津古籍出版社1988年影印本，第736页。

以别中国大麻也。"① 胡麻是否"本生大宛",中国古代文献的记载并不可靠,因为他们注重的是从哪里传入,并不关注其最早的产地和培育演化过程。汉代文献中并没有张骞带回胡麻的直接证据,胡麻未必是张骞带来,很可能跟苜蓿、葡萄之类一样,也是其他汉使带回,或其他途径传入,但因为是在丝绸之路开辟后传入,故后代传说中都记在了张骞名下。胡麻传入中国,最早主要在北方地区种植,尤其是山西上党种植比较集中。至宋代在北方就普遍种植了。所以苏颂《图经本草》云:"胡麻,巨胜也,生上党川泽;青蘘,巨胜苗也。生中原川谷,今并处处有之,皆园圃所种,稀复野生。"② 然而胡麻与巨胜是何关系,亦有不同说法。寇宗奭指出:"《广雅》云:'狗虱,巨胜也;藤苰,胡麻也。'陶隐居云:'其茎方者为巨胜,圆者为胡麻。'如此巨胜、胡麻为二物矣。或云本生胡中,形体类麻,故名胡麻;又'八谷之中,最为大胜,故名巨胜。'如此似一物二名也。然则仙方乃有服食胡麻、巨胜二法,功用小别,疑本一物,而种之有二,如天雄、附子之类。故葛稚川亦云胡麻中有一叶两荚者为巨胜是也。"③ 苏敬等《唐本草》云:"此麻以角八棱者为巨胜,四棱者为胡麻。"④ 李时珍在总结诸家之说后云:"陶弘景始分茎之方圆。雷学又以赤麻为巨胜,谓乌麻非胡麻。《嘉祐本草》复出白油麻,以别胡麻。并不知巨胜即胡麻中丫叶巨胜而子肥者,故承误启疑如此。"⑤ 他认为可以说胡麻是脂,但不能说脂麻就是胡麻,因为芝麻也是脂麻。所以他说:"寇宗奭据沈存中之说,断然以脂麻为胡麻,足以证诸家之误矣。"但仅从茎之方圆区分胡麻与巨胜也不妥,而且容易引起另一种混淆:"今市肆间,因茎分方圆之说,遂以茺蔚子伪为巨胜,以黄麻子及大藜子伪为胡麻,误而又误矣。茺蔚子长一分许,有三棱。黄麻子黑如细韭子,味苦。大藜子状如壁虱及酸枣核仁,味辛甘,并无脂油。不可不辨。梁简文帝《劝医文》有云,世误以灰涤菜子为胡麻。则胡麻之讹,其来久矣。"⑥ 综合各家之说,巨胜当是胡麻之一种,其形相似而性相近,纯黑而大、茎方、角八棱和一叶两荚者为巨胜。虽然人们曾将二者混为一谈,但知道胡麻与巨

---

① (明)李时珍:《本草纲目》卷22《谷部》,第612页。
② (宋)寇宗奭:《图经衍义本草》卷37引,《道藏》第17册,第735页。
③ (宋)寇宗奭:《图经衍义本草》卷37,《道藏》第17册,第735页。按:所引陶隐居之说,见于《名医别录》,该书作者或作陶弘景,或云佚名。
④ (宋)寇宗奭:《图经衍义本草》卷37引,《道藏》第17册,第735—736页。
⑤ (明)李时珍:《本草纲目》卷22《谷部》,第612页。
⑥ 同上书,第612—613页。

胜有别，对其区别是有明确认识的。

胡麻是亚麻，在中国古代文献中还有其他名称。三国魏时张揖撰《广雅》："狗虱、钜胜、藤弘，胡麻也。"① 亚麻是人类最早使用的天然植物纤维，距今已有一万年以上的历史。亚麻分为纤维型、油用型和纤维、油用两用型三种。亚麻纤维是纯天然纤维，由于具有吸汗、透气性良好和对人体无害等优点而受到人们重视。亚麻还是油料作物，营养丰富。亚麻油含多量不饱和脂肪酸，可以用来预防高血脂症和动脉粥样硬化。亚麻起源于近东、中东和地中海沿岸。早在石器时代，古埃及人已经栽培亚麻并用其纤维纺织衣料，埃及各地的"木乃伊"用亚麻布包盖。油用型亚麻被中国人称为胡麻。如上所述，油用胡麻在汉代已经传入中国，在中国已有2000多年栽培历史，至迟东汉时中国人已经种植胡麻。纤维型亚麻传入中国很晚，20世纪初始从日本引进。

在中国古代文献和后世的议论中，曾长期把胡麻与芝麻混淆。芝麻，在古代文献中写作"脂麻"，脂者，油也，脂麻与油麻同义，都是说芝麻是油料作物。寇宗奭《图经衍义本草》云："胡麻，诸家之说，参差不一，止是今脂麻，更无他义。盖其种出自大宛，故言胡麻。今胡地所出者皆肥大，其纹鹊，其色紫黑，故如北（当作此）区别，取油亦多。"② 20世纪50年代考古发现，浙江省吴兴县钱山漾新石器时代遗址考古发现芝麻几百粒。③ 杭州水田畈史前遗址（良渚文化后期）也发现古代芝麻种子④，说明胡麻并非芝麻。中国本有芝麻，汉代传入胡麻，冠名胡字，与之相区别。但因为同是油料作物，后来又把二者混而为一。陶弘景引《五符巨胜丸方》云："叶名青蘘，本生大宛，度来千年尔。"⑤ "千年"不可确指，《诗经》中有"黍稷重穋，禾麻菽麦"的诗句⑥，那时胡麻并未传入

---

① 《太平御览》卷989《药部》，上海古籍出版社2008年影印本，第9册，第695页。按：《证类本草》引《图经本草》有《广雅》文："狗虱、巨胜也；藤苰，胡麻也。"吴征镒等认为，按照《图经本草》的记载，巨胜和胡麻非一物，《广雅》将二物并列，初为二条，后合为一条，这从另一个方面说明二物性味功能相近。之后历代本草中巨胜和胡麻混淆难辨，可能与该书的记载有关。吴征镒等《胡麻是亚麻，而非脂麻辨——兼论中草药名称混乱的根源和〈神农本草经〉成书年代及作者》，《植物分类学报》2007年第4期，第465页。

② （宋）寇宗奭：《图经衍义本草》卷37，《道藏》第17册，第736页。

③ 浙江省文物管理委员会：《吴兴钱山漾遗址第一、二次发掘报告》，《考古学报》1960年第2期。

④ 浙江省文物管理委员会：《杭州水田畈遗址发掘报告》，《考古学》1960年第2期。

⑤ （宋）寇宗奭：《图经衍义本草》卷37引，《道藏》第17册，第736—737页。

⑥ （宋）朱熹：《诗集传》卷8，中华书局1958年版，第92页。

中国,"麻"与各种谷物并列,应当指芝麻,而非通常说的大麻。张骞通西域之后,胡麻传入。从陶弘景引董仲舒语:"禾是粟苗,麻是胡麻,枲是大麻,菽是大豆。"① 便把芝麻与胡麻混为一物。此后的文献相沿此说。宋人已经不清楚胡麻为何物,却几乎异口同声以为胡麻即脂麻,苏轼《服胡麻赋》序云:"始余尝服伏苓,久之良有益也。梦道士谓余伏苓燥,当杂胡麻食之。梦中问道士何者为胡麻,道士言脂麻是也。既而读《本草经》,云:'胡麻一名狗虱,一名方茎,黑者为巨胜,其油正可作食。'则胡麻之为脂麻信矣。"② 宋人所谓胡麻即巨胜,将巨胜(胡麻)与脂麻相混,主要有两个原因,一是芝麻普遍种植,而胡麻只在局部地区种植,制作胡饼的胡麻籽早被芝麻取代,许多人只见到芝麻,吃到芝麻油和芝麻食品,未曾见过胡麻,也不曾吃到胡麻油和真正的胡麻食品;二是胡麻与芝麻性能相近,都是油料作物,只凭书中的记载无法区分。于是沈括、苏轼、寇宗奭等都断然论定胡麻即脂麻,此后长期沿袭下来。

近代吴其濬著《植物名实图考》仍云:"胡麻即巨胜,本经上品,今脂麻也。"但这并不代表古人一直未区分胡麻与芝麻。胡麻、巨胜与芝麻性状差别明显,古代本草学家不仅认识到胡麻与巨胜的区别,后来也知道胡麻不是芝麻。陶弘景之误至迟明代李时珍时已经澄清,他认同胡麻是脂麻(即油麻)的说法,但与芝麻相区别。胡麻和芝麻同为油料作物,因此皆可称为"脂麻",脂者,油也,即油麻之义。但胡麻不是芝麻,《本草纲目》引《食疗本草衍义》云:"俗作芝麻,非。"③ 1935 年,吴征镒做植物分类学野外调查,为撰写四年级毕业论文收集材料,发现小五台山附近做饼饵用的胡麻油和北京常用的"香油"(即芝麻油)味道不同,虽未见实物,已知名"胡麻"。在那里这种油还用作骡车车轴的润滑油。1938 年年初,他在昆明北郊菜园见到田边种一两行所谓"胡麻",查看植物才认识到即清人吴其濬《植物名实图考》卷二"谷类"最后所列的"山西胡麻"。他感到大惑不解,胡麻何时与脂麻相混称?为什么"胡麻"一名用在两种植物上?吴征镒所谓"脂麻"与古人不同,指芝麻。吴征镒等人考证了中国文献中胡麻与芝麻被混为一谈的原因和过程,指出中国历史上最早记载的胡麻当为"Linumusitatissimum",其"胡麻"之名在种植区民间一直沿用至今,《植物名实图考》中的胡麻 Linumusitatissimum 是

---

① (宋)唐慎微:《证类本草》卷 26 引,《文津阁四库全书》第 245 册《子部·医家类》,商务印书馆 2005 年影印本,第 271 页。
② (宋)苏轼:《苏东坡集》(四),商务印书馆 1958 年版,第 111 页。
③ (明)李时珍:《本草纲目》卷 22《谷部》,第 612 页。

中国古代文献中的"巨胜"。把巨胜误解为胡麻,源于《神农本草经》和沈括、李时珍等人的观点,而沈、李是南方人,没有见过真正的胡麻。古代文献中的"巨胜"应为"Sesamumindicum",与胡麻不同。吴其濬是沿袭传统的误解。他们的论文还探讨了胡麻与芝麻两种植物混淆的原因,进一步推及中草药名称混淆的根源,在于其性味功能相似,而古人不重视其形态、地理差别所致。他们认为"传统民间口传身授的本草用药胡麻,可能就是亚麻而非脂麻"。《神农本草经》被他们认为是陶弘景在《本草经集注》中的托古之作,该书确定以性味功能归类是导致此后中药名称混淆的根本原因。① 吴征镒等人对吴其濬书中的论断提出批评是对的,但指中国古代文献中巨胜即芝麻有可商榷之处,他们认为自古以来那些本草学家和医药学家一直未能区别胡麻、巨胜和芝麻,也不符合实际。

美国汉学家劳费尔极力否定陶弘景"胡麻本生大宛"和后人以为胡麻乃汉时张骞带回的观点。他的观点可以接受,但他的理由和论证的方法却颇有可商榷之处。他说:

> 《本草纲目》里有陶宏景(451—536年)的这样一句话:"胡麻本生大宛,故名胡麻(伊朗麻)。"他没提到张骞,也没提胡麻传播到中国的年月,这段话由于缺乏准确性和缺乏年代及其他情况的证据,对任何熟悉中国纪述的人看来,它必定会引起怀疑。有关大宛的记载都没提到胡麻,这名字在史书里也没有见过。陶宏景是一个道教大家,采药师,炼丹术士,迷于长生不老术,他从来没有出过国门,对大宛绝对不会有什么特殊知识。他只凭想像说因为苜蓿和葡萄是由大宛(胡人的国家)来的,那么胡麻既然也是胡国的植物,必定也是从那个地方来的。这种幻想不能当做历史看待。②

劳费尔强调中国人所谓"胡麻"不是从"大宛"而是从伊朗来的,他说,中国人称为"胡麻","从语言学上说来,这情形有些和'胡豆'的情形相似。很可能这两种都是由伊朗地区来的,只不过在中国适应了水土,因为这两种植物都是古代亚洲西部所特有的栽培植物"。③ 但他仅从陶弘景一人的见闻来说明胡麻"本生大宛"是陶弘景的误解,可能并不符合实

---

① 吴征镒等:《胡麻是亚麻,而非脂麻辨——兼论中草药名称混乱的根源和〈神农本草经〉成书年代及作者》,《植物分类学报》2007年第4期,第458—472页。
② [美]劳费尔:《中国伊朗编》,林筠因译,商务印书馆1964年版,第113—114页。
③ 同上书,第115页。

际，因为陶弘景的观点并不是他一个人"幻想"的结果，只是沿袭传统说法而已。陶弘景的《本草经集注》实际上是中国人长期药物学知识的总结。中国人认为胡麻"本生大宛"，可能中国人是从大宛获得胡麻，而不是直接从它的原产地伊朗获得的。胡麻原产近东和中东，两河流域和埃及可能是亚麻最早的演化中心，劳费尔把胡麻原产地局限于伊朗一地，似乎并不准确。在古代中国人观念中，"胡"字代表的区域包括北方游牧民族、西域国家以及中亚、西亚甚至欧洲人。在《中国伊朗编》中，劳费尔常常把中国人所谓"胡"理解为今伊朗之地和伊朗人，过于狭义化了。

劳费尔还指出胡麻的传入不是张骞带来的："虽然这种植物肯定是由伊朗地区传到中国，然而在什么年代传来的却仍然不清楚。第一，关于这事历史上没有可靠的记载；第二，中国人对这问题所造成的混乱看法简直无法解释明白。"① 在中国古代文献中，往往把汉代传入中国的西域舶来品都记到张骞身上，这是一种误解。劳费尔指出胡麻也不是张骞带回的，这个观点可以接受，因为我们并没有看到张骞带来胡麻的可靠史料。但他极力否定胡麻在汉代已经传入中国，则又有失偏颇。他说：

> 李时珍引用第十一世纪沈括所著的《梦溪笔谈》里的话，说"古者中国止有大麻（Cannabis sativa），其实为蕢，汉使张骞始自大宛得油麻种来，故名胡麻，以别中国大麻也。"宋朝的郑樵（1108—1162年）著的《通志》（卷75，第33页）更加发挥了这个张骞的传说。公元983年出版的《太平御览》（卷841，第6页）引用一部不知年月的《本草经》的话，说张骞从外国得到胡麻和胡豆。因此这个传说看来是出现于宋朝（公元960—1278年），那就是张骞死后1000多年。可是偏偏有一些有头脑的学者们要我们把这话当做汉朝的真正历史。②

否定胡麻在汉代已经传入，忽略了我们上引史书上和考古资料中有关汉代胡麻的史料的价值。他甚至推测张骞带入胡麻的传说产生在张骞死后1000多年的宋代，也忽略了上引诸如北魏贾思勰《齐民要术》之类宋代以前的各种史料。中国史料浩如烟海，国外汉学家的阅读存在局限性，如博学之劳费尔尚且如此，其论断并不是都可以轻易信从的。

---

① ［美］劳费尔：《中国伊朗编》，第117页。
② 同上书，第114页。

## （二）胡麻引种的文化意义

人们通常把文化分为物质文化和精神文化，但是精神的和物质的意义有时又是互相联系，密不可分的。思想、观念、情感这些抽象的东西常常通过具体的物质的东西表现出来的。物质的东西总是蕴含着和反映着抽象的思想、观念和情感。在不同的文化场域，人们会赋予同样的器物以不同的文化内涵。一种异质文化进入另一文化环境，与其文化会发生冲突、碰撞，也会发生融通、化合，造成新质，赋予新意，产生新的文化意义。胡麻虽小，当它进入中国这块具有悠久文化传统的丰厚土壤，其自然品性在新的文化环境中引发出新的意蕴，产生了许多意想不到的结果和文化现象。

1. 胡麻的引种丰富了中国农耕种植技术和品种

胡麻的传入丰富了汉地农耕文化的种植技术和品种，这是自然的。中国自古以农业立国，在外来文明中重视农作物的引进和改良，胡麻是其一。胡麻传入后，汉地人很快掌握了胡麻的适宜土壤、种植时令和收藏方法。胡麻原产于近东、中东地区，汉代传入中国西北少数民族地区，因为其独特的习性，所以无法在热带地区生长。在中国，传统的胡麻主要分布在山西北部，河北北部、河南、山东、甘肃、宁夏、内蒙古等地。成书于2世纪中期的崔寔《四民月令》云，二月"可种植禾、苴麻、大豆，可种胡麻"。[①] 三月，"是月也……时雨降，可种秔稻及植禾、苴麻、胡豆、胡麻。"[②] 四月"蚕入簇，时雨降，可种黍、禾（谓之上时）及大、小豆，胡麻"。[③] 五月"时雨降，可种胡麻。"[④] 但最合适的时令是二月，所以他说："二月可种胡麻，谓之上时也。"[⑤] 胡麻作为食材和榨油之用，也是重要的经济作物，因此成为市场上交易的农产品。关于胡麻的出售，《四民月令》云，五月"粜大、小豆，胡麻"。[⑥]《四民月令》是东汉后期崔寔模仿古时月令所著的农学著作，叙述一年中从正月到十二月例行的农事活动。此后的农书一般都对胡麻的种植进行介绍，内容上则沿袭其说。汉代通过丝绸之路传入域外植物不少，但进入《四民月令》记载的只有

---

① （汉）崔寔著，石声汉校注：《四民月令校注》，中华书局2013年版，第20页。
② 同上书，第26页。
③ 同上书，第32页。
④ 同上书，第41页。
⑤ 《太平御览》卷989《药部》，上海古籍出版社2008年影印本，第9册，第696页。
⑥ （汉）崔寔著，石声汉校注：《四民月令校注》，第46页。

胡蒜、胡葱、胡豆、胡麻等数种，可见胡麻在当时农作物和经济领域里的重要性。

北魏贾思勰《齐民要术》对胡麻的用途和种收有更具体的记载，他说胡麻是张骞从西域带回，未必可信。但指出北魏时胡麻分为两种，即白胡麻和八棱胡麻，白胡麻"油多，人可以为饭"。胡麻适宜的土壤："胡麻宜白地种。"所谓白地，即空地，没有树木或建筑物的土地。种植的季节"二、三月为上时，四月上旬为中时，五月上旬为下时"。并注云："月半前种者，实多而成；月半后种者，少子而多秕也。"所谓"上时"就是最好的季节。种植的方法："种，欲截雨脚；若不缘湿，融而不生。一亩用籽二升。漫种者，先以耧耩，然后散籽，空曳耢。耢上加人，则土厚不生。耧耩者，炒沙令燥，中半和之。不和沙，下不均。垄种若荒，得用锋耩。"意思是说，种胡麻要趁刚下过雨，如果不趁地湿下种，就难以发芽。一亩地用两升种子。如果撒播，就要先用耧耩地，然后撒籽。再用空耢耢平。所谓空耢，就是耢上不上人，如果加了人的重量，土盖得厚实，种子不易发芽。如果用耧下种，要先把沙子炒干，拌上种子，一半对一半拌匀。如果不拌沙子，种子不能下匀。如果在田垄上种，而垄上长有杂草，要用锋耩除草。关于胡麻的管理，云："锄不过三遍。"胡麻的收割也有讲究："刈束欲小。（束大则难燥，打手复不胜）以五六束为一丛，斜倚之（不尔，则风吹倒，损收也）候口开，乘车诣田斗薮（倒竖，以小杖微打之）；还丛之。三日一打，四五遍乃尽耳（若乘湿横积，蒸热速干，虽曰郁浥，无风吹亏损之虑。浥者，不中为种子，然于油无损也）。"① 即，收割时扎成的把要小，把大了就难干燥，打胡麻籽时手也不好把持。五六束互相斜靠着堆成一丛，这样可以防止被风吹倒，一旦吹倒，麻籽就会损失。等干燥到胡麻角裂开了口，就装上车拉到田里打籽。打籽时把胡麻束倒竖起，用小棍轻轻敲打，麻籽就从开口处落下。然后仍然堆成一丛丛的，每三天敲打一次，打上四五次才能把麻籽打尽。如果刚割下尚未晾干就横着堆起来，里面也会闷干。这样打的麻籽没有损失，也可以榨油，但不能用作种子。关于胡麻种植的株距，《农桑辑要》引《四时类要》云："每科（棵）相去一尺为法。"②

胡麻原产地与中土气候水土不同，在种植季节、管理、收割、脱籽等

---

① （北魏）贾思勰著，石声汉校释：《齐民要术今释》卷2，中华书局2009年版，第175—176页。
② 石声汉校注：《农桑辑要校注》卷2引，中华书局2014年版，第48页。

方面应有不同。胡麻的种植方法既伴随着胡麻的输入而传入，汉地人也根据本土的自然条件进行了适应性的改进，这是肯定的。贾思勰的记载包含着汉地人长期种植经验的总结。由于后来胡麻被道家宣扬成食之可以长生的食品，关于其种植也产生了离奇的说法。比如在古代就有"俗传胡麻须夫妇同种则茂盛"的说法，并以此曲解唐人诗"胡麻好种无人种，正是归时又不归"。① 胡麻的茂盛与否应该与一人种或两人同种无关，这可能与中国人的阴阳和合化生万物的观念有关，在胡麻的种植方面凭空添加了一层神秘色彩。

2. 胡麻的应用丰富了中国饮食文化

胡麻的输入和引种丰富了中国人的饮食文化。通过丝绸之路，域外饮食文化传入中国。胡麻制饼、胡麻制丸和胡麻制羹等饮食文化也传入中国，胡麻的种植为这些饮食提供了基本的食材和调料。汉末灵帝好"胡饭"②，影响到公卿大臣竞相仿效，造成京师洛阳一时流行胡风的习气。从东汉末年起，胡地食品即传入中国，人们越来越喜欢吃胡食，甚至成为日常生活的常用食品。这种胡食主要是来自西域各民族的食品，对北方游民族的饮食并不太热衷，那种"肉为食兮酪为浆"的饮食，只是作为调剂和点缀。胡麻本身可以充饥，又是制作胡食的原料，因此作为食材很早就受到重视。《晋书·殷仲堪传》记载，殷仲堪举兵反，其巴陵仓实为桓玄所取，"城内大饥，以胡麻为廪"。③ 这说明胡麻并不是作为主食的理想食材，殷仲堪是在无奈之下才充作军粮的。而通常所谓"胡麻饭"并不是单纯用胡麻做原料。李时珍指出："刘、阮入天台，遇仙女，食胡麻饭，亦以胡麻同米做饭，为仙家食品焉尔。"④ 因此，胡麻在饮食中主要是用于榨油和调料。

首先，胡麻可以榨油，胡麻油即亚麻籽油，是一种古老的食用油。胡麻生性喜寒耐寒，在中国只适合生长在西部、北部高寒干旱地区，自古以来胡麻就生长在寒冷地区。胡麻油在中国有着悠久的食用历史，上引贾思勰《齐民要术》中就讲到用胡麻籽榨油，陶弘景和寇宗奭的书中指出胡麻油有多种用途，一是燃灯，二是供食，三是入药。⑤ 正是由于可以榨

---

① （明）李时珍：《本草纲目》卷22《谷部》，第613页。
② 《后汉书·志》第13《五行志》，中华书局1965年标点本，第3272页。
③ 《晋书》卷84《殷仲堪传》，中华书局1974年标点本，第2199页。
④ （明）李时珍：《本草纲目》卷22《谷部》，第613页。
⑤ 同上书，第614页。

油，因此胡麻在宋代被称为"油麻"。① 胡麻只适宜生长在寒冷地区，因此很少为其他地方的人们所熟知。加之胡麻产量、出油率非常低，所以胡麻油一直未能广泛普及。东南沿海各地的人们没见过胡麻，也没见过胡麻油，很多人误将芝麻油称为胡麻油。但据前引吴征镒等《胡麻是亚麻，而非脂麻辨》可知，直到近代小五台山附近的百姓还用胡麻油做饼饵，还用作骡马车车轴的润滑油。这种油用亚麻主要在内蒙古中西部、山西北部、甘肃会宁等地区种植，在这些地区亚麻油如今仍称胡麻油。

其次，作为胡饼的原料。胡食中有胡饼，最初即带胡麻的大烧饼，胡麻是必备的原料。《释名·释饮食》云："胡饼，作之大漫沍也；亦言以胡麻着上也。"大漫沍，《太平御览》引作"大漫汗"，意思是无边际，形容其饼很大。可知最初传入中国的"胡饼"是大型的"饼"，上著胡麻。这种大饼在西域称"馕"，乃波斯语发音，说明它最初是西亚的食物，丝路古道上考古发现过古代的胡饼。秦汉以前，中国人主食是煮饼或蒸饼。崔寔《四民月令》云："距立秋，毋食煮饼及水溲饼的。"② 这就意谓日常饮食中是少不了煮饼及水溲饼的，只是在特殊的日子才不吃。据《汉书·百官表》，"少府"属下有"汤官"，颜师古注云："汤官主饼饵。"③ 煮汤作饼即汤饼，或称煮饼。关于蒸饼，《晋书·何曾传》记载，何曾奢豪，蒸饼上不坼作十字不食。④ 李德裕《次柳氏旧闻》记载，太子李亨陪唐玄宗用餐，食物中有羊臂臑（煮羊前腿），太子用刀割，余污漫刃，以饼洁之。⑤ 这里讲的饼是蒸饼，因为薄软，所以用来擦拭刀刃。胡饼不是煮和蒸，而是用炉子烤熟的。贾思勰《齐民要术》中记载做髓饼法："以髓脂、蜜，合和面。厚四五分，广六七寸。便著胡饼炉中，令熟。"⑥ 说明汉地髓饼的制法借鉴了胡饼的经验。《太平御览》引《续汉书》云："灵帝好胡饼，京师皆食胡饼。"又引《魏志》云："汉末赵岐避难逃至河

---

① （宋）沈括撰，胡道静校注：《新校正梦溪笔谈》卷26《药议》，中华书局1957年版，第267页。
② （汉）崔寔著，石声汉校注：《四民月令校注》，中华书局2013年第2版，第44页。
③ 《汉书》卷19上《百官公卿表》，中华书局1962年点校本，第731、732页。
④ 《晋书》卷33《何曾传》，中华书局1974年点校本，第998页。
⑤ （唐）李德裕：《次柳氏旧闻》，（五代）王仁裕等撰，丁如明辑校《开元天宝遗事十种》，上海古籍出版社1985年版，第7页。
⑥ （北魏）贾思勰著，石声汉校释：《齐民要术今释》卷9，中华书局2009年版，第921页。

间，不姓字。又转诣北海，著絮巾袴，常于市中贩胡饼。"① 可见汉代已有"胡饼"，此后成为常用的食品。王隐《晋书》记载："王羲之幼有风操，郗虞卿闻王氏诸子皆俊，令使选婿。诸子皆饰容以待客，羲之独坦腹东床，食胡饼，神色自若。"②《晋书·王长文传》："州辟别驾，乃微服窃出，举州莫知所之。后于成都市中蹲踞啮胡饼。"③ 正是因为胡饼以胡麻为配料，故后来石勒才改称麻饼。《太平御览》同卷引崔鸿《十六国春秋·赵录》："石勒讳胡，胡物皆改名。胡饼曰'抟炉'，石虎改曰'麻饼'。"④《艺文类聚》引《邺中记》："石勒讳胡，胡物皆改名。胡饼曰'麻饼'，胡绥曰'香绥'，胡豆曰'国豆'。"⑤

在唐代开放的社会里，生活方式胡化之风甚盛。饮食方面更加流行胡食。《旧唐书·舆服志》记载，开元以后，"贵人御馔，尽供胡食"。⑥ 唐代慧琳《一切经音义》云："胡食者，即饆饠、烧饼、胡饼、搭纳等是。"胡饼不完全是馕，还有一种煮食油炸的酥饼，俗称为"糗饦"。颜之推《证俗音》、中古小学书《字镜》、韵书《考声》、祝氏《切韵》都提到这种食品，《一切经音义》引顾公云："今内国糗饦以油酥煮之。"慧琳说："油饼本是胡食，中国效之，微有改变，所以近代方有此名。"⑦ 唐人皇甫枚小说《三山小牍》卷下写陆存"为贼所虏，其酋问曰：'汝何等人也？'存绐之曰：'某庖人也。'乃令溲面煎油，作糗饦者，移时不成。"唐代街市上往往有专营胡食的商铺，其中胡饼最为常见。《资治通鉴·玄宗纪》记载，安史之乱中，唐玄宗出逃至咸阳集贤宫，正值中午，"上犹未食，杨国忠自市胡饼以献"。⑧ 白居易《寄胡饼与杨万州》云："胡麻饼样学京都，面脆油香新出炉。寄与饥馋杨大使，尝看得似辅兴无。"⑨ 说明胡饼制法从长安传至外地。日本僧人圆仁《入唐求法巡礼行记》记载，开成六年（840年）正月"六日，立春节。赐胡饼、寺粥。时行胡饼，俗家

---

① 《太平御览》卷860《饮食部》，上海古籍出版社2008年影印本，第8册，第570—571页。
② 同上书，第571页。
③ 《晋书》卷82《王长文传》，第2138页。
④ 《太平御览》卷860《饮食部》，上海古籍出版社2008年影印本，第8册，第572页。
⑤ 《艺文类聚》卷85，上海古籍出版社1982年版，第1453页。
⑥ 《旧唐书》卷45《舆服志》，第1958页。
⑦ （唐）慧琳：《一切经音义》卷37，徐时仪校注，上海古籍出版社2008年版，第1154页。
⑧ 《资治通鉴》卷218，中华书局1956年版，第6972页。
⑨ 《白居易集》卷18，顾学颉校点，中华书局1979年版，第382页。

皆然。"① 说明胡饼在唐代十分流行。前蜀杜光庭小说《虬髯客传》写李靖遇虬髯客，"客曰：'饥甚。'靖出市胡饼。"② 这是现实生活的反映。宋代人们仍习惯食用胡饼。北宋黄朝英《湘素杂记》记载："有鬻胡饼者，不晓名之所谓，易其名曰炉饼。"③ 南宋洪迈《夷坚丁志·鸡子梦》中董某任泽州凌川县令，"县素荒寂，市中唯有卖胡饼一家，每以饮馔萧索为苦。"④ 孟元老《东京梦华录》记载北宋都城汴京食店出售的食品有胡饼："大凡食店，大者谓之分茶，则有头羹、石髓羹、白肉胡饼……。"⑤ 也有专营烧饼的饼店："有油饼店，有胡饼店"，出售油饼、胡饼、糖饼、髓饼等，其中胡饼和髓饼入炉烤制，有的饼店烧饼炉多达50多炉。⑥ 周密《武林旧事》记载南宋临安（今杭州）"市食"即市面上出售的食品有猪胰胡饼、羊脂韭饼、七色烧饼。⑦ 灌园耐得翁《都城纪胜》记载临安（今浙江杭州）食店有猪胰胡饼。

大概在与南宋对峙的北方金国和元代以后的文献中，便较少见到有关胡饼的记载，只有个别史料偶尔提及，如清人王士禛《池北偶谈》记载："李沧溟（攀龙）先生身后最为寥落。其宠姬蔡，万历癸卯年，七十余矣，在济南西郊卖胡饼自给。"⑧ 这并不是说胡饼不存在了，金人、蒙古人皆属"胡"族，大都忌讳"胡"字，故文献和口语中避之。《资治通鉴》"肃宗至德元载"条，胡三省注云："胡饼，今之蒸饼。"⑨《武林旧事》和《都城纪胜》的作者都由南宋入元，他们的著作中除猪胰胡饼外，其他都只称饼、油酥饼、炊饼等。吴自牧的《梦梁录》中连猪胰胡饼也不提了。而猪胰胡饼店是从东京迁至临安，仅此一家。⑩ 作为店名，无法避讳。如此下去，作为一种常用食物，称"麻饼""蒸饼"习以为常，其外来色彩和观念日渐淡薄，明清便几乎不见胡饼之称，可能只在民间沿袭

---

① ［日］圆仁：《入唐求法巡礼行记》卷3，上海古籍出版社1986年版，第146页。
② 《太平广记》卷193，中华书局1961年版，第1446页。
③ 《资治通鉴》卷218，胡三省注引，第6972页。
④ （宋）洪迈：《夷坚丁志》卷16，《夷坚志》，何卓点校，中华书局2006年版，第673页。
⑤ （宋）孟元老著，邓之诚注：《东京梦华录注》卷4，中华书局1982年版，第127页。
⑥ 同上书，第129页。
⑦ （宋）四水潜夫（周密）辑：《武林旧事》卷6，西湖书社1981年版，第97页。
⑧ （清）王士禛：《池北偶谈》卷12，文益人校点，齐鲁书社2007年版，第222页。
⑨ 《资治通鉴》卷218，肃宗至德元载（756），第6972页。
⑩ （宋）耐得翁《都城纪胜》："其余店铺夜市不可细数，如猪胰胡饼，自中兴以来只东京脏三家一分，每夜在太平坊巷口，近来又或有效之者。"《文津阁四库全书》第195册《史部·地理类》，商务印书馆2005年影印本，第746页。

旧称，就如"洋火"后来通常被称为"火柴"，"番茄"通常被称作"西红柿"一样。

另外，胡麻还被用来制作胡麻羹。贾思勰《齐民要术》记载了"作胡麻羹法"："用胡麻一斗，捣，煮令熟，研取汁三升。葱头两升，米两合，著火上。葱头米熟，得两升半在。"① 用胡麻一斗，将胡麻捣烂煮熟。研取汁三升。葱头二升、米二合，煮火上。直到葱头和米煮熟，最后煮得还剩二升半，胡麻羹就成了。葛洪书中介绍了用胡麻制蜜饯的方法，把胡麻"用蜜水和作饼如糖状，炙食一饼"。② 胡麻的食用价值还表现在胡麻叶、花可以食用。胡麻（巨胜）叶叫作青蘘，在古代医书中本来放在草部上品中，后来通常置于胡麻条下。苏颂《图经本草》云："苗梗如麻，而叶圆锐光泽，嫩时可作蔬，道家多食之。"③《唐本草注》云"堪食"。④ 李时珍说："按服食家有种青蘘作菜食法，云：秋间取巨胜子种畦中，如生菜之法。候苗出采食，滑美不减于葵。则本草所著者，亦茹蔬之功，非入丸散也。"关于胡麻花的食法，《本草纲目》引孙思邈云："七月采最上标头者，阴干用之"；又引陈藏器说："阴干渍汁，溲面食，至韧滑。"⑤ 中国本来就是饮食文化发达的国家，胡麻籽、叶和花的食用，丰富了中国饮食文化的内容。

3. 胡麻药用价值的发掘及其道家文化意蕴的生成

胡麻传入中国后，其医药价值也很快被中国医家发现。在中国医学传统中，中药主要由植物药（根、茎、叶、果）、动物药（内脏、皮、骨、器官等）和矿物药组成，但植物药占中药的大多数，所以中药也称中草药，"药"便是带草头的字。在中国医家观念里，百草皆有药性，因此从域外传入的胡麻自然引起他们的关注和探讨。医家重视胡麻之医药价值，历代医药学著作皆著录胡麻，并论述其药性。在中国医药学著作中，最早著录胡麻的是《神农本草经》："胡麻，味甘，平，主治伤中虚羸，补五内，益气力，长肌肉，填髓脑。久服轻身，不老。一名巨胜，叶名青蘘，生上党川泽。"⑥ 南朝陶弘景的医学著作中也著录胡麻，并论其服食方法和功效，他说："服食胡麻，取乌色者，当九蒸九曝，熬捣饵之。断谷，

---

① （北魏）贾思勰：《齐民要术今释》卷8，第837—838页。
② 《太平御览》卷989《药部》，上海古籍出版社2008年影印本，第9册，第695页。
③ 《图经衍义本草》卷37引，《道藏》第17册，第735页。
④ 同上书，第737页。
⑤ 《本草纲目》卷22《谷部》引，第615页。
⑥ 尚志钧辑校：《神农本草经辑校》卷2，学苑出版社2014年版，第73页。

长生,充饥。虽易得,而学者未能常服,况余药耶?蒸不熟,令人发落。其性与茯苓相宜。俗方用之甚少,时以合汤丸耳。"① 陶弘景是道士,他的著作既讲治病,又讲养生和长生。关于胡麻的功用,在他这里已经神秘化了,其"九蒸九曝"的加工方法包含着某种数字崇拜的意义,"断谷,长生"的目的体现着道教成仙信仰。

北宋科学家沈括在《梦溪笔谈·药议》中云:"胡麻直是今油麻,更无别论,予已于《灵苑方》论之。"② 沈括撰《灵苑方》乃古代医方著作,二十卷,惜原书已佚,佚文散见于《证类本草》《幼幼新书》等后世医药著作中,其中关于胡麻的论述应该是从医药价值探讨的。苏轼对胡麻的养生医药价值也有论述,在《与程正辅书》中介绍了治痔之方:"凡痔疾宜断酒肉与盐酪、酱菜、厚味及粳米饭,唯宜食淡面一味。及以九蒸胡麻(即黑脂麻),同去皮茯苓,入少白蜜为炒食之。日久气力不衰而百病自去,而痔渐退。此乃长生要决,但易知而难行尔。"③ 李石《续博物志》云:"胡麻性与茯苓相宜,即巨胜。"④ 李时珍的《本草纲目》综合诸家之说,关于胡麻的医药性能有这样的概括:"气味:甘,平,无毒。""主治:伤中虚羸,补五内,益气力,长肌肉,填髓脑。久服,轻身不老(《本经》)。坚筋骨,明耳目,耐饥渴,延年。疗金疮,止痛,及伤寒温疟大吐后,虚热羸困(《别录》)。补中益气,润养五脏,补肺气,止心惊,利大小肠,耐寒暑,逐风湿气、游风、头风,治劳气,产后羸困,催生落胞。细研涂发令长。白蜜蒸饵,治百病(日华)。炒食,不生风。病风人久食,则步履端正,语言不謇(李廷飞)。生嚼涂小儿头疮,煎汤浴恶疮,妇人阴疮,大效(苏恭)。"⑤ 这是对中国医家长期医药学经验的总结。胡麻的药用价值,还体现在胡麻油的功效。按照陶弘景的说法,作为药用,胡麻油"生榨者良,若蒸炒者,止可供食及燃灯耳,不入药用"。根据诸医家的经验,胡麻油主治:"利大肠,产妇胞衣不落。生油摩肿,生秃发。""主喑哑,杀五黄,下三焦热毒气,通大小肠,治蛔心痛。傅一切恶疮疥癣,杀一切虫。"⑥ 胡麻叶(青蘘)、花和茎(麻秸)皆有药

---

① 《本草纲目》卷22《谷部》,第613页。
② 《梦溪笔谈》卷26《药议》,第267页。
③ 《本草纲目》卷22《谷部》,第613页。
④ (宋)李石:《续博物志》卷10,景印《文渊阁四库全书》第1047册(子部·小说类),台湾商务印书馆1983年版,第975页。
⑤ 《本草纲目》卷22《谷部》,第613页。
⑥ 同上书,第614页。

用价值，古代医家皆有探讨。① 寇宗奭《图经本草衍义》云："食甚甘，当丸蒸曝熬捣之，可以断谷。又以白蜜合丸，曰静神丸，服之益肺润五脏；压取油，主大热秘肠结，服一合则通利。"② 胡麻叶青蘘亦有医用价值，胡麻叶汁有润发之功效，且可用于兽医。陶弘景说："胡麻叶也，甚肥滑，亦可以沐头。"如作药用，其用法是"阴干，捣为丸散"，但如果服食胡麻籽实，这种胡麻叶制品是不必食用的，所以说"既服其实，故不复假苗"。《药性论》云："叶捣汁沐浴，甚良；又牛伤热，捣汁灌之，立差。"③ 其沐头之法，日华子（李日华）云："叶作汤沐，润毛发，乃是今人所取胡麻叶，以汤浸之良久，涎出，汤遂稠，黄色。妇人用之梳发。"④ 其药性，《图经衍义本草》云："味甘，寒，无毒；主五脏邪气、风寒、湿痹；益气，补脑髓，坚筋骨。"⑤

中医自古重视食疗养生，"药食同源"是中国传统医学中对人类最有价值的贡献之一。中国医家很早就认识到食物不仅有营养，而且还能疗疾祛病。在中医观念里，食品和药品没有截然分开的界线。胡麻是食品，其医药价值也为人所认识，故成为医家食疗的原料之一种。古代医书中记载不少胡麻食疗之方。《图经本草衍义》引《新注》云："胡麻、白大豆、枣三物，同九蒸九曝，作团，良，令人不饥，延年，断谷；又合苍耳为散，服之治风。"又引《食疗》云，胡麻"润五脏，主火。灼山田，种为四棱，土地有异功，力同休粮，人重之，填骨又补虚气"。《圣惠方》云："治五脏虚损羸瘦，益气力，坚筋骨。巨胜蒸曝各九遍，每取二合，用汤浸布里，挼去皮，再研水滤取汁，煎，和粳米煮粥食之。"《外台秘要》认为胡麻"治手脚酸疼兼微肿：乌麻五升，碎之。酒一升，浸一宿，随多少饮。"《千金方》："常服明目洞视：胡麻一石，蒸之三十遍，末酒服，每日一升。又方治腰脚疼痛，胡麻一升，新者熬，冷，香杵筛，日服一大升许，一升即永差，酒饮、羹汁、蜜汤，皆可服之。"《经验后方》："治暑毒救生散：新胡麻一升，内炒令黑色取出，摊冷碾末，新汲水，调三钱匕，或丸如弹子，新水化下。凡著热，外不得以冷逼，外得冷即死。"⑥

胡麻是富有营养的健康食品，又有医药价值，其强身治病的功效被道

---

① 《本草纲目》卷22《谷部》，第615页。
② 《图经衍义本草》卷37引，《道藏》第17册，第735页。
③ 同上书，第735页。
④ 《图经衍义本草》卷37，《道藏》第17册，第737页。
⑤ 同上。
⑥ 《图经衍义本草》卷37引，《道藏》第17册，第736页。

家过分夸大，成为延年益寿，甚至食之可以得道长生的仙药，所谓"巨胜者，仙经所重"。① 在汉代谶纬迷信和神仙信仰流行的时代，胡麻已经被赋予神奇色彩。汉代纬书《孝经援神契》云："巨胜延年。"② 道教在东汉时形成，胡麻被道家当作保健长生食品。魏伯阳《周易参同契》云："巨胜尚延年，丹药可入口。"③ 大约成书于汉魏间的《列仙传》编撰了老子、尹喜西适流沙，"服苣胜实，莫知所终"的故事。④ 晋郭义恭《广志》云："胡麻一名方茎，服之不老。"⑤ 以胡麻做成的食物被称为"胡麻饭"。南朝宋刘敬叔撰《异苑》记载，刘晨、阮肇共入天台山，迷不得返，在山中持杯取水，"忽一杯流出，有胡麻饭"。他们在山中遇到仙女，相邀至其家，仙女亦以胡麻饭招待。⑥ 胡麻被方士们和道门人士视为长生食物。在中国古代流传下来的各种仙话传说中，胡麻成为神奇的食物，普通人食用胡麻可以得道成仙，而神仙都好以胡麻为饭食。《汉武帝内传》云："鲁女生，长乐人，初饵胡麻，乃永绝谷，八十余年，少壮色如桃花。一日与亲知故人别，入华山。后五十年，先识者逢女于庙前，乘白鹿，从王母，人因识之，谢其乡里而去。"⑦ 东晋葛洪《抱朴子·仙药篇》云："巨胜一名胡麻，饵服之不老，耐风湿，补衰老也。"⑧ 他说胡麻制丸可以令人延年益寿，长生不老。他介绍胡麻丸制法："用上党胡麻三斗，淘净甑蒸，令气遍。日干，以水淘去沫再蒸。如此九度，以汤脱去皮，簸净，炒香为末，白蜜或枣膏丸弹子大。每温酒化下一丸，日三服。忌毒鱼、狗肉、生菜。服至百日，能除一切痼疾，一年身面光泽不饥，二年白发返黑，三年齿落更生；四年水火不能害；五年行及奔马。久服长生。"⑨《修真秘旨》记载了仙家另一种服食之法："神仙服胡麻法，服之能除一切痼病，至一年面光泽不饥，三年水火不能害，行及奔马，久服长生。上党者尤佳，胡麻二斗，净淘上甑蒸，令气遍出，日干，以水淘去沫，即

---

① 《图经衍义本草》卷37引，《道藏》第17册，第735页。
② （晋）葛洪著，王明校释：《抱朴子内篇校释》卷11《仙药》，中华书局1980年版，第177页。
③ （汉）魏伯阳：《周易参同契》卷上，《道藏》第20册，第76页。
④ 《太平御览》卷989《药部》，上海古籍出版社2008年影印本，第9册，第695页。
⑤ 同上书，第695页。
⑥ 《太平御览》卷41《地部》，上海古籍出版社2008年影印本，第1册，第476页。
⑦ 佚名撰，何清谷校注：《三辅黄图校注》卷3《甘泉宫》，三秦出版社1995年版，第189页。
⑧ （晋）葛洪著，王明校释：《抱朴子内篇校释》卷11《仙药》，中华书局1980年版，第186页。
⑨ 《本草纲目》卷22《谷部》，第613页。

蒸。如此九度，以汤脱去皮，簸令净，炒令香，杵为末，蜜丸如弹子大，每温酒化下一丸，忌毒物生菜等。"① 按照道家的说法，胡麻的叶子青蘘也具有增寿长生的功效："久服耳目聪明，不饥，不老，增寿。巨胜苗也，生中原川谷。"② 相信道家食之长生的仙话，古代不少人从事修炼时服食胡麻。《南齐书·刘虬传》记载："虬少而抗节好学，须得禄便隐。宋泰始中，仕至晋平王骠骑记室，当阳令。罢官归家，静处断谷，饵术及胡麻。"③

道家过分夸大胡麻的神奇作用，年深日久，其夸张成分便被人们逐渐识破。胡麻叶久食可以成仙之说，连道士陶弘景也予以否定："不知云何服之成仙也，并无用此法。"④ 苏轼《服胡麻赋》云："世间人闻服脂麻以致神仙，必大笑。"⑤ 至明代食之可以延年长生的神话已经没有多少人相信了。李时珍对其食用和医用价值进行了总结："胡麻取油以白者为胜，服食以黑者为良，胡地者尤妙。取其黑色入通肾，而能润燥也。赤者状如老茄子，壳厚油少，但可食尔，不堪服食。唯钱乙治小儿痘疮变黑归肾百祥丸，用赤脂麻煎汤送下，盖亦取其解毒耳。"⑥ 这是对胡麻食用和医用价值的客观认知。所谓"可食"即指食用，而"服食"则指仙家养生长生之用。对于胡麻食之成仙的说法，他基本上予以否定："《五符经》有巨胜丸，云即胡麻，本生大宛，五谷之长也。服之不息，可以知万物，通神明，与世常存。《参同契》亦云，巨胜可延年，还丹入口中。古以胡麻为仙药，而近世罕用，或者未必有此神验，但久服有益而已耶？"⑦ 虽然肯定了其于健康"有益"，却没有认为它具有长生不死的效用。

4. 胡麻成为诗歌中的植物和道教意象

胡麻的新奇和神奇使它成为诗人喜欢吟咏的对象，因此成为古代诗歌中的常见意象。跟胡麻在社会生活中扮演的角色相同，它首先是作为一种食物进入诗歌领域的。唐代诗人王绩《食后》写自己的晚饭云："田家无

---

① 《图经衍义本草》卷37，《道藏》第17册，第736页。
② 同上。
③ 《南齐书》卷54《高逸传》，中华书局1972年点校本，第939页。
④ 《图经衍义本草》卷37，《道藏》第17册，第736页。
⑤ 《苏东坡集》（四），第111页。
⑥ 《本草纲目》卷22《谷部》，第613页。按：钱乙，字仲阳，东平人，约生于北宋仁宗至徽宗年间（1032—1117年），著名儿科医家，翰林医学士。《四库全书总目提要》云："钱乙幼科冠绝一代。"著有《伤寒论发微》《婴孺论》《钱氏小儿方》《小儿药证直诀》等。现存《小儿药证直诀》。
⑦ 《本草纲目》卷22《谷部》，第613页。

所有，晚食遂为常。菜剪三秋绿，飧炊百日黄。胡麻山籹样，楚豆野麋方。始暴松皮脯，新添杜若浆。葛花消酒毒，薏蒂发羹香。鼓腹聊乘兴，宁知逢世昌。"① 王缙《送孙秀才》写招待朋友的饮食："帝城风日好，况复建平家。玉枕双纹簟，金盘五色瓜。山中无鲁酒，松下饭胡麻。莫厌田家苦，归期远复赊。"② 秦系《山中奉寄钱起员外兼简苗发员外》写自己的穷困："空山岁计是胡麻，穷海无梁泛一槎。稚子唯能觅梨栗，逸妻相共老烟霞。高吟丽句惊巢鹤，闲闭春风看落花。借问省中何水部，今人几个属诗家。"③ 牟融卷《题道院壁》："山中旧宅四无邻，草净云和迥绝尘。神枣胡麻能饭客，桃花流水荫通津。星坛火伏烟霞暝，林壑春香鸟雀驯。若使凡缘终可脱，也应从此度闲身。"④ 皮日休《太湖诗·雨中游包山精舍》写游山受到山中道人的招待："道人摘芝菌，为予备午馔。渴兴石榴羹，饥惬胡麻饭。如何事于役，兹游急于传。却将尘土衣，一任瀑丝溅。"⑤ 有粮食时胡麻并不用来作为主食，用胡麻为饭时往往是不得已而为之。这些诗中写到用胡麻为饭，都是在强调生活的穷困或简朴，胡麻成为珍馐佳肴的对应物，乃隐者、贫穷之家聊以度日和待客的食材。

因为在道家修道理论中服食胡麻可以长生，修道者往往服食胡麻，胡麻成为道教意象。李白诗残句有云："举袖露条脱，招我饭胡麻。"⑥ 招食者显然乃修道之士。在诗人笔下那些修道者往往服食胡麻。王维《奉和圣制幸玉真公主山庄因题石壁十韵之作应制》写玉真公主："碧落风烟外，瑶台道路赊。如何连帝苑，别自有仙家。此地回鸾驾，缘谿转翠华。洞中开日月，窗里发云霞。庭养冲天鹤，溪流上汉查。种田生白玉，泥灶化丹砂。谷静泉逾响，山深日易斜。御羹和石髓，香饭进胡麻。大道今无外，长生讵有涯。还瞻九霄上，来往五云车。"⑦ 王昌龄《题朱炼师山房》："叩齿焚香出世尘，斋坛鸣磬步虚人。百花仙酝能留客，一饭胡麻

---

① 《全唐诗》卷 37，中华书局 1960 年版，第 485 页。
② 《全唐诗》卷 129，第 1311 页。
③ 《全唐诗》卷 260，第 2898 页。
④ 《全唐诗》卷 467，第 5312 页。
⑤ 《全唐诗》卷 610，第 7036 页。
⑥ 《全唐诗》卷 185，第 1893 页。
⑦ （唐）王维撰，（清）赵殿成笺注：《王右丞集笺注》卷 11，上海古籍出版社 1984 年版，第 196 页。

度几春。"① 姚合《过张云峰院宿》:"不食胡麻饭,杯中自得仙。隔篱招好客,扫室置芳筵。家酝香醪嫩,时新异果鲜。夜深唯畏晓,坐稳岂思眠。棋罢嫌无敌,诗成贵在前。明朝题壁上,谁得众人传。"② 意谓服食胡麻饭可以成仙,而逍遥自在的生活其实可比神仙,所以说自己不食胡麻饭也可成仙。这里包含着服食胡麻可以成仙的意思。钱起《柏崖老人号无名先生男削发女黄冠自以云泉独乐命予赋诗》:"古也忧婚嫁,君能乐性肠。长男栖月宇,少女炫霓裳。问尔餐霞处,春山芝桂旁。鹤前飞九转,壶里驻三光。与我开龙峤,披云静药堂。胡麻兼藻绿,石髓隔花香。帝力言何有,椿年喜渐长。窅然高象外,宁不傲羲皇。"③ 李端《杂歌呈郑锡司空文明》:"昨宵梦到亡何乡,忽见一人山之阳。高冠长剑立石堂,鬓眉飒爽瞳子方。胡麻作饭琼作浆,素书一帙在柏床。唉我还丹拍我背,令我延年在人代。乃书数字与我持,小儿归去须读之。觉来知是虚无事,山中雪平云覆地。东岭啼猿三四声,卷帘一望心堪碎。蓬莱有梯不可蹑,向海回头泪盈睫。且闻童子是苍蝇,谁谓庄生异蝴蝶。学仙去来辞故人,长安道路多风尘。"④ 王建《隐者居》:"山人住处高,看日上蟠桃。雪缕青山脉,云生白鹤毛。朱书护身咒,水噀断邪刀。何物中长食,胡麻慢火熬。"⑤ 宋代诗人胡则《题紫霄观》:"绮霞重叠武陵溪,溪岭相逢路不迷。白石洞天人不到,碧桃花下马频嘶。深倾玉液琴声细,旋煮胡麻月色底。犹恨此身闲未得,好同刘阮灌芝畦。"⑥ 表现出对神仙生活的钦羡与向往。从这些诗里可以知道,食胡麻是古代修道者的重要饮食内容,在诗人笔下成为对道家中人的赞美和称颂,胡麻已然包蕴着浓厚的宗教观念和意趣。

胡麻是养生良品,因此道侣间互赠胡麻或胡麻饭。陆龟蒙《秋日遣怀十六韵寄道侣》:"尽日临风坐,雄词妙略兼。共知时世薄,宁恨岁华淹。且把灵方试,休凭吉梦占。夜燃烧汞火,朝炼洗金盐。有路求真隐,无媒举孝廉。自然成啸傲,不是学沉潜。水恨同心隔,霜愁两鬓沾。鹤屏怜掩扇,乌帽爱垂檐。雅调宜观乐,清才称典签。冠危玄发少,书健紫毫

---

① (唐)王昌龄著,胡问涛、罗琴校注:《王昌龄集编年校注》卷4,巴蜀书社2000年版,第217页。
② 《全唐诗》卷500,第5683页。
③ 《全唐诗》卷238,第2664—2665页。
④ 《全唐诗》卷284,第3239页。
⑤ 《全唐诗》卷299,第3398页。
⑥ 北京大学古文献研究所编:《全宋诗》卷96,北京大学出版社1991年版,第2册,第1082页。

尖。故疾因秋召，尘容畏日黔。壮图须行行，儒服谩襜襜。片石聊当枕，横烟欲代帘。蠹根延穴蚁，疏叶漏庭蟾。药鼎高低铸，云庵早晚苦。胡麻如重寄，从诮我无厌。"① 张贲《以青饲饭分送袭美鲁望因成一绝》："谁屑琼瑶事青饲，旧传名品出华阳。应宜仙子胡麻拌，因送刘郎与阮郎。"②

　　诗是现实生活的写照，既然胡麻可以食用，又有药用价值，还是道家必备饮食，因此种胡麻也进入诗歌的吟咏。张籍《太白老人》云："日观东峰幽客住，竹巾藤带亦逢迎。暗修黄箓无人见，深种胡麻共犬行。洞里仙家常独往，壶中灵药自为名。春泉四面绕茅屋，日日唯闻杵臼声。"③ 戴叔伦《题招隐寺》云："昨日临川谢病还，求田问舍独相关。宋时有井如今在，却种胡麻不买山。"④ 唐代朱滔时有河北士人某氏《代妻作答诗》云："蓬鬓荆钗世所稀，布裙犹是嫁时衣。胡麻好种无人种，正是归时底不归？"⑤ 张祜《题赠崔权处士》："读尽儒书鬓皓然，身游城市意林泉。已因骏马成三径，犹恨胡麻欠一廛。真玉比来曾不磷，直钩从此更谁怜？遗民莫恨无高躅，陶令而今亦甚贤。"⑥ 廛，古代城市平民的房地，意谓遗憾的是未有一廛之地可种胡麻。宋代诗人梅尧臣《种胡麻》："悲哀易衰老，鬓忽见二毛。苟生亦何乐，慈母年且高。勉力向药物，曲畦聊自薅。胡麻养气血，种以督儿曹。傍枝延扶疏，修筴繁橐韬。霜前未坚好，霜后可炮熬。诚非腾云术，顾此实以劳。"⑦ 明知食胡麻非成仙之术，种之只是作为药用。

　　胡麻在西域只是植物、油料和食品之一种，只有到了中国，其功用才得到进一步的认识和发挥。胡麻的食用价值在汉地得到传播和发扬，而其药用价值、道家文化色彩和文学作品中的道教意象则只有在中国文化土壤里才可能生成。

---

① 《全唐诗》卷623，第7166页。
② 《全唐诗》卷631，第7237页。
③ 《全唐诗》卷385，第4338页。
④ 《全唐诗》卷273，第3107页。
⑤ 《全唐诗》卷784，第8848页。此诗一作葛鸦儿作，题曰《怀良人》，见《全唐诗》卷801，第9014页。
⑥ 孙望：《全唐诗补逸》卷9，陈尚君辑校《全唐诗补编》，中华书局1992年版，第194页。
⑦ （宋）梅尧臣著，朱东润编年校注：《梅尧臣集编年校注》卷19，上海古籍出版社1980年版，第519页。

## 五 胡桃与胡桃宫

> 红罗袖里分明见，白玉盘中看却无。
> 疑是老僧休念诵，腕前推下水晶珠。
> ——（唐）李白《白胡桃》

胡桃，即核桃，原产于波斯北部的俾路支和阿富汗东部。汉代时已经传入中国，来自羌胡。《西京杂记》卷一记载："初修上林苑，群臣远方各献名果异树，亦有制为美名以标奇丽。"其中有"胡桃，出西域"。[1] 东汉杨孚《异物志》提到胡桃。[2] 马融《西第颂》写道："胡桃自零。"[3] 据《东观汉记》记载，"后汉有南宫、北宫、胡桃宫"。[4]《后汉书·南匈奴列传》记载，顺帝汉安二年（143 年），汉朝送单于归，"诏太常、大鸿胪与诸国侍子于广阳城门外祖会，飨赐作乐，角抵百戏。顺帝幸胡桃宫临观之"。[5] 取名"胡桃宫"，可以推测宫中栽种有胡桃树。东汉张仲景《金匮要略》提到："胡桃不可多食，令人动痰饮。"[6] 汉末孔融《与诸卿（一作乡）书》云："先日多惠胡桃，深（一作多）知笃意。"[7] 东晋刘滔母《答（虞）吴国书》云："咸和中避苏峻乱于临安山，吴国遣使饷馈，乃答书曰：'此果有胡桃、飞穄。飞穄出自州，胡桃本生西羌外国，外刚内柔似古贤，欲以奉贡。'"[8]

---

[1] （晋）葛洪：《西京杂记》卷1，《汉魏丛书》，吉林大学出版社1992年影印本，第303页。

[2] （北魏）贾思勰《齐民要术》第10卷引《异物志》："椰树，高六七丈，无枝条。叶如束蒲，在其上。实如瓠，系在于巅，若挂物焉。实外有皮如胡卢。核里有肤，白如雪，厚半寸，如猪肤，食之美于胡桃味也。"见石声汉校释《齐民要术今释》卷10，中华书局2009年版，第1051页。

[3] 《太平御览》卷971《果部》，上海古籍出版社2008年影印本，第9册，第580页。

[4] 《初学记》卷24《宫第》，中华书局1962年版，第568页。

[5] 《后汉书》卷89《南匈奴列传》，第2963页。

[6] （汉）张仲景著，（清）高学山注：《高注金匮要略》，上海人民卫生出版社1956年版，第340页。

[7] 《艺文类聚》卷87《果部》，上海古籍出版社1982年版，第1490页；《太平御览》卷971《果部》，上海古籍出版社2008年影印本，第9册，第580页。

[8] 《太平御览》卷971《果部》，上海古籍出版社2008年影印本，第9册，第580页。

关于胡桃的来源和传入中国的途径，张华《博物志》卷六云："张骞使西域还，乃得胡桃种。"① 李时珍《本草纲目·果部》引苏颂《图经本草》云："此果本出羌胡，汉使张骞使西域始得种还，植之秦中，渐及东土，故名之。"② 三国时康泰的《吴时外国志》记载："大秦有枣、榛、胡桃。"③ 古时中国人对大秦的范围并没有完整的认识，大致乃地中海地区。汉代文献中没有张骞带回核桃的直接证据，胡桃从域外传入，未必是张骞所为，但应该是汉武帝时代已经开始在上林苑中栽种，所以汉朝文献中已有关于胡桃的记载。

关于胡桃传入中国的时间，劳费尔说："在古代，甚至在汉朝，未闻有胡桃。"④ 这是他对中国文献没有全面掌握的情况下作出的武断的结论。《金匮要略》是东汉末年张仲景撰述的中医经典古籍之一，撰于公元2世纪。其中提到胡桃，但劳费尔说："这也许是后来添写的。"《西京杂记》的记载，不能"看作探索汉朝文化的可靠的材料"，因为是"公元第六世纪吴均所著"。汉宫里有胡桃，只是出于吴均的想象。⑤ 实际上通常认为《西京杂记》作者可能是东晋葛洪，书中故事并非全是杜撰，其中，有的条目可能是他从当时所存典籍中抄辑而来。《东观汉记》成书于东汉时，是中国古代著名史书，其真实性并无疑义。劳氏有一思维定势，即只有葡萄和苜蓿是汉朝时从域外传入中国的，而且是张骞带回的，其他植物都不是。在《中国伊朗编》书里，始终贯穿着他这一观点，这是有失偏颇的。张骞出使西域后至汉末，丝绸之路一直是通畅的，三百年时间的中西交往，很难想象中国只从域外得到葡萄和苜蓿两种植物。而他认为葡萄和苜蓿是张骞带回，在汉代文献中其实也没有直接的证据。

欧亚大陆各地都有野生的胡桃，中国也不例外。劳费尔指出，栽种的品种好的胡桃的原产地是伊朗："胡桃在中国的情形和在地中海地区一样：胡桃是天然生的，更好的栽种的胡桃是从波斯来到希腊，希腊人把它传到罗马，罗马人把它移植到加利亚和日尔曼尼亚。胡桃占着全温带很广阔的天然地区，从地中海，经过伊朗，喜马拉雅山，直达华南和中国沿海各省。尺管它天然分布范围是如此，事实还是事实：伊朗是最好品种的栽

---

① （晋）张华撰，范宁校证：《博物志校证》卷6，中华书局1980年版，第76页。
② （明）李时珍：《本草纲目》卷30《果部》，中医古籍出版社1994年版，第766页。
③ 《太平御览》卷971《果部》，上海古籍出版社2008年影印本，第9册，第580页。
④ ［美］劳费尔：《中国伊朗编》，林筠因译，商务印书馆1964年版，第88页。
⑤ 同上书，第88—89页。

种胡桃的原产地和中心，这些品种由此地传到希腊、印度、亚洲中部和中国。"① 他说波斯胡桃传入中国的路线是"从突厥斯坦（按：指新疆地区）进入甘肃省，如苏颂所说的，渐渐传布，首先到陕西，从陕西又到东边各省，但总是限于中国北部"。②

中国文献中，例如苏颂的著作，说胡桃出于"羌胡"，在劳费尔看来，只是胡桃传播过程中的中转之地。但他对"羌胡"的考证，却显得不足。古代文献中的"胡"泛指北方和西方的少数民族。羌胡即羌人，古代属西北边疆少数民族，故称"胡"。这种叫法跟粟特胡、波斯胡、天竺胡相似。劳费尔有个观念，即"胡"专指波斯。所以，他把羌胡视为羌和胡两个民族，即羌族和波斯，认为在中国人的记载里，胡桃是从胡人（伊朗人）的国家传到中国的，另外从西藏人的祖先羌人的国家也传到中国。③ 这个解释显然是错误的。

胡桃原产地在伊朗一带，但中国中原地区的胡桃不是直接从波斯传入，而是从"羌胡"之地传入。石声汉指出："在 4 世纪初，今日陕南、甘南和四川接界的地区，正是羌族居住地带。赵宋苏颂《图经本草》说'此果本出羌胡'，虽未举出根据，但由《广志》和刘母的信稿来看，应当是正确事实。羌族居住地，大致地说，在汉族集中地域西边，张骞第一次从大宛回关中，就有过取道南山经过羌族地区的打算。因此'羌胡'连称。羌族地区也常包括在广泛的西域范围之内。今日秦岭各地，都有胡桃林。我们很难想象四世纪以前的汉族，会舍近求远，不从羌族而从中亚去引入胡桃。"④ 古代中国人对"胡桃"二字的谐音很喜欢，意谓胡人逃跑。南朝齐代诗人沈约《为柳世隆谢赐乐游胡桃启》就表达了这个意思："挺自禁苑，味逾井络。动物迴祇，在微必应。此乃胡羯奔逃，吉之先见者也。"⑤ 奔逃意谓失败，胡败我胜之意也。

## 六　医食两用的胡荽

胡荽，即芫荽，别称"香菜"。希腊文作 Kusbavas，波斯语、阿拉伯

---

① ［美］劳费尔：《中国伊朗编》，第 98 页。
② 同上书，第 91 页。
③ 同上书，第 85 页。
④ 石声汉：《试论我国从西域引入的植物与张骞的关系》，《科学史集刊》1963 年第 4 期。
⑤ 《艺文类聚》卷 87《果部》，上海古籍出版社 1982 年版，第 1490 页。

语和梵文俱同。胡荽有特殊香味,茎叶可做蔬菜,果实可提制芫荽油,中医学上以全草入药,性温味辛,功能解表,透发麻疹。根据美国汉学家劳费尔的研究,胡荽原产地在地中海沿岸各地,但传入中国者乃伊朗所产。他说:"相传胡荽在地中海和高加索地区是本地产的植物(有人说是南欧和东方诸国的土产)。……伊朗也应该包括在内。我的意思并不是说伊朗是这植物的唯一原产地,胡荽在埃及和巴力(勒)斯坦的悠久历史是不容置疑的。在第二十二朝代(前960—前800年)的陵墓旁边曾寻到过胡荽,普林尼说埃及产的胡荽最好。胡荽的种植在伊朗非常发达,伊朗所产的传播到各地——中国、印度、前亚细亚、俄罗斯。"①

胡荽应当在汉代就已经传入中国。东汉医家张仲景《金匮要略》多处提到胡荽,他说:"猪肉以生胡荽同食,烂人脐。"② 又云:"四月、八月勿食胡荽,伤人神。"③ "胡荽久食之令人多忘";"病人不可食胡荽及黄花菜。"④ 医家的这些经验说明,在张仲景之前很早,胡荽就已经传入中国,并注意到了它的医药价值。《本草纲目》引陈藏器曰:"石勒讳胡,故并、汾人呼胡荽为香荽。"⑤ 北魏贾思勰《齐民要术》详细介绍了胡荽种植的时令和方法。⑥ 西晋张华《博物志》云:"张骞使西域,得大蒜、胡荽。"⑦ 把胡荽的传入归功于张骞带回,我们在汉代文献中没有看到直接记载。后世不少人沿袭此说。《本草纲目》卷二十六云:"张骞使西域始得种归,故名胡荽。"北宋释文莹《湘山野录》、明罗欣《物原》都以为张骞带回。劳费尔只相信汉代的文献和正史中的记载,对除正史之外的

---

① [美]劳费尔:《中国伊朗编》,林筠因译,商务印书馆1964年版,第124页。"前亚细亚"即"亚细亚"一词产生以前,人们认识到的部分的或整体的亚洲地区,亚细亚所指称的地理范围已经存在。所谓"前亚细亚观念",就是指在"亚细亚"词汇出现之前,人们对于现代亚洲地区部分或者整体的认识和看法。从"亚细亚"词源来看,"亚细亚"最早是一个模糊的地理位置概括。随着地理大发现以及西方的迅速崛起,才逐渐把"亚细亚"精确化,确定其基本范围并将这种称呼固定化。现代意义上的"亚细亚",在进入亚细亚地理范围之内已经存在,它通过欧洲人介绍到亚洲地区,并通过多种手段广泛传播达成共识。参初晓波《浅析中文"亚细亚"的词源及其影响》,载《国际政治研究》2005年第1期。

② (汉)张仲景著,(清)高学山注:《高注金匮要略》,上海人民卫生出版社1956年版,第325页。

③ (汉)张仲景著,(清)高学山注:《高注金匮要略》,第343页。

④ 同上书,第348页。

⑤ (明)李时珍:《本草纲目》卷26《菜部》,中医古籍出版社1994年版,第691页。

⑥ (北魏)贾思勰著,石声汉校释:《齐民要术今释》卷3,中华书局2009年版,第253—258页。

⑦ (晋)张华撰,范宁校证:《博物志校证》,中华书局1980年版,第116页。

文献都持怀疑态度，虽然严谨却过于拘谨了。他指出胡荽不是张骞带回，这或许有道理，但他进而否定胡荽在汉代已经传入，则显得过于武断。他认为："这个植物的最早确实可靠的记述是迟至张骞死后约六百年公元第六世纪初才有。"① 他说的是唐贞观间释玄应所撰《一切经音义》中关于胡荽的记述。而在此之前提到胡荽的文献都被他予以否定。

东汉时成书的《金匮要略》提到胡荽，劳费尔说："不能担保这几段文字在最早的版本里就有。"张华的《博物志》提到胡荽，他明明知道"这一段文不是现代增补的，而是古代写的，因为已为《一切经音义》卷247 第 2 页引证了。"但他说"原版的《博物志》里有否此文仍然是个疑问"。李时珍《本草纲目》叙述"苍耳"时，曾引证陆玑《诗疏》说"其叶青白似胡荽"。② 贝烈史奈德的著作误解为西晋陆机的话。劳费尔未察其误，又把"苍耳"误作"卷耳"，说："这引文只是由于印刷之误，因为陆机描写胡荽的文章没有保存下来。"③ 意谓陆机时代的著作中不可能出现胡荽，实际上陆玑是比陆机年代更早的人物，他是三国时吴国学者，有《毛诗草木鸟兽虫鱼疏》二卷，专释《毛诗》所及动物、植物名称，对古今异名者详为考证，是中国古代较早研究生物学的著作之一。他的书中提到胡荽，更说明胡荽应该在汉代已经传入中国。实际上陆玑的话在北宋时成书的《太平御览》已被引用④，也不是到明代的《本草纲目》才引证。与陆机同时代的西晋人石崇在《奴券》中曾说："奴常种罗服、葫荽，不密不疏。"⑤ 这条材料他似乎未见，因此未置可否。《一切经音义》解释胡荽时，引证过《字苑》和《韵略》两本书，他说："我不知它们的出版年月。"《字苑》乃东晋葛洪所撰，《韵略》是北宋初年的著作。宋代初年，与审定《切韵》、改撰《广韵》差不多同时，为适应科举应试的需要。主持科举考试的礼部就颁行了比《广韵》较为简略的《韵略》。这两本书本不难查到，劳费尔并不了解，这反映了作为国外汉学家阅读汉文文献方面的局限。劳费尔还说："《本草拾遗》与《事物纪原》（卷10，第30页）二书都说过'胡荽'一词，因为石勒（公元273—333年）下令禁忌而改为'香荽'，石勒本是一个胡人。但是在同时代的记载

---

① [美] 劳费尔：《中国伊朗编》，第 122 页。
② （明）李时珍：《本草纲目》卷 15《草部》，中医古籍出版社 1994 年版，第 430 页。
③ [美] 劳费尔：《中国伊朗编》，第 122—123 页。
④ 《太平御览》卷 998《百卉部》，上海古籍出版社 2008 年影印本，第 9 册，第 756 页。
⑤ 《太平御览》卷 980《菜茹部》，上海古籍出版社 2008 年影印本，第 9 册，第 638 页。

中没见过这话，因此可以肯定地说这个解释都是后代追加的。"① 如上所述，在石勒的时代之前，中国文献中已经屡见胡荽的材料，石勒时当然已有胡荽种植，劳费尔这种"肯定"也是错误的。

关于胡荽这种植物的探讨典型地反映了劳费尔研究态度和方法上的除正史外"怀疑一切，打倒一切"的倾向，这种倾向在某种程度上影响了这部著名的汉学著作某些论断的可靠性。

## 七　西域传来的胡蒜、大葱

风送丹枫卷地，霜乾枯苇鸣溪。兽炉重展向深闺，红入麒麟方炽。翠箔底垂银蒜，罗帏小钉金泥。笙歌送我玉东西。谁管摇花舞砌。

——（南宋）葛立方《西江月》

胡蒜即大蒜，一名葫，因来自蕃中，故称胡蒜，又名荤菜。中国黄河流域原有小蒜，汉时从胡地传入大蒜。晋崔豹撰《古今注》云："蒜，茆蒜也，俗谓之为小蒜。胡国（子）有蒜，十许子共一株（二）簳，幕裹之，为名胡蒜，尤辛于小蒜，俗亦呼之为大蒜。"②《东观汉记》卷十六记载："李恂为兖州刺史，所种园小麦、胡蒜，悉付从事，一无所留。"③ 东汉崔寔《四民月令》云，八月"种大、小蒜"。④ 张仲景《金匮要略》提到蒜："夜食诸葱薑蒜等，伤人心。"⑤ 后来的文献往往把胡蒜的传入记在张骞名下。西晋张华《博物志》云："张骞使西域，得大蒜、胡荽。"⑥ 北魏贾思勰《齐民要术》卷三引东汉王逸《正部论》曰："张骞周流绝域，始得大蒜、葡萄、苜蓿。"又引东汉延笃《与李文德书》："张骞大宛

---

① ［美］劳费尔：《中国伊朗编》，林筠因译，商务印书馆1964年版，第123页，注①。
② （晋）崔豹：《古今注》卷下，辽宁教育出版社1998年版，第15页。
③ （汉）刘珍等撰，吴树平校注：《东观汉记校注》卷16，中华书局2008年版，第730页。
④ （汉）崔寔著，石声汉校注：《四民月令校注》，中华书局1965年版，第62页。
⑤ （汉）张仲景著，（清）高学山注：《高注金匮要略》，上海人民卫生出版社1956年版，第346页。
⑥ （晋）张华撰，范宁校证：《博物志校证》，中华书局1980年版，第116页。

之蒜。"① 李时珍《本草纲目·菜部》引孙愐《唐韵》云："张骞使西域，始得大蒜种归。"② 又云："张骞使西域，始得大蒜、胡荽。则小蒜乃中土旧有，而大蒜出胡地，故有胡名。"③ 1895 年，西人夏德发表的文章也认为"一般的蒜类最早都是张骞介绍到中国"，其 1917 年的著作仍坚持这一看法。④ 以上材料可以证明，胡蒜确于汉代已经传入中国，但诸家以为张骞带回，并没有当时文献确切的记载，王逸虽为汉朝时人，但他生活在东汉时代，距张骞的时代已经二百余年，也只能是传说而已。

据德亢朵儿（de can dolle）的观点，大蒜原产地是欧洲南部。⑤ 劳费尔肯定输入中国的胡蒜来自伊朗，是"中亚细亚和伊朗的葱属植物"。他对前人把胡蒜的输入记在张骞名下极为不满。他说："虽然许多葱属植物是中国土生的，但是有一种叫做胡蒜或葫蒜（胡国或伊朗的蒜）（Allium scorodoprasum），从它的名字就可以看出中国人是把它当做从外国来的植物。用滥了的老传说认为它也是张骞传播到中国的，这传说的起源较晚，初次见于伪作品《博物志》，其后见于第八世纪中叶的《唐韵字典》。连李时珍也只不过说汉朝人从中亚细亚获得胡蒜。然而要消除学者脑子里的多年的成见或错误，是很困难的。"他根据《证类本草》和《本草纲目》引用陶弘景的话，认为"最早谈到这种中亚细亚或伊朗的葱属植物就是陶宏景（公元 451—536 年）了"。⑥ 显然，他不同意胡蒜是汉代传入的。否定古代文献中关于张骞带来胡蒜的传说虽有一定道理，但否定汉代传入却忽视了我们上面列举的相关文献材料。这些材料在劳费尔的著作中没有提到，这就揭示了作为国外汉学家的劳费尔对中国文献掌握的局限性。我们注意到劳费尔引证的材料除了正史之外，基本上是植物学、医药学方面的著作，其他掌握不足。浩如烟海的中国文献对于海外汉学家来说，要做穷尽的搜集是有困难的。如上所述，最早谈到胡蒜的不是西晋时张华的著作，也不是南朝时陶弘景的著作，汉代文献中已屡有提及。

---

① （北魏）贾思勰著，石声汉校释：《齐民要术今释》卷 3《种蒜》，中华书局 2009 年版，第 233 页。
② （明）李时珍：《本草纲目》卷 26《菜部》，中医古籍出版社 1994 年版，第 677 页。
③ 同上书，第 678 页。
④ Journal of American Oriental Society. Or. Soc.，Vol. XXXVII, p. 92. 参见劳费尔《中国伊朗编》，商务印书馆 1964 年版，第 127 页。
⑤ ［瑞士］德亢朵儿：《农艺植物考源》，俞德浚、蔡希陶编译，商务印书馆 1940 年版。转引自石声汉《试论我国从西域引入的植物与张骞的关系》，载《科学史集刊》1963 年第 4 期。
⑥ ［美］劳费尔：《中国伊朗编》，林筠因译，商务印书馆 1964 年版，第 127—128 页。

上引《东观汉记》是东汉时官修的记载东汉光武帝至灵帝一段历史的纪传体史书,因官府于东观设馆修史而得名。这部书几乎可以看作一本"准正史",史料的可靠性是不必怀疑的。书是东汉时经过几代人的修撰完成的断代史,汉明帝命班固、陈宗、尹敏、孟异等共撰《世祖本纪》。班固等人又撰功臣、平林、新市、公孙述事迹,作列传、载记二十八篇奏上,此乃该书的草创时期,著书处所在兰台和仁寿闼。安帝时刘珍、李尤、刘騊駼等奉命续撰纪、表和名臣、节士、儒林、外戚等传,起自光武帝建武年间,终于安帝永初时期,书始名《汉记》,写作地点从此徙至南宫东观。此后伏无忌、黄景等又承命撰诸王、王子、功臣、恩泽侯表和南单于、西羌传,以及地理志。桓帝时又命边韶、崔寔、朱穆、曹寿撰孝穆、孝崇二皇传和顺烈皇后传,外戚传中增入安思等皇后,儒林传增入崔篆诸人。崔寔又与延笃作百官表和顺帝功臣孙程、郭镇及郑众、蔡伦等传。至此,共撰成一百一十四篇,始具规模。灵帝时,马日磾、蔡邕、杨彪、卢植、韩说等又补作纪、志、传数十篇,下限延伸到灵帝。范晔《后汉书》问世前,该书影响很大,与《史记》《汉书》并称"三史",人多诵习。范书流行后,才逐渐被人忽视,以至散佚。其中关于上引李恂的事迹见于《太平御览》卷二五六。这个见于汉代记载的材料,劳费尔并没有注意到。西晋崔豹《古今注》也提到过胡蒜,但劳费尔说:"这不是第四世纪崔豹所著的《古今注》,而是第十世纪侯伏所重新删改过的版本。这事在《本草》里讲得很明白。可是现在这段文已添插在古版的《古今注》(卷下,第3页)里,其中增改的部分很多。"《伏侯古今注》的作者东汉人伏无忌又被他误以为公元10世纪的人,真是差之毫厘,谬之千里了。

大蒜传入中国,受到人们的喜爱,不仅作为菜蔬和调味品,并被医家认为具有良好性能的药材。据现代科学研究,大蒜含有蛋白质、脂肪、钙、磷、糖类和维生素A、维生素B、维生素C等营养成分和微量元素,还含有大蒜素,具有较好的防癌、降脂、抗菌作用。正确使用,不仅有效地增进健康,而且对各种疾病的治疗很有帮助。大蒜原产于西亚,长期以来一直是地中海地区的主要调味品。在古埃及,大蒜备受推崇,甚至曾被当作货币流通。在欧洲文化中,大蒜被认为是可以击退吸血鬼的,还可以抵御妒忌仙女的恐吓。而以大蒜作为护身符的习俗,至今仍流行于希腊等地。宋人罗愿《尔雅翼》云:"胡人以大蒜涂体,爱其芳气,又以护寒。"说明古时大蒜在西域很流行,胡人使用大蒜的方法和对大蒜功能的认识也为中国人所熟知。在中国早期有关烹饪的史料中,烹肉去腥膻调料有葱、姜、芥、韭、薤，没有蒜。根据上文论述，大蒜当在张骞出使西域后传入中国。

古代文人也留下了咏蒜的诗，宋人邵雍《首尾吟一百三十四首》第四十一咏自己的园圃："韭葱蒜薤青遮陇，蕧芋姜蘘（一作韭）绿满畦。"① 范成大《巴蜀人好食生蒜臭不可近……今来蜀道又为食蒜者所熏戏题》云："旅食谙殊俗，堆盘骇异闻。南餐灰荐蛎，巴馔菜先荤。幸脱萎藤醉，还遭胡蒜熏。丝纯乡味好，归梦水连云。"② 元代方回《仲夏书事十首》其十："山市冰难致，家园蒜自珍。"③ 大蒜呈白色，人们用"蒜发"一词来形容花白头发。清黄遵宪诗《番客篇》写一域外人："中一蒜发叟，就我深浅商。"从"蒜"的形状出发，古人把压帐子和帘幕的银质坠子也称为"蒜"，如银蒜、蒜押等，并有"幔绳金麦穗，钩帘银蒜条""银蒜押帘，珠幕云垂地"等诗词名句。俗语"装蒜"意指装糊涂，装腔作势，弄虚作假。据说清乾隆帝有一年春天南巡，看到地里青蒜长得茂盛，顺口称赞了一番。第二年冬天，乾隆又去该地巡查，青蒜还没长出来，当地负责接待的官员为了讨好他，派人把许多水仙移植过来，水仙酷似蒜苗。乾隆果然赞不绝口，这人也因此升迁。于是人们把弄虚作假或不懂装懂嘲讽为"装蒜"。大蒜传入中国后继续东传，在日本第 10 代天皇崇神天皇（前 79 年—前 30 年）时，经朝鲜半岛传入日本。崇神天皇命加入日本籍的朝鲜归化人去济州岛取橘子的种子，归化人取回橘子种子的同时还带回了大蒜，从此开始在日本种植。日本《古事记》《日本书纪》中有关于"蒜"的叙述，《源氏物语》一书中讲述一位贤女的故事，说她服用"极热的草药，身有难闻恶臭"，因而回绝了恋人对她的看望。④ 极热的草药，即大蒜。

大葱，原产于西伯利亚，中国栽培历史悠久，分布广泛。葱可能在先秦时已从北方民族中传入，《管子·戒篇》记载，齐桓公"北伐山戎，出冬葱及戎菽，布之天下"。房玄龄注曰："山戎有冬葱、戎菽，今伐之，故其物布天下。"⑤ 这种冬葱又有冻葱之称。汉代又从西域传入，称"胡葱"，有时又写作"葫葱"。嫩叶及鳞茎作调料用，鳞茎也可作腌渍原料。

---

① （宋）邵雍：《伊川击壤集》卷 20，学林出版社 2003 年版，第 271 页。
② （宋）范成大：《范石湖集》卷 16，上海古籍出版社 1981 年版，第 226—227 页。
③ （元）方回：《桐江续集》卷 1，《文渊阁四库全书》第 1193 册《集部·别集类》，第 1 页。
④ ［日］紫式部：《源氏物语》第 2 章，殷志俊译，远方出版社 1996 年版，第 28 页。
⑤ （春秋）管仲：《管子》卷 10《戒》，（唐）房玄龄注，（明）刘绩增注，《二十二子》，上海古籍出版社 1986 年影印本，第 130 页。按：据《四库全书提要》，《管子注》乃唐时尹知章撰，托名房玄龄。

东汉崔寔《四民月令》云，七月"可种芜菁及芥、牧宿，大、小葱子，小蒜，胡葱"。① 又云，十月"可别大葱"。②

葱的药用价值为汉代医家所认识。张仲景《金匮要略》也提到葱，其"旋覆花汤方"的配方是"旋覆花三两、葱十四茎、新绛少许"。③ 在"果实菜谷禁忌并治"中强调"正月勿食葱"④；"生葱不可共蜜食之，杀人"；"枣合生葱食之，令人病"⑤；"生葱和雄鸡雉、白犬肉食之，令人七窍经年流血"。⑥ 大葱原产中亚。佚名作者《西河旧事》云："葱岭在敦煌西八千里，其山高大，上生葱，故曰葱岭也。"⑦ 晋郭义恭《广志》云："休循国，居葱岭，其山多大葱。"⑧ 葱岭是古代中国文献对帕米尔高原的称呼，这里是古代中国和中亚、西亚以及非洲、欧洲各国的陆上通道的必经之地。地处中亚东南部、中国之西陲，横跨中国、塔吉克斯坦和阿富汗。现在其东部倾斜坡为中国所辖，其余大部分属塔吉克斯坦，瓦罕帕米尔属于阿富汗。休循国，据《汉书·西域传》记载，古代西域国家，国都在乌飞谷，位于葱岭西，约在今帕米尔高原北部山中阿赖谷地萨雷塔什一带，主要为塞族人，随畜牧逐水草。⑨ 这就告诉我们，胡葱从西域传入。

"胡葱"一词，古代文献原指从西域输入之大葱。后来洋葱传入中国，一开始亦称"胡葱"，原来之大葱被称为"汉葱"。洋葱什么时候传入中国，一说至20世纪，其说似乎不确。洋葱大约在唐代时传入中国。李时珍说："孙真人食忌作葫葱，因其根似葫蒜故也。俗称蒜葱，正合此义。"孙思邈所谓胡葱，被李时珍称为蒜葱。蒜葱，顾名思义，根茎似蒜。《本草纲目》引孟诜曰："胡葱生蜀郡山谷，状似大蒜而小，形圆皮赤，梢长而锐。五月、六月采。"又引韩保昇曰："葱凡四种：冬葱夏枯；

---

① （汉）崔寔著，石声汉校注：《四民月令校注》，中华书局1965年版，第56页。
② 同上书，第68页。
③ （汉）张仲景著，（清）高学山注：《高注金匮要略》，上海人民卫生出版社1956年版，第292页。
④ 同上书，第342页。
⑤ 同上书，第345页。
⑥ 同上书，第346页。
⑦ （北魏）郦道元著，陈桥驿校证：《水经注校证》卷2《河水》，中华书局2013年版，第32页。《西河旧事》是较早的一部地理书，最早记录于隋唐志中地理类，其书早佚，许多史书如《齐民要术》《水经注》《史记索隐》《汉书》颜注、《太平御览》皆曾引用此书材料。
⑧ （北魏）郦道元著，陈桥驿校证：《水经注校证》卷2《河水》，第32页。
⑨ 《汉书》卷96上《西域传》上，第3896—3897页。

汉葱冬枯；胡葱类食葱，根若金灯；茖葱生于山谷。"又引苏颂曰："胡葱类食葱，而根茎皆细白。或云根茎微短如金灯，或云似大蒜而小，皮赤而锐。"李时珍认同孟、韩的说法，云："胡葱即蒜葱也，孟诜、韩保昇所说是矣。非野葱也。野葱名茖葱，似葱而小。胡葱乃人种莳，八月下种，五月收取。叶似葱而根似蒜，其味如薤，不甚臭。江西有水晶葱，盖其类也。"① 这种"根若金灯"的胡葱，显然不是原先的大葱，其根茎"形圆皮赤，梢长而锐"的胡葱，正是我们如今所谓洋葱。其"八月下种，五月收取"的种收季节也符合今之所谓洋葱的特点，而不符合大葱的生长规律。这种洋葱在元代被称为"回回葱"。《本草纲目》云："元人《饮膳正要》作'回回葱'，似言其来自胡地，故曰胡葱耳。"② 元代时大量西域人进入中国中原地区，这些人后来有了一种统一的称呼，即"回回"，当时有"元时回回遍天下"之说。元代人了解到这种胡葱原产于中亚、西南亚、小亚西亚的伊朗、阿富汗高原地区，那里早已成为伊斯兰化地区，故称这种植物为"胡葱"，或"回回葱"。原先被称为胡葱的大葱，因为在中国栽种既久，反而被称为"汉葱"了。

人们之所以没有认识到洋葱与大葱的区别，一是可能由于洋葱种植区域不够普遍，有人并没有见过这种植物；二是后来传入的洋葱和先前传入的大葱都有胡葱之称，因此便把洋葱认为胡葱，又进而把它误为大葱。所以李时珍说："李廷飞延寿书，言胡葱即蒚子，盖因相似而误尔。今俗皆以野葱为胡葱，因不识蒜葱，故指茖葱为之，谬矣。"③ 这就说明从唐代到明代，由于没有见到洋葱，仅据传闻，造成不少人对洋葱的误解，以致现在仍有人认为洋葱是到了20世纪才传入中国的。

## 八 豌豆、蚕豆、豇豆皆为胡豆

中国人古代栽种的豆类作物很多，但有冠名为"胡"的豆，称为"胡豆"，从名称上看当是从域外传入。胡豆最早称为"戎菽"，见于《管子·戒篇》记载，齐桓公"北伐山戎，出冬葱及戎菽，布之天下。"房玄龄注曰："山戎有冬葱、戎菽，今伐之，故其物布天下。戎菽，胡豆。"④

---

① （明）李时珍：《本草纲目》卷26《菜部》，中医古籍出版社1994年版，第675页。
② 同上书，第675页。
③ 同上书，第675页。
④ 《管子》卷10《戒》，《二十二子》，上海古籍出版社1986年影印本，第130页。

《管子》是西汉刘向所编书籍，记载春秋时期齐国政治家管仲及其学派的言行事迹。《尔雅·释草》云："戎叔谓之荏菽。"郭璞注云："即胡豆也。"① 戎者，胡也；菽，豆类作物，意即产于戎地的豆。《尔雅》是中国最早的一部解释词义的专著，也是第一部按照词义系统和事物分类来编纂的词典。最早著录于《汉书·艺文志》，未载作者姓名，其作者说法不一。有的认为是孔子门人所作，有的认为是周公所作，后来孔子及其弟子作过增补。一般认为是秦汉时人所作，经过代代相传，各有增益，在西汉时被整理加工而成。大体来说，《尔雅》成书上限时间不会早于战国，因为书中所用的资料，有的来自《楚辞》《庄子》《吕氏春秋》等书，这些书是战国时代的作品。书中谈到的一些动物，如狻麑（即狮子），不是战国以前能见到的。下限不会晚于西汉初年，汉文帝时已经设置了《尔雅》博士。

中国文献上最早提到的胡豆，或戎菽，即豌豆。据上引《管子》记载，胡豆出于北方山戎民族，作为戎菽的胡豆在先秦时已经传入中原地区。《史记·天官书》中提到"戎菽"，孟康注解为胡豆，韦昭也认为是胡豆。② 中国本有大豆，并有黑、白、黄、褐、青、斑等数色。也有人认为戎菽不是胡豆，而是大豆。北宋邢昺《尔雅疏》云："戎菽谓之荏菽，释曰：戎菽一名荏菽。孙炎云：大豆也。《诗·大雅·生民》云：'艺之荏菽，荏菽旆旆。'郑笺亦以为大豆。樊光舍人李巡、郭氏皆云今以为胡豆。郭又云：《春秋》：'齐侯来献戎捷。'《谷梁传》曰：'戎菽也。'《管子》亦云：'北伐山戎，出冬葱及戎菽，布之天下。'今之胡豆是也。案：此戎菽皆为大豆。注《谷梁传》者亦以为大豆也。郭氏等以戎、胡俱是夷名，故以戎菽为胡豆也。"③ 既然早期的著作把戎菽视为北方山戎的作物，显然不同于中原地区的大豆。西晋张华《博物志》云："外国得胡麻、豆，或曰戎菽。"④

从汉代的考古资料中可知，胡豆生于北方。"胡豆"一词见于居延汉简，居延汉简有一简云："胡豆四石七斗。"⑤ 又一简云："桂十二，胡豆

---

① 《尔雅注疏》卷8，《十三经注疏》，中华书局1980年影印本，第60页。
② 《史记》卷27《天官书》，第1340、1341页。
③ 《尔雅注疏》卷8，《十三经注疏》，第60页。
④ （晋）张华撰，范宁校证：《博物志校证》，中华书局1980年版，第124页。
⑤ 中国社会科学院考古研究所编：《居延汉简甲乙编》（下册），中华书局1993年版，第215页。

三，肉十七。"① 此胡豆亦当为豌豆。这种生长在北方戎地的豌豆，在唐代以后有"回鹘豆"之称，因为北方草原地区唐代时属回纥地面，回纥在唐德宗时改名回鹘。据元代著作《饮膳正要》记载，元代时又称"回回豆"。"回回，即回鹘国也"。② 李时珍说："胡豆，豌豆也，其苗柔弱宛宛，故得豌名。种出胡戎，嫩时青色，老则斑麻，故有胡、戎、青斑、麻累诸名。"汉地豌豆最早从北方和西北地区传入中原，而豌豆原产地却在西方。所以李时珍又说："豌豆种出西胡，今北土甚多。"③ 豌豆起源中心为埃塞俄比亚、地中海和中亚，演化次中心为近东；也有人认为起源于高加索南部至伊朗。豌豆由原产地向东首先传入印度北部、经中亚细亚到中国，最早在西北和北方种植，先秦时已传入中原地区。汉代的文献中，东汉崔寔《四民月令》云，三月"时雨降，可种秔稻及植禾、苴麻、胡豆、胡麻"。④ 三国魏时张揖撰《广雅》提到"胡豆"；晋郭义恭《广志》也提到"胡豆"。⑤ 陆翙《邺中记》记载石虎忌讳"胡"字，胡豆改名叫"国豆"。这些都是指豌豆。

中国内地栽培的豆类作物种类繁多，又从域外引入不少豆类，不少种都称为胡豆，"戎菽"和"胡豆"究竟指哪种豆类，过去有不少说法。石声汉说："总结起来，曾称为'胡豆'的应有豇豆、豌豆、蚕豆三种。"豇豆，在《齐民要术》中写作"江豆"。石声汉认为张骞引入的胡豆可能就是豇豆。⑥ 豇豆被《广雅》称为胡豆，李时珍认为"误矣"。⑦ 石氏根据豇字出现较晚，认为中国古书中的胡豆有时也指豇豆，甚至认为张骞带回的胡豆是豇豆。豇豆应该也是外来的植物，因而偶尔也有胡豆之称。但说是张骞带来论据不足，史书上不见张骞带回胡豆的记载。李时珍认为"胡豆"只指豌豆和蚕豆。《本草纲目·谷部》云："陈藏器《拾遗》虽有胡豆，但云'苗似豆，生田野间，米（蜀"字之误）中往往有之'。然豌豆、蚕豆皆有胡豆之名。陈氏所云，盖豌豆也。……盖古昔呼豌豆为胡豆，今则蜀人专呼蚕豆为胡豆，而豌豆名胡豆，人不知矣。"⑧ 蚕豆"豆

---

① 中国社会科学院考古研究所编：《居延汉简甲乙编》（下册），第252页。
② （明）李时珍：《本草纲目》卷24《谷部》，第646页。
③ 同上。
④ （汉）崔寔撰，石声汉校注：《四民月令校注》，中华书局2013年版，第26页。
⑤ 《太平御览》卷841《百谷部》，上海古籍出版社2008年影印本，第8册，第485页。
⑥ 石声汉：《试论我国从西域引入的植物与张骞的关系》，《科学史集刊》1963年第4期，收入《石声汉农史论文集》，中华书局2008年版，第147页。
⑦ （明）李时珍：《本草纲目》卷24《谷部》，第646页。
⑧ 同上。

荚状如老蚕，故名"。"此豆种亦自西胡来，虽与豌豆同名，同时种，而形、性迥别。《太平御览》云，张骞使外国，得胡豆种归，指此也。今蜀人呼此为胡豆，而豌豆不复名胡豆矣"。① 可能的情况是，因为豌豆传入较早，本名"胡豆"，当一种新的蚕豆传入，也被称为"胡豆"时，豌豆因为种植较早，相对成为本土植物，便失去了"胡"的身份，通常称为豌豆了。其后蚕豆种植既久，其"胡"的身份终于也有一天丧失，人们以其形似称为蚕豆。

总之，从居延汉简的记录来看，汉代输入的胡豆，有的来自北方民族，所谓"戎菽"者是也。一般认为，豇豆原产于印度和缅甸，主要分布于热带、亚热带和温带地区。蚕豆起源于亚洲西南和非洲北部，栽培历史悠久，在死海北面的古城杰利科遗址中发现有公元前6250年的蚕豆残存物，在西班牙新石器时代和瑞士青铜器时代人类遗址中也曾发现蚕豆种子。相传为西汉时自西域引入者当为蚕豆。豌豆起源于高加索南部、亚洲西部和埃塞俄比亚、小亚细亚西部，汉代即传入中国，戎菽应该是指豌豆，在我国已有2000多年的栽培历史。豇豆大约在汉代也已经传入中国，但文献上记载张骞传入并没有直接证据。诸如"张骞使外国，得胡麻、胡豆，或曰戎菽"云云②，可能出于记载的混淆。

## 九　可以作燕脂的红蓝花

红蓝花，即红花。苏颂说："其花红色，叶颇似蓝，故有蓝名。"③ 多年生直立草本，其扁圆形的浆果熟时呈深红、紫色或黑色，民间常用之当作胭脂涂女孩子的额角，故而也有名之为胭脂草的。俗语云"胭脂草，女儿心"者是也。《史记·货殖列传》云："千亩卮茜、千畦薑韭，此其皆与千户侯等。"东晋末徐广注云："'茜'，音'倩'，一名红蓝。其花染缯黄赤也。"④ 说明汉晋时已经种植红蓝花。《史记·匈奴列传》记载："单于有太子名冒顿。后有所爱阏氏，生少子，而单于欲废冒顿而立少子"。司马贞《史记索隐》解释"阏氏"："匈奴皇后号。"又引东晋习凿

---

① （明）李时珍：《本草纲目》卷24《谷部》，第646页。
② 《太平御览》卷841《百谷部》引《本草经》，上海古籍出版社2008年影印本，第8册，第486页。
③ （明）李时珍：《本草纲目》卷15《草部》，中医古籍出版社1994年版，第420页。
④ 《史记》卷129卷《货殖列传》，第3272、3273页。

齿《与燕王书》曰:"山下有红蓝,足下先知之不?北方人采取其花,染绯黄,挼取其上英者作烟肢,妇人将用为颜色。吾少时再三过见烟肢,今日始视红蓝,后当为足下致其种。匈奴名妻曰'阏支',言其可爱如烟肢也。"① 张仲景《金匮要略》记载有"红蓝花酒方",主治"妇女六十二种风,及腹中血气刺痛"。"以酒一大升,煎减半,顿服一半,未止再服"。② 西晋张华《博物志》云:"红蓝花生梁汉及西域,一名黄蓝,张骞所得也。"③ 南宋赵彦卫《云麓漫钞》也以为张骞带回。说张骞从西域带回,并无根据,但红蓝花于汉代已经引种应无疑义。

以红蓝花作胭脂起于何时,马缟《中华古今注》云:"燕脂,盖起自纣,以红蓝花汁凝作燕脂。以燕国所生,故曰燕脂,涂之作桃花妆。"④ 说商纣王时就有了胭脂,并不可靠,先秦文献中没有关于胭脂的记录,胭脂之名及其异称在先秦古籍中未曾出现。有据可查的胭脂异名最早出现在西汉。《史记·匈奴列传》里写作"焉支""烟肢"等,"胭脂"一词迟至唐代才出现。胭脂作为植物,即红蓝。中原人开始使用胭脂是从汉代开始的,最初是流行于匈奴地区的化妆品和化妆方法,由匈奴传入中原地区。匈奴妇女化妆用色彩艳丽的燕支。古代文献中的"阏支""焉支""燕支""胭脂"等,应该都是匈奴语的对音字。⑤ 汉武帝时霍去病率军进击匈奴,夺取河西走廊祁连山和燕支山(今甘肃山丹县境内),祁连山美水草,宜于放牧;燕支山是匈奴人种植红蓝花的地方,出妇女化妆的颜料。司马贞《史记索隐》引《西河旧事》记载:"匈奴失此二山,乃歌曰:'失我祁连山,使我六畜不蕃息;失我焉支山,使我妇女无颜色。'"⑥ 大概在那时汉人就从河西获得这种植物。至东晋南北朝时中原地区妇女已经普遍使用燕支装饰面容。但汉地使用的燕支并非红蓝花提取之,据李时珍的说法有四种,一种以红蓝花汁染胡粉而成,一种以山燕脂花汁染粉而

---

① 《史记》卷110《匈奴列传》,第2889页。
② (汉)张仲景著,(清)高学山注:《高注金匮要略》,上海人民卫生出版社1956年版,第296页。
③ (晋)张华撰,范宁校证:《博物志校证》,中华书局1980年版,第137页。
④ (五代·后唐)马缟:《中华古今注》卷中,辽宁教育出版社1998年版,第21—22页。
⑤ 石声汉:《试论我国从西域引入的植物与张骞的关系》,《科学史集刊》1963年第4期,收入《石声汉农史论文集》,中华书局2008年版,第145页。
⑥ 《史记》卷110《匈奴列传》注引,第2909页。按:《西河旧事》,一卷,不知作者,其书早佚,但有许多史书如《汉书》《齐民要术》《史记索隐》《太平御览》皆引用此书内容,清代张澍有辑本。

成，一种以山榴花汁染作成者，一种以紫绯染绵而成者。① 宋程大昌《演繁露·烟脂》云："此时未有烟脂，故但施朱为红也，烟脂出自边地。"② 宋李石《续博物志》云："三代以降，涂紫草为臙脂，周以红花为之，或曰出于阏氏。"③

吴其濬《植物名实图考》卷十四云："红花，《汉书》作红蓝花，种以为业。"查未见《汉书》出处。④ 红蓝花是制取胭脂的原料，故又名燕支（胭脂）草。崔豹《古今注》云："燕支，叶似蓟，花似捕（蒲）公，出西方（一作域）。土人以染，名为燕支，中国亦谓为红蓝。以染粉为妇人色，谓为燕支粉。今人以重绛为胭肢，非燕支花所染也，燕支花自为红蓝耳。旧谓赤白之间为红，即今所谓红蓝也。"⑤ 贾思勰《齐民要术》卷五详细记载了红蓝花种植和从红蓝花提取色素以制取胭脂的方法。⑥ 李时珍《本草纲目·草部》云："（马）志曰：'红蓝花即红花也，生梁汉及西域。'《博物志》云：'张骞得种于西域，今魏地亦种之。'（苏）颂曰：'今处处有之。人家场圃所种，冬月布子于熟地，至春生苗，夏乃有花。花下作梂猬多刺，花出梂上。圃人乘露采之，采已复出，至尽而罢。梂中结实，白颗如小豆大。其花暴干，以染真红，又作胭脂。'"⑦ 关于红蓝花原产地，张星烺在《中西交通史料汇编》一书中说："红蓝花产于埃及、印度、克什米尔等地。可以用作燕支粉，又可染丝绸。药中用之以活经血

---

① （明）李时珍：《本草纲目》卷15《草部》，中医古籍出版社1994年版，第421页。
② （宋）程大昌：《演繁露》卷7《烟脂》，《文渊阁四库全书》第852册《子部·杂家类二》，第122页。
③ （宋）李石：《续博物志》卷10，景印《文渊阁四库全书》，第1047册，台湾商务印书馆1983年版，第974页。
④ 石声汉说：《齐民要术》中有《种红兰花及栀子第五十三》一篇，对红兰花的种法与从红兰花提取色素来制作燕脂的手续，记述十分详细，但没有一个字说到它的来历。红兰花这名称，见于文献的，最早应在何时，还没有找到肯定材料。吴其濬《植物名实图考》（卷十四红兰）说"红花，《汉书》作红兰花，种以为业"。我还没有在《汉书》中找到。《史记·货殖传》"千亩卮茜"句下，有东晋末徐广所作的一节小注："'茜'音'倩'，一名'红兰'，其花染缯黄赤也。"茜和红兰花，是绝对不相同的两种植物；徐广完全弄错了。吴其濬是否误记《史记》注中的"红兰"为《汉书》中"种以为业"的植物，还不敢断定。但可靠的史料，却找不到。见《试论我国从西域引入的植物与张骞的关系》，载《科学史集刊》1963年第4期。
⑤ （晋）崔豹：《古今注》卷下，辽宁教育出版社1998年版，第15页。
⑥ （北魏）贾思勰著，石声汉校释：《齐民要术今释》卷5，中华书局2009年版，第462—463页。
⑦ （明）李时珍：《本草纲目》卷15《草部》，中医古籍出版社1994年版，第421页。

也。"劳费尔推测这种植物是从伊朗传入的,但他否认汉代已经传入中国。① 这跟他对中国文献掌握不够全面有关。汉代时与罽宾有频繁交往,罽宾盛产红蓝花,大概是从古埃及、阿拉伯半岛间接传入。至北宋时,红蓝花在中国已普遍种植,苏颂《图经本草》云:"今处处有之。"②

据文献记载,先秦妇女的化妆品只有脂、粉、泽、黛等。"脂"动物体内或者植物种子内的油脂,不是红色的胭脂。先秦时期的面部装饰以粉(白)和黛(黑)为主要色彩,即用白粉敷面,用青墨颜料画眉,不盛行脸上抹红。泽,化妆用的脂膏,润头发或皮肤的油脂,故云"芳泽""香泽""粉泽"。石声汉指出,两汉三国时中原地区的妇女用来装点面颊和口唇的红色颜料是朱砂,或丹砂,即氧化铁,和欧洲妇女用 rouge 相同。宋玉《登徒子好色赋》云:"施朱则太赤";曹植《洛神赋》中云:"丹唇外朗。"刘熙《释名》曰:"以丹注面曰'勺'。勺,灼也。谓有月事者注面,灼然为识。"说的都是朱砂。汉代红蓝花从匈奴传入中原地区,改变了妇女化妆的用料。

从上引古代文献关于红蓝花的记载可知,中国人有时把红蓝花简称为"红花"。同时还把另外一种域外的植物番红花也称为"红花"。劳费尔指出,中国人对两者的混淆曾引起西方人的极大误解,"他们把蕃红花和红蓝混淆起来,因为这两种植物的俗名都是'红花'。李时珍注释说:'番红花出西番回回地面及天方国,即彼地红蓝花也。元时以入食馔用。按张华《博物志》言,张骞得红蓝花种于西域,则此即一种也,或方域地气稍有异耳。'因此像史密斯那样的说法就错了,他说张骞不仅带回了红蓝而且也带回了红花。由于这种极度的混淆,司徒亚特才会写道:'据《本草》所说,张骞从阿拉伯带回了红蓝,和其他西方的植物和药材,同时也带回了藏红花属。'张骞何曾到过阿拉伯!"③ 被称为红花的番红花,在中国又叫藏红花。但藏红花并不是在西藏种植的,这个名字"只意味着红花是由西藏运到中国内地,主要运到北京;但西藏并不出产红花,只是从喀什米尔输入到那里而已"。④ 番红花"从久远的年代起它在亚洲西部就一直是人工栽培的,因此没有听说有过野生的"。按照劳费尔的研究,中国人对番红花的认识和番红花输入中国,分为两个时期,一是从第三世纪末至唐末,中国人听说到这种植物和它的产品,偶尔也得到进贡的红

---

① [美] 劳费尔:《中国伊朗编》,林筠因译,商务印书馆 1964 年版,第 150、153 页。
② (明) 李时珍:《本草纲目》卷 15《草部》,中医古籍出版社 1994 年版,第 421 页。
③ [美] 劳费尔:《中国伊朗编》,林筠因译,商务印书馆 1964 年版,第 135 页。
④ 同上书,第 137 页。

花；二是元朝，回人把红花的产品带到中国，而且普遍为人使用。① 至于红蓝，受中国的传说影响，也有西方人认为是张骞出使西域带回，如贝勒史奈德、坎多勒等。劳费尔对此非常反感，他说张骞的传记和《汉书》里都没有提到这件事，只有张华《博物志》把红蓝列为张骞带回的一系列植物之一，并附带说它可以作燕支用。劳费尔估计此花传入中国不会在公元第三或第四世纪晋朝之前，这个估计显然为时过晚。

## 十　好一朵外来的茉莉花

> 天赋仙姿，玉骨冰肌。向炎威，独逞芳菲。轻盈雅淡，初出香闺。是水宫仙，月宫子，汉宫妃。清夸苦卜，韵胜酴醾。笑江梅，雪里开迟。香风轻度，翠叶柔枝。与王郎摘，美人戴，总相宜。
> ——（宋）姚述尧《行香子·茉莉花》

茉莉花，常绿小灌木或藤本状灌木，品种繁多，外形美丽。其花主要是白色，紫色少有，可用于花茶的制作。茉莉花原产于印度、阿拉伯等地，中心产区在波斯湾附近，现广泛种植养栽于亚热带地区，主要分布在伊朗、埃及、土耳其、摩洛哥、阿尔及利亚、突尼斯，以及西班牙、法国、意大利等地中海沿岸国家。印度以及东南亚各国均有栽培，在印度，从妇女的发饰，到日常敬献天神、佛陀的供花，以及在结婚典礼等喜事中，茉莉花都是不可缺少的物品。在印度的市场、街角花店及寺院，经常可见用线串成的茉莉花花鬘出售。中国茉莉花自域外传入，南宋诗人杨巽斋《茉莉》诗前两句云："麝脑龙涎韵不作，熏风移种自南州。"茉莉是通过海上丝路传入中国南方沿海地区，然后移植内地的。

茉莉，在中国古籍中常写作"末利"。有两个品种，一种拉丁学名为 yasaminum sambac（sambac 一词源自波斯语的 zanbaq，即"鸢尾花"）。此种花在较早时间经印度、东南亚传入中国岭南地区，被称为"末利"。汉语中的"末利"一词，源自梵语 malikā，经暹罗（泰国）语 mali 到占城（越南南部）语 molih 演变音译而成。此花耐寒，故很快传入中国北方地区。因其花色雪白、花香清幽而广受喜爱，大江南北遍种之，或佐香茗，

---

① ［美］劳费尔：《中国伊朗编》，林筠因译，商务印书馆 1964 年版，第 134 页。

或作妇女头饰。故杨巽斋赞茉莉花的诗后两句云："谁家浴罢临妆女，爱把闲花插满头。"另一种茉莉花拉丁学名为 yasaminum officinale，花朵稍大于前者，俗称大花茉莉。此种茉莉不耐寒，故仅在岭南地区种植，传入中国的时间不可考，应晚于前一种"末利"。

茉莉花原产于波斯南部法尔斯省及其他波斯湾沿岸气候比较炎热的地区，法尔斯省省会设拉子更是以出产茉莉花精油著称。在有"设拉子夜莺"之称的著名抒情诗人哈菲兹（1327—1390 年）的诗歌中，"茉莉花"一词频频出现，如："因羞于与你的娇颜媲美，茉莉借风之手用遮掩嘴。"又如："哈菲兹啊！没有美酒佳人，就别徒劳闲坐；这是赏闻玫瑰与茉莉的时节，当戒酒戒色。"中国岭南地区的气候与波斯湾地区相仿，广州又是海上丝绸之路的起点和终端港口，不少来自阿拉伯—波斯地区的穆斯林商人在此落脚生根，其后人多以种植香花为业，使岭南地区至今仍是中国香花生产的主要基地。该地区的回族穆斯林在祭祀祖先时，香花在各种供品中占据显赫地位，并且主要是茉莉花和素馨花。唐代段公路《北户录》卷三云："耶悉弭花、白茉莉花（红者不香），皆波斯移植中夏，如金钱花也。本出外国。大同二年，始来中土。"南朝梁武帝大同二年为公元596 年。这个说法并没有正确说明这两种植物最早传入的时间。

茉莉花从海路传入中国，经印度和东南亚传入。劳费尔指出，茉莉，梵语原音为 Mallika，暹罗人称之为 ma-li。① 据西汉陆贾《南越行纪》，茉莉花在汉代已传入中国南方："南越之境，五谷无味，百花不香。此二花（耶悉茗花、末利花）特芳香者，缘自胡国移至，不随水土而变，与夫橘北为枳矣。彼之女子，以彩丝穿花心，以为首饰。"② 汉初赵佗割据南方时，陆贾多次奉汉朝廷之命出使南越国，他的记载说明其时茉莉花已在南越国有种植。西晋嵇含《南方草木状》卷上云："耶悉茗花、末利花，皆胡人自西国移植于南海，南人怜其芳香，竞植之。""末利花似蔷薇之白者，香愈于耶悉茗。"③ 同书卷中又云："指甲花……与耶悉茗花、末利花皆雪白，而香不相上下，亦胡人由大秦国移植于南海。"④ 李时珍说："末利原出波斯，移植南海。今滇、广人栽莳之。""《洛阳名园记》作'抹厉'，佛经作'抹利'，《王龟龄集》作'没利'，《洪迈集》作'末丽'。

---

① ［美］劳费尔：《中国伊朗编》，林筠因译，商务印书馆 1964 年版，第 157 页。
② （晋）嵇含：《南方草木状》卷上，《风土志丛刊》，广陵书社 2003 年版，第 3 页。按：西汉初年陆贾著《南越行纪》，已逸。现有两则为嵇含《南方草木状》所引。
③ （晋）嵇含：《南方草木状》卷上，《风土志丛刊》，广陵书社 2003 年版，第 3 页。
④ （晋）嵇含：《南方草木状》卷中，《风土志丛刊》，广陵书社 2003 年版，第 18—19 页。

盖末利本胡语,无正字,随人会意而已。"① 佛教《神通游戏经》中描写佛祖的母后迦耶夫人之美时有云:"须摩那(茉莉)似的皓齿。"张星烺说:"耶悉茗为排勒维文 Yasmin 之译音,阿拉伯文亦同排勒维文。《南方草木状》为嵇含所著,含,晋惠帝时人也。耶悉茗之名,已于是时输入中国南方,可知当时海上交通之繁。……今代英文称此花曰 Jasmine,实亦源于排勒维文。非洲东海岸各地,如马达甲斯加岛土人称曰 dzasimini 者,实亦排勒维文,由阿拉伯人传至者也。"②

劳费尔否定嵇含的时代茉莉花会传至中国南方。他说:"《南方草木状》里有许多添改而失真了,所以现在谈到的这段文也许是后加的,无论如何不能用来证明在公元三百年之前就有亚洲西部的人来到广州,更令人不可信的是这部书还说纪元前二、三百年的陆贾所著的《南越行纪》提到这两种茉莉属的花。其实这位作者只是说在南越境内五谷无味,花无香,只为要说明这些花特别香而已。花的名字他没提,把这些花说成是耶悉茗和末利的人是嵇含。在陆贾的时代这两种外国植物不可能从海路运到华南。如果陆贾真的写了这段文章,那他心里想的也一定是另外两种植物。"③ 实际上不仅是嵇含的时代,就是更早的陆贾的时代,中西间的海上交通已经存在。我们知道在南越王墓中考古发现了非洲象牙和波斯银盒,就说明汉武帝平南越之前,南越国与东南亚、南亚乃至非洲间就有器物产品上的传播和交流,虽然我们不知道这种传播是怎样进行的。在劳费尔的著作里,他常常轻易否定中国文献的可靠性,这是有失偏颇的。中国古代文献固然有伪造、窜改和后人增删等情况,但也不是所有材料都是如此。他还认为耶悉茗花是茉莉花之别名,也是误解。耶悉茗花又名素馨花,外形极似茉莉,香味也极其浓郁,但素馨花与茉莉有很大区别,不宜混淆。素馨花枝条柔长而垂坠,每一枝每一茎都须用屏架扶起,不可自竖,而茉莉花则亭亭玉立,刚劲秀茂。所以,人称素馨花为"花之最弱者"。中国早期文献提到茉莉花和耶悉茗花,明确区别为两种花,说明中国人一开始就认识到了这两种相似但实不同的花的区别。

---

① (明)李时珍:《本草纲目》卷14《草部》,中医古籍出版社1994年版,第389页。
② 张星烺:《中西交通史料汇编》四"中国与伊兰之交通",辅仁大学图书馆1930年版,第177页。
③ [美]劳费尔:《中国伊朗编》,林筠因译,商务印书馆1964年版,第155—156页。

## 十一 与茉莉花并称的耶悉茗花

耶悉茗花,波斯语的音译,即素馨花。又名素英、野悉蜜、玉芙蓉、素馨针,属木犀科。耶悉茗花是温带和亚热带地区广泛栽培的观赏花卉,喜温暖湿润的气候和充足的阳光,宜植于腐殖质丰富的沙壤土,可用压条、扦插法繁殖。花多白色,极芳香,古代常作为妇女的头饰,亦可用于制作中药。

耶悉茗花原产波斯,越南、缅甸、斯里兰卡和印度皆有种植。陆贾《南越行纪》提到耶悉茗花和末利花:"南越之境,五谷无味,百花不香,此二花特芳香者,缘自胡国移至,不随水土而变,与夫橘北为枳矣。彼之女子,以彩丝穿花心,以为首饰。"[1] 说明此二花在汉代已传入中国。西晋嵇含《南方草木状》云:"耶悉茗花、末利花,皆自西国移植于南海,南人怜其芳香,竞植之。"[2] 唐段成式《酉阳杂俎》称野悉蜜:"出拂林国,亦出波斯国。苗长七八尺,叶似梅叶,四时敷荣,其花五出,白色,不结子。花若开时,遍野皆香,与岭南詹糖相类。西域人常采其花,压以为油,甚香滑。"[3] 宋吴曾《能改斋漫录·方物》云:"岭外素馨花,本名耶悉茗花。"[4] 宋高似孙《纬略·耶悉茗油》云:"耶悉茗花,是西国花,色雪白。胡人携至交广之间,家家爱其香气,皆种植之。《广州图经》曰:'舶上有耶悉茗油,盖胡人取花压油。偏宜麻风,膏摩以手心,香透于手背。'"[5] 如今中国云南、广东、福建、四川、浙江、台湾等地均有栽培,亦有野生者。张星烺受劳费尔影响,也把耶悉茗花与茉莉花混为一谈。他说:"耶悉茗花为排勒维文 Yasmin 之译音。阿拉伯文亦同排勒维文。《南方草木状》为嵇含所著,含晋惠帝时人也。耶悉茗之名,已于是时输入中国南方。可知当时海上交通之繁。印度人称此花曰 malika。中国文茉莉二字,即其译音。据西人考证,梵语茉莉亦约于西晋时传至欧洲。

---

[1] (晋)嵇含:《南方草木状》卷上,《风土志丛刊》,广陵书社 2003 年版,第 3 页。
[2] 同上书,第 3 页。
[3] (唐)段成式:《酉阳杂俎》前集卷 18《广动植》,中华书局 1981 年版,第 180 页。
[4] (宋)吴曾:《能改斋漫录》卷 15《方物》,上海古籍出版社 1979 年版,第 440 页。
[5] (宋)高似孙著,左洪涛校注:《高似孙纬略校注》,浙江大学出版社 2012 年版,第 180 页。

今代英文称此花曰 Jasmine，实亦源于排勒维文。由阿拉伯人传至也。"①这是一种失误。

汉代耶悉茗花与茉莉花经海路传入中国南方，有说汉时陆贾出使南越，从中原地区带来，引种于南越国。这是出于传说，这种传说的产生是由于陆贾的著作最早记载了这两种植物。唐代段公路《北户录》云："耶悉弭花、白茉莉花（红者不香），皆波斯移植中夏，如金钱花也。本出外国。大同二年，始来中土。"② 大同二年，南朝梁武帝年号，为公元596年。这不是此花传入中国南方的最早时间。美国汉学家劳费尔认为，在公元300年左右不可能有亚洲西部的人来到广州，也不可能有"耶悉茗"这样的波斯—阿拉伯译音词出现在广州，因此认为嵇含所记录的这段文字很可能是后人添加的伪作。③ 劳费尔之说在学术界很有影响，却未必为确论。嵇含著作撰写的时代，陆上丝绸之路被大漠游牧民族阻绝，波斯萨珊王朝（224—651年）开通了海上丝绸之路。既然有"末利"一词经过海上丝绸之路的沿途各国一路演变进入中国岭南地区，那么为什么不可能有波斯人直接由海上丝绸之路进入广州，进而把"耶悉茗"一词也带入广州呢？考古发现南越王墓中有非洲象牙和波斯银盒，说明早在汉武帝平南越之前中国南方沿海地区和非洲、波斯、印度之间已有海上交通和往来。陆贾的时代此二花完全有可能从波斯经印度、东南亚各地传入中国南方。

到了唐代，耶悉茗花、茉莉花的原产地已经确定无疑。《北户录》说自"波斯移植中夏"，再后的《本草纲目》和《广群芳谱》等有关草木类的著作都明确记载末利是从波斯移植到广东的芳香类植物。波斯语 yāsamīn 一词，经阿拉伯人传至欧洲，欧洲人又传至他们的殖民地，几乎成为世界各国语言中的通用字，当然不同的语言在字母上稍有变异。只是应当注意，在其他语言中，除了植物类的专业著作，该词兼指上述两种茉莉花，一般不作严格区别；而汉语音译"耶悉茗"一词特指后一种茉莉花，即只在岭南地区广泛种植的大花茉莉，与上文的茉莉不同品种。此种大花茉莉，五代之后改称"素馨花"，常作为妇女的头饰。宋吴能《能改斋漫录·方物》说耶悉茗花"丛脞么麼，似不足贵。唯花洁白，南人极重之。以白而香，故易其名。妇人常以竹籤子穿之，像生物，置佛前供养。又取干花浸水洗面，滋其香耳。海外耶悉茗油，时于舶上得之，番酋

---

① 张星烺：《中西交通史料汇编》第四册"中国与伊兰之交通"，辅仁大学图书馆1930年版，第177页。
② （唐）段公路：《北户录》卷3，《丛书集成初编》，中华书局1985年版，第16页。
③ ［美］劳费尔：《中国伊朗编》，林筠因译，商务印书馆1964年版，第156页。

多以涂身。今之龙涎香，悉以耶悉茗油为主也。"① 在岭南民间传说中，"素馨花"之名有来历，《大德南海志·物产》云："'昔刘王（南汉主）有侍女名素馨，其冢生此花，因名。'今城西九里，地名花田，弥望皆种此花，其香他处莫及。古龙涎香饼及串珠之类，治以此花，则韵味逾远。贩女，或以蕉丝为穗，鬻于市。"② 源自波斯的"耶悉茗"在中国花开两种，"末利"与"素馨"各表一枝，原译音词渐渐淡出。茉莉香遍大江南北，素馨则在岭南地区有"花魂"之称。

素馨花为巴基斯坦国花，在巴基斯坦随处可见，不仅长在野外，每个家庭的花园里也种植。巴基斯坦是伊斯兰教国家，根据伊斯兰教的教义，人们在公众场所或旁人面前，必须散发出令人愉快的香气。由于回教教义的深植人心，所以具有令人舒畅香味的素馨花被巴基斯坦人奉为信仰的象征，将它融入日常的生活中，后来干脆就定为国花。素馨花外形极似茉莉，香味也极其浓郁，但素馨花与茉莉区别很大。素馨花枝条柔长而垂坠，每一枝每一茎都须用屏架支撑，不可自立，有人称素馨花为"花之最弱者"。茉莉花则亭亭玉立，刚劲秀茂。巴基斯坦的女子到十三岁，出门必须戴面纱，她们要倚恃男人强健的臂膀过日子，耶悉茗花是女性的象征。男人们没有忘记他们的母亲和妻女，把香味浓郁而外形柔弱的素馨花定为国花。

## 十二　指甲花不是金钱花

> 香红嫩绿正开时，冷蝶饥蜂两不知。
> 此际最宜何处看，朝阳初上碧梧枝。
> 
> ——（唐）吴仁璧《凤仙花》

指甲花即凤仙花，在中国又名染指甲花、小桃红等。凤仙花科一年生草本花卉，高60—100厘米，全株分根、茎、叶子、花、果实和种子六个部分。因其花头、翅、尾、足俱翘然如凤状，故又名金凤花。可食用，有观赏、药用价值，和明矾配合可染红指甲。性喜阳光，怕湿，耐热不耐

---

① （宋）吴曾：《能改斋漫录》卷15《方物》，上海古籍出版社1979年版，第440页。
② （元）陈大震纂修：《大德南海志》卷7《物产》，《宋元方志丛刊》，中华书局1990年影印本，第8册，第8424页。

寒。指甲花原产波斯，汉代经印度移植中国。在中国文献中最早见于《三辅黄图》："扶荔宫，在上林苑中。汉武帝元鼎六年，破南越，起扶荔宫（宫以荔枝得名）。以植所得奇草异木：菖蒲百本，山薑十本，甘蕉十二本，留求子十本，桂百本，密香、指甲花百本，龙眼、荔枝、槟榔、橄榄、千岁子、甘橘皆百余本。"① 《三辅黄图》大约成书于"东汉末曹魏初"②，其中讲指甲花传入的时间和途径确凿而明确，毋庸置疑。扶荔宫中所植皆汉武帝破南越后所获南方沿海地区的植物，指甲花是其中一种。西晋嵇含《南方草木状》卷中云："指甲花，其树高五六尺，枝条柔弱，叶如嫩榆。与耶悉茗、末利花皆雪白，而香不相上下。亦胡人自大秦国移植于南海。而此花极繁细，才如半米粒许。彼人多折置襟袖间。盖资其芳馥尔，一名散沫花。"③ 大秦即罗马，其地中海东岸地区与波斯相邻，故自大秦或自波斯其实皆指西亚。

劳费尔引唐人段公路《北户录》卷三云："指甲花，花细白，绝芳香，今蕃人种之，但未详其名也。又耶悉弭花、白茉莉花（红者不香），皆波斯移植中夏，为毗尸沙金花也。本出外国，大同二年，始来中土。"④ 劳氏据"为毗尸沙金花也"，以为段公路笔下指甲花即毗尸沙金花。其实，要么引文有误，要么版本不同，劳氏此段引文若细读之，文理不通，所谓"皆波斯移植中夏，为毗尸沙金花也"云云，便把指甲花、耶悉茗花和白茉莉花统统叫作毗尸沙金花。这在情理上是说不通的。今见《北户录》此段话云："指甲花，花细白，绝芳香，番人重之，未详其名，又即恙弭花、白茉莉花（不香红者），皆波斯移植夏中，如金钱花也。本出外国，大同二年，始来中土。又《扶南传》曰：'顿逊国有区拨花、叶逆花、致祭花、摩夷花。唐初，罽宾国献俱佛头花，伽失不国献渥楼钵罗花。'皆中国所无者。"⑤ 段公路只是说指甲花、耶悉弭花、茉莉花都和金钱花一样，从波斯移植而来。"为""如"一字之差造成劳氏的误解。"大同"乃梁武帝年号。毗尸沙金花，非金钱花。关于梁武帝大同年间输入金钱花和毗尸沙金花，晚唐段成式《酉阳杂俎·草篇》记载："金钱花，一云本出外国，梁大同二年，进来中土。梁时荆州橡属双陆，赌金钱，钱

---

① 佚名撰，何清谷校注：《三辅黄图校注》卷3，三秦出版社1995年版，第195—196页。
② 佚名撰，何清谷校注：《三辅黄图校注》前言，三秦出版社1995年版，第1页。
③ （晋）嵇含：《南方草木状》卷中，《风土志丛刊》，广陵书社2003年版，第18—19页。
④ ［美］劳费尔：《中国伊朗编》，林筠因译，商务印书馆1964年版，第160页。
⑤ （唐）段公路：《北户录》卷3，《丛书集成初编》，中华书局1985年版，第16页。

尽，以金钱花相足，鱼弘谓得花胜得钱。"① 同书又云："毗尸沙花，一名曰中金钱花，本出外国，梁大同一年进来中土。"② 劳费尔由于引文有误，以为段成式笔下毗尸沙金花即金钱花③，段成式把二者混淆了："显然梁朝输入的必定是另外一种花。"④ 段成式显然把金钱花与毗尸沙花相区别，在他笔下金钱花确系另外一种花，劳氏对段成式的批评其实出于自己对文献的误解。

指甲花作原料染指甲，在古代埃及、南亚、西亚、阿拉伯地区女性中普遍使用。⑤ 中国女性用来染指甲，其法来自西方。南宋周密《癸辛杂识续集》上最早记载了这种习惯和方法。指甲花有药用价值，并有凤仙花之名，南方流传着一个凄美的传说。据说很早以前，福建龙溪有一位叫凤仙的姑娘，亭亭玉立，温柔善良，与一位名叫金童的小伙子相爱。一天，县官的儿子见凤仙漂亮可爱，前来调戏。遭到凤仙臭骂，灰溜溜地走了。为了避免县官的报复，凤仙与金童一起投奔外地。凤仙只有父亲，金童上有母亲。他们连夜启程远走他乡逃难。路上金童的母亲闭经腹痛，荒山野岭无处求医，只好停步歇息。县官命手下人追捕凤仙，眼看就要被捉拿，凤仙、金童纵身跳入万丈深渊。两位老人将凤仙、金童二人合葬。晚上老人依坟而卧，凤仙和金童托梦给老人，告之山涧开放的花儿能治母亲的病。次日醒来，果见山涧满是红花、白花。老人采花煎汤，服后病愈。人们怀念美丽善良的姑娘，把这种花命名为凤仙花。

## 十三　胡瓜改名为黄瓜

胡瓜，即黄瓜。原产埃及和西亚，汉代时乌孙、大月氏、匈奴都有种植。东汉张仲景《金匮要略》"果实菜谷禁忌并治"提到："黄瓜食之，发热病。"清人高学山解释此条云："黄瓜非《月令》之所谓王瓜。即今之作菜食者是，得种西域，旧名胡瓜，后因避讳改名，孟夏生蔓，炎暑成

---

① （唐）段成式：《酉阳杂俎》卷19《草篇》，中华书局1981年版，第189—190页。
② 同上书，第189页。
③ 劳费尔引文中无"日中"二字，径为"曰金钱花"，故以为段成式把两者混淆了。见《中国伊朗编》，商务印书馆1964年版，第160页。
④ ［美］劳费尔：《中国伊朗编》，林筠因译，商务印书馆1964年版，第160页。
⑤ 同上书，第162—163页。

瓜，抱阴质而成阳气，故其性本寒而标热，孟诜谓其损阴血而发虚热者此也。"① 孟诜是唐代汝州梁县新丰乡子平里人（今河南省汝州市陵头镇孟庄村），著名医学家，其《食疗本草》是世界上现存最早的食疗专著，集古代食疗之大成。孟诜被誉为"世界食疗学的鼻祖"。李时珍《本草纲目·菜部》说："张骞使西域得种，故名胡瓜。"② 其实也未必是张骞所为。胡瓜后来改名为黄瓜，一说从五胡十六国时开始，陈藏器云："北人避石勒讳，改呼黄瓜，至今因之。"③ 另一说起于隋炀帝，最早见于唐代吴兢《贞观政要·慎所好》的记载：

> 贞观四年，太宗曰："隋炀帝性好猜防，专信邪道，大忌胡人，乃至谓胡床为交床，胡瓜为黄瓜，筑长城以避胡。终被宇文化及使令狐行达杀之。又诛戮李金才，及诸李殆尽，卒何所益？且君天下者，惟须正身修德而已，此外虚事，不足在怀。"④

晚唐杜宝《大业杂记》（一名《大业拾遗录》）亦载此事，大业四年（608年）九月，炀帝"自塞北还至东都。改胡床为交床，改胡瓜为白露黄瓜，改茄子为昆仑紫瓜"。⑤ 劳费尔说："张骞狂的人们还有一个教条：认为这位名将给他的国人带回了胡瓜（伊朗瓜）或黄瓜（Cucumis sativus）。这个看法所依据的唯一文件是后来李时珍的作品，他大胆说出这话而没有引证早年的材料为根据。"他根据杜宝《大业杂记》的记载判断，胡瓜是在6世纪之前传入中国的。因为他知道，胡瓜的种植在6世纪初的《齐民要术》曾提到过。恩格勒认为胡瓜原产地是印度，华特说"至少胡瓜的原产地之一无疑是印度北部，它的种植可以追溯到亚洲最古老的年代"。坎多勒亦考证出胡瓜的原产地在印度西北部。劳费尔不同意这种看法，他说："埃及和闪族人无疑地在古代就种植胡瓜了。无论如何，这一种戎芦科植物是属于埃及西亚细亚栽种范围之内，而不是中国土生的。"⑥ 他推测中国的胡瓜可能是从伊朗传入的。《金匮要略》中称"黄瓜"，有

---

① （汉）张仲景著，（清）高学山注：《高注金匮要略》，上海人民卫生出版社1956年版，第347页。
② （明）李时珍：《本草纲目》卷28《菜部》，中医古籍出版社1994年版，第722页。
③ 同上。
④ （唐）吴兢：《贞观政要》卷6，上海古籍出版社1972年版，第196页。
⑤ （唐）杜宝撰，辛德勇辑校：《大业杂记辑校》，三秦出版社2006年版，第29页。
⑥ ［美］劳费尔：《中国伊朗编》，林筠因译，商务印书馆1964年版，第125—126页。

三种可能，一是胡瓜可能在东汉时已经改名黄瓜，后世或云石虎，或云隋炀帝，并未有定论，可能更早。二是后世如高学山之类注家根据后世的称呼径改为黄瓜。三是如劳费尔所推测的，这条材料是后世添加的，但这种可能性比较小。

## 十四　荔枝 龙眼 柑橘 薏苡 甘蔗

　　荔枝、龙眼、柑橘、薏苡、甘蔗等自交州（部分地区在今越南境内）传入，并从交阯、九真、日南等地移植中原。汉武帝平南越后，曾于长安建扶荔宫，移植龙眼、荔枝、橄榄、槟榔、柑橘等南方果树各百株，由于自然环境不同，他的移植没有成功。《三辅黄图·甘泉宫》记载汉上林苑扶荔宫的植物："扶荔宫在上林苑中，汉武帝元鼎六年，破南越起扶荔宫（宫以荔枝得名），以植所得奇草异木：菖蒲百本，山姜十本，甘蕉十二本，留求子十本，桂百本，密香、指甲花百本，龙眼、荔枝、槟榔、橄榄、千岁子、柑橘皆百余本。上木，南北异宜，岁时多枯瘁。荔枝自交趾移植百株于庭，无一生者，连年犹移植不息。后数岁，偶一株少茂，终无华实，帝亦珍惜之。一旦萎死，守吏坐诛者数十人，遂不复莳矣。"①

　　但荔枝、龙眼、柑橘之类一直是南方交州地区的贡物。汉武帝平南越之后，南方水果大量输入中原地区。桓宽《盐铁论·未通》记载，桑弘羊论汉朝从战争所得："孝武皇帝平南越以为园圃，却羌、胡以为苑囿。是以珍怪异物充于后宫，騊駼駃騠实于外厩。匹夫莫不乘坚良，而民间厌橘柚。由此观之，边郡之利亦饶矣。"② 嵇含《南方草木状》云："南越、交趾植物有四裔最为奇，周秦以前无称焉。自汉武帝开拓封疆，搜来珍异取其尤者充贡，中州之人或昧其状。"③ 南方水果输入中原，橘柚之类大大满足了人们对南方水果的需要。东汉建立，南方立刻恢复了入贡的传统。《后汉书·光武帝纪》记载，建武五年（29年）十二月，"交阯牧邓让率七郡太守遣使奉贡。"李贤注云："交阯，郡，今交州县也。南滨大海。《舆地志》云：'其夷足大指开析，两足并立，指则相交。'阯与趾

---

① 佚名撰，何清谷校注：《三辅黄图校注》卷3，三秦出版社1995年版，第196页。
② （汉）桓宽撰，王利器校注：《盐铁论校注》卷3《未通》，中华书局1992年版，第190页。
③ （晋）嵇含：《南方草木状》卷上，《中国风土志丛刊》，广陵书社2003年影印本，第1页。按：此书与《岭外代答》《岭表录异》《岭南风物记》《海语》诸书合订。

同,古字通。应劭《汉官仪》曰:'始开北方,遂交于南,为子孙基阯也。'七郡谓南海、苍梧、郁林、合浦、交阯、九真、日南,交属交州,见《续汉书》。"①其中交阯、日南、九真三郡皆在今越南境内,其贡物中少不了荔枝、龙眼、柑橘。《三辅黄图·甘泉宫》记载,汉廷的移植虽然没有成功,荔枝则是南方定期入贡的贡物,"其实则岁贡焉,邮传者疲毙于道,极为生民之患。至后汉安帝时,交阯郡守唐羌极陈其弊,遂罢其贡"。②《后汉书·和帝纪》记载:"旧南海献龙眼、荔枝,十里一置,五里一候,奔腾阻险,死者继路。时临武长唐羌,县接南海,乃上书陈状。帝下诏曰:'远国珍羞,本以荐奉宗庙。苟有伤害,岂爱民之本。其敕太官勿复受献。'由是遂省焉。"③根据这一记载,汉和帝之前,大约从汉武平南越之后,南海一直向朝廷进献龙眼、荔枝,而且为此专修置驿,以保证龙眼、荔枝保鲜送达。东汉和帝时,唐羌任临武县县长,临武县今属湖南省郴州市,地处湖南省最南部,南岭山脉东段北麓,是通往广东沿海的咽喉要地。谢承《后汉书》记载,其县境与交州相邻。"旧献龙眼、荔枝及生鲜。献之,驿马昼夜传送之,地有遭虎狼毒害,顿仆死亡不绝。道经临武"。临武县县长唐羌有《上书陈交阯献龙眼荔枝事状》,云:"伏见交阯七郡,献生龙眼等,鸟惊风发。南州土地,恶虫猛兽不绝于路,至于触犯死亡之害。死者不可复生,来者犹可救也。此二物升殿,未必延年益寿。"④朝廷接受了他的建议,取消了这一弊政。

周边民族的佳果得到中原地区人们的喜爱。其中有南方的黄柑、橙橘、龙眼、荔枝,司马相如《上林赋》写到汉上林苑栽种异域果木:"于是乎卢橘夏熟,黄甘橙楱,楷杷橪柿,亭奈厚朴,樗枣杨梅,樱桃蒲陶,隐夫薁棣,荅遝离支,罗乎后宫,列乎北园。"⑤"离支"即荔枝。东汉杨孚《异物志》记载:"交阯有橘官,置长一人,秩三百石,岁贡御橘。"⑥晋嵇含《南方草木状》云:"自汉武帝交阯有橘官,长一人,秩二百石,主贡御橘。"⑦也有其他地方的瓜果。王逸《荔枝赋》序云:"大哉圣皇,得乎中州,东野贡落疏之文瓜,南浦上黄甘之华橘。"这篇赋极写荔枝树

---

① 《后汉书》卷1上《光武帝纪》上,第41页。
② 佚名撰,何清谷校注:《三辅黄图校注》卷3,三秦出版社1995年版,第196页。
③ 《后汉书》卷4《和帝纪》,第194页。
④ 《后汉书》卷4《和帝纪》注引谢承书,第194—195页。
⑤ 《汉书》卷57上《司马相如传》上,第2559页。
⑥ (汉)杨孚撰,(清)曾钊辑:《异物志》,《丛书集成初编》,中华书局1985年版,第1页。
⑦ (晋)嵇含:《南方草木状》卷下,《风土志丛刊》,广陵书社2003年版,第31页。

之繁茂与荔枝之美观爽口:"乃睹荔支之树,其形也,暧若朝云之兴,森如横天之篁,湛若大厦之容,郁如峻岳之势。修干纷错,绿叶臻臻。灼灼若朝霞之映日,离离如繁星之着天。皮似丹罽,肤若明珰。润侔和璧,奇喻五黄。仰叹丽表,俯尝嘉味。口含甘液,心受芳气。兼五滋而无常主,不知百和之所出。卓绝类而无俦,超众果而独贵。"还写它"朱实叶生"。① 交趾的橘柑馨香可口。南方的这些水果还被汉朝用来招待匈奴单于。《东观汉记·匈奴南单于传》记载:"建武中,南单于来朝,赐御食及橙、橘、龙眼、荔支。"② 汉代医家也发现龙眼的医药价值。《神农本草经》云:"龙眼,一名益智,味甘,平,无毒。治五脏邪气,安志、厌食。久服强魂魄,聪明,轻身,不老,通神明。生南海山谷。"③

薏苡为禾本科一年生或多年生草本,其籽实去除外壳和种皮的种仁可以入药,还可做成粥饭等面食供人食用,是中国传统食品资源之一,尤其对老弱病者更为适宜。作为药材,味甘淡,性微寒,有健脾利湿、清热排脓功能。古代中医用于脾虚泄泻水肿脚气、白带、湿、关节疼痛、肠痈、肺痿等症。东汉时马援南征,北返时从交趾载回当地的薏苡种子。《后汉书·马援传》记载:"初,援在交趾,常饵薏苡实,用能轻身省欲,以胜瘴气。南方薏苡实大,援欲以为种。军还,载之一车。时人以为南土珍怪,权贵皆望之。援时方有宠,故莫以闻。及卒后,有上书潛之者,以为前所载还,皆明珠文犀。"④ 因而坐罪,葬不归墓,妻子亦株连,史称"薏苡之谤"。

甘蔗,因为交趾的产品最为优良,故从交趾输入。杨孚《异物志》云:"甘蔗,远近皆有,交趾所产甘蔗,特醇好:本末无薄厚,其味至均。围数寸,长丈馀,颇似竹。斩而食之,既甘,迮取汁如饴饧,名之曰糖,益复珍也。又煎而曝之,既凝,如冰,破如砖其(棋)。食之,入口消释,时人谓之'石蜜'者也。"⑤ 古代从域外输入的产品,有的乃中土所无,有互通有无之效。也有的中土亦产,但域外产品更为优良,故为中土所喜爱,交趾薏苡、甘蔗即其例。从杨孚的记载来看,汉代不仅从交趾

---

① 费振刚等辑校:《全汉赋》,北京大学出版社 1993 年版,第 517 页。
② (汉)刘珍等撰,吴树平校注:《东观汉记校注》卷 20,中华书局 2008 年版,第 885 页。
③ 佚名撰,马继兴主编:《神农本草经辑注》卷 3,人民卫生出版社 1995 年版,第 277—278 页。
④ 《后汉书》卷 24《马援传》,第 846 页。
⑤ (北魏)贾思勰著,石声汉校释:《齐民要术今释》卷 10,中华书局 2009 年版,第 1037 页。

输入甘蔗，而且还掌握了榨汁制糖之法。

## 十五　几种相传汉代传入的域外作物

　　胡萝卜，原产于地中海地区，肉质根可作蔬菜、饲料等。营养价值高，有"小人参"之称。清乾隆年间《重修肃州新志》记载："有红、黄二种，甘甜堪食，可生可熟。昔人题云：'不是张骞通西域，安得佳种自西来'，盖出西域故云。"[①] 说胡萝卜由张骞带回，没有根据。劳费尔认为胡萝卜原产地很可能是伊朗某地区，而传入中国的胡萝卜是北欧产的植物。[②] 李时珍认为，胡萝卜是"元时始自胡地来，气味微似萝卜，故名"。[③] 胡萝卜传入的时间不好确定，早期文献未见张骞带入的证据，也不见于汉代文献材料。胡萝卜不是一下子从原产地西亚或北欧传来，传至中亚和中国西北地区，再传至中原，其间应该有一个过程。李时珍说的是传入中原的时间，但传入中亚、中国新疆和北方地区的时间应该比较早。胡萝卜是中亚地区和新疆地区的主要蔬菜之一，是那里盛行的"抓饭"的主要原料。

　　番红花，别名藏红花、西红花。番，旧时对西北边境各族的称呼，亦为外族的通称，广州过去称外国为番。又如西红柿，原产南美洲，故又称番茄，其他如番鸭、番舶、番饼（银元）、番薯、番石榴等，凡冠以"番"的产品，跟过去冠以"胡"和后来冠以"洋"一样，皆标明是外来的产品。因此从字面来看，应当来自域外。李时珍《本草纲目·草部》云："出西番回回地面及天方国，即彼地红蓝花也。元时以入食馔用。按张华《博物志》言'张骞得红蓝花种于西域'，则此即一种，或方域地气稍有异耳。"[④] 番红花与红蓝花为二物，李时珍把二者混淆，谓番红花是张骞带回也是附会，不可信据。劳费尔认为番红花传入中国必在元代以后。李时珍《本草纲目》卷十五"番红花"释名载其异名，另有二名："洎夫蓝""撒法郎"。[⑤] 劳费尔说这是代表阿拉伯字 záferān 或 zàfarān 的

---

[①] （清）黄文炜、沈青崖纂修：《乾隆重修肃州新志》，凤凰出版社、上海书店、巴蜀书社1984年版。

[②] ［美］劳费尔：《中国伊朗编》，林筠因译，商务印书馆1964年版，第276页。

[③] （明）李时珍：《本草纲目》卷26《菜部》，中医古籍出版社1994年版，第692页。

[④] （明）李时珍：《本草纲目》卷15《草部》，中医古籍出版社1994年版，第421页。

[⑤] 同上。

译音。凭这个译音形式就可以证明它们不可能在元朝以前就有，因为在元朝才去掉末尾的辅音。这个结论和李时珍的话相符合，元朝把番红花掺和在食物中作调味品，这是印度、波斯的习惯。劳费尔说："的确，红花似乎直到那时候才输入中国而被人使用了。至少我们没看见更早的材料说过这话"。① 按照劳费尔的说法，中国人称之为藏红花，意味着它是经西藏地区传入中国内地的，但西藏并不产这种植物。番红花是西南亚原生种，但由希腊人最先开始人工栽培（具体栽培时间不详），一般认为番红花原产于地中海地区、小亚细亚和伊朗。约961年阿拉伯人将其栽种于西班牙。10世纪一本英格兰的医书中有记载。后来在西欧消失，直至十字军又将其重新引入。主要种植于西班牙、法国、西西里岛、意大利亚平宁山脉以及伊朗和克什米尔。在伊朗和克什米尔有栽种，并认为由蒙古远征军传入中国。

酒杯藤，据晋崔豹《古今注》卷下引《张骞出关志》云："酒杯藤，出西域。藤大如臂，叶似葛，花实如梧桐实，花坚皆可以酌酒，自有文章，映彻可爱。实大如指，味如豆蔻，香美消酒，土人提酒来至藤下，摘花酌酒，仍以实销醒，国人宝之，不传中土。张骞出大宛得之，事出《张骞出关志》。"② 李时珍《本草纲目》草部记有诸种藤类植物，并无此名。石声汉认为此乃出于"虚构"，是与张骞有关的"神话式植物"③，实际上并无此种植物。关于《张骞出关志》，此书最早见于《隋书·经籍志》著录，作者佚名。杨镰说："有些书籍，曾把《史记·大宛列传》前半部分改称为张骞所著的《出关记》。这个提法尚有一定问题，因为我们只在《隋书·经籍志》见到著录有一种地理类的书，叫《张骞出关志》，没有注出作者。而这个'出关志'排在南朝宋的僧人昙宗的著作之后，所以，可能是南朝宋或稍后的南北朝时人所作。"④ 但据《古今注》所引，此书出现可能更早，应在晋代或之前。

无花果，其实有花，雌雄异花。花隐于囊状总花托内，外观只见果而不见花，故名。肉质松软，味甜，可供鲜食或制果干、果酱、蜜饯等。中医学上亦可以果干入药，功能开胃止泻，主治咽喉痛。树皮又是造纸原料。原产亚洲西部，可能由南海海道传入，我国长江流域以南及山东沿海

---

① ［美］劳费尔：《中国伊朗编》，林筠因译，商务印书馆1964年版，第137页。
② （晋）崔豹：《古今注》卷下，焦杰校点，辽宁教育出版社1998年版，第14页。第21页注（18）："'之'下三本有'事出《张骞出关志》'。"
③ 石声汉：《试论我国从西域引入的植物与张骞的关系》，《科学史集刊》1963年第4期。
④ 杨镰：《寻找失落的西域文明》，北京航空航天大学2010年版，第8页。

地区有栽种。贝烈史奈德认为是张骞带到中国，他的话充满错误，他说："无花果是张骞皇帝在位时期传到中国，他在公元127年远征突阑。"劳费尔认为，这种说法非常荒谬，中国任何材料都没有说无花果是张骞带到中国来的。这种植物是从波斯和印度移植来的，时间不早于唐朝。[1] 这个判断可能是正确的。

瀚海梨，《西京杂记》记载，汉武帝初修上林苑，群臣远方各献名果异树，"亦有制为美名，以标奇丽"。其中有"瀚海梨"，云："出瀚海北，耐寒，不枯。"[2] 瀚海，地名，其含义随时代而变。《史记·卫将军骠骑列传》，霍去病"封狼居胥山，禅于姑衍，登临翰海"之翰海[3]，有人解释为"北海名，群鸟之所解羽，故云翰海"，"在沙漠北"。[4] 翰海非海，乃今蒙古高原大沙漠以北及其迤西今准噶尔盆地一带广大地区的泛称。

西王枣，《西京杂记》记载，汉武帝初修上林苑，群臣远方各献名果异树，"亦有制为美名，以标奇丽"。其中有"西王枣"，"出昆仑山。"[5]

羌李、蛮李，《西京杂记》记载，汉武帝初修上林苑，群臣远方各献名果异树，"亦有制为美名，以标奇丽"。其中李树十五种，有"羌李""蛮李"。[6] 顾名思义，当来自西北羌族和南方蛮族。

---

[1] [美]劳费尔：《中国伊朗编》，林筠因译，商务印书馆1964年版，第235页。
[2] （晋）葛洪：《西京杂记》卷1，《汉魏丛书》，辽宁大学出版社1992年影印本，第303页。
[3] 《史记》卷111《卫将军骠骑列传》，第2936页。
[4] 同上书，第2937—2938页。
[5] （晋）葛洪：《西京杂记》卷1，《汉魏丛书》，辽宁大学出版社1992年影印本，第303页。
[6] 同上书，第303页。

# 第三章 器物篇

在与周边民族和域外国家的交往中，汉朝人发现其他民族的器物有的使用便利，便加以引入或仿制。因此，在汉代人的生活中便自然融入了域外情味，尤其是东汉末年，甚至出现一股胡风，弥漫于宫廷，流行于社会。我们现在习以为常见惯不惊的东西，其实在那时却是非常新奇的。比如现在的马扎，当时称为胡床，史书上专门记载汉灵帝"好胡床"，说明那时人们对此事的认识绝不是平常的事情。外来器物的输入，便利了中原地区人们的生活，有的迅速普及，影响深远。文明传播为人类带来的益处从这些器物上得到具体体现。

## 一　胡床的引入与汉人坐姿、坐具的改变

> 传名乃外域，入用信中京。足欹形已正，文斜体自平。
> 临堂对远客，命旅誓初征。何如淄馆下，淹留奉盛明。
> ——（南朝·梁）庾肩吾《咏胡床应教》

### （一）

胡床本来是一种简单的家具，但一是因为它与中外文化交流有关，二是与中国居室以及文化和家具发展演变有关，三是其器虽小，却反映了文化礼制的变迁，因此受到学者们的关注，古今中外学者都有与之相关的探

讨和论述。① 但胡床之名称与形制演变相当复杂，各家说法颇不一致，也有对史料的某种误读，因此有必要对相关材料进行疏理，澄清一些混乱的认识，以见其发展变化轨迹。

这种坐具至迟东汉末年传入中原，最早记载见于东汉应劭《风俗通》："灵帝好胡床，董卓擅胡兵之应也。"② 此乃类书节引。《后汉书·五行志》的记载引自应劭的书，云："灵帝好胡服、胡帐、胡坐、胡饭、胡空篌、胡笛、胡舞，京都贵戚皆竞为之，此服妖也。其后董卓多拥胡兵，填塞街衢，虏掠宫掖，发掘园陵。"③ 胡坐就是胡床。灵帝刘宏公元168—189年在位，此所谓京师即东汉都城洛阳，这个记载说明东汉末年都城洛阳曾流行胡风，从宫廷蔓延到社会。至迟在汉灵帝时，胡床就已经传入中原地区，首先在宫廷使用，接着在首都洛阳风行。据说灵帝宫廷中

---

① 就目前所见，关于胡床主要有如下研究：藤田豊八〈胡床につきて〉、『東西交渉の研究』（西域篇），東京：萩原星文館，昭和十八年（1943）；藤田豊八：〈榻及び氍毹氈毹につきて〉，『東西交渉の研究』（南海篇），東京：萩原星文館，昭和十八年（1943），第143—185页。翁同文：《中国坐椅起源与丝路交通》，载《东洋研究》1984年第1期，第8—11页；李济《跪坐蹲居与箕踞——殷商石刻研究之一》，《历史语言研究所集刊》24，1953年，第283—301页；收入《李济考古论文集》，文物出版社1985年版；易水《漫谈胡床》，载《文物》1982年第10期；杨泓《魏晋南北朝将领在战场上的轻便坐具——胡床》，《中国古兵器论丛》，文物出版社1985年版，第298—302页；胡德生《浅谈历代的床和席》，《故宫博物院院刊》1988年第1期；朱大渭《中古汉人由跪坐到垂脚高坐》，《中国史研究》1994年第4期；曾维华《论胡床及其对中原地区的影响》，《学术月刊》2002年第7期；黄现璠《中外坐俗研究》，见氏著《古书解读初探》，广西师范大学出版社2004年版；暨远志《胡床杂考——敦煌壁画家具研究之三》，《考古与文物》2004年第4期；李忠民《从胡床到圈椅》，《中华遗产》2011年第6期。杨森《敦煌壁画家具图像研究》第二章，民族出版社2010年版，第71—113页。

② 《太平御览》卷706《服用部》引，上海古籍出版社2008年影印本，第7册，第357页。（清）陈元龙《格致镜原》卷53《椅桌》条："《风俗通》曰：'武灵王好胡服，作胡床。'此盖其始也。"赵翼《陔余丛考》31《高坐缘起》："应劭《风俗通》：'赵武灵王好胡服，作胡床，'此为后世高坐之始。"黄遵宪《日本国志》沿袭其说，亦误把赵武灵王胡服骑射与汉灵帝"好胡服"混为一谈。朱大渭《中古汉人由跪坐到垂脚高坐》以为胡床最早见于《续汉书》记载有误。西晋时司马彪写成《续汉书》83卷，范晔著书时曾参考过。今传本《后汉书》中的30卷志即司马彪《续汉书》中的志。范晔《后汉书》没有完成便遇害，后人将司马彪的志补入范书中。《后汉书》志第十三《五行志》序云："五行传说及其占应，《汉书·五行志》录之详矣。故泰山太守应劭、给事中董巴、散骑常侍谯周并撰建武以来灾异。今合而论之，以续《前志》云。"明言《后汉书·五行志》的材料取自应劭等人的撰述，而据《太平御览》卷706引"灵帝好胡床"云云，正出自应劭《风俗通义》。

③ 《后汉书》志第十三《五行志》，中华书局1965年标点本，第3272页。

最早制造胡床的人叫景师，史无明载。① 汉语中的"床"在早期是坐具，不仅是卧具。② 东汉许慎《说文解字》释"床"云："安身之坐者。"③ 床以坐为主要功能。刘熙《释名》云："人所坐卧曰床。床，装也，所以自装载也。"④《广雅》云："棲，谓之床。"⑤ 装也，载也，棲也，皆为人坐卧之用。《后汉书·钟离意传》记载汉章帝"以事怒郎药崧，以杖撞之。崧走入床下"。⑥ 在皇帝杖击药崧的地方，床不应是睡觉的床，也是坐具。汉末古诗《焦仲卿妻》中写焦母"槌床便大怒"。⑦ 这里的床是坐具，不是睡觉的床。唐代李白的诗"床前明月光"的"床"也应该是坐具，因为躺在床上便无从"举头望明月，低头思故乡"。古代供跪坐之物曰床，胡床是坐具，故名曰床。冠名曰"胡"，揭示其文化身份，表明其来自域外或周边民族。汉灵帝酷好胡俗，喜欢"胡坐、胡床"，引起了当时王公贵族们效仿，"胡床"便在京都洛阳流行起来。汉末的将军领兵打仗，也随身携带。《三国志·魏书·武帝纪》记载，曹操出征时也带上"胡床"。考古资料证明，灵帝之前胡床已经传入中原地区。山东长清孝堂山石祠画像石上已经见到胡床图像，孝堂山石祠乃东汉章帝与和帝时期（74—104年）修建的墓地祠堂，北魏郦道元《水经注》有过记载。这说明胡床至迟在东汉初年已经传入。

东汉时传入中原地区之胡床为何物，是何形制？有人认为是一种可以折叠的轻便坐具，在古代文献中亦称"交床"，即今俗称之"马扎子"，或者叫折叠凳。⑧ 胡床从西北方游牧民族传入，游牧民骑马者随带一个可以折叠的马扎子，方便下马时休息之用。这种坐具是汉代自胡地传入，为

---

① （明）王圻、王思义编集：《三才图会·仪制》卷4，上海古籍出版社1988年影印本，第1890页。
② 名字前面冠以"胡"字，因为是从西北域外传入。后面的"床"字容易和现代"床"的概念混淆，以为是一种供睡眠的卧具。在有的文学作品中，甚至让匈奴单于和阏氏一起在胡床上睡觉，这种误解是由于对古代床的特点和用途不够了解而造成的。汉魏时期"床"并不仅仅是用于躺下睡眠的卧具，而是适于坐、卧乃至办公、授徒、会客、宴饮等多种用途的家具。汉刘熙《释名》释床："人所坐、卧曰床。床，装也，所以自装载也。"因此对域外传来的新式坐具称之为"胡床"。
③ （汉）许慎：《说文解字》（六），中华书局1963年版，第121页。
④ （汉）刘熙撰，（清）毕沅疏证，王先谦补：《释名疏证补》卷6，中华书局2008年版，第195页。
⑤ 徐复主编：《广雅诂林》卷8，江苏古籍出版社1992年版，第677页。
⑥ 《后汉书》卷41《钟离意传》，第1409页。
⑦ （南朝·陈）徐陵编：《玉台新咏》卷1，中华书局1985年版，第44页。
⑧ 易水：《漫话胡床》，《文物》1982年第10期。

垂足之坐。胡床确是汉代传入并开始流行,早期的文献记载和考古发现的早期器物证明这种说法是有道理的。关于胡床的形制,南朝梁庾肩吾有《赋得咏胡床诗》:"传名乃外域,入用信中京。足欹形已正,文斜体自平。临堂对远客,命旅誓初征。何如淄馆下,淹留奉盛明。"① 这是关于胡床形制最早最细致的描写,其中"足欹形已正,文斜体自平"二句,正道出了胡床的形体特点,说明它与一般四足直立的坐具不同,胡床的腿儿必须交叉斜置时床体才能平稳。这种交叉的斜腿,构成胡床形体的主要特点,故称交床。交即交叉之意。② 这正是我们现在日常生活中仍然使用的马扎子。元代胡三省也对交床进行了详细的描述:"交床以木交午为足,足前后皆施横木,平其底,使错之地而安;足之上端,其前后亦施横木而平其上,横木列窍以穿绳绦,使之可坐。足交午处复为圆穿,贯之以铁。敛之可挟,放之可坐;以其足交,故曰交床。"③ 其基本形制和功能类似小板凳,但人所坐的面或为木板,或为可卷折的布或绦,两边腿可折合。应该指出,这种形制只是胡床传入中国时最初形制和基本特点。

这种马扎子在考古材料中见到不少,说明它是长期以来被人们使用的坐具,经久不衰,直至今日。考古资料中发现的胡床的图像资料,如北齐《校书图》中有一人右手握笔,坐在胡床上。胡床足斜向交叉,足端施有横木,图像清晰。④ 东魏石刻有一貌似菩萨坐于胡床之上的形象,胡床足亦斜向相交,足端施有横木。⑤ 河南新乡博物馆藏东魏武定三年(545年)石刻画像,其中有佛传故事"相师瞻太子为相"的内容,相师所坐也是胡床。河北磁县东陈村发现东魏赵胡仁墓,出土女侍俑手持一敛折起来的胡床,下葬年代为武定五年(547年)。⑥ 北齐《法界人中残像》北

---

① (唐)欧阳询:《艺文类聚》卷70《服饰部》,上海古籍出版社1982年版,第1221页。
② 暨远志:《胡床杂考——敦煌壁画家具研究之三》,《考古与文物》2004年第4期。
③ 《资治通鉴》卷242,胡三省注,中华书局1956年版,第7822页。
④ 《校书图》,北齐画家杨子华作,现藏于美国波士顿美术馆,为宋摹本残卷,描绘北齐天保七年(556年)文宣帝高洋命樊逊等人刊校五经、诸史的情景。画中有三组人物,居中者士大夫四人坐榻上,有的展卷沉思,有的执笔书定,有人欲离席,有人则挽带欲留,神情刻画极其生动。榻旁围列女侍五人,或展书,或提酒壶,或拥衣囊。居右一组,为一官人坐胡床上,据随员所持纸卷奋笔疾书,其周围另列随员三人,女侍两人。居左一组,为奚官三人,马二匹。参见曹文柱等《中国社会史》,华东师范大学出版社2001年版,第107页。
⑤ 胡文彦:《中国家具鉴定与欣赏》,上海古籍出版社1995年版,第40页。
⑥ 据磁县文化馆《河北磁县东陈村东魏墓》描述:"右臂挟一几案类物。"《考古》1977年第6期。

面局部刻有一人坐胡床图像。① 山西太原北齐徐显秀墓西壁壁画侍从手中持一胡床。胡床的流行在敦煌壁画中也有反映。莫高窟第 257 窟北魏窟西壁北段壁画《须摩提女因缘图》表现须摩提女远嫁异国，壁画上汉式阙下有一两梵志垂足连坐的胡床。② 第 296 窟北周窟覆斗顶西披和南披壁画《贤愚经变·善友太子入海品》中，占相的相师所坐也是胡床，内容上似与河南沁阳东魏武定元年（543 年）造像碑《佛传》上的相师为太子占相相似。③ 2000 年在西安发现的北周安伽墓出土的床屏石刻画中有胡床形象，样式与同期敦煌壁画上的胡床相似。从这些考古发现可以知道，当时流行的就是折叠凳，没有靠背。

胡床的传入并推广，是中国人坐姿逐渐发生变化的因素之一。比之原先的席，胡床是高座和垂脚坐。东汉末年，由于汉灵帝的喜爱，胡床开始在京都洛阳流行。魏晋南北朝时胡床已经得到推广，社会上普遍流行。西晋时坐胡床形成全社会的风气，干宝《搜神记》云："胡床貊槃，翟（狄）之器也；羌煮貊炙，翟之食也。自太始以来，中国尚之。贵人富室，必畜其器，吉享嘉宾，皆以为先。戎翟侵中国之前兆也。"④ 太始，即泰始，西晋武帝年号。⑤《晋书·五行志》有同样记载，西晋武帝泰始以后，"中国相尚用胡床、貊槃，及为羌煮貊炙，富人贵室，必蓄其器，吉享嘉会，皆以为先"。⑥ 垂脚坐在胡床上称为"踞"，古代文献中又常写作"据"。人坐胡床是将臀部放在绳条床面上，小腿下垂，两脚放在地上，一般不叫坐床，而叫踞胡床，或据胡床。胡床之所以流行，其优点是轻便灵活，垂坐舒适；又可开可合，携带方便，可佩带马鞍，可挂于车辕，可挂于墙壁或廊柱。胡床可以折叠，因而携带和存放都很方便，不仅

---

① 台湾故宫博物院：《雕塑别藏》"宗教编特展图录"，图 29—7，1977 年，第 114 页。
② 杨森：《敦煌壁画家具图像研究》第二章，民族出版社 2010 年版，第 76 页。
③ 杨森：《敦煌壁画家具图像研究》，第 83 页；暨远志：《胡床杂考——敦煌壁画家具研究之三》，《考古与文物》2004 年第 4 期。
④ （晋）干宝：《搜神记》卷 7，中华书局 1979 年版，第 94 页。
⑤ 汉武帝年号有"太始"，有人据此以为，胡床乃汉武帝时传入。明代董斯张《广博物志》卷 39 云："汉武帝始效北藩作交椅。"实际上干宝在这里强调的是胡床在晋武帝泰始以后开始广泛流行，不是说胡床传入之始。古时"泰"与"太"通用，是乃常例。有人认为胡床在战国时传入。清代陈元龙辑《格致镜原》卷 53 云："《风俗通》赵武灵王好胡服，作胡床，此盖其始也。"赵翼《陔余丛考》卷 31 云："应劭《风俗通》赵武灵王好胡服，作胡床，此为后世高座之始。然汉世犹皆席也。"这都是后世推测之词。杨森推测战国赵武灵王时胡床传入中国具有可能性，虽有道理，但无文献记载和考古资料证明。见氏著《敦煌壁画家具图像研究》，民族出版社 2010 年版，第 74 页。
⑥《晋书》卷 27《五行志》上，第 823 页。

可以在室内使用，外出还可以携带。朱大渭详考汉魏南北朝时社会上风行胡床的情况，发现胡床的使用人群和使用范围非常普遍，从使用胡床的人群来看："有皇帝、权臣、官僚、将帅、讲学者、反叛者、行劫者、村妇等，其中包括汉人和少数民族在内；从胡床的使用范围来说，指挥战争，观察敌情，皇帝宫室，官府公堂，舟车行旅携带备用，庭院休息，接客，狩猎，竞射，聚会，讲学，吹笛，弹琴，行劫等等，都有使用胡床的。胡床使用的地域，几乎遍布南北各地，可见胡床为人们进行各种活动的常用坐具。"①

魏晋南北朝时胡床还出现在市场交易中。北魏贾思勰《齐民要术》记载制作胡床的材料和市值："十年（柘木），中四破为杖，一根直（值）二十文；任为马鞭、胡床，马鞭一枚直十文，胡床一具直百文。"② 从史书记载来看，据胡床虽然为日常生活内容，但坐胡床往往表现坐者的性格人品，有时表现坐者从容潇洒，有时则表现其轻慢无礼。曹操与马超交战，"将过河，前队适渡，超等奄至，公犹坐胡床不起"。③ 曹魏时"裴潜为兖州刺史，常作一胡床，及去官，留以挂柱"。④ 魏文帝曹丕行猎，失鹿，大怒，"踞胡床拔刀，悉收都吏将斩之"。⑤ 西晋时，年轻的戴渊尝在江淮间攻掠商旅，抢劫名士陆机，"渊在岸上，据胡床，指麾左右，皆得其宜"。⑥ 王君夫与王武子比射，赌"八百里駮"好牛，王武子获胜，"却据胡床，叱左右速探牛心来"。⑦ 东晋时名将谢尚善弹琵琶，"着紫罗襦，据胡床，在大市佛图门楼上弹琵琶，作大道曲"。⑧ 晋军追叛将张健，张健部下韩晃"独出，带两步靫箭，却据胡床，弯弓射之，伤杀甚众"。⑨ 王导之子王恬简傲，遇客不礼，"据胡床，在中庭晒头"。⑩ 大臣庾亮"据

---

① 朱大渭：《中古汉人由跪坐到垂脚高坐》，原刊《中国史研究》1994年第4期，收入氏著《六朝史论》，中华书局1998年版，第49页。
② （北魏）贾思勰著，石声汉校释：《齐民要术今释》卷5，中华书局2009年版，第402页。
③ 《三国志》卷1《魏书·武帝纪》，裴松之注引《曹瞒传》，第35页；《艺文类聚》第70卷《服饰部》下"胡床"，中华书局1965年版，第1220—1221页。
④ 《三国志》卷23《魏书·裴潜传》，裴注引《魏略》，第673页；《艺文类聚》卷70《服饰部》引《魏略》，上海古籍出版社1965年版，第1221页。
⑤ 《三国志》卷16《魏书·苏则传》，第493页。
⑥ （南朝·宋）刘义庆著，李天华校：《世说新语新校》，岳麓书社2004年版，第36页。
⑦ 同上书，第499页。
⑧ 《艺文类聚》卷70《服饰部》下，第1221页。
⑨ 《晋书》卷100《苏峻传》，第2631页。
⑩ （南朝·宋）刘义庆著，李天华校：《世说新语新校》，第435页。

胡床与浩等谈咏竟坐"。① 名将桓尹善吹笛，"踞胡床，为作三调"。② 十六国时前秦王猛，少贫贱，鬻畚为事。入山取钱，"见一公据胡床"。③ 前凉时谢艾"下车踞胡床，指挥处分"。④ 南凉秃发辱檀与后凉吕纂交战，"下马据胡床而坐，士众心乃始安"。⑤ 南朝刘宋时京师南涧寺僧释道囧中夜受邀乘车出京，至沈桥，"见一人在路坐胡床"。⑥ 刘宋末年沈攸之反叛，"乘轻舸从数百人，先大军下住白螺洲，坐胡床以望其军，有自骄色"。⑦ 南齐张景真受到世祖宠幸，"所赐什物，皆御所服用"，"白服乘画舴艋，坐胡床，观者咸疑是太子"。⑧ 颜延之心服张镜，张镜兄弟与友人交谈，颜延之"取胡床坐听"。⑨ 儒者刘瓛出游，有小童子持胡床随行。⑩ 南齐末年萧衍率军攻打建康，其部将杨公则"登楼望战，城中遥见麾盖，纵神锋弩射之，矢贯胡床，左右皆失色。公则曰：'几中吾脚'，谈笑如初"。⑪ 南朝梁末韦放与北魏军作战，"免胄下马，据胡床处分"。⑫ 王僧辩平陆纳，进攻长沙城，面对敌人的反攻，"据胡床，不为之动"。⑬ 侯景篡立，"床上常设胡床及筌蹄，著靴垂脚坐"。筌蹄也是一种垂直脚坐的坐具，从魏晋时期壁画和石刻浮雕看到的图像，筌蹄是一种用藤或草编成的高型坐具，形似束腰长鼓，如北魏龙门莲花洞图像。⑭ 南朝梁诗人徐防《长安有狭斜行》诗云："上客且安坐，胡床妾自擎。"⑮ 这种可以手擎的胡床显然是简易的坐具，用以招待贵宾。北魏末年尔朱敌被高欢追杀，"遂入一村，见长孙氏媪踞胡床而坐"。⑯ 东魏孝静帝与大臣议事发怒，"据胡床，拔剑作色"。⑰ 北齐武成皇后胡氏"自武成崩后，数出诣佛

---

① 《晋书》卷73《庾亮传》，第1924页。
② （南朝·宋）刘义庆著，李天华校：《世说新语新校》，第427页。
③ 《艺文类聚》卷70《服饰部》下引《晋中兴书》，第1221页。
④ 《晋书》卷86《张重华传》，第2242页。
⑤ 《晋书》卷126《秃发利鹿孤载记》，第3144页。
⑥ （南朝·梁）释慧皎：《高僧传》卷12，中华书局1992年版，第462页。
⑦ 《南齐书》卷24《柳世隆传》，第446页。
⑧ 《南齐书》卷31《荀伯玉传》，第572页。
⑨ 《南齐书》卷32《张岱传》，第580页。
⑩ 《南齐书》卷39《刘瓛传》，第679页。
⑪ 《梁书》卷10《杨公则传》，第196页。
⑫ 《梁书》卷28《韦放传》，第423页。
⑬ 《梁书》卷45《王僧辩传》，第630页。
⑭ 《南史》卷80《侯景传》，第2015页。
⑮ 《乐府诗集》卷35，中华书局1979年版，第517页。
⑯ 《隋书》卷55《尔朱敌传》，第1375页。
⑰ 《北史》卷2《神武帝纪》下，第14页。

寺，又与沙门昙献通，布金钱于席下，又挂宝装胡床于献屋壁，武成平生所御也。"①

隋炀帝时胡床改名为"交床"。杜宝《大业杂记》记载，大业四年（608年）九月，炀帝从"幕北还至东都，改胡床为交床，胡瓜为白露黄瓜，改茄子为昆仑紫瓜"。②吴兢《贞观政要·慎所好》记载，唐太宗批评隋炀帝"性好猜防，专信邪道，大忌胡人，乃至谓胡床为交床，胡瓜为黄瓜，筑长城以避胡"。③隋唐时是胡床、交床并称的时代。郑善果任大理卿，"每善果出听事，母恒坐胡床，于障后察之"。④大概唐时胡床多以桑木为之，故唐崔融《从军行》："穹庐杂种乱金方，武将神兵下玉堂。天子旌旗过细柳，匈奴运数尽枯杨。关头落月横西岭，塞下凝云断北荒。漠漠边尘飞众鸟，昏昏朔气聚群羊。依稀蜀杖迷新竹，仿佛胡床识故桑。临海旧来闻骠骑，寻河本自有中郎。坐看战壁为平土，近待军营作破羌。"⑤唐代亦称交床。玄奘西行取经至素叶城，突厥可汗在其帐中"为法师设一铁交床"。⑥亦称胡床，如张亮随唐太宗伐高丽，面对敌人的进攻，"无计策，但踞胡床，直视而无所言"。⑦岑参《水亭送刘颙使还归节度》诗："解带怜高柳，移床爱小溪。"⑧显然是简便的坐具，应该也是胡床。宋程大昌《演繁露》云："今之交床，制本自虏来，始名胡床，桓伊下马，据胡床，取笛三弄是也。隋以谶有胡，改名交床，胡瓜亦改黄瓜。唐柴绍击西戎，据胡床使两女子舞，则唐史臣追本语以书也。"⑨在唐人的日常生活中，胡床显然是常见坐具，故常见于唐诗人的吟咏。李颀《赠张旭》云："张公性嗜酒，豁达无所营。皓首穷草隶，时称太湖精。

---

① 《北史》卷14《后妃下·武成皇后胡氏》，第522页。
② （唐）杜宝：《大业杂记》，《丛书集成初编》第2738册，中华书局1985年版，第10页。
③ （唐）吴兢：《贞观政要》卷6，上海古籍出版社1978年版，第196页。按：藤田丰八《胡床考》曾对隋时改胡床为交床致疑："只是隋称为交床，却不为吾辈所闻。在现存《隋书》中如前所引，有两处可见胡床之名。"以其博学，不当未见杜宝和吴兢的记载。隋唐时应该胡床、交床并称，胡床是流行的叫法，交床则是朝廷的敕令。
④ 《隋书》卷80《郑善果母传》，第1804页。
⑤ 《全唐诗》卷68，中华书局1960年版，第765页。
⑥ （唐）慧立、彦悰：《大慈恩寺三藏法师传》，中华书局2000年版，第28页。
⑦ 《旧唐书》卷69《张亮传》，第2516页。
⑧ （唐）岑参著，陈铁民、侯忠义校注：《岑参集校注》卷3，上海古籍出版社1981年版，第238页。
⑨ （宋）程大昌：《演繁露》卷14，《丛书集成初编》第2738册，中华书局1985年版，第10页。

露顶据胡床,长叫三五声。"① 刘禹锡《酬窦员外郡斋宴客偶命柘枝因见寄兼呈张十一院长元九侍御》写官员的生活:"分忧余刃又从公,白羽胡床啸咏中。"② 李白《寄上吴王三首》其二用裴潜的典故:"坐啸庐江静,亲闻进玉觞。去时无一物,东壁挂胡床。"③ 李商隐《为濮阳公陈情表》也用到裴潜胡床挂柱的典故。④ 王维、崔融、李颀、杜甫等诗都曾咏及胡床。唐代小说中也有坐胡床的描写,如楚州女巫薛二娘施法医病,"遂据胡床,叱患人令自缚"。⑤ 晚唐五代时文献中有关胡床的记载又复增多,可能与战事较多有关。《新五代史·朱珍传》记载:"梁太祖令武士执朱珍,诸将霍存等十余人叩头救珍,太祖怒举胡床掷之曰:'方珍杀唐宾时,独不救之耶!'"⑥ 后唐郭崇韬与后梁军交战,"于葭苇间据胡床假寐"。⑦ 《南唐书·刘仁瞻传》记载:"世宗在城下,据胡床,督攻城。"⑧ 从考古发现来看,隋代和唐初时候的胡床虽然改称"交床",但其形制并未变化。敦煌莫高窟隋代窟第420窟窟顶东披左下角《法华经变》"观音普门品"中"商人遇盗"图,有一披带盔甲的武士坐在胡床上,斜向交叉的床足和上撑的床面非常清楚。盛唐第217窟南壁《法华经变》壁画,在一所房屋中可见一人坐胡床上,可见交叉腿;另一所房中似乎也有胡床。晚唐第156窟窟顶藻井西披《弥勒经变》下侧有一被剃度者坐胡床,胡床约与坐者小腿等高。⑨ 五代第98窟南壁屏风画南侧第十幅、第146窟西壁下部屏风画南侧第三幅《贤愚经变·须阇提品》中有着汉装人物坐胡床的图像。1973年,陕西三原县发掘的唐淮安靖王李寿(神通)墓葬(贞观五年即631年),墓室内石椁内外均刻有图像,其中一幅刻有上中下三列共十八名身穿长裙的女侍,手中各捧席、案、几、扇、尘尾等用具,第三列左侧第二位女侍手上捧有一张胡床。画面所刻为胡床的侧面正视图,可清楚地看出其坐面和交叉的足,以及足端前后所施横木的顶端。

---

① 《全唐诗》卷132,第1340页。
② 《刘禹锡集》卷35,上海人民出版社1975年版,第348页。
③ 瞿蜕园、朱金城:《李白集校注》卷14,上海古籍出版社1980年版,第893页。
④ 《全唐文》卷771,上海古籍出版社1990年版,第3562页。
⑤ 《太平广记》卷470引《通幽记》,中华书局1961年版,第3873页。
⑥ 《新五代史》卷21《朱珍传》,中华书局1974年版,第212页。
⑦ 《旧五代史》卷57《郭崇韬传》,中华书局1976年版,第764页。
⑧ (宋)陆游:《南唐书》卷13,《丛书集成初编》第3854册,中华书局1985年版,第278页。
⑨ 施萍婷:《敦煌经变画略论》,《敦煌研究文集·敦煌石窟经变篇》,甘肃民族出版社2000年版,第1—7页;杨森:《敦煌壁画家具图像研究》第二章,民族出版社2010年版,第82、83页。

另一幅线雕女侍图中有一捧胡床女侍的形象，其胡床的形制是相同的。[①]有一身侍女双手抱一硬屉胡床，高度明显比其他胡床低，屉面为两只月牙形出音孔的装饰，即双陆棋局的"城"，还有两排各12个圆圈图案，即棋局"梁"。[②] 这是把双陆棋局做成了胡床形式，便于携带和展开。

原始形态的胡床在社会生活中长期流行，时至今日仍然到处可以看到。曹氏归义军时期敦煌文书P.4061V《壬午年内库官某状》中有这样的记载："伏以今月十七日，支达恒大部跪拜来大绵/袄子三领，胡□一张，未蒙/判凭，伏请处分。/壬午年闰十二月日头都知内库官曹……"其中"胡□一张"中缺字被认为是"床"。[③]《宋史·曹彬传》记载："出为晋州兵马都监。一日，与主帅暨宾从环坐于野，会邻道守将走价持书来诣……有指彬以示之，使人以为给已，笑曰：'岂有国戚近臣，而衣弋绨袍、坐素胡床者乎？'"[④] 又南宋人廉布《清尊录》记载："富韩公（富弼）谢事居洛，一日，邵康节来谒，公已不通客，惟戒门者曰：'邵先生来，无早晚入报。'是日，公适病足，卧小室，延康节至卧床前，康节笑曰：'他客得至此耶？'公亦笑指康节所坐胡床曰：'病中心怏怏，虽儿子来，立语遣去。设一胡床，惟待君耳。'康节顾左右曰：'更取一胡床来。'公问故。答曰：'日正中，当有一绿衣，骑白马候公。公虽病，强见之。公死后，此人当秉史笔记公事。'"[⑤] 宋徽宗和宋钦宗被掳入金国，金国四太子兀术"坐胡床于堂上，引二帝、二后拜于堂下"。[⑥] 宋代诗人秦观、辛弃疾、陆游等人都在诗词中吟咏过胡床。在宋元之际的笔记小说中多有胡床的描写。南宋洪迈《夷坚丁志》"大洪山跛虎"条记载，南宋高宗时，随州大洪山寺长老净严"独踞胡床"，驯服出没山路的猛虎。[⑦]净严出行坐肩舆，随身携带的胡床，应是简易的坐具。周密《癸辛杂识》

---

① 陕西省博物馆等：《唐李寿墓发掘简报》，《文物》1974年第9期；孙机：《唐李寿石椁线刻（侍女图）——乐舞图散记（上）》，《文物》1996年第5期；暨远志：《胡床杂考——敦煌壁画家具研究之三》，《考古与文物》2004年第4期。
② 杨森：《敦煌壁画家具图像研究》第二章，民族出版社2010年版，第87页。
③ 唐耕耦、陆宠基：《敦煌社会经济文献真迹释录》（第三辑），全国图书馆文献缩微复制中心，1990年，第617页。
④ 《宋史》卷258《曹彬传》，中华书局1985年点校本，第8978页。
⑤ （宋）廉布：《清尊录》卷11，（明）陶宗仪等编：《说郛三种》，上海古籍出版社2012年版，第225页。
⑥ （宋）辛弃疾：《南渡录》卷2《南烬纪闻录》下；石茂良：《避戎夜话》，上海书店1982年版，第204页；唐圭璋编：《宋词纪事》"黄庭坚《好事近》"，上海古籍出版社1982年版，第109页。
⑦ （宋）洪迈：《夷坚丁志》卷10，《夷坚志》，中华书局2006年版，第623页。

续集卷下记载"吴生坐亡"故事,云出家的吴生与友人饮后,据坐胡床而坐化。① 元代时蒙古统治者出身游牧民族,保留着坐胡床的习惯。元曲中有关于胡床的描写。② 巴黎国家图书馆藏"拉史德·埃尔—定"写本中插图《蒙古大可汗及女家人》,有数人坐此类型的折叠凳的图像。③ 元代永乐宫壁画(1358年)北壁东部"治眼疾"图中,盲妇双足垂地,端坐于折叠凳上,等待医师治眼病。④ 西藏十四世纪唐卡《释迦牟尼十二宏化图受胎灵运》上有胡床图像。⑤ 明清时代,中国家具得到进一步发展,成为近代家具的定型,交椅则愈趋简、厚、精、雅。朱元璋曾坐胡床接见胡美之子:"龙兴守将胡美遣子通款,请勿散其部曲。太祖有难色,基从后蹋胡床,太祖悟,许之。"⑥ 明代宫廷画家商喜的《明宣宗行乐图》中宣宗朱瞻基坐的就是这种胡床,其侍从扛着的也是这种坐具。⑦ 简易的折叠凳也在民间使用。文震亨编《长物志》云:"交床即古胡床之式,两脚有嵌银,银铰钉圆木者,携以山游,或舟中用之,最便。金漆折叠者,俗不堪用。"⑧ 明代的文学作品中不少写到胡床,如胡应麟诗《中丞萧公自阆中来越喜而有作》云:"玉诏辉煌下彩鸾,朱旗强卷卧长安。天南再拥中丞节,渭北初辞大将垣。别墨话棋千障肃,胡床吹笛万峰寒。西来小队能多暇,山色湖光次第看。"⑨ 我们现在能看到的明代留传下来的古董"明黄花梨交机",属于软屉胡床。称"交机",可能与"机凳"有关,即两腿交叉的机凳。清代古董"清黄花梨上折式浮雕交机"坐面是两块木板,属硬屉式胡床,而有所改进,前横木上加装了脚踏。按照清代惯例,凡外出狩

---

① (宋)周密:《癸辛杂识》续集卷下,《丛书集成初编》第2778册,第329页。
② 中国戏剧研究院编:《中国古典戏剧论著集成》,中国戏剧出版社1959年版,第241—242页。
③ [法]雷奈·格鲁塞:《东方的文明》(上),图53,常任侠、袁音译,中华书局1999年版,第26页。
④ 吴山主编:《中国工艺美术大辞典》"交凳",江苏美术出版社1990年版,第457页;杨代欣:《中国家具收藏与鉴赏》,图262、263,巴蜀书社2000年版,第131页。
⑤ 西藏自治区文学术界联合会编:《西藏艺术》(绘画卷),上海人民美术出版社1991年版,第161页。
⑥ 《明史》卷128《刘基传》,中华书局1974年版,第3778—3779页。
⑦ 《明宣宗行乐图》,明朝商喜的作品,描绘明宣宗的游乐活动,收藏于故宫博物院。宽36.8厘米,长6.89米;分为六部分,分别表现射箭、捶丸、投壶、坐轿等情景,其中有明宣宗坐像,有侍从肩扛胡床图像。
⑧ (明)文震亨原著,陈植校注:《长物志校注》卷6,江苏科学技术出版社1984年版,第237页。
⑨ (明)胡应麟:《少室山房集》卷52,《文渊阁四库全书》第1290册《集部六·别集类五》,台湾商务印书馆股份有限公司1986年版,第343页。

猎游玩，均带大马扎，故《雍正皇帝行乐图》中雍正全身戎装，坐在胡床上；雍正时的《巡视台阳图卷》画中巡台御史面前摆放着胡床。从考古资料、图像资料和明清留传下来的实物资料，可知胡床可以分为硬屉和软屉坐面两种。① 作为轻便暂宜的坐具，现在仍处处能看到这种折叠凳，北京人称之为"马扎"。因此，胡床的称呼的变化轨迹可能是：胡床——交床——马扎（折叠凳）；交椅的发展轨迹是：胡床——交床——交椅。

　　胡床的引进在改变中国人的坐姿方面起了重要作用。在中国传统礼仪中，怎么坐是很重要的事情。李济研究了古代中国人跪坐、蹲居与箕踞三种坐姿的起源和分布，推测原始人最自然最普遍的休息体态是蹲居，即"耸其膝而下其尻"的姿势；箕踞即以臀部着地，两腿向前平伸如箕状。蹲居和箕踞是东夷人和夏人的习惯，在商代似乎比跪坐更为流行，跪坐是尚鬼的商人统治阶级的起居法，演习成一种供奉祖先、祭祀神灵以及接待宾客的礼貌。周朝人商化以后，加以光大，发扬成了"礼"的系统，奠定了三千年来中国"礼"教文化的基础。跪坐是这一礼教系统的核心前半期的"染色体"。"但到了南北朝以后，就变质了"。② 因为没有椅子，魏晋之前均为席地而坐，秦汉时期人们坐卧起居都用席。席一般以蒲草或蔺草编成，汉代也流行竹席，精细者称为"簟"。贵族之家非常重视座席，往往装饰华丽，甚至以犀角、玳瑁、象牙装饰。坐席有一定规矩，尊者有专席，座次以东向西为尊。座席一般像现在的跪一样，屈足向后，以膝抵席，臀部依在脚后跟上。富人不坐席，而坐榻。榻是一种小床，但床高榻低，床宽大，榻狭小，多一人用，也有双人用的。坐榻与坐席一样，也是跪坐。榻可以待客，各坐榻，中间放食案。席地而坐有坐、跽坐和箕股等不同坐法。古代坐的姿势很讲究，表示着对人的态度。一般的坐就是屁股放在脚后跟上；如果想表示敬意或被对方所震动，臀部离开双足称为跽，就是跪着，由坐而跽，表示尊敬、警惕。箕股是一种不雅的坐姿，又称箕踞、箕倨，臀部着地，两腿或弯曲，以足底着地，或伸开双腿，状如簸箕。《汉书·张耳传》记载："（汉）七年，高祖从平城过赵，赵王旦暮自上食，体甚卑，有子婿礼。高祖箕踞骂詈，甚慢之。"颜师古注："箕踞者，谓申两脚其形如箕。"③ 这种坐姿，代表着轻视、傲慢、鄙视、甚至仇视。古人不穿内裤，一旦伸开双腿坐，私处就会暴露给对方看，这很

---

① 刘森林：《中国家具》，上海古籍出版社1998年版，第100页。
② 李济：《跪坐蹲居与箕踞——殷商石刻研究之一》，《历史语言研究所集刊》（24），1953年，第283—301页；收入《李济考古论文集》，文物出版社1985年版。
③ 《汉书》卷32《张耳传》，第1839、1840页。

不雅，是对对方的不尊重，被视为无礼。《韩诗外传》记载："孟子妻独居，踞，孟子入户视之，白其母曰：'妇无礼，请去之。'母曰'何也？'曰：'踞。'其母曰：'何知之？'孟子曰：'我亲见之。'母曰：'乃汝无礼也，非妇无礼。礼不云乎，将入门，将上堂，声必扬；将入户，视必下。不掩人不备也。今汝往燕私之处，入户不有声，令人踞而视之，是汝之无礼也，非妇无礼也。'于是孟子自责，不敢去妇。"① 孟子的妻子因于燕私处踞，才不被视为无礼。荆轲刺秦王失败，在他临死时，挣扎着靠在柱子上，用箕股这种坐姿，面对秦王羞辱之。②《史记·高祖本纪》记载："郦食其谓监门曰：'诸将过此者多，吾视沛公大人长者。'乃求见说沛公。沛公方踞床，使两女子洗足。郦生不拜，长揖，曰：'足下必欲诛无道秦，不宜踞见长者。'于是沛公起，摄衣谢之，延上坐。"③ 刘邦因踞而接见长者，则被视为无礼。

从目前所见考古资料和实物图像来看，胡床最早见于西亚、北非的古代文明，埃及可能是其最早的起源地。古代埃及人已经知道制作和使用可以折叠的坐具和卧具，这类家具在古埃及很流行。埃及古王国时代第三至第六王朝（约前2686—前2181年），埃及初期王朝，甚至王朝以前的埃及，已经流行折叠凳、矮凳、长床和桌子等家具，形制简洁，装饰朴素。其中的折叠凳即被中国人称为胡床的坐具，四条腿如剪刀状，分两组交叉。其上蒙以皮草座位，脚部常施以鸭嘴形雕刻装饰。新王国时期，尤其是第十八王朝（前1567—前1320年）时期是埃及家具的黄金时代，家具种类繁多，形制各异，装饰精美，技艺精湛。折叠凳在其日常生活中占有重要地位，开罗的博物馆也藏有当时的珍品。十八王朝末期法老图坦卡蒙的墓室，国王床下置有矮小而精致的胡床，是所知世界上最早的胡床实物，左右有两对相交叉的腿，有交叉点，可折叠。④ 开罗博物馆图坦卡蒙陈列室展出有这种可折叠的床凳。⑤ 在大英博物馆收藏的古代埃及晚期绘

---

① （汉）韩婴：《韩诗外传》卷9，《汉魏丛书》，吉林大学出版社1992年版，第62页。
② 李忠民：《从胡床到圈椅》，《中华遗产》2011年第6期。
③ 《史记》卷8《高祖本纪》，第358页。
④ ［日］下中弥三郎编集，『世界美術全集』四、〈古代エジプト〉、東京：平凡社，昭和二十八年（1953）初版，図158 トゥト・アンク・アモン王の玉座、テーベ出土；図213 "折叠式寝台"，第18王朝，p.98. カイロ，エジプト美術館，1922年出土。参见［英］保罗·G.巴恩主编《剑桥插图考古史》，郭小凌、王晓秦译，山东画报出版社2000年版，第191页图版。
⑤ ［埃及］穆斯塔法·埃尔—埃米尔：《埃及考古学：埃及古代建筑、雕刻与绘画》，林幼琪译，科学出版社1959年版。图版四十九。

画中有动物寓言的幽默画，其中有与雄狮对坐的袋鼠样动物（有人认为是山羊），坐在一个两腿交叉可以折叠的坐具上，是较早的胡床图像。[1]美国都市博物馆（今纽约大都会美术馆）收藏的埃及第十二至十八王朝时的家具中，有这类折叠凳，与我们现在所看到的马扎形制完全相同。[2]两河流域的古代文明与埃及关系密切，折叠凳出现也很早。埃及家具制造的木材以西亚地区为主要源地，埃及编年史记载，埃及十四王朝的某位国王曾一次从腓尼基运来四十船雪松。公元前2371年，阿卡德城的国王萨尔贡一世征服阿卡德地区，建立了统一的阿卡德国家。又经过三十四次战争，征服两河流域的苏美尔城邦，第一次统一了巴比伦尼亚地区。约公元前2230年，被东北地区的库提人攻灭。约在前2150年，乌鲁克人赶走库提人，建立乌尔第三王朝（前2113—前2006年）。至迟在这个时期，两河流域从埃及传来折叠凳的技术和木材加工技术，商业贸易带来了腓尼基的上等木材。两河流域曾出土公元前2000年"坐折叠凳弹奏箜篌者"石雕，生动地再现了古代美索不达米亚地区的折叠凳。奏者抱一竖箜篌，端坐在类似于软屉坐面的折叠凳上，两足垂地，凳面铺以革皮。公元前8世纪，兴起于伊朗高原西部的亚述帝国达到最盛时期，提格拉·比利萨（前747—前727年）和后来的萨尔贡二世（前721—前705年），利用当时两河流域及西亚其他地区许多国家相继衰落或灭亡的有利条件，先后征服了小亚细亚东部、叙利亚、腓尼基、以色列和巴比伦，摧毁乌拉尔图强国，至公元前7世纪，亚述又征服埃及，摧毁埃兰，在历史上第一次统一了西亚和北非，成为一个地跨亚、非的大帝国。折叠凳在这时被征服者所使用，在萨尔贡二世为自己所建的神殿上，可以看到雕刻着"向胜利者献贡品"的场面，其中国王端坐于折叠凳上，双足垂地，踩一脚踏，向被征服者作训示状，凳足稍呈弧线，前面恭立着被征服地区的代表，向国王贡献礼品。[3]公元前550—前330年，波斯帝国阿契美尼德王朝统治了古代中亚、西亚和埃及，中亚和西亚、北非各民族间的商业和文化联系进一步加强，大流士进攻欧洲，折叠凳于此时传入欧洲。希腊古代艺术品中

---

[1] ［日］下中弥三郎编集：『世界美術全集』四、〈古代エジプト〉、東京：平凡社，昭和二十八年（1953）初版，図139 動物戯画"、パピルス末期（古王国時期），ロンドン博物館；［埃及］穆斯塔法·埃尔—埃米尔：《埃及考古学：埃及古代建筑、雕刻与绘画》，图版四十二。

[2] ［埃及］穆斯塔法·埃尔—埃米尔：《埃及考古学：埃及古代建筑、雕刻与绘画》，图版四十九。

[3] ［日］土方定一编集：『大系世界の美術』二、〈古代西アジア美術〉、学習研究社，1980年初版刊行。

出现较多胡床图像,屉面上未见绷绳的痕迹,与古埃及同属硬屉。① 古希腊陶瓶图画《美狄娅把老公羊变成羊羔》《因愤怒而拒绝出战的阿基琉斯》《燕子喻春图》(约公元前 5 世纪)等,皆有硬屉型折叠凳。② 亚历山大东征,将波斯(包括亚述)、希腊的生活习惯和风俗带至中亚。经过一段时间的消化、吸收,特别是安息和贵霜时期,东西方文化的交流进入了一个新的阶段。张骞出使西域以后,丝绸之路正式形成,伴随着中国丝绸大量输入西方,中国也从西域获得葡萄、苜蓿、胡麻、胡豆、大蒜、胡瓜、胡桃等植物和良马、狮子、骆驼等动物,也传来胡乐、胡舞和印度的佛教,还有各种器物。胡床或这种折叠凳的制作技艺也从中亚地区和西北游牧民族那里传来,受到汉灵帝的喜爱。③

中国文献中的"胡床"经由丝绸之路传入我国。至于它如何传来,还有待研究。中国与非洲交往源远流长,但有人上溯至周穆王时却并不可靠。西晋太康二年(281 年),魏襄王墓被盗,墓中发现 13 篇以编年体形式写在竹简上的古书,史称《竹书纪年》。这本存在争议的古书中有一个故事,周穆王登基十七年后(约前 10 世纪),远征昆仑山,拜会了"西王母"。"西王母"是何许人?一般认为是塞族首领。但 20 世纪初西方学者福克提出一个大胆的观点,这个"西王母"有可能是非洲历史上的示巴女王。根据中国史籍记载,公元前 108 年,罗马帝国曾向汉武帝赠送过产自非洲索马里或埃塞俄比亚的"花蹄牛"。西汉年间,长安百姓所烧的"天下异香",亦产自非洲。据《汉书》记载,西汉平帝元始二年(2 年),王莽辅政,曾有"黄支国"进献犀牛。荷兰学者戴闻达在《中国人对非洲的发现》中说,西方学者断言,这个"黄支国"就是今天的东非国家埃塞俄比亚。而《汉书》中的这条记载,是目前有史可查的中国与非洲正式交往的最早记录。公元 97 年,东汉政府的西域都护班超派遣特使甘英出使罗马。甘英的使团最远到达了阿拉伯半岛,但最终没能走到罗马。东汉使团的出现引起了非洲国家兜勒(位于厄立特里亚)政府的注意。据《后汉书·和帝本纪》记载,兜勒后来主动向东汉派遣了代表团,东汉政府对代表团以礼相待,"赐其王

---

① 杨代欣:《中国家具收藏与鉴赏》,巴蜀书社 2000 年版,第 347 页附录、插图。
② [俄]库恩:《古希腊的传说和神话》,秋枫、佩芳译,生活·读书·新知三联书店 2002 年版,第 250、283 页。
③ 暨远志:《胡床杂考——敦煌壁画家具研究之三》,《考古与文物》2004 年第 4 期。

金印紫绶"。这是有史可查的非洲国家第一次向中国派遣外交使团的记载。① 以上关于中国与非洲早期交往的研究多不靠谱,其引证的史料大多出于传说,有的存在争议,难可信据。胡床传入中国未必是直接交往中得到的。那时中国可能并没有和非洲发生直接的联系,这种胡床很可能是通过辗转传递进入中亚、西域和中国西北游牧民族地区,又在汉朝与这些游牧民族的交往中获得的。

胡床的引进,造成汉人坐姿的变化,这是由席地跪坐转变为垂脚高坐的开始。随着坐姿的变化,坐具发生一系列变化,出现了许多新的坐具。但胡床这一简便舒适的坐具为人们所喜爱,它一边与绳床结合,改造成交椅,进入家居生活中,另一方面仍以折叠凳的形式见于野外或临时性的场合,直到如今仍是人们生活中常用坐具。虽然后世中国人的坐具不断发生变化,最早传入之胡床的形制及其使用并没有断绝。时至今日,我们仍能看到最原始形制的胡床在生活中的应用。

## (二)

胡床的传入对中原地区人民的思想观念和生活方式有重大影响。东汉灵帝时引进"胡床",开始改变了中国人的坐具和坐姿。胡床的引进让人感受到垂脚高座的舒适,在生活中席地而坐的规矩渐渐被打破,造成垂脚高坐和高坐具的流行。在中国传统文化中,坐姿是一个重大问题。李济说:"跪坐习惯在中国日常生活中被放弃,大概起源于胡床之输入,以及东来佛教僧徒跏趺的影响;但是全部的遗忘,却是交椅流行以后的事。"② 朱大渭指出,殷周时期中国人一般是"席地而坐",在地面上铺上席子,人们跪坐在席子上。铺席很讲究,宫廷、官员和普通人家铺的席子质地不同,有荐席、竹席和象牙席等,种类繁多。铺席而坐讲究规矩,"席不正不坐",入室要脱鞋子,座席要讲尊卑次序,坐时要讲究坐姿,双膝跪地,臀部压在足后跟上。忌讳箕坐。坐时两腿平伸向前,上身与腿成直角,形如箕,称为箕坐,是一种不尊礼节的坐姿。汉代开始盛行坐床、榻,在床、榻上仍为跪坐。③ 藤田丰八据近代拓印及影印的汉画像石指

---

① [荷兰] 戴闻达:《中国人对非洲的发现》,胡国强、覃锦显译,商务印书馆1983年版。
② 李济:《跪坐蹲居与箕踞》,《历史语言研究所集刊》24,1953年,第283—301页;《李济考古论文集》上,文物出版社1985年版。
③ 朱大渭:《中古汉人由跪坐到垂脚高坐》,原刊于《中国史研究》1994年第4期,收入氏著《六朝史论》,中华书局1998年版,第37—39页。

出，汉人仍保持跪坐姿势。① 魏晋南北朝时期由于儒学名教的动摇，一部分清谈名士和隐者突破了跪坐而蹲踞，尚未汉化的各少数民族不识礼教，本来就是蹲踞，但人们的坐姿一般仍属守传统的跪坐。② 因此，在胡床传入之前和之后的汉魏六朝时，中国人主要的坐具或为坐卧一体的"床"，如汉末乐府诗《古诗为焦仲卿妻作》中的"搥床便大怒"；或为专做坐具的"榻"，如唐代王勃《滕王阁序》用汉代典故："徐孺下陈蕃之榻。"③ 其坐姿虽有垂脚而坐的，但一般都是跪坐，称为启、居（跽、踞），分危坐（将腰伸直，体位升高）与安坐（凭几而坐），两者都是两膝着地（席），臀部落在反铺的脚跟上。《诗经·采薇》："不遑启居，狁之故。"④ 唐代李商隐《贾生》诗写汉文帝："可怜夜半虚前席，不问苍生问鬼神。"⑤ 写的都是席地跪坐。

原始状态的胡床虽然轻便，受到人们喜爱，并不能取代正式的坐具，难登大雅之堂。胡床只是一种简单轻便的坐具，不能代替正式的坐具床、榻和席。出门携带的坐具亦非胡床一种，尤其席同样可以"放之可坐，敛之可收"，同样可以用于室外或临时陈设的坐具。南北朝以来的石刻画像中，可以看到携带席、凭几、隐囊（软性靠垫）和胡床的侍者。由于跪坐仍是主要坐姿，胡床并不是主要的坐具。胡床的推广在某种程度上体现出观念的突破。踞胡床被认为是不守礼法或比较随意的坐法，史书上记载汉灵帝好胡床，就包含着批评之意。但由于其垂脚而坐的舒适引起坐具的改制，对中国人坐姿、坐具的演进发挥了启示作用。魏晋南北朝时期是胡汉文化融合时期，胡床的流行是这个时代潮流中的一朵浪花。从上引文献记载和考古发现的资料来看，坐胡床已经形成普遍的社会风气，不论社会上层和下层都享受着胡床的便利。胡床构造简单，成本很低，普通百姓都能制作。有人认为胡床在"当时家具品类中是等级较高的品种，通常只有家中男人或贵客才有资格享用"。⑥ 这种观点未必符合历史实际，中国的史书记载的是帝王将相的历史，下层百姓的生活记载很少，但从上述

---

① ［日］藤田豊八，〈胡床につきて〉、『東西交渉の研究』（西域篇）、東京：萩原星文館、昭和十八年（1943）。
② 朱大渭：《中古汉人由跪坐到垂脚高坐》，原刊于《中国史研究》1994年第4期，收入氏著《六朝史论》，中华书局1998年版，第42—46页。
③ 《全唐文》卷181，中华书局1990年版，第814页。
④ （宋）朱熹集注：《诗集传》卷9，上海古籍出版社1980年版，第105页。
⑤ （唐）李商隐著，（清）冯浩笺注：《玉溪生诗集笺注》卷2，上海古籍出版社1979年版，第314页。
⑥ 胡德生：《古代的椅和凳》，《故宫博物院院刊》1996年第3期。

北魏末年尒朱敞的事例来看，胡床也进入了普通百姓的日常生活中。当然这有一个普及的过程，从汉灵帝好胡床，胡床在东汉宫廷中使用，到东汉首都洛阳流行，再到西晋时王公大臣普遍使用，再到南北朝时全社会流行，此后在中国历史上绵延不绝，直到今日我们仍然在生活中看到它的身影。

东晋十六国时，佛教日益流行，南北各地出现寺院林立的局面。佛寺僧院出现一种被称为绳床的坐具。有人认为绳床就是交床，这是需要分析的。在文献上，绳床开始出现于魏晋南北朝时期的佛经翻译中。东晋法显译《大般涅槃经》中有佛临终遗嘱铺绳床的记载。[1] 后秦三藏佛陀耶舍译《四分律比丘戒本》云："若比丘作绳床、木床，足应高如来八指。除入梐孔上，截竟若过者波逸提，若比丘作兜罗绵贮绳床、木床、大小蓐（褥）。"[2] 东晋时译的《佛说因缘僧护经》云："汝见肉绳床，实非是床，是地狱人。"[3] 此以肉绳床比喻入地狱的人。南朝刘宋时求那跋摩译《优婆塞五戒威仪经》云："三者念禅定，作此念已，便向绳床安详而坐，复作六念。"[4] 求那跋陀罗译《杂阿含经》也有佛临终遗言铺绳床的记载。[5] 此所谓绳床，似乎是把绳子系在数棵树上类似吊床的卧具。北齐昙景译《摩诃摩耶经》记载，佛临终嘱咐阿难："可安绳床而令北首，我今身体极大苦痛，入于中夜当取涅槃。""阿难受教，施绳床已，佛即就卧右肋着地。"[6] 佛经中的绳床与胡床不同，用绳子结于树上的称为绳床；有的绳床带有床脚、床下可以藏人，但与小巧的胡床也不同。后秦鸠摩罗什译《众经撰杂譬喻》云："便作方便入师绳床下，两手捉绳床脚。至时，与绳床具入龙宫。"[7] 鸠摩罗什译《梵网经》云："若佛子常应二时头陀冬夏坐禅结夏安居，常用杨枝、澡豆、三衣、瓶钵、坐具、锡杖、香炉、漉水囊、手巾、刀子、火燧、镊子、绳床、经律、佛像、菩萨形像。"[8] 又

---

[1] （晋）法显译：《大般涅槃经》卷2，《大正藏》第12册，No. 383，台湾新文丰出版公司1983年影印本，第1011页。
[2] （后秦）佛耶舍译，（唐）怀素集：《四分律比丘戒本》卷1，《大正藏》第22册，No. 1429，第1020页。
[3] 佚名者译：《佛说因缘僧护经》卷1，《大正藏》第17册，律部No. 749，第570页。
[4] （南朝·宋）求那跋摩译：《优婆塞五戒威仪经》卷1《大正藏》第24册，律部No. 1503，第1121页。
[5] （南朝·宋）求那跋陀罗译：《杂阿含经》第44卷，《大正藏》第2册，No. 99，第325页。
[6] （北齐）昙景译：《摩诃摩耶经》卷2，《大正藏》第12册，No. 383，第1011页。
[7] 《众经撰杂譬喻》卷1，《大正藏》第4册，No. 208，第533页。
[8] （后秦）鸠摩罗什译：《梵网经》卷2，《大正藏》第24册，律部No. 1484，第1007—1008页。

云："饮食供养、房舍、卧具、绳床、木床事事给与。"① 在坐具和卧具之外，又有绳床，说明绳床不同于单纯的坐具，也不同于单纯的卧具，而可以供坐禅和躺卧用。绳床是古印度佛教徒的坐具或卧具，不代表中国中原地区绳床的形制。绳床最早起源地也是埃及，埃及新帝国时代（前1567—前1085年）墓室出土过一把坐面屉由棕绳或藤、麻等物绷成的绳床。② 意大利现在还有"绳床"坐具，多为妇女用。③ 这种绳床大约是先传入印度，又从印度伴随着佛教传入中国。

中国人坐绳床的记载最早见于东晋十六国时，绳床是外来的坐具，佛教传入中国之前，未见有绳床的记载，绳床是伴随着佛教从印度传入的坐具。玄奘、辩机《大唐西域记》记载玄奘在印度的见闻："至于坐止，咸用绳床。王族、大人、士庶、豪右，装饰有殊，规矩无异。君王朝坐，弥复高广，珠玑间错，谓师子床，敷以细叠，蹈以宝机。凡百庶僚，随其所好，刻彤异类，莹饰奇珍。"④ 绳床传入中国，最早为僧人所用。东晋义熙十三年（417年），刘裕北伐，访高僧智严，"至严精舍，见其同止三僧，各坐绳床"。⑤《晋书·佛图澄传》记载佛图澄"与弟子法首等数人至故泉源上，坐绳床，烧安息香，咒愿数百言"。⑥ 南朝刘宋时求那跋摩"既终之后，即扶坐绳床，颜貌不异，似若入定"。⑦《北齐书·陆法和传》记载，陆法和"烧香礼佛，坐绳床而终"。⑧ 北齐林虑山洪谷寺释僧达"端坐绳床，口诵波若，形气调静，遂终于洪谷山寺"。⑨ 梁武帝时高僧释道仙"以天监十六年至青溪山，有终焉志也，便雉草止容绳床"。⑩ 北周益州多宝寺猷禅师"房后院壁图《九想变》，露置绳床，櫈被覆上"，后不知其踪，"唯绳床、坐褥存焉"。⑪ 敦煌莫高窟西魏第285窟窟顶北披

---

① （后秦）鸠摩罗什译：《梵网经》卷2，敦煌文献S.102号。
② 下中弥三郎编集，『世界美術全集』四、〈古代エジプト〉、東京：平凡社，昭和二十八年（1953）。
③ ［意］伊达洛·卡尔维诺：《一对夫妇的故事》，费慧如译，韶泉编《中外微型爱情小说》，山东文艺出版社1990年版，第342页。
④ （唐）玄奘、辩机原著，季羡林等校注：《大唐西域记校注》卷2，中华书局2000年版，第174页。
⑤ （南朝·梁）释慧皎：《高僧传》卷3，汤用彤校注，中华书局1992年版，第99页。
⑥ 《晋书》卷95《佛图澄传》，第2486页。
⑦ 《高僧传》卷3《求那跋摩传》，第109页。
⑧ 《北齐书》卷32《陆法和传》，第431页。
⑨ （唐）道宣：《续高僧传》卷16，郭绍林点校，中华书局2014年版，第572页。
⑩ 《续高僧传》卷26，第1012页。
⑪ 《续高僧传》卷27，第1012页。

有僧人坐禅图，坐具坐面为编织成网状形软屉，应当是僧人常坐的绳床。① 僧人坐绳床，而且往往坐绳床而终，几乎形成惯例和传统，可能与佛祖卧绳床涅槃有关。

从文献记载和图像资料可知，古代印度和东晋南北朝以来僧人可以坐卧的绳床比胡床或交床形体要大。上引《大唐西域记》记载印度君臣上下坐的绳床装饰华美，同书"大雪山龙池及其传说"又记载："昔健驮逻国有阿罗汉，常受此池龙王供养，每至中食，以神通力并坐绳床，凌虚而往。侍者沙弥密于绳床之下攀援潜隐，而阿罗汉时至便往，至龙宫，乃见沙弥。"② 侍者能潜隐于床下，此绳床需足够高大。《太平广记·纪闻》"洪昉禅师"故事云，洪禅师应鬼王之邀赴鬼府，"昉从之，四人乘马，人持绳床一足，遂北行"。③ 禅师坐于绳床，四人乘马各持绳床之一足，显然绳床必须足够大才行。同书卷二九九引《异闻录》，后土夫人嫁韦安道，拜见舅姑，"左右施细绳床一，请舅姑对坐"。④ 这种婚姻大礼上坐之接受新妇礼拜的坐具，显然也不是简易的胡床，应该具备一定的高度。这些说明印度的和唐代的绳床都较胡床高大。但有人说交床"又称绳床"。宋人程大昌认为绳床即胡床。《资治通鉴》记载，唐穆宗长庆二年（822年）十二月，"见群臣于紫宸殿，御大绳床"。胡三省注引程大昌《演繁露》云："今之交床，制本自虏来，始名胡床，隋以谶有胡，改名交床。唐穆宗于紫宸殿御大绳床见群臣，则又名绳床矣。"⑤ 程氏的这种说法有误，胡三省曾进行辨析："余按交床、绳床，今人家有之，然二物也。交床以木交午为足，足前后皆施横木，平其底，使错之地而安；足之上端，其前后亦施横木以平其上，横木列窍以穿绳絛，使之可坐。足交午处复为圆穿，贯之以铁，全省之可挟，放之可坐；以其足交，故曰交床。绳床，以板为之，人坐其上，其广前可容膝，后有靠背；左右有托手，可以阁臂；其下四足著地。"⑥ 胡氏纠正了程大昌的说法，据他的描述，交床乃胡床的原始形制，汉代胡床足交午处是否贯之以铁却不见记载，有物贯之是必然的。胡三省说的绳床显然是四足直立，有扶手的椅子，与胡床不是

---

① 此窟有"大同（统）"四年和五年题记。参见杨森《敦煌壁画家具图像研究》，第115、119页。
② （唐）玄奘、辩机原著，季羨林等校注：《大唐西域记校注》卷1，第149页。
③ 《太平广记》卷95，中华书局1961年版，第631页。
④ 《太平广记》卷299，第2377页。
⑤ 《资治通鉴》卷242，胡三省注，中华书局1956年版，第7822页。
⑥ 同上。

一回事，与典型的绳床也不是一回事，因为"以板为之"，已经失去绳床最基本的特征，即用绳编织成软屉面的坐具。程大昌的说法亦非全无道理，既然胡床是"横木列窍以穿绳"成为坐面，则胡床也可被称为绳床，宋代的情况大概如此。这样看来，程大昌认为交床即绳床，这话并非全错，绳床本另是一物，但以绳结为软屉面的胡床或交床有时也被称为绳床。唐穆宗所御之大绳床，应该是大型号的带有靠背的绳床。

从相关记载和图像资料来看，绳床的主要特征是软屉面即用绳织成的坐面，另有搭脑（最上的横梁）、靠背和扶手。敦煌莫高窟西魏第285窟窟顶北披左下角壁画的绳床，有搭脑和扶手。画面上因为有坐者的遮挡，是否有靠背不可知。这种绳床至唐代吸收了胡床或交床的技巧，有所改进。这种改进可能在唐玄宗时期。宋人陶榖《清异录·陈设门》云："胡床施转关以交足，穿便绦以容坐，转缩须臾，重不数斤。相传明皇行幸频多，从臣或待诏野顿，扈驾登山，不能跂立，欲息则无以寄身，遂创意如此，当时称逍遥座。"① 从陶榖的描写来看，所谓逍遥座与汉代初传入的胡床无甚差异。胡床从汉末以来是众所周知的坐具，陶榖不可能不知道并非唐玄宗时才有的东西，玄宗行幸时的坐具定然是经过侍臣们的改进以后的产物。其改进可能是胡床和绳床的结合，这种坐具的软屉面是两者都具备的，但上部有靠背，是绳床的特点；下部床腿相交叉可以折叠则是胡床的技术。既携带方便，又垂坐舒适，故称"逍遥座"。清康熙间陈元龙《格致镜原》引《事物绀珠》云："逍遥座，以远行携坐，如今折叠椅。"② 称之为"椅"（倚），表明有靠背，而折叠椅就是交椅。故宋人认为绳床即交床，交床即交椅，是玄宗时代首创的。这种认识又是说对了一半。原始状态的交床仍然存在，唐玄宗时的"逍遥座"因为具有折叠功能，也被叫作交床。又因为逍遥座带有软屉面，又被称为绳床。因为带有靠背，可以倚靠，带有交叉的腿可以折叠，故又称交椅。宋王观国《学林》云："绳床者，以绳贯穿为坐物，即俗谓之交椅也。"③ 敦煌藏经洞发现的文书P.3878《己卯年（979）都头知军资库官张富高并判凭》（十三）记载："军资库司/伏以今月六日造绳床索子麻贰斤，未蒙判凭，伏请处分。/己卯年十二月日都头知军资库官张富高。/为凭九日（鸟

---

① （宋）陶榖《清异录》卷下《陈设门》，景印《文渊阁四库全书》第1047册（子部三五三，小说家类），台湾商务印书馆1983年版，第898页。
② （清）陈元龙：《格致镜原》卷53，《文渊阁四库全书》本（子部），第7页。
③ （宋）王观国：《学林》，《丛书集成初编》第301册，中华书局1985年版，第111页。

印）。"① 可知其地用麻绳制作绳床。

　　胡床和绳床结合而成的逍遥座是唐玄宗时改进而成的。有人判断逍遥座是带有靠背的胡床②，有一定道理。曾维华指出，文献中所载唐代使用绳床的情况，似乎在唐明皇之前的，均为"坐"，而无"倚"或"卧"的。而在唐明皇在位的后期，或唐明皇之后，则出现了"倚"或"卧"的现象。③ 李白《草书歌行》诗写怀素："吾师醉后倚绳床，须臾扫尽数千张。"④ 张籍《题清彻上人院》诗："过斋长不出，坐卧一绳床。"⑤ 钱起《避暑纳凉》诗："木槿花开畏日长，时摇轻扇倚绳床。"⑥ 这很可能反映一个史实，即唐明皇时对胡床进行了改进，增加靠背，成为既可坐，又可"倚"或"卧"的形式。这种家具的具体形制在唐代的实物或图像资料中尚未发现，很可能类似宋《清明上河图》赵太丞家案前所设的家具，与现今折叠式躺椅相近。由此可证陶毂所记是有一定可靠性的。这种被称为"逍遥座"带靠背的绳床在唐代还发生了一个新的变化，其靠背部分开始可能较高，后来降低了高度。唐李匡义《资暇集》卷下"承床"条云："近者绳床皆短其倚衡，曰'折背样'，言高不及背之半，倚必将仰。脊不违纵，亦由中贵人创意也。盖防至尊赐坐，虽居私第，不敢傲逸其体，常习恭敬之仪。士人家不穷其意，往往取样而制，不亦乖乎！绳床当作承字，言轻贱，可随人来去。"⑦ 这种靠背较矮的绳床被称为"折背样"。折背样在宋代依然流行，容易后仰，坐者必须端坐才安稳，背靠时可能后仰倒地。宋人杨万里《诚斋诗话》记载："东坡谈笑善谑。过润州，太守高会以饷之。饮散，诸妓歌鲁直《茶》词云：'惟有一杯春草，解留连佳客。'坡正色道：'却留我吃草。'诸妓立东坡后，凭东坡胡床者，大笑绝倒，胡床遂折，东坡堕地。"⑧ 苏轼坐的胡床，歌妓可以"凭"，即可以靠，说明此胡床有靠背，这样的胡床也可以叫作倚床、交倚、交椅、校椅等。苏轼坐的胡床又这样容易倒地，可能就是折背样的坐具。

---

① 杨森：《敦煌壁画家具图像研究》，民族出版社 2010 年版，第 120 页。
② 胡德生：《古代的椅和凳》，《故宫博物院院刊》1996 年第 3 期。
③ 曾维华：《论胡床及其对中原地区的影响》，《学术月刊》2002 年第 7 期。
④ 瞿蜕园、朱金城：《李白集校注》卷 8，上海古籍出版社 1980 年版，第 587 页。
⑤ 《全唐诗》卷 384，中华书局 1960 年版，第 4320—4321 页。
⑥ 《全唐诗》卷 239，中华书局 1960 年版，第 2671 页。
⑦ （唐）李匡义：《资暇集》卷下，辽宁教育出版社 1998 年版，第 32 页。
⑧ （宋）杨万里：《诚斋诗话》，（清）丁福保辑：《历代诗话续编》上，中华书局 1983 年版，第 149 页。

朱大渭指出，引起中国人垂脚高座的坐具，除了胡床、绳床之外，还有一种佛教僧人垂脚坐的"小床"。佛教从两汉之际传入中国，僧人坐卧起居有独特的方式。魏晋南北朝时期佛教大发展，佛教徒结跏趺和垂脚坐，在寺院中广泛流行。佛教初传入中国时，僧人垂脚坐小床吃饭，寺院普遍使用高足小床。可能由于胡床以及佛教寺院所用小床的启示，东晋南北朝时出现了一种称为小床的专门坐具。根据敦煌壁画和唐初阎立本《帝王图》所保留的珍贵资料，可以进一步认识东晋南北朝小床形制以及人们的坐姿。《帝王图》中三位陈代皇帝所坐三类小床的形体高低以及敦煌壁画中的圆、方两种高足小床，应是东晋南北朝和十六国北朝寺院和世俗所坐小床的典型形制，这是人们由床、榻跪坐向小床垂脚坐的转变期。小床的形制可能是多样的，人们在小床上的坐法则是垂脚坐、盘腿坐和跪坐并存，而垂脚坐和盘腿坐当为主要坐姿。僧人垂脚高坐曾引起儒家学者的抨击，以为不合传统的跪坐礼俗，在庄严郑重的场合汉人跪坐仍占主流，但由跪坐向垂脚坐的发展已成为不可抗拒的潮流。[①] 唐末五代时传统坐具床、榻表现出由低向高发展的趋势，例如唐代的敦煌壁画中出现了高足坐床，人物已采用在床沿垂脚高坐的新坐姿。十六国北朝敦煌壁画中偶尔见到的束腰圆凳和方凳，在唐五代敦煌壁画中常见，便是这种潮流感的体现。

因为带有靠背的绳床可以倚靠，故又称为"倚床"。《太平广记》引《广异记》"仇嘉福"条："贵人当案而坐，以竹倚床坐嘉福。"[②] 又引《广异记》"李参军"条，李参军到萧公宅，"二黄门持金倚床延坐"。[③] 其名称由倚床演变为"倚子"，由倚子又改写为"椅子"。椅子最早出现在埃及，带靠背的绳床出现，可能是受到通过丝绸之路传入的西域椅子形制的启发。唐贞元元年（785 年）刻《济渎庙北海坛祭器碑》碑阴刻所置器具《杂器物铭》："连心床一张，四尺床子八，绳床十（内四倚子）。"[④] "内四倚子"四字，原为小号字附注"绳床十"之后，意即包括在十把绳床之内。这不仅说明中唐时椅子写作"倚子"，而且是倚子（椅子）和绳床的名称共用的时期，绳床中带靠背的叫作"倚子"。中唐时已经被写作"椅子"。唐宪宗时，段文昌在西川节度使刘闢幕府任僚佐，高崇文说他："君非久在卑位也。"指己座下椅子谓之曰："此椅子犹不足与

---

① 朱大渭：《中古汉人由跪坐到垂脚高坐》，《中国史研究》1994 年第 4 期。
② 《太平广记》卷 301 引《广异记》，中华书局 1961 年版，第 2391 页。
③ 《太平广记》卷 448 引《广异记》，第 3667 页。
④ （清）王昶：《金石萃编》卷 103，中国书店 1985 年版，第 103 页。

君坐，遽请归阙。"① "椅"，原为树名，东汉许慎《说文解字》云："梓也，从木奇声，于离切。"② 西汉史游《急就篇》："梓，楸类也，一名椅。"③ 可见，椅原为树名，把有靠背的绳床或倚子叫椅子，为借字。倚是本字，靠的意思，有靠背可倚靠。绳床因其靠背而称倚床、倚子和椅子。但把绳床径称为倚床、倚子或椅子，又对又不对，因为只有四腿直立的绳床才是典型的倚床、倚子或椅子，而床腿相交可以折叠者准确的叫法应该还是"交椅"。

敦煌莫高窟西魏第285窟壁画中的绳床已经属于椅子的范畴，真正的椅子在唐代才出现，既是从绳床和胡床的结合发展而来，又是借鉴外来坐具形制而形成的新坐具。椅子在埃及起源很早，埃及人早在古王国时代（前2686—前2181年）就发明了被中国人称为"胡床"的折叠凳、黄金宝座（中国古代称"金狮床"）、椅子（中国古代称"绳床""倚床"）等坐具。后来两河流域的古巴比伦人、亚述人和欧洲希腊人都由于地缘相近而从埃及传入这类坐具。古代埃及和西亚有不少椅子实物和图像资料传世，杨森根据已经发表的材料进行了细心梳理。④ 根据杨森的研究，古埃及家具起源可追溯至古埃及第三王朝时期（约前2686—前2613年）。继古埃及之后，古希腊、西亚和两河流域都出现了椅子。在古埃及第十八王朝图坦阿蒙法老（约前1358—前1348）的陵墓里，发现了十分精致的床、椅和宝石箱等家具。其造型严谨工整，脚部采用模仿牛蹄、狮爪等兽腿形式的雕刻装饰，表面经过油漆和彩绘，或用彩釉陶片、石片、螺钿和象牙作镶嵌装饰，纹样以植物和几何图案为主。古埃及家具的用料多为硬木，座面用皮革和亚麻绳等材料，结构方式有燕尾榫和竹钉。出自西亚的一件泥塑女神像，现藏土耳其安卡拉博物馆，属公元前7000年时期的作品，女神坐在椅子形的宝座上，两手放在兽背形扶手上。⑤ 约公元前40至前30世纪末的苏美尔时期的《拉格什纪事石板》上，刻有靠背与扶手连为一体的椅子图像。⑥ 此后古代希腊、波斯等地也相继有椅子出现。希腊青

---

① （五代·南唐）尉迟偓：《中朝故事》，《文渊阁四库全书》第1035册，子部小说家类，上海古籍出版社2003年影印本，第818页。
② （汉）许慎：《说文解字》（六），中华书局1963年版，第115页。
③ （汉）史游：《急就篇》卷3，《丛书集成初编》第1052册，中华书局1985年版，第243页。
④ 杨森：《敦煌壁画家具图像研究》，民族出版社2010年版，第128—131页。
⑤ 邹文主编：《世界艺术全鉴》（外国雕塑经典），人民美术出版社2000年版，第9页，图14。
⑥ 朱龙华：《伊拉克共和国的古代文物》，《文物参考资料》1958年第9期，第40页，图六。

铜时代早期文化基克拉泽斯文化遗址（约前3500—前1900年）克罗斯岛出土一尊弹竖琴者大理石雕像，弹琴者坐在一把有靠背、四足呈眼镜形的椅子上，垂脚倚坐。雅典考古博物馆藏有公元前400年左右赫格索墓碑上雕出的座椅。古希腊的座椅造型呈现优美曲线的自由活泼的趋向，更加优美舒适。家具的腿部常采用建筑的柱式造型并采有旋木技术，如古希腊的软凳，其垫面不像古埃及的那样遵循习惯做成凹形，而是略微有些凸起，软座面在人就座后自然会有一定的下沉量。如果像古埃及那样不考虑这个下沉量，可能坐上后会产生不适感。公元前5世纪以后，古希腊家具出现了新的形式，典型的就是被称为"克里斯莫斯"的希腊椅子，采用优美的曲线形椅背和椅腿，结构简单、轻巧舒适。家具的表面施以精美的油漆，装饰图案以在蓝底上漆画的棕榈带饰的卍字花纹最具特色。西亚苏美尔人的琉璃圆柱印章雕刻《喝啤酒的苏美尔人》（约前2600年），现藏大英博物馆，其上有六个矮靠背椅子图像。[①] 埃及第十一王朝中王国（前2133—前1991年）时期的一个石棺浮雕上，刻画有扶手的靠背椅子，腿间有一枨。[②] 第十八王朝图坦卡蒙王陵（前1352年）出土一件被称为"黄金宝座"的椅子。[③] 第十八王朝图坦卡蒙王陵中王座背部有一女子坐一靠背和屉上铺一块软垫的兽足椅子图像。[④] 同时代的墓葬中出土过多件椅子实物，有一把全木质靠背为四根竖板条，四足有枨的纯木椅子。[⑤] 公元前14世纪巴比伦时期的一位国王雕像，国王坐在一把兽足的靠背椅上，

---

① 邹文主编：《世界艺术全鉴》（外国雕塑经典），第209页，图272。
② [日] 下中弥三郎编集，『世界美術全集』四、〈古代エジプト〉、東京：平凡社，昭和二十八年（1953）初版，図107，カウアトの化粧（石棺浮雕）、テーベ出土、第11王朝、カイロ、エジプト美術博物館。
③ [日] 下中弥三郎编集，『世界美術全集』四、〈古代エジプト〉、図158，トット・アンク・アモン王の玉座、テーベ出土、第18王朝、カイロ、エジプト美術博物館。図159、トット・アンク・アモン王の玉座の背部、テーベ出土、第18王朝、カイロ、エジプト美術博物館；暨远志：《金狮床考——敦煌壁画家具研究之二》，《考古与文物》2004年第3期，第84页。
④ [日] 下中弥三郎编集，『世界美術全集』四、〈古代エジプト〉、図159トット・アンク・アモン王の玉座の背部、テーベ出土、カイロ、エジプト美術博物館；第98页，図212アメンヘテプ三世王女の椅子、第18王朝、カイロ、エジプト美術博物館。
⑤ [日] 下中弥三郎编集，『世界美術全集』四、〈古代エジプト〉、図162—163，椅子実物、ロンドン英国博物館；《世界艺术全鉴》（外国雕塑经典），人民美术出版社2000年版，第299页，图396《皇后阿赫特的黄金手镯》，约公元前1550年十八王朝时制作，1859年发现，藏埃及博物馆。图中有两幅矮背（未超过腰的高度）椅子图像。

脚下有脚踏。① 公元前 11 世纪左右（或 8 世纪），土耳其与叙利亚交界处的真吉尔里出土的墓碑上，刻有北叙利亚女王坐在椅子上，椅子形制与现代椅子完全一样。② 从此坐具看，公元前一千纪左右西方的椅子已经很完善。德国柏林国立美术馆收藏的公元前 6 世纪后半叶古希腊的陶板片，有两人各坐一把尖足靠背椅子。③ 出土于塔那格拉的古希腊陶土雕像《女神坐像》（前 580—前 560 年）取材于女神戴密嗒（或帕塞凤妮）故事，女神坐在带扶手的靠背椅上。④ 柏林考古博物馆收藏约公元前 480 年的《多里斯音乐课图》陶杯上，画有两人各坐一把四足椅子，平面画，仅见两足。⑤ 约公元前 440 年古希腊《白底陶绘细颈瓶》上战士之妻坐在细腿高靠背椅上。⑥ 雅典国家考古博物馆收藏的约公元前 410 年大理石《赫格索墓碑》上，墓主人端坐在四足椅子上，平面画，仅见两足，下有脚踏。⑦ 古希腊雅典娜剧场有"特别席"宝座式兽足靠背椅，与古埃及图坦卡蒙王陵出土实物"黄金宝座"式样相近。意大利庞贝古城中梅南得宅邸出土公元 1 世纪的青铜和木组合结构的躺椅，制作精良。庞贝古城诺兰门处出土一枚银质女神坐像，女神坐在带靠背的宝座上，脚下有脚踏。⑧

西方这种高脚带靠背的椅子在中国古代文献中有所反映。《魏书·西域传》记载，波斯国"其王姓波氏，名斯，坐金羊床。"⑨《隋书·西域传》记载，波斯国王坐"金狮子座"。⑩《旧唐书·西戎传》记载，波斯

---

① ［日］下中弥三郎编集，『世界美術全集』三、〈古代西アジア〉，図 93 王の貢物を受けるるエル神，ラスシャムラ出土，パリ（巴黎）ルーブル（卢浮宫）美術館。東京：平凡社，昭和二十八年。
② ［日］下中弥三郎编集，『世界美術全集』三、〈古代西アジア〉，第 61 页，図 108 聖餐の図、墓碑，ゼンジールリ（真吉尔里）出土，ベルリン（柏林）国立美術博物館藏。
③ ［日］下中弥三郎编集，『世界美術全集』五、〈ギリシア（希腊）〉Ⅰ，東京：平凡社，昭和二十九年，第 148 図陶板片エクセキアス筆，ベルリン（柏林）国立美術博物館藏。
④ 波奥提亚作，藏大英博物馆。见《世界艺术全鉴》（外国雕塑经典），第 41 页，图 55。
⑤ 章利国：《希腊、罗马美术史话》，人民美术出版社 1999 年版，第 68 页，图 38。
⑥ ［美］萨拉柯耐尔：《西方美术风格演变史》，欧阳英、樊小明译，浙江美术学院出版社 1992 年版，图录 23。
⑦ 黄正建：《唐代的椅子和绳床》，《文物》1990 年第 7 期，第 86 页，图二；章利国：《希腊、罗马美术史话》，第 80 页，图 47。
⑧ ［日］下中弥三郎编集，『世界美術全集』五、〈ギリシア（希腊）〉Ⅰ，東京：平凡社，昭和二十九年，第 47 页，図 81 "アテナイのディオニュソス劇場の特別席"。《读者欣赏》2007 年第 3 期，第 25 页《躺椅》，第 32 页《女神像》。
⑨ 《魏书》卷 102《西域传》，第 2271 页。
⑩ 《隋书》卷 83《西域传》，第 1856 页。

国王坐"狮子床"。① 这与西方古代王座扶手为兽首的实物图像资料是一致的。国王宝座实际上是椅子的豪华化而已，比之一般座椅加宽加高，再加上豪华装饰如金银珠宝之类。西方的座椅从埃及传至西亚、中亚、南亚和欧洲，沿丝绸之路传入我国，而以印度最直接。② 在汉地传说中，椅子是西周召公创造，还有汉武帝时"效北蕃作交椅"的说法③，因出于后世小说家言，不能作为信史。虽然最早发明椅子的是埃及，但带靠背的坐具之舒适性可能各地的人们都会自然想到并制作。汉代中原地区并未见椅子的文献记载和考古发现，但也有带靠背的坐具。长沙马王堆汉墓出土帛画，两个天国守门人都坐在一个有靠背的坐具上，但坐具底座很低，不能垂脚而坐。长沙砂子塘一号汉墓出土的漆奁外壁绘一坐具，三面围栏，似有靠背，人物跽坐其中。腿部极低，几乎看不出来，也不适于垂脚坐。这样的坐具基本符合了椅子上部的特征，同时适应当时人们坐姿的要求。这是中国带靠背坐具的早期形态。北朝时椅子图像已有不少发现。陕西长武昭仁寺北周时代的石刻图像上有一人坐一椅子的内容，靠背与人腰间似有靠垫，无扶手。莫高窟北凉第275窟交脚弥勒的方形墩两边各塑一狮子的坐具，被人们称为"扶手靠背椅"。北魏第251窟、第260窟《说法图》中佛倚坐的宝座也被称为"扶手靠背椅"。④ 隋末唐初的第372窟北壁《说法图》，佛陀倚坐在一豪华靠背宝座上。⑤ 但从严格意义上来说，这些都不是日常生活坐具，只是佛和菩萨的宝座。

西方的椅子传入中国有迹可循。20世纪初，英国学者斯坦因在新疆和田尼雅古城遗址发现三把木椅残件，同时出土的有晋武帝泰始五年（269年）木简，当为晋代产品。据斯坦因《西域考古图记》描述："靠椅，椅腿作立狮形，扶手作希腊式的怪物"，"雕刻的装饰意境都是印度西北边境省希腊式佛教雕刻中所常见的"。⑥ 这把靠椅装饰体现的是犍陀罗艺术风格。新疆库车克孜尔石窟北朝壁画上有双人四足靠背椅子。⑦ 这些说明西方的靠背椅子在魏晋南北朝时期已经为西域中国人所认识，他们

---

① 《旧唐书》卷198《西戎传》，第5311页。
② 翁同文：《中国坐椅起源与丝路交通》，《东洋研究》1984年第1期，第9页。
③ （明）董斯张：《广博物志》第39卷，江苏广陵古籍刻社1990年影印本，第304页。
④ 李宗山：《中国家具史图说》，湖北美术出版社2001年版，第231页，Ⅳ图一。
⑤ 杨森：《敦煌壁画家具图像研究》，民族出版社2010年版，第132页。
⑥ [英]奥雷尔·斯坦因：《西域考古图记》卷4，中国社会科学院考古研究所主持翻译，广西师范大学出版社1999年版，第47页，XLVII.《雕刻木椅及其他各种木雕》L. B. III. I.
⑦ 杨森：《敦煌壁画家具图像研究》，民族出版社2010年版，第144—145页。

已经接触到高脚靠背椅，只是由于受中国人的传统坐姿习惯影响，这种坐具尚未为当时人普遍接受。唐代是中外文化交流达到高潮的时期，适应中国家具形态的变化，西方的椅子形式可能就是在这种潮流中从西域引进，又综合了胡床、绳床以及木结构建筑等技术因素而形成了唐代的椅子形式，这从唐代椅子又被称为倚床、交椅、绳床等也可以看出。从各种史料判断，中唐时已有四腿直立带靠背的椅子，这种椅子已无胡床可折叠的功能。如上引唐贞元元年（785）刻《济渎庙北海坛祭器碑》碑阴刻所置器具《杂器物铭》提到"倚子"，包括在绳床之中。宋人王谠撰《唐语林》记载，颜真卿奉朝廷之命出使淮西，预料将为叛将李希烈所害。为了表明自己身体健康，不会因病而死，"立两藤倚子相背，以两手握其倚处，悬足点空，不至地三二寸……数千百下"。① 倚子，即椅子。《中朝故事》记载高崇文说段文昌的话，已经使用了"椅子"二字。日僧圆仁《入唐求法巡礼行记》记载："相公及监军并州郎中、郎官、判官等，皆椅子上吃茶。"② 不少考古和图像资料都反映了唐代椅子流行的情况。西安大唐西市博物馆收藏一唐代鎏金人物纹方形银碗，方形碗底錾刻藤蔓下三位消暑人物的画面。中间一位坐在一把高足高靠背的坐椅上。③ 唐五代壁画中多处看到椅子图像，形制相同，用材较粗大，椅足颇类似建筑上所用的立柱，在靠背的立柱与横木之间，用一个大栌斗相承托，显然吸收了木结构建筑的技术。五代莫高窟第61窟西壁《五台山图》有搬运椅子的形象，是带靠背的软屉面的交椅，未带搭脑。唐五代垂脚高坐家具还出现在墓室壁画和绘画里。1990年，发掘陪葬唐太宗昭陵的韦贵妃墓，其墓室东壁有两幅壁画，北边的一幅画面中间一位男子端坐在高足座椅上，两边各伫立一女侍。1955年发现的西安东郊高楼村高元珪墓，墓室北壁东侧壁画画面中间，一名男子正面端坐在高足座椅上。高元珪是宦官高力士之兄，死于天宝十四载（755年），葬于天宝十五载。④ 此外，初唐画家阎立本的作品《萧翼赚兰亭图》、盛唐画家周昉《挥扇仕女图》、西安王家坟唐墓出土的三彩女坐俑、章怀太子墓壁画、长安县南里王村唐墓壁画，五代

---

① （宋）王谠撰，周勋初校证：《唐语林校证》卷6，中华书局1987年版，第523页。
② ［日］圆仁：《入唐求法巡礼行记》卷1，上海古籍出版社1986年版，第19页。
③ 李凯：《唐代鎏金人物纹方形银碗鉴赏》，《西安晚报》2011年7月31日第9版《文化周刊》。
④ 贺梓城：《唐墓壁画》，《文物》1959年第8期，第33页，《唐天宝十五年高元珪墓壁画》；李宗山：《中国家具史图说》，湖北美术出版社2001年版，第232页，Ⅳ图三《唐高元珪墓壁画扶手椅》。

顾闳中《韩熙载夜宴图》、郎余令《历代帝王像》唐太宗像等，都反映出唐和五代不仅垂脚高坐较为普遍，而且坐具中椅子也较多出现。

宋代人们感受到胡床的舒适，因此有人把乘骑平稳舒适的马比喻为"肉胡床"。陶榖《清异录》卷上记载："吉祥座，杜重威马也；肉胡床，景延广马也。"① 宋代时出现"交倚""交椅""校椅"等名称，指带靠背能折叠的坐具，是吸收胡床的技巧改进而成的坐具，应该是上有靠背可倚下有交叉的椅腿可以折叠的坐具。宋太祖乾德四年（966年），宋朝廷对后蜀"雅王孟仁鸷别宣赐"中有"交倚、水罐子、银大燎炉并银器二百五十两"。② 金皇统元年（1141年），宋徽宗、钦宗被金人掳至燕京附近，遇契丹辽天祚帝耶律延禧，"与延禧入一小院，庭宇甚洁，令二人坐交椅上，二人相谓曰：'不见此物十二年矣！'"③ 宋人有时把交椅称为胡床，高承《事物纪原》"胡床"条云："《搜神记》曰'胡床，戎翟之器也。'《风俗通》曰'汉灵帝好胡服，景师作胡床'。此盖其始也。今交椅是也。"④ 这可能因为都是可以折叠的坐具，但交椅不是胡床。洪迈《夷坚志》支丁卷第五"蜀梁二虎"条中记载一则故事，一虎突入室内，有客人"急伏于胡床后"，举胡床扣虎头，虎头"如施枷械"，负之而逃。后有"入城者言，三十里间，有一交椅碎裂在地"。⑤ 说明当时胡床和交椅是同义词，可以通用。宋人又把交椅与绳床相混。南宋曾三异《同话录》云："交倚谓之绳床，乃胡人所制，欧公不御。"⑥ 宋代佚名画家《蕉荫击球图》中的交椅坐面呈网状，可以推测当属软屉交椅。⑦ 南宋时交椅坐面似有软、硬之分。软屉面前后两横木中间的屉为绷绳，故这种交椅又可以称作绳床。敦煌壁画五代第98窟南壁下部屏风画东侧第10幅《贤愚经变·须阇

---

① （宋）陶榖：《清异录》卷上，景印《文渊阁四库全书》第1047册（子部三五三，小说家类），台湾商务印书馆1983年版，第882页。
② （宋）勾延庆：《锦里耆旧传》卷7，《五代史书汇编》（拾），杭州出版社2004年版，第6054页。
③ （宋）辛弃疾：《南渡录》卷4《窃愤续录》；（宋）石茂良：《避戎夜话》，上海书店1982年版，第243页。
④ （宋）高承：《事物纪原》卷8，《丛书集成初编》第1211册，中华书局1985年版，第285页。
⑤ （宋）洪迈：《夷坚志》支丁卷5，中华书局2006年版，第1005页。
⑥ （民国）丁传靖辑：《宋人轶事汇编》卷8引，中华书局1981年版，第385页。
⑦ 此图绘南宋贵族庭院戏婴情景，院内有奇巧的湖石和数丛芭蕉，一少妇扶案站立，与另一女子观看二童子玩击球游戏，身后为一交椅。原题签为苏汉臣作，在题材、笔法上与苏汉臣画风接近，艺术造诣不及，疑为与苏汉臣同时之佚名画家的作品。现藏北京故宫博物院。

提品》中的胡床，亦为软屉胡床，前后两横木之间的屉为绷绳。

交椅在南宋时有改进，即增加荷叶托首。这种带荷叶托首的交椅，又叫"太师样"。张端义《贵耳集》卷下云："今之校椅，古之胡床也。自来只有栲栳样，宰执侍从皆用之。因秦师垣在国忌所偃仰片时坠巾，京尹吴渊奉承时相，出意撰制荷叶托首四十柄，载赴国忌所遣匠人顷刻添上，凡宰执势从皆有之，遂号太师样。今诸郡守倅必坐银校椅，此藩镇所用之物，今改为太师样，非古制也。"① 王明清《挥麈三录》："绍兴初，梁仲谟汝嘉尹临安，五鼓往待漏院，从官皆在焉。有据胡床而假寐者，旁观笑之。又一人云：'近见一交椅样，甚佳，颇便于此。'仲谟请之，其说云用木为荷叶，且以一柄插靠背后，可以仰首而寝。仲谟云当试为诸公制之。又明日入朝，则凡在座客各一张，易其旧者矣。其上所合施之物悉备焉，莫不叹伏而谢之。今达宦者皆用之，盖始于此。"② 宋岳珂的《桯史·优伶诙语》记载，宋高宗绍兴十五年（1145年），教坊优伶表演诙语，优伶持"荷叶交椅"，参军头戴"二胜环"相互诘问，"一伶以荷叶交倚从之，诙语杂至。宾欢既洽，参军方拱揖谢，将就倚，忽堕其幞头，乃总发为髻，如行伍之巾，后有大金镮，为双叠胜。伶指而问曰：'此何镮？'曰：'二胜镮。'遽以朴击其首曰：'尔但坐太师交倚，请取银绢例物，此镮掉脑后可也。'"③ 这是饰演秦桧的剧情，带讽刺之意。

胡床演变为具有靠背功能的交椅后，在宋代有了新的变化和发展，出现了多种形式，宋代图像资料展示了交椅的形制，在造型和功能上都已不是胡床的旧制，更接近椅子。对此曾维华作了精细的阐述。④ 他指出从出土文物和传世绘画上看，宋代交椅有四种类型：（1）直型搭脑、横向靠背式。宋人张择端《清明上河图》中"赵太丞家"内可以看到这种形式的交椅图像。画卷末尾，医生兼药铺主人的赵太丞家柜台前有一把交椅，即此式，图形清晰完整，形象准确。（2）直形搭脑、竖向靠背式。宋人萧照《中兴祯应图》第五、第六段中都有一把此种式样的交椅。这种打槽装板的竖向靠背，比横向靠背进步一些，坐上去比较舒适。这种式样经元代而沿用至明清。（3）圆形搭脑、竖向靠背式。圆形搭脑，即圆形椅

---

① （宋）张端义：《贵耳集》卷下，《丛书集成初编》第2783册，中华书局1985年版，第64页。
② （宋）王明清：《挥麈三录》卷3，《挥麈录》，景印《文渊阁四库全书》第1038册（子部三三四·小说家类），台湾商务印书馆1983年版，第557页。
③ （宋）岳珂：《桯史》卷7，中华书局1981年版，第81页。
④ 曾维华：《论胡床及其对中原地区的影响》，《学术月刊》2002年第7期。

圈，又称"栲栳圈"，是我国古代木工匠师的创造。栲栳是由柳条编成的容器，形状像斗，也叫笸斗。① 圈交椅与此种容器有相似之处，即交椅的搭脑和扶手连为一体，形成圈围，故称圆形搭脑为栲栳圈，即像笸斗那样的圆圈。《蕉荫击球图》上主妇背后的交椅属于这一类。圆形的椅圈，绳编的软坐屉，可开可合的折叠结构，都描绘得非常清晰。（4）圆形搭脑、竖向靠背，附加荷叶形托首的交椅。南宋人又称之为"太师样"。② 这种功能齐备构造复杂的太师椅是四种交椅中较晚的一种，出现于南宋。作为一种家具新式样曾经流行一时，宋人笔记中多有记录。安装有荷叶托首的宋代太师椅的形象，在宋人《春游晚归图》中描绘得很清楚。《春游晚归图》画的是一名高官春游晚归，马前马后有十数侍从，马后一个侍从肩扛着太师椅。不论是说由吴渊"出意撰制"，还是说梁仲谟仿制，这种式样产生的时间都大致可以定在宋高宗绍兴前后。岳珂《桯史》记载优伶和参军的表演，讽刺秦桧"但坐太师交椅"，不思迎请二帝，结果被秦桧杀害，其事亦发生在此时。

宋代名画《清明上河图》《中兴祯应图》《蕉荫击球图》中的交椅皆无荷叶形枕托搭脑，说明带荷叶形枕托搭脑的太师椅，北宋时尚未出现，多数交椅是像《蕉荫击球图》那样的圈背交椅，搭脑左右延伸形成圈背和扶手，即"栲栳样"，这种圈背形交椅在元明时期相当流行。③ 四川广元宋墓有石刻圈背扶手交椅，上铺有褥垫。④ 这种圈背扶手交椅可能唐代时已经出现，传世名画《唐明皇像》中唐玄宗坐的是竖背、圈形搭脑和扶手连为一体的四云头腿椅子，扶手端为如意形，扶手下各有一鹅脖，足下踏足踏。⑤ 五代时周文矩的《宫中图》中有一女子坐一上有搭脑的圈背扶手连为一体的四足椅，靠背由竖木构成，这是所知最早的圈背椅图像。五代郎余令《历代帝王像》所绘唐太宗坐的四腿座椅，圈背后上部有二

---

① 唐代卢廷让诗《樊川寒食二首》其二："鞍马和花总是尘，歌声处处有佳人。五陵年少粗于事，栲栳量金买断春。"见《全唐诗》卷715，中华书局1960年版，第8213页；敦煌文献S.2144号敦煌变文《韩擒虎话本》："（官健）作一百姓装裹，担得一栲栳馒头。"都是指容器。
② 陈增弼：《太师椅考》，《文物》1983年第8期。
③ 陈增弼：《太师椅考》，《文物》1983年第8期，第84、85页，图三；杨代欣：《中国家具收藏与鉴赏》，巴蜀书社2000年版，第107页，图208。
④ 杨文成、匡远滢：《四川广元石刻宋墓清理简报》，《文物》1982年第6期，第53—61页；第56页，图十一《墓室横剖面图》（右壁）。
⑤ 胡德生：《中国古代家具》，上海文化出版社1992年版，第71页，图三《唐明皇像》（摹本）。

出头龙首搭脑，圈背扶手也为龙首，扶手下左右各有一鹅脖，靠背与圈背扶手似乎是分开装上的。①

南宋末年和元代时带荷叶形枕托搭脑的所谓"太师椅"式样的交椅不再流行，荷叶形枕托消失。宋末陈元靓撰《事林广记》一书的插图中，两位蒙古族官员坐在厅堂上的两副圈背交椅上，两扶手端为卷曲形，后有侍卫。② 元代至治年间的刻本插图中也有一位蒙古族将军坐在圈背交椅上，两扶手端为卷曲形。1982年发掘的内蒙古元宝山区宁家营沙子梁元墓墓室北壁壁画中，一对蒙古族贵族夫妇对坐，男性坐在圈背交椅上，两扶手端为卷曲形。③ 山西文水北峪口元代墓北壁夫妇对坐图中，两人似各坐一张圈背交椅。④ 元大德二年（1298）刊本《圜悟禅师语录》插图中，和尚坐的椅子圈背扶手、云头纹足，没有枕托。⑤ 陈增弼认为："可能与秦桧其人有关，由于人们唾弃秦桧，与秦桧有瓜葛的交椅也就容易被排斥了。但更重要的原因是这种附加荷叶托首的交椅结构复杂，有失坚固。当初'奉承时相'特地做几件尚可，如果作为广泛使用的家具，局限就太大，因此不久就归于淘汰。"⑥ 宋代以后圈背椅形制越来越趋于简约，除了荷叶托首不见之外，元明时圈背椅上的竖条或者减少，或者省略。⑦ 元明时有一种豪华装交椅。明代王圻、王思义《三才图会》云："元以木为椅，银饰之，涂以黄金。今制木胎浑金饰之，中倚为鈒花云龙，余皆金钉装，钉上陈绯绿织金褥，四角各垂红丝绦，结忿踏踏制四方，中为鈒花盘龙，余用金钉装钉。"⑧

交椅因为可以折叠，携带放置都很方便，因此这种工艺也被借用来制作其他器物。元末农民军首领张士诚母曹氏墓出土一件银质镜架实物，镜架被制成交椅形式，横枨均出头，头作卷云雕纹饰，上部相当于交椅的靠背，中间高，两边低，板面全雕刻有花纹；下部的支架腿似交椅的腿，前

---

① 胡德生：《中国古代家具》，第70页，图二《唐太宗像》（摹本）。
② 杨代欣：《中国家具收藏与鉴赏》，巴蜀书社2000年版，第132页，图264、263。
③ 中国美术全集编辑委员会：《中国美术全集》（绘画编）12《墓室壁画》，文物出版社1989年版，第182页，图184。
④ 冯文海：《山西文水北峪口的一座古墓》，《考古》1961年第3期，138页，图四《北壁墓主夫妇对坐图》（1/6）。
⑤ 中国美术全集编辑委员会：《中国美术全集》（绘画编）20《版画》，上海人民美术出版社1988年版，图20。
⑥ 陈增弼：《太师椅考》，《文物》1983年第8期，第86页。
⑦ 中国美术全集编辑委员会：《中国美术全集》（绘画编）2《隋唐五代绘画》，人民美术出版社1984年版，第122页。
⑧ （明）王圻、王思义编集：《三才图会》（下），上海古籍出版社1988年版，第1890页。

面尚有一块雕花的板,似为脚踏。① 关汉卿杂剧《玉镜台》第一折夫人吩咐婢女云:"前厅上将老相公坐的栲栳圈银交椅来,请学士坐着。"正末则云:"老相公的交椅,侄儿如何敢坐?"② 此所谓银交椅,与元代实物材料相合。明代万历年间金陵广庆堂刊本元杂剧《南柯梦》剧本插图中剧中书生坐一圈背交椅,两腿成交叉状。③ 存世明黄花梨圆后背交椅木构件用许多金属物包裹。④ 在现存明黄花梨交椅式躺椅上,有一仿荷叶搭脑枕托。苏州东山的明代"黑漆躺椅"上有仿荷叶搭脑枕托,略长,呈筒瓦式样。明刊本《三才图会》和明代仇英绘《梧竹草堂图》也有此类图像。⑤ 说明明代存有南宋配置搭脑枕托的"太师椅"的遗风。⑥ 这种太师椅大概在明代传入日本。日本京都高台寺藏有桃山时代(相当于中国明末)的圈背交椅,称为"曲录",形制与中国明清时代的交椅相同,只是没有脚踏。明代把四腿加枨、搭脑向两侧自然延伸,搭脑与扶手联为一体,形成一条优美曲线的新式圈椅也叫"太师椅"。⑦ 明沈德符《万历野获编》"物带人号"云:"椅之栲栳联前者,名太师椅……皆至今用之称之。"⑧ 实际上明代的四腿直立的太师椅与宋代两腿交叉可以折叠的太师椅(交椅)是有区别的,清代保留着明代四腿太师椅的传统,这种叫法一直延续至今,即今之扶手椅。

明清时圈背交椅搭脑上的荷叶形枕托非常少见,交椅前又常附一脚踏,固定在椅子横脚上。明代杨定见本《忠义水浒传》第23回插图中的交椅,前横木带脚踏。⑨《西游记》第54回描写,女儿国女王"取金交椅一张,放在龙床左手,请唐僧坐了"。⑩ 第70回写魔王坐的是"戗金的交

---

① 郭远谓:《苏州吴张士诚母曹氏墓清理简报》,《考古》1965年第6期,第289—300页;杨代欣:《中国家具收藏与鉴赏》,巴蜀书社2000年版,第135页,图272。
② (明)臧懋叔编:《元曲选》,中华书局1958年版,第86页。
③ 中国美术全集编辑委员会:《中国美术全集》(绘画编)20《版画》,上海人民美术出版社1988年版,第105页,图100。
④ 中国美术全集编辑委员会:《中国美术全集》(工艺美术编)11《竹木牙角器》,文物出版社1993年版,第127页,图152。
⑤ 王世襄:《锦灰堆》卷1,生活·读书·新知三联书店2004年版,第144页。
⑥ 杨代欣:《中国家具收藏与鉴赏》,插图页第3页;王世襄:《锦灰堆》卷1,第434页,图4.1、4.2。
⑦ 陈增弼:《太师椅》,《文物天地》1983年第1期,第46页。
⑧ (明)沈德符:《万历野获编》卷26,中华书局1959年版,第663—664页。
⑨ 朱家溍:《漫谈椅凳及其陈设格式》,《文物》1959年第6期,第3页,图13。
⑩ (明)吴承恩:《西游记》第54回,人民文学出版社1980年版,第702页。

椅"。① 明代传世实物"黄花梨木交椅"下部有脚踏。清代圈背交椅实物图像资料较多,如郎世宁画《岁朝图》、清早期实物"黑漆髹金云龙纹交椅""黑漆金理勾彩绘圈背交椅"等。清至民国时民间神像往往坐靠背交椅,如宋兆麟《中国民间神像》中收集的《临水夫人(难产神)》《厕神紫姑》《神农疗民疾》等图,都坐靠背交椅。② 认为胡床只是一种可张可合的折叠凳,或认为"胡床"就是折叠椅子都是不全面的。③ 大致上中国座椅到宋代已经基本定型,从绳床发展而来的椅子和机凳基本上取代床榻,成为室内主要坐具和摆设。元代人沿袭宋代,贵族官僚和民间普遍出现坐交椅的习惯。从图像资料上看,宋元时期的交椅通常不带扶手;有带扶手的,但与搭脑相连,不是单独的扶手。西夏绘画《义勇武安王关羽图》,图中关羽坐的交椅有靠背、搭脑,搭脑左右两端为如意头,足为两横木,无扶手。④ 山西屯留宋村金代墓壁画《赵孝宗图》,手持大刀者坐在交椅上,交椅有靠背、搭脑,搭脑左右两端为如意头,足为两粗横木,无扶手。⑤ 这幅图上的交椅形制与《清明上河图》上赵太丞家店铺中摆放的交椅、西夏绘画《义勇武安王关羽图》中关羽坐的交椅相同。江西乐平宋代壁画墓中出现很写实的交椅,搭脑与扶手连在一起。⑥ 带靠背的胡床,后世还有"东坡椅""高士椅"等名。明沈德符《万历野获编》"物带人号"云:"古来用物,至今犹系其人者,如韩熙载作轻纱帽号'韩君轻格'、罗隐减样方平帽,今皆不传。其流传后世者,无如苏子瞻、秦会之两人为著,如胡床之有靠背者,名东坡椅……皆至今用之称之。"⑦ 明田艺蘅的《留青日札》云:"今之高士椅,即所谓折背样者是也。"⑧ 这

---

① (明)吴承恩:《西游记》第70回,人民文学出版社1980年版,第895页。
② 宋兆麟:《中国民间神像》,学苑出版社1994年版,第168页,图98;第207页,图179;第223页,图216。
③ 曾维华:《论胡床及其对中原地区的影响》,《学术月刊》2002年第7期。
④ 《义勇武安王关羽图》,圣彼得堡冬宫黑城文物部分馆藏,参见史金波、白滨、吴峰云编《西夏文物》,文物出版社1988年版,图80。
⑤ 王进先、杨林中:《山西屯留宋村金代壁画墓》,《文物》2003年第3期,第49页,图17;《中国美术全集·绘画编3》(两宋绘画),文物出版社1988年版,第137页;杨代欣:《中国家具收藏与鉴赏》,巴蜀书社2000年版,第105页,图205。
⑥ 胡德生:《中国古代家具》,上海文化出版社1992年版,第74页,图7;杨代欣:《中国家具收藏与鉴赏》,巴蜀书社2000年版,第106页,图207;乐平县文物陈列室:《江西乐平宋代壁画墓》,《文物》1990年第3期,第16页,图五《墓室南壁壁画摹本》;图版三,1.《南壁壁画》。
⑦ (明)沈德符:《万历野获编》卷26,中华书局1959年版,第663—664页。
⑧ (明)田艺蘅:《留青日札》卷23,上海古籍出版社1985年版,第762页。

些并非苏轼等人发明了这种坐具，只是作为名人，习惯使用这种坐具，便被冠以其名，是一种名人效应。

把交椅称为倚子，或椅子，是因为胡床之上部加了靠背。称之为太师椅，是因为搭脑上安装了荷叶枕托，而最早为秦桧所用。这是胡床的变体，这种变化是胡床上部的变化。胡床的变化还发生在其下部。当其下部不是相交叉的床腿，而是直立的四腿，并加上独立的扶手，才是名副其实的椅子。莫高窟元代第95窟南壁西侧《长眉罗汉》图中，长眉罗汉坐的竹圈背椅，四足，扶手为二出头，坐面为石绿色，坐面屈左右宽，前后浅，搭脑低矮与左右扶手平齐。① 椅子的四腿不再呈相交状，成为名副其实的圈背椅子。交叉的两腿是为了出行携带的方便，如果长期放置在室内，这种两腿交叉的形式则显得多余，并有不稳定之感，于是改为四腿直立的形式，这便成为流行当今的椅子。由胡床变体发生的变化还有一种表现，即取消下部的床腿，成为躺椅，这种变化至迟在晚唐时已经出现。唐末诗人皮日休以乌龙养和赠朋友，其《五贽诗序》云："有桐庐养和一，怪形拳局，坐若变去，谓之'乌龙养和'。"② 乌龙养和乃坐具，这种坐具可以放到船上随行，故其诗云："寿木拳数尺，天生形状幽。把疑伤虺节，用恐破蛇瘤。置合月观内，买须云肆头。料君携去处，烟雨太湖舟。"③ 清陈元龙《格致镜原》云："山家清事，采松樛枝作曲几以靠背，古名养和。"④ 这种坐具类似所谓"欹床"，即斜靠的坐具。明代高濂描述这种坐具："欹床，高尺二寸，长六尺五寸。用藤竹编之，勿用板，轻则童子易抬，上置倚圈靠背。如镜架后有撑放，活动以适高低，如醉卧偃仰观书，并花下卧赏俱妙。"⑤ 乃无腿躺椅，明代画家郑重的《长生仙桂图》中人物的坐具即为养和。明清时的躺椅是两足相交靠背后仰，上面有横枕，坐面和背面都是用绳或藤、竹条编织而成，仍是交床的变体形式。⑥ 在有了靠背的欹床之后，进一步的变体则出现了轿椅。唐代中期以前，皇

---

① 杨森：《敦煌壁画家具图像研究》第二章，第143页。
② （唐）皮日休：《松陵集》卷5，景印《文渊阁四库全书》第1332册（集部八·总集类），台湾商务印书馆股份有限公司1983年版，第217页。
③ 《全唐诗》卷612，第7059页；《松陵集》卷5，《文渊阁四库全书》第1332册（集部八·总集类），第217页。
④ （清）陈元龙：《格致镜原》卷53，《文渊阁四库全书》第1032册（子部十一，类书类），台湾商务印书馆股份有限公司1986年版，第88—89页。
⑤ （明）高濂：《遵生八笺》卷8，《文渊阁四库全书》第571册（子部十，杂家类，杂品之属），台湾商务印书馆股份有限公司1986年版，第522页。
⑥ 朱清濬：《漫谈椅凳及其陈设格式》，《文物》1959年第6期。

帝、达官贵人习惯坐舆轿或步辇。初唐画家阎立本的《历代帝王像》，其中陈宣帝盘坐在前后两人抬的四腿床式的舆轿上，这种舆轿称为"步辇"。阎氏《步辇图》画唐太宗接见吐蕃使节禄东赞的场面，唐太宗盘坐在两名宫女抬的四腿床式的舆轿上。盘坐的姿势并不舒适，大约在唐玄宗时发生了变化："二肩舁固定两旁，人坐其上，双膝下垂，肩背后靠，较之原先盘坐于板上安全舒适得多。"① 宋人临摹五代周文矩画《宫中图》，有一件两人前后抬，底有壸门的方形箱，其上一小儿坐一靠背椅式的小轿。这种小轿在宋代被称为"担子"。宋神宗曾诏"皇太妃出入乘担子"。② "皇太后、皇后出乘者谓之'舆'，比檐（担）子稍增广，花样皆龙，前后檐皆剪棕。仪仗与驾出相似而少，仍无驾头、警跸耳。士庶家与贵家婚嫁，亦乘担子"。③ 四川广元石刻宋墓石刻《椅轿图》中有四人抬一有扶手的椅轿，轿杠绑在椅子的四腿上。④ 北宋李彬夫妇墓出土的明器陶肩舆与之相似。⑤ 这种轿椅是从椅子发展而来的。

　　胡床传入中国后，其名称因各种原因有过不少变化，特别是形制的变化往往引起其名称的改变。黄正建考证"椅子"称呼的变化轨迹，认为应该是：绳床→倚床→倚子→椅子。⑥ 这种认识大体是正确的。但实际的情况是，从胡床引进开始，高坐具和垂脚高座形成传统。随着形制的变化，出现了各种不同的坐具，而指称各种坐具的名称也不断变化，但往往是形制虽有改变，新的叫法也出现了，旧名仍在社会上流行。于是出现新名与旧名并用的时期，同一个名字可能代表的是两种以上的坐具，而同一种坐具往往有两个以上的名称。只有认识到这一点，我们才对各种坐具名称的混乱现象找到规律。如胡床与交床，胡床、交床与绳床，交床、绳床与交椅、倚床、椅床、倚子、椅子，都曾经同时并用，而其形制有同又有不同。同一种带靠背、交叉腿和绷绳软屉面的坐具，可以称为交床、交椅、绳床、倚床、椅床等。但当我们溯其源流时发现，它们都与胡床有渊源关系。

---

① 《轿子史话》，《文史知识》1988 年第 12 期。
② （宋）李心传：《旧闻证误》卷 3，中华书局 1981 年版，第 38 页。
③ （宋）孟元老撰，邓之诚注：《东京梦华录注》卷 4，中华书局 1982 年版，第 124 页。
④ 杨文成、匡远滢：《四川广元石刻宋墓清理简报》，《文物》1982 年第 6 期。
⑤ 刘兴、肖梦龙：《江苏溧阳竹箦北宋李彬夫妇墓》，《文物》1980 年第 5 期，第 38 页，图七。
⑥ 黄正建：《唐代的椅子与绳床》，《文物》1990 年第 7 期。椅子从绳床发展而来，但绳床并不等同于倚子（椅子），绳床中带靠背的才叫倚子，或椅子。唐贞元元年（785 年）刻《济渎庙北海坛祭器碑》碑阴刻所置器具"内四椅子"四字，原为小号字附注"绳床十"之后，意即包括在十把绳床之内。

胡床起源于埃及人聪明的设计，其可以折叠便于携带的工艺除了用于这种坐具之外，也被应用到其他器物上。在两河流域地区的亚述阿舒尔那亚尔帕二世时代（前9世纪初）的宫殿壁画，画有交叉腿的桌案图像，在交叉腿的兽足桌案上置放餐具，如碗之类。① 由此可知，胡床工艺很早就用于其他器物的制作。胡床传入中国后，中国人也把这种技艺用到了其他器物上。上文提到的唐淮安靖王李寿（神通）墓葬壁画中，有一侍女双手抱一硬屉胡床，高度明显比其他胡床低，屉面为两只月牙形出音孔的装饰，即双陆棋局的"城"，还有两排各12个圆圈图案，即棋局"梁"。②这是把双陆棋局做成了胡床形式，便于携带和展开。唐五代、宋敦煌壁画中出现了折叠桌。莫高窟中唐第236窟南壁《楞伽经变》右侧画一屠案，左侧腿足呈M形。敦煌藏经洞发现的宋代绢画《报父母恩重经变》图中，出现了似乎是折叠的婴儿摇床两幅，左右各有两根相互交叉的横木，交叉形成的三角形凹坑处躺一婴儿。③ 五代第61窟南壁《楞伽经变》下部有两幅长方形桌案图画，上幅有两人在桌上操刀切肉；下幅是两人抬着桌案，案上有物品，桌腿皆呈交叉状。第431窟前室东南角（南壁延伸部分）宋代《华严经变》竖条画幅中，一人站在一面腿呈交叉形的桌案旁。第170窟北壁宋画《报父母恩重经变》（拟）中，婴儿床以交叉形的床腿支撑，同期同名的敦煌绢画上有相同的图像。《清明上河图》中大桥旁有一折叠桌案，下部桌腿为十字交叉，下有横腿，上有圆形面可置放物品。在另一闹市区的"正店"外，放着一张长方形案，案腿支架只能看到前后左右各有一"八"字形的支腿，因为是以俯瞰角度描绘，交叉的案足无法完整展示，应该也是胡床式的交叉案腿。在"刘家上色沉檀香店"前方不远有一摊贩向前行走，右手持一交叉的长支架，左手扶着头顶上的长方形桌面，支架和桌面应该是组合的，这显然是一件折叠桌。在"孙茂店"门前出现一种两头挑着折叠面板的月牙形挑担，其折叠技巧应当来自胡床的制作。山西繁峙岩上寺金代壁画《酒楼市井图》有三处画到交叉形支架，一是一人左臂挟一件交叉的长支架；二是一张用交叉支架支

---

① ［日］田边勝美、松島英子：『世界美術大全集』（東洋編）第16卷,〈西アジア〉,小学館,2000年,第121頁,図75アッシリア軍の野営"（公元前875—860年）。イラク（伊拉克），ニムルド，北西宮殿B室出土，アラバスター，ロンドン（伦敦）大英博物館藏。
② 杨森：《敦煌壁画家具图像研究》第二章，民族出版社2010年版，第87页。
③ 谭蝉雪主编：《敦煌民俗画卷》，《敦煌石窟全集》25，香港商务印书馆1999年版，第88页，图76。

好的圆桌；三是一小吃摊，摊贩的挑担用的是月牙形木杆扁担，与《清明上河图》中孙茂店门前的挑担形制相同，两头各挂一幅交叉形支架，支于地面，支架中间安放着四方面板，面板上放着罐、盘、碗、钵等餐具。① 两个面板可能是可以开合折叠的。元代画家刘贯道绘《梦蝶图》，庄子右手持扇，仰卧于四腿床上，床上置胡床，人头枕胡床，脚搭凭几，其上一对蝴蝶翩然而乐。② 把枕头做成了胡床样，也可能是把胡床当作了坐枕两用的器具。元末张士诚母曹氏墓出土的银质交椅式镜架，可以折叠。③ 明万历玩虎轩刻本《琵琶记》插图中④，放置古筝的支架是十字交叉架，与宋金时代可以折叠的十字交叉的桌案支架相同，支架的十字交叉点明显有轴的痕迹，支架上端是两横杆，筝置于其上。明代王圻等《三才绘图·器用》中放置卧箜篌的琴架，形制与上述古筝架相似，左右为十字形交叉支撑琴体，四足呈葫芦形。⑤ 明代版画《灵宝刀》中的琴架和《琵琶记》插图中的相同。⑥ 此类支架成十字交叉的桌案在清代直至当今都常见。乾隆时金德舆向朝廷进献的《太平欢乐图》一书，插图中卖泥人的挑担货架，与宋金时的折叠小桌相似，只是上部的小平台改为了长方形浅沿的木盒。卖粉团的摊贩所用的挑担两端的小吃桌十字交叉的两腿显然是可以折叠的。⑦

---

① 张亚平、赵晋樟：《山西繁峙岩上寺的金代壁画》，《文物》1979 年第 2 期，第 1—10 页，第 7 页图九《西壁之市井图》；吴山主编：《中国工艺美术大辞典》，江苏美术出版社 1990 年版，第 613 页线描图；
② （元）刘贯道《梦蝶图》，绢本，设色，纵 30 厘米，横 65 厘米，藏美国王己千先生怀云楼。胡凌、邹兰芝编：《全彩中国绘画艺术史》，宁夏人民出版社 2002 年版，第 162 页。
③ 郭远谓：《苏州吴张士诚母曹氏墓清理简报》，《考古》1965 年第 6 期，第 289—300 页。
④ 中国美术全集编辑委员会：《中国美术全集》（绘画编）20《版画》，上海人民美术出版社 1988 年版，第 87 页，图 82。
⑤ （明）王圻、王思义：《三才绘图》卷 3，上海古籍出版社 1988 年版，第 1129 页。琴架图像见"东洋音乐选书（二）"，[日] 岸边成雄、林谦三：《唐の楽器》"箜篌の渊源"，东京：株式会社音楽之友社，昭和四十三年（1968 年），第 185 页 c 图。
⑥ 王世襄：《锦灰堆》卷 1，读书·生活·新知三联书店 2004 年版，第 149 页，图 11《灵宝刀》。
⑦ 郭秀兰：《太平欢乐图》，《文物天地》1987 年第 1 期。按：《太平欢乐图》，清乾隆时浙江画家方薰的一部画册，描绘杭嘉湖地区风俗，展现百姓安居乐业、百工技艺场景，内容有市井万花筒、市井娱乐和浙江名特产三部分。1780 年，乾隆皇帝南巡，通过曾任刑部主事的金德舆进呈，受到乾隆帝褒奖。副本原藏金德舆处，嘉庆十二年（1807 年）被嘉兴古玩鉴藏家陈铣所获，光绪十四年（1888 年）石印刊出。

## （三）

汉人普遍由跪坐改为垂脚高坐，推动中国传统礼教文化在行为举止和居室起居方面发生变化，反映了人们在思想观念方面对某种禁锢的突破。

从文献记载和考古资料可知，中国古代先秦以降至东汉灵帝以前，中原地区人们生活习惯是"席地而坐"（或坐于床、榻之上）。与垂足而坐不同，以"跪坐"为主。《礼记·曲礼》云："坐而迁之。"孔颖达疏云："坐亦跪也。坐，通名跪；跪名不通坐也。"[1] 这种姿势是双膝以下向后弯曲，以膝抵地，臀部着于脚跟之上。《史记·商君列传》云："卫鞅复见孝公。公与语，不自知膝之前于席也。"[2]《后汉书·向栩传》："常于灶北坐板床上，如是积久，板乃有膝踝足指之处。"[3] 皇甫谧《高士传》记载，东汉末管宁"自越海及归，常坐一木榻，积五十余年，未尝箕股，其榻上当膝处皆穿"。[4] 可见其时上至一国君主，下至普通人士，都是以膝著地跪坐于席或床、榻之上。在这种传统中垂脚坐是不被接受的。

胡床是中原地区从域外引进的最早的高型家具，其坐姿与传统的席地而坐（即跪坐）不同，是以臀部坐在胡床之上，两腿向前下垂，双脚踏地。这种坐姿类似于"踞"，或"据"，汉灵帝喜欢胡床，被视为胡风而受到贬责。但随着胡床在中原地区的流行，逐渐改变了人们长期使用的低型家具和席地而坐的习惯，垂足而坐的姿势逐步为人们所接受。魏晋南北朝及其以后，使用胡床垂足而坐不再被视为不恭无礼的行为。西晋时踞胡床已成为贵族之家平常之事。不过垂足而坐取代席地而坐，成为主要坐姿和生活习惯的过程较长，大约一直延续到唐宋时期。当然，改变人们长期使用低型家具和席地而坐的习惯，也有魏晋南北朝时期中外交流和民族大融合等多方面的影响，滥觞应是胡床的传入。胡床虽小，在中国文化史上却有重要意义。中古汉人由跪坐发展为垂脚高坐，是一种民族重大礼俗的改变，胡床在这种改变中发挥了重要作用，成为推动这一变化的重要因素之一。正如朱大渭所指出的："如果没有胡床的外来，没有佛教徒跏趺坐和垂脚坐小床的广泛流传，没有国内各民族大融合，没有玄学兴起对礼教的抨击，没有文化思想上的开放融合浪潮，总之，没有汉末以后国内外物质和精神文化交流所引起的碰撞，从而唤起的人们精神上的某种觉醒，便

---

[1]《礼记正义》卷2，《十三经注疏》，中华书局1980年影印本，第1240页。
[2]《史记》卷68《商君列传》，第2228页。
[3]《后汉书》卷81《向栩传》，第2693页。
[4]《三国志》卷11《魏书·管宁传》，裴松之注引，第359页。

不可能由商周两汉汉人的跪坐，发展为唐以后汉人普遍的垂脚高坐。"[1]李济认为跪坐习惯在中国日常生活中被放弃，大概起源于胡床之输入，以及东来佛教僧徒跏趺的影响，揭示了这种世风和文化转变中的两个主要因素。胡床引入中原地区，汉灵帝好胡床，是受到指责的，那是被认为放纵越礼的行为。后来写到一些人踞胡床，往往包含着对他的批评。但在魏晋南北朝时期，经学衰微，道家思想勃兴，老庄哲学生活化、世俗化，人们追求通脱放达，蔑视礼法，因此传统观念受到摒弃；同时，这又是一个中外文化交流和胡汉文化大融合时期，域外文化和佛教传播给人们带来的新的生活方式，胡人垂脚坐姿和坐具，也就这样以文化交流的形式带入了汉人的传统生活习惯中。于是人们越来越接受这种坐具，据胡床反而被视为从容随意的表现，被当作有风度的行为，这反映了社会风气的转移，透露出人们思想观念的变化。

汉代以前，与坐具和坐姿有关系，人们的宴饮等活动大多席地而坐。先在地上铺一张大的竹席，称作"筵"，其上再铺一张较小的席子，称作"席"，人跪坐"席"上，称席地而坐，因而"坐"就是"跪"。与这种坐姿相适应，所使用的案、几、榻等均为矮足。也就是说，尚处于低型家具阶段。考古资料上发现不少反映汉代人们生活起居的各种图像，如画像石、画像砖上的宴饮图、庖厨图等，其中各等人物均席地跪坐。所陈设的各种家具，如案、几、榻之类，都是矮足低型家具。至今未发现东汉灵帝以前有关于高型家具的文字记载或考古资料实例。有人据河南洛阳涧西七里河东汉墓、河南灵宝张湾汉墓中出土的资料，认为汉代已有桌类家具。[2] 对此已有学者进行了全面翔实的考证，认为"灵宝张湾和洛阳涧西七里河汉墓出土的那两件陶质明器，都不是桌类"，"汉代在家具分期上属低型家具时期"，"尚没有桌子"。[3] 为了适应人们的垂足高坐，唐五代时所用的桌子、几案、屏风等家具，都增加了高度。唐宋以来，随着高坐具的广泛流行，也使房屋顶部明显地增高[4]，从而为明清高档木质豪华家具的流行开拓了摆放的空间。由于高型家具的使用，高坐姿势取代席地而坐，原来适应低型家具所使用的一些日用器具和由席地而坐所形成的一套

---

[1] 朱大渭：《中古汉人由跪坐到垂脚高坐》，原刊《中国史研究》1994 年第 4 期，收入氏著《六朝史论》，中华书局 1998 年版，第 63 页。
[2] 洛阳博物馆：《洛阳涧西七里河东汉墓发掘简报》，《考古》1975 年第 2 期；河南省博物馆：《灵宝张湾汉墓》，《文物》1975 年第 11 期。
[3] 王玉哲主编：《中国古代物质文化》，高等教育出版社 1990 年版，第 204 页。
[4] 中国建筑史编写组：《中国建筑史》，中国建筑工业出版社 1986 年版，第 18 页。

礼仪制度，也相应发生了重大的变化。宋人岳珂的《愧郯录·礼殿坐像》记载："《苏文忠轼集》'私试策'问曰：'古者坐于席，故笾豆之长短，籩簋之高下，适与人均。今土木之像，既已巍然于上，而列器皿于地，使鬼神不享则不可知，若其享之则是俯伏匍匐而就也。'"① 苏轼的意思是，既已使用高型家具和高坐，而祭用器皿仍以传统习惯，列置于地，是极不合适的，因为鬼神享之则需俯伏而就。交床一般是木制的，但有些时候也有其他材料制作的。突厥可汗招待玄奘，是铁交床。《五灯会元》"雪峰义存禅师"条记载，闽帅为和尚"施银交床"。② 屉面则有软屉面和硬屉面。这与使用者的身份地位有关。

　　胡床至迟在唐代时就传入日本。1972 年 3 月，日本奈良县立橿原考古学研究所发掘的高市郡明日香村的高松塚古坟西壁壁画中，男侍者手中所持家什乃胡床，与中国唐代同期墓葬壁画、石刻线画中的器物图像完全相同。日本史书《古事记》"雄略天皇"条记载，天皇歌唱："一统天下的我的君王，等扑野兽坐在胡床上。"③ 此书完成于元明天皇和铜五年（712 年），正值日本遣唐使频繁入华的年代。日本著名史书《日本书纪》记载，继体天皇元年，"男大迹天皇晏然自若，踞坐胡床，齐列陪臣既如帝坐"；"敏大天皇十四年""用明天皇元年"诸条也有胡床的记载。④ 此书完成于公元 720 年（日本养老四年），也是日本遣唐使频繁入华的年代，当是相关人员把胡床带入日本。《大正藏》图像部十《三宝物具钞第五》之"御床几"是从中国传入日本的家具实物摹图，乃胡床形象，"长二尺三寸"，坐面为软屉，乃地锦纺织品。⑤

　　总之，正如曾维华所指出的，胡床对我国传统的家具、生活起居习惯和礼仪风俗等方面的变化影响是极为深刻的，在民族文化融合中的地位与作用不可低估。⑥ 胡床因为轻便舒适受人喜爱，虽不入大雅之堂，由此造成的家具的改进却带来深远而又巨大的影响。胡床传入在中国历史和文

---

① （宋）岳珂：《愧郯录》卷 9，《笔记小说大观》八，江苏广陵古籍刻印社 1983 年版，第 376 页。
② （宋）普济编：《五灯会元》卷 7，中华书局 1992 年版，第 385 页。
③ ［日］安万侣：《古事记》，邹有恒、吕元明译，人民文学出版社 1963 年版，第 169 页。
④ ［日］藤田豊八〈胡床につきて〉、『東西交渉の研究』（西域篇），東京：萩原星文館，昭和十八年（1943），第 171 頁；奈良国立文化財研究所、飛鳥資料館：『高松塚拾年——壁画保存の歩み』，『飛鳥資料館図録』第 9 册，昭和五十七年（1982 年）刊行，第 4、7 頁。
⑤ 《大正新修大藏经》，图像部十，台北新文丰出版公司 1983 年影印本，第 1317 页。
⑥ 曾维华：《论胡床及其对中原地区的影响》，《学术月刊》2002 年第 7 期。

化礼俗上的连锁反应，让我们看到文化交流在人类文明史上的重要意义。

## 二 玻璃、琉璃、料器和玻璃器

> 淮南承月之杯，岂均符彩；西国浮云之椀，非谓瑰奇。臣南珍靡究，未读奏曹之表；方物罕逢，不识议郎之画。
> ——（南朝·梁）昭明太子《谢敕赉广州瓯等启》

玻璃最初是由火山喷出的酸性熔岩自然凝固而成的，西方最初就是由火山喷出的酸性熔岩凝固而获得天然玻璃。[①] 玻璃最早诞生在大约5000年前的美索不达米亚平原，这里最先发现了石英砂和天然碱混合的配方，从而发展了人工玻璃。关于玻璃起源，西方曾有一个有趣的传说故事，见于古罗马老普林尼（Gaius Plinius Secundus）所著《自然史》一书，其中有关于玻璃起源的最早记载，说是腓尼基人商船在海边搁浅，在沙滩做饭，用一块苏打垫在锅下，受热后苏打和沙粒溶化产生玻璃体，由此发现了制作玻璃的配方。后来腓尼基人把石英砂和天然苏打掺和在一起，用一种特制的炉子熔化，制成了玻璃球，因此发财。[②] 此种起源说法未必可信，但西方生产的玻璃的确始终是钠钙成分很高的钠钙玻璃（$Na_2O$—$CaO$—$SiO_2$），几乎没有任何铅和钡等成分。约公元前3700年前，古埃及人已制出玻璃装饰品和简单玻璃器皿，当时只有有色玻璃。大约在公元前

---

[①] 安家瑶指出，中国对"玻璃"这一材料有多种称呼，考古报告中常根据其透明度分别定名为玻璃、琉璃和料器。把透明度较好，与现代玻璃相似的称玻璃；把透明度差的称琉璃，色彩鲜艳的小件器物称料器，三种名称没有统一标准，使用比较混乱。古代文献中玻璃、琉璃更加繁多而混乱，同一时代往往有几种不同名称，同一名称在不同时代所指的又有所不同。目前还不能把出土的器物材料与文献记载的名称完全统一起来。因此行文中把符合玻璃定义的材料统一称为玻璃，即熔融、冷却、固化的非结晶无机物。见氏著《中国的早期玻璃器皿》，《考古学报》1984年第4期。

[②] 老普林尼讲的故事：公元前3000多年前，一艘欧洲腓尼基人的商船，满载着晶体矿物天然苏打，航行在地中海沿岸的贝鲁斯河上。由于海水落潮，商船搁浅，船员们登上沙滩。他们抬来大锅，搬来木柴，并用几块天然苏打作为大锅的支架，在沙滩上做饭。吃完饭，潮水开始上涨，船员们准备登船继续航行，发现沙地上有一些闪闪发光的东西。他们把这些东西带到船上，发现这些东西上粘有一些石英砂和融化的天然苏打。原来是他们做饭时用来做锅的支架的天然苏打，在火焰的作用下与沙滩上的石英砂发生化学反应而产生的晶体，这就是最早的玻璃。见 The Natural History of Pliny。

4世纪，罗马人已经把玻璃应用在门窗上。根据考古资料，伊拉克阿斯马尔出土的玻璃残片，年代约为公元前2300年。玻璃器皿大约在公元前16世纪或15世纪首先出现在两河流域，稍晚埃及开始生产相似的器皿。后来玻璃制造技术在罗马帝国境内推广开来，并有新的发展。罗马玻璃业十分繁荣，先后发明了吹制法、刻花玻璃和套色刻花玻璃。西罗马衰落后，玻璃生产中心向东转移，萨珊波斯的玻璃业发展很快，形成具有自己特色的玻璃。

中国很早就能烧制玻璃，但在中国最早出现和生产的时间目前尚无定论。考古材料证明，早在3000多年前的西周时期，中国就能生产玻璃。公元前11世纪西周早期墓葬中发现有玻璃制品。1972年，河南洛阳庄淳沟西周早期墓发现一枚穿孔白色料珠。料珠是用玛瑙、紫石英等原料制成的半透明的珠子。1975年，陕西宝鸡茹家庄強伯墓中出土上千件西周早期、中期的玻璃管、玻璃珠。经鉴定，这批玻璃管、珠含硅量有的高达40%，成分中含有中国玻璃制造常用的铅钡，属于铅钡玻璃，与西方纳钙系统古玻璃不同。所以，杨伯达认为我国自制玻璃始于西周。① 可能中国早期的玻璃制品主要是料珠，所以三国时张揖《广雅》云："瑠璃，珠也。"西晋吕静《韵集》云："瑠璃，火齐珠也。"②

也有人认为西周墓葬中的管、珠不是玻璃制品，中国制造玻璃的起源时间应在春秋战国时期，因为此一时期的出土玻璃器有800多件。战国时期玻璃器增多，比较集中在河南、湖北、湖南三省。湖南韶山东周中期墓、长沙楚墓、广州西汉初期和中期墓中都见有古代的琉璃璧，即所谓夜光璧。这种夜光璧在长沙、衡阳、常德和浏阳楚墓中是常见之物。长沙和广州出土的玻璃器物还有碗、环、印章和串珠。时间上起于战国，迄于汉代。战国时期的玻璃器绝大部分是铅钡玻璃。含量较高的氧化铅在世界其他地区的玻璃中很难见到，而氧化钡在19世纪前基本不存在于其他地区的玻璃中，所以战国时期的绝大部分玻璃器无疑是中国制造的。这些出土物表明，南方沿海地区和楚地自公元前5世纪以来，上千年中一直是中国玻璃工业的重要基地。韶山灌区则有玻璃剑首、剑珥、珠饰。陕西兴平汉武帝茂陵附近出土一件玻璃璧，直径234毫米，孔径48毫米，厚18毫米，净重1.9公斤，经现代光谱分析，属于铅钡玻璃。1968年，河北省满城县发现的汉代中山靖王墓出土了两只琉璃耳杯，经检测属于中国现存最早的以脱蜡法铸造的高铅玻璃，距今至少2100年。根据美国康宁玻璃

---

① 杨伯达：《关于我国古玻璃史研究的几个问题》，《文物》1979年第5期。
② 《艺文类聚》卷84《宝玉部》下，上海古籍出版社1982年版，第1441页。

公司技术人员推测，中国战国到两汉之间的琉璃中的氧化钡可能是作为一种特殊配方故意引入的，这样做为了让琉璃显得更加浑浊，从而模仿玉的外观。

区分中国本地生产的玻璃和域外传入的玻璃，一是玻璃成分的检测，二是玻璃器型的类型。近些年来，我国学术界在古代玻璃组成成分检验分析方面已经做过不少工作。20世纪80年代建筑材料研究所、清华大学和中国社会科学院考古研究所等几家单位对古代玻璃31件完整器物和21件残片的成分进行了定性定量分析，并有《中国早期玻璃器检验报告》一文发表。[1] 安家瑶在对中国早期玻璃器的研究中利用了这项研究的成果，通过对这批材料的器形、纹饰、工艺及其成分的研究比较，她的结论是："自汉到北宋我国一直存在着两类不同系统的玻璃器皿。一类玻璃器皿的器形有我国的传统特征，在同时期的陶瓷器或漆器中可以见到相似器形，而且这类玻璃工艺自成体系，从早到晚有继承发展的关系。另一类玻璃器皿的器形在我国出土物中罕见，与同时期的中国器物的器形和工艺没有明显的渊源关系，而相同或相似的玻璃器皿在国外有所发现，年代也比较接近。这两种不同类型的玻璃器皿，反映了两种不同的来源，国产和进口，这与历代文献上记载的我国玻璃器皿的生产和输入情况相一致。"[2]

新中国成立以来，中国各地出土的许多玻璃制品中有用铅玻璃制成的。1984年在北京举行的国际玻璃学术讨论会上，与会者指出世界上不同产地的铅矿有不同的铅同位素比值，中国战国和两汉时期玻璃所含的铅同位素比值说明，此类铅矿只有中国境内才有。因此战国时期已有可能制造中国特有的铅玻璃。[3] 这种玻璃在汉代称之为"琉璃"，起初写作"流离"，这是个土生土长的名词，取代了原先借自印度的"夜光"一词。扬雄《羽猎赋》："方椎夜光之流离"，"夜光"成为修饰语。中国自制的玻璃，最早可能叫作"夜光"。自公元前5世纪出现夜光璧起，这种夜光璧便是楚国的国宝。"夜光璧"一词始见于战国晚期，而实物的出现至少要早两个世纪。这种夜光璧多半是玻璃璧。称之为"夜光"，大概兼有音义，一则以指玻璃光泽，一则以译梵语"Jargon"，此词原义为"有色宝石"，后来专指黄色宝石锆"Zircon"，俗名风信子石。

考古发现，战国时西方蜻蜓眼玻璃珠传入中国。山东半岛战国墓不断出土西方玻璃珠，如山东曲阜鲁国故城战国中晚期58号墓出土的西方玻

---

[1] 史美光等：《中国早期玻璃器检验报告》，《考古学报》1984年第4期。
[2] 安家瑶：《中国的早期玻璃器皿》，《考古学报》1984年第4期，第414页。
[3] 参见罗宗真《魏晋南北朝考古》，文物出版社2001年版，第229页。

璃珠，山东临淄郎家庄战国 1 号墓出土的西方玻璃珠，这些西方的玻璃珠有一个共同的特点，皆为蜻蜓眼玻璃珠，年代在公元前 6 世纪至前 3 世纪。山东半岛战国墓出土的蜻蜓眼玻璃珠，属于地中海东岸产品，可能来自海路。蜻蜓眼玻璃珠出土数量很多，此外还增加了许多新的品种，如玻璃璧、玻璃印、玻璃剑饰、玻璃蝉等，器形都仿制当时流行的玉器。考古发现的战国时期的一件料珠用琉璃制作，嵌色，呈紫地饰浅蓝色"蜻蜓眼"式，直径 63 厘米、腹径 62 厘米。嵌色料珠在中国、东南亚、西亚、地中海东部沿岸多有发现，而且形制、色彩也很相近，但直径如此大的料珠却比较少见。这为探讨上述地区玻璃制品的发展和相互交流提供了线索。

中国古代文献中对与玻璃有关的制品称谓繁多，最早的文字记载见于《尚书·禹贡》，其中讲到梁州贡物有"璆"，雍州贡物有"琳"，被认为是玻璃之古称。自周代以来有璆、琳、火齐、珂珹[①]、璿珠、璧琉璃、琉璃等。"玻璃"之称要到晋以后才出现，古代文献中被写作"颇璃""玻黎""颇黎""颇梨""颇璨"等。[②] 南北朝时有了"玻璃"的写法，如南朝梁代诗人吴均的诗云："日落登雍台，佳人殊未来。绮窗莲花掩，洞户玻璃开。"[③] 这跟佛教的传入有关。"玻璃"一词出于梵文，佛经中常提到的"颇胝"（Poti），即梵文"塞颇胝加"或"窣玻致加"（Sphatika）的译音。[④] 此词原指"石英"，因为玻璃中含有石英的成分。"琉璃"是古

---

① 珂珹，贝壳之属。古代用作贵重饰物。左思《吴都赋》云："果布辐凑而常然，致远流离与珂珹。"刘逵注："珹，老雕化西海为珹，已裁割若马勒者，谓之珂，珹者珂之本璞也。日南郡出珂珹。"李周翰注："流离、珂珹皆宝名，自远至也。"（南朝·梁）萧统编，李善等注：《六臣注文选》卷 4，影印日本足利学校藏宋刊明州本，人民文学出版社 2008 年版，第 92 页。北魏阳固《演赜赋》云："采钟山之玉瑛兮，收珠泽之珂珹。"见《魏书》卷 72《阳固传》，第 1068 页。
② 在古代文献中，玻璃被写作"颇梨"（《魏书·西域传·波斯》）、"颇黎"（《梁四公子传》《玄中记》，见《太平御览》第 808 卷）、"颇璨"（《旧唐书·拂菻传》）、"玻黎"（李时珍《本草纲目》第 8 卷）等。
③ （明）朱厚煐：《锦绣万花谷后集存》卷 15，明嘉靖十四年（1535）徽藩崇古书院刻本。参见逯钦立辑校《先秦两汉魏晋南北朝诗》，中华书局 1983 年版，第 1753 页。
④ 如《佛说阿弥陀经》："又舍利弗。极乐国土，有七宝池，八功德水，充满其中，池底纯以金沙布地。四边阶道，金银、琉璃、玻璃合成。上有楼阁，亦以金银、琉璃、玻璃、砗磲、赤珠、玛瑙而严饰之。池中莲花大如车轮，青色、青光、黄色、黄光、赤色、赤光、白色、白光，微妙香洁。"按：玻璃，此为梵语音，即水精（晶）。汉译作水晶，有紫、白、红、碧四色。不是现在所谓玻璃。又作颇黎，新译作颇置迦、娑颇致迦、塞波致迦等。《玄应音义》曰："颇黎，西国宝名也，此云水玉，或云白珠。"《大论》云："此宝出山石窟中，过千年，冰化为颇黎珠。"《慧苑音义》云此宝"形如水精，光莹精妙於水精，有黄、碧、紫、白四色差别"。

代中国人对玻璃的泛指，古代文献中常称玻璃为琉璃，又写作流离、留离、瑠璃等。琉璃和璧琉璃一词，出现在汉代。《后汉书·西域传》称大秦有"琉璃"。公元前1世纪罗马建筑家维特鲁威（Marcus Vitruvius Pollio）称玻璃物质为caeruleum，可能是璧琉璃、璆琳等词语的母音。[1] 琉璃又称"碧玻璃"或"番玻璃"，这一名称可能是梵文"梵蒂那耶"（Vatidnrya）的译音，它的出现也与佛教传入有关。汉代进口罗马玻璃器应该是这一名称出现的原因。在汉代，单独的结晶体与有着黏土内层的釉料器，以及玉石类等各种含玻璃的制品在名称上没有严格区分，时常混用，说明汉代中国人对玻璃器物在材料工艺上还不能细致区分。这种由技术传播带来的认识模糊却也是中国玻璃在外来影响基础上逐步形成一套自身系统的旁证。在古代玻璃与宝玉一样珍贵，佛教列为"七宝"之一，因此宋代称为"药玉""水玉"，元代又称为"瓘玉"，明代称为"硝子料"。清代玻璃才与琉璃分离，所谓琉璃指以铅硝为助熔剂烧成的似玻璃釉色的陶器，把铅釉施在陶器上，而后用在建筑中。琉璃成为砖瓦等建筑陶器上所施的彩色釉、铜器上涂的珐琅质和瓷器的玻璃质釉的装饰的总称，其主要成分为$SiO_2$（即二氧化硅）、氧化铝和矽加助溶剂氧化铅。[2]

汉代的玻璃和玻璃器有的为西方传入，主要是罗马玻璃。《汉书·地理志》"粤地"条记载，汉武帝时使人出海，携带金帛，换取"明珠、碧琉璃、奇石异物"。[3] 桓宽《盐铁论·力耕》记载，桑弘羊论汉与域外通贡贸易之利云："汝、汉之金，纤微之贡，所以诱外国而钓胡羌之宝也。夫中国一端之缦，得匈奴累金之物，而损敌国之用。是以骡驴馲驼，衔尾入塞；驒騱騵马，尽为我畜。鼲貂狐貈，采旃文罽，充于内府，而璧玉、珊瑚、琉璃，咸为国之宝。是则外国之物内流，而利不外泄也。异物内流而国用饶，利不外泄则民用给矣。"[4] 西汉玻璃器的数量品种都有所增加。玻璃璧仍然存在，分布范围较广泛，器形一般大于战国璧。玻璃耳珰、玻璃珠饰、玻璃带钩也比较常见，而蜻蜓眼玻璃珠却少见。西汉时期开始制造玻璃器皿，满城汉墓出土的玻璃耳杯和盘，扬州西汉"妾莫书"墓出

---

[1] Paul T. Nicholson, *Egyptian Faience and Glass*. Buckinghamshire: Shire Publications Ltd., p. 16.
[2] 袁翰青：《我国化学工艺史中的制作玻璃问题》，《中国化学学会论文集》，1957年版，第80—81页。
[3] 《汉书》卷28下《地理志》八，第1671页。
[4] （汉）桓宽撰，王利器校注：《盐铁论校注》卷1《力耕》，中华书局1992年版，第28页。

土的玻璃"玉衣"片，都是典型的仿玉制品，且多为铅钡玻璃。东汉时玻璃器数量和品种都少于西汉，除广东、广西出土数量较多的玻璃珠外，其他地区的玻璃器出土很少，一般只有玻璃珠和玻璃耳珰。这个时期出土的玻璃器皿很特殊，根据江苏邗江甘泉 2 号墓和广西贵县汉墓出土玻璃器的器形、纹饰和成分判断，可能是进口的罗马玻璃。玻璃制品是罗马出口最多的商品。罗马帝国控制下的地中海地区是古代玻璃制造业中心，其地生产的玻璃因钠、钙含量高而称钠钙玻璃。据老普林尼《自然史》记载，埃及亚历山大城所制琉璃品种很多，有半透明之红白色者，有色似萤石青玉或风信子者，有用黑色玻璃制成之杯盘的。罗马玻璃种类更多，透明者有蓝、绿、黄、紫、棕、红赭色，不透明者有白、黑、红、蓝、黄、绿、橙黄诸色。其中以石英之纯白琉璃为最贵重。

公元前 1 世纪，罗马征服了地中海沿岸各地区，成为与汉朝的中国东西辉映的两大帝国。埃及的亚历山大和希腊世界的腓尼基、叙利亚海岸等玻璃制造中心都进入罗马版图。正是在这一时期，西方玻璃制造工艺发生了革命性的革新，即吹制法的创造。这一革新降低了成本，简化了流程，使先前罕见昂贵的玻璃器变成了地中海地区的常见器物，其产品也传入遥远的中国。汉代中国通过海上丝绸之路和绿洲之路与罗马存在间接交往关系，陆上经过安息王朝的转手贸易，中国丝绸传入罗马，也获得罗马产品。海上中国商使已经到达印度东南海岸，而罗马人的东方贸易触角也已经伸展至此，甚至有人经过海路来到中国。中国玻璃不及罗马玻璃性能好，因此罗马玻璃成为受中国人欢迎的一种外来品，但因为玻璃制品是经过辗转传递到达中国的，汉代中国人常以这些制品系于所传自国家和地区，经海路传入者常系于印度、斯里兰卡、日南等。晋郭义恭《广志》云："瑠璃出黄支、斯调、大秦、日南诸国。"[①]《汉书·地理志》"粤地"条记载汉使经海路至黄支国和已程不国，购得"璧琉璃"。《西京杂记》记汉武帝时身毒国进赠白光琉璃鞍，暗室中光照十余丈。[②] 身毒即古代印度。经陆路传入者则系于西亚、中亚诸国。玉晶盘是埃及制造的白玻璃盘，《三辅黄图》卷三"未央宫"条记载，武帝宠臣董偃"以紫琉璃为帐"，"以玉晶为盘"，而"玉晶，千涂国所贡，武帝以此赐偃"。千涂国即犍陀罗，西域古国，位于今西北印度喀布尔河下游，五河流域之北。公

---

[①] （唐）欧阳询：《艺文类聚》卷 84《宝玉部》，上海古籍出版社 1982 年版，第 1441 页。
[②] （晋）葛洪：《西京杂记》卷 2，《汉魏丛书》，吉林大学出版社 1992 年影印本，第 305 页。

元前 4 世纪马其顿的亚历山大大帝入侵印度次大陆西北部，其都城在布色羯逻伐底，约在今天巴基斯坦白沙瓦城东北之处。公元 1 世纪时，贵霜王朝兴起于印度北方，渐次扩张版图，并有喀布尔河一带。迦腻色迦王即位时，定都布路沙布逻，就是今天的白沙瓦地区。迦腻色迦去世后，国势逐渐衰微，至寄多罗王西迁至薄罗城。千涂国所贡当由陆路而来。武帝把千涂国的礼品玉晶制作盘，赐给董偃，"贮冰于膝前，玉晶与冰同洁"。玉晶盘如此晶莹透明，以至"侍者谓冰无盘必融湿席，乃拂玉盘坠，冰玉俱碎"。① 晋王嘉《拾遗记》卷五亦记此事。透明程度如此之高的玉晶又如此易碎，必是玻璃。

汉代时琉璃、玻璃被视为与玉一样的珠宝类物品，常用来装饰器物，而彩色琉璃通常被认为来自域外。涉及早期玻璃器的文献记载往往带有神奇色彩。汉高祖刘邦的斩蛇剑被汉朝作为传家之宝收藏，据说"剑上有七采珠、九华玉为饰"，"杂厕五色琉璃为剑匣"。② 《西京杂记》记载，汉成帝宠后赵飞燕的妹妹受到宠幸，其"窗扉多是绿琉璃，亦皆达照，毛发不得藏焉"。③ 《三辅黄图》记载："清凉殿，夏居之则清凉也，亦曰延清室。《汉书》曰：'清室则中夏含霜'即此也。董偃常卧延清之室，以画石为床，文如锦，紫琉璃帐。"④ 有人认为："紫琉璃帐是用西域罽宾产的紫色琉璃装饰的帷帐"。⑤ 实际上更有可能是大秦玻璃。埃及十色琉璃、印度琉璃马鞍、罽宾璧流离传入中国，在汉代文献中皆见于记载。其时埃及之地属大秦。《汉书·西域传》记载，罽宾出"璧琉璃"。颜师古注云："孟康曰：'流离青色如玉。'《魏略》云大秦国出赤、白、黑、黄、青、绿、缥、绀、红、紫十种流离。孟言青色，不博通也。此盖自然之物，采泽光润，逾于众玉，其色不恒。"颜师古说唐代琉璃"今俗所用，皆销冶（治）石汁，加以众药，灌而为之，尤虚脆不贞，实非真物"。⑥ 《西京杂记》记载，汉武帝时得身毒国所献白光琉璃鞍。汉朝还通过西南夷哀牢国获得玻璃。《后汉书·西南夷列传》记载哀牢国"出铜、铁、

---

① 佚名撰，何清谷校注：《三辅黄图校注》卷 3《未央宫》，三秦出版社 1995 年版，第 146 页。
② （晋）葛洪：《西京杂记》卷 1，《汉魏丛书》，吉林大学出版社 1992 年影印本，第 303 页。
③ 同上书，第 303 页。
④ 佚名撰，何清谷校注：《三辅黄图校注》卷 3《未央宫》，三秦出版社 1995 年版，第 146 页。
⑤ 同上书，第 146 页。
⑥ 《汉书》卷 96 上《西域传》，第 3885 页。

铅、锡、金、银、光珠、虎魄、水精、瑠璃、轲虫、蚌珠、孔雀、翡翠、犀、象、猩猩、貊兽"。① "西部都尉广汉郑纯为政清洁，化行夷貊，君长感慕，皆献土珍，颂德美"。② 其献物中应有水晶、瑠璃。"哀牢"是达光王国国王的名字，因哀牢是最早与汉朝有接触的达光王，达光王国也就被汉史称作"哀牢国"。达光王国是傣族先民濮人在怒江—澜沧江流域建立的部落联盟国家，前期被汉史称作"哀牢国"或"滇越乘象国"，后期被汉史称作"掸国"。哀牢通印度洋，因此可以获得经海路传来的西方玻璃器。东汉末年秦嘉妻《又报秦嘉书》讲到，她托人赠送秦嘉的物品有"琉璃碗一枚，可以服药酒"。③

考古发现的汉代输入中国的西方玻璃器有钵、碗、杯等。1954年，广州市横枝岗汉墓出土了3件形制相同的玻璃碗，属西汉中期。碗呈紫蓝色，半透明，平底，模制成形，内壁光滑，外壁及口沿打磨成毛玻璃状。据同位素 X 射线荧光分析，属钠钙玻璃系统。从化学成分和制作工艺分析，都与地中海南岸罗马玻璃中心公元前1世纪的产品相似，是我国发现的最早的罗马玻璃器。公元前后罗马发明了吹制玻璃技术，其产品在中国境内也有发现。1987年，洛阳东郊东汉墓出土一件非常完整的黄绿色长颈玻璃瓶，是典型的罗马搅胎吹制玻璃器，自口沿至平底通体旋绕白色条纹，色调鲜明，造型优雅。1980年，在江苏邗江甘泉2号东汉墓出土三块紫、白两色相间的搅胎玻璃器残片，复原后乃带竖凸棱纹的平底钵，乃采用模压成型技术。据安家瑶研究，这种玻璃器以前在英国1世纪遗址中发现过，与此相似的一件器皿现存伦敦大英博物馆。国外研究认为，这种竖凸棱纹装饰的钵在公元前1世纪末最早出现在意大利，很快传播到整个罗马世界。至公元1世纪中叶成为很常见的器形，公元1世纪末以后，这种类型的钵就消失了。广西合浦县和贵县东汉墓多次发现的蓝色玻璃碗和托盏，其化学成分与罗马玻璃相同，应该也是罗马产品。④

在汉代玻璃器的考古发现中，还有一种装金玻璃珠（Gilt Glass Bead）。先秦时期已经传入中国的西方的蜻蜓眼玻璃珠，在汉代的考古中有不少发现。汉代装金玻璃珠和蜻蜓眼玻璃珠的发现，本书第八章专节论述。

从春秋晚期开始，外国玻璃制品和技术陆续传入中国并带动了本土玻

---

① 《后汉书》卷86《西南夷列传》，第2849页。
② 同上书，第2851页。
③ 《艺文类聚》卷73《杂器物部》，上海古籍出版社1982年版，第1263页。
④ 安家瑶：《中国的早期玻璃器皿》，《考古学报》1984年第4期。

璃的发展。当时东西方是由一条名为"西徐亚小道"的商路联结起来的。西徐亚王国乃斯基泰游牧民族古国,地处黑海北岸。约公元前7世纪,伊朗语族的西徐亚人(Skythia 或 Scythians,一译斯基泰人)由东方迁入,并征略小亚细亚等地;以善于骑射著称。约公元前4世纪出现统一王国,公元前3世纪领域从顿河到多瑙河下游的广大地区。后遭萨玛特人进攻,统治中心移至克里米亚一带。公元3世纪遭哥特人打击灭亡。考古学家在王国旧地发现其遗迹、遗物。所谓"西徐亚小道"即经过此王国的欧亚草原之路。这条商路作为丝绸之路的最早萌芽穿越了草原游牧民族所占据的大草原,使文明得以交流传递。或许正是这条"小道"为中国古代玻璃艺术带来了最早的"他山之石"。中国古代玻璃艺术在蜻蜓眼玻璃珠之后,开始了漫长的仿玉器时代。丝绸之路为中国程式化的玻璃艺术输入了新鲜空气,尽管当时的西域文化无法像今天这样从某些思想领域上影响中国,但光鲜透亮、轻巧别致、五彩斑斓的西方玻璃制品却让人爱不释手。中国玻璃制品的输入史可以追溯至春秋战国时期,即中国本土玻璃工艺发展的萌芽期,可谓由来已久。由于春秋战国初的镶嵌玻璃珠都可以在西亚找到相似的对照物,玻璃的化学成分也与西亚玻璃相似,都是钠钙玻璃,因此可以推断早在这个时期中国的镶嵌玻璃珠就是大部分从国外进口的舶来品。随着商品、文化与技术的交流,以及社会需求的增长,自汉代开始,西方的先进玻璃工艺技术自然也随之传来。

新疆地区古称西域,沟通中西方的丝绸之路绿洲路和草原路都经过此地。这里的考古发现也为西方玻璃输入中国的路线提供了证据。临近哈萨克地区出土了公元前五六世纪的蜻蜓眼纹玻璃珠项链。阿尔泰山以西、伊犁河流域陆续出土了春秋战国时期和两汉时期的玻璃珠和首饰等。[1] 新疆且末扎滚鲁克墓地 M133 墓和 M49 墓分别出土了一批玻璃料珠和一件玻璃杯,时代为东汉至南北朝时期。通过激光刻蚀电感耦合等离子体发射光谱(LA-ICP-AES)对这批样品进行化学成分分析,数据显示这批样品具有典型的西方钠钙玻璃的特点。根据现代西方古代玻璃研究体系中助熔剂的不同,这批玻璃又划分为天然碱玻璃和植物灰玻璃两类。且末是汉代西域国家,位于丝绸之路南道要道。这里玻璃器的发现揭示了且末古国在中西方贸易与文化交流史上的重要地位,而且为中国古代外来玻璃器产地来源与

---

[1] 干福熹:《古代丝绸之路和中国古代玻璃》,《自然杂志》2006 年第 5 期。

制作工艺研究提供了重要的参考。① 内蒙古西北部的额济纳旗地处欧亚草原丝绸之路东端,这里出土的釉砂属西周时期,说明从新疆巴里坤草原、内蒙古草原至河套地区的道路曾在西方玻璃器东传中发挥了重要作用。春秋末期和战国早期中原地区的钠钙硅酸盐玻璃可能是经过这条路线传入中国内地的,如河南淅川徐家陵楚墓和固始侯堆的蜻蜓眼玻璃珠。在新疆、甘肃、青海等地考古发现的玻璃珠、耳珰等,说明西方玻璃器和最早玻璃制造工艺从西方经沙漠丝绸之路大约在西周和春秋之际。新疆克孜尔出土的早期玻璃珠,主要化学成分与西亚的古玻璃非常接近,但含有同时期西亚和中亚古玻璃中未发现的较高的 PbO 和 $Sb_2O_3$,说明当地从西方输入的主要是制作技术,而不是玻璃制品。②

考古中发现汉代还有一种钾硅玻璃。广西合浦西汉墓及贵县东汉墓出土的玻璃器有的属钾硅玻璃,与传统的中国铅钡玻璃和西方的钠钙玻璃都不同。从器形上看,有的是我国当时少见的器形,如贵县南斗村 8 号东汉墓出土的带托盘的高足杯;有的则是中国固有的器形,如腰鼓形耳珰之类。广州汉墓出土的 4 枚玻璃珠,经鉴定亦属钾硅玻璃。这批玻璃器是外来的还是当地自制的,其中的耳珰是不是用外来的玻璃料加工而成,学者称尚难定夺。③ 有人认为此类玻璃最早产于中国,而后流传至东南亚和南亚。汉代海上丝绸之路的起点为今广西合浦县和广东徐闻县,这里是西汉至六朝时的重要出海口。合浦乃当时南疆一大都会和政治、经济、文化中心,不但是郡治的驻地,而且是繁华的港口。其南郊遗存着一个汉墓葬群,有封土墓 1056 座。从汉墓葬群中出土了大量的玻璃饰物,以珠、耳珰、璜、穿坠等小型装饰品为主,玻璃珠数以千计,说明当时已较普遍使用。主要的玻璃制品化学成分属钾硅酸盐系统,也有个别铅钡硅酸盐玻璃和高铅硅酸盐玻璃,都是有中国特色的玻璃物品,常见于中原、楚地和吴越等地。重要的是在中国西北地区出土的早期玻璃中也有钾硅酸盐玻璃,而中亚地区没有发现此类玻璃。南俄波哥罗夫卡曾有发现,属公元前 4 世纪至公元前 2 世纪的产品,被认为是从中国传去。④ 钾硅酸盐玻璃是具有中国特色的古代玻璃,合浦、徐闻等地出土的两汉期间的钾硅酸盐玻璃物品可能属于当地制作和当地应用,并远销海外。因为东南亚地区有此种玻

---

① 成倩等:《丝绸之路且末古国墓地出土玻璃器成分特点研究》,《玻璃与搪瓷》2012 年第 2 期。
② 干福熹:《古代丝绸之路和中国古代玻璃》,《自然杂志》2006 年第 5 期。
③ 孙机:《建国以来西方古器物在我国的发现与研究》,《文物》1999 年第 10 期。
④ 干福熹:《古代丝绸之路和中国古代玻璃》,《自然杂志》2006 年第 5 期。

璃器制造，有学者认为是东南亚地区出产的钾玻璃在中国南方地区的发现。印度也出土钾硅酸盐玻璃，见于哈斯蒂娜珀（Hastinapur）、阿里卡梅杜（Arikamedu）和乌代盖顿（Udaygiri）等地，时代属公元前2世纪至前3世纪，样品不多，至公元1世纪或更迟出土样品更多一些。阿里卡梅杜为印度最早的玻璃制造地，从公元前3世纪持续至公元10世纪。因此有人认为古代钾硅酸盐玻璃可能制造于印度，通过海上丝绸之路流传于各地。赵德云根据弗朗西斯《亚洲海上珠子贸易》一书的研究成果和中国印度—太平洋珠的考古发现，认为中国早期的钾玻璃制品，应当都是通过海路进口而来，作为舶来品的奢侈品，只出现于达官贵人的墓葬中。中国发现的东汉早期以前的印度—太平洋珠，应当是外来传入的。详见本书第七章"人工饰珠"部分的论述。汉代时海上丝绸之路东端中国的商使最西到达黄支国（今印度东南部）、已程不国（即今斯里兰卡）。斯里兰卡的曼泰（Mantai）自公元1世纪起也是制造玻璃的中心。途径孟加拉湾的泰国，那里的克拉比（KuanLukPat）自公元2—6世纪也生产玻璃。这些地方生产古代玻璃的技术可能都从印度扩散过去。钾硅玻璃在中国南方、东南亚和南亚的发现，见证着汉代海上交通的发展。

## 三　金、银和金银器

> 罗敷前致词：使君一何愚！使君自有妇，罗敷自有夫。东方千余骑，夫婿居上头。何用识夫婿？白马从骊驹，青丝系马尾，黄金络马头；腰中鹿卢剑，可值千万余。
>
> ——（汉）乐府民歌《陌上桑》

这里的金指贵金属黄金。在中国古代文献中，金最早泛指金属，金的含义比现代的金范围要广。上古汉语的"金"不是专指黄金，而是黄颜色的金属物，比如五行中有金，泛指金属。记录春秋时期历史的书，其中的"金"不是特指黄金，而是指当时用作货币的金属。古汉语中金指铜，最开始在商周时期。古人认识黄铜是较晚的事情，所以那时的"金"其实很杂，不全是黄金。秦汉以前中国产金很少，汉代以前文献中所称的"金"往往指的是青铜，"吉金"则是精纯而美好的青铜。《墨子·耕注》

写大禹铸九鼎："昔者夏后开冶，使蜚廉采金于山川，而陶铸之于昆吾。"①所谓"采金"就是指开采铜矿取得铸鼎所需的青铜。《诗经·大雅》中《韩奕》诗云："鞹鞃浅幭，鞗革金厄。"金厄是青铜制的轭，是一种马具，一般用木为之，驾车时搁在牛马颈上的曲木。此言以铜为之，以示贵重，"以金为环，缠搤辔首也"。②

从春秋战国以后到魏晋南北朝时，"金"专指黄金，这一时期黄金的开采和使用量非常大。中古后期黄金相对匮乏，白银使用剧增，"金"才转指白银，称"白金"，属于以古代今式的虚称，主要在唐宋到明清阶段。春秋到南北朝时期，中国黄金的开采量和使用量惊人。楚汉相争时期刘邦出手动辄数千数万金，都是黄金。汉武帝据酎金品色奖惩诸侯，也是拿的真金。西汉时西北边境地区对匈奴和西域国家用兵，用黄金奖励战功。敦煌汉简有一枚写道："……陈（阵）却適（敌）者，赐黄金十斤□□元年五月辛未下。"据王国维研究，此简乃神爵元年（61年）诏书。③东汉时期史料中的黄金流通数目远比春秋战国和西汉时少，但数百斤数十斤的黄金仍比比皆是。从春秋到魏晋为止，因黄金开采能力大幅提高，所以将很多古代生产能力下所能开采到的中原金矿开采殆尽，在短短数百年内激增了大量黄金。魏晋之后黄金开采能力没太大发展，而中原一带容易开采的金矿也大多枯竭，所以导致了唐宋以后流通黄金数目较少，远不能与魏晋以前相比。

银是一种美丽的白色金属，中国古代文献中有时称为"白金"。④古代西方人用月亮的符号来表示银，拉丁文中"银"是 argentum，来自希腊文 argyros（明亮）。银的化学元素符号 Ag 来自它的拉丁文名称，浅色明亮的意思。银在地壳中的含量很少，仅占 0.07ppm，在自然界中虽有单质的自然银存在，但主要是化合物状态。纯银具有很好的延展性，其导电性和传热性在所有金属中是最高的。银也有以氯化物与硫化物的形式存在，常同铅、铜、锑、砷等矿石共生在一起。用于制合金、焊药、银箔、银盐、化学仪器等，并用于制银币和底银等。银币曾经作为银本位制国家的法定货币，盛行一时。中国古代常把银与金、铜并列，《尚书·禹贡》记

---

① 《墨子》卷11《耕注》，《二十二子》，上海古籍出版社1986年影印本，第263页。
② （宋）朱熹集注：《诗集传》卷18，上海中华书局1958年版，第216页。
③ 王国维：《敦煌所出汉简跋》一，《观堂集林》（十七），中华书局1959年版，第839—842页。
④ 现代国际规定，只有铂金才能被称作白金。铂（Platinum）是一种密度高、延展性强、反应性低的灰白色贵金属，俗称白金。其化学符号为Pt，原子序为78。属于过渡金属。

载扬州贡物为"唯金三品",孔氏传曰:"金、银、铜也。"① 说明中国至迟在公元前23世纪,即距今4000多年前便发现了银。据涅克拉索夫《普通化学教程》,人们在大自然中曾找到一块重达13.5吨的纯银。② 由于银特有的优良特性,人们赋予它货币、装饰、实用和药用多重价值,英镑和我国解放前用的银元,就是以银为主的银、铜合金。银,永远闪耀着月亮般的光辉,其美丽的形象引起人们的喜爱,中国人常用银字来形容白而有光泽的东西,如银河、银杏、银鱼、银耳、银幕等。银具有杀菌作用,被用作医疗;制作餐具,有益食品安全和人体健康。中国北方草原民族很早就发现,用银碗盛放的马奶,几天后也不会变质。

汉朝时也获得域外的金银。《东观汉记·李恂传》记载,李恂"为西域副校尉,西域殷富,多珍宝,诸国侍子及督使、贾胡数遗恂奴婢、宛马、金银、香罽之属,一无所受"。③《后汉书·李恂传》李贤注:"督使,主蕃国之使也;贾胡,胡之商贾也。"④ 这种贿赂行为在当时可能是常例,其他官员通常是接受的,只是因为李恂清廉,才"一无所受"。东汉时还得到西域的紫金。《后汉书·梁冀传》记载,东汉梁冀贪图富豪孙奋的家财,诬告孙奋母为其守臧婢,"盗白珠十斛、紫金千斤以叛"。⑤ 虽然这是诬告,但梁冀曾"遣客出塞,交通外国,广求异物";而且"四方调发,岁时贡献,皆先输上第于冀",其家拥有域外输入的大量紫金应为事实。紫金是一种综合了金、铜、铁、镍等多种元素的合金。紫金与黄金及白金不同的是含金量为百分之五十八点五,硬度高,色泽光亮。俄罗斯是紫金的主要产地,其余还分布在土耳其等国。土耳其小亚细亚是中西交通的要道,梁冀的紫金应当来自小亚细亚。

银最早用来做装饰品和餐具,后来才作为货币。考古工作者从近年出土的春秋时代的青铜器当中发现镶嵌在器具表面的"金银错",即一种用金、银丝镶嵌的图案。银珰是汉代近侍之臣中常侍(宦官)的冠饰,珰当冠前,以白银为之,后以"阉珰"为宦者之代称。《后汉书·宦者传序》记载:"汉兴,仍袭秦制,置中常侍官。然亦引用士人,以参其选,

---

① 《尚书正义》第6卷,《十三经注疏》,中华书局1980年影印本,第148页。
② [苏联] Б. В. 涅克拉索夫:《普通化学教程》,高等教育出版社1956年版。
③ (汉)刘珍等撰,吴树平校注:《东观汉记校注》卷16,中华书局2008年版,第730页。
④ 《后汉书》卷51《李恂传》,第1684页,注[一]。
⑤ 《后汉书》卷34《梁冀传》,第1181页。

皆银珰左貂，给事殿省。"① 银器也是汉代人们陪葬的贵重物品，从汉代古墓中出土的银器十分精美。古代喜用金银装饰器物，金银饰品是草原民族的最爱，黄金宝石是最豪华的装饰品，欧亚草原民族喜爱黄金装饰，生活中用黄金装饰衣物是最荣耀的。黄金饰品在匈奴墓中曾有发现，在内蒙古杭锦旗阿鲁柴登的两座匈奴墓中的金器有鹰形金冠、四虎噬牛纹金饰牌、虎形镶宝石金饰、金项圈、金耳坠等计二百四十六件，还有银器、石串珠等。人体用金装，思想渊源是对太阳神的崇拜，金光耀眼的太阳普照大地，使草原茂盛；而草原上英雄民族的国王，恩泽普及每个草原之子，使人畜兴旺。欧亚草原上的畜群、人群岩画中也都画太阳神。西方世界很早就用金银铸币。据希罗多德《历史》记载，吕底亚人是"最初铸造和使用金银货币的人"。②

在中国金器的使用可追溯到大约4000年前。黄金的物理性能稳定，在自然界中多以游离状态存在，故获取较易。黄金质表华美，机械加工性能好，延展性强，因此黄金一出现就用于装饰。殷墟就有金箔出土，商代有夔凤绞金饰器出土；春秋战国至汉是金器盛行的时代，此时金器为王公贵族所垄断，民间难得一见。银在自然界中是以化合物形态存在的，提炼技术较为复杂，故其发现与使用比金器要晚。目前所知最早的银的使用，当属春秋时期的错金银兵器和礼器。由于在自然界中银的储存量大于黄金，故而一旦其提炼技术为人们掌握，银器就流行起来，而且由于其价格方面的优势，使得民间用银器的数量远远超过金器。

西方金银器至迟在战国时就传入中国。古代中国本不以金银为容器，后来达官贵人以金银为容器受中亚、西亚或西方文化影响，那里的草原游牧民族早就掌握了金银器制作工艺并进行技术交流。从域外输入的金银器，有从陆路来者，也有从海路来者。2004年11月底和12月初，山东省文物考古研究所和青州市文物局联合组成的考古队对青州市西郊西辛村古墓进行发掘，该墓为战国齐国贵族墓。墓中出土有金质环首刀柄、银盘和两个近东艺术风格的裂瓣纹银盒（或称银豆）。③ 这些金银器显然是舶来品，关于其输入的路线存在不同认识。先是林梅村指出："这个发现将近东艺术传入山东半岛的年代，从秦代提前到战国时期（前475—前221）。就目前所知，这种裂瓣纹金银器最早见于近东埃兰文明（伊朗南

---

① 《后汉书》卷78《宦者列传》，第2508页。
② ［古希腊］希罗多德：《历史》，王嘉隽译，商务印书馆1959年版，第215页。
③ 郑同修等：《山东青州西辛战国墓发掘简报》，《文物》2014年第9期。

部），工艺传统后来为波斯人、帕提亚人所传承。伊朗近年发现一件埃兰银器，艺术造型与山东青州战国齐王墓出土银盒以及临淄西汉齐王墓出土秦始皇三十三年（前214年）银盒如出一辙。据说出自伊朗，器高17.8厘米，口沿刻有埃兰文，年代大约在公元前9世纪—前6世纪，那么，山东半岛出土的公元前3世纪的埃兰银盒，显然从海路传入中国。"可见大约在公元前4世纪，古代东西方的海上交通之路已经建立。① 后来王云鹏、张明军也对青州西辛村出土的银豆传播路线进行了探讨，他们从该墓出土的金银器艺术特点与草原文化的相似性，认为这几件具有草原文化艺术特点的金银器为草原丝绸之路不断东渐、草原丝绸之路向中原及山东半岛延伸的有力证据。他们指出，纯金环首刀柄形状为一前腿屈跪、且内折，头颈高昂的似鹿非鹿的奇怪动物，是一种鸟喙和食草动物组合的形象。这种动物形象和装饰艺术造型与草原文化艺术有着联系。裂瓣纹银豆盒是粟特艺术的再现。他们认为青州西辛出土的金银器"既有着斯基泰、阿尔泰艺术，又有巴尔干半岛古代色雷斯、波斯、萨珊、粟特等地区艺术风格……通过青州西辛古墓出土的带有外域特色的金银器，说明了草原丝绸之路的大致走向"。②

西域以捶揲工艺制作的金银器很早就受到中国人的喜爱，成为王公贵族和富豪巨室之家收藏的珍品。捶揲，即锻造、打制，其技术可以冷锻，也可以经过热处理，是利用金属的延展性，将自然或冶炼出的金属材料捶打成各种形状，供进一步加工使用。1978年，在山东临淄窝托村西汉齐王墓1号陪葬坑中出土一件银盒（一称银豆），这种银盒是古波斯阿赫美尼德王朝和安息王朝金银器中常见器物。有学者以为这种银盒可能是罗马人使用的容器，类似的器物屡见于巴尔干半岛古代遗址。③ 据发掘者推测，临淄西汉齐王墓墓主当为刘襄，陪葬坑的年代在公元前179年左右。香港中文大学饶宗颐注意到银盒上刻有"三十三年"的铭文，汉代没有一个在位超过这个年数的皇帝，认为这个纪年应该是秦始皇三十三年（前214年）。④ 1983年，在南越国第二代国王赵眜陵墓主棺室出土一件与临淄西汉齐王墓出土的同类型的带盖的扁球形波斯银盒，高12.1厘米、

---

① 林梅村：《丝绸之路考古十五讲》，北京大学出版社2006年版，第105页。
② 王云鹏、张明军：《青州西辛战国墓出土金银器对草原丝绸之路的佐证》，《潍坊学院学报》2012年第3期。
③ 林梅村：《中国与罗马的海上交通》，《汉唐西域与中国文明》，文物出版社1998年版，第316—317页。
④ 林梅村：《丝绸之路考古十五讲》，北京大学出版社2006年版，第104页。

盖径 14.3 厘米、腹径 14.8 厘米、口径 13 厘米，重 572.6 克，盖与器身吻合。① 这只银盒的盖、腹为对向交错的蒜头形凸纹，捶揲而成。盖与身相合处的上下两边各饰一匝穗状纹带。盖面上分立三个后加的小凸榫，器底附近加铜圈足，盖面有两处刻汉字铭文。此银盒从造型到纹饰都与汉代器皿风格迥异，但在西亚波斯帝国时（前 550—前 330 年）的金银器中却不难找到与之相类似的标本。盖与器身均施有用锤揲法打压出的突蒜瓣形主纹带，这是典型的波斯纹式。因此银盒并非南越国制造，而是海外舶来品。盖沿和器沿饰有一条穗状窄纹带，表面鎏金极薄。上有汉字铭文，是携入中国后镌刻上去的。出土时盒内藏有药丸，说明这是赵眜生前盛药的器皿。伊朗苏撒城（Susa）曾出土阿黑美尼德王朝时期一件银盒，公元前 5 世纪制作，上刻波斯王薛西斯（Xerxes）名字，与赵眜银盒类似。南越王墓出土的银盒可能是古波斯时代的器物。

在云南晋宁石寨山的滇王墓（前 128—前 117 年之间）中出土两件铜盒，造型与纹饰与南越王墓中的银盒几乎完全相同。南越王墓（前 122 年）、石寨山滇王墓与临淄的齐王墓（前 179 年）下葬的年代大体相当。在同一时期，相距数千里的三地竟会出现如此类似的海外珍品，令人惊叹。出土于广州南越王墓和临淄齐王墓的这两件来自域外的银盒，被中国人按照自己的使用习惯以及审美标准进行了改装，在银盒下面加上铜圈足，使之成为中国人所熟悉的器皿豆，体现了古代中西文化的交融。林梅村指出："临淄西汉齐王墓银豆是在一个异国情调的银盒上加工改造而成，圈足和豆盖上三个卧兽是后来附加的。"② 在江苏淮安盱眙大云山汉墓群的考古中，考古人员发现一件裂瓣纹银盒，非常具有西亚风格。在大云山汉墓中发现的西亚风格的文物除了裂瓣纹银盒，还有一个银盆。这两件物品完全是捶揲成的，与中国传统制作方法迥异，但在西亚地区出土较多，一般认为这类银器为古代伊朗高原的艺术品。大云山汉墓的主人是汉武帝之兄江都王刘非。③ 在陆上丝绸之路沿线，包括蒙古大草原和中原地区都没有发现过此类银盒，而集中发现的都是沿海地区，由此可以判断它们是由海路舶来的。

在南越国第二代国王赵眜陵墓中出土的金银器，除了波斯银盒外，还

---

① 广州市文物管理委员会等：《西汉南越王墓》上册，文物出版社 1991 年版，第 209—210 页。
② 林梅村：《丝绸之路考古十五讲》，北京大学出版社 2006 年版，第 104 页。
③ 李则斌等：《江苏盱眙县大云山汉墓》，《考古》2012 年第 7 期。

有不少小件饰品，也有容器，都被考古学者断定为海路舶来之物。① 其中有32枚小件金花泡饰，上面焊有极小的金粟粒，与江苏东汉邗江甘泉广陵王墓、广州郊区4013号墓、长沙五里牌9号墓等处出土的多面金珠的制法基本相同，采用的是一种焊珠工艺。② 马贡（H. Margon）《古代世界的金属工艺》指出，此种工艺在两河流域乌尔第一王朝（公元前4千纪）已经出现，流行于古埃及、克里特、波斯等地，亚历山大东征后传至印度。③ 我国至迟在公元前1世纪末也掌握了这一工艺。河北省定县八角廊40号西汉墓（约前54年）出土的镶有琉璃面的马蹄金和麟趾金，器壁上部已焊有用金粟粒组成的连珠纹带。④ 南越王墓比八角廊墓早半个世纪，那时还没有迹象证明国内已能生产此类器物，所以南越王墓之金花泡饰应是来自西方的工艺。广州汉墓还出土有多面金珠。所谓多面金珠是将小金环组焊成多面体，再在各环交接处用金粟粒堆焊成尖角。同类的器物在越南南部的奥高遗址和巴基斯坦的怛叉始罗遗址中都发现过，广州汉墓所出者应来自南亚，经过海上丝绸之路传入。来自域外的此类金珠皆为12面体，外国学者把它定名为"十二面珠"。邗江广陵王墓出土的金珠以14枚金环焊成，西方未见其例。考虑到中国古代有一种多面体状的博茕（骰子），而1976年在陕西临潼秦始皇陵园中发现的博茕正是14面体，所以可以推断，中国出土的多面金珠有的是对西方原型作了改进的本土制品。

---

① 广州市文物管理委员会等：《西汉南越王墓》，文物出版社1991年版，第65—66页、第131—133页、第204—211页、第249—250页、第260—270页、第407页。

② 这种工艺，据孙机介绍："以金汞齐泥膏将金珠黏合固定，然后加深使汞蒸发，金珠就牢牢地附着在器物表面上了。其原理与我国的火法鎏金技术是相通的。但也有一些标本上检查不出汞的痕迹来，似是用在炭粉中加热的方法，借助金珠表面形成的碳化物薄膜的还原作用，以所谓'扩散接合法'（diffusion bonding）将金珠固定在金器表面的。这类方法很早就出现在西亚地区，历史悠久，约在西汉时传入我国，已知之最早的例子是广州象岗南越王墓出土的小金花泡。以后在河北定县八角廊40号西汉墓出土的马蹄金和麟趾金上，也焊有用小金珠组成的连珠纹带。至东汉时，此类工艺已臻成熟之境。江苏邗江甘泉2号、河北定县北陵头43号等东汉墓所出金胜、金龙头、金辟邪等物，可视为代表作。"参见 V. Griessmaier, "Die granulierte Goldschnalle." *Wiener Beiträge zur Kulturgeschichte Asiens*, v. 7 (1933), s. 32. J. Ogden, *Jewellery of the Ancient World*. London，1976. p. 51. 又定县博物馆《河北定县43号汉墓发掘简报》，《文物》1973年第11期；河北省文物研究所《河北定县40号汉墓发掘简报》，《文物》1981年第8期；南京博物院《江苏邗江甘泉二号汉墓》，《文物》1981年第11期；孙机《东周、汉、晋腰带用金银带扣》，收入氏著《中国圣火——中国古文物与东西文化交流中的若干问题》，辽宁教育出版社1996年版，第75—77页。

③ H. Margon, *Metal Working in the Ancient World*. 参见孙机《建国以来西方古器物在我国的发现与研究》，《文物》1999年第10期。

④ 孙机：《建国以来西方古器物在我国的发现与研究》，《文物》1999年第10期。

汉末曹操《上杂物疏》中提到不少金银器具:"御物三十种,有纯银参镂带漆画书案一枚、纯银参带台砚一枚、纯银参带圆砚大小各一枚。""御物三十种,有纯金香炉一枚,下盘自幅;贵人公主有纯银香炉四枚,皇太子有纯银香炉四枚,西园贵人铜香炉三十枚。""御杂物用,有纯金唾壶一枚……贵人有纯银参带唾壶三十枚。""御物有纯银参镂带漆画案一枚。""御物有尺二寸金错铁镜一枚,皇后杂物用纯银错七寸铁镜四枚。""御物中宫贵人、公主、皇子纯银漆带镜一枚,西园贵人纯银参带五,皇子银匣一,皇子杂用物十六种,纯金参带方严四具。""镜台出魏宫中,有纯银参带镜台一枚,又纯银七,贵人公主银镜台四。""纯银澡豆奁,纯银括镂奁。""银镂漆匣四枚"。"纯金参带画方严器一"。"银画象牙盘五具"。[①] 这些金银器具有的是曹操得帝、后所赐,有的可能是从别处获赠物品,现在又进奉皇室。汉以前中国上层社会很少使用金银容器,至南北朝时受了西方的影响,使用这类器物才渐成风尚。曹操所提到的这批金银器,很可能也来自域外。

## 四 其他金属和金属制品

估客无住著,有利身即行。出门求火伴,入户辞父兄。
父兄相教示,求利莫求名。求名有所避,求利无不营。
火伴相勒缚,卖假莫卖诚。交关少交假,交假本生轻。
自兹相将去,誓死意不更。一解市头语,便无乡里情。
鍮石打臂钏,糯米炊项璎。归来村中卖,敲作金玉声。

——(唐)元稹《估客乐》

### (一) 希腊铭文的铜饼和铅饼

中国境内发现一些汉代文物铸有希腊文的铜饼和铅饼。铜饼在新中国成立前就有几件发现,其形状为一面凸起,上面有像龙一样的纹样;另一面凹下,周围铭有外国字。可惜这些铜饼的出土地点情况不清,无法判定

---

[①] (清)严可均:《全三国文》卷1,《全上古三代秦汉三国六朝文》,中华书局1958年版,第1057—1058页。

其时代，而且其中还有一些是后人仿制的伪品。① 新中国成立后，又有一些被发现。1965年，中国社会科学院考古研究所西安研究室考古队在汉长安城遗址（今西安市西查寨村）考古发现一只陶罐，内有13枚铅饼。这种铅饼直径约5.5厘米，最厚处1.2厘米，重125—142.4克。正面凸出，上有类似龙的浮雕图案；背面凹入，印有一周外文文字，被认为是草体希腊文。② 党顺民看到的一枚铅饼，直径5.5厘米，重156克，面凸如西汉叠山式博山炉盖式，纹饰为一独角长嘴、长脖短身、长卷尾的浮雕动物，奔腾于似山水如云雾的背景图中。背面凹，外有一圈外文字母，内有两小戳印记。③ 1971年，甘肃礼县永兴出土铅饼两枚，其形制和灵台出土的铅饼一致。④ 1973年，陕西省扶风县姜嫄出土两枚这样的铅饼，直径5.3厘米，重120—127克。同时出土五铢钱多枚。研究者认为，"结合这个遗址中出土的其他文物来看，其上限不会早于西汉晚期，下限不会晚于东汉晚期"。⑤ 1973年3月，陕西汉长安城遗址出土两枚铜饼，其型制、图案、大小均与中国历史博物馆藏"60.周541之一号"铜饼和陕西扶风姜嫄出土的铅饼一致。⑥ 1976年，甘肃灵台县中台镇康家沟村枣树台社村民在达溪河支流南河西岸半坡上平整土地时，发现一处外文铅饼窖藏，发现铅饼274枚，直径5.5厘米，每枚重110—118克，总重量达31806克。铅饼正面有似龙非龙形状像蟠螭的浮雕，头有触角，背面阳铸外文一周，中有方形印记。铅饼造型、文字同西安西北汉代长安城和陕西扶风姜嫄出土的汉代铅饼完全相同。⑦ 1976年甘肃礼县永平出土铅饼3枚，其形制和灵台出土铅饼一致。⑧ 1990年10月，陕西宝鸡眉县常兴镇出土一批四铢半两钱和铅饼一枚，同时一起出土了方形马纹铅饼三枚和椭圆形龟纹铅饼一枚。其形制和灵台出土铅饼一致。⑨ 这些铅饼都出土于汉文化层中，有些装在汉代陶罐里，有的和汉代五铢钱及汉代陶片同出，大都出于遗址，

---

① 中国社会科学院考古研究所资料室：《西安汉城故址出土一批带铭文的铅饼》，《考古》1977年第6期；作铭（夏鼐）：《外国字铭文的汉代（？）铜饼》，原载《考古》1961年第5期，收入《夏鼐文集》下册，社会科学文献出版社2000年版，第4页。
② 夏鼐：《西安汉城故址出土一批带铭文的铅饼》，《夏鼐文集》下册，社会科学文献出版社2000年版，第10—11页。
③ 党顺民：《外文铅饼新探》，《考古与文物》1994年第5期。
④ 王裕巽、徐蔚一：《千古饼钱谜 今朝辨分晓》，《钱币世界》（台湾）1990年第5期。
⑤ 罗西章：《扶风姜嫄发现外国铭文铅饼》，《考古》1976年第4期。
⑥ 安志敏：《金版与金饼——楚、汉金币及其有关问题》，《考古学报》1973年第2期。
⑦ 灵台县博物馆：《甘肃灵台发现外国铭文铅饼》，《考古》1977年第6期。
⑧ 王裕巽、徐蔚一：《千古饼钱谜 今朝辨分晓》，《钱币世界》（台湾）1990年第5期。
⑨ 党顺民：《外文铅饼新探》，《考古与文物》1994年第5期。

不见于墓葬。近年陕西宝鸡出土数件外文铅饼,一同出土的还有西汉半两钱。① 另外,西安市文物管理处收藏一枚,直径 5.5 厘米。② 陕西长武县博物馆收藏 10 枚,直径 5.5 厘米,每枚重 116.2 克。③ 甘肃礼县文化馆收藏 5 枚;1982 年,甘肃西和县博物馆收藏 1 枚,其形制和灵台出土的铅饼一致。④ 有人估计全国有一样形制的铅饼 400 枚左右,而以甘肃境内发现最多,达 282 枚。⑤ 可以确定这些铅饼当是汉代实物遗存无疑,当前学术界也是如此共识。

关于铅饼的纹饰含义、外文铭文文字和来历、用途、国别等,历来解释不一。类似龙的纹饰,有人解释为蟠螭⑥,有人解释为龙⑦,有人解释为水涡纹⑧;饼背的外文铭文有希腊文⑨、拉丁文⑩、安息文⑪、佉卢文⑫等说法。背后的小戳印文有人解释为"羌"⑬,有人解释为"爪"⑭,有人解释为符号。⑮ 关于其用途,有人认为是旌武功勋章,有人认为是印信,有人认为是器盖,但认为是货币的看法得到国内外大多数学者的认同。至于来源则众说纷纭,有人认为来自大秦(古罗马)⑯,有人认为这种草体

---

① 党顺民:《外文铅饼新探》,《考古与文物》1994 年第 5 期。
② 王长启:《汉代希腊文铅饼一枚》,《陕西金融》1990 年第 10 期。
③ 赵彩秀:《馆藏十枚希腊文铅饼》,《陕西金融》1990 年第 11 期。
④ 陈梧年:《我国境内发现的外国铭文(铜)铅饼研究概况述要》(中国钱币学会交流资料)中国钱币学会编,1991 年。
⑤ 康柳硕:《谈甘肃出土的铅饼》,《中国钱币》1996 年第 4 期。
⑥ 灵台县博物馆:《甘肃灵台发现外国铭文铅饼》,《考古》1977 年第 6 期。
⑦ 中国社会科学院考古研究所资料室:《西安汉城故址出土一批带铭文的铅饼》,《考古》1977 年第 6 期。
⑧ 蔡季襄:《汉西域大秦褭蹏金考》,《泉币》1943 年第 19 期。
⑨ O. Maenchen-Helfen, "A Parthian Coin Legend on a Chinese Bronze," AM, n. s., III-1, 1952, pp. 1—6. [德] 密兴·黑尔芬:《一种中国铜器上安息钱铭文》,《大亚细亚》(英国)1952 年号第 3 卷第 1 期。
⑩ 郑文焯:《腊丁文金鍱》,《神州大观》1915 年第 2 号。
⑪ O. Maenchen-Helfen, "A Parthian Coin Legend on a Chinese Bronze," AM, n. s., III—1, 1952, pp. 1—6. [德] 密兴·黑尔芬:《一种中国铜器上安息钱铭文》,《大亚细亚》新号第 3 卷第 1 期。
⑫ 王裕簠、徐蔚一:《千古饼钱谜 今朝辨分晓》,《钱币世界》1990 年第 5 期。
⑬ 蔡季襄:《汉西域大秦褭蹏金考》,《泉币》1943 年第 19 期。
⑭ 陈梧年:《我国境内发现的外国铭文(铜)铅饼研究概况述要》(中国钱币学会交流资料)中国钱币学会编,1991 年。
⑮ 作铭(夏鼐):《外国字铭文的汉代(?)铜饼》,《考古》1961 年第 5 期。
⑯ 蔡季襄:《汉西域大秦褭蹏金考》,《泉币》1943 年第 19 期。

希腊文是帕提亚（安息）钱币铭文①，有人认为天竺国（古代印度）②，有人认为是西汉时期"白金"三品。③ 另有"汉柿子金饼""龟兹""于阗"诸说，但都没有得到学术界的普遍认同。20世纪中期，德国密兴·黑尔芬（O. Maenchen-Helfen）提出，在希腊化时代与罗马时代，铸印在西亚古钱上的文字是希腊文，但这些希腊文在仿抄过程中，由于仿抄者不懂希腊文而失真走样。他还进一步认为，中国发现的这些铜饼是中国匠人铸造的，上面的铭文是中国人所仿抄的失真的希腊文。④ 但夏鼐不同意此说，认为这些铜饼不可能是在中国铸造的，而应来自西域。因为汉魏时代的中国"没有仿抄外国铭文的先例，并且也想不出他们当时为着什么要这样仿抄"；铜饼上的图案与汉代的纹饰不同；"汉代没有铸造过这种样式的铜币，并且当时也不会铸造完全是外国字铭文的货币"。⑤ 林梅村认为，铸有希腊铭文的铅饼来自西亚地区，怀疑铜饼和铅饼上的铭文可能是大夏文，是用草体希腊文拼写的东伊朗语文书。公元1世纪前期，贵霜王朝建立。2世纪中叶以后，贵霜内乱不已，境内大月氏人大量流亡东方，进入东汉避难。中国出土的这些铭有草体希腊文的铜饼与铅饼，很可能是流寓到中国的贵霜大月氏人在三辅即以西安为中心的陕西中部地区及其西邻地区频繁活动留下的遗物。这种铜饼或铅饼在丝路沿线的流行似与贵霜难民流寓中国有关。⑥

目前比较一致的看法是，中国境内发现的外文铜饼或铅饼是西汉时代的实物遗存，与中外交流有关，大多数人倾向于是一种货币。有人进一步认为这是中亚、西亚国家和中国的贸易货币，外文铅饼可能兼有内外贸易

---

① ［德］密兴·黑尔芬：《一种中国铜器上安息钱铭文》，《大亚细亚》新号第3卷第1期。
② 王裕巽、徐蔚一：《千古饼钱谜 今朝辨分晓》，《钱币世界》（台湾）1990年第5期。作者依据铅饼有公元前5世纪古印度的佉卢文字字母，认为是印度西北地区铸造并发行的货币。朱活《古钱新典》就陕西姜塬、甘肃灵台出土的铅饼，依据其既有古希腊文字，又有佉卢文（古印度西北文字）认定是天竺铸币（古印度）在桓、灵帝时传入中国。又认为可能是希腊所铸造的铅饼，被安息（即古伊朗）沿用。见《古钱新典》上卷，三秦出版社1991年版，第176页。
③ 党顺民：《外文铅饼新探》，《考古与文物》1994年第5期。
④ O. Maenchen-Helfen, "A Parthian Coin Legend on a Chinese Bronze," AM, n. s., III—1, 1952, pp.1—6. ［德］密兴·黑尔芬：《一种中国铜器上安息钱铭文》，《大亚细亚》新号第3卷第1期。
⑤ 夏鼐：《外国字铭文的汉代（？）铜饼》，《夏鼐文集》下册，社会科学文献出版社2000年版，第5页。
⑥ 林梅村：《贵霜大月氏人流寓中国考》，收入氏著《西域文明——考古、民族、语言和宗教新论》，东方出版社1995年版，第33—67页。

货币双重功能。① 有人说是一种上古西域某国制造的金属货币，经由"丝绸之路"输入我国，它是张骞"凿空"之后，中国和西方政治往来和经济交流日益发展的信物。研究这些希腊文铅饼，对阐发丝路货币史、中西交通史、西域史都有重要的意义。② 这种形式货币的产生，显示汉武帝以后中国统治者向西域称"王中之王"的用意。西汉当时为东方大国，自先秦至汉与西域的交流中，西域文化随之而来，货币文化也发生着相互的影响，除了图案上的相互借鉴，更为重要的是文字交流。像灵台发现的龙币上的希腊、拉丁字母文字虽然未被完全破译，但已有一些初步认识。杨继贤、于廷明认为"铅、铜饼上的铭文属'失真的希腊文'以及'大王和王中之王'等语义，与希腊——巴克特利亚王国的历史背景相吻合"。"大王和王中之王"等语义揭示了一个重大问题，西汉乃当时东方大国，对西域各国有称"王中之王"之意。③ 这种观点也只能备为一说。这种铸造有外文铭文的铜饼和铅饼的研究虽然没有令人满意的结果，它的出现对研究汉代中外文化交流史都是具有重要意义的，它是中外文化交流的产物。从这么多铜饼、铅饼之大小、规格、重量基本一致来看，它可能用作交易中衡量价值的信物、媒介或商品的等价物，这种铜饼或铅饼用作交易的媒介，是不同于一般货币的，其特殊性和使用方式值得进一步研究。

### （二）胡钱

古代外国钱币很早就流入中国。自汉代以来，中国古代文献对外国钱币多有记载。《史记》《汉书》《后汉书》《魏书》《北史》等记载域外历史和中外关系史的《西域传》之类，都曾记载安息国、罽宾国、乌弋山离国、大宛国、大月氏国、大秦国等国的钱币材质、形状、图案、文字等。宋代洪遵《泉志》一书记载外国钱币有70多种。其中有大月氏国钱、拂林国钱、波斯国钱、大食国钱以及中亚多国钱币。根据《中国大百科全书·考古卷》，百年来发现的古代外国钱币主要有罗马帝国金、铜币，东罗马帝国金币，贵霜帝国铜币，波斯萨珊帝国银币，阿拉伯帝国金、银币，突骑施汗国铜币，哈喇汗国铜币，察合台汗国金、银、铜币，

---

① 王祐焘：《灵台出土的外文铅饼》，灵台县博物馆，http://ltbwg.lingtai.gov.cn 2013-08-09.
② 钱伯泉：《甘肃出土的希腊文铅饼新探》，《新疆钱币》2007年第1期。
③ 杨继贤、于廷明：《陕甘出土发现的外国铭文铅饼新探》，转引自党顺民《外文铅饼新探》，《考古与文物》1994年第5期。

伊利汗国银币等。①

从这些资料可知，汉代已有外国钱币流入，如安息王朝银币，罗马帝国金、铜币，贵霜帝国铜币。斯坦因在新疆叶城购到两枚安息国银币，一枚为菲拉亚特斯三世（phraates Ⅲ）的银币，一枚为米提拉达特一世（mithridates）的银币。② 辽宁沈阳发现一枚罗马帝国恺撒大帝（julius Caesar，前102—前44年）时代的金币。③ 近世山西灵石发现16枚罗马铜币，张星烺曾著文认为这些铜币是汉晋时流入中国的，他说："晚近西人在山西掘得罗马古钱十六枚，观钱面镌文，盖悉为罗马皇帝梯拜流斯（Tiberius）、至安敦皇帝时代所铸者也。梯拜流斯为罗马第三代皇常（帝字之误），即位于新莽天凤元年（西历十四年），崩于东汉光武帝建武十三年（西历三十七年）。此为当时交通之繁，罗马金钱流入中国之确凿证据也。"④ 夏鼐推测这批罗马铜钱乃明末清初时西方传教士携入中国，非汉晋时流入。⑤ 域外传入的钱被称为"胡钱"，居延汉简有一简云：

　　☐墜长胡钱六百—
　　☐年四月己亥士吏疆付墜长⑥

此简说明在西北边地驻守部队也使用"胡钱"支付，但我们不知道属于哪一国的钱币，但数量这么多，最有可能属于匈奴地区流通的钱币，边地驻军可能与匈奴人存在交易活动。匈奴是否铸造钱币，学术界一直未能确定。《河北第一博物馆半月刊》（1931年创刊，1936年终刊）曾报道，王汉章收藏有匈奴"行由界上"钱，乃库伦附近出土之赤铜钱。有人断定乃匈奴老上单于时之匈奴钱。⑦ 居延汉间中的这个记载，或许为匈奴是否

---

① 康柳硕：《从中国境内出土发现的古代外国钱币看丝绸之路上东西方钱币文化的交流与融合》，《甘肃金融》2002年第2期。
② 汪海岚：《斯坦因从新疆地区搜集的钱币》，《西域研究》1997年第3期。
③ 该钱币发现于1991年，为私人收藏。参见康柳硕《从中国境内出土发现的古代外国钱币看丝绸之路上东西方钱币文化的交流与融合》，《甘肃金融》2002年S2期。
④ 张星烺：《中西交通史料汇编》第1册《古代中国与欧洲之交通》，辅仁大学图书馆1930年版，第42页。
⑤ 夏鼐：《咸阳底张湾隋墓出土的东罗马金币》，收入氏著《考古学论文集》，河北教育出版社2000年版，第297—300页。
⑥ 中国社会科学院考古研究所编：《居延汉简甲乙编》（下册），中华书局1993年版，第146页。
⑦ 陈湛绮：《民国文物考古期刊汇编》（附博物馆馆刊）第19卷，全国图书馆文献缩微复制中心，2006年。

铸造钱币提供某种信息。从汉与匈奴始终存在互市贸易来看，匈奴人使用钱币的可能性很大，铸钱的可能性也很大。

## （三）鍮石

鍮石指天然的黄铜矿或自然铜。晋郭义恭《广志》云："鍮石似金，亦有与金杂者，淘之则分。"① 三国魏锺会《刍荛论》云："夫莠生似禾，鍮石像金。"② 都是从呈色来说的。古代黄铜为什么称为鍮石，学者们都从语源上去探索，有阿拉伯波斯语说、印度梵语说和伊朗语借词说等说法。③ 1957年，在山东胶县三里河地区龙山文化地层中发现了两段铜制锥形器，经鉴定为黄铜质地，含锌23.2%。20世纪70年代，在陕西临潼姜寨遗址中发现铜片和管状金属物，也被测定为黄铜器，其中管状黄铜器含锌32%。由于年代较早，所以这些铜器出现的原因以及使用状况，至今仍有很多争议。在新石器时代之后的很长时期，所见较多的是青铜器，黄铜这一词最早出现在《南史》中，到宋代才有零星记载。我国的早期文献更多使用"鍮石"来标示铜锌合金。那么，新石器时代的黄铜器与"鍮石"之间是什么关系呢？在以往的认识中，中国传统制铜工业以青铜冶炼为主，黄铜则是比较晚才出现的一种合金，然而近年来的考古材料以及研究表明，人类对于铜锌合金的冶炼和使用的年代都要比想象中的早。

鍮石是著名的西域舶来品，用鍮石制作的工艺品曾经是中古中国上层社会达官贵人所追求的时尚物品，在唐代更成为官宦等级身份的象征。古代鍮石的产地首推波斯，《魏书·西域传》记载波斯国"出金、银、鍮石"。④《隋书·西域传》也说波斯盛产"鍮石"，在与突厥交往中"每遣使贡献"。⑤ 波斯自汉代以来便与中国发生贸易往来和文化交流，汉代已从西域获得鍮石。《隋书·西域传》记载，女国"出鍮石"。"女国，在葱岭之南"⑥，即古代苏毗国，公元6世纪中叶前由羌王苏毗建立的羌人国家。国土以今西藏羌塘为中心，包括整个藏北高原。女国的鍮石可能也是从更远的西域传入。

---

① 《太平御览》卷813《珍宝部》，上海古籍出版社2008年影印本，第8册，第257页。
② 同上。
③ 林梅村：《墨山国贵族宝藏的重大发现》，收入氏著《古道西风——考古新发现所见中西文化交流》，生活·读书·新知三联书店2000年版，第194—209页。
④ 《魏书》卷102《西域传》，第2270页。
⑤ 《隋书》卷83《西域传》，第1857页。
⑥ 同上书，第1850页。

汉代有域外传入的鍮石。《西京杂记》记载："武帝时，身毒国献连环羁，皆以白玉作之，玛瑙石为勒，白光琉璃为鞍。……后得贰师天马，帝以玫瑰石为鞍，镂以金银鍮石，以绿地五色锦为蔽泥。"① 据陈直介绍，长安城奇华殿遗址曾出土一件五环铜炉，现藏于小雁塔西安市文物管理处，可能是中国目前所见最早的鍮石工艺品。炉上有铭文云："奇华殿铜鍮炉，容一斗二升，重十斤四两，天汉二年工赵博造。护守丞贤省。"② 天汉二年，汉武帝年号，即公元前 99 年。建章宫奇华殿是西汉王朝收藏域外珍物之处，所以波斯鍮石制作的工艺品存于其中。西域墨山国汉墓出土有鍮石制品，墨山国地处丝路孔道，其墓葬中墓主佩戴有黄铜戒指、黄铜手镯，即波斯传来的鍮石工艺品，也为鍮石东传树立了坐标。③ 墨山国，古西域国名，在今新疆维吾尔自治区库尔勒县以东库鲁克山山区内。

## （四）铜与铜器

汉代从南方传入的铜称为"南金"。这种南金先秦时就传入中原地区，《诗经·鲁颂·泮水》云："憬彼淮夷，来献其琛。元龟象齿，大赂南金。"毛传云："南谓荆扬也。"郑玄笺："荆扬之州，贡金三品。"孔颖达疏："金即铜也。"④ 西汉焦延寿著卜筮书《易林·比》之《噬嗑》形容吉利："苍梧郁林，道易利通，元龟象齿，宝贝南金，为吾归功。"⑤《后汉书·宦者传序》批评汉末宦官的豪奢："南金、和宝、冰纨、雾縠之积，盈仞珍藏。"⑥ 汉末黄琼批评梁冀贪腐："羽毛、齿革、明珠、南金之宝，殷满其室。"⑦ "南金之宝"即用铜铸造的器物。

铜鼓，一种流行于今东南亚各国和中国广西、广东、云南、贵州、四川、湖南等西南少数民族地区的打击乐器，公元前 7 世纪开始出现。东汉时马援南征交阯征侧等，于交阯（在今越南北部）之地获得铜鼓，改铸为铜马，作为相马的法式。《后汉书·马援传》记载："援好骑，善别名

---

① （晋）葛洪：《西京杂记》卷 2，《汉魏丛书》，吉林大学出版社 1992 年影印本，第 305 页。
② 陈直：《三辅黄图校证》，陕西人民出版社 1981 年版，第 65 页。
③ 林梅村：《墨山国贵族宝藏的重大发现》，收入氏著《古道西风——考古新发现所见中西文化交流》，生活·读书·新知三联书店 2000 年版，第 194—209 页。
④《毛诗正义》卷 20，《十三经注疏》，中华书局 1980 年影印本，第 612 页。
⑤ （汉）焦延寿：《易林》卷 1《比》，中国国家图书馆编：《国立原北平图书馆甲库善本丛书》，国家图书馆出版社 2013 年影印本，第 966 页。
⑥《后汉书》卷 78《宦者列传》，第 2510 页。
⑦《后汉书》卷 61《黄琼传》，第 2037 页。

马，于交阯得骆越铜鼓，乃铸造为马式，还上之。"①"骆越"是居住在今越南北部的民族。"骆"由"骆（雒）民"演变而来。郦道元《水经注》引《交州外域记》云："交阯昔未有郡县之时，土地有雒田，其田从潮水上下，民垦食其田，因名为雒民。设雒王，雒侯、主诸郡县，县多为雒将，雒将铜印青绶。"②司马贞《史记索隐》引《广州记》云："交阯有骆田，仰潮水上下，人食其田，名为骆人。有骆王、骆侯。诸县自名为骆将，铜印青绶，即今之令长也。"③《太平寰宇记》转引《南越志》云："交阯之地，最为膏腴。有君长曰雄王。其佐曰雄侯，其地为雄田。"④"雄"字为"雒"字之误。都说明骆（雒）民这一名称的由来。

铜鼓是亚太地区最有代表性的青铜文化，最早可能产生于中国西南地区的滇西楚雄，万家坝出土的铜鼓，年代测定相当于春秋中期，是世界上最古老的铜鼓。在中国西南和东南亚一带，铜鼓进入人们的一切活动中，无论节庆、出征，还是播种收割，人们都以铜鼓作伴。铜鼓集中国中原地区、西南地区乃至东南亚的工匠和生产技艺为一体，在古代中国西南地区和东南亚缅甸、泰国、柬埔寨、老挝、越南、马来亚、印度尼西亚等地，铜鼓伴随各民族的繁衍生息，成为地域性和民族性极强的传统文化。

## 五　域外影响与马具铠甲的改良

> 游大国以广观，览希世之伟宝，总众材而课美，信莫臧于玛瑙。被文采之华饰，杂朱绿与苍皂。于是乃命工人，裁以饰勒，因姿象形，匪雕匪刻。厥容应规，厥性顺德，御世嗣之骏服，表骙骥之仪则。
>
> ——（三国·魏）王粲《玛瑙勒赋》

汉代传入了西域的良马，与马的输入有关，是马具的输入。马具是人骑马的时候，为了更方便地控制马匹所使用的辅助器物，主要有马鞍、笼

---

① 《后汉书》卷24《马援传》，第840页。
② （北魏）郦道元著，陈桥驿校证：《水经注校证》卷37《叶榆河》，中华书局2013年版，第822页。
③ 《史记》卷113《南越列传》，第2969页。
④ （宋）乐史：《太平寰宇记》卷170，中华书局2007年影印本，第3255页。

头（羁）、马勒（衔铁）、马衣、低头革和水勒缰等。汉代文献记载外来的马具乃极珍贵物品。《西京杂记》卷二记载，汉武帝时，身毒国（古印度）曾献一套马具，有连环羁、玛瑙石勒和白光琉璃鞍。这样的马具，非一般乘骑所用。影响所及，造成长安贵族盛饰鞍马之风，"自是长安始盛饰鞍马，竞加雕镂，或一马之饰值百金。皆以南海白蜃为珂，紫金为华，以饰其上。犹以不鸣为患，或加以铃镊，饰以流苏，走则如撞钟磬，若飞幡葆。后得贰师天马，帝在玫瑰石为鞍，镂以金银瑜石，以绿地五色锦为蔽泥。后稍以熊罴皮为之。熊罴毛有绿光，皆长二尺者，直百金"。[1]这样的故事未必全是事实，但也不是空穴来风。这种贵重豪华的马具想必只有贵族甚至只有帝王才能获得外国的礼赠。

汉代传入了西域的马具和铠甲。中国汉代以前战士的甲衣是皮革制成，不是金属制品。《楚辞·国殇》写战场上的楚军云："操吴戈兮披犀甲。"[2] 犀甲即用犀牛皮制成的甲衣。《荀子·议兵》云："楚人鲛革犀兕以为甲。"[3] 秦兵马俑身上的甲衣只在前后胸致命处缀有金属片。中国古代战马没有金属铠甲。金属铠甲，包括战士甲衣和战马披挂的马铠来自西域。铠甲最早可能是埃及人发明的，传入波斯。波斯人使用盔甲和马具装，在希腊历史学家希罗多德《历史》一书中有记载，说波斯人"战时所穿的又是埃及人的铠甲"。[4] 波斯人的鱼鳞甲闻名于世，书中描写波斯人打仗时的装束："身上穿着五颜六色的带袖内衣，上面有像鱼鳞那样的铁鳞。"[5] 这种铠甲由一排排连接在一起的金属片制成，有青铜片，也有铁片。鱼鳞甲的铠甲由国王军械制造作坊生产，有几种类型：一是用金属鳞片制成，鳞片上边呈直角，下边呈圆形。有各种尺寸，从1.5厘米到5厘米不等。用金属（青铜）鳞片制成的盔甲产生于公元前2000年的叙利亚和巴勒斯坦地区，都是把鳞片固定在软底上，有两种形式，第一种是鳞片的上部、中部和下部都有孔，整个平面被固定在软底上；第二种是鳞片仅上部有孔，有时中间也有孔，鳞片只是上半部被固定在软底上。二是用长方形金属薄片制成。薄片长度为2.5—9厘米，宽度为1.2—3.2厘米。大多数薄片有4个孔，每个角上有一个，供穿绳（或皮条）固定之用。

---

[1] （晋）葛洪：《西京杂记》卷2，《汉魏丛书》，吉林大学出版社1992年影印本，第305页。
[2] （宋）洪兴祖：《楚辞补注》卷2，中华书局1957年版，第137页。
[3] 《荀子》卷10《议兵》，《二十二子》，上海古籍出版社1986年版，第323页。
[4] ［古希腊］希罗多德：《历史》，王嘉隽译，商务印书馆1959年版，第236页。
[5] 同上书，第659页。

三是用镀金的方形薄铁片制成。四是用边上带有许多孔的青铜直角薄片制成。波斯人的铠甲在对希腊人的战争中发挥了良好作用。阿里安的《亚历山大远征记》写亚历山大率领的希腊军队与大流士率领的波斯人交战,"一场近距离的骑兵会战展开了,亚历山大的人马大批倒地,这是因为波军占有数量上的压倒优势,也是因为西徐亚的骑手和马匹都有较好的护身甲"。① 阿黑门尼德时代的波斯人还有用非金属的软材料制成的铠甲,例如用亚麻、毡子和皮革等材料制成的铠甲。公元前480年,波斯皇帝泽尔士的军队已装备了铁甲片编成的鱼鳞甲。在幼发拉底河畔杜拉欧罗波发现的安息线雕艺术中,有头戴兜鍪身披锁子甲的骑士,战马也披有鳞形马铠。

希罗多德笔下战胜波斯王居鲁士的玛撒该塔伊人（Massagetae）也使用金属铠甲,以青铜为主,黄金为饰:"他们在一切的物品上都使用黄金和青铜,所有他们的枪头、箭头或战斧一类的东西全都用青铜制造,所有装饰在头部、腰带、胸甲上面的东西则都是黄金制造的。同样,他们给马的胸部戴上青铜的胸甲;马勒、马衔和颈甲的则是使用黄金的。他们那里有大量的黄金和青铜,但铁和银都没有,因此他们从来不使用铁和银。"② 玛撒该塔伊人是在里海以东、Araxes 河对岸大草原上的游牧民族,斯基泰人一支。③ 马萨革太是西徐亚（Scythia）的一个地区。希罗多德说:"有一些人说他们（Massagetae）是斯奇提亚（Scythia）的一个民族。"④ 可见玛撒该塔伊人是西徐亚的一个民族。"玛撒该塔伊人穿着和斯奇提亚人相同的衣服,又有着同样的生活方式"。⑤ 波斯人将不同的斯奇提亚人统称为萨迦人（Sakā）,中国古代文献称为塞人。公元前5世纪或更早,可能是黑海北部的斯基泰人首先发明了锁子甲。锁子甲在中国文献中又称"环锁铠"。锁子甲是一种金属铠甲,一般由铁丝或铁环套扣缀合成衣状,

---

① ［古希腊］阿里安:《亚历山大远征记》卷3,李活译,商务印书馆1979年版,第97页。
② ［古希腊］希罗多德:《历史》,王嘉隽译,商务印书馆1959年版,第273页。
③ 王嘉隽译希罗多德《历史》作"玛撒该塔伊人",李活译阿里安《亚历山大远征记》作"马萨革太人",徐文堪、芮传明译《中亚文明史》（第二卷）作"马萨革特人"。在希罗多德《历史》中载有 Getae、Massagetae、Thyssagetae 三个游牧族群,彼此相隔较远: Getae 人在色雷斯靠近多瑙河的地方; Massagetae 人在里海以东、Araxes 河对岸的大草原上; Thyssagetae 人在 Tanais 河那边。阿里安将马萨革太地区称作马萨革太西徐亚,"斯皮塔米尼斯带着从索格地亚那逃出来的人跑到西徐亚一个叫马萨革太的地区躲避去了"（［古希腊］阿里安:《亚历山大远征记》卷4,李活译,商务印书馆1979年版,第140页）。
④ ［古希腊］希罗多德:《历史》,王嘉隽译,商务印书馆1959年版,第267页。
⑤ 同上书,第273页。

每环与另四个环相套扣，形如网锁，不同文明地方制作材料不同。最早大量使用铁盔甲的是中东亚述人，据说亚述比中国早500年进入铁器时代。

西域金属铠甲可能在西汉时已经传入中国，其中包括波斯的鱼鳞甲和斯基泰人的锁子甲。中国在西汉时已经使用铁甲。《史记·卫将军骠骑列传》记载："骠骑将军自四年军后三年，元狩六年而卒。天子悼之，发属国玄甲军，陈自长安至茂陵，为冢象祁连山。"① 班固的《封燕然铭》写汉军"玄甲耀日，朱旗绛天"。所谓"玄甲"，张守节《史记正义》解释："铁甲也。"② 杨泓说："可能因为铁是黑色金属，所以铁铠就称为'玄甲'了。"③ 从考古发现的材料看，1965年，在据说为西汉名将周勃墓附近的10个土坑中出土彩绘战士陶俑2500余身，其中40%身披铠甲，铠甲样式不同，均涂成黑色，象征身穿铁甲的军队。陕西咸阳杨家湾西汉早期墓出土陶俑群，所披黑色铠甲被认为是模拟铁甲，有步兵的带披膊的札甲和骑兵的不带披膊的札甲，并出现做工精细的鱼鳞甲。最早的铁甲实物是河北满城刘胜墓出土的鱼鳞甲，全铠由2859片小型甲片构成，有甲身、筒袖、垂缘，总重16.85公斤。1958年，河南洛阳西郊3023号西汉晚期墓中出土铁甲残片328片。1959年，内蒙古呼和浩特市郊二十家子汉代城址中出土铁甲片和铁铠，年代为汉武帝晚期。1959年11月，福建崇安城村西南西汉城址出土的36片铁甲片；1963年内蒙古乌兰布和沙漠北部汉城遗址中出土数十片甲片，保尔浩特土城中也有大量铁甲片出土，形制约十多种，跟二十子家出土的大致相近；1977年长安武库遗址中第一建筑遗址发现数目很多的铁甲片；此外值得注意的是1977年在安徽阜阳双古堆1号墓出土的铁盔甲一套，墓主可能是西汉初汝阴侯夏侯灶，这可能是中国最早的铁甲实物。

锁子甲大概在东汉后期经过中亚传入中国内地。东汉后期在中国重装骑兵中已经发挥重要作用。《后汉书·蔡邕传》记载，蔡邕上疏论"三互法"云："伏见幽、冀旧坏，铠马所出，比年兵饥，渐至空耗。"④ 曹操《军策令》中提到："袁本初铠万领，吾大铠二十领；本初马铠三百具，吾不能有十具。"⑤ 铠即铁甲，战士和战马皆披挂铁甲称为重装骑兵，从

---

① 《史记》卷111《卫将军骠骑列传》，第2939页。
② 同上书，第2940页。
③ 杨泓：《中国古兵器论丛》，文物出版社1980年版，第19页。
④ 《后汉书》卷60下《蔡邕传》，第1990页。
⑤ （三国·魏）曹植著，赵幼文校注：《曹植集校注》卷2，人民文学出版社1984年版，第309页。

上述有关"铠马"的记载可知,汉末已出现重装骑兵。东汉末年,曹植曾从父亲曹操那里得到好几领名贵铠甲,其中有来自域外的珍品。其《上先帝赐铠表》云:"先帝赐臣铠:黑光、明光各一领,两当铠一领,环鏁铠一领,马铠一领。"① 先帝即曹操,"环鏁铠"可能就是斯基泰人发明的锁子甲。前秦将军吕光远征西域,看到龟兹国"铠如环锁,射不可入"②,显然也是这种锁子甲。弓箭不能射入,可见其材质和防护性能非同一般。至唐代盛行此种锁子甲,被列为十三种甲制之一。曹植还有银鞍一具,其《上银鞍表》云:"于先武皇帝世,敕此银鞍一具,初不敢乘,谨奉上。"③ 银鞍当是饰银器的贵重马鞍,可能也是来自域外的馈赠。

汉末中原地区还从东胡获得马铠,陈琳《武军赋》写袁绍统军征公孙瓒:"铠则东胡阙巩(当作'贡'),百炼精钢。函师振旅,韦人制缝。玄羽缥甲,灼爚流光。"④ 东胡是中国东北部的古老游牧民族。自商代初年到西汉,东胡存在了大约1300年。东胡语言属阿尔泰语系,东胡是一个部落联盟,包括了当时族属相同而名号不一的大小部落。东胡、濊貊、肃慎被称为古东北三大民族。东胡族系包括的部落和民族很多,如乌桓、鲜卑以及由鲜卑分化出的慕容、宇文、段部、拓跋、乞伏、秃发、吐谷浑各部,此外还有柔然、库莫奚、契丹、室韦、蒙古。陈琳所谓"东胡"大约指东汉末年东北乌桓、鲜卑等族。从他的描写可知,用料乃"百炼金钢",此铠甲为金属制品无疑。

## 六 古代东北民族与中原政权关系中的楛矢

> 白马饰金羁,连翩西北驰。借问谁家子,幽并游侠儿。
> 少小去乡邑,扬声沙漠垂。宿昔秉良弓,楛矢何参差。
> ——(三国·魏)曹植《白马篇》

---

① 《太平御览》卷356《兵部》,上海古籍出版社2008年影印本,第4册,第274页。
② 《晋书》卷122《吕光载记》,第3055页。
③ (三国·魏)曹植著,赵幼文校注:《曹植集校注》卷2,人民文学出版社1984年版,第311页。
④ 《太平御览》卷356《兵部》,上海古籍出版社2008年影印本,第4册,第274页;费振刚等辑校:《全汉赋》,北京大学出版社1993年版,第695页。

楛矢是以楛木做杆的箭。"楛"是荆之类的植物，楛木材质坚直，且不因燥湿变形，宜做箭杆。把楛木截做箭杆，配上石砮，就是楛矢。这种楛矢以古代东北亚地区肃慎人的产品最为精良，古代肃慎人是用青石做箭头，把这种做镞的尖石头底部撅出个卯，装在用楛木做成的箭杆上，用胶固定，就是历史上著名的"楛矢石砮"。[1] 楛矢很早便传入中原地区，绵历千载，楛矢曾一直是东北地方政权向中原王朝入贡的器物产品，甚至成为代表东北地区入贡中原物产的泛称。肃慎后来先后有挹娄、勿吉、靺鞨、黑水靺鞨、女真等称呼，本文考察其历史上通过楛矢石砮与中原地区的联系。

## （一）

生活在东北亚的肃慎氏，很早便将楛矢进贡中原。《竹书纪年》"帝舜有虞氏"条记载："二十五年，息慎氏来朝，贡弓矢。"[2] 这是楛矢传入中原的最早记载。据推算，帝舜有虞氏二十五年乃公元前2103年。就是说，早在距今4100多年前的虞舜时代，息慎人就已生活在相对于中原来说的东北地区，并向中原贡献"楛矢"。关于肃慎人的生活区域，《山海经·大荒北经》云："大荒之中，有山名曰不咸，有肃慎氏之国。"[3] 不咸山即长白山，在古代的各种书籍里，长白山称呼极不统一，最早叫不咸山，后来又有"徒太山""徒白山""太白山""太皇山"之称。直到东北的契丹族和女真族定鼎中原，建立起辽和金之后，对于东北的这座高山才统一称呼为长白山。[4] 后来的《晋书·肃慎氏传》记载："肃慎氏一名挹娄，在不咸山北。"这样肃慎氏之国就有了一个大致的定位，其生活的大致区域在今长白山北，东滨大海，即今之东海。北至何处，古时人们一

---

[1] 楛矢之形制，《国语·鲁语下》云："长尺有咫。"《史记·孔子世家》裴骃《集解》引韦昭曰："楛，木名；砮，镞也，以石为之。八寸曰咫。"《新唐书》卷219《北狄传》"黑水靺鞨"条："其矢石镞，长二寸，盖楛砮遗法。"

[2] 佚名撰，（清）徐文靖笺：《竹书纪年统笺》卷2，《二十二子》，上海古籍出版社1986年版，第1053页。

[3] 袁珂校译：《山海经校译》卷17，上海古籍出版社1985年版，第284页。

[4] （宋）叶隆礼：《契丹国志》卷27《岁时杂记》："长白山在冷山东南千余里。盖白衣观音所居，其山禽兽皆白。"影印文渊阁四库全书本，台湾商务印书馆股份有限公司2008年版，第796页。《辽史》卷46《百官志》记载，辽置有"长白山女直国大王府"。圣宗统和三十年（1012年）云："长白山三十部女直乞授爵秩。"中华书局1974年版。《金史》卷35《礼志》记载："长白山在兴王之地"；金大定十二年（1172年）十二月，封长白山为"兴国灵应王"。《金史》卷135《外国》下记载："黑水靺鞨居古肃慎地，有山曰白山，盖长白山，金国之所起也。"清代沿用长白山名。中华书局1975年版。

直不甚明了,直到唐杜佑著《通典》仍云"不知其北所极"。① 今人判断大致在黑龙江中下游。②

清代学者曾判断,肃慎国在今宁古塔一带。吴兆骞曾贬谪宁古塔,"以为石砮出混同江中"。魏源《圣武记》"古肃慎氏之国"条云:"肃慎国在今辽东吉林宁古塔地,女真为肃慎之转音,楛矢肇骑射之俗。"③ 然而,长白山有广义和狭义概念之分,广义的长白山连黑龙江省的完达山、老爷岭、张广才岭都包括在内。实际上由此到北直至黑龙江的人海口,东抵日本海,西接松嫩平原,都是肃慎人的活动范围。乌苏里江整个流域及其以东广大地区,应是他们的核心地带。位于黑龙江省饶河县境内的饶河农场有一座山名叫楛矢山,其义当与其地生产楛矢有关。黑龙江省农垦总局史志办编《黑龙江农垦地名录》记录,在黑龙江饶河农场有"楛矢山",云:"古代该山多荼条槭,用以做箭杆,故得名楛矢。位于大班河与蛤蟆河之间,农场场部以西,东西7公里,南北10公里,为一大山群,主峰楛矢山,海拔264.7公尺。"④ 这应该是肃慎人制作"楛矢"的一个中心。

饶河古代文明源远流长,自公元前2200多年的唐虞时代到公元前476年左右的春秋时期,肃慎人就在饶河地域居住,这里从旧石器时代的渔猎到新石器时代的原始农耕孕育了优秀的古代文化。当地出土的文物证明,早在13000年前饶河县就有远古人类活动。饶河县城南的小南山是目前发现的我国最东部的一处旧石器遗物点,出土了一些刮削器、砍砸器、尖状器等古人石制工具和猛犸象化石、夹砂粗口陶器、玉璧玉珠等。20世纪60年代,小南山出土圭叶形石器,专家鉴定为远古时期的"礼器",是部落首领的标志物。在同一区域,20世纪70年代,黑龙江省历史博物馆的专家发掘出直径7米的圆形居住面,内有瓢形烧水坑,地面上有大量的石片、石核、石料等堆积,并有打制而成的石矛、石镞、刮削器、尖状器及磨制的石簇、石斧等,共84件。专家们由此断定这是一个石器作坊,应该是肃慎人制作"石砮"的一个地点。1991年,在小南山顶发掘出一座双人合葬墓,墓中文物散失,追回126件,有石器、玉器、牙坠饰等,

---

① (唐)杜佑:《通典》卷186《边防》二,中华书局1988年版,第5021页。
② 王世选、梅文昭修纂:《民国宁安县志·舆地》"疆域沿革",民国十三年(1924)铅印本。
③ (清)魏源:《圣武纪》卷1,《魏源全集》,岳麓书社2011年版,第15页。
④ 黑龙江省农垦总局史志办编:《黑龙江农垦地名录》,齐长伐主编,人民中国出版社1997年版,第116页。

仅玉圭、玉环、玉玦、玉簪、玉匕、玉斧、玉璧等就占了66件，数量占到了新中国成立后黑龙江省出土新石器时期玉器的60%以上。两尸骨脚下堆放有整齐的石镞，镞头向东。① 小南山距离楛矢山不过30公里，这里制造的石砮，可能就用于楛矢的制作。与其相匹配的箭杆和弯弓，则是在楛矢山里完成的。

制作楛矢石砮的材料并非只有东北肃慎地区。据《尚书·禹贡》记载，荆州贡物有"楛"。《孔传》云："楛，中矢幹。"② 梁州贡物有"砮"。③ 砮是可做箭镞的石头和用石头制作的箭镞。北方中原地区也有"楛"。《诗经·大雅·旱麓》云："瞻彼旱麓，榛楛济济。"④ 孔颖达疏引陆玑《草木疏》云："楛木，茎似荆而赤，其叶如蓍。上党人蔑以为笃箱，又屈以为钗。"⑤ "旱"，朱熹注云："旱，山名；麓，山足也。"⑥ 指今汉中郡南郑旱山。⑦ 上党在今山西。《韩非子·十过》云："董子之治晋阳也，公宫之垣，皆以荻蒿楛楚墙之。有楛高至于丈，君发而用之。于是发而试之，其坚虽菌簵之劲弗能过也。"⑧ 看来最早制作楛矢石砮的材料未必尽出于肃慎，荆州所贡楛和梁州所贡砮可能也曾用于制作楛矢石砮，豳以北地区的楛木至唐代仍制作箭杆。可是为什么历史上没有记载呢？苏轼《顺济王庙新获石砮记》云：

> 建中靖国元年四月甲午，轼自儋耳北归，舣舟吴城山顺济龙王祠下。既进谒而还，逍遥江上，得古箭镞，椠锋而剑脊，其廉可刲，而其质则石也。曰：异哉！此孔子所谓楛矢、石砮，肃慎氏之物也。何为而至此哉？传观左右，失手坠于江中。乃祷于神，愿复得之，当藏

---

① 参见黑龙江省博物馆《黑龙江饶河小南山遗址试掘简报》，《考古》1972年第2期，第32—34页；杨大山《饶河小南山新发现的旧石器地点》，《黑龙江文物丛刊》1981年第1期，第49—52页；李英魁、高波《黑龙江饶河县小南山新石器时代墓葬》，《考古》1996年第2期，第1—8页；鞠桂兰、曹兆奇《饶河小南山——阿速江江畔的金字塔》，《黑龙江史志》2010年第12期，第36—37页。
② 《尚书正义》卷6，《十三经注疏》，中华书局1979年影印本，第149页。
③ 同上书，第150页。
④ （宋）朱熹集注：《诗集传》卷16，上海古籍出版社1980年版，第182页。
⑤ 《毛诗正义》卷16，《十三经注疏》，中华书局1979年影印本，第515页。
⑥ （宋）朱熹集注：《诗集传》卷16，上海古籍出版社1980年版，第182页。
⑦ 《汉书》卷28上《地理志》"汉中郡"云："南郑：旱山，池水所出，东北入于汉。"上海古籍出版社、上海书店1986年版，第154页。
⑧ （战国）韩非：《韩非子》卷3《十过》，《二十二子》，上海古籍出版社1986年影印本，第1126页。

之庙中，为往来者骇心动目诡异之观。既祷，则使没人求之，一探而获。谨按《禹贡》：荆州贡砺、砥、砮、丹及箘、簵、楛，梁州贡璆、铁、银、镂、砮、磬。则楛矢、石砮，自禹以来贡之矣。然至春秋时，隼集于陈廷，楛矢贯之，石砮长尺有咫，时人莫能知，而问于孔子。孔子不近取之荆梁，而远取之肃慎，则荆梁之不贡此久矣。颜师古曰："楛木堪为笴，今鹽以北皆用之。"以此考之，用楛为矢，至唐犹然。而用石为砮，则自春秋以来莫识矣。可不谓异物乎！兑之戈，和之弓，垂之竹矢，陈于路寝，孔子履藏于武库。皆以古见宝。此矢独非宝乎？顺济王之威灵，南放于洞庭，北被于淮泗，乃特为出此宝。轼不敢私有，而留之庙中，与好古博雅君子共之，以昭示王之神圣英烈不可不敬者如此。①

苏轼此文中疏于考证处，洪迈已经指出。② 但苏轼根据《国语》中记载，孔子只提到肃慎氏贡楛矢石砮，不提荆梁之贡，断定那是因为孔子之前，荆梁二州之地已经很久不以此作为土产朝贡了却有道理。荆州所出之"楛"是否与肃慎之楛为同样的植物，没有见到有人考证。肃慎之楛或许为当地特有的一种植物，与《禹贡》中之楛不同；或许是同样的植物，但作为制作箭杆的材料更优于荆州之楛，因为我们知道荆州与东北肃慎地区的气候风土差别极大，同样的植物其材质性能差别应该是很大的。不然，为什么长期只有东北的楛矢石砮为人津津乐道，却没有人提到荆州的呢？

从虞舜时代起，很长时间里不见肃慎氏再贡楛矢，直到周朝建立。夏商时期为什么不见肃慎氏之贡，《后汉书·东夷列传》云：

《王制》云：东方曰夷。夷者，柢也，言仁而好生，万物柢地而出。故天性柔顺，易以道御，至有君子、不死之国焉。夷有九种，曰畎夷、于夷、方夷、黄夷、白夷、赤夷、玄夷、风夷、阳夷。故孔子

---

① （宋）苏轼：《苏轼文集》卷122，《三苏全书》第14册，语文出版社2001年版，第525页。
② 南宋洪迈云："东坡作《石砮记》……按，《晋书挹娄传》：'有石砮、楛矢，国有山出石，其利入铁；周武王时献其矢、砮'；魏景元末亦来贡；晋元帝中兴，又贡石砮；后通贡于石虎，虎以夸李寿者也。《唐书·黑水靺鞨传》：'其矢，石镞长二寸，盖楛矢遗法。'然则东坡所谓春秋以来莫识，恐不考耳。予家有一砮，正长二寸，岂黑水物乎？"参见氏著《容斋随笔》卷8《石砮》，上海古籍出版社1978年版，第102页。

欲居九夷也。昔尧命羲仲宅嵎夷，曰旸谷，盖日之所出也。夏后氏太康失德，夷人始畔。自少康已后，世服王化，遂宾于王门，献其乐舞。桀为暴虐，诸夷内侵，殷汤革命，伐而定之。至于仲丁，蓝夷作寇。自是或服或畔，三百余年。①

由此看来，应该从东夷与中原地区关系来分析问题，那时东夷与夏、商的关系都出现过紧张和对立。古代的入贡往往有表示臣服和敬德之义，东夷人对夏商一直是"或服或叛"，故不以楛矢石砮入贡。肃慎在周武王灭商后，向周进贡楛矢。周武王、成王时，肃慎人都曾以'楛矢石砮'来贡。"周武王克商，西旅献獒，在保作《旅獒》以诫王。自是通道九夷百蛮，使各以其方贿来贡，使无忘职业。于是肃慎贡楛矢石砮，长尺有咫。"②所以《后汉书·东夷列传》记载："武乙衰敝，东夷浸盛，遂分迁淮、岱，渐居中土。及武王灭纣，肃慎来献石砮、楛矢。"③《竹书纪年》卷七"周武王"条记载："十五年，肃慎氏来宾。"④"周成王"条记载，九年，"肃慎氏来朝，王使荣伯锡肃慎氏命"。⑤《尚书·周书》中有《贿肃慎之命》，云："成王既伐东夷，肃慎来贺。王俾荣伯作《贿肃慎之命》。"此后或服或叛，康王时曾来进贡，其贡物当然也少不了楛矢。

至春秋末期，肃慎的楛矢又出现在中原地区。《国语》卷五《鲁语》下记载：

> 仲尼在陈，有隼集于陈侯之庭而死，楛矢贯之，石砮，其长尺有咫。陈惠公使人以隼如仲尼之馆问之。仲尼曰："隼之来也远矣！此肃慎氏之矢也。昔武王克商，通道于九夷百蛮，使各以其方贿来贡，使无忘职业。于是肃慎氏贡楛矢、石砮，其长尺有咫。先王欲昭其令德之致远也，以示后人，使永监焉，故铭其栝曰：'肃慎氏之贡矢。'以分大姬，配虞胡公而封诸陈。古者分同姓以珍玉，展亲也；分异姓以远方之职贡，使无忘服也。故分陈以肃慎氏之贡。君若使有司求诸

---

① 《后汉书》卷85《东夷列传》，第2807—2808页。
② 《册府元龟》卷968《外臣部》"朝贡"（一），中华书局1960年影印本，第12册，第11376页。
③ 《后汉书》卷85《东夷列传》，第2808页。
④ 《竹书纪年》卷7，《二十二子》，上海古籍出版社1986年影印本，第1073页。
⑤ 同上书，第1075页。

故府，其可得也。"使求，得之金椟，如之。①

从孔子的议论中可以知道，周初来自肃慎氏的楛矢已经成为象征物。周天子颁发"肃慎氏之贡矢"给异姓诸侯王，提醒他们不要忘记职贡之责，但此时的诸侯王们早已把它忘在"金椟"中了。这次楛矢石砮不是从东北地区的民族作为贡物进献而得，而是一只中箭的鹰隼带来的。这只鹰隼来自何方？它带着重伤能从遥远的肃慎地区飞到春秋时的陈国吗？还是从周天子所在的洛阳一带飞来呢？可是周天子早已失去天子的实际地位，肃慎人还向它入贡楛矢吗？这已经成为历史之谜。

（二）

关于肃慎氏入贡的楛矢之形制，《后汉书·东夷列传》"挹娄"条记载："挹娄，古肃慎之国也。……种众虽少，而多勇力，处山险，又善射，发能入人目。弓长四尺，力如弩；矢用楛，长一尺八寸，青石为镞，镞皆施毒，中人即死。"② 这里我们第一次看到肃慎人弓矢形制的具体描写。挹娄是肃慎族系继肃慎称号后使用的第二个族称，汉至晋前后有600余年。挹娄族称出现于公元前1—2世纪时，即西汉时期。"挹娄"一词，含义有两说，一说音近通古斯语"鹿"，为鹿之意；一说与满语"叶鲁"音近，为岩穴之穴的意思。

据《后汉书·东夷列传》记载，挹娄人"处于山林之间，土气极寒，常为穴居"。③ 看来后说比较可信，挹娄即"穴居人"的意思。挹娄称号本是他称，直到北齐天保五年（554年），他们向中原王朝纳贡还自称肃慎。④《史记》《汉书》中皆无挹娄的记载，《后汉书》和《三国志》之《东夷传》都写到挹娄，而汉代不见挹娄向中原政权进贡楛矢的记载，其原因是"自汉兴已后，臣属夫馀"。⑤ 挹娄政治上失去了独立地位，与中原政权的联系是由其宗主国夫馀承担的。夫馀常向中原政权入贡，挹娄的楛矢应该通过夫馀对中原政权的朝贡进入中原地区。经历了西汉末年的动乱，光武帝建立东汉王朝，东北亚地区的貊人又来朝贡："王莽篡位，貊

---

① （清）徐元诰：《国语集解·鲁语下》，王树民、沈长云点校，中华书局2002年版，第204页。
② 《后汉书》卷85《东夷列传》，第2812页。
③ 同上书，第2812页。
④ 《北齐书》卷4《文宣帝纪》记载，天保五年，"秋七月戊子，肃慎遣使朝贡"。
⑤ 《后汉书》卷85《东夷列传》，第2812页。

人寇边。建武之初,复来朝贡。"东汉时辽东太守祭肜威詟北方,声行海表,于是东北亚地区的濊、貊、倭、韩,"万里朝献,故章(帝)、和(帝)已后,使聘流通"。①《后汉书·东夷传》记载夫馀国:

> 建武中,东夷诸国皆来献见。二十五年,夫馀王遣使奉贡,光武厚答报之,于是使命岁通。至安帝永初五年,夫馀王始将步骑七八千人寇钞乐浪,杀伤吏民,后复归附。永宁元年,乃遣嗣子尉仇台诣阙贡献,天子赐尉仇台印绶金彩。顺帝永和元年,其王来朝京师,帝作黄门鼓吹、角抵戏以遣之。桓帝延熹四年,遣使朝贺贡献。永康元年,王夫台将二万余人寇玄菟,玄菟太守公孙域击破之,斩首千余级。至灵帝熹平三年,复奉章贡献。夫馀本属玄菟,献帝时,其王求属辽东云。

东汉初入汉朝献的东夷诸国,应当有挹娄。自汉朝建立,挹娄臣服夫馀,在夫馀与东汉的关系中,也包含着挹娄与东汉王朝的关系。挹娄的楛矢是夫馀国与东汉交往中的必备贡品。所以东汉末年的曹植诗中便有对楛矢的歌咏,《白马篇》诗写"幽并游侠儿":"宿昔秉良弓,楛矢何参差!控弦破左的,右发摧月支。"②汉献帝建安四年(199年),袁绍攻公孙瓒,陈琳作《武军赋》以壮军威:"矢则申息肃慎,箘簵空疏。"③后人不知道这一点,以为肃慎贡楛矢从周成王时中断,直到曹魏才又入贡。唐杜佑《通典·边防》"挹娄"条记载:"挹娄,魏氏通焉,云即古肃慎之国也。周武王及成王时,皆贡楛矢、石砮。尔后千余年,虽秦汉之盛,莫能致也。常道乡公景元末来贡,献楛矢、石砮、弓、甲、貂皮之属。"④

夫馀国是古东北亚民族濊貊别族所建,古代北方政权高句丽和百济王室都来自扶馀。此外,北沃沮、东沃沮、濊貊都是扶馀的兄弟民族。《后汉书·东夷传》记载:"夫馀国在玄菟北千里,南与高句骊、东与挹娄、西与鲜卑接,北有弱水,地方二千里。本濊地也。"⑤挹娄源于肃慎,其活动区域,"在夫馀东北千余里,东滨大海,南与北沃沮接,不知其北所

---

① 《后汉书》卷85《东夷列传》,第2809页。
② (三国·魏)曹植撰,赵幼文校注:《曹植集校注》卷3,人民文学出版社1984年版,第411页。
③ 《艺文类聚》卷59《武部》,上海古籍出版社1982年版,第1070页。
④ (唐)杜佑:《通典》卷186《边防》二,中华书局1988年版,第5021页。
⑤ 《后汉书》卷85《东夷列传》,第2810页。

极。土地多山险，人形似夫馀，而言语各异。"① 仍在今辽宁省东北部和吉林、黑龙江两省东半部及黑龙江以北、乌苏里江以东的广大地区。按照《后汉书》记载，此时挹娄"有五谷麻布出赤玉、好貂，无君长。其邑落各有大人，处于山林之间。土气极寒，常为穴居，以深为贵，大家至接九梯。好养豕，食其肉，衣其皮。冬以豕膏涂身，厚数分，以御风寒。夏则裸袒，以尺布蔽其前后。其人臭秽不洁，作厕于中，圜之而居。……便乘船，好寇盗。邻国畏患，而卒不能服。东夷、夫馀饮食类皆用俎豆，唯挹娄独无，法俗最无纲纪者也"。② 据此则知，挹娄有渔猎业、农业、畜牧业和手工业。

挹娄人狩猎用的工具以弓箭为主。与肃慎时代比较，挹娄时代的"石弩"有很大改进和发展，这首先反映在"簇皆施毒，中者即死"上。③ 其次在形制上也有改进。在距今 1700 年左右的黑龙江省宁安县东康遗址中，考古发现了仿金属工具制造的圆铤双翼石簇，还出土了三棱形骨簇。宁安县东康遗址是牡丹江流域比较有代表性的一处早期铁器时代文化遗址。在宁安市东京城镇东郊东康村出土的铁器时期人类早期活动遗址，即东康遗址。它坐落在牡丹江支流马莲河左岸二级台地上，地处东京城盆地的东南边缘。东康文化是我国先秦战国时期至魏晋时期的文化遗存，距今 2300 年到 1700 年之间，时间跨度达 6 个世纪，与历史上东北地区被称之为挹娄的时代大致吻合，东康文化是东北挹娄人的遗存。挹娄人利用弓箭从事狩猎，猎取的对象有狍、鹿、貂等。考古发现的兽骨皆带有烧痕，说明他们猎取这些肉多毛厚的野兽是为解决衣食之需。④《三国志·东夷传》记载，挹娄"出赤玉、好貂，今所谓挹娄貂是也"。⑤ 著名的"挹娄貂"受到中原地区的喜爱，反映了挹娄人利用其善射技术捕貂，获取貂皮与中原居民或邻近民族进行交换的历史内容。

(三)

《三国志·东夷传》"挹娄"条记载："自汉已来，臣属夫馀，夫馀责

---

① 《后汉书》卷 85《东夷列传》，第 2812 页。
② 同上。
③ 同上。
④ 参见黑龙江省博物馆《东康原始社会遗址发掘报告》，《考古》1975 年第 3 期，第 158—168 页；宁安县文物管理所《黑龙江宁安县东升新石器时代遗址调查》，《考古》1977 年第 3 期，第 173—175 页；林秀贞《宁安县东康遗址第二次发掘记》，《黑龙江文物丛刊》1983 年第 3 期，第 42—47 页。
⑤ 《三国志》卷 30《乌丸鲜卑东夷传》，第 848 页。

其租赋重，以黄初中叛之。"① 挹娄时期，东北夫馀族开始兴盛，后来又有高句骊族的兴起，这一局势影响着挹娄与中原及邻近各民族的关系。夫馀贵族乘秦末汉初中原大乱之机，欺凌邻近弱小民族，挹娄被迫臣属于夫馀国，并向夫馀贵族缴纳繁重的赋税，这种情况一直持续到公元3世纪初。曹魏黄初年间，挹娄举兵反抗，摆脱了夫馀的压迫和统治。挹娄能够摆脱夫馀的压迫，并能在四边民族侵扰中崛起，楛矢发挥了重要作用。史载："夫馀数伐之，其人众虽少，所在山险，邻国人畏其弓矢，卒不能服也。其国便乘船寇盗，邻国患之。"② 挹娄凭着"便乘船"和"善射"的优势，对周边民族形成威胁。挹娄人对居住在今图们江流域人少势弱的北沃沮，进行"寇钞"，致使北沃沮人常躲到深山岩穴中防备其袭击，只在冬天冰封河道后，才返回村中居住。③

魏晋南北朝时，东北亚地区各民族和政权与中原地区各分裂对峙的政权来往密切，楛矢依旧是他们向中原地区进贡或交换的物产。在记载魏晋南北朝历史的正史中，我们常常看到他们向中原地区进贡楛矢。挹娄摆脱夫馀的统治不久，便与曹魏建立臣属关系，并进贡楛矢。《三国志·魏书·明帝纪》记载，青龙四年（236年）五月，"丁巳，肃慎氏献楛矢。"④ 此肃慎即挹娄。《三国志·魏书·三少帝纪》记载，元帝景元三年（262年）"夏四月，辽东郡言肃慎国遣使重译入贡，献其国弓三十张，长三尺五寸；楛矢长一尺八寸，石弩三百枚，皮骨铁杂铠二十领，貂皮四百枚"。⑤《晋书·文帝纪》亦记此事："（景元）三年夏四月，肃慎来献楛矢、石砮、弓甲、貂皮等，天子命归于大将军府。"⑥ 挹娄进贡的物产，包括楛矢都归于司马昭大将军府。"肃慎来贡"被曹魏政权视为皇威远被万邦协和的象征，而且归功于丞相司马昭。《三国志·魏书·钟会传》记载钟会伐蜀，"移檄蜀将吏士民曰：'今主上圣德钦明，绍隆前绪；宰辅忠肃明允，劬劳王室，布政垂惠而万邦协和，施德百蛮而肃慎致贡。'"⑦ 曹魏将挹娄划归辽东郡管辖，这是挹娄民族继春秋肃慎人以后，第一次与中原直接来往，并自此保持着臣属关系。在史家眼中，挹娄最重要的物产

---

① 《三国志》卷30《乌丸鲜卑东夷传》，第848页。
② 同上书，第848页。
③ 同上书，第847页。
④ 《三国志》卷3《魏书·明帝纪》，第107页。
⑤ 《三国志》卷4《魏书·三少帝纪》，第149页。
⑥ 《晋书》卷2《文帝纪》，第37页。
⑦ 《三国志》卷28《魏书·钟会传》，第788页。

便是楛矢。

挹娄进贡中原地区的楛矢确被用于战争。《三国志·魏书·乌丸鲜卑东夷传》记载，挹娄国"其弓长四尺，力如弩，矢用楛，长尺八寸，青石为镞，古之肃慎氏之国也。善射，射人者皆入因（目）。矢施毒，人中皆死"。① 三国时有人中箭中毒的记载。《三国志·蜀书·关羽传》记载："羽尝为流矢所中，贯其左臂，后创虽愈，每至阴雨，骨常疼痛。医曰：'矢镞有毒，毒入于骨，当破臂作创，刮骨去毒，然后此患乃除耳。'羽便伸臂令医劈之。"关羽所中当即楛矢。② "矢施毒，人中皆死"云云，有夸张之处。毒性大小，伤及部位不同，未必皆死。但从其进贡的数量来看，在战争中的作用是有限的，可能主要还是供皇上贵族游猎所用，而政治上的意义要大于其实际的使用价值。

西晋时，挹娄依旧向中原政权进贡楛矢。《晋书·武帝纪》记载，咸宁五年（279年）十二月，"肃慎来献楛矢、石砮"。③ 所以《晋书·四夷传》记载肃慎氏及其贡物，仍强调了他们的楛矢："肃慎氏一名挹娄，在不咸山北，去夫余可六十日行。……有石砮，皮骨之甲，檀弓三尺五寸，楛矢长尺有咫。其国东北有山出石，其利入铁，将取之，必先祈神。周武王时，献其楛矢、石砮。逮于周公辅成王，复遣使入贺，尔后千余年，虽秦汉之盛，莫之致也。及文帝作相，魏景元末，来贡楛矢、石砮、弓甲、貂皮之属。魏帝诏归于相府，赐其王傉鸡锦罽、绵帛。至武帝元康初，复来贡献。"④

西晋灭亡，挹娄继续向中国分裂对峙中诸政权进贡楛矢。《晋书·元帝纪》记载，大兴二年（319年），"八月，肃慎献楛矢石砮"。⑤《晋书·四夷传》"肃慎氏"条记载："元帝中兴，又诣江左贡其石砮。至成帝时，通贡于石季龙，四年方达。季龙问之，答曰：'每候牛马向西南眠者三年矣，是知有大国所在，故来'云。"⑥ 说明挹娄不仅向南方的东晋进贡，还向北方五胡十六国之一的后赵进贡。《晋书·石勒载记下》记载石勒盛时："高句丽、肃慎致其楛矢，宇文屋孤并献名马于勒。"⑦ 韩国《增补文

---

① 《三国志》卷30《魏书·乌丸鲜卑东夷传》，第848页。
② 《三国志》卷36《蜀书·关羽传》，第941页。
③ 《晋书》卷3《武帝纪》，第70页。
④ 《晋书》卷97《四夷传》，第2535页。
⑤ 《晋书》卷6《元帝纪》，第152页。
⑥ 《晋书》卷97《四夷传》，第2535页。
⑦ 《晋书》卷105《石勒载记》下，第2747页。

献备考·交聘考》记载:"美川王三十一年(330年,东晋成帝咸和五年),遣使后赵贡楛矢。"① 后赵还把挹娄进贡的楛矢作为礼物,奉送蜀汉李寿。《晋书·载记·石季龙上》记载:石季龙遣李宏使蜀,"李宏既至蜀汉,李寿欲夸其境内,下令云:'羯使来庭,献其楛矢。'季龙闻之怒甚。"② 五胡十六国之一的前秦苻坚也得到挹娄进贡的楛矢。《晋书·载苻坚载记》记载:"坚自平诸国之后,国内殷实……鄯善王、车师前部王来朝,大宛献汗血马,肃慎贡楛矢,天竺献火浣布,康居、于阗及海东诸国,凡六十有二王,皆遣使贡其方物。"③

公元5世纪后,挹娄逐渐为勿吉取代。南北朝时挹娄势力衰落,而与挹娄为同一近亲群体的勿吉势力兴起,史书对勿吉记载见多,但挹娄仍然存在,后为勿吉取代。据《魏书·勿吉传》记载:"勿吉国在高句骊北,旧肃慎国也。"自太鲁水东北行十八日到其国,国有大水名速末,国南有徙太山。④ 太鲁水即今洮儿河,速末水即松花江,徙太山即长白山。则自今松花江以东际海,混同江以南抵长白山,皆其国境。《北史·勿吉国传》记载,勿吉国"邑落各有长,不相统一。……其部类凡有七种:其一号粟末部,与高丽接,胜兵数千,多骁武,每寇高丽;其二伯咄部,在粟末北,胜兵七千;其三安车骨部,在伯咄东北;其四沸涅部,在伯咄东;其五号室部,在拂涅东;其六黑水部,在安车骨西北;其七白山部,在粟末东南。"⑤ 其诸部之分,应在北魏延兴以前,其中黑水、粟末二部特强。古肃慎国在勿吉国"拂涅以东",故勿吉"矢皆石镞","东夷中最为强国"。⑥ 勿吉国与北魏联系密切,频繁至北魏朝贡,并大量向北魏输入楛矢。史书记载,自北魏延兴五年(475年)勿吉遣使到北魏朝贡后,与中原关系日益紧密并逐渐兴盛。当时包括扶馀、高句丽、百济在内50余国遣使向北魏朝贡。公元478年,勿吉人曾朝贡北魏,要求准许其和百济配合,南北夹攻高句丽。北魏朝廷以三方都是自己的藩属,令彼等"宜共和顺,勿相侵扰"。⑦ 勿吉遂听从魏廷谕令,停止对高句丽的进攻。北魏太和十七年(493年),勿吉灭掉近邻夫馀,领土扩展到伊通河流域

---

① [韩]朴容大等:《增补文献备考》卷171,汉城明文堂1959年版,第1007页。
② 《晋书》卷106《石季龙载记》上,第2772页。
③ 《晋书》卷113《苻坚载记》上,第2904页。
④ 《魏书》卷100《勿吉传》,第2219—2220页。
⑤ 《北史》卷94《勿吉国传》,中华书局1974年点校本,第3123—3124页。
⑥ 同上书,第3124页。
⑦ 《魏书》卷100《勿吉传》,第2220页。

松辽平原的中心,成为东北一支强大势力。

北魏时勿吉国曾频繁致贡,其贡物明确说明即楛矢。《魏书·高祖纪》下记载:"(太和)十年……十有二月……癸未,勿吉国遣使朝贡。"[1]"十有二年……八月甲子,勿吉国贡楛矢、石砮。"[2]《魏书·世宗纪》记载:"(景明)四年……八月……勿吉国贡楛矢。"[3]"(正始)四年春二月……己未,勿吉国贡楛矢。"[4]"(永平)四年……八月……癸巳,勿吉国献楛矢。"[5]"延昌元年……八月……丁亥,勿吉国贡楛矢。"[6]《魏书》卷九《肃宗纪》记载:"(延昌四年)……冬十月庚午朔,勿吉国贡楛矢。"[7]"(熙平二年)正月……戊子,勿吉国遣使贡。"[8]"冬十月……丁酉,勿吉国贡楛矢。"[9] 在当时战争频繁的时代里,勿吉人如此频繁入贡楛矢,其数量可能很大,而且确是为战争所用。在当时中国和朝鲜半岛都处于多个政权对峙的格局中,高句骊交好南朝,楛矢还经过高句骊向南朝进贡。《宋书·孝武帝纪》记载,大明三年(459年)"十一月己巳,高丽国遣使献方物。肃慎国重译献楛矢、石砮。"[10]《宋书·夷蛮传·高句骊国》记载,高句骊王高琏"大明三年,又献肃慎氏楛矢石砮"。[11] 楛矢作为东北亚地区古民族向中原地区政权进贡的特产,南北朝时已经用"楛矢之贡"泛指东北藩属的贡物,成为国家强盛的象征。南朝梁丘迟《与陈伯之书》夸耀梁朝皇威:"当今皇帝盛明,天下安乐。白环西献,楛矢东来;夜郎滇池,解辫请职;朝鲜昌海,蹶角受化。"[12] 由于当时不同的敌对关系,北朝和南朝分别从勿吉和高句骊获得当时最优良的弓矢。

北朝后期,勿吉国在汉文文献中被称为"靺鞨"。《北史·勿吉国传》云:"勿吉国一曰靺鞨。"[13]《旧唐书·北狄传》云:"靺鞨,盖肃慎之地,

---

[1] 《魏书》卷7下《高祖纪》下,第161页。
[2] 同上书,第164页。
[3] 《魏书》卷8《世宗纪》,第196页。
[4] 同上书,第204页。
[5] 同上书,第211页。
[6] 同上书,第212页。
[7] 《魏书》卷9《肃宗纪》,第223页。
[8] 同上书,第225页。
[9] 同上书,第226页。
[10] 《宋书》卷6《孝武帝纪》,第125页。
[11] 《宋书》卷97《孝武帝纪》,第2393页。
[12] (南朝·梁)萧统:《文选》卷43,上海书店1988年版,第608页。
[13] 《北史》卷94《勿吉国传》,中华书局1974年点校本,第3123页。

后魏谓之勿吉。"① 当北魏灭亡,中国北方分裂为东、西魏和北周、北齐时,因地缘的接近,靺鞨曾向东魏、北齐进贡。《北齐书·武成纪》记载,河清二年(563年),"室韦、库莫奚、靺鞨、契丹并遣使朝贡"。② 三年,"高丽、靺羯、新罗并遣使朝贡"。③《北齐书》卷八《后主纪》记载,天统元年(565年),"高丽、契丹、靺鞨并遣使朝贡"。④ 二年(566年),"突厥、靺鞨国并遣使朝贡"。⑤ 三年(567年)"冬十月,突厥、大莫娄、室韦、百济、靺鞨等国各遣使朝贡"。⑥ 四年(568年)"是岁,契丹、靺鞨国并遣使朝贡"。⑦ 武平三年(572年)"新罗、百济、勿吉、突厥并遣使朝贡。于周为建德元年。"⑧ 武平四年(573年)"高丽、靺鞨并遣使朝贡"。⑨ 六年(575年)四月"癸卯,靺鞨遣使朝贡"。⑩ 按照传统的进贡方式,靺鞨向北齐进贡的物品可能还有楛矢。

## (四)

从北朝后期起至隋唐以后,史书上基本不见了楛矢的纳贡,这与东北亚局势、中原政权与东北地区各族关系以及兵器技术的改进有关系。

隋时靺鞨形势一如勿吉,在高句丽之北,邑落俱有酋长,不相统一,凡有七种,即有粟末、伯咄、安车骨、拂涅、号室、黑水、白山,主要分布在粟末水(今松花江)和黑水(今黑龙江)一带。其中居肃慎氏之故地,以楛矢著称者乃黑水靺鞨。《隋书·东夷传》记载:"黑水部尤为劲健。自佛涅以东,矢皆石镞,即古之肃慎氏也。""东夷中最为强国。"黑水靺鞨仍保留着穴居的习俗,"人皆射猎为业,角弓长三尺,箭长尺有二寸,常以七八月造毒药,傅矢以射禽兽,中者立死。"⑪ 隋文帝开皇初年,靺鞨诸部"相率遣使朝献"。⑫ 开皇元年(581年)七月"庚午,靺鞨酋

---

① 《旧唐书》卷199下《北狄传》,中华书局1974年点校本,第5358页。
② 《北齐书》卷7《武成纪》,中华书局1972年点校本,第92页。
③ 同上书,第93页。
④ 《北齐书》卷8《后主纪》,第98页。
⑤ 同上书,第99页。
⑥ 同上书,第100页。
⑦ 同上书,第102页。
⑧ 同上书,第106页。
⑨ 同上书,第107页。
⑩ 同上书,第108页。
⑪ 《隋书》卷81《东夷传·靺鞨》,中华书局1973年点校本,第1821页。
⑫ 同上书,第1822页。

长献方物"。① 开皇十一年（591年）"十二月丙辰，靺鞨遣使贡方物"②，其献物不明确。此后，黑水靺鞨基本上与隋隔阂不相通，"其国与隋悬隔"。地近隋朝的粟末、白山二部常附属高句丽，炀帝伐高句丽，粟末部曾出兵助高句丽。

唐初，靺鞨全境西南入于粟末，东北并于黑水。古肃慎地称黑水靺鞨，于武德五年（622年）开始与唐交往，"渠长阿固郎始来"，"太宗贞观年，乃臣附，所献有常，以其地为燕州"。玄宗时，"朝献者十五。大历世凡七，贞元一来，元和中再"。③ 其献物未见明确记载。后来粟末强盛，建渤海国，"靺鞨皆役属之，不复与王会矣"。④ 唐开元十年（722年），黑水部酋倪属利稽入朝，唐玄宗任为勃利州（今俄国伯力）刺史。后在其境置黑水军，又于其最大部落内置黑水都督府，仍以首领为都督。其余各部隶都督府，设州，首领为州刺史，唐派长史监领之。开元十六年（728年），唐赐其都督姓李，兼黑水经略使，隶幽州都督。但后来黑水靺鞨与唐朝交往受到渤海国的阻断。

粟末靺鞨于698年曾建立震国，其首领大祚荣于唐开元元年（713年）受唐朝封为左骁卫大将军、渤海郡王。以所统置忽汗州，加授忽汗州都督，此后辖区即称渤海国，放弃靺鞨之号。渤海国先是阻断黑水靺鞨等部与唐朝的联系，继而吞并诸部，成为东北强国，"以肃慎故地为上京"。同时，渤海国与唐交往频繁。据《新唐书·北狄传》记载，玄宗时"朝献者二十九"；"大历中，二十五来"；"建中、贞元间凡四来"；"元和中，凡十六朝献，长庆四，宝历凡再"；"终文宗世来朝十二，会昌凡四"；"咸通时，三朝献"。⑤ 这些朝献除大历中曾献"日本舞女十一"之外，献物皆无考。而且，安史之乱以后，河北三镇跋扈，渤海国名义上与唐朝的交往，实际上为"幽州节度府与相聘问，自营、平距京师盖八千里而远，后朝贡至否，史家失传，故叛附无考焉"。⑥ 所以在《唐书》唐后期诸帝纪中，并没有渤海国朝献的记载，也就是说他们的使人其实并没有到达唐朝的都城长安。并入粟末靺鞨的拂涅部，安史之乱前曾入贡，其

---

① 《隋书》卷1《高祖纪》上，第15页。
② 《隋书》卷2《高祖纪》下，第36页。
③ 《新唐书》卷219《北狄传》，中华书局1974年点校本，第6178页。
④ 同上书，第6179页。
⑤ 同上书，第6181页。
⑥ 同上。

进贡的物品,见于记载的是鲸睛、貂皮和白兔皮,没有楛矢。①

辽天显元年(926 年,后梁明宗元年),渤海国为辽太祖耶律阿保机攻灭,改称东丹,辽太祖以其子为东丹王。黑水靺鞨于五代时仍有入贡中原之举。《新五代史·四夷附录》三记载:

> 黑水靺鞨,本号勿吉。当后魏时见中国。其国,东至海,南界高丽,西接突厥,北邻室韦,盖肃慎氏之地也。其众分为数十部,而黑水靺鞨最处其北,尤劲悍,无文字之记。其兵,角弓、楛矢。同光二年,黑水兀儿遣使者来,其后常来朝贡,自登州泛海出青州。明年,黑水胡独鹿亦遣使来。兀儿、胡独鹿若其两部首长,各以使来。而其部族、世次、立卒,史皆失其纪。至长兴三年,胡独鹿卒,子桃李花立,尝请命中国,后遂不复见云。②

但其入贡物品是什么,没有明确记载。从北朝后期,历经隋唐至五代,贡品中不提楛矢,这至少说明,楛矢已经失去过去年代的重要性。唐代的箭分为四种,即竹箭、木箭、镞箭、弩箭。其中镞箭较长,装有钢镞,可以射穿身披铠甲的敌人。唐高宗试薛仁贵箭法,试以五甲,他"一发洞贯"。伐九姓铁勒,薛仁贵"发三矢,辄杀三人,于是虏气慑,皆降"。③他用的应该就是镞箭,除了他臂力射技超人之外,这种箭的威力也不容忽视。相比之下,楛矢石砮已经落后于时代。南北朝以来重装骑兵出现,将士和战马皆全身披挂铠甲,将士护身的铠甲也已经得到改良,攻击性的弓箭也必须进行改良。可以想见,唐人对于楛矢石砮不会太感兴趣,《新唐书·北狄传》讲到黑水靺鞨的箭时,云:"其矢石镞,长二寸,盖楛砮遗法。"④ 对这种沿袭传统的制作方法表现出一种不以为然的态度。

楛矢石砮最终退出历史舞台,跟兵器制作技术的进步有关,其历史使命最终结束的时间在公元 11 世纪。五代时,契丹人称黑水靺鞨为女真,从此女真之名代替了靺鞨。辽朝又因避辽主耶律宗真讳改写作女直。阿保机灭渤海国,部分女真人随渤海人南迁,编入辽籍,称为"熟女真";留居故地的女真人未入辽籍,称为"生女真"。生女真中的完颜部逐渐强大,他们营建庐室,定居在今阿什河一带。至乌古廼(1021—1074 年)

---

① 《新唐书》卷 219《北狄传》,第 6179 页。
② 《新五代史》卷 74《四夷附录》,中华书局 1974 年点校本,第 920 页。
③ 《新唐书》卷 211《薛仁贵传》,第 4141 页。
④ 《新唐书》卷 219《北狄传》,第 6178 页。

为部长时,生女真人掌握了冶铁技术,对传统的制箭技术进行了改良。《金史·世纪》记载:

> 生女直旧无铁,邻国有以甲胄来鬻者,倾赀厚价以与贸易,亦令昆弟族人皆售之。得铁既多,因之以修弓矢,备器械,兵势稍振,前后愿附者众。①

乌古廼的时代相当于北宋仁宗(1023—1063年)、英宗(1064—1067年)、神宗(1068—1085年)的时代。原始的楛矢石砮已经落后于以金属为材料制作的弓箭,乌古廼痛感于楛矢石砮的落后,不惜代价改良女真人的弓箭军器,使女真人重新获得生机。楛矢石砮被淘汰,但女真人仍以"精于骑射"而著称。②女真人的祖先曾经凭借楛矢石砮自强于东北亚民族之林,并且以此作为贡物建立了与中原王朝历代政权的密切关系。现在,又通过对这种兵器的改良和扬弃取得新的军事上的优势。历史上各种各样的兵器都曾经有过辉煌的历史,但随着时间的演进和科学技术的进步,又不断地被淘汰,被更新,为更先进的产品所取代。楛矢石砮也没有摆脱这种命运。

楛矢石砮已经失传很久,引起后人对这种原始的楛矢产生许多猜想,甚至形成一些神奇的传说。清魏源《圣武纪·古肃慎氏之国》记载:"惟国初吴兆骞谪宁古塔记之云:石砮出混同江中,相传松脂入水千年所化,厥色青绀,厥理如木,厥坚过铁石,土人以之砺刃,知为肃慎砮矢之遗。"③据说,吴兆骞"曾携归京师赠友,王士禛载之《池北偶谈》"。其说并不可信。清人失望于从满州兵中找到此种兵器,魏源《圣武记》云:"肃慎国在今辽东吉林宁古塔地,女真为肃慎之转音,楛矢肇骑射之俗,见高宗御制,惟满州兵究未闻石砮为镞之事。《盛京通志》、《八旗通志》皆无其证。"他不知道这种楛矢早已绝迹,认为楛矢之所以不为人知,不为清官方文献记载,"盖产濒海口,无人奏闻,故御制、官书皆未之及"。④这只是一种臆测。

---

① 《金史》卷1《世纪》,中华书局1975年点校本,第5—6页。
② (宋)叶隆礼:《契丹国志》卷22《州县载记》,影印《文渊阁四库全书》(史部141)第383册,台湾商务印书馆股份有限公司2008年版,第779页。
③ (清)魏源:《圣武记》卷1,岳麓书社2011年版,第15页。
④ 同上书,第15页。

## 七　貊弓、檀弓和角端弓

> 其弓则乌号、越棘、繁弱、角端，象珥绣质，哲拊文身。
> ——（东汉）陈琳《武军赋》

汉朝时还从东北亚地区获得貊弓、檀弓和角端弓。濊族的好弓称为檀弓。《后汉书》卷八十五《东夷传》武帝时置汉四郡，濊貊皆属乐浪郡。东汉时"岁时朝贺"。"乐浪檀弓出其地"，"使来皆献之"。汉朝人把句骊人的好弓称为貊弓。《后汉书·东夷传》记载："句骊一名貊（耳），有别种，依小水为居，因名曰小水貊。出好弓，所谓'貊弓'是也。"① 这种貊弓有时是从朝贡中获得的。"建武八年，高句骊遣使朝贡"；"安帝永初五年，（句骊王）宫遣使贡献"。也从战争中获得，句骊王曾"数犯边境"，入寇辽东，汉军多次击破之。在对小水貊的战争中获得的战利品少不了貊弓。史载"建光元年春，幽州刺史冯焕、玄菟太守姚光、辽东太守蔡讽等将兵出塞击之，捕斩濊貊渠帅，获兵马财物。"其"兵马财物"自然少不了他们最好的武器貊弓。角端弓是鲜卑人的特产，因使用动物的角装饰，被叫作"角端弓"或"角弓"。《后汉书》卷九十《鲜卑传》记载："禽兽异于中国者，野马、原羊、角端牛，以角为弓，俗谓之角端弓者。"这种弓可能在先秦时就传入中原地区。《诗经·小雅》中有《鱼藻之什》开篇云："骍骍角弓，翩其反矣。兄弟婚姻，无胥远矣。"角弓，以角饰弓也。鲜卑人这种弓传入内地，被称为角端弓。陈琳《武军赋》写袁绍征公孙瓒："其弓则乌号、越棘、繁弱、角端，象珥绣质，哲拊文身。"② 乌号、越棘、繁弱、角端，皆良弓名。乌号弓，传说为黄帝所用过的弓。《淮南子·原道训》："射者扞乌号之弓，弯棊卫之箭。"高诱注云："乌号，桑柘，其材坚劲，乌峙其上，及其将飞，枝必桡下，劲能复巢，乌随之，乌不敢飞，号呼其上。伐其枝以为弓，因曰乌号之弓也。一说黄帝铸鼎于荆山鼎湖，得道而仙，乘龙而上，其臣援弓射龙，欲下黄帝

---

① 《后汉书》卷85《东夷传》，第2814页。
② 《太平御览》卷347《兵部》，上海古籍出版社2008年影印本，第4册，第215页。

不能也。乌，於也；号，呼也。于是抱弓而号，因名其弓为乌号之弓也。"① 后以"乌号"指良弓。《史记·孝武本纪》记载，齐人公孙卿向汉武帝讲述黄帝的传说："黄帝采首山铜，铸鼎荆山下。鼎既成，有龙垂胡髯下迎黄帝。黄帝上骑，群臣后宫从上龙七十余人，龙乃上去。馀小臣不得上，乃悉持龙髯，龙髯拔，堕黄帝之弓。百姓仰望黄帝既上天，乃抱其弓与龙胡髯号。故后世因名其处曰鼎湖，其弓曰乌号。"② 《礼记》云："越棘大者，天子之戎器也。"③ 繁弱是古代大弓名，相传是夏朝两位君主仲康和相时部落首领后羿的配弓。司马相如《上林赋》云："弯繁弱，满白羽，射游枭。"④ 唐张守节《史记正义》引汉文颖曰："弯，牵也。繁弱，夏后氏良弓名。"⑤ 这些记载说明乌号、越棘和繁弱都是中原起源的兵器，而角端，即角端弓，来自鲜卑民族，汉代从东北亚民族传入。

## 八 天文知识 浑天仪 日晷与漏刻

中国古代有相当发达的天文学知识，自成体系，但也在文化交流中获得域外天文学方面的成果，域外某些技术性的因素充实了中国天文学的内容。方豪指出，早在先秦时西方天文学知识已经传入中国："我国古代天文学中之三百六十五日又四分之一为一年之说；立木于地，以悬线确定其正直位置；其应用则有用上下午等长日影测定南北线或东西线，用正午日晷最短之日以定冬至，为一切历法之基础，《周礼》已测表高八尺，夏至影一尺五寸，冬至影一丈三尺（见《考工记·玉人》）；水星每十二年一周期之运行，及由此一发现而发展为占星术之周期观念；战国时楚人甘公、魏人石申所著《星经》中之许多恒星位置及其名称；火星、金星之运行；以春分为首之新历法；以闰月订正与实历不合之差误；四季中分配春分、秋分、夏至、冬至等；天分九分野或十二分野，与地上分野相等，人事反映天象，天上一分野支配地上一分野等，无不在此时由西方传

---

① （汉）刘安：《淮南子》卷1《原道训》，《二十二子》，上海古籍出版社1986年影印本，第1206页。
② 《史记》卷12《孝武本纪》，第468页。
③ 《太平御览》卷347《兵部》，上海古籍出版社2008年影印本，第4册，第208页。
④ 《史记》卷117《孝武本纪》，第3034页。
⑤ 同上书，第3036页，注 [二十一]。

入。"① 古代巴比伦、印度和希腊天文学都有辉煌成就,上述天文学知识可能从他们的科技成果中获得补益。安息、天竺自西汉武帝时起便与中国有了密切关系,随着人员的交流自然传入了其地关于天文方面的知识。

"七曜"观念的传入是一个明显的例子,东汉末年安息人安清入华,其人"外国典籍及七曜五行医方异术,乃至鸟兽之声,无不综达"。② 七曜是对日、月与金、木、水、火、土七大行星的总称,这一概念来自印度天文学,其传入与西域僧人有关。中国人按照自己的五行理论,把金、木、水、火、土五大行星与之相配,故有"五星"说,长沙马王堆汉墓发现汉初帛书天文五星占的记录。③《史记·天官书》云"天有五星,地有五行"。④ 而把日、月与之相并,称为"七曜",可能是从印度传来之天文学新观念。不仅"七曜"概念传入中国,印度"七曜术"也在汉末传入,安清即精通"七曜"之异术。过去中国人用"五曜"推究人事,"七曜"传入中国,便产生以"七曜术"推演人事的新办法。《续汉志》注袁山松《后汉书》说刘洪作《七曜术》,饶宗颐说即其《乾象法制迟疾历》,"以步月行之法,洪书并未失传,其说存于《续汉律历志》。刘智云:'灵帝时,太山刘洪步月迟疾,自此以后,天验愈详。'"⑤ 刘洪之七曜即指日月五星而言。《晋书·律历志》记载,徐岳历议述刘洪之成就,在验日及观察月行,及黄道去极度五星术,理实粹密。又记载建末博士祭酒孙钦的历议:"熹平中,刘洪改为《乾象历》,推天七曜之符,与地合其序。"⑥ 西汉时刘歆有曜历,东汉时郑玄作《天文七政论》。刘陶亦作《七曜论》,其《陈事疏》云:"挟辅王室,上齐七燿,下镇万国。"⑦ 姚振宗认为刘歆、刘洪、郑玄、刘陶之说乃"两汉人所作七曜历及及论之最著者,七曜为历术中之一端,亦相承别本单行"。姚氏和饶宗颐先生都

---

① 方豪:《中西交通史》,岳麓书社 1984 年版,第 58—59 页。
② (南朝·梁)释慧皎:《高僧传》卷 1,中华书局 1992 年版,第 4 页。
③ 饶宗颐:《论七曜与十一曜》,《饶宗颐东方学论集》,汕头大学出版社 1999 年版,第 128 页。
④ 《史记》卷 27《天官书》,第 1342 页。
⑤ 饶宗颐:《论七曜与十一曜》,《饶宗颐东方学论集》,汕头大学出版社 1999 年版,第 126 页。
⑥ 同上。
⑦ 《后汉书》卷 57《刘陶传》,第 1844 页。

认为刘歆、郑玄之说属七曜术[1]，其实刘歆之"曜历"和郑玄"七政论"都未必是七曜历，因为刘歆的曜历可能是五曜历，郑玄的七政论不一定是七曜论，"七政"有不同之解释。因此将七曜说应用于历法，制作七曜历，并据以推演人事，应是汉末刘洪和刘陶的成就。印度七曜术汉末时随着佛教的传入为中国人所了解，印度七曜术应是推算历法之基础，而中国人则除推算历法之外，又按照中国传统推演人事。刘洪、刘陶的学说大概受印度七曜观念和七曜术的启发和影响。

东汉时代中国人的浑天说形成，可能与印度天文学有关。浑天说是中国古代天文学中重要宇宙理论，据《晋书·天文志》记载，东晋葛洪引《浑天仪注》云："天如鸡子，地如鸡中黄，孤居于天内，天大而地小。天表里有水，天地各乘气而立，载水而行。周天三百六十五度四分度之一，又中分之，则半覆地上，半绕地下，故二十八宿半见半隐，天转如车毂之运也。"[2] 这是浑天说的经典说法。《浑天仪注》的作者，一般认为即制造浑天仪的东汉张衡。"由于浑天说较为正确地解释了日月星辰的出没运行，而这一点正是它立论的基础，所以它终于为广大天文学家所接受，成为天体结构的权威结论。"[3] 据《晋书·天文志》记载："古言天者有三家，一曰盖天，二曰宣夜，三曰浑天。汉灵帝时，蔡邕于朔方上书，言'宣夜之学，绝无师法。《周髀》术数俱存，考验天状，多所违失。惟浑天近得其情，今史官候台所用铜仪则其法也。立八尺员（圆）体而具天地之形，以正黄道，占察发敛，以行日月，以步五纬，精微深妙，百代不易之道也。官有其器而无本书，前志亦阙。'"[4] 蔡邕所谓《周髀》术数，即盖天之说。汉末宣夜之学已成绝响，盖天之说"多所违失"，因此浑天之说后来居上，为世行用。"官有其器"即张衡的浑天仪。浑天仪（包括浑仪和浑象）是反映浑天说的仪器，即是"物化"的"浑天说"。汉武帝时，洛下闳制造了浑天仪，宣帝时耿寿昌也造了浑天仪，和帝时崔瑗的老师贾逵更制造了黄道铜仪。张衡任太史令后，继承和发展了前人的成果，他"研核阴阳"，"妙尽璇玑之正"，于元初四年（117），制造了成就

---

[1] （南朝·齐）谢朓：《齐敬皇后哀策文》："轩曜怀光。"《文选》卷58，李善注引《淮南子》高诱注："刘歆有曜历。"姚振宗云："即当七曜历。"饶宗颐《论七曜与十一曜》："刘陶的《七曜论》即相当于郑众（按：当作玄）的《七政论》。"《饶宗颐东方学论集》，汕头大学出版社1999年版，第126页。
[2] 《晋书》卷11《天文志》上，第281页。按：此段话为《开元占经》所引，作张衡《浑天仪注》。
[3] 席泽宗主编：《中国科学思想史》，科学出版社2009年版，第317页。
[4] 《晋书》卷11《天文志》上，第278页。

空前的铜铸浑天仪。之后又写了《浑天仪图注》和《漏水转浑天仪注》两本说明书，撰成《灵宪》一书，绘制《灵宪图》。根据饶宗颐先生《安荼论（andn）与吴晋间之宇宙观》的观点，浑天说是受到印度天文学的影响而产生的，"与婆罗门之金卵（Hiranya gabhā）理论可能有关涉"。他认为，东汉初年尚无天地之初状如鸡卵之说，至晋初，而为学者所乐道。吴晋之际，言天文者颇多新说，当因随佛教传播并输入印度天文思想刺激所致。尤其是独盛江左的浑天说，必受安荼论师之影响。[1] 季羡林《〈梨俱吠陀〉几首哲学赞歌新解》一文盛赞饶氏这一见解。[2] 佛教本有宇宙初如鸡卵之说，后魏菩提流支译《提婆菩萨释楞伽经中外道小乘涅槃论》云："第二十外道本生安荼论师说，本无日月星辰虚空及地，唯有大水。时大安荼生如鸡子，周匝金色，时熟破为二段，一段在上作天，一段在下作地，彼二中间生梵天，名一切众生祖公，作一切有命无命物。"[3] 张衡生活在东汉中期，佛教自两汉之际传入中国，在东汉社会上虽然并不彰显，但一直作为一种方术流行，其新思想也渐为中国人所知。在中国传统的盖天说、宣夜说先后暴露出其弱点和不足时，伴随佛教传入而来的印度的新思想启发了中国科学家的新思路，浑天说应运而生。因此，张衡之浑天新说的思想渊源或许应该从印度安荼论中找到源头。

　　日晷是人类古代利用日影测得时刻的一种计时仪器，又称"日规"。其原理就是利用太阳的投影方向来测定并划分时刻，通常由晷针和晷面组成。利用日晷计时的方法是人类在天文计时领域的重大发明。人类使用日晷的时间非常久远，古巴比伦人在6000年前就开始使用了，中国是在3000年前的周朝。中国最早的可靠记载是《隋书·天文志》中提到的袁充于594年（隋开皇十四年）发明的短影平仪（即地平式日晷）。赤道日晷的明确记载初见于南宋曾敏行的《独醒杂志》卷二中提到的晷影图。保存至今的中国古代日晷实物最早的是汉代。有人认为其制造法传自西方。高鲁《日晷通考》云："创用日晷，为历史记载中可考知者，惟有鲁达国王，在西历纪元前七百四十年。希腊最古之日晷，建在雅典，建设者曰默冬，时为纪元前四百三十三年。意大利之最古日晷，建在罗马，建设者曰古梭，时为纪元前三百零六年。古有天文家曰埃罗多，谓希腊人以一日之长分为十二时，用巴比伦之旧法，创为有极之日晷，自是而制度

---

[1] 饶宗颐：《饶宗颐东方学论集》，汕头大学出版社1999年版，第306—310页。
[2] 季羡林：《〈梨俱吠陀〉几首哲学赞歌新解》，《北京大学学报》（哲学社会科学版）1989年第4期。
[3] 《中华大藏经》第30册，中华书局1987年影印本，第1048页。

定。……亚里斯多德，希腊之哲学名家也，生于纪元前276年，制一日晷，有特殊点，不用平面，采用球体而空其内部，设置圭表于球之中心，投其景于球之内面，并于此凹面之上刻有圆周，分划度数，可以直接测定光线与圆周所成之角度。"① 方豪考证，鲁达国王，可能是犹太分裂时之犹太王，因《以赛亚书》第三十八章提及日晷与日影下降度数，时为公元前700年左右。但未述及构造方法。加提天文学家佩劳苏斯（Berosus）于公元前340年发明半球形而中空之日晷，为后人所沿用，阿拉伯人至第十世纪犹在仿制。在中国古书中则不见有日晷。中国古代有日影测验，但目的在于定方向与节气，而非定时刻。《诗经·定之方中》云："揆之以日，作于楚室。"传云："度日出日入以知东西，南视定北准极以正南北。"② 朱熹云："度其日出入之景（影），以定东西；又参日中之景（影），以正南北也。"③ 又《公刘》诗云："既景（影）乃冈"，郑玄笺曰："既以日景（影）定其疆界于山之脊。"④《周礼》中之《大司徒》《大宗伯·典瑞》，《考工记》中之《玉人》《匠人》所记"玉圭""臬"，《周髀算经》《淮南子·天文训》《后汉志·律历志》所记"表"或"仪表"，《史记·天官书》所记"土炭"法，皆无测验时刻之作用。据刘复《西汉时代的日晷》记载，他所知当时所存中国古代之测时日晷有三，但皆为西汉物，远在西方之后。因此，他认为中国之测时日晷必传自西方。至于传入时间，方豪以其制作之精，"推其传入中国必已久，或在西汉之前，几经改良而后成也"。⑤

中国西汉之前测验时刻之工具为漏刻。漏刻是古代利用滴水多少来计量时间的仪器。"漏"是指带孔的壶，"刻"是指附有刻度的浮箭。有泄水型和受水型两种。早期多为泄水型漏刻，水从漏壶孔流出，漏壶中的浮箭随水面下降，浮箭上的刻度指示时间。受水型漏刻的浮箭在受水壶中，随水面上升指示时间。漏刻制造法亦传自西方。古埃及、古巴比伦等文明古国都使用过。漏壶在中国的发明时代尚无定论，传说滴漏在黄帝时即已出现，不可作为信史。据说有关漏刻的记载最早见于《周礼》，据《周

---

① 高鲁：《日晷通考》，原载《观象丛报》第五卷第二册，转引自方豪《中西交通史》，岳麓书社1984年版，第59页。
② （汉）毛亨传，郑玄笺，（唐）孔颖达疏：《毛诗正义》卷3，《十三经注疏》，中华书局1980年影印本，第315页。
③ （宋）朱熹集注：《诗集传》卷3，上海古籍出版社1980年版，第31页。
④ （汉）毛亨传，郑玄笺，（唐）孔颖达疏：《毛诗正义》卷3，《十三经注疏》，中华书局1980年影印本，第543页。
⑤ 方豪：《中西交通史》，岳麓书社1987年版，第59—60页。

礼·夏官》，挈壶氏"掌挈壶以令军井"，"凡军事，县（悬）壶以序聚柝，凡丧，悬壶以代哭者，皆以水火守之，分以日夜"。[①] 这里并没有明确记载壶是漏刻之壶，以为漏刻之壶出于后人的解释。关于挈壶氏之职责，郑玄的解释是："挈壶以令军井，谓为军穿井，井成，挈壶悬其上，令军中士众皆望见知此下有井。壶所以盛饮，故以壶表井。"这与漏刻无关。关于"县（悬）壶以序聚柝"，郑玄云："悬壶以为漏，以序聚柝，以次更聚，击柝备守也。""代亦更也，礼未大敛，代哭以守壶者，为沃漏也；以火守壶者，夜则□视刻数也。"[②] 按照这种解释，此壶即为漏刻之壶，"水守"是在壶旁备水，需要时往壶里添加，即所谓"沃漏"；"火守"有两方面的含义，夜间用火照明，以观察箭上的刻度；冬天以火温水，防止冻结。据此则周朝时已经有了漏壶。《史记》记载司马穰苴在军中"立表下漏"以待庄贾，庄贾日中未至，以违令被处死刑。唐司马贞《史记索隐》云："立表谓立木为表以视日景（影），下漏谓下漏水以知刻数也。"[③] 由此可见，春秋时已使用漏壶计时。《六韬·分合》云："明告战日，漏刻有时。"[④]《六韬》是古代兵书，相传吕望著，可能出于伪托，大约成书于西汉时，通过周文王、周武王与姜太公对话的形式，阐述治国治军的基本方略、指导战争的理论与原则。《汉书·哀帝纪》云："漏刻以百二十为度。"颜师古注："旧漏昼夜共百刻，今增其二十。此本齐人甘忠可所造，今贺良等重言，遂施行之。事见《李寻传》。"[⑤]《汉书·李寻传》记载："待诏贺良等建言改元易号，增益漏刻，可以永安国家。"[⑥] 出土的最古漏刻为西汉遗物，共3件，在河北满城、内蒙古伊克昭盟和陕西兴平发现。1958年，陕西省兴平县砖瓦厂工地发现一件铜漏壶，同时出土的还有铜带钩、五铢钱、陶器等物，被认定为西汉中期的器物。称为"兴平铜漏"，现收藏于陕西省茂陵博物馆。满城铜漏，1968年出土于河北省满城西汉中山靖王刘胜之墓中。刘胜是西汉景帝之子，卒于元鼎四年（前113年），此铜漏应制造于公元前113年之前，作为陪葬品，现收藏于中国社会科学院考古研究所。1976年，在内蒙古伊克昭盟杭锦旗沙丘

---

① （唐）贾公彦：《周礼注疏》卷30，《十三经注疏》，中华书局1980年影印本，第844页。
② 《周礼注疏》卷30，《十三经注疏》，中华书局1980年影印本，第844页。
③ 《史记》卷64《司马穰苴列传》，第2159页，注［六］。
④ 佚名：《六韬》，曹胜高、安娜译注，中华书局2007年版，第206页。
⑤ 《汉书》卷11《哀帝纪》，第340页。
⑥ 《汉书》卷75《李寻传》，第3193页。

内发现一件铜漏,壶内底铸有阳文"千章"二字,壶身正面阴刻"千章铜漏"四字。西汉成帝河平二年(前27年)四月在千章县铸造。后来又在第二层梁上加刻'中阳铜漏铭'。中阳和千章在西汉皆属西河郡。现收藏于内蒙古自治区博物馆内。方豪云:"汉简中所见'夜漏上水'等字句,足证汉简时代,即西汉下半期,塞上用漏定时,则漏壶之制,当亦从中亚经西域传入。盖日晷与滴漏同为巴比伦人所发明也。"[1] 漏刻可能在先秦时已从域外传入,汉代时漏刻成为通用的计时工具。

## 九、续弦胶与切玉刀

### (一)续弦胶

杜诗韩笔愁来读,似倩麻姑痒处搔。
天外凤凰谁得髓?无人解合续弦胶。

——(唐)杜牧《读韩杜集》

续弦胶是一种优质骨质胶,能粘接折断的弓弦和刀剑,接续以后,即使其他地方折断,接续的地方也不会再断,所以被称作续弦胶。据旧题汉东方朔撰《海内十洲记》,这种胶出于西海之中央"凤麟洲":

凤麟洲在西海之中央,地方一千五百里。洲四面有弱水绕之,鸿毛不浮,不可越也。洲上多凤麟,数万各为群。又有山川池泽,及神药百种,亦多仙家。煮凤喙及麟角,合煎作膏,名之为续弦胶,或名连金泥。此胶能续弓弩已断之弦、刀剑断折之金,更以胶连续之,使力士掣之,他处乃断,所续之际终无断也。武帝天汉三年,帝幸北海,祠恒山。四月,西国王使至,献此胶四两,吉光毛裘,武帝受以付外库,不知胶裘二物之妙用也。以为西国虽远,而上贡者不奇,稽留使者未遣。又,时武帝幸华林园射虎,而弩弦断。使者时从驾,又上胶一分,使口濡以续弩弦。帝惊曰:"异物也!"乃使武士数人,共对掣引之,终日不脱,如未续时也。胶色青如碧玉。……帝于是乃

---

[1] 方豪:《中西交通史》,岳麓书社1987年版,第60页。

悟，厚谢使者而遣去，赐以牡桂干姜等诸物，是西方国之所无者。①

《海内十洲记》是否为东方朔所作，人们很怀疑。西汉时与罗马不曾有过这种正式的外交关系，所以这件事本身不很可靠。但这种胶为西域所产，传入中国当是可信的。张华《博物志》亦记其事："汉武帝时，西海国有献胶五两者，帝以付外库。余胶半两，西使佩以自随。后从武帝射于甘泉宫，帝弓弦断，从者欲更张弦，西使乃进，乞以所送馀香胶续之，座上左右莫不怪。西使乃以口濡胶为以住断弦两头，相连注弦，遂相著。帝乃使力士各引其一头，终不相离。西使曰：'可以射。'终日不断，帝大怪，左右称奇，因名曰续弦胶。"②所谓西海国即海西国，后世文献指称古代罗马。这是一种什么性质的胶，难考其详。

### （二）切玉刀

醉墨淋漓酒百杯，辕门山色碧崔嵬。
打球骏马千金买，切玉名刀万里来。
结客渔阳时遣简，踏营渭北夜衔枚。
十年一梦今谁记，闭置车中只自哀。

——（南宋）陆游《忆山南》之二

切玉刀，又称昆吾刀。根据旧题西汉东方朔撰《海内十洲记》记载："周穆王时，西胡献昆吾割玉刀及夜光常满杯。刀长一尺，杯受三升。刀切玉如切泥，杯是白玉之精，光明夜照。冥夕，出杯于中庭以向天，比明而水汁已满于杯中也。汁甘而香美，斯实灵人之器。秦始皇时，西胡献切玉刀，无复常满杯耳。如此胶之所出，从凤麟洲来，剑之所出，必从流洲来，并是西海中所有也。"③西晋张华《博物志》记载："《周书》曰：'西域献火浣布，昆吾氏献切玉刀。'火浣布污则烧之则洁，刀切玉如腊。布，汉世有献者，刀则未闻。"④昆吾，在古代传说中是山名。《山海经·

---

① （汉）东方朔：《海内十洲记》，景印《文渊阁四库全书》第1042册（子部三四八·小说家类），台湾商务印书馆1983年影印本，第276页。
② （晋）张华撰，范宁校证：《博物志校证》卷2，中华书局1980年版，第26页。
③ （汉）东方朔：《海内十洲记》，景印《文渊阁四库全书》第1042册（子部三四八·小说家类），台湾商务印书馆1983年版，第276页。
④ （晋）张华撰，范宁校证：《博物志校证》卷2，中华书局1980年版，第26页。

中山经》云："又西二百里曰昆吾之山，其上多赤铜。"郭璞注："此山出名铜，色赤如火，以之作刃，切玉如割泥也。"唐崔融《咏宝剑》："宝剑出昆吾，龟龙夹彩珠。"古代中国人对西域的认识得之传闻，有许多似是而非的传说。昆吾山、西海云云，只知是极西遥的地方，其具体位置并没有明确的方位。

所谓"切玉刀"，可能指的是金刚石理玉器具。金刚石俗称金刚钻，也就是人们常说的钻石，它是由纯碳组成的矿物，碳可以在高温、高压下形成金刚石。西汉时域外传入之切玉刀收藏在建章宫奇华殿。《三辅黄图》记载，上林苑中有建章宫，"奇华殿在建章宫旁，四海夷狄器服珍宝，火浣布、切玉刀、巨象、大雀、师子、宫（疑宛字之误）马，充塞其中"。① 之所以称金刚钻，李时珍《本草纲目·石部》说："其砂可以钻玉补瓷，故谓之钻。"② 金刚石是自然界中已知的最坚硬的物质，用途非常广泛，可以用作工艺品、工业中的切割工具。人类对金刚石的认识和开发具有悠久的历史，早在公元前3世纪古印度就发现了金刚石。自公元纪年起至今，钻石一直是财富、地位、权势的象征，素有"宝石之王"的美称，是高档宝石中的最珍贵的一种。公元1世纪，罗马文献中有关于金刚石的记载，那时人们还没有把金刚石当作宝石，只是利用其硬度用作雕琢工具。由于金刚石硬度极高，所以被用作刻玉的工具。三国吴时万震《南州异物志》云："金刚石也，其状如珠，坚利无匹。外国人好以饰玦环，服之，能辟恶毒。"③ 看来中国人对西方人利用金刚石的了解是正确的。

关于金刚石的出处，《海内十洲记》云："流洲在西海中，地方三千里，去东岸十九万里，上有山川积石，名为昆吾，冶其石成铁作剑，光明洞照，如水精状，割玉物如割泥。"④ 东晋葛洪《抱朴子》云："扶南出金刚，生水底石上，如钟乳状，体似紫英石，可以刻玉。人没水取之，虽铁椎击之亦不能伤。惟羚羊角扣之，则灌然冰泮。"⑤ 周密《齐东野语·金刚钻》云："玉人攻玉，必以邢河之沙，其镌镂之具，必用所谓金刚钻者。形如鼠粪，色青黑如铁如石。相传出西域诸国，或谓出回纥国。往往

---

① 佚名撰，何清谷校注：《三辅黄图校注》卷3，三秦出版社1995年版，第168页。
② （明）李时珍：《本草纲目》卷10《石部》，中医古籍出版社1994年版，第267页。
③ 《太平御览》卷813《珍宝部》，上海古籍出版社2008年影印本，第8册，第257页。
④ （汉）东方朔：《海内十洲记》，景印《文渊阁四库全书》第1042册（子部三四八·小说家类），台湾商务印书馆1983年版，第275页。
⑤ （明）李时珍：《本草纲目》卷10《石部》引，中医古籍出版社1994年版，第267页。

得之河北沙碛间鹫鸟海东青所遗粪中。然竟莫知为何物也。盖天下至坚者莫如玉,古者惟昆吾刀可以切之。今此物功用与昆吾均,其坚可知矣。"①《晋起居注》记载:"咸亨三年,敦煌上送金刚王金中,不淘不消,可以切玉,出天竺。"②《玄中记》云:"金刚出天竺、大秦国,一名削玉刀,削玉如铁刀削木。大者长尺许,小者如稻米。欲刻玉时,当作大金环著手指间,开其背如月,以割玉刀内环中,以刻玉。"③ 李时珍说"金刚石出西番天竺诸国"。④ 从这些记载可以知道,在古代中国人观念中,金刚石来自域外,非国内产物;对金刚石的性质缺乏科学认识,因此产生一些神话般的传说。他们根据金刚钻理玉的使用,进而把它与古代传说中的切玉刀联系起来,这是一种合乎逻辑的推测。

---

① (宋)周密:《齐东野语》卷16,中华书局1983年版,第296页。
② 《太平御览》卷813《珍宝部》,上海古籍出版社2008年影印本,第8册,第257页。
③ 同上。
④ (明)李时珍:《本草纲目》卷10《石部》,中医古籍出版社1994年版,第267页。

# 第四章 毛皮与纺织品

东北亚地区、北方草原和西北游牧民族之地以及远至大秦的西域国家，盛产各种牲畜和野兽。有的牲畜和野兽的毛、皮是制成毡帐衣物的材料。在汉朝与其交往中获得此类毛皮制品与纺织品，其获得途径有贡献、战争和交易等形式。

## 一 毛皮制品

> 天官水西寺，云锦照东郭。清湍鸣回溪，绿水绕飞阁。
> 凉风日潇洒，幽客时憩泊。五月思貂裘，谓言秋霜落。
> ——（唐）李白《游水西简郑明府》

汉朝从东北、西北和西域游牧民族那里获得毛皮及其制品。两汉与西域的贸易非常兴盛，从长安和洛阳往西域，主要有南道与北道两条路线。南道以敦煌为起点，出玉门关至楼兰，经且末、于阗、莎车越葱岭，经大夏、安息、条支，过地中海至大秦，这条路线主要输出丝织品，所以西方人称为"丝路"。北道沿今天山南坡西行，经焉耆、龟兹、姑墨、疏勒，越过葱岭北部，可抵康居、奄蔡、严国，通向大秦。这条路线主要输入貂皮和毛织品，因此被日本学者白鸟库吉称为"毛皮之路"。[①] 毛皮主要来自中亚北部和伏尔加河流域的北道，这一带的康居（今中国新疆北境以及南哈萨克斯坦地区）、奄蔡（咸海一带）、严国（俄罗斯中西部卡马河流域）地处欧亚大草原中部，是众多游牧民族活跃的地方，出产兽毛、

---

① ［日］白鸟库吉：《塞外史地论文译丛》第一辑，王古鲁译，商务印书馆1937年版，第304页。

兽皮。

西伯利亚和乌拉尔地区的貂皮都集中在严国，这里成为毛皮的集散地。《后汉书·西域传》云："严国在奄蔡北，属康居，出鼠皮以输之。"① 此鼠皮指银鼠皮，伶鼬又叫银鼠、白鼠，食肉鼬科小动物。体长25—30厘米，皮有白色和黄色，尾尖黑色。主要分布在中国东北、北方和西北地区，中亚和俄罗斯、阿富汗、蒙古、朝鲜、日本等。伶鼬的毛皮又软又细，十分珍贵，价格高昂。其中黄鼬分布较广，数量最多，经济价值最大。黄鼬繁殖快，每年冬末、春初发情交配，每年换毛两次。毛色鲜艳，呈棕黄、杏黄或金黄色，针毛细密，底绒丰厚，皮板轻柔，是高级裘皮服装的贵重原料，在国际毛皮市场上被誉为东方水貂。东汉时可能已输入中国。

北方沙漠和里海附近出产的狐皮输入中国，汉代通邑大都商店里出售，商人因此致富。《汉书·货殖传》说有"荅布皮革千石""狐貂裘千皮""羔羊裘千石"，其人"亦比千乘之家"。② 颜师古注云："狐貂贵，故计其数；羔羊贱，故称其量也。"③《汉书·匡衡传》云："夫富贵在身而列士不誉，是有狐白之裘而反衣之也。"④ 颜师古注："狐白，谓狐掖下之皮，其色纯白，集以为裘，轻柔难得，故贵也。"⑤ 杜笃《众瑞赋》云："夫千金之裘，非一狐之白。"⑥ 狐白是狐狸腋下的白毛皮。《管子·轻重篇》记载，春秋时代国盛产狐白之皮，云："代之出狐白之皮，公其贵买之。"⑦ 曹植《赠丁仪诗》云："狐白足御冬，焉念无衣客。"⑧ 桓谭《新论·辨惑》记载，元帝病，汉中送方士王仲都至长安。朝廷试其耐寒，令袒衣，载以马车，于上林苑昆明池上环冰而驰。驾车者"厚衣狐裘寒战，而仲都独无变色"。⑨ 据《管子·轻重篇》记载，春秋时狐白之皮出于代国（在今山西省）。但据西汉焦延寿卜筮书《易林》记载，周边民族

---

① 《后汉书》卷88《西域传》，2922页。
② 《汉书》卷91《货殖传》，第3687页。
③ 同上书，第3689页，注［二二］。
④ 《汉书》卷81《匡衡传》，第3332页。
⑤ 同上书，第3333页，注［六］。
⑥ 费振刚等辑校：《全汉赋》，北京大学出版社1993年版，第275页。
⑦ 《管子》卷24《轻重戊篇》，《二十二子》，上海古籍出版社1986年影印本，第192页。
⑧ （南朝·梁）萧统：《文选》卷24，上海书店1988年影印本，第327页。
⑨ （北魏）郦道元著，陈桥驿校证：《水经注校证》卷19，中华书局2013年版，第432页。

"执贽入朝，献其狐裘，元戎燮安，沙漠以欢"。① 说明狐裘也有的出于域外，北方沙漠地区和西北方向民族和国家向中原汉政府贡献狐裘。

西域有以皮裘进献汉宫者，《西京杂记》记载："武帝时，西域献吉光裘，入水不濡。上时服此裘以听朝。"② 吉光裘，用吉光毛皮制成的衣服。吉光，传说中异兽名，出于西域。以其毛皮制裘，不惧水火。《海内十洲记·凤麟洲》记载："天汉三年，帝幸北海，祠恒山。四月，西国王使至，献此胶（续弦胶）四两、吉光毛裘。……吉光毛裘黄色，盖神马之类也。裘入水数日不沉，入火不焦。"③ 这虽然出于传说，但是西域国家向汉朝进献毛皮制品的现实反映，后世用吉光裘泛指极其珍贵的裘服。明陈继儒《妮古录》卷一云："余有宋仲温出子昂《兰亭跋》，诸体皆备，而仅九段，然亦吉光片裘也。"南社诗人程善之《古意》诗云："羽林狐儿骑上头，騙騾宝马吉光裘。"汉语成语"吉光片裘"，比喻残存的珍贵文物或艺术珍品，也作"吉光片羽"。东汉时北匈奴人曾向中原地区进献皮裘。《资治通鉴·汉纪》记载，光武帝建武二十八（52 年）年八月，"北匈奴遣使贡马及裘"。④ 裘，皮衣，这里没有说明是什么兽皮。

汉朝从北方游牧民族和东北亚地区获得貂、貂皮和貂裘。亚洲北部和东北地区盛产貂，尤以黑貂著名。貂皮是中国"东北三宝"之一。东汉许慎《说文解字》云："貂，鼠属，大而黄黑，出胡丁零国。"⑤ 丁零是我国古代北方少数民族之一，汉代时丁零在匈奴之北。匈奴冒顿单于时期，北服五国，包括丁零国。西汉时期丁零族主要分布在北海（今贝加尔湖）以南的广大地区，东汉时部分丁零南迁。三国时期，原丁零故地"北海之南，自复有丁零"。丁零人除向南迁移外，也向西迁徙，其驻牧地西至乌孙以西，康居以北，今新疆境内阿尔泰山和塔尔巴哈台一带。西汉时就从周边获得貂和貂皮以及貂裘。桓宽《盐铁论·力耕》记载，桑弘羊论与域外通贡贸易之利："汝、汉之金，纤微之贡，所以诱外国而钓胡羌之宝也。夫中国一端之缦，得匈奴累金之物，而损敌国之用。是以骡驴馲驼，衔尾入塞；騵騱駃騠，尽为我畜。鼲貂狐貉，采旃文罽，充于内

---

① （汉）焦延寿：《易林》卷 2《虫》之"小过"，中国国家图书馆编《国立原北平图书馆甲库善本丛书》，国家图书馆出版社 2013 年影印本，第 99 页。
② （晋）葛洪：《西京杂记》卷 1，《汉魏丛书》，吉林大学出版社 1992 年影印本，第 302 页。
③ （汉）东方朔：《海内十洲记》，景印《文渊阁四库全书》第 1042 册（子部三四八·小说家类），台湾商务印书馆 1983 年版，第 276 页。
④ 《资治通鉴》卷 44《汉纪》，中华书局 1956 年版，第 1420 页。
⑤ （汉）许慎：《说文解字》（十），中华书局 1963 年版，第 198 页。

府,而璧玉、珊瑚、琉璃,咸为国之宝。是否外国之物内流,而利不外泄也。异物内流而国用饶,利不外泄则民用给矣。"①"貔貂狐貉"包括各类动物及其毛皮和毛皮制品。

东北亚的乌桓曾向东汉王朝进献貂皮。乌桓,古代民族,文献上有时写作"乌丸",以畜牧为主,辅以弋猎、农耕。史称其"俗喜骑射,弋猎禽兽为事。随水草放牧,居无常处"。马、牛、羊及皮货还作为向匈奴交纳的贡税及向汉朝朝贡或互市之物,成为交战双方的主要掠夺品。狩猎在乌桓人生活中占有重要地位。野兽中的虎、豹、貂皮是向匈奴缴纳贡献和与汉关市贸易的重要物品。牧猎经济的重要性也可从出土文物中得到证实。《东观汉记》记载:"建武二十五年,乌桓献貂、豹皮。"②《后汉书·乌桓传》记载,这一年"辽西乌桓大人郝旦等九百二十二人率众向化,诣阙朝贡,献奴婢牛马及弓虎豹貂皮"。③乌桓族又称乌丸,原为东胡部落联盟中的一支,与鲜卑同为东胡部落之一。其族属和语言系属有突厥、蒙古、通古斯诸说,未有定论。公元前3世纪末,匈奴破东胡后,迁至乌桓山,又曰乌丸山,遂以山名为族号,大约活动于今西拉木伦河两岸及归喇里河西南地区。《东观汉记》记载:"蔡彤(当作祭肜)为辽东太守,鲜卑奉马一匹,貂裘二领。"④《后汉书·祭肜传》记载,建武二十五年(49年),祭肜"使招呼鲜卑,示以财利。其大都护偏何遣使奉献,愿得归化,肜慰纳赏赐,稍复亲附。其异种满离、高句骊之属,遂络绎款塞,上貂裘好马"。⑤汉末曹操东征乌丸,也获得毛皮制品。陈琳《神武赋》记述这场战争:"单鼓未伐,虏已溃崩。克俊折馘首(句有衍文),枭其魁雄。尔乃总辑瑰珍,茵毡幕幄,攘璎带佩,不饰雕琢,华珰玉瑶,金麟牙琢,文贝紫瑛,缥碧玄绿,黼锦缋组,貜氀皮服。"⑥皮服即貂皮裘。貂裘是贵族服饰,曹丕诗《艳歌何尝行》云:"何尝快,独无忧,但当饮醇酒,炙肥牛。长兄为二千石,中兄被貂裘。小弟虽无官爵,鞍马驿驭,往来王侯长者游。"⑦

鲜卑与乌桓风俗相同,初为游牧民族。在占据老哈河及其以南地区以

---

① (汉)桓宽撰,王利器校注:《盐铁论校注》卷1《力耕》,中华书局1992年版,第28页。
② 《艺文类聚》卷95《兽部》下,上海古籍出版社1982年版,第1655页。
③ 《后汉书》卷90《乌桓鲜卑列传》,第2982页。
④ 《太平御览》卷694《服章部》,上海古籍出版社2008年影印本,第7册,第277页。
⑤ 《后汉书》卷20《祭肜传》,第744页。
⑥ 《艺文类聚》卷59《武部》,上海古籍出版社1982年版,第1071页。
⑦ (宋)郭茂倩编:《乐府诗集》卷39,中华书局1979年版,第577页。

前，主要生产是畜牧和射猎捕鱼。这与它所处地理环境密切相连，西拉木伦河及其以北地带可划为两个部分，西部系草原和湖泊，宜于游牧；东部系山陵森林，宜于狩猎。南边的老哈河流域则宜于种植和渔业。鲜卑主要生活在林木葱郁、水草茂盛，而人口稀少的地区时，则从事狩猎兼游牧。直至东汉末灵帝时，鲜卑人还保持着游牧兼狩猎的生活方式。当时，鲜卑"种众日多，田畜射猎不足给食。檀石槐乃自徇行，见乌侯秦水广从数百里，水停不流，其中有鱼，不能得之。闻倭人善网捕，于是东击倭人国，得千余家，徙置秦水上，令捕鱼以助粮食"。① 随着鲜卑人大批从东北地区向蒙古草原中部、西部转移，辽阔的草原为游牧业的发展提供了良好的条件。鲜卑以貂、豽、鼲子皮制的皮裘传入中原，天下闻名。东汉建立，鲜卑开始入贡中原政权。《后汉书·鲜卑传》记载："禽兽异于中国者，野马、原羊、角端牛，以角为弓，俗谓之角端弓者。又有貂、豽、鼲子，皮毛柔软，故天下以为名裘。……（建武）二十五年，鲜卑始通驿使。"② 此后，鲜卑多次诣阙朝贡，其贡物当为上述特产。豽，古同"狖"，猴类动物。

夫馀国向汉朝进贡有"貂、豽"。《后汉书·东夷传》记载，夫馀国"出名马、赤玉、貂、豽，大珠如酸枣"。③ 建武二十五年（49年），"夫馀王遣使奉贡"，此后"使命岁通"，安帝、顺帝、桓帝和灵帝时都"诣阙贡献"。④ 夫馀人的贡献中少不了如上物产。晋郭义恭《广志》云："貂出扶馀、挹娄。"⑤ 夫馀国是古东北亚民族秽貊别族所建，古代北方政权高句丽和百济的王室都来自扶馀。此外，北沃沮、东沃沮、濊都是馀馀的兄弟民族。《后汉书·东夷传》记载："夫馀国，在玄菟北千里。南与高句骊、东与挹娄、西与鲜卑接，北有弱水。地方二千里，本濊地也。"⑥ 夫馀国入贡的貂是挹娄貂。挹娄源于肃慎，其活动区域，"在夫馀东北千余里，东滨大海，南与北沃沮接，不知其北所极。土地多山险，人形似夫馀，而言语各异。"乃在今辽宁省东北部和吉林、黑龙江两省东部及黑龙江以北、乌苏里江以东的广大地区。按照《后汉书》记载，此时的挹娄，"有五谷麻布出赤玉、好貂，无君长。其邑落各有大人，处于山林之间。

---

① 《后汉书》卷90《乌丸鲜卑列传》，第2994页。
② 同上书，第2985页。
③ 《后汉书》卷85《东夷传》，第2811页。
④ 同上书，第2812页。
⑤ 《艺文类聚》卷95《兽部》下，上海古籍出版社1982年版，第1655页。
⑥ 《后汉书》卷85《东夷传》，第2810页。

土气极寒，常为穴居，以深为贵，大家至接九梯。好养豕，食其肉，衣其皮。冬以豕膏涂身，厚数分，以御风寒。夏则裸袒，以尺布蔽其前后。其人臭秽不洁，作厕于中，圜之而居。……便乘船，好寇盗。邻国畏患，而卒不能服。东夷、夫馀饮食类皆用俎豆，唯挹娄独无，法俗最无纲纪者也。"① 挹娄是肃慎族系继肃慎称号后使用的第二个族称，汉至晋前后有600余年。挹娄族称出现于公元前1—2世纪时，即西汉时期。《后汉书》和《三国志》之《东夷传》都写到挹娄，而汉代不见挹娄向中原政权进贡的记载，其原因是"自汉兴以后，臣属夫馀"。② 挹娄政治上失去独立地位，与中原政权的联系是由其宗主国夫馀承担的。挹娄貂通过夫馀国入贡汉朝。

貂皮属于细皮毛裘皮，皮板优良，轻柔结实，毛绒丰厚，色泽光润。用貂皮制成的皮草服装，雍容华贵，是理想的裘皮制品。貂裘素有"裘中之王"之称，在汉代是高级御寒衣物，只有达官贵人才能享用。桓宽《盐铁论·散不足》记载，贤良们批评当时的奢侈之风："今富者鼲貂，狐白凫裘，中者罽衣金缕，燕貉代黄。"③ 貂皮仍然是富人才能享用的奢侈品。《西京杂记》记载：

> 公孙弘起家徒步，为丞相，故人高贺从之，弘食以脱粟饭，覆以布被。贺怨曰："何用故人富贵为？脱粟布被，我自有之。"弘大惭。贺乃告人曰："公孙弘内服貂蝉，外衣麻枲；内厨五鼎，外膳一肴，岂可以临天下？"于是朝右疑其矫焉。弘叹曰："宁逢恶宾，不逢故人。"④

貂蝉是貂皮衣裘和金蝉佩饰，是豪华奢侈的穿戴；麻枲是麻类植物的纤维，指麻布衣。高贺散布谣言，说公孙弘假装节俭，实际上奢侈。同书同卷记载，庆安世受到成帝皇后赵飞燕爱幸，"常著轻丝履、招风扇、紫绨裘"，汉成帝还曾以青羔裘赐人。⑤《东观汉记》记载："东平王苍来朝，

---

① 《后汉书》卷85《东夷传》，第2812页。
② 同上。
③ （汉）桓宽撰，王利器校注：《盐铁论校注》卷6《散不足》，中华书局1992年版，第350页。
④ （晋）葛洪：《西京杂记》卷2，《汉魏丛书》，吉林大学出版社1992年影印本，第304页。
⑤ 同上书，第305页。

帝以王触寒涉道，赐乘御貂裘。"① 谢承《后汉书》记载："刘虞为幽州刺史，常著毡裘。"② 汉代用貂皮做成的席子称"貂席"，刘熙《释中·释床帐》云："连貂皮以为席也。"王先谦注引叶德炯云："《西京杂记》云：'昭阳殿设绿熊皮席，毛皆长一尺余。'此亦貂席之属。"③

中国古代皇帝侍从用貂的尾巴做帽子的装饰，这种装饰从战国时开始，是从北方游牧民族学来的。汉代胡广说："赵武灵王效胡服，以金珰饰首，前插貂尾，为贵职。秦灭赵，以其君冠赐近臣。"④ 汉时承袭此制，皇帝近臣亦用貂尾作帽饰。《后汉书志·舆服志》云："侍中、中常侍加黄金珰，附蝉为文，貂尾为饰，谓之'赵惠文冠'。"⑤《后汉书·宦者列传》序云："汉兴，乃袭秦制，置中常侍官。然亦引用士人，以参其选，皆银珰左貂，给事殿省。"⑥ 东汉时中常侍官皆用宦者，亦用貂尾作帽饰，"中兴之初，宦官悉用阉人，不复杂调他士。至永平中，始置员数，中常侍四人，小黄门十人"；"自明帝以后，迄乎延平，委用渐大，而其员稍增，中常侍至有十人，小黄门二十人，改以金珰右貂，兼领卿署之职"。⑦ 貂即貂尾帽饰，以貂尾饰于冠左，故称左貂；置于冠右，故称右貂。这是后来的宦官与先前的士人的区别。东汉李尤《辟雍赋》写近臣："延忠信之纯一兮，列左右之貂珰。"⑧

为什么用黄金珰、蝉和貂尾作为帽饰？《后汉书》志第三十李贤注云："应劭《汉官》曰：'说者以金取坚刚，百炼不耗；蝉居高饮洁，口在掖下；貂内劲悍而外温润。'此因物生义也。徐广曰：'赵武灵王胡服有此，秦即赵而用之。'说者蝉取其清高，饮露而不食；貂紫蔚（采）[柔]润，而毛采不彰灼，故于义亦取。胡广又曰：'意谓北方寒凉，本以貂皮暖额，附施于冠，因遂变成首饰。'"⑨ 晋崔豹《古今注》卷上"貂蝉"条云："胡服也。貂者取其有文采而不焕炳，外柔易而内刚劲也。蝉取其清虚识变也。在位者有文而不自耀，有武而不示人，清虚自牧，识

---

① 《太平御览》卷694《服章部》，上海古籍出版社2008年影印本，第7册，第277页。
② 同上书，第278页。
③ （汉）刘熙撰，（清）毕沅疏证，王先谦补：《释名疏证补》卷6，中华书局2008年版，第197页。
④ 《后汉书》志第三十《舆服志》下，第3668页。
⑤ 同上。
⑥ 《后汉书》卷78《宦者列传》，第2508页。
⑦ 同上书，第2509页。
⑧ 费振刚等辑校：《全汉赋》，北京大学出版社1993年版，第380页。
⑨ 《后汉书》志第三十《舆服志》下，第3668页，注［二］。

时而动也。"①《晋书·赵王伦传》中记载，西晋时任官太滥，"每朝会，貂蝉盈坐"。貂尾不足，就用狗尾代替。因此人们讽刺道："貂不足，狗尾续。"② 后来形成汉语中"狗尾续貂"的成语。

西汉中常侍貂尾帽饰用紫貂尾，王莽时改制，"更汉家黑貂，著黄貂，又改汉正朔伏腊日"。但他的姑母王太后不肯接受，仍坚持汉制，"太后令其官属黑貂，至汉家正腊日，独与其左右相对饮酒食"。③ 黑貂即紫貂（Martes zibellina），产于亚洲北部，广泛分布于乌拉尔山、西伯利亚、蒙古、中国东北以及日本北海道等地。在中国只产于东北地区，与"人参、鹿茸"并称为"东北三宝"。黄貂乃黄色之貂，此指黄色貂尾。《汉书·元后传》颜师古注引孟康曰："侍中所著貂也，莽更汉制也。"④ 明李时珍《本草纲目·兽部·貂鼠》云："汉制侍中冠，金珰饰首，前插貂尾，加以附蝉，取其内劲而外温。毛带黄色者，为黄貂；白色者，为银貂。"⑤ 这种黄貂应该就是现在通常所谓黄喉貂（Martes flavigula），因前胸部具有明显的黄橙色喉斑而得名。其头及颈背部、身体的后部、四肢及尾巴均为暗棕色至黑色，喉胸部毛色鲜黄，包括腰部呈黄褐色。这种貂生活在山地森林或丘陵地带，穴居在树洞及岩洞中，善于攀缘树木陡岩，行动敏捷，主要分布于东亚、东南亚及俄罗斯外东北地区。

## 二　毛制品

盖将军，真丈夫，行年三十执金吾，身长七尺颇有须。玉门关城迥且孤，黄沙万里白草枯。南邻犬戎北接胡，将军到来备不虞。五千甲兵胆力粗，军中无事但欢娱。暖屋绣帘红地炉，织成壁衣花氍毹。

——（唐）岑参《玉门关盖将军歌》

毛制品指用兽毛纤维或人造毛等纺织、压揲制成的料子，或用毛线编织的衣物。古代毛制品是北方或西北方、西域游牧民族的产品。西晋干宝

---

① （晋）崔豹：《古今注》卷上，辽宁教育出版社1998年版，第4页。
② 《晋书》卷59《赵王伦传》，第1602页。
③ 《汉书》卷98《元后传》，第4035页。
④ 同上。
⑤ （明）李时珍：《本草纲目》卷51《兽部》，中医古籍出版社1994年版，第1180页。

《搜神记》记载，西晋时"太康中，又以毡为帕头及络带袴口。于是百姓咸相戏曰：'中国其必为胡所破也。'夫毡，胡之所产者也，而天下以帕头、带身、袴口，胡既三制之矣，能无败乎！"① 《晋书·五行志》有同样记载："太康中，又以毡为帕头及络带袴口。百姓相戏曰：'中国必为胡所破。'夫毡毳产于胡，而天下以为帕头、带身、袴口，胡既三制之矣，能无败乎！"② 毳是鸟兽的细毛，毛制品的原料；毡是最常见的毛织品。

毛制品最著名的是罽、毲、氍毹、氀毦、旃，主要是羊毛织品。"罽"这个字在汉代带绞丝旁，指来自域外的毛织品，许慎《说文解字》云："西胡毳布也。"③ 即用兽毛织的布。段玉裁注："毳者，兽细毛也，用作为布，是曰罽。"④ 罽来自西域和边疆民族，匈奴以罽作毡帐，称"罽帐"。⑤ 《逸周书·王会解》云：伊尹为四方献令，正西昆仑诸国"请令以丹青、白旄、纰罽、江历、龙角、神龟为献"。⑥ 《后汉书·南蛮西南夷列传》记载冉駹夷"能作旄毡、斑罽、青顿、毞毲、羊羧之属"。⑦ 毲是有斜纹组织的毡类毛制品，质地细密，后世有斜褐之称。汉末服虔《通俗文》云："织毛曰罽，邪（斜）交曰毲。"⑧ 东汉班固《与弟超书》提到："窦侍中前寄人钱八十万，市得杂罽十余张也。"⑨ 窦宪可能是托远在西域的人购得域外名产。氀毦是毛织的褥垫之类，氍毹是毛织的地毯。旃，即毡，用兽毛制成的片状物，可做防寒用品，如毡子、毡帽、毡靴、毡包儿、毡裘、毡帐。古代制毡是把羊毛或鸟兽毛洗净，用开水烧烫，搓揉，使其黏合，然后铺在硬尾帘、草帘或木板上，擀压而成。《说文解字》云："捴毛也。"⑩ 段玉裁注云："捴者，蹂也。捴毛者，蹂毛成毡也。"⑪ 毡、旃通用。东汉刘熙《释名·释床帐》云："毡，毛相著，旃

---

① （晋）干宝：《搜神记》卷7，中华书局1979年版，第97页。
② 《晋书》卷27《五行志》上，第824页。
③ （汉）许慎：《说文解字》（十三），中华书局1963年版，第277页。
④ （清）段玉裁：《说文解字段注》第13篇，成都古籍书店1981年版，第700页。
⑤ 《后汉书》卷80《杜笃传》，第2600页。
⑥ 《逸周书》卷7《王会解》，《汉魏丛书》，吉林大学出版社1992年版。第286页。
⑦ 《后汉书》卷86《南蛮西南夷列传》，第2858页。
⑧ （汉）服虔撰,：《通俗文》，《丛书集成续编》第73册，台湾新文丰出版公司1988年版，第355页。
⑨ 《太平御览》卷816《布帛部》，上海古籍出版社2008年影印本，第8册，第284页。
⑩ （汉）许慎：《说文解字》（八），中华书局1963年版，第174页。
⑪ （清）段玉裁：《说文解字段注》第8篇上，成都古籍书店1981年版，第423页。

斿然也。"① 《周礼·天官·掌皮》云："共其毳毛为毡，以待邦事。"② 《考工记》云："毡之为物，无经无纬，文非织非衽。"毡没有经过纺捻、缝纫和编织加工的过程，是无经无纬压成之物。这些都是草原游牧民族的特产。③ 古代文献记载，匈奴、乌孙、罽宾、月氏、印度、安息、罗马都盛产毛织物。这种毛织品传入中国，有的经商贾贩运，有的经异国入贡，故汉代乐府诗有云："行胡从何方？列国持何来？氍毹毾㲪五木香，迷迭艾纳及都梁。"④ 汉代人还掌握了毛制品的保养方法，崔寔《四民月令》云："五月，芒种节后，阳气始亏。……以灰藏旃、裘、毛毳之物用箭羽。"⑤

在各种毛制品中，文罽是最贵重的，即有花纹的罽。桓宽《盐铁论·力耕》记载，桑弘羊论汉与域外交流所得："采旃文罽，充于内府。"⑥ 文罽是进口的图案华美的毛织品，西汉以来常以锦罽并称⑦，汉代一张罽价值数万钱。窦宪用八十万钱购得杂罽十余张，杂罽应该是普通的罽，如果按十五张计算的话，每张约合五六万钱。文罽的价格当更高。《汉书·东方朔传》记载，东方朔批评当时的奢侈之风："木土衣绮绣，狗马被缋罽。"缋罽即文罽。颜师古注："缋，五彩也；罽，织毛也，即氍毹之属。"⑧ 《后汉书·李恂传》记载，西域诸国侍子及督使贾胡用"奴婢、宛马、金银、香、罽之属"贿赂李恂。⑨ 李贤注云："罽，织毛为布者。"⑩ 杜笃《论都赋》云："烧罽帐"，《后汉书·杜笃传》李贤注："罽，毛布也。"⑪ 《汉书·高帝纪》记载，汉高帝八年（前199年）下令："贾人毋得衣锦绣、绮縠、絺纻、罽。"⑫ 说明汉初这种毛织品已传入

---

① （汉）刘熙撰，（清）毕沅疏证，王先谦补：《释名疏证补》卷6，中华书局2008年版，第197页。
② 《周礼注疏》卷7《天官·掌皮》，《十三经注疏》，中华书局1980年影印本，第684页。
③ [日] 藤田丰八：《榻及氍毹毾㲪考》，收入《中国南海古代交通丛考》，何健民译，商务印书馆1936年版，第521页。（[日] 藤田豊八：『榻及び氍毹毾㲪につきて』，载《東西交渉の研究》（南海篇），星文館1943年版，第611—627頁）。
④ （宋）郭茂倩编：《乐府诗集》卷77，中华书局1979年版，第1088页。
⑤ （汉）崔寔撰，石声汉校注：《四民月令校注》，中华书局1965年版，第35页。
⑥ （汉）桓宽撰，王利器校注：《盐铁论校注》卷1《力耕》，中华书局1992年版，第28页。
⑦ 《后汉书》第85卷《东夷传》记载，马韩人"不贵金宝锦罽"。第2819页。
⑧ 《汉书》卷65《东方朔传》，第2858—2859页。
⑨ 《后汉书》卷51《李恂传》，第1683页。
⑩ 同上书，第1684页，注[二]。
⑪ 《后汉书》卷80《杜笃传》，第2601页，注[九]。
⑫ 《汉书》卷1《高帝纪》下，第65页。

中国。但一般的罽与文罽不同，按桓宽《盐铁论·散不足》记载贤良所说，一般的罽衣，中等人家可以服用，而"罽绣"即文罽，则是富者的服饰，中者"罽衣金缕，燕鼯代黄"；富者"罽绣弇汗，垂珥胡鲜"。①《东观汉纪·桓帝纪》记载，延熹九年"七月，祠黄老于北宫濯龙中，以文罽为坛，饰金银钿器，彩色炫耀。"②《后汉书·祭祀志》记载："延熹九年，亲祠老子於濯龙，文罽为坛，饰淳金钿器，设华盖之坐，用郊天乐也。"③汉朝官员甚至在西域诸国的贿赂贡献中得到精美的毛织品。曹植《辨道论》云："诸梁时，西域胡来献香、罽、腰带、割玉刀，时悔不取也。"④《东观汉记·李恂传》记载："为西域副校尉，西域殷富，多珍宝，诸国侍子及督使贾胡数遗恂奴婢、宛马、金银、香、罽之属，一无所受。"⑤《后汉书·李恂传》李贤注："督使，主蕃国之使也；贾胡，胡之商贾也。"这种贿赂行为在当时可能是常例，只是因为李恂清廉，才"一无所守"，其他官员通常是接受的。

匈奴作为游牧民族，盛产毛织品，其毡毯、毡帐和毡衣皆以兽毛制成。东汉杜笃《论都赋》歌咏汉武帝时进击匈奴的战功："孝武因其余财府帑之蓄，始有钩深图远之意，探冒顿之罪，校平城之仇。遂命票骑，勤任卫青，勇惟鹰扬，军如流星，深之匈奴，割裂王庭，席卷漠北，叩勒祁连，横分单于，屠裂百蛮。烧罽帐，系阏氏，燔康居，灰珍奇，椎鸣镝，钉鹿蠡，驰坑岸。"⑥汉朝在与匈奴的交往中获得北方的毛织品。东汉初边笃《边论》云："匈奴请降，衾甃、罽褥、帐幔、毡裘，积如丘山。"⑦此指西汉宣帝时呼韩邪单于之降，说明西汉时匈奴毛制品已大量传入中国。《后汉书·南匈奴传》："蹑北追奔三千余里，遂破龙祠，焚罽幕，坑十角，梏阏氏，铭功封石，倡呼而还。单于震慑，屏气蒙毡，遁走于乌孙之地，而漠北空矣。"东北亚民族也生产毛织品。汉末曹操东征乌丸，也获得毛织品。陈琳《神武赋》记述这场战争："单鼓未伐，虏已溃崩。克俊折馘首（句有衍文），枭其魁雄。尔乃总辑瑰珍，茵毡幕幄，攘璎带

---

① （汉）桓宽撰，王利器校注：《盐铁论校注》卷1《力耕》，中华书局1992年版，第350页。
② （汉）刘珍等撰，吴树平校注：《东观汉记校注》卷3，中华书局2008年版，第126页。
③ 《后汉书·志》第八《祭祀志》中，第3188页。
④ 《三国志》卷29《魏书·方技传》，裴松之注引，第805页。
⑤ （汉）刘珍等撰，吴树平校注：《东观汉记校注》卷16，中华书局2008年版，第730页。
⑥ 《后汉书》卷89《文苑列传》上，第2600页。
⑦ 《太平御览》卷708《服用部》，上海古籍出版社2008年版，第7册，第371页。

佩，不饰雕琢，华珰玉瑶，金麟牙琢，文贝紫瑛，缥碧玄绿，黼锦缋组，罽毲皮服。"① 其战利品"茵毡幕幄""罽毲皮服"就包含着毛织毡毯。

氍毹，古代文献有时写作"氍㲣"②，一种织有花纹图案的毛毯，毛或毛麻混织的布、地毯之类。古代产于西域，可用作地毯、壁毯、床毯、坐垫、帘幕等。"氍毹"一词也被认为是"外来语"，"但波斯语中无相当之语，惟阿拉伯语中有 ghàshiyat、gäshiya 等语，故日本学者藤田丰八认为乃阿拉伯语之对音。③ 东汉时服虔《通俗文》云："织毛褥谓之氍㲣。"④《广韵·十虞》云："氍，毛席也。"又引应劭《风俗通义》："织毛褥谓之氍毹。"⑤ 魏李登《声类》释氍㲣云："毛席也。"⑥ 毛席，即铺地的毛织地毯。《西京杂记·未央宫》写汉未央宫温室殿："以椒涂壁，被之文绣……规地以罽宾氍毹。"⑦ 罽宾乃汉朝时西域国名，汉代时位于印度北部，即今喀布尔河用克什米尔一带。大秦（古罗马）出毛织品，也有氍毹。魏晋间人鱼豢《魏略·西戎传》称大秦"有织成细布，言用水羊毳，名曰海西布。此国六畜皆出水，或云非独用羊毛也，亦用木皮，或野茧丝作。织成氍毹、毾㲣、罽帐之属皆好，其色又鲜于海东诸国所作也"。⑧ 这里对西域织物的记载，有混淆不清之处，细布与氍毹、毾㲣、罽帐是否同样材料，语焉不详；所谓"水羊毳""六畜皆出水""非独用羊毛也，亦用木皮或野茧丝作"云云，显系传说。但他知道那时西域地毯、坐垫之类和纺织毛织品并非全用羊毛，却是有道理的，可能当时中国人见到的大秦毡毯之类品种不一。而且他的比较还让我们知道，当时还从"海东诸国"获得毛织品。古代称朝鲜半岛为"海东国"，但这里似乎并不指朝鲜半岛，"海东"与"海西"相对，汉代曾称大秦为"海西国"⑨，

---

① 《艺文类聚》卷59，上海古籍出版社1982年版，第1071页。
② 《三国志》卷30《乌丸鲜卑东夷传》，裴注引《魏略·西戎传》作"氍毹"；东汉服虔《通俗文》、三国吴康泰《吴时外国传》、晋郭义恭《广志》等作"氍㲣"，见《太平御览》卷708《服用部》，上海古籍出版社2008年影印本，第7册，第370—371页。
③ [日] 藤田丰八：《㲞及毾㲣氍㲣考》，《中国南海古代交通丛考》，何健民译，商务印书馆1936年版，第521页。
④ 《太平御览》卷708《服用部》（十），上海古籍出版社2008年影印本，第7册，第370页。
⑤ 周祖谟：《广韵校本》，中华书局2011年版，第76页。
⑥ 《太平御览》卷708《服用部》（十），上海古籍出版社2008年影印本，第7册，第371页。
⑦ 佚名撰，何清谷校注：《三辅黄图校注》卷3《未央宫》，三秦出版社1995年版，第144页。
⑧ 《三国志》卷30《魏书·乌丸鲜卑东夷传》，裴注引《魏略》，第861页。
⑨ 《后汉书》卷88《西域传》，第2919页。

古代文献中所谓"海"或指里海、咸海、红海、波斯湾等，故"海东"指罗马以东的西亚、中亚、南亚等地。古代印度也生产优良氍毹，三国时吴国康泰著《吴时外国传》云："天竺出细靡氍毹。"① 《魏书·西域传》《周书·异域传》都记载波斯出"氍毹、毾㲪"。② 罽宾国以产毛织品著名，西汉时，首都长安的皇室贵族已见使用罽宾氍毹。古乐府《陇西行》写天上神仙之家主妇："请客北堂上，坐客毡氍毹。"③ 这当然是现实社会中贵族生活的写照。汉武帝时东方朔《化民有道对》言当时奢侈之风："木土衣绮绣，狗马被缋罽，宫人簪珢瑶，垂珠玑。"④ 所谓缋罽就是绘罽、文罽，织有图案的罽宾毛毯。通邑大都市场上更有毛织品出售，《史记·货殖列传》说有经商者"旃席千具"，其人富比"千乘之家"。旃席即毛织地毯。氍毹是珍贵的洋货，被人们当作礼品相赠，东汉张衡《四愁诗》有云："美人赠我毡氍毹。"⑤ 把氍毹看作与金错刀、翠琅玕、锦绣缎一样贵重。诸葛亮也曾用以赠人，其《答李恢书》曰："行当离别，以为惆怅，今致氍毹以达心也。"⑥ 从古代文献记载来看，从域外传入的氍毹，其原料并不是单纯的兽毛，而且五彩斑斓。三国吴国万震《南州异物志》云："氍毹以羊毛杂群兽之毛，织鸟兽、草木、人物、云气，作鹦鹉，远望轩若飞也。"⑦ 《魏略·西戎传》云："大秦国以野茧织成氍毹，非独非羊毛为织具，以五色毛，六七寸中屈采相次，为鸟兽、人物、草木、云气，千奇万变，唯意所作，上有鹦鹉，远望轩轩如飞。"⑧ 从天竺传入的氍毹，可能有的指棉花织成或棉毛混纺的织物，因为被用作铺地而被看成与毛织品相同的东西。晋人郭义恭《广志》云："氍毹，白叠毛织也，近出南海。"白叠毛即棉花。他意识到南海所出与北方品种的不同，故又云："又称北冥之氍毹、毾㲪，非其所出也。"⑨ 意即北方流传的产品

---

① 《北堂书钞》卷134《服饰部》三，学苑出版社1998年影印本，第2册，第381页。
② 《魏书》卷102《西域传》，第2270页；《周书》卷50《异域传》，第920页。
③ （南朝·陈）徐陵编：《玉台新咏》卷1，中华书局1985年版，第12页。
④ （清）严可均辑：《全汉文》卷25，《全上古三代秦汉三国六朝文》，中华书局1958年影印本，第265页。
⑤ 《太平御览》卷708《服用部》，上海古籍出版社2008年影印本，第7册，第371页；逯钦立辑校：《先秦汉魏晋南北朝诗》（汉诗卷6），中华书局1983年版，第181页。
⑥ 《太平御览》卷708《服用部》，上海古籍出版社2008年影印本，第7册，第371页。
⑦ 同上。
⑧ 同上书，第381页。
⑨ 《北堂书钞》卷134《服饰部》三引，学苑出版社1998年影印本，第2册，第381页。此段引文，《太平御览》卷708云："氍毹，毹织也，近出南海，古文称北汉之氍毹其所生。"上海古籍出版社2008年影印本，第7册，第371页。

不是从南海来。藤田丰八指出："中国人所称之'毛'，未必为动物毛，如植物之棉花，亦谓之曰毛。例如《唐书》《释音》解氍：'毛布。'故言'织毛褥'或'毛席'，未必但限于以动物毛织成者也。"①郭义恭视氍毹为帛叠布，即棉花布，其所谓氍毹，乃梵语 Kauseya 之对音，郭义恭的时代从印度经海路传入的产品有棉毛交织者，与汉代时从西北丝绸之路传入的毛织品氍毹不同。

毾㲪也是氍毹之类的毛织品，古代文献中有时写作"榻登"。东汉服虔《通俗文》云："氍毹细者谓之毾㲪，名毾㲪者，施大床之前，小榻之上，所以登而上床也。"②这种认识为当时人所接受，刘熙《释名·释床帐》："榻登，施之承大床前小榻上，登以上床也。"③后世《一切经音义》亦从此说，这可能是据音附会。魏张揖《埤苍》解释说："毛席也。"④即毛织地毯，与氍毹同类。劳费尔认为其词源出中古波斯语 tàkht-Dàr 的音译，意思是榻上的毛垫，就是毛毯、毛毡。比之氍毹，毾㲪更精致，并常用作铺具和坐垫。藤田丰八认为波斯语 tàkht-Dàr "似有铺具之意"，至中国则专用此意。⑤如上所引，东汉初边笃《边论》提到汉朝从匈奴处所得有毾㲪。《东观汉记》记载："景丹率众至广阿，光武出城外，按（下？）马，坐（鞍）毡毾㲪上设酒肉。"⑥日本学者藤田丰八据此认为，"中国人之知有是物，征之于文献，始自前汉末后汉初"；"所谓毾㲪者，系前汉时为匈奴所常用，而中国人似亦有相当之知识。迄前汉末后汉初，中国上流阶级，遂亦常用"。⑦东汉许慎《说文解字》云："氍毹、毾㲪，皆氍毯之属，盖方言也。"⑧东汉时人们知道西域所产毾㲪为优良产品，并千方百计设法得到其产品。从班固《与弟超书》可知，窦宪曾

---

① [日]藤田丰八：《榻及毾㲪氍毹考》，《中国南海古代交通丛考》，何健民译，商务印书馆 1936 年版，第 516 页。
② 《太平御览》卷 708《服用部》，上海古籍出版社 2008 年影印本，第 7 册，第 371 页。
③ （汉）刘熙撰，（清）毕沅疏证，王先谦补：《释名疏证补》卷 6，中华书局 2008 年版，第 197 页。
④ 《后汉书》卷 88《西域传》，第 2922 页。
⑤ [日]藤田丰八：《榻及毾㲪氍毹考》，《中国南海古代交通丛考》，何健民译，上海商务印书馆 1936 年版，第 520 页。[日]藤田豊八：〈榻及び毾㲪氍毹につきて〉，『東西交涉の研究』（南海篇），東京：萩原星文館，昭和十八年（1943），第 611—627 页。
⑥ 《太平御览》卷 708《服用部》，上海古籍出版社 2008 年影印本，第 7 册，第 371 页。
⑦ [日]藤田丰八：《榻及毾㲪氍毹考》，《中国南海古代交通丛考》，何健民译，商务印书馆 1936 年版，第 514、515 页。[日]藤田豊八：〈榻及び毾㲪氍毹につきて〉，『東西交涉の研究』（南海篇），東京：萩原星文館，昭和十八年（1943），第 611—627 页。
⑧ （汉）许慎：《说文解字》八《毛部》，中华书局 1963 年版，第 174 页。

派人把杂彩、白素送到西域，托班超用来购买月氏马、苏合香、氍毹之类。① 而且对氍毹的要求是"月氏氍毹，大小相杂，但细好而已"。② 月氏氍毹就是罽宾氀毹，东汉时罽宾在大月氏贵霜王朝统治之下。印度产氍毹质量也好，汉代从天竺国贡献中获得。《后汉书·西域传》云，天竺国"有细布、好氍毹、诸香、石蜜、胡椒、薑、黑盐。和帝时，数遣使贡献，后西域反畔，乃绝。至桓帝延熹二年、四年，频从日南徼外来献"。③ 大秦所出氍毹"其色又鲜于海东诸国所作"。④ 汉代从匈奴得到氍毹，杜笃《边论》云："匈奴请降，氍毹、罽褥、帐幔、毡裘，积如丘山。"⑤ 后世中国还得到来自大宛国和波斯的产品。吴笃《赵书》记载，十六国时后赵石勒建平二年（331年），大宛献珊瑚、琉璃及氍毹。《魏书》《隋书》之《西域传》及《周书·异域传》记载，波斯产品有氍毹。从域外传入的这种氍毹毛织品装饰美丽，表现在图案精美和五彩斑斓。《魏略·西戎传》记载大秦国以羊毛、木皮、野茧丝织作氍毹，有"五色氍毹，五色九色首下氍毹"。⑥ 刘宋时刘敬叔《异苑》记载，僧人法存"本自胡人，生长广州，妙善医术，遂成巨富，有八尺氍毹，光彩耀目，作百种形象"。⑦

毛织品在生活中有多种用途，班固托班超在西域购月氏氍毹之所以"大小相杂"，就是为了适合不同用途，作褥垫，或铺于地，或用于床，或用于榻，或施于壁，随物之长短广狭不同，用料大小尺寸不同。随着这种生活用具的传入，与之相关的异域生活习俗也随之而来。前引《东观汉记》记载，东汉光武帝以氍毹铺地，设酒肉待客。可见在西域诸国，毛织品作为地毯使用，铺地毯席地坐饮的方式也传入中国。这些来自域外的毛织品是奢侈品，士卒在外受冻，将帅于帐内施氍毹，被认为是不恤士卒贪图享乐的表现。马融《奏马贤事》云："马贤于军中，帐内施氍毹，士卒飘于风雪。"⑧ 权贵们甚至用这种珍贵的毛织物作为坐骑或宠物的装饰。《后汉书·单超传》写宦官之骄奢淫逸："其后四侯转横，天下为之语曰：

---

① （清）严可均辑：《全后汉文》卷25，《全上古三代秦汉三国六朝文》，中华书局1958年版，第609页。
② 《北堂书钞》卷134《服饰部》，学苑出版社1998年影印本，第2册，第381页。
③ 《后汉书》卷88《西域传》，第2921—2922页。
④ 《三国志》卷30《魏书·乌丸鲜卑东夷传》，裴注引《魏略》，第861页。
⑤ 《太平御览》卷708《服用部》，上海古籍出版社2008年影印本，第7册，第371页。
⑥ 《三国志》卷30《魏书·乌丸鲜卑东夷传》，裴松之注引，第861页。
⑦ （南朝·宋）刘敬叔：《异苑》卷6，景印《文渊阁四库全书》第1042册（子部三四八，小说家类），台湾商务印书馆1983年版，第530页。
⑧ 《太平御览》卷708《服用部》，上海古籍出版社2008年影印本，第7册，第371页。

'左回天，具独坐，徐卧虎，唐两墯。'竞起第宅，楼观壮丽，穷极伎巧。金银罽毦，施于犬马。"罽，毛织品；毦，用兽毛做成的装饰。李贤注云："毦，以毛羽为饰。"① 又《后汉书·西南夷列传》云："齎黄金、旄牛毦。"李贤注引顾野王曰："毦，结毛为饰，即今马及弓槊上缨毦也。"② 精美的氍毹还被作为坐垫铺设在坐具上，《异苑》记载的僧人法存不仅有"八尺氍毹"，还有"八尺板床"。③ 从合乎尺寸上看，可能就是用于板床上的坐垫。

从古代文献记载来看，氍毹出于古代月氏和葱岭以西诸国，月氏、大秦所出皆为名产。丝绸之路考古发现说明，汉代这些毛织物经西域南、北两路传入中国，20世纪初，英国考古学家斯坦因在新疆南部的古尼雅遗址和楼兰遗址发现具有典型特征的希腊、罗马图案的毛毡，还有混合中国与西方美术风格的毛织物残片。新疆地区学习西域毛织技术，提高了纺织水平。他们织出了辫扣织金银毯、栽绒毯和用丝、毛、棉三种原料混纺织成的各种毯子。尼雅遗址出土的木简上记有"和阗毯子"。据说这种毯子就是栽绒毯，当地至今流传着洛甫县人那克西万试织地毯和羊毛染色的传说，被尊为地毯之神。迄今以组织细密、起绒短、经久耐用而又富有装饰色彩而名闻世界的和阗地毯，就是在早先创制的栽绒毯的基础上，又吸收了大月氏、安息和罗马等地毛织技术而不断改进的优质毛织品。

1959年，在新疆民丰县大沙漠东汉墓出土不少毛毯毡片，其织造技法已与现在完全相同。而在同期居址遗迹中发现的织花毛织物，则使用了在纬线上起花的织造技术，与中原地区在经线上起花的丝织技法不同。这几件毛织物的纹饰，有卷发高鼻的人物和写实的葡萄形象，有的是中原传统的龟甲四瓣花纹图案。20世纪80年代，在新疆洛普县东南于阗墓地发现一批西域技法织成的掇织物，其中有一件织有希腊罗马神话中的半人半马神怪。据报道，这种织物在巴比伦附近阿尔塔尔遗址亦有发现。从艺术风格和纺织技法看，于阗和巴比伦出土的这种织物，都是通过丝绸之路传来的罗马产品。④ 这些毛织物可能有的是从中原或西方各国传入，有的可能出于当地工匠之手，但已经采用了中亚和西亚的织染技术和装饰风格。

---

① 《后汉书》卷78《宦者列传》，第2521页。
② 《后汉书》卷86《西南夷列传》，第2857页。
③ (南朝·宋)刘敬叔：《异苑》卷6，景印《文渊阁四库全书》第1042册（子部三四八，小说家类），台湾商务印书馆1983年版，第530页。
④ 林梅村：《墨山国贵族宝藏的重大发现》，《古道西风》，生活·读书·新知三联书店2000年版，第194—209页。

1997年，新疆文物考古研究所考古队在尉犁县孔雀河北岸营盘古城附近发现古墨山国贵族墓地，随葬品中有中亚艺术风格的皮革面具、黄金冠饰，还有希腊罗马艺术风格的金缕罽、波斯或罗马玻璃器以及黄铜戒指、黄铜手镯等瑜石工艺器。营盘墓地第15号墓墓主身着希腊罗马艺术风格的罽袍，头戴黄金装饰的面具。墓中随葬大量的织金罽和织金锦。这种织金罽十分罕见，过去只见于文献，即便在罗马帝国本土，亦未曾发现过实物。织金线是罗马人的独特创造，《后汉书·西域传》记载，大秦国有"刺金缕绣，织成金缕罽、杂色绫"。墨山国墓葬中之织金罽来自罗马无疑。①

北方游牧地区的毛织品也传入东北亚地区。《后汉书·东夷列传》记载："马韩人知田蚕，作绵布……不贵金宝锦罽，不知骑乘牛马，唯重璎珠，以缀衣为饰，及县颈垂耳。"② 说明这种毛织品也传入朝鲜半岛。《三国志·乌丸鲜卑东夷传》记载："夫馀在长城之北，去玄菟千里……出国则尚缯绣锦罽，大人加狐狸、狖白、黑貂之裘，以金银饰帽。"③ 意即夫馀人出国，喜欢购取域外的缯绣锦罽。

## 三　火浣布

　　伊荒之外国，建大秦以为名。仰皇风之悦化，超重译而来庭。贡方物之绮丽，亦受气于妙灵。美斯布之出类，禀太阳之纯精。越常品于意外，独诡异而特生。森森丰林，在海之洲。煌煌烈火，禁焉靡休。天性固然，滋殖是由。

　　　　　　　　　　　　——（西晋）殷巨《奇布赋》

火浣布即石棉布，是用石棉纤维纺织而成的布。由于具有不燃性，在火中能去污垢，所以中国早期史书中称之为"火浣布"或"火烷布"。火浣布产于西域，汉时传入中国。《列子·汤问》记载："周穆王大征西戎、西戎献锟铻之剑，火浣之布。……火浣之布，浣之必投于火；布则火色，

---

① 林梅村：《墨山国贵族宝藏的重大发现》，《古道西风》，生活·读书·新知三联书店2000年版，第194—209页。
② 《后汉书》卷85《东夷列传》，第2819页。
③ 《三国志》卷30《乌丸鲜卑东夷传》，第841页。

垢则布色；出火而振之，皓然疑乎雪。"①《列子》之书，据考经过西晋人的整理增删。此云西周时已获火浣布，不足信据。汉代域外传入之火浣布收藏在建章宫奇华殿。《三辅黄图·建章宫》记载："奇华殿在建章宫旁，四海夷狄器服珍宝，火浣布、切玉刀、巨象、大雀、师子、宫马，充塞其中。"②《后汉书·南蛮西南夷列传》史官论汉代域外传入的物品："其賨幏、火毳、驯禽、封兽之赋，軬积于内府。"李贤注云："火毳即火浣布也。"③

东汉权臣梁冀曾获外国火浣布，并制为单衣。晋傅玄撰《傅子》记载：

> 汉桓帝时，大将军梁冀以火浣布为单衣，常大会宾客，冀阳争酒，失杯而污之，伪怒，解衣曰："烧之。"布得火，炜晔赫然，如烧凡布，垢尽火灭，粲然絜白，若用灰水焉。搜神记曰：昆仑之墟，有炎火之山，山上有鸟兽草木，皆生于炎火之中，故有火浣布，非此山草木之皮枲，则其鸟兽之毛也。汉世西域旧献此布，中间久绝；至魏初，时人疑其无有。文帝以为火性酷烈，无含生之气，着之典论，明其不然之事，绝智者之听。及明帝立，诏三公曰："先帝昔着典论，不朽之格言，其刊石于庙门之外及太学，与石经并，以永示来世。"至是西域使至而献火浣布焉，于是刊灭此论，而天下笑之。臣松之昔从征西至洛阳，历观旧物，见典论石在太学者尚存，而庙门外无之，问诸长老，云晋初受禅，即用魏庙，移此石于太学，非两处立也。窃谓此言为不然。又东方朔神异经曰：南荒之外有火山，长三十里，广五十里，其中皆生不烬之木，昼夜火烧，得暴风不猛，猛雨不灭。火中有鼠，重百斤，毛长二尺余，细如丝，可以作布。常居火中，色洞赤，时时出外而色白，以水逐而沃之即死，绩其毛，织以为布。④

可知东汉桓帝时，大将军梁冀已得到西域之火浣布，所制单衣经火后如用灰水洗后那样洁净。后来由于汉地久不见此物，曹丕在《典论》中曾否

---

① 杨伯峻集释：《列子集释》卷5《汤问》，中华书局1979年版，第189—190页。
② 佚名撰，何清谷校注：《三辅黄图校注》卷3《建章宫》，三秦出版社1998年版，第168页。
③ 《后汉书》卷86《南蛮西南夷列传》，第2860页。
④ 《三国志》卷4《魏书·三少帝纪》，裴松之注引，第117—118页，注［二］。

认有这种布存在:"火尚能烁石销金,何为不烧其布?"① 曹植《辨道论》曾提到术士左慈说:"诸梁时(东汉梁冀等当政时),西域胡来献香罽腰带、割玉刀,时悔不取也。"② 曹丕少见多怪,受到后人的讥笑。《三国志·魏书·三少帝纪》记载:"(景初三年)二月,西域重译献火浣布,诏大将军、太尉临试以示百僚。"③ 曹丕的《典论》曾被刻石保存,当事实证明曹丕的论断为误时,魏明帝下令刊灭之。东晋葛洪《抱朴子·内篇》云:"魏文帝穷览洽闻,自呼于物无所不经,谓天下无切玉之刀,火浣之布。及著《典论》,尝据言此事。其间未期,二物毕至。帝乃叹息,遽毁斯论。"④ 晋干宝《搜神记》卷十三云:"汉世西域旧献此布,中间久绝。至魏初,时人疑其无有。文帝以为火性酷烈,无含生之气,著之《典论》,明其不然之事,绝智者之听。及明帝立,诏三公曰:'先帝昔著《典论》,不朽之格言,其刊石于庙门之外及太学,与石经并,以永示来世。'至是西域使人献火浣布袈裟,于是刊灭此论,而天下笑之。"⑤ 然遽毁斯论者不是曹丕,而是魏明帝曹睿。西晋张华《博物志》云:"《周书》曰:'西域献火浣布,昆吾氏献切玉刀。火浣布污则烧之则洁,刀切玉如腊。'布,汉世有献者,刀则未闻。"⑥

　　火浣布是怎样产生的,中国人很长时间里都不明就里。三国吴朱应《扶南土俗传》云:"火洲在马五洲之东千馀里,春月霖雨,雨止则火燃洲上,林木得雨则皮黑,得火则皮白。诸左右洲人,以春月采木皮,绩以为布,即火浣也,或作灯炷。"⑦ 晋干宝《搜神记》云:"昆仑之墟,地首也。是惟帝之下都,故其外绝以弱水之深,又环以炎火之山。山上有鸟兽草木,皆生育滋长於炎火之中,故有火澣布。非此山草木之皮枲,则其鸟兽之毛也。"⑧ 相传汉东方朔撰《海内十洲记》记载:"炎洲在南海中,地方二千里,去北岸九万里。上有风生兽,似豹,青色,大如狸。张网取之,积薪数车以烧之,薪尽而兽不然,灰中而立,毛亦不焦。斫刺不入,

---

① (清)严可均辑:《全三国文》卷8,《全上古三代秦汉三国六朝文》,中华书局1958年影印本,第1099页。
② (三国·魏)曹植撰,赵幼文校注:《曹植集校注》卷1,人民文学出版社1984年版,第186页。
③ 《三国志》卷4《魏书·三少帝纪》,裴松之注引,第117页。
④ (晋)葛洪:《抱朴子内篇》卷2《论仙》,上海古籍出版社1990年版,第7页。
⑤ (晋)干宝:《搜神记》卷13,中华书局1979年版,第165—166页。
⑥ (晋)张华撰,范宁校证:《博物志校证》卷2,中华书局1980年版,第26页。
⑦ (宋)乐史:《太平寰宇记》卷177《四夷·南蛮传》,中华书局2007年版,第3380页。
⑧ (晋)干宝:《搜神记》卷13,中华书局1979年版,第165页。

打之如灰囊。以铁锤锻其头，数十下乃死。而张口向风，须臾复活；以石上菖蒲塞其鼻，即死。取其脑和菊花服之，尽十斤，得寿五百年。又有火林山，山中有火光兽，大如鼠，毛长三四寸，或赤或白，山可三百里许，晦夜即见此山林，乃是此兽光照，状如火光相似。取其兽毛，以缉为布，时人号为火浣布，此是也。国人衣服垢污，以灰汁浣之，终无洁净。唯火烧此衣服，两盘饭间，振摆，其垢自落，洁白如雪。"① 相传东方朔撰《神异经》云："南荒之外有火山，长三十里，广五十里，其中皆生不烬之木，昼夜火烧，得暴风不猛，猛雨不灭。火中有鼠，重百斤，毛长二尺余，细如丝，可以作布。常居火中，色洞赤，时时出外而色白，以水逐而沃之即死，绩其毛，织以为布。"② 东汉杨孚《异物志》云："斯调国在火州，在南海中。其上有野火，春夏自生，秋冬自死。有木生于其中而不消也，枝皮更活，秋冬火死则皆枯瘁。其俗常冬采其皮以为布，色小青黑；若尘垢污之，便投火中，则更鲜明也。"③ 斯调国即师子国，今斯里兰卡。这些都是错误认识，直到北宋时才否定了这一说法。蔡絛《铁围山丛谈》记载，北宋时从西域获得火浣布："哲宗朝，始得火浣布七寸，大以为异。政和初，进火浣布者已将半幅矣。其后□（盈）稇而至。大抵若今之木棉布。色微青鼷，投之火中则洁白，非鼠毛也。御府使人自纺绩，为巾帨布袍之属，多至不足贵。亦可证旧说之伪。"④ 但仍不知其为何物。南宋时对火浣布有了进一步的认识，周密《齐东野语》云：

> 东方朔《神异经》所载，南荒之外有火山，昼夜火然。其中有鼠重有百斤，毛长二尺馀，细如丝，可作布。鼠常居火中，时出外，以水逐而沃之方死。取其毛缉织为布，或垢，浣以火，烧之则净。又《十洲记》云："炎州有火林山，山上有火鼠，毛可织为火浣布，有垢，烧即除。"其说不一。魏文帝尝著论，谓世言异物，皆未必真有。至明帝时，有以火浣布至者，于是遂刻此论。是知天壤间何所不有？耳目未接，固未可断以为必无也。昔温陵有海商漏船，搜其橐中，得火鼠布一疋，遂拘置郡帑。凡太守好事者，必割少许归以为玩。外大父常守郡，亦得尺许。余尝亲见之，色微黄白，颇类木棉，

---

① （汉）东方朔：《海内十洲记》，景印《文渊阁四库全书》第1042册（子部三四八 小说家类），台湾商务印书馆1983年版，第275页。
② 《太平御览》卷820《布帛部》，上海古籍出版社2008年影印本，第8册，第315页。
③ 《三国志》卷4《魏书·三少帝纪》，裴松之注引，第117页。
④ （宋）蔡絛：《铁围山丛谈》卷5，中华书局1983年版，第96—97页。

丝缕蒙茸，若蝶纷蜂黄然。每浣以油腻，投之炽火中，移刻，布与火同色。然后取出，则洁白如雪，了无所损，后为人强取以去。或云，石炭有丝，可织为布，亦不畏火，未知果否。①

直到此时，才有较接近真相之认识，虽有人已经略知一二，但仍不能肯定。直到近代章炳麟《国故论衡·原名》仍说："今有闻火浣布者，目所未觌，体所未御。"② 火浣布出于何国，中国古代文献有不同说法。所谓"西戎""西域""西域胡"等都是笼统的说法。斯调国，古国名，即今斯里兰卡。又有大秦之说，即罗马。③《后汉书·西域传》则云，大秦国"作黄金涂、火浣布……凡外国诸珍异皆出焉"。美国汉学家劳费尔说，波斯人和阿拉伯人都熟知石棉，这矿物产于巴达克山。④ 巴达克山（波斯语بدخشان），一作"拔达克山"，今译巴达赫尚，中亚古国，其控制范围大致位于今日阿富汗东北部和塔吉克斯坦东部。据劳费尔的著作引述，902年，伊宾阿尔发鸠说："在起儿曼有木，火不能烧毁。"曼德斯罗的《东印度航行记》（London，1669. p. 133）："在摩鹿加有一种树木，置于火中，即燃烧，冒火星，发火焰，而不会烧毁，但是放在两指之间可以捻成碎。"⑤ 起儿曼在今吉尔吉斯斯坦托克马克以南巴拉沙衮一带，契丹人在伊朗高原建立的最后一个王朝称起儿曼王朝。摩鹿加，即马鲁古群岛，印度尼西亚东北部岛屿。今属马鲁古省，有哈马黑拉、塞兰、布鲁等岛，山岭险峻，平地少，多火山。从中国古代文献记载来看，所谓火洲当指马鲁古群岛，但石棉的产地并不在此。石棉火烧不坏与此地炎热被称为火洲的称呼相合，是古代中国人把二者联系起来的缘由。劳费尔对中国早期文献关于"火浣布"的记载全不理会，他不认为石棉在汉代就传入中国，他提到的最早材料是《魏书》中北魏文成帝时疏勒国所献的佛袈裟，"要算是最早提到伊朗地区的石棉"。他又自相矛盾地认为，"可以肯定此物是由中世纪的阿拉伯人输入中国的，勿斯离产的石绵在《岭外代答》里

---

① （宋）周密：《齐东野语》卷12《火浣布》，中华书局1983年版，第223页。
② 章太炎：《国故论衡》卷下《诸子学九篇》，陈平原导读，上海古籍出版社2003年版，第123页。
③ Joseph Needham, *Science and Civilisation in China*, Vol3. Cambridge University Press, 1959, pp. 656—662. （李约瑟主编：《中国科学技术史》第三卷第二十五章六之（4），中国科学技术史翻译小组，科学出版社1978年版）
④ ［美］劳费尔：《中国伊朗编》，林筠因译，商务印书馆1964年版，第329页。
⑤ 同上。

已经提及。"① 这又是劳氏的一个失误。

## 四 棉花与棉织品

> 五月棉花秀，八月棉花干。
> 花开天下暖，花落天下寒。
>
> ——（清）马苏臣《棉花》

汉代引进的植物中影响最大，对发展生产改善人民生活最有意义的是棉花。

西亚、北非是草棉原产地。印度河流域也是世界上最早种植棉花和生产棉织品的地区之一，早在公元前3世纪的哈拉巴文化中，这一地区的农作物中就有了棉花，并有棉织品遗迹发现。中国古代没有棉，也没有"棉"字，有一个"绵"字，则指丝绵，后来借用来表示棉花，称"木绵"。中国古代中原和江南地区不出棉花，其纺织品以丝麻为主，达官贵族衣绸缎，平民百姓着麻布，故称百姓为"布衣"。棉花何时传入中国，《尚书·禹贡》"淮海惟扬州"记载："岛夷卉服，厥篚织贝"②，有人解释"岛夷"指东南亚的海岛居民；"卉"意为草，可能是指木棉之类的植物；所谓"织贝"，就是后来所说的吉贝，是梵语栽培棉（karpasi）的音译。③《禹贡》所载乃"任土作贡"，即各地土产贡物，这个记载意谓当时东南亚的海岛居民已经进贡棉花。古代东南亚的棉花来自印度，今天一般仍称"亚洲棉"（Gossypium arboreum）。就是说先秦时印度棉花已通过东南亚居民入贡中国。这里可能理解有误，岛夷不过是东南沿海各岛的居民，草服是蓑衣、草笠之类，而"织贝"是以极小之贝，以线串连之，织以为巾者，今台湾山胞仍有此俗。④

棉花的种植是汉代时开始引进的，最早是由东南亚传入中国东南和西南地区。汉代珠崖地区和云南西部的人民已经种棉织布。《后汉书·西南

---

① ［美］劳费尔：《中国伊朗编》，林筠因译，商务印书馆1964年版，第329页。
② 《尚书正义》卷6《禹贡》，《十三经注疏》，中华书局1980年影印本，第148页。
③ 刘迎胜：《丝路文化》（海上卷），浙江人民出版社1995年版，第130页。
④ 陈祖槼：《棉》，中国农业科学院南京农学院中国农业遗产研究室编辑《中国农业遗产选集》甲类第五种（上编），中华书局1957年版，第3页。

夷传》记载哀牢人"知染采文绣，罽毲帛叠，蘭干细布，织成文章如绫锦"。① 帛叠，又写作帛迭、白叠。古代哀牢国地跨今缅甸和中国云南西部，哀牢人织造的"帛迭"，为梵语野生棉（bhardvji）的音译，即草棉。② 这是南亚棉花经缅甸传入中国西南地区之一途径。章怀太子注引《外国传》云："诸薄国女子织作白叠花布。"③《外国传》即三国时吴国康泰著《吴时外国传》，诸薄国当在今加里曼丹岛。④ 白叠即帛迭，棉布。这个记载说明中国人还知道东南亚沿海国家也种植棉花，这是棉花传入中国南方的另一途径。《后汉书》同传同条又记载，哀牢地产"有梧桐木华，绩以为布，幅广五尺，洁白不受垢污。先以覆亡人，然后服之"。李贤注引《广志》云："梧桐有白者，剽国有桐木，其华有白毳，取其毳淹渍，缉织以为布。"⑤ 此乃木棉，植株高大。木棉的果实成熟后，里边充满白色绒毛，可以用来代替棉花。剽国在今缅甸，这进一步印证汉代木棉从印度经缅甸传入云南境内的史实。汉代以后棉花种植缓慢地向周围地区扩展。

汉代棉花和棉织品还从西北陆路传入中国。1959年在新疆民丰县尼雅东汉墓葬中，发现一批包括棉织品在内的纺织品，如覆盖于盛着羊骨、铁刀的碗上两块蓝白印花布，男性墓主穿着的布质裤子，女性墓主的手帕等。⑥ 夏鼐认为这两件蓝白印花棉布，"当是印度输入品"。⑦ 棉布在汉代时已经传入中原地区。《汉书·货殖传》云："其帛絮细布千钧，文采千

---

① 《后汉书》卷86《南蛮西南夷传》，第2849页。
② 刘迎胜：《丝路文化》（海上卷），浙江人民出版社1995年版，第131页。
③ 《后汉书》卷86《南蛮西南夷传》，第2850页，注［二］。
④ 《艺文类聚》卷80引《玄中记》云："南方有炎山焉，在扶南国之东，加营国之北，诸薄国之西。"《梁书》卷54《诸夷传》云："又传扶南东界即大涨海，海中有大洲，洲上有诸薄国。"诸薄又作杜薄，据其方位，当在今加里曼丹岛。值得注意的是康泰《吴时外国传》中常以诸薄为坐标，确定南海诸国方位，这暗示出他们曾至诸薄并作为立足点谈各国位置的。从诸薄他们行船至马来半岛南端，然后过马六甲海峡。《太平御览》卷七八七引〈扶南土俗〉记载的巨延洲，在"诸薄之东北"，一般认为在今加里曼丹岛。比擖国，在"诸薄之东南"，在今印尼勿里洞或邦加、小巽他诸岛上。马五洲在"诸薄之东"，一般认为在今印尼，可能指巴厘岛。薄叹洲在"诸薄之西北"，大致位置在今印尼宾坦岛，或苏门答腊岛西北部、马来半岛南部。蒲罗中国，在"拘利正东行极崎头海边"，在马来半岛的南端，这些应当是他们曾经经过或在诸薄听闻的地方。参见石云涛《3—6世纪中西间海上航线的变化》，《海交史研究》2004年第2期。
⑤ 《后汉书》卷86《南蛮西南夷传》，第2850页，注［四］。
⑥ 沙比提：《从考古发掘资料看新疆古代的棉花种植和纺织》，《文物》1973年第10期。
⑦ 夏鼐：《中国文明的起源》，文物出版社1985年版，第67页。

匹，答布、皮革千石……亦比千乘之家。"① 《太平御览·布帛部》云："答布，白叠也。"② 文献记载和考古资料说明，棉花种植至迟在魏晋南北朝时已经传入新疆地区。《梁书·诸夷传》"西北诸戎"记载高昌国"多草木，草实如茧，茧中丝如细纑，名为白叠子，国人多取织以为布。布甚软白，交市用焉"。③ 这里的"白叠子"即帛迭，就是一般所说的棉花。高昌在今吐鲁番一带，这种野生棉即草棉，或称籽棉。新疆考古发现的棉籽，经中国农业科学院棉花研究所鉴定，乃是草棉，即非洲棉的种籽。④ 相对于亚洲棉而言，植株矮小，棉铃小，产量低，但成熟早，适于在生长期短的新疆和西北地区种植。这种棉耐干旱，适于中国西北边疆的气候，而且生产期短，只要130天左右，因此种植棉花并不难。籽棉的原产地在西亚或非洲，经波斯、印度传入我国西北地区。这条路线为棉花传入中国的北线。吐鲁番出土高昌、西州时期文书中也有一些植棉及使用棉布的零星记载。

新疆地区的考古发掘提供了棉花种植与棉布使用的物证。1959—1960年，新疆博物馆考古队在吐鲁番阿斯塔那和哈拉和卓发掘墓葬30座，墓葬年代为从麴氏高昌至唐西州时期。据发掘报告所附资料统计，这次发掘出土棉织品10件。⑤ 1963—1965年，新疆博物馆考古队又对吐鲁番阿斯塔那和哈拉和卓两地区的一部分墓葬进行了发掘，出土棉布一件，即一块棉布被单。⑥ 1972—1973年，新疆博物馆考古队和吐鲁番文物保管所共同对阿斯塔那古墓群的晋至唐时期墓葬进行了发掘，共清理墓葬63座。从发掘报告所附"出土织物登记表"统计，出土棉织品9件。⑦ 1975年春，新疆维吾尔自治区博物馆考古队对哈拉和卓古墓群十六国至唐西州时期的51座墓葬进行了发掘，出土一件"蓝棉布出土物似为一件棉衫裙，内有絮棉，已糟朽成粉状"。⑧ 1995年10月，中日尼雅遗址学术考察队在调查

---

① 《汉书》卷91《货殖传》，第3687页。
② 《太平御览》卷820《布帛部》，上海古籍出版社2008年影印本，第8册，第316页。
③ 《梁书》卷54《诸夷传·西北诸戎》，第811页。
④ 沙比提：《从考古发掘资料看新疆古代的棉花种植和纺织》，《文物》1973年第10期。
⑤ 新疆博物馆考古队：《阿斯塔那古墓群第二次发掘简报（1959—1960）》，《新疆文物》2000年第3—4期合刊。
⑥ 李征：《吐鲁番县阿斯塔那—哈拉和卓古墓群发掘简报（1963—1965）》，《文物》1973年第10期。
⑦ 新疆博物馆考古队：《阿斯塔那古墓群第十次发掘简报（1972—1973）》，《新疆文物》2000年第3—4期合刊。
⑧ 新疆博物馆考古队：《吐鲁番哈拉和卓古墓群发掘简报》，《文物》1978年第6期。

过程中新发现一处墓地,据发掘简报称,这处属于魏晋前凉时期的墓地出土的纺织品很多,其中有一件长 7.5 厘米、宽 5 厘米的棉布方巾。[1] 1986年的阿斯塔那古墓群发掘中,共发掘墓葬 8 座,出土棉布织品 3 件。[2] 这些说明,至迟在魏晋南北朝时,新疆吐鲁番地区棉花种植已经相当普遍。

---

[1] 新疆文物考古研究所:《新疆民丰县尼雅遗址 95MNI 号墓地 M8 发掘简报》,《文物》2000 年第 1 期。
[2] 柳洪亮:《1986 年吐鲁番阿斯塔那古墓群发掘简报》,《考古》1992 年第 2 期;又参见柳洪亮《新出吐鲁番文书及其研究》,新疆人民出版社 1997 年版。

# 第五章 香料、医药与医术

随着丝绸的大批外运，中国换取了大量的自己所需的域外物产，香料是其中重要的部分。香料有多种用途，除熏香、调味之外，还有医药价值。中外医药学交流产生很早，防治和治疗疾病是人类共同面临的问题。世界各地流行的疾病既有共性，也有各地的特殊性。疾病又是随着人群的流动而传播的，为了应对疾病的侵袭，各地都发展了自己的医学和医药学，又互相借鉴和学习，因而造成医学的交流。中国周边民族和域外各国之间在各种交往活动中接触到对方医学的成果，互相借鉴学习，从而推动了各自医学事业的发展。在世界各地都存在利用各种动植物、矿物质治病的经验，随着汉代各种动植物的引进，中国医家对各地物产的医药性能有所认识，从而丰富了中医药学知识。

## 一 来自异域的香料

何用叙我心，遗思致款诚。宝钗好耀首，明镜可鉴形。
芳香去垢秽，素琴有清声。诗人感木瓜，乃欲答瑶琼。
愧彼赠我厚，惭此往物轻。虽知未足报，贵用叙我情。
——（汉）秦嘉《赠妇诗三首》其三

香料有植物性、动物性和矿物性等类别，世界各地由于自然条件不同，生产出不同的香料。中国有自己的产品，但也有不少产品是产于域外而中国所没有的，这就需要通过交换获取。香料分为天然香料和人造香料，天然香料又分为动物性香料和植物性香料。前者得自某些动物的生殖腺分泌物或病态分泌物，种类较少。后者种类繁多，由芳香植物的花、叶、果实、根茎、树皮等部分或分泌物加工而成。香料有多种用途，除熏香、调味之外，还有医药价值。域外香料很早便传入中国中原地区，有的芳香植物也通过丝绸之路移植而来。但香料和这种植物最早何时传入中国，通过什么途径传入，学术界并没有一致的认识。文献记载域外香料最早传入中国始于汉代，但这些文献是否可靠，汉代传入哪些香料？亦众说纷纭。香料传入中国，对中国社会发生了什么影响，也值得研究。

## （一）概说

香料是具有挥发性并能用以配制某种香水香膏的芳香物质，可分为天然香料和人造香料。天然香料通常为含有多种芳香成分的混合物，又可分为动物性香料和植物性香料两类。前者得自某些动物的生殖腺分泌物或病态分泌物，种类很少，常见的如麝香、灵猫香、海狸香、龙涎香等。后者种类繁多，是从芳香植物的花、叶、果实、种子、根、茎、树皮等部分或分泌物加工而得。这些香料大都制成香脂、香膏远销各地。香料的产地多在域外。南朝时范晔在为《和香方》所写的短序中说："甘松、苏合、安息、郁金、奈多、和罗之属，并被珍于外国，无取于中土。"[1] 魏晋时人鱼豢《魏略·西戎传》记载大秦物产有"一微木、二苏合、狄提、迷迷（当为'迭'）、兜纳、白附子、薰陆、郁金、芸胶、薰草木十二种香"。[2] 大秦是古代中国人对罗马帝国的称呼。汉代丝绸之路的开辟为域外香料的输入提供了条件。

古代传说中有西域香料传入汉代中国的记载。相传汉东方朔撰《海内十洲记》记载西海中有聚窟洲，"有狮子、辟邪、凿齿、天鹿、长牙、铜头、铁额之类"。洲上有大山名神鸟山，上多大树，与枫木相类。"而花叶香闻数百里，名为返魂树。……伐其木根心，于玉釜煮取汁，更微火煎，如黑饧状，令可丸之，名曰惊精香，或名之为震灵丸，或名之为反生香，或名之为震檀香，或名之为人鸟精，或名之为却死香。一种六名，斯灵物也。香气闻数百里，死者在地，闻香气乃却活，不复亡也。以香薰死人，更加神验。"[3] 又云："征和三年，武帝幸安定，西胡月氏国王遣使献

---

[1] 《宋书》卷69《孔熙先传》，第1821页。
[2] 《三国志》卷30《乌丸鲜卑东夷传》，裴注引鱼豢《魏略·西戎传》，第861页。
[3] （汉）东方朔：《海内十洲记》，景印《文渊阁四库全书》第1042册（子部三四八，小说类），台湾商务印书馆1983年版，第276页。按：《海内十洲记》，志怪类书，又称《十洲记》。旧本题汉东方朔撰。记载不少神话及仙话材料，其中有对绝域异物的描写。但《汉书·东方朔传》未提及此书，一般认为乃"后世好事者"假托东方朔之名集撰而成。其成书时间，《四库全书总目》推测为六朝时，但从书中多涉道教来看，可能成于汉末道教炽盛之时。

香四两，大如雀卵，黑如桑葚。帝以香非中国所有，以付外库。"据说"灵香虽少，斯更生之神丸也。疫病灾死者，将能起之，及闻香气即活也"。① 月氏香甚至救活了后元元年（前88年）长安城因疾疫流行死去的人，"烧之于城内，死未三月者皆活，芳气经三月不歇"。② 月氏西迁中亚，是汉武帝反击匈奴前听闻的史实；征和三年乃公元前90年，事在张骞出使西域之后，这个故事是以汉通西域为背景产生的。所述虽不免有夸张成分，但故事的产生当以西域传入香料的史实为根据。作为香料，从植物中提取也符合自然事实。

中国文献中关于早期香料的记载，往往有传说性质。晋王嘉《拾遗记》载：燕昭王二年（前585年），"设麟文之席，散荃芜之香"。此香乃出波弋国，"浸地则土石皆香；著朽木腐草，莫不郁茂；以熏枯骨，则肌肉立生"。"时广延国贡二舞女，帝以香屑铺地四五寸，使二女舞其上，弥日无迹，体轻故也"。③ 以为战国时已经得到域外香料，这是小说家言，不可凭信。有人认为波弋国也称波祇国，即波斯国，此言无据。西晋张华《博物志·异产》记载："汉武帝时，弱水西国有人乘毛车以渡弱水来献香者，帝谓是常香，非中国之所乏，不礼其使。留久之，帝幸上林苑，西使千（当为'干'）乘舆闻，并奏其香。帝取之看，大如鸾卵，三枚，与枣相似。帝不悦，以付外库。后长安中大疫，宫中皆疫病，帝不举乐。西使乞见，请烧所贡香一枚，以辟疫气。帝不得已听之。宫中病者登日并差。长安中百里咸闻香气，芳积九月余日，香犹不歇。帝乃厚发遣钱送。一说：汉制，献香不满斤不得受。西使临去，乃发香气如大豆者，拭著宫门，香气闻长安数十里，经数日乃歇。"④ 张星烺说："《博物志》此节记事，与上方所录《十洲记》聚窟洲之却死香，大同小异。聚窟洲与凤麟洲皆在西海之中，凤麟洲四面有弱水绕之。凤麟洲既已承认为指欧洲地域而言，则《博物志》此节之弱水西国，亦必指欧洲而言也。"⑤ 其地域所指未必如张先生如此坐实，大抵指中国以西的远方国家。

根据文献记载和考古发现可知，汉代时香料有的经陆上丝路从西域传

---

① （汉）东方朔：《海内十洲记》，景印《文渊阁四库全书》第1042册（子部三四八，小说类），台湾商务印书馆1983年版，第277页。
② 同上书，第278页。
③ （晋）王嘉：《拾遗记》卷4，《汉魏丛书》，吉林大学出版社1992年影印本，第716页。
④ （晋）张华撰，范宁校证：《博物志校证》卷2，中华书局1980年版，第26页。
⑤ 张星烺：《中西交通史料汇编》（第1册）《古代中国与欧洲之交通》，辅仁大学图书馆1930年版，第22页。

入,也经过海上交通从南方海外传入。正史书上有关于西域产香和传入中国的记载。《东观汉记·李恂传》记载:"为西域副校尉,西域殷富,多珍宝,诸国侍子及督使贾胡数遗恂奴婢、宛马、金银、香、罽之属。一无所受。"① 《后汉书·李恂传》有同样记载,李贤注引《袁山松书》曰:"西域出诸香、石蜜。"② 不过由于香料多产于南亚、阿拉伯半岛和东非,因此从海路传入中国更为便捷,因此通过海上丝绸之路传入中国的更多。南朝梁任昉《述异记》的记载便是这种状况的反映:"南海出千步香,佩之闻于千步也。今海隅有千步香,是其种也。叶似杜若,而红碧间杂。《贡籍》云:'日南郡贡千步香。'汉雍仲子进南海香物,拜为涪阳尉,时人谓之'香尉'。日南郡有香市,商人交易诸香处。南海郡有香户。日南郡有千亩香林,名香出其中。香洲在朱崖郡洲中,出诸异香,往往不知名。千年松香闻十里,亦谓之十里香也。"③ 雍仲子进香受封涪阳尉的故事不见于正史的记载,《述异记》之书顾名思义是奇闻逸事,其说未必可信。但小说家言也是社会生活的艺术反映,香料多从海外传入中国南方则是此类传说的现实基础。

香料经海上丝绸之路传入中国南方沿海地区,进而传入中原。汉朝建立,赵佗建立南越国,考古发现南越已从海外输入香料和燃香习俗。中国原本没有燃香的习俗,燃香和燃熏的香料从海上丝路传入,进而传至中原地区。南越王墓中曾出土五件四连体铜熏炉,高14.7厘米,或16.4厘米;器表作几何形镂空。炉盖和炉身分别铸出,再把四个炉身与方座合铸而成,为盖豆式熏炉。由于炉体由四个互不连通的小盒组成,可以燃烧四种不同的香料。④ 考古发现和文献记载都说明,熏炉首先见于广州南越王墓,除铜制外,亦有陶制,应是南越国的发明。熏炉的普遍存在,说明熏香已经成为南越国贵族统治阶阶层的生活习尚。1955年,在广州华侨新村西汉墓出土四件釉陶熏炉,其中一件似豆形,圜底,唇沿内敛成子口,与盖吻合。通高17.2厘米,腹径11.2厘米,盖面隆圆,作几何图形镂空,顶有鸟形钮饰;器身如豆,器腹处有四个对称排列的圆形小气孔。⑤

---

① (汉)刘珍等撰,吴树平校注:《东观汉记校注》卷16,中华书局2008年版,第730页。
② 《后汉书》卷51《李恂传》,第1684页。
③ 《太平御览》卷981《香部》,上海古籍出版社2008年影印本,第9册,第641页。
④ 西汉南越王墓博物馆网站,http://www.gznywmuseum.org/nanyuewang/HTML/cangzhen/tongqi/425.html
⑤ 麦英豪:《广州华侨新村西汉墓》,广州市文物考古研究所编:《广州文物考古集——广州考古五十年文选》,广州出版社2003年版,第475页。

燃熏的香料主要产于东南亚地区，这就透露出南越国与海外早有交往的信息。中国古代的熏香炉式样有南北之分，北方中原流行博山式熏炉。博山香炉又称博山香熏、博山熏炉等，是中国汉、晋时期常见的焚香器具。汉代刘向《香炉铭》描写这种器具："嘉此正器，堑岩若山。上贯太华，承以铭盘。中有兰绮，朱火青烟。"① 李尤《熏炉铭》云："上似蓬莱，吐气委迤，化白为烟。"② 从时间上看，南越盖豆式熏炉在先，中原博山式熏炉在后，说明香料和熏香习俗由海外输入路线是先至番禺（今广州），后传至中原。据统计，广州地区汉墓出土物中，发现熏香炉多达200余件。当时的香料主要来自东南亚地区，这从一个侧面反映了广州与东南亚地区的交往。

汉武帝平南越之后，汉朝与东南亚、南亚地区有了直接交往。海外香料通过南方沿海地区转输中原地区。中国人知道印度产香，并从印度得到香。《后汉书·西域传》记载，天竺国"有细布、好毾㲪、诸香、石蜜、胡椒、薑、黑盐。和帝时，数遣使贡献，后西域反畔，乃绝。至桓帝延熹二年、四年，频从日南徼外来献"。③ 这说明天竺诸香先是经西域传入，后西域因战乱造成交通的阻碍，转由海路输入。汉代时内地至交阯任职的官员往往贪赃纳贿获得南海的珍奇香料，携之以归。他们又用这种域外珍品贿赂权贵，以求升迁。《后汉书·贾琮传》记载："旧交阯土多珍产，明玑、翠羽、犀、象、瑇瑁、异香、美木之属，莫不自出。前后刺史率多无清行，上承权贵，下积私赂，财计盈给，辄复求见迁代。"④ 其中有"异香"，即来自海外的香料。

用香是上层贵族奢侈生活的表现。从用途上看，香料可分为熏燃之香、悬佩之香、涂傅之香和医用之香。西汉时内地已有用香的记载。《汉武故事》记载："遣霍去病伐胡，杀休屠王，获祭天金人。上以为大神，列入甘泉宫。人率长丈余，不祭祝，但烧香礼拜。"⑤ 司马相如《美人赋》写他赴梁国途中，朝发溱洧，暮宿上宫，"排其户而造其堂，芳香芬烈，黻帐高张"；"寝具既设，服玩珍奇；金鉔熏香，黻帐低垂"。⑥ 东晋葛洪

---

① 《北堂书钞》卷135《服饰部》，学苑出版社1998年影印本，第2册，第386页。
② 《北堂书钞》卷135，《服饰部》，学苑出版社1998年影印本，第2册，第386页；（清）严可均辑：《全后汉文》卷50，《全上古三代秦汉三国六朝文》，中华书局1958年影印本，第751页。
③ 《后汉书》卷88《西域传》，第2921页。
④ 《后汉书》卷31《贾琮传》，第1111页。
⑤ 鲁迅辑：《古小说钩沉》，《鲁迅全集》第8卷，人民文学出版社1973年版，第456页。
⑥ 费振刚等辑校：《全汉赋》，北京大学出版社1993年版，第97页。

《西京杂记》记载,汉成帝皇后赵飞燕住昭阳殿有绿熊席,"其中杂熏诸香,一坐此席,余香百日不歇"。① 汉代用香的记载更多见于东汉时。东汉明德马皇后说:"吾为天下母,而身服大练,食不求甘,左右但著帛布,无香薰之饰者,欲身率下也。"② 东汉尚书台公署,置香炉烧香,增添室内香气。应劭《汉官仪》记载,尚书郎有女侍史二人,"皆选端正,从直女侍执香炉烧熏,从入台护衣"。③ 晋王嘉《拾遗记》记载,东汉灵帝在西园建裸游馆,盛夏与宫人游此,"宫人年二七已上、三六已下,皆靓妆,解其上衣,惟着内服。或共裸浴,西域所献茵墀香,煮以为汤,宫人以之浴浣。使以余汁入渠,名曰流香渠"。④ 曹操提倡节俭,其《内诫令》云:"昔天下初定,吾便禁家内不得薰香。后诸女配国家,因此得香烧。吾不好烧香,恨不遂初禁令,复禁不得烧香,其以香藏衣著身亦不得。"⑤ 曹操还曾以香料作为礼品赠送蜀相诸葛亮,其《与诸葛亮书》云:"今奉鸡舌香五斤,以表微意。"⑥ 因为香是名贵之物,得之不易,曹操《遗令》中特别嘱咐:"余香可分与诸夫人,不命祭。"⑦ 汉末士燮任交州刺史,"兄弟并为列郡,雄长一州,车骑满道,胡人夹毂焚香者常有数千"。⑧ 秦嘉的故事则透露出香从西域传入的信息和香的用途。秦嘉任陇西郡上计掾,赴京师洛阳上计,被任为黄门郎。派车去岳母家接妻子,妻子因病未还,使人只带回了一封信。秦嘉失望之际,写了一封回信给妻子,即《重报妻书》,信中罗列了几件赠妻之物及其用途,有世所稀有的明镜,价值千金的宝钗,龙虎鞋一双、好香四种、素琴一张。以为明镜可以映照妻子的妆容,宝钗可以让妻子更加美丽动人,香料用来芳香身体,素琴可以自娱自乐。其事大约发生在延熹五年(162 年)之前。⑨ 汉末乐府长诗《焦仲卿妻》中,刘兰芝自言用具:"红罗覆斗帐,四角垂香

---

① (晋)葛洪:《西京杂记》卷1,《汉魏丛书》,吉林大学出版社1992年影印本,第303页。
② 《后汉书》卷15《明德马皇后纪》,第411页。
③ (汉)应劭:《汉官仪》卷上,(清)孙星衍校集《汉官六种》,中华书局1990年版,第143页。
④ (晋)王嘉:《拾遗记》卷6,《汉魏丛书》,吉林大学出版社1992年影印本,第722页。
⑤ 《太平御览》卷981《香部》,上海古籍出版社2008年影印本,第9册,第642页。
⑥ (清)严可均:《全三国文》卷3,《全上古三代秦汉三国六朝文》,第1070页。
⑦ 同上书,第1068页。
⑧ 《太平御览》卷981《香部》,上海古籍出版社2008年影印本,第9册,第639页。
⑨ 温虎林:《秦嘉、徐淑生平著作考》,《甘肃高师学报》2007年第3期。

囊。"① 汉末诗人繁钦《定情诗》云:"何以致叩叩?香囊系肘后。"② 说明香囊即挂在室内,又佩带身上。

汉代是否已经有域外的香料传入中国呢?佚名《香品举要》云:"香最多品类出交广崖州及海南诸国,秦汉以前未闻,惟称兰蕙椒桂而已。至汉武奢广尚书郎奏事者,始有含鸡舌香,其他皆未闻。迨晋武时外国贡异香,始此及。隋除夜火山,烧沉香甲煎不计数,海南诸品毕至矣。"③ 明周嘉胄《香乘·燕集焚香》引《癸辛杂识·外集》云:"汉以前无烧香者,自佛入中国,然后有之。"④ 方豪甚至认为三国以后,中国自西南海上诸国运入者,以香料为大宗,而汉代未之见。因为香料与佛教有极深之关系,佛教传入前,中国对香料之需要不太大。⑤ 认为佛教传入中国后香料需求量更大则符合事实,但以为"汉代未之见"则不免过于绝对。但汉代传入中国的香料有哪些,文献上往往语焉未详,有时笼统记载为香,而不言何种香。历史上传入中国的香料品种很多,但大多见于后世的记载,所以这些问题至今未完全弄清楚。根据零散记载和考古材料提供的信息,可知汉代确有域外的香料传入,域外输入中国的香料主要有阿拉伯沿岸的乳香、东非的紫檀、索马里的没药、芦荟、苏合香、西亚安息香、北非、大秦的迷迭香、东南亚的龙脑香、南亚、东南亚的丁香等。通过海上交通联结东西方贸易的道路称海上丝绸之路,又叫"香料之路",产于阿拉伯半岛、南亚、东非和东南亚的香料通过这条路线西传欧洲,东传至中国,中国是香料之路的受益者。

### (二) 胡椒传入及其文化意义

> 日暮想清阳,蹑履出椒房。网虫生锦荐,游尘掩玉床。
> 不见可怜影,空馀黼帐香。彼美情多乐,挟瑟坐高堂。
>
> ——(南朝·梁)徐悱《赠内诗》

---

① (宋)郭茂倩:《乐府诗集》卷73,中华书局1979年版,第1035页。
② (南朝·陈)徐陵编,(清)吴兆宜注,程琰删补:《玉台新咏笺注》卷1,中华书局1985年版,第40页。
③ (宋)陈敬:《陈氏香谱》卷1引,景印《文渊阁四库全书》第844册(子部150·谱录类),台湾商务印书馆1983年版,第241页。
④ (明)周嘉胄:《香乘》卷11,景印《文渊阁四库全书》第844册(子部150·谱录类),台湾商务印书馆1983年版,第442页。
⑤ 方豪:《中西交通史》,上海人民出版社2008年版,第102页。

汉代从域外传入的香料以胡椒在社会生活中影响最大。胡椒是多年生常绿攀援藤本植物，在中国古代文献中又称蒟酱、荜茇。荜茇和蒟酱都是胡椒的不同品种。西晋嵇含《南方草木状》云："蒟酱，荜茇也。生于番国者，大而紫，谓之荜茇；生于番禺者，小而青，谓之蒟焉；可以为食，故谓之酱焉。交趾、九真人家多种蔓生。"① "胡椒"冠名曰"胡"表明这种植物或其果实来自域外。"椒"是香料植物及其实的通称，主要属于花椒属植物，中国本有椒类作物。来自域外的胡椒原产于波斯、阿拉伯、非洲、南亚及东南亚。胡椒从海路和西北丝路传入，我国南方有栽培。

"大而紫"的胡椒系从"番国"移植而来，番国指何国呢？胡椒分布在热带、亚热带地区，生长于荫蔽的树林中，主要产于马来西亚、印度尼西亚、印度南部、泰国、越南等地。古代传入中国的胡椒来自南亚、东南亚。据美国汉学家劳费尔考证，印度是胡椒的原产地。在印度，胡椒自史前时代便被用作香料。中国古代文献中有时把它列入萨珊时代波斯的产品中。② 李时珍《本草纲目·草部》引苏恭曰："荜茇生波斯国，丛生，茎叶似蒟酱。其子紧细，味辛烈于蒟酱。胡人将来，入食味用也。"又引陈藏器曰："其根名毕勃菠，似柴胡而黑硬。"又引李珣曰："《广州记》云：（蒟酱）'出波斯国。'实状若桑椹，紫褐色者为尚，黑者是老根，不堪燃。近多黑色，少见褐者。"③ 西方学者也有人说胡椒从波斯的锡剌甫运到世界各地。劳费尔指出："胡椒必是从印度移植到波斯的。""在新波斯语里胡椒叫做 pilpil（即 filfil，fulful 的阿拉伯语化），来自梵语的 pippalī。"④ 胡椒的来源也引起西方学者的关注。J. Innes Miller 写到，虽然胡椒也生长于泰国南部与马来西亚，但它最主要的来源是在印度，特别是在马拉巴尔海岸地区，也就是现今的喀拉拉邦。⑤ 唐代玄奘等《大唐西域记》记载南印度阿吒厘国："出胡椒树，树叶若蜀椒也。"⑥ 晚唐时段成式

---

① （晋）嵇含：《南方草木状》卷上，景印《文渊阁四库全书》第 589 册（史部·地理类），第 3 页。美国汉学家劳费尔认为胡椒和蒟酱椒（Chavica betel）不同，嵇含的著作把二者混淆了。参见氏著《中国伊朗编》，林筠因译，商务印书馆 1964 年版，第 201 页。
② 如《隋书》卷 83《西域传》，第 1857 页；《周书》卷 50《异域传》，第 920 页；《魏书》卷 102《西域传》，第 2270 页。
③ （明）李时珍：《本草纲目》卷 14，中医古籍出版社 1994 年版，第 380 页。
④ ［美］劳费尔：《中国伊朗编》，第 200 页。
⑤ J. Innes Miller, *The Spice Trade of the Roman Empire*, 29 B. C. to A. D. 641, Oxford: Clarendon Press, 1969.
⑥ （唐）玄奘、辩机原著，季羡林等校注：《大唐西域记校注》卷 11，中华书局 2000 年版，第 907 页。

《酉阳杂俎》认为胡椒产于古印度摩伽陀国,呼为"昧履支"。① 张星烺说:"荜茇,梵语 pippalī 译音,今代英文曰 Pepper,德文曰 pfeffer,即胡椒也。荜茇原产印度,以后移植波斯。""嵇含,晋时人,已详记之。故荜茇之名,似先由印度传来也。"②

胡椒又指胡椒科植物胡椒的果实,即胡椒椒粒。其浆果球形,黄红色。有两种,未成熟果实干后果皮皱缩而黑,称"黑胡椒",成熟果实脱皮后色白,称"白胡椒"。当果穗基部的果实开始变红时,剪下果穗,晒干或烘干后,即成黑褐色,取下果实,通称黑胡椒。如全部果实皆已变红,采收后用水浸渍数日,擦去外果皮,晒干,表面里灰白色,称为白胡椒。作为香料的胡椒椒粒,西汉时也传入中国,被用于宫室装饰,以椒和泥涂墙壁,取其温暖、芳香、多子之义。汉未央宫有温室殿,"武帝建,冬处之温暖也"。据《西京杂记》记载,温室殿"温室以椒涂壁,被之文绣,香桂为柱"。③ 汉代开始把后宫称为椒房,或椒室、椒屋。西汉未央宫皇后所居殿名称椒房,椒房殿亦称椒室。汉时椒房殿有两处,一在长乐宫,东汉作家班固《西都赋》云:"后宫则有掖庭椒房,后妃之室。"④李善注引《三辅黄图》云:"长乐宫有椒房殿。"⑤ 此殿在高帝刘邦时为皇后的殿室。另一处在未央宫。《汉书·车千秋传》记载汉武帝曾讲到"未央椒房"。颜师古注云:"椒房,殿名,皇后所居也。"⑥《三辅黄图·未央宫》云:"椒房殿,在未央宫,以椒和泥涂,取其温而芬芳也。"⑦ 此殿位于前殿之北。1981 年,在前殿遗址北侧大约二百米处发现的第二号宫殿遗址,占地四十亩,可能就是椒房殿。

椒房是皇后居处,因此被册封皇后又称为"入椒房"。《汉书·外戚传》记载,成帝拟"省减椒房掖庭用度",许皇后上疏说自己"入椒房以来,遗赠外家未尝逾故事"。⑧ 上官安求盖长公主说情立其女为昭帝皇后,说这样他就"在朝有椒房之重"。⑨《汉书·董贤传》记载:"又召贤女弟

---

① (唐)段成式:《酉阳杂俎》前集卷 18《木篇》,中华书局 1981 年版,第 179 页。
② 张星烺:《中西交通史料汇编》第 4 册"中国与伊兰之交通",第 168—169 页。
③ 佚名撰,何清谷校注:《三辅黄图校注》卷 3《未央宫》,三秦出版社 1995 年版,第 144 页。
④ 费振刚等辑校:《全汉赋》,北京大学出版社 1993 年版,第 313 页。
⑤ (南朝·梁)萧统:《文选》卷 1,上海书店 1988 年版,第 5 页。
⑥ 《汉书》卷 66《车千秋传》,第 2885 页。
⑦ 佚名撰,何清谷校注:《三辅黄图校注》卷 3《未央宫》,第 153 页。
⑧ 《汉书》卷 97《外戚传》,第 3975 页。
⑨ 同上书,第 3958 页。

以为昭仪，位次皇后，更名其舍为椒风，以配椒房云。"颜师古注云："皇后殿称椒房，欲配其名，故云椒风。"①后来椒房往往用作皇后的代称。《汉官仪》云："皇后称椒房，取其蕃实之义也。《诗》云：'椒聊之实，蕃衍盈升。'以椒涂室，取温暖除恶气也。"②《东观汉记·明德马皇后传》记载："明德皇后既处椒房，太官上饭，累肴膳备副，重加幂覆，辄彻去。"③《后汉书·献帝伏皇后纪》记载，曹操以汉献帝的名义废伏皇后，策云："皇后寿，得由卑贱，登显尊极，自处椒房，二纪于兹。"④《后汉书·皇后纪》赞评东汉后期皇后垂帘听政云："班政兰闱，宣礼椒屋。"⑤《三国志·魏志·文德郭皇后传》云："宜各自慎，无为罚首。"裴松之注引《魏书》云："后常敕戒表、武等曰：'汉氏椒房之家，少能自全者，皆由骄奢，可不慎乎！'"⑥

胡椒是古代印度大量出产的著名香料，不仅传入我国，也和中国的丝绸一样远销欧洲，从印度洋向东至中国南方沿海地区和经红海至地中海的海上通道因此又被称为"香料之路"，这是一条沟通亚、非、欧三洲之间贸易往来的重要通道，胡椒是众多香料中最重要的成员之一。胡椒的移植、贸易和扩散是沟通东西方文化交流的一个媒介，对中国丝绸和印度胡椒的追求是欧洲人东方贸易的重要动力。公元1世纪时古罗马作家老普林尼（Pline L'Ancien）感叹罗马"每年至少有一亿枚罗马银币被印度、赛里斯国以及阿拉伯半岛夺走"。⑦罗马支付印度的主要是香料的费用。印度是罗马东方贸易的中转站，汉代中国人的海外贸易也到达印度，东汉末年罗马人最早来到中国也是通过海上交通实现的。胡椒在西方世界历史进程中发挥了重要作用。9世纪时，威尼斯商人在君士坦丁堡购买东南亚诸岛所产丁香、肉桂、豆蔻、胡椒等香料，转销欧洲，获得了丰厚利润。15世纪，欧洲人发现海上新航路，葡萄牙人、荷兰人先后侵入香料产地，将大批香料运入欧洲市场。J. Innes Miller认为，中世纪结束前的欧洲、中东与北非市场上的胡椒都出自印度马拉巴尔地区。16世纪胡椒开始在爪哇岛、巽他群岛、苏门答腊岛、马达加斯加岛、马来西亚与东南亚其他地区

---

① 《汉书》卷93《董贤传》，第3733、3734页。
② （汉）应劭：《汉官仪》卷下，《汉官六种》，中华书局1990年版，第174页。
③ （汉）刘珍等撰，吴树平校注：《东观汉记校注》卷6，中华书局2008年版，第192页。
④ 《后汉书》卷10下《献帝伏皇后纪》，第453页。
⑤ 《后汉书》卷10下《皇后纪赞》，第456页。
⑥ 《三国志》卷5《魏志·文德郭皇后传》，第166页。
⑦ ［法］戈岱司编：《希腊拉丁作家远东古文献辑录》，耿昇译，中华书局1987年版，第12页。

进行栽培，但这些地区种植的胡椒大多用于与中国的贸易，或者用于满足当地的需求。马拉巴尔地区的港口是远东地区香料贸易在印度洋的中转港。胡椒因其特殊功用成为欧洲人生活中的必需品，与其他珍贵的商品一起成为促使欧洲人寻找印度新航线并建立殖民地的原因之一，在寻找新航线的过程中，欧洲人发现并殖民了美洲。从某种意义上可以说，胡椒和远东地区的其他商品一起激发了欧洲人东方贸易的渴望，开创了地理大发现的时代，改变了世界历史的进程。

## （三）乳香与"乳香之路"

乳香（学名：frankincense），别名薰陆，汉译佛典中译为"杜噜"，《翻译名义集》卷八云："杜噜，此云薰陆。"[1] 乳香有两种，一种为橄榄科，小乔木，主产于红海沿岸，即阿拉伯语中之 luban，茎皮渗出的树脂凝固后就是乳香。古代主要出自大食（阿拉伯）。另一种为漆树科，小乔木，产于欧洲南部，茎皮流出的树脂可入药，亦可作香料。乳香主要产地是东非索马里和阿曼国佐法尔地区、也门的哈达拉毛省等阿拉伯半岛南部地区，也门的索科特拉群岛也是乳香重要生产地。印度、波斯也有出产。乳香为橄榄科植物卡氏乳香树（Boswelliacarterii Birdw）及同属植物鲍达乳香树（Boswelliabhaw-dajiana Birdw）树皮渗出的树脂，具特异香气，味微苦。卡氏乳香树生于热带沿海地区，分布于红海沿岸至利比亚、苏丹、土耳其等地；鲍达乳香树生长于索马里及红海沿岸的山地及石灰岩山地，分布于索马里、埃塞俄比亚及阿拉伯半岛南部以及土耳其、利比亚及苏丹等地。[2] 乳香树是灌木，生长在干旱、贫瘠的土壤中，低矮多刺，枝杈根系粗大，谈不上枝叶繁茂四个字，小而皱的叶子长在树梢上。每年4—6月，剥去外层灰树皮，渗出一滴滴白色树脂，凝固成半透明的粗糙的白色或黄色微红的颗粒，就是乳香。"乳香"的阿拉伯语的译音为 Luban，它的意思是"乳"。乳香可以在嘴里慢慢咀嚼，味道清新，也门人咀嚼乳香清洁口齿。乳香在中古时期的中国文献中被称为薰陆香，宋岘认为是因为其外销码头是席赫尔（Shihru），其谐音为"薰陆"[3]。因为席赫尔在中国中古文献中被译为"施曷"，据宋赵汝适《诸蕃志》记载，该地不仅是乳香外销的码头，也是乳香的重要产地，"乳香一名薰陆香，出大食之麻啰

---

[1] （宋）法云编：《翻译名义集》卷8《众香篇》，台湾和裕出版社2003年版，第395页。
[2] 刘永新主编：《国家药典中药实用手册》，中医古籍出版社2011年版，第325页。
[3] 宋岘：《古代波斯医学与中国》，经济日报出版社2001年版，第18页。

拔、施曷、奴发三国深山穷谷中"。①

乳香在汉代时已经传入中国,考古方面有相关资料。1983 年,广州象岗山南越王赵眜(胡)墓西耳室的一个漆盒内发现的香料,可能是乳香,一小堆,测定为树脂类,重约 21.22 克。② 1983 年 6 月 9 日,在旧广州城大北门外西侧的象岗山上,发掘了南越国文帝赵眜的陵墓,墓室由前后两部分组成,前部分的西耳室内随葬器物最多,为储放礼器、乐器、生活用品及珍宝的库房,藏品数量达 500 多件,在一个小圆漆盒中保存着酷似红海地区出产的乳香树脂类物质。③ 赵眜在位 16 年(前 137—前 122 年),正是中原地区汉武帝时期,说明其时乳香已经通过海路输入我国南方沿海地区。1990 年 10 月至 1992 年 12 月,在甘肃敦煌汉代悬泉置遗址中发掘出西汉武帝、昭帝时期的纸文书,其中有 3 件包裹药物的纸,纸面分别写有所包药物的名称,其字体为隶书,其中 TO212④:2 标明为"薰力"。1993 年 2 月在江苏连云港尹湾村汉墓中发掘出的尹湾汉代简牍,其第六号木牍是《武库永始四年兵车器集簿》,木牍反面第四栏第三行记载了一种物品,整理小组的释文为"薰毒八斗"。张显成根据音韵学知识,将"薰力""薰毒",训释为"薰陆",即乳香。④ 结论可靠。说明早在西汉武帝、昭帝时期(前 140—前 74 年)乳香也通过西北丝路输入我国。

乳香最早传入中国可能经过大秦和天竺商人之手,中国记载乳香的早期文献将其产地系之于天竺和大秦。《后汉书·西域传》云:"天竺国一名身毒,在月氏之东南数千里。……西与大秦通,有大秦珍物。又有细布、好毾㲪、诸香、石蜜、胡椒、姜、黑盐。"⑤ 把印度作为各种香料的产地。唐玄奘等《大唐西域记》记载南印度阿吒厘国"出薰陆香树,树叶若棠梨也"。⑥ 杨博文考证,薰陆香是梵语 Kunda 或 Kunduru 之音译。⑦ 这可能说明最早中国进口的乳香可能是通过印度商人中介输入的,而不是从大食(即阿拉伯)直接运到中国的,所以乳香的名称也被打上了梵语的烙印,而不是阿拉伯语 Luban 的意译"乳香"。印度处在东西方交流的

---

① (宋)赵汝适:《诸蕃志》卷下,杨博文校释,中华书局 2000 年版,第 163 页。
② 广州市文物管理委员会等:《西汉南越王墓》,文物出版社 1991 年版,第 141 页。
③ 徐恒彬:《华南考古论集》,科学出版社 2001 年版,第 141—150 页。
④ 张显成:《西汉遗址发掘所见"薰毒"、"薰力"考释》,《中华医史杂志》2001 年第 4 期。
⑤ 《后汉书》卷 88《西域传》,第 2921 页。
⑥ (唐)玄奘、辩机原著,季羡林等校注:《大唐西域记校注》卷 11,中华书局 2000 年版,第 907 页。
⑦ (宋)赵汝适:《诸蕃志》卷下,杨博文校释,中华书局 2000 年版,第 164 页。

重要通道上，成为东西方贸易交流的中转站，其地常常汇聚西域诸国所产香料，甚至远至大秦（罗马）的物产也被输入印度，再通过印度进一步转输东南亚和中国。乳香的输入可能也经过罗马使节商贾传入中国南方沿海地区。《南史·夷貊传》记载："汉元鼎中，遣伏波将军路博德开百越，置日南郡，其徼外诸国自武帝以来皆朝贡。后汉桓帝世，大秦、天竺皆由此道遣使贡献。"[1]"汉和帝时，天竺数遣使贡献，后西域反叛，遂绝。至桓帝延熹三、四年，频从日南徼外来献。"[2] 这就说明经过海上交通来到中国从事贸易和交往，并不为大秦和天竺任何一家商使垄断，他们分享着海上交通的贸易之利。三国孙吴万震《南洲异物志》云："薰陆出大秦国。在海边有大树，枝叶正如古松，生于沙中。盛夏木胶流出沙上，状如桃胶。夷人采取卖与商贾，无贾则自食之。"[3] 晋嵇含《南方草木状》有同样记载。[4] 鱼豢《魏略·西戎传》云大秦有十二种香，其中有"薰陆"。[5] 古书上大秦范围很广，西亚、北非皆在其领域。中国人后来逐渐认识到，乳香并不出于大秦，而是出于南印度和阿拉伯半岛南部。寇宗奭说："薰陆，木叶类海棠，南印度界阿吒厘国出之，谓之西香；南番者更佳，即乳香也。"秦承曰："西出天竺，南出波斯等国。西者色黄白，南者色紫赤。日久重叠者，不成乳头，杂以沙石。其成乳者，乃新出未杂沙石者也。薰陆是总名，乳是薰陆之乳头也。"李时珍《本草纲目·木部》总结诸家之说："乳香今人多以枫香杂之，烧之可辨。南番诸国皆有。《宋史》言乳香有一十三等。按叶廷珪《香录》云：乳香一名薰陆香，出大食国南，其树类松。以斤斫树，脂溢于外，结而成香，聚而成块。上品为拣香，圆大如乳头，透明，俗呼滴乳，又曰明乳。"[6] 所谓"南番者更佳""出大食国南"非常符合乳香产地及其特性。大食，即阿拉伯。大食国南正是指今阿拉部半岛南部的也门、阿曼之地。

乳香在古代东西方贸易和文化交流史上具有重要意义。古代阿拉伯半岛的乳香价格等同于黄金，是类似于中国丝绸的珍品。古埃及、古罗马的神庙中长年散发着乳香的气味，祭司们大量使用乳香制造香烟缭绕的神秘

---

[1] 《南史》卷78上《夷貊传序》，中华书局1975年点校本，第1947页。
[2] 《南史》卷78上《夷貊传·中天竺》，中华书局1975年点校本，第1962页。
[3] 《太平御览》卷982《香部》，上海古籍出版社2008年影印本，第9册，第646页。
[4] （晋）嵇含：《南方草木状》卷中，《中国风土志丛刊》，广陵书社2003年影印本，第16页。
[5] 《三国志》卷30《乌丸鲜卑东夷传》，裴松之注引，第861页。
[6] （明）李时珍：《本草纲目》卷34《木部》，陈贵廷等点校，中医古籍出版社1994年版，第832页。

气氛。佛教称作"天泽香，言其润泽也"。① 犹太教圣殿中常用的香料也有乳香。《圣经·新约》记载，寻找耶稣的博士们"拿黄金、乳香、没药为礼物"献给刚刚出生的耶稣。乳香是应用极广的香料，可以用来薰香、照明、调料，还可以用作活血定痛药，因此成为古代贸易中的重要商品。乳香是中外常用的药物。南朝时中国医家已经以乳香入药，最早见于梁代陶弘景《名医别录》，以为能"疗主风水毒肿，去恶气……疗风瘾疹痒毒"。② 后世医家对乳香的药性进行了深入探讨。李时珍《本草纲目·木部》云："乳香香窜，入心经，活血定痛，故为痈疽疮疡，心腹痛要药。"③ 乳香是制造熏香、精油的原料，可用来美容、解毒。王阳指出，丝绸之路的本质是经济本性，这是一条商品之路。人类有了双向的彼此互利，才形成持续稳定的交往之路。丝绸之路是中国丝绸前往其他地区的道路，乳香之路是西亚阿曼的乳香前来中国的道路。丝绸之路与乳香之路是同一条道路的不同称呼，说明了双方通过贸易方式各取所需。学界很少关注中国古代对于西方的香料、药物及其他物品的需求，以及这种需求在不同时期的变换。④ 2000 年，联合国教科文组织将"乳香贸易遗址"（The Frankincense Trail/La route de l'encens）列入《世界文化遗产名录》，2005 年改称"乳香之路"（Land of Frankincense/Terre de l'encens）。"乳香之路"是古代重要商道，其集散地在今也门、阿曼境内，也门和阿曼曾长期控制这条国际贸易通道。

乳香一度被认为价比黄金，阿曼是乳香芳香树胶的古老产地，又是古代乳香交易的中心。作为世界文化遗产的"乳香之路"，在阿曼国境内包括四个遗址：（1）盛产乳香的杜克河谷，距离阿曼著名城市萨拉拉约 40 公里；（2）出口乳香的霍罗尔（Khor Rori）港口城市遗址，霍罗尔古城是乳香贸易古镇和集散地；（3）保留古代往来沙漠的商队足迹的绿洲叙氏尔，乳香运输的道路，位于鲁卜哈利沙漠的南端，距离萨拉拉城 170 公里；（4）位于佐法尔省的巴利迪城。乳香之路有两条路线，即海上航线和陆路商道。陆路商道的起点是阿拉伯半岛的南部地区临近阿拉伯海的沿岸港口基纳，隶属古也门国；终点是地中海岸边巴勒斯坦加沙。途中经过也门舍卜洼省、马里卜省、焦夫省，到纳季兰后分为两路。一路向北进

---

① （明）李时珍：《本草纲目》卷 34《木部》，中医古籍出版社 1994 年版，第 832 页。
② （宋）法云编：《翻译名义集》卷 8《众香篇》引，台湾和裕出版社 2003 年版，第 395—396 页。
③ （明）李时珍：《本草纲目》卷 34《木部》，中医古籍出版社 1994 年版，第 833 页。
④ 王阳：《乳香之路：对丝绸之路的另一种认知》，《社会科学战线》2015 年第 7 期。

发，至沙特阿拉伯北部佩特拉，再转至两河流域。另一路从纳季兰出发，转道至大马士革和腓尼基沿岸各城。海上航线从阿拉伯半岛南端出发，沿红海北上，一直到埃及和其他地区，此航线由阿拉伯商人独占。塞拉莱（Salalah）是阿曼南部佐法尔地区的首府与主要海港，位于阿拉伯半岛南岸。塞拉莱是一座古老城市，与古代乳香之路有着密切的关系，古代以盛产乳香闻名。乳香之路沿线城市有的已经被岁月风尘所埋没，只有塞拉莱还保持着繁荣。2000年以来，考古学家发现了一座已经消失的槽钢城，这是《圣经》、各种伊斯兰著作及阿拉伯民间故事中提到的乳香贸易中心之一。

无论走海路还是走陆路，前往埃及和巴勒斯坦的乳香贸易须经过也门的"马因王国"和"赛巴王国"统治区域。马因王国是也门历史上出现的第一个国家，首都盖尔诺（在今也门焦夫一带）。马因人曾占领了南起哈达拉毛省、北至希贾兹的阿拉伯半岛大部分地区，其势力一度扩展到巴勒斯坦南部和埃及东北部。马因王国在哈达拉毛王国和盖特班王国支援下控制着经阿拉伯半岛到埃及、叙利亚的商路，武装护送骆驼商队，从中获得巨大的商业收益。大约在公元前630年被萨巴人征服。萨巴王国的兴起是也门历史上最辉煌的一页，是也门人引以为豪和骄傲的一段历史。萨巴王国首都在今也门马里卜省。随着国力的日益强大，萨巴王国大力开展与两河流域的贸易往来。为了保证半岛商道的畅通，萨巴女王毕勒基斯曾出访耶路撒冷，送给所罗门王大量香料、宝石和黄金。《圣经·旧约》记载了萨巴女王拜见所罗门王的事件。女王希望从所罗门王那里获得保证通往埃及和地中海东岸的商路安全的承诺。历史上萨巴王国从商道中获得了巨大利益。

乳香之路后来在也门地区走向衰落，其原因有二。首先是自然环境的恶化。公元6世纪时阿拉伯半岛出现大规模的沙漠化现象，鲁卜哈利沙漠中的绿洲逐渐消失，不适宜居住，骆驼商队无法通过，途中经常遭遇劫匪抢掠，陆路交通越来越困难。其次是罗马帝国和波斯人的兴起，导致国际贸易路线的变化。公元40—50年间，罗马人发现了阿拉伯海和印度洋季风的规律，打破也门人独霸红海贸易通道的格局，也门的海上贸易走向衰落。也门变成波斯的一个行省，波斯人把商道从阿拉伯半岛西部转移到波斯湾和两河流域，使也门失去了陆路国际贸易的优势。公元11世纪，在西方不通的情况下，阿曼开辟至中国广州、泉洲的海上航线，每年直接向中国出口大量的乳香和没药，乳香在中西间海上贸易中扮演更加重要的角色。也门则失去了控制国际贸易商道的地位。如今乳香早已失去其神秘的外衣，更多应用于医药、美容、化妆品和精油等日常领域。也门的乳香产量日益减少，索马里和阿曼逐渐变成乳香主产区。在也门首都萨那，乳香放在草编筐里，混杂在胡椒、大蒜、桂皮、姜之类的调料间出售。行人购买乳香用于咀嚼以清新口齿。在高大雄伟的"也门之门"附近大街人行道旁，犹如乞丐般的老人在地上铺张报纸或布，便摆放着小块、不规则大小、粗糙的白色或黄色微红的乳香叫卖，用破旧的小铝碗，盛给顾客，小堆乳香的上端是如指甲般的大块，下面往往是被人挑剩下捻碎的粉末状的乳香。

### （四）郁金香

> 伊此奇草，名曰郁金，越自殊域，厥珍来寻，芬香酷烈，悦目欣心。明德惟馨，淑人是钦。窈窕妃媛，服之璃衿。永垂名实，旷世勿沉。
>
> ——（西晋）左芬《郁金颂》

郁金香，别名郁香、红蓝花、紫述香、洋荷花、草麝香。本意是一种花卉，在植物分类学上，是一类属于百合科郁金香属（学名：Tulipa）的具球茎草本植物。郁金香原产地中海南北沿岸及中亚细亚和伊朗、土耳其，东至中国的东北地区等地，确切起源已难于考证，但现在多认为起源于锡兰及地中海偏西南方向。魏晋时人认为郁金香是从域外传入的。鱼豢《魏略·西戎传》云："生大秦国，二、三月花如红蓝，四、五月采之。其香十二叶，为百草之英。"[1]《梁书·诸夷传》"中天竺"条特别强调："郁金独出罽宾国，华色正黄而细，与芙蓉华里被莲者相似。国人先取以上佛寺，积日香槁，乃粪去之。贾人从寺中征雇，以转卖于他国也。"[2]李时珍《本草纲目》引陈藏器曰："郁金香生大秦国，二月、三月有花，状如红蓝；四月、五月采花，即香也。"李时珍说："按郑玄云：'郁草似兰。'杨孚《南州异物志》云：'郁金出罽宾，国人种之，先以供佛，数日萎，然后取之。色正黄，与芙蓉花裹嫩莲者相似，可以香酒。'又《唐书》云：太宗时，伽毗国献郁金香，叶似麦门冬，九月花开，状似芙蓉，

---

[1] （宋）洪刍：《香谱》卷上，景印《文渊阁四库全书》第844册《子部》，台湾商务印书馆1983年版，第219页。

[2] 《梁书》卷54《诸夷传》，第798页。

其色紫碧，香闻数十步，花而不实，欲种者取根。二说皆同，但花色不同，种或不一也。古乐府云：'中有郁金苏合香'者，是此郁金也。"① 至迟汉代郁金香已传入中土，东汉朱穆《郁金赋》云：

  岁朱明之首月兮，步南园以回眺。览草木之纷葩兮，美斯华之英妙。布绿叶而挺心，吐芳荣而发曜。众华烂以俱发，郁金邈其无双。比光荣于秋菊，齐英茂乎春松。远而望之，粲若罗星出云垂；近而观之，晔若丹桂曜湘涯。赫乎扈扈，萋兮猗猗。清风逍遥，芳越景移，上灼朝日，下映兰池。观兹荣之瑰异，副欢情之所望。折英华以饰首，曜静女之仪光。瞻百草之青青，羌朝荣而夕零。美郁金之纯伟，独弥日而久停。晨露未晞，微风肃清。增妙容之美丽，发朱颜之荧荧。作椒芳之珍玩，超众葩之独灵。②

他并没有说郁金香来自何处。那么，其热情赞颂的"郁金"是中国土生的郁金呢？还是外邦进贡并植之宫禁的郁金香花？中国土生的郁金遍布大江南北，并非罕见稀有，朱穆怎么会突发奇思赞美郁金，而且盛赞其为"椒房之珍玩"呢？椒房为皇后所居，随处可见的土生郁金又怎会成为皇后所珍爱的花呢？有条件做椒房珍玩的只能是外邦供奉、珍稀的郁金香，即藏红花。朱穆是东汉中晚期人，顺帝末大将军梁冀使典兵事，桓帝时任侍御史，后官至尚书③，故有机会目睹从域外传入并植之宫禁的郁金香花。

西晋傅玄《郁金赋》把郁金与外来的苏合香相比，"气芳馥而含芳，凌苏合之珠（当作殊）珍"④，暗示郁金也是来自域外的殊珍。西晋左芬《郁金颂》明言从域外传入："伊此奇草，名曰郁金，越自殊域，厥珍来寻，芬香酷烈，悦目欣心。明德惟馨，淑人是钦。窈窕妃媛，服之璃衿。永垂名实，旷世勿沉。"⑤ 她说郁金香"越自殊域"，就是说它来自域外。郁金香所散发的香气使许多人士为之倾倒。在艺术插花方面，它又是最难能可贵的花材。它的花柄可长达四五十厘米，不论高瓶、浅盂、圆缸，插起来都格外高雅脱俗，清新隽永，令人百看而不厌。而今郁金香已普遍地

---

① （明）李时珍：《本草纲目》卷14《草部》，中医古籍出版社1994年版，第390页。
② 《艺文类聚》卷81《药香草部》，上海古籍出版社1982年新1版，第1394页。
③ 《后汉书》卷76《刘矩传》，第2477页。
④ 《艺文类聚》卷81《药香草部》，上海古籍出版社1982年新1版，第1394页。
⑤ 同上。

在世界各个角落种植,其中以荷兰栽培最为盛行,成为商品性生产。中国各地庭园中也多有栽培。劳费尔指出,当"郁金"用来指印度、越南、伊朗等地的产品时,大半是番红花属植物。外国的"郁金香"差不多必定是指番红花属植物。番红花即中国人所说的藏红花。① 王邦维认为郁金香即藏红花,学名 Crocus sativus。② 蔡鸿生《唐代九姓胡》认为安国入贡的郁金香,就是一种番红花属植物。③ 中国土生的郁金是姜科植物温郁金的干燥块根,根部芳香,花朵并无特殊之香气,花期为4—6月。域外输入的郁金香即是番红花(亦名藏红花、西红花)。与今日一般所言用于观赏的百合科郁金香不同,而是指是鸢尾科植物番红花的柱头。④ 其花朵中辛辣的金色柱头很名贵,在许多时期,藏红花贵于同重量的黄金,今天仍是世界上最贵重的香料之一。番红花分春花与秋花两种类型,春花的花期为2—3月,秋花的花期为9—10月。菊花的花期也为9—10月间,故上述朱穆所作《郁金赋》称赞郁金香花朵可以比光荣于秋菊。若是中国土生的郁金,其花期为4—6月,如何与秋菊媲美呢?番红花花大靓丽,艳丽夺目,乃秋花中的佼佼者,故朱穆用"郁金邈其无双"赞美郁金香花的绰约英姿。他没有说郁金香来自何处,说明对他来说这种花已经司空见惯,在他心目中其外来的身份已经淡化。

有人认为汉代外来的郁金香被用来制作郁鬯酒,用于祭祀。这是一种误解。许慎《说文解字》云:"郁,芳草也。十叶为贯,百廿贯筑以煮之为郁。"又云:"一曰郁鬯,百草之华,远方郁人所贡芳草,合酿之以降神。郁,今郁林郡也。"⑤ 鬯是古代祭祀时所使用的一种酒,用于降神,煮酒时加入郁草,取其芳香。这是先秦时已经存在的现象,至迟西周时已经用郁草制作鬯酒,用为祭祀。后来有人把许慎说的郁草误解为郁金香,唐代陈藏器便将两物混淆。南宋郑樵《通志》进行了辨析:"郁金即是薑黄。《周礼》郁人'和郁鬯'。注云:'煮郁金以和鬯酒。'又云:'郁为草若兰。'今之郁金作薶藩臭。其若兰之香,乃郁金香,生大秦国,花如红蓝花,四五月采之,即香。陈藏器谓,'《说文》云:郁,芳草也,十叶为贯,捋以煮之,用为鬯,为百草之英,合而酿酒,以降神也。然大秦

---

① [美]劳费尔:《中国伊朗编》,林筠因译,商务印书馆1964年版,第147页。
② (唐)义净著,王邦维校注:《南海寄归内法传校注》卷3,中华书局1995年版,第153—154页。
③ 蔡鸿生:《唐代九姓胡与突厥文化》,中华书局1998年版,第61页。
④ 刘永新主编:《国家药典中药实用手册》,中医古籍出版社2011年版,第335页。
⑤ (汉)许慎:《说文解字》(五),中华书局1963年版,第106页。

国去长安四万里，至汉始通，不应三代时得此草也。或云，郁金与薑黄自别，亦芬馨，恨未识耳'。"① 李时珍指出酿制香酒的马蒁草，又叫郁金，制作香酒的材料是其根，不是域外传入的郁金香："酒和郁鬯，昔人言是大秦国所产郁金花香，惟郑樵《通志》言是此郁金。其大秦三代时未通中国，安得有此草？罗愿《尔雅翼》亦云是此根。和酒令黄如金，故谓之黄流。其说并通。此根形状皆似莪蒁，而医马病，故名马蒁。"② 而据苏恭说，用作鬯酒的郁金，或曰马蒁、薑黄，"生蜀地及西戎"③，所以对于中原地区来说，也是来自远方，正如许慎所说远方郁人所贡，故容易引起人们的误解。

### （五）苏合香

苏合香是金缕梅科植物苏合香树（Liquidambarorientalis Mill.）分泌的树脂制成的。古代文献中又名帝膏、苏合油、苏合香油、帝油流。产于非洲、印度及土耳其等地，初夏将树皮击伤或割破深达木部，使香树脂渗入树皮内。于秋季剥下树皮，榨取香树脂，残渣加水煮后再压榨，榨出的香脂即为普通苏合香。苏合香是用途很广的香料，汉代对苏合香已有较多的了解，并应用于达官贵族之家。东汉班固《与弟超书》最早提到苏合香："窦侍中令载杂彩七百匹、白素三百匹，欲以市月支马、苏合香、毾㲪。"④ 外戚窦宪财力雄厚，故有这样大笔的消费，以七百匹杂彩和三百匹白素，拜托远在西域的班超购取大月氏的苏合香等名产。

按照现代科学认识，苏合香是由金缕梅科植物苏合香树的树干渗出的香树脂加工而成的。原产于小亚细亚南部，主产地在土耳其西南部。⑤ 苏合香树是高达10—15米的乔木，故苏合香是木本类的树脂香，其性状为半流动性的浓稠液体，棕黄色或暗棕色，半透明，质黏稠，气芳香。中国人知道这是域外的产品，但在很长时间对其产地和它如何制成都认识模糊。西晋傅玄《郁金赋》把郁金与苏合香相比，"气芳馥而含芳，凌苏合

---

① （宋）郑樵：《通志·昆虫草木略第一》，中华书局1995年版，第1997页。
② （明）李时珍：《本草纲目》卷14《草部》，中医古籍出版社1994年版，第383页。
③ 同上书，第384页。
④ 此段文字散见于古代类书各处，经严可均《全后汉文》整理。见《艺文类聚》卷85《布帛部》，上海古籍出版社1982年版，第1456页；《太平御览》卷814、卷982，上海古籍出版社2008年影印本，第8册，第262页；第9册，第645页。（清）严可均辑：《全后汉文》卷25，《全上古三代秦汉三国六朝文》，中华书局1958年版，第609页。
⑤ 刘永新主编：《国家药典中药实用手册》，中医古籍出版社2011年版，第440页。

之珠（当作殊）珍"①，称苏合为"殊珍"，亦谓其来自异域。郭义恭《广志》云："此香出苏合国，因以名之。"② 显系望文生义，古代并无所谓苏合国。鱼豢《魏略·西戎传》提到大秦十二种香中有"苏合"。③《后汉书·西域传》记载大秦国"会合诸香，煎其汁，以为苏合"。④ 陶弘景说："苏合香，俗传是狮子屎，外国说不尔。今皆从西域来，亦不复入药，惟供合好香尔。"⑤《梁书·诸夷传》记载苏合香乃"大秦珍物"，中天竺"西与大秦、安息交市海中"，所以国中"多大秦珍物"，其中包括苏合。关于苏合香之制作云："苏合是合诸香汁煎之，非自然一物。"⑥ 所谓大秦、西域都是比较宽泛的说法，并没有指明具体的产地；关于苏合香的产生，这些认识都不符合苏合香的实际，"会合诸香""合诸香煎之"云云可能是从"合"字望文生义。唐人苏恭《唐本草》批评陶弘景的说法："此是胡人诳言，陶不悟也。"他说：苏合"今从西域及昆仑来，紫赤色，与紫真檀相似，坚实极芳香，性重如石，烧之灰白者好。"陈藏器《本草拾遗》中说："苏合香色黄白，狮子屎色赤黑，二物相似而不同。狮子屎极臭。或云：'狮子屎是西国草木皮汁所为，胡人将来，欲贵重之，故饰其名尔。"⑦ 西域、昆仑、西国云云，仍是模糊的说法。关于苏合香的性能和"草木皮汁所为"的认识则接近实际。中国没有狮子，故狮子屎亦难得。关于苏合香的产生，外国人欲神其说，编造这样的谎言以故弄玄虚，抬高价格。

苏合香不仅是香料，而且具有药性，对醒脑开窍有奇效，又能清热止痛，作外敷药，因此受到欢迎，成为国际贸易中的重要商品。在苏合香贸易中有造假现象，所以传入中国者有的无香气。气味不同，可能有两个原因，一是材料和加工方法不同，二是造假。《梁书·诸夷传》"中天竺"条云："大秦人采苏合，先笮其汁以为香膏，乃卖其滓与诸国贾人，是以辗转来达中国，不大香也。"⑧ 宋人苏颂《图草本经》说："今广州虽有苏合香，但类苏木，无香气。药中只用如膏油者，极芬烈。陶隐居以为狮子矢者，亦是指此膏油者言之尔。"他据《梁书》记载判断："然则广南

---

① 《艺文类聚》卷81《药香草部》，上海古籍出版社1980年版，第1394页。
② （明）李时珍：《本草纲目》卷34《木部》，中医古籍出版社1994年版，第836页。
③ 《三国志》卷30《乌丸鲜卑东夷传》，裴松之注引，第861页。
④ 《后汉书》卷88《西域传》，第2919页。
⑤ （明）李时珍：《本草纲目》卷34《木部》，中医古籍出版社1994年版，第836页。
⑥ 《梁书》卷54《诸夷传》，第798页。
⑦ （明）李时珍：《本草纲目》卷34《木部》引，中医古籍出版社1994年版，第836页。
⑧ 《梁书》卷54《诸夷传》，第798页。

货者，其经煎煮之馀乎？今用如膏油者，乃合治成者尔。"① 因为苏合香多从海路经阿拉伯半岛、东南亚传入，故《太平寰宇记》说："苏合油出安南、三佛齐诸番国。树生膏，可为药，以浓而无滓者为上。"宋人赵汝适《诸番志》云："苏合香油，出大食国，气味大抵类笃耨，以浓而无滓者为上。蕃人多用以涂身，闽人患大风者亦仿之。可合软香，及入药用。"② 月氏、大食、三佛齐、安南云云，不过都是苏合香传入中国的中转之地。笃耨是另一种香料，李时珍曰："笃耨香出真腊国，树之脂也。树如松形。其香老则溢出，色白而透明者名曰笃耨，盛夏不融，香气清远。"③ 可见也是域外产品，出自东南亚。真腊，又名占腊，为中南半岛古国，其境在今柬埔寨境内，是中国古代史书对中南半岛吉蔑王国的称呼。

## （六）其他香料

> 君不见上林苑中客，冰罗雾縠象牙席。尽是得意忘言者，探肠见胆无所惜。白酒甜盐甘如乳，绿觞皎镜华如碧。少年持名不肯尝，安知白驹应过隙。博山炉中百和香，郁金苏合及都梁。逶迤好气佳容貌，经过青琐历紫房。已入中山冯后帐，复上皇帝班姬床。班姬失宠颜不开，奉帚供养长信台。日暮耿耿不能寐，秋风切切四面来。玉阶行路生细草，金炉香炭变成灰。得意失意须臾顷，非君方寸逆所裁。④

——（南朝·梁）吴均《行路难》其一

汉代传入中国的香料有哪些？文献上往往笼统记载为香，语焉不详。根据我们对历史文献的梳理和考古材料的分析，汉代已经有一些可以考知的香料输入。

龙脑香是由龙脑树树干析出的白色晶体，具有类似樟脑的香气。龙脑树原产于东南亚苏门答腊、加里曼丹、马来半岛和婆罗洲等地，树干经蒸馏可得结晶，为一种香料，即龙脑，或称冰片，中医学上用为芳香开窍

---

① （明）李时珍：《本草纲目》卷34《木部》引，中医古籍出版社1994年版，第836页。
② （宋）赵汝适撰，冯承钧校注：《诸蕃志校注》卷下，中华书局1956年版，第98页。
③ （明）李时珍：《本草纲目》卷34《木部》引，中医古籍出版社1994年版，第837页。
④ （宋）郭茂倩编：《乐府诗集》卷70《杂曲歌辞》，中华书局1979年版，第1002—1003页。

药。《史记·货殖列传》提到:"番禺亦其一都会也,珠玑、犀、瑇瑁、果布之凑。"《史记集解》引韦昭曰:"果谓龙眼、离支之属。布,葛布。"① 南洋史专家韩槐准认为韦昭的解释是错误的,"果布"二字不应断开,应为马来语龙脑 Kapur 的对音。准确地说,马来语对龙脑香的全称应为"果布婆律"(Kapar Barus),《梁书·海南诸国传》记载:"狼牙修国,在南海中",物产有"婆律香"等。② "婆律"为马来语龙脑香下半 Barus 的音译,"果布"Kapur 为"果布婆律"的上半,两种说法都是指龙脑香。这种香料盛产于苏门答腊、马来半岛等地。③ 唐代段成式《酉阳杂俎·木篇》云:"龙脑香树出婆利国,婆利呼为'固不婆律'。亦出波斯国。"④ 婆利国在今印度尼西亚,具体地点不详,有巴厘岛、加里曼丹岛、苏门答腊岛诸说。这种由龙脑树脂提炼而成的香料又叫冰片或梅片。从考古发现的材料来看,广州南越国时期的墓葬中出土的铜熏炉腹内常有灰烬或炭粒状香料残存,广西罗泊湾二号汉墓出土的铜熏炉"内盛两块白色椭圆形粉末块状物"⑤,研究者认为可能属龙脑或沉香之类的树脂香料残留物。

迷迭香是一种具有清香气息的香花,在温暖的微风及热太阳下都会释放出香气。原产于南欧、北非、南亚、西亚,引种于暖温带地区。《法苑珠林·华香篇》云:"迷迭香,《魏略》曰:'大秦出迷迭';《广志》曰:'迷跌出西海中。'"⑥ 迷迭至迟汉末时已经传入中国。或经商胡贩运,或经异域入贡。故汉代乐府诗有云:"行胡从何方?列国持何来?氍毹毾毲五木香,迷迭艾纳及都梁。"⑦ 曹丕《迷迭赋序》云:"余种迷迭于庭之中,嘉其扬条吐香,馥有令芳,乃为之赋",赋中有云:"越万里而来征。"⑧ 曹植《迷迭香赋》云:"播西都之丽草兮,应青春而凝晖";"芳莫秋之幽兰兮,丽昆仑之芝英。"⑨ 王粲《迷迭赋》云:"惟遐方之珍草

---

① 《史记》卷 129《货殖列传》,第 3268、3269 页。
② 《梁书》卷 54《诸夷传》,第 795 页。
③ 韩槐准:《龙脑香考》,《南洋学报》第 2 卷第 1 辑,1941 年 3 月号。
④ (唐)段成式:《酉阳杂俎》卷 18《木篇》,中华书局 1981 年版,第 177 页。
⑤ 兰日勇、覃义生:《广西贵县罗泊湾二号汉墓》,《考古》1982 年第 4 期。
⑥ (唐)释道世撰,周叔迦、苏晋仁校注:《法苑珠林校注》卷 36,中华书局 2003 年版,第 1163 页。
⑦ (宋)郭茂倩编:《乐府诗集》卷 77,中华书局 1979 年版,第 1088 页。
⑧ 《艺文类聚》卷 81《药香草部》上,上海古籍出版社 1982 年版,第 1394 页;又见严可均《全三国文》卷 4,《全上古三代秦汉三国六朝文》,中华书局 1958 年版,第 1074 页。
⑨ 赵幼文校注:《曹植集校注》卷 1,人民文学出版社 1984 年版,第 139—140 页。

兮，产昆仑之极幽。受中和之正气兮，承阴阳之灵休。扬丰馨于西裔兮，布和种于中州。去原野之侧陋兮，植高宇之外庭。布萋萋之茂叶兮，挺苒苒之柔茎。色光润而采发兮，以孔翠之扬精。"① 都强调其来自远方异域。陈琳、应瑒等皆有同题之作，都热情洋溢地赞美迷迭的枝干花叶之美及其芳香之酷烈。② 宋洪刍《香谱》卷上云："迷迭香，《广志》云：'出西域。魏文帝有赋，亦尝用。'《本草拾遗》曰：'味辛温，无毒，主恶气，令人衣香，烧之去邪。'"③ 迷迭香属唇形科，是常绿小灌木，有香气，原产地中海地区，茎、叶和花都可提取芳香油。

艾纳，上引汉乐府中的艾蒳，即艾纳香。艾纳香为菊科植物艾纳香的新鲜叶经提取加工制成的结晶，现代中医学上称为艾片。④ 艾纳香为多年生的木质草本，高1—3米，其叶四季可采，为制造香料的原料。晋郭义恭《广志》云："艾纳，出西国。"⑤ 一本作"艾纳，出剽国"。此处之剽国，即骠国。法国汉学家伯希和认为，在唐以前亦曾以剽国为缅甸也。⑥

丁香，又称为鸡舌香，原产于南亚、东南亚及马达加斯加，引种于热带地区。据陈藏器《本草拾遗》云，鸡舌香与丁香同种，其中心最大者为鸡舌香，别名母丁香，治疗口臭最有效，"击破有解理如鸡舌，此乃是母丁香，疗口臭最良，治气亦效"。⑦ 鸡舌香与丁香都出自桃金娘科植物丁香树 Eugenia caryophyllataThunb，鸡舌香（母丁香）是丁香树的果实；丁香（公丁香）是丁香树的干燥花蕾。⑧《剑桥东南亚史》的作者认为鸡舌香与丁香的原产地是今印度尼西亚的马鲁古群岛（即摩鹿加群岛），"在1600年以前，丁香树，一种热带雨林的常绿植物，仅生长在紧靠哈尔马赫拉岛（正位于马鲁古群岛中）之旁的五个狭小的火山岛上，即德尔纳特岛、蒂多雷岛、莫蒂岛、马基安岛和巴丹岛。我们称为丁香的香料就

---

① 《艺文类聚》卷81《药香草部》上，上海古籍出版社1982年新1版，第1395页。
② 同上。
③ （宋）洪刍：《香谱》卷上，景印《文渊阁四库全书》第844册（子部150·谱录类），台湾商务印书馆1983年版，第224页。
④ 刘永新主编：《国家药典中药实用手册》，中医古籍出版社2011年版，第438页。
⑤ 《太平御览》卷982《香部》（二），上海古籍出版社2008年影印本，第9册，第647页。
⑥ [法]伯希和：《交广印度两道考》，冯承钧译，中华书局2003年版，第205页。
⑦ （宋）陈藏器撰，尚志钧辑释：《本草拾遗辑释》，安徽科学技术出版社2003年版，第130页。
⑧ 刘永新主编：《国家药典中药实用手册》，中医古籍出版社2011年版，第235页。

是采摘自这种树上的尚未开放的花蕾。"① 中国古代文献的记载与此相合。三国孙吴康泰《吴时外国传》云："五马洲出鸡舌香。"② 五马洲又称马五洲，在今印度尼西亚，具体地处不详。中国学者依其方位推测"可能在巴厘岛"。③《广志》云："鸡舌出南海中，乃剽国蔓生实熟贯之。"④ 鸡舌香汉时已经传入中国，应劭《汉官仪》记载："桓帝侍中刁存，年老口臭，上出鸡舌香与含之。鸡舌颇小辛螫，不敢咀咽。嫌有过，赐毒药，归舍诀就便宜，家人哀泣，不知其故。僚友求眂，其药出口香，咸嗤笑之。"⑤ 刁存年老口臭，御赐鸡舌香。他以为皇帝赐他毒药令其自尽，与家人唏嘘诀别，当同僚看到是鸡舌香时，哄然大笑。汉末应劭《汉官仪》记载："（尚书）郎握兰含香，趣走丹墀奏事。"⑥ 其所含之香，即鸡舌香，"尚书郎奏事于明光殿，省中皆胡粉涂壁，其边以丹漆地，故曰丹墀。尚书郎含鸡舌香伏其下奏事，黄门侍郎对揖跪受。"⑦ 汉卫尉蔡质《汉官典职》亦云："省阁下大屏称曰丹屏，尚书郎含鸡舌香，伏其下奏事。"⑧ 汉末曹操曾把鸡舌香当作礼物送给蜀国诸葛亮，其《与诸葛亮书》云："今奉鸡舌香五斤，以表微意。"⑨ 曹植《妾薄命行》诗写仙人玉女："中有霍纳都梁，鸡舌五味杂香。"⑩ 据《首楞严经》卷七，有以鸡舌香等十种香和含磨为粉涂坛城地的作法。经中阿难启问，如何修行建立道场及结界的清净轨则。佛陀告诉阿难："若末世人若发愿建立道场，应先取雪山大力白牛，因为此牛食其雪山肥腻香草，只食雪山清水，其粪便微细，可取此粪和合栴檀来涂其地。若不是雪山的牛粪，牛臭污秽不堪涂地。应该取平原地下五尺黄土，和上栴檀、沈水、苏合、薰陆、郁金、白胶、青木、零陵、甘松及鸡舌香。以此十种细罗为粉，合土成泥以涂场地，以及来清净道场。"

沉香是瑞香科植物沉香或白木香的含有树脂的木材，中国古代文献中

---

① ［新］尼古拉斯·塔林主编：《剑桥东南亚史》，贺圣达等译，云南人民出版社2003年版，第173页。
② 《太平御览》卷981《香部》，上海古籍出版社2008年影印本，第9册，第644页。
③ 参陈佳荣等《古代南海地名汇释》，中华书局1986年版，第167页。
④ 《太平御览》卷981《香部》，上海古籍出版社2008年影印本，第9册，第644页。
⑤ 同上。
⑥ 《太平御览》卷215《职官部》，中华书局1960年影印本，第1026页。
⑦ 《太平御览》卷221《职官部》，中华书局1960年影印本，第1050页。
⑧ 《太平御览》卷185《居处部》，中华书局1960年影印本，第900页。
⑨ （清）严可均辑：《全三国文》卷3，《全上古三代秦汉三国六朝文》，第1070页。
⑩ （宋）郭茂倩编：《乐府诗集》卷62，中华书局1979年版，第902页。

有时写作"沉香""琼脂"。沉香气味香如蜜,所以又称为蜜香。沉香树是高达30米的常绿乔木,故沉香是木本类的心材香。入水下沉,又称沉水香。野生或栽培于热带地区,印度、缅甸、柬埔寨、马来半岛、菲律宾、摩鹿加群岛、南中国、海南岛皆产沉香木。国外主要分布于印度、印度尼西亚、越南、马来西亚等国。① 沉香木是一种绿乔木,此种木材在一般的情况下并没有香味,甚至由于木质软而轻,呈灰白色而无用处。只有树龄二十年,或五六十年以上的树,枝干腐朽,在木心部分凝集了树结的木材,才是通常所谓沉香。沉香可以说是近乎化石状况的东西,它并不属于原有树木部分,而是这种树产生的树脂凝结物。沉香的采集非常危险,必须经过原始森林,穿越山崖。正由于沉香的形成须经漫长岁月,再加上采集不易,因此沉香十分珍贵。古印度药书中曾记载焚烧沉香,其薰烟可使身体染上香味,并可用来作为治愈外伤及伤口,有镇痛作用。沉香是中古时代国际贸易中的重要商品,所以很早就传入中国。《西京杂记》记载,汉成帝时,赵飞燕被立为皇后,其妹遗飞燕书并送礼物祝贺,其众多礼品中有"沉水香"。② 后来产生的小说《赵飞燕外传》大约由此生发,多处写到沉水香,如成帝召飞燕妹赵合德,"合德新沐,膏九回沉水香"见帝;赵飞燕在远条馆"浴五蕴七香汤,踞通香沉水坐"。李阳华"善贲饰,常教后(赵飞燕)九回沉水香泽";赵飞燕为皇后,赵合德奏书奉贺,礼物有"沉水香莲心碗一面"。③ 赵飞燕回报的礼物中有"沉水香玉壶",成帝又赐赵婕妤"七成锦帐,以沉水香饰"。④ 按:《赵飞燕外传》最早见于南宋晁公武《郡斋读书志》,旧本题汉潞水伶玄著,当出于伪托。文中有"五蕴""通香虎皮檀象"云云,乃佛家语,应该是佛教传入中国之后才会有的概念;又提到"真腊夷",中国古代文献中的"真腊"指今柬埔寨一带,是唐代以后的称呼。从叙事和语言风格而论,此书当产生于唐代以后。《四库全书总目提要》云:"其文纤靡,不类西汉人语。"⑤ 但其事却未必全无根据。旧有五木香之说,沉香是其一。"五木香"为何物?有两种说法,一是认为是檀香、沉香、鸡舌香、藿香、薰陆香五种香的全称。东晋喻希《与韩豫章笺》云:"外国老胡说,众香共

---

① 刘永新主编:《国家药典中药实用手册》,中医古籍出版社2011年版,第278页。
② (晋)葛洪:《西京杂记》卷1,《汉魏丛书》,吉林大学出版社1992年影印本,第304页。
③ (汉)伶玄:《赵飞燕外传》,《汉魏丛书》,吉林大学出版社1992年影印本,第745页。
④ 同上书,第745—746页。
⑤ (清)永瑢等:《四库全书总目》卷143,中华书局1965年影印本,第1216页。

是一木，木花为鸡舌香，木胶为薰陆，木节为青木香，木根为旃檀，木叶为藿香，木心为沉香。"① 《太平御览》"香部"诸香分条辑录，与此内容相同②；《法苑珠林·华香篇》所载亦同。③ 另一种说法认为"五木香"即是青木香，《太丹隐书洞真玄经》云："五香沐浴者，青木香也。青木华叶五节，五五相结，故辟恶气，检魂魄，制鬼烟，致灵迹。以其有五五之节，所以为益于人耶！此香多生沧浪之东，故东方之神人名之为青木之香焉。"④ 于益期关于"五木香"的说法较为可靠。从引文来看，俞益期关于五木香的内容是来自外国老胡的说法。汉乐府古辞中提到：把五木香等外国产品卖到中国的正是"行胡"，即外国商人，所以外国老胡对于五木香是熟悉的。外国老胡的相关说法是能反映当时的香料贸易情况的。中古时代檀香、沉香、鸡舌香、藿香、薰陆香的产地均在域外诸国⑤，故五木香均为进口香料。

安息香，波斯语 mukul 和阿拉伯语 aflatoon 的汉译，原产于古安息国、龟兹国、漕国、阿拉伯半岛，唐宋时因以旧名。东方朔《海内十洲记》记载，西胡月氏国王曾遣使向汉武帝进贡返魂香：

> 聚窟洲在西海中，申未之地，地方三千里。……洲上有大山……山多大树，与枫木相类，而花叶香闻数百里，名为反魂树。扣其树，亦能自作声，声如群牛吼，闻之者皆心震神骇。伐其木根心，于玉釜中煮，取汁，更微火煎如黑饧状，令可丸之，名曰惊精香，或名之为震灵丸，或名之为反生香，或名之为震檀香，或名之为人鸟精，或名之为却死香。一种六名，斯灵物也。香气闻数百里，死者在地，闻香气乃却活，不复亡也。以香薰死人，更加神验。征和三年，武帝幸安定，西胡月支国王遣使献香四两，大如雀卵，黑如桑葚，帝以香非中国所有，以付外库。……灵香虽少，斯更生之神丸也。疫病灾死者，将能起之，及闻气者即活也。芳又特甚，故难歇也。到后元元年，长安城内病者数百，亡者过半，帝试取月支香烧之于城内，其死未三月

---

① （清）严可均辑：《全晋文》卷 133，《全上古三代秦汉三国六朝文》，中华书局 1958 年影印本，第 2226 页。
② 《太平御览》卷 981、982《香部》，上海古籍出版社 2008 年影印本，第 9 册，第 643—647 页。
③ （唐）释道世著，周叔迦、苏晋仁校注：《法苑珠林校注》卷 36《华香篇》，中华书局 2003 年版，第 1157—1162 页。
④ （宋）张君房辑：《云笈七签》卷 41《沐浴》，齐鲁书社 1988 年影印本，第 225 页。
⑤ 温翠芳：《唐代外来香药研究》，重庆出版社 2007 年版，第 46—262 页。

者皆活，芳气经三月不歇。于是信知其为神物也。①

美国汉学家劳费尔认为所谓"返魂树"，即 Boswelliaserrata，梵语 guggula（即汉语"安息香"），指的是从返魂树里提取的树胶。② 美国汉学家薛爱华也认为："在唐代以前，安息香是指广泛用作乳香添加剂的芳香树脂或返魂树胶脂。"③ 据此笔记小说中颇富传奇色彩的返魂香，实际上就是魏晋隋唐时代的安息香，只是其功用被夸大了。但劳费尔指出，魏晋隋唐时代的安息香和宋代以后所用的安息香并不相同。宋代以后直至现代，中医学上所用的安息香是马来亚群岛的一种小安息香树 Styraxbenjoin 所产的树脂。小安息香即现代中医学上通用的安息香科植物白花树的干燥树脂。现今国外的产地为印度尼西亚的苏门答腊及爪哇等地。④ 魏晋隋唐时代的安息香究竟是何种物质？据《翻译名义大集》第 6257 条，返魂树树胶 guggulu，即汉语的安息香，又译为俺巴香，英译本为印度没药。⑤ 这是产于印度的一种树脂。印度没药为橄榄科植物 Commiphoramukul Engl. 的干燥树脂，该树木为低矮灌木或乔木，所以印度没药是木本类的树脂香，有特异香气，味苦而味辛。中国古代文献中都认为安息香原产于古安息国，据说是从安息香树伤口处流出的树脂凝固而成的，从陆路经龟兹国、漕国，海路经阿拉伯半岛传入中国。因此中国文献中称来自西域。苏恭《唐本草》曰："安息香，味辛，香、平、无毒。主心腹恶气鬼。西戎似松脂，黄黑各为块，新者亦柔韧。"中国原从波斯商贾手中购买此香，所以说它出于"西戎"，当指古代波斯。后来改从东南亚购进，所以李珣《海药本草》说它生于"南海波斯国"。⑥ 赵汝适《诸番志》云："安息香出三佛齐国，其香乃树之脂也。"⑦ 安息香是中国传统的从海外进口产品。唐代段成式《酉阳杂俎·前集》云："安息香树，出波斯国，波斯呼为辟邪。

---

① （汉）东方朔：《海内十洲记》，景印《文渊阁四库全书》第 1042 册（子部·小说家类），台湾商务印书馆 1983 年版，第 276—277 页。
② [美] 劳费尔：《中国伊朗编》，林筠因译，商务印书馆 1964 年版，第 293 页。
③ [美] 薛爱华：《撒马尔罕的金桃——唐代舶来品研究》，吴玉贵译，社会科学文献出版社 2016 年版，第 420 页。
④ 刘永新主编：《国家药典中药实用手册》，中医古籍出版社 2011 年版，第 441 页。
⑤ 陈明：《印度梵文医典〈医理精华〉研究》，中华书局 2002 年版，第 419 页。
⑥ （明）李时珍：《本草纲目》卷 34《木部》，中医古籍出版社 1994 年版，第 835 页。按：根据劳费尔考证，在马来亚群岛有一个与古代伊朗同名的"波斯国"，他称为"马来亚波斯"。见前揭《中国伊朗编》，第 294—303 页。李珣《海药本草》说的"南海波斯国"当即此地。
⑦ （宋）赵汝适撰，冯承钧校注：《诸蕃志校注》卷下，中华书局 1956 年版，第 99 页。

树长三丈，皮色黄黑，叶有四角，经寒不凋。二月开花，黄色，花心微碧，不结实。刻其树皮，其胶如饴，名安息香。六七月坚凝，乃取之。烧之通神明，辟众恶。"① 李时珍说："此香辟恶，安息诸邪，故名。或云：安息，国名也。梵书谓之拙贝罗香。"中国汉代文献称波斯之地为安息国，魏晋以后安息国不复存在，而称此地产香料为安息香者，可能沿袭汉代旧称。因此，安息香应该在汉代已经传入。

青木香，马兜铃科植物马兜铃（别名南马兜铃）干燥根。《西京杂记》记载，赵飞燕妹妹赵合德在给其赵飞燕的贺礼中有青木香，赵飞燕为皇后，赵合德在昭阳殿遗飞燕书曰："今日嘉辰，贵姊懋膺洪册，谨上襚三十五条，以陈踊跃之心：……青木香、沉水香、香螺卮（出海南，一名丹螺）。"② 据《赵飞燕外传》，赵飞燕在五蕴七香汤中沐浴："后（赵飞燕）浴五蕴七香汤。"③ 五蕴七香汤的配方中或许有青木香。汉晋时期使用的青木香来自印度。三国吴万震《南州异物志》云："青木香，出天竺，是草根状如甘草。"④ 晋郭义恭《广志》云："青木，出交州、天竺。"⑤

槟榔，槟榔树（Areca catechu）原产于马来西亚，主要分布中非、南亚和东南亚，如印度、巴基斯坦、斯里兰卡、马来西亚、新几内亚、印度尼西亚、菲律宾、缅甸、泰国、越南、柬埔寨等国。中国海南、台湾栽培较多，广西、云南、福建等省（自治区）也有栽培。中国引种槟榔树已有2000多年历史。槟榔从马来半岛移植中国南方时间不可考，汉武帝时从南方沿海地区移植中原。《三辅黄图·甘泉宫》记载："扶荔宫，在上林苑中。汉武帝元鼎六年（前111年），破南越起扶荔宫（宫以荔枝得名），以植所得奇草异木"，其中有"槟榔"。但由于南北方气候不同，这种移植并不成功，从南方移植而来的多种植物"岁时多枯瘁"，经过反复试植，终于失败，"遂不复莳矣，其实则岁贡焉"。⑥ 北方还是通过入贡直接获取南方的果实。槟榔树的果和皮既可食用，又皆具药性。东汉杨孚《交趾异物志》记载了槟榔的特性和药用价值："槟榔若笋竹生竿，种之

---

① （唐）段成式：《酉阳杂俎》前集卷18，中华书局1981年版，第177页。
② （晋）葛洪：《西京杂记》卷1，《汉魏丛书》，吉林大学出版社1992年影印本，第304页。
③ （汉）伶玄：《赵飞燕外传》，《汉魏丛书》，吉林大学出版社1992年影印本，第745页。
④ 《太平御览》卷982《香部》，上海古籍出版社2008年影印本，第9册，第646页。
⑤ 同上。
⑥ 佚名撰，何清谷校注：《三辅黄图校注》卷3，三秦出版社1995年版，第195—196页。

精硬。引茎直上，不生枝叶，其状如柱。其颠近上末五六尺间，洪洪肿起若瘣木焉。因拆裂，出若黍穗，无花而为实，大如桃李。又棘针重累其下，所以卫其实也。剖其上皮，煮其肤，熟而贯之，硬如干枣。以扶留、古贲灰并食，下气及宿食、白虫、消谷。饮啖设为口实。"① 郭义恭《广志》云："木实曰槟榔……彼方珍之，以为口实，亦出交趾。"② 口实，既指口中含嚼之物，古代又指死者入殓时口中所含之物。槟榔子是棕榈科（Palmae）槟榔树的种子，而槟榔叶是胡椒科（Piperaceae）蒟（Piper betle）的叶。槟榔果略小于鸡蛋，果皮纤维质，内含一粒种子，即槟榔子。胚乳坚硬，具灰褐色斑点。于8—11月果实完全成熟之前即予采收，去皮，煮沸，切成薄片晒乾，干后呈深褐色或黑色。汉代及其以后，中国多从东南亚诸国获得槟榔。西晋嵇含《南方草木状》云："槟榔，树高十余丈，皮似青桐，节如桂竹，下本不大，上枝不小，调直亭亭，千万若一，森秀无柯。端顶有叶，叶似甘蕉，条派（脉）开破，仰望眇眇，如插丛蕉于竹杪；风至独动，似举羽扇之扫天。叶下系数房，房缀数十实，实大如桃李，天生棘重累其下，所以御卫其实也。味苦涩。剖其皮，鬻其肤，熟如贯之，坚如干枣，以扶留藤、古贲灰并食，则滑美，下气消谷。出林邑。"③ 林邑国在今越南境内。嵇含的说法并不全面，东南亚诸国皆产槟榔，向中国进贡槟榔者非止林邑。《梁书·诸夷传》记载："干陁利国，在南海洲上。其俗与林邑、扶南略同。出班布、吉贝、槟榔，槟榔特好，为诸国之极。"④ 干陁利国，旧说以为是三佛齐的古称，故地在今印度尼西亚苏门答腊岛。近人考证，或以为在马来半岛，干陁利是吉打别称Kadaram的对音。约在公元5世纪中期至6世纪中期，同中国有友好关系。其间，干陀利国多次到刘宋、萧梁遣使朝献，槟榔应该是他们必贡之物。齐梁时人王僧孺有《谢赐干陁利所献槟榔启》残篇，可知干陀利献给朝廷的槟榔，又被梁武帝转赐给臣下享用。王僧孺的文章盛赞梁武帝时远来朝贡的外国使节和入贡之物之多："窃以文轨一覃，充牣斯及。入侍请朔，航海梯山。献琛奉贡，充庖盈府。故其取题左赋，多述瑜书。萍实非

---

① （北魏）贾思勰著，石声汉校释：《齐民要术今释》卷10，中华书局2009年版，第1055页。
② 《艺文类聚》卷87《果部》，上海古籍出版社1982年新1版，第1495页。
③ （晋）嵇含：《南方草木状》卷下，《中国风土志丛刊》，广陵书社2003年影印本，第27—28页。
④ 《梁书》卷54《诸夷传》，第794页。

甘，荔葩惭美。"① 在"充庖盈府"的贡物中，槟榔是其一，它比莲子甘甜，而比荔枝花美观。《南齐书·豫章文献王传》记载萧嶷临终遗嘱："三日施灵，唯香火、槃水、干饭、酒脯、槟榔而已。朔望菜食一盘，加以甘果，此外悉省。葬后除灵，可施吾常所乘舆扇繖。朔望时节，席地香火、槃水、酒脯、干饭、槟榔便足。"② 萧嶷力求薄葬节俭，但他生前嗜食槟榔，在几样极简朴的祭品中，特意嘱咐儿子在三日施灵和朔望时节，用槟榔等物祭奠他。

汉代是中外文化交流史上的第一个高潮时期。汉武帝时代是丝绸之路开拓的时期，中国与域外的交通无论陆上还是海上都得到空前的发展。随着丝绸之路的开拓，中外文化交流得以有组织和大规模地展开，各种香料的输入是这个高潮的重要表现之一。汉代从域外输入了哪些器物产品，学术界尚未提供一个清单。汉代是否获得域外的香料，究竟获得哪些香料，这些香料在汉代社会发生了什么影响？过去有不同认识。通过上述考论，本文肯定汉代确有香料传入，对传入哪些香料提供了初步的答案，并认为这些香料的输入对汉代社会生活产生了一定影响。毋庸讳言，香料属于生活的奢侈品，香料的输入起初更多地为上层贵族统治阶层服务，说它丰富了汉代人的物质文化生活，主要也是针对这个群体而言，因此有人对古代中外文化交流的意义持否定态度。我们认为，文化交流的意义不能因为输入的产品是为统治阶级服务就加以否定。随着中外交流的开展，获得域外产品越来越多，最终会造成不同国家、不同地区和不同民族物质成果和精神产品为人类所共享，并促进人类相互间的认知和不同文明的互动，从而推动人类文明的不断跃升。香料的传播不仅丰富和改善了世界各地人们的生活，也在推动各民族互相认知和世界文明的进步中发挥了重要作用。

## 二　异域医药与医术的传入

疾病是人类共同面临的问题，解除病痛的需要使世界各地都产生了各具特色的医药学和医疗技术。中国有源远流长的传统医学，但在对抗疾病的侵袭中也吸收和借鉴其他国家和地区的医药学成果和医疗经验。丝绸之

---

① 《艺文类聚》卷87《果部》，上海古籍出版社1982年新1版，第1496页。
② 《南齐书》卷22《豫章文献王传》，第417页。

路为不同地区的人群传播了疾病，也传播了世界各地的医学成果。汉代丝绸之路的开拓为中国人吸收和借鉴域外医学成果提供了条件，外来文明丰富了中国古代医学宝库。在中国医家眼里，各种动物、植物和矿物都有药性，本书中论及的各种外来物品往往都有医药价值，尤其是本章中论及的香料，往往又是药材。这些物品传入中国后其医用价值逐渐被中国人认识，本书中已经述及的这里不拟重复。

## （一）汉代医学文献所见异域药物

域外医药与医术的传入是丝绸之路与中外交流的重要内容。随着丝绸之路的开辟和域外文明的输入，域外产品的医药价值也为中国医家所认识，中国最早的医药学著作《神农本草经》已经记录了一些域外物品的医药性能。《神农本草经》乃汉医四大经典著作之一，这本书成书非一时一人，传说起源于神农氏，代代口耳相传，于东汉时期集结整理成书，因此是秦汉时期众多医学家搜集、总结和整理当时药物学经验成果的专著，是对中国中医药的第一次系统总结。[①] 其中记载了肉苁蓉、薏苡仁、菌桂、葡萄、胡麻、水银、雌黄、麻黄、石蜜、羚羊角、青琅玕、龙眼、犀角、戎盐、丹雄鸡等物品通过边疆民族或域外国家传入中原地区。《金匮要略》是东汉医学家张仲景的名著[②]，其中也记录有来自域外的药材。在汉代其他文献中有时讲到外来的物产也会论及其医药价值。

肉苁蓉，寄生在沙漠树木梭梭根部的寄生植物，从梭梭寄主中吸取养分及水分，素有"沙漠人参"之美誉，具有极高的药用价值，是中国传统的名贵中药材。肉苁蓉在历史上是西域各国入贡中原朝廷的珍品，也是历代补肾壮阳类处方中使用频度最高的滋补药物。《神农本草经》云："肉苁蓉气味甘，微温，无毒。主五劳七伤，补中，除茎中寒热痛，养五

---

① 刘民叔指出，《神农本草经》收有一些外来药，如薏苡人（仁）、菌桂、胡麻、蒲陶、戎盐等。可以肯定的是，《本经》成书年代，必然在这些药物传入中土之后。考《汉书·西域传》："宛王蝉封与汉约，岁献天马二匹。汉使采蒲陶、目宿种归。天子以天马多，又外国使来众，益种蒲陶、目宿离宫馆旁，极望焉。"当中的胡麻，陶隐居注："本生大宛，故名胡麻。"《齐民要术》亦云："张骞使外国，得胡麻。"可以看出，蒲陶、胡麻都是在汉武帝使张骞通西域以后，才得以传入中国，故《本经》肯定为汉人的作品，而决非先秦古书。参见刘民叔《〈神农古本草经〉探析》，《中国中医基础医学杂志》2013年第4期。
② 张仲景的《伤寒杂病论》乃中医四大经典著作之一，书中阐述了中医理论和治病原则，是中国最早的临床诊疗专书。此书失传，宋代王洙等人偶然发现该书残简，将关于杂病的部分加以整理成书，更名为《金匮要略》刊行于世。

脏，强阴，益精气，多子，妇人症瘕。久服轻身。生山谷中。"① 可见至迟东汉时中原地区已经获得这种药材，并掌握了它的药性，可能已经有移植。苏颂曰："今陕西州郡多有之，然不及西羌界中来者，肉浓而力紧。旧说是野马遗沥所生，今西人云大木间及土堑垣中多生，乃知自有种类尔。或疑其初生于马沥，后乃滋殖，如茜根生于人血之类是也。五月采取，恐老不堪，故多三月采之。"②

薏苡仁，别名米仁、六谷、川谷、菩提子，禾本科植物薏苡的种仁，来自今越南之地的薏苡仁最好。《神农本草经》把薏苡仁列为上品，云："气味甘，微寒，无毒。主筋急拘挛，不可屈伸，久风湿痹，下气。久服轻身益气。""其根下三虫，一名解蠡。生平泽及田野。"③ 张仲景《金匮要略》中有治风湿之"麻黄杏仁薏苡甘草汤方"，主治风湿。"病者一身尽疼，发热，日晡所剧者，名风湿。此病伤于汗出当风，或久伤取冷所致也。"此方以薏苡仁半两入药。④ 又有"千金苇茎汤"以薏苡仁半升入药，治疗肺痈。又有"薏苡附子散方"以薏苡仁十五两入药，治疗胸痹缓急者，即胸痹各种症状。⑤ 以"薏苡附子败酱散"治疗肠痈，小便不畅，"右三味，杵为散，取方寸匕，以水二升，煎减半，顿服，小便当下。"⑥ 后世医家对薏苡仁的医药价值有新的认识。《大观本草》卷六"薏苡"条引陶弘景《名医别录》云："薏苡处处有，多生人家。交趾者，子最大，彼土呼为𥻆，音干珠。马援大取，将还，人谗以为珍珠也。实重累者为良，用之取中仁，今小儿病蛔虫，取根煮叶，糜食之甚香，而去蛔虫大效。"隋唐以后医家又用薏苡仁治脚气病。

胡麻，《神农本草经》把胡麻、石蜜、菌桂等列为上品，云："上药一百二十种，为君，主养命，以应天，无毒。多服、久服不伤人。欲轻身益气，不老延年者，本上经。"⑦ 关于其药性，《神农本草经》云："味甘

---

① 佚名撰，[清]黄奭辑：《神农本草经》，中国古籍出版社1982年版，第72页；肖钦朗校注：《神农本草经读》卷1，《新校注陈修园医书》，福建科学技术出版社1982年版，第14页。
② (明)李时珍：《本草纲目》卷12《草部》引，中医古籍出版社1994年版，第316页。
③ 肖钦朗校注：《神农本草经读》卷1，《新校注陈修园医书》，福建科学技术出版社1982年版，第27页；张登本译注：《神农本草经》卷1，新世界出版社2009年版，第26页。
④ (汉)张仲景著，(清)高学山注：《高注金匮要略》，上海人民卫生出版社1956年版，第28页。
⑤ (汉)张仲景著，(清)高学山注：《高注金匮要略》，第111页。
⑥ 同上书，第254页。
⑦ 马继兴主编：《神农本草经辑注》卷1，人民卫生出版社1995年版，第2页。

平。主伤中虚羸，补五内（御览作藏），益气力，长肌肉，填髓脑。久服轻身，不老。一名巨胜。叶名青蘘，生川泽。"① 后世医家都注意到胡麻的医药价值，参见本书第二章论述。胡麻在伊朗有着古老的历史。据希罗多德《历史》记载，花剌子模人、赫尔卡尼亚人、帕提亚人、沙伦几亚人和塔门尼亚人都种植胡麻。在波斯，胡麻油至少从阿克门王朝的第一代起就已为人们所知道（因为在帕拉菲语的文献里讲到芝麻）。劳费尔说，胡麻肯定是由伊朗地区传到中国的。② 关于胡麻，已见本书《植物篇》论述。

葡萄，《史记·大宛列传》记载，大宛"俗嗜酒（葡萄酒），马嗜苜蓿。汉使取其实来，于是天子始种苜蓿、蒲陶肥饶地。及天马多，外国使来众，则离宫别馆旁尽种蒲萄、苜蓿极望"。③ 汉代医书已经列入葡萄，并论述其药性。《神农本草经》列入上品："葡萄，味甘，平，无毒。治筋骨湿痹，益气，倍力，强志，令人肥健，耐饥，忍风寒。久食轻身，不老，延年。可作酒（逐水，利小便），生山谷。"④ 关于葡萄，已见本书《植物篇》论述。

水银，《神农本草经》云："水银，一名汞，味辛、寒、有毒。治疥瘘痂疡，白秃，杀皮肤中虫，堕胎，除热，杀金银铜锡毒。熔化还复为丹。久服神仙不死。生平土，生于丹砂。"⑤ 汞是化学元素，俗称水银。在中国文献中还有"白澒、姹女、澒、神胶、元水、铅精、流珠、元珠、赤汞、砂汞、灵液、活宝、子明"等别称。汞使用的历史很悠久，用途很广泛。汞在自然界中分布量极小，被认为是稀有金属，但是人们很早就发现了水银。天然的硫化汞又称为朱砂，由于具有鲜红的色泽，因而很早就被人们用作红色颜料。根据殷墟出土的甲骨文上涂有丹砂，可以证明中国在有史以前就使用了天然的硫化汞。根据古代文献记载，秦始皇之前，一些王侯在墓葬中也早已使用了灌输水银，齐桓公墓中倾水银为池，说明中国在公元前7世纪或更早已经取得大量水银。至迟汉代时中国人已经把汞作为外科用药，长沙马王堆汉墓出土帛书中的《五十二药方》，其中有四个药方应用了水银，如用水银、雄黄混合治疗疥疮。在战国秦汉方士神仙之说盛行的时代，水银的性能被赋予神奇的妙用，以为服之可以长生成

---

① 佚名撰，（清）黄奭辑：《神农本草经》，中医古籍出版社1982年版，第140页。
② ［美］劳费尔：《伊朗中国编》，林筠因译，商务印书馆1964年版，第117页。
③ 《史记》卷123《大宛列传》，中华书局1982年第2版，第3173页。
④ 马继兴主编：《神农本草经辑注》卷2，人民卫生出版社1995年版，第137—138页。
⑤ 佚名撰，（清）黄奭辑：《神农本草经》，中医古籍出版社1982年版，第157页。

仙。根据西方化学史资料，埃及古墓中曾发现一小管水银，据考证为公元前16世纪至前15世纪的产品。[①] 汉地既使用本土水银，也输入外来水银，外来水银数量巨大。苏颂《本草经》云："今出秦州、商州、道州、邵武军，而秦州乃来自西羌界。《经》云出于丹砂者，乃是山石中采粗次朱砂，作炉置砂于中，下承以水，上覆以盎器，外加火煅养则烟飞于上，水银溜于下，其色小白浊。至于西羌来者，彼人亦云如此烧煅。但其山中所生极多，至于一山自拆裂，人采得砂石，皆大块如升斗，碎之乃可烧煅，故西来水银极多于南方者。"[②]

石蜜，即冰糖，甘蔗汁或者白糖、淀粉、白矾经过太阳暴晒，或者熬制而成固体原始蔗糖。明李时珍《本草纲目》："石蜜，白沙糖也，凝结作饼块者为石蜜。"清张澍辑《凉州异物志》云："石蜜非石类，假石之名也，实乃甘蔗汁煎而曝之，凝如石而体甚轻，故谓之石蜜。""石蜜"一词最早见于汉代文献中，张衡《七辩》云："沙饴石蜜，远国储珍。"[③]《神农本草经》把石蜜列为药之上品。[④] 李治寰认为"石蜜最初是进口商品"。[⑤] 苏颂《唐本草》云："石蜜出益州、西域。"据季羡林考证，石蜜又称为"西极石密"或"西国石密"，来自古代印度。他举出西方各国表示"糖"的单词，英文 sugar，法文 sucre，德文 zucker，俄文 caxap，意大利文 zucchero，西班牙文 azúcar，和上述语言中表示蔗糖的单词都是外来词，来自梵文的 śarkarā，还有 khandaka，巴利文 sakkharā，说明欧洲的糖或蔗糖是从印度来的。[⑥] 原产于印度的糖通过丝绸之路传入中国和世界各地。印度制蔗糖的方法，是将甘蔗榨出甘蔗水晒成糖浆，用火煮炼成为蔗糖块（śarkarā）。正是《凉州异物志》所谓"实乃甘蔗汁煎而曝之"制成法。梵文又有"石"的含义。印度的"石"糖在汉代传入中国，汉代文献中的"石蜜""西极石蜜""西国石蜜"指由西域入口的"石"糖；其中"西国""西极"正是梵文 śarkarā 的对音，"石蜜"是梵文的意译。中国古代的"西极石密"和"西国石密"顾名思义也来自域外，其发源地

---

[①] 周康等：《中国古代化学史》（下册），化学工业出版社2009年版。
[②] （明）李时珍：《本草纲目》卷9《石部》引，中医古籍出版社1994年版，第226页。
[③] 《艺文类聚》卷57《杂文部》，上海古籍出版社1982年版，第1026页。按："远国储珍"，或作"远国贡（储）"，《太平御览》卷857《饮食部》，上海古籍出版社2008年影印本，第8册，第559页。
[④] 马继兴主编：《神农本草经辑注》卷2，人民卫生出版社1995年版，第186页。
[⑤] 李治寰：《中国食糖史稿》，中国农业出版社1990年版，第120页。
[⑥] 季羡林：《文化交流的轨迹——中华蔗糖史》引言，经济日报出版社1997年版，第2页。

是印度。石蜜既是美食，也具有药性。对此汉代时人已经有所认识。《神农本草经》云："石蜜，一名石饴。味甘，平，无毒。治心腹邪气，诸惊，痫，痓，安五藏，诸不足，益气补中，止痛，解毒，除众病，和百药。久服强志，轻身，不饥，不老。生山谷及诸山中。"①《西京杂记》记载闽越王曾献汉高帝"石蜜五斛"②，应当是南越国经海路获得的印度产品。

黑盐，出于天竺。《后汉书·西域传》记载天竺国："出象、犀、玳瑁、金、银、铜、铁、铅、锡，西与大秦通，有大秦珍物。又有细布、好毾㲪毛诸香、石蜜、胡椒、姜、黑盐。"③ 从这一记载来看，汉代可能获得黑盐。在古代医书中，黑盐被视为域外传入的盐之一种，陶弘景说："史书言房中盐有九种：白盐，食盐，常食者；黑盐，主腹胀气满；胡盐，主耳聋目痛；柔盐，主马脊疮；又有赤盐、驳盐、臭盐、马齿盐四种，并不入食。马齿即大盐，黑盐疑是卤盐，柔盐疑是戎盐，而此戎盐又名胡盐。"④ 大概黑盐在汉代偶有传入，此后中国人久不见黑盐，故不知其为何物了。陶弘景不能肯定黑盐是不是卤盐，实际上也不是。苏恭《唐本草》说："卤碱生河东，盐不釜煎，明非凝滓。又疑是黑盐，皆不然也。"⑤ 唐代时从域外传入黑盐，并知道在其本地用为药物。玄奘等《大唐西域记》记载信度国"多出赤盐，色如赤石，白盐、黑盐及白石盐等，异域远方以之为药"。⑥ 彦悰、慧立《大慈恩寺三藏法师传》亦云信度国"出赤、白、黑盐"。⑦ 关于信度国之方位，其说不一。康宁哈姆考证，在今巴基斯坦信德省北部上信德（Upper Sindh）以苏库尔为中心的地带。海格认为玄奘记载的信度应包括 Salt Range 在内，其国都应求之于德拉贾特（Derajāt）附近。瓦特斯则认为在现今巴基斯坦的旁遮普省南部。⑧ 各家说法不同，但都在今巴基斯坦境内。美国汉学家薛爱华

---

① 马继兴主编：《神农本草经辑注》卷 2，人民卫生出版社 1995 年版，第 186 页。
② （晋）葛洪：《西京杂记》卷 4，《汉魏丛书》，吉林大学出版社 1992 年版，第 308 页。
③ 《后汉书》卷 88《西域传》，第 2921 页。
④ （明）李时珍：《本草纲目》卷 11《石部》，中医古籍出版社 1994 年版，第 275—276 页。
⑤ 同上书，第 277 页。
⑥ （唐）玄奘、辩机著，季羡林等校注：《大唐西域记校注》卷 11，中华书局 2000 年版，第 928 页。
⑦ （唐）惠立、彦悰：《大慈恩寺三藏法师传》卷 4，孙毓棠、谢方点校，中华书局 2000 年版，第 85 页。
⑧ （唐）玄奘、辩机著，季羡林等校注：《大唐西域记校注》卷 11，中华书局 2000 年版，第 929 页。

(Edward Hetzel Schafer)说:"天宝五载(746),突骑施、石国、史国、米国以及罽宾的联合使团向唐朝贡献了'黑盐'——同时贡献的还有一种'红盐'。天宝十载(751)、天宝十二载(753)位于乌浒水以南,以'国有车牛,商贾乘以行诸国'著称的火寻国,也向唐朝贡献了黑盐。"① 如果唐时的黑盐与汉代的黑盐是同一种矿物的话,黑盐出自域外更无疑问。但几个国家组成联合使团进贡某一种物品的说法则不近情理。查其原始出处,天宝五载的贡献依据《册府元龟》卷九七一《外臣部·朝贡四》记载:"闰十月……突骑施、石国、史国、米国、罽宾各遣使来朝,献绣舞筵、氍毹、红盐、黑盐、白戎盐、馀耳子、质汗、千金藤、琉璃、金、银等物。"② 显然这是把入贡国家及其贡物相提并论的说法,这些国家这一次贡献的方物是这么多,并不是几个国家共同贡献了黑盐。火寻国天宝十载献黑盐,据《新唐书·西域传下》记载:"天宝十载,君稍施芬遣使者朝,献黑盐。"③ 火寻国与石国、史国、米国皆属粟特人昭武九姓国,其地皆近今巴基斯坦,因此向唐朝入贡黑盐的应该是这几个中亚小王国。火寻国方位在"乌浒水之阳"。按照山之南、水之北为阳④,其地在乌浒水(今阿姆河)之北,薛氏理解为"乌浒水以南",译者已指出其误。不管是汉代,还是唐代,这种得之入贡的黑盐数量极少,并没有普遍应用,因此提到黑盐,诸医家都言之不确。

槟榔既是香料,亦是药物。张仲景《金匮要略》记载"退五脏虚热"之"四时加减柴胡饮子方",配方有柴胡、白术、大腹槟榔(四枚,并皮可用)、桔梗、陈皮、生薑(冬三月方),春三月加枳实,减白术;夏三月仍减白术,加枳实,外加生薑、甘草;秋三月加陈皮。⑤ 关于槟榔,已见本章"香料"部分论述。

青琅玕,原产于地中海、红海等地,是热带海洋植物珊瑚所形成的岩石。《后汉书·西域传》记载大秦国:"土多金银奇宝,有夜光璧、明月珠、骇鸡犀、珊瑚、虎魄、琉璃、琅玕、朱丹、青碧。"⑥《神农本草经》

---

① [美]薛爱华:《撒马尔罕的金桃——唐代舶来品研究》,吴玉贵译,社会科学文献出版社2016年版,第532页。
② 《册府元龟》卷971《外臣部·朝贡》,中华书局1960年影印本,第11412页。
③ 《新唐书》卷221《西域传》下,第6247页。
④ 《谷梁传·僖公二十八年》:"水北为阳,山南为阳。温,河阳也。"参见《春秋谷梁传注疏》卷9,《十三经注疏》,中华书局1980年影印本,第2402页。
⑤ (汉)张仲景著,(清)高学山注:《高注金匮要略》,上海人民卫生出版社1956年版,第301页。
⑥ 《后汉书》卷88《西域传》,第2919页。

列入下品:"味辛,平。主身痒,火创,痈伤,疥搔,死肌。一名石珠。生平泽。"① 说明青琅玕已经受到汉代医家关注。

红蓝花,即红花。晋张华《博物志》云:"张骞得种于西域。"此说并不可靠,但汉代医家已经发现其药用价值。张仲景《金匮要略》记载有"红蓝花酒方",治妇人六十二种风,及腹中血气刺痛。② 关于红蓝花,已见本书《植物篇》论述。

汉代传入中国的动物、植物和其他物品品种很多,在中国医家眼里都有医药价值,但其药性是在后来的医学实践中逐步摸索获知。从《神农本草经》等汉代文献来看,当时能够入药的品种主要是如上几种。可以推测,其药性价值和药物学知识可能有的是经中国医家试验所得,有的则是伴随其传入一并为中国医家所了解,并记入本草书中。

## (二) 伴随佛教传入的印度医术和药物

一叶生西徼,赍来上海查。岁时经水府,根本别天涯。方士真难见,商胡辄自夸。此香同异域,看色胜仙家。茗饮暂调气,梧丸喜伐邪。幸蒙祛老疾,深愿驻韶华。③

——[唐]包佶《抱疾谢李吏部赠诃黎勒叶》

印度有古老的医学传统,历史上印度古典医学主流体系生命吠陀以及佛教医学的理论和实践对于中亚、西域和中国中原地区产生过重要影响。④ 印度药物有的是通过使节之手入贡中国。《后汉书·西域传》记载:"天竺国,一名身毒,在月氏之东南数千里……有细布、诸香、石蜜、胡椒、姜、黑盐。和帝时数遣使贡献。至桓帝延熹二年、四年,频从日南徼外来献。"⑤ 这里提到的印度特产诸香、石蜜、胡椒、姜、黑盐等皆有医药价值,天竺使节入汉,这必然成为其入贡的物品,进入中国后往往作为药物配方使用。

---

① 佚名撰,(清)黄奭辑:《神农本草经》,中医古籍出版社1982年版,第260页。
② (汉)张仲景著,(清)高学山注:《高注金匮要略》,上海人民卫生出版社1956年版,第296页。
③ 《全唐诗》卷205,中华书局1960年版,第2140页。
④ 参见陈明《汉唐西域胡语医学文献中的宗教因素》,《中国学术》2004年第1期,商务印书馆2004年版,第136—173页。
⑤ 《后汉书》卷88《西域传》,第2921页。

佛教于两汉之际传入中国，汉末桓帝时一批西域高僧入华，佛教开始在社会上广泛流行。印度医药和医术伴随佛教的东传而传入。佛教肯定人皆会生病，医能治身之病，不能治心之疾。牟融《理惑论》记载，当时有人质疑佛教，修道的人是不会生病，生病不需要针药也会痊愈，为什么"佛家有病而进针药"呢？牟子回答："圣人皆有病矣，未睹其无病也。"① 但心之疾是医家不能医治的。东汉时入华西域僧人有借医传道者。安清（字世高）于东汉桓帝时至洛阳传教，他是一位通晓印度医术的高僧，可能是最早将印度医术传入中国的僧人。三国吴康僧会《安般守意经序》说他："博学多识，贯综神模，七正盈缩，风气吉凶，山崩地动，针脉诸术，睹色知病，鸟兽鸣啼，无音不照。"② 释僧佑《出三藏记集·安世高传》记载安清："兼洞晓医术，妙善针脉，睹色知病，投药必济。"③ 释慧皎《高僧传·安清传》亦云，安清"外国典籍及七曜五行医方异术，乃至鸟兽之声，无不综达"。④ 汤用彤据此指出，汉代"西域来人有传针药者。后汉时针脉诸术盛行，如郭玉著《针经》、《诊脉法》传于世。又传华陀善针脉术，又见严昕而谓其有急病（《后汉书·方技传》、《三国志·华陀传》），则系睹色知病也。《黄帝素问》依阴阳五行叙针脉诸术，颇疑其为汉时所作（《古今伪书考》）。牟子曰：'黄帝稽首受针于岐伯。'即出于《素问》。此又西域沙门与中夏道术可以相通之又一事也"。⑤ 据此，汉地针脉之法可能借鉴了印度医学，与天竺、西域僧人东来传播有关。

东汉末年早期汉译佛典，有与医学关系密切的著作。安清曾译《佛说柰女祇域因缘经》，其中记载了天竺名医祇域的神奇医术。瓶沙王与柰女生一男儿，儿生则手持针药囊，梵志预言此子未来必为医王，取名祇域。祇域立志为医，从名医阿提梨（字宾迦罗）学医七年后，开始行医，"所治辄愈，国内知名"。又获药王树，可以洞见人体内疾病。此后归本国婆迦陀城行医。⑥ 城中有大长者，其妇十二年中常患头痛；拘睒弥国，

---
① （汉）牟融：《理惑论》，《中华大藏经》第 62 册，中华书局 1993 年影印本，第 716 页。
② （南朝·梁）释僧佑：《出三藏记集》卷 6，中华书局 1995 年版，第 244 页。
③ （南朝·梁）释僧佑：《出三藏记集》卷 13，中华书局 1995 年版，第 508 页。
④ （南朝·梁）释慧皎：《高僧传》卷 1，汤用彤校注，中华书局 1992 年版，第 4 页。
⑤ 汤用彤：《汉魏两晋南北朝佛教史》，北京大学出版社 1997 年版，第 38—39 页。
⑥ （晋）葛洪：《西京杂记》卷 3 记载，秦宫中"有方镜，广四尺，高五尺九寸，表里有明。人直来照之，影则倒见。以手扪心而来，则见肠胃五脏，历然无阂。人有疾病在内，则掩心而照之，则知病之所在"。颇与此经中所谓药王树功能相近。《汉魏丛书》，吉林大学出版社 1992 年影印本，第 307 页。

有长者子,轮上嬉戏,肠结腹内,食饮不消,亦不得出;迦罗越家女年十五,临当嫁日头痛而死;迦罗越家男儿骑马落地而死;罗阅只国王病疾,积年不差,恒苦嗔恚,睚眦杀人。皆被祇域治愈或医活。① 此经让我们了解到古代印度学医、行医和一些常见病及其常用医药等方面的知识。佛借祇域行医的经历,宣扬了医治外疾、佛治内病的道理。所谓内病即佛教说的业障,一切病理论上都有药可治,但业障病却是医术不能治的,只有佛法才能克服业障。唐智升《开元释教录》记载,安清还译有《人身四百四病经》《人病医不能治经》②,显然都是佛理与医学兼具的著作。据隋法经等撰《众经目录》,此二经皆出于《修行道地经》。此经乃印度僧伽罗刹(梵名 Samgharaksa)纂集众经所说有关瑜伽观行之大要而作,现行本七卷,略称《道地经》,或《修行经》,西晋竺法护译。③ 此经在法护译出之前,众护"目其次序,以为一部二十七章",安清据众护本已经出节译本。史载安清"析(众)护所集者七章译为汉文"。④ 安清之节译本即《道地经》其中包括《人身四百四病经》《人病医不能治经》。安清精通医术,佛教在中土初传时借医传教,佛经中有关医学的内容最先译出是有可能的。

东汉末年来华的印度高僧竺律炎和大月氏高僧支越曾译有《佛说佛医经》一卷,也说明汉末印度古医书已经传入中国并有汉译本问世。⑤ 此经以印度哲学"四大"观念为依据,把人体疾病概括为四病,论述诸病源起。其中论述了疾病与自然环境的关系:

> 人身中本有四病:一者地,二者水,三者火,四者风。风增气起,火增热起,水增寒起,土增力盛。本从是四病起四百四病。土属身,水属口,火属眼,风属耳。火少寒多,目冥。春正月、二月、三月寒多,夏四月、五月、六月风多,秋七月、八月、九月热多,冬十月、十一月、十二月有风有寒。何以故春寒多?以万物皆生,为寒

---

① 《佛说奈女祇域因缘经》,《中华大藏经》第 34 册,中华书局 1988 年影印本,第 595—602 页。
② (唐)智升:《开元释教录》卷 1,《中华大藏经》第 55 册,中华书局 1992 年影印本,第 8 页。
③ (隋)法经等:《众经目录》卷 4,《中华大藏经》第 54 册,中华书局 1992 年影印本,第 118 页。
④ (南朝·梁)释僧祐:《出三藏记集》卷 10,中华书局 1995 年版,第 367 页。
⑤ 吕澂:《新编汉文大藏经目录》将此经编入《经藏·阿含部》,齐鲁书社 1980 年版,第 53 页。

出，故寒多。何以故夏风多？以万物荣华、阴阳合聚，故风多。何以故秋热多？以万物成熟，故热多。何以故冬有风有寒？以万物终亡热去，故有风寒。三月、四月、五月、六月、七月得卧。何以故？风多故身放。八月、九月、十月、十一月、十二月、正月、二月不得卧。何以故？寒多故身缩。春三月有寒，不得食麦、豆，宜食粳米、醍醐诸热物。夏三月有风，不得食芋、豆、麦，宜食粳米、乳、酪。秋三月有热，不得食粳米、醍醐，宜食细米、麨、蜜、稻、黍。冬三月有风寒，阳兴阴合，宜食粳米、胡豆、羹、醍醐。有时卧风起有时灭，有时卧火起有时灭，有时寒起有时灭。[1]

这显然是具有某种科学意义的，与中国人从五行观念出发研究疾病缘起有相通之处。此经又从宣扬佛法的目的出发，论述"人得病有十因缘"："一者、久坐不饭；二者、食无贷；三者、忧愁；四者、疲极；五者、淫泆；六者、瞋恚；七者、忍大便；八者、忍小便；九者、制上风；十者、制下风。从是十因缘生病。佛言：有九因缘，命未当尽为横尽：一、不应饭为饭，二、为不量饭，三、为不习饭，四、为不出生，五、为止熟，六、为不持戒，七、为近恶知识，八、为入里不时不如法行，九、为可避不避。如是九因缘，人命为横尽。"[2] 这其中当然充满佛教说教，但也论证了人的疾病与生活方式和习惯有关，还说明人的疾病与精神因素有关。这些对于中国医家来说，都具有借鉴和启发意义。佛教徒通过此经宣扬了人如何治病的道理，其主旨当然在于宣扬佛法，但其中包含了丰富的医学养生知识。

东汉末年名医华佗的事迹也反映了印度医学对中国的影响。陈寅恪考证汉末名医华佗的姓名来自梵语，开启中国与域外医学交流史研究之先声。《三国志·华佗传》云："华佗字元化，一名旉。"陈寅恪认为，天竺语有"agada"，乃药之义，旧译为"阿伽陀"或"阿羯陀"，为内典中所习见之语。华陀即"阿伽陀"省去"阿"字后之读音，"元化固华氏子，其本名为旉而非陀，当时民间比附印度神话故事，因称为'华佗'，实以'药神'目之"。陈寅恪还指出，安清译《㮈女耆域因缘经》记载神医耆域诸奇术与华佗治病奇效不异，或相类似，有递相因袭之迹，说明华佗故

---

[1] 《佛说佛医经》，《中华大藏经》第51册，中华书局1992年影印本，第630页。
[2] 同上书，第631页。

事中有将外来故事附会于本国人物的迹象。① 据《三国志华佗传》记载，华佗观色知病也与安清的事迹相仿佛。华佗的例子说明中印两国至迟在华佗时代已经开始医学交流，华佗的医术有的来自印度。

在古代印度医学中，石蜜是合药的重要原料。汉朝最早通过南方沿海地区得到印度石蜜。据《西京杂记》记载："闽越王献高帝石蜜五斛，蜜烛二百枚，白鹇黑鹇各一双。高帝大悦，厚报遣其使。"② 后来又直接从天竺国贡献中获得石蜜。《后汉书·西域传》记载，天竺"出象、犀、玳瑁、金、银、铜、铁、铅、锡。西与大秦通，有大秦珍物，又有细布、好毾㲪、诸香、石蜜、胡椒、姜、黑盐。和帝时，数遣使贡献"；"自武帝时频来献见"，至和帝时又多次贡献，其所献物当然即上述物产。石蜜即蔗糖，汉时显然也传入中国。以蜜和蔗糖入药是印度医学传统。古代印度人所谓"药"（bhaisajya）由四种成分组成，即酥、油、蜜和石蜜。③ 季羡林认为大约从公元2—3世纪即东汉后期时，"西极石蜜"已经传入中国，可能估计偏晚。④ 早在20世纪60年代，吉敦谕已经指出，蔗糖的制造开始于汉代。⑤ 汉代医药学著作《神农本草经》中已经把石蜜列为"上品"药物。古代中草药方剂称"汤"或"散"，丸药在我国出现较晚，蜜和蔗糖是制作丸药必不可少的原料，如上所述，石蜜来自印度，中国制作丸药的技术无疑学自印度。⑥《东观汉记·朱祜传》记载："上（光武帝）在长安时，尝与祜共买蜜合药。上追念之，赐祜白蜜一石，问：'何如在长安时共买蜜乎？'其亲厚如此。"⑦ 刘秀与朱祜合药所用蜜当来自域外，其合药时尚在西汉时，这也说明以蜜合药并不是从东汉才开始的。

诃梨勒，或诃黎勒，学名为Terminalia chebula, Retz，又译作诃利勒、

---

① 陈寅恪：《三国志曹冲华佗传与佛教故事》，原载《清华学报》第6卷第1期，1930年；收入氏著《寒柳堂集》，上海古籍出版社1980年版，第157—161页。
② （晋）葛洪：《西京杂记》卷4，《汉魏丛书》，吉林大学出版社1992年影印本，第308页。
③ ［日］荻原云来：《汉译对照梵和大辞典》下册，台北：新文丰出版公司1979年版，第977页。
④ 季羡林：《文化交流的轨迹——中华蔗糖史》，经济日报出版社1997年版，第50页。
⑤ 吉敦谕：《糖和蔗糖的制造在中国起于何时》，《江汉学报》1962年第9期。
⑥ 林梅村：《麻沸散与汉代方术之外来因素》，原载《学术集林》第10卷，远东出版社1997年版；收入氏著《汉唐西域与中国文明》，文物出版社1998年版，第322—342页。
⑦ （东汉）刘珍等撰，吴树平校注：《东观汉记》卷11，中华书局2008年版，第403页。

呵利勒、呵梨勒、诃梨怛鸡、呵梨得枳、贺喇怛系、诃罗勒、苛子树等。① 植物学分类使君子科，落叶乔木。叶长椭圆形，叶里呈粉白色，开秋结果，果实为青黄色，为五六棱形之卵状。产地中国岭南、云南以及中南半岛、印度。诃梨勒树的果实，简称诃子，梵语名为 harītakī，意译为"天主持来""天主将来""帝释天持来的妙药"。波斯语作 halīla。具有很好的药用价值，可治眼疾、风邪，且有通便之效，同时也作为染料之用。法云《翻译名义集》云："诃梨勒，新云诃梨怛鸡，此云天主持来。此果为药，功用至多，无所不入。"② 汉文医籍中最早把"诃梨勒"当作药物记录的文献是汉末张仲景《金匮要略》："气利（痢），诃梨勒散主之。"③ 又有"诃梨勒散方"："诃梨勒十枚，煨。右一方为散，粥饮和顿服。"④ 其"杂疗方"又记载"长服诃梨勒丸方"，主治腹胀。其配方："诃梨勒、厚朴、陈皮各三两，右三味，末之，炼蜜丸如桐子大，酒饮服二十丸，加至三十丸。"⑤ 诃梨勒果实汉代传入中国，作为药用。后来也作为一种植物移植中国，其传入的路线是经过海路而来，所以先见于南方沿海地区。晋嵇含《南方草木状》云："诃梨勒树，似木梡，花白，子形如橄榄、六路，皮肉相著，可作饮，变白髭发令黑，出九真。"⑥ 九真郡，在今越南境内，说明印度的诃梨勒是经过东南亚而来。雷云飞指出："诃子原产波斯、印度、缅甸，马来西亚亦产。……到汉代时，诃子沿着丝绸之路传入我国，并开始栽于云南西部和广东南部。唐代鉴真和尚东渡日本时，广州乾明寺（今光孝寺）就栽有诃子数株。"⑦ 但这种栽种数量极少，唐代仍从域外传入，并非常珍贵。不仅果实具有药用及饮用价值，树叶也具有药效，可以祛除久治不愈的疾病。唐代诗人包佶《抱疾谢李吏部赠诃黎勒

---

① 《玄应意义》卷 24 云："诃梨勒鸡，旧言诃梨勒，翻为天主将来。"《百一羯磨》卷 8 云："呵梨得枳，旧云诃梨勒，讹。"《梵语杂名》云："贺喇怛系。"《资持记》下二之一云："呵梨勒，今时所谓诃子是也。"
② （宋）法云编：《翻译名义集》卷 8，《中华大藏经》第 84 册，中华书局 1994 年影印本，第 377 页。
③ （汉）张仲景著，（清）高学山注：《高注金匮要略》，上海人民卫生出版社 1956 年版，第 251 页。
④ 同上书，第 252 页。
⑤ （汉）张仲景著，（清）高学山注《高注金匮要略》，第 301 页。按：有人对此方是否为张仲景提出表示怀疑，参见赵克光《金匮要略译释》，上海科技出版社 1993 年版，第 578 页。
⑥ （晋）嵇含：《南方草木状》卷中，《风土志丛刊》，广陵书局 2003 年版，第 5 页。
⑦ 雷云飞等：《佛教圣树诃子及其开发利用展望》，《广东林业科技》2010 年第 4 期，第 90 页。

叶》写道:"一叶生西徼,赍来上海查(槎)。岁时经水府,根本别天涯。方士真难见,商胡辄自夸。此香同异域,看色胜仙家。茗饮暂调气,梧丸喜伐邪。幸蒙祛老疾,深愿驻韶华。"[1] 说明他获得的诃梨叶是经海上丝路传来,并认为诃梨叶有"调气""伐邪"和"祛老疾"之功效。明胡震亨《唐音癸签·诂笺五》引遁叟语:"包佶《诃梨勒叶》诗:'茗饮暂调气,梧丸喜伐邪。'按《本草》:'诃梨勒树似木梡,花白,子似栀子,主消痰下气等疾。来自南海舶上,广州亦有之。'茗亦能下气,此言其功胜茗。梧丸,谓入用丸如梧子也。今医家所用诃梨勒,是其子,不闻用叶者,应是本草失收耳。"[2]

佛教故事中诃梨勒是帝释天持来供佛的妙药。据《众许摩诃帝经》卷七,往昔佛陀患风病,帝释天取诃梨勒供养佛陀:"尔时,帝释天主遥知世尊体发风病,白天而下至赡部洲。去菩提树不近不远,有大诃梨勒林于中而住,于此林中取得上好诃梨勒已,疾往佛所。到佛所已,头面著地礼世尊足。礼已,瞻仰住立一面,言:'世尊,我知圣体小有风病,此赡部洲有诃梨勒,色妙馨香可疗斯恙。我今持来奉上世尊,惟愿大慈纳受而食。'世尊受已,寻便服食,风病即除,体安如故。世尊慰劳,帝释乃退还归天宫。"[3] 在古代印度,佛陀及其僧团经常以诃梨勒果即"诃子"做药用和食用,所以佛典经论中有关诃梨勒的记载甚多,据在《大正藏》中检索,"诃梨勒"一词出现多达 117 次,并多次论及其药性。[4] 《善见毗婆沙律》卷十七云:"诃罗勒者,如大枣大,其味酢便苦,服便利。"[5] 《深密解脱经·圣者善清净慧菩萨问品》云:"诃梨勒苦味。"[6] 《玄应音义》云:"诃梨怛鸡,旧言呵黎勒,翻为天主持来。此果堪为药分,功用极多,如此土人参、石斛等也。"[7] 在佛教经典中常见诃梨勒被列为药用,如《金光明经·除病品》云:"热病下药,服诃梨勒。"[8] 佛教视诃梨勒为"五药"及"五香"之一。五药在诸经所举不同,《说一切有部毗奈耶

---

[1] 《全唐诗》卷 205,中华书局 1960 年版,第 2140 页。
[2] (明)胡震亨:《唐音癸籤》卷 20,上海古籍出版社 1981 年版,第 218 页。
[3] 《众许摩诃帝经》卷 7,《中华大藏经》第 64 册,中华书局 1993 年版,第 358 页。
[4] 妙智:《〈光孝寺志〉若干问题简析》,学佛网:http://wuming.xuefo.net/nr/13/134647.html.
[5] 《善见毗婆沙律》卷 17,《中华大藏经》第 42 册,中华书局 1990 年版,第 651 页。
[6] 《深密解脱经》卷 1,《中华大藏经》第 17 册,中华书局 1986 年版,第 433 页。
[7] 《玄应音义》卷 24,徐时仪校注《一切经音义》(三种校本合刊),上海古籍出版社 2008 年版,第 493 页。
[8] 《金光明经》卷 3,《中华大藏经》第 67 册,中华书局 1993 年版,第 954 页。

杂事》列举"五药"云:"余甘子、诃梨勒、毗醯勒、毕钵梨、胡椒,此之五药,有病无病,时与非时,随意皆食,勿致疑惑。"①《十诵律》卷二十一列五种"果药"为诃梨勒、鞞醯勒、阿摩勒、胡椒、荜茇罗。②密教以"五药"统括一切药物,于设修法坛或行地镇法时,取五药、五宝、五谷,一起埋在坛下地中,表示以佛的法药救治众生的无明烦恼病;或在灌顶时,与五宝等共同放置在五瓶中,表示消除五种有漏妄识的过患。诃梨勒是密教修法中常用的植物。在密教诸修法中常见诃梨勒一味。如《陀罗尼集经·金刚阿蜜哩多军荼利菩萨自在神力咒印品》"军荼利跋折啰总印第十六"云:"若人不能食,萎黄、眼黄、腹中气块大,喘息不得、咽喉大痛,取石盐、阿魏药、诃梨勒、茴香子、干姜、荜钵、胡椒。七味等份各取半两,共捣为末,用砂糖和以为丸,丸如枣大。空腹一服,服别一丸,无所禁忌,大肥,好颜色,丰足气力。皆以牙印印上诸药,咒百八遍然后方服。"③

在佛教经典中诃梨勒的药用价值甚至被无限夸大。《金光明最胜王经·除病品》云:"诃梨勒一种,具足有六味,能除一切病,无忌药中王。"④《佛说金毗罗童子威德经》借药王菩萨之口,极力渲染诃梨勒之神效,不仅治病疗疾,而且发蒙起迷,顿悟佛法:"若有诸众生,欲在世间复求出世间者;发意如来像法灭时,拟护持使不断绝者;或发大猛心,欲求如来禅定智慧者;或救众生苦难者,先须持如来神咒十万遍然行诸方法。世尊!若有修行人,求见世辩才智者,取诃梨勒七颗、白檀香一大两,烧作灰,当颗各别,烧白密和,每颗复作七丸,七七四十九丸,将药向释迦像咒一千八遍,平旦时服一丸,于七七日间服尽,身中所有三十六藏,毛发爪齿皮革血肉,筋脉骨髓心肺脾肾,肝胆胞胃大肠小肠,屎尿涕唾涎沫汗痰肪册膜宁,身中如是不净之物,并皆除断。'""若有众生求利智辩才者,依前诵咒一万遍,当取诃梨勒十二颗,取蜜三两,取井花水五升,煎取二升半。取彼果及蜜阴干捣筛,复坐和彼药汁,夜间子时服之,其行人日吐三升黄金,令人增智。至二七日间服,力自在百劫已前事。""若欲修此文殊救万病者,当取诃梨勒掩果五两和捣、罗筛,先诵前咒一百八遍,即从于佛前胡跪,一心发大慈心,作医王想,取男子乳和了,后诵一千八遍,献佛三日取用疗病。""世间若有修行人,多年累月修行不

---

① 《说一切有部毗奈耶杂事》卷1,《中华大藏经》第39册,中华书局1989年版,第6页。
② 《十诵律》卷21,《中华大藏经》第37册,中华书局1989年版,第496页。
③ 《陀罗尼集经》卷8,《中华大藏经》第20册,中华书局1986年版,第131—132页。
④ 《金光明最胜王经》卷9,《中华大藏经》第16册,中华书局1986年版,第322页。

成者,诃梨勒一百颗除阴干捣筛作末,白蜜和之亦令阴干,收取丸如柏子许,一丸一咒讫,即将药向释迦像前,复咒一千八遍,行者自吞三百丸,七日之间顿悟九十劫生死之事。"①

佛教认为布施诃梨勒可获福报,佛经中常有以诃梨勒布施而得果报的因缘故事,如《付法藏经》《根本说一切有部毗奈耶·药事卷》《大智度论·初序品》中,都记载有薄拘罗尊者以一诃梨勒果药布施,在九十一劫中常受天人福乐,身常不病,投生至婆罗门家,又感得五不死果报。母早亡,继母五度加害于他,他都安然无所损。及长,出家修道,证得阿罗汉果。其五不死即:(1)置鏊不死,年幼时,后母将他放在热鏊上,然不能烧害;(2)釜煮不死,后母把他掷于热釜中,却不能害;(3)水溺不死,后母把他掷于深水中却没有溺毙;(4)鱼吞不死,于深水中被大鱼吞吃而不死;(5)刀割不死,被鱼吞后,鱼被捕获运到市场,刚巧遇到尊者的父亲将鱼买回,剖开鱼腹后将尊者救出。《佛说楼阁正法甘露鼓经》中,世尊告诉尊者阿难陀:"若以一诃梨勒布施众僧,彼人不生疫病之劫。"②《观药王药上二菩萨经》记载药王、药上二菩萨过去为星宿光、电光二兄弟时,以诃梨勒醍醐良药供养日藏比丘,云"服此药者,不老不死"。"众僧服已,得闻妙法,以药力故,除二种病,一者四大增损,二者烦恼慎恚"。③ 佛经中还宣扬服食诃梨勒可得果报。《经律异相·男庶人部上》记载,一个耕夫以布施道人一诃梨勒果及一钱的功德,命尽后投生至河上游的国王家为太子。一日皇后抱太子在河边游玩,不慎将太子堕入河中,太子被吞入鱼腹,却不饥不渴,安然度过七日。这只鱼游至河之下游,被下游国家的人捕至市场贩售,被国王所遣使者购入宫中。剖开鱼腹,见小太子端正无双,国王以为是上天所赐,收为太子。上游国王闻说,知是遗失的太子,遣信索讨,下游国主坚持不还。在相争不下的情况下,只好在两国之间各筑宫殿,让太子居住,此太子也成为两国共同的太子。④

由于诃梨勒为治病良药,因此在佛经中也引喻为无常观能通治众生诸病。《杂譬喻经》记载,圣医王耆域能和合药草作童子形,见者欢喜,众病皆愈。耆域善别草木,或以一草治众病,或以众草治一病,天下之草没

---

① (唐)不空译:《佛说金毗罗童子威德经》,《大正新修大藏经》No.1289,第21册,第367页。
② 《佛说楼阁正法甘露鼓经》,《中华大藏经》第63册,中华书局1993年版,第768页。
③ 《观药王药上二菩萨经》,《中华大藏经》第20册,中华书局1986年版,第864页。
④ 《经律异相》卷44,《中华大藏经》第53册,中华书局1992年版,第269页。

有不能用者，天下的病没有不能治者。耆域命终，天下药草皆涕哭悲泣，都说："我等都可用来治病，只有耆域了解我们各自的效用。耆域死了，再也没人能明辨我们的药效了。后世人或错用我们，或过多或过少，病不能痊愈。这将让世人以为是我们没有药效。"只有诃梨勒别立一面，没有哭泣，它说："众病我皆能治，服用我者，病皆能好，不服用我者，自然病不会好。不需人明辨，我不因耆域的死而哭泣。"①耆域喻佛陀，众药草者喻诸法，诃梨勒者如无常观。意在说明佛在世时能善用法门，以淫怒痴为药，疗治众生的病，及其余一切善法随宜而用无常观。把佛比喻为病者良医，佛陀去世，极少有能善用诸法者，但是无常观者多能对治众生的烦恼，亦能治淫、恚、痴，善用者则能去病，即使不善用者也无所伤，比喻如诃梨勒。其余的法门不易运用也，要用的话必须有良师。善用者则病日渐痊愈，不善用者则病日渐增重。佛教经典中如此强调诃梨勒的医药价值，自然引起中国医家对诃梨勒重视，其医药价值应该是随着佛经的翻译为汉地所认识的。诃梨勒还是佛教"五香"之一。《苏悉地羯啰经·分别烧香品》把诃梨勒列为佛部、莲华部、金刚部三部通用的五香之中："复有五香，所谓砂糖、势丽翼迦、萨折啰娑、诃梨勒、石蜜，和合为香，通于三部，一切事用。"②诃梨勒还用作制作衣服的染料。《根本萨婆多部律摄·著不坏色衣学处》记载："若复苾刍得新衣，当作三种染坏色，若青、若泥、若赤随一而坏。若不作三种坏色而受用者波逸底迦。""言青者，取诃梨勒或研、或捣，和水成泥，涂铁器中，停经一宿，和以暖水，染物成青，非深青色。"③坏色衣，佛教术语，僧衣，即袈裟。"袈裟"意译作坏色、不正色、赤色、染色。指缠缚于僧众身上之法衣，以其色不正而称名。《翻译名义集》曰："梵云袈裟，此云坏色衣，言非五方正色。"不坏色衣，即常人所服衣服。

### （三）汉代医药学中的东南亚、中亚、西亚元素

张骞通西域后，汉朝与中亚、西亚地区的经济文化交流得到大规模的开展。域外各种特产源源不断地输入中国中原地区。传入中国的各种动物、植物往往皆具某种医药价值，其医药学知识随着这些物品的传入逐渐为中国医家所认知，在汉地都被用为中药药材。汉代平南越和通西南夷

---

① 比丘道毗集：《杂譬喻经》，《中华大藏经》第52册，中华书局1992年版，第36页。
② 《苏悉地羯罗经》卷上《分别烧香品》卷10，《中华大藏经》第23册，中华书局1987年版，第792页。
③ 《根本萨婆多部律摄》卷12，《中华大藏经》第42册，中华书局1990年版，第148页。

后，与东南亚各国的联系日益加强，文化交流频繁，其地各种物产传入中国，其医药价值也被医家所重视。

从东南亚输入的物品中有不少具有医药价值。薏苡仁来自今越南之地。《后汉书·马援传》记载："援在交趾，常饵薏苡，食用能轻身省欲，以胜瘴气。南方薏苡实大，援欲以为种，军还载之一车。"《后汉书·马援传》记载："援在交趾，常饵薏苡，食用能轻身省欲，以胜瘴气。南方薏苡实大，援欲以为种，军还载之一车。"这一车薏苡种子造成东汉一大冤案。当时人们认为马援拉回一车"南土珍怪"，权贵们因为没有分到一杯羹心怀不满。马援正受皇上倚重，无人敢言。马援死后，有人上书朝廷诋毁他，说他从交趾归来，拉回满车的"明珠文犀"。引起光武帝刘秀大怒。马援家人不知何故，惶恐不安，不敢在马援葬在原来的坟地，只在城西草草埋葬。他的宾朋故旧都不敢来吊唁。这就是汉语成语中"薏苡明珠"的来历。① 薏苡仁有健脾渗湿、除痹止泻之功效，中医用于治疗水肿、脚气、小便不利、湿痹拘挛、脾虚泄泻等。汉代医学文献《神农本草经》、张仲景《金匮要略》中都以薏苡入药，已见前述。

槟榔树原产于马来西亚，从马来半岛移植中国南方时间不可考。汉武帝时曾从南方沿海地区移植中原。《三辅黄图·甘泉宫》记载："扶荔宫，在上林苑中。汉武帝元鼎六年，破南越起扶荔宫（宫以荔枝得名），以植所得奇草异木。"其中有槟榔。但由于南北方气候差异太大，移植未获成功，从南方移植而来的多种植物"岁时多枯瘁"，经过反复试植，终于失败，"遂不复莳矣，其实则岁贡焉"。② 北方还是通过入贡直接获取南方的果实。槟榔树的果和皮既可食用，又皆具药性。《金匮要略》记载"退五脏虚热"之"四时加减柴胡饮子方"，配方有柴胡、白术、大腹槟榔（四枚，并皮可用）、桔梗、陈皮、生姜（冬三月方），春三月加枳实，减白术；夏三月仍减白术，加枳实，外加生姜、甘草；秋三月加陈皮。③ 东汉杨孚《交趾异物志》记载了槟榔的特性和药用价值："槟榔若笋竹生竿，种之精硬。引茎直上，不生枝叶，其状如柱。其颠近上末五六尺间，洪洪肿起若瘣木焉。因拆裂，出若黍穗，无花而为实，大如桃李。又棘针重累其下，所以卫其实也。剖其上皮，煮其肤，熟而贯之，硬如干棘。以扶

---

① 《后汉书》卷24《马援传》，第846页。
② 佚名撰，何清谷校注：《三辅黄图校注》卷3《甘泉宫》，三秦出版社1995年版，第195—196页。
③ （汉）张仲景著，（清）高学山注：《高注金匮要略》，第301页。

留、古贲灰并食,下气及宿食、白虫、消穀。饮啖设为口实。"①

龙眼、荔枝、犀角等也来自东南亚地区,其药用价值为中国医家所认识。汉代医家发现龙眼的医药价值。《神农本草经》云:"龙眼,一名益智,味甘,平,无毒。治五脏邪气,安志、厌食。久服强魂魄,聪明,轻身,不老,通神明。生南海山谷。"② 王逸《荔枝赋》极写荔枝之有益身心:"仰叹丽表,俯尝嘉味。口含甘液,心受芳气。兼五滋而无常主,不知百和之所出。卓绝类而无俦,超众果而独贵。"③《神农本草经》称犀角:"味苦,寒,无毒。治百毒、虫注、邪鬼、障气,杀钩吻、鸩羽、蛇毒,除邪,不迷惑,厌寐。久服轻身。"④ 张仲景《金匮要略·果实菜谷禁忌并治》以为犀牛角可以鉴别食物是否有毒:"犀角筋搅饮食沫出,及浇地坟起者,食之杀人。"他开列的治疗饮食中毒烦满之方:"犀角汤亦佳。"⑤

西亚是文明最早发达地区之一,其医药学随着丝绸之路的开辟通过不同途径传入中土。南越王墓出土文物中有一件波斯银盒,盒内有十盒药丸,是产于阿拉伯地区的乳香。波斯银盒和阿拉伯乳香的发现,说明南越国与古代波斯地区已经有医药学方面的交流,其传入路线当经过海上丝绸之路。1990年10月至1992年12月,在甘肃敦煌汉代悬泉置遗址中发掘出西汉武帝、昭帝时期的纸文书,其中有3件包裹药物的纸,纸面分别写有所包药物的名称,字体为隶书,其中T0212④:2标明为"薰力"。1993年2月在江苏连云港尹湾村汉墓中发掘出的尹湾汉代简牍,其第六号木牍《武库永始四年兵车器集簿》,反面第四栏第三行记载了一种物品,整理小组的释文为"薰毒八斗"。张显成根据音韵学知识,将"薰力""薰毒",训释为"薰陆",即乳香。⑥ 说明早在西汉武帝、昭帝时期(前140—前74年)乳香也通过西北丝路输入我国。

胡麻是油用型亚麻,具有医药价值,汉代传入中国。《神农本草经》

---

① (北魏)贾思勰著,石声汉校释:《齐民要术今释》卷10,中华书局2009年版,第1055页。
② 佚名撰,马继兴主编:《神农本草经辑注》卷3,人民卫生出版社1995年版,第277—278页。
③ 费振刚等辑校:《全汉赋》,北京大学出版社1993年版,第517页。
④ 佚名撰,马继兴主编:《神农本草经辑注》卷4,人民卫生出版社1995年版,第425页。
⑤ (汉)张仲景撰,高学山注:《高注金匮要略》,上海人民卫生出版社1956年版,第354页。
⑥ 张显成:《西汉遗址发掘所见"薰毒"、"薰力"考释》,《中华医史杂志》2001年第4期。

把胡麻列为药之上品，云："上药一百二十种，为君，主养命，以应天，无毒。多服、久服不伤人。欲轻身益气，不老延年者，本上经。"① 关于其药性，《神农本草经》云："味甘平，主伤中虚羸，补五内，益气力，长肌肉，填髓脑。久服轻身，不老。一名巨胜。叶名青蘘，生川泽。"② 后世医家都注意到胡麻的医药价值。胡麻在伊朗有着古老的历史。据希罗多德《历史》记载，花刺子模人、赫尔卡尼亚人、帕提亚人、沙伦几亚人和塔门尼亚人都种植胡麻。在波斯，胡麻油至少从阿克门王朝的第一代起就已为人们所知道。美国汉学家劳费尔说，胡麻肯定是由伊朗地区传到中国的。③

红蓝花即红花。晋张华《博物志》云："张骞得红蓝花种于西域。"④ 此说并不可靠，但汉代医家已经发现其药用价值。张仲景《金匮要略》记载有"红蓝花酒方"，治妇人六十二种风，及腹中血气刺痛。⑤。《史记·货殖列传》云："千亩卮茜、千畦薑韭，此其皆与千户侯等。"东晋末徐广注云："'茜'，音'倩'，一名红蓝。其花染缯黄赤也。"⑥ 说明汉晋时已经种植红蓝花。劳费尔推测这种植物是从伊朗传入的。⑦

胡桐泪又称胡桐律，胡桐树的树脂。胡桐是胡杨的别名，又名"异叶杨""野梧桐"。《汉书·西域传》上记载，鄯善国"出玉，多葭苇、柽柳、胡桐、白草"。颜师古注："胡桐亦似桐，不类桑也。虫食其树而沫出下流者，俗名为胡桐泪，言似眼泪也。可以汗（焊）金银也，今工匠皆用之。流俗语讹呼泪为律。"⑧ 胡桐的习性是能吸收大量盐分，在含盐量达2%的土壤内仍能茂盛生长，故塔里木盆地绕塔克拉玛干大沙漠的边缘盐碱地带大量生长，西汉时罗布泊地区多有这种植物。胡桐通过庞大根系大量吸收含盐水分，为了保持体内液态的平衡，将多余的盐分排出体外。这种带盐液体干后，初为白色盐结晶，久之变为米黄色，被称为胡桐泪。⑨ 唐刘恂《岭表录异》云："胡桐泪，出波斯国，是胡桐树脂也，名

---

① 马继兴主编：《神农本草经辑注》卷1，人民卫生出版社1995年版，第2页。
② 佚名撰，（清）黄奭辑：《神农本草经》，中医古籍出版社1982年版，第140页。
③ [美] 劳费尔：《伊朗中国编》，林筠因译，商务印书馆1964年版，第117页。
④ （明）李时珍：《本草纲目》卷15《草部》，第421页。
⑤ （汉）张仲景著，（清）高学山注：《高注金匮要略》，第296页。
⑥ 《史记》卷129《货殖列传》，第3272、3273页。
⑦ [美] 劳费尔：《中国伊朗编》，第150、153页。
⑧ 《汉书》卷96《西域传》上，第3876页。
⑨ 雪犁等主编：《中国丝绸之路辞典》，新疆人民出版社1994年版，第581—582页。

胡桐泪。"① 劳费尔推测"是伊朗人发现了这种树液的药性"。②《本草纲目·木部》"胡桐泪"条集解引苏恭曰："胡桐泪，出肃州以西平泽及山谷中，形似黄矾而坚实。有夹烂木者，云是胡桐树脂沦入土石碱卤地者。"李时珍说它："主治大毒热，心腹烦满，水和服之，取吐。牛马急黄黑汗，水研三二两灌之，立瘥。"又引《唐本草》云："主风虫牙齿痛，杀火毒，面毒。"③ 现代医学研究说明，胡桐树脂有清热解毒，制酸止痛之功能。用于咽喉肿痛、牙痛、淋巴结结核、胃、十二指肠溃疡、胃痛、胃酸过多；外用治中耳炎、痔疮等。胡杨系古地中海成分，是第三世纪残余的古老树种，在6000多万年前就在地球上生存。在古地中海沿岸地区陆续出现，成为山地河谷小叶林的重要成分。在第四纪早、中期，胡杨逐渐演变成荒漠河岸林最主要的建群种，主要分布在新疆南部、柴达木盆地西部和河西走廊。新疆库车千佛洞、甘肃敦煌铁匠沟、山西平隆等地都曾发现胡杨化石，证明它是第三纪残遗植物，距今已有6500万年以上的历史。《后汉书·西域传》和郦道元《水经注》都记载塔里木盆地有胡桐。

华佗的医术可能也受到波斯影响。《三国志·华陀传》记载华佗医术："若病结积在内，针药所不能及，当须刳割者，便饮其麻沸散，须臾便醉如死无所知，因破取。病若在肠中，便断肠湔洗，缝腹膏摩，四五日差。不痛，人亦不自寤，一月之间，既平复矣。"④ 其中提到的麻沸散显然是一种用于全身的麻醉剂。南宋周密认为华佗的麻沸散就是押不卢，其《癸辛杂识续集》"押不卢"条云："回回国之西数千里地，产一物极毒，全类人形，若人参之状，其酋名之曰'押不卢'。生土中，深数丈。人或误触之，著其毒气必死。取之法，先于其旁开大坎，可容人，然后以皮条络之，皮条之系则系之犬之足。既而以杖击逐犬，犬逸而根拔起，犬感毒气遂毙。然后就埋土坎中，经岁，然后取出曝干，别用它药制之。每以少许磨酒饮人，则通身麻痹而死。虽加以刀斧亦不知也。至三日后，别以少药投之即活，盖古华佗能刳肠涤胃以治疾者，必用此药也。今闻御药院中亦储之。"⑤ 回回国即阿拉伯地区。李时珍《本草纲目》引周密说，也认

---

① （唐）刘恂著，商璧、潘博校补：《岭表录异校补》卷中，广西民族出版社1988年版，第121页。
② ［美］劳费尔：《中国伊朗编》，第164、167页。
③ （明）李时珍：《本草纲目》卷34《木部》，第840页。
④ 《三国志》卷29《魏书·华佗传》，第799页。
⑤ （宋）周密：《癸辛杂识》续集，中华书局1988年版，第158页。

为华佗的麻醉药是押不卢,云"昔华陀能刳肠涤胃,岂不有此等药耶"?① 劳费尔《押不卢》考证,周密书中记载的传说来自回教国家,押不卢即曼陀罗果,中世纪阿拉伯波斯作家阿布·曼苏尔(Abu Mansur)最早将押不卢著录于他的药书《药物原理》(约成书于975年)。② 林梅村《麻沸散与汉代方术之外来因素》一文认为,押不卢即洋金花,麻沸散中有洋金花的配方。因为从中医学界所做实验和临床研究看,洋金花是目前所知唯一和麻沸散性能相符的草药。③ 洋金花所制胡药可能被汉代来华的中亚或印度僧人带入中国,后世医家所用麻醉药多以洋金花为主要配方。中国古代不产洋金花,宋代高僧法云编《翻译名义集》提到印度有此植物,梵名"曼陀罗"(mandāra)。④ 曼陀罗植物至迟宋代在我国南方广西已有栽培,周去非《岭南代答》一书中有所记载。"麻沸"二字难以在汉语中得到解释,可能来自梵语。古希腊人对曼陀罗的麻醉性能也非常了解,亚里士多德等古希腊哲学家的著作中常常提到曼陀罗,古希腊的曼陀罗可能也是从印度传去的。

胡粉是指外来的用于化妆的粉,亦可作药用,此种化妆品可能来自中亚地区。汉灵帝喜欢西域胡人的生活方式,京师洛阳贵族之家纷纷效仿,造成一时的胡化风气,喜欢以胡粉化妆便是这种生活方式的表现之一。东汉末年男女都喜欢用胡粉化妆,《后汉书·李固传》记载,顺帝时,诸所奏官多不以次,李固奏免100多名。顺帝死,这些人一面怨恨李固,一方面又想讨梁冀欢心,乃飞章诬奏李固,说他"大行在殡,路人掩涕,固独胡粉饰貌,搔头弄姿"。⑤ 张衡《舞赋》中有"粉黛施兮玉瑱粲,珠簪挺兮缁发乱"的句子。⑥《魏略》记载,何晏"动静粉白不去手,行步顾影"。⑦ 曹植"初得邯郸淳,甚喜。延入座,不先与谈,时天暑热,植因呼常从取水自澡讫,傅粉"。⑧ 胡粉应该具有香气,因此又是一种香料,汉代还被官署用来涂壁。应劭《汉官仪》记载:"尚书郎奏事明光殿,省

---

① (明)李时珍:《本草纲目》卷17《草部》,第522页。
② 冯承钧译:《西域南海史地考证译丛》卷1,商务印书馆1962年版,第84—109页。
③ 林梅村:《汉唐西域与中国文明》,文物出版社1998年版,第322—342页。
④ (宋)法云编:《翻译名义集》卷8,《中华大藏经》第84册,中华书局1994年版,第378页。
⑤ 《后汉书》卷63《李固传》,第2084页。
⑥ (唐)徐坚等:《初学记》卷15《舞》,中华书局1962年版,第382页。
⑦ 《三国志》卷9《何晏传》,裴松之注引,第292页。
⑧ 《三国志》卷21《王粲传》,裴松之注引,第603页。

中皆胡粉涂壁，其边以丹漆地，故曰丹墀。"① 胡粉还用作绘画的颜料，尚书省"皆胡粉涂画古贤人烈女"。② 或作为壁画打底的颜料，"省中皆胡粉涂壁，画古烈士"。③ 东汉末年至魏初，洛阳市场上胡粉买卖极盛。《北堂书钞》引《魏名臣奏》中有刘放《奏停卖胡粉》，云："今官贩粉卖胡粉，与百姓争锥刀之末利，宜乞停之。"④ 说明百姓卖胡粉早已成为一种洛阳市场上的生意，由于有利可图，政府也开始从事经营。可见当时从境外运销至中原地区的胡粉数量之多。西晋张华《博物志》记载一则以胡粉作原料的染发配方："胡粉、白石灰等，以水和之，涂鬓须不白。"⑤ 汉代传入的化妆品还有一种燕支粉，《古今注》云："燕支，叶似蓟，花似捕公（蒲公，一作菖蒲），出西方，土人以染，名为燕支。中国亦谓为红蓝。以染粉为妇人色，谓之燕支粉。"⑥

中亚地区的葡萄汉代传入中国，其药用价值也被认识。《史记·大宛列传》记载，大宛国"俗嗜酒（葡萄酒），马嗜苜蓿。汉使取其实来，于是天子始种苜蓿、蒲陶（葡萄）肥饶地。及天马多，外国使来众，则离宫别馆旁尽种蒲萄、苜蓿极望"。⑦ 汉代医书已经列入葡萄，并论述其药性。《神农本草经》列入上品，云："葡萄，味甘，平，无毒。治筋骨湿痹，益气，倍力，强志，令人肥健，耐饥，忍风寒。久食轻身，不老，延年。可作酒（逐水，利小便），生山谷。"⑧ 与之相关的是葡萄酒及酿制方法，汉末也从中亚和西域传入。

## （四）边疆民族地区疗疾养生的医药和偏方

汉朝时边疆地区各民族往往有疗疾养生的医药和偏方，在汉朝与其交往中，彼此间都获得不少对方的药材和医药医学方面的知识，丰富了中原地区中医学的内容。

南方沿海地区产的药材传入中原地区。《汉书·南粤王传》记载，南

---

① （汉）应劭撰，（清）孙星衍校集：《汉官仪》卷上，《汉官六种》，中华书局1990年版，第143页。
② （汉）应劭撰，（清）孙星衍校集：《汉官仪》卷上，《汉官六种》，第143页。
③ （汉）应劭撰，（元）陶宗仪辑：《汉官仪》，《汉官六种》，第115页。
④ （隋）虞世南：《北堂书钞》卷135《服饰部》，学苑出版社1998年影印本，第2册，第391页。
⑤ （晋）张华著，范宁校证：《博物志校证》卷4，中华书局1980年版，第49—50页。
⑥ （晋）崔豹：《古今注》卷下，辽宁教育出版社1998年版，第15页。
⑦ 《史记》卷123《大宛列传》，第3173页。
⑧ 马继兴主编：《神农本草经辑注》卷2，人民卫生出版社1995年版，第137—138页。

越王赵佗曾遣使向汉文帝入贡，其贡物中有"桂蠹一器"。颜师古注云："应劭曰：'桂树中蝎虫也。'苏林曰：'汉旧常以献陵庙，载以赤毂小车。'师古曰：'此虫食桂，故味辛，而渍之以蜜食之也。'"① 此种桂蠹显然是医药保健类食品。《后汉书·西南夷列传》记载："冉駹夷者，武帝所开，元鼎六年，以为汶山郡。……出名马。有灵羊，可疗毒。又有食药鹿，鹿麛有胎者，其肠中粪亦疗毒疾。又有五角羊、麝香、轻毛毡鸡、牲牲。其人能作旄毡、班罽、青顿、毞毲、羊羧之属。特多杂药。地有咸土，煮以为盐。麢羊牛马，食之皆肥。"灵羊，或作零羊，即羚羊。李贤注引《本草经》云："零羊角味鹹无毒，主疗青盲、虫毒，去恶鬼，安心气，彊筋骨。"② 在冉駹夷人那里，怀胎之鹿麛肠中粪也有医药价值，有解毒作用。"特多杂药"，说明中原地区的人们从其地学到不少医药知识。

中原地区很早就从西域输入药物和医术，汉代也更多地从西域输入药物和药方，这一点古人早有认识。《黄帝内经·异法方宜论》云："西方者，金玉之域，沙石之处，天地之所收引也。其民陵居而多风，水土刚强，其民不衣而褐荐，其民华食而指肥。故邪不能伤其形体，其病生于内，其治宜毒药。故毒药者，亦从西方来。"③《山海经·西山经》记载："有兽焉，其状如羊而马尾，名曰籘羊，其脂可以已腊。"④ 又云："其草有萆荔，状如乌韭，而生于石上，亦缘木而生，食之已心痛。"⑤ "有木焉，名曰文茎，其实如枣，可以已聋。"⑥ "文鳐鱼，状如鲤鱼……其味酸甘，食之已狂。"⑦ 又云："有草焉，名曰蕢草，其状如葵，其味如葱，食之已劳。"⑧ 中曲之山"有木焉，其状如棠……名曰櫰木，食之多力"。⑨ 崦嵫之山"其上多丹木，其叶如谷，其实大如瓜，赤符而黑理，食之已瘅"。⑩ 已，治的意思。可知中原地区很早就知道西域有可治各种疾病的植物类或动物类的药物。《汉书·西域传》记载，鄯善国"多葭苇、柽

---

① 《汉书》卷95《南粤王传》，第3853页。
② 《后汉书》卷86《西南夷列传》，第2858页。
③ 佚名撰，(唐)王冰订补：《黄帝内经素问》卷4，《二十二子》，上海古籍出版社1986年影印本，第890页。
④ 袁珂：《山海经校注》卷2《西山经》，上海古籍出版社1980年版，第21页。
⑤ 同上书，第20—21页。
⑥ 同上书，第23页。
⑦ 同上书，第44页。
⑧ 袁珂：《山海经校注》卷2《西山经》，第47页。
⑨ 同上书，第63页。
⑩ 同上书，第65页。

柳、胡桐、白草"①；乌秏国"有白草"②；姑墨国"出铜、铁、雌黄"。③这里提到的西域国家的物产，大多为当地出产的药材。《后汉书·西域传》记载了西夜国对白草的加工利用："地生白草，有毒，国人煎以为药，傅箭矢，所中即死。"④ 经过西夜国人的加工，白草可以作为制作毒箭的药物。柽柳又名红柳，是高原上最普通、最常见的一种植物。属红柳科灌木或小乔木，在新疆、甘肃、内蒙古等地广泛分布，是一种重要的中药材，味甘咸，性平，能疏风、解表、利尿、解毒。

西域多琅玕，琅玕一名青珠，一种天然玉珠。在传统医学中，玉有医药价值，延年益寿，但不可多服和常服。敦煌汉简反映昆仑山下之精绝国，往往以琅玕作为信物和贵重礼品相赠。罗振玉、王国维编著《流沙坠简》第28、30、31、32、33、34、35号简都是出于尼雅精绝国遗址的木简书信，皆以琅玕随书信相赠："王母谨以琅玕一致问"（第二十八简）；"休乌谨以琅玕一致问"（第三十简）；"君华谨以琅玕一致问"（第三十一简）；"苏且谨以琅玕一致问"（第三十三简）；"苏且谨以黄琅玕一致问"（第三十四简）；"奉谨以琅玕一致问"（第三十五简）。⑤ 精绝国是西汉时期西域一个较小的城邦国家，位于昆仑山北麓尼雅河畔一处绿洲上，容易得到琅玕。琅玕也产于地中海、红海等地。《后汉书·西域传》记载大秦国"土多金银奇宝，有夜光璧、明月珠、骇鸡犀、珊瑚、虎魄、琉璃、琅玕、朱丹、青碧"。⑥ 《神农本草经》把青琅玕列入药之下品，云："味辛，平。主身痒，火创，痈伤，疥搔，死肌。一名石珠。生平泽。"⑦ 说明琅玕已经受到汉代医家关注。

戎盐，从其名称看当是来自西北边疆地区的一种矿物，在古代文献中主要用于医疗。戎盐有解毒消炎作用。《神农本草经》云："药种有五物，一曰狼毒，占斯解之；二曰巴头，藿汁解之；三曰黎，卢汤解之；四曰天雄乌头，大豆解之；五曰班茅，戎盐解之。"⑧《神农本草经》把戎盐列入"下品"云："一名胡盐，味咸、寒、无毒，主明目，目痛，益气，坚肌

---

① 《汉书》卷96《西域传》上，第3876页。
② 同上书，第3882页。
③ 同上书，第3910页。
④ 《后汉书》卷88《西域传》，第2917页。
⑤ 罗振玉、王国维编著：《流沙坠简》，中华书局1993年版，第223—224页。
⑥ 《后汉书》卷88《西域传》，第2919页。
⑦ 佚名撰，（清）黄奭辑：《神农本草经》，中医古籍出版社1982年版，第260页。
⑧ （晋）张华著，范宁校证：《博物志校证》卷4引，中华书局1980年版，第49页。

骨,去毒蛊(心腹痛、溺血、吐血、齿舌血出),生北地。"① 张仲景《金匮要略》记载有"茯苓戎盐汤",取茯苓半斤、白术二两、戎盐弹丸大一枚,右三味,以水六升,煎取三升,分温三服。治小便不利。② 苏恭把沙州和廓州作为戎盐的产地:"戎盐即胡盐也,沙州名'秃登盐',廓州名为'阴土盐'。生河岸山坡阴土石间,故名。"③ 1972 年,从甘肃武威汉墓中出土 78 枚医药汉简,其中记载着"驼苏"(酥油)"戎盐""白羊粪"等西北边地常用药品。④ 日本奈良正仓院收藏的一个无釉陶罐中有戎盐的样品,根据对这些样品的分析,可以辨认出其混合物中含有多种成分。研究这些混合物的日本学者朝比奈泰彦和益寿富之助称作"中国盐湖中采集的一种泥土"。⑤ 美国汉学家薛爱华根据日本学者的鉴定指出:"戎盐实际上是一种混合盐,除了钾和氯化钠之外,它还包括含有镁、钙、钠等成分的水合硫酸盐,由于所含杂质的多少不同,其颜色也就各不相同。戎盐是从甘肃、青海等西北干旱地区的碱土中采集来的。"⑥ 汉代从域外输入各种禽兽动物,随之也传入医治这些禽兽动物伤病的医药医学知识,戎盐的使用即其一例。居延汉简中有一简:"治马头涕出方,取戎盐三指挟三□□"。⑦ 李时珍《本草纲目·石部》"戎盐"条引大明曰:"西番所食者,故号戎盐、羌盐。"又引陶弘景曰:"柔盐,疑是戎盐,而此戎盐又名胡盐,二三相乱。今戎盐虏中多有,从凉州来,亦从敦煌来。其形作块片,或如鸡鸭卵,或如菱米,色紫白,味不甚咸,口常气臭正如蝦鸡子臭者乃真。又河南盐池泥中,自有凝盐如石片,打破皆青黑色,善疗马脊疮,又疑此是戎盐。"⑧ 居延汉简中之"戎盐"当即治疗马脊疮的胡盐,"马头涕"应该是一种与马脊疮相类的炎症。

麻黄在中医药物中具有重要地位,考古学成果资料告诉我们,古楼兰

---

① 马继兴主编:《神农本草经辑注》卷 1,人民卫生出版社 1995 年版,第 416 页。
② (汉)张仲景著,(清)高学山注:《高注金匮要略》,上海人民出版社 1956 年版,第 179 页。
③ (明)李时珍:《本草纲目》卷 11《石部》,第 275 页。
④ 王孝先:《丝绸之路医药学交流研究》,新疆人民出版社 1994 年版,第 73 页。
⑤ [日]朝比奈泰彦编:『正倉院薬物』、植物文献刊行会、大阪:株式会社便利堂、昭和三十年(1955),第 496—497 页;益富寿之助:〈正倉院薬物を中心とする古代石薬の研究〉、『正倉院の鉱物』1、京都:日本地学研究会館、1973 年、第 46、48 页。
⑥ [美]薛爱华:《撒马尔罕的金桃——唐代舶来品研究》,社会科学文献出版社 2016 年版,第 531 页。
⑦ 中国社会科学院考古研究所编:《居延汉简甲乙编》(下),中华书局 1993 年版,第 108 页。
⑧ (明)李时珍:《本草纲目》卷 11《石部》,第 275—276 页。

人很早就开始了麻黄药用的实践。夏雷鸣指出,《神农本草经》和《伤寒论》两部成书于汉代的医学著作都对麻黄的药性、药效和主治多种疾病的临床经验进行了成功的总结。其珍贵经验可能跟西域人的麻黄医用实践有关。①

羚羊是对一类偶蹄目牛科动物的统称。羚羊类动物总计86种,分属于11个族、32个属。从分类学上看,羚羊并没有特定的专指哪个科或属。其特征是长有空心而结实的角,区别于牛、羊这一类的反刍动物。《山海经·西山经》提到的"麢"就是羚羊。跳羚羊主要分布在非洲,小羚羊分布在非洲和亚洲。阿拉伯半岛是阿拉伯大羚羊和小鹿瞪羚的栖息地。印度是印度大羚羊、印度瞪羚和印度黑羚的栖息地。俄国和东南亚则是四角羚、藏羚羊和高鼻羚羊的栖息地。产于中国的有原羚、鹅喉羚、藏羚和斑羚等,藏羚羊主要分布在中国青海、西藏、新疆三省(自治区)。中国新疆所产赛加羚羊的角可供做药材,羚羊角常用做平肝熄风药。据研究,东汉时安息国入贡的符拔,就是羚羊之一,称叉角羚。羚羊角在汉代已经被医家用于医药。《神农本草经》云:"羚羊角,味咸,寒,无毒。主明目,益气,起阴;去恶血,注下,辟蛊毒、恶鬼、不祥,安心气,常不魇寐。久服强筋骨,轻身,生川谷。"②《尔雅》云:"麢,如羊。"郭璞云:"麢羊,似吴羊而大角,角椭,出西方。"③

从上述考查可知,汉代丝绸之路的开拓为中国人吸收和借鉴域外医学成果提供了条件,外来文明丰富了中国古代医学宝库。在中国医家眼里,各种动物、植物和矿物都有药性,汉代输入的各种外来物品往往都有医药价值,但对这些外来物品的医药价值有一个认识的过程。有的本来就是作为药物传入的,有的其医药价值是传入后为汉代人所认识的,有些则是传入中国后其医用价值为后来的中国医家逐渐认识。汉代是中国中医理论和实践发展的重要阶段,这一时期获得的域外医学成果相当丰富。从《神农本草经》《金匮要略》等汉代文献来看,外来的医药医术确实丰富了汉代中医药学知识。可以推测,传入中国的各种物品,其药性价值可能有的是经中国医家试验所得,有的则是伴随其传入一并为中国医家所了解,被收录于本草书中。汉代时从域外传入的各种香料和

---

① 夏雷鸣:《古楼兰人对生态环境的适应——罗布泊地区墓葬麻黄的文化思考》,《中国社会科学》1997年第3期。
② 马继兴主编:《神农本草经辑注》卷3,人民卫生出版社1995年版,第315页。
③ (晋)郭璞注,(宋)邢昺疏:《尔雅注疏》卷10,《十三经注疏》,中华书局1980年版,第2651页。

花果植物，往往具有药用价值。其药性有的可能在其原产地已经认识，有的则可能进入汉地后为中国医家所认知。其医药价值已在本书论及该物种时论述，此不复赘。

# 第六章 珠宝篇

在古代中国人的观念中，域外盛产珠玉之地主要有大秦、波斯、天竺、南海等地。从汉武帝开始，统治者非常渴望得到域外珍异，并且以外国贡献珠宝为荣耀。古代没有现代意义上的珠宝分类，古代文献上讲到通过各种途径获得的珠宝，通常指玳瑁、象牙、犀角、珊瑚、琥珀、琉璃、水精、玉石、翡翠、金刚石、琅玕、砗磲、青金石、珍珠等。

## 一 概述

> 人迹所极，至大秦兮。珊瑚明珠，铜金银兮。琉璃玛瑙，来杂陈兮。砗磲水精，莫非真兮。雄黄雌石，出山垠兮。青白莲华，被水滨兮。宫殿栖观，并七珍兮。
>
> ——（南朝·梁）江淹《遂初赋》

珠宝有广义与狭义之分，狭义的珠宝单指玉石制品，广义的珠宝包括金、银以及天然材料（矿物、岩石、生物等）制成的具有一定价值的首饰、工艺品或其他珍藏统称为珠宝。珠宝又称宝石，一般把金银等金属之外的天然材料（矿物、岩石、生物等）制成的具有一定价值的首饰、工艺品或其他珍藏统称为珠宝或宝石，故有"金银珠宝"的说法，把金银和珠宝区分出来。宝石必须具备以下几个特点：一是"美"，即艳丽晶莹，光彩夺目；二是"久"，即质地坚硬耐磨，能够经久不变；三是"稀"，即产量少，物以稀为贵。正因为如此，古代帝王都希望得到宝石。《逸周书·王会解》记载，商王汤命大臣伊尹著《四方献令》，云："正南瓯邓、桂国、损子、产里、百濮、九菌，请令以珠玑、瑇瑁、象齿、文犀、翠羽、菌鹤、短狗为献。"① 其中多南海珠宝。

在中国人的宝石观念中，最初是珠贝龟玉。《论语·季氏篇》中有"虎兕出于匣，龟玉毁于椟中"之语。② 保存在木盒中的珠宝便是龟甲玉石之器。"珠贝龟玉"自古便是无价之宝。《汉书·食货志》云："秦兼天下，币为二等：黄金以溢为名，上币；铜钱质如周钱，文曰'半两'，重如其文。而珠玉龟贝银锡之属为器饰宝藏，不为币，然各随时而轻重无常。"③ 原来用作货币的"珠玉龟贝银锡之属"必须有定价，但成为"器饰宝藏"以后，不再作为流通的货币，是没有定价的。清代纪昀《阅微草堂笔记·姑妄听之一》云：

> 盖物之轻重，各以其时之好尚，无定准也。记余幼时，人参、珊瑚、青金石价皆不贵，今则日昂。绿松石、碧鸦犀价皆至贵，今则日减。云南翡翠玉，当时不以玉视之，不过如蓝田乾黄，强名以玉耳；今则以为珍玩，价远出真玉上矣。又灰鼠旧贵白，今贵黑。貂旧贵长毳，故曰丰貂，今贵短毳。银鼠旧比灰鼠价略贵，远不及天马，今则贵几如貂。珊瑚旧贵鲜红如榴花，今则贵淡红如樱桃，且有以白类车渠为至贵者。盖相距五六十年，物价不同已如此，况隔越数百年乎？儒者读《周礼》蚔酱，窃窃疑之，由未达古今异尚耳。④

其中所说珊瑚、青金石、绿松石、碧鸦犀、翡翠玉、蓝田干黄玉、砗磲等，皆属珠宝类。纪昀的见闻也说明珠宝无定价，"各随其时之好尚"。这种无价之宝历来成为达官贵人们生前收藏死后殉葬的器物，李斯《谏逐客书》讽劝秦始皇帝：

> 今陛下致昆山之玉，有和、随之宝，垂明月之珠，服太阿之剑，乘纤离之马，建翠凤之旗，树灵鼍之鼓。此数宝者，秦不生一焉，而陛下悦之，何也？必秦国之所生然后可，则夜光之璧不饰朝廷，犀象之器不为玩好，而赵、卫之女不充后宫，骏良駃騠不实外厩；江南金

---

① 佚名：《逸周书》卷7《王会解》，《汉魏丛书》，吉林大学出版社1992年影印本，第286页。
② 杨伯峻：《论语译注》，中华书局1980年版，第172页。
③ 《汉书》卷24下《食货志》下，第1152页。
④ （清）纪昀：《阅微草堂笔记》卷15《姑妄听之》，中华书局2013年版，第251—252页。

锡不为用，西蜀丹青不为采。所以饰后宫、充下陈、娱心意、悦耳目者，必出于秦然后可，则是宛珠之簪、傅玑之珥、阿缟之衣、锦绣之饰不进于前，而随俗雅化、佳冶窈窕，赵女不立于侧也。①

史载秦始皇陵中"被以珠玉，饰以翡翠"。② 其中明月珠、夜光璧、犀象之器、傅玑之珥、翡翠之饰等皆交通域外所得。西汉前期，文帝、景帝都厉行节约，不贵珠宝。自张骞出使西域和汉武帝平南越交通海外起，汉朝了解到域外珠宝产地，统治者便对域外珠宝孜孜以求，不惜以重金和大量绢帛进行交换，或以战争手段获取，或纳取周边民族以及域外各国奉献，从而获得各种域外珠宝。《史记·大宛列传》记载汉武帝闻张骞报告后，欲开辟西南经身毒至大夏的通道，用意是："天子既闻大宛及大夏、安息之属，皆大国，多奇物；土著，颇与中国同业而兵弱，贵汉财物。其北有大月氏、康居之属，兵强可以赂遗设利朝也。且诚得而以义属之，则广地万里，重九译，致殊俗。威德遍于四海，天子欣然，以骞言为然。"③ 其交通西域的目的，其一便是西域"多奇物"。这种奇物包括珠宝。《汉书·地理志》"粤地"条记载，汉武帝遣使交通海外国家，携带的是"金帛"，目的则是"市明珠、璧琉璃、奇石、异物"。④ 美国汉学家薛爱华说："如果某个在位的君主要想得到另一位君主的好感的话，最有效的做法莫过于赠送一件或多件昂贵精美的珠宝。"⑤ 汉武帝以后的汉代诸帝改变了汉文帝、汉景帝时的作风，追求异域珍宝。东汉杜笃《论都赋》盛夸汉武帝的功业：

孝武因其余财府帑之蓄，始有钩深图远之意，探冒顿之罪，校平城之雠。遂命票骑，勤任卫青，勇惟鹰扬，军如流星，深入匈奴，割裂王庭，席卷漠北，叩勒祁连，横分单于，屠裂百蛮。烧屬帐，系阏氏，燔康居，灰珍奇，椎鸣镝，钉鹿蠡，驰坑岸，获昆弥，虏偻

---

① （南朝·梁）萧统：《文选》卷39，上海书店1988年影印本，第542页。
② 《汉书》卷51《贾山传》，第2328页。
③ 《史记》卷123《大宛列传》，第3166页。
④ 《汉书》卷28下《地理志》下，第1670页。
⑤ [美] 薛爱华：《撒马尔罕的金桃——唐代舶来品研究》，吴玉贵译，社会科学文献出版社2016年版，第546页。

伥①，驱骡驴，驮宛马，鞭駃騠。拓地万里，威震八荒。肇置四郡，据守敦煌。并域属国，一郡领方。立侯隅北，建护西羌。捶驱氐僰，寠狼邛莋。东攟乌桓，蹂躪濊貊。南羁钩町，水剑强越。残夷文身，海波沬血。郡县日南，漂概朱崖。部尉东南，兼有黄支。连缓耳，琐雕题，摧天督，牵象犀，椎蚌蛤，碎琉璃，甲玳瑁，戕觜䚦。于是同穴裘褐之域，共川鼻饮之国，莫不祖跣稽颡，失气虏伏。②

伴随着汉武帝的文治武功开疆拓土，域外珠宝源源不断输入。随着对外交流的扩大和外来器物的输入，珠宝范围有所扩大。余太山先生对两汉魏晋南北朝正史"西域传"所见西域诸国的物产进行了总结，珠宝方面列举二十四种，并据正史记载注明其产地，分别是珠玑、离珠（或即琉璃珠）、珊瑚、虎魄、璧流离、夜光璧、骇鸡犀、琉璃（人工合成者便是今日所谓玻璃）、颇黎（一说应即水晶）、琅玕、青碧、朱丹、瑿瑁、璆琳、水精、玫瑰（应即云母）、瑟瑟、玛瑙、砗磲、火齐、金刚、南金、象牙、杂宝。③ 域外传入的珠宝成为贵族阶级生活的奢侈品。南朝诗人徐陵《玉台新咏》序云："周王璧台之上，汉帝金屋之中，玉树以珊瑚作枝，珠帘以玳瑁为押（一作匣）。"④

在汉代人的观念中，珠宝多出于大秦，而安息、罽宾、乌弋山离、天竺也是珠宝最多的国家。《汉书·西域传》记载罽宾："有金银铜锡，以为器。市列。以金银为钱，文为骑马，幕为人面。出封牛、水牛、象、大狗、沐猴、孔爵、珠玑、珊瑚、虎魄、璧流离。"⑤ 而乌弋山离国出产则"皆与罽宾同"。⑥《后汉书·西域传》称大秦："土多金银奇宝，有夜光璧、明月珠、骇鸡犀、珊瑚、虎魄、琉璃、琅玕、朱丹、青碧。刺金缕绣，织成金缕罽、杂色绫。作黄金涂、火浣布。又有细布，或言水羊毳，野蚕茧所作也。合会诸香，煎其汁以为苏合。凡外国诸珍异皆出焉。"⑦

---

① 《后汉书》卷80上《杜笃传》，李贤注："诸家并音伥为粟特，西域国名也。传读如此，不知所出。今有肃特国，恐是也。"以为"数伥"即肃特国。第2601—2602页。按：肃特，当即粟特。

② 《后汉书》卷80上《杜笃传》，第2600页。

③ 余太山：《两汉魏晋南北朝正史西域传研究》，中华书局2003年版，第298—301页。

④ （南朝·陈）徐陵编，（清）吴兆宜注，程琰删补：《玉台新咏笺注》卷1，中华书局1985年版，第11页。

⑤ 《汉书》卷96《西域传》，第3885页。

⑥ 同上书，第3889页。

⑦ 《后汉书》卷88《西域传》，第2919页。

大秦"与安息、天竺交市于海中,利有十倍"①,所以安息国"通大秦,其土多海西珍奇异物焉"。② 天竺"西与大秦通,有大秦珍物"。③

随着海外珠宝的传入,贵族阶级服用以珠宝装饰形成风气。干宝《搜神记》记载西晋末年世风:"晋惠帝元康中,妇人之饰有五佩兵。又以金、银、象、角、瑇瑁之属,为斧、钺、戈、戟而载之,以当笄。男女之别,国之大节,故服食异等。今妇人而以兵器为饰,盖妖之甚者也。于是遂有贾后之事。"④ 当时女性首饰器形为兵器,而制作的原料则以珠宝装饰,其中象指象牙,角指犀牛角,瑇瑁则指大乌龟壳。珠宝还是皇室贵族用来陪葬的东西。西汉大云山1号墓发现错金银嵌玉石玛瑙铜镇、红黄绿等各色宝石,徐州狮子山汉墓楚王的玉棺前和嫔妃陪葬墓的旁边,发现数枚夜明珠。这些珠子历经地下水两千多年的侵蚀,虽然表皮有些脱落,但直径仍达0.6厘米,而且个个颗粒饱满、色泽鲜艳。北京大葆台西汉墓出土文物千余件,有铜器、铁器、玉器、漆器、玛瑙器、金箔、陶器及丝织品等,汉宫珍饰缠丝鸡血红玛瑙。马王堆出土发掘时,揭开椁板,人们发现这是一个丰富的地下宝库,中央是巨大的棺材,四面边厢里填满了五光十色的珍宝,在淤泥的覆盖下,每件物品都如新的一般。

佛教在两汉之际传入中国,自汉末越来越兴盛,魏晋南北朝时期是佛教大发展的时期。随着佛教的传播,佛教"七宝"说也深刻影响了中国人的珠宝观念。佛陀涅槃后,信徒以佛塔作为崇拜对象。佛塔并非中国传统意义上的寝陵、坟墓,佛塔地宫和天宫的功用是瘗藏佛舍利。舍利瘗藏的供养物即"七宝",七宝供养属于"财供养",蕴含了佛家净土光明与智慧思想,赋予了深刻的宗教内涵,因此七宝供养物也成为佛教的圣物。佛教"七宝"观念在社会生活中具有特殊的意义,除了用七宝供养表达虔诚信仰之外,以七宝装饰器物也成为上层贵族的习尚。

## 二 贝 紫贝 文贝

涉江竟何望,留滞空采莲。驻情光气下,凝怨琴瑟前。

---

① 《后汉书》卷88《西域传》,第2919页。
② 同上书,第2918页。
③ 同上书,第2921页。
④ (晋)干宝:《搜神记》卷7,中华书局1979年版,第97页。

珠贝性明润，兰玉好芳坚。不以宿昔岨，怀愧期暮年。

————[南朝·梁] 江淹《贻袁常侍诗》

贝是蛤蜊、珠母、刀蚌、文蛤等有介壳软体动物的总称，又指贝类动物的硬壳，即贝壳。贝类动物体软无节，外束膜一层曰外套膜，能分泌液质，结构成壳，名为介（Shellfish）。古时用贝壳作货币，故从"贝"的字多与钱财宝物有关。东汉许慎《说文解字》释贝："海介虫也，居陆名猋，在水名蜬，象形。古者货贝而宝龟，周而有泉，至秦废贝行钱。凡贝之属皆从贝。"[1] 贝币是中国早期实物货币之一，早在夏代末年，贝就可能成为交换媒介。西汉桓宽《盐铁论·错币》云："教与俗改，弊（当作币）与世易。夏后以玄贝，周人以紫石，后世或金钱刀布。"[2] 其贝来自东南沿海地区。《逸周书·王会篇》曰："若人玄贝。"晋孔晁注云："若人，吴越之蛮；玄贝，昭贝也。"[3] 《尚书·禹贡》曰："淮、海惟扬州……岛夷卉服，厥篚织贝。"[4] 商代原始贝币流通，常见的是一种齿贝，背面往往磨平，或钻一穿孔，以便于携带，其学名为"货贝"。《尚书·盘庚篇》云："具乃贝玉。"孔颖达疏曰："贝者，水虫，古人取其甲以为货，如今之用钱然。"[5]

商周时期的墓葬中出土有贝币。商代的卜辞和铜器铭文中有"锡贝""囚贝""赏贝"等字样。贝币以"朋"为计算单位，五贝为一串，两串为一朋。贝产于海，不敷流通，就用仿制品来代替，遂有珧贝、蚌制贝、骨贝、石贝、陶贝等，还有向金属货币形态过渡的铜贝。除商代外，中国早期社会贝币都有不同程度的使用，东周秦汉云南地区有用贝币的考古发现，晋宁石寨山、李家山古墓群发现数以万计的海贝和铜片上描绘的贝形物。[6]《汉书·食货志》云："《洪范》八政，一曰食，二曰货。食谓农殖嘉谷可信发之物，货谓布帛可衣及金刀龟贝，所以分财布利通无无者

---

[1] （汉）许慎：《说文解字》（六），中华书局1963年版，第129页。
[2] （汉）桓宽撰，王利器校注：《盐铁论校注》卷1《错币》，中华书局1992年版，第57页。
[3] 《逸周书》卷7《王会解》，《汉魏丛书》，吉林大学出版社1992年影印本，第286页。
[4] 《尚书正义》卷6《夏书·禹贡》，《十三经注疏》，中华书局1980年影印本，第148页。
[5] 《尚书正义》卷9《商书·盘庚中》，《十三经注疏》，中华书局1980年影印本，第171页。
[6] 方国瑜：《云南用贝作货币的年代及贝的来源》，《云南大学学报》（人文科学）1957年第12期。

也。"① 说明布帛、金刀和龟贝都是流通的货币。秦始皇统一全国后,行铸钱,中原地区贝、刀、布等原始货币即已废弃。许慎《说文解字》云:"贝,海介虫也,居陆名猋。在水名蜬,象形。古者货贝而宝龟,周而有泉,至秦废贝行钱。"② 但西汉焦延寿著卜筮书《易林》中的卜辞有云:"赍贝赎狸,不听我辞;系指虎须,牵不得来。"③ 说明当时贝仍具有某种货币交换价值。西汉末王莽还曾推行贝币。魏晋南北朝时期在交通及经济欠发达的西南、西北少数民族地区,贝币仍有使用。

贝壳珍贵美观,古时还用作礼器,丧礼时使用。《尚书·顾命篇》记载,周成王崩,其丧礼用"文贝""大贝"。④ 贝壳又用作装饰,又可以雕刻工艺品,因此有不少以贝壳装饰或雕刻的装饰品或贸易商品,贝阁是用贝壳装饰宫门前的楼观,贝阙是以贝装饰的宫门楼观,贝文是贝壳的纹彩,贝饰是贝制的饰物,贝雕是在贝壳上雕刻或镶嵌人物、山川、花卉、动物以及家具、文具等的工艺品。古代类书中既把贝列为"鳞介"类,又列为"珍宝"类。⑤ 在中国古人天人感应的观念中,贝与人的品德有关。贝有许多种类,相传汉代朱仲曾撰《相贝经》列举各种贝名,并述其特性:

> 黄帝、唐尧、夏禹三代之真瑞,灵奇之秘宝,其有次此者,贝盈尺,状如赤电黑云,谓之紫贝。素质红黑谓之珠贝,有青地绿文谓之绶贝,黑文黄画为之霞贝。紫愈疾,珠明目,绶消气障,霞伏蛆虫。虽不能延龄增寿,其(御)害一也。复又下此者,鹰啄蝉脊,以逐温去水,无奇功。贝大者如轮,文王得大秦贝,径半寻。穆王得其壳,悬于昭观。秦穆公以遗燕龟,可以明目,宜玉宜金。南海贝如珠玑,或白驳,其性寒,其味甘。二水毒浮贝使人寡无,以近妇人,黑白各半是也。濯贝使人善惊,无以亲童子,黄唇点齿有赤驳是也。虽贝使病疟,黑鼻,无皮是也。爵贝使胎消,勿以示孕妇,赤带通脊是也。慧贝使人善忘,忽已近炽,内壳赤络是也。臀贝使童子愚女淫,

---

① 《汉书》卷24上《食货志》上,第1117页。
② (汉)许慎:《说文解字》(六),中华书局1963年版,第129页。
③ (汉)焦延寿:《易林》卷1《否》"革"条,第976页;"否"条,第977页。
④ 《尚书正义》卷18《周书·顾命》,《十三经注疏》,中华书局1980年影印本,第239页。
⑤ 如《太平御览》卷807之《珍宝部》;第941卷之《鳞介部》,上海古籍出版社2008年影印本。

有青唇赤鼻是也。碧贝使人盗，脊上有缕句唇是也。雨则重，霁则轻。委贝使志强，夜行伏迷鬼狼豹百兽，赤中圆是也。雨则重，霁则轻。①

据说，琴高乘桴浮于海，对海产、河产进行了深入研讨。朱仲学仙于琴高，掌握了琴高的海产、河产知识。他曾向汉武帝进献珍珠，又赠送会稽太守严助"径尺之贝"，并著此文献给严助。这里关于《相贝经》的产生以及各种贝的神奇性能，都有些神乎其神的夸张色彩，可以作为小说虚构情节看待，但它反映了古人对贝的珍视和神秘感。在古代中国人的观念中，贝的隐现还与君王的品德有关。汉代纬书《孝经援神契》曰："德至渊泉，则江生大贝。"②贝具有避邪之作用，正如《相贝经》所言："珪延得大贝于昌阳弱泉，为五帝瑶器也；得拘夸何贝，大如轮，为文王寿；穆王得大紫贝，悬其壳于昭阳观，以消恶雾。"③东方朔曾在上武帝书中自言"目若悬珠，齿若编贝"。④汉代盛行厚葬，珠贝是达官贵族的陪葬品。《东观汉记·梁商》记载，梁商病笃，遗嘱薄葬，他说："吾以不德，享受多福，生无以辅益朝庭，死必耗费帑藏。衣衾饭唅玉匣珠贝之属，何益朽骨？百僚劳攘，纷华道路，祇增尘垢。虽云礼制，亦有权时。今边郡不宁，盗贼未息，岂宜重为国损！"⑤据此可知，按照当时的礼制，达官贵族是以珠贝之类陪葬的。贝有医药价值，汉代医家已经有所论述。《神农本草经》云："贝子，一名贝齿，味咸，平，有毒。治目翳，鬼疰，腹痛，下血，五癃，利水道。生东海池泽。烧用之良。"⑥贝子，即海贝。

东南亚、南亚海域出产一种紫贝，中国东海及南海亦出紫贝。紫贝者，质地洁白而花纹紫色，或紫质黑纹。《尔雅》云贝"大者魧，小者鲼"。郭璞注云："今细贝，亦有紫色者，出日南。"⑦《太平御览》卷八百七引《广州志》云："贝凡有八，紫贝最为美者，出交州。大贝出巨延州，与行贾贸易。"巨延州，其地一般认为在今加里曼丹岛⑧，位于东南

---

① 《太平御览》卷807《珍宝部》，上海古籍出版社2008年影印本，第8册，第216—217页。
② 《太平御览》卷941《鳞介部》，上海古籍出版社2008年影印本，第9册，第384页。
③ 同上书，第385页。
④ 《汉书》卷65《东方朔传》，第2841页。
⑤ （东汉）刘珍等撰，吴树平校注：《东观汉记校注》15，中华书局2008年版，第613页。
⑥ 马继兴主编：《神农本草经辑注》卷4，人民卫生出版社1995年版，第460页。
⑦ 《太平御览》卷941《鳞介部》，上海古籍出版社2008年影印本，第9册，第384页。
⑧ 参见陈佳荣等《古代南海地名汇释》，中华书局1986年版，第175页。

亚马来群岛中部，北部为马来西亚的沙捞越和沙巴两州，两州之间为文莱。南部为印度尼西亚的北、东、南、中、西加里曼丹五省，中国史籍称为"婆利""勃泥""渤泥""婆罗"等。紫贝不是瓣鳃纲贝类，而是腹足纲宝螺科（宝贝科）螺类，紫贝则是这科类生物的通称。紫贝圆，大二、三寸。中国南方很早就用紫贝装饰殿堂，乃豪华装饰。楚辞《九歌·河伯》云："鱼鳞屋兮龙堂，紫贝阙兮朱宫。"① 汉代时从南方沿海地区获得紫贝。《汉书·两粤传》记载，南越王赵佗《上文帝书》云："谨北面因使者献白璧一双，翠鸟千，犀角十，紫贝五百，桂蠹一器，生翠四十双，孔雀二双，昧死再拜，以闻皇帝陛下。"② 司马相如《子虚赋》中子虚言云梦泽有紫贝："浮文鹢，扬旌枻，张翠帷，建羽盖，网瑇瑁，钓紫贝。"颜师古注云："郭璞曰：'紫贝，紫质黑文也。'师古曰：'贝，水中介虫，古以为货也。'"③

　　有花纹的贝壳称为文贝，包括带色花纹者，因此文贝包括紫贝。《尚书·顾命》云："西序东向，敷重厎席，缀纯，文贝仍几。"孔安国传云："有文之贝饰几。"④ 清钮琇《觚賸·石言》引潘耒《稼堂赋》云："岭表珍奇，是不一类：珊瑚砗磲，明珠文贝，沈檀通犀，象齿翡翠，却尘云纨，辟雨之氄。"⑤ 紫贝是文贝的一种，有时也叫文贝。《山海经·大荒南经》云："赤水之东，有苍梧之野，舜与叔均之所葬也，爰有文贝。"郭璞注云："即紫贝也。"⑥ 明李时珍《本草纲目·介二》释紫贝引《南州异物志》云："文具（贝字之误）甚大，质白文紫，天姿自然，不假外饰而光彩焕烂，故名。"⑦ 汉末曹操东征乌丸，获得文贝。陈琳《神武赋》记述这场战争："单鼓未伐，虏已溃崩。克俊折馘首（句有衍文），枭其魁雄。尔乃总辑瑰珍，茵毡幕幄，攘璎带佩，不饰雕琢，华珰玉瑶，金麟牙琢，文贝紫瑛，缥碧玄绿，黼锦缋组，罽毷皮服。"⑧ 乌丸地临东海，故从乌丸获文贝。三国孙吴万震《南州异物志》写紫贝："乃有大贝，奇

---

① （宋）洪兴祖：《楚辞补注》卷2，中华书局1957年版，第130页。
② 《汉书》卷95《南粤传》，第3852页。
③ 《汉书》卷57上《司马相如传》上，第2543页。
④ 《尚书正义》卷18《周书·顾命》，《十三经注疏》，中华书局1980年影印本，第127页。
⑤ （清）钮琇：《觚賸》，上海古籍出版社1986年版，第162页。
⑥ 《山海经》卷15《大荒南经》，《二十二子》，上海古籍出版社1986年影印本，第1381页。
⑦ （明）李时珍：《本草纲目》卷46《介部》，中医古籍出版社1994年版，第1061页。
⑧ 《艺文类聚》卷59《武部》，上海古籍出版社1982年版，第1071页。

姿难侔。素质紫饰,文若罗朱。不磨不莹,彩辉光浮。思雕莫加,欲琢靡躅。在昔姬伯,用免其拘。"又曰:"交趾北南海中有大文贝,质白而文紫,天质自然,不假雕琢,莹而光色焕烂。"① 南朝时从东南亚获得紫贝,被用为建筑物装饰。南齐诗人谢朓《祀敬亭山庙》诗云:"翦削兼太华,峥嵘跨玄圃。贝阙眠阿宫,薜帷阴网户。"②《梁书·诸夷传》记载:"婆利国,在广州东南海中洲上,去广州二月日行。国界东西五十日行,南北二十日行。有一百三十六聚。土气暑热,如中国之盛夏。谷一岁再熟,草木常荣。海出文螺、紫贝。有石名蚶贝罗,初采之柔软,及刻削为物干之,遂大坚强。"③ 婆利国,古国名,其地在今印度尼西亚加里曼丹岛。这种紫贝还来自今越南沿海地区。《诗经·巷伯》曰:"萋兮菲兮,成是贝锦。"意即贝如锦也。隋刘焯《毛诗义疏》云:"贝,鼈之属,又有紫贝,其白质如玉,而紫点为文,皆行列相当。大者有径一尺六寸。今九真、交阯以为杯盘宝物也。"④ 公元前 111 年,汉武帝灭南越国,设立九真郡,在今越南北部。交阯,汉唐时郡名,在今越南北部红河流域。

中国古代文献中还常讲到大贝,指各种贝类体积大者,也包括大的紫贝。汉末王粲《游海赋》写大海出"贲蛟大贝,明月夜光"。⑤ 大贝在中国南海、东南亚、南亚和欧洲皆有。《尚书大传》曰:"文王囚于羑里,散宜生至江淮之浦而得大贝如车渠,以献纣王。"⑥《尔雅·释鱼》云:"贝居陆贆,在水者蜬,大者魧,小者鲼。"郭璞注引《书大传》曰:"大贝如车渠。"⑦ 汉代从东南亚获得大贝。《太平御览》卷八百七引《广州志》云:"大贝出巨延州,与行贾贸易。"引徐衷《南方草物状》云:"班贝蠃大者围之得六寸,小者围之得五寸。在于海边,捕鱼人时有得之者。大贝出诸薄、贝延州,土地採卖之以易绛青。"诸薄,在今印度尼西

---

① 《太平御览》卷 807《珍宝部》,上海古籍出版社 2008 年影印本,第 8 册,第 216 页。
② (南朝·齐)谢朓著,曹融南校注:《谢宣城集校注》卷 3,上海古籍出版社 1991 年版,第 239 页。
③ 《梁书》卷 54《诸夷传》,第 796 页。
④ 《太平御览》卷 807《珍宝部》,上海古籍出版社 2008 年影印本,第 8 册,第 215 页。"宝物",一作"贡物",见同书卷 941《鳞介部》,第 9 册,第 384 页。
⑤ 《艺文类聚》卷 8《水部》上,上海古籍出版社 1982 年版,第 152 页。
⑥ 《太平御览》卷 807《珍宝部》,上海古籍出版社 2008 年版,第 8 册,第 215 页。
⑦ 《尔雅注疏》卷 9《释鱼》,《十三经注疏》,中华书局 1980 年影印本,第 2641 页。

亚加里曼丹岛。① 刘欣期《交州记》云："大贝出日南，如酒杯；小贝，贝齿也。善治毒，俱有紫色。"② 魏晋南北朝时获得域外大贝。中国人知道，大秦出大贝。《晋书·四夷传》记载大秦国："其土多出金玉宝物、明珠、大贝，有夜光璧、骇鸡犀及火浣布，又能刺金缕绣及积锦缕罽。"③ 这种大贝经由海路传入中国。汉末任官交州的士燮在送给孙权的海外贡品中有大贝。《三国志·士燮传》记载："燮每遣使诣权，致杂香细葛，辄以千数，明珠、大贝、流离、翡翠、玳瑁、犀、象之珍，奇物异果，蕉、邪、龙眼之属，无岁不至。"④ 大的紫贝也叫大贝，南朝宋沈怀远撰《南越志》曰："土产明珠、大贝，即紫贝也。"⑤

汉代时从域外和东南沿海地区输入中原的贝数量一定不少，《汉书·师丹传》记载："会有上书言古者以龟贝为货，今以钱易之，民以故贫，宜可改币。上以问丹，凡对言可改。"⑥ 此时正值哀帝在位，王莽提倡恢复古制之时，有人提出应以龟贝为币，王莽采纳了这个建议。《汉书》卷二十四下《食货志》记载："莽即真，以为书'刘'字有金刀，乃罢错刀、契刀及五铢钱，而更作金、银、龟、贝、钱、布之品，名曰'宝货'。"当时规定："大贝四寸八分以上，二枚为一朋，值二百一十六；壮贝三寸六分以上，二枚为一朋，值五十；幺贝二寸四分以上，二枚为一朋，值三十。小贝寸二分以上，二枚为一朋，值十二；不盈寸二分，漏度不得为朋，率枚值钱三。是为贝货五品。""贝不盈六分，不得为宝货。"但"百姓愦乱，其货不行。""天凤五年，复申下金银龟贝之货，颇增减其价值。"为了推行这种货币政策，王莽下令"非沮宝货投四裔"。⑦ 直到王莽灭亡，东汉建立，光武帝刘秀恢复五铢钱，其扰民措施才告结束。王莽的复古不切实际，当然无法实行，但也反映其时当有大量的贝存在。

---

① 诸薄，或以为爪哇，或以为苏门答腊，或以为兼指此二岛；另有加里曼丹岛、菲律宾诸说。参见陈佳荣等《古代南海地名汇释》，第 669 页。当在今加里曼丹岛。贝延州，即波延州、巨延州。参见石云涛《3—6 世纪中西间海上航线的变化》，《海交史研究》2004 年第 2 期，第 39—40 页。
② 《太平御览》卷 807《珍宝部》，上海古籍出版社 2008 年影印本，第 8 册，第 216 页。
③ 《晋书》卷 97《四夷传·西戎》，第 2544 页。
④ 《三国志》卷 49《吴书·士燮传》，第 1193 页。
⑤ 《太平御览》卷 941《鳞介部》，上海古籍出版社 2008 年影印本，第 9 册，第 385 页。
⑥ 《汉书》卷 86《师丹传》，第 3506 页。
⑦ 《汉书》卷 24 下《食货志》下，第 1171 页。

## 三　玳瑁及其背甲的应用

> 遗簪彫玳瑁，赠绮织鸳鸯。未若华滋树，交枝荡子房。
> 别前秋已落，别后春更芳。所思不可寄，唯怜盈袖香。
> ——（南朝·梁）刘孝绰《赋得遗所思诗》

玳瑁，在古代文献中也写作"瑇瑁""毒瑁"。玳瑁是脊椎动物，爬行纲，海龟科。一般长约0.6米，大者可达1.6米。头顶有两对前额鳞，上颌钩曲。背部的角质板呈覆瓦状排列，表面光滑，具褐色和淡黄色相间的花纹。四肢呈鳍足状。尾短小，通常不露出甲外。性强暴，以鱼、软体动物、海藻为食。产于黄海、南海、东海及热带、亚热带沿海。卵可食；角质板尤其珍贵，可制镜框，或用作装饰品；甲片也可入药。汉司马相如《子虚赋》中子虚言云梦泽："其中则有神龟蛟鼍，瑇瑁鳖鼋。"因此可以"网瑇瑁，钓紫贝"。[1] 中国南方沿海地区亦出玳瑁，汉元帝时贾捐之说："又非独珠厓有珠犀瑇瑁也。"[2] 东汉杨孚《异物志》云："瑇瑁，如龟，生南海。"[3] 晋张勃《吴录》云："瑇瑁似龟而大，生南海。"[4] 王粲《游海赋》写会稽东南大海有"蠵鼊瑇瑁，金质黑章"。[5] 唐李白《去妇词》云："常嫌玳瑁孤，犹羡鸳鸯偶。"[6] 都是将其作为一种水中的动物吟咏的。

世界上的玳瑁分为印度洋—太平洋亚种群和大西洋亚种群。印度洋—太平洋亚种群遍布整个印度洋—太平洋海域。在印度洋中，玳瑁是非洲大陆东海岸、马达加斯加以及附近岛群周围水域的常见海龟。在印度洋中的分布区从非洲一直延伸至亚洲沿岸，包括波斯湾和红海、印度次大陆的整个海岸线沿线、印度尼西亚群岛以及澳大利亚西北海岸。在太平洋中的分布区基本上局限在热带和亚热带海区，分布区最北界是朝鲜半岛和日本列

---

[1] 费振刚等辑校：《全汉赋》，北京大学出版社1993年版，第48、49页。
[2] 《汉书》卷64下《贾捐之传》，第2834页。
[3] （东汉）杨孚撰，（清）曾钊辑：《异物志》，《丛书集成初编》，中华书局1985年版，第9页。
[4] 《后汉书》卷49《王符传》，李贤注引，第1636页。
[5] 《艺文类聚》卷8《水部》，上海古籍出版社1982年版，第152页。
[6] 瞿蜕园、朱金城校注：《李白集校注》卷6，上海古籍出版社1980年版，第471页。

岛西南端水域，包括整个东南亚地区、澳大利亚北海岸，其分布区最南界为新西兰北部海岸。

中国古代文献中所谓玳瑁，有时指玳瑁的甲壳，亦指用其甲壳制成的装饰品，被视为珠宝。西汉焦延寿著卜筮书《易林》中的卜辞有云："元龟象齿，大赂为宝，稽疑当否，衰微复起。"① 与"象齿"并称，即指其甲壳。宋范成大《虞衡志》云："玳瑁生海洋深处，状如龟鼋，而壳稍长。背有甲十二片，黑白斑文，相错而成。"② 玳瑁的背甲是一种有机宝石，为非晶质体，呈微透明至半透明，具蜡质至油脂光泽，具有独特的神韵和光彩。其背甲可用于制作戒指、手镯、簪钗、梳栉、扇子、盒、眼镜框、乐器小零件、精密仪器的梳齿以及刮痧板等器物，而且古筝义甲（弹拨乐器所用的一种工具，装于指端）和古代朝鲜琵琶的拨子也是由玳瑁制作，其背甲也是螺钿片的材料之一。玳瑁甲壳呈黄褐色，有黑斑和光泽，可做装饰品。上引杨孚《异物志》就记载了当时人们对玳瑁甲壳进行加工的方法："（玳瑁）大者如蘧蒢，背上有鳞，鳞大如扇。有文章，将作器，则煮其鳞，如柔皮。"③ 汉代宫中妇女用玳瑁的甲壳制成头饰。《汉书·东方朔传》云："宫人簪瑇瑁，垂珠玑。"颜师古注云："瑇瑁，文甲也。"④ 汉代古诗有云："日暮秋云阴，江水清且深。何用通音信，莲花玳瑁簪。"⑤ 后世或用作器物装饰，这样的器物一般都是珍贵器物，作为礼品相赠。南朝诗人鲍照《拟行路难》诗之一云："奉君金卮之美酒，瑇瑁玉匣之雕琴。"⑥ 送人的礼物是用玳瑁甲壳装饰的琴匣。唐施肩吾《代征妇怨》诗云："画裙多泪鸳鸯湿，云鬓慵梳玳瑁垂。"⑦ 就是玳瑁簪，都是描写玳瑁甲壳制品或用玳瑁甲壳装饰的物品。玳瑁花纹非常美观，司马相如《长门赋》用玳瑁花纹形容瓴甓之美："致错石之瓴甓兮，像瑇瑁之文章。"⑧

---

① （汉）焦延寿：《易林》卷3《姤》"中孚"条，中国国家图书馆编《国立原北平图书馆甲库善本丛书》，国家图书馆出版社2013年影印本，第512册，第1053页。
② （明）李时珍《本草纲目》卷45《介部》，中医古籍出版社1994年版，第1045页。
③ （东汉）杨孚撰，（清）曾钊辑：《异物志》，《丛书集成初编》，中华书局1985年版，第9页。
④ 《汉书》卷65《东方朔传》，第2859页。
⑤ 逯钦立辑校：《先秦汉魏晋南北朝诗》，中华书局1983年版，第343页。
⑥ （南朝·宋）鲍照著，钱仲联增补集说校：《鲍参军集注》卷4，上海古籍出版社1980年版，第224页。
⑦ 《全唐诗》卷494，中华书局1960年版，第5586页。
⑧ 费振刚等辑校：《全汉赋》，北京大学出版社1993年版，第100页。

很多地区的文化中都有玳瑁工艺品的使用。在西方，玳瑁被古埃及、古希腊和古罗马人用于制作梳子、刷子和戒指等，被镶嵌在器物家具上。努比亚人统治时代的埃及古墓中发现不少精美的玳瑁器。① 在日本，各种龟鳖当中只有玳瑁的壳被用来制作装饰品，日语中将玳瑁壳称为"鳖甲"。唐代曾用玳瑁制造"开元通宝"钱币，出土于西安法门寺真身宝塔地宫，仅13枚。唐代女皇武则天用玳瑁制作梳子、扇子、琴板、发夹，至今博物馆还收藏展出她用过的玳瑁制品。虽然玳瑁器易蛀，但目前在博物馆中仍能看到明末清初董小宛遗留下的玳瑁桃花扇、清代慈禧太后和嫔妃日常所用的梳子等器物，皆为稀世珍宝。故宫博物院中收藏有一些古代玳瑁制作的工艺品。

域外玳瑁很早就从南方沿海地区传入中原。《逸周书·王会篇》引述伊尹著"四方献令"，规定南方各族进贡土特产品："正南瓯邓、桂国、损子、产里、百濮、九菌，请令以珠玑、瑇瑁、象齿、文犀、翠羽、菌鹤、短狗为献。"这里的瓯邓、桂国等，晋孔晁注云："南蛮之别名。"② 就是岭南沿海地区。《史记·春申君列传》记载："赵平原君使人于春申君，春申君舍之于上舍。赵使欲夸楚，为瑇瑁簪、刀剑室以珠玉饰之，请命春申君客。春申君客三千馀人，其上客皆蹑珠履以见赵使，赵使大惭。"③ 说明战国时玳瑁饰品已经是贵族男子值得炫耀的豪华饰品。汉平南越，与海外国家发生更多交往，因此玳瑁传入更多。《汉书·江都王建传》记载，江都王刘建"遣人通越繇王、闽侯，遗以锦帛奇珍，繇王、闽侯亦遗建荃、葛、珠玑、犀甲、翠羽、蝯熊奇兽，数通使往来，约有急相助"。④ 江都和越地的繇王、闽侯都地近南方沿海地区，故能获得大量犀甲。甲即玳瑁甲壳，有花纹，又称文甲。《汉书·西域传赞》描述西汉

---

① 努比亚，尼罗河第一瀑布以南至白尼罗河与青尼罗河会合处的地区，古埃及人称为库施（一译库什）。主要居民是黑人。公元前第四千纪中叶，埃及第二王朝法老遣兵入侵，至十二王朝（前1991—前1786年）时兼并第四瀑布以北地区。公元前1225年以后埃及衰落，努比亚人举行连绵不断的反抗斗争。约公元前10世纪，努比亚人在纳帕塔建立起奴隶制王国。公元前8世纪中叶，卡施达统一第一瀑布到第六瀑布间广大地区，占领上埃及。公元前713年，国王沙巴卡征服尼罗河下游，建立埃及第二十五王朝，称"努比亚王朝"。公元前591年，埃及占领纳帕塔，努比亚迁都麦罗埃。公元1—3世纪达到极盛。麦罗埃是当时非洲最大的炼铁中心，至今保留着堆积如山的铁渣。麦罗埃还是东非的贸易中心，与埃及、乍得、阿克苏姆、红海沿岸以及一些东方国家进行贸易往来。约公元300年麦罗埃被阿克苏姆王国战胜亡国。
② 《逸周书》卷7《王会解》，《汉魏丛书》，吉林大学出版社1992年影印本，第286页。
③ 《史记》卷78《春申君列传》，第2395页。
④ 《汉书》卷53《江都王建传》，第2417页。

所获异域物产云:"明珠、文甲、通犀、翠羽之珍,盈于后宫;蒲梢、龙文、鱼目、汗血(四种骏马名)之马充于黄门;巨象、师子、猛犬、大雀之群,食于外囿。殊方异物,四面而至。"其中"文甲"就是玳瑁的甲壳,如淳注曰:"文甲即瑇瑁也。"① 内地至交阯任职的官员往往含赃纳贿获得南海的珠宝,携之以归。他们又用这种珠宝贿赂权贵,以求升迁。《后汉书·贾琮传》记载:"旧交阯土多珍产,明玑、翠羽、犀、象、瑇瑁、异香、美木之属,莫不自出。前后刺史率多无清行,上承权贵,下积私赂,财计盈给,辄复求见迁代,故吏民怨叛。"② 文献上还记载东汉末年大秦王使节向中国皇帝进献玳瑁。《后汉书·西域传》记载,和帝时,天竺多次遣使经陆路贡献,"后西域反畔,乃绝。至桓帝延熹二年、四年,频从日南徼外来献"③,即从海路入汉。桓帝延熹九年(166年),"大秦王安敦遣使自日南徼外献象牙、犀角、瑇瑁"。④ 这里瑇瑁与象牙、犀牛并称,指其甲壳。因为这些物品都不是大秦特产,因此人们怀疑这些使节不是大秦国王所派,可能是商人冒充了罗马使节。他们把印度洋的玳瑁作为礼物进献东汉桓帝。

在汉代,玳瑁被加工成各种装饰品。《西京杂记》记载,赵飞燕为皇后,其女弟在昭阳殿,遗飞燕书表示祝贺,并赠贺礼,贺礼中有"龟文枕"⑤,就是玳瑁装饰的枕头。同书记载:"韩嫣以玳瑁为床。"⑥ 即以玳瑁做床的装饰。韩嫣是韩王信的后人,弓高侯韩颓当的庶孙。他是汉武帝的宠臣,汉武帝为胶东王时,和韩嫣一起读书。刘彻当了太子,更加亲近韩嫣。韩嫣擅长骑马射箭,善于逢迎。刘彻即位,欲伐匈奴,韩嫣就研究胡人兵器和阵法。于是更加得宠,官职为上大夫,皇上的赏赐比拟前代邓通。汉末刘桢《清虑赋》云:"布瑇瑁之席,设觜蠵之筵。"⑦ 则以玳瑁修饰坐席。古代男女皆以簪子挽发髻,汉代人用玳瑁装饰簪子,玳瑁簪是贵妇人头饰,还是互相馈赠的贵重礼品。汉制举行祭礼时,太皇太后、皇太后入庙,"簪以瑇瑁为擿,长一尺,端为华胜,上为凤皇爵,以翡翠为

---

① 《汉书》卷96下《西域传》,第3928、3929页。
② 《后汉书》卷31《贾琮传》,第1111页。
③ 《后汉书》卷88《西域传》,第2922页。
④ 同上书,第2920页。
⑤ (晋)葛洪:《西京杂记》卷1,《汉魏丛书》,吉林大学出版社1992年影印本,第304页。
⑥ (晋)葛洪:《西京杂记》卷6,《汉魏丛书》,吉林大学出版社1992年影印本,第312页。
⑦ 《北堂书钞》卷133《服饰部》,学苑出版社1998年影印本,第2册,第366页。

毛羽，下有白珠，垂黄金镊"。① 擿是簪子头部可以用来搔头的部分。用簪搔头始于汉武帝。《西京杂记》记载："武帝过李夫人，就取玉簪搔头，自此后宫人搔头皆用玉，玉价倍贵焉。"② 故后世称玉簪为玉搔头。用玳瑁做成搔头更为华贵。汉乐府民歌《有所思》云："有所思，乃在大海南。何以问遗君，双珠玳瑁簪。"③ 班固《与窦宪笺》提到窦宪曾赐赠自己"玳瑁簪"。④ 在《与弟超书》中又说"令遗仲叔玳瑁、黑犀簪"。⑤ 他们以这种珍贵的头簪作为礼物互赠。汉末繁钦《定情诗》云："何以慰别离，耳后玳瑁钗。"⑥ 汉末乐府长诗《古诗为焦仲卿妻作》中，刘兰芝自言装饰："足下蹑丝履，头上玳瑁光。"⑦

使用玳瑁装饰的器物，被视为奢侈行为。汉武帝时东方朔《化民有道对》批评当时奢侈之风："木土衣绮绣，狗马被缋罽，宫人簪玳瑁，垂珠玑。"⑧《后汉书·和帝邓皇后传》记载邓皇后的节俭，"御府、尚方、织室，锦绣、冰纨、绮縠、金银、珠玉、犀象、玳瑁、彫镂翫弄之物，皆绝不作"。⑨ 邓皇后的行为正说明在汉室宫廷中一直是以这些珍贵的东西制作器物的。汉末王符《潜夫论·浮侈篇》批评当时的奢靡之风："昔孝文皇帝躬衣弋绨，革舄韦带。而今京师贵戚，衣服饮食，车舆庐第，奢过王制，固亦甚矣。且其徒御仆妾，皆服文组彩牒，锦锈绮纨，葛子升越，筩中女布。犀象珠玉，虎魄玳瑁，石山隐饰，金银错镂，穷极丽靡，转相夸咤。其嫁娶者，车騑数里，缇帷竟道，骑奴侍童，夹毂并引。富者竞欲相过，贫者耻其不逮，一飨之所费，破终身之业。古者必有命然后乃得衣缯丝而乘车马，今虽不能复古，宜令细民略用孝文之制。"⑩ 那些达官贵戚之家皆以拥有大量珠宝而比富相夸，让他们炫耀的重要内容有犀象、珠玉、虎魄、玳瑁。

---

① 《后汉书》志第三十《舆服志》下，第 3676 页。
② （晋）葛洪：《西京杂记》卷 2：吉林大学出版社 1992 年影印本，第 305 页。
③ 《太平御览》卷 688《服章部》，上海古籍出版社 2008 年影印本，第 7 册，第 235 页。
④ 《艺文类聚》卷 84《宝玉部》，上海古籍出版社 1982 年版，第 1443 页。
⑤ 《太平御览》卷 688《服章部》，上海古籍出版社 2008 年影印本，第 7 册，第 235 页。
⑥ （南朝·陈）徐陵编，（清）吴兆宜注，程琰删补：《玉台新咏笺注》卷 1，中华书局 1985 年版，第 41 页。
⑦ 同上书，第 46 页。
⑧ 《汉书》卷 65《东方朔传》，第 2858 页。
⑨ 《后汉书》卷 10 上《和帝邓皇后传》，第 422 页。
⑩ 《后汉书》卷 49《王符传》，第 1635 页。

## 四 作为宝石的翡翠

> 窈窕怀贞室,风流挟琴妇。
> 唯将角枕卧,自影啼妆久。
> 羞开翡翠帷,懒对蒲萄酒。
> 深悲在缣素,托意忘箕帚。
> 夫婿府中趋,谁能大垂手。
>
> ——(南朝·陈)江总《妇病行》

  翡翠是玉的一种,是在地质作用过程中形成的主要由硬玉、绿辉石和纳铬辉石组成的达到玉级的多晶集合体。翡翠也称翡翠玉、翠玉、硬玉、缅甸玉等,其色翠绿,称之为翠;或呈红色,故称之为翡。翡翠名称来源有几种说法,一说来自鸟名,这种鸟羽毛鲜艳,雄鸟羽毛呈红色,名翡鸟;雌鸟羽毛呈绿色,名翠鸟,合称翡翠,故有翡为公、翠为母的说法。明朝时缅甸玉传入中国,因其色泽美丽,便冠以"翡翠"之名。另一说是,古代"翠"专指新疆和田出产的绿玉,翡翠传入中国后,为了与和田绿玉区分,称其为"非翠",后渐演变为"翡翠"。从古代文献记载来看,这些解释并不妥当。因为称这种玉石为翡翠,古已有之,并不起自明朝。翡翠在西方世界也很珍贵,英文名称 jadeite,源于西班牙语 plcdode jade 的简称,意为佩戴在腰部的宝石。说明西班牙人很早便以此种玉作为佩饰。

  中国不产翡翠,但翡翠很早便传入中国,云南地近缅甸,故多以为来自云南。有人认为,在中国翡翠原先并不名贵,不为世人所重视。清人纪晓岚《阅微草堂笔记·姑妄听之一》云:"盖物之轻重,各以其时之好尚,无定准也。记余幼时,人参、珊瑚、青金石,价皆不贵……云南翡翠玉,当时不以玉视之,不过如蓝田乾黄,强名以玉耳,今则以为珍玩,价远出真玉上矣。"[①] 据此可以知道,纪氏幼时之18世纪初,人们不认为翡翠是玉,翡翠价格低廉,至18世纪末,翡翠才成为昂贵的珍玩。从中国古代文献的记载来看,此论并不符合实际。因为秦汉时中国人就把翡翠与

---

[①] (清)纪晓岚:《阅微草堂笔记》卷15,中华书局2013年版,第252页。

象牙、犀角、玳瑁、珊瑚等宝石相提并论，北宋初年翡翠作为绿色宝玉之名，为禁中珍宝。纪晓岚所云不过就其价格变化而言，并没有否定其作为宝石的性质和地位。据汉代贾山《至言》，秦始皇陵墓中便有翡翠装饰，他说秦始皇："死葬乎骊山，吏徒数十万人，旷日十年。下彻三泉，合采金石，冶铜固其内，漆涂其外，被以珠玉，饰以翡翠，中成游观，上成山林。"①翡翠是汉宫的豪华装饰，东汉班固《西都赋》写长安昭阳殿之美："翡翠火齐，流耀含英。悬黎垂棘，夜光在焉。"②张衡《西京赋》写西汉后宫："翡翠火齐，络以美玉。"③翡翠也是女性的华丽装饰，东汉傅毅《舞赋》写舞女之美："珠翠的砾而炤燿兮，华袿飞髾而杂纤罗。"④杜笃《祓禊赋》写三月三日上汜王侯公主富贾大商的郊外宴饮，其娇妻美妾亮相郊外水滨："若乃窈窕淑女，美縢艳姝，戴翡翠，珥明珠，曳离袿，立水涯。"⑤由此可知，翡翠作为宝石为中国人珍视由来已久。

汉代西南夷有哀牢国，汉朝从哀牢国获得翡翠。《后汉书·南蛮西南夷列传》记载哀牢国："出铜、铁、铅、锡、金、银、光珠、虎魄、水精、瑠璃、轲虫、蚌珠、孔雀、翡翠、犀、象、猩猩、貊兽。"⑥史书上有哀牢国进献其土产的记载，"西部都尉广汉郑纯为政清洁，化行夷貊，君长感慕，皆献土珍，颂德美。"永元九年（97年），"徼外蛮及掸国王雍由调遣重译奉国珍宝"。翡翠还从南方沿海地区传入中国。《三国志》卷四十九《吴书·士燮传》记载：

> 燮兄弟并为列郡，雄长一州，偏在万里，威尊无上。出入鸣锺磬，备具威仪，笳箫鼓吹，车骑满道，胡人夹毂焚烧香者常有数十。妻妾乘辎軿，子弟从兵骑，当时贵重，震服百蛮，尉他不足逾也。……建安十五年，孙权遣步骘为交州刺史。骘到，燮率兄弟奉承节度。而吴巨怀异心，骘斩之。权加燮为左将军。……燮每遣使诣权，致杂香细葛，辄以千数，明珠、大贝、流离、翡翠、玳瑁、犀、象之珍，奇物异果，蕉、邪、龙眼之属，无岁不至。⑦

---

① 《汉书》卷51《贾山传》，第2328页。
② （南朝·梁）萧统：《文选》卷1，上海书店1988年影印本，第5页。
③ （南朝·梁）萧统：《文选》卷2，上海书店1988年影印本，第20页。
④ 费振刚等辑校：《全汉赋》，北京大学出版社1993年版，第280页。
⑤ 同上书，第274页。
⑥ 《后汉书》卷86《南蛮西南夷列传》，第2849页。
⑦ 《三国志》卷49《吴书·士燮传》，第1192—1193页。

士燮遣使送给孙权的东西中有翡翠。《三国志·吴书·吴主传》记载,嘉禾四年(229年),曹魏遣使孙吴,以马求易珠玑、翡翠、瑇瑁。吴主孙权说:"此皆孤所不用,而可得马。何苦而不听其交易?"① 因此翡翠也传入曹魏地区,被用来装饰器物。曹植《乐府》诗云:"所赍千金剑,通犀间碧璕。翡翠饰鸡璧,标首明月珠。"② 这种装饰宝剑的"翡翠"应该是宝石,而非鸟类翡翠或翡翠鸟的羽毛。

## 五　琥珀的迷雾

驾言游西岳,寓目二华山。
金楼琥珀阶,象榻玳瑁筵。
中有神秀士,不知几何年?

——(西晋)潘尼《游西岳诗》

琥珀,在汉代文献中写作"虎魄"③,中国古代主要产于北方,故有"北方之金"的美称。古代松柏科、某些热带阔叶林植物、豆科植物会分泌树脂以弥合创口,树脂凝结后埋于地下日久,逐渐石化形成化石样物质,即琥珀,通常年龄大于1500万年。琥珀是上千万年前的树脂被埋藏于地下,经过一定的化学变化后形成的树脂化石,是一种完全的有机质,似矿物又不是矿物,也不是一般意义上的化石。④ 琥珀英文名称为Amber,来自拉丁文Ambrum,意思是"精髓"。其名称由来,有人认为来自阿拉伯文Anbar,意思是"胶",西班牙人把埋在地下的阿拉伯胶和琥珀称为Amber。琥珀的形状多种多样,表面常保留着当初树脂流动时产生的纹路,内部经常可见气泡及古老昆虫或植物碎屑。透明似水晶,光亮如珍珠,色泽像玛瑙。品种有金珀、虫珀、香珀、灵珀、石珀、花珀、水珀、明珀、蜡珀等,尤以含有完整昆虫或植物的琥珀最为珍贵。

世界上许多地区都有琥珀,主要产地在欧洲波罗的海沿岸的瑞典、波

---

① 《三国志》卷47《吴书·吴主传》,第1140页。
② 逯钦立辑校:《先秦汉魏晋南北朝诗》,中华书局1983年版,第443页。
③ 参见《汉书·西域传》,《后汉书》之《西域传》《西南夷传》。
④ David A. Grimaldi, *Amber, Windows to the Past*, Harry N. Abrams, Inc., in Association with the American Museum of Natural History, 1996, pp. 12—14.

兰、德国和乌克兰等地,意大利、多米尼加、缅甸、美国、加拿大、墨西哥等国也有琥珀。欧洲人很早就知道利用琥珀,大约在距今1.5万年前旧石器时代就开始了。① 公元前2000年左右,琥珀的传播还造成著名的欧洲史前"琥珀之路"(The Amber Routes)。这条路线往西从波罗的海沿岸经过下易北河和莱茵河地区,至希腊著名港口马西利亚(Massilia,今马赛)。往东有一条重要的路线沿维斯杜拉河东行,经基辅(Kiev)向南至黑海,于此与通向中亚、近东、东亚和印度的陆上交通路线相连。汉代时这条路线沟通了中国与贵霜王朝、安息王朝和大秦之间的陆上交通,东西方文化得以辗转传递。

在中国古代文献中,"琥珀"一词最早出现于西汉陆贾《新语》一书中,但考古发现中国人早在先秦时期已经使用琥珀。中国人视琥珀为珠宝,"俗文从玉,以其类玉也"。② 《山海经》中的"育沛",出于鹊山之首招摇之山,山有一水"西流注于海,多育沛,佩之无瘕疾"。东晋郭璞注云"未详"。③ 章鸿钊认为即琥珀。④ 考古发现证明,先秦文物中已有少量琥珀制品。早在新石器时代就有了琥珀的雕刻装饰品,可见作为饰品,其使用的历史之久。例如四川广汉三星堆一号坑出土的坠饰,略呈心形,高5.1厘米,残宽3.8厘米,厚1.2厘米。两面阴刻花纹,一面为蝉背纹,一面为蝉腹纹。其年代一说殷墟文化Ⅰ期,一说相当于西周后期。这是中国南方出土最早的琥珀制品。⑤ 山西保德县林遮裕公社一座被破坏的殷商晚期墓葬中,出土18件珠饰,其中有琥珀珠。⑥ 考古发现东周时期琥珀制品有数例。江苏东海庙墩M1出土橘黄色珠,扁圆形,被认为是琥珀珠,年代在春秋中早期。⑦ 云南楚雄万家坝古墓群出土5件珠饰,紫

---

① Louis Sherr Dubin, *The History of Beads*, *from* 30000 *B. C. to the Present*, Thames and Hudson, 1987, pp. 391—392.
② (明)李时珍:《本草纲目》卷37《木部》,中医古籍出版社1994年版,第913页。
③ 佚名撰,郭璞注:《山海经》卷1,《二十二子》,上海古籍出版社1986年影印本,第1338页。
④ 章鸿钊:《石雅》上编,上海古籍出版社1993年版,第61页。
⑤ 宋治民:《广汉三星堆一号、二号祭祀坑几个问题的探讨》,《南方民族考古》第三辑,四川科技出版社1990年版,第69—84页。
⑥ 吴振录:《保德县新发现的殷代青铜器》,《文物》1972年第4期。
⑦ 南京博物院、东海县图书馆(尤振尧、周晓陆):《江苏东海庙墩遗址和墓葬》,《考古》1986年第12期。

红色，4颗长方体，1颗圆柱体，年代在春秋中晚期到战国前期之间。① 宁夏固原于家庄古墓出土圆形、扁圆形、长迄状、圆形中间有一周凸棱等形制的琥珀饰珠，年代在春秋晚期至战国早期。② 浙江绍兴陂塘公社狮子山 M306 出土 5 件小珠，年代在战国早期。③ 四川甘孜州新龙谷日石棺葬出土 2 件红褐色琥珀珠，年代属战国晚期。④ 河北唐山贾各庄 M38 出土"树脂制"虎形饰，黑色，可能是琥珀制品，年代在春秋战国之际。⑤ 青海卡约文化墓葬中据说也有琥珀珠出土。⑥ 汉代有更多的琥珀制品出现，多为饰品。例如南京博物馆收藏的琥珀制司南佩、江西省博物馆收藏的琥珀印、琥珀兽形佩等，其形制大都是借鉴其他材质的题材。

汉代中国人用琥珀做饰品，文献上有不少记载。汉乐府诗有云："琉璃琥珀象牙盘。"⑦《西京杂记》记载："宣帝被收，系郡邸狱，臂上犹带史良娣合采婉转丝绳，系身毒国宝镜一枚，大如八铢钱。旧传此镜见妖魅，得佩之者，为天神所福，故宣帝从危获济。及即大位，每持此镜，感咽移辰。常以琥珀笥盛之，缄以戚里织成锦，一曰斜文锦。帝崩不知所在。"⑧ 琥珀笥即以琥珀装饰的匣子。同书又记载，赵飞燕为皇后，其妹在昭阳殿，遗飞燕书表示祝贺，其贺礼中有"琥珀枕"⑨ 说明汉代宫中已用琥珀装饰箱、枕、盘之类器物。考古发现"汉晋时期的琥珀制品，较之先秦时期显著增多"。琥珀制品主要是珠饰，还有佩饰、扣饰、印章、耳瑱等。赵德云对汉晋时期琥珀珠饰进行了系统收集，对已经发表的资料进行了统计，发现共有 90 批约 600 件，分布于全国 18 个省、直辖市和自治区。根据赵德云列表，可知西汉时期的琥珀制品考古发现数量不多，除

---

① 昆明市文物工作队：《楚雄万家坝古墓群发掘报告》，《考古学报》1983 年第 3 期；云南省博物馆文物工作队、四川大学历史系考古专业：《云南楚雄县万家坝古墓群发掘简报》，《文物》1978 年第 10 期。
② 宁夏文物考古研究所：《宁夏固原于家庄墓地发掘简报》，《华夏考古》1991 年第 3 期。
③ 浙江省文物管理委员会（牟永抗）等：《绍兴 306 号战国墓发掘简报》，《文物》1984 年第 1 期。
④ 格勒：《新龙谷日的石棺葬及其族属问题》，《四川文物》1987 年第 3 期。
⑤ 安志敏：《河北省唐山市贾各庄发掘报告》，《中国考古报告》第 6 册，中国科学院考古研究所，1953 年。
⑥ 谢端琚：《甘青地区史前考古》，文物出版社 2002 年版，第 156 页；王国道、崔兆年：《青海卡约文化出土的金器》，《故宫博物院院刊》2003 年第 5 期。
⑦ 《太平御览》卷 758《器物部》，上海古籍出版社 2008 年影印本，第 7 册，第 700 页。
⑧ （晋）葛洪：《西京杂记》卷 1，《汉魏丛书》，吉林大学出版社 1992 年影印本，第 303 页。
⑨ 同上书，第 304 页。

广西合浦望牛岭西汉晚期木椁墓出土扣饰,合浦堂排一号汉墓出土印章外,余皆珠饰。珠饰形制以圆形等几何形制为主,只有个别制作成动物形象或壶形。出土单位等级较高,皆为贵族官员墓葬。考古发现的东汉时期的琥珀制品数量更多,全部出于墓葬,除少量印章、佩饰、耳瑱外,主要是饰珠。数量众多。广西合浦风门岭西汉后期墓 M23 出土的赫石色琥珀狮形珠子 1 颗,横穿孔,长 2.4 厘米,高 1.5 厘米。① 风门岭西汉后期墓 M26 出土动物形琥珀珠子 4 枚、猪头形琥珀珠子一枚,有半圆、圆、扁圆形。② 合浦风门岭东汉后期墓 M24 出土琥珀羊形穿饰,赫石色,羊作趴伏状,昂头正视,横穿孔。长 1.7 厘米,高 1.2 厘米。③ 贵县汉墓出土琥珀珠 199 颗,其中东汉 142 颗,珠子 141 颗,有小狮形一颗,作伏状,带乳白和黑白斑纹,长 5 厘米,高 3 厘米,宽 2.5 厘米。④ 贵县东湖东汉墓 M4 出土琥珀珠 13 颗,其中两颗为兽形。⑤ 贵州赫章可乐甲类墓出土伏兽形琥珀珠 3 颗,高 1 厘米左右,墓葬年代在西汉昭、宣帝之后到东汉初期。⑥ 清镇平坝汉墓出土琥珀动物雕像。⑦ 安顺宁谷东汉晚期石室墓出土 2 颗琥珀珠,形似爬伏之狮,身中部有一穿孔,红色半透明体,长 3 厘米,高约 2 厘米。⑧ 贵州兴仁东汉墓 M5、兴义东汉墓 M4 各出土琥珀狮饰 3 件,其中一件出土单位不明。⑨ 兴仁交乐东汉晚期墓 M19 出土琥珀珠子 7 颗,有鸟、兽、虎、龟、并体鸳鸯等造型。⑩ 黔西县火电厂东汉晚期墓 M34 出土两颗琥珀珠,其中 1 颗小兽形,首部残,侧面中部有一穿孔,长 1.8 厘米,宽 1.4 厘米。广东广州东汉前期墓 M4018 出土琥珀珠 7 颗,多为象生形状,有鱼、蛙、狮等。东汉后期墓 M5001 出土浅棕色伏兽形琥

---

① 广西壮族自治区文物工作队、合浦县博物馆:《合浦风门岭汉墓:2003—2005 年发掘报告》,科学出版社 2006 年版,第 42 页。
② 同上书,第 83 页。
③ 同上书,第 98 页。
④ 广西壮族自治区文物管理委员会(黄增庆):《广西贵县汉墓的清理》,《考古学报》1957 年第 1 期。
⑤ 何乃汉:《广西贵县东湖两汉墓的清理》,《考古通讯》1957 年第 2 期。据赵德云说,原报告关于墓葬年代的推测很简略,且明显有笔误,弄混了两墓的年代。此据赵氏改正后的年代。参见赵德云《西周至汉晋时期外来珠饰研究》,科学出版社 2016 年版,第 269 页。
⑥ 贵州省博物馆、贵州省赫章县文化馆:《赫章可乐发掘报告》,《考古学报》1986 年第 2 期。
⑦ 贵州省博物馆:《贵州清镇平坝汉至宋墓发掘简报》,《考古》1961 年第 4 期。
⑧ 贵州省博物馆:《贵州安顺宁谷发现东汉墓》,《考古》1972 年第 2 期。
⑨ 贵州省博物馆考古组:《贵州兴义、兴仁汉墓》,《文物》1979 年第 5 期。
⑩ 贵州省文物考古研究所:《贵州兴仁县交乐十九号汉墓》,《考古》2004 年第 3 期。

珀珠，长 1.8 厘米。① 顺德猪仔岗东汉墓 M1 出土琥珀珠 3 颗，其中兽形饰 1 件，雕刻成狮虎之形，有穿孔。② 云南昭通桂家院子东汉墓出土琥珀珠子 5 颗，1 颗雕成兽形，长 2.4 厘米，高 1.7 厘米；1 颗作鱼尾形，长 2.6 厘米。③ 昭通白泥井东汉早期墓出土琥珀珠子 1 颗，雕作兽形，有穿孔。④ 四川绵阳何家山东汉晚期崖墓 2 号墓出土琥珀狮形珠 1 颗，头、五官、身体均为粗线条刻成，卧姿。腰部有一小孔，长 3.1 厘米，高 2.2 厘米。⑤ 江西南昌 72·南 $M_2$ 东汉中期或稍晚墓出土琥珀伏虎形珠 1 颗。⑥ 湖南常德南坪公社东汉晚期墓 M5、M10 出土琥珀珠 6 颗，暗红色，两颗作椭圆形，中心有穿孔。雕成虎、狮等动物形象，作蹲伏状。⑦ 湖北鄖县砖瓦厂东汉末期墓 M3 出土琥珀珠 2 颗，一大一小，大者似龟形。⑧ 河南洛阳西郊汉墓，年代在西汉中期至东汉晚期，出土琥珀珠 5 颗，其中 1 颗作伏兽形，长 1.4 厘米。河北定县 43 号汉墓属东汉晚期墓，出土 24 颗琥珀珠，雕刻成鸟、兽、蛙等动物形象。⑨ 内蒙古科左中旗六家子鲜卑墓葬，年代在东汉末至西晋，出土琥珀珠 3 颗，一颗作卧狮形，长 2.9 厘米，宽 1.8 厘米，高 1.6 厘米，腹下有一椭圆形穿孔。⑩ 陕西汉中铺镇砖厂汉墓 M3 属西汉晚期至东汉初出土琥珀珠 4 颗，其中蝉状 2 件，一大一小，大者长 5 厘米，宽 3.5 厘米；小者长 2 厘米，宽 1 厘米。动物造型的 1 颗，一面为蜘蛛形，一面为卧羊形。⑪ 咸阳杜家堡东汉中期墓 M1 出土琥珀珠 1 颗，深红色，小兽形，作伏卧状。长 2.6 厘米，宽 0.9—1.4 厘米，高

---

① 广州市文物管理委员会、广州市博物馆：《广州汉墓》，文物出版社 1981 年。
② 广东省博物馆、顺德县博物馆：《广东顺德县汉墓的调查和清理》，《文物》1991 年第 4 期。
③ 葛季芳：《云南昭通桂家院子东汉墓发掘》，《考古》1960 年第 5 期；云南省文物工作队：《云南昭通桂家院子东汉墓发掘》，《考古》1962 年第 8 期。
④ 曹吟葵：《云南昭通县白泥井发现东汉墓》，《考古》1965 年第 2 期。
⑤ 绵阳博物馆（何志国）：《四川绵阳何家山 2 号东汉崖墓清理简报》，《文物》1991 年第 3 期。
⑥ 程应林：《江西南昌市区汉墓发掘简报》，《文物资料丛刊》（1），文物出版社 1977 年版，第 120 页。
⑦ 湖南省博物馆：《湖南常德东汉墓》，《考古学集刊》（1），中国社会科学出版社 1981 年版，第 174 页。
⑧ 湖北省博物馆：《湖北鄖县砖瓦厂的两座东汉墓》，《江汉考古》1986 年第 2 期。
⑨ 定县博物馆：《河北定县 43 号汉墓发掘简报》，《文物》1973 年第 11 期。
⑩ 张柏忠：《内蒙古科左中期六家子鲜卑墓群》，《考古》1989 年第 5 期。
⑪ 汉中市博物馆（何新成）：《陕西汉中市铺镇砖厂汉墓清理简报》，《考古与文物》1989 年第 6 期。

1.5—1.7厘米。① 甘肃武威雷台汉墓属东汉晚期墓，出土雕卧虎形琥珀珠大、中、小7颗。② 永登南关东汉晚期墓出土琥珀珠1颗，小猪形，跪卧状，腹部有一穿孔。③ 青海大通上孙家寨汉晋墓13座墓中出土琥珀饰20件，其中乙M6出土琥珀珠，1颗作鱼形，长2.4厘米；一颗作兽形，卧状，长1.7厘米。④ 其中制作成蹲伏的狮子形状的例子显著增多，成为引人注目的一种类型。可以确定墓主身份的墓葬有如下几个等级：诸侯王、地方官员、地方豪强、边疆少数民族，也有的可能平民百姓，数量较少。说明琥珀是一种奢侈品，主要为贵族官员所享用。从区域分布上看，主要有三个中心区域：一是南方的两广沿海地区，以合浦和广州两地最为集中；二是中原地区，主要在陕西、河南及甘肃等省；三是内蒙古草原地带，均出于鲜卑人墓葬。青海上孙家寨汉晋墓可能也是古代边疆民族墓葬。⑤

中国出琥珀，也从域外输入琥珀。⑥ 琥珀在中国古书上曾被称为"育沛""虎魄""虎珀""江珠""琥魄""兽魄"光珠遗玉等。⑦ 这么多的异字同音说明"琥珀"是一个音译词，其语源来自波斯语。West指出，在古代波斯由帕拉菲语写成的《创世纪》一书中，称琥珀为kahrupāī。⑧ 美国汉学家劳费尔指出这个词相当于新波斯语kāahrubā。⑨ 帕拉菲语是古代波斯的一种方言。汉初陆贾《新语·道基篇》云："夫驴骡骆驼、犀象

---

① 咸阳市文物考古研究所：《陕西咸阳杜家堡东汉墓清理简报》，《文物》2005年第4期。
② 甘博文：《甘肃武威雷台东汉墓清理简报》，《文物》2005年第4期。
③ 永登县文化馆：《甘肃永登南关汉墓发现琥珀小猪》，《考古与文物》1994年第4期。
④ 青海省文物考古研究所：《上孙家寨汉晋墓》，文物出版社1993年版，第163—164页。
⑤ 赵德云：《西周至汉晋时期中国外来珠饰研究》，科学出版社2016年版，第101—108页；第266—267页附表六：《中国出土西汉时期琥珀制品一览表》；第268—274页附表七：《中国出土东汉时期琥珀珠饰发现一览表》。
⑥ 赵德云指出，琥珀（Amber），国内外都有出产。中国古代对琥珀有明确认识并加以利用，大致不会早于东汉，中国出土的琥珀，在两汉至魏晋时期，为域外进口的可能性很大。参见氏著《西周至汉晋时期中国外来珠饰研究》，科学出版社2016年版，第111页。
⑦ "育沛"见于《山海经》；"江珠"见于张华《博物志》；"虎珀"见《三国志》；"兽魄"见唐人撰《隋书》，出于唐朝的避讳，唐高祖李渊的祖父名"李虎"。"遗玉"，见《山海经·海外北经》："平丘在三桑东，爰有遗玉。"郝懿行云："吴氏（任臣）云：'遗玉即璧玉，琥珀千年为璧。'"袁珂《山海经校注》云："吴氏之说，据《本草》旧注，未审是否。"（上海古籍出版社1980年版）遗玉未必是琥珀，但后来人们一般认为是琥珀的别名。
⑧ West, *Pahlavi Texts*, Vol. I, p.273.
⑨ [美]劳费尔：《中国伊朗编》，林筠因译，商务印书馆1964年版，第353页。

璊珸、琥珀珊瑚、翠羽珠玉，山生水藏，择地而居，洁清明朗，润泽而濡，磨而不磷，涅而不缁；天气所生，神明所治，幽闲清净，与神浮沉，莫之效力为用，尽情为器。故曰圣人成之，所以能统物通变，治情性，显仁义焉。"① 把琥珀与珊瑚并列，说明在他的观念中琥珀与珊瑚一样，都应在水中找寻。汉代文献中有对琥珀产地的记述，《汉书·西域传》"罽宾国"条记载："出封牛……珊瑚、虎魄、璧流离。"② 罽宾为汉代西域国名，在今克什米尔一带。在后世文献中都有西域产琥珀之说。《后汉书·西域传》记载，大秦国有"琥珀"。③ 美国汉学家薛爱华指出，据唐人所知，琥珀是拂林的出产之一。唐朝的琥珀是自波斯输入，很可能是从波罗的海沿岸得到的，其他国家也有贡献，如缅甸、南诏、林邑、日本等。④ 另《旧唐书》《唐会要》《唐六典》等皆有波斯诸国的进贡记录。李时珍《本草纲目·木部》认为琥珀产地有西域、西番、高丽、倭国、林邑，亦有金齿、丽江。⑤ 五代时李珣《海药本草》云："琥珀是海松木中津液，初若桃胶，后乃凝结。复有南珀，不及舶上来者。"⑥ 以为中国南方生琥珀不及域外传入者。汉代琥珀就从西域传入中国。王符《潜夫论·浮侈篇》批评当时的奢靡风气："昔孝文皇帝躬衣弋绨，革舄韦带。而今京师贵戚，衣服饮食，车舆庐第，奢过王制，固亦甚矣。且其徒御仆妾，皆服文组彩牒，锦绣绮纨，葛子升越，筒中女布。犀象珠玉，虎魄玳瑁，石山隐饰，金银错镂，穷极丽靡，转相夸咤。其嫁娶者，车駢数里，缇帷竟道，骑奴侍童，夹毂并引。"⑦ 唐章怀太子李贤注引《广雅》云："虎魄，珠也，生地中。其上及旁不生草，深者八九尺，初时如桃胶，凝坚乃成。其方人以为枕。出罽宾及大秦国。"⑧ 西晋王嘉《拾遗记》记载一则传说："昔汉武宝鼎元年，西方贡珍怪，有琥珀燕，置之静室，自于室内鸣翔。"⑨ 这个故事有点儿荒诞，但反映出琥珀出于西域的观念。

汉代时西域琥珀有经南方丝路传入一途。汉末佚名《别录》云："琥

---

① （汉）陆贾：《新语》卷上，《汉魏丛书》，吉林大学出版社1992年影印本，第323页。
② 《汉书》卷96《西域传》上，第3885页。
③ 《后汉书》卷88《西域传》，第2919页。
④ ［美］薛爱华：《撒马尔罕的金桃——唐代舶来品研究》，吴玉贵译，社会科学文献出版社2016年版，第603页。
⑤ （明）李时珍：《本草纲目》卷37《木部》，中医古籍出版社1994年版，第913页。
⑥ 同上书，第914页。
⑦ 《后汉书》卷49《王符传》，第1635页。
⑧ 同上书，第1636页，注［四］。
⑨ 《太平御览》卷808《珍宝部》，上海古籍出版社2008年影印本，第8册，第218页。

珀生永昌。"① 永昌郡，始于东汉，位置相当于今云南省西部，辖境可能还包括今缅甸克钦邦、掸邦的一部分。汉朝人知道西南夷哀牢国有"虎魄"。《续汉书》云："哀牢夷出光珠、琥珀。"②《后汉书·西南夷列传》记载哀牢国："出铜、铁、铅、锡、金、银、光珠、虎魄、水精、瑠璃、轲虫、蚌珠、孔雀、翡翠、犀、象、猩猩、貊兽。"③ "西部都尉广汉郑纯为政清洁，化行夷貊，君长感慕，皆献土珍，颂德美。"永元九年（97年）"徼外蛮及掸国王雍由调遣重译奉国珍宝"。④ 其奉献的土产当即上述物品。哀牢夷是中国古代民族，东汉时聚居在永昌境内。其分布地区大致包括今云南保山市、大理州西部（主要是云龙、永平县）、怒江州、德宏州、临沧地区、思茅地区、西双版纳、缅甸北部克钦邦、掸邦东部、老挝北部与西双版纳交接地、泰国北部中缅泰老毗邻地。⑤ 光武帝建武二十三年（47年），其首领贤栗遣使谒越巂郡（今四川西昌、云南楚雄以北）太守，愿率部落2000多户、1万余人内属，受汉封为郡长，自此岁奉朝贡，其贡物中应有琥珀。永平十年（67年），汉析益州郡六县，置益州西部属国（边境郡），规定哀牢邑豪年纳布数尺、盐一斛，为象征性赋税。不久，哀牢王柳貌又率所属77王、55万人内属。汉明帝允其请，在哀牢人地区设哀牢（今云南盈江东）、博南（今云南永平）二县，与益州西部属国所领6县合置永昌郡。此后哀牢夷与内地更为密切。哀牢王所辖地区，史称东西3000里，南北4600里，为多民族杂居区，有穿胸、儋耳种、闽濮、尾濮、鸠僚、滇越、身毒之民，族称繁多，族类非一，大抵是云南藏、壮、傣各族以及佤、崩各族的先民。其中滇越和身毒之民，当是沿川滇缅印古道入居永昌的古代缅印侨商。永昌所出和哀牢夷入贡的琥珀应是通过川滇缅印古道传入的。

古代中国人只注意琥珀从哪里来，对其原产地并不深究，关于其来源的记载也往往失之笼统。不同地区和不同成因的琥珀在品质和外观上有区别，据专业人士的著述，波罗的海沿岸地区的琥珀淡黄色；意大利西西里岛所产为红色或橙色，色泽较暗；罗马尼亚所产琥珀成分中含有琉；缅甸琥珀血红色，号称"血珀"，最为名贵；中国西南特别是云南

---

① （明）李时珍：《本草纲目》卷37《木部》，中医古籍出版社1994年版，第913页。
② 《太平御览》卷808《珍宝部》，上海古籍出版社2008年影印本，第8册，第218页。
③ 《后汉书》卷86《南蛮西南夷列传》，第2849页。
④ 同上书，第2851页。
⑤ 段治超：《浅析哀牢夷族群的民族流变》，《保山学院学报》2010年第1期。

永平、保山、丽江一带的琥珀呈微褐黄至暗褐[①]，东北抚顺煤田所产发现的琥珀多为带黄色色调的白色、不同深浅的橙黄色、黄色、深黄色、深褐色等，还有少量白黄褐相间的条纹状花琥珀。[②] 但这些都是大致的总体上的观察，并非一律，不能据此准确判断古代外来的琥珀产地和来源。可靠的方法是采用科技方法进行成分检测，但目前这种工作未曾开展。

不管是中国，还是外国，在古人的观念中，琥珀都是颇为神秘的。关于琥珀的形成，历来有各种神奇的解释。有人误解琥珀是从地中长出的，并赋予其某种灵性。中国文献中最早提到琥珀的陆贾《新语》云："琥珀珊瑚，翠羽珠玉，山生水藏，择地而居。"[③] 晋郭义恭《广雅》曰："虎魄，珠也，生地中，其上及旁不生草，深者八九尺。初时如桃胶，凝坚乃成。其方人以为枕。出罽宾及大秦国。"[④] 琥珀从西域传入中国，同时也传来西域的传说，有说琥珀是由于烧蜂巢而形成的。晋释道安《西域诸国志》云："摩卢水边沙中有矩腰蜂窠，烧治以为琥珀。"[⑤] 显系外来的传闻。中国神仙家有松脂千年变茯苓，茯苓千年变琥珀的说法。葛洪《抱朴子外篇》引《老君玉策》云："松脂入地，千年作茯苓，茯苓千年作琥珀，琥珀千年作石胆。"[⑥] 神仙家将这种推测加以仙化，以强调其神秘性。郭璞《山海经图赞》上云："磁石吸铁，琥珀取芥。气有潜通，数亦冥会。物之相感，出乎意外。"[⑦] 用神秘的气数物感说解释琥珀的静电反应。唐代韦应物《咏琥珀》诗云："曾为老茯神，本是寒松液。蚊蚋落其中，千年犹可觌。"[⑧] 其中包含着写实的描写，也有古人的推断。中国人还认为琥珀为"虎魄"，意思是虎之魂。有人认为琥珀是老虎流下的眼泪，或是老虎临死前的目光凝聚成的宝石。还有人说是龙血入地而成。李时珍《本草纲目·木部》"琥珀"条释曰："虎死则精魄入地化为石，此物状似

---

[①] 参见郭守国、王以群主编《宝玉石学》，学林出版社2005年版，第217页。
[②] 参王徽枢《辽宁抚顺煤田琥珀的矿物学特征》，《国外非金属矿与宝石》1990年第5期。
[③] （汉）陆贾：《新语》卷上，《汉魏丛书》，吉林大学出版社1992年影印本，第323页。
[④] 《后汉书》卷79《王符传》，唐章怀太子注引，中华书局1965年点校本，第1636页，注［四］。
[⑤] 《太平御览》卷808《珍宝部》，上海古籍出版社2008年影印本，第8册，第218页。
[⑥] （唐）马总：《意林》卷4引，中国国家图书馆编：《原国立北平图书馆甲库善本丛书》，国家图书馆出版社据万历十六年徐元太刻本影印，2013年版，第910页。严可均云："此似《内篇》佚文，而《意林》列此为《外篇》。"（清）严可均：《全晋文》卷117，《全上古三代秦汉三国六朝文》，中华书局1958年影印本，第2131页。
[⑦] 《艺文类聚》卷6《地部》，上海古籍出版社1982年版，第109页。
[⑧] 《全唐诗》卷193，中华书局1960年版，第1985页。

之,故谓之虎魄。"①唐段成式《酉阳杂俎·前集》云:"或言龙血入地为琥珀。"又引《南蛮记》:"宁州沙中有折腰蜂,岸崩则蜂出,土人烧治,以为琥珀。"② 这些传说增加了琥珀的神秘性。古代希腊有琥珀是"太阳神女儿的泪滴"的说法;波罗的海的古人认为琥珀是由太阳光凝固而成的宝石;古玛雅人用琥珀手镯为刚出生的婴儿辟邪;古罗马皇帝和贵妇们则视琥珀为医宝,以为常握手中或佩戴身上可以延年益寿。中世纪阿拉伯人认为琥珀跟珊瑚相似,长于海底。《中国印度见闻录》云:"琥珀生长在海底,状似植物,当大海狂吼,怒涛汹涌,琥珀便从海底抛到岛上,状如蘑菇,又似松露(香菌)。"③

魏晋以后,人们已经认识到这些说法不正确或片面,因此多所质疑。西晋张华《博物志》云:"烧蜂巢所作,恐非实。此或当蜂为松脂所粘,因堕地沦没尔。"④ 张华的这个推测大致是符合实际的,但他尚不能肯定自己的推断。东晋郭璞《玄中记》云:"枫脂轮如(当作沦入)地中,千秋为琥珀。"⑤ 这种认识就进一步接近事实了。李时珍《本草纲目》引保昇曰:"枫脂入地千年变为琥珀,不独松脂变也。大抵木脂入地千年皆化,但不及枫、松有脂而多经年岁尔。蜂巢既烧,安有蜂形尚在其间?"又引宗奭说:"烧蜂之说,不知何据?"⑥ 又引秦承《祖方》的论述,否定了琥珀为茯苓所化的观点:"诸家所说茯苓、琥珀,虽有小异同,皆云松脂所化。但茯苓、茯神乃大松摧折或斫伐,而根瘤不朽津液下流而结成,故治心肾,通津液也。若琥珀乃是松树枝节荣盛时,为炎日所灼,流脂出树身外,日渐厚大,因堕土中,津润岁久,为土所渗泄,而光莹之体独存。今可拾芥,尚有黏性。故其虫蚁之类,乃未入土时所粘者。二物皆自松出,而所禀各异。茯苓生于阴而成于阳,琥珀生于阳而成于阴,故皆治营安心而利水也。"又引敩曰:"凡用,须分红松脂、石珀、水珀、花珀、物象珀、瑿珀、琥珀。其红松脂如琥珀,只是浊,太脆,纹横。水珀多无红,色如浅黄,多皱纹。石珀如石重,色黄不堪用。花珀纹似新马尾松心纹,一路赤,一路黄。物象珀其内自有物命,入用神妙。瑿珀是众珀之长。琥珀如血色,以布拭热,吸得芥子者,真

---

① (明)李时珍:《本草纲目》卷37《木部》,中医古籍出版社1994年版,第913页。
② (唐)段成式:《酉阳杂俎》前集卷11,中华书局1981年版,第109页。
③ [阿拉伯]佚名:《中国印度见闻录》卷1,穆根来等译,中华书局1983年版,第4页。
④ (明)李时珍:《本草纲目》卷37《木部》,中医古籍出版社1994年版,第914页。
⑤ 《太平御览》卷808《珍宝部》,上海古籍出版社2008年影印本,第8册,第218页。
⑥ (明)李时珍:《本草纲目》卷37《木部》,中医古籍出版社1994年版,第914页。

也。"李时珍曰:"琥珀拾芥,乃草芥,即禾草也。雷氏言拾芥子,误矣。《唐书》载西域康乾河松木,入水一、二年化为石,正与松、枫诸木沉入土化珀,同一理也。今金齿、丽江亦有之。其茯苓千年化琥珀之说,亦误传也。按曹昭《格古论》云:'琥珀出西番、南番,乃枫木津液多年所化。色黄而明莹者名蜡珀,色若松香红而且黄者名明珀,有香者名香珀,出高丽、倭国者色深红。有蜂、蚁、松枝者尤好。'"① 可见直到明代,中国人对琥珀的生成仍然缺乏科学的认识。

在中国,关于琥珀的生成和性质,虽然至迟在晋代已经出现了比较客观的看法,但古人的认识一直是模糊的,似是而非的。张华《博物志》引《神仙传》云:"松柏脂入地千年化为茯苓,茯苓化为琥珀。虎珀一名江珠。"② 这种推测有道理,又不完全正确。根据上引《本草纲目》的梳理,梁陶弘景的著述中也沿袭"松脂沦入地,千年所化"的旧说,这些说明中国古代药物学者已经大致掌握了琥珀的某些真实性质。但在药物学者之外的更多的人那里,琥珀则更多地充满神秘性。这种神秘性来源于其异域性,源于古代的传说,也来自其物理属性。琥珀作为静电介质,能够产生静电反应,即能吸附物质、能发出微弱的噼啪声响,这对于古人来说是神秘而不可解的。东晋王嘉《拾遗记》记载:"昔汉武宝鼎元年,西方贡珍怪,有虎魄燕,置之静室,自于室内鸣翔。"③ 郭宪《别国洞冥记》记载:"帝所幸宫人,名丽娟……以琥珀为佩,置衣裾里,不使人知,乃言骨节自鸣。相与为神怪也。"④ 这两则记载可能都是指琥珀的静电效应。琥珀中含有草芥昆虫之类,还被魏晋时人用来比喻人的品德。王充《论衡·乱龙》就注意到了这个特点,且与磁铁的特性并举:"顿牟掇芥,磁石引针。"⑤ 顿牟,有人认为指玳瑁,但古代人们一直认为指琥珀,如上

---

① (明)李时珍:《本草纲目》卷37《木部》,中医古籍出版社1994年版,第914页。
② (晋)张华撰,范宁校证:《博物志校证》卷4,中华书局1980年版,第48页。
③ (晋)王嘉:《拾遗记》卷7,《汉魏丛书》,吉林大学出版社1992年影印本,第724页。
④ (汉)郭宪:《别国洞冥记》卷4,《汉魏丛书》,吉林大学出版社1992年影印本,第696页。
⑤ (汉)王充:《论衡》卷16《讲瑞》,《诸子百家丛书》,上海古籍出版社1990年影印本,第156页。

引郭璞、李时珍都说"琥珀拾芥"。① 三国时吴人韦曜撰《吴书》记载："（虞）翻少好学，有高气。年十二，客有候其兄者，不过翻，翻追与书曰：'仆闻虎魄不取腐芥，磁石不受曲针，过而不存，不亦宜乎！'客得书奇之，由是见称。"② 虎魄内含草芥，千年而不腐，因为它从来不掇拾腐芥，比喻高洁者不与恶人交友。

## 六　聚焦取火之火齐珠

后宫则昭阳飞翔，增成合欢，兰林披香，凤凰鸳鸾。群窈窕之华丽，嗟内顾之所观。故其馆室次舍，采饰纤缛。裹以藻绣，文以朱绿，翡翠火齐，络以美玉。流悬黎之夜光，缀随珠以为烛。

——（东汉）张衡《西京赋》

在中国古代文献中，火齐是琉璃的一种，特指琉璃珠，古人认为是宝珠的一种。关于火齐，有不少似是而非的说法。有人以为火齐珠的形成乃因沙粒窜入蛤蚌壳内，蛤蚌受到刺激而分泌的物质，逐层包起来形成圆

---

① "顿牟"，见于王充《论衡·乱龙篇》："顿牟掇芥，磁石引针。"顿牟为何物？古人一直认为琥珀，刘盼遂《论衡集解》注此句："王筠《菉友臆说》云：'顿牟岂虎魄之异名邪？抑别自一物邪？是顿牟之为物，宜存区盖。'"（古籍出版社1957年版，第327页）宋代李石《续博物志》卷9引《本草经》云："磁石引针，琥珀拾芥。"径以琥珀代顿牟。"琥珀拾芥"在汉语中甚至形成一个成语。有人以为琥珀经过摩擦产生静电，具有吸引细小之物的效应。这是误解了《论衡》的原意，"琥珀掇芥"是指其中往往含有草芥昆虫之类。黄晖解释此语，引《春秋考异邮》云："承石取铁，瑇瑁吸诺"，认为顿牟指瑇瑁。（黄晖：《论衡校释》卷16，中华书局1990年版，第695页）江苏连云港市东海县尹湾二号汉墓出土衣物疏上有"顿牟簪"字样。马怡《尹湾汉墓遣策杞记》考释云："应即玳瑁。""顿"，端母、文部；"玳"，定母、月部。其声舌尖音；又文部属微系字，月部属歌系字，两系韵部的同源词语音关系密切，故"顿""玳"可通。"牟""瑁"则皆明母、幽部，两字亦可通。玳瑁也作"瑇瑁""毒冒"，是一种海中动物，形似海龟，其背为黄色与黑色斑纹相间的角质板，坚硬光滑，色泽温润，古人常用以制作饰物，如发簪。（《简帛研究：2002—2003》，广西师范大学出版社2005年版）。此说似为有理，却忽视了"拾芥"或"掇芥"意之何指。古代诗文中多有"玳瑁簪"之说，但也有琥珀钗之类的说法。唐陆龟蒙《小名录》（《耒耜经》）云："东昏侯潘淑妃小字玉儿，帝为潘起神仙永寿玉殿……常市琥珀钗一只，直百七十万。"（周昕《〈耒耜经〉校注》，《中国农史》1986年第1期。）看来，还是释为琥珀比较合理。

② 《三国志》卷57《虞翻传》，裴松之注引，第1317页。

粒，乳白色或略带黄色，有光泽，可做装饰品，亦可入药。这种认识与通常所谓珍珠、珠蚌、珠宝、珠花、夜明珠等混淆。有人认为就是琅玕，天然的似珠的美石。西汉史游《急就篇》云："系臂琅玕虎魄龙。"颜师古注："琅玕，火齐珠也。一曰石之似珠者也。"① 许慎《说文解字》认为火齐就是"玫瑰"②，一种美玉。有人认为火齐就是琉璃珠，晋吕静《韵雅》云："琉璃，火齐珠也。"③ 明宋应星《天工开物》卷十八云："凡琉璃石，与中国水精、占城火齐，其类相同，同一精光明透之义。然不产中国，产于西域。其石五色皆具，中华人艳之，遂竭人巧以肖之。"④ 认为火齐与琉璃石是同类事物，古人所谓琉璃石即琉璃。季羡林说火齐即琉璃，"琉璃，亦名火齐"。⑤

按照中国古代文献记载，日南（今越南中部）、天竺（今印度）出火齐。《梁书·诸夷传》记载中天竺物产，特别强调火齐的美观："土俗出犀、象、貂、鼲、玳瑁、火齐、金、银、铁、金缕织成金皮罽、细摩白叠、好裘、氍。火齐状如云母，色如紫金，有光耀，别之则薄如蝉翼，积之则如纱縠之重沓也。"⑥ 东汉杨孚《异物志》云："火齐如云母，重沓而可开，色黄赤似金，出日南。"⑦ 天竺火齐通过海路经日南传入中国。火齐珠至迟在汉代已经传入中国。据《西京杂记》记载，汉武帝在未央宫建温室殿，其中设"火齐屏风"。⑧ 即用琉璃珠装饰的屏风。东汉班固《西都赋》写长安昭阳殿之美："翡翠火齐，流耀含英；悬黎垂棘，夜光在焉。"李善注引《韵集》云："玫瑰，火齐珠也。"⑨ 张衡《西京赋》云："翡翠火齐，络以美玉。"李善注云："火齐，玫瑰珠也。"⑩ 古代火齐珠被认为是一种珍贵矿物性的有光彩的宝石，被视为珍宝。西晋左思

---

① （汉）史游：《急就篇》卷3，颜注，岳麓书社1989年版，第190页。
② 《太平御览》卷809《珍宝部》，上海古籍出版社2008年影印本，第8册，第226页。
③ 按：《韵雅》，当作《韵集》，晋吕静著；《太平御览》卷809《珍宝部》，上海古籍出版社2008年影印本，第8册，第226页。
④ （明）宋应星著，潘吉星译注：《天工开物译注》卷下，上海古籍出版社2013年版，238页。
⑤ 季羡林：《中印智慧的汇流》，周一良主编《中外文化交流史》，河南人民出版社1987年版，第165页。
⑥ 《梁书》卷54《诸夷传》，第797—798页。
⑦ （南朝·梁）萧统：《文选》卷5，左思《吴都赋》刘良注引，《六臣注文选》，日本足利学校藏宋刊明州本，人民文学出版社2008年影印本，第89页。
⑧ 佚名撰，何清谷校注：《三辅黄图》卷3《未央宫》，三秦出版社1995年版，第144页。
⑨ （南朝·梁）萧统：《文选》卷1，上海书店1988年影印本，第5—6页。
⑩ （南朝·梁）萧统：《文选》卷2，上海书店1988年影印本，第20页。

《吴都赋》云："火齐之宝，骇鸡之珍。"① 中国获得火齐珠，则来自东南亚诸国的入贡。《梁书·诸夷传》记载，天监十八年（519年），扶南国遣使"献火齐珠、郁金、苏合等香"。② 扶南"西界接天竺、安息徼外诸国，往还交市"。故扶南能得到天竺火齐珠进献梁朝。中大通二年（530年），丹丹国王遣使"献舍利、火齐珠、古贝、杂香药"。③ 丹丹，古国名。故地或以为在今马来西亚马来东北岸的吉兰丹，或以为在其西岸的天定（Dindings），或以为在今新加坡附近。扶南、丹丹、日南可以勾画出火齐珠从天竺传入中国的海上路线。汉语中有"火齐木难"的成语，火齐、木难，皆宝珠名，比喻珍奇难得之物，多指诗文书画等。诗歌中用火齐形容樱桃等圆形物，宋代诗人强至《次韵郡僚樱桃之什》云："胎含火齐珠。"清代吴伟业《咏拙政园山茶花》诗云："吐如珊瑚缀火齐，映如蟏蛸凌朝霞。"

为什么天竺琉璃珠被称为"火齐"呢？可能因为这种琉璃珠可以聚焦取火。明代李时珍《本草纲目》卷八《金石部》"水精"条云：

> 火珠，时珍曰：《说文》谓之火齐珠。《汉书》谓之"玫瑰"（音枚回）。《唐书》云："东南海中有罗刹国，出火齐珠，大者如鸡卵，状类水精，圆白，照数尺。日中以艾承之则得火，用灸艾炷不伤人。今占城国有之，名朝霞大火珠。"又《续汉书》云："哀牢夷出火精、琉璃，则火齐乃火精之讹，正与水精对。"

他认为唐代所谓"火珠"就是汉代以来的火齐珠。《新唐书·南蛮传》记载婆利国"多火珠，大者如鸡卵，圆白，照数尺，日中以艾籍珠，辄火出"。④ 婆利，东南亚古国名，即今文莱。按照这一记载，中国唐代就掌握了利用火齐珠在太阳下以日光聚焦取火的技术。秦建明认为中国古代很多名叫"火齐"或"火齐珠"的宝石，多数都是玻璃制品，少数可能是水晶。中国至少在汉末已出现形状较为规范的透镜。1974年至1977年，安徽省亳县城南发现5座东汉晚期曹操宗族墓葬，规模宏大，雕饰精美，有的出土玉衣。玉衣是供皇帝和贵族死后穿的葬服，又称玉柙或玉匣。玉衣的出现大约是在西汉文帝和景帝时期，属于这一时期的实物目前

---

① （晋）左思：《吴都赋》，《文选》卷5，上海书店1988年影印本，第69页。
② 《梁书》卷54《诸夷传》，第790页。
③ 同上书，第794页。
④ 《新唐书》卷222下《南蛮传》下，第6299页。

已发现于陕西咸阳杨家湾汉墓、江苏徐州北洞山汉墓和山东临沂洪家店汉墓等。玉衣存在的下限大约是在东汉末年或三国初年。其中两墓各出土一批玻璃透镜，元宝坑村一号墓出土2件。据报道："一件扁圆形，径2.4，凸高0.6厘米。一件扁桃形，长2（厘米），宽1.8厘米，凸高0.55厘米，明亮度与水晶相同，在放大镜下可以看到内含微泡，硬度同玻璃一样。"董园村一号墓出土3件。其中一件"扁圆形，径1.5厘米；两件扁桃形，长1.2厘米。形状，质量与元宝坑的相同。边有铜绿"。发掘者称："（这批）聚光扁体玻璃饰物光洁如水晶，可见当时玻璃制造技术达到的高度。"① 由于报道的简略，我们暂无法了解更多的细节。但这几件罕见的出土文物，当时除了饰玩外，还应当作为火齐和放大镜来使用，边有铜绿的痕迹，表明该物曾嵌入铜环中，古人已注意到保持透镜两面的透光性能，同时这些玻璃的透明度又很高，完全合乎现代透镜的要求。这就是被中国古代誉为珍宝的"火齐"，用它作放大镜或聚焦取火均能胜任。② 《苏沈良方》中有"用火法"："凡取火者，宜敲石取火，或水晶镜子于日得者，太阳火为妙。"③ 也是利用水晶在太阳下以日光聚焦取火的技术，与火齐珠取火原理相同，这说明火齐是与水晶珠相近的琉璃珠或玻璃珠。

## 七　神秘的琅玕

　　美女妖且闲，采桑歧路间。柔条纷冉冉，叶落何翩翩。
　　攘袖见素手，皓腕约金环。头上金爵钗，腰佩翠琅玕。
　　　　　　　　　　　　　　——（三国·魏）曹植《美女篇》

　　琅玕，天然的似玉的珠形美石。《尚书·禹贡》记载："黑水、西河惟雍州。……厥贡惟球琳、琅玕。"孔安国传："琅玕，石而似玉。"孔颖达疏："琅玕，石而似珠者。"④ 许慎《说文解字》云："琅，琅玕似珠者，从玉，良声"；"玕，琅玕也，从玉，干声。"⑤ 都从质与形两方面为

---

① 李灿：《亳县曹操宗族墓葬》，《文物》1978年第8期。
② 秦建明：《中国古代的透镜与火齐》，《秦建明考古文选》，三秦出版社2008年版。
③ 杭州大学宋史研究室编：《沈括研究》，浙江人民出版社1985年版，第74页。
④ 《尚书正义》卷6《禹贡》，《十三经注疏》，中华书局1979年影印本，第38页。
⑤ （汉）许慎：《说文解字》（一），中华书局1963年版，第13页。

琅玕定义。琅玕与珠玉并称。《尔雅·释地》云:"西北之美者,有昆仑墟之璆琳、琅玕焉。"郭璞注云:"琅玕,形状似珠也。"又引《山海经》曰:"昆仑山有琅玕树。"① 王延寿《鲁灵光殿赋》写汉之鲁恭王灵光殿之豪华:"骈密室与琅玕,齐玉珰与璧英。"② 西域产琅玕。古代中国人认为琅玕产于昆仑山,已经带有某种神奇色彩,因为昆仑又称昆仑墟、昆仑丘或玉山,乃中国神话传说中的第一神山、万神之祖之山。今之所谓昆仑山西起帕米尔高原东部,横贯今新疆、西藏之间,伸延至青海境内。古代昆仑山之方位并不如此明确,但在当时中国人观念中只是极西之地的神山。说产于昆仑,即来自西域,西域多琅玕。敦煌汉简反映昆仑山下之精绝国,往往以琅玕作为信物和贵重礼品相赠。罗振玉、王国维编著《流沙坠简》第28、30、31、33、34、35号简都是出于尼雅遗址的木简书信,皆以琅玕随书信相赠:

> 王母谨以琅玕一致问(第二十八简)
> 休乌谨以琅玕一致问(第三十简)
> 君华谨以琅玕一致问(第三十一简)
> 苏且谨以琅玕一致问(第三十三简)
> 苏且谨以黄琅玕一致问(第三十四简)
> 奉谨以琅玕一致问(第三十五简)

英国考古学家斯坦因判断这些木简出土之地当为精绝国,精绝国是西汉时期西域一个较小的城邦国家,位于昆仑山北麓尼雅河畔一处绿洲上,容易得到琅玕。精绝国以农业为主,是丝绸之路的必经之地,商贾云集,繁华富庶。东汉后期,精绝国被日益强大的鄯善国兼并,后来受魏晋王朝节制。公元3世纪后精绝国消失,唐玄奘取经东归,路经尼壤城,看到的已是荒芜景象。20世纪初,英籍匈牙利人斯坦因至此探查,从此携去700多件出土的佉卢文、汉文简牍。罗振玉分析上述这些木简上的文字"隶书至精",并指出:"琅玕,《尔雅·释地》及《海外西经》并言出昆仑,邱《本草经》:'琅玕一名青珠。'《说文》'琅'注:'琅玕,似珠者。'玫瑰,《子虚赋》晋灼注云:'火齐珠也。'盖二物并天生无圭角,

---

① (晋)郭璞注,(宋)邢昺疏:《尔雅注疏》卷7,《十三经注疏》,中华书局1980年影印本,第49页。
② (南朝·梁)萧统:《文选》卷11,上海书店1988年影印本,第153页。

略如珠形,今芒洛六朝古冢中往往得色青而明之圆玉中,有穿如珠连属以为钏,殆古之琅玕矣。古书多言'青琅玕',不闻有黄者,赖此始知之。"①

汉代时从域外获得琅玕。中国人知道大秦有琅玕,鱼豢《魏略·西戎传》云大秦多"琅玕"。②《晋书·苻坚载记》记载:"坚自平诸国之后,国内殷实,遂示人以侈,悬珠帘于正殿,以朝群臣,宫宇车乘,器物服御,悉以珠玑、琅玕、奇宝、珍怪饰之。"③ 苻坚的琅玕当经丝绸之路从西域传入。琅玕也从海上丝路而来。《梁书·诸夷传》记载,中天竺人与大秦交市于海中,得琅玕:"中天竺国……其西与大秦、安息交市海中,多大秦珍物——珊瑚、琥珀、金碧珠玑、琅玕、郁金、苏合。"④ 汉时天竺频来入贡,梁朝时中天竺国频来入贡,其贡物中当有琅玕。

由琅玕的珍贵美好,引出许多传说和神话。《管子·轻重》曰:"昆仑之墟不朝,请以璆琳、琅玕为币呼?……簪珥而辟千金者,琳,琅玕也。然后八千里之昆仑之墟,可令而朝也。"⑤ 汉代刘安《淮南子·地形训》以之作为昆仑山之神树,云山"中有增(当作层)城九重……沙棠、琅玕在其东"。⑥ 东晋葛洪《抱朴子·祛惑》记载方士之言,云昆仑山"去天不过十数也……有珠玉树,沙棠、琅玕、碧瑰之树"。⑦ 南朝陶弘景云:"琅玕亦是昆仑山上树名,又九真经中大丹名。"⑧ 有人认为琅玕是一种树的果实,琅玕是一种仙树,果实似珠。《山海经·海内西经》:"服常树,其上有三头人,司琅玕树。"郭璞注云:"琅玕子似珠。"⑨ 在汉代的谶纬书中,琅玕具有灵性,其状态与人的德相联系。《孝经援神契》云:"神灵滋则琅玕景。"朱均注云:"事神明得理,则琅玕有光。"⑩ 晋卢谌

---

① 罗振玉、王国维编著:《流沙坠简》,中华书局1993年版,第223—225页。
② 《三国志》卷30《乌丸鲜卑东夷传》,裴松之注引,第861页。
③ 《晋书》卷113《苻坚载记》上,第2904页。
④ 《梁书》卷54《诸夷传》,第798页。
⑤ 《管子》卷23《轻重》甲,《二十二子》,上海古籍出版社1986年版,第187页。
⑥ (汉)刘安撰,张双棣校释:《淮南子校释》卷4,北京大学出版社1997年版,第431页。
⑦ (晋)葛洪:《抱朴子内篇》卷20,上海古籍出版社1990年版,第157页。
⑧ (明)李时珍:《本草纲目》卷8《金石部》,中医古籍出版社1994年版,第215页。
⑨ 《山海经》卷11《海内西经》,《二十二子》,上海古籍出版社1986年影印本,第1375页。
⑩ 《太平御览》卷809《珍宝部》,上海古籍出版社2008年影印本,第8册,第225页。

《朝霞赋》云："相神之于瀛洲，琅玕于层城。"① 王嘉《拾遗记》云昆仑山"旁有瑶台十二"，"有琅玕、璆琳之玉，煎可以为脂"。② 唐杜甫《玄都坛歌寄元逸人》诗云："知君此计成长往，芝草琅玕日应长。"明刘基《江上曲》之四云："琅玕不是人间树，何处朝阳有凤凰。"因此琅玕又指仙树之实。凤凰食琅玕，清孙枝蔚《寿李书云都谏》诗云："阿阁亘中天，其上巢凰凤。饱食惟琅玕，亮音闻高冈。"李时珍《本草纲目·金石部》云："在山为琅玕，在水为珊瑚云。珊瑚亦有碧色者。今回回地方出一种青珠，与碧靛相似，恐是琅玕所作者也。《山海经》云：'开明山北有珠树。'《淮南子》云：'曾城九重，有珠树在其西。'珠树，即琅玕也。"在这些神话传说中，琅玕总是出于海底、昆仑或西域，说明在古人观念中，琅玕乃异域珍奇。

琅玕中青绿色者最为宝贵，古人称为"翠琅玕"，可制作宝珠，可用为佩饰，可作为礼品中。李时珍认为青琅玕又叫石阑干，"琅玕，象其声也，可碾为珠，故得珠名"。③ 因为琅玕珍贵，因此成为贵重的馈赠礼品、贵族佩饰和财富的象征。汉王延寿《鲁灵光殿赋》云："駢密石与琅玕，齐玉珰与璧瑛。"张衡《四愁诗》云："美人赠我金琅玕，何以报之双玉盘。"④ 南朝江淹《水上神女赋》云："守明玑而为誓，解琅玕而相要。"⑤ 曹植《美女篇》诗云："攘袖见素手，皓腕约金环；头上金爵钗，腰佩翠琅玕。"⑥ 唐杜甫《与鄠县源大少府宴渼陂》诗云："主人情烂熳，持答翠琅玕。"晋傅玄《豫章行》诗残句云："琅玕溢金匮，文璧世所无。"⑦ 显然是夸耀主人公的富有。元王旭《离忧赋》云："佩琅玕而服明月兮，

---

① 以上所引出《太平御览》卷809《珍宝部》。层城，古代神话中昆仑山上的高城。张衡《思玄赋》云："登阆风之层城兮，构不死而为床。"李善注云："《淮南子》曰：'昆仑虚有三山，阆风、桐版、玄圃，层城九重。'禹云：'昆仑有此城，高一万一千里。'"《文选》卷15，上海书店1988年影印本，第203页。一说，昆仑山最高峰之名。北魏郦道元《水经注·河水一》云："昆仑之山三级：下曰樊桐，一名板桐；二曰玄圃，一名阆风；上曰层城，一名天庭，是为太帝之居。"陈桥驿：《水经注校证》卷1，中华书局2013年版，第1页。
② （晋）王嘉：《拾遗记》卷10，《汉魏丛书》，吉林大学出版社1992年影印本，第731页。
③ （明）李时珍：《本草纲目》卷8《金石部》，中医古籍出版社1994年版，第215页。
④ （南朝·梁）萧统：《文选》卷29，上海书店1988年影印本，第407页。
⑤ （南朝·梁）江淹著，（明）胡之骥注：《江文通集汇注》卷1，中华书局1984年版，第25页。
⑥ （南朝·梁）萧统：《文选》卷27，上海书店1988年影印本，第381页。
⑦ （南朝·梁）萧统：《文选》卷25，卢子谅《答魏子悌诗》李善注引。上海书店1988年影印本，第351页。

裁青霞以为裾；怀真符而欲献兮，顾君门而踌躇。"琅玕有药用价值，亦以翠琅玕最佳。东汉时成书的《神农本草经》已经录入"青琅玕"，云："一名石珠，味辛、平、无毒，治身痒、火疮、痈伤、白秃、疥瘙、死疾，生平泽。"① 李时珍《本草纲目》引苏恭云："琅玕有数种色，以青者入药为胜，是琉璃之类，火齐宝也。今出巂州以西乌白蛮中及于阗国。"《本草纲目》中以"青琅玕"入药，云其气味药性："辛，平，无毒。"引之才曰："杀锡毒，得水银良，畏鸡骨。"又引诸家之说，云琅玕主治身痒、火疮、痈疡、疥瘙、死肌（《本经》）。白秃，浸淫在皮肤中，煮炼服之，起阴气，可化为丹（《别录》）。疗手足逆胪（弘景）。石阑干主石淋，破血，产后恶血，磨服，或煮服，亦火烧投酒中服（藏器）。② 琅玕也用于医治牛疾。清孙枝蔚《牛饥纪事二十二韵》云："兽医归部伍，柴药贵琅玕。"

长期以来，医家对琅玕出处一直困惑不解，其说纷纭。唐陈藏器《本草拾遗》云："石阑干生大海底，高尺余，如树，有根茎，茎上有孔，如物点之。渔人以网罾得之，初从水出微红，后渐青。"苏颂曰："今秘书中有《异鱼图》，载琅玕青色，生海中。云海人以网于海底取之，初出水红色，久而青黑，枝柯似珊瑚，而上有孔窍，如虫蛀，击之有金石之声，乃与珊瑚相类。其说与《别录》生蜀郡平泽，及苏恭所云不同，人莫能的识。谨按《尚书》：雍州厥贡球、琳、琅玕。《尔雅》云：'西北之美者，有昆仑墟之璆、琳、琅玕。'孔安国、郭璞注皆以为石之似珠者。而《山海经》云，昆仑山有琅玕。若然是石之美者，明莹若珠之色，而状森植尔。大抵古人谓石之美者，多谓之珠，《广雅》谓琉璃、珊瑚皆为珠是也。已上所说，皆出西北山中，而今图乃云海底得之。盖珍贵之物，山海或俱产焉，今医家亦以难得而稀用也。"宗奭曰："《书》云：雍州厥贡球、琳、琅玕。《西域记》云，天竺国正出此物。苏恭云是琉璃之类。琉璃乃火成之物，琅玕非火成者，安得同类。"李时珍曰："按许慎《说文》云：琅玕，石之似玉者。孔安国云：石之似珠者。《总龟》云：生南海石崖间，状如笋，质似玉。《玉册》云：生南海崖石内，自然感阴阳之气而成，似珠而赤。《列子》云：蓬莱之山，珠玕之树丛生。据诸说，则琅玕生于西北山中及海山崖间。其云生于海底网取者，是珊瑚，非琅玕也。在山为琅玕，在水为珊瑚，珊瑚亦有碧色者。今回回地方出一种

---

① 马继兴主编：《神农本草经辑注》卷4，人民卫生出版社1995年版，第418—419页。
② （明）李时珍：《本草纲目》卷8《金石部》，中医古籍出版社1994年版，第215页。

青珠,与碧靛相似,恐是琅玕所作者也。《山海经》云:开明山北有珠树。《淮南子》云:层城九重,有珠树在其西。珠树即琅玕也。"①

古代诗赋中用琅玕比喻珍贵、美好之物。张衡《南都赋》云:"揖让而升,宴于兰堂,珍羞琅玕,充溢圆方。"李善注云:"《尔雅》曰:'珍,美也。'《方言》曰:'羞,熟。'以羞之美,故喻于玉。"②此琅玕形容佳肴。李周翰《文选》注云:"珍,美也;羞,饮食也。琅玕,玉名,饮食比之。"③唐陈子昂《晦日宴高氏林亭序》云:"列珍羞於绮席,珠翠琅玕;奏丝管於芳园,秦筝赵瑟。"④也是形容珍羞的珍贵和美好。古人还用琅玕形容文辞优美。唐韩愈《醍醐》诗云:"排云叫阊阖,披腹呈琅玕。"⑤明杨珽杂剧《龙膏记》第二出《旅况》词:"裁锦字,吐琅玕,有才无命说应难。"⑥清龚自珍《己亥杂诗》之七十九:"手扪千轴古琅玕,笃信男儿识字难。"⑦竹是诗人喜咏的对象,竹的特点是四季不凋,终年青翠。古代诗文中多用琅玕形容竹之青翠,亦代指竹,"诗家多以琅玕比竹"。⑧唐杜甫《郑驸马宅宴洞中》诗:"主家阴洞细烟雾,留客夏簟青琅玕。"仇兆鳌注云:"青琅玕,比竹簟之苍翠。"⑨唐白居易《滥浦竹》诗云:"剖劈青琅玕,家家盖墙屋。"⑩宋梅尧臣《和公仪龙图新居栽竹》之二云:"闻种琅玕向新第,翠光秋影上屏来。"⑪宋杨万里《省宿题天官厅后竹林》诗云:"秋声偷入翠琅玕,叶叶竿竿玉韵寒。"⑫元王冕《息斋双竹图》诗:"归来不得翠琅玕,听雨冷眠溪上绿。"⑬清吴伟

---

① (明)李时珍:《本草纲目》卷8《金石部》,中医古籍出版社1994年版,第215页。
② (南朝·梁)萧统:《文选》卷4,上海书店1988年影印本,第53页。
③ (南朝·梁)萧统编,李善等注:《六臣注文选》卷4,日本足利学校藏宋刊明州本,人民文学出版社2008年影印本,第73页。
④ 《全唐诗》卷84,中华书局1960年版,第910页。
⑤ (唐)韩愈著,钱仲联集释:《韩昌黎诗系年集释》卷1,上海古籍出版社1984年版,第100页。
⑥ (明)杨珽:《龙膏记》第二出《旅况》,《六十种曲》,中华书局1958年版,第2页。
⑦ (清)龚自珍:《龚自珍全集》(第10辑),上海人民出版社1975年版,第517页。
⑧ (唐)杜甫著,(清)仇兆鳌注:《杜诗详注》卷1引"赵曰",中华书局1979年版,第47页。
⑨ (唐)杜甫著,(清)仇兆鳌注:《杜诗详注》卷1,中华书局1979年版,第47页。
⑩ (唐)白居易著,顾学颉校点:《白居易集》卷1,中华书局1979年版,第27页。
⑪ (宋)梅尧臣著,朱东润校注:《梅尧臣集编年校注》卷27,上海古籍出版社1980年版,第971页。
⑫ (宋)杨万里撰,辛更儒笺校:《杨万里集笺校》卷19,中华书局2007年版,第993页。
⑬ (元)王冕:《竹斋集》卷下,《王冕集》,浙江古籍出版社1999年版,第186页。

业《又题董君画扇》诗之二云:"湘君浥泪染琅玕,骨细轻匀二八年。"① 皆以琅玕代竹。

古代诗人还用琅玕形容晶莹透亮的东西。宋周邦彦《红林檎近》词云:"风雪惊初霁,水乡增暮寒,树杪堕飞羽,檐牙挂琅玕。"② 宋范成大《雪后苦寒》诗云:"旋融檐滴冻琅玕,风力如刀刮面寒。"③ 都是用琅玕比喻冰凌。诗词中用"琅玕"一词,有时又是形容词,犹阑干,纵横散乱貌。洪适《汉成阳令唐扶颂》云:"君臣流涕,道路琅玕。"④ 明张煌言《感遇三首》其一:"多少雄心空对酒,能无清泪滴琅玕。"⑤ 都是以琅玕形容晶莹泪珠和泪流满面。

## 八 玛瑙不是"马脑"

> 长安美少年,羽骑暮连翩。玉羁玛瑙勒,金络珊瑚鞭。
> 阵云横塞起,赤日下城圆。追兵待都护,烽火望祁连。
> 虎落夜方寝,鱼丽晓复前。平生不可定,空信苍浪天。
> ——(南朝·梁)何逊《长安少年行》

玛瑙,在中国古代文献中有时写作"马脑"。玛瑙是玉髓类矿物的一种,经常是混有蛋白石和隐晶质石英的纹带状块体,硬度7—7.5度,比重2.65,色彩非常有层次。其形状各异,半透明或不透明,但非晶体。玛瑙的历史十分遥远,大约在一亿年以前,地下岩浆由于地壳的变动而大量喷出,熔岩冷却时,蒸气和其他气体形成气泡。气泡在岩石冻结时被封起来而形成许多洞孔。经过漫长的时间,洞孔浸入含有二氧化硅的溶液凝结成硅胶,含铁岩石的可熔成分进入硅胶,最后二氧化硅结晶为玛瑙。

玛瑙以其色彩丰富、美丽多姿而被当作宝石或制作工艺品。世界上玛瑙著名产地有中国、印度、巴西、美国、埃及、澳大利亚、墨西哥等国。墨西哥、美国和纳米比亚还产有花边状纹带的玛瑙,称为"花边玛瑙"。

---

① (清)吴伟业:《梅村家藏稿》卷20,《后集》卷12,四部丛刊本。
② 唐圭璋编:《全宋词》第2册,中华书局1965年版,第608页。
③ (宋)范成大:《范石湖集》卷33,上海古籍出版社1981年版,第440—441页。
④ (宋)洪适:《隶释》卷5,北京:中华书局1985年版,第60页。
⑤ (明)张煌言:《张苍水集》第2编,上海古籍出版社1985年版,第81页。

美国黄石公园、怀俄明州及蒙大拿州还以产有"风景玛瑙"而著称。当玛瑙中的各种颜色、花纹以及不透明杂质等组合,自然形成山水景物或人物、动植物图案时被称为"风景玛瑙"。此类玛瑙,中国人很早就有认识。明代曹昭《格古要论》云:"玛瑙多出北方,南蕃西蕃亦有,非石非玉,坚而且脆,快刀刮不动,凡看碗盏器皿,要样范好,碾得薄,不夹石者为佳,其中有人物鸟兽形者最贵。有锦红花者,谓之锦红玛瑙。有漆黑中一线白者,谓之合子玛瑙。有黑白相间者,谓之截子玛瑙。有红白杂色如丝相间者,谓之缠丝玛瑙,此几种皆贵。有淡水花者,谓之浆水玛瑙。有紫红花者,谓之酱斑玛瑙。有海蜇色、鬼面花者,皆价低。凡器物马靶事件之类,看其好碾琢工夫及红多者为上。古人云'玛瑙无红一世穷'。""柏枝玛瑙,浆水玛瑙色内有花纹如柏枝,故谓柏枝浆水玛瑙,亦可爱。"① 其中有人物鸟兽形者,就是最上品的风景玛瑙。

中国玛瑙产地分布很广,差不多各省都有,著名产地有云南、黑龙江、辽宁、河北、新疆、宁夏、内蒙古等。考古发现新石器时代的人们已经用玛瑙作饰品。辽宁阜新地区出土的玛瑙早到新石器时代晚期,以后历朝历代有关玛瑙的文物都有出土。李时珍《本草纲目》卷八引顾荐《负暄录》云:"西北者色青黑,宁夏、瓜、沙羌地沙碛中得者尤奇。有柏枝马脑,花如柏枝;有夹胎马脑,正视莹白,侧视则若凝血,一物二色也;截子马脑,黑白相间;合子马脑,漆黑间有一白线间之;锦江马脑,其色如锦;缠丝马脑,红白如丝。此皆贵品。浆水马脑,有淡水花。酱斑马脑,有紫红花;曲蟮马脑,粉红花,皆价低。又紫云马脑出和州,土马脑出山东沂州,亦有红色云头、缠丝、胡桃花者;又竹叶马脑,出淮右,花如竹叶,并可作桌面、屏风;金陵雨花台小马脑,止可充玩耳。试马脑法,以砑木不热者为真。"②

近代地质学家、宝石学家章鸿钊认为,汉代以前的文献中的"琼""赤玉"就是玛瑙,琼瑰是玛瑙之似珠者。"奉天锦州产者,俗称锦州石。《尔雅·释地》云'东方之美者,有医无闾之珣玗琪焉';《后汉书·东夷传》云'扶余挹娄出赤玉'殆皆指此。"这种名字一直叫到汉代,由于佛教传入中国,"琼"和"赤玉"的称呼逐渐被"玛瑙"所替代,"玛瑙始见佛书","其名亦自后汉佛书流入中土始称","从梵文意译者"。③ 锦州

---

① (明)王佐:《新增格古要论》卷6,浙江人民美术出版社2011年版,第199—200页。
② (明)李时珍:《本草纲目》卷8《金石部》,中医古籍出版社1994年版,第216页。
③ 章鸿钊:《石雅》上编,上海古籍出版社1993年版,第36—37页。

石、琼、赤玉和珣玗琪是否是玛瑙存在疑义，但认为玛瑙之称跟佛经翻译有关系则合乎事实。因为中国文献中"玛瑙"之名最早出现于汉译佛经，东汉末年安世高译《阿那邠邸化七子经》有云："北方有国，城名石室，国土丰熟，人民炽盛，彼有伊罗波多罗，藏无数百千金银珍宝、砗磲、玛瑙、真珠、琥珀、水精、瑠璃及诸众妙宝。"① 下文屡言诸宝，略同，都少不了玛瑙。支娄迦谶译《无量清静平等觉经》中亦屡次出现"玛瑙"。鸠摩罗什译《妙法莲华经·序品》云以诸宝布施："或有行施，金银珊瑚、真珠摩尼、砗磲码脑、金刚诸珍、奴婢车乘、宝饰辇舆、欢喜布施。"② 慈恩寺沙门窥基撰《妙法莲花经玄赞》云："马脑，梵云遏湿摩揭婆，此云杵藏，或云胎藏者，坚实故也。色如马脑，故从彼名。作马脑字，以是宝类，故字从玉。或如石类，字或从石。"③ 遏湿摩揭婆（Asmargarbha），一译"阿湿缚揭波"，或译"阿含磨揭婆"。梵文"遏湿摩"（Asmar-），意为"马"，"揭婆"（-garbha），意为"脑"。因此，"玛瑙"最早译为"马脑"。佛经翻译者认为，玛瑙的原石外形或颜色和马脑相似，因此译之为"马脑"。唐代高僧慧琳《一切经音义》释"阿湿摩揭婆"云："此云石藏。"但不能肯定是何物，"或是虎魄"。④ 五胡十六国时唐大慈恩寺沙门窥基撰《妙法莲华经玄赞》云：西域人从其色相加以命名，唐人陈藏器著《本草拾遗》云："赤烂红色，有似马脑，故名，亦云马脑珠。"⑤ 后来认识到其玉的属性，加上"玉"旁，形成"玛瑙"二字。魏文帝曹丕著《马瑙勒赋》序称："马瑙，玉属也，出自西域，文理交错，有似马脑，故其方人因以名之。"⑥ 可见这个名字是翻译过来的，是随着佛经的翻译被人们接受的，是意译。

古代外国人和中国人都不知道玛瑙是如何形成的，所以产生种种想象。因为色状如马脑，所以西域有人认为玛瑙是马口吐出来的，这是随着玛瑙从域外传入而带来的域外传说。中国则产生了玛瑙乃"鬼血所化"

---

① （汉）安世高译：《阿那邠邸化七子经》，《中华大藏经》第34册，中华书局1988年影印本，第295页。
② （后秦）鸠摩罗什译：《妙法莲华经》卷1，《中华大藏经》第15册，中华书局1985年影印本，第509页。
③ （唐）释窥基：《妙法莲花经玄赞》卷2，《中华大藏经》第100册，中华书局1996年影印本，第378页。
④ （唐）慧琳：《一切经音义》卷21，徐时仪校注，上海古籍出版社2008年版，第442页。
⑤ （明）李时珍：《本草纲目》卷8《金石部》，中医古籍出版社1994年版，第216页。
⑥ 《艺文类聚》卷84《宝玉部》，上海古籍出版社1982年版，第1441页。

的神话。晋王嘉《拾遗记·高辛》记载一个传说："马脑者，言是恶鬼之血，凝成此物。昔皇（黄字之误）帝除蚩尤及四方群凶，并诸妖魅，填川满谷，积血成渊，聚骨如岳。数年中，血凝如石，骨白如灰，膏流成泉。故南方……有丹丘"；"丹丘之野多鬼血，化为丹石，则码磝也。不可斫削雕琢，乃可铸以为器也。"① 当然，人们很容易认识到这种说法的荒诞。李时珍《本草纲目·金石部》"马脑"条引陈藏器曰："胡人云是马口吐出者，谬言也。"李时珍说："按《增韵》云：玉属也。文理交错，有似马脑，因以名之。《拾遗记》云是鬼血所化，更谬。"② 中国人很早就认识到玛瑙的玉的属性，曹丕一得到玛瑙，就正确地指出："玉属也。"王嘉"鬼血所化"云云，是引用当时的传说，其实他也不相信这种说法。他说："码磝，石类也，南方者为之胜。"③ 三国魏时张揖撰《广雅》云："马瑙，石次玉。"④

中国虽有玛瑙，古时又从域外输入，古代文献记载中多为舶来品。所以鱼豢《魏略》云大秦国多"马瑙"。晋郭义恭《广志》云："马瑙出西南诸国。"郭璞《玄中记》云："马瑙出月氏国。"⑤ 李时珍《本草纲目》卷八引《释名》云："文石"，又引陈藏器曰："马脑生西国玉石间，亦美石之类，重宝也。来中国者，皆以为器。又入日本国。""宗奭曰："马脑非玉非石，自是一类。有红、白、黑三种，亦有文如缠丝者。西人以小者为玩好之物，大者碾为器。"李时珍曰："马脑出西南诸国，云得自然灰即软，可刻也。曹昭《格古论》云：'多出北地、南番、西番，非石非玉，坚而且脆，刀刮不动，其中有人物鸟兽形者最贵。'顾荐《负暄录》云：'马脑品类甚多，出产有南北，大者如斗，其质坚硬，碾造费工。南马脑产大食等国，色正红无瑕，可作杯斝。'⑥ 玛瑙是汉代贵族喜欢用来陪葬的东西。西汉大云山1号墓发现错金银嵌玉石玛瑙铜镇，北京大葆台西汉墓出土文物千余件，其中有玛瑙器、缠丝鸡血红玛瑙。这些玛瑙有的可能来自域外。

玛瑙从域外传入中国很早。传说五帝之一的高辛（帝喾）时，"有丹

---

① （晋）王嘉：《拾遗记》卷1《高辛》，《汉魏丛书》，吉林大学出版社1992年影印本，第710页。
② （明）李时珍：《本草纲目》卷8《金石部》，中医古籍出版社1994年版，第216页。
③ （晋）王嘉：《拾遗记》卷1《高辛》，《汉魏丛书》，吉林大学出版社1992年影印本，第710页。
④ 《艺文类聚》卷84《宝玉部》下，上海古籍出版社1982年版，第1441页。
⑤ 同上。
⑥ （明）李时珍：《本草纲目》卷8《金石部》，中医古籍出版社1994年版，第216页。

丘之国，献码磁甕，以盛甘露"。被认为是"帝德所洽，被于殊方，以露充于厨也"。① 这当然是小说家言，不足信。1981 年，绍兴市狮子山 306 号战国墓出土玛瑙饰品 102 件，有珠有管，加工技术很高②，但不能断定就是从域外传入的。汉代时从域外传入玛瑙，用来装饰器物。《西京杂记》记载，赵飞燕为皇后，其妹在昭阳殿寄信奉贺，其贺礼有"马瑙彊"。③ 彊，弓弩两端系弦的地方，这是以玛瑙作为弓弩上的装饰。同书还记载："武帝时，身毒国献连环羁，皆以白玉作之，玛瑙石为勒，白光琉璃为鞍。"④ 玛瑙石为勒，即以玛瑙装饰马勒。汉成帝时，扬雄著《甘泉赋》歌咏甘泉宫有云："翠玉树之青葱兮，璧马犀之瞵䚣。"⑤《汉书·扬雄传》颜师古注："马犀者，马脑及犀角也，以此二种饰殿之壁。"⑥ 汉末，曹丕为五官中郎将，得到玛瑙，制成马勒，作《马脑勒赋》，并命王粲等人同赋。曹丕《玛瑙勒赋序》云："玛瑙，玉属也，出自西域，文理交错，有似马脑，故其方人因以名之。或以系颈，或以饰勒。余有斯勒，美而赋之，命陈琳、王粲并作。"⑦ 明言玛瑙从西域传入。其赋云："命夫良工，是剖是镌，追形逐好，从宜索便，乃加砥砺，刻方为圆。"王粲《马瑙勒赋》云："游大国以广观，览希世之伟宝。总众材而课美兮，信莫臧于玛瑙。被文采之华饰，杂朱绿与苍阜。于是乃命工人，裁以饰勒。因姿象形，匪雕匪刻。厥容应规，厥性顺德。御世嗣之骏服兮，表騄骥之仪则。"⑧ 陈琳《马脑勒赋》云："五官将得马脑，以为宝勒，美其英采之光艳，使琳为之赋。"⑨ 从他们的描写中可以知道，曹丕得到的是玛瑙原料，命匠人加工成马勒饰件，故称玛瑙勒。

---

① （晋）王嘉：《拾遗记》卷 1，《汉魏丛书》，吉林大学出版社 1992 年影印本，第 710 页。
② 浙江省文物管理委员会等：《绍兴 306 号墓发掘简报》，牟永抗：《绍兴 306 号越墓刍议》，钟遐：《绍兴 306 号墓小考》，《文物》1984 年 1 期。
③ （晋）葛洪：《西京杂记》卷 1，《汉魏丛书》，吉林大学出版社 1992 年影印本，第 304 页。
④ （晋）葛洪：《西京杂记》卷 2，《汉魏丛书》，吉林大学出版社 1992 年影印本，第 305 页。
⑤ 《汉书》卷 87 上《扬雄传》，第 3526 页。
⑥ 《汉书》卷 87 上《扬雄传》，第 3527 页，注 [六]。
⑦ 《艺文类聚》卷 84《宝玉部》下，上海古籍出版社 1965 年版，第 1441 页；严可均：《全三国文》卷 4，《全上古三代秦汉三国六朝文》，中华书局 1958 年影印本，第 1074—1075 页。
⑧ 《艺文类聚》卷 84《宝玉部》，上海古籍出版社 1982 年版，第 1441 页。
⑨ 《北堂书钞》卷 126《武功部》，学苑出版社 1998 年版，第 306 页。

## 九　西海海底之珊瑚

攘袖见素手，皓腕约金环；
头上金爵钗，腰佩翠琅玕。
明珠交玉体，珊瑚间木难。

——（东汉）曹植《美女篇》

"珊瑚"二字当为译音，为外来词，但不知出于何种语言。波斯文称之曰"玛尔章"（Marjan），俄文称"玛尔赞"（Marzan），即由此而来。波斯人又称之为"毕儿巴儿"（birbal）。一般认为"珊瑚"是波斯语 xuruhak 的汉译。汉语中的珊瑚，狭义上指"珊瑚虫"，是一种构成广义"珊瑚"的捕食海洋浮游生物的低等腔肠动物；广义上的珊瑚不是个单一的生物，而是由众多珊瑚虫及其分泌物和骸骨构成的组合体，即所谓非植物类的珊瑚树以及非矿物类的珊瑚礁。珊瑚生长在温度高于20℃的赤道及其附近的热带、亚热带海洋里。地中海、红海、波斯湾古时皆产珊瑚。中国人知道珊瑚生于海中，中国南方海中有生长。《山海经》云："珊瑚生海中，欲取之，先作铁网沉水底，珊瑚贯网而生，岁高二三尺，有枝无叶，形如小树。因绞网出之，珊瑚皆摧折在网中。"① 汉末王粲《游海赋》写会稽东南大海"长洲别岛，旗布星峙。高或万寻，近或千里。桂林蓁乎其上，珊瑚周乎其趾"。②

珊瑚的硬度类似青金石，性脆易断裂，有红、粉红、白、黑等色，以红色为上品。红珊瑚红艳如火，古代称"火树"，多数生活在100米以下深海处。世界著名的红珊瑚产于地中海和大西洋深海海底。中国的台湾及厦门附近海域也有出产，呈粉红色，肢体较小。红珊瑚主要用于首饰制品，通常制成项链、戒指或别针等，大者用于雕刻人物、花鸟等工艺品。目前中国市场上所见红珊瑚，主要从日本进口，货源紧缺，价格昂贵。珊瑚是最早被人们认识和利用的宝石之一，人类对红珊瑚的利用可追溯到古罗马时代，意大利人约在2000年前最早发现，意大利最古老的珊瑚渔场

---

① 《太平御览》卷807《珍宝部》，上海古籍出版社2008年影印本，第8册，第213页。
② 《艺文类聚》卷8《水部》，上海古籍出版社1982年版，第153页。

已有2000年的开采史。印度人则在公元前5世纪发现。在西方人的观念中，红珊瑚具有神秘的色彩，古罗马人认为珊瑚具有防灾避祸、给人智慧、止血和驱热的功能，航海者相信佩戴红珊瑚可以防闪电、飓风，使风平浪静，旅途平安。罗马人称其为"红色黄金"，至今意大利还流行用珊瑚做避邪的护身符。现代西方人把珊瑚、珍珠和琥珀并列为三大有机宝石，是西方人的"三月诞辰石"之一。从16世纪开始，西方人把不同的宝石配上十二个月，当作个人出生的标志。代表每个月的宝石被称为"诞生石"或"生辰石"，人们相信诞生石具有避邪护身的神力，能给人带来好运气。

汉代从域外传入珊瑚。西汉桓宽《盐铁论·力耕》记载，桑弘羊论与域外通贡贸易之利："汝、汉之金，纤微之贡，所以诱外国而钓胡羌之宝也。夫中国一端之缦，得匈奴累金之物，而损敌国之用。是以骡驴馲驼，衔尾入塞；騨騱騵马，尽为我畜。鼲貂狐貉，采游文罽，充于内府，而璧玉、珊瑚、琉璃，咸为国之宝。是则外国之物内流，而利不外泄也。异物内流而国用饶，利不外泄则民用给矣。"① 明言珊瑚为外国之物。司马相如《上林赋》中亡是公盛夸上林苑中多珍宝："玫瑰碧琳，珊瑚丛生。"② 东汉班固《西都赋》写汉昭阳殿："珊瑚碧树，周阿而生。"③ 此言虽有夸张，但上林苑中有珊瑚应是事实。张衡《西京赋》写西汉长安宫殿："珊瑚琳碧，瓀珉璘彬，珍物罗生，焕若崑仑。"④ 汉末徐幹《齐都赋》云："然后修龙榜，游洪池，折珊瑚，破琉璃。"⑤ 《汉武故事》记载："武帝起神堂，前庭植玉树，葺珊瑚为枝。"⑥ 《西京杂记》记载汉代上林苑，"积草池中有珊瑚树，高一丈二尺，一木三柯，上有四百六十二条。是南越王赵佗所献，号为烽火树，至夜光景常欲然。"⑦ 同书记载："赵飞燕为皇后，其女弟在昭阳殿遗飞燕书以示贺，其贺礼中有"珊瑚玦"。⑧ 南朝梁任昉《述异记》云："海上有珊瑚宫，汉元封二年，郁林

---

① （汉）桓宽撰，王利器校注：《盐铁论校注》卷1《力耕》，中华书局1992年版，第28页。
② （南朝·梁）萧统：《文选》卷8，上海书店1988年影印本，第109页。
③ （南朝·梁）萧统：《文选》卷1，上海书店1988年影印本，第6页。
④ （南朝·梁）萧统：《文选》卷2，上海书店1988年影印本，第20页。
⑤ 费振刚等辑校：《全汉赋》，北京大学出版社1993年版，第623页。
⑥ 《太平御览》卷807《珍宝部》，上海古籍出版社2008年影印本，第8册，第213页。
⑦ （晋）葛洪：《西京杂记》卷1，《汉魏丛书》，吉林大学出版社1992年影印本，第303页。
⑧ 同上书，第304页

郡献瑞珊瑚。"又云:"光武时,南海献珊瑚妇人树,帝命植于殿前,谓之女珊瑚。一旦柯叶甚茂,至灵帝时树死,咸以谓汉室将亡之征也。"①曹植《美女篇》诗云:"攘袖见素手,皓腕约金环;头上金爵钗,腰佩翠琅玕。明珠交玉体,珊瑚间木难。"② 古代中国人认为珊瑚来自南亚和波斯。苏恭曰:"珊瑚生南海,又从波斯国及师子国来。"③ 寇宗奭《本草衍义》曰:"波斯国海中,有珊瑚洲。海人乘大舶,堕铁网水底,珊瑚所生磐石上,白如菌,一岁而黄,三岁赤。枝干交错,高三四尺。铁发其根,系网舶上,绞而出之。失时不取则腐。"④ 来自地中海的红珊瑚在日本被称为Kowatari("波斯舶来品"),奈良时代(710—784年)经由丝绸之路被引入日本。中世纪的欧洲珊瑚(Coral)被大量运用于宗教仪式的装饰品和念珠的制作上。

现代宝石级珊瑚为红色、粉红色、橙红色,红色是由于珊瑚在生长过程中吸收海水中1%左右的氧化铁而形成的,黑色是由于含有有机质。黑色珊瑚密度较低,性脆,遇盐酸强烈起泡,无荧光。红珊瑚的颜色由浓到淡有着明显的差异,在不同国家、地区和不同时间,流行的颜色各有不同。美国过去认为暗红珊瑚是最理想的品种,后来淡色调流行,后来居上。欧洲人喜爱玫瑰色,阿拉伯人则长期钟情于鲜红色。中国玉匠把质地和颜色不同的红珊瑚分为"关公脸""蜡烛红""油榨鬼""孩儿面""辣椒红"等。红珊瑚文化在中国以及印度、印第安民族传统文化中都有悠久的历史,印第安土著民族和中国藏族等民族对红珊瑚更是喜爱,甚至把红珊瑚作为护身和祈祷"上天(帝)"保佑的灵物。印度和中国西藏的佛教徒视红色珊瑚是如来佛的化身,他们把珊瑚作为祭佛的吉祥物,多用来做佛珠,或装饰神像。红珊瑚在佛典中被尊为"七宝"之一,具有辟邪和尊贵的特性。⑤ 对爱情而言,红珊瑚代表着热情与激情,可加强佩带者

---

① (南朝·梁)任昉:《述异记》卷上,《汉魏丛书》,吉林大学出版社1992年影印本,第697页。
② (南朝·梁)萧统:《文选》卷27,上海书店1988年影印本,第381页。
③ (明)李时珍:《本草纲目》卷8《金石部》,中医古籍出版社1994年版,第216页。
④ (宋)寇宗奭:《本草衍义》卷5,人民卫生出版社1990年版,第35页。
⑤ 七宝,指七种珍宝,又称"七珍"。不同历史时期所译佛典的不同版本中所说"七宝"不同,以《无量寿经》为例,汉代版本的七宝为金、银、琉璃、水晶、砗磲、珊瑚、琥珀;曹魏时期版本所载七宝为紫金、白银、琉璃、水精、砗磲、珊瑚、琥珀;唐代版本的七宝为黄金、白银、琉璃、颇梨、美玉、赤珠、琥珀;宋代版本的七宝为黄金、白银、琉璃、颇梨、砗磲、真珠、琥珀。藏传佛教中的七宝为红玉髓、蜜蜡、砗磲、珍珠、珊瑚、金、银,称为"西方七宝"。

的性感魅力，有助打开心扉，接受感情。使人提高心灵层次，有着高度敏感性，对混沌不清的局势有调和的作用。汉代中国人所见也以红色为贵。《说文解字》云："珊瑚，色赤，生于海，或生于山，从玉。"① 但在中国古代史籍中记载的珊瑚多为碧色。班固称为"碧树"。梁任昉《述异记》云："珊瑚树碧色，生海底，一株十枝，枝间无叶，大者高五六尺，至小者尺余。"② 大概各因其所见所闻记载有此不同。

近代医学证实珊瑚石还具有很多药用和医用价值，被认为是一种具有独特功效的药宝，有养颜保健、活血、明目、驱热、镇惊痫、排汗利尿等诸多医疗功效。李时珍《本草纲目》中说珊瑚："去翳明目，安神镇惊；用于目生翳障，惊痫，鼻巾丑。"《唐本草》说它"味甘，平，无毒"。国外研究证明，珊瑚可用来接骨，入药可治溃疡、动脉硬化、高血压、冠心病以及性病。随着医学的发展，人们发现红珊瑚还具有促进人体新陈代谢及调节内分泌的特殊功能。珊瑚石的主要成分是碳酸钙，经处理后能把它变成与人体骨骼相似的磷酸钙，因此，医生将它用来修补人体骨骼。人的新生血管能随着造骨细胞一起在珊瑚石的孔隙里生长，使骨折部分迅速恢复正常。美国人通过进一步研究，将珊瑚石进行烘焙，使其转化成骨矿，并在其中加入玻璃纤维增强聚合物，提高强度，从而使它不但能用于接骨，而且可直接代替小块或小段骨头使用，还可以用来"熔接"脊椎，甚至能制成转动自如的假眼。

关于域外输入的珊瑚来源，中国文献中记载不一。先是南方沿海地区，然后笼统的记载南海，后来又指向大秦、波斯。《后汉书·西域传》记载大秦国有"珊瑚"。③《晋书·四夷传》西戎"大秦国"条记载："大秦国一名犁鞬，在西海之西，其地东西南北各数千里。有城邑，其城周回百余里。屋宇皆以珊瑚为棁棁，琉璃为墙壁，水精为柱礎。……武帝太康中，其王遣使贡献。"④ 中国人又知道波斯产珊瑚。魏晋人鱼豢《魏略·西戎传》记载通往大秦的道路："积石南乃有大海，出珊瑚、真珠。"⑤ 据杨宪益的考证，其所谓积石山应在古安息国（今伊朗一带）境内，其南

---

① （汉）许慎：《说文解字》（一），中华书局1963年版，第13页。
② （南朝·梁）任昉：《述异记》卷上，《汉魏丛书》，吉林大学出版社1992年影印本，第697页。
③ 《后汉书》卷88《西域传》，第2919页。
④ 《晋书》卷97《四夷传》，第2544页。
⑤ 《三国志》卷30《魏书·乌丸鲜卑东夷传》，裴注引，第862页。

便是红海。① 《隋书·西域传》记载波斯土多"真珠、颇黎、兽魄（琥珀，避李虎讳）、珊瑚、琉璃、玛瑙、水精、瑟瑟"。② 地中海、红海、波斯湾古时皆产珊瑚，祆教创始者波斯人琐罗亚斯德曾说珊瑚有神力，有益于健康。罗马人白里内（Pliny）说当时波斯人皆取珊瑚枝系于小儿之颈项，以为可以辟邪。波斯国俗至今尚系小块珊瑚于小儿之腹以辟邪，把珊瑚看成符咒一般神秘之物。③ 《新唐书·西域传》记载拂菻国"海上有珊瑚洲"。其珊瑚采取方法，其法与上引《山海经》、寇宗奭《本草衍义》记载波斯国方法相同，即用铁网，不可用绞网。④ 罗马分裂为东、西罗马，拂菻指东罗马，中国古代文献上也常用罗马之古称"大秦"称呼它。唐德宗时立的著名《大秦景教流行中国碑》文云："大秦国南统珊瑚之海。"德国学者夏德（Hirth）说："古代最美的珊瑚确出于地中海"，但上述文献中所谓"珊瑚洲"和"珊瑚之海"以及《魏略》云云，"皆明指红海。⑤ 他把中国文献中的珊瑚产地局限在红海一处，似乎并不妥当。晋郭义恭《广志》云："珊瑚有长者，为御车柱。出西海底。"⑥ 中国古代文献中的"西海"是个模糊概念，黑海、里海、咸海、地中海、波斯湾、红海都可称为西海。珊瑚成为海上丝绸之路传播的重要物品。《梁书·诸夷传》"中天竺国"条云："在大月支东南数千里，地方三万里，一名身毒。汉世张骞使大夏，见邛竹杖、蜀布，国人云，市之身毒。身毒即天竺，盖传译音字不同，其实一也。……其西与大秦、安息交市海中，多大秦珍物，珊瑚、琥珀、金碧珠玑、琅玕、郁金、苏合。"⑦ 身毒，即今南亚地区，通过海上的贸易获得大秦之珊瑚之类。《述异记》记载郁林郡有"珊瑚市"，是"海客市珊瑚处"。⑧ 郁林郡，中国古代行政区域，治所在今布山，广西桂平西。这反映中国所获海外珊瑚，除了使节入贡之外，也有经南方沿海地区的贸易所得。

---

① 杨宪益：《大秦道里考》，《译余偶拾》，山东画报出版社2006年版，第149页。
② 《隋书》卷83《西域传》，中华书局1973年点校本，第1857页。
③ ［美］劳费尔：《中国伊朗编》，林筠因译，商务印书馆1964年版，第353—355页。
④ 《新唐书》卷221下《西域传》下，中华书局1975年点校本，第6261页。
⑤ ［德］夏德：《大秦国全录》，朱杰勤译，商务印书馆1964年版，第105页。
⑥ 《太平御览》卷807《珍宝部》，上海古籍出版社2008年影印本，第8册，第213页。
⑦ 《梁书》卷54《诸夷传》，第797—798页。
⑧ 《太平御览》卷807《珍宝部》，上海古籍出版社2008年影印本，第8册，第213页。

## 十　犀角　文犀　通犀

窈窕怀贞室，风流挟琴妇。唯将角枕卧，自影啼妆久。
羞开翡翠帷，懒对蒲萄酒。深悲在缣素，托意忘箕帚。

——（南朝·陈）江总《妇病行》

犀角即犀牛角，为犀科动物印度犀、爪哇犀、苏门犀等的角。如前所述，犀主要产于非洲和南亚、东南亚的印度、尼泊尔、缅甸、泰国、马来西亚及印度尼西亚等地。印度犀分布于尼泊尔及印度北部，爪哇犀分布于爪哇，苏门犀分布于缅甸、泰国、马来西亚及印度尼西亚的苏门答腊、婆罗洲等地。中国南方沿海地区也有犀牛和犀角。汉元帝时贾捐之说："又非独珠厓有珠犀瑇瑁也。"① 珠厓，即朱崖郡。汉代朱崖郡，汉武帝时置。武帝平南越国，遣使自徐闻（今雷州徐闻县）渡海略地，在今海南岛置朱崖、儋耳二郡。贾捐之的意思，出产珠犀瑇瑁之地非止珠崖郡一处。许慎《说文解字》云："犀，南徼外牛，一角在鼻，一角在顶，似豕。"②《尔雅》云："犀似豕。"郭璞注云："形似水牛，猪头大腹，痹脚，脚有三蹄，黑色。三角：一在顶上，一在鼻上，一在额上，一在鼻上。鼻上者，即食角也，小而不椭，□好食棘，亦有一角者。刘欣期《交州记》曰：'犀牛出九德，毛如豕，蹄有甲，头似马。'《吴录地理志》云：'武陵阮南县以南皆有犀。'"③《山海经·海内南经》："牲牲西北有犀牛，其状如牛而黑。"郭璞注云："犀牛似水牛，猪头，在牲牲知人名之西北。痹脚，三角。"④《山海经·中山经》云琴鼓之山"多白犀"。⑤ 郭璞注云："此与辟寒、蠲忿、辟尘、辟暑、诸犀，皆异种也。"又引《范子计然》云："犀角出南郡，上价八千，中三千，下一千。"陶弘景《名医别录》

---

① 《汉书》卷64下《贾捐之传》，第2834页。
② （汉）许慎：《说文解字》（二），中华书局1963年版，第30页。
③ 《尔雅》卷10《释兽》，《十三经注疏》，中华书局1980年影印本，第2651页。
④ 《山海经》卷10《海内南经》，《二十二子》，上海古籍出版社1986年影印本，第1374页。
⑤ 《山海经》卷5《海内南经》，《二十二子》，上海古籍出版社1986年影印本，第1364页。

云:"生永昌及益州。"①

汉代时中国犀牛已经成为珍奇之兽,只有南方某地有生长,因而汉代也从域外引进犀角。汉文帝时,南越王赵佗归汉,上书朝廷,托汉使陆贾带回的贡品中包括有"犀角十"。②《史记·货殖列传》叙述当时各地特产:"江南出楠、梓、姜、桂、金、锡、连、丹沙、犀、玳瑁、珠玑、齿革。"③又说:"番禺亦其一都会也,珠玑、犀、玳瑁、果、布之凑。"④说明司马迁时江南特别是广东沿海地区有犀牛,因此还不能断定此犀角是否来自域外。《汉书·江都王建传》记载刘建:"遣人通越繇王、闽侯,遗以锦帛奇珍,繇王、闽侯亦遗建荃、葛、珠玑、犀甲、翠羽、蝯熊奇兽,数通使往来,约有急相助。"⑤江都和越地的繇王、闽侯都地近南方沿海地区,故能获得大量犀甲,犀即犀角。《汉书·西域传赞》描述西汉所获异域物产云:"明珠、文甲、通犀、翠羽之珍,盈于后宫;蒲梢、龙文、鱼目、汗血之马充于黄门;巨象、师子、猛犬、大雀之群,食于外囿。殊方异物,四面而至。"⑥其中"通犀"乃犀角之上品。东汉时中国得到域外的犀角。内地至交阯任职的官员往往含赃纳贿获得南海的珠宝,携之以归,犀角是行贿受贿的重要贿品。他们又用这种珠宝贿赂权贵,以求升迁。《后汉书·贾琮传》记载:"旧交阯土多珍产,明玑、翠羽、犀、象、瑇瑁、异香、美木之属,莫不自出。前后刺史率多无清行,上承权贵,下积私赂,财计盈给,辄复求见迁代。"⑦《后汉书·西域传》记载,和帝时天竺多次遣使经陆路贡献,"后西域反畔,乃绝。至桓帝延熹二年、四年,频从日南徼外来献。"⑧即从海路入汉。桓帝延熹九年(166年),大秦王安敦遣使,自日南徼外献象牙、犀角、瑇瑁。⑨因为这些礼品都不是大秦特产,因此人们怀疑此乃大秦商人冒充国家使节入汉进贡,这是他们途经印度洋在阿拉伯地区或南亚地区获得

---

① (南朝·梁)陶弘景:《名医别录》卷2,尚志钧辑校,人民卫生出版社1986年版,第174页。
② 《册府元龟》卷698《外臣部》,中华书局1960年影印本,第11376页。
③ 《史记》卷129《货殖列传》,第3253—3254页。
④ 同上书,第3268页。
⑤ 《汉书》卷53《江都王建传》,第2417页。
⑥ 《汉书》卷96下《西域传赞》,第3928页。
⑦ 《后汉书》卷31《贾琮传》,第1111页。
⑧ 《后汉书》卷88《西域传》,第2922页。
⑨ 《后汉书·桓帝纪》记载,延熹九年(166年)九月,"大秦国王遣使奉献"。章怀太子注:"时国王安敦献象牙、犀角、玳瑁等"。第318页。大秦王安敦,即罗马皇帝马可·奥勒留·安东尼诺斯(121—180年)。

的物品。

汉代中国人已注意到犀角的药用价值。《神农本草经》称犀角"味苦，寒，无毒。治百毒、虫注、邪鬼、障气，杀钩吻、鸩羽、蛇毒，除邪，不迷惑，厌寐。久服轻身。"① 张仲景《金匮要略·果实菜谷禁忌并治》以为犀牛角可以鉴别食物是否有毒："犀角筋搅饮食沫出，及浇地坟起者，食之杀人。"他开列的治疗饮食中毒烦满之方，云："犀角汤亦佳。"② 犀角用作中药，性味苦酸咸，寒，无毒。功能清热、凉血、定惊、解毒。南朝陶弘景说："入药惟雄犀生者为佳。若犀片及见成器物皆被蒸煮，不堪用。"又说："（犀角）今出武陵、交州、宁州诸远山。又有通天犀角，上有一白缕直上。凡犀见成物，皆被蒸煮，不堪入药，惟生者为佳。虽曰屑片，亦是已煮炙，况用悄乎。又有光犀，其角甚长，文理亦似犀，不堪药用耳。"苏恭《唐本草》云："牸是雌犀，文理细腻，斑白分明，俗谓斑犀，服用为上，然充药不如雄犀也。"苏颂《本草图经》云："犀角，今以南海者为上，黔、蜀者次之。……观文之粗细为贵贱，贵者有通天花文。……角文有倒插者，一半以下通；有正插者，一半以上通；有腰鼓插者，中断不通；其类极多，足为奇异。波斯呼象牙为白暗，犀角为黑暗，言难识也"；"凡犀入药者，有黑、白二种，以黑者为胜，角尖又胜。生犀不独未经水火者，盖犀有捕得杀取者为上。"③

犀角可作装饰品，属珠宝一类，与象牙并重。带花纹的犀角更佳。李时珍《本草纲目·兽部》云："犀出西番、南番、滇南、交州诸处。有山犀、水犀、兕犀三种，又有毛犀似之。山犀居山林，人多得之；水犀出入水中，最为难得。并有二角，鼻角长而额角短。水犀皮有珠甲，而山犀无之。兕犀即犀之牸者，亦曰沙犀，止有一角在顶，文理细腻，斑白分明，不可入药。盖牯角文大，牸角文细也。洪武初，九真曾贡之，谓之独角犀，是矣。……犀角纹如鱼子形，谓之粟纹；纹中有眼，谓之粟眼。黑中有黄花者为正透，黄中有黑花者为倒透，花中复有花者为重透，并名通犀，乃上品也。花如椒豆斑者次之，乌犀纯黑无花者为下品。"④ 汉代以犀角装饰是奢侈行为。汉成帝时扬雄著《甘泉赋》写汉之甘泉宫之豪华：

---

① 佚名撰，马继兴主编：《神农本草经辑注》卷4，人民卫生出版社1995年版，第425页。
② （汉）张仲景撰，（清）高学山注：《高注金匮要略》卷25，上海人民出版社1956年版，第354页。
③ （明）李时珍：《本草纲目》卷51《兽部》，中医古籍出版社1994年版，第1153页。
④ 同上。

"翠玉树之青葱兮，璧马犀之瞵珢。"《汉书·扬雄传》颜师古注云："马犀者，马脑及犀角也。以此二种饰殿之壁。"①《后汉书·和帝邓皇后传》记载邓皇后节俭，"御府、尚方、织室锦绣、冰纨、绮縠、金银、珠玉、犀象、玳瑁、彫镂玩弄之物，皆绝不作"。②犀象即犀角、象牙。邓皇后的行为正说明在汉室宫廷中一直是以这些珍贵的东西制作器物的。汉末王符《潜夫论·浮侈篇》批评当时的奢靡之风："而今京师贵戚，衣服饮食，车舆庐第，奢过王制，固亦甚矣。且其徒御仆妾，皆服文组彩牒，锦绣绮纨，葛子升越，筩中女布。犀象珠玉，虎魄玳瑁，石山隐饰，金银错镂，穷极丽靡，转相夸咤。"③

犀角是贵重的装饰，尤其带有花斑的犀角，称为"文犀"。《后汉书·马援传》记载："初，援在交趾，常饵薏苡实，用能轻身省欲，以胜瘴气。南方薏苡实大，援欲以为种。军还，载之一车。时人以为南土珍怪，权贵皆望之。援时方有宠，故莫以闻。及卒后，有上书谮之者，以为前所载还，皆明珠、文犀。因而坐罪，葬不归墓，妻子亦株连，史称薏苡之谤。"这个事例说明东汉时往南方沿海地区任职的官员，常常带明珠、文犀归来。马援"载之以车"，如果是明珠、文犀，数量巨大，才成为"上书谮之者"诬陷的口实。汉代人喜欢用文犀装饰器物，如枕头、剑柄、手杖之类。司马相如的《美人赋》写他赴梁国途中，朝发溱洧，暮宿上宫，夜深欲寝，"寝具既设，服玩珍奇；金鉔熏香，黻帐低垂；裀褥重陈，角枕横施。"④角枕，即犀牛角装饰的枕头。汉代《古乐府诗》云："请说剑，骏犀标首，玉琢中央，六一所善，王者所杖。带以上车，如燕飞翔。"⑤骏犀标首，即以漂亮的犀角装饰剑首。剑首是镶嵌在剑柄顶端的装饰品，又称剑镡。位置在剑颈上方，以玉或金属制成，扁圆形，其上镂有花纹。剑首除作装饰外，也是区分等级的标志。曹植《七启》云："步光之剑，华藻繁缛，饰以文犀，彫以翠绿。"⑥ 有一种"中央色白，通两头"的犀角称"通犀"，尤其珍贵。曹丕《典论》云："建安二十四年，魏太子丕造百辟宝剑……饰以文玉，表以通犀。"⑦《汉书·西域传

---

① 《汉书》卷87上《扬雄传》，第3526—3527页。
② 《后汉书》卷10上《和帝邓皇后传》上，第422页。
③ 《后汉书》卷49《王符传》，第1635页。
④ 费振刚等辑校：《全汉赋》，北京大学出版社1993年版，第97页。
⑤ 《北堂书钞》卷122《武功部》，学苑出版社1998年影印本，第271页。
⑥ 同上书，第275页。
⑦ 同上。

赞》记载汉朝所获域外珍奇："明珠、文甲、通犀、翠羽之珍盈於后宫。"① 颜师古注引如淳曰："通犀，中央色白，通两头。"② 清钮琇《觚賸·石言》云："岭表珍奇，是不一类，珊瑚砗磲、明珠文贝，沉檀通犀、象齿翡翠。"③《东观汉记·陈遵传》记载："陈遵破匈奴，诏赐驳犀剑。"④ 同书卷十五《冯石》记载，冯石为安帝所宠，"帝尝幸其府，留饮十余日，赐驳犀具剑、佩刀、紫艾绶、玉玦各一。"⑤ 文犀饰剑、驳犀剑，即以带有花纹的犀角装饰剑柄和剑首的剑。后世托名汉人小说《赵飞燕外传》写赵飞燕被立为皇后，其妹赵合德赠物恭贺，其中有"文犀辟毒箸二双"⑥，可能是由汉代崇尚"文犀"即带花纹的犀牛角饰物生发的想象。

## 十一　南越国的非洲象牙

照日汀洲际，摇风渌潭侧。虽无独茧轻，幸有青袍色。
罗袖少轻尘，象床多丽饰。愿君兰夜饮，佳人时宴息。

——（南朝·梁）柳恽《咏席诗》

象分非洲象和亚洲象，因此象牙分非洲象牙与亚洲象牙。非洲公母象都生牙，多呈淡黄色，质地细密，光泽好，硬度高，但易产生裂纹。亚洲母象不生牙，象牙是雄性象的獠牙。亚洲象牙颜色较白，时间久会泛黄，光泽较差，牙质度低于非洲象牙。象牙一般指非洲象牙和亚洲象雄性象的獠牙，但有时也指其他动物（比如猛犸象、河马、野猪、海象、鲸等动物）的獠牙或骨头。象牙往往被加工成艺术品、首饰或珠宝。所有哺乳动物的牙齿或獠牙的化学组成成分是相同的，因此来自不同动物的"象牙"材料基本上相同，只是不同动物的"象牙"颜色有时稍微不同。牙

---

① 《汉书》卷96下《西域传》下，第3928页。
② 《汉书》卷96下《西域传》下，第3929页，注［三］。
③ （清）钮琇：《觚賸》卷8《石言》，《笔记小说大观》第17册，江苏广陵古籍刻印社1983年版，第60页。
④ （东汉）刘珍等撰，吴树平校注：《东观汉记》卷14，中华书局2008年版，第524页。
⑤ （东汉）刘珍等撰，吴树平校注：《东观汉记》卷15，中华书局2008年版，第600页。
⑥ （汉）伶玄：《赵飞燕外传》，《汉魏丛书》，吉林大学出版社1992年影印本，第746页。

齿和獠牙本来是同样的物质，牙齿是用来咀嚼的结构，獠牙是伸出嘴唇的牙齿，从牙齿演化出来，成为防御武器。

象牙雕刻指以"象牙"为材料的雕刻艺术及其成品，其实并非全是象牙。象牙为大象身上最坚固的部分，其光洁如玉、耐用、珍贵堪与玉石媲美，因此有"有机宝石"之美誉。象牙雕刻艺术品以坚实细密、色泽柔润光滑的质地和精美的雕刻艺术受到人们喜爱，成为古玩中独具特色的品种之一。中国象牙雕刻有着极其悠久的历史，早在旧石器时代，周口店的山顶洞人就以象牙雕刻成装饰品随葬。新石器时代骨、角、牙器的雕刻制作已很普遍，有的器物并刻有精细的纹饰。浙江余姚河姆渡新石器时代文化遗址出土的"双凤朝阳纹象牙雕刻"是当时南方具有代表性的器物。① 1990年在江苏昆山赵陵山的土筑高台上清理一座良渚文化早期大墓M77，发现一对精美的象牙手镯。② 商代牙雕工艺水平很高，主要做箸、杯，其纹饰和青铜器风格相同。河南安阳商代妇好墓出土的嵌松石兽面纹象牙杯和兽面纹带流象牙筒有很高的工艺水平。③ 商纣王用象牙制箸（筷子），被视为奢靡的开始和亡国之兆。《史记·宋微子世家》记载："纣始为象箸，箕子叹曰：'彼为象箸，必为玉杯；为杯，则必思远方珍怪之物而御之矣。'舆马宫室之渐自此始，不可振也。"④ 象牙也用来装饰器物，是大件器物极佳的镶嵌材料。春秋时期象牙除做生活用品外，还做剑鞘等。河南陕县春秋虢国墓中出土有象牙鞘铜剑，鞘上布满蟠螭纹，是春秋

---

① 此件器物出土于1977—1978年河姆渡遗址第二次发掘之中，当年发表的《浙江河姆渡遗址第一期发掘报告》中曾作为补充部分简单介绍。见《考古学报》1978年第1期。1980年发表的《浙江河姆渡遗址第二期发掘的主要收获》中正式发表。见《文物》1980年第5期。
② 据发掘者称，该器物造型简练浑朴，温纯古雅。墓主人在当时社会地位很高，是一位握有军权、神权的氏族显贵，而这对象牙器正是其生前从事重大礼仪活动的用具。现藏南京博物院玉器馆。
③ 嵌松石兽面纹象牙杯，1976年河南省安阳市殷墟妇好墓出土，高30.5厘米，用象牙根段制成，侈口薄唇，中腰微束。一侧有与杯身等高的夔龙形把手。杯身有雕刻精细的花纹，具有很强的装饰性，上下边口为两条素地宽边，中间由绿松石的条带间隔为四段，第一段为饕餮纹三组，两侧有身有尾，眼、眉、鼻镶嵌绿松石。第二段是杯身纹饰的上体部分，二组饕餮纹面部结构清晰，兽面下面为一个大三角纹，三角纹两侧有对称的夔纹，头朝下尾向上。饕餮的口、眼、鼻及三角纹都镶嵌绿松石。第三段刻三个变形夔纹，眼部镶嵌绿松石，第三、第四段是用三道绿松石带相隔。第四段的三组饕餮纹眼鼻同样是镶嵌绿松石。一、二、四段都是饰以三组饕餮纹，但形态却各异。这件象牙杯，采用了浮雕、线刻、镶嵌等多种手法，是不可多得的艺术珍品。现藏中国社会科学院考古研究所。
④ 《史记》卷38《宋微子世家》，第1609页。

时期工艺价值极高的牙雕工艺品。人们为了取得象牙，而猎杀大象。《左传·襄公二十四年》有云："象有齿，以焚其身。"[①] 意谓大象被猎杀是因其象牙珍贵而招致的。

中国古代有象，并产象牙。据《尚书·禹贡》记载："淮海惟扬州。……厥贡惟金三品，瑶、琨、筱、簜、齿、革、羽、毛惟木。"[②] 又云："荆及衡阳惟荆州……厥贡羽、毛、齿、革，惟金三品。"[③] 其中"齿"即象牙。这里的贡物是羽毛、旄牛尾、象牙、犀皮以及金、银、铜。考古学家在金沙遗址发现了世界上同一时期遗址中最为密集的象牙。金沙遗址位于成都市城西苏坡乡金沙村，考古资料证明这是一处商周时代遗址，这里是公元前12世纪至公元前7世纪长江上游古代文明中心古蜀王国的都邑。这里出土的象牙器多达40余件，仅有柱状形器一类，柱状形器的一端正中有一圆点，周围有六个圆点。出土的象牙不计其数，总重量近一吨，在祭祀场所里，这些象牙是古蜀人奉献给天地神灵的重要祭品。有时是整根象牙极有规律的朝着一个方向摆放；有时象牙被切成饼状或圆柱状；还有的时候是只取象牙的尖来祭祀。这些方式体现出了一种强烈的宗教色彩，具有某种特定的宗教含义。据研究，这些象牙一部分产于古蜀国的南部，还有很大一部分来源于相邻的云南、贵州等地。这部分象牙很可能是西南少数民族进贡给这里的王公贵族的，这也说明了金沙当时已成为西南地区最重要的政治、经济、文化中心。以象牙供奉神灵，另一方面反映了当时大象的众多，一方面也说明了大象为什么在中国南方逐渐稀少的原因。因为宗教祭祀的需要，人们要持续不断地大量猎杀大象。

汉代又从域外传入象牙，非洲象牙输入中国南方沿海地区，南越王墓出土非洲象牙。南越王墓位于广州解放北路的象岗山上，是西汉初年南越王国第二代王赵眜的陵墓。两耳室是兵器、车、马、甲胄、弓箭、五色药石和生活用品、珍宝藏所，尤其珍贵的是来自波斯的银盒、非洲大象牙、漆盒、熏炉和深蓝色玻璃片。这些文物证明南越国早期或更前年代广州已与波斯和非洲东岸有海上贸易。在西耳室出土原支大象牙一捆，共5支，并排堆放。最大的象牙长126厘米、整堆象牙宽57厘米。另外还出土了刻画象牙卮、象牙算筹和残牙雕器3件，经动物学专家检测鉴定，出土的象牙与亚洲象纤细的牙有明显的区别，与非洲雄象大而粗壮的牙接近，说

---

① 《春秋左传正义》卷35，《十三经注疏》，中华书局1980年影印本，第1979页。
② 《尚书正义》卷6《禹贡》，《十三经注疏》，中华书局1980年影印本，第148页。
③ 同上书，第149页。

明这5支大象牙的产地是非洲[1],应该是通过海上丝绸之路来到广州的。在东耳室出土的象牙器,有象牙龙首形饰1件、象牙饰片9件和象牙饰物40余块碎片。[2] 主棺室东侧室发现的象牙器有"赵蓝"象牙印、象牙棋子、象牙耳钉等,象牙耳钉是一件漆器上的饰物。[3] 可见当时进口这些原支大象牙是用作雕刻材料和制作器物的。如前所述,南越王墓还发现来自阿拉伯半岛的乳香。当时南越国独立于中原政权之外,其与东南亚、南亚、阿拉伯以及非洲之间的交通往来缺乏文献记载,因此非洲象牙、西亚的香料如何传来,我们不得其详。

东南亚地区气候温暖湿润,丛林茂密,适宜大象生存。当地人把大象作为一个必备的运输工具,所以大象在东南亚地区比较多见。汉代象牙有的从东南亚和西南夷传入。有时经商人行销至内地,焦延寿《易林》中的卜辞有云:"东市齐鲁,南贾荆楚,羽毛齿革,为吾利宝。"[4] 这实际上是对商贾活动的写照,齿即指象牙。内地至交阯任职的官员往往贪赃纳贿获得南海的珠宝携之以归,他们又用这种珠宝贿赂权贵以求升迁。《后汉书·贾琮传》记载:"旧交阯土多珍产,明玑、翠羽、犀、象、瑇瑁、异香、美木之属,莫不自出。前后刺史率多无清行,上承权贵,下积私赂,财计盈给,辄复求见迁代。"[5] 《后汉书·西南夷传》"哀牢"条记载:"永初元年,徼外僬侥种夷陆类等三千馀口举种内附,献象牙、水牛、封牛。"[6] 象牙可以制作类似尺、箸、簪、梳等实用的小器物。象上腭的门牙质硬色白,以质地细密而有光泽者为佳,可以用于雕制饰物及工艺品。汉代用象牙做器物的装饰,用象牙装饰的器物是贵重物品。汉桓宽《盐铁论·散不足》云:"及虞夏之后,盖表布内丝,骨笄象珥,封君夫人,加锦尚褧而已。"[7] 象珥,象牙制成的耳饰。汉代也用象牙装饰乐器。王褒《洞箫赋》写洞箫:"夔妃准法,带以象牙。"[8] 《西京杂记》记载,汉

---

[1] 广州市文物管理委员会等:《西汉南越王墓》,文物出版社1991年版,第138—140页。
[2] 同上书,第690页。
[3] 同上书,第252页。
[4] (汉)焦延寿:《易林》卷3《家人》"蛊"条,中国国家图书馆编《国立原北平图书馆甲库善本丛书》,国家图书馆出版社2013年影印本,第1041页。
[5] 《后汉书》卷31《贾琮传》,第1111页。
[6] 《后汉书》卷86《南蛮西南夷列传》,第2851页。
[7] (汉)桓宽撰,王利器校注:《盐铁论校注》卷6《散不足》,中华书局1992年版,第354页。
[8] 费振刚等辑校:《全汉赋》,北京大学出版社1993年版,第143页。

制，天子使用象牙做成的取暖用的火笼，"以象牙为火笼，笼上皆散华文"。① 汉成帝宠幸赵飞燕姊妹，其后宫昭阳殿陈设有"白象牙簟"②，即用白象牙制成的凉席。如前所述，白象出自西域或东南亚。《西京杂记》还记载："武帝以象牙为簟，赐李夫人。"③ 东汉末年陈琳《武军赋》写袁绍征公孙瓒："其弓则乌号、越耗（棘）、繁弱、角端，象珥绣质，晢柎文身。"④ 象珥，用象牙装饰剑珥。剑珥即剑格，又名剑镡，剑身与剑柄之间作为护手的部分。汉末王符批评当时的奢靡之风，云："昔孝文皇帝躬衣弋绨，革舄韦带。而今京师贵戚，衣服饮食，车舆庐第，奢过王制，固亦甚矣。且其徒御仆妾，皆服文组彩牒，锦绣绮纨，葛子升越，筩中女布。犀象珠玉，虎魄玳瑁，石山隐饰，金银错镂，穷极丽靡，转相夸咤。"⑤ 汉末曹操《上杂物疏》提到进献朝廷的贵重物品，有"银画象牙象（可能为'杯'字之误）盘五具"⑥，"贵人公主有（可能为'用'之误）象牙尺三十枚"，"宫人有象牙尺百五十枚"⑦，"中宫杂物杂象牙管针筒一枚"。⑧ 中原地区所用象牙来自南方沿海地区。象牙也有药用价值。作为中药性味归经，甘，寒。清热定惊，拔毒生肌。用于惊风癫痫；痈疮肿毒。但汉医书诸如《神农本草经》《金匮要略》都没有提及象牙，其药性是后世医家逐步认识到的。

## 十二　从"车渠"到砗磲

刘生绝名价，豪侠恣游陪。金门四姓聚，绣毂五香来。
尘飞玛瑙勒，酒映砗磲杯。别有追游夜，秋窗向月开。

——（南朝·陈）张正见《刘生》

---

① （晋）葛洪：《西京杂记》卷1，《汉魏丛书》，吉林大学出版社1992年影印本，第302页。
② 同上书，第303页。
③ 同上书，第311页。
④ 费振刚等辑校：《全汉赋》，北京大学出版社1993年版，第695页。
⑤ 《后汉书》卷49《王符传》，第1635页。
⑥ 《太平御览》卷759《器物部》，上海古籍出版社2008年影印本，第7册，第707页。按：此则记载在"杯"条，而文中无"杯"字，"象"字沍。故疑"象"乃"杯"字之误。
⑦ 《太平御览》卷830《资产部》，上海古籍出版社2008年影印本，第8册，第390页。
⑧ 同上书，第394页。

砗磲在古代文献中也写作"车渠",是分布于印度洋和西太平洋的一类大型海产双壳类软体动物,蕴藏于深海珊瑚间的一种蚌蛤。砗磲是软体动物门瓣鳃纲砗磲科生物的统称,有两属十种,广泛分布于热带珊瑚礁海域,肉可食用。砗磲是海洋贝类中最大者,高可达 1.8 米,宽可达 1.5 米,重可达 250 千克以上,在深海贝类中它以身躯庞大而显得与众不同。据亚洲宝石协会(GIG)研究报告,砗磲分布区域主要在印度洋、太平洋海域。特别是在印度尼西亚、缅甸、马来西亚、菲律宾、澳大利亚等国的低潮区附近的珊瑚礁间或较浅的礁内较多。中国海南省和南海诸岛海域也有生长。

砗磲肉可食,但最宝贵的是其贝壳。砗磲贝壳类似于玉,和珍珠一样宝贵,自古被作为宝石。在中国古代文献中提到的砗磲常常专指其贝壳,砗磲壳大而厚,略呈三角形,可制器皿及装饰品。壳顶弯曲,壳缘呈波形屈曲。表面灰色,上有数条像被车轮辗压过的深沟道,纹理弯曲细密,故古人称为"车渠",其后因其似玉石,加上石旁,形成"砗磲"二字。

东汉末年,车渠就从域外传入中国,被认为来自大秦和天竺。晋郭义恭《广志》云:"车渠出大秦及西域诸国。"[1] 郭璞《玄中记》云:"车渠出天竺。"[2] 鱼豢《魏略·西戎传》称大秦多"车渠"。[3] 曹操曾得到车渠,命人制成食具。崔豹《古今注》卷下云:"魏武帝以车渠为酒杯。"[4] 据当时文士诸赋,曹操还以车渠制碗。曹丕《车渠碗赋》序云:"车渠,玉属也,多纤理缛文,生于西国。其俗宝之,小以系颈,大以为器。"赋云:"惟二仪之普育,何万物之殊形。料珍怪之上美,无兹碗之独灵。苞华文之光丽,发符采而扬荣。理交错以连属,似将离而复并。或若朝云浮高山,忽似飞鸟厉苍天。夫其方者如矩,圆者如规,稠稀不谬,洪纤有宜。"[5] 同时的曹植、应玚、王粲、徐干、陈琳皆有同题之作。赵幼文在曹植此赋按语中考证说:"《魏志·武帝纪》:建安二十年,曹操攻屠河池,西平、金城诸将麴演、蒋石等共斩送韩遂首。凉州平定,西域交通开

---

[1] 《太平御览》卷 808《珍宝部》,上海古籍出版社 2008 年影印本,第 8 册,第 221 页。
[2] 同上。
[3] 《三国志》卷 30《乌丸鲜卑东夷传》,裴注引鱼豢《魏略·西戎传》,第 861 页。
[4] (晋)崔豹:《古今注》卷下,焦杰校点,辽宁教育出版社 1998 年版,第 16 页。
[5] 《艺文类聚》卷 84《宝玉部》,上海古籍出版社 1982 年版,第 1442 页;《太平御览》卷 808《珍宝部》,上海古籍出版社 2008 年影印本,第 8 册,第 221 页。

始恢复,西域诸国馈送,才能达致邺都。应、徐、王俱死于二十二年,则此赋创作时期,不会后于二十二年春天,是时王粲已死,据此或写于二十一年。"① 则知西域车渠制品当于此前传入中原。曹植《车渠碗赋》借咏车渠碗歌颂曹操的功德:

> 惟斯碗之所生,于凉风之浚湄。采金光之定色,拟朝阳而发辉。丰玄素之炜晔,带朱荣之葳蕤。缊丝纶以肆采,藻繁布以相追。翩飘飘而浮景,若惊鹄之双飞。隐神璞于西野,弥百叶而莫希。于时乃有笃厚神后,广被仁声。夷慕义而重使,献兹宝于斯庭。命公输之巧匠,穷妍丽之殊形。华色灿烂,文若点成。郁蓊云蒸,蜿蜒龙征,光如激电,影若浮星。何神怪之巨伟,信一览而九惊。虽离朱之聪目,内炫耀而失精。何明丽之可悦,超群宝而特章。俟君子之闲燕,酌甘醴于斯觥,既娱情而可贵,故永御而不忘。②

"隐神璞于西野",是说车渠出于西域;"笃厚神后,广被仁声"是颂扬曹操;"夷慕义而重使,献兹宝于斯庭"明说车渠来自域外夷人的贡献。"命公输之巧匠,穷妍丽之殊形"是曹操命工匠把车渠制成此器。赋中具体描写车渠碗的美观好用。陈琳的赋只流传残句:"玉爵不挥,欲厥珍兮;岂若陶梓,为用便兮。"③ 一方面肯定车渠碗的宝贵,另一方面似乎说这样贵重的器皿还不如普通的碗更便于使用。应玚的赋云:"惟兹碗之珍玮,诞灵岳而奇生。扇不周之芳烈,浸琼露以润形。"④ 意谓车渠产于神山不周之山,从而说明车渠碗的珍贵,也说明它来自异域。徐幹的赋也写车渠碗的美观可爱:"圜德应规,巽从易安。大小得宜,客如可观。盛彼清醴,承以琱盘。因欢接口,媚于君颜。"⑤ 王粲的赋咏物写人,用车渠碗隐喻君子的美德:"侍君子之宴坐,览车渠之妙珍。挺英才于山岳,含阴阳之淑真。飞轻缥与浮白,若惊风之飘云。光清朗以内曜,泽温润而外津。体贞刚而不挠,理修达而有文。杂玄黄以为质,似乾坤之未分。兼

---

① (三国·魏)曹植著,赵幼文校注:《曹植集校注》卷2,人民文学出版社1984年版,第139页。
② 同上书,第137页。
③ 费振刚等辑校:《全汉赋》校记:"出处失记。"北京大学出版社1993年版,第708。按:此残句见于《康熙字典》之《子集中·人字部》"便"字条。上海书店1985年版,第105页。未见更早出处。
④ 《艺文类聚》卷73《杂器物部》,上海古籍出版社1982年版,第1262页。
⑤ 同上。

五德之上美，起众宾而绝伦。"① 五德者，仁义礼智信。说车渠碗兼具五德，显然以此颂扬君子之风，表达了作家的人格理想。三国时人王沈著有《车渠觯赋》，其中有云："温若腾螭之升天，曜似游鸿之远臻。"② 觯，中国古代礼器中的一种，做盛酒用，流行于商朝晚期和西周早期，这里是把从域外传入之车渠仿青铜礼器制成的器物。

## 十三　青金石

青金石，英语 Lapis lazuli，源于拉丁语 Lapis Lazuli，前者意指宝石，后者则指蓝色的（宝石）。青金石通常有两种含义：一是指碱性铝硅酸盐矿物；二是指以青金石矿物为主的岩石，含有少量的黄铁矿、方解石等杂质的隐晶质集合体。青金石之玉料是由青金石矿物构成的，通常含有方解石、黄铁矿，有时也出现少量的透辉石等。不透明，为玻璃至油脂光泽。其硬度为 5.5，比重是 2.7—2.9。青金石拥有独特的蓝色、深蓝、淡蓝及浅青色等，按其色调可分为青金枣色深蓝和浓而不黑者；金格浪枣深蓝和黄铁矿含量多于青金石矿物者；催生石枣浅蓝色和含白色方解石者，因源于古人用此石作催生药之说而得名。

中国考古发现的青金石及其制品，最早的见于汉代墓葬。1969 年，在江苏徐州东汉彭城靖王刘恭墓出土的鎏金铜砚兽形盒上镶嵌有青金石。砚盒高 10 厘米，长 25 厘米，通体鎏金。盒身作怪兽伏地状，镶嵌有红珊瑚、绿松石和青金石。③ 广州徐闻东汉墓出土有青金石珠饰，报道称该墓出土物："珠饰共三百零八粒，大小形状不一，种类有琥珀、玛瑙、水晶、紫晶、琉璃、银珠、古玉、玉石、青金石和檀香珠等。"④ 英国考古学家斯坦因在新疆车尔臣和瓦石峡的考查中发现有"青金石垂饰"（Charm. 008），倒三角形，近顶点打一穿孔，应当是坠子。但出土位置和年代信息不详。⑤

---

① 费振刚等辑校：《全汉赋》，北京大学出版社 1993 年版，第 675 页。
② 《太平御览》卷 808《珍宝部》，上海古籍出版社 2008 年影印本，第 8 册，第 221 页。
③ 南京博物院：《徐州土山东汉墓清理简报》，《文博通讯》第 15 期，1977 年 9 月；李银德：《徐州土山东汉墓出土封泥考略》，《文物》1994 年第 11 期。
④ 广东省博物馆：《广东徐闻东汉墓——兼谈汉代徐闻的地理位置和海上交通》，《考古》1977 年第 4 期。
⑤ ［英］斯坦因：《从且末到若羌》，肖小勇译，《新疆文物》1990 年第 4 期。

世界上著名的青金石产地在阿富汗、智利、俄罗斯和加拿大等地。阿富汗的青金石出产于该国巴达赫尚省（Badakchan，一译巴达哈伤）的含青金石区，其中以萨雷散格矿床最为著名，所产青金石有着均匀的深蓝色或天蓝色，极细粒的隐晶结构中夹杂微量的黄铁矿，在阳光照射之下熠熠生辉。马可·波罗在他的游记中记载巴达哈伤："一些山中蕴藏着青金石，这种矿石可以生产天青色的绀青，是世界上最佳的产品。"① 从青金石在汉代的发现来看，青金石从阿富汗传入中国，一是通过丝绸之路经西域传入中原地区，二是通过海上交通传入南方沿海地区。

有人认为中国古代文献中的瑟瑟、金碧、流璃、硫璃、琉璃、兰赤、金螭、点黛、璆琳、金精、瑾瑜、青黛等，佛典中的吠努离、璧琉璃等，都是指的青金石。例如20世纪20年代，考古地质学家章士钊著《石雅》，认为青金石即中国古代文献中之"璆琳"，而璆琳早就出现在中国先秦古籍中，如《尔雅》《尚书·禹贡》《楚辞·九歌》。因而进一步认为中国早在4000年前的三代时就已经应用青金石。② 这是需要分析的，中国古人辨别玉石重光泽、色调，不重其质地，颜色相似的虽质地有差别，其名称仍然可以相同，不能说上述古代文献中的这些称呼一定是青金石，因为它们往往也兼指了其他青色或绿色的玉石或宝石。"青金石"之名产生很晚，不知从何时开始，大约是近代以后的事儿。所以古代所谓碧色、青色之珠宝可能有时确是指青金石。青金石是中国古代传统的进口玉料，源出阿富汗。中国尚未发现青金石产地，中国早期文献中的璆琳、碧琉璃之类很难说是青金石。

美国汉学家薛爱华把唐代所获"瑟瑟"理解为青金石（lazurit）有误。③ 把瑟瑟视为青金石是一种武断的观点。中国古代文献中记载，波斯、康国、于阗、山西平陆皆出"瑟瑟"④，与青金石实际产地不合。本书中文译本把青金石（lazurit）译为"天青石"亦误。天青石非青金石，地质上是两种不同的矿物。天青石（Celestine）是化学成分为 $SrSO_4$ 的晶体，属于正交（斜方）晶系硫酸盐矿物。其颜色有蓝、绿、黄绿、橙色、浅蓝灰色等，有时也为无色透明。中国发现其矿点和探明的蕴藏量虽不多，但出产天青石。其矿床分布于四川、江苏、贵州、内蒙古、青海、新

---

① [意]马可·波罗：《马可波罗游记》，梁生智译，中华书局1998年版，第55页。
② 章士钊：《石雅》上编，上海古籍出版社1993年版，第2页。
③ [美]薛爱华：《撒马尔罕的金桃——唐代舶来品研究》，吴玉贵译，社会科学文献出版社2006年版，第571页。
④ 章士钊：《石雅》上编，上海古籍出版社1993年版，第66页。

疆、湖北、湖南、陕西、吉林、辽宁、甘肃等省（自治区），江苏溧阳爱景山天青石脉状矿床是亚洲最大锶矿产地。薛爱华所论"瑟瑟"是指唐代一种舶来品，而且指出产于巴达克山，明指阿富汗青金石，但其论有误。

在公元前数千年的古埃及，青金石与黄金价值相当。在古印度、伊朗等国，青金石与绿松石、珊瑚均属名贵玉石品种。在古希腊、古罗马，佩戴青金石被认为是富有的标志。在中国，青金石因"其色如天"，又称"帝青色"，很受古代贵族帝王青睐，常随葬墓中。从中国的考古发现来看，汉代时青金石主要用于佩饰和随葬。青金石可制颜料，具有药用价值，则是后来开发利用的结果。

## 十四　珍珠的来源与用途

　　日出东南隅，照我秦氏楼。秦氏有好女，自名为罗敷。罗敷喜蚕桑，采桑城南隅。青丝为笼系，桂枝为笼钩。头上倭堕髻，耳中明月珠。缃绮为下裙，紫绮为上襦。

—— （汉乐府）无名氏《陌上桑》

通常说的珍珠指蚌珠。蚌珠是一种古老的有机宝石，主要产在珍珠贝类和珠母贝类软体动物体内。由于其内分泌作用而生成的含碳酸钙的矿物珠粒，由大量微小的文石晶体集合而成，非常漂亮。汉代人知道珍珠的出处。东汉蔡邕《汉津赋》云："明珠胎于灵蚌兮，夜光潜乎玄洲。"[1]《青衣赋》又云："金生砂砾，珠出蚌泥。叹兹窈窕，产于卑微。"[2] 牟子《理惑论》云："剖三寸之蚌，求明月之珠，探枳棘之巢，求凤凰之雏，必难获也。"[3] 徐幹《齐都赋》云："其宝玩则玄蛤抱玑，驳蚌含珰。"[4] 杨孚《异物志》云："鲸鱼长者有数十里，雄曰鲸，雌曰鲵。或死于沙

---

[1] 费振刚等辑校：《全汉赋》，北京大学出版社1993年版，第571页。
[2] 同上书，第573页。
[3] （南朝·梁）释僧祐：《弘明集》卷1，《中华大藏经》第62册，中华书局1993年影印本，第710页。
[4] 费振刚等辑校：《全汉赋》，北京大学出版社1993年版，第623页。

上，得之者皆无目，俗言其目明月珠。"[1] 西晋张华《博物志》云："南海外有鲛人，水居如鱼，不废织绩，其眠能泣珠。"[2] 这些是传说，但珍珠出于大海却是真实的。根据地质学和考古学的研究，在两亿年前，地球上就已经有了珍珠。珍珠美观而珍贵，因珠光晶莹似月光，故名明月珠。人们用它比喻心爱的人或美好贵重的事物，汉语中有"掌上明珠"的成语。在古代的中外交往中，珠宝是帝王和贵族们孜孜以求的域外物品，珍珠是其一。丝绸是古代中国主要的输出产品，统治者用丝绸换取的往往是域外奇珍异宝。

据地质学家研究，两亿年前的三叠纪时代，地球上已有大量贝类繁衍。有了贝类，才可能孕育出珍珠。但人类是何时何地最早发现并利用珍珠，已经无从考证。从被发现时起，人类就对它爱不释手，把其视为天赐之宝，视作财富与华贵的象征。偏爱珍珠是世界上不同民族和不同地区的人们共同的心理。天然珍珠的采撷史至少已达数千年之久。印度洋上的马尔代夫、印度南部沿海、斯里兰卡西部的马纳尔湾、孟加拉湾、红海、波斯湾都是久负盛名的天然珍珠产地。波斯湾等地的采珠史至少有4000年之久。《圣经·创世纪》记载，从伊甸园流出的比逊河里，有金子、珍珠和玛瑙。[3] 埃及人、波斯人及印度人都对珍珠有着浓厚的兴趣。古罗马人也对珍珠情有独钟，他们往往通过各种途径从波斯湾地区购回珍珠。由于珍珠难得，价值昂贵，佩戴珍珠成为古罗马权贵身份的象征。公元前数百年，古埃及的贵族就盛行珍珠装饰，埃及历代女王都以拥有大量珍珠为莫大荣耀。

印度人对珍珠的喜好也是数千年之前的事。印度南部的印度洋浅海水域是优质珍珠的原产地，印度人早在4000年之前就已知道珍珠的华贵，无论是佛学经典还是古印度的文化典籍，有关珍珠的记载比比皆是。在佛教经典《法华经》《阿弥陀经》的记载里，珍珠是"佛家七宝"之一。虽然古印度珍珠已大多难以寻觅，但我们仍能从一些遗留痕迹中发现其昔日的光彩。印度巴罗达市 Gaek War 宝库珍藏着一条珍珠饰带，上面镶缀着100排珍珠，价值连城。西欧人喜好珍珠则是公元300年之后的事。据说，西班牙一位冒险家东游印度归来，不无感慨地写道："每一间茅舍里

---

[1] （汉）杨孚：《异物志》，（清）曾钊辑：《异物志》，《丛书集成初编》，中华书局1985年版，第8页。
[2] （晋）张华撰，范宁校证：《博物志校证》卷2，中华书局1980年版，第24页。
[3] 《圣经·旧约》，中国基督教三自爱国运动委员会、中国基督教协会出版发行，2007年，第2页。

都能发现宝石一品脱（Dint）到一配克（Peck）之多，De Sato 人参观印度庙宇时写道，庙宇是用珍珠装饰起来的。""珍珠之多，即使有九百个人和三百匹马，也无法将它们全部拿走。"西欧珍珠时代的到来则在15世纪之后。1530年之后，欧洲许多国家开始为珍珠立法，规定人们必须按照社会地位及身份等级佩戴珍珠。① 于是，珍珠开始像其他贵重的宝石一样，成为贵族男女炫耀财富与地位的标志。

中国出珍珠，广西合浦、海南岛都以出产珍珠闻名。秦时合浦的采珠业已相当兴盛，并开始以珠入贡中原朝廷。据嘉庆《雷州府志》记载："迨秦开疆百粤，尉屠睢采南海之珠以献。"② 汉武帝平南越，在今海南岛置珠崖郡，取名即因其地盛产珍珠。但如汉元帝时贾捐之所说："又非独珠厓有珠犀瑇瑁也。"③《汉书·贡禹传》记载，西汉时置有"采珠玉金银铸钱之官"。④ 汉代合浦采珠业非常兴盛。《合浦县志》云："合浦南部地瘠人贫，不种粮食，耕海采珠，以珠易米。"⑤ 古代合浦是壮族先民聚居之地，沿海土地贫瘠，无有田农，在王命和生计的双重逼迫下，百姓以采珠为业，"年十余岁使教入水"的乌浒人、珠儿、珠户、珠民不顾安危采来的珍珠，一是作为贡赋上交官府；一是以珠易米赖以生存。西汉时内地有人至合浦以采珠致富，例如王章的妻子。⑥"合浦珠还"是产生于东汉时的著名的故事。⑦ 东南沿海地区皆出珍珠。王粲《游海赋》写大海出"赟蛟大贝，明月夜光"。⑧ 但汉代中国也从域外输入珍珠。《汉书·西域传赞》描述西汉所获异域物产云："明珠、文甲、通犀、翠羽之珍，盈于

---

① 《维纳斯的眼眸》，中国论文网，引自 http：//www.xzbu.com/3/view－1359400.htm。
② （清）雷学海修，陈昌齐等纂：《嘉庆雷州府志》，《中国地方志集成·广东府县志辑》，上海书店2003年版。
③ 《汉书》卷64下《贾捐之传》，第2834页。
④ 《汉书》卷72《贡禹传》，第3076页。
⑤ 转引自司晋丽、廖大海《北海：还君明珠终有时》，《重走丝绸之路·广西篇》（二），《人民政协报》2014年11月第10期第3版。人民政协网：http：//rmzxb.com.cn/c/2014－11－10/404727.shtml。
⑥ 《汉书》卷76《王章传》记载，王章受诬陷被杀，妻子皆徙合浦。后王章平反，"其家属皆完具，采珠致产数百万"。中华书局1962年版，第3239页。
⑦ 《后汉书》卷76《孟尝传》记载，东汉时合浦当地百姓以采珠为生，以此向交趾郡换取粮食。合浦地方官吏贪赃枉法，强迫珠民连年滥采。导致合浦沿海珠苗灭绝，珍珠贝逐渐迁移到邻近的交趾郡的边海，在合浦捕捞到的越来越少了。故称"珠逃交趾"。汉顺帝时派孟尝担任合浦太守。孟尝到任后，改革前弊，废除盘剥的非法规定，并不准渔民滥捕乱采，以便保护珠蚌的资源。不到一年，珍珠贝很快又回到了合浦的沿海，合浦又成了盛产珍珠的地方。
⑧ 《艺文类聚》卷8《水部》，上海古籍出版社1982年版，第152页。

后宫；蒲梢、龙文、鱼目、汗血（四种骏马名）之马充于黄门；巨象、师子、猛犬、大雀之群，食于外囿。殊方异物，四面而至。"①《西京杂记》记载："武帝为七宝床、杂宝案、厕宝屏风、列宝帐，设于桂宫，时人谓之四宝宫。"② 桂宫里都是装饰珠宝的器物。

早在春秋战国时期，中国人已经用珍珠作为饰品。《尔雅》把珠与玉并称为"西方之美者"。秦昭王把珠与玉视为器饰宝藏之首。《尚书·禹贡》记载有"淮夷嫔珠"，规定为入贡的珍品。珍珠贸易历史悠久。战国时韩非的《韩非子·外储说左上》记载了楚国商人到郑国卖珍珠的事："楚人有卖其珠于郑者，为木兰之柜，熏桂椒之櫝，缀以珠玉，饰以玫瑰，辑以羽翠。郑人买其櫝而还其珠。"③《战国策·秦策》记载："濮阳人吕不韦贾于邯郸，见秦质子异人，归而谓其父曰：'耕田之利几倍？'曰：'十倍。''珠玉之赢几倍？'曰：'百倍。'"④ 可见当时已经有专门经营珍珠的商人。汉代域外和国内皆有经营珠宝的商人活动。珍珠产生在合浦，或经海上丝路传至南方沿海地区，先运至广州再转售岭北各地。《史记·货殖列传》介绍汉朝统一后各地的商埠："番禺亦其一都会也，珠玑、犀、玳瑁、果、布之凑。"⑤ 说明广州是以上各种商品的集散地。晁错《论贵粟疏》说汉文帝令民入粟受爵："夫珠玉金银，饥不可食，寒不可衣，然而众贵之者，以上用之故也。其为物轻微易藏，在于把握，可以周海内，而亡饥寒之患。此令臣轻背其主，而民易去其乡，盗贼有所劝，亡逃者得轻资也。"⑥ 说明汉代各地有经营珠玉的店铺，起码大城市已有这种商号，"珠玉金银"可以在全国各地流通。《后汉书·朱晖传》记载，东汉章帝时，尚书张林上言："宜因交趾、益州上计吏往来，市珍宝，收采其利。"建议借上计吏往来之便经营珠宝生意，以弥补财政经费之不足。⑦ 焦延寿《易林》中卜辞有云："范公陶夷，善贾俙资，东之管丘，

---

① 《汉书》卷96下《西域传赞》，第3928页。
② （晋）葛洪：《西京杂记》卷2，《汉魏丛书》，吉林大学出版社1992年影印本，第305页。
③ （战国）韩非：《韩非子》卷11，《二十二子》，上海古籍出版社1986年影印本，第1155页。
④ （汉）刘向集录：《战国策·秦五》，上海古籍出版社1983年版，第275页。
⑤ 《史记》卷129《货殖列传》，第3268页。
⑥ 《汉书》卷24《食货志》，第1131页。
⑦ 《后汉书》卷43《朱晖传》，第1460页。

易字子皮。把珠载金,多福利归。"① 同卷《讼》"大壮"条云:"处高不伤,虽危不亡。握珠怀玉,还归其乡。"② 同卷《泰》"升"条云:"日中为市,各抱所有,交易货赀,含珠怀宝,心悦欢喜;"③《大有》"履"条云:"商人行旅,资无所有,贪贝利珠,留连王市。还家内顾,公子何咎!"④ 显然这些都是对商贾活动的一种预言。

汉代中原地区的珍珠有的来自西域。丝绸之路的开拓让汉代中国人大开眼界,中国人知道大秦多珍珠,大秦即罗马,古代罗马出产的珍珠被汉朝人称为"大秦珠"。自古以来,大秦以珠宝众多而著称。三国时吴国康泰撰《吴时外国传》云:"外国称天下有三众:中国人众,大秦宝众,月氏马众。"⑤ 魏晋时鱼豢《魏略·西戎传》记载大秦物产,有"明月珠、夜光珠、真白珠"。⑥ 随着丝绸之路的开辟,大秦珍珠西汉时已经传入中国。汉乐府诗《日出东南隅行》写罗敷首饰:"头上倭堕髻,耳中明月珠。"⑦ "明月珠"应该就是大秦珠。东汉末年辛延年《羽林郎》诗写当垆卖酒的胡姬:"头上蓝田玉,耳后大秦珠。"⑧ 说明至迟辛延年的时代,已有胡人在中国开酒店,店里服务生胡姬的首饰有"大秦珠"。汉武帝时通过战争手段从西域获得珍珠。李广利伐大宛胜利,汉武帝《封李广利为海西侯诏》云:"贰师将军李广利,伐胜大宛,赖天之灵,从溯河山,涉流沙,通西海,山雪不积,士大夫径度,获王首虏。珍怪之物,毕陈于阙。"⑨ 李广利伐宛大捷,重要的战利品就是"珍怪之物"。《后汉书·西域传》记载,东汉光武帝建武二十一年(45年)冬,"车师前王、鄯善、焉耆等十八国俱遣子入侍,献其珍宝。"⑩ 东汉时继承西汉的传统,继续在西域置官护守,西域各国往往贿赂汉朝官员,其中有珠宝。《东观汉

---

① (汉)焦延寿:《易林》卷1《蒙》"需"条,中国国家图书馆编《国立原北平图书馆甲库善本丛书》,国家图书馆出版社2013年影印本,第956页。
② (汉)焦延寿:《易林》卷1《讼》"大壮"条,《国立原北平图书馆甲库善本丛书》,第962页。
③ 同上书,第974页。
④ (汉)焦延寿:《易林》卷1《大有》"履"条,《国立原北平图书馆甲库善本丛书》,第974页。
⑤ (唐)司马贞《史记索隐》引,《史记》卷123《大宛列传》,第3160页。
⑥ 《三国志》卷30《乌丸鲜卑东夷传》,裴松之注引《魏略·西戎传》,第861页。
⑦ (南朝·陈)徐陵编,(清)吴兆宜注,程琰删补:《玉台新咏笺注》卷1,中华书局1985年版,第6页。
⑧ 逯钦立辑校:《先秦汉魏晋南北朝诗》,中华书局1983年版,第198页。
⑨ 《汉书》卷61《李广利传》,第2703页。
⑩ 《后汉书》卷88《西域传》,第2924页。

记·李恂传》记载:"为西域副校尉,西域殷富,多珍宝,诸国侍子及督使贾胡数遗恂奴婢、宛马、金银、香、罽之属。"① 《后汉书·李恂传》李贤注云:"督使,主蕃国之使也;贾胡,胡之商贾也。"② 这种贿赂行为在当时可能是常例,只是因为李恂清廉,才"一无所守",其他官员通常是接受的。

汉武帝之前,中原地区就从南方沿海地区获得珠宝。刘邦为汉王,赐张良"金百溢,珠二斗"。③ 公元前196年,汉高祖刘邦派遣大夫陆贾出使南越,劝赵佗归汉。在陆贾劝说下,赵佗接受了汉高祖赐给的南越王印绶,臣服汉朝。④ 此后,南越国和汉朝互派使者往来,并通互市。惠帝时赵佗仍"称臣奉贡"。⑤ 吕后时汉朝与南越国交恶,但公元前179年汉文帝派陆贾第二次出使南越国,赵佗再次去帝号,归附汉朝。这段臣属期维持时间非常长,共经历了四代南越王。直到汉景帝时,南越都向汉朝称臣,每年春秋两季派人到长安朝贡。在这样的往来中,南越国贡献汉朝的主要是包括珍珠的南方特产。吕太后死,郦寄劝说吕禄放弃兵权,吕禄接受了这一建议。吕禄的姑母吕媭听说此事,大怒,"悉出珠玉宝器散堂下,曰:'无为它人守也!'"⑥ 除了通过西北陆上交通与西域各国交往外,汉武帝还遣使出南海,交通东南亚、南亚诸沿海国家和地区,远至黄支国(在今印度)、已程不国(今斯里兰卡)。《汉书·地理志》提到汉朝商使出海至黄支国,"赍黄金、杂缯而往",目的是"市明珠、璧琉璃、奇石、异物"。汉朝人特别欣赏南方沿海各国的大珠,从其地得"大珠至围二寸以下"。⑦ 东方朔《化民有道对》批评当时奢侈之风,云:"木土衣绮绣,狗马被缋罽,宫人簪瑇瑁,垂珠玑。"⑧ 颜师古注云:"玑,珠之不圆者。"⑨

汉武帝以后汉朝人从交阯得到各种珠宝,更多的南海珠玑不断传入内地,进入皇宫和达官贵人之手。东汉初公孙述称帝蜀中,建武十一年

---

① (东汉)刘珍等撰,吴树平校注:《东观汉记校注》卷16,中华书局2008年版,第730页。
② 《后汉书》卷51《李恂传》,第1684页。
③ 《汉书》卷40《张良传》,第2027页。
④ 《汉书》卷1《高帝纪》,第73页。
⑤ 《汉书》卷2《惠帝纪》,第89页。
⑥ 《汉书》卷3《高后纪》,第101页。
⑦ 《汉书》卷28下《地理志》"粤地",第1671页。
⑧ 《汉书》卷65《东方朔传》,第2858页。
⑨ 《汉书》卷65《东方朔传》,第2859页。

(35年）汉廷遣兵征讨，公孙述破时，"珍宝珠玉，委积无数"；"珍宝山积，卷握之物，足富十世"。① 章帝时朝廷还以"均输"的名义，让交阯、益州市珍宝输纳，朝廷转手"收采其利"。② 在南方沿海地区任职的官员贪腐，珍珠成为其蓄意收藏的对象。汉章帝时交阯太守张恢"坐赃千金，征还伏法"，朝廷"以资物簿入大司农，诏班赐群臣"，钟离意"得珠玑，悉以委地而不拜赐"，以为"此赃秽之宝，诚不敢拜"。③ 和熹皇后时，"宫中亡大珠一箧"。④ 安帝时"至有走卒奴婢被绮縠，著珠玑"。⑤ 汉末王允设计诛杀董卓，"长安士女卖其珠玉衣装市酒肉相庆者，填满街肆"。⑥ 说明当时从海外传入珍珠之多。东汉安帝时，桂阳太守文砻向皇帝进献大珠，受到朝廷的批评。《后汉书·顺帝纪》记载永建四年（129年）五月壬辰诏曰："海内颇有灾异，朝廷修政，太官减膳，珍玩不御。而桂阳太守文砻，不惟竭忠，宣畅本朝，而远献大珠，以求幸媚，今封以还之。"⑦ 桂阳在今湖南省郴州市，位于湖南省东南部，地属岭南，毗邻南方沿海地区，文砻的大珠应该来自南海地区。

汉朝还从周边民族和东亚民族获得珍珠。西汉宣帝甘露二年（前52年），匈奴呼韩邪单于款五原塞，愿奉国珍朝三年正月，大臣称颂："匈奴单于向风慕义，举国同心，奉珍朝贺，自古未之有也。"⑧ 东汉时，匈奴分为南北二部，南匈奴降汉，南单于给汉朝的贡物有珠宝。《后汉书·南匈奴列传》记载，建武二十五年（49年）"南单于复遣使诣阙，奉藩称臣，献国珍宝"。⑨ 汉朝从西南夷哀牢国获得珠宝。扬雄《蜀都赋》写西南所出有"玉石江珠"。⑩ 《后汉书·西南夷列传》记载哀牢国："出铜、铁、铅、锡、金、银、光珠、虎魄、水精、瑠璃、轲虫、蚌珠、孔雀、翡翠、犀、象、猩猩、貊兽。"⑪ "西部都尉广汉郑纯为政清洁，化行

---

① （东汉）刘珍等撰，吴树平校注：《东观汉记校注》卷14，中华书局2008年版，第587页。
② 《后汉书》卷43《朱晖传》，第1460页。
③ 《后汉书》卷41《钟离意传》，第1407页。
④ （东汉）刘珍等撰，吴树平校注：《东观汉记校注》卷6，中华书局2008年版，第204页。
⑤ 《后汉书》卷5《安帝纪》，第228页。
⑥ 《后汉书》卷72《董卓传》，第2332页。
⑦ 《后汉书》卷6《顺帝纪》，第256页。
⑧ 《汉书》卷8《宣帝纪》，第270页。
⑨ 《后汉书》卷89《南匈奴列传》，第2943页。
⑩ 费振刚等辑校：《全汉赋》，北京大学出版社1993年版，第160页。
⑪ 《后汉书》卷86《西南夷列传》，第2849页。

夷貊，君长感慕，皆献土珍，颂德美。"① 其君长所献土珍应有光珠和蚌珠。李贤注引《华阳国志》云："兰沧水有金沙，洗取融为金。有光珠穴"。又引《博物志》云："光珠即江珠也。"② "哀牢"是达光王国国王的名字，因哀牢是最早与汉朝有接触的达光王，达光王国也就被汉史称作"哀牢夷"或"哀牢国"。达光王国是濮人（傣族先民）在怒江—澜沧江流域建立的部落联盟国家，前期被汉史称作"哀牢国"或"滇越乘象国"，后期被汉史称作"掸国"。《后汉书·西南夷列传》记载，永元九年"徼外蛮及掸国王雍由调遣重译奉国珍宝，和帝赐金印紫绶，小君长皆加印绶、钱帛"。③ 汉朝在从东北亚地区的入贡中也获得大珠。《后汉书·东夷传》记载，夫馀国"出名马、赤玉、貂豽，大珠如酸枣"。④ 建武二十五年（49 年）"夫馀王遣使奉贡，光武厚答报之"，此后"使命岁通"。安帝、顺帝、桓帝和灵帝时都"诣阙贡献"。⑤ 夫馀人的贡献中少不了如上物产。汉末曹植《美女篇》诗写那位孤寂的美女："明珠交玉体，珊瑚间木难。"木难，琅玕之类的宝珠，又写作"莫难"，来自域外。李善注引《南越志》云："木难，金翅鸟沫所成碧色珠也。"⑥ 这是出于传说。崔豹《古今注》卷下云："莫难珠，一名木难，色黄，出东夷。"⑦《新唐书·西域传下》记载拂菻："土多金、银、夜光璧、明月珠、大贝、车渠、码碯、木难、孔翠、虎魄。"拂菻，即东罗马。

珍珠是皇室贵族之家富贵的陈设和华丽的装饰。传说中刘邦的斩蛇剑是汉朝诸帝传家之宝，被历朝珍藏，"剑上有七采珠、九华玉以为饰"。⑧ 刘邦起兵时不可能如此阔气，这当然是后来加工的。西汉时文帝、景帝都崇尚节俭，汉武帝时开始追求奢侈，宫殿装饰趋向豪华。东汉辛氏《三秦记》记载，西汉时"未央宫渐台，西有桂宫，中有明光殿，皆金玉珠玑为帘箔，处处明月珠。金罜玉阶，昼夜光明"。⑨ 葛洪《西京杂记》记

---

① 《后汉书》卷 86《西南夷列传》，第 2851 页。
② 同上书，第 2850 页。
③ 同上书，第 2851 页。
④ 《后汉书》卷 85《东夷列传》，第 2811 页。
⑤ 同上书，第 2812 页。
⑥ （南朝·梁）萧统：《文选》卷 27，上海书店 1988 年影印本，第 381 页。
⑦ （晋）崔豹：《古今注》卷下，辽宁教育出版社 1998 年版，第 16 页。
⑧ （晋）葛洪：《西京杂记》卷 1，《汉魏丛书》，吉林大学出版社 1992 年影印本，第 303 页。
⑨ 佚名撰，何清谷校注：《三辅黄图校注》卷 2《汉宫》，三秦出版社 1995 年版，第 127 页。

载:"武帝为七宝床,杂宝案,厕宝屏风,列宝帐,设于桂宫,时人谓为四宝宫。"① 何清谷解释说:七宝床,用多种宝物装饰的床;杂宝案,用杂宝装饰的几案;厕宝屏风,厕所里装有屏风。② 屏风上饰以各种珍宝;列宝帐,用一排一排的宝物装饰的帐幔。③ 未央宫之北宫"珠帘玉户如桂宫"。④《西京杂记》卷一记载,汉成帝宠幸赵飞燕姐妹,其居昭阳殿,"壁带往往为黄金釭,含蓝田璧,明珠翠羽饰之"。⑤ 同书记载:"昭阳殿织珠为帘,风至则鸣,如珩佩之声。"⑥ 后世托名汉人小说《赵飞燕外传》写赵飞燕和妹妹赵合德都受到成帝宠幸,"真腊夷献万年蛤,不夜珠,光彩皆若月,照人亡妍丑,皆美艳。帝以蛤赐后,以珠赐婕妤。"后赵合德又以"枕前不夜珠"赠姐姐。⑦ 大概是由此生发的想象。东汉刘梁《七举》写汉宫之装饰:"镂以金碧,杂以夜光";"随珠明月,照耀其陂"。⑧

汉代女性常用明珠作为佩饰。东汉傅毅《舞赋》写舞女之美:"珠翠的砾而炤燿兮,华袿飞髾而杂纤罗。"⑨ 张衡《舞赋》写舞女:"粉黛施兮玉质粲,珠簪挺兮缁发乱。"⑩ 刘桢《鲁都赋》写舞女:"插曜日之珍笄,珥明月之珠珰。"⑪ 刘骏骥《玄根赋》有"戴金翠,珥珠玑"的句子。⑫ 杜笃《祓禊赋》写三月三日上汜王侯公主富贾大商的郊外宴饮,其

---

① (晋)葛洪:《西京杂记》卷2,《汉魏丛书》,吉林大学出版社1992年影印本,第305页。
② "厕宝屏风"之"厕"字,有参与、掺杂之意,意思是镶嵌有珠宝的屏风。何清谷解释为"厕所里装有屏风",有误。参见《三辅黄图校注》第2卷,第128页。葛洪《西京杂记》第1卷云:刘邦的斩蛇剑被汉朝诸帝作为传家之宝收藏,"杂厕五色琉璃为剑匣",意思是剑匣上镶嵌有五色琉璃。参见《汉魏丛书》,吉林大学出版社1992年影印本,第303页。
③ 佚名撰,何清谷校注:《三辅黄图校注》卷2《汉宫》,三秦出版社1995年版,第128页。
④ 同上。
⑤ (晋)葛洪:《西京杂记》卷1,《汉魏丛书》,吉林大学出版社1992年影印本,第303页。
⑥ (晋)葛洪:《西京杂记》卷2,《汉魏丛书》,吉林大学出版社1992年影印本,第305页。
⑦ (汉)伶玄撰:《赵飞燕外传》,《汉魏丛书》,吉林大学出版社1992年影印本,第745页。
⑧ 费振刚等辑校:《全汉赋》,北京大学出版社1993年版,第542页。
⑨ 《艺文类聚》卷43《乐部》,上海古籍出版社1982年版,第769页。
⑩ 同上书,第770页。
⑪ 费振刚等辑校:《全汉赋》,北京大学出版社1993年版,第711页。
⑫ (南朝·梁)萧统:《文选》卷19,曹植《洛神赋》李善注引,上海书店1988年影印本,第255页。

娇妻美妾亮相郊外水滨："若乃窈窕淑女，美媵艳姝，戴翡翠，珥明珠，曳离褷，立水涯。"① 汉末乐府长诗《焦仲卿妻》中，刘兰芝自言其美："腰若流纨素，耳著明月珰。"② 曹植《美女篇》诗写盛年未嫁的美女云："攘袖见素手，皓腕约金环；头上金爵钗，腰佩翠琅玕。明珠交玉体，珊瑚间木难。"③ 曹植《洛神赋》写女神宓妃："戴金翠之首饰，缀明珠以耀躯。"④ 王粲《神女赋》写神女："戴金羽之首饰，珥昭夜之珠珰。"⑤ 汉代郊庙典礼上娱神乐舞中那些舞女衣着亦装饰珠玉，《郊祀乐·练时日》写众灵下降，人间以乐舞娱之："众嫭并，绰奇丽；颜如荼，兆逐靡；被华文，侧雾縠；曳阿锡，佩珠玉。"⑥ 男性喜用明珠装饰佩剑。曹植《乐府》云："所贵千金剑，通犀间碧玕。翡翠饰鸡璧，标首明月珠。"⑦ 珍珠代表美好而珍贵的东西。汉末赵壹《刺世嫉邪赋》讽刺社会上的是非颠倒，黑白混淆，云："势家多所宜，咳唾自成珠；被褐怀金玉，兰蕙化为刍。"⑧

珍珠是奢侈品，是豪华财富的象征。扬雄《校猎赋》写天子苑囿中的珠宝："方椎夜光之流离，剖明月之珠胎。"颜师古注云："珠在蛤中若怀妊然，故谓之胎也。"⑨《汉书·梁孝王传》言梁王之富："府库金钱且百巨万，珠玉宝器多于京师。"⑩ 同书《田蚡传》云："后房妇女以百数，诸奏珍物狗马玩好，不可胜数。"⑪ 西汉时昌邑王被立为帝，无道，大将军霍光欲废之。皇太后下诏召昌邑王，《汉书·霍光传》记载："太后被珠襦，盛服坐武帐中。"⑫ 颜师古注引如淳曰："以珠饰襦也。"又引晋灼曰："贯珠以为襦，形若今革襦矣。"颜师古同意晋说。贯珠为饰的短衣，称为珠襦，乃皇帝、皇后在正式场合所服。汉成帝时赵飞燕被立为皇后，

---

① 费振刚等辑校：《全汉赋》，北京大学出版社1993年版，第274页。
② （宋）郭茂倩编：《乐府诗集》卷73，中华书局1979年版，第1035页。
③ （南朝·梁）萧统：《文选》卷27，上海书店1988年影印本，第381页。
④ （南朝·梁）萧统：《文选》卷19，上海书店1988年影印本，第255页。
⑤ 《艺文类聚》卷79《灵异部》，上海古籍出版社1982年版，第1352页。
⑥ （宋）郭茂倩编：《乐府诗集》卷1，中华书局1979年版，第3页。
⑦ 《北堂书钞》卷122《剑》作傅玄《九思》，学苑出版社1998年影印本，第2册，第275页。钱氏校云："此是陈思王《乐府》，今案本篇下文引陈思王《乐府》同，惟璧作必，考璧必同音，戈壁即郭必，可通借也。"
⑧ 《后汉书》卷80下《赵壹传》，第2631页。
⑨ 《汉书》卷87上《扬雄传》上，第3552页。
⑩ 《汉书》卷47《梁孝王传》，第2208页。
⑪ 《汉书》卷52《田蚡传》，第2380页。
⑫ 《汉书》卷68《霍光传》，第2939页。

姐妹受到宠幸,《汉书·孝成赵皇后传》记载:"皇后(赵飞燕)既立,后宠少衰,而弟绝幸,为昭仪,居昭阳舍。其中庭彤朱,而殿上髹漆,切皆铜沓(冒)黄金涂;白玉阶,壁带往往为黄金釭,函蓝田璧,明珠、翠羽饰之。"① 王莽时天下大乱,但朝廷仍颇有资财,"时省中黄金万斤为一匮,尚有六十匮,黄门、钩盾、臧府、中尚方处处各有数匮。长乐御府、中御府及都内、平准帑藏钱帛珠玉财物甚众"。② 梁冀与其妻孙寿大起第舍,对街为宅,其中"金玉珠玑,异方珍怪,充积臧室"。汉末黄琼批评梁氏:"羽毛、齿革、明珠、南金之宝,殷满其室。"③ 珠玉珍贵,正如牟子《理惑论》云:"珠玉少而贵,瓦砾多而贱。"④ 但珠玉毕竟不实用,因此任昉《述异记》引汉代古谚云:"虽有神药,不如少年;虽有珠玉,不如金钱。"⑤

贱珠玉被认为是帝王的良好品德。扬雄《长杨赋》赞美汉文帝:"建至圣文,随风乘流,方垂意于至宁,躬服节俭,绨衣不敝,革鞜不穿,大厦不居,木器无文。于是后宫贱瑇瑁而疏珠玑,却翡翠之饰,除彫瑑之巧,恶丽靡而不近,斥芬芳而不御,抑止丝竹晏衍之乐,憎闻郑卫幼眇之声,是以玉衡正而太階平也。"⑥《后汉书·和帝邓皇后传》记载邓皇后提倡节俭,"御府、尚方、织室锦绣、冰纨、绮縠、金银、珠玉、犀象、瑇瑁、彫镂翫弄之物,皆绝不作"。邓皇后的行为正说明在汉室宫廷中一直是以这些珍贵的东西制作器物的,汉文帝和邓皇后的节俭特别得到社会的赞扬,恰恰反映了汉代皇室贵族及整个社会上的奢靡风习。张衡《东京赋》颂扬朝廷的节俭之风:"改奢即俭,则合美乎斯干。登封降禅,则齐德乎黄轩。为无为,事无事,永有民以孔安。遵节俭,尚素朴。思仲尼之克己,履老氏之常足。将使心不乱其所在,目不见其可欲。贱犀象,简珠玉。藏金于山,抵璧于谷。翡翠不裂,玳瑁不蔌所贵惟贤,所宝惟谷。"⑦ 汉末王符批评当时的社会风气:"昔孝文皇帝躬衣弋绨,革舃韦带。而今京师贵戚,衣服饮食,车舆庐第,奢过王制,固亦甚矣。且其徒御仆妾,皆服文组彩牒,锦绣绮纨,葛子升越,筩中女布。犀象珠玉,虎魄玳瑁,

---

① 《汉书》卷97下《外戚传》,第3989页。
② 《汉书》卷99下《王莽传》下,第4188页。
③ 《后汉书》卷61《黄琼传》,第2037页。
④ (南朝·梁)释僧祐:《弘明集》卷1,《中华大藏经》第62册,中华书局1993年影印本,第710页。
⑤ 《太平御览》卷984《药部》,上海古籍出版社2008年影印本,第9册,第665页。
⑥ 《汉书》卷87下《扬雄传》下,第3560页。
⑦ (南朝·梁)萧统:《文选》卷3,上海书店1988年影印本,第46页。

石山隐饰，金银错镂，穷极丽靡，转相夸咤。其嫁娶者，车軿数里，緹帷竟道，骑奴侍童，夹毂并引。富者竞欲相过，贫者耻其不逮，一飨之所费，破终身之业。古者必有命然后乃得衣缯丝而乘车马，今虽不能复古，宜令细民略用孝文之制。"①

珍珠贵重，成为赐赠的礼品，也成为官场贪赃枉法行贿受贿的赃品。汉乐府诗《有所思》云："有所思，乃在大海南。何用问遗君，双珠玳瑁簪。"②《汉书·江都王建传》记载刘建："遣人通越繇王、闽侯，遗以锦帛奇珍，繇王、闽侯亦遗建荃、葛、珠玑、犀甲、翠羽、蝯熊奇兽，数通使往来，约有急相助。"③江都和越地的繇王、闽侯都地近南方沿海地区，故能获得大量珠宝。《汉书·佞幸传》记载，董贤受到哀帝的宠幸，哀帝"诏将作大匠为贤起大第北阙下，重殿洞开，木土之功穷极技巧，柱槛衣以绨锦。下至贤家僮仆皆受上赐，及武库禁兵、上方珍宝，其选物上第尽在董氏，而乘舆所服乃其副也。及至东园秘器、珠襦玉柙，豫以赐贤，无不备具。"④汉末繁钦《定情诗》云："何以致区区，耳中双月珠。"⑤《汉书·元后传》记载，王太后专权，其兄弟五人皆封侯，王凤秉政，"五侯群弟，争为奢侈，赂遗珍宝，四面而至"。⑥《后汉书·乌桓鲜卑列传》记载，光武帝建武二十二年（46年），"是时四夷朝贺，络绎而至，天子乃命大会劳飨，赐以珍宝"。⑦《后汉书·马援传》记载："初，援在交趾，常饵薏苡实，用能轻身省欲，以胜瘴气。南方薏苡实大，援欲以为种。军还，载之一车。时人以为南土珍怪，权贵皆望之。援时方有宠，故莫以闻。及卒后，有上书谮之者，以为前所载还，皆明珠、文犀。因而坐罪，葬不归墓，妻子亦株连，史称薏苡之谤。"这个事例说明东汉时往南方沿海地区任职的官员，常常带明珠、文犀归来。马援"载之以车"，如果是明珠、文犀，数量巨大，才成为"上书谮之者"诬陷的口实。内地至交阯任职的官员往往含赃纳贿获得南海的珠宝，携之以归。他们又用这种珠宝贿赂权贵，以求升迁。进入中原地区的珠宝也被用于施贿。《后汉书·宦者列传》记载，宦官张让擅权，人们以为扶风富豪孟佗与之友善，贿

---

① 《后汉书》卷49《王符传》，第1635页。
② 《太平御览》卷688《服章部》，上海古籍出版社2008年影印本，第7册，第235页。
③ 《汉书》卷53《江都王建传》，第2417页。
④ 《汉书》卷93《佞幸传》，第3734页。
⑤ （南朝·陈）徐陵编，（清）吴兆宜注，程琰删补：《玉台新咏笺注》卷1，中华书局1985年版，第40页。
⑥ 《汉书》卷98《元后传》，第4023页。
⑦ 《后汉书》卷90《乌桓鲜卑列传》，第2982页。

赂孟佗，"皆争以珍玩赂之"。[1] 孟佗又分与张让，获得凉州刺史之职。

汉代盛行厚葬，"送死过度"。[2] 贵族帝王不仅生前享用珠玉，也幻想死后跟生前一样，所以珠玉成为陪葬物。"汉帝送死，皆珠襦玉匣"。[3] 汉代人相信，口含手握珠玉，裹以金缕玉衣，尸身不腐。故丧礼中以珠、玉、贝、米等物纳于死者之口，称为饭晗。饭晗珠玉是帝王贵族之礼。《后汉书》志第六《礼仪》下"大丧"云："登遐……守宫令兼东园匠将女执事，黄绵、缇缯、金缕玉柙如故事。饭晗珠玉如礼。"李贤注引《礼稽命徵》曰："天子饭以珠，晗以玉；诸侯饭以珠，晗以（珠）[璧]；卿大夫、士饭以珠，晗以贝。"[4] 西汉大将军霍光死，朝廷"赐金钱、缯絮，绣被百领，衣五十箧，璧珠玑，玉衣"。[5]《汉书·佞幸传》记载："董贤自杀伏辜，死后父恭等不悔过，乃复以砂画棺四时之色，左苍龙，右白虎，上著金银日月，玉衣珠璧以棺，至尊无以加。"玉衣珠璧，其中有"珠"。颜师古注云："以此物棺敛也。"[6]《东观汉记·梁商传》记载，梁商病笃，遗嘱薄葬，他说："吾以不德，享受多福，生无以辅益朝庭，死必耗费帑藏，衣衾饭晗玉匣珠贝之属，何益朽骨？百僚劳攘，纷华道路，祗增尘垢。虽云礼制，亦有权时。今边郡不宁，盗贼未息，岂宜重为国损！"[7] 据此可知，按照当时的礼制，达官贵族是以珠贝之类陪葬的。

汉末王符《潜夫论·浮侈篇》批评当时的厚葬之风："今京师贵戚，郡县豪家，生不极养，死乃崇丧。或至金缕玉匣，襦、梓、楩、楠，多埋珍宝偶人车马，造起大冢，广种松柏，庐舍祠堂，务崇华侈。"[8]《后汉书·顺帝纪》记载，东汉顺帝崩，"遗诏无起寝庙，敛以故服，珠玉玩好皆不得下"。[9] 这种特殊规定正说明，一般情况下帝王陵墓中往往以珠玉玩好陪葬。西汉前期，贵族官僚大都事死如生，将生人所用的车马、金银

---

[1]《后汉书》卷78《宦者列传》，第2534页。
[2] 佚名撰，何清谷校注：《三辅黄图校注》卷1《秦汉风俗》，三秦出版社1995年版，第64页。
[3]（晋）葛洪：《西京杂记》卷1，《汉魏丛书》，吉林大学出版社1992年影印本，第303页。
[4]《后汉书》志第六《礼仪》下，第3142页。
[5]《汉书》卷68《霍光传》，第2948页。
[6]《汉书》卷93《董贤传》，第3740页。
[7]（东汉）刘珍等撰，吴树平校注：《东观汉记校注》卷15，中华书局2008年版，第613页。
[8]（东汉）王符著，（清）汪继培笺，彭铎校正：《潜夫论笺校正》卷3，中华书局1985年版，第137页。
[9]《后汉书》卷6《顺帝纪》，第274页。

珠玉佩饰、丝织衣物、铜漆器皿、食品、钱币等葬入墓中。考古发现证明了这一点。尽管汉墓大多被盗，而盗者往往盗取珠宝，但在北京市石景山区老山汉墓发掘中发现了一片玉片残片，并在女尸尸骨下清理出一支新疆和田羊脂玉质的螭首带钩及一串珍珠胸饰。南越王墓发现一枚珍珠枕头。在墓主玉衣头套下的丝囊内装了470颗珍珠，珍珠直径0.1—0.4厘米，是未经加工的天然珍珠，专家们认为是一个丝囊珍珠枕头。用珍珠做成枕头，在考古发掘中发现尚属首次。在主棺室"头箱"中，原盛于一个大漆盒内，有重量为4117克的珍珠，出土时漆盒已朽，珍珠散落满地。珍珠直径0.3—1.1厘米。考虑到南越国海外贸易的兴盛，这批珍珠有来自域外的可能。

厚葬引起盗墓。死葬而含珠握玉，恰是招惹盗墓者的诱饵。焦延寿卜筮书《易林》卜辞云："把珠入口，为我畜宝，得吾所有，欣然嘉喜"[1]；"把珠入口，蓄为玉宝。得吾所有，欣然嘉喜"。[2] 说的正是贪恋财货却为别人所有的结局。西汉末年，天下大乱，出现大规模盗墓的情况。赤眉军"发掘诸陵，取其宝货"。[3] 东汉末年再次出现盗墓之风，规模空前。《后汉书·董卓传》记载，何皇后入葬，开汉灵帝文陵，董卓把"藏中珍物"悉数盗取。董卓迁都长安，"又使吕布发诸帝陵，及公卿以下冢墓，收其珍宝"。《后汉书·袁绍传》记载，袁绍指斥曹操："梁孝王先帝母弟，坟陵尊显。松柏桑梓，犹宜恭肃。操率将吏士，亲临发掘，破棺裸尸，掠取金宝，至令圣朝流涕，士民伤怀。又署发丘中郎将、摸金校尉，所过毁突，无骸不露。"[4] 这可以说都是珠宝惹的祸。

---

[1] （汉）焦延寿：《易林》卷1《同人》"复"条，中国国家图书馆编《国立原北平图书馆甲库善本丛书》，国家图书馆出版社2013年影印本，第978页。
[2] （汉）焦延寿：《易林》卷2《复》"损"条，中国国家图书馆编《国立原北平图书馆甲库善本丛书》，国家图书馆出版社2013年影印本，第1003页。
[3] 《后汉书》卷11《刘盆子传》，第483页。
[4] 《后汉书》卷74上《袁绍传》，第2396页。

# 第七章 人工饰珠

作为装饰的珠子形状、材料和工艺各异。饰珠有天然的和人工制作的两种,上章所论之天然珍珠也主要用作装饰,本节主要论述人工制作的饰珠。比较天然珍珠,人工饰珠技术含量更高,体现出某一地区、民族或某一时代的审美趣味、工艺水平和科技水平。早期的人工饰珠,多采用动物骨骼、石头和兽牙等,并用赤铁矿颜料美化。其后世界各地各民族根据自己的自然条件和审美爱好,选择不同的材料制作,并随着人类的交流活动得以传播。

## 一 概述

> 早梅花,满枝发,东风报春春未彻,紫萼迎风玉珠裂。
> ——(唐)李绅《过梅里·早梅桥》

饰珠是人们用来佩戴作为人体装饰和悬挂作为居室器物装饰的构件,除了追求装饰美观之外,往往还附带某种文化或宗教意味。人类很早就使用珠饰,在法国 La Quina 地方尼安德特人(Neanderthal)遗址发现的在动物骨骼和牙齿上刻出沟槽用以穿系,作为佩戴的坠子,可能是最早的珠饰。年代距今约 38000 年,因为没有穿孔,是否属于饰珠尚有争议。[1] 中国考古发现的最早的饰珠,见于北京周口店山顶洞人遗址,在 102 号头骨外面包着的土中发现 7 件白色石灰岩石钻孔石珠,表面染以赤铁矿之红

---

[1] Louis Sherr Dubin, *The History of Beads*, *from* 30000 B. C. to the Present, Thames and Hudson, 1987. p. 21.

色，年代距今约 18000 年。① "自从在人类生活中出现，一直到今天，珠饰都为全世界各地区、各民族所喜爱"。② 珠饰的基本功能是作为人体或器物的装饰，反映了人类爱美的天性。同时，在不同时代和不同地区，珠饰也被赋予各种不同的文化内涵，并在古代文化交流史上发挥了重要作用。

对珠饰的研究，西方学术界起步较早。珠饰进入学术界的视野，始于 19 世纪末和 20 世纪初，西方考古学家在小亚细亚、埃及和近东的考古发掘，出土了大量精美的装饰品，其中有不少饰珠，从而引发了西方人对珠子的收藏和研究的兴趣。德国学者谢里曼（Heinrich Schliemann）、英国学者欧文斯（Arthur Evans）和彼特里（Flinders Petrie）的考古和研究起了奠基的作用。中国过去的金石学中，珠子的研究受到冷落。正如刘铭恕所云："自宋元以下的金石书，何啻百家，然未见一种记载珠子。"③ 中国学者最早关注珠饰研究的是夏鼐，20 世纪 30 年代后期他留学英国，在伦敦大学学院（University College）师从彼特里攻读博士学位时，曾研究导师收集的古代埃及的珠子，并撰写了以《古代埃及的珠子》为题的博士论文，论文未公开发表。他还在国外的学术刊物上发表过两篇珠饰研究的论文。但回国后他的这项研究便中断了，国内少有人关注古代珠饰。

赵德云对中国西周至汉晋时期的珠饰进行了系统研究，指出西周到汉晋时期的饰珠包括串珠和坠子，从产地和材料上可以分为 13 类，包括费昂斯珠、钠钙玻璃珠、蜻蜓眼式玻璃珠、蚀花肉红石髓珠、印度—太平洋珠、琥珀珠、多面金珠、壶形珠、辟邪形珠、装金玻璃珠及人面纹珠、青金石珠、人头坠子，这些在古代中国出现的珠子大多与中西文化交流存在联系。少数几类，如费昂斯珠、印度—太平洋珠及壶形珠，则在目前的材料和认识水平条件下，还难以确认，但可能性是存在的。可以肯定属于外来传入的有钠钙玻璃珠（西亚）、蚀花肉红石髓珠（印度、西亚）、多面金珠（地中海沿岸或印度）、装金玻璃珠（印度、罗马帝国）、人头坠子（应来源于地中海沿岸）；既有传入品，又有本土模仿品的是蜻蜓眼式玻璃珠和辟邪形珠；进口原料本土加工珠饰的，则可能有琥珀珠（波罗的海沿岸、缅甸）、青金石珠（阿富汗）。西周到汉晋时期的外来珠饰，主要通过欧亚草原路、丝绸之路和海上通道三条道路传入中国，即使是同一

---

① 贾兰坡：《山顶洞人》，龙门联合书局 1951 年版，第 64—65 页；《中国大陆上的远古居民》，天津人民出版社 1978 年版，第 125—127 页。
② 赵德云：《西周至汉晋时期中国外来珠饰研究》，科学出版社 2016 年版，第 1 页。
③ 刘铭恕：《试说近年出土的两组珠子》，《考古通讯》1956 年第 6 期。

类珠饰，不同的时期，传入的途径也是不一样的。[1] 但应该补充的是古代流行玉珠，即用各种玉料加工而成的饰珠，这种饰珠有的也来自域外。

本章探讨与汉代相关的蚀花肉红石髓珠、蜻蜓眼式玻璃珠、印度—太平洋珠、金珠、装金玻璃珠、象生造型珠、玉珠等外来饰珠。琥珀珠已在本书珠宝篇论述，这里不拟重复。

## 二　蚀花肉红石髓珠

考古发现的蚀花肉红石髓珠是一种晶质体玉石，是从域外传入中国的玉珠。所谓"肉红石髓"（Carnelian），又称"红玉髓"，或"光玉髓"，其主要成分为二氧化硅。和玛瑙一样，肉红石髓属于玉髓（Chalcedony）类矿物，玛瑙带有自然的条带或环带，而肉红石髓结构均匀无条纹。肉红石髓和光玉髓这两个名称都见于《矿物学名词》。[2] 也有称为"鸡血石"的，见杜其堡编《地质矿物学大词典》、王云五编《百科名汇》。[3] 还有一种被称为"鸡血石"的，以叶蜡石（Pyrophyllite）为主要组成的石料，主要产于浙江昌化，称为昌化石，又叫鸡血冻，质软可以雕刻印章。[4] 与我们要谈的石髓之一的鸡血石石质不同，硬度相差较大，不能混为一谈。[5] 肉红石髓是世界各地都能见到的玉石品种，但蚀花肉红石髓珠（Etched Carnelian Beads）是人工加工的饰珠，用一种特殊的工艺和装饰手法造成纹饰，考古发现的这种经过加工的石髓珠受到国内外学界的关注。

1857年，英国学者贝拉西斯（A. F. Belllasis）注意到这种特殊的珠饰种类，他在巴基斯坦信德省（Sindh）萨温城（Sehwn）进行了实地调查，

---

[1] 赵德云：《西周至汉晋时期中国外来珠饰研究》，科学出版社2016年版，第180—213页。
[2] 中国科学院编译出版委员会名词室编订：《矿物学名词》，科学出版社1957年版。
[3] 杜其堡编：《地质矿物学大词典》，商务印书馆1933年版；王云五编：《百科名汇》，商务印书馆1931年版。
[4] 辞海编辑委员会编：《辞海》"昌化石"条，上海辞书出版社1980年版，第1387页。
[5] 在考古报告中，亦有称为"鸡血石"的。夏鼐先生注意到，黄文弼《塔里木盆地考古记》第119、120页所称之"鸡血石"应指肉红石髓。参见作铭（夏鼐）《我国出土的蚀花的肉红石髓珠》，《考古》1974年第6期。广州汉墓M3029西汉后期墓出土的橘红色蚀花石髓珠，报告亦称为鸡血石（见广州市文物管理委员会、广州市博物馆《广州汉墓》，北京文物出版社1981年版，第291页）。实际上我国现今所称的鸡血石，主要产于浙江昌化和内蒙古巴林，是上等的雕刻材料，二者化学成分和物理性质均有所不同，不能混为一谈。

对蚀花所用原料及过程进行了研究。马强达尔（N. G. Majumdar）观察到大致相同的蚀花过程。① 20世纪30年代，麦凯（Ernest Mackey）也在萨温城开展调查，并通过实验，改变操作方法和原料，得到了相同的效果。② 他们观察到的蚀花方法和过程，是用一种野生白花菜的嫩茎捣成糊状和以少量洗涤碱的溶液，调成半流体状的浆液，用笔蘸之，描绘于磨制好的肉红石髓珠上，熏干后将珠子埋于木炭余烬，取出以粗布疾拭，或置于阳光下晾晒。由此获得的白色纹饰历久不褪。夏鼐先生曾将麦凯的调查成果介绍给中国学界。③ 培克（H. C. Beck）指出一些蚀花肉红石髓珠是先采用前述方法将珠子表面完全变白，然后用某种金属盐（Metal Salt）在其上蚀刻黑色图案。在哈拉巴（Harappa）以及塔克西拉（Taxila）遗址，还有黑色线条直接蚀刻于天然珠体上者。④ 一般认为蚀花肉红石髓珠可分为红色表面蚀刻白色纹饰、经白化处理表面蚀刻黑色纹饰、珠体直接蚀刻黑色纹饰三种类型。⑤

1906年，英国学者斯坦因在新疆和阗发现4颗肉红石髓圆珠，一颗为扁平方珠，深红褐色，花纹呈灰白色，他称之为"玛瑙石"；一颗为淡红色的肉红石髓石珠残粒，花纹为白色交叉直线；一颗橙红色的肉红石髓圆珠，白色花纹为圆圈用线条等；一颗扁豆形肉红石髓珠，残余四分之一。⑥ 1913年，斯坦因在和阗又发现一颗桶形柱残粒，他称之为"淡蜜色的玛瑙石"。⑦ 1928年，中国考古学家黄文弼在新疆沙雅县西北裕勒都司

---

① Nirarika, *A Study of Stone Beads in Ancient India*, Bharatiya kalam prakashan, Delhi, 1993, pp. 13—14.
② Ernest Mackey, "Decorated Carnelian Beads", *Man*, Vol. 33, Sep, 1933. pp. 143—146.（麦凯：《加饰的肉红石髓珠》（英文），《人类》第33卷，1933年9月，第150篇，第143—146页。）
③ 夏鼐：《我国出土的蚀花的肉红石髓珠》，原载《考古》1974年第6期，收入《考古学论文集》（下），河北教育出版社2000年版，第573—574页。
④ H. C. Beck, *Report on Selected Beads from 0 Harappa*, Madro Sarup Vats, *Excava-tionsat Harappa*, Mun-shiram Manorarlal Publishers Pvt. Ltd., New Delhi, 1997, pp. 392—431.
⑤ Nirarika, *A Study of Stone Beads in Ancient India*, pp. 12—13, Bharatiya kalam prakashan, Delhi, 1993.
⑥ Marc Aurel Stein, *Serindia*: *Detailed Report of Explorations in Central Asia and Westernmost China*, Oxford, Clarendon Press, 1921.（[英] 斯坦因：《塞林第安》（英文）第1卷，第100、117、122、127页；第4卷，图版Ⅳ。1921年。（[英] 斯坦因：《西域考古图记》，巫新华等译，广西师范大学出版社1998年版。）
⑦ Marc Aurel Stein, *Innermost Asia*: *Detailed Report of Explorations in Central Asia, Kan-su, and Eastern Iran*. Vol. I. Oxford, Clarendon Press, 1928.（[英] 斯坦因：《亚洲腹地考古记》（英文）第1卷，第110页；第4卷，图版Ⅴ，1928年。）

巴克一带砂碛中发现"鸡血石，灰色，上用胡粉绘方格纹八，每格中绘一'卍'字，浓淡不一，有的已脱落，可见花纹为以后所加。不透明。直径一厘米，孔径三毫米"。① 疑为项链或手饰之用，年代相当于公元2至4世纪。1956年，云南晋宁石寨山13号墓出土一串蚀花肉红石髓珠，但一直未得到辨识。这串肉红石髓珠中有一件蚀花的标本，纹饰为十道分四组的平行线，是化学腐蚀显花，呈白色，不透明。1972年，赴北京参加出国文物展览，受到考古学家夏鼐的注意。珠上花纹是经人工浸蚀而形成的，因此被夏鼐称为"蚀花的肉红石髓珠"。夏鼐根据马凯的实地调查和培克的分期研究，结合斯坦因、黄文弼在新疆发现的标本的装饰特征进行分析，就晋宁石寨山发现的蚀花肉红石髓珠的制作方法、年代及其地理分布撰文介绍。被斯坦因称为"玛瑙石"和黄文弼称为"鸡血石"的玉珠，都被夏鼐鉴定为"蚀花肉红石髓珠"。② 过去中国学术界对蚀花肉红石髓珠的源流、性质不甚清楚，把它作为普通的玛瑙饰品。夏鼐的研究引起了学界的重视，成为中国学术界研究出土珠饰的开端。此后在田野考古材料中陆续辨识出了一批标本，并广泛作为中外文化交流的考古证据。蚀花肉红石髓珠继有发现，多数出于共存关系明确的墓葬。

赵德云在其2008年完成的博士学位论文《西周至汉晋时期中国外来珠饰研究》中有专节探讨蚀花肉红石髓珠及其在中国的发现。后来在进一步收集汉代及以前考古资料的基础上，撰文分析中国出土蚀花肉红石髓珠的类型，将其与国外材料比对，探究它们的来源及传播途径，并探讨了蚀花肉红石髓珠与其他珠饰种类的相互影响。③ 根据赵德云的研究，中国出土的汉代及以前的蚀花肉红石髓珠，从可确认的标本看，集中分布于西北地区和云南、广东一带，中原地区亦有少量发现。新疆、青海等西北地区是中国蚀花肉红石髓珠发现最为集中的区域。年代上最早的有西周、春秋时期，晚到唐代时期。两汉时期的发现有确切年代的如山东巨野红土山西汉中期大型崖墓④、广州狮带岗西汉中期M1⑤、广东南海平洲马祠堂山

---

① 黄文弼：《塔里木盆地考古记》，科学出版社1958年版，第119—120页，图版壹壹贰，图75。
② 云南省博物馆：《晋宁石寨山古墓群发掘报告》，文物出版社1959年版；夏鼐：《我国出土的蚀花的肉红石髓珠》，原载《考古》1974年第6期，收入氏著《考古学论文集》（下），河北教育出版社2000年版，第569页。
③ 赵德云：《中国出土的蚀花肉红石髓珠研究》，《考古》2011年第10期。
④ 山东省菏泽地区汉墓发掘小组：《巨野红土山西汉墓》，《考古学报》1983年第4期。
⑤ 广州市文物考古研究所：《广州狮带岗西汉土坑墓发掘简报》，广州市文物考古研究所编《广州文物考古集》，文物出版社1998年版，第207—212页。

西汉晚期 M4[①]、广西合浦堂排西汉晚期墓[②]、合浦丰门岭东汉早期墓 M10[③]、河南济源赵庄东汉中期砖室墓等[④]，也可能出土了蚀花肉红石髓珠，[⑤] 只是公布的资料语焉未详，无图片资料作进一步分析，因此无法确认。汉代以后，蚀花肉红石髓珠的考古发现极少，仅有新疆吐鲁番阿斯塔那墓地唐西州时期 60TAM317 出土 1 件[⑥]，青海都兰智尕日 6 号吐蕃墓出土 5 件。[⑦] 西藏也有发现，被称为/Gzi 珠。[⑧] 有人认为可能是 7 世纪以前的遗物。[⑨] 但因为都是传世品或采集品，年代难以判断。西藏、青海等地目前的发现，年代应较晚，并一直沿用到今天，收藏者称为"天珠"。[⑩] 虽然其工艺可能渊源于古代外来的蚀花肉红石髓珠，但已是被藏族地区吸收改造后的产物，与舶来品有别。

赵德云论文中附表所列汉代及以前蚀花肉红石髓珠，至少有 55 件，其中 40 件有图片公布，可能都是使用前述麦凯所获知的方法制造，属于红色表面蚀刻白色纹饰的类型，未见使用金属盐蚀刻黑色纹饰者。根据装饰图案，赵德云把中国境内出土的蚀花肉红石髓珠分为四个类型：A 型，珠体一般呈长腰鼓状，横向蚀直线纹。根据直线的宽窄，又分为两个亚型，Aa 型 20 件，直线较细，是最为常见的品种；Ab 型 3 件，直线较粗。B 型 11 件，珠多为长腰鼓状，也有少量圆形，图案以比较复杂的几何纹组成，有的在空隙处加蚀小点纹。C 型图案模仿眼睛造型，根据"眼睛"

---

[①] 广东省博物馆（曾广忆）：《广东南海汉墓发掘简报》，文物编辑委员会编《文物资料丛刊》第 4 辑，文物出版社 1981 年版，第 89—97 页。

[②] 广西壮族自治区文物工作队：《广西合浦县堂排汉墓发掘简报》，《文物资料丛刊》第 4 辑，文物出版社 1981 年版，第 46—56 页。

[③] 合浦县博物馆：《广西合浦县丰门岭 10 号汉墓发掘简报》，《考古》1995 年第 3 期。

[④] 河南省文物考古研究所：《河南济源市赵庄汉墓发掘简报》，《华夏考古》1996 年第 2 期。

[⑤] 吕红亮认为合浦堂排汉墓出土 1 件有白斑的标本可能是蚀花。参见氏著《中国境内出土的蚀花石珠述论》，载霍巍、王挺之主编《长江上游早期文明的探索》，巴蜀书社 2002 年版；周永卫认为南海平洲马祠堂山 M4 的出土品是蚀花。参见氏著《南越王墓银盒舶来线路考》，载《考古与文物》2004 年第 1 期。

[⑥] 新疆博物馆考古队：《阿斯塔那古墓群第三次发掘简报》（1960 年 11 月），《新疆文物》2000 年第 3、4 期合刊。

[⑦] 许新国：《吐蕃墓出土的蚀花肉红石髓珠》，参见氏著《西陲之地与东西方文明》，燕山出版社 2006 年版。

[⑧] 亦有 Dzi、Zigs 等不同称呼，皆为音译。参见汤惠生《藏族饰珠/GZI 考略》，《中国藏学》1995 年第 2 期。

[⑨] 童恩正：《西藏考古综述》，《文物》1985 年第 9 期。

[⑩] 张宏实：《法相庄严·管窥天珠》，台北淑馨出版社 1993 年版。

的数量和布局，可以分为两亚型。Ca 型 3 件，圆形或椭圆形，图案由若干"眼睛"构成，颇似蜻蜓眼式玻璃珠的某些类型。Cb 型 1 件，圆形珠体上蚀出一个"眼眶"，珠子整体即为一个"眼睛"。D 型两件，圆形或近方形，其上蚀出十字纹和 N 形纹等或有特殊含义的纹饰。

迄今未见中国制造蚀花肉红石髓珠的迹象。江川李家山墓地的发掘者注意到该墓地出土的 16 件标本，中央穿孔直，粗细较均匀，孔径大多很小，与玉器、玛瑙器等钻穿孔的工艺迥然不同。[①] 这可作为它们是舶来品的旁证。目前中国最早的蚀花肉红石髓珠，包括和静察吾呼沟口墓地、尼勒克县穷科克墓地等地的出土品，都在公元前一千纪前半段。而其在世界范围内的出现则在公元前三千纪，在印度河流域和美索不达米亚地区都有发现。[②] 因此，赵德云认为，中国出土的蚀花肉红石髓珠都应来自域外，与早期中外文化交流有关。但关于上述标本的具体来源，由于缺乏成分测试信息，只能结合域外的生产情况和中国出土标本的装饰特征等来分析。

蚀花肉红石髓珠最早在印度河流域哈拉帕文化（Harappa Culture）昌胡·达罗（Chanhu-Daro）遗址发现。[③] 早在前萨尔贡时期（Pre-Sargonic Period）就已经传到美索不达米亚地区[④]，在阿斯马尔丘（Tell Asmar）、乌尔（Ur）王陵、基什（Kish）等地都有发现。[⑤] 培克曾认为美索不达米亚地区的年代虽较早，但其蚀花技法和珠形完全和印度河流域相同，有些连花纹也相同，应出于同一来源。[⑥] 约安·阿鲁兹（Joan Aruz）根据新近的考古发现指出，有些装饰图案是典型的近东风格，不常见于印度河流

---

① 云南省文物考古研究所等：《江川李家山——第二次发掘报告》，文物出版社 2007 年版，第 222 页。
② Ernest Mackey, "Decorated Carnelian Beads", *Man*, Vol. 33, Sep., 1933.
③ 哈拉帕文化，南亚次大陆的青铜时代文明，从公元前 2350 年或更早，至公元前 1750 年。分布中心在印度河流域，主要城市遗址乃哈拉帕，故称哈拉帕文化。摩亨佐达罗和哈拉帕是该文明的两座典型城址，皆已具备较大规模。摩亨佐达罗城址位于巴基斯坦信德邦拉尔卡纳，哈拉帕城址位于印度旁遮普邦拉维河左岸。在印度河流域文明的城市遗址中，摩亨佐·达罗的发掘规模最大。居第二位的有昌胡·达罗、卡利班甘、科特·迪吉、洛塔尔、兰格普尔、苏特卡根·多尔和索特卡·科赫等。
④ Nirarika, *A Study of Stone Beads in Ancient India*, Bharatiya kalam prakashan, Delhi, 1993, pp. 13—14.
⑤ Ernest Mackey, "Bead Making in Ancient Sind", *Journal of the American Oriental Society*, Vol. 57, No. 1, 1937.
⑥ H. C. Beck, *Report on Selected Beads from 0 Harappa*, Madro Sarup Vats, *Excava-tionsat Harappa*, Mun-shiram Manorarlal Publishers Pvt. Ltd., New Delhi, 1997, pp. 392—431.

域，表明近东地区可能存在地方性制造工场。[1] 东南亚曾集中发现蚀花肉红石髓珠，如泰国北部 Ban Don Ta Phet 遗址出土一件肉红石髓狮形珠[2]，缅甸北部 Halin 出土 3 件肉红石髓狮形珠，其中一件长达 10 厘米。在 Halin 南部的 Binnaka 遗址出土 4 件标本，其中一件蚀刻出线状纹饰。[3] 过去认为源于印度，表明两地早期密切的文化联系。但近来有学者根据东南亚出土玛瑙与肉红石髓的成分测试，与印度原料进行对比，发现有所不同，从而对过去东南亚出土玛瑙和肉红石髓珠，包括蚀花肉红石髓珠系从印度传入的论断提出疑问，认为其来源应有多种渠道，也有本地生产的。[4] 法国学者贝蕾妮丝·贝丽娜（Bérnice Bellina）认为玛瑙和肉红石髓珠是印度和东南亚交流关系的"信息指示器"，为双方公元前一千纪关系的研究提供了新证据，东南亚上层社会将进口珠饰作为身份和地位的象征，并很可能引进印度工匠进行加工和生产的。[5] 蚀花肉红石髓珠起源于印度河流域，随着欧亚大陆经济文化的交流，传播广泛。其制作技术也有传播的现象，近东、东南亚都可能存在制造工场，这对认识中国发现的来源十分重要。

中国出土 A 型最多，且分布广泛，延续时代很长，大致从春秋（或更早的西周）一直到汉晋时期。在这一时期偏早阶段或稍早，印度横向蚀直线纹的例子发现较多。印度北方磨光黑陶文化（Northern Black Polished Ware Culture，前 1000—前 600 年）时期及巨石文化（Megalithic Culture，前 12 世纪至 1 世纪）时期都有大量发现[6]，出土于焦卡达（Jaukada）的一件标本年代被定为孔雀王朝（Mauryan Period，前 321—前 185

---

[1] Joan Aruz, *Art and Interconnections in the Third Millennium B. C.*, *Art of the First Cities*, *the Third Millennium B. C. from the Mediterranean to the Indus*, The Metropolitan Museum of Art & Yale University Press, 2003, pp. 239—250.

[2] I. C. Glover, *Early Trade between India and South-East Asia*, Center for South-East Asia Studies, 1990, p. 21.

[3] Pamela Gutman and Bob Hudson, *The Archaeology of Burma (Myanmar) from the Neolithic to Pagan*, *Southeast Asia: from Prehistory to History*, edited by Ian Glover and Peter Bellwood, Rutledge Curzon, 2004, p. 160, plate 5.

[4] Robert Theunissen, Peter Grave, Grahame Bailey, "Doubtson Diffusion: Challenging the Assumed Indian Origin of Iron Age A-gate and Carnelian Beads in Southeast Asia", *World Archaeology*, Vol. 32, No. 1, 2000.

[5] Bellina Bérénice, "Beads, Social Change and Interaction between India and Southeast Asia", *Antiquity*, Cambridge Univ Press, June, 2003, pp. 285—297.

[6] Nirarika, *A Study of Stone Beads in Ancient India*, Prakashan, Delhi, 1993, pp. 13—14.

年）时期。① 赏弥（Kausambi）遗址是北印度大型城市遗址，是重要的珠子生产中心，年代从公元前 1165 年延续至公元 580 年，分为四期，各期均有 A 型蚀花肉红石髓珠发现。② 其例甚多。西亚少见直线纹的珠子。夏鼐注意到基什出土的 1 件标本③，但一般认为是由印度河流域传过去的。赵德云据此认为新疆、河南等地出土的早期 A 型标本和印度河流域的关系更密切。东南亚进入铁器时代后，也发现不少 A 型标本，如泰国中部铁器时代班多塔菲（Ban Don Ta Phet）遗址④、缅甸骠人（Pyu，1—9 世纪）遗址等⑤，可能是本地生产的。广州汉墓、晋宁石寨山墓地、江川李家山墓地等出土的 A 型标本年代大体稍晚于东南亚的标本或同时，且地理位置接近，这一时期相互间也有密切的交往，因此可能是由东南亚传入的。

B 型标本的装饰图案在域外比较集中地发现于印度河流域，如哈拉帕文化（Harappan Civilization）时期昌胡·达罗遗址出土的 2 件⑥、马查德（Machad）巨石文化时期的 2 件及孔雀王朝时期的 1 件⑦、塔克西拉遗址出土的 1 件等。⑧ 这类标本在近东地区较少，乌尔王陵出土的标本也被认为来自印度河流域。⑨ 阿拉伯半岛有一些发现，年代从公元前三千纪晚期一直延续到公元 3 世纪，但被认为是从印度通过海路传入的。⑩ 可见以复杂几何纹组成纹饰的标本源头也应追溯至印度河流域。

C 型两种亚型的情况有所不同，Ca 型的特点是培克划分的早期（前

---

① Maurya Jyotsna, *Distinctive Beads in Ancient India*, Fig. 9.18, （BAR International Series 864），Oxford：British Archaeological Reports, 2000.
② Manik Chandra Gupta, *A Study of Beads-from Kausambi*, Swbha Prakashan Allahabad, 1997.
③ 作铭（夏鼐）：《我国出土的蚀花的肉红石髓珠》，《考古》1974 年第 6 期。
④ Bellwood. Peter, *Southeast Asia from Prehistory to History*（《东南亚：从史前到历史》），London and NewYork，Routledge Curzon，2004，plate 2.
⑤ Elizabeth Mooreand U Aung Myint, Beads of Myanmar（Burma），"Line Decorated Bead-samongst the Pyuand Chin"，*Journal of the Siam Society*，Bangkok, Thailand, Vol. 81.
⑥ Nirarika, *A Study of Stone Beads in Ancient India*, prakashan, Delhi, 1993, PP. 13—14, Fig. 10.6, 8.
⑦ Maurya Jyotsna, *Distinctive Beads in Ancient India*, fig. 9.3, 4, 9.（BAR International Series 864），Archaeopress，Publishers of British Archaeological Reports, 2000.
⑧ H. C. Beck, *Beads from Taxila*, plate：4, Swati Publications, Delhi, 1941.
⑨ Louis Sherr Dubin, *The History of Beads from 30000 B. C. to the Present*, Thamesand Hudson, 1987, p. 182.
⑩ An De Waeleand Ernie Haerinck, "Etched（Carnelian）Beads from Northeastand Southeast Arabia"，*Arabian Archaeology and Epigraphy*，2006：17.

2000年以前）蚀花肉红石髓珠的主要特征。[1] 由于它和蜻蜓眼式玻璃珠的某些类型很接近，而蜻蜓眼式玻璃珠传入印度的时间晚至公元前5世纪以后。[2] 按照约安·阿鲁兹的观点，近东也有制造蚀花肉红石髓珠的地方性工场，赵德云认为这些标本很有可能源于西亚而非印度。Cb型的蚀花石珠，整体为具像眼状。海湾地区的巴林以及乌尔、基什、尼普尔（Nippur）等众多遗址都有发现，年代大体在公元前三千纪晚期到公元前二千纪早期。[3] 同时，印度昌胡·达罗、哈拉帕[4]、巴基斯坦的塔克西拉等地都有大量发现。[5] 因此，确定青海上孙家寨汉墓乙M8出土品的来源比较困难，不过，由于同墓地出土的2件装金玻璃珠（Gilt Glass Beads）可能从印度输入[6]，它们来自印度的可能性更大。

D型标本仅2件，1件十字纹，1件N形纹。这两种装饰均广泛见于印度河流域的蚀花肉红石髓珠，装饰细节多样。前者即斯坦因在和阗采集的Khot.02.r，夏鼐指出与呾叉始罗（即塔克西拉）出土的几乎完全相同[7]，可能是从犍陀罗地区传入的。[8] 在印度的考古发现中，蚀以十字纹的肉红石髓珠不少，如哈拉帕遗址、波克拉姆（Porkalam）遗址和马查德（Machad）巨石文化时期遗址等。[9] 科迪尼亚普拉（Kaudinyapura）遗址亦有发现。[10] 黄文弼在新疆沙雅县采集的1枚，上蚀N纹。N纹在印度称为"Swastika"，尽管尚未在蚀花肉红石髓珠上见到此类装饰，但有印度

---

[1] H. C. Beck, "Etched Carnelian Beads", Anti-quaries Journal, Vol. 13, No. 1, 1933.

[2] a. Moreshwar G. Dikshit, History of Indi-an Glass, University of Bombay, 1969, p. 17; b. R. N. Singh, Ancient India Glass, Archaeologyand Technology, Delhi: Parimal Publications, 1989, p. 126.

[3] Joan Aruz, Art and Interconnections in the Third Millennium B. C., Art of the First Cities, the Third Millennium B. C. from the Mediterranean to the Indus, The Metropolitan Museum of Art & Yale University Press, 2003, pp. 239—250, p. 312.

[4] Joan Aruz, Art and Interconnections in the Third MillenniumB. C., Art of the First Cities, the Third Millennium B. C. from the Mediterranean to the Indus, The Metropolitan Museum of Art & University Press, 2003, pp. 239—250, p. 393.

[5] H. C. Beck, Beads from Taxila, plate: 4, Swati Publications, Delhi, 1941, plate: 10.

[6] 史美光、周福征：《青海大通县出土汉代玻璃的研究》，《文物保护与考古科学》1990年第2期。

[7] H. C. Beck, Beads fromTaxila, plate: 4, Swati Publications, Delhi, 1941, plate: 5.

[8] 作铭（夏鼐）：《我国出土的蚀花的肉红石髓珠》，《考古》1974年第6期。

[9] Nirarika, A Study of Stone Beads in Ancient India, prakashan, Delhi, 1993, pp. 13—14, Fig. 7.9, Fig. 23.10, Fig. 23.27.

[10] Maurya Jyotsna, Distinctive Beads in Ancient India, Fig. 9.18, BAR International Series 864, Archaeopress, Publishers of British Archaeological Reports, 2000, p. 94, Fig. 10: 24.

学者指出，以其为装饰的珠饰在印度作为护符（amulet）使用，有玻璃、石、珊瑚、青金石、金等各种质地，时代最早的可至早期印度河文明（Indus Valley Civilization）的一些遗址，如哈拉帕、摩亨佐·达罗（Mohenjo-daro）等，以后各个时期都有发现，如皮普拉哈瓦（piprahawa）遗址的 2 件金质标本。因此，D 型装饰十字纹和 N 纹的蚀花石珠，应都与印度河流域有着密切的关系。[1]

赵德云认为，中国出土蚀花肉红石髓珠中，广州、云南等地两汉时期墓葬出土的 Ab 型可能来自东南亚，Ca 型则可能来自西亚，其余均与印度河流域关系密切。他结合域外材料，对蚀花肉红石髓珠从印度河流域传入中国的途径进行了探讨。

新疆的发现数量多，年代较早，多在先秦时期。从印度河流域进入新疆，最有可能的途径是从今天阿富汗和巴基斯坦东北部以及克什米尔地区翻越帕米尔高原（古称葱岭）。塔克西拉遗址位于巴基斯坦首都伊斯兰堡西北 50 多公里处，距离克什米尔不远，这里曾是印度河文明北部的重要中心，出土蚀花肉红石髓珠数量很多，可能曾是生产中心。[2] 位于帕米尔高原东部塔什库尔干塔吉克自治县 M10 出土的蚀花肉红石髓珠，应当是这条途径的坐标。无独有偶，在帕米尔高原（塔吉克斯坦境内）公元前 8 世纪至前 6 世纪的萨卡人（Saka）女性墓葬中，常出土蚀花肉红石髓珠，上述四种类型都有发现，据信是从印度传来的。[3] 翻越帕米尔高原继续向北，可达乌兹别克斯坦境内费尔干那盆地和吉尔吉斯斯坦境内天山山脉一带，印度蚀花肉红石髓珠在这些地方的萨卡人墓葬中亦有出土。[4] 新疆中部、北部早期的发现，如伊犁尼勒克县穷科克一号墓地 M13 等，可能是印度蚀花肉红石髓珠先行北传再东向进入新疆的。中国出土最早的一批蚀花肉红石髓珠，包括和静察吾呼沟口四号墓地 M4 出土的 1 件 Aa 型、帕米尔高原 M10 和伊犁尼勒克县穷科克一号墓地 M13 出土的 Ab 型，应该是通过上述途径传入的。经帕米尔高原西行后折向南往印度是汉代"丝

---

[1] Maurya Jyotsna, *Distinctive Beads in Ancient India*, Fig. 9. 18, BAR International Series 864, Archaeopress, Publishers of British Archaeological Reports, 2000. p. 55, fig. 3：9, 10.

[2] H. C. Beck, *Beads from Taxila*, plate：4, SwatiPublications, Delhi, 1941.

[3] Leonid T. Yablonsky, *The Material Culture of the Saka and Historical Reconstruction*, *Nomads of the Eurasian Steppes in the Early Iron Ages*, Zinat Press, Berkeley, CA, 1995, p. 237, Fig. 108.

[4] Leonid T. Yablonsky, *The Material Culture of the Saka and Historical Reconstruction*, *Nomads of the Eurasian Steppesin the Early Iron Ages*, Zinat Press, Berkeley, CA, 1995, p. 237, Fig. 108.

绸之路"的一部分。汉通西域后，这条道路显然更加通畅，温宿县包孜东墓群公元前后85WBBM41出土的Aa型2件和B型6件、青海上孙家寨汉末魏晋初乙M8出土的Cb型1件以及和阗（D型十字纹）、民丰尼雅（B型）、沙雅（D型N纹）等汉晋遗址的大量标本，乃至咸阳马泉西汉晚期砖券墓出土者（无图片，类型不明），都应是这种情况的生动反映。同时期境外的发现有阿富汗著名的"黄金之丘"（Golden Hill）出土的4件，2件为横蚀直线纹，属于本文划分的A型；2件图案以比较复杂的几何纹组成，属于B型，年代大约相当于我国的东汉初年。[1]

陕西宝鸡益门村M2与蚀花肉红石髓珠共出的随葬品中，有大量带有草原文化因素的器物，如金柄铁剑。[2] 这里出土的金器总重量达到3000克，种类有剑、刀、带钩、带扣、马络饰、串珠等。中国先秦金器的使用，与北方游牧民族关系密切。[3] 有人认为蚀花石珠在鄂尔多斯为中心的中国北方地区没有发现，益门村的蚀花石珠的来源与北方草原艺术无关，更有可能来自滇文化区域[4]，赵德云则更倾向于认为其应和共出的具有北方草原风格的器物一样，与草原地区有着更为密切的联系。淅川下寺楚墓出土的蚀花肉红石髓珠，法国学者杜德兰（Alain Thote）认为它们从被后人称之为西域的遥远地区间接传入，包括可以指明的几个地点（印度河流域、新疆、陕西），或者可能与海贝的情形一样从南部路线传入。[5] 这两件标本年代较早，周围发现尚少，有待更多的发现和讨论。

赵德云指出，蚀花肉红石髓珠传入中国之后，可能由于当时未掌握其复杂的制作技术，外来输入的产品数量又少，因此出现了一些玻璃仿制品。曲阜鲁故城战国中期或稍晚M58出土的2枚"料器"，圆管形，一端略粗，深蓝色，透明如玻璃，上饰三圈白线纹。[6] 与上述A型接近，当是模仿后者。相同的图案还见于宁夏同心倒墩子匈奴墓地出土的9枚"料珠"，发掘报告把它们分为二式，Ⅰ式1枚，管状，黄、黑、白三色相

---

[1] Victor Sariadini, *The Golden Hoard of Bactria, from the Tillyatepe Excavations in Northern Afghanistan*, Aurora Art Publishers, Leningrad, 1985, Plate 3.63, p.244.
[2] 陈平：《试论宝鸡益门村二号墓短剑及有关问题》，《考古》1995年第4期。
[3] 黄翠梅、李建纬：《金玉同盟——东周金器和玉器之装饰风格与角色演变》，《中原文物》2007年第1期。
[4] 吕红亮：《中国境内出土的蚀花石珠述论》，霍巍、王挺之主编《长江上游早期文明的探索》，巴蜀书社2002年版。
[5] [法]杜德兰（Alain Thote）：《异质文化撞击与交流的范例——淅川下寺墓随葬器物的产地及相关问题》，刘玉堂、贾继东译，《江汉考古》1996年第2期。
[6] 山东省文物考古队：《曲阜鲁国故城》，齐鲁书社1982年版，第178页。

间；Ⅱ式8枚，圆管状，呈灰色，有数道白色条纹。① 湖南常德常东M2出土了1件"琉璃佩珠"，紫色，中有两圈白色纹带，形如枣核，两端截平。② 同心倒墩子的发现未说明出土单位，墓地的年代大致在西汉中晚期；常德材料的年代在东汉后期。这两批资料均未发表图片，但从描述看，显然也都属于模仿A型蚀花肉红石髓珠。新疆洛浦山普拉东汉魏晋墓出土7件"流云、斜线纹玻璃珠"，有算珠形和长椭圆形两种，有的在蓝色地上饰白斜线纹，有的在绿色、黑色地上饰白色流云纹。③ 这些标本图案以较复杂的几何纹组成，与上述B型接近。

值得注意的是，江陵马山一号墓出土的1件琉璃管，深灰色，周身饰金、白色环带纹，金色菱形纹、点纹及乳钉纹，长7.2厘米。出土时与1颗蜻蜓眼式玻璃珠串联在黄色纱束上，纱束长54厘米，由两长条纱拧在一起组成，一端中间打结，尾端散开，另一端尾部则打结，它们组成的棺饰纵向置于棺盖头向一端荒帷之上的中间。④ 饰棺制度具有严格的等级规定，郑玄注《礼记·丧大记》云，此乃"以化道路及圹中，不欲众恶其亲也"。⑤ 这件琉璃管明显是模仿B型蚀花肉红石髓珠，表明这种域外文化因素已经影响了先秦丧葬礼制。

## 三 蜻蜓眼式玻璃珠

在出土的珠饰中，另一类受到学界关注的是蜻蜓眼式玻璃珠。"所谓蜻蜓眼式玻璃珠，是指以眼睛图案进行装饰的玻璃珠，装饰方法是或在珠体上嵌入一种或数种不同于母体（Matrix）颜色的玻璃，形成一层或多层类似眼睛效果的玻璃珠，或在珠体上造出凸出表面的眼睛形状，形成'鼓眼'的效果，其外观颇似蜻蜓的复眼。西方学界称之为'眼式珠'

---

① 宁夏文物考古研究所等：《宁夏同心倒墩子匈奴墓地》，《考古学报》1988年第3期。
② 湖南省博物馆：《湖南常德东汉墓》，《考古学集刊》第1辑，中国社会科学出版社1981年版，第174页。
③ a.新疆维吾尔自治区博物馆、新疆文物考古研究所：《中国新疆山普拉：古代于阗文明的揭示与研究》，新疆人民出版社2001年版，第34页。b.王博、鲁里鹏：《扎滚鲁克和山普拉古墓出土古代玻璃概述》，于福熹主编《丝绸之路上的古代玻璃研究》，复旦大学出版社2007年版，第126—138页。
④ 荆州地区博物馆：《江陵马山一号墓》，文物出版社1985年版，第8、9页，图版四八：3。
⑤ 黄凤春：《试论包山2号楚墓饰棺连璧制度》，《考古》2001年第11期。

（Eye Beads）或'复合眼式珠'（Compound Eye Beads）"。① 蜻蜓眼式玻璃珠自公元前第二千纪从地中海沿岸出现，目前发现的最早标本属于埃及第十八王朝（1550B. C. —1307B. C.）。② 在玻璃珠出现之前，埃及还使用过黏土制造的蜻蜓眼式珠子（Clay Bead）。③ 古代埃及蜻蜓眼式装饰可能和当时的"恶眼意识"有关，这是在北非、西亚以及欧洲的许多地方流行的一种信仰，认为某些人的眼中包含着邪恶的力量，佩戴某种护符可以消化恶眼第一次注视的强大力量，使人能够承受此后渐弱的侵袭，蜻蜓眼式玻璃珠就是这种护符之一，因此又被称为"恶眼珠"（Evil-eye Bead）。

伴随着"恶眼意识"的流行，蜻蜓眼式玻璃珠在欧亚大陆广泛传播。据报道，西亚最早的发现是叙利亚北部 Alalakh 遗址出土的蜻蜓眼式玻璃珠，年代在公元前 1275—前 1190 年之间。④ 巴勒斯坦地区发现的标本中最早的在公元前 1000—前 800 年。⑤ 意大利佛罗伦萨（Florence）和维图罗尼亚（Vetulonia）发现公元前 10—前 9 世纪的蜻蜓眼式玻璃珠。⑥ 公元前一千纪以后，这种蜻蜓眼式玻璃珠在地中海东岸和黑海、里海沿岸非常流行，伊朗的吉兰州（Gilan）是一个制造中心。⑦ 学术界把古代蜻蜓眼式玻璃珠的发展以公元前 800 年为界分为两个阶段。⑧

中国出土大量春秋晚期以来的蜻蜓眼式玻璃珠。最早的发现是 20 世纪 30 年代，当时加拿大中华圣公会教士怀履光（W. C. White）和美国人华尔纳在河南洛阳盗掘古墓，他们在洛阳金村的 8 座可能是周王及其近属的墓葬中发现了一批玻璃制品，其中有一些蜻蜓眼式玻璃珠。出土器物中有铜牌，采用了蜻蜓眼嵌饰。怀履光把这些实物标本带到了国外，捐赠给

---

① 赵德云：《西周至汉晋时期中国外来珠饰研究》，科学出版社 2016 年版，第 54 页。
② H. C. beck, *Classification and Nomenclature of Beads and Pendants*, Fig. 34a, A. 7d, Fig. 34b, A. 10b, B. 7a, B. 8b, Fig. 60, Fig. 63, Archaeologia, 77, 1928.
③ John Mowat Erikson, *The Universal Bead*, W, W. Norton & Company, 1993, p. 139.
④ Leonard Woolly, *Alalakh An Account of the Excavations at Tell Atchana in the Hatay*, 1937—1949, Burlington House, 1955, p. 269, plate LXVIII：25.
⑤ Frederic Neuberg, *Glass in Antiquity*, Translated by R. J. Charleston, London 1949, Plate XXXII.
⑥ Gusta Eisen, "The Characteristics of Eye Beads from the Earliest Times to the Present" *American Journal of Archaeology*, Vol. 20, No. 1, 1916.
⑦ 安家瑶：《镶嵌玻璃珠的传入及发展》，联合国教科文组织、中国社会科学院考古研究所编《十世纪前的丝绸之路和东西文化交流》（Land routes of the Silk Roads and the cultural exchanges between the East and West before the 10th century），新世界出版社 1996 年版，第 351—367 页。
⑧ Moreshwar G. Dikshit, *History of Indian Glass*, University of Bombay, 1969, p. 22.

了他任职的安大略皇家博物馆（Ontario Royal Museum）。1934年，他公布了这些墓葬的部分资料。① 后来塞利格曼（C. G. Seligman）和培克（H. C. Beck）对这批材料进行了分析测试，发现这些蜻蜓眼式玻璃珠与埃及Qau遗址出土的属于公元前一千纪后半期的标本惊人的相似。他们还发现这批蜻蜓眼式玻璃珠的成分有别于西方的纳钙玻璃系统，属于富有中国特色的铅钡玻璃。② 因此他们认为远东的玻璃制造是受到西方的影响发展起来的。③ 塞利格曼根据这批珠饰资料和其他相关材料，探讨了罗马东部与远东的关系，认为其中的蜻蜓眼玻璃珠是通过直接或间接的方式传到中国，并引发了当地的大量仿制。④ 这批资料及其相关研究是中国珠饰研究的开端。

此后在新中国的田野考古中，陆续发现不少古代饰珠，种类丰富。20世纪50年代以来，蜻蜓眼式玻璃珠的发现不断见诸考古报告，至90年代开始受到重视。中国发现的蜻蜓眼式玻璃珠的年代早至西周中期，晚至东汉中后期，个别的有晚至魏晋或更晚时期。自西周至西汉发现已近千枚。数量最多的是战国时期，秦至东汉时越来越少。在新疆发现的一颗蜻蜓眼式玻璃珠可以追溯至西周中期至春秋中期。随后，在山西、河南、山东、湖北、湖南又出现了一批春秋末战国早期蜻蜓眼式玻璃珠。从战国中期开始，随着楚人对玻璃制造技术的掌握，蜻蜓眼式玻璃珠与一批具有鲜明中国特色的玻璃产品以楚地为中心，广泛分布于中国南北14个省。秦以后，蜻蜓眼式玻璃珠在中国逐渐销声匿迹。现据赵德云的整理和研究，将出土的年代确切的汉代蜻蜓眼式玻璃珠进行梳理，罗列如下：

新疆山普拉84LSⅠM01、M35、M44出土西汉晚期蜻蜓眼式玻璃珠5颗，原报告描述为：同心圆纹琉璃珠，有算珠形、三角柱形、球形三种。⑤

新疆山普拉84LSⅠM42出土西汉晚期蜻蜓眼式玻璃珠1颗，原报告称为蜻蜓眼琉璃珠，作为白色琉璃珠串的坠子。蓝地上浮起黄色椭圆形

---

① W. C. White：*Tombs of old Lo-yang*，Shanghai，Kelly & Walsh，1934.
② H. C. Beck and C. G. Seligman，"Barium in ancient Glass"，*Nature*，1934；C. G. Seligman and P. D. Ritchie and H. C. Beck，"Early Chinese Glass from Pre-Han to Tang's Times"，*Nature*，1936.
③ C. G. Seligman and H. C. Beck，"Far Eastern Glass：Some Western Origins"，*Bulletin of the Museum of Far Eastern Antiquities*，No. 10，1938.
④ C. G. Seligman，"The Roman Orient and the Far East"，*Antiquity*，Volume Ⅺ，1937.
⑤ 新疆维吾尔自治区博物馆、新疆文物考古研究所：《中国新疆山普拉——古代于阗文明的揭示与研究》，新疆人民出版社2001年版。

泡，中间饰一条黑线，呈眼仁状。[1]

新疆山普拉92LSⅡM6、山普拉84LSⅠIM02出土西汉晚期蜻蜓眼式玻璃珠19颗，原报告介绍上述8颗的出处，蓝色面上浮起两色眼泡。[2]

新疆民丰尼雅95MN1M3出土东汉中后期蜻蜓眼式玻璃珠1颗，原报告称蜻蜓眼饰珠。近圆形，天蓝色地，白色圆点纹。直径1.8厘米，中穿圆孔。内穿皮带，带长130厘米，男尸贴身斜背。[3]

陕西西安潘家庄M212出土西汉初期蜻蜓眼式玻璃珠1颗，原报告称"料石串珠"。[4]

内蒙古纳林套海M39出土西汉晚期蜻蜓眼式玻璃珠2颗，原报告称"料珠"，上嵌多个白色泛黄椭圆形料，椭圆形料中有暗红色料，暗红色料嵌白色料。[5]

山西侯马乔村墓地M7229出土东汉中晚期蜻蜓眼式玻璃珠，数目不详，原报告称"料珠"，圆柱体，白色底子上饰圈纹凸起。[6]

河南陕县后川村M2001出土西汉初期蜻蜓眼式玻璃珠5颗，原报告称"琉璃珠"，蓝色，表面饰18个大小相间，形似蜻蜓眼的涡纹，涡纹之间填充两道平行的小白点组成的几何形图案。[7]

河南洛阳烧沟汉墓M1035出土东汉晚期蜻蜓眼式玻璃珠1颗，原报告称"琉璃珠"，为圆珠，中心一孔，直径1.2厘米，粉绿色玻璃制成。[8]

河南洛阳涧西区M10出土西汉晚期至东汉初期蜻蜓眼式玻璃珠126颗，原报告称成珠状或环状，中间穿孔。大小不一，大的呈球状，腹上带有花纹，小的呈扁平状，白色，全系白色。[9]

---

[1] 新疆维吾尔自治区博物馆、新疆文物考古研究所：《中国新疆山普拉——古代于阗文明的揭示与研究》，新疆人民出版社2001年版。
[2] 同上。
[3] 新疆文物考古研究所（王炳华）：《尼雅95一号墓地3号墓发掘报告》，《新疆文物》1999年第2期。
[4] 西安市文物保护考古所：《西安南郊秦墓》，陕西人民出版社2004年版。
[5] 内蒙古文物考古研究所魏坚编著：《内蒙古中南部汉代墓葬》，中国大百科全书出版社1998年版，第44页。
[6] 山西省考古研究所：《侯马乔村墓地（1959—1996）》，科学出版社2004年版。
[7] 中国社会科学院考古研究所编著：《陕县东周秦汉墓》，科学出版社1994年版，第153页。
[8] 中国社会科学院考古研究所：《洛阳烧沟汉墓》，科学出版社1956年版，第211页，彩版肆。
[9] 河南省文化局文物工作队：《一九五五年洛阳涧西区小型汉墓发掘报告》，《考古学报》1959年第2期。

第七章　人工饰珠　421

湖北襄阳王坡 M147 出土西汉早期前段蜻蜓眼式玻璃珠 1 件，原报告称"料珠"，于圆形泥质褐红陶胎质珠体表面纵向镶嵌六组各 3 颗琉璃瓣，两大夹一小或两小夹一大，两小琉璃瓣之间以更小的琉璃点组成两条直线相连。①

四川绵阳龟山西汉墓出土西汉早期蜻蜓眼式玻璃珠 1 颗，原报告称"琉璃珠"，其上镶嵌有绿松石。②

重庆南岸区马鞍山 M2 出土西汉中期蜻蜓眼式玻璃珠 2 颗，原报告称"蚀花琉璃珠"，珠面底色黑有光泽，有白色圆点线构成的菱形方块，方块内为白蓝色眼形纹。③

重庆忠县崖脚墓地 BM17 发现西汉早期蜻蜓眼式玻璃珠 4 颗，原报告称"琉璃质蜻蜓眼"。④

重庆奉节风箱峡出土西汉前期蜻蜓眼式玻璃珠 1 颗，原报告称"料珠"。⑤

云南晋宁石寨山 M6 出土西汉中期蜻蜓眼式玻璃珠 2 颗，原报告称"料珠"，深蓝色，面上嵌浅蓝色圆点 6 个。⑥

广东广州黄花岗 003 号墓出土西汉早期蜻蜓眼式玻璃珠 1 颗，原报告称"料珠"，表面镶嵌绿松石，作平行四边形和三角形的对称图案。⑦

广东广州汉墓 M1048 出土西汉前期蜻蜓眼式玻璃珠 1 颗，原报告称"料珠"，表面在黑地上镶嵌以红、白、绿三色的圆形或著作形图案。⑧

广东广州南越王墓出土西汉早期蜻蜓眼式玻璃珠，其中西耳室一件，原报告称"玻璃珠"，C138，表面有绿、白二色的"蜻蜓眼"⑨；E143—

---

① 湖北省文物考古研究所等：《襄阳王坡东周秦汉墓》，科学出版社 2005 年版，第 301 页，图二七七，6；图版六八，5。
② 绵阳地区文化馆、绵阳市文物保管所：《四川绵阳市发现西汉初期墓》，《考古与文物》1986 年第 2 期。
③ 龚廷万、庄燕和：《重庆南岸区的两座西汉土坑墓》，《文物》1982 年第 7 期。
④ 北京大学考古文博学院三峡考古队、重庆市忠县文物管理所：《忠县崖脚墓地发掘报告》，重庆市文物局、重庆市移民局编《重庆库区考古报告集》(1998 卷)，科学出版社 2003 年版。
⑤ 郑州市文物考古研究所：《重庆市云阳县马粪沱墓地 2002 年发掘简报》，《文物》2004 年第 11 期。
⑥ 云南省博物馆：《云南晋宁石寨山古墓群发掘报告》，文物出版社 1959 年版；易学钟：《略论滇王墓出土珠饰"蜻蜓眼"及其他》，《云南文物》2005 年。
⑦ 广州文物管理委员会：《黄花岗 003 号西汉木椁墓发掘简报》，《考古通讯》1958 年第 4 期。
⑧ 广州市文物管理委员会等：《广州汉墓》，文物出版社 1981 年版，第 165 页。
⑨ 广州市文物管理委员会等：《西汉南越王墓》，文物出版社 1991 年版，第 133 页。

1，俗称"蜻蜓眼"，珠体镶嵌 8 个蓝白相间的椭圆形纹饰。主棺室出土珠襦饰物，有玻璃珠，朽坏严重，触之即碎，数目不详。①

广西贵县鱼种厂一号东汉墓出土蜻蜓眼式玻璃珠 2 颗，圆形，以色料圈嵌饰，非常美观精致。②

2012 年，江苏扬州市考古人员在一座汉墓发现一枚制作精美的"蜻蜓眼"玻璃珠。记者在现场看到，"蜻蜓眼"玻璃珠很像一只黑眼球，和小汤圆一般大，通体布满图案，都是蜻蜓眼睛的造型，逼真传神。考古专家表示，"蜻蜓眼"很少见，而这么大的"蜻蜓眼"更是罕见。③

另外，还有几处年代不甚确切的发现，也有可能是汉代遗物。新疆民丰尼雅 95MN1M8 出土东汉末至魏晋前凉蜻蜓眼式玻璃珠，数目不详，原报告称蜻蜓眼料珠。④ 新疆和田阿克斯皮里古城出土汉唐至宋代蜻蜓眼式玻璃珠，数目不详，原报告称为蜻蜓眼玻璃珠，黑色基体，眼部为绿色玻璃嵌在白色烧结体中，珠体直径约 1.9 厘米，高 1.6 厘米，中间穿孔直径 0.7 厘米。⑤ 重庆开县余家坝 M132 出土战国晚期至西汉初年蜻蜓眼式玻璃珠，数目不详。原报告称串饰 2 套，石质，其上粘贴绿色圆形玻璃片及白色贝类小圆珠，有的珠体上有直线、折线组成的刻划纹。⑥ 但是，正像赵德云所指出的，由于珠子坚固耐久，可沿用很长时间；又往往成为人们的收藏品，辗转相传，所以其制造年代可能远远早于出土单位年代。⑦ 出土于汉墓的珠子未必是汉代传入或汉代制造的，但既然是在汉代遗址中发现的则更有可能是汉代传入或汉代制造的。

如上所述，20 世纪 30 年代，塞里格曼和培克已经指出，洛阳金村出土的蜻蜓眼式玻璃珠具有西方根源。学术界已经形成共识，虽然中国境内出土的蜻蜓眼式玻璃珠有的是在中国本土制造，但其形制特殊蕴含丰富的意匠渊源应追溯至西方的地中海沿岸。安家瑶指出，西方单色玻璃珠的出

---

① 广州市文物管理委员会等：《西汉南越王墓》，文物出版社 1991 年版，第 213 页。
② 黄启善：《广西汉代玻璃与海上丝绸之路》，载吴传钧主编《海上丝绸之路研究——中国·北海合浦海上丝绸之路始发港理论研讨会论文集》，科学出版社 2006 年版。
③ 陶敏：《罕见！汉墓里发现"蜻蜓眼"》，《扬州晚报》2012 年 8 月 4 日。
④ 新疆文物考古研究所（于志勇等）：《新疆民丰县尼雅遗址 95MN1 号墓地 M8 发掘简报》，《文物》2000 年第 1 期；王炳华：《尼雅考古与精绝历史研究》，收入作者《西域考古历史论集》，中国人民大学出版社 2008 年版，第 474—475 页。
⑤ 李青会等：《一批中国古代嵌饰玻璃珠的化学成分的检测报告》，《江汉考古》2005 年第 4 期。
⑥ 山东大学东方考古研究中心：《重庆市开县余家坝墓地 2002 年发掘简报》，《江汉考古》2004 年第 3 期。
⑦ 赵德云：《西周至汉晋时期中国外来珠饰研究》，科学出版社 2016 年版，第 66 页。

现比彩色玻璃珠早1000多年，中国的玻璃制品和镶嵌玻璃珠都是在春秋末期同时出现，没有任何发展过程，突然出现的镶嵌玻璃珠只能用贸易品来解释。[1] 赵德云说："埃及蜻蜓眼式玻璃珠出现以后，广泛地在欧亚大陆传播，并形成了若干制造中心，不同的制造中心的产品具有各自的一些特征，而中国出土的蜻蜓眼式玻璃珠类型丰富，实际是由于其具体来源不同而造成的。"[2] 蜻蜓眼式玻璃珠皆为手工制作，带有相当的随意性。据赵德云统计，中国出土的100余批近800件标本很难找到两件完全一模一样的珠子。赵氏在这种差异之中，从"眼睛"的具体造型，结合其附属装饰，把这些珠子分为九种类型，根据制造工艺对其产地和来源进行判断，并分析其意匠渊源。

1. A型，圆斑状眼珠，包括：（1）Aa型，平齐圆斑状眼珠；（2）Ab型，突出圆斑状眼珠。A型圆斑状眼珠，在各类标本中制作最为简单，Eisen认为是西方出土的蜻蜓眼式玻璃珠中已知最早的类型，现有的材料一般出土于埃及，出现的年代为埃及第十九王朝（1307B.C.—1196B.C.）[3] 培克列举的属于埃及第十八王朝的两颗珠子，一件为突出圆斑，一件为平齐圆斑。这种类型的玻璃珠在西亚的伊朗和南亚的印度等古代玻璃珠制造中心基本没有发现，因此可以直接追溯至古埃及。

2. B型，嵌环眼珠，将不同于母体颜色的玻璃料制成细条，嵌入母体，大致呈环形，成为"眼眶"，环内的母体颜色形成眼珠的效果。有时嵌入的环相互连接，形成略同龟背纹或足球的形态。B型嵌环眼珠在西方早期的发现，集中于地中海沿岸地区，如意大利维拉诺万（Villanovan Period，1000B.C.—700B.C.）时期的珠子，培克定为公元前600年前后地中海沿岸的珠子。但其装饰特征与中国出土品有较大差异，"眼睛"的形状比较随意，且数量较少，不像中国出土品嵌入的玻璃条料多成较规则的圆形，眼睛密布于珠体，二者可能不存在直接的渊源关系。稍晚时候的伊朗吉兰州（Gilan）生产的蜻蜓眼式玻璃珠中，存在可以和中国嵌环眼珠直接比对的例子，年代比意大利的发现略晚，在公元前4—前2世纪，可

---

[1] 安家瑶：《镶嵌玻璃珠的传入和发展》，联合国教科文组织、中国社会科学院考古研究所编《十世纪前的丝绸之路和东西文化交流》（Land routes of the Silk Roads and the cultural exchanges between the East and West before the 10th century），新世界出版社1996年版，第351—367页。

[2] 赵德云：《西周至汉晋时期中国外来珠饰研究》，科学出版社2016年版，第67页。

[3] Gustavus Eisen, "The Characteristics of Eye Beads from the Earliest Times to the Present", *American Journal of Archaeology*, Vol. 20, No. 1, 1916.

以推测嵌环眼珠的制造技术应溯源至地中海北岸的意大利等地,传入伊朗后经过了一些改造,中国嵌环式眼珠的直接源头应与伊朗有着密切关系。

3. C型,层状眼珠,包括:(1) Ca型,"瞳孔"位于眼眶正中,又称同心圆纹眼珠;(2) Cb型,"瞳孔"位于一侧,即离心圆纹眼珠,整体形成斜视的效果。西方学者曾经认为,中国蜻蜓眼式玻璃珠,没有将眼珠置于圆形带圈中间或同心圆纹的例子,是"东方化的眼珠"。[1] 赵德云认为这不符合事实。Ca型同心圆纹层状眼珠不仅数量多,也是目前中国发现年代最早的玻璃珠类型。层状眼珠是蜻蜓眼式玻璃珠最主要的制造方法。在西方世界各个玻璃制造中心如埃及、地中海北岸地区、西亚地区和印度地区都很常见,而不同地区的层状眼珠各具特色。其中,地中海北岸地区包括希腊、罗马在内的层状眼珠有少量标本层数较多,达到四层,与中国层状眼珠相同,不同的是眼眶的形状略呈五边形,与中国的圆形不同。西亚地区有层状眼珠,有的整体特征比较接近地中海北岸地区,眼睛数量较少,布局稀疏;但更多的情况是眼睛较大,布局紧凑,层数多至四至六层,而且一般眼睛与珠体平齐,珠体及眼珠的色泽以蓝白为主,与中国战国早期以前的层状眼珠最为接近。中国的Ca型玻璃珠和西亚伊朗的关系最为密切,是最早进入中国的蜻蜓眼式玻璃珠。如河南固始侯古堆一号墓、淅川徐家岭M10和湖北随县曾侯乙墓等墓葬出土品,属于西方系统的纳钙玻璃。Cb型离心圆纹层状眼珠,出现年代在战国中期左右,比较集中地分布于楚文化及相邻地区,而且不见于古代西方,很可能是楚地工匠在伊朗传来的同心圆纹层状眼珠造型的基础上进行的一种创造发挥,形成所谓的"东方化的眼珠"。广东肇庆北岭松山战国晚期古墓出土的Cb型珠子,属于中国特色的铅钡玻璃。[2]

4. D型,角锥状眼珠,即将母体制成带有多个角锥的不规则形态或在圆形母体上嵌入单独制作的角锥。在中国发现仅两件,在埃及和意大利大致同一时期都有发现。在伊朗、印度地区,没有见到角锥状眼珠的报道。把角锥状眼珠的意匠源头追溯到地中海沿岸应当没有大的问题。

5. E型,套圈眼珠,一个大圆圈中套若干个小圆圈。Eisen探讨了这种工艺的制作程序,先将若干细玻璃棒在不同颜色的玻璃液中蘸泡,然后将它们熔为一较粗的玻璃棒,截成薄片,嵌入未凝固的母体而成,这是公

---

[1] John Mowat Erikson, *The Universal Bead*, p. 140.
[2] 李青会等:《一批中国古代嵌饰玻璃珠的化学成分的检测报告》,《江汉考古》2005年第4期。

元前 5 世纪罗马最早出现的技术。中国侯马乔村墓地战国早期 M612 出土品比较接近于罗马截棒技术的产品，可能具有相同的技术渊源。中国出土的大部分套圈眼珠，其内的小眼呈小圆圈状，是单独采用嵌环或层状眼珠的制作方法，逐个做出，工艺上比罗马截棒技术要复杂得多，伊朗吉兰州生产的套圈眼珠，在造型和工艺上与中国最为接近，但年代晚于中国最早的发现。中国套圈眼珠可能与西亚存在一定的渊源关系，也有中国独立创造这种装饰手段的可能性。

6. F 型，镶嵌玻璃料卷眼珠，在母体上滴上大滴的玻璃料，在其周围镶嵌不同颜色玻璃料条裹成的卷，形成眼眶的同时，又多少具有睫毛的效果。在中国仅发现一件，澧县新洲战国晚期 M1：18 出土的标本，一个眼眶内有两个"瞳孔"。镶嵌玻璃料卷眼珠起源于埃及，最早出现于埃及第十九王朝（1307B.C.—1196B.C.），直到托勒密时期（305B.C.—30B.C.）依然流行。有人认为四周环绕的放射状细线，如太阳光芒四射，因此又称其为"太阳眼"。这种工艺起源于埃及，后来在罗马帝国直至 8—10 世纪欧洲中、北部，尤其是斯堪的纳维亚半岛的维京人（Viking）中十分流行。[1] 香港关善明收藏有两件相近的标本，经成分测试氧化铅、氧化钡含量较低，而氧化钙、氧化钠含量较高，并含一定量的氧化钾，因此关善明认为非中国本土生产，应当是外来的。[2] 从造型和制造工艺看，澧县新洲战国晚期 M1：18 出土的玻璃珠极有可能是舶来品。

7. G 型，整体眼珠，即珠子整体都制作成一个眼珠的形状。这种玻璃珠更多的见于印度，印度蚀花肉红石髓珠中有大量相同造型的发现，如哈拉巴（Harrapa）遗址、塔克西拉（Taxila）遗址、马查多（Machad）遗址都有发现。在 Kausambi 遗址有用贝壳制成这种造型的例子，在哈拉巴有用费昂斯制作这种造型的产品。

8. H 型，几何线间隔眼珠，一般用连珠点纹（也有少数用直线纹或宽边直线纹）形成圆、椭圆、三角等形状，将珠体表面的眼珠分隔开来，形成若干独立的小单元。其年代最早的是曲阜鲁故城战国早期 M52B73[3]。河北临城中羊泉战国中晚期墓葬[4]、长沙战国晚期楚墓 M442 及

---

[1]　张宏实：《藏珠之乐》（Ⅰ），香港天地图书有限公司 1999 年版，第 86 页。
[2]　关善明：《中国古代玻璃》，香港中文大学文物馆 2001 年版，第 136 页，图 18。
[3]　山东省文物考古队：《曲阜鲁国故城》，齐鲁书社 1982 年版。
[4]　临城县文化局：《河北临城县中羊泉东周墓》，《考古》1990 年第 8 期。

M615B7①、襄阳王坡秦代 M57：3 等。② 咸阳塔儿坡战国晚期至秦代墓地的发现有别于上述标本，存在三种特殊的构成几何线的方式：一是采用深色料条构成宽边直线纹，如 M25085B1、M46386B2—1；二是以双直线纹间隔眼珠，如 M46386B2—2；三是以较大的料滴构成平行三排联珠纹，均横向，眼珠装饰于联珠纹之中，如 M46386B2—3。③ 几何线间隔眼珠发展到极致，甚至有忽略眼睛装饰、主要采用几何线纹进行装饰的例子，如成都羊子山战国晚期或秦代 M172 出土品，用直线组成长方形，每个长方形画出对角线，成为装饰主体，眼睛弱化为小圆圈，位于对角线的交叉点。④ "这种类型的蜻蜓眼式玻璃珠是中国工匠在外来传入品的基础上进行的创造性发挥。无论其眼睛的制作采用何种方式，只要其上有连珠点纹组成的几何形状将眼珠间隔开来，都可以认为是中国生产的"。⑤ 安家瑶指出，中国工匠将早期单纯同心圆纹饰发展为与其他几何纹饰相结合，创造出世界上最漂亮的镶嵌玻璃珠⑥；关善明也指出这种类型仅见于中国。⑦ 赵德云认为，以连珠点纹或直线等将眼珠间隔开来的蜻蜓眼式玻璃珠，应当是受到 B 型和 C 型蚀花肉红石髓珠的启发和影响。这揭示了一个有趣的现象，即两种母型均源自域外的珠饰，在中国大地上融合，形成了在它们的起源地未见的艺术奇葩。⑧ 开县余家坝、巴县冬笋坝、广州南越王墓等出土标本，中国历史博物馆藏出土于长沙的几何线间隔眼珠⑨、香港关善明收藏的几十颗此类标本，都属于铅钡玻璃系统，证明此类玻璃珠是中国本土的产品。

9. I 型，组合型眼珠，即复合眼珠，采用多种装饰手法于一体。上述八种玻璃珠很多在装饰手法上都不是单一的，但往往有主次之分。但有一些标本上不同的装饰手法处于同等重要的位置，因此列为一型。此类珠子

---

① 湖南省博物馆等：《长沙楚墓》，文物出版社 2000 年版，第 340—341 页。
② 湖北省文物考古研究所等：《襄阳王坡东周秦汉墓》，科学出版社 2005 年版，第 181—182 页。
③ 咸阳市文物考古研究所：《塔儿坡秦墓》，三秦出版社 1998 年版，第 176—178 页。
④ 四川省文物管理委员会：《成都羊子山第 172 号墓发掘报告》，《考古学报》1956 年第 4 期。
⑤ 赵德云：《西周至汉晋时期外来珠饰研究》，科学出版社 2016 年版，第 75 页。
⑥ 安家瑶：《镶嵌玻璃珠的传入及发展》，《十世纪前的丝绸之路和东西文化交流》，新世界出版社 1996 年版，第 352—368 页。
⑦ 关善明：《中国古代玻璃》，香港中文大学文物馆 2001 年版，第 24 页。
⑧ 赵德云：《中国出土的蚀花肉红石髓珠研究》，《考古》2011 年第 10 期。
⑨ 范世民、周宝中：《馆藏部分玻璃制品的研究——兼谈玻璃史的若干问题》，《中国历史博物馆馆刊》总第 5 期，1983 年。

是否舶来品，可能需要对其成分进行检测，才能判断，目前未见这种检测的结果。①

综上所述，正如赵德云所指出的，中国出土的蜻蜓眼式玻璃珠有的是从域外传入的，有的是模仿西方同类产品制造的，有的则是在西方的基础上加入本土文化的若干影响进行的新创造。② 蜻蜓眼式玻璃珠最早发现在春秋战国时期，而以战国时期数量最多，而且又以楚地最为丰富。楚地无论与南方沿海，还是与西域都不是直接相接，为什么蜻蜓眼式玻璃珠却在这里被大量使用，其中必然包含某种文化意蕴或思想观念。楚地自来巫风盛行，楚人信巫。既然蜻蜓眼式玻璃珠在西方有辟邪的功能，这种观念可能也随着这种玻璃珠的输入为中国人所了解，更引起楚人的重视。因此这种舶来品输入中国，为楚人更加偏好。至于其辟邪作用可能与所谓同心圆或离心圆并无关系。赵德云认为 Cb 型蜻蜓眼式玻璃珠出现在战国中期左右，且比较集中地分布于楚文化及其相邻区域，可能是楚地工匠不了解眼珠的原有寓意，在同心圆纹层状眼珠造型的基础上进行的一种创造发挥③，可能并不符合战国时代楚人使用蜻蜓眼式玻璃珠的全部用心。

## 四　印度—太平洋珠

印度—太平洋珠（Indo-Pacific Beads）指一种采用拉制法（Drawn Beads）制成，直径通常小于 5 毫米，色彩常呈不透明淡红棕色、橙色、黄色、绿色及透明琥珀色或紫罗兰色的单彩玻璃珠，其珠体内常包含有较多的气泡和耐火材料。因其广泛生产和传播于印度洋和太平洋地区，被美国珠饰史研究者小彼得·弗朗西斯（Peter Francis Jr.）称为 Indo-Pacific Beads。他最初称之为"印度—太平洋单彩拉制玻璃珠"（Indo-Pacific Monochrome Drawn Glass Beads），后简称今名。早在 20 世纪 30 年代，培克研究马来西亚 Kuala Selinsing 遗址出土饰珠时，已经指出这种珠子分布十分广泛，从东南亚经印度至非洲的古代遗址中都有发现。④ 1956 年丹麦学者 Van Der Sleen 研究非洲出土珠饰时，提出"季风珠"（Trade-Wind

---

① 参见赵德云《西周至汉晋时期中国外来珠饰研究》，科学出版社 2016 年版，第 56—66 页。
② 同上书，第 76 页。
③ 同上书，第 69 页。
④ H. C. Beck, "Notes on Sundry Asiatic Beads", *Man*, Vol. 30, 1930.

Bead）的概念，包括六种类型的饰珠，其中第六类应即印度—太平洋珠子。① 1960 年英国学者 Alastair Lanb 根据马来半岛的相关发现，主张以"Mutisalah"命名此类珠子中的红色透明的一类，意为人造珍珠（False Pearls），遭到 Van Der Sleen 的反对，此后两种命名分别为不同的学者所接受和使用。

弗朗西斯发现，印度 Papanaidupet 地方当代工匠生产的供应印度市场的拉制玻璃珠，形状以及制造这种玻璃珠的废料，与他在印度阿里卡梅杜（Arikamedu）遗址所采集的印度—太平洋珠的材料非常相似。为了弄清楚印度—太平洋珠的制作方法，1986 年，弗朗西斯赴 Papanaidupet 和 Arikamedu 进行实地调查和采访，弄清了其制作的工序，知道当代 Papanaidupet 和古代 Arikamedu 生产玻璃珠的技术完全一样。系采用一种被称为 Lada 的工具，把玻璃溶液拉成空心长管，然后再趁热将其截成小段，每一小段即成为带有穿孔的小珠，这只是边缘锐利的半成品。再把这些半成品放入一个平底陶制容器，撒入粪灰，防止其互相粘接，然后用木制工具搅拌 20—30 分钟，以使珠子的边绷变得圆润。最后除去灰泥，一批印度—太平洋珠就制作完成。通过对亚太地区不同遗址出土的制珠废料，弗朗西斯还论证了制珠技术存在传播现象，确认了印度的 Arikamedu、Karaikadu，斯里兰卡的 Mantai，马来西亚的 Kuala Selinsing，泰国的 Khlong Thom 或 Khuan Lukpad，越南的奥克—伊奥（Oc-Eo）等数个生产中心。从公元前 4 世纪开始，印度产品开始通过海路贸易广泛传播至西起西非，中经罗马帝国东部、阿拉伯半岛红海沿岸，印度洋及南太平洋，东至朝鲜半岛的广大区域。②

赵德云对中国境内发现的印度—太平洋珠进行了疏理，据其统计列表可知，主要出土于今广西境内两汉墓地，其次是广东和贵州境内。③ 从形制上看，出土的标本一般直径在 0.1—0.9 厘米之间，以 0.2—0.5 厘米者居多。形状多呈圆、扁圆、管形；色泽主要为蓝、绿、暗红等，少数呈紫、黑、白色，均单彩；一般共出者数量比较多，常达数百乃至上千粒，与玛瑙、水晶、琥珀等质地珠饰共同组成串饰。这些特征和印度—太平洋珠十分接近，二者可能存在密切联系。从制作工艺来看，中国汉代制造珠

---

① W. G. N. Van Der Sleen, "Trade-Wind Beads", *Man*, Vol. 56, Feb., 1956.
② Peter Francis Jr., *Asia's Maritime Bead Trade*: 300 B. C. to the Present, University of Hawaii Press, 2002, pp. 27—50.
③ 参见赵德云《西周至汉晋时期外来珠饰研究》附表五，科学出版社 2016 年版，第 260—265 页。

子的方法一般采用双面模压法和缠丝法，广西、广东和贵州出土的这类珠子不是采用中国传统的制珠方法制造出来的，出土标本本身显示，其形制特征与印度 Lada 工艺的制造过程完全吻合。广西贺县河东高寨 M7 出土琉璃珠"三十粒，圆球形，穿孔处稍平"[1]，有可能是切割造成的，这正是 Lada 工艺的特征。从化学成分上看，印度—太平洋珠的总体特征是多含钾。根据弗朗西斯收集的印度—太平洋珠各个生产地点的玻璃成分分析材料，除了越南南部奥克·伊奥（Oc-Eo）遗址出土玻璃在成分分析过程中碱基成分未能分离，钾含量不明外，其余均含有高低不等的钾，其余成分则有钠、钙、铝、铜、锰等。中国南方出土的此类饰珠经过检测的标本均属于钾玻璃，与印度—太平洋珠一致。而且这些钾玻璃珠大都具有"穿孔处稍平"的特征。根据其形制特征、制造技术、色泽和化学成分分析，赵德云认为中国南方出土的这类珠饰都可以纳入弗朗西斯定义的印度—太平洋珠的范畴。

讨论中国南方发现的含钾的玻璃珠与印度—太平洋珠的关系，涉及中外交通和交流问题。中国南方的印度—太平洋珠是外来的，还是自己生产的？印度—太平洋珠的产地是印度，还是中国，还是各自独立创造的？20 世纪 70 年代末以来，中国南方地区，尤其是两广沿海地区汉墓中出土了数量较多的玻璃制品，主要是珠饰，也有少量器皿。[2] 经过成分测试，相当数量的标本是以钾为助熔剂的玻璃，与西方钠钙玻璃和中国的铅钡玻璃都不同。此后关于钾玻璃是中国自制的，还是海外输入的曾引起激烈争论。由于不了解国外的考古发现和研究成果，中国自制的观点曾占据上风。赵德云根据弗朗西斯《亚洲海上珠子贸易》一书的研究成果和中国印度—太平洋珠的考古发现，认为中国早期的钾玻璃制品，应当都是通过海路进口而来，作为舶来品的奢侈品，只出现于达官贵人的墓葬中。中国发现的东汉早期以前的印度—太平洋珠，应当是外来传入的。东汉早期以后，中国本土开始独立自制钾玻璃，所以在东汉中晚期的墓葬中能够在平民百姓的墓葬中找到踪迹。他推测中国引进了 Lada 技术，在中国南方形成了一个印度—太平洋的又一个生产中心。按照弗朗西斯的研究，中国早

---

[1] 广西壮族自治区文物工作队、贺县文化局：《广西贺县河东高寨西汉墓》，《文物资料丛刊》（4），文物出版社 1981 年版，第 38 页。

[2] 参见黄淼章《广州汉墓中出土的玻璃》，《岭南文史》1986 年第 2 期；黄启善《广西古代玻璃制品的发现及其研究》，《考古》1988 年第 3 期；黄启善执笔《中国南方和西南的玻璃技术》，干福熹主编《中国古代玻璃技术的发展》，上海科学技术出版社 2005 年版，第 192—199 页。

期外来的印度—太平洋珠的具体来源，那种形制较大的蓝色玻璃如果属于西汉时期，其来源很有可能是印度的阿里卡梅杜（Arikamedu）。

从出土地点来看，与汉武帝平南越后海上丝绸之路的开辟有关。从赵德云表列的中国出土汉代印度—太平洋珠主要发现来看，这种饰珠主要发现在广西的合浦，在其众多汉墓中，有的墓出土达数千颗。合浦正是汉武帝平南越后汉朝开展海外贸易的主要国际贸易港，称得上海上丝绸之路最早的起点。汉武帝平南越后海上丝绸之路的发展情况，《汉书·地理志》"粤地"条有具体的记述：

> 自合浦、徐闻南入海，得大洲，东西南北方千里，武帝元封元年略以为儋耳、珠崖郡。……自初为郡县，吏卒中国人多侵陵之，故率数岁一反。元帝时，遂罢弃之。自日南障塞、徐闻、合浦船行可五月，有都元国；又船行可四月，有邑卢没国；又船行可二十余日，有谌离国；步行可十余日，有夫甘都卢国。自夫甘都卢国船行可二月余，有黄支国，民俗略与珠崖相类。其州广大，户口多，多异物，自武帝以来皆献见。有译长，属黄门，与应募者俱入海市明珠、璧流离、奇石异物，赍黄金杂缯而往，所至国皆禀食为耦，蛮夷贾船，转送致之。亦利交易，剽杀人。又苦逢风波溺死，不者数年来还。大珠至围二寸以下。平帝元始中，王莽辅政，欲耀威德，厚遗黄支王，令遣使献生犀牛。自黄支船行可八月，到皮宗；船行可二月，到日南象林界云。黄支之南，有已程不国，汉之译使至此还矣。①

合浦，汉时郡名，亦县名，在今广西合浦县；徐闻，县名，属合浦郡②，今广东徐闻县，与海南岛隔海相望。所谓"大洲"即今海南岛。徐闻、合浦被称为"障塞"，说明那是出入国境的要道和关口。《汉书·地理志》记载合浦县"有关"。③ 从那里出海远行，以下所经各地皆为海外地名。这里涉及不少古地名，对这些地名的具体位置，学术界众说纷纭，因为航程与所记国名的对音，很难一一确考。从《汉书·地理志》的这段记载来看，大致的情况是中国与斯里兰卡、印度之间的海上交通要经过今越南、泰国、缅甸、柬埔寨等国和地区。从这段记载来看，汉使用"黄金

---

① 《汉书》卷28下《地理志》，第1670—1371页。
② 同上书，第1630页。
③ 同上。

"杂缯"交换的对方的商品主要就是"明珠、璧流离、奇石异物"。除了"大珠至围二寸以下"的超级珍珠之外,体积小便于携带的印度—太平洋珠也是这些"奇物"之一。合浦是当时出海和从海外归来的重要港口,其地汉墓发现数量众多的来自海外的钾玻璃珠与其时海上交通的发展是相适应的。

中国境内的考古发现说明,早在战国时期的墓葬中已有钾玻璃珠和器皿。例如江陵九店M533出土蓝色玻璃珠,钾含量10.92%;长沙楚墓蓝色玻璃珠钾含量15.2%;新疆温宿县包孜东战国至秦M41出土的两件玻璃珠,钾含量分别为14.18%、15.60%。[①] 四川理县战国至西汉墓葬中出土的黄色玻璃珠,钾含量9.75%;[②] 青海大通上孙家寨西汉晚期至王莽前后M130出土玻璃珠,钾含量为13.78%。[③] 这些曾被有的学者认为这是中国钾玻璃早于印度和东南亚的钾玻璃的证据。[④] 按照赵德云的研究,这是不了解印度古玻璃的发现和研究情况下的判断,战国时已经有印度蜻蜓眼式玻璃珠和蚀花肉红石髓珠传入楚地,这种钾玻璃珠应当有少量随之而来。[⑤] 这个长期争论不休的问题,至此应该有个结论了。

## 五 金珠饰品

金珠饰品,有人称为"金花球"或"多面金珠",指一种由若干小金环焊接成多面体,然后在金环外围再焊接对称分布的小金珠,形成美丽精巧图案的金制饰珠。其特点一是金制材料,二是焊接技术。这种珠饰在中国的发现,最早出现在先秦时期,其形制和技术都是域外传入的。汉代则有较多的发现。

---

[①] 参见李青会《中国古代玻璃物品的化学成分汇编》,千福熹主编《中国古代玻璃技术的发展》,上海科学技术出版社2005年版。

[②] 千福熹:《中国古代玻璃和古代丝绸之路——2004年乌鲁木齐北方古玻璃研讨会主题报告》,千福熹主编:《丝绸之路上的古代玻璃研究》,复旦大学出版社2007年版,第1—29页。

[③] 青海省文物考古研究所:《上孙家寨汉晋墓》,文物出版社1993年版;任晓燕:《浅谈青海发现的汉代玻璃器》,千福熹主编《丝绸之路上的古代玻璃研究》,复旦大学出版社2007年版,第70—75页。

[④] 千福熹、承焕生等:《中国古代玻璃的起源——中国最早的古代玻璃研究》,《中国科学》2007年第3期。

[⑤] 赵德云:《西周至汉晋时期外来珠饰研究》,科学出版社2016年版,第100页。

汉代金珠饰品在中国南北方多处都有出土，比较集中地发现于广西合浦汉墓。1978年，合浦环城乡北插江盐堆汉墓M1出土金手链，金花球一串共20枚，其中金手链珠14枚，有10枚是橄榄核形的，有4枚是棒槌形的，都有穿孔。金花球6枚，多边形球体，外缘有粘珠。1986年，在合浦风门岭汉墓M10出土金花球2枚。1993年，在北插江盐堆汉墓M4出土金花球14枚，形制与盐堆M1的相似。① 据报道，在风门岭东汉早期墓M10出土两件造型基本相同的标本，"一件透雕，球形，含金量98%，直径1厘米；一件空心，平面呈六角形，含金量95%，直径0.8厘米"。② 2001年，在合浦九只岭汉墓M6a出土金花球7枚，墓葬年代在东汉后期。③ 合浦黄泥岗M1是新莽时期的砖木合构墓，墓主是曾任徐闻县令的陈褒，墓中出土大量精美随葬品，其中有陈褒的龟纽铜印、徐闻县令印滑石印章各1枚、玻璃杯、玻璃串珠、玛瑙水晶串珠、琥珀圆雕狮子珠、印度风格的黄金花球。④ 合浦出土金花球，都是串饰的组成部分，造型基本相同，为圆球形，空心，直径在0.5—1.7厘米。典型的金花球是用圆形小金条焊接12个小圈，以供连缀。12个小圈上下各一。中分两层。每层5个；然后在这些小圈交汇的三角地带用高温吹凝的堆珠加以固定。堆珠有的只有一颗；有的是下面三颗上面叠垒一颗，似叠垒式的四联罐。堆珠之间以及堆珠与小圆圈之间都用焊接工艺加以连缀，整体稳定牢固。⑤

广东广州南越王墓出土32枚金花泡，泡体呈半圆球形，底下焊接一根横梁，以供连缀。直径1.1厘米，高0.42—0.5厘米。焊花繁缛，在球面形的泡体上饰有几组图纹，同是用金丝和小金珠焊接而成，以圆圈纹、心形纹和堆珠纹分别构成三等份或四等份。在底口平沿上还饰有两圈纹索形纹带。用金丝组成的图纹，每一圈和每粒小珠都是焊接固定的。这种金花泡系"珠襦"上的装饰品。⑥ 广州先烈路龙生岗东汉前期墓M4013出土一串由形状、色泽各异的琉璃珠、玛瑙珠、水晶珠、金珠和银珠组成的

---

① 广西壮族自治区文物工作队、合浦县博物馆：《合浦风门岭汉墓：2003—2005年发掘报告》，科学出版社2006年版，第136页，彩版四四：2、3。
② 合浦县博物馆：《广西合浦县风门岭10号汉墓发掘简报》，《考古》1995年第3期。
③ 广西壮族自治区文物工作队、合浦县博物馆：《广西合浦县九只岭东汉墓》，《考古》2003年第10期。
④ 王伟昭、熊昭明等：《广西合浦县出土汉代玻璃器的检测与研究》，干福熹主编《丝绸之路上的古代玻璃研究》，复旦大学出版社2007年版，第208页。
⑤ 广西壮族自治区文物工作队、合浦县博物馆：《合浦风门岭汉墓：2003—2005年发掘报告》，科学出版社2006年版，第136页。
⑥ 广州市文物管理委员会等：《西汉南越王墓》，文物出版社1991年版。

串珠饰品，中有一枚镂空的金花球，作十二面菱形，每面正中是一个圆形穿孔，每角处有突起的圆珠4粒，直径1.4厘米。这种金花球，一般称为多面金珠。[1] 广州汉墓M4013，即龙生岗M43，出土"镂空小金球"一枚，十二面菱形，每面正中是一个圆形穿孔，每角处有突起的圆珠4粒，直径1.4厘米。年代在新莽至东汉建初以前的时期。[2] 2010年9月，广州市文物考古研究所在广州市荔湾区西湾路一处工地，发掘一座大型砖木合构墓（编号M35），墓葬年代属于东汉时期。墓主人可能是一名身份显赫的武将。随葬器物多达111套（超过200件），包括陶、铜、铁、石、玉、金、银、琥珀、玛瑙等各种质地。在女主人棺位上，随葬了精美的铜镜、玛瑙耳珰、珠饰、金银指环、银镯、铜钱等。特别是女主人棺内有一件多面金球，中间镂空，表面上黏附着数百颗芝麻大小的金珠，精美绝伦。[3]

江苏邗江甘泉镇东汉前期广陵王刘荆墓，出土金花球，原报告描述为"空心金球"一枚。"用两个较大的和十二个较小的金圈拼焊成24个角的空心球。然后在金圈相接的24个空当处，再各用四粒细如菜籽的小金珠堆焊出24个尖角。直径1.3厘米，重2.7克"。此空心球系十四面珠。同墓还出土数量较多的金、琥珀等珍玉珠宝饰物，以及确切为舶来品的钠钙玻璃器皿残片。[4]

湖南长沙五里牌9号墓，年代属东汉前期。出土11件金质"珠形饰"，其中4件以12个小金丝环相粘而成，是典型的十二面金珠。在每个环与环之间的空隙处，再粘上3颗小圆珠。此墓为无券十字形砖坑墓，同墓出土的青铜牌形饰、银碗、银匙和相当数量的珠饰，以金质为多，也有琥珀珠，印度—太平洋珠。出土物中包括不少汉式器物。[5] 湖南零陵东门外汉墓（编号：零，文，001），出土"镂空金珠"一枚，时代为东汉初期。[6] 原报告未予描述，据观察应是多面金珠。此墓为长方形砖圹墓，墓

---

[1] 全洪：《广州出土海上丝绸之路遗物源流初探》，广东省文物考古研究所等《华南考古》（1），文物出版社2004年版，第140页。
[2] 广州市文物管理委员会：《广州市龙生岗43号东汉木椁墓》，《考古学报》1957年第1期。
[3] 石善伟：《东汉豪华墓葬演绎英雄爱美人》，《广州日报》2010年9月20日。
[4] 南京博物院：《江苏邗江甘泉二号汉墓》，《文物》1981年第11期。
[5] 湖南省博物馆：《长沙五里牌古墓清理简报》，《文物》1960年第3期。
[6] 湖南省文物管理委员会：《湖南零陵东门外汉墓清理简报》，《考古通讯》1957年第1期。

室规模较大，随葬品丰富而精美，包括银珠、琥珀珠等。①

把小金珠焊接于各种器物表面作为装饰，是古代珠宝上一种常见的装饰技法，称为"焊珠工艺"（Granulation）。最早的发现见于公元前 2500 年美索不达米亚苏美尔文化的乌尔（Ur）第一王朝皇室墓中。② 公元前 2000 年左右的古埃及第十二王朝、公元前 8 世纪的古希腊和伊特鲁利亚（Etruscan，一译伊特拉斯坎，处于今意大利中部的古代城邦国家）相继掌握了这一技术。③ 在迈锡尼文化遗址及瓦菲奥（Vaphio）墓葬中发现焊珠工艺的原型，年代在公元前 16 世纪至公元前 11 世纪。④ 焊珠工艺随着亚历山大东征，传入今印度、巴基斯坦。⑤ 在公元前 7 世纪至公元前 6 世纪的伊特鲁利亚文化时期达到高峰。在越南南部湄公河三角洲附近古海港奥埃奥（Oc-Eo）、印度东海岸、印度河流域的旦叉始罗遗址，都发现这种"多面金球"装饰品。西方焊珠工艺分为合金焊珠、烧结焊珠和铜—盐焊珠三种类型。⑥

多面金珠或者说金花球等金珠饰品的来源和工艺，目前国内学术界一般认为这种用粟粒金珠堆垒装饰的形制、工艺都不是中国所固有，应该是域外传入的。但其传入的时间、路线以及中国境内的发现是否都是舶来品却有争议。国外有学者曾认为焊珠工艺在中国出现不早于汉代，应当是从域外传入的。⑦ 中国学者岑蕊的研究最早把中国发现的多面金珠与域外文

---

① 赵德云：《西周至汉晋时期外来珠饰研究》，科学出版社 2016 年版，第 115 页。

② P. R. S. Moorey, *Materials and Manufactures in Ancient Mesopotamia: the Evidences of Archaeology and Art*, BAR International Series 237, 1985, p. 89.

③ Herbert Maryon, Metalworking in the Ancient World, *American Journal of Archaeology*, Vol. Ⅲ, No. 2, 1949.

④ 岑蕊的论文《试论东汉魏晋墓葬中的多面金珠用途及其源流》（《考古与文物》1990 年第 3 期）引用法国学者 Malleret 的观点，认为在迈锡尼文化遗址及瓦菲奥（Vaphio）墓葬中发现多面金珠的原型。赵德云查 Malleret 原文，其所谓原型是指一种粒状表面的（Grenue）、具眼斑纹（ocellée）的金珠，所论实际是指焊珠工艺之原型，而非多面金珠。参见氏著《西周至汉晋时期外来珠饰研究》，博士学位论文，四川大学历史文化学院，2008 年，第 119 页。参见 Louis Malleret, Les Dodécarédres d'Or du Site d"Oc-éo, Artibus Asiae, Vol. 24, 1961。

⑤ Maurya Jyotsna, Distinctive Beads in Ancient India, BAR International Series 864, Archaeopress, Publishers of British Archaeological Reports, 2000, p. 8. 英国考古学家马歇尔在巴基斯坦的塔克西拉（古称怛叉始罗）遗址发现许多多面体金珠。

⑥ Diana Lee Carroll, A Classification for Granulation in Ancient Metalwork, *American Journal of Archaeogy*, Vol. 78. No. 4, 1974.

⑦ H. F. E. Visser, Some Remarks on Gold Granulation Work in China, *Artibus Asiae*, Vol. 15, No. 1/2, 1952.

化联系起来。他根据 Malleret 的意见和新中国成立后出土的 5 例多面金珠，探讨其用途，结合印度、巴基斯坦、越南等的发现，认为中国出土的多面金珠，起源于迈锡尼文化，传播至印度和巴基斯坦，经过海路流入中国，其流传路线路是地中海—波斯湾—印度洋—南海，自西向东而来。时间不早于东汉初年。焊珠工艺在公元前 1 世纪末已经传入中国。河北定县 40 号墓出土的马蹄金上有焊珠饰，该墓葬据推测可能是汉中山国怀王刘修的墓。① 赵德云根据考古资料，指出实际上中国焊珠工艺在先秦时就有发现。山东临淄商王村 M1 出土的金耳坠，由金丝、金环和花瓣形金叶构成，其间包嵌着绿松石并串有珍珠和牙骨一类的串饰，其上装饰着焊接的连珠纹，时代在战国晚期。鉴于焊珠工艺在中国出现之初已经十分成熟，没有更早的发展轨迹可循，从域外传入的可能性很大。② 1996 年，合浦县博物馆曾经送合浦汉墓出土的部分金花球样品给俞伟超先生鉴定，俞伟超认为其造型具印度风格，应该是从印度输入的。③ 广东、广西的学者基本上都持这种观点。杨式挺认同广州南越王墓出土的金花泡，制作工艺出自古希腊或古印度，与广州先烈路东汉墓出土的金花球都是舶来品。④ 蒋廷瑜指出，广州西汉南越王墓出土的金花泡饰，其焊接工艺与中国传统的金银钿工不同，与西方出土的多面金珠焊接工艺相同，因此认为应是海外输入品，进而推断合浦汉墓出土的金花球等金珠饰品也是从海外输入的。⑤

台湾李建纬《先秦至汉代黄金制品工艺与身体技术研究》从物质文化研究中的艺术史学和考古学两种方法入手，参酌身体研究，探索了中国先秦至汉代黄金制品的工艺技术与身体技术所代表的文化内涵。论文中有一小节涉及焊金珠的工艺与来源。关于焊珠制作技术，说法不一。他介绍了主要的四种观点：（1）将黄金热液直接倒入水中，利用金液和水温的差别，使之结成大小不一的颗粒，然后将之按照所需图案，焊接于器表；（2）将金银丝的一端加热熔化，用吹管向其吹气，令其自然落下而形成金银珠；（3）将金料裁剪成大小相近的金片或者小块，放入热液中加热，

---

① 岑蕊：《试论东汉魏晋墓葬中的多面金珠用途及其源流》，《考古与文物》1990 年第 3 期。
② 淄博市博物馆：《山东临淄商王村一号战国墓发掘简报》，《文物》1997 年第 6 期。
③ 李庆新：《从考古发现看秦汉六朝时期的岭南与南海交通》，《史学月刊》2006 年第 10 期。
④ 杨式挺：《略论合浦汉墓及其出土文物的特点》，吴传钧、吕余生主编《海上丝绸之路研究——中国·北海合浦海上丝绸之路始发港理论研讨会论文集》，科学出版社 2006 年版，第 20—33 页。
⑤ 蒋廷瑜、彭书琳：《汉代合浦及其海上交通的几个问题》，《岭南文史》2002 年增刊。

因黄金本身表面张力作用，逐渐结成小球，再透过筛选，择出大小接近的金珠；(4) 将金丝切成细微小段，然后将它们铺在黏土坩埚的粉状土炭中，接着以炭火加热坩埚，接近熔点时黄金会熔化成小珠，冷却后，将坩埚内物质倒出，清洗木炭，并依大小筛选金珠，以动物胶加铜粉固定于金器表面。这四种方法中，以第三种和第四种最符合经济效益原则，也最能控制金珠尺寸。① 观察合浦汉墓出土的金花球，堆珠圆整，大小一致，表现出较高的制作水平。有人认为广州汉墓出土的金珠可能采取第三种制作方法②，有一定道理。齐东方认为金珠的焊接方式是先用白芨类黏着剂暂时固定位置，然后将以硼砂、金粉、银粉按比例调配而成的焊药加热融化，冷却后便可达到焊接效果。③ 林梅村说是先用一种黏合性焊剂把金粒固定在器表上，然后加热焊接。④

按李建纬所引文献，西方的技艺一般是以含铜炭粉的鱼胶（或动物胶）将金珠粘在器表，然后加热到 880℃ 时，鱼胶中的铜便会形成肉眼几乎看不见的铜键，将两器紧密接合。现代科学知识可以进一步揭示这个工艺过程：金珠沾胶附着于器表，当加热到 100℃ 时，鱼胶会逐渐碳化，而胶内所含的碳酸铜逐渐变成氧化铜。在 600℃ 时，鱼胶会完全碳化。至 850℃ 时，氧化铜中的氧会释出，并结合鱼胶变成的碳，成为二氧化碳挥发，而原本的氧化铜只剩下铜，并在 880℃ 时与器面完全熔合，而微量铜会和金熔合成为合金。⑤ 陈洪波指出，以金花球或多面金珠所代表的基本艺术风格和制作技术来自地中海或印度洋地区并无疑问。但陈洪波提出的问题是，考古发现的这种东西，它们的真正产地在哪里？到底是越洋而来的舶来品，还是本地的仿制品？由于材料有限，学术界对这个问题实际上一直表达含混，无法给出一个明确的答案。李建纬所述西方式的焊接方式不易检测。虽然按理说，以此法焊接，金珠与器表之间会存在铜的成分，但因为黄金本身往往已经含有铜的成分，所以不易断定铜的成分是来自黄金本身，还是鱼胶或动物胶中所加入的铜粉。这种结合方式与中土常见的锡焊不同。由于锡的熔点很低（232℃），作为一种焊接技术，难度不高。

---

① 李建纬：《先秦至汉代黄金制品工艺与身体技术研究——兼论其所反映的文化交流与身份认同问题》，博士学位论文，台南艺术大学艺术创作理论研究所，2010年。
② 黄翠梅、李建纬：《金玉同盟——东周金器和玉器之装饰风格与角色演变》，《中原文物》2007年第1期。
③ 齐东方：《中国早期金银工艺初论》，《文物季刊》1998年第2期，第65—86页。
④ 林梅村：《丝绸之路考古十五讲》，北京大学出版社2006年版，第151页。
⑤ 李建纬：《先秦至汉代黄金制品工艺与身体技术研究——兼论其所反映的文化交流与身份认同问题》，博士学位论文，台南艺术大学艺术创作理论研究所，2010年。

锡仅仅是作为与异质金属器面之间的介质，结合对象的金属本身未达熔合状态，因此焊接附件往往容易脱落。中国考古出土的古代金珠饰品，并不仅仅见于南方，工艺来源也决不仅仅限于海路，也并非都是舶来品。春秋晚期陕西宝鸡益门二号墓，已见金珠串成之串珠。同时期的凤翔一号秦公大墓也出土过一串细金珠。战国晚期的阿鲁柴登匈奴墓、河北燕下都辛头庄 M30 以及山东临淄商王村女性贵族墓中也有见到。这时候金珠已经直接焊在器表。大约在西汉，类似西方的焊珠工艺才真正在中国金器的装饰上充分展现，金珠越来越细小，而且在东汉时可见布满器面的形式。整体来说，焊珠工艺以汉唐之间最为盛行，明清以后此技法逐渐式微。①

综合考察中国境内出土的金珠饰品之时代和地点，以及学者们关于其传播路线的考察，我们认为金珠饰品及其焊珠工艺从西方传入中国大致经历两条路线。

一条路线是从欧洲、西亚经中亚至中国中原地区。观察中国发现的金器上焊珠工艺的发展，可以发现西方对中国的影响首先出现在陆路交通上，金珠饰品最早经丝绸之路草原路和绿洲之路传入中国中原地区。最初春秋时的秦国曾经出现细金珠与假颗粒纹，但一方面真正焊珠的技术门槛太高，再则这种异域品味仍未普及，故仅昙花一现。随后，在欧亚草原文化的影响下，战国时期鄂尔多斯地区在金器上出现了真正的焊珠工艺，其外观特征是在器面上以点状或线状分布，随后间接传入中原，并造成战国晚期至西汉时金器上单点状焊珠工艺的出现。稍后的影响则发生于张骞通西域，汉朝取得西域控制权之后，汉与西域能直接交流，在西域与中亚那种铺满器表的繁复焊珠风格影响下，东汉黄金工艺出现仿效产品。《史记》《汉书》《后汉书》关于西域历史的记载，表明汉代中国与大夏（Bac—tria）、印度之间有器物产品上的交流。1983 年，固原九龙山西汉墓出土金花饰与金条形饰上的焊珠工艺，可以作为西方金银器和焊珠工艺输入中原的有力证据。金条饰片上的焊珠制作精致，排列整齐，颗粒匀整，大小一致，且皆未脱落，已经超越了西汉中原金银工匠的水平，应该是舶来品。而金花饰中心镶绿松石，周边以掐丝和焊珠排列的风格，令人想起大夏的黄金之丘（Tillya Tepe）出土的金器。② 固原九龙山西汉墓出土的焊珠金器证实了中亚文化影响到中原地区的事实。山东临淄商王村

---

① 陈洪波：《汉代海上丝绸之路出土金珠饰品的考古研究》，《广西师范大学学报》2012 年第 1 期。

② Fredrik Hiebert & LPierre Cambon. *Afganistan：Hidden Treasures from the National Museum, Kabul.* Washington, D. C.：*National Geographic Society*, 2008, p. 239.

M1 出土的金耳坠、河北定县 40 号墓出土的马蹄金上有焊珠饰大概都与北方草原文化有联系。

另一条路线是从欧洲、西亚经印度、越南的海上丝路传入。李建纬提出，多面金珠进入中国的管道可能是陆路与海路并行。陈洪波也认为，南北方出土的金珠饰品在风格和工艺上有明显不同，应当有不同的传入渠道，或者产地。北方的陆路和南方的海路并行不悖。其中广州、合浦和越南的金花球，或者多面金珠，无论在外观、结构、精细度、色泽等方面都有明显的一致性。① 应当是同一种来源，甚至有可能是同一产地的物品。从海路输入的可能性极大，可以作为南海一带海上贸易活动的物证，基本上可以排除是北方陆路而来之物。其年代也十分接近，基本上都属于东汉时期。广州先烈路 M4013 属于东汉前期，合浦九只岭 M6 属于东汉后期，合浦风门岭 M10 属于东汉后期，合浦北插江盐堆 M1、M4 年代不详。（M1 的年代，据熊昭明先生推测可能是西汉晚期）。越南奥埃奥（Oc-Eo）遗址的年代是公元 1 世纪至 7 世纪，繁荣时期相当于中国的东汉时期。广州市荔湾区西湾路东汉墓 M35 出土的多面金珠，其装饰风格在奥埃奥古港遗址也有发现。奥埃奥古满仓遗址是东西方海上交通线上一个重要的中转站，遗址发现中国产品，也发现来自印度的产品，还有不少西方器物，如罗马钱币、罗马玻璃器、罗马印章等，皆通过海路传来。从考古发现来看，南海沿岸流行这种金珠饰品，大概开始于南越国时期，南越王墓中的金花泡是较早的类型，至东汉时期最为流行和发达，有越来越繁复的趋势。这个阶段在广州、合浦、越南奥埃奥、印度怛叉始罗都发现了极其精美的金珠制品，其中以金花球或者多面金珠最有代表性，这是当时南海一带与西方确实存在较密切的经济文化联系的证据。

西方流行的金珠饰品由金环焊接而成的多面体，一般为十二面体，被称为"十二面金珠"（Dodecahedra），也有少量二十面体的，被称为 Icosahedra，或笼统地称为"多面体珠"（Multifacaceted Bead 或 Polyhedra）。在中国的发现的金珠饰品有八面、十二面、十四面的，一般称为"多面金珠"。其体积一般在 1—1.5 厘米之间，小巧精致。西方最流行的十二面体金珠是公元前 500 年左右伊特鲁利亚人（Etruscans）创造的，柏拉图时代（前 427—前 347 年）传至希腊。其创制与流行与西方人的宇宙物理空间和黄道十二宫的思想观念有关。较少见的二十面体则与当时数学的发展

---

① 孙机：《金银器》，《汉代物质文化资料图说》，上海古籍出版社 2008 年增订本，第 428 页。

有关，向西北欧的流传可能伴随着欧几里德（Euclid）几何学知识的传播。① 因此多面金珠与西方地中海沿岸古典文明的天文学、哲学、数学等学科的发展存在着密切关系。西方文化传统中数学与艺术密切相关，艺术创造中充满数学思想。② 数学思考中也会使用艺术思维。③ 在中国出土的多面体金珠饰品中，虽然也有八面、十四面的，但绝大多数为十二面，这也反映出中国古代金珠饰品与西方文化的联系。赵德云统计的结果，汉晋时期中国出土的多面体金珠饰品中，可以确定其面数的 30 件中，28 件为十二面。从发现的地点看，32 件可确认的标本中，25 件发现于两广沿海；无法确认的 8 件，都在合浦。这些进一步说明其传入的途径是通过南方海路。④

关于中国出土的金珠饰品是否全是舶来品，有不同认识。江苏邗江甘泉 M2 和广州先烈路龙生岗 M4013 两座东汉墓出土的空心小金球（即合浦出土所谓金花球或多面金球），林梅村认为东汉前期古墓发现的多面金珠，"应该是罗马人积极开展东方贸易的产物"。⑤ 齐东方认为无法确定是中国自产还是外来物品。⑥ 孙机认为可能从西方传入，也不排除是中国仿制品。⑦ 陈洪波认为从目前主要的发现地点多为汉地，故而亦有可能是在汉地以改进的西方工艺制作而成。要说它是从异国通过海上丝绸之路舶来，恐怕还需要更多的资料加以证明。若根据南海一带金珠饰品出土现状作进一步推测，合浦的出土品数量最多，种类最为齐全和丰富，故而不排除广州和奥埃奥的金花球实际上是由合浦流传过去的。合浦亦有可能就是这种金珠饰品的真正制作地点。制作完成之后，作为贸易品沿海上丝路向南、东两个方向输运。金珠饰品是当时最高等级的奢侈品，合浦有工匠从事制作并不令人讶异，这与合浦作为东汉时期南海一大都会的地位和经济文化发展水平也是相符的。法国学者在奥埃奥（Oc-Eo）的发掘证明当地

---

① Benno Artmann, "A Roman Icosahedron Discovered", *The American Mathematical Monthly*, VoL. 103, No. 2, Feb. 1996.
② Michele Emmer, "Art and Mathematics: the Platonic Solid", *Leonardo*, Vol. 15, No. 4, 1982.
③ Howard LeVine, "The Art of Mathematics, the Mathematics of Art", *Leonardo*, VoL. 27, No. 1, 1994. 参见赵德云《西周至汉晋时期外来珠饰研究》，科学出版社 2016 年版，第 119 页。
④ 赵德云：《西周至汉晋时期外来珠饰研究》，科学出版社 2016 年版，第 114—117 页。
⑤ 林梅村：《丝绸之路考古十五讲》，北京大学出版社 2006 年版，第 152 页。
⑥ 齐东方：《中国早期金银工艺初论》，《文物季刊》1998 年第 2 期，第 65—86 页。
⑦ 孙机：《金银器》，《汉代物质文化资料图说》（增订本），上海古籍出版社 2008 年版，第 428 页。

曾有过金饰制作。合浦亦有这种可能。广西文物考古研究所在合浦汉墓中发现的新资料,为合浦当地存在金珠饰品制作提供了有力的佐证。只是类似奥埃奥那样的遗址在合浦仍然没有找到。他认为合浦玻璃制品的研究,也能提供一个旁证。人们一直把玻璃器作为外来物品看待,但工艺外来与物品本身外来实际上是两码事。历年发现的玻璃器,特别是数量庞大的琉璃珠,是否都是舶来品,令人怀疑。也许把这种出土墓葬等级并不甚高,制作技术也不复杂的饰品,解释为当地制品更为合情合理。早有学者提出汉墓出土的大量玻璃系在当地自制。过去对琉璃珠成分的测试也表明,这是一种具有地方特点的"南海玻璃"。[1] 这个"南海"的真正地点也许正是在合浦一带。这与当时合浦在南海经济圈中的地位是相符的。当然,无论金珠饰品还是玻璃制品,其制作工艺都是外来的,但发展到东汉时,很可能已经在汉地落地生根。合浦的玻璃器已经证明了存在这种可能。而在中国北方发现的金珠饰品则证明,至少在北方存在这个事实。这个过程在南方应该同样存在。经历自南越国以来上百年的发展,南方汉地没有出现本地金珠饰品制作,才是不可思议的事情。以金花球为代表的合浦汉墓金珠饰品,原初工艺来源于西方没有争议,但要说这种物品本身是一种海上丝绸之路的舶来品从外部输入,目前证据似乎尚不十分确凿充分。它到底是印度抑或罗马等西方地区的舶来品,还是发展了外来工艺在当时汉朝领土之内或者东南亚一带制作而成,尚应作进一步探讨,不排除在合浦当地制作的可能。其流行的年代应该主要是在东汉时期。[2] 中国本土生产金珠饰品,恐怕还需要进一步的资料才能证实。

## 六　装金玻璃珠

汉代从域外传入的人工饰珠有一种被称为装金玻璃珠（Gilt Glass Bead),在玻璃珠制作过程中加入金箔,使珠饰获得金光闪闪的外观效果。按照培克的定义,这种工艺可以分为三类:(1)将金箔装饰于玻璃珠体表面;(2)在空心玻璃料条表面装饰金箔,在金箔外面再覆以少量玻璃液,然后加工成需要的形状;(3)吹制一个空心玻璃珠,把一个表

---

[1] 黄启善:《中国南方古代玻璃的研究》,广西博物馆编《广西博物馆文集》第1辑,广西人民出版社2004年版,第81—95页。
[2] 陈洪波:《汉代海上丝绸之路出土金珠饰品的考古研究》,《广西师范大学学报》2012年第1期。

面镀金的金属珠置于其中。① 第二种最常见，保存下来的也最多。其优点是金箔在两层玻璃之间，不会磨损和氧化，无论经历多么长久的岁月，都能保持本色。这种工艺的玻璃珠被称为"夹金箔层的玻璃珠"（Gold Foil 或 Goldfolium），又称为"金三明治珠"（Gold Sandwich）。此外还有 Gold-in-glass bead、Gold-glass Bead、Gold-foil Glass Bead 等称呼。

中国境内考古发现的夹金箔层的玻璃珠最早的为汉代物品。新疆洛甫县山普拉墓地两汉魏晋墓出土大批玻璃珠饰，有鎏金、鎏银玻璃珠，包括"齿轮形"鎏金玻璃珠1颗，扁圆形鎏金玻璃珠3颗，算珠形鎏银玻璃珠2颗。② 早期一些探险家和考古学家在新疆发现过一些标本，如英国人斯坦因在尼雅、楼兰的发现③，瑞典人贝格曼在库姆河、霍涅尔的发现，中国人陈宗器在楼兰的发现。④ 青海上孙家寨汉墓10座墓中，出土玻璃珠49枚。报告中描述："五颜六色，有金黄、红、白、浅黄、深蓝、蓝、浅蓝、深绿、浅绿诸色。部分珠饰品涂有其他颜料，有红、绿、黄色，个别涂有一层金箔，如标本 M23∶8，在显微镜下可看到玻璃表面部分金箔已脱落。珠径 0.5—0.8 厘米。"⑤ 而据有关介绍，标本 M23∶8 的一件，"无色或淡黄色，两层玻璃间夹有金箔，直径为 1cm。年代属东汉时期"，应是夹金箔层的玻璃珠。同墓地乙 M5 出土有"包金玻璃珠"，被描述为："标本乙 M5∶25—1，玻璃珠。淡黄色，半透明小珠，表面包金，直径为 0.3cm。年代必东汉晚期。"⑥ 应属于上述培克定义中的第一种类型。据相关检测可知，上述两件标本皆为纳钙玻璃，成分特征和外形皆与印度同类标本相近。⑦ 1961—1963 年，发掘内蒙古呼伦贝尔盟陈巴尔虎旗完工索木鲜卑墓地，墓葬年代相当于汉代。据张平后来的论文介绍，出土一批管状、扁体橄榄形、扁球形、扁状多面棱形等各式玻璃珠饰。其中 M2

---

① H. C. Beck, "Classfication and Nomenclature of Beads and Pendants", *Archaeologia*, 77, 1928.
② 新疆维吾尔自治区博物馆、新疆文物考古研究所：《中国新疆山普拉——古代于阗文明的揭示与研究》，新疆人民出版社 2001 年版；王博、鲁里鹏：《扎滚鲁克和山普拉古墓出土古代玻璃概述》，干福熹主编《丝绸之路的古代玻璃研究》，复旦大学出版社 2007 年版，第 126—138 页。
③ A. Stein, *Ancient Khotan*, plate 74, Oxford, 1907; *Innermost Asia*, plate 23, Oxford, 1928.
④ ［瑞典］贝格曼：《新疆考古记》，王安洪译，新疆人民出版社 1997 年版，第 191 页。
⑤ 青海省文物考古研究所：《上孙家寨汉晋墓》，文物出版社 1993 年版，第 164—165 页。
⑥ 任晓燕：《浅谈青海发现的汉代玻璃器》，干福熹主编《丝绸之路上的古代玻璃研究》，复旦大学出版社 2007 年版。
⑦ 史光美、周福征：《青海大通县出土汉代玻璃的研究》，《文物保护与考古科学》1990 年第 2 期。

出土的 18 颗玻璃珠中，16 颗为绿色，2 颗为包金箔的小玻璃珠，工艺风格与新疆山普拉、尼雅墓地、青海上孙家寨墓地所出汉代玻璃珠相似。①

现在所知中国出土的最早的夹金箔层的玻璃珠标本是出土于广州游鱼岗西汉后期墓的珠饰。1983 年，香港中文大学举办的一个广州、香港两地汉墓出土的文物展览，其中有游鱼岗西汉后期墓出土的包括蚀花肉红石髓珠和"包金琉璃珠"（Gold Encased Glass Bead）。赵德云据《广州汉墓》记载，确定游鱼岗汉墓乃 1958 年发掘，属西汉后期的为 M3012 和 M3029 两座，分别出土珠饰 821 颗和 53 颗，对照展览图录的数量，出土"包金玻璃珠"的应是 M3012。在西汉后期墓珠饰品一节介绍中，提到一枚白色作六瓣圆瓜形的琉璃珠"表面涂金"②，应与香港中文大学展览中展出的包金玻璃珠为同一器物，是目前经科学发掘出土年代最早的装金玻璃珠。③

夹金箔层的玻璃珠最早出现于希腊化时期的托勒密埃及，不早于公元前 3 世纪，目前发现的最早的作坊在希腊罗德岛（Island of Rhode），时间在公元前 3 世纪以后。④ 夹金箔层的玻璃装饰于贵重物品出现更早，公元前 4 世纪中期，亚历山大之父菲利普二世（Philip II，359B. C.—336B. C.）时期的希腊北部墓葬中曾出土过这种技术装饰的木质躺椅和仪式用盾牌。至公元前 3 世纪，夹金箔层的玻璃装饰技术已经相当成熟。意大利卡诺沙（Cauosa）出土一件夹金箔层的玻璃碗，直径 19.3 厘米，所属年代为公元前 220 至前 200 年左右，现藏英国伦敦大英博物馆。厚厚的玻璃碗中显现出繁密的金色适合纹样，碗底是双层 8 瓣花，花外有两层叶状纹饰。此碗是由两只玻璃薄碗套合而成。先在内层碗的外侧用金箔贴出花叶纹饰，然后将两碗边缘熔融。第一层 4 片叶内绘有相同的鳞状纹样，最外一层 4 片叶内绘有不同植物适合纹样，碗沿透明无装饰，整个纹饰像是嵌入碗中，愈显其富丽辉煌。此种夹金箔层玻璃碗在埃及亚历山大城也有出土。⑤ 夹金箔层的玻璃珠应当属于这种工艺产品之一。希腊化时期的

---

① 张平：《中国北方和西北的古代玻璃技术》，干福熹主编《中国古代玻璃技术的发展》，上海科技出版社 2005 年版，第 177 页。
② 中国社会科学院考古研究所等：《广州汉墓》，文物出版社 1981 年版，第 292 页。
③ 赵德云：《西周至汉晋时期外来珠饰研究》，科学出版社 2016 年版，第 131 页。
④ George C Boon, Maria Dekowna, "Gold-in-Glass Beads from the Ancient World", *Britannia*, Vol. 8, 1977.
⑤ *Five Thousand Years of Glass*, Edited by Hugh Tait, Chapter 1, p. 49, plate54 \ 55, British Museum Press, 1999.

夹金箔层的玻璃珠手工制作，体形较大，有的直径达到1.5厘米。罗马时期拉管技术（Drawntube）的出现并广泛应用，使其体形变小，一般直径只有0.5—0.6厘米。印度也是夹金箔层的玻璃珠的一个产地，并有古代较多的夹金箔玻璃珠的发现。有人收集过印度从罗马帝国时期到伊斯兰早期夹金箔层玻璃的发现，制作成表，还附上了阿里卡梅杜（Arikamedu）遗址近期的发现。① 罗马帝国早期与印度间早已建立起贸易关系，在公元初两个世纪间，罗马玻璃器和罗马珠子销往印度，因此印度夹金箔层玻璃珠制造应该是受西方技术影响下产生的。

从中国汉代夹金箔层玻璃珠出土的地点来看，其来源应有北方草原路和陆上丝绸之路一条路线，也有东西方海上交通路线。公元前1世纪，在罗马尼亚东部巴斯塔尼亚文化（Bastanian Culture）的遗址和墓葬中有大量夹金泊层玻璃珠的发现，罗马时期传播更加广泛，南俄罗斯曾出现地方性制作。② 中国西北地区的出土物应是经草原路传入的。南方沿海地区出土的夹金箔层玻璃珠可能是从印度间接得到的罗马产品，也可能来自印度的制作。

## 七 象生造型珠

象生造型珠是笔者给那些制作成人物、动物或器物造型的珠子的命名。通常意义上的象本是指祭祀时以亡者生前所用之物作为象征。《后汉书·祭祀志下》："庙以藏主，以四时祭。寝有衣冠几杖象生之物，以荐新物。"③ 还指模仿真物制成的器物。宋杨万里《三月三日上忠襄坟因之行散得十绝句》之七："粉捏孩儿活逼真，象生果子更时新。"④ 在古代陵墓建筑中还有石象生的雕刻。石象生始于秦汉，兴于唐宋，盛于明清，是帝王陵墓前主要供祭仪物之一，为石雕人物、动物成对立于神道两侧。神道两旁排列着一群石兽，它们按照一定的次序在特定的方向排列，石兽如同一批"卫士"护卫着皇陵，是陵墓的装饰性建筑。在汉代域外输入

---

① Peter Francis Jr., *Asia's Maritime Bead Trade: 300B. C. to the Present*, pp. 91—92.
② 参见 George C Boon, Maria Dekowna, "Gold-in-Glass Beads from the Ancient World", *Britannia*, Vol. 8, 1977.
③ 《后汉书》志第九《祭祀志》下，第3199页。
④ （宋）杨万里著，辛更儒笺校：《杨万里集笺校》卷31，中华书局2007年版，第1597页。

的饰珠中有一类模仿真物造型的珠子，我们称之为象生造型珠。据考古发现和学者们的梳理，主要有壶形珠、动物形珠、人头形珠和人面纹珠。这种拟物态的珠子与上述各种珠饰比较起来，其特点一是材料的丰富性，二是艺术性和审美趣味性更加突出，三是宗教意味更强。

## （一）壶形珠

壶形珠是制作成壶或瓶的形状的珠子，有的呈圆形，有的呈扁圆形。赵德云细心梳理了中国境内发现的这种壶形珠。[①] 根据他的梳理，我们知道在中国境内发现最早的是战国中晚期的产品，集中在四川、云南地区，材质主要是铜，个别为玛瑙，安徽境内发现过玉质壶形珠。汉代的发现分布地区广泛，材质丰富。在贵州、陕西、江苏、广东、广西、云南、湖南、甘肃等省（自治区）都有发现，材质则有琥珀、绿松石、玉、水晶、紫水晶、琉璃、铜、玉石、青铜、红铜等。

贵州赫章可乐出土西汉中晚期至东汉前期琥珀珠，钫形、扁壶形各 1 颗，高 1 厘米左右。贵州赫章可乐 M8 出土西汉平帝前后绿松石珠 1 颗，壶形，有穿。[②] 陕西咸阳马泉公社西汉墓出土西汉晚期玉珠 2 颗，颈上有穿孔，其中壶形 1 颗，高 0.9 厘米，厚 0.4—0.5 厘米；扁壶形 1 颗，高 1.3 厘米，厚 0.4 厘米。[③] 西安北郊枣园 M7 出土东汉晚期琥珀珠 1 颗，瓶形，长方扁体，平沿，沿上刻划"十"字，束颈，平底，中有穿孔，高 1.1 厘米，口径 0.55 厘米，底径 0.65 厘米。[④] 江苏邗江姚庄 M101 出土西汉晚期串饰，发现于墓主颈部和胸部，共 9 颗，皆有穿孔，质地有玛瑙、玉等，器形有珠、管、壶及羊、鸟形等。[⑤] 云南昭通鸡窝院子汉墓出土东汉早期青铜珠子 1 颗，双耳罐形，侈口，鼓腹，圜底。颈部有双耳并饰三角纹一周，腥上部饰弦纹两道。口径 2.5 厘米，高 4 厘米。[⑥] 广州汉墓 M1177 出土西汉前期铜珠 1 颗，似测量用的垂球形，直径 1.2 厘米，长

---

[①] 参见赵德云《西周至汉晋时期外来珠饰研究》，科学出版社 2016 年版，第 278 页，附《中国出土西周至汉晋时期壶形珠一览表》。
[②] 贵州省博物馆、贵州省赫章县文化馆：《赫章可乐发掘报告》，《考古学报》1986 年第 2 期。
[③] 咸阳市博物馆：《陕西咸阳马泉西汉墓》，《考古》1979 年第 2 期。
[④] 韩保全、程林泉：《西安北郊枣园汉墓发掘简报》，《考古与文物》1991 年第 4 期。
[⑤] 扬州博物馆：《江苏邗江姚庄 101 西汉墓》，《文物》1988 年第 2 期。
[⑥] 昭通地区文物管理所：《云南昭通市鸡窝院子汉墓》，《考古》1986 年第 11 期。

1.6厘米。①广东广州汉墓M4006出土东汉前期水晶珠1颗，扁壶形，长0.8厘米。广州汉墓M4014出土东汉前期紫水晶珠，数目不清，圆壶形。②广州汉墓M5001出土东汉后期琉璃珠3颗，扁壶形，长1.1厘米，直径0.7厘米。③广西的发现集中在合浦汉墓，如合浦风门岭M26发现西汉后期玉石珠2颗，扁壶形，黄白色。④合浦九只岭M5出土东汉前期水晶珠1颗，扁壶形，高1厘米，宽1.2厘米。玉石珠1颗，扁壶形，长1厘米，宽0.8厘米。九只岭M6a出土东汉后期水晶珠一颗，扁壶形。⑤广西贵县汉墓出土琥珀珠199颗，其中西汉57颗，均为淡红色，椭圆形，有小圆孔穿过两端。东汉142颗，珠子141颗，有红色、褐色，形状有长圆形、球状形、橄榄形等，两端中央有孔。⑥甘肃酒泉下河清M1出土东汉红铜珠1颗，扁长方形，直口，两肩各有片状圆形纽，底部中心向内凹。口径2.1厘米，长4.5厘米，宽2.5厘米，高6.4厘米。⑦湖南资兴东江水电工程M129出土东汉中期琉璃珠，扁壶形。⑧湖南湘乡西郊罗家坟山砖室墓出土东汉晚期铜珠1颗，圆锥形，上端有穿孔一个，长2.5厘米。⑨

英国珠饰史家Dubin对这种壶形珠进行过研究，她称之为Jug Beads。她的研究说明把珠子制造成壶形的意匠，在世界范围内最早出现于米诺斯（The Minoans）文明。公元前2000—前1700年的米诺斯遗址中出土有金制壶形珠。这种珠饰在西方十分流行，其他地区有不少发现，如出土于马其顿Podidaca地方附近墓葬中的两件青铜壶形珠，现藏于大英博物馆，年代大约在公元前800—前700年。大英博物馆收藏3件金安佛拉式坠子，一件系公元前6世纪晚期到前5世纪流行的样式，两件在公元前450—前

---

① 广州市文物管理委员会、广州市博物馆：《广州汉墓》，文物出版社1981年版，第157页。

② 同上书，第352页。

③ 同上书，第453—454页。

④ 广西壮族自治区文物工作队、合浦县博物馆：《合浦风门岭汉墓：2003—2005年发掘报告》，科学出版社2006年版，第83页。

⑤ 广西壮族自治区文物工作队、合浦县博物馆：《合浦九只岭东汉墓》，《考古》2003年第10期。

⑥ 广西省文物管理委员会（黄增庆）：《广西贵县汉墓的清理》，《考古学报》1957年第1期。

⑦ 甘肃省文物管理委员会：《酒泉下河清第1号墓和第18号墓发掘简报》，《文物》1959年第10期。

⑧ 湖南省博物馆：《湖南资兴东汉墓》，《考古学报》1984年第1期。

⑨ 湘乡县博物馆（文素心）：《湘乡西郊发现东汉墓》，《考古》1965年第12期。

400年。保加利亚卡赞勒克地方一座保存完整的前4世纪小墓中出土金壶形珠,现藏于卡赞勒克历史博物馆。Fitzwilliam Museum藏埃及或罗马生产的一件玻璃壶形珠,年代约在公元前2世纪到公元4世纪。大英博物馆希腊和罗马部收藏很多玻璃制品。在英国珠饰史学者培克的分类中,这种壶形珠被归为拟物形态的珠子和坠子（Beads and Pendants Representing Emblems）。在梳理中国出土的壶形珠的基础上,赵德云介绍了国外的发现和收藏,结合国外相关研究成果,探讨了壶形珠与域外造型的联系。他认为西方壶形珠的出现远早于中国,中国的珠饰制造中不存在制造成壶形的传统,这让人无法断然否定中国壶形珠与西方壶形珠之间存有联系的可能性。中国壶形珠受到西方同类制品启发的可能性是存在的,只是其途径和方式目前还无法推断。[①] 我们从中国汉代壶形珠发现的地区分别在南方沿海地区的广东、广西和西南地区的云南、贵州以及甘肃来看,汉代壶形珠存在经海上交通、西南丝绸之路和西北陆上丝路传入的可能性,湖南和陕西发现的壶形珠则是从边疆地区不同方向辗转传入的。

## （二）狮形珠

中国境内出土的珠饰有的制作成动物形状。在汉代的珠饰中,有一类制成动物形象的,少数为猪、羊、鱼、蝉、鸟、龟等,多为蹲踞的狮子形象,上有穿孔,应是串饰的组成部分。从材质上看,考古发现制成动物形珠饰的有琥珀、金、玛瑙、水晶、琉璃、煤精等。那些制成蹲踞的狮子形象的被有的学者称为"辟邪形珠"。[②] 中国不产狮子,狮子原产于非洲,分布于地中海沿岸国家和地区,延伸至伊朗高原和印度西部,最北可达阿富汗。狮子最早传入中国是汉代。因此,汉代狮形珠本身就体现了中外文化交流的成就。

狮形珠在欧亚大陆其他地区也有不少发现。英国学者培克归为表现动物或动物形首神祇（Beads and Pendants Representing Animal or Animal Geaded Deities）的类型。巴基斯坦境内的塔克西拉遗址出土大量珠饰,培克列举的7件狮形珠,材质包括石英、肉红石髓、青金石、石榴石等。从形态看,有2件作伫立状,5件作蹲伏状,作蹲伏状者与中国出土物极近似。时间被定在公元前1世纪至公元1世纪,正值西汉后期和东汉前

---

① 赵德云:《西周至汉晋时期外来珠饰研究》,科学出版社2016年版,第118—122页。
② 同上书,第104页。

期。① 印度学者认为，狮形珠的意匠来源应追溯到克里特、埃及或伊朗，传入印度可能与亚历山大东征有关。希腊人统治巴克特里亚（Bactria，中国文献中称为大夏）长达数百年，此地首饰制作兴起所谓"印度—希腊化风格"（Indo-Hellenistic Jewelry Style），以狮形珠为代表的动物形珠子造型就是希腊工匠带来的新构思。②

东南亚考古发现中也有不少狮形珠。越南东北海岸 Chiu-chen 地方 Thung-Thon（Quang-Xu'o'ng）遗址的汉代遗存中，出土 1 件可能是煤精制作的狮形珠饰，坐立状。③ 同地还出土 1 件蹲踞形的狮形珠。在 Lach-tru'o'ng 出土 1 件蹲踞状的狮形珠，与中国标本造型接近，质料不明。④ 泰国北部 Ban Don Ta Phet 遗址出土 1 件肉红石髓狮形珠⑤，缅甸北部 Halin 出土 3 件肉红石髓狮形珠，其中一件长达 10 厘米。在 Halin 南部的 Binnaka 遗址出土 4 件标本，其中一件蚀刻出线状纹饰。⑥ 这些标本狮形姿态皆作跃狮状（Leaping Lion），与中国标本相差较大。有人认为东南亚出土狮形珠饰与印度有渊源关系，揭示出印度与东南亚之间的贸易和交流关系。在佛教早期发展阶段，大约在公元 1 世纪之前，禁止直接刻划或雕塑造佛的形象，通常以佛的圣迹、圣物来作象征，狮子形象就是一种常见的象征物。东南亚的狮形珠有可能是早期佛教艺术造型的表现。⑦

赵德云分析认为，狮形珠起源于地中海沿岸，后来传播至印度，印度狮形珠的制造发展出两种造型，一为蹲踞式，一为跳跃式，并和佛教艺术相结合，成为其流行的地方性因素。东南亚的狮形珠多为跳跃式，中国的狮形珠多为蹲踞式，可能都具有印度渊源。⑧ 值得注意的是唐代贾各庄 M38 出土的树脂制虎形饰，年代可早至春秋战国时期，安志敏指出相似

---

① Horace C. Beck, *Beads from Taxila*, Swati Publications, Delhi, 1941, plate Ⅰ: 9, plate Ⅶ, 3—8.
② Maurya Jyotsna, *Distinctive Beads in Ancient India*, BAR International Series 864, Archaeopress, Publishers of British Archaeological Reports, 2000, p. 7.
③ Ovov R. T. Janse, *Archaeological Research in Indo-China*, Harvard University Press, Cambridge Massachusetts, 1947, Volume Ⅰ, plate77, Ⅰ, a-d.
④ Ovov R. T. Janse, *Archaeological Research in Indo-China*, Volume Ⅱ, plate Ⅰ; plate Ⅲ.
⑤ I. C. Glover, *Early Trade between India and South-East Asia*, Center for South-East Asia Studies, 1990, p. 21.
⑥ Pamela Gutman and Bob Hudson, *The Archaeology of Burma（Myanmar）from the Neolithic to Pagan*, Southeast Asia: from Prehistory to History, edited by Ian Glover and Peter Bellwood, p. 160, plate 5, Rutledge Curzon, 2004.
⑦ I. C. Glover, *Early Trade between India and South-East Asia*, p. 21.
⑧ 赵德云：《西周至汉晋时期外来珠饰研究》，科学出版社 2016 年版，第 125 页。

的雕刻品在朝鲜乐浪汉墓中有所发现,但不是说贾各庄 M38 的标本可以晚到汉代,相反地却可以说在比较早的时期就已经存在了。[①] 赵德云说:"在整个春秋战国时期的考古发现中,这件标本是唯一的例子,缺乏参照物,无法进行进一步的讨论。但我们认为,不能排除它是早期传入的。"[②] 在赵德云的论述中,始终把虎形饰品与狮形饰品混为一谈,以为虎形饰品与狮形饰品都是辟邪形象,这是值得商榷的。我们认为,虎形饰品与狮形饰品是有区别的。狮与虎在进化过程中采取生态位的分离避免直接的竞争,有虎的地区无狮,有狮的地区无虎,亚洲虽然也盛产狮子,但是包括中国在内的亚洲东部地区却不产狮子。中国很早就有虎的存在,因此很早产生了虎形艺术造型。新石器时代的玉器、商周时代的青铜器都有虎形器,如著名的新石器时代的双虎首玉璜和商代虎食人卣青铜器。虎形饰品早于狮形饰品出现是符合区域生态差异和历史发展时序的。即便后来狮子传入中国,出现了狮形饰品,同时存在的虎形饰品在取材方面和文化意义上也不能完全等同。因此,我们不认为春秋战国时期的虎形饰品就是从域外传入的。而实际上在南亚也不会最早产生虎形饰品,再传入中国。中国本来就有动物形象的饰品,狮形饰品的产生只是丰富了这一艺术题材,添加了异域风味。孙机根据汉代史游的《急就篇》中"系臂琅玕虎魄龙""射魅辟邪除群凶"云云,认为各种材质,特别是琥珀制的狮子形珠饰是简化了的辟邪,系于臂上佩戴。[③] 当狮子和狮子造型的艺术品传入中国,中国人又赋予狮子造型新的文化含义,体现了文化传播中的涵融互摄又化合创新的关系,狮形珠展示了中外文化的和谐交融。

### (三) 人面纹珠和人头坠子

"人面纹珠"(Face Bead)即在珠体上装饰人的面孔或胸像的珠饰。1999 年,在新疆尉犁县营盘墓地的发掘中,在 M45 中出土 1 件"人面纹玻璃耳饰",长径 1.05 厘米,短径 0.8 厘米,厚 0.5 厘米;中间有一小穿孔,孔径 0.09 厘米。耳饰由黑、白、红、蓝四玻璃制成,正中显示人面纹,边缘有一周放射状纹样。出自墓主耳边,与其他珠子和一个草圈共同

---

[①] 安志敏:《河北省唐山市贾各庄发掘报告》,《考古学报》第 6 册(第一、二分合刊),中国科学院 1953 年版,第 69—70 页。
[②] 赵德云:《西周至汉晋时期外来珠饰研究》,科学出版社 2016 年版,第 126 页。
[③] 孙机:《汉镇艺术》,《文物》1983 年第 6 期,收入氏著《汉代物质文化资料图说》,文物出版社 1991 年版,第 407 页。

组成耳饰。报告者认为墓地的年代上限在汉代，下限延至北朝初。① 2002年发表的关于尉犁县营盘墓地的发掘简报，认为营盘墓地年代在东汉魏晋时期。② 古罗马地区曾流行"人面纹珠"（Face Bead），培克归类为"表现人体某部分的珠子或坠子"（Beads and Pendants Representing Parts of Human Beings）③ 西方的人面纹饰品有圆珠状和饼状两种，早期的以一条人面或胸像纹带环珠体中部装饰一周，出现的年代大约在公元1世纪。新疆营盘发现的人面纹珠大致年代在东汉至魏晋，与之年代相差不远。因此，赵德云认为，或可认为西方人面纹珠一出现，很快就传播到新疆。④

人头坠子也属于培克所谓"表现人体某部分的珠子或坠子"一类饰品。1997年，国家文物局史树青等人在青岛文物市场购得4件人头形坠子。安家瑶请中国历史博物馆文物保护实验室进行了成分分析，证明属铅钡玻璃。她对人头坠子的源头进行了分析，认为起源于公元前7世纪北非腓尼基人的人头坠子曾传入中国，中国匠人进行了仿制。⑤

## 八 玉珠

狭义的珠宝本来是指玉石制品，用玉石琢成的珠或颗粒状的玉石称为玉珠，跟珍珠一样，玉珠也十分宝贵。玉珠早就是贵族的饰物。《左传·桓公二年》"衮冕黻珽"，唐孔颖达疏曰："天子白玉珠十二旒；三公诸侯青玉珠七旒；卿大夫黑玉珠五旒。"《晋书·舆服志》云："后汉以来，天子之冕，前后旒用真白玉珠。"丧礼中也有以玉珠陪葬的，《魏书·李预传》记载："妻常氏以玉珠二枚唅之。"汉代盛行以玉珠为饰。司马彪《续汉书》记载："太皇后花胜上为金凤，以翡翠为毛羽，步摇贯白珠。"⑥《后汉书·梁冀传》记载，梁冀贪图富豪士孙奋的家财，串通郡

---

① 李文瑛：《新疆营盘墓地出土的古玻璃器介绍》，干福熹主编《丝绸之路上的古代玻璃研究》，复旦大学出版社2007年版。
② 新疆文物考古研究所：《新疆尉犁县营盘墓地1999年发掘简报》，《考古》2002年第6期。
③ B. C. Beck, "Classification and Nomenclature of Beads and Pendants", *Archaeologia*, 77, 1928.
④ 赵德云：《西周至汉晋时期外来珠饰研究》，科学出版社2016年版，第134页。
⑤ 安家瑶：《玻璃考古三则》，《文物》2000年第1期。
⑥ （南朝·梁）萧统：《文选》卷19，曹植《洛神赋》李善注引，上海书店1988年影印本，第255页。

县，冒认士孙奋母为其守臧婢，诬告她"盗白珠十斛、紫金千斤以叛"。虽然这是诬告，但梁冀曾"遣客出塞，交通外国，广求异物"；而且"四方调发，岁时贡献，皆先输上第于冀"①，其家拥有域外购取的大量白玉珠应为事实。中国产玉，因此玉制品有的源出本地，但也有来自域外的玉珠。玉珠称为玑，有的来自南方，《后汉书·贾琮传》记载："旧交阯土多珍产，明玑、翠羽、犀、象、瑇瑁、异香、美木之属，莫不自出。前后刺史率多无清行，上承权贵，下积私赂，财计盈给，辄复求见迁代。"②地处今日本的倭国特产有"白珠、青玉"。汉武帝灭卫氏朝鲜，震动倭国，倭人"使驿通于汉者三十许国"，东汉光武帝时封其国为倭奴国，并赐以印绶。倭国向汉朝进贡除"生口"（奴隶）之外，应该还有"白珠、青玉"。③

赵德云在对西周至汉晋时期外来珠饰分析的基础上，得出如下结论：（1）中西方对于珠饰制作材料的选择不同，西方偏好琥珀、青金石、金银等材质罕见、质地坚固、色泽肃穆的原材料，这大概和珠饰在西方文化中护符意涵较强有关。而中国传统的珠饰，以玉珠为大宗，费昂斯和玻璃出现以后，也在很大程度上被作为玉的补充和替代。这种原材料选择心理上的差异，深层次的原因是不同地区、不同民族的文化心理。中国金质珠饰乃至金器的出现和使用，可能都是受到域外，尤其是草原地区的影响。（2）外来珠饰进入中国，在两个方面引发了中国工匠的模仿热情，一是对外来珠饰材料的模仿，直接导致了相关领域的技术革新；二是对外来珠饰形状和装饰的模仿。（3）外来珠饰进入中国，由于物品的流动并不必然伴随着观念的传播，导致中国人对其原有的文化内涵并不十分了解，这主要体现在模仿品形制、功能上的变异上。功能的变异，主要通过以下几个方面反映出来：（1）外来珠饰与中国传统礼制的结合；（2）外来珠饰作为舶来的奢侈品，往往被作为财富的象征；（3）外来珠饰也往往被作为其他器物的装饰。在上述三方面内容的基础上，最后以珠饰为介质，初步探讨了中国文化对外来事物的调适机制，即撞击——吸收——改造——融合——同化的过程。在讨论了各珠饰种类的传入途径之后，赵德云就这些珠饰的输入动因和中介者从较大的层面上进行了宏观背景的讨论。认为在文化交流的各种形式中，民族迁徙和贸易（包括官方贸易和民间贸

---

① 《后汉书》卷34《梁冀传》，第1181页。
② 《后汉书》卷31《贾琮传》，第1111页。
③ 《后汉书》卷85《东夷列传》，第2820—2821页。

易），可能是驱动西周到汉晋时期外来珠饰进入中国的主要动因，贸易可能发挥了更大的作用。参与的人群，则广及于欧亚草原的游牧民族、参与到其时欧亚大陆政治、经济等事务的各国家、各地区的各个民族及利益集团，需要具体情况具体分析。在外来珠饰传入途径、输入动因和中介者分析的基础上，结合中国出土外来珠饰的种类变化、影响程度，将西周到汉晋时期中西文化交流大致分为四个阶段：西周时期、春秋到西汉中期、西汉中期到东汉末期、魏晋时期四个阶段，指出外来珠饰的阶段性变化，和其时中国乃至整个欧亚大陆的整体格局的变化，是若合符节的。[①] 除了个别问题我们曾提出不同意见外，赵氏的结论是相当精辟而令人信服的。本章论述中对赵氏的材料和观点多所借鉴，特此致谢。

---

① 赵德云：《西周至汉晋时期外来珠饰研究》，科学出版社2016年版，第242—245页。

# 第八章 佛教的初传

印度佛教产生于公元前6世纪，创始者释迦牟尼与孔子是同时代人。印度孔雀王朝阿育王时代，佛教开始越出本土向域外传播。阿育王遣名僧奔赴远方绝域传播佛法，其传教使团东赴缅甸，南下锡兰，西达塞琉古王国，北进克什米尔、犍陀罗以及中亚。佛教成为世界性的宗教。汉代时佛教传入中国，佛教文化成为汉代外来文明的重要因素。关于汉代佛教，汤用彤作了精深的研究，他的《汉魏两晋南北朝佛教史》成书于20世纪30年代，解放后历经两次修改再版。汤先生晚年有意对本书"大行改造"，但夙志未酬。本章在汤先生研究的基础上，借鉴诸前贤学术成果，吸收近年来考古新材料，对佛教在汉代的传入及其影响进行探讨。

## 一 佛教传入中国的传说

> 少壮面目泽，长大色丑麁。丑麁人所恶，拔白自洗苏。
> 平生发完全，变化似浮屠。醉酒巾帻落，秃顶赤如壶。
> ——（三国魏）应璩《百一诗》之六

佛教何时传入中国和以什么方式传入中国？有许多传说。佛教为了神化佛教信仰，编造了不少神话。按照佛门传说和佛教信仰者的附会，或谓三皇五帝之世已闻有佛，"伯益述《山海》：'天毒之国，偎人而爱人。'郭璞《传》：'古谓天毒即天竺，浮屠所兴，偎爱之义，亦如来大慈之训矣。'"[①] 一本作者和创作年代不详的著作《周书异记》谓西周之世，佛

---

[①]（南朝·宋）宗炳：《明佛论》，（南朝·梁）释僧祐编《弘明集》卷2，《中华大藏经》第62册，中华书局1993年影印本，第732页。

陀应迹,即已震动华夏。[1] 须知西周时印度尚无佛教,故毋庸辩驳。或谓孔子已知西方有佛,其说出于后人的附会。[2] 有说战国燕昭王时有申毒国道人曾至燕都,其根据乃后世小说家言,不可凭信。[3] 有说阿育王时佛教已经传入中国:"昔阿育王藏佛舍利八万四千塔,震旦之境有十九处。"[4] 震旦是古代印度对中国的称呼。南朝刘宋宗炳《明佛论》谓五胡十六国时,后赵临淄有古阿育王寺,其处掘得佛像和承露盘。又云姚略叔父为晋王,于河东蒲坂古老所谓阿育王寺处掘得佛遗骨。[5] 阿育王造塔本属子虚乌有,中国发现阿育王塔当然更是无稽之谈。汤用彤先生已经一一进行辨析,论证其谬误,此不必详引。[6]

  佛教是否秦代传入中国,自来也有争议。唐法琳《辨惑论》引释道安和朱士行等之《经录》云:"始皇之时,有外国沙门释利防等一十八贤者,赍持佛经来化始皇。始皇弗从,乃囚防等。夜有金刚丈六人来,破狱出之。始皇惊怖,稽首谢焉。"[7] 费长房《历代三宝记》亦载此事。[8] 日本学者藤田丰八认为《史记·秦始皇本纪》中"禁不得祠明星出西方"中"不得"是 Buddha 的音译,即佛陀,此句应在"祠"字下断开,读作

---

[1] (唐)法琳《破邪论》卷上引,《中华大藏经》第62册,中华书局1993年影印本,第613页。

[2] 《列子》载太宰嚭问孔子:"孰为圣人?"夫子动容有间曰:"丘闻西方有圣人者焉,不治而不乱,不言而自信,不化而自行,荡荡乎民无能名焉。"后世据此以谓孔子亦知有佛,见《弘明集》后序、《广弘明集》卷一。汤用彤指出,《列子》一书系魏晋时人所伪造,孔子所称西方圣者,或指西出关之老子。氏著《汉魏两晋南北朝佛教史》,北京大学出版社1997年版,第5页。按:《列子》一书争论很多,即便不是魏晋人全部伪造,其中掺入了不少后世的内容,因此其中的材料不可尽作信史。

[3] (晋)王嘉:《拾遗记》卷4:"(燕昭王)七年,沐胥之国来朝,则申毒国之一名也。有道术人名尸罗,问其年,云百三十岁,荷锡持瓶,云发其国五年,乃至燕都。善炫惑之术,于其指端出浮屠十层,高三尺,秘诸天神仙,巧丽特绝,人皆长五六分,列幢盖,鼓舞,绕塔而行,歌唱之音如真人矣。……吹指上浮屠,渐入云里。"《汉魏丛书》,吉林大学出版社1992年影印本,第717页。

[4] 迦叶摩腾向汉明帝讲述佛教东传的历史,见(宋)志磐撰,释道法校注《佛祖统记校注》卷36《法运通塞》,上海古籍出版社2012年版,第800页。

[5] (南朝·梁)释僧祐编:《弘明集》卷2,《中华大藏经》,中华书局1993年影印本,第62册,第732页。

[6] 汤用彤:《汉魏两晋南北朝佛教史》,北京大学出版社1997年版,第3—12页。

[7] (唐)释道宣编:《广弘明集》卷11,《中华大藏经》第63册,中华书局1993年影印本,第9页。

[8] (隋)费长房:《历代三宝记》卷1,《中华大藏经》第54册,中华书局1992年影印本,第143页。

两句。① 马非百撰《秦史纲要》亦以此句为据，以为秦时佛教已流行中国。他还认为《史记》中之"羡门"即沙门，"安期"即"阿耆尼"。② 藤田之说引起不少人批驳。1944 年 2 月重庆出版的《真理杂志》一卷一期发表《秦代已流行佛教之讨论》，认为"不得"为"吠陀"（Veda）之音译，亦属误解。陈垣《禁不得辞举例》说明"禁不得"乃两汉三国间诏令书史中之习语。③ 方豪则从语音学方面认真作了辨析，说明"不"字非浊声浊调，与"浮""佛"不相类，亦非"吠"之音类；"得"字为入声，而非浊调，主要元音无对读开口"a"，与"图""屠"不相类。"沙门"之梵文原文为"不相类，亦非"吠"之音类；"得"字为入声，而 ramaṇa，巴利文为 samaṇa。唐慧琳《一切经音义》云："沙门，梵语讹也。正梵音云'室啰末拏'，唐云勤恳也。"④ 但据今人研究，"沙门"一词不是直接译自梵文，而是译自吐火罗语。在吐火罗语焉耆文中写作 Samam；吐火罗语龟兹文中写作 Samane。中文"沙门"便从吐火罗语译来，不可能译成"羡门"。"阿耆尼"的梵文原文是 Agni，是古代印度颇受尊崇的火神，与"安期"发音不同。⑤ 汤用彤指出，"不得"为虚字，非实字，不能指为佛陀。秦始皇乃禁人民私祠出西方之明星。据《诗经·大东》毛氏传："日且出，谓明星为启明；日既入，谓明星为长庚。"《史记》中所谓出西方之"明星"指的是长庚，即太白，而据《天官书》，太白主兵事，故秦人禁民间私祀。禁不得祠，实与佛教无关。⑥

一般认为，佛教于汉代传入中国，但又有不同说法。《世说新语·文学篇》刘孝彪注云："刘子政《列仙传》曰：'历观百家之中以相检验，得仙者百四十六人。其七十四人已在佛经。故撰得七十，可以多闻博识者遐观焉。如此即汉成哀之间，已有经矣。'"⑦ 清王照圆校《列仙传》有七十二人，上文"撰得七十"乃"撰得七十二"。南朝刘宋时宗炳《明佛

---

① ［日］藤田豊八，〈支那に於ける刻石の由来：附「不得祠」とは何ぞや〉，『東洋学報』第 16 卷第 2 号，1927 年。
② 此书先由油印本问世，1945 出版。参方豪《中西交通史》第 1 篇第 9 章第 2 节，岳麓书社 1987 年版，第 127 页。马非百（1896—1984 年），原名马元材，字若村，号非百，著有《秦始皇帝传》《秦集史》《秦史纲要》《桑弘羊年谱》《管子轻重篇新诠》等。
③ 陈垣：《禁不得辞举例》，《天津民国日报》1947 年 3 月 10 日。
④ （唐）慧琳：《一切经音义》卷 18，徐时仪校注，三种校本合刊，上海古籍出版社 2008 年版，第 816 页。
⑤ 方豪：《中西交通史》，岳麓书社 1987 年版，第 126—128 页。
⑥ 汤用彤：《汉魏两晋南北朝佛教史》，北京大学出版社 1997 年版，第 8 页。
⑦ （南朝·宋）刘义庆：《世说新语》卷上之下，上海古籍出版社 1982 年影印本，第 13 页。

论》云:"刘向《列仙叙》,已有七十四人在佛经。"① 对于此说,北朝时颜延之已经否定。他说:"《列仙传》,刘向所造,而《赞》(即叙)云七十四人出佛经……皆由后人所羼,非本文也。"② 南宋时志磐撰《佛祖统记》云:"鸿嘉二年,光禄大夫刘向校书天禄阁,往往见有佛经,向著《列仙传》云:'吾搜检藏书,缅寻太史撰《列仙图》,自黄帝已下迄至于今,得仙道者七百余人,检定虚实,得一百四十六人,其七十四人已见佛经矣。'"但他说他所看到的《列仙传》"书肆板行者,乃云七十四人已在仙经,盖是道流擅改之耳。然天禄有佛经,此语可证"。③ 社会上流行的版本《列仙传》不云"佛经",而是"仙经"是原文,佛教徒改仙经为佛经,志磐反而说是道流改仙经为佛经。现在流行的《列仙传》已无"佛经""仙经"之语。汤用彤先生指出:"盖此书曾历经道士改窜也。"④ 宗炳之说乃出于引证之误,不可据信。佛教徒据东方朔的故事,说汉武帝已知佛教。晋干宝《搜神记》云:"汉武帝凿昆明池,极深,悉是灰墨,无复土。举朝不解、以问东方朔。朔曰:'臣愚,不足以知之。可试问西域人。'帝以朔不知,难以移问。至后汉明帝时,西域道人来洛阳。时有忆方朔言者,乃试以武帝时灰墨问之。道人云:'经云:"天地大劫将尽,则劫烧。"此劫烧之余也。'乃知朔言有旨。"⑤《搜神记》本奇闻逸事,多荒诞不经之说,本不可作信史理解。其中劫灰之说非出自东方朔之口。《高僧传》亦载此事,将"道人"附会为竺法兰。⑥ 显然,此不足以证明汉武帝时东方朔已知有佛。

魏收的《魏书·释老志》是中国正史中最早记载佛教东传及其发展的材料,其中有云:"汉武元狩中,遣霍去病讨匈奴,至皋兰,过居延,斩首大获。昆邪王杀休屠王,将其众五万来降。获其金人,帝以为大神,列于甘泉宫,金人率长丈余,不祭祀,但烧香礼拜而已。此则佛道流通之渐也。及开西域,遣张骞使大夏,还,传其旁有身毒国,一名天竺,始闻有浮屠之教。"⑦ 汉获匈奴祭天金人之说源出于《汉武故事》,此书乃杂史

---

① (南朝·梁)释僧祐编:《弘明集》卷2,《中华大藏经》第62册,中华书局1993年影印本,第732页。
② (南北朝)颜之推:《颜氏家训·书证第十七》,中州古籍出版社2008年版,第232页。
③ (宋)志磐撰,释道法校注:《佛祖统记校注》卷36,上海古籍出版社2012年版,第796页。
④ 汤用彤:《汉魏两晋南北朝佛教史》,北京大学出版社1997年版,第12页。
⑤ (晋)干宝:《搜神记》卷13,中华书局1979年版,第162页。
⑥ (南朝·梁)释慧皎:《高僧传》卷1,中华书局1992年版,第3页。
⑦ 《魏书》卷114《释老志》,第3025页。

杂传类志怪小说作品，作者和成书年代皆不可详考，多逸闻传说，难以凭信。匈奴之祭天金人是否印度之佛像，或其烧香礼拜之仪式是否受到佛教的影响，尚需考论。按照匈奴习俗和宗教，其祭天金人很难说是佛陀金像，汤用彤先生已有详论。① 约在公元前2世纪上半叶，佛教传入希腊人统治的大夏。公元前2世纪中叶，大夏被来自东方的大月氏征服，中亚一些希腊式城市国家逐渐并入大月氏领地，大月氏直接承受了在大夏流布的佛教，"大月氏在公元前2世纪移居大夏后很快就接受了当地的风俗文化"。② 张骞出使至大月氏时，佛教早已在此地扎根，他在这里长达一年之久，所以说张骞至大夏，回国后传来关于佛教的消息应该是可能的，"始闻"之说不为无据。故唐时道宣《广弘明集》引《魏书·释老志》云："及开西域，遣张骞使大夏，还，云身毒、天竺国有浮图之教。"③ 虽对原文有所改窜，亦属合理之想象。但对佛教有所知闻，并不意味着它的传入。

佛教传播向来有南传、北传两条路线之说。南传佛教是指盛行于斯里兰卡、缅甸、泰国、柬埔寨、老挝及中国云南傣族地区的佛教，它是部派佛教中的一个派系。南传是从其源流及地理而说，因为这个派系是由印度向南传到锡兰（今斯里兰卡）后发展起来的，在通行巴利文佛典的锡兰、缅甸、泰国、高棉等国流传并奉行。北传佛教是经印度西北部北传至中亚和西域诸国，又沿丝绸之路向东传入中国，经中国传入朝鲜、日本等地的佛教。由尼泊尔、中国西藏传入蒙古一带的佛教亦属北传佛教，此系佛教与南传佛教风格迥异。19世纪，研究佛教之欧洲学者称前者为南传佛教或南方佛教，后者为北传佛教或北方佛教。佛教既经陆路北传经西域至中国内地，又经过海上交通路线经东南亚各国传入中国南方沿海地区，其时间先后则一直有不同认识。④

---

① 汤用彤：《汉魏两晋南北朝佛教史》，北京大学出版社1997年版，第9—12页。
② 任继愈主编：《中国佛教史》第1卷，中国社会科学出版社1985年版，第91页。
③ （唐）释道宣编：《广弘明集》卷2，《中华大藏经》第62册，中华书局1993年影印本，第948页。
④ 关于佛教传入中国的时间和路线的争议，盛利、于澎《佛教海上传入述评》（《海交史研究》1997年第1期）、王志远《中国佛教初传史辨述评——纪念佛教传入中国2000年》（《法音》1998年第3期）、荣新江《海路还是陆路——佛教传入汉代中国的途径和流行区域研究述评》（《北大史学》第9期，北京大学出版社2003年）曾有评述，其后又有新的成果问世。

## 二　佛教从西北陆路传入

> 万里休言道路赊，有谁教汝度流沙。
> 只今中国方多事，不用无端更乱华。
> ——（唐）韩愈《赠译经僧》

有人传播，有人信奉，有了佛典和宗教活动，才能算是真正传入。从这些因素考虑，佛教是汉代传入中国的。一般认为，它首先经过陆路即从印度经中亚传入中国。日本佛教史学者冢本善隆说："东西交通的开始，使佛教经由中亚传入中国成为可能。追求利润的西方商人和随着佛教热而勃兴的佛教文化沿着已开辟的丝绸之路，从1、2世纪开始渐次地不断地流入甘肃、陕西、河南。"[①] 在这条路线上，佛教首先在西域古国于阗（今新疆和田一带）得到传播，时间大约在公元前1世纪的西汉中期。于阗地处塔里木盆地南缘，东通且末、鄯善，西通莎车、疏勒，盛时领地包括今新疆和田、皮山、墨玉、洛浦、策勒、于田、民丰等县市，都西城（今和田约特干遗址），古代居民属操印欧语系的吐火罗人。公元前2世纪，尉迟氏在此建国，为西域南道国势最强的国家之一。从莎车越葱岭经罽宾可至印度，是中印之间商贸文化交流要道，因位居丝路贸易要道而繁荣一时，且为西方贸易商旅的集散地，东西文化交流之要冲。佛教就是伴随着商旅的脚步从南亚传入。

有关佛法始传于阗的时间，学术界存在争论。据藏文《于阗国授记》[②]，塞人入主于阗，建立瞿萨旦那国，为地乳王（Sa-nu）19岁时。时为佛涅槃后234年。按照汉传佛教史籍《历代三宝记·众圣点记》的说法，佛陀涅槃于公元前485年，则于阗建国应为公元前251年。佛教传入稍晚于此。《于阗国授记》记载，瞿萨旦那建国后165年，尉迟胜登位，他在位的第五年，来自克什米尔的毗卢折那（Vairotchana，或作毗卢旃、比卢折那、毗卢折那）阿罗汉至于阗传扬佛教。这一年相当于西汉昭帝

---

① ［日］塚本善隆：『支那仏教史研究 - 北魏篇』、東京：弘文堂書房、1942年。
② 《于阗国授记》是国外藏学家在藏文大藏经《甘珠尔》和《丹珠尔》当中发现的，成书于唐代或五代时期。敦煌出土《于阗国授记》（又名《于阗教法史》）藏文卷子，可以与之参看。

元凤元年（前 80 年）。① 当时的具体情况，北魏时与宋云一起前往天竺取经到过于阗的惠生记下这样的故事：

> 于阗王不信佛法，有商将一比丘名毗卢旃，在城南杏树下，向王伏罪云："今辄将异国沙门来在城南杏树下。"王闻忽怒，即往看毗卢旃，旃语王曰："如来遣我来，令王造覆盆浮图一躯，使王祚永隆。"王言："令我见佛，当即从命。"毗卢旃鸣钟告佛，即遣罗睺罗变形为佛，从空而现真容。王五体投地，即于杏树下置立寺舍，画作罗睺罗像，忽然自灭。于阗王更作精舍笼之，令覆瓮之影恒出屋外，见之者无不回向。其中有辟支佛靴，于今不烂，非皮非缯，莫能审之。②

唐玄奘从印度归来，路经于阗，归国后著《大唐西域记》也记载了这一传说：

> 王城南十余里有大伽蓝，此国先王为毗卢折那（唐言遍照）阿罗汉建也。昔者此国佛法未被，而阿罗汉自迦湿弥罗国至此林中，宴坐习定。时有见者，骇其容服，具以其状上白于王。王遂躬往，观其容止，曰："尔何人乎？独在幽林？"罗汉曰："我，如来弟子，闲居习定。王宜树福，弘赞佛教，建伽蓝，召僧众。"王曰："如来者，有何德，有何神，而汝鸟栖，勤苦奉教？"曰："如来慈愍四生，诱导三界，或显或隐，示生示灭。遵其法者，出离生死；迷其教者，羁缠爱网。"王曰："诚如所说，事高言议，既云大圣，为我现形，若得瞻仰，当为建立，罄心归信，弘扬教法。"罗汉曰："王建伽蓝，功成感应。"王苟从其请。建僧伽蓝，远近咸集，法会称庆，而未有犍椎扣击召集。王谓罗汉曰："伽蓝已成，佛在何所？"罗汉曰："王当至诚，圣鉴不远。"王遂礼请，忽见空中佛像下降，授王犍椎，因

---

① 参见沈福伟《中西文化交流史》，上海人民出版社 1985 年版，第 78 页。薛宗正的观点与此不同，他认为佛教东弘乃发生于瞿萨旦那第二代君休莫霸时期。至广德继位，大众派正统佛教（小乘佛教）逐渐战胜了原始的巫教。至魏晋时期，于阗才成为西域的大乘佛教中心。休莫霸在位时期很长，至少从新朝前期至东汉明帝的年间。参见氏著《古代于阗与佛法初传》，《西北民族研究》2005 年第 2 期。
② （北魏）杨衒之撰，范祥雍校注：《洛阳伽蓝记校注》卷 5，上海古籍出版社 1978 年版，第 271—272 页。

即诚信，弘扬佛教。①

这段记载与上引惠生记载大同小异。加湿弥罗国即今克什米尔②，瞿萨旦那国即于阗。《魏书·西域传》认为于阗国都城城南五十里的赞摩寺，就是当年毗卢折那最初传教之地。英国人斯坦因在西域考古时，在尼雅废址发现一些木牍，上面用梵文雅语书写一段一段的佛经，这些木牍的年代大约在公元前2世纪，与上述传说时间一致。③说明佛教传入于阗不久，梵本经典就已利用中国特有的书写材料加以传抄，但尚未经翻译。当时主要的书写材料还是木牍和竹简。从文献记载和考古材料都说明，佛教传入新疆和田是在公元前1世纪前后的西汉中期。此后佛教经由西域向内地传入，佛教传入中国内地当在西汉末年和东汉初期，"因西域使臣商贾以及热诚传教之人，渐布于中夏，流行于民间"。④这种传播可能是渐进式的，当时的情形，荷兰汉学家许理和曾有如下推测：

  它可能从西北慢慢渗入，经过横跨欧亚的丝绸之路上的两条支线在敦煌进入中国，并且从那里穿过河西走廊进入关中和华北平原，那里正是后汉都城洛阳坐落的地方。这种渗入可能发生于公元一世纪上半叶（中国势力在中亚巩固的时候）和公元一世纪中叶（在同期中国文献中首次证实佛教此时已经出现）之间。⑤

他认为最早带来佛教的可能是那些来自西域的商人、难民、使节和人质，"佛教首先必须依赖那些原本携有佛教信仰的外国人维持其存在"。西汉末，佛教已经传入立国中亚的大月氏国，大月氏人在把佛教传入中国的过程中担负了重要角色，佛教最早传入中国便是通过大月氏人。鱼豢《魏略·西戎传》记载，西汉哀帝元寿元年（前2年），"博士弟子景卢受大

---

① （唐）玄奘、辨机原著，季羡林等校注：《大唐西域记校注》卷12，中华书局2000年版，第1009页。
② 迦湿弥罗（梵Kaśmira），古代文献中又作羯湿弭罗国、迦叶弥罗国、个失蜜国。位于西北印度犍陀罗地方的东北、喜马拉雅山山麓的古国，位于今克什米尔地区。中国汉朝时称为罽宾，魏晋南北朝时称为迦湿弥罗，隋唐时称为迦毕试。
③ [英] 斯坦因：《西域考古记》，向达译，商务印书馆2013年版，第91页。
④ 汤用彤：《汉魏两晋南北朝佛教史》，北京大学出版社1997年版，第36页。
⑤ [荷兰] 许理和：《佛教征服中国》，李四龙、裴勇等译，江苏人民出版社2003年版，第34页。

月氏使伊存口授浮屠经"。① 此后，《世说新语·文学篇》刘孝标注、《魏书·释老志》《隋书·经籍志》、唐法琳《辩证论》五、《太平御览·四夷部》均记其事，《史记·大宛列传》张守节《正义》《通典》卷一九三、《通志》卷一九六引晋宋间《浮屠经》，宋董逌《广川画跋》卷二引《晋中经》亦引其事。从伊存授经的人和口授的地点，诸书记载有差异，《魏书·释老志》记载此事，景卢作秦景宪。《魏略》《世说新语》注记载景卢在中国受大月氏使伊存口授浮屠经；《通典》《通志》《广川画跋》等似言秦景，或景匿、秦景宪出使大月氏，得受浮屠经。汤用彤认为比较起来，以伊存使汉，博士弟子景卢受经较为确实。他据《广川画跋》引此文谓出《晋中经》，《广弘明集》记载阮孝绪《七录序》谓《晋中经簿》有佛书经簿十六卷，可知晋室秘府原藏佛经。而《晋中经簿》源出《魏中经》（如《隋志序》），可知魏氏朝廷当已收集佛经。由此推测魏世作簿录时，"伊存之经或尚在，并已著录"。《魏中经》的作者所见《浮屠经》"当不只此一部"。② "大月氏在公元前2世纪移居大夏后很快就接受当地的风俗文化，因此在公元前1世纪末盛行佛教并由其来华使者口授佛经，是完全可能的"。③ 自张骞通西域后，汉朝与西域建立起密切联系。其时大月氏已经建立起贵霜王朝，在丘就却统治之下，佛教极其昌盛，伊存就是丘就却派来的使节，兼负传播佛教的使命。口授是印度佛经传授的传统方法，公元前1世纪之前，佛经尚无成文记载，而凭口耳传授。伊存是传播佛教的一个代表，伊存授法成为佛教初传中国内地的标志性事件。"《魏略》之记载，是被近代史家所注目的资料。史料的可信性高，是佛教初传中最古老的资料，是大有价值的根据"。④ "大月氏之使节伊存口授浮屠经予博士弟子景卢为中国佛教之始"。⑤ 但当时对伊存讲授的佛法，汉朝人却不信服，"中土闻之，未之信了也"。⑥ 东汉末年佛教有规模地传入，仍然是大月氏人发挥了作用。当时入华的大月氏人人数众多⑦，据《出三藏记集·支谦传》记载，汉灵帝世大月氏人

---

① 《三国志》卷30《乌丸鲜卑东夷传》，裴松之注引，第859页。
② 汤用彤：《汉魏两晋南北朝佛教史》，北京大学出版社1997年版，第36页。
③ 任继愈主编：《中国佛教史》（一），中国社会科学出版社1985年版，第91页。
④ ［日］野上俊静等：《中国佛教史概说》，释圣严译，台湾商务印书馆股份有限公司1993年版。
⑤ 慈怡主编：《佛教史年表》，台湾佛光出版社1987年版。
⑥ 《魏书》卷114《释老志》，第3025页。
⑦ 参见林梅村《贵霜大月氏人流寓中国考》，收入氏著《西域文明——考古、民族、语言和宗教新论》，东方出版社1995年版，第33—67页。

法度曾率国人数百归化,得到汉朝"率善中郎将"的任命,反映其时流寓中国的大月氏人数量之多。① 他们可能在中国有一定的宗教组织。洛阳附近曾出土用佉卢文字书写在井阑题记碑铭,据林梅村中文释读为:

> 唯……年……月十五日:此地寺院……祈愿人们向四方僧团敬奉一切。

其中反映了大月氏人组成僧团并在洛阳建寺的史实。据布腊夫考碑铭的年代在汉灵帝和汉献帝之际。此时能够在洛阳使用佉卢文的只有贵霜大月氏人,此碑铭应是侨居洛阳的大月氏佛教徒所立,甚至可能与法度归化有关。②

到了东汉,上层统治者越来越重视佛教。从文献记载来看,在皇室贵族中楚王刘英最早信奉佛教。《后汉书·西域传》记载:"楚王英始信其术,中国因此颇有奉其道者。"③ 据《后汉书·楚王英传》,刘英"晚节更喜黄老,学为浮屠,斋戒祭祀"。永平八年(65年),刘英奉送缣帛于朝廷,"以赎愆罪"。明帝诏报云:"楚王诵黄老之微言,尚浮屠之仁祠(一作慈,见《资治通鉴》),洁斋三月,与神为誓,何嫌何疑?当有悔吝,其还赎以助伊蒲塞、桑门之盛馔,因以颁示诸国中傅。"④ 伊蒲塞,梵语优婆塞 Upāsaka 的异译,在家信佛、行佛道并受了三皈依的男子。居士,指在家受五戒的男性佛教徒。"沙门"一译桑门,意思为"息心","勤息",即勤修善法、息灭恶法者之意。原为古印度各教派出家修道者的通称,后佛教专指依照戒律出家修道的佛教僧人。从明帝诏书可知,刘英崇奉浮屠,奉物赎罪,洁斋发愿,并盛宴供养沙门和伊蒲塞,在他身边围绕着一个信奉佛教的群体。

东汉明帝永平年间遣使赴西域求法,曾被佛教史家认为是佛教初传中

---

① (南朝·梁)僧祐:《出三藏记集》卷13,中华书局1995年版,第516页。
② 林梅村:《贵霜大月氏人流寓中国考》,收入氏著《西域文明:考古、民族、语言和宗教新论》,东方出版社1995年版,第40—41页。
③ 《后汉书》卷88《西域传》,第2922页。
④ 《后汉书》卷42《楚王英传》,第1428页。

国的标志性事件,但这种观点已经被学术界所修正。① 此事最早之记载见于东汉末年牟子的《理惑论》《四十二章经序》和《老子化胡经》。据佚名作者《四十二章经序》云:"昔汉孝明皇帝夜梦见神人,身体有金色,项有日光,飞在殿前,意中欣然,甚悦之。明日问群臣:'此为何神也?'有通人傅毅曰:'臣闻天竺有得道者,号曰佛,轻举能飞,殆将其神也。'于是上悟,即遣使者张骞、羽林中郎将秦景、博士弟子王遵等十二人,至大月支国写取佛经《四十二章》,在十四石函中,登起立塔寺。于是道法流布,处处修立佛寺,远人伏化,愿为臣妾者不可称数。国内清宁,含识之类,蒙恩受赖,于今不绝也。"② 牟融《理惑论》记载:"昔孝明皇帝梦见神人,身有日光,飞在殿前,欣然悦之。明日,博问群臣:'此为何神?'通人傅毅曰:'臣闻天竺有得道者,号曰佛,飞行虚空,身有日光,殆将其神也。'于是上悟,遣使者张骞(此依宋元明宫本,丽本据晚出传说改此四字为'中郎蔡愔')、羽林郎中秦景、博士弟子王遵等十八人,于大月氏写佛经四十二章,藏在兰台石室第十四间。时于洛阳城西雍门外起佛寺,于其壁画千乘万骑,绕塔三匝。又于南宫清凉台及开阳城门上作佛像。明帝时预修造寿陵,曰显节,亦于其上作佛图像。时国丰民宁,远夷慕义,学者由此而滋。"③ 据汤用彤考证,《理惑论》的文字可能抄自《四十二章经序》,而有所修改增益。《理惑论》出于汉末,《四十二章经序》出世或更早。

此后,永平求法故事还见于东晋袁宏《后汉纪》卷十;五胡十六国石赵时王度的《奏疏》,见《高僧传·佛图澄传》;刘宋宗炳《明佛论》,见《弘明集》;范晔《后汉书》卷八十八《西域传》;南齐王琰《冥祥记》,见《法苑珠林》卷十三;萧梁时释僧祐《出三藏记集》卷二;释慧

---

① 如日本学者宇井伯寿《支那佛教史》(岩波书店,昭和十一年,1936年)云:"后汉明帝永平十年(纪元六十七年)……为公然的佛教初传,乃是从来的定说似的。可是,后来由于学者的研究,逐渐明了,这个永平十年说,并不是传著事实。因为一般学者不信任永平十年说的全部内容,乃以《魏略》……而取之为佛教之初传中国。"望月信亨《中国净土教理史》(昭和十七年,1942年)云,《魏略》的记载,"说明公元前二年顷,大月氏王之使者,已将佛经以口授传于中国学者,此即中国佛教最初传来之说";"有关佛教最初传入中国之年代……皆述说在汉明帝时代,明帝夜梦金人……依于此说,认定明帝永平十年(67年)为中国佛教初传之年代。然而……这些被认为全系后人所编造。"以为永平求法事全系编造,未免过于武断,但他们都否定了永平求法为佛教初传中国之始,强调伊存授法为佛教初传中国之始。
② (南朝·梁)释僧祐:《出三藏记集》卷6,中华书局1995年版,第242页。
③ (南朝·梁)释僧祐编:《弘明集》卷1,《中华大藏经》第62册,中华书局1993年影印本,第714页。

皎《高僧传》卷一；陶弘景《真诰》卷九；北魏郦道元《水经注·榖水注》；杨衒之《洛阳伽蓝记》卷四；《魏书·释老志》；北魏僧人伪造之《汉法本内传》，见《法苑珠林》《广弘明集》《佛道论衡》等。六朝人士论及佛教东传，往往言及。然而，对于明帝求经之说，诸书记载多有不同，关于取经之时、求法之人和到达之地等，皆有多种不同说法。如年代有永平三年、七年、十年、十一年、十三年等说，派往人数有十八人、十四人、十二人不等，有张骞、秦景、王遵、蔡愔不同使人，到达地有说大月氏，有说天竺。其目的、事迹也有不同说法，有问道术、图佛之形象、奉迎沙门和传写佛经等。更有记事舛误者，《四十二章经序》云："遣使者张骞、羽林中郎将秦景、博士弟子王遵等十二人，至大月氏国"，将张骞西使系之东汉明帝，实属荒谬。此后百余年间，竟无佛教传播之迹象，故前人多有致疑者。

王琰《冥祥记》最早记载，蔡愔迎来西域僧人迦摄摩腾。《高僧传》记载天竺僧竺法兰与迦摄摩腾同来。对于迦摄摩腾和竺法兰入华译经，也有人怀疑其事。因为虽然明帝遣使西行求法见于《四十二章经序》《理惑论》《后汉纪》卷十和《后汉书·西域传》诸书，但皆未记载摄摩腾和竺法兰事，也没有言及《四十二章经》。后世佛教典籍有的说竺（摄）摩腾译于大月氏，有的说竺法兰译于白马寺，有的说是竺法兰所译，有的说是摄摩腾和竺法兰合译，而且译文系魏晋以后文体，并有模拟《老子》《孝经》等书的痕迹。东晋道安的《综理众经目录》是最早的佛教经录，未载此经。有人认为《四十二章经》可能是与道安同时或以后之吴晋间中国人伪造。[①] 释僧祐《出三藏记集》首记竺（摄）摩腾译此经事，而僧祐为齐梁间人，则此经当造于此前。

肯定上述史书记载的也大有人在。冯承钧认为，龟兹在纪元前2世纪已与中国相接触，汉成帝、哀帝时（前32年至1年）来往尤其频繁，不仅可以介绍梵僧来中国，而且也有可能迎送汉使赴印度，所以《魏略》记载博士弟子从大月氏使伊存口授浮屠经，不应视为伪造，那么纪元二年时已有汉使西去。而69年后，摄摩腾、竺法兰和其他梵僧入华，似乎不应该否定。[②] 有学者认为西域僧人来华虽有可能，但未必就是摄摩腾和竺法兰。汤用彤认为，"求法故事虽有可疑，然不能因此即斥《牟子》《经

---

[①] 梁启超：《佛教之初输入》，《佛学研究十八篇》，上海古籍出版社2001年版，第29—32页。
[②] 冯承钧：《历代求法翻经录》（一），山西人民出版社2014年版，第3页。

序》所传说毫无根据。"① 东汉明帝时，大月氏贵霜王朝已经占领印度次大陆西北部的犍陀罗（濮达）、克什米尔（罽宾）之地，并进一步侵入印度河流域上游的旁遮普地区。佛教并不是汉明帝时才有耳闻，夜梦之事和傅毅的解梦说明在此之前，汉人已经了解到佛教。汉明帝时遣使求法应有可能。汉使至大月氏贵霜王国得到佛画像和佛典，迎请中天竺沙门摄摩腾、竺法兰一同返归洛阳。明帝让摄摩腾和竺法兰住在鸿胪寺，并择地建庙，即后世所谓白马寺。据说摄摩腾和竺法兰来时，是用白马把佛经驮来的，故称白马寺。摄摩腾翻译了《四十二章经》，藏十四石匣中，成为最早的汉译佛经。竺法兰又译《十地断结》《佛本生》《法海藏》《佛本行》和《四十二章经》五部。佛教有"三宝"之说，即佛（泛指一切佛）、法（教义）、僧（信徒）。至此，佛经、寺院、佛教徒等在中国都已经有了。"中国有沙门及跪拜之法，自此始也"。② 三宝俱足，应该说此时佛教已经传入中国。

《隋书·经籍志》云："楚王英以崇敬佛法闻，西域沙门，赍佛经而至者甚众。"③ 但有人指出，实际上明帝以后近百年的时间，史籍上不见佛教在中土的流传，认为只有到了汉桓帝和汉灵帝时，才有西域僧人入华，史书上才有佛教的信息。因此，明帝求法之事不可信据。明帝以后百年间佛教在汉地不彰，其原因可能是佛教在社会上缺乏影响，又依附于鬼神方术，浮屠与方士、道士相混，故不为显扬。当时所谓方士、道士可能包含着浮屠。汤用彤指出："浮屠之教，当时既附于方术以推行，释迦自亦为李老之法裔。……盖神仙方技之士，自谓出于黄老，最初除服食修炼之术以外，尚讲求祠祀之方。而浮屠本行斋戒祭祀，故亦早为方士之附庸。史称楚王英交通方士。王充云：'道士刘春荧惑楚王英。'则方士亦称道士。两汉之世，鬼神祭祀，服食修炼，托始于黄帝、老子，采用阴阳五行之说，成一大综合，而渐演为后来之道教。浮屠虽外来之宗教，而亦容纳为此大综合之一部分。自楚王英至桓帝约一百年，始终以黄老、浮屠并称，其时佛教之性质可推想也。考伊存授经、明帝求法以后，佛教寂然无所闻见。然实则其时仅为方术之一，流行于民间，独有与异族有接触（如博士弟子景卢），及好奇之士（如楚王英、襄楷）乃有称述，其本来面目原未显著。当世人士不过知其为夷狄之法，且视为道术之支流，其细

---

① 汤用彤：《汉魏两晋南北朝佛教史》，北京大学出版社1997年版，第21页。
② 《魏书》卷114《释老志》，第3025页。
③ （唐）魏征等：《隋书》卷35《经籍志》，第1097页。

已甚。后世佛徒,尤耻其教之因人成立,虽知之而不愿详记。岂真佛教在桓灵以前未行中国耶?盖亦因其傍依道术而其迹不显耳。"① 这一论断是较近情理的。荷兰汉学家许理和则认为,东汉时佛教不见于记载,与中国史书叙事传统有关,"只要宗教事务与政治、朝廷没有直接关系,中国历史学家便对之不感兴趣,对外国人在中国的宗教实践更则更少关心";"出现在早期中国史籍中有关佛教的少量段落,是由史传作者在其叙述中偶然做出的评论⋯⋯除了只言片语,没有一个段落意在讲述佛教本身的内容"。但这些偶然记录下的情况可以让我们知道,"即便在这个相当早的时期,佛教就以这种或那种方式与社会上层阶级发生了联系,这一点可以由中国史籍所提到的这些事实加以证明"。②

伊存授经和明帝求法之后,至桓帝、灵帝之前百年间,佛教在中土并非全无信息。安帝时班勇撰《西域记》提到天竺国奉浮屠,这条材料显然被学者们忽视了。班勇生活在和帝至顺帝时,他写的《西域记》一书已佚,范晔著《后汉书·西域传》多取材此书,他说:"今撰建武以后其事异于先者,以为《西域传》,皆安帝末班勇所记云。"③ 范晔在《西域传论》中特别讲道:"至于佛道神化,兴自身毒,而二汉方志莫有称焉。张骞但著地多暑湿,乘象而战;班勇虽列其奉浮屠,不杀伐,而精文善法导达之功靡所传述。"④ 范氏这一交代证明,在班勇的书中曾介绍天竺佛教,只是书中内容我们现在不得其详,则汉地人在桓、灵之前并不是对佛教一无所知。梁启超《佛教之初输入》一文引《后汉书·西域传》此段文字,恰好略去此数语,故云:"两汉时人,鲜有知佛。官书地志,一无所载。学者立言,绝未称引。"⑤ 东汉末年,桓、灵之际,佛教又受到提倡,《后汉书·桓帝纪》史官论批评桓帝:"饰芳林而考濯龙之宫,设华盖以祠浮图、老子,斯将所谓听于神乎!"⑥《后汉书·西域传》"天竺"条云:"后桓帝好神,数祀浮图、老子,百姓稍有奉者,后遂转盛。"⑦ 又云:"汉自楚王英始盛斋戒之祀,桓帝又修华盖之饰。"⑧《后汉书·襄楷

---

① 汤用彤:《汉魏两晋南北朝佛教史》,北京大学出版社1997年版,第40页。
② [荷兰] 许理和:《佛教征服中国》,李四龙、裴勇译,江苏人民出版社2003年版,第22页。
③ 《后汉书》卷88《西域传》,第2913页。
④ 同上书,第2931—2932页。
⑤ 梁启超:《佛学研究十八篇》,上海古籍出版社2001年版,第21页。
⑥ 《后汉书》卷7《桓帝纪》,第320页。
⑦ 《后汉书》卷88《西域传》,第2922页。
⑧ 同上书,第2932页。

传》记载，桓帝延熹九年（166年），襄楷至京上书云：

> 又闻宫中立黄老、浮屠之祠，此道清虚，贵尚无为，好生恶杀，省欲去奢。今陛下嗜欲不去，杀伐过理，既乖其道，岂获其祚哉！或言老子入夷狄为浮屠，浮屠不三宿桑下，不欲久生恩爱，精之至也。天神遗以好女，浮屠曰："此但革囊盛血。"遂不眄之。其守一如此，乃能成道。①

据此可知，襄楷上书之前，佛教已进入东汉宫中。桓帝建和元年（147年）以后，西域僧人入华和译经渐多，而社会上对佛教已有了相当的了解，信奉者越来越多。《三国志·刘繇传》记载汉末笮融之事，反映了当时徐州地区佛教之盛行：

> 笮融者，丹杨人，初聚众数百，往依徐州牧陶谦。谦使督广陵、彭城运漕，遂放纵擅杀，坐断三郡委输以自入。乃大起浮图祠，以铜为人，黄金涂身，衣以锦采，垂铜盘九重，下为重楼阁道，可容三千余人，悉课读佛经，令界内及旁郡人有好佛者听受道，复其他役以招致之，由此远近前后至者五千余人户。每浴佛，多设酒饭，布席于路，经数十里，民人来观及就食且万人，费以巨亿计。②

此乃汉灵帝时事。东汉时佛教在中亚地区已经广泛传播。桓、灵之际，西域各国包括印度、月氏（贵霜王朝）、安息、康居的高僧或热心传教之商贾陆续来华，传译佛经，洛阳成为当时佛教传播的中心，白马寺被后世称为佛教的"祖庭"。东汉建都洛阳，洛阳成为丝绸之路新的起点，也成为西域入华者的目的地，因此成为入华僧人的活动中心和佛经翻译的中心。除了摄摩腾和竺法兰所译佛经之外，灵帝光和二年（170年），竺佛朔携来《道行经》在洛阳翻译，译经2部。光和、中平年间，支娄迦谶至洛阳游说，译经14部（一说23部，一说39部）。支谦的祖父法度于东汉时与本国人数百名移居中国，支谦从小生活在中国，后来也有大量译著。康孟祥曾和昙果合作，译经6部。有人以为中国造像立寺当始于灵帝中平五年（188年）至献帝初平四年（195年）。其时笮融造大佛及佛寺，礼佛

---

① 《后汉书》卷30下《襄楷传》，第1082页。
② 《三国志》卷49《吴书·刘繇传》，第1185页。

者达五千余人,其地在今江苏北部。洛阳、许昌等地亦有佛寺建立。安玄是安息国优婆塞,灵帝末年经商至洛阳,官至骑都尉,学汉文后,与临淮人严佛调合作译经两部。据《内典录》,康巨、康孟祥来自中天竺,当是移居中天竺的康居人。康巨于灵帝中平四年(187年)译经1部,康孟祥于献帝兴平元年(194年)至献帝建安四年(199年)译经6部。汉末移居吴兴的昙谛姓康,祖先是康居人,精通佛经和儒学经典,晚年在苏州虎丘寺讲《法华》《大品》《维摩》等佛经十五遍,讲《礼记》《周易》《春秋》各七遍。在汉末译经成就最突出的域外入华僧人是安世高和支娄迦谶。

汉代经过丝绸之路传入中国北方的佛教,随着传道者和信奉者的行踪传至中国南方,盛于齐楚以及江淮之间。汤用彤据文献记载,表列汉代佛教分布之地:楚王英(彭城等八城、临淮二县、丹阳泾县),桓帝(洛阳),襄楷(平原濕阴人,今山东临邑县地),某君(襄乡浮屠),《般若经》校定(许昌寺),笮融(丹阳、下邳、彭城、广陵),安世高禅学之继承人陈惠(会稽)、韩林(南阳)、皮业(颍川),严浮调(临淮人,洛阳),支娄迦谶的笔受者孟福(字元士,洛阳)、张莲(字少安,洛阳),牟子(苍梧、交趾)。佛教所以由洛阳传播至齐楚江淮之地,一是地域文化使然,自战国时起,齐楚江淮之地神仙方士之术盛行。佛教初传,依附于方仙道,被视为道术之一种,故容易植根于这一带文化土壤,为人所接受;二是信奉佛教的楚王刘英从洛阳就国,至徐州;又以罪废徙丹阳泾县,从英徙者数千人,其中包括他身边的宗教团体;三是汉末北方发生战乱,僧人南迁避难,把佛教的种子播撒其地。《高僧传·安世高传》记载:"高游化中国,宣经事毕,值灵帝之末,关洛扰乱,乃振锡江南。"安世高到过荆州、庐山、寻阳、广州、扬州、豫章和会稽。① 支谦于汉灵帝末年亦避乱入吴。南方交州(在今越南境内)是中国早期佛教发达地区之一。交州佛教最初亦来自北方,例如苍梧人牟子,他带母亲避乱到交州,著《理惑论》一书,宣扬佛教,成为中国学者的第一部佛学论著,也是魏晋南北朝时期佛学研究高潮的先声。牟子名牟融,原为儒者,亦因北方战乱南下,到交州传习佛典,被人非难,著此书以做答辩。

---

① 《高僧传》卷1《安清传》,第4—8页。

## 三 佛教传入中国的路线问题

> 晋宋齐梁唐代间，高僧求法离长安。
> 去人成百归无十，后者安知前者难。
> 路远碧天唯冷结，沙河遮日力疲殚。
> 后贤如未谙斯旨，往往将经容易看。
>
> ——（唐）义净《题取经诗》

佛教最初从什么路线传入，学界有不同观点。梁启超《佛教之初输入》最早提出汉代佛法传入先由海道。他认为历史上关于佛教东来之早期记述，皆不可信。朱士行《经录》记载秦始皇时室利防等十八人入华之事，"此种断片且传疑的史实，无征引之价值"；《魏略·西戎传》记载伊存口授浮屠经之事，"既无著述，亦无传授，则影响固不及思想界耳"；楚王英信奉佛教，但"在社会中先已有相当之根柢可知，故教义输入，不得不溯源于西汉之季也"。汉明之永平求法说，"全属虚构"，"治佛学史者，须先将此段伪掌故根本被除，庶以察觉思想进展之路，不致歧谬也"。而"阿育派遣宣教师二百五十六人于各地。其派在亚洲者，北至俄属土耳其斯坦，南至缅甸，仅有确证，且当时中印海路交通似已开。然则育王所遣高僧或有至中国者，其事非不可能"。①

梁启超对史料缺乏审慎的辨析，观点失之武断。在对佛教初传之史料作了仔细辨析后，汤用彤不同意梁启超上述论述，他说："佛教入华，主要者为陆路。自汉武开通西域以来，中外交通，据史书所载，多由陆路。西汉虽有海上交通（见《汉书·地理志》），然当不盛。及至东汉，日南徼外从海外贡献。会稽、交趾均有海上交通。安世高之徒陈惠，乃会稽人。而交趾之牟子，著论为佛道辩护，则佛法由海上输入，当亦有其事。然佛教东渐，首由西域之大月氏、康居、安息诸国。其交通多由陆路，似无可疑。"② 汤用彤肯定佛教初传主要由陆路，应该是对的，但对其他路线的传播情况似乎有所低估。

---

① 梁启超：《佛学研究十八篇》，上海古籍出版社2001年版，第22—24页。
② 汤用彤：《汉魏两晋南北朝佛教史》，北京大学出版社1997年版，第58页。

有材料说明，交州佛教也有自海路而来，并由此北上中原，成为佛教传入内地的另一渠道。从文献记载来看，佛教通过南海海道传入中国比较晚，大约在东汉末年。僧人康僧会就是在交州长大的，而他们家是从天竺经海道来交州的。他原籍康居，世居天竺，父亲因经商到交州。僧会10余岁父母皆亡，遂出家。他通天文、谶纬之学，尤娴经律。康僧会所传播的佛教应该是从天竺经海路而来者。《高僧传》记载康僧会于三国吴孙权赤乌十年（247年）抵达建业（今南京），"初达建业，营立茅茨，设像行道"①，为舍利建塔，成为江左建寺之始，故称建初寺。其所传佛教是经海路迁入交趾，然后又北上南京。康僧会译有《六度集》《旧杂譬喻》等经，共7部，20卷，又注《安般守意经》《法镜经》《道树经》等经。于是江南佛法始兴。越南史籍《大南禅苑传灯录》记载："交州一方道通天竺，佛法初来，江东未被。而赢楼又重创宝刹二十余所，度僧五百余人，译经一十五卷……于时有比丘尼摩罗、耆域、康僧会、支疆梁、牟博（即牟子）之属在焉。"②

近几十年来，随着考古发现的进展，中国早期佛教造像在许多地区都有新的发现，而以鲁南、苏北以及西南和江南地区的发现较为集中。据统计，截至1991年，长江流域不断发现自东汉至三国吴、西晋和东晋前期的早期佛教图像，已有100多例。③就性质而论，可分供奉佛像、与佛教有关的人物像和佛教象征图案三类。早期佛像的载体在长江上游主要是以四川为中心的摇钱树、长江中下游的佛兽镜和神瓶（魂瓶）以及分布在上述地区的尖顶帽胡俑、白相俑等。④这些引起佛学界和治中外关系者的关注和热议。近年对连云港市孔望山摩崖造像的讨论正在展开和深入。有人推断孔望山摩崖造像含有佛教内容，为东汉桓、灵时期的遗物。⑤佛教由口头讲传到译经，乃至造像，反映出汉末佛教在东南传播比较广泛。有的学者据此认为，在南方发现的这些佛教造像表明佛教传入中国还有除了西北陆路交通传入的其他途径，如海上丝路、南方丝绸之路等。

早期佛教的考古发现集中在中国西南部的四川。1940年前后，杨枝

---

① （南朝·梁）释慧皎：《高僧传》卷1，中华书局1992年版，第15页。
② 转引自杜继文主编《佛教史》，中国社会科学出版社1991年版，第102页。
③ ［日］山田明尔等：《"早期佛教造像南传系统"研究概况及展望》，《东南文化》1991年第3期。
④ 何志国：《论早期佛像在长江流域的传播——以汉晋考古材料为中心》，《东南文化》2004年第3期。
⑤ 俞伟超、信立群：《孔望山摩崖造像年代考察》，《文物》1981年第7期。

高发现乐山城郊麻浩崖墓佛像,在其享堂的门楣上,用浅浮雕刻着一尊佛像,高37厘米,厚3.7厘米,结伽趺坐,头上高肉髻,绕头有圆项光,披通肩袈裟,右手作降魔印,左手置膝上,执一带状物若襟带。附近风格相同的崖墓有顺帝永和、桓帝延熹纪年铭刻。①商承柞做了进一步调查,认定乐山崖墓为东汉崖墓。此后半个世纪中,早期佛教遗物断断续续地有所发现,与之相关的外来文化遗物也多有发现,为早期佛教的传入研究提供了新材料。1955年,乐山柿子湾东汉墓中发现两尊类似的佛教雕像,风化严重。②乐山麻浩、柿子湾崖墓佛像的先后发现,引起学术界的重视,视之为我国最早的佛教造像之一。其年代多指为东汉或东汉晚期。③此后,绵阳何家山1号墓中发现青铜摇钱树上五个佛像④;宜宾黄塔山东汉墓出土的一尊佛像,端坐于青狮身上。⑤南京博物院收藏一株摇钱树,陶座上有一尊坐佛像,两边站立着两菩萨,佛像座垫装饰着"双龙衔璧"图案。摇钱树出土于解放前四川彭城县东汉崖墓中。⑥1986年,四川省博物馆在什邡县皂角乡白果村马堆子发现一座东汉画像砖残墓,采集到的一块残破的画像砖上有佛塔图案,"画面中间有一佛塔,两边为菩提树,再往两边又各有一佛塔,佛塔与菩提树相间而刻。此砖虽已残破,但佛塔与菩提树形象清晰可见。这是我国至今发现最早的佛塔实物形象"。⑦西昌邛海汉砖宝墓的卷拱砖上,发现朱书梵文佛号。⑧刘世旭从西昌市文博部门所藏的大量考古实物中发现4例与佛教有关的文物,据以提出至少在东汉晚期,佛教文化已传入凉山地区,并与中国神仙思想相结合。认为凉山地区的佛教文化可能经"西南丝路"传入。⑨重庆丰都东汉延光四年

---

① 李夏华、陶鸣宽:《东汉崖墓内的一尊石刻佛像》,《文物参考资料》1957年第6期。
② 闻宥集撰:《四川汉代画像选集》,群众出版社1955年版,图版59。
③ 唐长寿:《乐山麻浩、柿子湾崖墓佛像年代新探》,《东南文化》1989年第2期。
④ 何志国:《四川绵阳何家山1号东汉崖墓清理简报》,《文物》1991年第3期。
⑤ 谢志成:《四川汉代画像砖上的佛塔画像》,《四川文物》1987年第4期。
⑥ 南京博物院、山东省文物管理处合编(曾昭燏等):《沂南古画像石墓发掘报告》,文化部文物管理局,1956年,第66页。
⑦ 谢志成:《四川汉代画像砖上的佛塔画像》,《四川文物》1987年第4期。
⑧ 林向:《四川唐宋塔初探》,《四川地方史研究专集》,《四川大学学报丛刊》第5辑,1980年。
⑨ 刘世旭:《四川凉山早期佛教遗迹考》,《东南文化》1991年第6期。

（125年）墓出土摇钱树佛像。[1] 摇钱树佛像是分布于中国西南地区的早期佛像，丰都摇钱树佛像是最早具有明确纪年的佛像，既有汉代艺术古朴、简练、概括和细致刻画相结合的艺术风格，也具有古印度犍陀罗和秣陀罗艺术风格。摇钱树观念与古印度有关，树与佛像的结合，从佛经记载来看，与佛的出生、成道和涅槃都有关系。从佛像的造作过程来看，它反映了从佛形象出现以前的象征物到佛形象的正式出现之间的过渡形态。[2] 所有这些发现的年代都被确认为东汉末年，这些引起了国内外学者的关注。

长江流域早期佛像的传入路线引起学术界的争论。20世纪末，由中国南京艺术学院、北京大学、南京博物院和日本龙谷大学联合组成的"佛教初传南方之路"课题研究组沿长江流域对四川、湖南、湖北、江苏、广东等十个省、市、地区展开了实地考察和调查。此次行动源自中日学者对"早期佛教造像的南传系统"的关注。日本学者木田知生《江浙早期佛寺考——早期佛教造像南传系统研究》说："近年来，在中国南方诸省多次出土被认为是后汉到西晋年间制作的带有佛像的文物，对这些文物正在做进一步的考证。这些文物广泛分布在中国的四川、湖北、江西、安徽以及江苏、浙江各省，其出土数量有不断增加的趋势。这些文物昭示出这样一种迹像：这些与以前一直认为的佛教的北传系统不同，还存在着一条南传（海路、陆路）系统。"[3] 谢志成据四川境内发现的早期佛教造像，认为什邡发现的画像砖上的佛塔图像，可作为佛教经过南路传入四川的佐证。[4] 张总认为："从汉代四川的佛像和三国两晋造像多集中在南方

---

[1] 何志国：《论早期佛像在长江流域的传播——以汉晋考古材料为中心》，《东南文化》2004年第3期。2001年，重庆市博物馆与宝鸡市考古发掘队，在重庆市丰都县槽房沟墓地的后汉时期的9号墓中，发现了带有纪年题记的摇钱树佛像。重庆丰都镇江槽房沟第9号砖室墓出土青铜摇钱树一段树杆，残长5厘米，上铸有佛像，高发髻，著袒右袈裟，右手施无畏印，衣纹呈凸棱状，腹以下残，是一尊典型的早期佛教造像。摇钱树座为灰陶、覆斗形，高7.21厘米，上边长6.4厘米，下边长14.4厘米，上绘黑色纹饰，底部涂橘红色，中部插孔直径1.81厘米。座侧面一侧阴刻隶书"延光四年五月十日作"（125年），这是目前国内出土时代最早的有明确纪年的佛像之一。东汉时期川渝地区大量出土的摇钱树具有升天神树的性质和追求富贵吉祥等含义，通常铸有西王母、神兽等形象。在摇钱树上铸佛的形象，是佛教自西汉末入华之初，依附道术，只是诸神之一的重要例证，在中国佛教史和佛教艺术史上，具有十分重要的意义。现收藏于重庆中国三峡博物馆。

[2] 何志国：《摇钱树佛像与印度初期佛像的关系》，《美术研究》2005年第2期。

[3] ［日］木田知生：《江浙早期佛寺考——早期佛教造像南传系统研究》，《东南文化》1992年第1期。

[4] 谢志成：《四川汉代画像砖上的佛塔画像》，《四川文物》1987年第4期。

的情况来看，中印缅甸道的交通就很值得注意，这条路正是由四川，往云南永昌沿南底河到缅甸八莫、至印度的阿萨姆、马土腊等地区，已有不少材料证明这条路上的经济、文化、宗教交流。还有南方的海路、海上交通对文化、宗教的传布也有重要作用。所以，佛像从南方传来的可能也是有的。"[1] 史占扬也肯定西南丝路是佛教早期传入中国的道路之一。[2] 但有学者否定这些早期发现与海路或南方丝路之间的关系。吴焯考证四川早期佛教造像的年代和传播途径，认为四川早期佛教造像年代为蜀汉时期，其传入途径未经滇缅道（亦称蜀身毒道），而系经丝绸之路南段，从青海道到四川。[3] 何志国不同意吴焯的观点，他阐述了滇缅道的开通过程和年代，中印早期文化交流和商业贸易，进一步论述四川早期佛教造像风格、年代、滇缅道是佛教传入的重要途径。[4] 向玉成探讨乐山崖墓佛像与佛教的传播关系，认为乐山崖墓佛像问题是中外文化交流史上的难解之谜。通过对乐山崖墓佛像发现和研究情况的回顾分析，佛教传入乐山的线路问题虽还有待进一步深入研究，但东汉时佛教已传入乐山地区则是可以肯定的。[5] 也有学者对南方丝绸之路传入说不敢肯定，认为"假设的第三条即陆路南传路线，尚停留在假说阶段"。[6] "四川境内的早期佛像可能也是由这条路线传入的。但因中间，特别是云南境内缺环仍多，这一看法有待新的资料和今后周密细致的研究进一步证实"。[7] 随着云南境内的考古发现，有人觉得这一疑点可以解释了。何志国说："人们怀疑滇缅道传入早期佛教的理由之一，是认为云南、四川无早期佛教及其传播的记载。其实不然，据晋常璩《华阳国志·南中志》载……参毗即供奉毗罗佛。……对印度早期佛教经滇缅道传入四川的疑点之二则因为云南过去没有早期佛教遗物。但是，最近中日《早期佛教造像南传系统》研究班一行在云南大理，发现东汉熹平纪年墓中，出土七件戴尖顶帽，作结跏趺坐俑。又，在

---

[1] 张总：《中国早期佛教造像》，《美术研究》1988年第4期。
[2] 史占扬：《西南川滇缅印古道探论——兼述早期佛教之南传入蜀》，《东南文化》1991年第3期。
[3] 吴焯：《佛教蜀身毒道传播说质疑》，《东南文化》1992年第5期；《四川早期佛教遗物及其年代和传播途径的考察》，《文物》1992年第11期。
[4] 何志国：《四川早期佛教造像滇缅道传入论——兼与吴焯先生商榷》，《东南文化》1994年第1期。
[5] 向玉成：《乐山崖墓佛像与佛教传入问题》，《四川师范大学学报》2004年第3期。
[6] [日] 山田明尔等：《"早期佛教造像南传系统"研究概况及展望》，《东南文化》1991年第3期。
[7] 何志国：《四川绵阳何家山1号东汉崖墓清理简报》，《文物》1991年第3期。

保山出土延熹年间的裸首高鼻的陶僧首。这与《华阳国志》载永昌郡有'僄越、身毒之民'吻合。我们相信，随着考古工作的不断深入，云南早期佛教遗物会不断发现。至此，衔接蜀印的洁具缅道中云南无早期佛教遗物的缺环已被连接。"①

这种南传系统的"海路"和"陆路"之说早就有人提出。日本学者镰田茂雄就提出由"南海传入"的"较早开辟的南海路线"和"经由缅甸入川"的"中国云南路线"。② 他说："至后汉末年，南方的海上交通发达起来了，交趾、会稽等成为海上交通中心，佛教经海路传入中国便成为可能。"③ 中国学者阮荣春和日本学者木田知生提出存在一条"南传陆路路径"。考古发现说明，佛教传入中国，除了传统的北路、海路之外，可能还存在着另一条南路。④ 有人再次提出佛教传入中国，海路和南方丝路早于北方陆路。童恩正说："佛教很可能由往返于中国西南部与印度之间古商道上的旅行者或香客们传入，而且时间早于北路。"⑤ 李刚也主张佛教最先是由海路传入中国的，他认为早期佛教的传播是观念的播迁，佛教率先流行的西域滨海地区的"胡人"为佛教文化的载体，公元前2世纪左右开始，这些"胡人"以奴隶、商人、艺人、佛教徒等身份从海上入居中国东南沿海地区，从而把佛教带进了中国，其明显的表现就是当时本地区民俗观念的巨大变化。今天所见的狮、象、鸽子等象征性的动物形象，堆塑器、塔式罐之类的象征性建筑造型以及"托钵僧"俑、胡人俑和佛像等，是佛教文化从战国以后至东汉时期在中国东南沿海地区逐渐流行的艺术积淀。⑥ 吴廷璆、郑彭年则发挥梁启超之说，强调佛教最早从海路传入。他们举出河北石家庄北宋村二号汉墓出土的两尊铜像，认为这两尊佛像是中国发现的最古的佛像，从此墓的年代推测，制作于后汉至魏晋时代⑦；山东中南部沂南的北寨村发现的画像石墓，画像中有几幅图像受佛教影响，即头部有佛光等，其制作年代推定为后汉灵帝（168—189年）

---

① 何志国：《略论四川早期佛教造像》，《东南文化》1992年第5期。
② ［日］鎌田茂雄：『中国仏教史』第2卷、東京大学出版会、1982年版，第70页。
③ ［日］鎌田茂雄：《简明中国佛教史》，郑彭年译，台北华宇出版社1987年版，第15页。
④ 阮荣春：《早期佛教造像南传系统》，《东南文化》1991年第1、2、3、4期；阮荣春、木田知生：《早期佛教造像南传系统调查资料》，《东南文化》1991年第5期。
⑤ 童恩正：《古代中国南方与印度交通的考古学研究》，载《考古》1999年第4期。
⑥ 李刚：《佛教海路传入中国论》，《东南文化》1992年第5期。
⑦ 河北省文物管理委员会：《石家庄市北宋村清理了两座汉墓》，《文物》1959年第1期。

末年至献帝（189—220年）初年即190年前后①；连云港市孔望山摩崖石像，石像中有的被认为是佛像，即头上有高肉髻，右手呈施无畏印的形状，两手放在胸前的结跏趺坐，全身有凹形的身光等。据推定其年代为后汉末年，是中国佛教史上最早的佛像雕刻。② 以为这"三处佛教文物遗存，足以说明佛教始入中国是遵循海路的，由交州、广州、江苏或山东半岛南部传入的"。③ 这种观点受到质疑

佛教传入中国，应该是多途的，由于考古资料之时代有的不甚明确，其各路时间早晚尚难分辨。宋晓梅认为："佛教初传时期，南方和西域通过不同的途径，依靠各自的传播方式，形成最初的佛传根据地，并继而将佛的信息传递到中原，从这个意义上讲，佛教向中国传播的方式和途径是多元的，陆路和海路在早期佛教传入中国的过程中，其地位和作用是同等的，似不必分出孰先孰后。"④ 杨维中认为："印度佛教传入中国的路线，一般认为有两条，即西域的传入和南方海路的传入，现在学术界又提出还有一条陆上通道，从南部进入四川的通道有滇缅道，是经今缅甸、云南一线入川。佛教初传时期，南方和西域通过不同的途径，依靠各自的传播方式，形成最初的佛教传播根据地，并继而将佛教的信息传递到中原，从这个意义上讲，佛教向中国传播的方式和途径是多元的。陆路和海路属于佛教传入中国的不同路径，各自都发挥独特的作用。从目前的证据看，以陆上'丝绸之路'为最早。目前的考古界、艺术界热衷于凭借在南方发现的与佛教相关的文物建构佛教传入中土的海路和第二条陆路，这固然不错，但是由此力图削弱由天竺、西域至内地传入佛教之路线的重要性的做法，是不合适的。"⑤ 我们认为这种观点比较稳妥。至于把河北、山东之地的考古发现与海上丝路联系起来，可能没有与陆上交通的联系更为合理。

---

① 南京博物院、山东省文物管理处合编（曾昭燏等）：《沂南古画像石墓发掘报告》，文化部文物管理局，1956年。
② 俞伟超等：《孔望山摩崖造像的年代考察》，《文物》1981年第7期。
③ 吴廷璆、郑彭年：《佛教海上传入中国之研究》，《历史研究》1995年第2期。
④ 宋晓梅：《从考古遗存引发关于南北两路佛教初传问题的思考》，《西域研究》2003年第2期。
⑤ 杨维中：《佛教传入中土的三条路线再议》，《中国文化研究》2014年第4期。

## 四　孔望山摩崖造像的佛教因素

尼莲河水正东流，曾浴金人体得柔。
自此更谁登彼岸，西看佛树几千秋。
　　　　　　　　　　——［唐］玄奘《题尼莲河七言》

　　1980年，在江苏省连云港市郊孔望山发现的摩崖造像，石像身高2.6米、长4.8米、宽3.5米，经中国历史博物馆史树青先生鉴定，被认为是我国迄今发现的最早的佛教石刻。[①] 史树青首次指出其有佛教内容，像群中有高肉髻、顶光、莲花、施无畏印、结伽趺坐等，有表现佛本生故事的萨埵那太子舍身饲虎图，有表现佛传故事的"说法"和"涅槃"像，有单个立像1、坐像1、菩萨像、弟子像、力士像和胡人形象的供养人像等。[②] 俞伟超明确提出："最迟至东汉的桓、灵时期，从新疆开始，直到东边的山东滕县和沂南、北边的内蒙和林格尔、南边的四川彭山乐山等地，佛教图像已经有了一定程度的传布。[③]"此后，学术界发表许多论文，

---

[①] 吕树芝：《江苏连云港孔望山东汉石象》，《历史教学》1981年第7期。
[②] 1980年6月，中国历史博物馆研究员史树青到连云港考察，首次指出孔望山摩崖造像含有佛教的内容，是现存较早的摩崖石刻。同年，北京大学俞伟超、中央美院金维诺和故宫博物院步连生等，来连云港实地考察，都认为孔望山摩崖造像应该是我国较早的佛教遗迹之一。这年10月底，连云港市博物馆邀请北京大学历史系考古教研室、中央美术学院美术史系和中央民族学院艺术系对孔望山进行联合调查，作了详细测绘、摄影和摩拓工作，撰写了调查报告，确认摩崖造像群是一组既有佛教内容又有道教内容的造像群，引起中外学界的轰动和研究。1981年4月，连云港市博物馆在北京举办了一个关于孔望山摩崖造像的小型展览，并由国家文物局古文献研究室邀请中国历史博物馆、北大历史系、中国社会科学院、历史研究所、考古研究所、故宫博物院、中国艺术研究院美术研究所、中央美术学院、中国佛教协会、《文物》和《历史研究》编辑部等单位的专家、学者举行了学术座谈，大部分学者认为，从内容上看有涅槃、舍身饲虎、立佛、坐佛和供养人等像，形成孔望山摩崖造像属东汉晚期作品和有佛、道内容以及人物的汉式冠服、汉画像石式雕刻技法的主流意见。1981年7月，赵朴初先生看到了学术讨论会的有关资料和图像拓片，写下了《题孔望山东汉摩崖造像》诗一首："海上丝绸路早开，阙文史实证摩崖。可能孔望山头像，及见流沙白马来。"1988年1月13日，国务院将孔望山摩崖造像公布为全国第三批全国文物保护单位，并指出是我国迄今发现最早的东汉末期的佛教石刻艺术，佛教内容有佛、菩萨、弟子、力士和供养人图像，故事以释迦牟尼佛本生和本行故事为题。
[③] 俞伟超：《东汉佛教图像考》，《文物》1980年第5期。

论证连云港孔望山摩崖的大批佛像是否为东汉时期所造,引起了国内外学术界的极大重视,肯定者和否定者都不少。[①] 但是,由于缺乏文献记载作参照,孔望山摩崖造像的时代和性质存在争论。关于其时代,有人认为"东汉桓灵之时"[②],有人认为"曹魏以后,元魏以前"[③],还有人认为"唐代前后"。[④] 关于其性质争论更多,有人认为像群中主要是佛教造像,其中的三大像(X68\X1\X66)之类雕像"有跪有坐,有立有走,也有躺卧的,也有举杆棒盘钵的,他们多数是面朝佛像,犹如作供养和听佛说法的情景,也有似乎在为佛涅槃哀悼。这类雕像看来是围绕佛像组合的"。[⑤] 有人认为主要是道教造像,但有佛教内容。三大像是"汉画像石中的习见形象,可以推断为太平道道教的造像";"这里的道教造像无疑是太平道的礼拜物;又因其时佛教已日渐在中土流传并依附于道教,所以这里供奉的神像就包括有佛教内容"。[⑥] 有人认为"孔望山摩崖造像中除了佛教内容外,也有着较为丰富的世俗内容"。X68"是西王母像",X1"是门亭长",X66"可能就是这批摩崖造像的施主"。[⑦] 有人认为孔望山摩崖造像就总体而论,"是一处太平道教的造像无疑",但"介于三大像之间是立佛像(X2)和涅槃像(X21等)。此或是太平道排佛,告诫弟子们'愚者不信道',终于落个'身死有余过'的结果"。"造像中的某些佛教内容,是用作反面教材的"。[⑧]

有人认为孔望山摩崖佛教造像不可能早在东汉时代产生。阮荣春、阎

---

① 参见云友《孔望山摩崖造像学术讨论侧记》,《史学月刊》1981年第5期;丁仪珍《连云港孔望山摩崖造像调查报告》,《文物》1981年第7期;俞伟超、信立祥《孔望山摩崖造像年代考察》,《文物》1981年第7期;木铁《摩崖喜见增新采》,《法音》1981年第4期;吕树芝《江苏连云港孔望山东汉石象》,《历史教学》1981年第7期;阎孝慈:《孔望山佛教造象年代考辨》,《徐州师范学院学报》1982年第3期;温玉成《孔望山摩崖造像内容试析》,《中国历史博物馆馆刊》1985年;春申《孔望山摩崖三尊大石刻造像之考证》,《东南文化》1986年第1期;阮荣春《"东汉佛教图像"质疑——与俞伟超先生商榷》,《东南文化》1986年第2期;张总《中国早期佛教造像》,《美术研究》1988年第4期;阮荣春《早期佛教造像的南传系统》,《东南文化》1990年Z1期;温玉成《孔望山摩崖造像研究总论》,《敦煌研究》2003年第5期。
② 俞伟超、信立群:《孔望山摩崖造像年代考察》,《文物》1981年第7期。
③ 阎孝慈:《孔望山佛教造象年代考辨》,《徐州师范学院学报》1982年第3期。
④ 阮荣春:《孔望山佛教造像时代考辨》,《考古》1985年第1期。
⑤ 步连生:《孔望山东汉摩崖佛教造像初辨》,《文物》1982年第9期。
⑥ 丁仪珍:《连云港孔望山摩崖造像调查报告》,《文物》1981年第7期;俞伟超、信立祥:《孔望山摩崖造像年代考察》,《文物》1981年第7期。
⑦ 李洪甫:《再论孔望山造像的时代》,《考古》1986年第10期。
⑧ 温玉成:《孔望山摩崖造像内容试析》,《中国历史博物馆馆刊》1985年。

孝慈的观点具有代表性，阮荣春认为东汉时期尚不具备产生佛像之条件，他在《孔望山佛教造像时代考辨》一文中就孔望山佛教造像提出了自己的看法，他认为中国的佛教艺术是从西域传入的，而后随着东渐汉土，不断地改变着它原有面貌，形成了我国佛教艺术的独特风格。他从文物制度之时代特征，论证孔望山造像的时代，涅槃群像中的光头、发饰、圆领等方面认为更接近南北朝以后，特别是唐代的形制。带翅幞头像只有在唐时普遍流行的基础上才有可能产生。大家把一尊卧像命名为"涅槃像"，"似亦欠妥"，其时代不会早于隋代。早期中国佛教造像艺术，明显受着犍陀罗美术的影响。而孔望山摩崖造像"没有浓重的犍陀罗艺术风格，不具备论为东汉佛教造像之时代精神的条件"。其中的世俗化倾向"反映了佛教艺术实际上已走出了神秘威慑的宗教大门，跨入了世俗生活之天地。这些，也只有到了唐代，在佛教艺术的表现上才成为可能"。从客观条件上说，犍陀罗艺术不可能传至地处连云港的孔望山，因为无论陆上丝路或海上交通，沿途都没有发现东汉时代犍陀罗艺术的佛教造像。[①] 其《"东汉佛教图像"质疑——与俞伟超先生商榷》针对俞伟超所举出的几处"东汉佛教图像"提出异议，进一步阐述了东汉时期不可能产生佛像的主张。[②] 阎孝慈则从佛教艺术的产生要比佛教经典晚得多出发，认为东汉时期佛教即在中原地区取得了合法地位，作为谶纬的辅助开始流行，但那时还谈不上佛教艺术。他也强调，中国佛教艺术来自犍陀罗艺术，而"直到公元1世纪，在印度西北的犍陀罗，才产生了有佛像的真正佛教艺术品。公元2世纪前半期……才开始实行佛像崇拜，出现了单独立体石刻的佛、菩萨造像。印度的佛、菩萨造像在迦腻色迦王之前是没有的"。他认为"孔望山摩崖造像的成像年代不可能早至东汉，其上限大致以曹魏以后、元魏之前较妥"。[③] 佛像在西方出现，最早是贵霜（kusgān）王朝迦腻色迦王时代，其时货币上面佛像和菩萨像伴有希腊文字铭文"Boddo"，即Buddha（佛陀）；"Sakamaho Bouāo"，即śākyamuni Buddha（释迦牟尼佛陀）；"Metrago Boudo"，即Maitreya Buddha（弥勒佛）。刻有"迦腻色伽0年"纪年铭文的弥勒像，发现有十多尊。迦腻色伽王即位时间有公元78年、128年、144年诸说，目前以公元78年的学者日益增多。[④]

---

① 阮荣春：《孔望山佛教造像时代考辨》，《考古》1985年第1期。
② 阮荣春：《"东汉佛教图像"质疑——与俞伟超先生商榷》，《东南文化》1986年第2期。
③ 阎孝慈：《孔望山佛教造象年代考辨》，《徐州师范学院学报》1982年第3期。
④ [日]宫治昭：《佛像的起源和秣菟罗造像》，谢建明译，《东南文化》1992年第5期。

据呾叉始罗的考古发现①，犍陀罗佛教艺术最先于公元 25 年至 60 年产生于呾叉始罗，为灰泥塑造像。② 从时间先后来看，出现在中国的佛教造像产生在东汉末年，晚于西方，东汉时丝绸之路交通相当发达，东汉王朝与西域国家保持着密切联系，从西方传来在时间顺序应该是没有问题的。考察西方佛教艺术的传入，还不能仅从犍陀罗艺术着眼。事实上几乎与犍陀罗艺术产生的同时，印度还出现了秣菟罗（即马士腊，在今印度新德里东南）造像艺术。日本学者宫治昭指出，"在贵霜王朝的迦腻色伽时代，犍陀罗佛像和秣菟罗佛教都已存在，至于佛像产生的年代还能往上推移多少以及秣菟罗佛像和犍陀罗孰先孰后的问题，那就只能留给今后的研究了"。考古发现的秣菟罗佛教造像有的属迦腻色伽王之前的产物。秣菟罗佛教造像艺术风格与犍陀罗艺术不同，"根据刻文，能明确迦腻色伽时代的佛像（铭文都是'菩萨'）有好几座，这些佛像都充满力量，洋溢着生命感，显示出初期佛像的特征：偏袒右肩型，有立像和坐像两种"。③ 这种佛像较犍陀罗佛像保留了更多印度本土风格。秣菟罗佛像艺术也传入中国，对中国佛教造像影响很大，北齐画家曹仲达（约 550 年在世）即擅长画这种湿衣佛像，所谓"曹衣出水"，实际上是笈多时代秣菟罗地区的佛像样式。东汉末年来到中国的西域僧人有的来自印度，有的来自中亚，他们传播了不同派别的佛教思想和艺术风格。据有的学者研究，四川早期佛教造像就杂糅了秣菟罗和犍陀罗风格。④ 论者只从犍陀罗艺术风格论佛教造像传入中国的时代先后是只知其一，未知其二。

中国佛教造像的产生也不能完全从域外输入的角度来考察。东汉末年佛教初传，有关记载和考古资料都很少，因此论定早期佛教造像的年代有很大的困难，而加以否定却可以举出许多论据。但持否定观点的学者的论证也不是无懈可击，中国佛教造像的产生一直以来总有一个思维定式，就是从域外传入。又因为西方佛教造像是从犍陀罗艺术开始，又认定早期佛教造像一定是来自犍陀罗艺术。其实，佛教经典中早就有刻画佛像的记

---

① 呾叉始罗（Taxila），南亚次大陆西北部的古代城市，佛教和犍陀罗艺术的主要中心。自公元前第 1000 纪中叶起为犍陀罗地区重镇。公元前 6 世纪为犍陀罗国王城。印度孔雀王朝时期佛教传入其地，其后历经大夏、塞人和安息统治。至公元 1—2 世纪贵霜帝国时期极盛。3 世纪后逐渐衰落。中国高僧法显和玄奘都曾到过此地。遗址在巴基斯坦拉瓦尔品第西北约 35 公里处，1912 年后发掘。
② [巴基斯坦] 穆罕默德·瓦利乌拉·汗：《犍陀罗艺术》，陆水林译，商务印书馆 1997 年版，第 84 页。
③ [日] 宫治昭：《佛像的起源和秣菟罗造像》，谢建明译，《东南文化》1992 年第 5 期。
④ 何志国：《略论四川早期佛教造像》，《东南文化》1992 年第 5 期。

载，佛教一传入中国便有佛的形象的传说，中国绘画中又有刻画古圣先贤和山川神灵的传统，佛像的雕刻和绘画在中国产生也不是不可能的。《增一阿含经》云，佛陀上天为母说法，中天竺泼沙国优填王思念佛陀，召集国内巧匠造雕牛头旃檀立佛像，高五尺。拘萨罗国波斯匿王闻之，也召国内巧匠以紫磨金作如来像，亦高五尺。"尔时阎浮提内始有此二如来形像"。① 据《根本说一切有部毗奈耶经》，摩揭陀国影胜王曾命人于毡上画世尊佛像一铺，酬赠邻国胜音城仙道王令申供养。② 说明早期佛教也是提倡世俗人雕绘佛像的。随着对佛陀崇拜的加深，佛教艺术中才开始回避对佛陀形像的直接刻画，但这种情况至犍陀罗艺术发生变化，在借鉴希腊罗马艺术的基础上，开始大规模的雕刻和描绘佛像。汉明帝夜梦顶有白光的神，被傅毅解释为"佛"。重要的是中国绘画传统中有描绘圣贤的传统。我们知道，中国画最早成熟的是人物画。《孔子家语》记载：孔子观乎明堂，睹四门墉有尧舜之容、桀纣之像，而各有善恶之状、兴废之诫焉。又有周公相成王，抱之负斧扆，南面以朝诸侯之图焉。孔子徘徊而望之，谓从者曰："此周之所盛也。"③ 王逸《楚辞章句》记载："楚有先王之庙及公卿祠堂，图画天地山川神灵，琦玮谲诡，及古贤圣怪物行事。"④ 汉画像石中更多刻画古圣先贤的内容。印度忌讳刻画佛像的观念没有传入中国，中国人又喜以绘画形式表现古圣先贤山川神灵，作为崇祀对像，佛也被绘画出来进行表现。中国雕塑中以人物为表现对象源远流长，早在原始社会仰韶文化中，就发现不少陶塑人像和石雕人头像。⑤ 而且很早就出现塑造偶像奉祀神灵的现象，红山文化遗址发现的女神像即是其例。佛教传入中国，按照中国传统雕造佛像作为崇拜对象也在情理之中。据说"孝桓帝世又以金银作佛形象"。⑥ 笮融即"以铜为人，黄金涂身，衣以锦采"。佛经中也有对佛"三十二种大人相"和"八十种好"的描写，则是汉地画家刻画佛像的根据。事实证明，汉代佛像的雕塑或绘画，其蓝本似乎不是犍陀罗式或西域其他形式，而是中国化的。笮融的佛像"衣以锦

---

① （晋）僧伽提婆译：《增一阿含经》卷28，《中华大藏经》第32册，中华书局1987年影印本，第327页。
② 《根本说一切有部毗奈耶经》卷45，《中华大藏经》第38册，中华书局1989年影印本，第698页。
③ 杨朝明、宋立林主编：《孔子家语通解》，齐鲁书社2009年版，第128页。
④ （宋）洪兴祖补注：《楚辞补注》卷3，中华书局1983年版，第85页。
⑤ 张光福：《中国美术史》，知识出版社1982年版，第17页。
⑥ （隋）费长房：《历代三宝记》卷4，《中华大藏经》第54册，中华书局1992年影印本，第187页。

采",显然不是外来的形式,而是中国人的构思。汉末康僧会"图写厥像,传之于今"。① 东汉人崇祀浮屠,一开始是与黄帝、老子或中国传说中的其他神灵并祀的。祭坛上既然有黄帝、老子圣像,佛教主神怎么能缺少呢? 当时的人们或许出于这样的考虑,因此必须有佛像的制造。佛教原来禁止直接刻画佛像,后在犍陀罗地方发生变化,就是因为此地受到希腊、罗马艺术的影响,本来有雕塑人物的传统。而在中国也同样具有雕绘圣贤的传统,出现雕塑佛像怎么就没有可能呢? 已经有论者指出,孔望山佛像颇与汉代画像石风格相似,运用了传统的汉画像石的雕刻技法,在风格上看不到西方影响。② 这正好说明汉地人是采用中国艺术形式去表现佛的形象。从这种意义上来说,东汉时早期佛像的雕造很可能是中国人按照自己的传统创作的,很难说是从陆路传入还是从海路传入。

有人据孔望山摩崖造像论断佛教从海路传入的可能。李洪甫从孔望山造像来讨论佛教艺术由西域传入中土的途径,提出从朐县(今连云港)出海至西域的海上丝绸之路。③ 镰田茂雄说:"从来认为佛教通过中亚、西域传入中国是最古的经路,若孔望山的石刻像确实是佛教像,而且是后汉的东西,则佛教早就经由南海传播到东海沿岸地方,南海航路相当早就发达了,佛教也是通过这条路传到中国东海岸的。"④ 李刚强调佛教最早从海路传到中国东南沿海地区,"透过现存的江苏连云港孔望山东汉石刻佛像和山东沂南东汉画像石上的佛像,仍可窥见东汉佛像在东南地区的流行的盛况。"⑤ 肯定东汉孔望山摩崖造像来自陆路或海路的说法,都没有足够的证据。东汉孔望山摩崖造像代表的佛教东传的信息,既有从海路来的可能性,也有经陆路而来的可能性。而否定论者在否定佛教艺术从陆上丝路传入的可能性的同时,有人又进而否定两汉时海上丝绸之路的存在,认为"在两汉有'海上丝绸之路',只是一种假说,既无史籍文献又无事实可资佐证"⑥,则是对中西间海上交通史缺乏常识了。关于汉代海上丝绸之路的开辟,《汉书·地理志》有一段重要的记载,说明汉武帝平南越后,汉朝商使已经经海路到了今印度和斯里兰卡,此后天竺、大秦商人的足迹已经到了中国南方沿海地区,并从南方沿海地区来到东汉的都城洛

---

① (南朝·梁)释慧皎:《高僧传》卷1,中华书局1992年版,第18页。
② 云友:《孔望山摩崖造像学术讨论侧记》,《史学月刊》1981年第5期。
③ 李洪甫:《从中外交通及佛事遗迹看孔望山造像产生的背景》,《法音》1981年第4期。
④ [日]镰田茂雄:『中国仏教史』第2卷、東京大学出版会1982年版、第76页。
⑤ 李刚:《佛教海路传入中国论》,《东南文化》1992年第5期。
⑥ 阎孝慈:《孔望山佛教造像年代考辨》,《徐州师范学院学报》1982年第3期,第91页。

## 五　佛典的早期汉译

> 肃肃莲花界，荧荧贝叶宫。金人来梦里，白马出城中。
> 涌塔初从地，焚香欲遍空。天歌应春籥，非是为春风。
> ——（唐）沈佺期《奉和圣制同皇太子游慈恩寺应制》

汉代佛教传入的重要内容是天竺、中亚和西域僧人入华及其宗教活动，译经是其重要活动之一。关于佛经的传入，我们首先看到的是西汉末年有大月氏使伊存向汉朝博士弟子口授浮屠经[1]，而正式的传译则从东汉开始。东汉时社会上流传有《四十二章经》，桓帝时襄楷上书有云："天神遗以好女，浮屠曰：'此但革囊盛血。'遂不眄之。"[2] 李贤注引《四十二章经》云："天神献玉女于佛，佛曰：'此是革囊盛众秽耳。'"[3] 可见襄楷所据正是《四十二章经》，说明其时确有此经流行。此经据说乃最早入华西域僧人摄摩腾和竺法兰所译。至东汉末年，东来的天竺和西域僧人渐多，译经初现规模，中国出现了最早一批佛教经典的汉译著作。下面列一简表，以明这一时期译经成果。

附：汉代佛经汉译简表

| 译者（国籍） | 入华时间、译经地点 | 译经名称 | 资料来源 | 备注 |
| --- | --- | --- | --- | --- |
| 摄摩腾（中天竺） | 67 年 | 《四十二章经》1 卷 | 《高僧传》 | 与竺法兰合译 |

---

[1]《三国志》卷30《乌丸鲜卑东夷传》，裴注引《魏略·西戎传》，第859页。
[2]《后汉书》卷30《襄楷传》，第1082页。
[3] 同上书，第1083页，注［四］。

续表

| 译者（国籍） | 入华时间、译经地点 | 译经名称 | 资料来源 | 备注 |
| --- | --- | --- | --- | --- |
| 竺法兰（中天竺） | 67年洛阳 | 《十地断结经》《佛本生经》《法海藏经》《佛本行记》《四十二章经》 | 《高僧传》《开元释教录》 | 失传 |
| 安清（世高）（安息国） | 148年洛阳 | 《安般守意经》1卷、《阴持入经》1卷、《大十二门经》1卷、《小十二门经》1卷、《百六十品经》1卷、《道地经》等39部 | 《高僧传》 | 其译经数一说45部（《出三藏记集》）、95部（《开元录》）。多为小乘经典。四谛经1卷、阿含口解1卷、十四意经1卷、阿毗昙九十八结经1卷等亦疑为安清所译 |
| 支娄迦谶（月支国） | 176年洛阳 | 《道行般若波罗蜜经》《首楞严经》《般舟三昧经》《阿阇世王经》《宝积经》等23部67卷 | 《高僧传》《开元释教录》 | 多为大乘经典。《道行经》仍竺佛朔所出，支谶译，孟福、张莲笔受 |
| 竺佛朔（天竺） | 179年洛阳 | 《道行经》 | 《高僧传》 | 朱士行叹此经"译理不尽" |
| 安玄（安息国） | 汉灵帝末年洛阳 | 《法镜经》 | 《高僧传》 | 在家持戒居士，与严佛调合译 |
| 支曜（月支国） | 168—185年间洛阳 | 《成具定意经》《小本起经》《阿那律八念经》《闻城十二因缘经》《大摩耶经》等10部11卷 | 《开元释教录》 | |
| 康巨（康居） | 168—220年间洛阳 | 《问地狱事经》 | 《高僧传》 | 言直理旨，不加润饰 |

续表

| 译者（国籍） | 入华时间、译经地点 | 译经名称 | 资料来源 | 备注 |
|---|---|---|---|---|
| 康孟祥（康居） | 168—220年间 洛阳 | 《中本起经》《修行本起经》《梵纲经》《报福经》《舍利佛摩目犍连游四衢经》等6部9卷 | 《高僧传》《开元释教录》 | 与竺大力合译中本起经、修行本起经 |
| 严佛调（汉地沙门，中国临淮人，今安徽宿迁西北） | 洛阳 | 《濡首菩萨无上清净分卫经》《慧上菩萨问大善权经》《古维摩诘经》《思意经》《菩萨内习六波罗蜜经》等5部8卷 | 《开元释教录》 | 时人把安清、支娄迦谶与严佛调并称，"传译号为难继"。（《高僧传》） |
| 支谦（月支） | 168—196年间 吴地 | 《维摩诘经》2卷、《大明度无极经》4卷、《首楞严经》2卷、《慧印三昧经》1卷、《老女人经》1卷、《瑞应本起经》2卷、《须赖经》《大般泥洹经》《义足经》《阿弥陀经》 | 《高僧传》《出三藏记集》《译经记》《开元释教录》 | 一说49部，一说36部48卷，一说129部152卷，一说88部118卷。瑞应本起经是康孟祥等修行本起经的异译 |

据梁启超研究，至东汉末时汉地所译佛经已达192部，共395卷。[1] 这是佛教传入中国后经过来自域外的译经师和中土人士合作翻译的第一批佛教经典。但其中有的真伪待考；有的失传；有的虽有传本，却可能是后世重译，非汉时初译，因此汉代译典颇多争议。

### （一）《四十二章经》的作者、译地和翻译时代问题

关于《四十二章经》的译者，最早之记载见于梁释慧皎《高僧传》记载："有记云'腾译《四十二章经》一卷，初缄在兰台石室第十四间中'。"[2] 又说竺法兰译经"《十地断结》、《佛本生》、《法海藏》、《佛本

---

[1] 梁启超：《佛典之翻译》，《佛学研究十八篇》，上海古籍出版社2001年版，第202页。
[2] （梁）释慧皎：《高僧传》卷1《摄摩腾传》，中华书局1992年版，第1—2页。

行》、《四十二章》等五部。移都寇乱,四部失本,不传江左。唯《四十二章经》今见在,可二千余言。汉地见存诸经,唯此为始也"。① 未言二人合作翻译,似各有译本。但二人同时,揆之情理,又不当各自为战。观慧皎语气,似对摩腾译致疑,传中只是记其传说而已,而对竺法兰译却无疑义。汤用彤判断,依慧皎之言,"乃摩腾、法兰共译也"。② 隋《众经目录》云:"《四十二章经》一卷,后汉永平年竺法兰等译。"③ 房长房《历代三宝记》云,汉明帝遣使入西域,永明十年"使还,得迦摄摩腾,来到洛阳,即翻《四十二章经》"。④ 又云明帝遣使者往天竺,"于月氏国遇摄摩腾,写得佛经四十二章,并获画像,载以白马还"。于白马寺翻译《四十二章经》。在竺法兰名下译5部经,有《二百六十戒合译》,无《四十二章经》。⑤ 但又说竺法兰"密与腾同来","共腾出《四十二章经》,腾卒,兰自译"。⑥ 又云:"《四十二章经》一卷,再译。"⑦ 此经原有二译,一为东汉时译,已佚,一为吴支谦译。所谓"再译"当指支谦译本。梁释僧祐《出三藏记集》则谓竺摩腾译。后世佛藏折中其说,云:"后汉迦叶摩腾同竺法兰译。"其译出之地,《牟子理惑论》记载汉明帝遣使至西域:"于大月支写佛经四十二章。"《高僧传》记载是竺法兰至洛阳,蔡愔于西域获经,即为翻译。《出三藏记集》云:"汉孝明帝梦见金人,诏遣使者张骞、羽林中郎秦景到西域,始于月支国遇沙门竺摩腾,译写此经还洛阳。"因此本经译出之人和译出之地皆无定说。比较诸家之说,大概二人共同携来《四十二章经》梵本,先由摄摩腾进行翻译,未竟,腾死,竺法兰续成其事。所以既不是合作翻译,也不是各自独立,而是前后相承,续成其业。

梁启超《四十二章经辨伪》将其辨为伪书:"汉明求法,既无无故实,腾、兰二人,皆子虚乌有,则此经托命之点,已根本动摇。"《历代三宝记》引《旧录》云此经"本是外国经抄,元出大部,提取要引俗,似此《孝经》十八章"。梁启超据此论断此经"乃撰本而非译本",以教

---

① 《高僧传》卷1《竺法兰传》,第3页。
② 汤用彤:《汉魏两晋南北朝佛教史》,北京大学出版社1997年版,第23页。
③ (隋)佚名:《众经目录》卷2,《中华大藏经》第54册,中华书局1992年影印本,第381页。
④ (隋)费长房:《历代三宝记》卷2,《中华大藏经》第54册,中华书局1992年影印本,第160页。
⑤ 同上书,第187页。
⑥ 同上书,第188页。
⑦ 同上书,第340页。

理及文体衡之,"其撰人应具备下列三条件:(1)在大乘经典输入以后而其人颇通大乘教理者。(2)深通老庄之学,怀抱调和释道思想者。(3)文学优美者。故其人不能于汉代译家中求之,只能向三国两晋著作家中求之"。僧祐《出三藏记集》著录《四十二章经》云:"旧录云:'《孝明皇帝四十二章》。'安法师所撰录,阙此经。"梁启超据此判断,此经著录出于东晋道安之后,"必为中国人作而非译自印度,作者必为南人而非北人。其年代,最早不过吴,最晚不过东晋,而其与汉明无关系,则可断言也。"① 梁启超的观点不被汤用彤认同。

汤用彤肯定《四十二章经》出世甚早,他说"东汉时本经之已出世,盖无可疑"。② 桓帝延熹九年(166年),襄楷上书桓帝有云:"浮屠不三宿桑下,不欲久生恩爱,精之至也。天神遗以好女,浮屠曰:'此但革囊盛血。'遂不盼之。其守一如此。"③ 汤氏指出"此中'不三宿桑下',即本经'树下一宿'之言。'革囊盛血'云云,系引经'革囊众秽'一章。则后汉时已有此经,实无可疑。……明帝时于大月氏写译此经,或亦可能之事也"。三国时《法句经序》、晋郗超《奉法要》都曾引用《四十二章经》。僧祐所谓"旧录"当指晋成帝时支愍度所作经录,郗超、支愍度约与道安同时,可知道安时已有此经。道安经录只是"就所亲见之经,无论残简全篇均著于录",自云"遇全出全,非是一人,难卒综理"。其中未载此经,可能非其亲见,遂未著录。④ 至于现存《四十二章经》文辞优美,不似汉译人所能。《四十二章经》是汉地最早的佛典汉译,按照汤用彤的研究,最初的译本原出小乘经典。⑤ 汤氏推测:"旧日此经,固有二译。其一汉译,文极朴质,早已亡失。其一吴支谦译,行文优美,因得流传。"⑥ "汉晋间有不同之译本……其源出西土,非中华所造,益然矣。"⑦《四十二章经》叠经改窜,宋真宗注本已有修改,宋守遂注本改窜尤甚。其修改之本,不仅加入了大乘教义,而其言可与玄理相附会。故武氏跋文云:"与《太易》、《老》、《庄》相表里。"说明宋人已经指出这种思想倾向,却不是汉时译本所具有的。"古本《四十二章经》说理平易,既未伸

---

① 梁启超:《佛教之初输入》附录二,《佛学研究十八篇》,上海古籍出版社2001年版,第29—32页。
② 汤用彤:《汉魏两晋南北朝佛教史》,北京大学出版社1997年版,第24页。
③ 《后汉书》第30卷下《襄楷传》,第1082页。
④ 汤用彤:《汉魏两晋南北朝佛教史》,北京大学出版社1997年版,第24—25页。
⑤ 同上书,第32页。
⑥ 同上书,第26页。
⑦ 同上书,第28页。

大乘之圆义，更不涉老庄之玄致。……汉代佛法，典籍颇少，《四十二章经》远出桓帝以前，为研求最初佛教之至要资料。"① 汤先生的结论为多数研治佛教史者所接受。

现在看到的《四十二章经》由42个独立章节组成，是历经修订改窜而成的。我们看到的早期引用此经的文字与今本有较大差别。据许理和的考察，原作内容显然属于小乘，在各种不同的修订本中，只有收入《高丽藏》的一种与原本最接近，其他都包含着后来窜入的内容。即便《高丽藏》本也有后来修改过的痕迹。②

### （二）汉末译经之大小乘倾向

佛教教义在五天竺和西域流传的早期皆无定本，大约译于东汉中平二年（185年）的《分别功德论》卷二云："外国法，师徒相传，以口授相付，不听载文。"③ 道安《疑经录》云："外国僧法，学皆跪而口受。同师所受，若十、二十转以授后学。"④ 东晋法显至天竺取经时，"北天竺诸国皆师师口传，无本可写。"至中天竺才得《摩诃僧祇众律》等写本。⑤ 佛经最早传入中国，也是西汉末年大月氏使伊存口授之于博士弟子景卢。东汉时西域僧人入华译经，在翻译初期，一般先由外国僧人诵出佛经原文，再由懂西域语言的汉地居士、僧人或文士译成汉语，笔录下来。汉朝佛经翻译主要是民间自发的发展起来的，这是中国大规模接受外来文化的开端。

公元1—2世纪，佛教在古印度已经形成大乘、小乘两大派别，佛教典籍也区分为大小乘经典。汉末桓灵之际，一批西域僧人来到中国，从事译经传教活动。洛阳是东汉的政治和文化中心，来自域外的僧人云集于此，因此成为佛经汉译中心。佛经传译一开始就包括了大小乘佛教经典。汉末来自安息国的安世高译经以小乘经典为主，来自贵霜国的僧人支楼迦谶（一作支娄迦谶）译经则以大乘经典为主。

安世高名安清，字世高，本是安息国王嫡长子，因此取名安姓。据说

---

① 汤用彤：《汉魏两晋南北朝佛教史》，北京大学出版社1997年版，第28—32页。
② ［荷］许理和：《佛教征服中国》，李四龙、裴勇译，江苏人民出版社2003年版，第32页。
③ 《分明功德论》，译者失名，附后汉录，又作《分别功德经》《分别功德论经》《增一阿含经疏》。《大正藏》第25册，No.1507。
④ （南朝·梁）释僧祐：《出三藏记集》卷5，中华书局1995年版，第221页。
⑤ （晋）法显撰，章巽校注：《法显传校注》（三），中华书局2008年版，第120页。

他已经继承了王位，但他的兴趣在于研究佛学，把王位让给叔父，"出家修道"，遍游诸国。这种经历可能有渲染和夸张成分，历史上佛教并没有传至安息国王都，有人推测他可能是某个小封建领主的家族成员，其地当在今土库曼斯坦的马雷一带。大约在桓帝初年（147年或148年）来到中国洛阳，并很快学会了汉语。他的后半生是在中国度过的，前后大约30年。灵帝末年，中原大乱，他"振锡江南"，先后到过荆州、豫章、庐山下的浔阳、扬州、丹阳、会稽、广州。这正是佛教传入中国后从洛阳向南方传播的路线，这些地方都是佛教重镇。他大量翻译佛典，"宣译众经，改梵为汉"，据释道安《经录》记载，"汉桓帝建和二年（148年）至灵帝建宁中二十余年，译出三十余部经"，现存22部。一说他译经全部95部，现存54部。还把当时一些僧人翻译的佛经加以整理，编为七章，取名《道地经》。他还写出佛学论集39篇。后来的佛学家非常推崇他翻译的成就，说他宣讲佛经，令人信服，翻译佛典，不需转解，而"义理明析，文字允止，辩而不华，质而不野。凡在读者，皆亹亹而不倦矣"。"天竺国自称书为天书，语为天语，言训诡蹇，与汉殊异。先后传译，多致谬滥，唯高所出，为群译之首"。① 从现在的眼光来看，早期佛典翻译水平不可能很高，这其中可能涉及后人对先贤的过分溢美和颂扬，同时也充分肯定了作为早期佛典汉译的最高成就。他的翻译涉及大小乘佛教经典，南朝高僧道安为之作注，流传很广，影响很大。他算是东汉最成功的佛典翻译家，有"中国佛教史的第一人"之称②，对魏晋南北朝时佛教的传播和发展起了极大的推动作用。他所译经典从性质上说，一是属中国文献中称之为"禅"的精神修炼系统，二是解释名数的短经。他开创的"禅数学"属小乘佛教义理，吕澂指出："小乘，特别是上座系最讲究'禅数'。"③

支娄迦谶，简称支谶，本为贵霜王国僧人，贵霜王国是在大月氏国发展而来的，大月氏在汉文中有时写作大月支，因此取名支姓。支娄迦谶于东汉桓帝末年（167年前后）至洛阳，比安世高来中国晚了约20年，因此被视为"第二代译家"。他于汉灵帝时翻译《道行般若经》《般舟三昧经》《兜沙经》等，是最早将大乘佛教般若学传入中国的西域高僧。般若学是关于佛教义理的一门学问，它主要依据《般若经》而成立。"般若"

---

① （南朝·梁）释慧皎：《高僧传》卷1《安清传》，中华书局1992年版，第4、6页。
② ［荷］许理和：《佛教征服中国》，李四龙、裴勇译，江苏人民出版社2003年版，第34页。
③ 吕澂：《中国佛学源流略讲》，中华书局1979年版，第28页。

译为"智慧",按照佛教说法,这与俗称的智慧不同,而是从深刻地体验真理所得到的特殊的智慧,如佛在菩提树下获得的体验真理的智慧。他将大乘、小乘佛教典籍翻译成中文,而以大乘为主,宣扬"诸法悉空""诸法如幻"的大乘佛教理论。他通晓汉语,除了独力翻译外,还和早来的竺朔佛(一称竺佛朔)合作。他译经的年代是在灵帝光和、中平年间(178—189年),译籍内容广泛,后来"般若"学说不但为统治者所接受,而且深入平民中,成为汉晋南北朝时的显学。他学问广博,思想细致,但他后来不知所终。道安评价他的翻译:"似谶所出,凡此诸经,皆审得本旨,了不加饰,可谓善宣法要弘道之士也。"[①]

佛经翻译不仅是一种宗教经典的传译,又是哲学理论的翻译,同时也是一种文学的翻译。因为佛经中包含了大量的文学故事和形象的比喻,佛经翻译中语言转换本身也是一种文学意义的表达。东汉时《法句经》已有维祇难的译本,安世高翻译过《鳖喻经》《五阴譬喻经》《七处三观经》和《道地经》,支娄迦谶翻译了《杂譬喻经》,其中都有丰富多彩的比喻。佛经中精彩的比喻对丰富中国文学语言起了积极作用。汉末曹操《短歌行》诗中有"对酒当歌,人生几何?譬如朝露,去日苦多"的比喻。[②] 而把人的生命比作早晨的露水,却是佛经中已有的,三国时康僧会译《六度集经》中有云:"犹如朝露,滴在草上,日出则消,暂有不久,如是人命如朝露。"作为文学,佛经经过翻译自然逐渐为中国文学所吸收,并融入中国文学中去,成为中国文学的一部分。随着佛经翻译又发展和建立起翻译理论。

翻译是文化交流的媒介,它实际上是一种文化转换。佛经翻译初期,由于语文不通,更由于中印文化背景的差异,难度很大。为了寻找两种文化的沟通点,译者不得不采用中国传统的词语去翻译佛教的名词术语,如用"无本"译"性空""真如",用"无为"译"涅槃",用道家的吐纳(出息、入息)去译佛经的禅观(安般)等,这样的翻译字面上不能达意,难免会引起误解。佛经早期汉译的这种状况,南朝梁时高僧释僧祐曾给予解释:"自前汉之末,经法始通,译音胥讹,未能明练。故'浮屠'、'桑门',遗谬汉史。音字犹然,况于义乎?案中夏彝典,诵诗执礼,师资相授,犹有讹乱。……中国旧经,而有'斯'、'蚤'之异,华戎远译,

---

① (南朝·梁)释慧皎:《高僧传》卷1《安清传》,中华书局1992年版,第10页。
② 逯钦立:《先秦汉魏晋南北朝诗》(魏诗卷1),中华书局1983年版,第349页。

何怪于'屠'、'桑'哉！"① 这样的翻译也必然造成译者对于中国传统哲学概念与印度佛教概念的比较和辨析，造成中国传统概念被赋予新的含义，从而有助于人们认识中印文化的异同。

## 六　汉地最早的佛学著作《理惑论》

> 翼翼宸恩永，煌煌福地开。离光升宝殿，震气绕香台。
> 上界幡花合，中天伎乐来。愿君无量寿，仙乐屡徘徊。
> ——（唐）张说《奉和圣制同皇太子过慈恩寺应制》其一

佛教传入中国，引起汉土人士的质疑和抵制，也引起学识之士的关注和研讨，因此汉末便出现了为佛教辩护并研讨佛教的著作，即牟子《理惑论》。唐僧神清《北山录》慧宝注称"牟子，著《治惑论》三十七篇，首载《弘明集》"。② 余嘉锡据此认为此书原名《治惑论》，唐代避唐高宗讳，"治"改为"理"。③ 陈垣据《北山录》注解，指出牟子书原名《治惑论》，理字是唐人避讳改。④ 南朝刘宋时的陆澄（425—494年）最早把它收入《法论》。⑤ 南朝梁释僧祐《弘明集》卷一收入《牟子理惑》，题作汉牟融撰，附注"一云苍梧太守牟子博传"。⑥ 《隋书·经籍志》子部

---

① （南朝·梁）释僧祐：《出三藏记集》卷1，中华书局1995年版，第14页。
② （唐）神清著，王闰吉校释：《北山录校释》卷2，中国社会科学出版社2014年版，第59页。
③ 余嘉锡：《牟子理惑论检讨》，原载《燕京学报》第20期，1936年，第1—23页。收入《余嘉锡论学杂著》，中华书局2007年版，第123页。
④ 陈垣：《史讳举例》（二十七），上海书店1997年版，第36页。按：吕澂认为神清的说法不一定可靠，因为书中用到"治"字的地方并未改动（《中国佛教源流略讲》，中华书局1979年版，第24页）。这种看法忽视了《理惑论》在后世迭经篡改的因素，正文中当作"治"处，唐代避讳改为"理"，后世的人据字义又改为"治"，应属正常。但书名因相沿已久，不好改正。神清，唐朝人，书中行文皆应避唐讳，但书中"治"字皆未改动，如《北山录》卷7云："夫治国者，以大臣为股肱，以嬖臣为耳目。"故不能据后世流行的版本判断书中正文是否曾有避讳。
⑤ 陆澄《法论》第十四帙中载牟子书，题作《牟子》，下注"一云苍梧太守牟子博传"。见《出三藏记集》第12卷，中华书局1995年版，第445页；《法论》第十四帙，见《大正藏》第55卷目录部。
⑥ 《弘明集目录》载牟子书，题作《牟子理惑》，无"论"字。明刻本《弘明集》题作"汉牟融"撰。

"儒家类"有《牟子》两卷,题汉太尉牟融撰。《旧唐书》《新唐书》列入《艺文志》内。三部正史中的《牟子》当指《弘明集》中的《理惑论》。此书作者和成书时代,古今中外颇多争议。

按照《理惑论》序言,牟子生活在东汉末年,此书成于公元2世纪末。但直到公元5世纪下半叶陆澄之前,无人提及或引用此书。明末胡应麟《四部正讹》卷下认为《理惑论》的作者牟子不是牟融,但又肯定是东汉人的著作。[①] 清代孙星衍将《理惑论》收入《平津馆丛书》,其弟子洪颐煊序认为牟子即牟融不可信,其文近于汉魏,故收入丛书。[②] 晚清孙诒让确认此书为东汉牟子所作。[③] 梁启超作《牟子理惑论辨伪》否定牟子实有其人,以为此书乃后世伪作,内容文字都不佳,当"为晋六朝乡曲人不善属文者所作"。他认为牟子书序文支离破碎,言笮融事文义不相属,因此断言牟子书为东晋刘宋时的伪作。[④] 日本学者常盘大定提出此书是沙门慧通(426—478年)编造的,牟子是一个假托的人物。[⑤] 但更多的学者肯定了此书的可靠性,并对否定论者关于该书某些内容的质疑进行了辩解。余嘉锡、胡适、汤用彤、马伯乐(Henry Maspero)、伯希和(Paul Pelliot)等都是肯定论者,他们认为本书的写作年代在公元3世纪上半叶的后25年间。福井康顺则确定为大约公元3世纪的中期。[⑥] 原文里向牟子提出种种质疑的人云:"仆尝游于阗之国,数与沙门道人相见。"梁启超认为灵献时中国人不可能游于阗之国,因为《后汉书·西域传》明确记载:"于阗自王敬矫命造乱被戮,桓帝不能讨,自此与中国绝。""此必在朱士行西行求法之后,于阗交通盛开,作伪者乃有此言耳。"[⑦] 许

---

① (明)胡应麟:《四部正伪》卷3,顾颉刚编《古籍考辨丛刊》,中华书局1955年版,第46页。
② 洪颐煊为牟子书序云:"《后汉书》载牟融传,融代赵熹为太尉,建初四年薨,而是书(即《理惑论》)自序灵帝崩后,天下扰乱,则相距已百年,《牟子》非融作明矣。"(孙星衍前引书)《后汉书·牟融传》称融为北海安邱人,字子优。《理惑论》的作者虽题名汉牟融,其注云苍梧太守牟子博,按其自序又非北海安邱人。从生卒时间、籍贯、个人经历来看,著《理惑论》之牟子和汉明帝时的太尉牟融不是同一个人。胡、洪提出的疑问是有根据的。
③ (清)孙诒让:《籀庼述林》卷4,《孙诒让全集》,中华书局2010年版。
④ 梁启超:《〈牟子理惑论〉辨伪》,《佛学研究十八篇》,上海古籍出版社2001年版,第37页。
⑤ [日]常盤大定:『支那に於ける仏教と儒教道教』、東京:東洋文庫、昭和五年(1930年),第89—100頁。
⑥ [日]福井康順:『道教の基礎的研究』、東京:理想社,1952年,第332—436頁。
⑦ 梁启超:《〈牟子理惑论〉辨伪》,《佛学研究十八篇》,上海古籍出版社2001年版,第38页。

理和受梁启超观点影响,他说:"在第35节,对方说已经去过于阗,并且与佛教僧人和(其他宗教的)沙门交谈过。除了根据当时中国和中亚的政治形势这个故事完全不可能发生之外,于阗作为一个佛教中心是否早在公元2世纪已在南部中国为人所知,这也是很成问题的。"① 周叔迦认为:"夫所谓与中国绝者,朝贡之使不相往还耳,岂有私人游历亦不得经过耶?彼西域路径,非若北虏之有长城,可以闭关绝塞也……。昔唐玄奘之西游也,初结伴陈情,有诏不许。凉州都护复奉严敕,防禁特切,而奘公卒得西行。今于阗之防,亦未足异也。"梁氏虽有史可据,认识不免绝对。周氏之言,却不无道理。古代中原与西域政治关系上有时断绝,并不代表彼此之间商贸易和宗教活动的中断。于阗是西域大国,早在西汉时已与中原地区保持密切联系。东汉时班固经营西域,于阗是其建立了辉煌功业的地方。汉代文化人知道西域的于阗应该是没问题的,于阗与许多重大历史事件有关,不知道这个西域国家反而是不正常的了。原文云:"今沙门剃头","今沙门既(当作耽)好酒浆,或畜妻子。"梁启超说:"汉魏皆禁汉人不得出家,灵献时安得有中国人为沙门者,据此文所述僧徒风纪已极败坏,必在石赵姚秦极力提倡举世风靡之后始有此现象耳。"② 魏晋禁汉人出家的话,出自石赵时王度的奏议,载于《高僧传·佛图澄传》。周叔迦认为王度奏语不足为据,他引史实验斥说:"殊不知汉末译师严佛调为临淮人即出家为沙门者也。又《后汉书·楚王英传》称英奉缣纨赎愆。诏报曰:'其还赎以助伊蒲塞、桑门之盛馔。'则汉时之沙门更尝受帝王王子之供养矣。又《陶谦传》云,笮融于广陵大兴佛寺,岂有寺而无僧者。盖汉时戒律尚无译传,其出家者,但剃发以殊俗而已。殆至魏末,始有昙柯迦罗等二三大德初翻戒本,开坛传戒,朱士行固首受其戒者也,则王度之奏亦不足为凭矣。汉末沙门既无戒本可遵,其饮酒畜妻肆行无忌,亦理所固然。殆至石赵姚秦之后,东土僧律已臻完备,更有诸大师整纲振纪,其时戒风峻肃,岂更有此等情事耶?"从佛教经典流入中国的情况看,确如周氏所言戒律的翻译要晚一些。至于汉魏时禁汉人出家一事,出家的人多了,会使统治者失去纳赋和派役的对象,不利于封建统治,所以要禁止汉人出家。法令禁止,正说明汉人出家的情况已甚广泛。梁氏引王度的话而否定《理惑论》的记载,显然靠不住。

---

① [荷]许理和:《佛教征服中国》,李四龙、裴勇译,江苏人民出版社2003年版,第13页。
② 梁启超:《〈牟子理惑论〉辩伪》,《佛学研究十八篇》,上海古籍出版社2001年版,第38页。

梁氏还认为牟子书自序、书名标题支离破碎,言笮融事文义不相属,故疑为东晋刘宋间人伪作。周叔迦、胡适征引《后汉书》《三国志》有关记载,证明牟子书自序非但与史实相符,而且还补充了史书漏掉的事情。《理惑论》序传云:"先是时,牟子将母避世交趾,年二十六归苍梧娶妻。太守闻其守学,谒请署吏。时年方盛,志精于学,又见世乱,无仕宦意,竟遂不就。是时诸州郡相疑,隔塞不通。太守以其博学多识,使致敬荆州。牟子以为荣爵易让,使命难辞,遂严当行。会被州牧优文处仕辟之,复称疾不起。牧弟为豫章太守,为中郎将笮融所煞。时牧遣骑都尉刘彦将兵赴之,恐外界相疑,兵不得进。牧乃请牟子曰:'弟为逆贼所害,骨肉之痛,愤发肝心。当遣刘都尉行,恐外界疑难,行人不通。君文武兼备,有专对才。今欲相屈之零陵、桂阳,假途于通路。何如?'牟子曰:'被秣伏枥,见遇日久,烈士忘身,期必骋效。'遂严当发。会其母卒亡,遂不果行。"[①] 其中提到的交趾与豫章两地长官为兄弟,据《后汉书·朱隽传》,朱隽是会稽上虞人,其子朱皓官豫章太守。《陶谦传》中记载了笮融杀豫章太守朱皓的事。《三国志·士燮传》说交州刺史为朱符。《薛综传》记载交州刺史朱符是会稽人,朱符多以乡人虞褒、刘彦之徒分任长史等官。马伯乐根据上述史实,考证出这些地方长官分别出现在《三国志》和《后汉书》中,虽然没有述及他们的家庭关系,但是由于姓氏、籍贯的一致,使得他们是兄弟的说法变得较为可信。[②] 牟子《理惑论》序为此提供了新的线索,可以进一步印证这种推测。将以上史实贯通并结合《理惑论》序传进行考释,可以知道,朱隽的儿子朱皓官豫章太守,朱符官交州刺史(据《理惑论》序传,可知朱符和朱皓是亲兄弟或堂兄弟)。朱皓被笮融杀死,朱符称"骨肉之痛,愤发肝心",并决定派亲信骑都尉刘彦带兵去豫章报仇。汉末各州郡拥兵割据,或互相攻伐,刘彦从交州带兵赴豫章(今江西南昌),要经过零陵(今湖南零陵)、桂阳(今湖南郴县),必然会引起这些州郡当局的怀疑,或会以兵阻袭之。于是朱符请牟子充当使节,向沿途州郡说明情况。假途讨伐笮融。这些完全符合汉末的社会政治情况。《后汉书》《三国志》有关传记中记载了上述情况。牟子序传所记则比较细碎,和史书所记并不相悖,弥补了史书所不能顾及的细致情况。汉末州郡相攻,笮融一类豪强地主聚众逞强,流劫州郡。其间政

---

① 《理惑论》序传,《弘明集》卷1,《中华大藏经》第62册,中华书局1993年影印本,第709页。
② [法]马伯乐:《汉明帝感梦遣使求经事考证》,《马伯乐汉学论著选译》,伭晓笛、盛丰等译,中华书局2014年版,第287—289页。

治形势，人事换替，瞬息即变。若非亲历其事，断难详记无误，更不是两百年后的"乡曲不善属文者"所能伪造。梁启超对这段历史未能细究，遂以为文义不相属，乃至断定《理惑论》为伪作，殊为失当。许理和认为《理惑论》的序，不符合牟子个人的口气，他说："序言明显不是自传体而具有赞颂的性质。谁能相信一个中国学者在撰写他自己著时把他自比孟子'拒杨朱墨翟（的反动观点）'？谁能相信他会说自己学识广博，因而受职荆州？还有谁能相信他自称'文武兼备，有专对才'？事实上序言是对文人的仕宦生涯的理想化描述。"① 其实，中国文人在自己的文章中自夸抱负和才华是一种传统，其例甚多，读读屈原、李白的诗可知，连陶渊明的诗也有如此表现。这方面许理和有点儿少见多怪了。《理惑论》序言中的自夸，其实还有一个用意，就是怀抱利器如彼的作者，却倾心于佛门，说明佛门有更大的魅力，遁入空门比入世从政更有吸引力。抬高自己的目的，其实是为了抬高佛教。

关于《理惑论》作者的名和字，梁启超认为也有疑点。他说："《理惑论》三十七章，全文见梁僧祐《弘明集》卷一，题汉牟融撰，附注云：'一名苍梧太守牟子博传。'《隋书·经籍志》子部儒家类，有《牟子》二卷，注云：'后汉太尉牟融撰'，殆即是书。融，字子优，不字子博，《后汉书》有传。其为太尉，在明帝永平十二年，史不称其有著书。本书称'孝明皇帝云云'，其决非太尉融所撰，更不俟辩。即谓汉末有同姓名者，然书中自序，称'灵帝崩后……牟子将母避世交趾。年二十六，归苍梧娶妻，太守谒请署吏'"② 梁启超的观点遭到反驳。周叔迦说："窃尝考之，题中明言牟子博传而非牟子优，岂古今不许同姓名耶？昔后汉末有张温为司空，而东吴亦有张温，岂有因同名而以史传为误。"③ 汤用彤论证了"汉牟融"三字系后人误加，指出陆澄《法论》中的《牟子》篇名下注云"一云苍梧太守牟子博传"，并没有"汉牟融"三字，而据牟子自序乃一平民，则"太守"二字也明显系后人所加。此外，《出三藏记集》所载《弘明集目录》，也没有"汉牟融"三字。现在通行的明刻本《弘明集》才题作者为汉牟融。汤氏还指出宋、元及高丽等藏经内的《弘明集》

---

① ［荷］许理和：《佛教征服中国》，李四龙、裴勇译，江苏人民出版社2003年版，第13页。
② 梁启超：《〈牟子理惑论〉辩伪》，《佛学研究十八篇》，上海古籍出版社2001年版，第37页。
③ 周叔迦：《梁任公牟子辩伪之商榷》，《牟子丛残》，上海光明书局1930年版；收入《周叔迦佛学论著全集》（第二册），中华书局2006年版，第988页。

都没有汉牟融字样,题汉牟融明显是后人所加。①

吕澂认为《理惑论》"属于伪书","作者决非汉末时人","当时佛家的学说不会有书内记载的情况",推定为"约当晋宋之间"所出。他认为《理惑论》中有关佛教的材料有可疑之处,如释迦牟尼成佛一篇说释迦十九岁出家,与一般说二十九岁出家的说法不合。十九岁出家的说法,只见于《太子瑞应本起经》,此经是孙吴黄武年间支谦译出。书中又记太子须大拿的故事,原出于《六度集经》,该经是吴康僧会译出。支谦、僧会都是牟子以后的人。作者自称是汉献帝时人,距这些佛典的译出相差五六十年。又说佛二月十五日涅槃,也与一般的二月八日、四月八日不合。《理惑论》中还说"僧人以酒肉为上戒",这些说法是在《大涅槃经》译出后才有的,而《大涅槃经》乃5世纪初北凉昙无谶所译,故《理惑论》当是后人伪托。② 荷兰汉学家许理和也有类似的观点,他说以他的一孔之见,"这篇论文的写就大大晚于2世纪甚至是3世纪——这个作品具有系统的、高度发达的论证过程(仅在很晚的其他文献中才有这种类型的范例),而通常把它的产生年代指向公元4世纪或5世纪初"。其论据之一是"在第五节,'对方'谈及大量佛典,无疑是泛指方等部(vaipulya)佛经,但中国人知道这些佛经,最早的范本是法护于公元286年所译的《二万五千颂般若经》。"论据之二是"第15节引了《六度集经》的内容,这是收在约译于公元247—280年间的《六度集经》中的最早汉译本"。③ 他们都以佛经译出为根据判断中国人是否知道该经的内容,实际上我们知道,早期入华的西域僧人一边宣讲一边译著,如安世高就是"宣译众经,改梵为汉"。④ 支楼迦谶"讽诵群经,志存宣法"。⑤ 安玄"渐解汉言,志宣经典,常与沙门讲论道义,世所谓都尉者也"。⑥ 所以有关佛经中的知识并不一定等到译出才为人所知。上述诸经未译出时,经中故事或已在社会上流传。吕澂还引用别人的观点,此书自序曾说到"于是锐志于佛道,兼研老子五千言",以为这句话是与上下文不连贯,只有去掉"佛"和"兼"两字才通顺,臆测《理惑论》原是替道家说话,后来被塞入佛教材

---

① 汤用彤:《汉魏两晋南北朝佛教史》,北京大学出版社1997年版,第52页;又前引书《大正新修大藏经》第52卷史传部《理惑论》校勘说明亦同。
② 吕澂:《中国佛学源流略讲》,中华书局1979年版,第26—27页。
③ [荷]许理和:《佛教征服中国》,李四龙、裴勇译,江苏人民出版社2003年版,第13页。
④ (南朝·梁)释慧皎:《高僧传》卷1《安清传》,中华书局1992年版,第4页。
⑤ (南朝·梁)释慧皎:《高僧传》卷1《支楼迦谶传》,中华书局1992年版,第10页。
⑥ 同上书,第10页。

料，因而变成替佛教辩护的著作。① 这种说法颇为牵强，也没有科学的论证，自序中的话并不存在上下不连贯的问题，可不置论。

魏晋以降，佛教在中国迅速传播，先小乘后大乘，这与印度佛学流派的发展密切相关。僧徒为适应客观环境的需要，不断吸收新的观点，修正旧说。牟子书必经多人加工改窜。陆澄因宋明帝敕谕而撰《法论》，把牟子书收入其中。宋明帝于公元465—472年在位。僧祐齐梁时人，生卒年为公元445—518年，他辑《弘明集》当在陆澄之后，即5世纪末或6世纪初。《大涅槃经》虽以昙无谶的译本最好，宋文帝时才传到南方。但此前早有竺道生等的异译本《大般泥洹经》广为流传。显然，为僧祐百年后收入《弘明集》的《理惑论》已被顺应潮流的佛教徒做了某些修改。僧祐信奉大乘性空说，撰编《弘明集》的目的是"为法御侮"。② 若佛教内部说法互相矛盾，诸如释迦牟尼是十九岁出家还是二十九岁出家之类的常识也不统一，僧祐岂会置之不顾，所以推断僧祐对《理惑论》作了某些改动，亦无不可。牟子《理惑论》是佛教初传时期的著作，其中不少过于浅陋失误之处，随着佛教经典大量译出，人们会逐渐认识到其错误之处，与后来的译典和佛学著作相比，其内容已显得陈旧和浅薄，因此，长期不被征引或提及也是可以理解的。罗辉映指出，牟子《理惑论》是汉末或三国前期的作品，其中某些字句，曾被后人改窜，它的内容反映了我国佛教早期发展的状况。它对研究我国汉魏佛教史、思想史，仍是重要的参考资料之一。③

日本学者山内晋卿、福井康顺肯定此书为牟子所作，但常盘大定、松本文三郎等则认为是伪书。④ 法国学者马司帛洛也认为是伪书，伯希和又肯定它是牟子所作。余嘉锡指出，《隋书·经籍志》《旧唐书·艺文志》《新唐书·艺文志》均著录《牟子》两卷，且题汉牟融撰，似乎这是后世把《理惑论》误认为是汉牟融撰著的原因。《理惑论》开宗明义弘扬佛法，何以得列入子部儒家类，两唐书又何以列入道家。换言之，《理惑论》和《隋书》等所记牟融著的《牟子》两卷书是两码事。明刻本《弘明集》不仅增"汉牟融"三字，而且内容上还有多处错讹。他主张参考

---

① 吕澂：《中国佛学源流略讲》，中华书局1979年版，第27页。
② （南朝·梁）释僧祐：《弘明集》后序，《中华大藏经》第62册，中华书局1993年影印本，第931页。
③ 罗辉映：《牟子〈理惑论〉略析》，《法音》1984年第2期；通灵佛教网（www.tlfjw.com）来源地址：http：//www.ebaifo.com/fojiao-665800.html。
④ 吕澂：《中国佛学源流略讲》，中华书局1979年版，第25页。

日本《大正藏》本及国内较好的本子，详加校雠，另刻一书，以消除人们对《理惑论》作者的疑窦。①

牟子《理惑论》序自述身世及作书之由，篇末一段文字，可视为跋。全书借问答的形式普及佛教知识，推尊佛法，针对社会上对佛教的种种责难一一进行辨解。主要内容是介绍释迦牟尼成佛和佛教产生的经过，追溯佛教传入的过程和发展；书中借用中国人熟悉的老子思想论证佛法的正确，利用儒家名物典故阐发佛教教义；揶揄道教和神仙家，论证释迦牟尼及佛教一尊的地位。《理惑论》反映了佛教在中国初期传播的情况，受到人们的重视。南朝萧齐时，陆澄将《理惑论》收入《法论》中，僧祐又将其收入《弘明集》中。宋代洪迈不知其尚存于《弘明集》中，其《容斋续笔》"计然意林"条列举唐代马总《意林》所引书不见于世者，其中有《牟子》，并云"不传于世"。②唐以后牟子《理惑论》只见于《弘明集》，无单行本流行，故孙诒让云牟子之书"尘霾梵夹，为儒者流览所不及"。③清乾嘉时，汉学转兴，孙星衍编《平津馆丛书》，"爱其为汉魏旧帙"④，遂将《理惑论》从《弘明集》中辑出，题作《牟子》，附注"一名理惑论"，其弟子洪颐煊为之作序。自唐代算起1000余年后，牟子《理惑论》又独立成书。近人周叔迦编有《牟子丛残》铅印本，书中除有牟子《理惑论》外，还附有《牟子理惑论音义》《牟子理惑论事义集证》以及孙诒让、梁启超、胡适等人的文章，是《理惑论》较好的一种刊本。

牟子《理惑论》反映了佛教东渐的历史背景和佛教初传时的状况。汉末社会政治混乱，战争频繁，经学对政治的指导作用削弱，经学的传统地位动摇。在儒学衰落的时候，佛教获得了发展，并逐渐取得和儒学、道教相抗衡的地位。从牟子《理惑论》可以知道，佛教作为一种外来文化，起初不为中国人所了解，一般均以方术目之。老子的思想和佛教思想有相似之处，都主张清净无为，省欲去奢，佛教人士借助老子思想，传播佛家旨趣。《理惑论》序传说牟子"锐志于佛道，兼研老子五千文"，正是佛教依托老子的情况。佛教徒借老子宣扬佛法，同时又和道家清楚地划分了界限，强调佛教的理论是最尊崇的。佛教在牟子《理惑论》时，借老子

---

① 余嘉锡：《牟子理惑论检讨》，原载《燕京学报》第20期，1936年，第1—23页。收入《余嘉锡论学杂著》，中华书局2007年版。
② （宋）洪迈：《容斋续笔》卷16，《容斋随笔》，上海古籍出版社1978年版，第405—406页。
③ （清）孙诒让：《籀𢈏述林》卷6，《孙诒让全集》，中华书局2010年版。
④ （清）孙星衍：《平津馆丛书》金集，洪颐煊序，凤凰出版社2010年版。

宣扬佛法,尔后独树一帜。当魏晋玄学兴起,佛学和玄学合流,名僧与名士唱和相酬。名僧对佛教经典、儒家、老庄之书莫不兼洽,佛教的地位大大提高。佛教在传统儒学中衰之际,跻身中国,汉代时依托方术,魏晋时和玄学合流。牟子《理惑论》体现了两者过渡时期的佛教状况。

## 七　汉代人眼中的佛道

> 日宫开万仞,月殿耸千寻。花盖飞团影,幡虹曳曲阴。
> 绮霞遥笼帐,丛珠细网林。寥廓烟云表,超然物外心。
> ——唐高宗《谒大慈恩寺》

随着佛教的传入,佛教文化与印度文明传入中国。佛教传播是人类历史上重要的文化传播现象,同时宗教又常常是文化交流的媒介,佛教也不例外。佛教初传,被视为方术之一种,其教理行为被认为与黄老方技相通,其初遭到汉地人的轻视。直到东汉末年,佛教已经渐成气候,西域一批僧人入华译经,宫廷民间已然颇有信奉者,而牟子《理惑论》仍云:"世人学士,多讥毁之";"俊士之所规,儒林之所论,未闻修佛道以为贵,自损容以为上。"然而,佛教与中国固有之方术相异之处,中国人也逐渐有所认识,并开始对佛教文化有所吸收和利用。佛教传入中国以后,对中国社会生活和文学艺术都发生了深远而广泛的影响,佛教观念日益为人所接受,源自印度、西域的佛教建筑、造像和音乐艺术传入中国。在中国佛教史上,汉代是一个开端引绪的时代,后来的佛教燎原之势是由汉代的星星之火引发的。

第一是灵魂不灭和来世报应。《四十二章经》早已在东汉社会流传,其中涉及轮回报应的内容很多。袁宏《后汉纪》讲到佛教:"又以为人死精神不灭,随复受形,生时所行善恶皆有报应。故所贵行善修道,以炼精神而不已,以至无为,而得为佛也。"又说:"然归于玄微深远,难得而测,故王公大人观生死报应之际,莫不瞿然自失。"此所谓"无为",乃佛教术语"涅槃"最早的译法。佛教传入中国之前,中国人固已存在鬼神观念和善恶报应思想。但只言人死为鬼,或鬼神乃阴阳二气之别名;也讲报应,但只谓祸福降于本身,或延及后代。而未尝意识到人死而后有来世,今世善恶祸福果报及于来世之说。从"王公大人"们初次听到佛教灵魂不死来世果报的学说时，"戄然自失"，可知佛教新观念对人们心灵的巨大震动。佛教信仰与中国道教信仰不同，中国人追求的是长生，道教宣称通过修行可达不死，这种思想观念在汉代社会盛行。新来的佛教来世果报思想引起人们的怀疑，也造成人们对人生的新思考和信仰的转变。牟子《理惑论》就记载了当时人们的质疑："佛道言人死当复更生，仆不信此言之审也。""为道亦死，不为道亦死，有何异乎？"为了宣扬灵魂不死学说，佛教人士攻击道教长生久视之说。牟子引用《老子》天地尚不得长久之言，以讥道教"不死而仙"的虚妄，可谓以子之矛攻子之盾。道教长生之术中有辟谷之法，牟子称其"行之无效，为之无征"。修神仙方术者秋冬不食，或入室旬日而不出，牟子嘲笑之，说："蝉之不食，君子不贵。蛙蟒穴藏，圣人不重。"但佛教的学说也确实令不少人发生对来世果报的恐惧和信仰，范晔《后汉书·西域传》云："又精灵起灭，因报相寻，若晓而昧者，故通人多惑焉。"① 要之，当时人们正在将信将疑中日益归信于佛教生死轮回善恶果报之说。

第二是戒色止欲、仁慈好施。佛教基本教义是"四谛"，即苦集灭道。佛教认为人生充满痛苦烦恼，痛苦烦恼是自己所行之业招致的，修行的目的在于痛苦烦恼的寂灭，达到成佛的境界，即涅槃。佛祖一开始所探讨的就是如何超脱人生的痛苦烦恼，佛教的一切努力在于如何达到这种超脱。佛教十二因缘说解释一切痛苦烦恼的根源在于"无明"，即贪瞋痴，由无明造成的"业"会得到恶报，而要达到超脱就要戒绝贪瞋痴念。佛教初传，这种基本理念便为汉人所理解，而对汉人来说，贪瞋痴的最重要的表现是贪欲和色欲，即对财和色的贪恋——爱与欲，修行重要的在于戒爱与止欲。《四十二章经》云："爱欲之大者为财色"；"财色之于人，譬如小儿贪刀刃之蜜"；"人系于妻子宝宅之患，甚于牢狱桎梏"；"爱欲莫甚于色，色之为欲，其大无外"。反复强调的就是充满爱欲，不能成道："使人遇蔽者，爱与欲也"；"人怀爱欲，不见道"；"心中本有三毒，踊沸在内，五盖覆外，终不见道"。成道的关键是克伐爱欲："人为道，去情欲，当如革见火。"所以《四十二章经》开宗明义讲沙门常行二百五十戒，为四真道行，进志清静。末云："佛言：吾视诸侯之位如过客，视金玉之宝如砾石，视毡素之好如弊帛。"② 襄楷赞美佛陀是视"好女"如

---

① 《后汉书》卷88《西域传》，第2932页。
② 《四十二章经》，《中华大藏经》第34册，中华书局1988年版，第570—572页。

"革囊盛血",批评桓帝"淫女艳妇,极天下之丽;甘肥饮美,殚天下之味"。①牟子《理惑论》云:"沙门弃妻子财货,或终身不娶。"张衡《西京赋》写掖庭舞伎之美:"展季桑门,谁能不营!"刘良注云:"展季,柳下惠;桑门,西国沙门。此二人至贞洁,见此之美,亦经营也。"李善注云:"桑门,沙门也。《东观汉记》制楚王曰'以助伊蒲塞桑门之盛馔'。《说文》曰:'营,惑也。'"②都是强调沙门以止欲戒色而著称。袁宏《后汉纪》云:"沙门者,汉言息也,盖息意去欲,而归于无为也。""无为"是汉时对"涅槃"一词的翻译。这些表现出当时汉人对佛教信仰的最初理解。佛教主张慈悲为怀,佛陀就是悲悯人生而出家修道,大乘佛教提倡救度众生,汉地对佛教的最初理解就是崇尚仁慈。汉明帝表彰楚王英是"尚浮屠之仁祠";班勇介绍佛教,关注的是"不杀伐";《四十二章经》说"佛道守大仁慈,以恶来,以善往";襄楷说佛教"此道好生恶杀"。仁慈的另一表现是拔苦救患,利益众生,具体的做法就是布施,捐财货,乐施与。《四十二章经》云:"去世资财,乞求自足","为道务博爱","博哀施","德莫大施"。牟子《理惑论》:"佛家以空财布施为名。"当时的布施主要是施饭食给善人和僧侣。《四十二章经》有饭善人一章,楚王英则设盛馔招待伊蒲塞与沙门。笮融浴佛节多设酒饭,布于路,经数十里。布施就是舍弃个人财产,这是佛家戒贪和屏除私欲的表现。

　　第三是禅法之最初的流行。按照佛教的说法,禅定是修菩萨道者的一种调心方法,其目的是净化内心,锻炼智慧,以进入诸法真相的境界。"禅"是外不着相,不执着一切境界相;"定"是内不动心。禅定是佛教译语中特别的译法,"禅"是印度梵语"禅那"的简称,其义为"定""思维修""功德丛林"等,"禅定"是华、梵兼称。从其意义上来说,修行者能摄受散乱心专注一境,即是所谓"定";摄心系念一种法门,能出生种种三昧,即是"思维修";依于禅定能出生种种功德,即所谓"功德丛林"。东汉桓帝之前,佛教禅法未见流行。汉末支娄迦谶译《般舟三昧经》《首楞严经》,支曜译出《成具光明定意经》等,乃大乘禅法流行之始。安世高之禅法尤为学佛者之风尚。安世高特善禅教,他翻译的《大十二门》《小十二门》《修行道地经》《明度五十计较》皆为禅经。他

---

① 《后汉书》卷30下《西域传》,第1082—1083页。
② (南朝·梁)萧统编,(唐)李善注:《文选》卷2,上海书店1988年影印本,第30页;《六臣注文选》卷2,日本足利学校藏明州宋刊本,人民文学出版社2008年影印本,第51页。

翻译的大小《安般守意经》乃汉地最初盛传之教法。南阳韩林、颍川皮业、会稽陈慧皆传承其之禅法。康僧会又向三人学习，主要接受了陈慧的思想，也参考了其他二人的理解。①《高僧传·安世高传》记载："世高曾封一函，内言'尊吾道者，居士陈慧；传禅经者，比丘僧会'。"② 康僧会《安般守意经序》说陈慧三人"信道笃密，执德弘正，烝烝进进，志道不倦"。③ 陈慧对《安般守意经》进行过注解，与严浮调同撰之《十慧章句》也是铺演《安般守意经》的著作。康僧会《安般守意经序》云："陈慧注义，全助斟酌，非师不传，不敢自由也"④，说明陈慧是恪守安世高之教义的。康僧会曾受学于上述三人，相当于安世高之再传弟子，故被安世高称为"传禅经者"。汤用彤据上述诸人的活动踪迹，判断"汉末魏初，河北、江南及中州一带固均有禅学也"。⑤

第四，斋戒奉祀与佛像崇拜。在中国，斋戒主要用于祭祀、行大礼等严肃庄重的场合，以示虔诚庄敬。斋戒包含了斋和戒两个方面。"斋"来源于"齐"，主要是"整齐"，如沐浴更衣、不饮酒，不吃荤。戒主要是指戒游乐，比如不与妻妾同寝，减少娱乐活动。斋戒用于多种场合，也指相似的宗教礼仪，佛教仪式中实行斋戒。佛教把清除心的不净称作"斋"，禁止身的过非称为"戒"，斋戒就是守戒以杜绝一切嗜欲。如佛教有八关斋会，八关亦称八戒，指佛教信徒一昼夜中必须遵守的八条戒律：不杀生、不偷盗、不邪淫、不妄语、不饮酒、不涂饰香及歌舞观听、不眠坐高广华丽床座、不食非时食。前七者为戒，后一者为斋，合在一起总称为"八戒斋"或"八关斋戒"。斋，素食不茹荤称斋；施舍饭食与僧人亦称斋。佛教初传，汉地奉信者奉祀佛陀便有此举。汉明帝说楚王英"洁斋三月，与神为誓"。《后汉书·西域传》说："楚英始盛斋戒之祀，桓帝又修华盖之饰。"汉桓帝在宫中奉祀"黄老浮屠"。汉代人把佛陀视为变化不死之神人，故加以祭祀崇拜。在印度佛教信仰中本来是禁止偶像崇拜的，小乘佛教"是反对制造佛像的。他们以荷花、佛冠、佛座、菩提树等作为佛的象征"。大乘佛教与之相反，"不仅建立了由无数的佛、菩萨、

---

① （三国·吴）康僧会：《安般守意经序》："此经世高所出，久之浓翳。会有南阳韩休、颍川皮业、会稽陈慧，此三贤者，信道笃密，会共请受，乃陈慧义，余助斟酌。"（南朝·梁）释僧祐《出三藏记集》卷6，中华书局1995年版，第244页。
② （南朝·梁）释慧皎：《高僧传》卷1，中华书局1992年版，第7页。
③ （南朝·梁）释僧祐：《出三藏记集》卷6，中华书局1995年版，第244页。
④ 同上。
⑤ 汤用彤：《汉魏两晋南北朝佛教史》，北京大学出版社1997年版，第67页。

阿罗汉和男女神祇组成的庞大体系，对乔答摩佛陀的生平和数百件前世的事迹也极为重视，大加宣扬。为了达到宣传的目的，没有比（通过雕刻艺术的）图像更有效的办法了"。① 在公元一二世纪的犍陀罗地区开始出现佛像崇拜。犍陀罗贵霜统治者迦腻色迦大王信奉了佛教，也崇奉其他宗教的神祇。"在迦腻色迦时代，一方面犍陀罗的偶像雕刻艺术在罗马的影响下达到了顶峰；另一方面，秣菟罗的纯印度雕刻艺术也达到了自己的顶峰。这两大艺术之间如果有什么共同点的话，那就是佛教和佛陀的造像"。② 犍陀罗佛教偶像崇拜和佛教造像艺术在东汉时也出现在中国。汉明帝夜梦神人，"身有日光"，被大臣傅毅解释为"佛"。《四十二章经序》说佛身体有金色，项有日光。笮融造佛像，"以铜为人，黄金涂身，衣以锦采"，恐怕不是向壁虚造，而应有范本。袁宏《后汉纪》云："佛身长一丈六尺，黄金色，项中佩日月光，变化无方，无所不入，故能化通万物，而大济群生。"这并不是释迦牟尼的真实形象，而是佛教造像艺术中的佛陀形象，应是来源于佛教的传说。

第五，出家修道与在家出家。汉代是否有汉地人出家修道，是个有争议的问题。《高僧传·佛图澄传》记载，五胡十六国时，王度上奏石虎云："往汉明感梦，初传其道。唯听西域人得立寺都邑，以奉其神，其汉人皆不得出家。魏承汉制，亦修前轨。"③ 但是，汤用彤据汉明帝诏书，楚王英已经为伊蒲塞、沙门设馔。刘英身边之沙门、伊蒲塞"未必即全为西域人"；汉桓帝时，严佛调确已出家；南朝刘宋何承天与宗少文书云："笮融之赒行馕。"古译比丘为"除馑"，是笮融所饭，已有出家僧徒。因此认为"汉末沙门似不少也"。④ 按，汉明帝时所谓"沙门"可能与后来出家为僧者有别，当时汉地尚无剃度出家之规制，可能是指来自西域之僧人，或自称沙门的术士而已，数量也未必很多。"行馕"应该指奔波道途行乞的穷人，未必可以理解为"除馑"。严佛调"本临淮人"，《高僧传》称之为"沙门"⑤，似乎是汉地出家人。但《高僧传》成书与严佛调的时代已逾三百多年，严佛调也很难称为正式出家的僧人，只是他曾参与译经，颇有成就，被《高僧传》称为沙门。因此，汉代已有汉人出家

---

① ［巴基斯坦］穆罕默德·瓦利乌拉·汗：《犍陀罗艺术》，陆水林译，商务印书馆1997年版，第56页。
② 同上书，第64页。
③ （南朝·梁）释慧皎：《高僧传》卷9《佛图澄传》，中华书局1992年版，第352页。
④ 汤用彤：《汉魏两晋南北朝佛教史》，北京大学出版社1997年版，第70页。
⑤ （南朝·梁）释慧皎：《高僧传》卷1《支楼迦谶传》，中华书局1992年版，第11页。

的结论,论据不够充分。当时活跃在社会上的僧人应该来自域外的译经传教者,这些人当时通常被称为"菩萨"。① 但当时应该有不少被称为"优蒲塞"(居士)的汉人信奉佛教。楚王刘英身边有"优蒲塞"。《理惑论》云:"愿受五戒,为优蒲塞。"关于沙门、优蒲塞与常人的区别,大约有如下五事:一是沙门持二百五十戒,其时戒律方面的佛典尚未译出,僧人戒律大约经来自域外的僧人口头传授;二是优蒲塞五戒;三是"沙门剃头发,披赤巾,见人无跪起之礼,威仪无盘旋之容止,时人讥其违貌服之制,乘揸绅之饰"②;四是斋戒祭祀;五是去世资财,乞求自足,日中一食,树下一宿。③ 天竺僧人有其特殊的生活行为规范,汉地佛教初传时缺乏完整的了解,实行起来自然不能严格要求,例如,《理惑论》云:"佛家以酒肉为上戒。"但"沙门耽好酒浆,或畜妻子,取贱卖贵,专行诈绐"。浴佛节笮融以酒饭施舍,布席于路。如此等等,说明汉代出家者和居士们尚不能严格遵守戒律行事。

第六,讲经与注经。讲经本是印度佛教之传统,佛典汉译后汉地出现讲经之风。西汉末年博士弟子景卢从大月氏使伊存口受浮屠经,自应包含着讲授。东汉末年,笮融造像立寺,"课读佛经,令界内及旁郡人有好佛者听受道",显然也有人讲授。汉桓帝时从西域入华的僧人或游贾不仅能诵读佛经,而且通晓其义理,往往随译随讲。安清、安玄等皆口出经文,常讲其意旨。安息国人优婆塞安玄"常与沙门讲论道义,世所谓都尉玄者也"。④ 汤用彤指出:"安世高为阿毗昙师,《毗昙》恒依法数分列,纲目条然。世高译时便讲,遂必逐条论说,取经中事数,如七法、五法、十法报、十二因缘、四谛、十四意、九十八结等,一一为之分疏。""严浮调复因其未详《十慧》,乃作《沙弥十慧章句》,章句者,疑系摘取《十慧经》文,而分章句,具文饰说,其书用以教初学(原序末曰:'未升堂者,可以启蒙焉。'),故曰《沙弥十慧章句》也。""安世高善《毗昙》学,译经时并随文讲说。其后严浮调依其规模,分章句疏释。此种体裁,于后来注疏至有影响。"⑤

---

① 汤用彤:《汉魏两晋南北朝佛教史》,北京大学出版社1997年版,第70页。
② (汉)牟融:《理惑论》,《弘明集》卷1,《中华大藏经》第62册,中华书局1993年影印本,第709页。
③ 汤用彤:《汉魏两晋南北朝佛教史》,北京大学出版社1997年版,第70—71页。
④ (南朝·梁)释慧皎:《高僧传》卷1《支楼迦谶传》附,中华书局1992年版,第11页。
⑤ 汤用彤:《汉魏两晋南北朝佛教史》,北京大学出版社1997年版,第78页。

第七，佛教初传时与道教方术的互相吸收。佛教初传汉地时，正是汉代谶纬方术鬼神迷信盛行之际。西汉末年王莽辅政，光武帝即位，皆提倡图谶方术。佛教被视为方术之一种被崇祀，所以楚王英祀黄老浮图，因此，佛教仪式被汉地人们当作鬼神祭祀的活动所吸收。东汉中期，在中国文化土壤中经过长期酝酿而形成的道教，与新传入的佛教互相借鉴和吸收。佛教经典的早期翻译借助中国传统文化术语之处甚多，也不乏按照中国传统观念去理解和接受，如上所述，此不复赘。而在早期道教经典中也已经可以看到佛教思想的影响，《太平经》中便有迹可循。汤用彤曾分析了《太平经》中渗入的佛教思想因素，认为"《太平经》者，上接黄老图谶之道术，下启张角、张陵之鬼教，与佛教有极密切之关系"。① 《太平经》又名《太平清领书》，是道教的主要经典，以阴阳五行解释治国之道，宣扬散财救穷、自食其力。据中国《后汉书·襄楷传》称：汉顺帝时，琅玡人宫崇诣阙，献其师于吉所得神书，号曰《太平清领书》。此神书即《太平经》，系东汉原始道教的重要经典，它的出现是道教正式形成的重要标志。在《太平经》中可以隐约透露出道教人士对新来的域外宗教佛教持排斥和批判态度。《太平经》中痛斥"四毁之行"：一是不孝，弃其亲；二是不好生，无后世；三是食粪饮其小便；四是行为乞者。以为"污辱天正道"，"道大瑕病所起"。② 其四者显系佛教徒之行为，与汉地传统相背。但在《太平经》自称"天师之书，乃拘校天地开辟以来，前后圣贤之文，《河图》《洛书》神文之属，下及凡民之辞语，下及奴婢，远及夷狄，皆受其奇辞殊策，合以为一语，以明天道"。其中所谓"远及夷狄"，便包括佛教术语。《太平经》中可看到化用或引用佛教用语。如"本起""三界""精思""精明""精进"云云，可能采自佛经之名词。在宣扬道教学说时对佛教亦有借鉴或因袭。《太平经钞·甲部》写道教祖师李耳降生时九龙吐水，颇似佛教本行经记载释迦降诞之异迹。《太平经》中宣扬天道仁慈，提倡布施、好生、戒杀等，显受佛教学说影响。《太平经》中两次写天神以玉女试道者，云天常使邪神来试人，数以玉女试之，以考验其持心是否坚密。又云赐以美人玉女之像，如意志不倾，则能成道，如生迷惑，则道不成。③ 这似袭用佛经故事。襄楷奏疏中引《四十二章经》："天神遗以好女，浮屠曰：'此革囊盛血。'遂不盼之。其守

---

① 汤用彤：《汉魏两晋南北朝佛教史》，北京大学出版社1997年版，第71页。
② 王明编：《太平经合校》卷117，中华书局1960年版，第655—656页。
③ 王明编：《太平经合校》卷71，中华书局1960年版，第285—289页。

一如此,乃能成道。"① 而佛经中之"守一"云云,用语又出道家学说,《老子》书中有"抱一"之说,《太平经》则多次袭用佛教之"守一"语辞,可见佛道之间互相因袭的痕迹。

佛教初传,给中国带来许多新鲜事物,逐渐渗透到社会生活的各个方面。一个重要的表现是佛教艺术传入中国,为中国传统艺术增添了新的因素。按照佛教传说,印度佛教艺术最早产生于佛陀时代,而且已具有木雕、铸金和绘画等形式。《增一阿含经·听法品》云,佛陀上天为母说法,中天竺泼沙国优填王思念佛陀,召集国内巧匠造雕檀立佛像,高五尺。拘萨罗国波斯匿王闻之,也召国内巧匠以紫磨金作如来像,亦高五尺。"尔时阎浮提内始有此二如来像"。② 据《根本说一切有部毗奈耶经·入王宫门学处》,摩揭陀国影胜王曾画佛像一铺,酬赠邻国胜音城仙道王令申供养。③ 随着对佛陀崇拜的加深,佛教艺术中开始回避对佛陀形象的直接刻画,但这种情况至犍陀罗艺术发生变化。印度贵霜王朝时期(约1—3世纪),在印度西北的犍陀罗(今巴基斯坦白沙瓦一带)和朱木那河中游的秣菟罗(今印度亚格尔以北)形成著名的犍陀罗佛教艺术。这种佛教艺术受到希腊、罗马艺术的影响,主要表现在佛寺建筑和佛教造像方面。佛塔周围雕刻有佛教传说题材内容,其中有佛陀、菩萨形象,并且开始制作供佛教徒礼拜的单独佛像。自佛教传入中国,入华天竺、西域僧人往往携带佛经、佛画和佛像而来,引起中土艺人的仿制,造成佛教艺术的输入。汉末西域僧人入华,有的精通天竺医术,在传播印度医学方面做出了贡献。佛教对中国艺术和医药学的影响和贡献,将在本书《艺术篇》《香料、医药和医术》篇论述,为避免重复,此处从略。

---

① 《后汉书》卷30下《襄楷传》,第1082页。
② 《增一阿含经》卷28,《中华大藏经》第32册,中华书局1987年版,第327页。
③ 《根本说一切有部毗奈耶经》卷45,《中华大藏经》第38册,中华书局1989年版,第698页。

# 第九章 艺术篇

汉代传入中国的域外艺术主要有音乐、杂技和各种造型艺术。西域传入的音乐包括西域传来的乐器、乐曲和演奏者。汉武帝以后，域外音乐更多地传入中国内地。来自域外的乐曲，经过汉朝音乐家的加工和修改，创制出新的乐曲。杂技魔术的表演也常常配合着音乐，还有各种造型艺术传入中国，各种外来物品成为各种艺术表现的题材，极大地丰富了中国艺术的内容和形式。

## 一 乐器 乐曲

中国古代的传统音乐，到汉代发生了重大变化，主要表现为雅乐衰落，俗乐兴起。雅乐只在郊庙祭礼和朝廷宴享时使用，而大家喜欢欣赏的则是俗乐。俗乐是在吸收民间音乐和外来音乐的基础上发展起来的。西域音乐的传入带来了新的元素，包括乐器和乐曲。汉代传入中国的西域乐器主要有箜篌、琵琶、筚篥、胡笛、胡笳、胡角等。这些乐器的传入各有其不同的路线和历史。中国音乐艺人在长期的使用过程中，又不断加以改造，产生出新的形式，成为中国民族音乐的有机组成部分。

### （一）箜篌

掭迟初挑吹，弄急时催舞；
钏响逐弦鸣，衫回半障柱。
欲知心不平，君看黛眉聚。

——（南朝·梁）简文帝《赋得箜篌诗》

箜篌是一种拨弦乐器，汉代时写作"坎侯""空侯"，汉代以后中国人仿照笙、竽、筑等表示乐器的字,创制出"箜篌"两个新字,唐代以后成为这种乐器的定名。据常任侠考证,竖箜篌源出于波斯,更上溯则滥觞于亚述。波斯即在亚述曾经繁荣过的地方建立起大帝国,继承了前代的乐器,箜篌便是传下来的东西。① 箜篌起源于美索不达米亚,公元前3000年苏美尔(在今伊拉克东南部幼发拉底河和底格里斯河下游)人创制弓形竖琴,并有立式和卧式两种。公元前2800年乌鲁克(Uruk)四期泥板上有一种三弦的竖箜篌。乌尔(Ur)王朝一期,竖琴发展为卧式,有了11—15弦的弓形箜篌。《隋书·音乐志》云:"今曲项琵琶、竖头箜篌之徒,并出自西域,非华夏旧器。"②

考古资料说明,起源于西亚、后来流行于中国内地的箜篌在战国时期已经传入新疆地区。1996年,考古工作者在新疆且末县托格拉克勒克乡扎滚鲁克墓地发现了两件箜篌,除了琴弦和共鸣音箱上的蒙皮已腐朽缺失外,其余部分保存完好。均木质,由音箱、琴颈和琴杆三部分组成,通长87.6厘米;音箱呈半葫芦状,长41.6厘米,宽6.8—13.2厘米,高4—6.8厘米。音箱外壁打磨光滑,口部还留有蒙皮的残迹,宽1.2—1.6厘米。音箱深2.8—5.2厘米,腔内可见凿痕,音孔开在音箱的底部。音孔造型特别,略成长方形,四边作弧曲内凹长2厘米,最小宽0.4厘米。颈部侧视呈长方形,约长46厘米,宽8厘米。尾部与音箱相连,偏上部位有一横穿的小圆木棍,长3.6厘米,径0.35厘米。琴颈下部延伸到音箱底部,稍稍呈脊状突起。颈首稍厚,上面刻有椭圆形的卯眼以固定琴杆。琴杆略带弧形,截面为圆形,长31.2厘米。杆首稍细,直径约2厘米。有三道明显的系弦痕迹。杆尾镶嵌在颈首的卯眼内,用木楔固定。露出部分琴杆截面为椭圆形,长径2.8厘米,短径1.6厘米。

出土这两件乐器的墓中,至少葬有19具尸骨。出土时,两件乐器分别置于一个小孩和一位中年女性尸骨的胸部。同时出土有木梳、木腰牌饰、木纺转、毛纺织品和陶器、铁器、砺石等。考古工作者根据墓葬中其他出土文物的文化类型、历史背景等综合分析,确定该墓的年代约为公元前3—前4世纪,相当于中原地区的战国时期。③ 这是中国音乐考古学上所见最早的箜篌实物,这在研究箜篌的早期流传方面具有重要意义。过去人们对箜篌的了解,主要是根据古代佛教壁画或乐舞俑、砖雕石刻图像等

---

① 常任侠:《汉唐间西域音乐艺术的东渐》,《音乐研究》1980年第2期。
② 《隋书》卷15《音乐志》下,第378页。
③ 王子初:《且末扎滚鲁克箜篌的形制结构及其复原研究》,《文物》1999年第7期。

资料。根据音乐专家的研究，且末箜篌的形制应为弓形箜篌，但与新疆地区发现的其他弓形箜篌有所异同，其他弓形箜篌的音箱形似一个皮囊，皮囊内应有硬质腔体支撑。且末箜篌为木质腔体，两者在外观上有一定的差异。如果仔细考察，发现于古代美索不达米亚的几种弓形箜篌，音箱结构则与且末箜篌没有什么本质的区别。这些箜篌约产生于公元前20世纪前后的叙利亚和伊拉克。其中弓形架、直角架和拟直角架均具备，而且演奏方法也一样。且末箜篌演奏的方式，最为合理的姿势是右胁夹持音箱，左手扶持颈端，右手拨弹，像新疆克孜尔第77窟壁画中所表现的样子。且末箜篌全长86.7厘米，其颈首被磨削成圆角，共鸣箱的中腰开始内敛，正适合一臂夹持音箱，一手扶握颈端的演奏方式。①

汉代箜篌可能来自对印度古老的弦乐器 Vīnā 的仿制。② 这种乐器是古代印度梨俱吠陀时代（大约公元前1500—前900年）弦乐器的代表，源于两河流域。在公元前2世纪印度的石刻中有卧箜篌的形象。印度佛陀伽耶出土的公元4世纪中叶至5世纪初的石刻中也有弓形竖琴，即竖箜篌。根据《史记·孝武本纪》记载，汉代箜篌首先从南方传入：

> 既灭南越，上有嬖臣李延年以好音见。上善之，下公卿议，曰："民间祠尚有鼓舞乐，今郊祀而无乐，岂称呼？"公卿曰："古者祠天地皆有乐，而神祇可得而礼。"或曰："太帝使素女鼓五十弦瑟，悲，帝禁不止，故破其瑟为二十五弦。"于是塞南越③，祷祠太一、后土，始用乐舞，益召歌儿，作二十五弦及箜篌瑟自此起。④

同书卷十二《封禅书》《汉书》卷二十五上《郊祀志》有同样记载。刘宋裴骃《史记集解》引应劭云："武帝令乐人侯调始造箜篌。"唐司马贞《史记索隐》引应劭曰："武帝令乐人侯调作，声均均然，命曰箜篌。侯，其姓也。"⑤ 据此则知，汉武帝征服南越后，传入了南方的音乐，其中的

---

① 王子初：《且末扎滚鲁克箜篌的形制结构及其复原研究》，《文物》1999年第7期。
② 沈福伟：《中西文化交流史》，上海人民出版社2006年第2版，第69页。
③ "赛"与"塞"通，祭祀之礼。《汉书》卷25《郊祀志》作"塞"，《史记·封禅书》亦作"塞"。司马贞《史记索隐》云："塞，先代反，与赛同，今报神福也。"《汉书·郊祀志》"冬塞祷祠"，颜师古注曰："塞，谓报其所祈也。"《后汉书·曹节传》李贤注云："塞，报祠也，字当为赛，通用。"《说文·新附字》云："赛，报也。"《管子·小问篇》："桓公践位，令峄社塞祷。"
④ 《史记》卷12《孝武本纪》，第472页。
⑤ 《史记》卷12《孝武本纪》，第472页，[注]三。

箜篌应该是经海路传入南越国的印度式箜篌。宫廷乐师李延年演奏来自南越的音乐，武帝非常欣赏。武帝祷祠南越神和太一（传说中的天神，汉代最高神，天帝之别名）、后土（土地神），命李延年创制祀神的乐舞，命乐工侯调作乐器，侯调作二十五弦瑟，又模仿来自南越的印度式乐器作"空侯"。"塞"与"赛"通，祭祀之礼。《史记·封禅书》《汉书·郊祀志》皆作"塞"。司马贞《史记索隐》云："塞，先代反，与'赛'同，今报神福也。"① 《汉书·郊祀志》"冬塞祷祠"，颜师古注曰："塞，谓报其所祈也。"② 《后汉书·曹节传》李贤注云："塞，报祠也，字当为'赛'通也。"③ 许慎《说文解字》云："赛，报也。"④ 《管子·小问篇》云："桓公践位，令毁社塞祷。"⑤ 赛，旧时祭祀酬报神恩的活动，汉平南越获得大量财物，故酬报祷词南越神，用南越乐舞。箜篌从南越来，故采用之。

为什么叫"空侯"？应劭《风俗通义》云："谨按《汉书》，孝武皇帝赛南越，祷祠太一、后土，始用乐人侯调依琴作坎坎之乐，言其坎坎应节奏也，侯以姓冠章耳。或说空侯取其空中。琴瑟皆空，何独坎侯耶？斯论是也。诗云：'坎坎鼓我'，是其文也。"⑥ 以为"空侯"或"坎侯"乃像其声。《资治通鉴·汉纪》胡注引《世本》云："空侯，空国侯所造。"⑦ 《世本》是战国时赵国史书。刘熙《释名·释乐器》云："箜篌，师延所作，靡靡之乐也，后出于桑间濮上之地，盖空国之侯所存也。"⑧ 以为箜篌是空国诸侯贵族使用的乐器，故称空侯。段安节《乐府杂录》云："箜篌乃郑卫之音权舆也，以其亡国之音，故号空国之侯。"⑨ 这些都是望文生义。有人认为"空国"是诸侯国的名字，中国古代无空国，因此从国外寻找，认为此空国可能是印度西北的一个古国柬埔寨（Cambodja）的异译，也可能是泰国北部的孔丹，中国可能经由这些地方引入这种

---

① 《史记》卷28《封禅书》，第1372页。
② 《汉书》卷25《郊祀志》，第1207页。
③ 《后汉书》卷78《宦者·曹节传》，第2525页。
④ （汉）许慎：《说文解字》（六下），中华书局1963年版，第131页。
⑤ （春秋）管仲：《管子》卷16《小问篇》，《二十二子》，上海古籍出版社1986年影印本，第157页。
⑥ （汉）应劭：《风俗通义》卷6，《汉魏丛书》，吉林大学出版社1992年影印本，第655页。
⑦ 《资治通鉴》卷44《汉纪》三十六，胡注引，中华书局1956年版，第1421页。
⑧ （汉）刘熙撰，（清）毕沅疏证，王先谦补：《释名疏证补》卷7《释乐器》，中华书局2008年版，第227—228页。
⑨ （唐）段安节：《乐府杂录》，上海古籍出版社1988年版，第33页。

乐器。① 这又是出于想象。

箜篌是古伊朗系乐器,最早起源于弯弓,其名出于古波斯语音译,古波斯语称为 cank,音译为"坎侯"。瑟是中国的传统乐器,春秋时已流行,马王堆汉墓出土有实物。瑟有五弦、十五弦、二十五弦、三十五弦等多种形制,而以二十五弦最为普遍。据说原来是五十弦,因过于哀伤而减二十五弦。《西汉会要·乐舞》记载:"泰帝使素女鼓五十弦瑟悲,帝禁不止,故破其瑟为二十五弦,于是塞南越祷祠泰一后土,始用乐舞,益召歌儿,作二十五弦及空侯瑟,自此起。"② 中国音乐美学追求"哀而不伤,乐而不淫"。李商隐《锦瑟》诗云:"锦瑟无端五十弦",强调音乐令人悲伤。侯调所制的"空侯"是在弓形木框上系弦七根,形似瑟而小,横置,用拨弹之,犹如琵琶。这种形制的乐器经海道传入南越国,而在汉武帝时传入内地。侯调依琴制作这种乐器,说明其所制乃卧箜篌。形似瑟,故起初名"空侯瑟"。

东汉时从西北丝路传入竖箜篌,又叫胡箜篌。汉灵帝喜欢欣赏"胡空侯"的演奏。《后汉书·五行志》云:"灵帝好胡服、胡帐、胡床、胡坐、胡饭、胡空篌、胡笛、胡舞。"③《通典·乐曲》四记载:"竖箜篌,胡乐也。汉灵帝好之。体曲而长,二十二弦,竖抱于怀中,用两手齐奏,俗谓之擘空侯。"④ 这种"擘空侯"源出苏美尔,由亚述、波斯东传中国新疆。苏美尔,在今伊拉克东南部幼发拉底河和底格里斯河下游,早期居民为苏美尔人。约在公元前 30 世纪出现过一些奴隶制城邦,公元前 24 世纪中期乌玛国王卢伽尔—扎吉西(约前 2373—前 2349 年)征服南部各城邦,建立苏美尔国家,定都乌鲁克城。约在公元前 24 世纪末灭亡。苏美尔人是两河流域早期文化的创造者。这是一种大型立式角形竖琴,用双手手指齐奏,是指弹,不是拨弹。这种来自域外的新颖别致的乐器出现在汉代造型艺术中,南阳东郊墓画像石上雕刻有竖箜篌⑤,嘉峪关东汉晚期墓葬的画像砖绘有竖箜篌。新疆克尔孜哈第 23 窟和库木吐拉第 63 窟的壁画中,绘有艺人演奏竖箜篌的图画,艺人用左臂夹着竖箜篌,用双手拨动琴弦弹奏。敦煌石窟 249 号北魏窟北壁画有箜篌演奏情景,北魏云冈石窟有石刻伎乐人怀抱箜篌演奏的形象。

---

① 沈福伟:《中西文化交流史》,上海人民出版社 2006 年第 2 版,第 69 页。
② (宋)徐天麟:《西汉会要》卷 21,中华书局 1955 年版,第 190 页。
③ 《后汉书》志第 13《五行志》,中华书局 1965 年点校本,第 3272 页。
④ (唐)杜佑:《通典》卷 144《乐曲》,王文锦等点校,中华书局 1988 年版,第 3680 页。
⑤ 刘克:《汉代画像石中的佛教环境生存智慧》,《安徽大学学报》2005 年第 6 期。

箜篌起初传入时有卧式拨弹，也有竖式抱弹，后来中国人又根据琴、瑟、筝、筑等传统乐器演奏的方法，加以改进，发展了卧箜篌，更能适合中国艺人的演奏，发挥更高的技巧。汉末时箜篌已经相当普及，汉乐府《古诗为焦仲卿妻作》中刘兰芝自言："十五弹箜篌。"① 箜篌传入中国后，通过汉朝的赏赐，还传入匈奴。东汉建武二十八年（52年），北匈奴复遣使诣阙，贡马及裘，更乞和亲，并请音乐。光武帝刘秀命三府议酬答之宜。司徒掾班彪上奏，并替朝廷草拟报答之词，其中有云："单于前言先帝时所赐呼韩邪筝、瑟、空侯皆败，愿复裁（赐）。念单于国尚未安，方厉武节，以战攻为务，筝瑟之用不如良弓利剑，故未以赍。朕不爱小物，于单于便宜，所欲遣驿以闻。"② 可见西汉时便赐匈奴包括箜篌的诸般乐器，光武帝再次赠送北单于汉地乐器，其中有单于希望得到的箜篌。汉地箜篌很快传入朝鲜。崔豹《古今注》记载："《箜篌引》，朝鲜津卒霍里子高妻丽玉所作也。高晨起刺船而濯，有一白首狂夫披发提壶，乱河流而渡，其妻随而止之，不及，遂堕河而死。于是援箜篌而鼓之，作《公无渡河》之曲，声甚凄怆，曲终，亦投河而死。霍里子高还，以其声语其妻丽玉，玉伤之，乃引箜篌而写其声，闻者莫不堕泪饮泣焉。丽玉以其曲传邻女丽容，名之曰《箜篌引》。"《箜篌引》歌曰："公无渡河，公竟渡河，堕河而死，将奈公何！"③ 汉代"又有《箜篌谣》，不详所起"。④ 郭茂倩《乐府诗集》收录《箜篌谣》乃南朝诗人孔仲智作品⑤，内容与箜篌无关，显非乐府歌曲原词。

## （二）琵琶

抱月如可明，怀风殊复清；丝中传意绪，花里寄春情。
掩抑有奇态，凄锵多好声；芳袖幸持拂，龙门空自生。

——（南朝·齐）王融《咏琵琶诗》

琵琶也是一种拨弦乐器，古时有手弹和拨弹两种弹法。汉代传入，汉

---

① （南朝·陈）徐陵编，（清）吴兆宜注，程琰删补：《玉台新咏笺注》卷1，中华书局1985年版，第43页。
② 《资治通鉴》卷44，中华书局1956年版，第1421—1422页。
③ （晋）崔豹：《古今注》卷中，辽宁教育出版社1998年版，第8页。
④ （宋）郭茂倩：《乐府诗集》卷26，中华书局1979年版，第377页。
⑤ （宋）郭茂倩：《乐府诗集》卷87，中华书局1979年版，第1229页。

时文献写作"批把""枇杷"。汉代时手弹,刘熙《释名·释乐器》云:"枇杷,本出于胡中,马上所鼓也。推手前曰枇,引手却曰杷,象其鼓时,因以为名也。"① 应劭《风俗通义》云:"琵琶,谨按:此近世乐家所作,不知谁也。以手批把,因以为名。长三尺五寸,法天地人与五行,四弦象四时。"② 可见汉代音乐家根据中国人的观念对琵琶进行了改进。后来有用拨弹者,白居易《琵琶行》写道:"曲终收拨当心画","沉吟放拨插弦中"。③ 琵琶是游牧民族马上演奏的乐器,唐诗人王翰《凉州词》云:"葡萄美酒夜光杯,欲饮琵琶马上催。"④ 约在晋代,取琴、瑟等字形和批、把等字音创制出"琵琶"新字,傅玄有《琵琶赋》。此后成为这种乐器的定名。

琵琶最早产生于两河流域,与箜篌一样属古代伊朗系乐器,由苏美尔人所发明,公元前 2000 年美索不达米亚的塑像上已有表现,是一种长颈琵琶,称为 Pantur,后来传入印度、埃及和希腊,希腊人称为 Pandoura。塞琉古时这种乐器传入波斯,波斯人称为 tanbura。另有一种短颈琵琶,古波斯语有 Barbat 一词,即指此种弦乐器,可能就是"琵琶"的原词。传入新疆地区,龟兹语称为 Vipanki,汉语中琵琶可能是龟兹语的对音。琵琶因来自域外,又曾被称为"胡琴"。自汉至唐中国琵琶有三种。⑤

一是秦琵琶,俗谓秦汉子,一般认为是中国自己制造的。圆体修颈而小,疑是弦鼗(亦作"鞉")之遗制。鼗即长柄的摇鼓,俗称拨浪鼓。《诗·周颂·丰年》云:"应田县鼓,鞉磬柷圉。"⑥ 鞉即有皮面的鼓。周代宫廷已用于礼乐中,鼗的位置设在编钟两侧。《仪礼·大射》:"鼗倚于颂磬西纮。"郑玄注:"鼗,如鼓而小,有柄。宾至摇之,以奏乐也。纮,编磬绳也。设鼗于磬西,倚于纮也。"⑦ 宫廷乐师之一的小师掌教鼗鼓的演奏规范。《周礼·春官·小师》云:"小师掌教鼓、鼗、柷、敔。"郑玄注:"鼗如鼓而小,持其柄摇之,旁耳还自击。"⑧ 鼗鼓何时发展为琵琶,

---

① (汉)刘熙撰,(清)毕沅疏证,王先谦补:《释名疏证补》卷 7《释乐器》,中华书局 2008 年版,第 228 页。
② (汉)应劭:《风俗通义》卷 6,《汉魏丛书》,吉林大学出版社 1992 年影印本,第 655 页。
③ (唐)白居易:《白居易集》卷 12,中华书局 1979 年版,第 242 页。
④ 《全唐诗》卷 156,中华书局 1960 年版,第 1605 页。
⑤ (唐)杜佑:《通典》卷 144《乐》,中华书局 1988 年版,第 3679 页。
⑥ (宋)朱熹集注:《诗集传》卷 19,上海古籍出版社 1980 年版,第 229 页。
⑦ 《仪礼注疏》卷 16,《十三经注疏》,中华书局 1980 年影印本,第 1029 页。
⑧ 《周礼注疏》卷 23,《十三经注疏》,中华书局 1980 年影印本,第 797 页。

有两种说法：一曰秦代，西晋傅玄《琵琶赋序》引三国时人杜挚说："嬴秦之末，盖苦长城之役，百姓弦鼗而鼓之。"① 弦鼗，即弦鼗，为拨浪鼓扯上弦。弦鼗是中国发明最早的一种琵琶类型的乐器。南朝陈时释智匠《古今乐录》云："琵琶出于弦鼗。"② 晋代阮咸善弹秦琵琶，唐以后因称秦琵琶为阮咸。③ 二曰汉代，傅玄《琵琶赋》序云："世本不载作者，闻之故老云：汉遣乌孙公主嫁昆弥，念其行道思慕，故使工人知音者裁琴、筝、筑、箜篌之属，作马上之乐。今观其器，中虚外实，天地之象也；盘圆柄直，阴阳之序也；柱实有二，配律吕也；四弦，法四时也。以方语目之，故云琵琶，取其易传于外国也。杜挚以为嬴秦之末，盖苦长城之役，百姓弦鼗而鼓之。二者各有所据，以意断之，乌孙近焉。"④ 意思是说，汉制琵琶乃遣乌孙公主时结合诸种乐器之形制创制的，便于作马上之乐。

二是曲项琵琶，汉代由西域传入。《通典·乐》云："曲项，形制稍大，本出胡中，俗传是汉制。"⑤ 这种曲项琵琶在唐代传入日本，日本奈良正仓院收藏有汉制曲项琵琶，四弦四柱，体作梨形。根据日本学者林谦三和岸边成雄的研究，这种乐器起源于西亚，是波斯、印度、中亚诸地重要乐器之一。⑥ 古梵语中"Bharbhu"（拨弦）发音与琵琶相近。公元前后古希腊语中有一种琵琶类弦乐器称为"Barbyton"，同类乐器在古波斯语中叫"Barbāt"。汉遣乌孙公主嫁昆弥，制乐器取名琵琶，"取其易传于外国也"，说明其时已知外国此种乐器。文献和考古资料都说明，它当是沿天山南路经龟兹传入中原的。四弦的曲项琵琶，在米兰木板画中有所发现，是公元3至4世纪的作品。常任侠认为古代文献中所谓"胡琵琶"，

---

① （清）严可均：《全晋文》卷45，《全上古三代秦汉三国六朝文》，中华书局1958年影印本，第1716页。
② （唐）徐坚等：《初学记》卷16，中华书局1952年版，第392页。
③ 有人认为阮咸琵琶也是域外传入的。赵志安考证汉代阮咸类琵琶非中原文化的产物，认为具有"马上之乐"特征的阮咸类琵琶的起源，是秦汉以降"丝绸之路"开通、西乐东渐过程中，西域"游牧民族文化"撞击中原文化的结果。它和波斯的长颈琵琶极有可能有着历史渊源关系。参见氏著《汉代阮咸类琵琶起源考》，《黄钟》（武汉音乐学院学报）2001年第4期。
④ （晋）傅玄：《琵琶赋》，《宋书》卷19《乐志》、《北堂书钞》卷110《乐部》、《初学记》卷16《乐部》、《通典》卷144《乐》、《太平御览》卷583《乐部》皆有片断引文；经严可均整理，收入《全晋文》卷45，《全上古三代秦汉三国六朝文》，中华书局1958年影印本，第1716页。
⑤ （唐）杜佑：《通典》卷144《乐》"琵琶"条，中华书局1988年版，第3679页。
⑥ ［日］岸边成雄：《唐代音乐史的研究》，梁在平、黄志炯译，台北中华书局1973年版。

就是龟兹琵琶。① 龟兹琵琶的名称，最早见于《通典·乐》记载，云："龟兹乐者，起自吕光破龟兹，因得其声。……后魏平中原，复获之。有曹婆罗门，受龟兹琵琶于商人，代传其业，至孙妙达，尤为北齐文宣所重。"② 龟兹琵琶也叫胡琵琶，《北史·恩幸传》记载："曹僧奴、僧奴子妙达，以能弹胡琵琶，甚被宠遇，俱开府封王。"③ 曹氏三代世传龟兹琵琶。《隋书·音乐志》记载："今曲项琵琶、竖头箜篌之徒，并出自西域，非华夏旧器"④；"周武帝时，有龟兹人曰苏祗婆从突厥皇后入国，善胡琵琶。"⑤ 后唐张昭《详定雅乐疏》记载："沛公郑译因龟兹琵琶七音，以应月律，五正二变，七调克谐。"⑥ 胡琵琶和龟兹琵琶，两名可以互用。因为龟兹是胡乐的中心，所以胡琵琶就是龟兹琵琶。《通典》所谓"本出胡中"，胡便指龟兹。

三是五弦琵琶，出于西域，大概也是源于美索不达米亚，北朝时传入中原。《通典·乐》云："五弦琵琶，稍小，盖北国所出。"⑦ "北国"指突厥，大概是经由突厥传入。此种形制的琵琶，唐代时传入日本。

汉代琵琶传入中国，也见于考古材料。四川乐山虎头湾崖墓墓门上，刻画有乐伎图，一男子怀抱琵琶正在弹奏。⑧ 1957年发现的山东省微山县西城山汉墓，石阙上雕刻有弹琵琶的乐舞形象。山东嘉祥武氏祠左石室的画像石刻画有弹奏琵琶者。秦汉之际琵琶主要是伴奏乐器，魏晋之时琵琶独奏的形式开始出现。敦煌壁画和云岗石刻都见到曲项、五弦琵琶。嘉峪关市新城乡魏晋墓许多墓室的画像砖中，绘出各种古代乐器，有卧式和竖式箜篌、阮咸、手铃、琵琶、秦箫、长笛等，对研究古代音乐史、民族交流史都有重要参考价值。二号墓画像砖上有弹唱图，画中二人漫步于野外桑林之中，一人在前抱着阮咸，边弹边走；一人在后，舞着手铃，悠然自得。四号墓有一画像砖，画的是树下弹奏琵琶的场面，一男子手中执物作出舞状。据考证，这种舞蹈为古代的"踏歌"舞，多于节日郊外表演，舞者成群结队，手拉手，以脚踏地，边歌边舞，气氛热烈。北朝时外来的乐器箜篌、琵琶已经成为弦乐器中的主乐器。古代造型艺术中的琵琶和演

---

① 常任侠：《汉唐间西域音乐艺术的东渐》，《音乐研究》1980年第2期。
② （唐）杜佑：《通典》卷146《乐》，中华书局1988年版，第3725—3726页。
③ 《北史》卷92《恩幸传》，中华书局1974年点校本，第3055页。
④ 《隋书》卷15《音乐志》下，第378页。
⑤ 《隋书》卷14《音乐志》中，第345页。
⑥ 《全唐文》卷864，上海古籍出版社1990年版，第4016页。
⑦ （唐）杜佑：《通典》卷144《乐》，中华书局1988年版，第3679页。
⑧ 唐长寿：《乐山麻浩崖墓研究》，《四川文物》1987年第2期。

奏琵琶的内容，见证了汉代中外文化交流的盛况。在北魏至唐的造像和绘画中，琵琶是横抱于怀中用拨板弹奏，与后来竖抱指弹的挡弹不同。汉代琵琶初传时可能也是如此。

### （三）筚篥

> 颜热感君酒，含嚼芦中声。花娘篸绥妥，休睡芙蓉屏。
> 谁截太平管，列点排空星。直贯开花风，天上驱云行。
> 今夕岁华落，令人惜平生。心事如波涛，中坐时时惊。
> 朔客骑白马，剑趴悬兰缨。俊健如生猱，肯拾蓬中萤。
> ——（唐）李贺《申胡子觱篥歌》

筚篥是以芦茎为簧，短竹（最早可能是羊角、羊骨、牛角等）为管的竖笛，古代管状吹奏乐器之一种。管上有三至九孔不等，管首插芦哨，含入口中竖吹发声。在古代文献中，筚篥名称有"必栗""悲栗""筚篥""悲篥""觱栗""觱篥"等不同写法。关于其形制，一般认为源出于天竺，经中亚、西域传入内地。一说是古羌人发明的乐器，先是流行于我国西北游牧地区，初用骨器，后改用竹子，传入内地。[①] 最早写作"必栗"，南朝宋何承天《纂文》云："必栗者，羌胡乐器名也。"[②]《通典·乐》云："本名悲篥，出于胡中，其声悲。或云，儒者相传，胡人吹角以惊马。后乃以笳为首，竹为管。"[③] 段安节《乐府杂录》明确了它的发源地："筚篥者，本龟兹国乐也。亦名悲篥，有类于笳。"[④] 龟兹，今新疆库车县一带。汉地筚篥应该是经龟兹传来。唐代诗人李颀《听安万善吹筚篥歌》云："南山截竹为筚篥，此乐本自龟兹出；流传汉地曲转奇，凉州胡人为我吹"。[⑤] 名称可能是由匈奴语或突厥语音译而来，也有人认为是从古龟兹语译音而来。

筚篥汉代时已传入内地，山东孝堂山石刻第十石第二层有屈足跪吹筚

---

[①] 敖昌群、王其书：《筚篥与羌笛——羌笛源流考辨续篇》，《音乐探索》2009 年第 4 期。
[②] （唐）慧琳：《一切经意义》卷 56，徐时仪校注三种合刊本，上海古籍出版社 2008 年版，第 1491 页。
[③] （唐）杜佑：《通典》卷 144《乐》，中华书局 1988 年版，第 3682 页。
[④] （唐）段安节：《乐府杂录》，上海古籍出版社 1988 年版，第 34 页。
[⑤] 《全唐诗》卷 133，中华书局 1960 年版，第 1354 页。

篥的图像。① 筚篥的吹奏通过气息支撑，可以表现出圆润不断委婉起伏的持续音，或高亢清脆，或哀婉悲凉，音色深沉、浑厚、凄怆，特别能表达悲愤、激昂的情绪，古人往往借它抒发伤时感事的情怀，表现力很强。作为胡乐传至中原，深受人们喜爱。唐代盛行中原，成为宫廷九部伎、十部乐中的主要乐器。唐代宴享的胡乐以龟兹乐为主，所用乐器首推筚篥。天竺乐、疏勒乐、安国乐、高昌乐中都用筚篥。唐代涌现出一些著名的筚篥乐手，见诸记载的如安万善、尉迟青、董庭兰、李龟年、敬纳、张野狐、王麻奴、薛阳陶等，其中有来自西域民族的艺术家。唐诗中有一些作品吟咏这种乐器，白居易的《小童薛阳陶觱篥歌》、李贺的《申胡子觱篥歌》等都是名篇。唐时筚篥从中国传入日本，成为日本雅乐的传统乐器。白居易《小童薛阳陶吹筚篥歌》诗描绘筚篥："剪削乾芦插寒竹，九孔漏声五音足"。② 日本奈良正仓院保存的唐代的筚篥正是如此。

筚篥分有大筚篥、小筚篥等种类，起初筚篥是用羊角和羊骨制成，而后改由竹制、芦制、木制、杨树皮制、桃树皮制、柳树皮制、象牙制、铁制、银制等，而以竹制最为普遍，制作较易。在伯孜克里克的千佛洞，一幅佛陀本生故事的壁画画面里，出现了一些乐者，其中一人吹奏的便是筚篥。其形弯曲，下细上粗，可见，最初的筚篥是由羊角或牛角制作而成，传入中原后，才改用竹制，体身也由弯变直。这时的形制在云冈石窟的壁画中也能看到。新疆维吾尔族民间流行的巴拉曼，据说即古代筚篥的遗制，保持着古龟兹筚篥形制，用苇子制作，与木制管相比，音色略带沙哑，更具有新疆地方特色。"巴拉曼"在维吾尔语里称"皮皮"，意即簧片。这种乐器使用广泛，用于维吾尔族各种歌舞活动中。

### （四）羌笛

胡关氛雾侵，羌笛吐清音。韵切山阳曲，声悲陇上吟。
柳折城边树，梅舒岭外林。方知出塞虏，不惮武溪深。
——（南朝·陈）贺彻《赋得长笛吐清气诗》

笛本是中国中原地区原有一种吹奏乐器。1987年，在河南舞阳贾湖公元前6500—前5500年旧石器时代遗址考古发现一批七孔骨笛，有两件

---

① 张雪媚：《筚篥的源流及其历史演变》，《民族艺术研究》2007年第1期。
② 《白居易集》卷21，顾学颉校点，中华书局1979年版，第460页。

音律完好。说明笛最初也像箎和竽箫一样，用羊骨或鸟类骨头制作，后来才改用竹木。《西京杂记》记载："高祖初入咸阳宫，周行府库，金玉珍宝，不可称言。其尤惊异者……玉管长二尺三寸，二十六孔，吹之则见车马山林，隐辚相次，吹息亦不复见，铭曰昭华之琯。"① 说明张骞通西域之前，秦宫已有玉笛。

应劭《风俗通义》云："谨按《乐记》，笛，汉武帝时丘仲之所作也，笛者，涤也，所以荡涤邪秽，纳之于雅正也。长二尺四寸，七孔。"② 徐坚等《初学记》不同意汉时才有笛的说法，云："宋玉有《笛赋》，玉在汉前，恐此说非也。"③ 丘仲可能对笛有所改进，故说笛是其所制。《风俗通义》又云："其后又有羌笛。"④ 说明羌笛是在汉武帝时丘仲制作笛之后传入。

羌笛形制与中原地区的笛不同，两管数孔。马融《长笛赋》曰："近世双笛从羌起，羌人伐竹未及已，龙鸣水中不见己，截竹吹之音相似，剡其上孔通洞之，材以当簻便易持，易京君明识音律，故本四孔加以一，君明所加孔后出，是谓商声五音毕。"⑤ 羌笛是"双笛"，应是同管双笛吹奏乐器，这种笛开左右两个吹孔。横吹，与传统的竖笛不同。李白《司马将军歌》云："羌笛横吹阿亸回，向月楼中吹落梅。"但传入汉地，已有改进，本为四孔，经"易京君"改造成为五孔，这样才"君明所加孔后出，是谓商声五音毕。"符合汉地五音观念。

梨俱吠陀时代（前1200—前900年）印度人已经创制笛，称为vana。羌人的笛是否与印度此种乐器有联系尚不可知。东汉李尤《笛铭》云："剡削长干，二孔修长。□□□□，出自西凉。流离浩荡，壮士抑扬。"⑥ 西凉是羌人聚居之地，"二孔"指两个吹孔，与马融"近世双笛从羌起"

---

① （晋）葛洪：《西京杂记》卷3，《汉魏丛书》，吉林大学出版社1992年影印本，第306—307页。
② （汉）应劭：《风俗通义》卷6，《汉魏丛书》，吉林大学出版社1992年影印本，第655页。
③ （唐）徐坚等：《初学记》卷16，中华书局1962年版，第403页。按：战国宋玉《笛赋》，《古文苑》、《北堂书钞》第111卷、《艺文类聚》第44卷都有引用。但此赋用宋意送荆卿事，被怀疑为伪作，非宋玉时代作品，不足为战国时有笛之据。但先秦时有笛，有其他文献与考古资料证明。
④ （汉）应劭：《风俗通义》卷6，《汉魏丛书》，吉林大学出版社1992年影印本，第655页。
⑤ （南朝·梁）萧统：《文选》卷18，上海书店1988年影印本，第239页。
⑥ （唐）徐坚等：《初学记》卷16，中华书局1962年版，第404页；（清）严可均辑校：《全后汉文》卷50，《全上古三代秦国六朝文》，中华书局1958年影印本，第749页。

说法一致。马融好笛,自称"融既博览典雅,精核数术,又性好音律,鼓琴吹笛"。因闻雒客于旅舍以笛吹奏《气出》《精列》《相和》诸曲,"悲而乐之",又以前人曾作箫、琴、笙等颂,而无人赋笛,遂作《长笛赋》。序云:"有庶士丘仲,言其所由出,而不知其弘妙。"① 丘仲所知笛之所出,其实是汉地传统,他是在汉地传统基础上改进的。在他之后才有羌笛传入,应劭《风俗通义》说得很明白。

古时羌为胡人,故其地乐器亦冠以"胡"字,羌笛又被称为胡笛。主要用于独奏,双管发出同样的乐音,清脆高亢,并有哀怨悲凉之感。"羌笛何须怨杨柳"是其音色的最佳写照,适于独奏,也可为歌舞伴奏。东汉末年,汉灵帝尤其喜欢这种"胡笛"演奏的乐曲。

### (五) 其他乐器

> 胡笳本自出胡中,缘琴翻出音律同。十八拍兮曲虽终,响有余兮思无穷。是知丝竹微妙兮均造化之功,哀乐各随人心兮有变则通。
> ——(东汉)蔡文姬《胡笳十八拍》

胡笳,笳或作葭,游牧民族卷葭叶而吹,故称胡笳。后来用芦苇制成哨子,装在羊角管内吹奏,以便放牧。傅玄《笳赋》序云:"吹叶为声。"② 笳是匈奴人常用乐器,李陵《答苏武书》描写匈奴风情:"胡地玄冰,边土惨裂,但闻悲风萧条之声。凉秋九月,塞外草衰,夜不能寐,侧耳远听,胡笳互动。牧马悲鸣,吟啸成群,边声四起。"③ 汉末蔡文姬被匈奴所掳,在左贤王部中,闻笳而作长诗,即《胡笳十八拍》,云:"胡笳本自出胡中,缘琴翻出音律同。"④ 笳声悲凉,所以汉古诗有云:"啼呼哭泣,如吹胡笳。"⑤ 东汉有《胡笳调》和《胡笳录》各一卷,后来《笳吹乐章》录有六十七章,其中有《婆罗门引》《明光曲》和《法座引》等梵曲。这是佛教盛行下,中亚和北印度各族的乐曲。传说张骞归传其法,未必是。有大胡笳、小胡笳,传入内地后,一直用为军乐器。这种乐器也出现在汉代造型艺术中,例如山东嘉祥武氏墓画像石上雕刻的

---

① (南朝·梁)萧统:《文选》卷18,上海书店1988年影印本,第234页。
② (南朝·梁)萧统:《文选》卷41,上海书店1988年影印本,第571页。
③ 同上。
④ 逯钦立辑校:《先秦汉魏晋南北朝诗》,中华书局1983年版,第204页。
⑤ 同上书,第344页。

胡筘。①

　　胡角是古代羌族牧马人用牛角制成的乐器。中国本来就用角做乐器，《晋书·乐志》记载："鼓角横吹曲……角，说者云，蚩尤氏帅魑魅与黄帝战于涿鹿，帝乃命吹角为龙鸣以御之。其后魏武北征乌丸，越沙漠而军士思归，于是减为中鸣，而尤更悲矣。"胡角与汉地的角形制不同。据崔豹《古今注》记载："横吹，胡乐也。博望侯张骞入西域，传其法于西京。"张骞把胡乐带入长安，当时只有《摩诃兜勒曲》。②《晋书·乐志》云："胡角者，本以应胡筘之声，后渐用之横吹。有双角，即胡乐也。张博望入西域，传其法于西京，惟得《摩诃兜勒》一曲。李延年因胡曲，更造新声二十八解，乘舆以为武乐，后汉以给边将。和帝时，万人将军乃用之。"③汉地的角其音清切悲凉，胡角音色浑厚高昂，故用为军乐。角在后来的《高昌乐》中演变成牛角形的铜角，声音雄壮，作为军中乐器，能产生振兴士气惊吓敌兵的作用。《宋书·乐志》云："按古军法有吹角也。此器俗名拔逻回，盖胡人惊军之音，所以书传无之。"④《通典·乐》云："西戎有吹铜角者，长可二尺，形如牛角。"⑤这种铜角后来还是民间鼓吹乐中的主要乐器，称为号筒，俗称大喇叭。

　　金钲、金鼓都是铜制打击乐器。金钲，形似钟而狭长，有长柄可执，击之而鸣。古代西南地区出铜器，这种乐器大约在春秋时期已经传入南方吴地。《国语·吴语》云："昧明，王乃秉枹，亲就鸣钟鼓、丁宁、錞于、振铎，勇怯尽应。"韦昭注曰："丁宁，宁丁，谓钲也。……军行鸣之，与鼓相应。……胡乐。"⑥《文献通考·乐》"铜钲"条云："钲如大铜叠，似铜盘，悬于簴而击之，南蛮之器。"⑦《晋书·南蛮传》记载，林邑国"佛死，子胡达立，上疏贡金盘椀及金钲等物"。⑧印证这种铜制打击乐器乃东南亚地区的器物。汉代时"飨遣故卫士仪"的仪式中用钲。《后汉书》志第五《礼仪》中记其仪式："百官会，位定，谒者持节引故卫士入自端门。卫司马执幡钲护行。行定，侍御史持节慰劳，以诏恩问所疾苦，

---

① 刘克：《汉代画像石中的佛教环境生存智慧》，《安徽大学学报》2005年第6期。
② （晋）崔豹：《古今注》卷中，辽宁教育出版社1998年版，第9页。
③ 《晋书》卷23《乐志》下，第715页。
④ 《太平御览》卷584《乐部》，上海古籍出版社2008年影印本，第6册，第412页。
⑤ （唐）杜佑：《通典》卷144《乐》，中华书局1988年版，第3674页。
⑥ 徐元诰：《国语集解》十九《吴语》，中华书局2002年版，第550页。
⑦ （元）马端临：《文献通考》卷134《乐》，中华书局1986年影印本，第1195页。
⑧ 《晋书》卷97《四夷列传·南蛮传》，第2547页。

受其章奏所欲言。毕飨，赐作乐，观以角抵。乐阙罢遣，劝以农桑。"①汉代从交阯（今越南）之地获得打击乐器铜鼓。铜鼓，公元前 7 世纪开始出现，一种流行于今越南和中国广西、广东、云南、贵州、四川、湖南等西南少数民族地区的打击乐器。《通典·乐》云："铜鼓，铸铜为之，虚其一面，覆而击其上。南夷扶南、天竺类皆如此。岭南豪家则有之，大者广丈余。"②《后汉书·马援传》记载："援好骑，善别名马，于交阯得骆越铜鼓，乃铸造为马式，还上之。"③

钹与钹舞。《通典·乐》记载，铜钹"亦谓之铜盘，出西戎及南蛮。其圆数寸，隐起如浮沤，贯之以韦，相击以和声也。南蛮国大者圆数尺"。④ 日本学者林谦三考证中国古代的钹是一种外来的乐器，起源于西亚。最早是埃及和叙利亚，其次是波斯、希腊、罗马，都有过与中国的钹形制相同的这种乐器。在东方首见于印度，称为 Tāla，意思是手掌、巴掌。在印度西北的犍陀罗浮雕上发现大型的钹，在西域龟兹古国发现小型的钹。⑤ 云南晋宁石寨山 13 号汉墓出土铜饰物一件，被称为"双人舞盘铜饰物"。汪宁生指出其人深目高鼻，"疑来源于西方"。他认为舞人手持之物非盘，而是钹，可能是通过这一民族传入中国的。⑥ 童恩正更认为"此二钹舞者直接视为印度人，当不致于牵强。如此，这件铜饰物也许应视为当时中印文化直接交流之产物"。⑦ 从考古发现来看，钹是通过西南地区从印度传入，也通过丝绸之路从西域传入。

## （六）乐曲 乐舞

蛮夷所处，日入之部；慕义向化，归自明主。圣德恩深，与人富厚。冬多霜雪，夏多和雨；寒温时适，部人多有。涉危历险，不远万里；夷俗归德，心归慈母。

——（东汉）白狼王唐菆《远夷慕德歌诗》

---

① 《后汉书》志第五《礼仪志》中，第 3130 页。
② （唐）杜佑：《通典》卷 144《乐》，中华书局 1988 年版，第 3674 页。
③ 《后汉书》卷 24《马援传》，第 840 页。
④ （唐）杜佑：《通典》卷 144《乐》，中华书局 1988 年版，第 3673—3674 页。
⑤ ［日］林谦三：《东亚乐器考》，钱稻孙译，人民音乐出版社 1999 年版，第 27 页。
⑥ 汪宁生：《晋宁石寨山青铜器图像所见古代民族考》，《考古学报》1979 年第 4 期。
⑦ 童恩正：《古代中国南方与印度交通的考古学研究》，《考古》1999 年第 4 期。

音乐是古代统治者贵族奢侈生活的一部分，不仅在本土组织创作，收集民间音乐加以整理，而且很早就注意对"四夷"音乐的搜集和引进。《周礼·春官》云："鞮鞻娄氏掌四夷之乐。"郑玄注曰："四夷之乐，东方曰昧，南方曰任，西方曰株离，北方曰禁。"①《礼记》曰："昧，东夷之乐也；任，南蛮之乐也。纳夷蛮之乐于太庙，言广鲁于天下也。"② 在汉人的观念中，周边四夷和远方域外乐舞在汉廷的演奏，是皇威远达德化四被的象征。刘向《五经通义》曰："舞四夷之乐，明德泽广被四表也。"③ 班固《白虎通德论·礼乐》篇云："典四夷之乐，明德广及之也。故南夷之乐曰兜，西夷之乐曰禁，北夷之乐曰昧，东夷之乐曰离。""谁制夷狄之乐，以为先圣王也。先王推行道德，和调阴阳，覆被夷狄，故夷狄安乐，来朝中国，于是作乐乐之。"④ 班固《东都赋》曰："四夷间奏，德广所及；禁侏兜离，罔不具集。"⑤ 四夷乐很早就传入中原。

汉代西域音乐传入很早，《三辅黄图》记载，汉高祖与戚夫人"七月七日临百子池，作于阗乐"。⑥ 于阗是古代西域国名，今新疆和田一带，地处塔里木盆地南沿，东通且末、鄯善，西通莎车、疏勒，盛时领地包括今和田、皮山、墨玉、洛浦、策勒、于田、民丰等县市。于阗国人历来好乐，唐代玄奘法师记载瞿萨旦那国："国尚乐音，人好歌舞。"⑦ 瞿萨旦那国即汉时于阗国。张骞出使西域以后，西域和北方草原民族的乐舞更多地传入中原地区，汉灵帝好"胡舞"⑧，即来自域外的乐舞，主要指来自西域、中亚和南亚、西亚的乐舞。

乐曲是伴随乐器的传入而来的。张骞从西域归来带回了胡角，同时带来了《摩诃兜勒曲》。此曲来源有两种观点，一种认为"摩诃"，在梵文

---

① （汉）郑玄注，（唐）贾公彦疏：《周礼注疏》卷24，《十三经注疏》，中华书局1980年影印本，第164页。
② （汉）郑玄注，（唐）孔颖达疏：《礼记正义》卷31《明堂位》，《十三经注疏》，中华书局1980年影印本，第1489页。
③ （唐）徐坚等：《初学记》卷15，中华书局1952年版，第375页。
④ （汉）班固：《白虎通德论》卷上《礼乐》，《汉魏丛书》，吉林大学出版社1992年影印本，第155页。
⑤ （南朝·梁）萧统：《文选》卷1，上海书店1988年影印本，第13—14页。
⑥ 佚名撰，何清谷校注：《三辅黄图校注》卷4，三秦出版社1995年版，第254页；又见（晋）葛洪《西京杂记》卷3，《汉魏丛书》，吉林大学出版社1992年影印本，第307页。
⑦ （唐）玄奘、辩机原著，季羡林等校注：《大唐西域记校注》卷12，中华书局2000年版，第1001页。
⑧ 《后汉书》志第十三《五行志》（一），第3272页。

中是"大"的意思,"兜勒"不详其义。因此可能是来自印度的乐曲,日本学者桑原陟藏解为"大伎乐",并以为可能是六朝时传入,但自己亦不能肯定。另一种观点认为是来自波斯的乐曲,"摩诃"是阿利安民族的月神 Māh,"兜勒"乃提希勒(Tishtrya)的省译,即雨神。伊朗古经中的月神摩诃常驾瘤牛所曳月车,提希勒为人间送雨,与生命之神摩诃相辅佐。《摩诃兜勒曲》是一种充满豪情祈求胜利与丰收的雄健之乐。① 武帝宫廷乐师李延年根据此曲更造新声二十八解,即二十八支曲子,从而使汉代音乐发生了很大的变化。据《晋书·乐志》,这二十八解"乘舆以为武乐。后汉以给边将,和帝时,万人将军得用之"。② 东汉建初八年(83年),朝廷拜班超为将兵长史,"假鼓吹幢麾"(特赏军乐和仪仗旗帜)。③ 魏晋以后,李延年二十八解不复具存,只存十曲,即《黄鹄》《陇头》《出关》《入关》《出塞》《入塞》《折杨柳》《黄覃子》《赤之(一作"枝")杨》《望行人》。④ 汉末以后士人开始依胡角曲调填词作歌,曹植曾撰《胡角三曲》。胡角在魏晋南北朝时期的音乐中使用非常普遍。

李延年曾对汉乐进行改革,在他的改革中吸收了域外因素。《汉书·礼乐志》记载:"至武帝定郊祀之礼……乃立乐府,采诗夜诵,有赵、代、秦、楚之讴。以李延年为协律都尉,多举司马相如等数十人造为诗赋,略论律吕,以合八音之调,作十九章之歌。"⑤ 据蔡邕《礼乐志》其乐凡有四品,即四套大型乐舞,一曰大予乐,典郊庙、上陵、殿诸食举之乐。二曰周颂雅乐,典辟雍、飨射、六宗、社稷用之乐。三曰黄门鼓吹,天子所以宴乐群臣用之乐。四曰短箫、铙歌,军乐也。⑥ 其中鼓吹和铙歌两类就是新造的乐曲,以胡乐为主,所用乐器为鼓、钲、箫、笳。《汉书·叙传》云:"始皇之末,班壹避地于楼烦,致马牛羊数千群。值汉初定,与民无禁,当孝惠、高后时,以财雄边,出入弋猎,旌旗鼓吹。"⑦ 鼓吹曲,汉初边军用之,以壮声威,后渐用于朝廷。东汉明帝时,乐分四品,其中有"横吹",军中马上所奏者,与鼓吹同为军乐。《后汉书·班超传》注引《古今乐录》云:"横吹,胡乐也。"⑧

---

① 沈福伟:《中西文化交流史》,上海人民出版社2006年第2版,第71页。
② 《晋书》卷23《乐志》下,第715页。
③ 《后汉书》卷47《班超传》,第1577页。
④ 《晋书》卷23《乐志》下,第715—716页。
⑤ 《汉书》卷22《礼乐志》,第1045页。
⑥ 《后汉书》志第五《礼仪志》,第3131—3132页。
⑦ 《汉书》卷100《叙传》上,第4197—4198页。
⑧ 《后汉书》卷47《班超传》,第1578页,注[四]。

汉代从不同方向的四夷或域外获得异地音乐。司马相如《上林赋》写汉武帝时乐舞曰："俳优侏儒，狄鞮之倡。"《文选》李善注引郭璞曰："狄鞮，西戎乐名也。"① 倡是表演西域乐舞的艺人。张衡《西京赋》追忆西汉时上林苑平乐观置乐设宴皇帝临观的情景："大驾幸乎平乐，张甲乙而袭翠被。攒珍宝之玩好，纷瑰丽以参靡。临迥望之广场，程角抵之妙戏。乌获扛鼎，都卢寻橦。"《文选》李善注引《史记》曰："秦武王有力士乌获、孟说，皆大官。王与孟说举鼎。"又引《说文》曰："扛，横开对举也。"引《汉书》曰："武帝享四夷之客，作巴俞、都卢。"② 其中有异域乐舞、杂技表演。除了西域，汉代从掸国（在今缅甸）获得乐舞节目和艺人。《后汉书·南蛮西南夷列传》记载："永宁元年，（西南夷）掸国王雍同调复遣使者诣阙朝贺，献乐及幻人。……明年元会，安帝作乐于庭。"③ 同书《陈禅传》记载："安帝与群臣共观，大奇之。"④

东汉时获西南夷乐舞，成为一大盛事。《后汉书·南蛮西南夷列传》记载，东汉明帝永平年间，益州刺史朱辅"宣示汉德，威怀远夷。自汶山以西，前世所不至，正朔所未加。白狼、槃木、唐菆等百余国，户百三十余万，口六百万以上，举种奉贡，称为臣仆"。"白狼王、唐菆慕化归义，作诗三章"。朱辅遣使"护送诣阙，并上其乐诗"。"帝嘉之，事下史官，录其歌焉"。⑤ 其乐诗即《远夷乐德歌诗》《远夷慕德歌诗》《远夷怀德诗》三首。汉人将夷歌译为汉语，《远夷乐德歌诗》有云："蛮夷贫薄，无所报嗣，愿主长寿，子孙昌炽。"《远夷慕德歌诗》有云："蛮夷所处，日入之部；慕义向化，归自明主。圣德恩深，与人富厚。冬多霜雪，夏多和雨；寒温时适，部人多有。涉危历险，不远万里；夷俗归德，心归慈母。"又《远夷怀德歌诗》云："荒服之外，土地尧埆；食肉衣皮，不见盐谷。吏译传风，大汉安乐；携负归仁，长愿臣仆。"⑥ 这就是配合那些夷乐夷舞歌者的唱词。

---

① （南朝·梁）萧统编，李善等注：《六臣注文选》卷8，宋刊明州本，日本足利学校藏，人民文学出版社2008年影印本，第135页。
② （南朝·梁）萧统：《文选》卷2，上海书店1988年影印本，第28—29页。
③ 《后汉书》卷86《南蛮西南夷列传》，第2851页。
④ 《后汉书》卷51《陈禅传》，第1684页。
⑤ 《后汉书》卷86《南蛮西南夷列传》，第2855页。
⑥ 《后汉书》卷86《南蛮西南夷列传》，李贤注云："《东观记》载其歌，并载夷人本语，并重译训诂为华言，今范史所载者是也。今录《东观》夷言，以为此注也。"中华书局1965年版，第2856—2857页；《初学记》卷15《四夷乐》，中华书局1958年版，第375页。

班固《东都赋》写汉明帝永明时,"自孝武之所不征,孝宣之所未臣,莫不陆詟水栗,奔走而来宾。遂绥哀牢,开永昌,春王三朝,会同汉京。"汉廷举行盛大典礼,接待夷王来朝,其中有四夷乐舞表演:

> 是日也,天子受四海之图籍,膺万国之贡珍,内抚诸夏,外绥百蛮。尔乃盛礼兴乐,供帐置乎云龙之庭,陈百寮而赞群后,究皇仪而展帝容。于是庭实千品,旨酒万钟,列金罍,班玉觞,嘉珍御,太牢飨。尔乃食举《雍》彻,太师奏乐,陈金石,布丝竹,钟鼓铿锵,管弦烨煜。抗五声,极六律,歌九功,舞八佾,《韶》、《武》备,太古毕。四夷间奏,德广所及,僸佅兜离,罔不具集。万乐备,百礼暨,皇欢浃,群臣醉,降烟煴,调元气,然后撞钟告罢,百寮遂退。①

其中"四夷间奏,德广所及,僸佅兜离,罔不具集",僸佅兜离即四方域外乐舞。因此,《后汉书·南蛮西南夷列传》史官传论汉朝所得异域物品云:"夷歌巴舞殊音异节之技,列倡于外门。"② 东汉人为此感到荣耀和自豪。

## (七)佛教音乐艺术

佛教重视"音乐感动"的作用③,佛教音乐源于印度,汉地佛曲的发展是由梵呗开始的。"梵"是印度语"清净"的意思。"呗"是印度语"呗匿"的略称,意为赞颂或歌咏,又称"赞呗"。自汉末佛教传入至三国时,来自印度、西域的一些高僧在汉地传播、翻译佛经的同时,也带来了印度、西域的佛教音乐。

宋赞宁《宋高僧传》把竺法兰、康僧会奉为北、南两派赞呗的祖师:"原夫经传震旦,夹译汉庭。北则竺兰始直声而宣剖,南惟僧会扬曲韵以讽通。"④ 他们所传梵呗,应该是天竺、西域风格的佛曲。但是这些异国风味的"胡呗"当时似乎并没有广泛流传开来。汉地梵呗音乐是模仿印度曲调创为新声,用汉语来歌唱。《高僧传》云:"天竺方俗,凡是歌咏法言,皆称为呗。至于此土,咏经则称为转读,歌赞则号为梵呗。昔诸天

---

① (南朝·梁)萧统:《文选》卷1,上海书店1988年版,第13—14页。
② 《后汉书》卷86《南蛮西南夷列传》,第2860页。
③ (南朝·梁)释慧皎:《高僧传》卷13,中华书局1992年版,第508页。
④ (宋)赞宁:《宋高僧传》卷25,中华书局1987年版,第647页。

赞呗，皆以韵入弦绾。"① 印度"韵入弦管"的赞呗随着佛教传入中土，出现了一系列歌呗专著。南朝梁僧祐《法苑杂缘原始集》卷六记载早期《经呗导师之集》目录有："帝释乐人般遮瑟歌呗第一（出《中本起经》）；佛赞比丘呗利益记第二（出《十诵律》）；亿耳比丘善呗易了解记第三（出《十诵律》）；婆提比丘响彻梵天记第四（出《增一阿含》）；上金铃比丘妙声记第五（出《贤愚经》）；音声比丘记第六（出《僧祇律》）；法桥比丘现感妙声记第七（出《志节传》）；陈思王感鱼山梵声制呗记第八；支谦制连句梵呗记第九；康僧会传泥洹呗记第十（《康僧会传》）。"②

汉末出现几位著名的梵呗制作者。例如支谦，《出三藏记集·支谦传》云："从黄武元年至建兴中，所出《维摩诘》、《大般泥洹》、《法句》、《瑞应本起》等二十七经，曲得圣义，辞旨文雅。又依《无量寿》、《中本起经》，制《赞菩萨连句梵呗三契》，注《了本生死经》，皆行于世。"③ 一契便是一个曲调。又如康僧会，《高僧传·康僧会传》说他"又传泥洹呗声，清靡哀亮，一代模式。"④ 关于曹植制梵呗，梁慧皎《高僧传·经师篇》论称："始有魏陈思王曹植，深爱声律，属意经音。既通般遮之瑞响，又感鱼山之神制，于是删治《瑞应本起》以为学者之宗。传声则三千有余，在契则四十有二。"⑤ 四十二契是四十二支曲调联奏。又云："原夫梵呗之起，亦肇自陈思，始著《太子颂》及《睒颂》等，因为之制声，吐纳抑扬，并法神授。今之皇皇顾惟，盖其风烈也。"⑥ 支谦作梵呗可能早于曹植，但所制呗于后世湮没不存，并未形成大的影响。康僧会制呗则颇有影响。康僧会依《般泥洹经》造"敬谒法王来"一阕，世称"泥洹呗"。从此结合中印声律读诵汉译经文之法渐渐广为流行。竺法兰与梵呗的关系，史无明载。支谦和康僧会都是汉末入华，他们最早把梵呗带入中土。

曹植是中国化佛曲的创始者之一，所作影响极大，后世所传，均称祖述东阿，归宗鱼山，因此曹植成为中国佛教音乐史上公认的创始人。吕澂先生指出："支谦又深谙音律，留意经文中赞颂的歌唱。他曾依据《无量

---

① （南朝·梁）释慧皎：《高僧传》卷13，中华书局1992年版，第508页。
② （南朝·梁）释僧祐：《出三藏记集》卷12，中华书局1995年版，第485页。
③ （南朝·梁）释僧祐：《出三藏记集》卷13，中华书局1995年版，第517页。
④ （南朝·梁）释慧皎：《高僧传》卷1，中华书局1992年版，第18页。
⑤ （南朝·梁）释慧皎：《高僧传》卷13，中华书局1992年版，第507页。
⑥ 同上书，第508—509页。

寿经》《中本起经》创作了《赞菩萨连句梵呗》三契，可惜在梁代以前早就失传了，后来连可看作它的绪余的《共议》一章梵呗也绝响了，现在只能想象那三契或者即是《无量寿经》里法藏比丘赞佛的一段和《瑞应本起经》里天乐般遮之歌及梵天劝请的两段而已。但他这一创作对于赞呗艺术的发展是有相当影响的。被称为始制梵呗的陈思王曹植，可能是受了般遮瑞响的启发而有了《瑞应本起》四十二契的巨构，成为学者之所宗。"①曹植"鱼山梵呗"已经出现了与印度佛曲相异的形式，代表了佛曲华化的趋势。

## 二 杂技 魔术 游戏

汉代音乐演奏时又有杂技表演。中国有传统的杂技，称角抵，秦汉时的角抵是一种技艺表演，大约同现代的摔跤相似。汉武帝时角抵泛称各种乐舞杂技，发展成为名目繁多的"百戏"。于是角抵与百戏通用，成为古代乐舞杂技表演的总称，其内容不仅仅是角抵，实际上包括了各种杂技幻术，如戴杆、走索、倒立、扛鼎、寻橦、跳丸、弄剑、吞刀、吐火以及鱼龙变化、戏狮搏兽等，其中有域外杂技魔术表演。

### （一）杂技

> 临迴望之广场，程角抵之妙戏。乌获扛鼎，都卢寻橦；冲狭燕濯，胸突铦锋，丸剑之挥霍，走索上而相逢。
> ——（东汉）张衡《西京赋》

杂技是包括各种体能和技巧的表演艺术，指柔术（软功）、车技、口技、顶碗、走钢丝、变戏法、舞狮子等技艺，特指演员靠自己身体技巧完成一系列高难度动作的表演性节目。古代文献也写作"杂伎"，杂指多样，伎（技）指技艺，即"各种技艺"的意思。王嘉《拾遗记》记载："成王之时，南垂之南有扶娄国。或于掌中备百兽之乐，婉转屈曲于指间，人形或长数分，神怪歘忽。乐府传此伎，末代犹学焉。"②这个传说

---

① 吕澂：《中国佛学源流略讲》，中华书局1979年版，第293页。
② （唐）徐坚等：《初学记》卷15《四夷乐》，中华书局1958年版，第375页。

中记载的南方民族乐舞带有杂技表演的特点。汉代辞赋中多有关于来自西域的杂技的描写,汉代画像石上有不少杂技乐舞内容,从中可以窥见汉代的娱乐活动。方豪从武梁祠画像石、孝堂山画像石、临淄文庙画像石、济宁两城山画像石、登封县开母庙阙画像石、嘉祥隋家庄阙庙画像石、日本东京大学工学部藏汉画像石、前东京帝室博物馆藏画像石、永初戴氏画像石①、中央研究院所藏画像石中发现12块画像石有杂技百戏内容,总结出10种杂技百戏:(1)侧立舞戏;(2)寻橦;(3)弄丸;(4)觳抵戏;(5)马戏;(6)翻筋斗戏;(7)弄剑戏;(8)倒行;(9)蹋鞠;(10)对舞。② 后来各地新出画像石有更多杂技乐舞和幻术表演的内容。汉代杂技的发展跟西域杂技魔术的传入有关,明王圻、王思义编集《三才图会》云:"百戏起于秦汉,有弄瓯、吞剑、走火、缘竿、秋千、高絙等类,不可枚举。今宫中之戏亦如之,大率其术皆西域来耳。"③

寻橦即戴竿、爬高竿,又叫险竿。有人顶竿,有人缘竿做惊险动作。橦即高竿,张衡《西京赋》、傅玄《正都赋》、李尤《平乐观赋》皆有描写。《后汉书·马融传》云:"揭鸣鸢之修橦",④ 章怀太子注云:"橦,旗之竿也。"⑤ 寻橦之戏,据上述诸赋描写和汉代画像石图像,有的建橦于车;有的立于平地;有的立于人之额上,或牙齿上,或人之肩上。有人缘橦而上。难度大的是立木橦于车上,长二丈,以马数匹驾车疾驰。两伎缘橦而上,橦顶又置横木,两伎至顶,则各坐一端,或作鸟飞姿态,或侧挂横木。立长竿于人之额上、肩上或牙齿上,又称戴竿。陈寅恪以为竿木之伎"乃中央亚细亚输入我国艺术之一"。⑥ 此说未必为确论,据汉代文献可能来自缅甸。《汉书·地理志》"粤地"条记载汉使经海路出国,途经有夫甘都卢国,在今缅甸。张衡《西京赋》有云:"非都卢之轻趫,孰能超而究升"⑦;又曰:"乌获扛鼎,都卢寻橦。"⑧ 颜师古注《汉书》云:"都卢国人劲捷善缘高。"⑨ 并举例谓张衡描写的是来自都卢国人的表演。

---

① 此石出于山东微山县两城山汉墓,端方旧藏,后为法国人所得。狄葆贤辑《汉画》第1集有拓片,上海有正书局,民国石印本。
② 方豪:《中西交通史》,岳麓书社1987年版,第169页。
③ (明)王圻、王思义编集:《三才图会》,上海古籍出版社1988年影印本。
④ 《后汉书》卷60上《马融传》,第1960页。
⑤ 同上书,第1961页,注[一]。
⑥ 陈寅恪:《狐臭与胡臭》,《寒柳堂集》,上海古籍出版社1980年版,第141页。
⑦ (南朝·梁)萧统:《文选》卷1,上海书店1988年影印本,第21页。
⑧ 同上书,第28页。
⑨ 《汉书》卷24下《地理志》,第1671页,注[二]。

走索是踩着悬空的绳子行走，又称踏绳、高絙。索、絙即绳子。这是来自西域的杂技。唐代王玄策出使西域，归国后所写《西国行传》中描写了西域的杂技幻术，其中有绳伎，就是这种杂技："王使显庆四年，至婆栗闍国，王为汉人试五女戏。其五女传弄三刀，加至十刀。又作绳伎，腾虚绳上，著履而掷。手弄三仗刀楯枪等，种种关伎，杂诸幻术，截舌抽肠等，不可具述。"① 这种杂技汉代时已经传入中国。张衡《西京赋》有"走索上而相逢"之语，描述的就是两位艺人在悬空的绳索上相对而行的情景。这篇赋描写西汉元封三年（前108）春，汉武帝在平乐观设宴款待四夷宾客时，召集各族艺人"作角抵戏，三百里内皆观"的场景。河南新野出土的汉代画像砖上刻有一幅《走索图》：长索没有系在两柱之间，而是分别由前后两驾戏车上的艺人用手牵着。牵索的艺人一个蹲在后面戏车上树立的橦木杆头，一个攀附在前面戏车上的橦木杆根，使"索"与地面形成略大于三十度的夹角。两驾戏车在飞驰，索上艺人在攀行。山东沂南县北寨村一座东汉墓中室横额上的画像石刻描绘了一场规模宏大、节目异常丰富生动的杂技表演，被称为《乐舞百戏图》。其中有一个场面，乐队后面是惊险的走索，索由支架与木桩固定，索上有三个演员表演，一人在索中间双手据绳倒立，双足翻起，腹部弯曲如燕子般轻捷；一人在左端舞双杆跃上，一人在右端舞单杆走上。索下竖着四把尖刀，坠落就会遇险。魏晋时，走绳之技又有了"高絙"之称。"絙"就是粗绳。顾名思义，此一时期的绳技追求绳与地面的高度，增加高险的程度和视觉，故有"高絙百尺""相距数丈"的说法，是名副其实的"高空走绳"。这是现代高空走钢丝表演的前身。唐杜佑《通典·乐六》云，梁时有"高絙伎，盖今之戏绳者也"。② 他把这种杂技上溯至梁代并不正确。宋高承《事物纪原·博弈嬉戏》把高絙的起源追溯至东汉："今戏绳者，世谓上索者是也，亦踏索之事云，非自梁始也。又有弄椀诸伎。后汉天子正旦受贺，以大绳繫两柱，相去数丈，两倡女对舞，行于绳上，相逢比肩而不倾。"③ 这种杂技表演一直沿袭至今。《隋书·音乐志》、唐代封演《封氏闻见记》中的《绳技》、明代的《三才图会》、清代的《清朝通典·散乐》等均有走绳方面的记述。

跳丸也叫弄丸、飞丸、摇丸，古代百戏节目，汉代开始流行的杂技项

---

① （唐）释道世撰，周叔迦、苏晋仁校注：《法苑珠林校注》卷4，中华书局2003年版，第107页。
② （唐）杜佑：《通典》卷146《乐》（六），中华书局1988年版，第3729页。
③ （宋）高承：《事物纪原》卷9，《丛书集成初编》，中华书局1989年版，第494页。

目。表演者两手快速地连续地抛接若干圆球。汉代也有抛接短剑的，则称跳剑，或弄剑；有抛接箭的，称弄矢。跳丸或跳剑、弄矢以同时掷丸、剑、箭的数目多少区别难度大小和技艺高低，通常四、六枚已属不易，同时能掷十枚更为罕见。《后汉书·安帝纪》记载，东汉安帝永宁元年（120 年）"十二月，永昌徼外掸国（在今缅甸北部）遣使贡献"。① 据《后汉书·南蛮西南夷列传》记载，这一年掸国王雍由调遣使至洛阳朝贺，使团向汉献乐及大秦幻人（杂技魔术艺人），"能变化、吐火、自支解、易牛马头；又善跳丸，数乃至千"。② "千"应该是十字之误。东汉作家刘梁《七举》中写到这种杂技场面："秦俳赵舞，奋袖低仰。跳丸（弄）剑，腾虚蹈空。"③ 艺人跳丸、跳剑时，旁有鼓乐为之伴奏。汉代画像石、画像砖表现的有跳丸弄剑场面。四川成都扬子山二号墓出土汉代丸剑宴舞画像砖，是东汉晚期作品，长 46.4 厘米、高 40 厘米、厚 5.3 厘米。画面偏左置大小两鼎，杯盘撤尽，当已宴罢进行歌舞。右上方一人弄丸，七弹齐飞，一人舞剑，并用肘弄瓶。右下方一高髻细腰伎女，拂长袖而舞，天矫凌空；一人摇鼗鼓相和伴舞。以上四人脚拖木屐，似今日拖鞋。左下方工人坐一席，齐吹排箫。左上方席上一男子展长袖，势将起舞；一高髻女子在吹排箫伴奏。构图紧凑，气氛热闹、活泼、轻松，形象优美生动，线条流畅，刻画极为成功。④ 成都扬子山二号墓还出土宴饮观舞画像砖，上部左上方画有一男一女共坐一席，可能是墓主夫妇，其下方有两个吹排箫乐人共坐一席。右方上部两人都是赤膊宽裤，一人弄丸，一人右手执剑，左肘上立一坛，机敏活泼，健壮有力。右下方舞者两人，一高髻细腰女子双手持长巾而舞，另一裸上体的男子，一手前伸作势，似作伴舞。整个画像砖用阳线兼浮雕的手法表现，写实而生动。山东沂南画像石是东汉末年大型墓室石刻画像，1954 年发现于山东省沂南县北寨村。从墓室规模和画像内容推测，墓主可能是一兼有大量土地的高级官吏，或为将军。墓分前、中、后三主室，共有画像石 42 块，画像 73 幅，分布在墓门和前中后三室的横额、壁面、过梁、柱、藻井、隔墙等处，总面积 442 平方米。题材丰富，其中《百戏图》刻有奏乐、击鼓、载竿、戏车、飞剑、跳丸、盘舞、鱼龙曼衍、马术等精彩场面。画像石中还有跳丸和跳剑互相配合的表演。山东枣庄地区汉画像石内容丰富，可以称得上是汉代

---

① 《后汉书》卷 5《安帝纪》，第 231 页。
② 《后汉书》卷 86《南蛮西南夷列传》，第 2851 页。
③ 费振刚等辑校：《全汉赋》，北京大学出版社 1993 年版，第 544 页。
④ 张涛：《浅析西汉时期剑舞发展及其乐舞思想》，《作家》2013 年第 20 期。

社会的缩影。滕县龙阳店画像石中,有一人跳丸,旁一人飞剑配合,群丸在空中飞舞,恍若流星,飞剑穿越其间,令人目不暇接。①

驯兽、斗兽游戏也是汉代杂技和游戏的重要内容,其中影射着外来文化因素。《汉书·武帝纪》记载,元狩二年(前121年)夏,"南越献驯象、能言鸟"。② 西汉上林苑有"观象观""走马观",是皇帝欣赏大象游戏和赛马的地方。③《后汉书·献帝纪》记载,建安七年(202年),"于阗国献驯象"。章怀太子注曰:"驯象随人意也。"④ 即能按照人的训练,进行各种表演。汉成帝时西域人成批到内地,在长安长杨宫表演人兽相搏,表演者受到朝廷的封赏。《汉书·成帝纪》记载:元延二年(11年)"冬,行幸长杨宫,从胡客大校猎。"如淳解释大校猎云:"合军聚众,有幡校击鼓也,《周礼》校人掌王田猎之马,故谓之校猎。"颜师古注云:"如说非也。此校谓以木自相贯穿为阑校耳,《校人》职云'六厩成校',是则以遮栏为义也。校猎者,大为阑校以遮禽兽而猎取也。军之幡旗虽有校名,本因部校,此无豫也。"⑤ 按照颜师古的解释,此大校猎以栏圈遮拦野兽,以猎取之,与一般在山野的狩猎不同。既然已经把野兽圈起,似为胡人徒手猎取野兽,表演人兽相搏。这显然是胡人带来的游戏。扬雄《校猎赋》写斗兽游戏:"亶观夫票禽之绁隃,犀兕之抵触,熊罴之挐攫,虎豹之凌遽,徒角抢题注,蹶竦詟怖,魂亡魄失。"⑥ 其中有犀兕角抵表演。匈奴地区的赛马和斗骆驼游戏传入中原,同书同卷记载:"南单于上书献骆驼。单于岁祭三龙祠,走马斗骆驼,以为乐事。"⑦ 东汉张衡《西京赋》写长安平乐观的娱乐活动,有大象游戏,"白象行孕,垂鼻鳞䖟"。⑧ 域外舞马驯养之法也传入中原。东汉刘梁《七举》描写杂技乐舞场面:"天马之号,出自西域。纤阿为右,御以术义,揽辔舒节,凌云先螭。"⑨ 曹植《献文帝马表》云:"臣于先武皇帝世,得大宛紫骍马一匹,

---

① 赵文俊、于秋伟:《山东沂南县近年来发现的汉画像石》,《考古》1998年第4期;李发林:《山东画像石研究》,齐鲁书社1982年版;崔忠清主编:《山东沂南汉墓画像石》,齐鲁书社2001年版。
② 《汉书》卷6《武帝纪》,第176页。
③ 佚名撰,何清谷校注:《三辅黄图》卷4《苑囿》,三秦出版社1995年版,第221页。
④ 《后汉书》卷9《献帝纪》,第382页。
⑤ 《汉书》卷10《成帝纪》,第327页,注[一]。
⑥ 《汉书》卷87上《扬雄传》,第3549页。
⑦ (东汉)刘珍等撰,吴树平校注:《东观汉记校注》卷20《匈奴南单于传》,中华书局2008年版,第886页。
⑧ (南朝·梁)萧统:《文选》卷2,上海书店1988年影印本,第29页。
⑨ 费振刚等辑校:《全汉赋》,北京大学出版社1993年版,第543页。

形法应图，善持头尾，教令习拜，今辄已能。又能行与鼓节相应。"① 《后汉书·和帝邓皇后传》记载："太后以阴阳不和，军旅数兴，诏飨会勿设戏作乐，减逐疫侲子之半，悉罢象、橐驼之属。"② 这里指的就是象戏和斗骆驼之戏，平时设戏作乐是必不可少的节目，只是因为战争而暂停。孝堂山郭氏祠画像石在今山东济南长清区孝里铺村墓室前石祠内壁上，东壁画像分六层。第三层绘有三人乘象、二人骑骆驼的内容。四川铜山县洪楼汉墓出土的汉画像石，主要为祠堂画像，画幅巨大，雕技朴拙，内容丰富。舞乐百戏图画面高1.1米，长2.2米，上面刻有雷公雨师出行、象奴戏象、转石成雷、水人弄蛇、幻人吐火等内容，张衡《西京赋》描写的当时大型百戏演出场景与之相近。

### （二）魔术

> 海鳞变而成龙，状蜿蜿以蝹蝹。含利牙牙，化为仙车。骊驾四鹿，芝盖九葩。蟾蜍与龟，水人弄蛇。奇幻儵忽，易貌分形。吞刀吐火，云雾杳冥。画地成川，流渭通泾。
>
> ——（东汉）张衡《西京赋》

汉代还传入了西域的魔术。魔术是以随机应变为核心的表演艺术，是制造奇迹的艺术。它是依据科学的原理，运用特制的道具，巧妙综合不同科学领域和专业技术的高智慧的表演艺术。魔术师抓住人们好奇、求知心理的特点，制造出种种让人不可思议、变幻莫测的假象，从而达到以假乱真的艺术效果。

汉武帝时，西域国家向汉朝进献魔术师，当时称为"眩人""善眩人"，或"幻人"。《汉书·张骞传》记载："大宛诸国发使随汉使来，观汉广大，以大鸟卵及犁靬眩人献于汉，天子大说。"③ 据《汉书·西域传》，以大鸟卵及犁靬（即犁靬）眩人献于汉者乃安息国。④ 安息使者来汉，带来了犁靬的善眩人，会变种种奇幻的魔术。犁靬，亚历山大里亚，在今埃及，汉时属大秦（罗马）。颜师古注《汉书》云："眩读与幻同，

---

① （三国·魏）曹植撰，赵幼文校注：《曹植集校注》卷2，人民文学出版社1984年版，第310页。
② 《后汉书》卷10上《和帝邓皇后传》，第424页。
③ 《汉书》卷61《张骞传》，第2696页。
④ 《汉书》卷96上《西域传》，第3890页。

即今吞刀、吐火、植瓜、种树、屠人、截马之术皆是也,本从西域来。"①
《通典·边防》"大秦"条记载:"前汉武帝时,遣使至安息,安息献犁靬幻人二,皆蹙眉峭鼻,乱发拳鬓,长四尺五寸。"② 张星烺据其形状,以为"其为欧人,已无可疑"。③《后汉书·南蛮西南夷列传》记载:"永宁元年,掸国王雍由调复遣使者诣阙朝贺,献乐及幻人,能变化吐火,自支解,易牛马头。又善跳丸,数乃至千。"表演者"自言我海西人,海西即大秦也,掸国西南通大秦"。第二年元会,安帝作乐于庭,掸国乐和大秦幻人的表演当然是重要内容。安帝欣赏了这些节目后,"封雍由调为汉大都尉,赐印绶,金银缯彩各有差"。④《后汉书·陈禅传》亦载此事:"永宁元年,西南夷掸国王诣阙献乐及幻人,能吐火,自支解,易牛马头,明年元会,作之于庭,安帝及群臣共观,大奇之。"对于这次西域幻人的表演,东汉朝廷是有人反对的,他们认为这是夷狄之戏,是不正当的游戏。陈禅因此上书反对设夷狄之技,"禅独离席扬手大言曰:'昔齐鲁为夹谷之会,齐作侏儒之乐,仲尼诛之。'又曰:'放郑声,远佞人。帝王之庭,不宜设夷狄之技。'"⑤ 陈禅字纪山,巴郡安汉人。《华阳国志》记载,巴郡陈纪山,时任司隶校尉,严明正直,西房献眩,王庭试之,分公卿以为嬉。纪山独不视,京师称之。不仅洛阳人盛赞陈纪之的正直行为,家乡的人也为他感到自豪,巴人歌唱他:"筑室载直梁,国人以贞真。邪娱不扬目,狂行不动身。奸轨僻乎远,理义协乎民。"⑥ 尚书陈忠与陈禅意见不同,他以为"禅国越流沙,逾县度,万里贡献,非郑卫之声,佞人之比"。他认为陈禅"廷讪朝政,请劾禅下狱"。陈禅受到降职的处分。⑦ 魏晋时鱼豢《魏略》记载大秦幻人则能"俗多奇幻,口中吐火,自缚自解,跳十二丸巧妙"。这些幻人"自言我海西人,海西即大秦也,掸国西南通

---

① 《汉书》卷 61《张骞传》,第 2696 页。颜师古注引应劭曰:"眩。相诈惑也。邓太后时,西南夷檀国(按:即掸国)来朝贺,诒令为之。而谏大夫陈禅以为夷狄伪道不可施行。后数日,尚书陈忠案《汉旧书》,乃知世宗时犛靬献见幻人,天子大悦,与俱巡狩,乃知古有此事。"邓太后时乃汉安帝时,世宗即汉武帝。

② (唐)杜佑:《通典》卷 193《边防》,中华书局 1988 年版,第 5265 页。

③ 张星烺:《中西交通史料汇编》(一)"古代中国与欧洲之交通",辅仁大学图书馆 1930 年版,第 11 页。

④ 《后汉书》卷 86《南蛮西南夷列传》,第 2851 页。

⑤ 《后汉书》卷 51《陈禅传》,第 1684 页。

⑥ (晋)常璩著,任乃强校注:《华阳国志校补图注》卷 1《巴志》,上海古籍出版社 1987 年版,第 17 页。

⑦ 《后汉书》卷 51《陈禅传》,第 1684 页。

大秦"。①

这些西域传入的杂技、魔术进入汉朝宫廷,并流向社会,使汉代的杂技艺术更加丰富多彩。《汉书·张骞传》记载:"是时上(汉武帝)方数巡狩海上,乃悉从外国客,大都多人则过之,散财帛以赏赐,厚具以饶给之,以览示汉富厚焉。于是大觳抵,出奇戏诸怪物,多聚观者,行赏赐,酒池肉林,令外国客遍观各仓库府藏之积,以见汉之广大,倾骇之。及加其眩者之工,而觳抵奇戏岁增变,其盛益兴,自此始。"② 由此可知,犁靬眩人入汉表演,引起汉地人们的喜爱,域外传入的杂技魔术项目越来越多,因此汉朝觳抵奇戏每年都有新的内容,从此汉地兴起域外杂技魔术热。蔡质《汉官典职仪式选用》云:"正月旦,天子幸德阳殿……作九宾彻乐。舍利从西方来,戏于庭极,乃毕入殿前,激水化为比目鱼,跳跃就水,作雾障日。毕,化成黄龙。……以两大丝绳系两柱中头间,相去数丈,两倡女对舞,行于绳上,对面道逢,切肩不倾。又蹋局出身,藏形于斗中,钟磬并作,乐毕,作鱼龙曼延。"③

汉代表演域外乐舞有一个著名的场所,即平乐观,亦作"平乐馆""平乐苑",汉代宫观名,汉高祖时始建,武帝增修,西汉时在长安上林苑,这里有大型游乐场,有丰富的杂技魔术表演,其中有不少域外元素。《汉书·武帝纪》记载,元封六年(105年)"夏,京师民观角觚于上林平乐观"。④ 张衡的《西京赋》追忆西汉时平乐观置乐设宴皇帝临观的情景:"大驾幸乎平乐,张甲乙而袭翠被。攒珍宝之玩好,纷瑰丽以侈靡。"其中有杂技表演:

> 临迥望之广场,程角抵之妙戏。乌获扛鼎,都卢寻橦。冲狭燕濯,胸突铦锋。跳丸剑之挥霍,走索上而相逢。……东海黄公,赤刀粤祝。冀厌白虎,卒不能救。挟邪作蛊,于是不售。尔乃建戏车,树修斿。侲僮程材,上下翩翻。突倒投而跟絓,譬陨绝而复联。百马同辔,骋足并驰。橦末之伎,态不可弥。弯弓射乎西羌,又顾发乎鲜卑。

---

① 《三国志》卷30《乌丸鲜卑东夷传》,裴注引《魏略》,第860页。
② 《史记》卷123《大宛列传》,第3173页。
③ (汉)蔡质撰,(清)孙星衍校辑:《汉官典职仪式选用》,《汉官六种》,中华书局1990年版,第210页。
④ 《汉书》卷6《武帝纪》,第198页。

有奇禽异兽之戏,在丛山密林中群兽出没,还有仙人乘龙御虎长歌:

> 有华岳峨峨,冈峦参差。神木灵草,朱实离离。总会仙倡,戏豹舞罴。白虎鼓瑟,苍龙吹篪。女娥坐而长歌,声清畅而蜲蛇。洪涯立而指麾,被毛羽之襳襹。度曲未终,云起雪飞。初若飘飘,后遂霏霏。複陆重阁,转石成雷。礔砺激而增响,磅礚象乎天威。巨兽百寻,是为蔓延。神山崔巍,欻从背见。熊虎升而挐攫,猿狖超而高援。怪兽陆梁,大雀踆踆。白象行孕,垂鼻辚困。

也有奇幻的魔术表演:

> 海鳞变而成龙,状蜿蜿以蝹蝹。含利㮣㮣,化为仙车。骊驾四鹿,芝盖九葩。蟾蜍与龟,水人弄蛇。奇幻儵忽,易貌分形。吞刀吐火,云雾杳冥。画地成川,流渭通泾。①

张衡《西京赋》薛综注云:"平乐馆,大作乐处也。"② 从张衡的描写中,可以知道在西汉平乐观举行的百戏中,有中国传统艺术形式和内容,也有来自周边民族和域外国家的驯兽表演和来自域外的杂技魔术节目。

东汉时洛阳亦置平乐观,承西汉旧制。据张衡《东京赋》,称"平乐都场","龙雀蟠蜿,天马半汉。瑰异谲诡,灿烂炳焕"。③ 东汉平乐观在永安离宫之西,今河南孟津县有平乐镇平乐村,可能是其旧址。东汉李尤《平乐观赋》云:"乃设平乐之显观,章秘玮之奇珍,习禁武以讲捷,厌不羁之遐邻。"④ 说明平乐观之设其目的一是展示朝廷府库里的奇珍异宝,二是举行禁卫军阅兵,三是表演杂技乐舞和魔术接待远近国家和民族来宾。据李尤的描写,东都平乐观规模宏大:"徒观平乐之制,郁崔嵬以离娄,赫岩岩其岌嶜,纷电影以盘盱,弥平原之博敞,处金商之维陬。大厦累而鳞次,承岩峨之翠楼,过洞房之转闼,历金环之华铺。南切洛滨,北

---

① (南朝·梁)萧统:《文选》卷2,上海书店1988年影印本,第28—29页。
② (南朝·梁)萧统编,(唐)李善等注:《六臣注文选》卷2,宋刊明州本,日本足利学校藏,人民文学出版社2008年影印本,第49页。
③ (南朝·梁)萧统:《文选》卷3,上海书店1988年影印本,第37页。
④ (唐)欧阳询:《艺文类聚》卷63,上海古籍出版社1982年版,第1134页。

陵仓山，龟池泱漭，果林榛榛。天马沛艾，鬣尾布分。"① 其中有高台可供远眺，有阁道可通层楼，川原平旷，山水萦迂，奇禽异兽，布满其间。李尤《平乐观赋》描写新年来临时汉庭的游戏活动非常生动，其中有更多的域外元素：

> 尔乃太和隆平，万国肃清，殊方重译，绝域造庭。四表交会，抱珍远并，杂踏归谊，集于春正。玩屈奇之神怪，显逸才之捷武；百僚于时，各命所主。方曲既设，秘戏连叙，逍遥俯仰，节以鞉鼓；戏车高橦，驰骋百马，连翩九仞，离合上下；或以驰骋，覆车颠倒，乌获扛鼎，千钧若羽；吞刀吐火，燕跃鸟跱，陵高履索，踊跃旋舞。飞丸跳剑，沸渭回扰。巴渝隈一，逾肩相受；有仙驾雀，其形蚴虬；骑驴驰射，狐兔惊走；侏儒巨人，戏谑为耦；禽鹿六驳，白象朱首，鱼龙曼延，崒延山阜；龟螭蟾蜍，挈琴鼓缶。②

陪侍皇上观赏的不仅有汉廷百官，皇室贵人，还有来自远方的异域来宾，他们都是贡献奇珍异宝而来的。表演的节目不少是来自域外的杂技魔术，如戏车高橦、吞刀吐火、飞丸跳剑之类。参与表演的不仅有异域艺人，还有来自异域的驯兽。

在考古发现的汉代石刻画像上，我们可以看到跳丸、吐火、弄蛇、走绳、戴竿等种种表演情景。四川铜山县洪楼汉墓出土的画像石主要为祠堂画像，画幅巨大、雕技朴拙，内容丰富。其"舞乐百戏图"高1.1米，长2.2米，上刻雷公雨师出行、象奴戏象、转石成雷、水人弄蛇、幻人吐火等内容。南阳出土的一块"乐舞百戏"汉画像石，画面上右设簴，上挂镈钟，两人皆一手扶簴，一手持桯撞钟，第三人为俳优作滑稽表演。中刻一人一手托物，一手在樽上倒立。左刻三人，其中一人右手摇鼗，左手弄十二丸，一人表演口中吐火，一人踆坐不知操何物。③ 充分证实了胡人把杂耍艺术也带入了中原，可与张衡《西京赋》、李尤《平乐观赋》描写的大型百戏演出场面互相印证。《汉书·地理志》"粤地"条提到夫甘都卢国，颜师古注云："都卢国人劲捷，善缘高。故张衡《西京赋》云：'乌获扛鼎，都卢寻橦（橦字之误）。'又曰：'非都卢之轻矫，孰能超而

---

① （唐）欧阳询：《艺文类聚》卷63，上海古籍出版社1982年版，第1134页。
② 同上。
③ 张洪静：《从汉画像石中的胡人形象论西域文化在汉代的表现》，《文物鉴定与鉴赏》2013年第10期。

究升也。'"域外杂技魔术的传入,丰富了中国艺术的内容。东晋葛洪纂集《西京杂记》记载汉代幻术:"余所知有鞠道龙善为幻术,向余说古时事,有东海人黄公,少时为术,能制龙御虎,佩赤金刀,以绛缯束发,立兴云雾,坐成山河。及衰老,气力羸惫,饮酒过度,不能复行其术。秦末有白虎,见于东海,黄公乃以赤刀往厌之。术既不行,为虎所杀。三辅人俗用以为戏,汉帝亦取以为角抵之戏焉。"又说:"淮南王好方士,方士皆以术见。遂有画地为江河,撮土为山岩,嘘吸为寒暑,喷嗽为雨雾。王亦卒与诸方士俱去。"① 同书记载,京兆古生善"弄矢、摇丸、樗蒲之术"。② 东汉人樊英擅长这种兴云吐雾之术。《后汉书·方术列传》记载:"尝有暴风从西方起,(樊)英谓学者曰:'成都市火甚盛。'因含水西向漱之,乃令记者日时。客后有从蜀都来,云:'是日大火,有黑云卒从东起,须臾大雨,火遂得灭。'"③ 汉代的这些幻术有的可能从域外魔术中学来的,或从中受到启发。例如东汉孙奴善使一套割头术,南朝宋刘敬叔撰《异苑》云:"上虞孙奴,多诸幻伎。元嘉初叛,建安中复出民间。治人头风,流血滂沱,嘘之便断,创又即敛。"这种幻术类似于现代的移头魔术,或许是模仿大秦幻人"易牛马头"。

西域诸国向中国进贡杂技魔术艺术和艺人,远在先秦时就有记载。汉朝统治者喜欢用杂技魔术娱乐和招待胡客。这跟杂技魔术这类艺术的特点有关,杂技魔术是诉诸于视觉的艺术,不需要语言作为媒介便可理解,这很适合在语言不通的人们之间进行交流,因此成为当时重要的外交活动。汉文帝时贾谊说:"上即飨胡也,大角抵也。"④ 汉代的杂技项目因吸收了西域的因素而更加丰富多彩,影响深远。据北宋陈旸《乐书》记载,汉代的许多杂技至唐代仍有表演,"汉世之撞末伎、舞盘伎、长矫伎、跳铃伎、掷倒伎、跳剑伎、吞剑伎、舞轮伎、透峡伎、高绠伎、猕猴幢伎、缘竿伎、椀珠伎、丹朱伎,唐世并存"。⑤ 其中有的表演流传至今。

### (三)樗蒲游戏

樗蒲是出现于西汉而盛行于后世的一种棋类游戏,从外国传入。博戏

---

① (晋)葛洪:《西京杂记》卷3,《汉魏丛书》,吉林大学出版社1992年影印本,第306页。
② (晋)葛洪:《西京杂记》卷4,第309页。
③ 《后汉书》卷82上《方术列传》,第2722页。
④ (汉)贾谊:《新书》卷4,《汉魏丛书》,吉林大学出版社1992年影印本,第478页。
⑤ (宋)陈旸:《乐书》卷187《俗部》,影印《文渊阁四库全书》本。

中用于掷采的投子最初是用樗木制成，故称樗蒲。又由于这种木制掷具系五枚一组，所以又叫"五木之戏"，或简称"五木"。西汉人古生善樗蒲。《西京杂记》记载："京兆有古生者，学纵横揣摩、弄矢、摇丸、樗蒲之术。为都掾史四十余年。善弛谩二千石，随以谐谑，皆握其权要，而得其欢心。赵广汉为京兆尹，下车而黜之。终于家，京师至今俳戏，皆称古掾曹。"① 赵广汉生活的年代大致在西汉昭帝后期及汉宣帝前期（前73年前后）。东汉马融对樗蒲游戏深有研究，著《樗蒲赋》论樗萍棋法之输赢：

> 昔有玄通先生，游于京都。道德既备，好此樗蒲。伯阳入戎，以斯消忧。枰则素旃紫罽，出乎西邻，缘以缋绣，袟以绮文。杯则榣木之干，出自昆山。矢则蓝田之石，卞和所工，含精玉润，不细不洪。马则元犀象牙，是磋是礳。杯为上将，木为君副，齿为号令，马为冀距，筹为策动，矢法卒数。于是芬葩贵戚，公侯之傅，坐华榱之高殿，临激水之清流。排五木，散九齿，勒良马，取道里。是以战无常胜，时有逼逐。临敌攘围，事在将帅。见利电发，纷纶滂沸。精诚一叫，入卢九雉。磊落跳踔，并来猥至。先名所射，应声纷溃。胜贵欢悦，负者沈悴。②

枰是棋盘，"旃"即毛毡，"罽"也是一种毡类，都是毛织品，就是说樗蒲的棋盘是用白色或紫色的毡类。伯阳即老子，晋张华《博物志》云："老子入西戎造樗蒲，卜也。"又云："或云蕃人亦为樗蒲卜，后传楼阴善其功。"③ "出乎西邻"即来自西域。《晋中兴书》记载陶侃（字士行）云："樗蒲，老子入胡所作，外国戏耳。近日士大夫多为之，安得不胥天下为外国乎？"④ 上引马融赋所说这种游戏的各种掷具如杯、马都是用域外材料制成。曹丕《艳歌何尝行》诗写贵族生活："但当在王侯殿上，快独摴蒲六博，对坐弹棋。"⑤

樗木称为樗蒲，宋郑樵《通志·草木略》云："樗，似椿，北人呼为

---

① （晋）葛洪：《西京杂记》卷4，《汉魏丛书》，吉林大学出版社1992年影印本，第309页。
② 《艺文类聚》卷74《巧艺部》，上海古籍出版社1962年版，第1278页。
③ 《太平御览》卷726《工艺部》，上海古籍出版社2008年影印本，第7册，第471页。
④ （清）顾炎武著，黄汝成集释：《日知录集释》卷28，岳麓书社1994年版，第1002页。
⑤ （宋）郭茂倩编：《乐府诗集》卷39，中华书局1979年版，第577页。

山椿，江东人呼为虎目，叶脱处有痕如樗蒲子，又如眼目，故有其名。"① 认为樗树之得名樗蒲，系由樗叶脱处所留痕迹似樗蒲子而来，所以五木投子又被简称为"齿"，掷得采名称为"齿采"。准此，樗蒲别名"蒲戏"。这一组五枚用木头斫成的掷具，都是两头圆锐，中间平广，像压扁的杏仁。每一枚掷具都有正反两面，一面涂黑，一面涂白，黑面上画有牛犊，白面上画有野鸡。张幼学、彭大翼《山堂肆考》云："古者乌曹氏作博：以五木为子，有枭、卢、雉、犊、塞为胜负之彩。博头有刻枭形者为最胜，卢次之，雉、犊又次之，塞为下。"② 在此博是指樗蒲而不是先前的六博，蒲是簿的音转。对博时双方先轮流投掷掷得的箸正反数，有枭、卢、雉、犊、塞之分。掷出五子皆黑，名叫"卢"，是最高的采。其次是"雉"，是次胜采。赌博时为求胜采，往往且掷且喝，故称赌博为"呼卢喝雉"，亦称"呼卢"。掷"五木"时往往喊叫希望得到"卢"，人们把"呼卢"泛称为赌博，即出此典故。汉代乐府诗有云："行胡从何方？列国持何来？氍毹毾㲪五木香，迷迭艾纳及都梁。"③ 樗蒲游戏所用的骰子有五枚，有黑有白，称为"五木"。这是说樗蒲骰子用五种香木制成。

樗蒲戏法类似于后代掷色子和下飞行棋。《晋书·刘毅传》记载了一次这种游戏活动："后于东府聚樗蒲大掷，一判应至数百万，余人并黑犊以还，唯刘裕及毅在后。毅次掷得雉，大喜，褰衣绕床，叫谓同坐曰：'非不能卢，不事此耳。'裕恶之，因挼五木久之，曰：'老兄试为卿答。'既而四子俱黑，其一子转跃未定，裕厉声喝之，即成卢焉。毅意殊不快，然素黑，其面如铁色焉。"④ 据此可知，游戏者手执"五木"，掷出可以组成六种不同的排列组合，即六种彩。其中全黑的称为"卢"，是最高彩；四黑一白的称为"雉"，次于卢；其余四种称为"枭"或"犊"，为杂彩。掷到贵彩的，可以连掷，或打马，或过关，杂彩则不能。按所掷采数，执棋子在棋盘上行棋，相互追逐，也可吃掉对手之棋，走到尽头者为赢家。⑤ 掷五木被胡人用为占卜，传入中国后这种游戏往往用于赌博，因此樗蒲成为赌博的代称。樗蒲游戏和赌博方式从中国传入朝鲜半岛，至今朝鲜还可见到樗蒲。

---

① （宋）郑樵：《通志·昆虫草木略第二》，王树民点校，中华书局1995年版，第2022页。
② 张幼学、彭大翼：《山堂肆考》，《文渊阁四库全书》影印本。
③ （宋）郭茂倩编：《乐府诗集》卷77，中华书局1979年版，第1088页。
④ 《晋书》卷45《刘毅传》，第2210—2211页。
⑤ 樗蒲的玩法，参见王宏凯《古棋戏樗蒲》，《文史知识》1992年第7期；王永平《游戏、竞技与娱乐——中古社会生活透视》，中华书局2010年版，第215—225页。

## 三　佛教建筑艺术

佛教建筑艺术的传入，表现在佛寺、石窟和佛塔的建造。这些最早也是先出现在西域，即今新疆地区，后传至内地。

### （一）佛塔

新疆地区佛塔出现最早，据《洛阳伽蓝记》引《宋云行纪》记载，大约公元前1世纪，于阗王已经为毗卢折那建造覆钵浮屠一躯。[1] 覆钵浮屠，即印度式佛塔。新疆尼雅遗址发现有东汉三国时的土坯佛塔遗存。[2] 北魏郦道元《水经注·汳水》云："汳水又东径梁国睢阳县故城北，而东历襄乡坞南。《续述征记》曰：'西去夏侯坞二十里，东一里，即襄乡浮屠也，汳水径其南。汉熹平中，某君所立，死因葬之。其弟刻石竖碑，以旌厥德。隧前有狮子、天鹿，累砖作百达柱八所，荒芜颓毁，雕落略尽矣。'"[3] 豫州即今河南及山东西南一带，熹平是汉灵帝年号（172—178年）。浮屠即佛塔。《魏书·释老志》记载："魏明帝曾欲坏宫西佛图。"[4] 此宫西佛图（佛塔）应该建立在魏明帝之前，或许也是汉末时建立。

### （二）佛寺

佛寺也是首先出现于西域，而后传入中原。据《洛阳伽蓝记》引《宋云行纪》记载，大约公元前1世纪，于阗王为毗卢折那"于杏村下置立寺舍"，建造覆钵浮屠一躯，"更作精舍笼之"[5]，便有寺庙建筑。1979年，在新疆和阗买力克阿瓦提遗址出土不晚于西汉末年的窖藏西汉五铢钱，并发现一处佛寺遗址。新疆乌什县沙依拉木石窟有佛寺遗址1座，拜城县喀拉苏石窟残存佛寺遗址1座，都干石窟有大佛寺遗址1座，萨喀特喀石窟残存佛寺遗址1座，阿克塔什石窟残存佛寺遗址1座，玉开都维石

---

[1] （北魏）杨衒之撰，范祥雍校注：《洛阳伽蓝记校注》卷5，上海古籍出版社1978年版，第271—272页。

[2] 史树青：《新疆尼雅民丰遗址》，《文物》1962年第7、8期。

[3] （北魏）郦道元著，陈桥驿校证：《水经注校证》卷23，中华书局2013年版，第534页。

[4] 《魏书》卷114《释老志》，第3029页。

[5] （北魏）杨衒之撰，范祥雍校注：《洛阳伽蓝记校注》卷5，上海古籍出版社1978年版，第272页。

窟残存有佛殿和禅室相给的石窟寺，台台尔石窟残存佛寺遗址1座。根据张平、苏北海的研究，这些石窟都是汉代以前或汉代的建筑，有的甚至早到公元前3世纪以前。①《高僧传·摄摩腾传》记载，蔡愔等从西域迎来摄摩腾和竺法兰，"明帝甚加赏接，于城西门外立精舍以处之，汉地有沙门之始也"。② 这也是汉地有佛寺之始，精舍，在中国古代文献中，最初指儒家讲学的处所，佛教传入后，多指出家人居住修炼和说法布道的场所，最早的佛寺称为精舍。此精舍即著名的洛阳白马寺。"腾所住处，今洛阳城西雍门外白马寺是也。相传云：外国国王尝毁破诸寺，唯招提寺未及毁坏。夜有一白马绕塔悲鸣，即以启王，王即停坏诸寺。因改'招提'以为'白马'。故诸寺立名多取则焉"。③ 白马寺不仅是汉地最早的寺院，而且成为后来寺院建造式样的取法对象。楚王刘英"尚浮屠之仁祠"，在其封国建有佛寺，其封地在徐州一带。《后汉书·襄楷传》记载，襄楷在上书朝廷的奏章里批评"宫中立黄老、浮屠之祠"。④ 浮屠祠即佛寺。《三国志·刘繇传》记载汉末笮融在徐州"大起浮图祠……垂铜盘九重，下为重楼阁道，可容三千余人"。⑤ 其多重塔庙的建筑形式被认为是结合了印度塔刹和中国建筑的特点。⑥ 魏明帝欲毁宫西浮屠，"外国沙门乃金盘盛水，置于殿前，以佛舍利投之于水，乃有五色光起，于是帝叹曰：'自非灵异，安得尔乎？'遂徙于道东，为作周阁百间"。⑦ 立浮屠处建造有殿，当为佛殿。有塔有殿，正是寺院体制。除了洛阳和徐州地区有佛寺外，许昌似乎也有佛寺。梁释僧祐《出三藏记集》记载，东汉末年竺佛朔提供，支谶等在洛阳译出的《般舟三昧经》在"建安三年，岁在戊子，八月八日于许昌寺校定"。⑧ 这许昌寺或者乃洛阳佛寺名，更有可能是建在许昌的佛寺，反映了汉末建立佛寺渐成风气，呈星火燎原之势。

---

① 张平：《拜城等地发现了新石窟》，《西域研究》1991年第3期；苏北海：《丝绸之路与龟兹历史文化》，新疆人民出版社1996年版，第439页。
② （南朝·梁）释慧皎：《高僧传》卷1《摄摩腾传》，中华书局1992年版，第1页。
③ 同上书，第1—2页。
④ 《后汉书》卷30下《襄楷传》，第1082页。
⑤ 《三国志》卷49《吴书·刘繇传》，第1185页。
⑥ 孙机：《关于中国早期高层佛塔造型的渊源问题》，《中国历史博物馆馆刊》1984年第6期。
⑦ 《魏书》卷114《释老志》，第3029页。
⑧ （南朝·梁）释僧祐：《出三藏记集》卷7，中华书局1995年版，第268页。

## (三) 石窟

　　石窟本是印度的佛教建筑形式。佛教提倡遁世隐修,僧众们选择崇山峻岭的幽僻之地开凿石窟,作为修行的处所。中国境内的佛教石窟最早见于新疆地区,新疆的佛教石窟建筑来源于印度,龟兹境内的石窟最早的开凿于东汉末年。克孜尔石窟是塔里木盆地最大的石窟群,现存236个窟。阎文儒根据克孜尔石窟的窟形和壁画题材风格,把其中保存较好的74个窟作了分期,分为四期,其第一期四窟即第17、47、48、69等窟被考定为东汉后期。[1] 其早期窟多为毗诃罗窟和禅窟,毗诃罗窟专供僧尼起居之用,多呈方形,长宽不及2米,无窗;禅窟供僧尼苦修之用,呈方形,多修二层台。其形制中原各石窟寺少见,受印度佛窟形制影响,是小乘佛教文化的特点,反映了佛教初传新疆时的状况。印度石窟寺建筑最早什么时候传入新疆地区,不好判断,有人认为克孜尔石窟并不是最早的,在新疆乌什县沙衣拉木,温宿县托乎拉克店,拜城县温巴什、喀拉苏、台台尔、阿克塔什、玉开都维、都干等地发现一些小石窟群,早于克孜尔石窟。张平从形制上将其概括为如下类型:(1) 中心柱窟+禅窟;(2) 中心柱窟+僧房+禅窟;(3) 方形窟+僧房+禅窟;(4) 单独的禅窟组合体。他认为:"以上诸石窟的建筑形制的类型,如中心柱窟、方形窟,同克孜尔早期建筑风格特征相近,但是同中心柱窟、方形窟相结合的僧房窟却不像克孜尔早期僧房建筑那样成熟的模式,且具有原始初创时期的鲜明特点;尤其是结合石窟中又有一定数量的、面积仅能容纳一人寂坐习禅的洞窟组合这一新的因素等综合分析,则阿克塔什、玉开都维、喀拉苏、沙依拉木等石窟,其开凿的年代上限要早于克孜尔石窟的第一阶段"。[2] 苏北海认同张平的观点,他指出这些小石窟群中在沙依拉木、都干、喀拉苏等处以禅窟最多,室内低小,模拟印度草庐式的洞室,可容纳一人寂坐习禅,这在克孜尔石窟中是难见的,显出了其产生时间早于克孜尔石窟。阿克塔什、喀拉苏、都干的僧房窟,形式较克孜尔石窟简单,没有形成固定而统一的模式,无狭条形的甬道、平面方形的券顶主室,室内没有低矮的炕,只有门和明窗,僧房室内面积也较克孜尔石窟的僧房面积小,都显出了原始初创时期的尚不定型、不成熟的特点,其相对年代早于克孜尔石窟的第

---

[1] 阎文儒:《新疆天山以南的石窟》,《文物》1962年第7、8期。
[2] 张平:《拜城等地发现了新石窟》,《西域研究》1993年第3期。

一阶段，可能为公元前3世纪以前产物。① 苏先生的判断可能为时过早。新疆地区的发现，说明石窟寺建筑是从印度传入，先在西域扎根，再传入中原地区。

## 四　各类造型艺术

造型艺术指用一定物质材料（如雕塑用木、石、泥、玻璃、金属等，绘画用颜料、墨、绢、布、纸、木板等，建筑用砖、石、木等）和各种艺术手段创造的可视静态空间形象的艺术。汉代造型艺术如石雕图像、织物图案、画像石、画像砖、铜镜上的图像、墓室壁画等，在主题、题材、表现手法和艺术风格等方面，常常看到希腊、罗马艺术、犍陀罗艺术、佛教艺术以及西域各种艺术的影响。

### （一）织物图案

新疆地区汉代遗址出土的毛织物，有犍陀罗艺术的题材和风格。20世纪初，斯坦因在楼兰遗址汉墓中发现"许多五彩和红色美丽的花绢"，"装饰的织物中还有精工制造的地毡残片，所显示的风格，丝毫不错是希腊式的"。其中有一块毛织物残片，上有希腊、罗马式图案的赫密士（Hermes）头像，赫密士即通常所谓希腊奥林匹斯十二主神之一的赫尔美斯。还有一块地毡残片，图案主题是中国传统的云雷纹，其边缘部分的装饰风格"明明白白是希腊罗马式"，连有一匹有翼的马。② 翼马则是典型的波斯风格装饰。科兹洛夫在蒙古诺音乌拉发现的汉代纺织品织物上，也见到这种有翼兽。《大不列颠百科全书》卷二十一曾据此以为埃及织成技术传入了新疆地区，可能出于误会。根据这些纺织品的织法，可以判断它们都是新疆本地织成的，因为采用的是中国早就有的通经断纬织法，实际上是新疆地区的织工吸收了希腊、罗马、波斯和犍陀罗艺术的题材和风格。

1959年，在新疆民丰县尼雅东汉墓葬中发现两块棉布残片，上有蜡染图案和画。据报道："其中一件的图案内容为正负三角形，残长77厘米，高46厘米；另一件的内容为上端残破处有佛脚、狮尾和蹄形痕迹，

---

① 苏北海：《丝绸之路与龟兹历史文化》，新疆人民出版社1996年版，第439页。
② ［英］斯坦因：《西域考古记》，向达译，商务印书馆2013年版，第151页。

下边一条横格中有长龙、飞鸟,左下角有一半身菩萨(或为供养人像),裸体露胸,颈与臂上满佩璎珞,头后有背光,双手捧着一个喇叭口形状的长筒容器,内盛葡萄,侧身向右。残幅 88×47 厘米;其中的菩萨半身像高 21 厘米。"[1] 但左下角的女性形象,是不是菩萨,却引起不小的争议。这块蜡染画布上的图案包含着佛教文化因素应该不必怀疑。报告中称的"长龙"龙头鱼身,实际上是摩羯。俄国学者马尔夏克认为"右下角的鱼龙纹是印度的摩羯鱼,口中吐出河流,两边鳞片状起伏的是小山,并有飞鸟在山两边飞翔"。印度神话中摩羯是水神的坐骑,是长鼻、利齿、鱼身鱼尾状灵兽,代表生命之源"水"。印度黄道十二宫中有摩羯宫,爱神所执之旗上亦附有摩羯鱼图。佛陀时代佛经中有关于"摩羯"的内容。佛教传入东土,摩羯成为佛陀救拔世人苦难的象征,《洛阳伽蓝记》载佛化巨鱼以肉度人饥。以为左下角女性是菩萨,是这块蜡染布画刚发现时的认识。后来有学者认为图中的角状容器并非佛教的法器,而是希腊神话中的丰饶之角;图中的女神不是佛教中的菩萨,而是希腊神话中的丰收女神提喀(Tyche)。在希腊神话中,提喀是宙斯和天后赫拉的女儿,原为命运女神,后来成为丰收女神。在古希腊众多城邦中,提喀女神往往被当作城邦保护神。根据古典作家保萨尼阿斯(Pausanias,143—176 年)的《希腊志》记载,提喀女神的特征是头戴城池头冠,手持"阿玛尔忒亚之角"。在古希腊罗马艺术中,只要是有城池头冠、持"阿玛尔忒亚之角"的女神就是提喀。[2] 因贵霜金币与尼雅棉布的时间地点最为接近,孙机将此棉布上的图案与贵霜王朝迦腻色迦(Huvishka,167—179 年在位)时的金币上的图案相比较,发现两者女神细节互相吻合,认为此神乃中亚丰收女神阿尔多克修(Ardochsho)。[3] 此外,也有人认为她是希腊神话中的大地女神该亚(Gaea)与谷物女神得墨忒耳(Demeter)的混合体。另有学者提出这幅图案的主题本应是中亚与西亚风格的狮子,只是已经残缺了,图中的女神应是波斯女神。这种莫衷一是却又各有道理的争论,正说明一个问题,这幅画是多元文化融合的结果。从这幅画主体部分有佛和狮

---

[1] 史树青:《新疆民丰尼雅遗址》,《文物》1962 年第 7、8 期。
[2] 在希腊神话中,众神之王宙斯有乳母名叫阿玛尔忒亚(Amalthaea)。有一种说法认为阿玛尔忒亚本身就是头母山羊。另一种说法则认为阿玛尔忒亚本是仙女,她用山羊的乳汁哺育了宙斯。还有一种说法认为宙斯自己折断了母山羊的一只角,并赋予这只角以神奇的力量。这只山羊角后来成了无穷的财富和丰饶之象征,通常被称作丰饶之角(cornucopia)。参见 W. Smith, *Everyman's Smaller Classical Dictionary*, J. M. Dent & Sons Ltd, 1956, p. 21。林梅村:《寻找楼兰王国》,北京大学出版社 2009 年版,第 112—113 页。
[3] 孙机:《建国以来西方古器物在我国的发现与研究》,《文物》1999 年第 10 期。

子来看，这幅画当为佛画。如果这个观点能够成立，那么左下角的女性形象也不是菩萨形象，从其所在位置来看，当是供养人形象，牛角状物中的葡萄是其供养物。但这个供养人形象的刻画却是融合了东西方文化的因素的。从容貌上看是东方人的样子，而其装束佩饰却是西方的，包含着希腊、罗马、波斯神话的内容。但把她固定为菩萨、中亚丰收女神或希腊某女神，可能都不能为人们普遍接受。这种融合希腊、罗马、波斯和印度等多元文化因素的艺术，正是犍陀罗艺术的特征。

犍陀罗在古代文献中又写作"乾陀罗"，或"健陀逻"，古印度地名或国名，梵文作 Gāndhāra。相当于今巴基斯坦白沙瓦及其毗连的阿富汗东部一带。公元前4世纪末，马其顿亚历山大入侵其地，希腊文化艺术曾影响这一地区。公元前3世纪摩揭陀国孔雀王朝阿育王遣僧人来此传布佛教，这里形成犍陀罗式佛教艺术中心。公元1世纪时大月氏人入据此地，后建立贵霜王国，至2世纪初贵霜王朝强盛时期成为迦腻色伽王统治中心。首都布路沙布罗（一作富楼沙，即今白沙瓦）当建于此时。后贵霜势衰，又为嚈哒人所统治。犍陀罗艺术的重要特色是以希腊罗马式的装饰手法表现印度的题材，特别是佛教内容，有时是直接模仿罗马题材。其艺术形式主要有绘画、雕刻、雕塑、工艺美术和建筑式样等，出现了大量精美的艺术品。东汉时期，犍陀罗之地为贵霜王朝所统治，由于贵霜王国的势力达到葱岭以东，加上印度商人的贸易活动，犍陀罗艺术开始传入中国新疆地区，同时把希腊、罗马的艺术主题、题材和风格也带到此地。

### （二）雕塑

雕塑的材料有泥、金属、石头和木头，中国古代金属雕刻的材料主要是铜。在汉代的宫苑中喜欢刻石铸铜艺术，雕刻的内容有来自域外的奇禽异兽形象。《三辅黄图》卷四引《关辅记》云："建章宫北有池，以象北海，刻石为鲸鱼，长三丈。"又引《汉书》云："建章宫北治大池，名曰太液池，中起三山，以象瀛洲、蓬莱、方丈，刻金石为鱼龙、奇禽、异兽之属。"[①] 在宫室木结构中多画栋雕梁，其上则多有异域文化因素。

域外良马输入汉地，产生了以马为题材的艺术，马形造像和装饰图案的艺术品越来越多。西汉时期的雕塑艺术成就突出表现在大型纪念性石刻和园林的装饰性雕刻上，著名的霍去病墓前石刻是留存至今的一组非常具

---

[①] 佚名撰，何清谷校注：《三辅黄图校注》卷4《池沼》，三秦出版社1995年版，第247页。

有代表性的大型石雕作品。其代表作"马踏匈奴"石像，象征着他为国家立下的不朽功勋。作品表现一匹昂首屹立的战马，足下踏着一名手持弓箭垂死挣扎的匈奴人，战马既警惕又安详，既善良又含讽刺的神情，俨然一副胜利者的姿态；马腿粗壮坚实，犹如四根巨柱，与马身浑然一体，构成永久性的柱石建筑感。风格庄重雄劲，深沉浑厚，寓意深刻，耐人寻味。霍去病墓石雕在艺术上"分明地显示出外来的影响"，有人认为其"雕刻风尚与中亚的习惯有共通之处，其艺术形式如斯基泰西伯利亚区域的石物"。也有人以为与北方草原青铜文化的艺术品相似，"汉武帝在征服匈奴的同时，也吸收了匈奴人的文化，把传统的中原文化与周围邻近的少数民族文化融合在一起"。①

汉武帝为了获得大宛国汗血马，派壮士车令等人出使大宛，"持千金及金马以请宛王贵山城善马"。② 金马，显然是以金铸造成的工艺品，用为贵重礼物。陕西省兴平县汉武帝茂陵东南1公里处，有其姐姐阳信长公主墓，其陪葬坑出土的鎏金铜马，被认为表现的就是大宛汗血马体型。③铜马通体鎏金，昂首挺立，马口微张，马齿微露，双耳直竖，马体匀称，肌肉丰满，筋骨强健，英姿飒爽，颈上毛短而直立，透着一股英武气度。在汉代以前的造型艺术中，不见这种体型的马，而从汉迄唐约千年间，这类马的造型艺术品屡见不鲜。与现代良马相比，这尊铜马与中亚土库曼的阿哈—捷金马最为近似，它们可能属于同一血缘品种的马。《三辅黄图》卷三"未央宫"条记载："金马门，宦者署。武帝得大宛马，以铜铸像，立于署门，因以为名。东方朔、主父偃、严安、徐乐，皆待诏金马门，即此。"④ 此铜铸像大概与汉武帝茂陵东侧1号无名冢1号葬坑出土的鎏金铜马艺术风格和制作技术相同。

铜奔马是汉代具有代表性的雕塑作品。1969年，在甘肃武威雷台东汉时期镇守张掖的军事长官张某及其妻合葬墓中出土大批铜俑，其中有驾车乘骑的铜人马38件，铜奔马1件。铜奔马又称"马踏飞燕"或"马超龙雀"，为东汉青铜器。铜奔马重7.15公斤，高34.5厘米，长45厘米，

---

① 沈珉：《霍去病墓及其石雕研究的回顾及思考》，《考古与文物》2010年第6期，第64页。
② 《汉书》卷61《张骞传》，第2697页。
③ 陕西地区文管会、茂陵博物馆：《陕西茂陵一号无名冢一号从葬坑的发掘》，《文物》1982年第9期。
④ 佚名撰，何清谷校注：《三辅黄图校注》卷3《未央宫》，三秦出版社1995年版，第163页。

宽 13 厘米，马头顶花缨微扬，昂首扬尾，尾打飘结，三足腾空，右后足蹄踏一飞燕，飞燕展翅，惊愕回首。这件铜奔马造型上一反秦汉雕塑以静态或静中寓动的方法来表现马的方式，而着意表现马的动态，雕塑了一匹躯体健壮的骏马头微左侧、张口嘶鸣、束尾飘举的俊逸姿态，完全符合骏马在运动中的自然形态，给人协调自然、神采飞扬的印象。

鎏金铜马和铜奔马不仅展现了我国汉代高度发达的冶金、铸造技术和艺术家的卓越才华，而且为研究汉代马的体型、来源提供了有力的实证。铜马的造型使人联想到 20 世纪 50 年代在四川彭山县出土的陶马和 20 世纪 70 年代在贵州兴义县出土的铜马，其艺术风格虽然与前出两件迥然不同，然而马之体形悍威勃然的神态却如出一辙。①

汉武帝时，东门京是著名的相马专家，他选择最佳体态的良马，铸造了比例准确的铜马，汉武帝命立于长安未央官宦者署的鲁班门外，作为评选良马的标准。东汉时马援南征，获得南越之地的铜鼓，改铸为铜马作为相马法式。马援法式吸收和借鉴了多家相马法式，其中包括汉武帝时东门京取法大宛马铸造的铜马法式。②《后汉书·马援传》记载：

> 援好骑，善别名马，于交阯得骆越铜鼓，乃铸为马式，还上之。因表曰："夫行天莫如龙，行地莫如马。马者甲兵之本，国之大用。安宁则以别尊卑之序，有变则以济远近之难。昔有骐骥，一日千里，伯乐见之，昭然不惑。近世有西河子舆，亦明相法。子舆传西河仪长孺，长孺传茂陵丁君都，君群传成纪杨子阿，臣援尝师事子阿，受相马骨法。考之于（行）事，辄有验效。臣愚以为传闻不如亲见，视景不如察形。今欲形之于生马，则骨法难备具，又不可传之于后。孝武皇帝时，善相马者东门京铸作铜马法献之，有诏立马于鲁班门外，则更名鲁班门曰金马门。臣谨依仪氏䩭，中帛氏口齿，谢氏唇鬐，丁氏身中，备此数家骨相以为法。"马高三尺五寸，围四尺五寸，有诏置于宣德殿下，以为名马式焉。③

---

① 常洪、王仁波：《试评茂陵东侧出土的西汉鎏金铜马——兼论天马和现代中亚马种的关系》，《农业考古》1987 年第 2 期。
② 《后汉书》卷 24《马援传》李贤注引马援《铜马相法》："水火欲分明。水火在鼻两孔间也。上唇欲急而方，口中欲红而有光，此马千里。颔下欲深，下唇欲缓。牙欲前向。牙（欲）去齿一寸，则四百里；牙剑锋，则千里。目欲满而泽。腹欲充，膁欲小，季肋欲长，悬薄欲厚而缓。悬薄，股也。腹下欲平满，汗沟欲深［而］长，（而）膝本欲起，肘腋欲开，膝欲方，蹄欲厚三寸，坚如石。"
③ 《后汉书》卷 24《马援传》，第 840—841 页。

汉代长安、洛阳的铜马,至汉末时悉遭毁坏。《汉书·武帝纪》颜师古注引应劭曰:"明帝永平五年,至长安迎取飞廉及铜马置上西门外,名平乐馆。董卓悉销以为钱。"①《后汉书·董卓传》记载董卓在洛阳,"坏五铢钱,更铸小钱。悉取洛阳及长安铜人、钟虡、飞廉、铜马之属,以充铸焉。"李贤注云:"钟虡以铜为之,故贾山上书云'悬石铸造钟虡'。《前书音义》曰:'虡,鹿头龙身,神兽也。'《说文》:'钟鼓之跗,以猛兽为饰也。'武帝置飞廉馆。《音义》云:'飞廉,神禽,身似鹿,头如爵,有角,蛇尾,文如豹文。'明帝永平五年,长安迎取飞廉及铜马置上西门外,名平乐馆。铜马则东门京所作,致于金马门外者也。"② 可见汉武帝时东门京按照大宛汗血马铸造之铜马,在董卓时已经被毁。金人乃秦始皇时所铸,也在董卓之乱中被毁。③ 山东嘉祥武氏祠堂画像石刻有"泽马"之状,观其形象,是乌孙、大宛马输入中原后龙的变形图案。④ 汉朝马像艺术品传入朝鲜半岛,乐浪发现汉代铜马和绿釉陶马。

英国学者塔恩(W. W. Tarn,1869—1957年)《巴克特里亚和印度的希腊人》认为,汉代动物纹饰题材和造型风格发生了一个明显变化,其重要表现是大型镇墓兽石狮、石马和天禄、辟邪、有翼兽代替了过去的圆雕动物形象。⑤ 汉代石雕图像主要有圆雕动物、透雕动物纹饰、石刻和画像石,以及大型镇墓兽石狮、石马和天禄、辟邪,其中都有西域题材和表现手法的影响。战国以来出现的透雕动物纹饰牌和动物格斗题材在汉代有新的发展。据萨里莫尼《卢芹斋收藏的中国——西伯利亚艺术品》中图版XXVIII⑥,安特生《鄂尔多斯青铜器选集》中图版 IX2 可知⑦,汉代透雕动物纹饰牌中有许多表现双驼、虎食鹿、虎驼相斗的饰牌。骆驼出产于

---

① 《汉书》卷6《武帝纪》,第 193 页。
② 《后汉书》卷72《董卓传》,第 2326 页。
③ 《后汉书》卷72《董卓传》记载:"时人以为秦始皇见长人于临洮,乃铸铜人。卓,临洮人也,而今毁之。虽成毁不同,凶暴相类焉。"李贤注引《三辅旧事》曰:"秦王立二十六年,初定天下,称皇帝。大人见临洮,身长五丈,迹长六尺,作铜人以厌之,立在阿房殿前。汉徙长乐宫中大夏殿前。《史记》曰:'始皇铸天下兵器为十二金人。'"第 2326 页。
④ [美]巫鸿:《武梁祠:中国古代画像艺术的思想性》,柳扬、岑河译,生活·读书·新知三联书店 2015 年版,第 262 页。
⑤ W. W. Tarn. *The Greeks in Bactria and India*, Chicago, Ares Publishers, Inc, 1985.
⑥ A. Salmony. *Sinosiberian Art in the Collection of C. T. Loo*, Paris. 1933.
⑦ J. G. Andersson. "Selected Ordos Bronzes", *The Museum of Far Eastern Antiqulties*《远东博物馆刊》(BMFEA),1933(5).

新疆、内蒙古和中亚细亚,在汉代西北丝路交通中发挥了沙漠之舟的作用,在当时成为新的艺术题材。虎食鹿和其他动物搏斗形象是欧亚草原文化的一个具有特色的内容,由此可见草原文化对汉代艺术风格的影响。

汉代狮子和有翼兽形象雕刻具有明显的外来文化因素。狮子最早产地是美索不达米亚,表现狮子形象的造型艺术流行于古代波斯。伦敦大英博物馆收藏的一件高10.2厘米的象牙雕刻,是公元前800年两河流域的作品,内容表现一头母狮扑倒黑人的情景。著名的古波斯阿塔萨斯(Artaxerxds)宫前石狮,有展翅式三叠飞翼。中国没有狮子,尚永琪说:"西域狮子东来古代中国,它不是作为物种被传播,因为狮子很难在以黄河流域和长江流域为中心的中华大地生存繁衍,所以我们说的'狮子东来',最主要的还是指狮子图像及狮子文化的东传中国及其发展。"①狮子作为一种异兽传入中国最早在东汉时期,但狮子造型艺术的传入却早于东汉。在新疆考古发现相当于战国时代的狮形金牌饰件。张骞出使西域以后,汉朝与安息建立起友好交往的关系。在汉代中国与安息王朝的交往和交流中,中国的造型艺术受到波斯艺术的影响,狮子和有翼兽成为圆雕动物艺术的新题材。四川雅安高颐墓前的石狮,建于东汉,是我国现存最早的石狮;山东嘉祥县武梁祠前有一对石狮,《石阙铭》明确记载了石狮雕刻的时间:"建和元年,太岁在丁亥,三月庚戌朔四日癸丑……孙宗作师,直四万。"意思是石狮由石匠孙宗雕刻,时间是东汉桓帝建和元年(147年),价值4万。这种造型艺术传入中国也表现出变形、简化或中国化的倾向。武氏祠石阙前石狮子没有翅膀,雅安高颐墓前石狮虽有飞翼,但比之波斯三叠飞翼简化为肥短的二重翅翼。有翼兽传入中国当在汉代以前。1974年,河北平山县战国时期中山国墓葬就出土一对错银铜双翼兽,兽首高昂,作展翅振飞状,形态和南朝齐武帝、梁武帝陵前石兽很相似。1976年苏州虎丘农机厂出土汉代辟邪形铜座,属同类有翼狮形兽,据铭文为汉成帝河平元年(前28年)的器物。说明在我国有翼狮形神兽艺术品早在战国和西汉时期已经产生。云南晋宁石寨山7号墓出土一件盾牌形有翼虎错金嵌银带扣,当是经过中印西南缅道传入的。龙应台《从石狮子出发》一文说得有道理:"中国没有活生生的狮子,所以庙前画里、锣鼓阵中的狮子是走了样的狮子。然而走了样的狮子并不是谎言,因为它是图腾,既是图腾,当然就无所谓走样不走样。……中国的狮子和龙,和麒麟一样,

---

① 尚永琪:《莲花上的狮子——内陆欧亚的物种、图像与传说》,商务印书馆2014年版,第2页。

载满了一个民族的文化想象，尤其是对不存在于本土陌生的事物的想象。"① 传播这种艺术的是散居中亚、天山南北和印度河流域的塞人，最早是通过蒙古草原由西伯利亚南部传入中国北方。

标明"天禄""辟邪"的文物最早见于东汉。汉代的天禄、辟邪形象类似欧亚草原游牧民族斯基泰民族流行的鹰头兽的形象，还带有波斯艺术中有翼兽的色彩，起初用于宫殿门前装饰。《后汉书·宦者列传》记载，汉灵帝命钩盾令宋典缮修南宫玉堂，使掖庭令毕岚铸铜人、铜钟，又铸天禄、虾蟆，吐水于平门外桥东，转水入宫。②《后汉书·孝灵帝纪》记载，中平三年（186 年）春二月，"复修玉堂殿，铸铜人四、黄钟四及天禄、虾蟆"。章怀太子注云："天禄，兽也。时使掖庭令毕岚铸造铜人，列于仓龙、玄武阙外，钟悬于玉堂及云台殿前，天禄、蝦蟆吐水于平门外。……今邓州南阳县北有宗资碑，旁有两石兽，镌其膊一曰天禄，一曰辟邪。据此，即天禄、辟邪并兽名也。汉有天禄阁，亦因兽以立名。"③这里关于天禄阁的解释有误，天禄阁是汉高祖刘邦时丞相萧何主持修建的皇家图书馆，"天赐俸禄"之意，取名并不是来自兽名。宗资为东汉桓帝时人，其碑旁石兽膊上所刻字表明"天禄""辟邪"确指镇墓兽。其石兽北宋时犹存，欧阳修《集古录跋尾》卷四"后汉天禄、辟邪字"条记此事云："汉天禄、辟邪四字，在宗资墓前石兽膊上。"欧阳修曾路过此地，亲眼所见。④ 赵明诚在《金石录》"汉州辅墓石兽膊字"条记载：

> 郦道元注《水经》云：州君墓有两石兽，已沦没。人有掘出一兽，犹不全破，甚高壮；头去地丈许，制作甚工。左膊上刻作"辟邪"字。余初得州君墓碑，又览《水经》所载，意此字犹存。会故人董之明守官汝、颍间，因托访求之。逾年，特以见寄。其辟邪，道元所见也。其一乃天禄字，差大，皆完好可喜。之明又云：天禄，近岁为邨民所毁。辟邪虽存，然字画已残阙难辨。此盖十年前邑人所藏，今不可复得矣。⑤

---

① 龙应台：《百年思索》，南海出版公司 2001 年版，第 57 页。
② 《后汉书》卷 78《宦者列传》，第 2537 页。
③ 《后汉书》卷 8《孝灵帝纪》，第 353 页。
④ （宋）欧阳修：《欧阳修全集》，中国书店 1986 年版，第 1132 页。
⑤ （宋）赵明诚撰，金文明校注：《金石录校注》卷 15，广西师范大学出版社 2005 年版，第 253—254 页。

州辅亦桓帝时人。这些说明至迟东汉桓帝时天禄、辟邪作为灵兽的形象在中国中原地区已经产生。

汉代有佛教造像艺术的传入。佛像偶像雕塑开始于公元25—60年间帕提亚时代的犍陀罗艺术,为灰泥塑造像。这一塑像艺术是由希腊人在呾叉始罗开始的,由此传到犍陀罗各地,并传到了中亚。① 中国早期佛教造像和绘画是从中亚传至新疆地区,经新疆地区东传内地,在新疆佛教造像见于陶制或范制佛像、石刻和陶刻佛像。1979年,在新疆和阗买力克阿瓦提遗址出土了不晚于西汉末年的窖藏西汉五铢钱,并发现一处佛寺遗址,出土范制白石膏质小立佛像一躯,残高10.7厘米,嵌在墙壁上。另有红陶范制残坐佛像一躯,石膏质小佛头一个,红陶质残佛手指一排三指,原系大佛像的手指。还有各种花纹的佛身残块。这些小型原始佛像被认为是我国早期佛教艺术的遗物。据襄楷奏章所说,汉桓帝在宫中祠黄老、浮屠,并且"设华盖之座,用郊天乐",可能已有佛像制造。《历代三宝记》记载:"孝桓帝世又以金银作佛形象。"②《三国志·刘繇传》记载汉末笮融立寺造像:"以铜为人,黄金涂身,衣以锦采。"③ 内地佛教图像受新疆地区影响的痕迹很明显,从成都扬子山汉墓发现的模压彩绘画像砖的图像,可以看到新疆境内发现的范制模压佛像的影响。由于各地画工佛教知识的局限,早期佛教图像常常有凭空想象的成分,而且还常常和本土的各种信仰如方仙道、道教思想等杂糅在一起。这种本地化的倾向越是到中原地区越是强烈。乐山柿子湾东汉墓两个后室门额有类似雕像。抗战时期四川彭山县崖墓发现一个陶制佛座,上塑端坐佛像,两侧各立一侍者,可能是大势至菩萨和观世音菩萨。④ 1953年,考古发掘的山东沂南东汉画像石墓的中室八角擎天石柱上,南北两面顶端各刻有神童像,头带项光。发掘者认为这是佛教初入中国内地,画家只凭自己的见闻加以揣摩而画出的佛像,是佛教艺术处于萌芽状态的作品。⑤ 四川乐山麻浩东汉崖墓享堂梁上,以浅浮雕刻坐佛像一尊,高37厘米,宽30厘米;面部已残,

---

① [巴基斯坦] 穆罕默德·瓦利乌拉·汗:《犍陀罗艺术》,陆水林译,商务印书馆1997年版,第84页。
② (隋) 费长房:《历代三宝记》卷4,《中华大藏经》第54册,中华书局1992年影印本,第187页。
③ 《三国志》卷49《刘繇传》,第1185页。
④ 南京博物院等编:《沂南古画像石墓发掘报告》第6章及插图42,北京文化部文物管理局,1956年。
⑤ 杨泓:《国内现存最古的几尊佛教造像实物》,《现代佛学》1962年第4期。

头带项光,结跏趺坐,似披通肩袈裟,右手作施无畏印,左手似有所执。① 考古工作者在河南南阳市方城县小史店镇香山北麓上的佛沟发现摩崖造像,佛像中有头戴高帽护耳的佛像,还有骑羊的佛像,类似雕像常在新疆等地发现,而在中原尚属首次。有人推断摩崖造像刻于汉代,是佛教通过"丝绸之路"传入中原的佐证。

### (三)胡人俑

胡人俑属于雕塑,但因数量众多,内容丰富,故列专节。由于大量域外人入华,其异于汉人的形象引起人们的好奇,从而表现在艺术中,以表现一种新奇美或嘲弄态度。汉代的宫殿建筑有雕刻,其中有域外文化因素。王延寿《鲁灵光殿赋》描写灵光殿的雕刻:"尔乃悬栋结阿,天窗绮疏。圆渊方井,反植荷蕖。发秀吐荣,菡萏披敷。绿房紫菂,窋咤垂珠,云楶藻棁,龙桷雕镂。飞禽走兽,因木生姿。奔虎攫挐以梁倚,仡奋䚸而轩鬐。蛟龙腾骧以蜿蟺,颔若动而躨跜。朱鸟舒翼以峙衡,腾蛇蟉虬而绕榱。白鹿孑蜺于欂栌,蟠螭宛转而承楣。狡兔跧伏于柎侧,猨狖攀椽而相追。玄熊舚以齗齗,却负载而蹲跠。齐首目以瞪眄,徒眽眽而狋狋。胡人遥集于上楹,俨雅踞而相对。仡欺䰄以雕䫤,幽䫹顩而睟睢。状若悲愁于危处,憯䁾䁾而含悴。"② 灵光殿雕梁画栋,各种木结构部件都精雕细刻,其中不仅有奇禽异兽,还有成群的胡人形象,因为这些胡人形象都雕刻在"上楹",居高临下,艺术家极力刻画他们恐高忧苦的面容和情态,王延寿的描写极其生动传神。

东汉是瓷器成熟的时期,在新产生的这种工艺中也发现了胡人形象。湖南省博物馆收藏有一尊绿釉瓷人,东汉制品,肩宽1.3厘米,高3厘米。原系省文管会所藏,1958年拨交湖南省博物馆,瓷人胎为浅黄色,形象为外来人种,全身罩以绿釉,釉色绿中发蓝,较鲜艳,但釉经磨损已大部分剥落,全身赤裸,眉骨高突,胸臂肌肉圆鼓,两手撑于半蹲的大腿上,似为一健美雕塑,背部有一横穿,应为系带之用,可能是一小型玩具。该瓷人制作精巧,胎质细腻,胎釉结合较好,保存完整。③

汉墓中出土有不少胡俑,面目服装,皆为胡人。这种胡人俑全国各地皆有多少不等的发现,比较集中的是广州。学者们比较一致的观点是,认

---

① 闻宥集撰:《四川汉代画像选集》,群联出版社1955年版,第59图。
② 费振刚等辑校:《全汉赋》,北京大学出版社1993年版,第528页。
③ 湖南省博物馆:http://www.hnmuseum.com/hnmuseum/collection/collectionContent1.jsp. 2011-03-02.

为从这些胡人俑的穿着打扮和职业看，基本上都是家内奴仆形象。但其种属和族源看法很不一致，有人认为其形象来源于印度支那南部东缘海滨的小黑人[①]，有人认为是印度尼西亚的土著居民[②]，有人认为来自西亚和东非[③]，众说纷纭。覃杰《广州汉墓出土人物俑的发现和研究》有专节论胡人俑，把汉代广州出土胡人俑分为侍俑、劳作俑、武士俑、俑坐灯、镇墓俑、抱婴、幼儿胡人俑。并在对广州汉墓中出土的人物俑进行综合分类介绍说明的基础上，对人物俑出现的社会背景和胡人俑形象的民族来历进行了探讨。他认为有的用简单的线条表示披纱，下体着长裙如纱笼者，可能是海南岛居民形象。脸上有大胡子，上身裸露，身体有胸毛，跣足者是中南半岛一带生活的土著居民。具有深目高鼻、下颌较为凸出者可能来自印度。广州汉墓中出土的胡人俑代表来自不同地方的人，与汉代海上航线的开辟有关。这些胡人俑的出土说明当时已经有胡人奴仆大量存在。[④]

河南南阳是光武帝刘秀的家乡，追随刘秀飞黄腾达者多南阳人，这里有较多的贵族墓葬，出土胡人俑数量较多，题材丰富。据顾英华、周巧燕等人统计有如下数例：

（1）胡人说唱俑：1998年南阳市中建七局发掘出土。标本M1：52，泥质灰陶，高17.5厘米。头顶束髻，启口露齿，深目高鼻尖下颌，面带微笑，上体向右前方倾斜，右臂曲于胸前，掌心向内，左臂弯曲向前，掌心外向，呈说唱比划状。身后双脚平放，脚趾向右。跪坐姿。[⑤]

（2）胡人滑稽俑：1998年南阳市邮电枢纽局M6发掘出土。高13.5厘米，宽7.5厘米。为红釉陶。光头，深目高鼻高颧骨。眉须刻画清晰，上身裸体、乳房、肚子、臀部大而外突，肚脐窝为一圆孔，双臂向胸前弯曲，双手放在胸腹之间，下身着长裤，两腿一前一后作屈曲状，整体看起来身矮体胖，头硕大，面貌丑陋，双腿曲踞，似做滑稽表演状。[⑥]

（3）胡人倒立俑：2001年南阳市中州建安公司M3发掘出土。高14厘米。为红釉陶。光头，瞠目，高鼻，上身袒露，双乳微凸，肚脐窝为一圆孔，臀部后撅，双臂撑地与头顶部平齐，双腿屈膝上伸。合模制作，

---

① 韩振华：《中国与印度东南亚的海上交通》，《厦门大学学报》1957年第2期。
② 胡肇椿、张维持：《广州出土的汉代黑奴俑》，《中山大学学报》1961年第2期。
③ 广州市文物管理委员会等：《广州汉墓》（上），文物出版社1981年版，第478页。
④ 覃杰：《广州汉墓出土人物俑的发现和研究》，硕士论文，吉林大学考古学及博物馆学专业，2010年，第23—25页。
⑤ 南阳市文物研究所：《南阳中建七局机械厂汉画像石墓》，《中原文物》1990年第4期。
⑥ 顾英华、周巧燕：《略论南阳汉墓中的"胡人"形象》，《中原文物》2012年第3期。

空心。①

（4）胡人执锸俑：南阳市发掘出土较多此种类型的胡人形象俑，红釉陶，大小尺寸形制相差不大。高21—24.5厘米，宽4.6—7厘米。均戴尖顶帽，深目高颧骨高鼻梁，着右衽长裾，双手扶锸于胸前，双足站立。②

（5）胡人拥盾俑：南阳市和新野县均有发掘出土。高43.2厘米，宽13厘米。为红釉陶。体态魁梧健壮。头戴平顶帽，深目高颧骨高鼻梁，大嘴咧开，嘴周胡须刻画清晰，下巴微翘。左手举盾牌于左胸上方，右手攥举于右胸上方，拳中留有一孔，似攥有一柄状物，估计是一木质武器，已腐朽。上身着半长铠甲，铠甲用圆点状突起表示，足蹬圆口鞋，体形壮硕，面目威严。多块合模制作，空心。在俑的头顶、足跟及上体正下部各有一圆孔，孔穿胎壁与中空部相通，是为便于凉坯和烧制。③

（6）胡人抱灯俑：1997年11月南阳市宛城区教委十号墓发掘出土。高15厘米，宽9.5厘米。为红釉陶。头戴尖顶帽，深目高鼻梁，颧骨突出，身着右衽，腰束一带，左右手在身左侧环抱一圆柱状长柄灯，灯上端高于头顶，灯平沿，内中有圆形插孔。作跪立姿。合模制作，空心。④

（7）胡人执物俑：2001年11月南阳市东风厂生活区M27发掘出土两件，残存头部。南阳市东苑私营工业开发区M132画像石墓也发掘出土两件。已复原。大小形制相近。高78厘米，为泥质灰陶，形体高大剽悍，圆首光头，深目高鼻，蓬胡，下颚上翘，着短衣紧身裤尖头靴，双手握拳，拳孔相对，原可能握一长柄状木质武器，为守门的奴隶。中空。⑤

（8）胡人执戟俑：南阳市发掘出土两件，形制相近。高90厘米。泥质灰陶。站立姿，光头，头两侧有角，深目高鼻，口角两边各有一个獠牙，眼皮和口唇施朱砂红彩，蓬胡，下颌上翘，一手握拳于胸前，拳孔中握一青铜戟，着短衣，紧腿裤，尖头靴，体形壮硕彪悍，凶猛狰狞。多块合模制作，中空。出土时在画像石墓门两侧摆放旧。南阳是楚国故地，受楚"好巫信鬼"风俗的影响，在南阳汉墓中常有用以避邪防盗的镇墓俑。利用彪悍的胡人形象作为守护者，也是发挥其自身优势。⑥

---

① 顾英华、周巧燕：《略论南阳汉墓中的"胡人"形象》，《中原文物》2012年第3期。
② 同上。
③ 同上。
④ 南阳市文物研究所：《南阳市教师新村10号汉墓》，《中原文物》1997年第4期。
⑤ 李伟男、李东黎：《南阳市新发现东汉胡奴陶俑》，《中原文物》1999年第3期。
⑥ 顾英华、周巧燕：《略论南阳汉墓中的"胡人"形象》，《中原文物》2012年第3期。

山东青州出土一尊石刻胡人跪俑①，据《青州市博物馆解说词》描述："虽呈跪姿，但体高依然有3.05米。他头戴尖帽，深目高鼻，是典型的胡人形象。是东汉时期圆雕艺术的珍品。在主人的墓前塑这样一位胡人的形象，如同汉画像石中的"胡汉战争"题材一样。墓主一定是参加过此类战争并得胜而还的功臣，立此石俑，既是对墓主人生平壮举的颂扬，又具有威慑恐吓的作用。这也是至今山东省发现的最大的胡俑像，由此也可以看出墓主人的地位和级别是相当高的。造像虽经历两千多年的风雨剥蚀，仍默然屹立，仿佛历史的见证，把我们带进那古老的岁月和金戈铁马狼烟四起的汉匈战争中。"②临淄出土一件胡人跪俑。1996年秋，山东省淄博市临淄区政府基建中，挖楼基地槽时发现一件汉代石人立体雕像，现藏于齐国故城遗址博物馆。雕像出土于临淄区人民路中段北侧300米处，离地面约1.7米，横卧于土中，形体高大，被挖土机蹭破面部右侧局部。圆雕人物造像青石质，高2.9米，身躯呈边长0.58×0.7米的方柱形体。跪坐状，面呈菱形，头戴尖顶帽，前额上方帽中间有浅浮雕四叶纹饰。面部高浮雕，为通天鼻，深目，阔嘴椭圆形，牙齿外露，嘴上下两边有阴刻胡须，C形双耳，貌似胡人。从雕刻技法看应属于东汉中晚期的作品。③

云南晋宁石寨山13号墓的时代是公元前2世纪中期，或在公元前175—前118年。其中出土铜饰物一件，被称为"双人舞盘铜饰物"。汪宁生指出其人深目高鼻，"疑来源于西方"。他认为舞人手持之物非盘，而是钹。《通典·乐四》记载，铜钹"出西戎及南蛮"。④林谦三《东亚乐器考》考证钹首见于印度。汪宁生认为钹可能是通过这一民族传入中国的。⑤童恩正更认为"此二钹舞者直接视为印度人，当不致于牵强。如此，这件铜饰物也许应视为当时中印文化直接交流之产物"。⑥同墓出土一镏金铜饰物，原报告称为"二怪兽镂花铜饰物"。描述为"二怪兽交股站立，兽形似狮而有如鹿之角及獠牙，耳上及足上皆戴圆环，上、下端有四蛇缠绕，蛇口咬住二兽的面颊"。⑦童恩正曾细审原图，确定此二兽是从狮变化而来。他认为"这种主题肯定不存在于古代黄河流域或云南的

---

① 原为青州市博物馆收藏，现藏于山东省石刻艺术博物馆。
② 青州市博物馆网站（http://www.qzbowuguan.com/News_View.asp?NewsID=756）。
③ 王新良：《山东临淄出土一件汉代人物圆雕石像》，《文物》2005年第7期。
④ （唐）杜佑：《通典》卷144《乐》，中华书局1988年版，第3673页。
⑤ 汪宁生：《晋宁石寨山青铜器图像所见古代民族考》，《考古学报》1979年第4期。
⑥ 童恩正：《古代中国南方与印度交通的考古学研究》，《考古》1999年第4期。
⑦ 云南省博物馆：《云南晋宁石寨山古墓群发掘报告》，文物出版社1959年版，第90页。

装饰文化中。但在古伊朗（Achaemenid Iran）带角的狮饰却非常普遍。例如在苏萨（Susa）宫殿发现的公元前 5 世纪铸造在戒指上带角的狮形饰以及著名的上釉砖砌浮雕。另外，这个图案的构图——两头狮子相背而立，在公元前 1 世纪的早期 Kushana 石雕中可以见到。这件作品或许由当地人所铸，但构思很可能来源于印度。"① 2006 年，成都金堂李家梁子 M23 出土一件胡人形象面具，"为胡人面部形象，泥质灰陶，模制，外凸里凹。胡人戴尖帽，深目，高鼻，颧骨凸出，下巴较尖，络腮胡，面带笑容。两耳后部有一对小孔，应是穿绳所用。研究者认为是傩者戴胡人形象的面具来逐疫时的道具。② 1990 年 11 月，云南大理制药厂技改工地施工中发现一座东汉熹平年间的砖室墓，有墓道、墓门、甬道、享堂及左右棺室等。该墓早年被盗，后期又墓顶坍塌，随葬品受严重扰乱和破坏。经清理发掘共出土了 30 余件器物，其中有陶质吹箫胡俑、陶质莲花。有少量"熹平年十二月造"铭文残砖。吹箫胡俑及陶质莲花等在东汉墓中出土，引起学术界的重视。③ 大理地区是古永昌郡故地，蜀身毒道的咽喉要冲，也是古代中国陆上通往南亚、印度、西亚及欧洲的海关门户，这些带有异域文化色彩的器物为南方丝绸之路的利用提供了新的证据。

湖南省博物馆收藏的东汉胡人牵马铜俑，1976 年出土于湖南省衡阳市衡阳县道子坪 1 号墓。俑高 43 厘米，重 6 千克。胡人俑，深目，高鼻梁，浓眉大眼，胡髯卷曲，耳上穿环。戴帽着履，穿交领右衽紧袖长袍，腰间束带站立，左臂曲于胸前，右手上举作牵马状。马健膘壮，头饰雄性，竖耳，仰首作嘶鸣状，尾呈弧形，近端处打结，马饰衔、勒辔齐全，颈下系有三环。胡人牵马俑，造型优美，生动，逼真，静中有动，是东汉青铜雕塑的代表性作品之一。道子坪 1 号墓是一座有前、中、后三室长达 15.5 米的大型砖室墓，与铜马和牵马俑同出的器物有方格纹硬陶罐、铜齿轮、神兽纹铜镜和剪郭"五铢"铜钱等，说明这是一座东汉晚期墓。在同一墓地发掘的 3 号东汉砖室墓的墓砖上有"二千石"铭文，而 3 号墓的规模要小于 1 号墓，说明 1 号墓的主人应是"二千石"（郡守）以上的高级官吏。该组文物不仅有很高的艺术价值，而且还为我们研究东汉的

---

① 童恩正：《古代中国南方与印度交通的考古学研究》，《考古》1999 年第 4 期。
② 索德浩、刘雨茂：《汉代胡人形象面具考——从成都金堂李家梁子 M23 出土的一件胡人形象面具谈起》，《考古与文物》2011 年第 5 期。
③ 李朝真：《云南大理出土胡俑及其相关问题之探讨》，《东南文化》1991 年第 6 期。

民族关系和农牧业也提供了不可多得的珍贵资料。[1]

广东地处南方沿海地区,自古以来在海外贸易中具有重要地位,经过海上丝路来到中国的域外人入居广州的人数众多。因此这里发现的胡人俑数量也多。广州地区汉墓出土的胡人俑,其面部特征为大眼,鼻高且大,颧骨略显,多须,下颌稍宽于额部,脸庞较窄。黎金认为"这种陶俑很可能就是当时向海外所买的'奴隶'之一种"。[2] 古运泉和邱立诚认为:"东汉墓葬所见之陶俑座灯,人俑深目高鼻,裸体露胸,遍体划毛,当是外国人的形象,头顶灯盘,应是由海外贩运至广东沦落富贵人家为奴的生动写照。"[3] 李刚认为"这种胡人是来自印度的恒河流域"。[4] 黄展岳《两广汉墓的发掘与研究》认为:"托灯俑头型较短,两颧较高,宽鼻厚唇,下颌比较突出,身材不高,体型特征与印尼的土著居民'原始马来人'近似。这种陶俑的出现,说明当时广州有此人种存在。从陶俑的造型分析,他们应是南海诸国人,被贩运到广州后沦为富有之家的家内奴隶。"[5] 因此,有人推测这类胡人当为欧罗巴人种印度地中海类型,可能来自印度一带,是有一定道理的。但特征为"遍体划毛"的胡人俑则与《博物志·五方人民》的记载"多毛"相对应,由此推断,这类胡人应当是西域诸国的胡人。而铸造西域各族或南海诸国的胡人形象来托举灯盘,反映了身份卑微的外来胡人同样受到歧视和压迫。

东汉时南海郡番禺人杨孚在《异物志》一书中曾经记录了一种来到岭南地区的域外黑奴:"瓮人,齿及目甚鲜白,而体异黑若漆,皆光泽。为奴婢,强勤力。"[6] 广州发现这么多的随葬俑,学者们推测这与早期中国人事死如事生的观念有关。广州发现的俑不仅有准备在"地下"服饰墓主的奴婢、侍从,也有从事"表演艺术"的舞蹈伎乐俑、说唱俑;有负责保卫的武士,也有操劳家务的保姆;有做饭的厨子,还有种地的农户。古人相信在这些忠实的俑们的陪伴下,自己在另一个世界的生活像在

---

[1] 湖南省博物馆网站,http://www.hnmuseum.com,http://www.hnmuseum.net,http://www.hnmuseum.cn.
[2] 黎金:《广州的两汉墓葬》,《文物》1961年第2期。
[3] 广东省文物考古研究所:《广东省考古五十年》,文物出版社编《新中国考古五十年》,文物出版社1999年版,第312—329页。
[4] 李刚:《汉晋胡俑发微》,《东南文化》1991年第3、4期。
[5] 中国社会科学院考古研究所:《新中国的考古发现与研究》,文物出版社1984年版,第411页。
[6] (汉)杨孚撰,(清)曾钊辑:《异物志》,《丛书集成初编》,中华书局1985年版,第1页。

世时一样，奴仆成群，声色犬马。值得注意的是，这些灯饰的人物造型除了北方兄弟少数民族的形象外，还有外来胡人形象。这一方面说明了当时中国境内的汉民族与北方少数民族存在着尖锐的矛盾，另一方面也说明汉民族歧视和压迫少数民族的同时，也加强了各族人民之间的经济、文化的交流联系。①

在所有胡人俑中，有一种胡人形象灯座陶俑尤其特别，在广东、广西、云南、贵州、陕西、河南和河北等地皆有发现，广东地区最多。四川大学苏奎曾对2001年前见诸报道的胡人灯进行了整理。②但一方面搜集有所遗漏，有的当时未见报道，另一方面这种胡人俑不断有新的文物出土，因此这方面的内容不断有新的资料发现。覃杰博士论文《广州汉墓出土人物俑的发现和研究》也曾对广州出土胡人陶俑灯进行统计，得19件，亦不完整。③广东地区"胡人俑"的发现从20世纪50年代开始。1953年，广州市南郊大元冈东汉墓（M7）中出土一件胡人灯，原报告而描述为："陶俑，雕塑的非常丑怪，作跪座的形状，头上顶着一个圆形的钵。"④从图像特征分析这个丑陋的陶俑就是胡人俑，其头上顶的不是钵而是灯盘。1955年，广州市珠海区大元岗出土一件西汉后期胡人陶灯，通高17.2厘米，灰白色硬陶，灯座塑成托灯的胡人俑形象，头上束发如椎髻，高鼻，颔有须，眼突出，张口吐舌，裸体跣足，遍身刻毛，屈身蹲坐，左手斜托灯盘，右手支于腿上，头向坐仰视灯盘。俑的造型源自西亚或东非人种，很可能是汉代达官富人家奴的形象，是来自海外的奴隶造型。⑤1956年，晓港路大元岗的西汉后期墓葬中，出土了一批男性胡人托灯俑。它们裸体、光脚，袒胸露腹，头发扎在后脑，然后再向前折过来，耳朵上有的还穿了孔，有的还吐出舌头。它们的面部刻画并不精细，但也看得出，有些俑沉默安静，有些俑却满面笑容。1957年，广州市东山象

---

① 参见苏奎《汉代胡人灯初探》，《四川大学学报》（哲学社会科学版）2004年增刊。
② 同上。
③ 覃杰：《广州汉墓出土人物俑的发现和研究》，博士学位论文，吉林大学考古学及博物馆学专业，2010年，第9页。
④ 广州市文物管理委员会：《三年来广州市古墓葬清理和发现》，《文物》1956年第5期。
⑤ 艺术家杂志社编：《汉代文物大展》，台北艺术家杂志社1999年版；转引自邢义田《古代中国及欧亚文献、图像与考古资料中的"胡人"外貌》，图21，原载台湾国立大学《美术史研究集刊》（9）。收入《画为心声：画像石、画像砖和壁画》，中华书局2011年版；程存洁《感召正气　激发壮怀：写在千载家国情——广州文物瑰宝开展之前》，《广州日报》2013年1月25日，http：//www.dayoo.com/，中国文物信息网2013年5月10日。

栏岗汉墓（M2）出土一件陶俑灯，俑作跪坐状，右膝上曲，左足向后盘屈，口部划有胡须，束髻如长收条形的髻，伸至前额，右手托灯盘，左手按于膝上，出土时位于棺室南面的陶楼房之旁。原报告断定其年代为东汉早期。① 1984 年，广东西淋山一座东汉墓（M6）出土一胡人陶灯，俑头顶灯盘，灯盘敞口，折腹，平底，底内有一小孔。俑头部束巾，阔脸，深目，高鼻。箕踞而坐，两手分置于膝上。全身裸露，刻画细致，乳部突出，有男性生殖器。② 1985 年，广东顺德陈村汉墓出土一件托灯陶俑。俑头顶缠巾，上置钵形灯盘。脸形方正，眉目清楚，两三角眼前视，高鼻，大耳，口微张，两腮划须。颈粗体胖，双乳突出，裸身跳足，通体划毛，双膝上曲作蹲小状，两手置于膝上，男性生殖器明显。原报告断定其年代为东汉早期。③ 1999 年，先烈南路大宝岗 M5 出土东汉后期陶俑座灯，盏口径 8 厘米、灯座宽 16.6 厘米、通高 22.8 厘米。俑为胡人脸形，眼睛细长，高鼻梁，尖长下巴，连腮胡子，头发束于脑后折向前成髻。④ 2001 年，广州市狮带岗西汉木椁墓出土胡人俑座灯。满面胡须、高鼻深目的胡人盘腿而坐，双手、头部顶着 3 个灯头。⑤ 原文将其年代定为"西汉中晚期"。苏奎根据其描述，认为这件胡人灯与云南个旧市黑马井村出土的一件东汉胡俑铜灯和贵州兴义、兴仁县汉墓（M2）出土一件胡人铜灯极其相似，其年代也应当是东汉早中期。2006 年，广东省文物考古研究所在广州农林上路一横路的考古中，共清理两汉、隋唐五代时期古墓葬 8 座，其中东汉土墓坑后室出土一件陶俑座灯，为一胡人单手托灯，深目高鼻，胡人面部及身体各部位刻画栩栩如生。⑥ 2007 年，广州市文物考古研究所在南汉古城墙的考古发掘中，发现胡俑陶灯。胡人俑灯为一胡人蹲坐，右手举灯于头顶，左臂已残，饰绿釉，面部表情逼真。此类俑灯在以往的发掘中相当少见。⑦ 2011 年 6 月，广州旧铸管厂工地再发掘一座东汉木椁双

---

① 广州市文物管理委员会：《广州东山象栏岗第二号木椁墓清理简报》，《文物》1958 年第 4 期。
② 广东省博物馆、顺德县博物馆：《广东顺德县汉墓的调查和清理》，《文物》1991 年第 4 期。
③ 广东省博物馆、顺德县博物馆：《广东顺德陈村汉墓的清理》，《文物》1991 年第 12 期。
④ 卜松竹：《随俑穿越 广州先民曾雇"昆仑奴"?》，《广州日报》2012 年 11 月 3 日。
⑤ 《羊城晚报》[N]. http：//www.ycwb.com/gb/content/2001－07/30/content－223712.htm.
⑥ 许黎娜等：《胡人灯台现身汉墓》。新华网广东频道，http：//www.gd.xinhuanet.com/newscenter/2006－08/22/content_ 7841429. htm.
⑦ 蒋大志等：《千年南汉古城墙重见天日 胡人俑灯栩栩如生》，南方网，http：//news.qq.com/a/20070531/002493. htm.

人合葬墓，墓中的胡人陶俑座灯为近5年来广州考古发掘第三件，底座的胡人形象栩栩如生。①

胡人灯俑在国内其他省区较少见。1988年，陕西省三水县金本竹丝岗墓葬出土东汉托灯陶俑，高18.5厘米，口径9.3厘米。灯座之下为外国人形象。双眼下陷，高鼻梁，双耳肥大，单脚跪坐，裸体，遍体刻满毛发。黄展岳《两广汉墓的发掘与研究》一文提到广西地区："东汉后期出土的托灯俑和侍俑更多。托灯俑有男有女，侍俑皆女性。这种来自南海诸国的俑人，在贵县、梧州也有发现。"② 2008年12月，广西合浦县寮尾M13b出土东汉晚期胡人俑陶座灯，俑座为男性，发髻置于前额，深目鼻高，尖下巴，络腮胡须。头部缠巾，仰视灯盘，右手撑地，左手举托灯盘，跣足盘腿而坐。现收藏于合浦汉代文化博物馆。1972年，河南灵宝张家湾汉墓中出土了七件胡人陶灯，分别出于四个墓中，其中墓2、4、5所出的5件器形相同。墓的两件，灯座为模印人形，深目高鼻，怀抱8个小人。其右肩还伏一个小人，头顶圆筒形灯盏。墓3出土两件人形灯座，深目高鼻，更为显著，怀抱一个小孩，头顶圆筒形灯盏。筒径比头部要宽，灯盏外壁饰弦纹两组。原报告断定其年代为"东汉后期"。③ 胡人灯俑还大量集中出土于河南省西部三门峡灵宝市。这类灯俑大多收藏于国内外博物馆及私人手中。河南省三门峡地区东汉墓葬中出土的胡人灯俑一般总是成对出土，并与单只陶狗组合在一起。胡人灯俑的产生与西域少数民族文化的影响有关，胡人灯俑与陶狗出现在墓葬中是为了保护墓主人抵御恶灵的侵害。④ 1968年，河北满城中山靖王刘胜墓出土"胡人"铜当户灯，年代为西汉中期，作铜俑半跪托灯状。俑昂首，右腿跪地，左手按左膝，右手上举承托灯盘。灯盘直口，直壁，平底，盘心有烛钎。灯盘和俑分铸而成，在俑右臂上用铜钉铆合。铜俑身着胡服，短衣直襟左衽，衣后部束成长尾状拖曳于地，以支持灯座不至于倾倒。手有臂，脚着长靴，为匈奴官吏形象。灯盘壁刻有铭文："御当户定（锭）一，第然于。""当户"系匈奴官名，"铸匈奴官吏的形象来跪擎铜灯，反映了当时汉与匈奴

---

① 罗桦琳：《旧铸管厂工地挖出东汉铜钱》，《广州日报》2011年6月15日。
② 黄展岳：《两广汉墓的发掘与研究》，中国社会科学院考古研究所编《新中国的考古发现与研究》，文物出版社1984年版，第431页。
③ 河南省博物馆：《灵宝张湾汉墓》，《文物》1975年第11期。
④ 胡国强：《河南三门峡地区胡人灯俑》，《中原文物》2008年第4期。

之间的民族矛盾"。① 埃斯克利斯公司收藏有一件汉代（前2—前1世纪）胡人托盘铜灯，是一个戴着帽子穿着紧身短上衣的男人，可能是一个北部边疆人②，与满城中山靖王刘胜墓出土"当卢（户）灯"非常相似。1989年，云南个旧市黑马井村出土一件东汉胡俑铜灯。铜俑跪坐，裸身，尖脸，深目，有连腮须和十分尖挺突出的高鼻，头上所戴却是一种形式较为特殊，在前额上呈前突圆椎状的头饰。③ 有人对这件胡人灯描述为："俑赤膊踞坐，双臂张开，左右手各持一灯，头顶一灯，在俑头发带和俑服腰带上均刻菱形纹，眉毛、眼毛、胡须也是线刻。"④ 1975年，贵州兴义、兴仁县汉墓（M2）出土一件胡人铜灯，人作鼓腹跪状，高鼻大眼，细线刻眉，螺旋状卷发；上身袒露，腰部、裆及臀部铸有0.4厘米宽的凸线条护身，双足残去，左膀平曲伸开，持一灯插，右膀伸开上曲，托一灯插，左右手脑各铸三道凸棱，肩刻二道阴线，头顶一灯杆。原报告推断："这批墓葬的时代，可能在东汉和帝（89—105年）前后。早不过王莽时期，晚可到桓帝、灵帝时期。"⑤

苏奎根据胡人座俑托举灯盘的不同姿势，把汉代胡人俑灯分为三种类型：（一）手托灯盘类，通常人俑一腿跪地，一腿弯曲并将手按在上面，另一只手托举灯盘。（二）手头并用扶顶灯盘类，人俑或跪坐，或箕踞而坐，或一腿弯曲一腿跪地并将手按在上面，另一只手扶着头顶灯盘。（三）头顶灯盘类，通常人俑箕踞而坐，两手分置于膝上或双手抱物。胡人灯最早出现在西汉中期的河北满城中山靖王刘胜墓中，盛行于东汉时期尤其是东汉后期，在墓中置于棺室前端两侧，作为棺前设奠的一种座灯，汉代以后突然消失。以上三类胡人灯出现的时段不尽一致，有着明显的前后继承和演变的关系。黎金认为："西汉的多体瘦，以手托灯或手头并用扶顶灯盘；东汉的尤其是东汉后期的'几乎尽是体圆着色'，多以头顶

---

① 中国社会科学院考古研究所、河北省文物管理处：《满城汉墓发掘报告》，文物出版社1980年版，第70—71页。
② 罗森：《思想与图像的互动——从中国后世观念看随葬陶俑》，收入氏著《中国古代的艺术与文化》，北京大学出版社2002年版，第405页。
③ 中国文物精华编辑委员会：《中国文物精华》，文物出版社1992年版，图120；邢义田：《古代中国及欧亚文献、图像与考古资料中的"胡人"外貌》，图20，原载台湾国立大学编《美术史研究集刊》（9）。收入氏著《画为心声：画像石、画像砖和壁画》，中华书局2011年版。
④ 蒋廷瑜：《汉代錾刻花纹铜器研究》，《考古学报》2002年第3期。
⑤ 贵州省博物馆考古组：《贵州兴义、兴仁汉墓》，《文物》1979年第5期。

盘，双手叉腰或置于膝上。"① 苏奎认为西汉中期到西汉晚期，以手托灯盘类为主，着衣者为北方少数民族的胡人形象，裸身者为西域各族或南海诸国的胡人形象。东汉时期，以头顶灯盘类和手头并用扶顶灯盘类为主，手托灯盘被手扶头顶灯盘取代，大多裸身胡坐，是西域各族或南海诸国的胡人形象。这三种类型灯的前后演变不是突变更替进行的，而是前后有一定的渐变延续过程。

20 世纪 70 年代，法国巴黎萨尔努基亚洲艺术博物馆馆长 Mr. Vadime Elisseef 根据其馆藏汉代陶塑曾专门撰文探讨胡人灯俑的文化内涵。② 从种属分析，通常人们称面部特征是"深目高鼻、络腮胡须"的人为"胡人"。《汉书·西域传》"大宛国"条记载："自宛以西至安息国，虽颇异言，然大同，自相晓知也。其人皆深目，多须髯。"晋代张华《博物志·五方人民》云："西方少阴，日月所入，其土窈冥，其人高鼻、深目、多毛。"③ 实际上胡人除了西域各族和南海诸国外，还包括北方匈奴等民族。因此，各地出土的汉晋时期的胡人俑的不同容貌、服饰和帽饰表明，入居汉地的胡人当来自北方、西域和南海诸国。满城中山靖王刘胜墓出土"胡人"铜当户灯。通过灯盘壁上的铭文"御当户定（锭）一，第然于"可以断定灯座人物的族属为匈奴。"当户"系匈奴官名，史籍多有记载。④ 孙机先生进一步从服饰上认为是匈奴人，"匈奴族的上衣虽也较短，但不带曲裾，是直襟的，无论诺音乌拉匈奴墓出土的衣服，或满城 1 号墓所出'当户灯'座的匈奴当户像都是如此"。⑤ 埃斯克利斯公司收藏的那件胡人灯俑与这件"当户灯"俑的面部特征和衣着极其相似，也应当是匈奴胡人。而铸造匈奴胡人的形象来跪擎铜灯，反映了当时汉和匈奴民族之间矛盾的尖锐化。

## （四）画像石和画像砖

画像石艺术是汉代特有的艺术形式，出现于西汉末至东汉初。画像砖

---

① 黎金：《考古随笔》（一），《广州文博》1987 年第 2 期。
② 参见胡国强《河南三门峡地区胡人灯俑》，《中原文物》2008 年第 4 期。
③ （晋）张华撰，范宁校证：《博物志校证》，中华书局 1980 年版，第 12 页。
④ 当户，匈奴官名，单于的重要辅臣，位在大都尉之下，有左右大当户，分别统军，指挥作战。《史记·匈奴列传》记载匈奴"世传国官号"云："置左右贤王，左右谷蠡王，左右大将，左右大都尉，左右大当户，左右骨都侯。"第 2890 页。《汉书》卷 8《宣帝纪》云："诏单于毋谒，其左右当户之群皆列观。"孟康注曰："左右当户，匈奴官名。"第 271 页。
⑤ 孙机：《洛阳金村出土银着衣人像族属考辨》，《考古》1987 年第 6 期。

在内容、艺术和功能上看都与画像石相同。从艺术手法上看，画像石、画像砖是雕刻和绘画的结合，类似埃及的浅浮雕，图案则受西域题材和表现手法的影响，如马、狮、象、骆驼、有翼兽、有翼天禄、鹰头兽、裸体人像等。画像砖是带有模印绘画的砖，起源于战国时期，盛行于两汉，多在墓室中构成壁画，有的则用在宫室建筑上。画像砖主要用木模压印然后经火烧制而成，也有的是在砖上刻出纹饰。画面的表现形式有浅浮雕、阴刻线条和凸刻线条。有的上面还有红、绿、白等颜色。多数画像砖为一砖一个画面，也有一砖为上下两个画面的。画面内容非常丰富，有表现劳动生产的，如播种、收割、舂米、酿造、盐井、桑园放牧等，有描绘社会风俗的，如宴乐、杂技、舞蹈等，有神话故事如西王母、月宫等，还有表现统治阶级车马出行的。画像石和画像砖只是使用材料不同，其内容和手法是相同的，它们不仅是美术作品，也是记录和反映当时社会生产、生活的图像资料。

全国各地出土画像石、画像砖极其丰富。画像石和画像砖中有不少反映文化交流和外来文明的内容。汉代从域外引入不少动物，域外的奇禽异兽成为画像石常常表现的内容。例如大象、骆驼、翼兽等。徐州汉画像石馆收藏的作品，被编为8号石的，竖幅，长0.33米、宽0.85米、厚0.17米。正面画像为僧侣骑象图，四周刻边框。框内画面分为上下两格。上格刻6个瑞兽，漫舞相戏。下刻五人，头戴巾帻，衣着长袍，骑在大象背上，画面的上方穿插祥云缭绕；下格残缺，仅存中间一熊与左右二人物。9号石，竖幅，长0.32米、宽0.87米、厚0.19米。正面画像为伎人骑象图。四周刻边框。画面分上中下三格。上格刻两个瑞兽，翻转相对。中格刻一人，躺卧在象背上，右手托着面颊。象首坐一象奴，手持长钩，在象身下刻一鸟首。下格刻一枝叶茂盛的大树，树下有一人在喂牛，树上立3只鸟，树丛间见一鸟窝，窝内二只雏鸟正嗷嗷待哺。10号石横幅，长2.66米、宽0.6米、厚0.14米。正面画像为骆驼、大象图。画面分别依次刻有骆驼、大象和牛。[①] 河南南阳英庄出土一方被命名为"猎象"的画像石，大象长鼻上翘，一人持利钩正欲从象身后套取象牙。还有的画像石上刻画有杂技百戏的内容，方豪根据汉代12块画像石的内容考证出的10种杂技百戏，明显地表现出西域娱乐的内容。四川新都王稚子两阙的画像

---

① 郝利荣、杨孝军：《徐州汉画像石中的"胡人"及其文化影响》，《大汉雄风——中国汉画学会第十一届年会论文集》，2008年；徐州史志网，2012-2-21。http://www.pzgl.com/wenshiminsu/_xuzhoushizhi_/17556.html.

石有狮子和象。山东肥城西南孝堂山石室作于公元1世纪初，其东壁第三层画像石上有骆驼和象并立。山东两城山画像石作于东汉安帝永初五年（111年），第十六石上层前有飞翼天禄，后有双峰骆驼和象。鹰头兽是草原文化富有特色的内容，1981年，陕西神木出土匈奴圆雕金鹿形鹰头兽，半鹰半兽的形象完全出于想象和幻想。这种图像在汉代通过天山北路和西伯利亚南部传入天山南路和黄河流域。19世纪末瑞典探险家斯文·赫定在于阗附近约特干发现过这种雕塑。1953年发掘的山东沂南汉墓，中室有八角擎天石柱，北面图像刻画有鹰头有翼兽和有翼牛，西面画像有有翼白虎和带翼麒麟，墓葬年代为2世纪中叶。汉代孝堂山石刻和嘉祥武氏祠石刻都有翼形兽，四川彭山崖墓和河南南阳石刻也有这种图像。说明当时这已经是一种和中国传统艺术融和在一起的艺术表现内容。汉代画像石题材内容有不少域外文化元素，其中的杂技表演以及域外传入珍禽奇兽形象已见上述，此不复赘。与画像石相类似的艺术，汉代还有画像砖，其内容也有异域题材。1978年在四川新都发现的画像砖，上有双峰骆驼，中置建鼓，两侧有击鼓人，列入官吏仪仗队。汉代瓦当纹有带翼兔，其有翼兽形象可能来自波斯艺术。牛羊为汉地装饰图案，亦作西域艺术形态。1989年11月新野县樊集乡吊窑汉墓群M37出土"射鸟、西王母、虎熊相斗、车马骆驼嘶像砖"，长115.5厘米，宽25.5厘米，厚6厘米。该画像砖为长条形。上部为射鸟。次为西王母等，西王母跽坐，手执芝草，前有羽人，双臂前伸，作乞求状，羽人之右，为玉兔捣药。再次为熊、虎，状甚凶悍，可能系传说中的神虎和方相。熊虎下为车，车前四马作惊立状。车上两人，手挥长鞭，弹压惊马，下有一驼，引颈远视。[①]

  汉代画像石中有不少有翼人物像，在题材、手法和构思等方面，显然是受了古代波斯艺术和希腊罗马雕刻艺术的影响。19世纪末，在大夏故地发现公元前5世纪至前2世纪阿姆河宝藏中常常见到装饰有翼兽的文物，表现的是火祆教神。希腊、罗马的雕刻和绘画艺术中盛行裸体有翼的神像和人物像，如常见的有翼天使、爱神埃洛斯。此种艺术题材和风格伴随犍陀罗艺术传入中国，受到中国文化和艺术传统影响发生某种变形。中国古代神话传说中有西王母居昆仑山，又有周穆王西征见西王母的故事。汉代石刻和铜镜上常有西王母的图像，同时又以穆天子为原型，塑造了一个东王公与西王母相配。汉代画像石上东王公和西王母都肩生双翼。山东

---

① 顾英华、周巧燕：《略论南阳汉墓中的"胡人"形象文物》，《中原文物》2012年第3期。

沂南画像石墓中室八角擎天石柱正面刻着东王公和西王母，嘉祥武梁祠石刻也有东王公参谒西王母的图像。河南唐河针织厂东汉早期墓葬出土的画像石，雕刻技法用剔地浅浮雕，内容有羽人、有翼白虎、苍龙，四神图中之龙、虎都带翼。兴建于桓帝建和元年（147 年）的山东嘉祥武氏祠被视为东汉晚期画像石的宝库，前后左右画像石中有许多带翼的羽人，姿态各异。石室第一石画像的顶部三角形中央，有翼神仙的左右各刻有翼人像，作供养状。前石室第五石顶部三角形内，左右相对也刻画着有翼人物。后石室第二石上层有两个有翼神仙，下层上部出现有翼的男女神像，云层中也列有许多有翼人像。第五石第一层刻着三匹有翼的马，骑者都有飞翼，云中也有许多有翼人物。第三层左方雕刻的是两排有四翼的人，各自乘龙飞腾，另有一神仙执幡接引。左右石室第二石上部三角形中央，也有带翼神仙端坐，周围供养人亦有翼。

汉代画像石又有一些人首兽身带翼的雕刻画像，则是受到古代亚述和波斯艺术的影响。佛朗克《艺术史手册》提到公元 9 世纪亚述王阿苏纳西帕尔二世（Ashurnasirpal II）宫殿中有人首有翼牛身雕像。[1] 波斯古都波斯帕里斯也有这种雕刻。虽然此类雕刻在中国比较少见，此类艺术题材的影响却是明显的，它大都和中国传统艺术融合而别具一格。具有代表性的例证是江苏沛县栖山东汉初期墓画像石中刻有西王母的形象，还有人首蛇身、马首人身、鸟首人身、人首鸟身的图像。洛阳卜千秋墓建于西汉昭帝和宣帝之间（前 86—前 49 年），墓门内上额壁画画的是人首鸟身像，象征升仙。山东嘉祥武氏祠石室第二石画像顶部三角形中有翼神仙左右，有一些人首兽身的有翼人物。此类画像既脱胎于亚述、波斯艺术，也与希腊罗马神话中的有翼天使和蛇形怪人而有飞翼的神像石雕存在某种渊源关系。在中国古代的神话传说中，有羽人之国，不死之民。春秋战国时期，长生不死的观念发展为修炼成仙的思想。因此在中国很早便有"人得道，身生毛羽也"之说[2]，同时也产生了宣扬这种观念的造型艺术。东汉末年的王充在《论衡·无形篇》批评那些宣扬神仙信仰的图画说："图仙人之形，体生毛，臂变为翼，行于云，则年增矣，千岁不死。此虚图也。世有虚语，亦有虚图。"[3] 汉代那些人首兽身或鸟首人身而又有翼的神仙图像，便是在中国古代神仙观念的基础上，又吸收了希腊罗马神话传说以及波斯

---

[1]　J. R. Franke, *An Illustrated Handbook of Art History*, New York. 1956. p. 11, Fig. B.

[2]　（汉）王逸：《楚辞·远游》注，（宋）洪兴祖：《楚辞补注》，中华书局 1957 年版，第 267 页。

[3]　（汉）王充：《论衡》卷 2《无形》，上海古籍出版社 1990 年影印本，第 18 页。

艺术观念成分的艺术作品。

汉代画像石中有一些裸体人像，这是一种与中国传统文化观念和艺术传统不同的内容。溯其源头，则当来自希腊、罗马古典艺术中的裸体石雕和绘画。希腊、罗马的雕刻和绘画艺术中盛行裸体神像和人物像，常见的有翼天使是裸体的，爱神埃洛斯也是有翼裸体。在中国见到的裸体人像最早的出现于西汉末年。1969年，河南济源泗涧沟西汉晚期墓葬中，出土一件绿釉陶树，座部贴有泥塑的裸体人物、猿猴、飞蝉、奔马等。新疆和阗买力克阿瓦提遗址采集到人头、兽头和肩负小罐的裸体人陶片，都是细泥红陶，高2—5厘米，时代属于西汉末年，可以看作裸体人像艺术从西域传入中国的路标。这种裸体人像题材也反映到汉代画像石的石刻图像中，南阳汉代画像石中有裸体舞蹈的图像。[①] 画像石中裸体舞题材是生活中的裸体舞的反映，这种舞蹈和此类画像都是外来的艺术，可能来源于南亚和东南亚原始民族的风俗习惯和歌舞。山东嘉祥吴家庄画像石上有裸体力士支承屋盖，有人认为与希腊神话中大力神海克利士支撑大地的形象相似。山东曲阜颜氏乐园画像石有裸体力士相搏雕像。嘉祥武氏祠祥瑞图"浪井"，有两裸体男子，石室后壁第四层有两裸体男子相随攀树。江苏连云港市孔望山摩崖石刻也有裸体力士。

汉代画像石中有刚传入中国不久的佛教的内容，可以看到佛教文化观念和造型艺术的影响。佛教传入中土以后，给中国传统的文化和艺术注入了新的元素，这从汉画像石中也能找到迹象。首先是佛像的雕刻，佛像是佛门最醒目最直接的标志。乐山麻浩崖汉墓发现有结跏趺坐，施无畏印，头带项光的佛像。四川乐山柿子湾崖汉墓中也发掘到一幅结跏趺坐姿式佛像。山东滕州房庄、邹城黄路屯均发掘到刻有僧侣和坐佛的汉画像石。山东沂南北寨汉墓除在八棱擎天柱南北两面顶端刻有立佛图像外，还在柱的中部刻有施无畏印的坐佛像。山东邹城高李村出土的画像石上，乐舞场面中并排趺坐着7位僧侣，削发，着袈裟，双手袖于胸前。在汉代人的冥世意识中，以佛像为伴是相信佛陀能提行教化，带来安乐，存留清净，佑护族籍观念的流露与写照。其次是佛教故事的刻画。汉画像石中佛教故事不少，例如大象为释迦牟尼前身，佛教神兽之一，是佛家恶来善往教化的象征。关于象的故事，佛典描述甚多。在佛教观念中六牙白象更为象中之宝，东汉时所译《修行本起经》谓其"色白绀目，七肢平蹄，力过百象。

---

① 滕固：《南阳汉画石刻之历史及风格的考察》，胡适、蔡元培、王云五编辑《张菊生先生七十寿辰纪念论文集》，商务印书馆2012年版，第496页。

髦尾贯珠,既鲜且洁,口有六牙,牙七宝色"。《杂譬喻经》云:"身有六牙,生二万象。"徐州洪楼、嘉祥、吕村,滕县宏道院等地都出土有六牙白象的画像石。例如山东滕县出土的东汉六牙白象画像石残块,上有两只象的正侧面,两象皆露出右边的三只牙,象身着鞍具,上有人物,前有一兽与辟邪导引。这一画面可能与佛教的"行像"活动有关。东邹城黄路屯和枣庄神山也曾发现菩萨骑象图。维摩诘与文殊菩萨对坐说法的故事见于青平安县汉代画像砖和徐州十里铺的汉代画像石。据统计,汉画像石所见驯象图共23处,分布于鲁、苏、豫、陕等省,而执钩驯象的相关记载最早见于佛典。汉画所见驯象场面与佛典记载的驯象之法一致,是驯象图属于佛教题材的佐证。① 佛籍中虎王本生、鹦鹉本生、兔王本生等故事在汉画像石中也多有表现。动物在佛家眼里,僧众和动物代表着世间一切有情无情众生,是佛陀化导三千世界的重要对象。动物题材是汉画像石表现的重要内容,画面上出现的动物无论凶恶温顺,丑陋亮丽,都蕴含有特定的佛教教义。在佛经中,龙率性天真,慈悲为怀,唯默忍为安,是菩萨行忍的象征。龙在汉画像石中多以载人飞行的形式出现。南阳"羽人龙衔鱼"石上,龙不仅以尾拉仙人奋力前行,而且口中还衔一鱼,另外二鱼也将进入。鹿亦曾为释迦牟尼前身,具舍生赴死的慈悲之性;佛曾在鹿野苑初转四谛法轮,因此鹿在佛门一直象征转法轮。南阳不仅有"神鹿"画像石,而且还有"鹿车"画像石。龟善占,亦为释迦前身,从者可得济免难,各地多有"仙人乘龟"画像石。马、猴、鸡、猪、狮、虎、鱼等均在"菩萨昔所住处修声闻慈",因此都有佛性,自然成为画像石内容表现的主角。《菩萨投身饴饿虎起塔因缘经》中"舍身饲虎"的佛教本生故事在汉画像石中也有着广泛的表现。江苏连云港孔望山摩崖造像中有一人卧于虎口供其啖食的画像,南阳、陕北、四川等地的画像石中也不乏其例。② 山东嘉祥出土的二牛共轭画像石中,二牛不仅并列前行,而且还形象地刻画一人在后施种。此处共轭喻妙法,牛喻顿机,施种喻佛,人若解法则成正觉。佛门认为凡夫之人多受苦恼之因在于不能善守五根,因此强调制心制根。从汉画像石中所见须大拏故事,可以找寻佛教在汉代传播的证据,并借此探讨佛教故事的流变及其对中国小说的影响,探讨佛教初入中国后所见文化事象。③

---

① 郑红莉:《汉画像石"驯象图"试考》,《考古与文物》2010年第5期。
② 刘克:《汉代画像石中的佛教环境生存智慧》,《安徽大学学报》2005年第6期。
③ 魏翔、陈洪:《汉画像石中新发现的佛教故事考》,《东南文化》2010年第4期。

画像石和画像砖上有胡人形象。汉代画像石内容丰富多彩，其中的胡汉交战图、狩猎图、乐舞图、出行图等，常常看到胡人形象。有的出现在柱顶画像中，还有的出现在立柱画像中。① 胡人形象往往深目高鼻，头戴尖帽，上着短衣，下穿长裤，特征明显。从画像石中胡人形象刻画、出现的场景和胡人扮演的角色，我们可以了解到当时社会生活中的某些侧面，可以了解到汉人对于胡人的情感和态度。河南南阳是汉画像石、砖出土比较集中的地区，其中有不少胡人形象。1989年11月新野县樊集乡吊窑汉墓群M30出土"舞乐稽戏、胡人骑驼画像砖"，上部为拜谒，其中跽坐作讲话状者为主人。中为舞乐稽戏，一人婆娑起舞，长袖飘起；一胡人，体格高大健壮，头戴尖顶帽，侧身，口大张，右臂向后摆动，左臂向上举起，赤裸上体，大肚外凸，下穿长裤，正在做滑稽戏表演；左边三人中，一人抃，似亦是讴歌者，一人弹琴，一人吹箫。下部是胡人骑驼，一胡人，头戴尖顶冠，双手驭缰，骑驼缓行。这幅画像在南阳画像砖中仅此一幅。根据《山东汉代画像石》与之雷同的骑士题刻，可印证为胡人，在新野县出土，反映了北方和西域民族与中原地区的密切交往。同墓群M37出土"胡汉战争画像砖"，长方形，长122厘米，宽32.5厘米。画左为突兀的山峰，山巅上三人：一人执棒跽坐，似是战争的指挥者，一武士须发怒张，执杖交腿而坐，一蹶张正用脚开弓。山间有疾奔的战马五匹。山坡上一队胡兵，皆张弓劲射。山前是胡汉鏖兵：战马奔驰，有控弦远射的，有提首级回阵的，又有驱赶战俘的，左边一体形高大者立于台上，正欲抽剑。其前有四颗首级和四个拜谒者，其下设兰锜，兰锜上插一斧，挂一盾牌。1988年5月新野县樊集乡文化专干刘国庆征集到的"厅堂拜谒、舞乐、胡人稽戏画像砖"，长76厘米，宽36厘米，厚12厘米。该画像砖为长方形。画左为高大的厅堂，堂内为拜谒、乐舞等。主人跽坐于榻上，榻前两人跪于席上，向主人拜谒。下有两人席地而坐，张口对语，其中一人身后有执金吾的侍卫。堂中央有供主人观赏的乐舞，一女伎挥袖而舞，足下一盘。一胡人，体格高大健壮，头戴尖顶帽，侧身，口大张，右臂向后摆动，左臂向上举起，赤裸上体，大肚外凸，下穿长裤，正在做稽戏表演。新野县出土一方被命名为"胡人借贷画像砖"，长38.5厘米，宽37.5厘米。画像中人头戴尖顶帽，深目高鼻，为典型的胡人形象，手拿一袋，

---

① 杨爱国：《从汉代艺术品中的胡人形象看当时的文化交流》，中国社会科学院考古研究所、新疆文物考古研究所编：《汉代西域考古与汉文化》，科学出版社2014年版，第457—458页。

双臂前伸，一副向人借贷的形象。① 方城县博物馆藏"胡人执钺画像石"，长106厘米，宽25厘米。画面由上至下分为四组。上组为两深目高鼻，肩扛钺斧，作半蹲状的胡人形象。方城县文物工作者在杨集乡发现一块画像石，画像以阴刻技法表现一胡奴门吏形象，深目高鼻，光头蓬发，左颊黥印，下颚上翘，身著长衣，右手拥篲（扫帚），左手执钺，捐于肩际，侧身凝视，疾步向前。右上方刻隶书"胡奴门"三字。② "拥篲"是恭迎貌，门吏迎客状。③ 方城县城关镇汉墓出土的"胡人武士斗虎"画像石，东墓门上部门楣左右各刻一虎，中间刻一武士，头戴尖顶毡帽，赤裸上身，腰佩长剑，跨步躬腰，一脚踹虎，双手前伸，撕开另一虎口，可谓是虎口拔牙，勇猛无比。方城县城东汉墓出土"象人斗牛、拒龙、阉割画像石"，长232厘米，宽47厘米。画像刻于墓门右上门楣，画面上部为一蒙熊皮的象人，奋身张臂，右拒应龙，左斗黄牛。牛后有一胡人，头戴尖顶毡帽，深目高鼻，络腮胡须，裸上身，下着宽裤，脚蹬靴，躬身马步，趁牛全力前抵，抬左后腿前扑之际，用左手托抓睾丸，右手紧握环首利刀，作阉割状。方城县城关一座汉墓中发现一块胡人阉牛画像石，刻于墓门左上门楣。画面中部为一牛一虎相斗，虎张口纵身猛扑，牛低头扬角相抵；左刻一猿，攀抓虎尾，张口怒吼；牛身后为一胡人，头戴尖顶毡帽，深目高鼻，络腮胡须，赤裸上身，下着短裤，脚蹬长靴，左手抓牛睾丸，右手操环首刀，做阉割状。④ 此画像石正是胡人把西域阉割技术带入中原的详实物证。南阳出土的汉代"胡人驯象"画像石中，刻有一虎一象，象后刻一象奴，深目阔鼻，下颚上翘，俨然胡人形象。手执钢钩，跨步驭象。⑤

---

① 南阳文物研究所：《南阳汉代画像砖》，文物出版社1990年版，图91。原图说明是"借贷"。顾英华、周巧燕《略论南阳汉墓中的"胡人"形象文物》（《中原文物》2012年第3期）命为"胡人借贷画像砖"，可能过于坐实，从形象姿态动作看，称之为"乞讨"亦无不可。

② 刘玉生：《浅谈"胡奴门"汉画像石》，南阳汉代画像石学术讨论会办公室编《汉代画像石研究》，文物出版社1987年版；刘玉生：《方城汉画》，香港天马图书有限公司2003年版，图56。

③ 《史记·高祖本纪》记载："高祖五日一朝太公……后高祖朝，太公拥篲，迎门却行。"《史记集解》引李奇曰："为恭也，如今卒持帚者也。"《史记》卷8《高祖本纪》第282页，注[一]。

④ 刘玉生：《浅谈"胡奴门"汉画像石》，南阳汉代画像石学术讨论会办公室编《汉代画像石研究》，文物出版社1987年版；刘玉生：《方城汉画》，香港天马图书有限公司2003年版，图84。

⑤ 顾英华、周巧燕：《略论南阳汉墓中的"胡人"形象文物》，《中原文物》2012年第3期。

山东境内发现的汉画像石题材丰富,其中有几幅著名的胡汉交战图。孝堂山郭氏祠画像石在今山东济南长清区孝里铺村墓室前石祠内壁上。西壁分六层,下部第五层刻《胡汉交战图》,是公元1世纪的作品。① 图像表现的是双层楼阁下层有一王者,旁有侍者,王前有四人作禀报状。楼阁外有一人跪坐,背题"胡王"二字。前跪有三人,缚手。胡王戴一顶尖顶帽,帽后有飘带,下巴有须。其前后20多人,戴着同样的尖帽,或站,或跪,喔骑在马上,上身穿短衣,下身着长裤,腰束带。又有一斧架,上面悬挂两个人头,一人持刀旁立,当是献俘场面。战争场面刻画生动,双方骑兵冲击,众弩齐发、人仰马翻,场面极为激烈。其中的胡兵形象均作高冠,深目高鼻。② 山东微山县两城乡出土汉画像石残存图像也是表现胡汉交战的内容,一人骑马,脑后竖刻隶书"胡将军"三字,其人深目高鼻,头戴尖顶帽,前后有戴着尖顶帽或骑马或步战的胡兵,前方的两个举戟前刺的士兵明显穿着长裤。③ 山东莒县东汉灵帝光和元年(178年)孙熹阙上画像有"胡汉交战献俘"内容,图中一骑马人深目高鼻,头戴有飘带的尖帽,立柱上有"隶胡"二字。④ 1991年,山东平阴县实验中学出土画像石,来源于汉代的祠堂,晋人拆除后改造为墓葬石椁。其中出土汉画像石12块,现藏平阴县博物馆。图像为磨面阴线刻,左、右、上三边有边栏,栏内饰菱格纹和穿壁,画像内容非常丰富,最珍贵的是最上层反映胡汉战争图像。双方使用不同的武器,穿着不同的服装,汉方士兵持长戟、剑盾、弓箭,身着铠甲、戴冠;胡方使用弓箭,戴尖顶帽,着武士服。两军对峙前方均为手持兵器和盾牌的步兵;其后为鹿车等。其中一胡人倒地,首级滚落一旁。在出行图中也发现胡人形象。长清孝堂山石祠上部出行图有"大王车"题记,前导队伍中有胡人骑象、胡人骑驼的图像。临沂吴白庄汉画像石墓门楣上有胡人骑驼的图像。⑤ 平邑汉阙上的有胡人骑象、骑驼的画面。⑥ 苍山城前村东汉桓帝元嘉元年(151年)墓画像石内容表现一队车马正在过桥,前面马队上方有一胡人骑马手持弓弩回射,其人深目高鼻,头戴尖帽。并有题记云:"前有功曹后主簿,亭长骑佐胡

---

① 蒋英炬:《孝堂山石祠管见》,《汉代画像石研究》,文物出版社1987年版。
② 罗哲文:《孝堂山郭氏墓石祠》,《文物》1961年第4、5期合刊。
③ 山东省博物馆、山东省文物考古研究所:《山东汉画像石选集》,齐鲁书社1982年版,图13;马汉国主编:《微山汉画像石选集》,文物出版社2003年版,第41页,图6。
④ 刘云涛:《山东莒县东莞出土汉画像石》,《文物》2005年第3期。
⑤ 管恩洁等:《山东临沂吴白庄汉画像石墓》,《东南文化》1999年第6期。
⑥ 王相臣、唐仕英:《山东平邑县皇圣卿阙、功曹阙》,《华夏考古》2003年第3期。

使弩。"① 从题记的内容可以判断似是州郡长官车马出行,桥下有行船,河边有人捕捞,有视察民情之意,故有僚属前呼后拥。仪仗队前胡人使弩,可能是负责导引和警卫。柱顶画像石上的胡人形象,如山东临沂白庄汉画像石墓的立柱顶端有高浮雕的胡人形象②,与王延寿《鲁灵光殿赋》中"胡人遥集于上楹"的描写相符,那是把胡人与其他动物一样作为建筑物装饰进行雕刻的。泰安市博物馆收藏的立柱画像石上刻一胡人,拥彗侧立③,与南阳方城县杨集乡发现的门吏形象相似,应是守门人和家奴的形象。山东嘉祥东汉武氏祠还把汉代进入中原的胡人真实人物刻画于画像石上,其中有一图像榜题"休屠像""骑都尉"字样。王充《论衡·乱龙篇》记载:"金翁叔,休屠王之太子也,与父俱来降汉。父道死,与母俱来,拜为骑都尉。母死,武帝图其母于甘泉殿上,署曰:'休屠王焉提。'翁叔从上上甘泉,拜谒起立,向之泣涕沾襟,久乃去。"④ 金日䃅,字翁叔,本匈奴休屠王之太子。《汉书·金日䃅传》载其事:"日䃅母教诲两子,甚有法度,上闻而嘉之。病死,诏图画于甘泉宫,署曰:'休屠王阏氏。'日䃅每见画常拜,乡之涕泣,然后乃去。"⑤ 武梁祠画像石上表现的显然是这个故事⑥,宣扬孝道的伦理思想。

徐州画像石馆收藏的画像石等汉代文物中有许多反映"胡人"的图像,有胡汉战争、胡人狩猎画像石,胡人吹箫和胡人伎乐石雕,以及僧侣骑象、伎人骑象画像石和骆驼、大象、狮子等有关图像。据郝利荣、杨孝

---

① 山东省博物馆、苍山县文化馆:《山东苍山元嘉元年画像石墓》,《考古》1975年第2期。
② 郑岩:《汉代艺术品中的胡人图像》,中山大学艺术史研究中心编《艺术史研究》第1卷,中山大学出版社1999年版,第134页。
③ 杨爱国:《从汉代艺术品中的胡人形象看当时的文化交流》,中国社会科学院考古研究所、新疆文物考古研究所编《汉代西域考古与汉文化》,科学出版社2014年版,第458—459页。
④ (汉)王充:《论衡》卷16《乱龙》,上海古籍出版社1990年影印本,第157页。
⑤ 《汉书》卷68《金日䃅传》,第2960页。
⑥ 据巫鸿介绍,武梁祠之金日䃅故事画像现已严重毁坏,只留下一个男人在一座精美的建筑物里跪拜的图像。《金石索》刊载的复原图像显示一位妇女坐在右边,可能是金日䃅母亲的像。这个复原的画面与文献一致,但背离了武梁祠榜题。根据榜题,原来武梁祠画像中金日䃅跪拜的对象是他的父亲休屠王的肖像。参见巫鸿《武梁祠——中国古代画像艺术的思想性》,柳扬、岑河译,生活·读书·新知三联书店2015年版,第307页。按说,休屠王在降汉的道路上反悔被杀,金日䃅所拜乃汉武帝为甘泉宫图画之其母像,画像石刻画应当是金日䃅拜母像。但按《孝经》宣扬的孝道,孔子强调的是"孝莫大于严父"(《孝经》卷五),武梁祠画像石遵循着这一原则,故刻画金日䃅跪拜之对像是其父,榜题曰"休屠王",而不是"休屠王阏氏"。

军的介绍，徐州画石像馆收藏的有胡人形象内容的作品有如下七方：

1号石　横幅，长1.46米、宽0.61米、厚0.17米。正面画像为胡汉交战图。画像为胡汉双方交战场面，左边刻山峦叠嶂，前有胡人七骑作仓皇逃窜状，边逃边回身弯弓后射，还有一骑胡人已从马上栽下，被已经追上的汉军士卒割下头颅，另有一骑汉兵正在策马追赶胡人。

2号石　长0.95米、宽0.62米、厚0.2米。正面画像为胡汉交战图。画面刻一桥梁，桥梁上刻一列凯旋而归的车马，前有二人作抱盾迎接状，车上悬挂胡人首级，最上面刻胡汉交战场面，或格斗，或奔马厮杀，或落荒而逃，或被缚，或断头横尸；桥下为捕鱼图，或徒手捕鱼，或使罩，或行船钓鱼。

3号石　横幅，长1.05米、宽0.5米、厚0.14米。正面画像为胡汉交战图。画面刻胡汉交战场面，主要刻有汉军八骑追杀胡人，在追杀队伍的前面有两具尸体，均身首异处，这幅征战情景极其惨烈。

4号石　横幅，长1.00米、宽0.8米、厚0.2米。正面画像为胡汉交战图。画面左方是疆场厮杀的场面，汉兵穿甲胄，持刀、矛、盾牌，策马扬鞭；头戴尖顶帽的胡人骑马射箭；汉兵进攻，所向披靡，胡人溃败。画面右方，山峦叠嶂，九个山头中暗藏匈奴的伏兵，预示着有更激烈的战争。画面的上方有十五个胡人俘虏，胡虏双手反缚，表示战争的结果是汉兵获胜。

5号石　竖幅，长0.9米、宽0.1米、厚0.11米。正面画像为泗水取鼎图。上格刻水榭、游鱼、胡人射鹿等。下格刻历史故事"泗水取鼎"。

6号石　长0.5米，宽1.10米，厚0.47米。石雕为胡人吹箫。墓室础柱栌斗雕饰。础柱前面上刻一胡人，身下刻一怪兽，胡人头部戴着一顶尖尖的帽子、脸庞瘦削，手持一只长箫，箫的一头在嘴部，似在吹奏不停。胡人端坐于怪兽背部，怪兽怒目张口、圆体短腿，也为坐姿，造型独特。

7号石　竖幅，长1.1米、宽0.92米、厚0.18米。侧面雕塑为胡人伎乐、狮子。石雕为墓窗。侧面为胡人相互叠压，下刻为一张口咆哮的狮子。[①]

陕北榆林地区是全国著名的画像石产区之一，大保当汉城址出土的画像石中的"驯象图""牵驼图"中有头戴胡帽、身着异服的人，明显为北

---

[①] 郝利荣、杨孝军：《试析徐州汉画像石中的"胡人"及其文化影响》，《大汉雄风——中国汉画学会第十一届年会论文集》，2008年；徐州史志网，http://www.pzgl.com//wenshiminsu/_ xuzhoushizhi_ /17556.html.

方少数民族形象。① 据统计，头戴尖帽的胡人形象在山东、江苏、河南、四川、陕西等地发现的汉代艺术品中有数十例，有画像石图像，有胡人俑。② 在汉代画像石中，戴尖帽的胡人形象往往与狩猎、乐舞、车马出行和胡汉战争等内容联系在一起，并且形成一种规律。在这种情景中可分为两类，一为胡人导引，一为胡汉交战。③ 作为胡人导引画像，表现的内容是往西方仙境西王母处，反映了汉代人们的死亡观念。这种战争图的刻画一是与汉代战争形势有关，是汉与匈奴战争在画像石题材中的反映，二是可能与墓主人生前的事迹有关。正像论者指出的，汉画像石将胡汉战争重大历史事件记录下来，并出现在汉画像石中，正反映了这段真实的历史。在汉代，匈奴人入居中原主要分为"归降中国或入居中原的胡人""胡巫""胡奴"等不同胡人。数量庞大的胡人进入汉朝，他们融入了当时庶民文化，而这些文化冲击，我们现在可以从文献、出土数据及汉代画像石找到证据。事实上，这些"胡人""胡巫""胡奴"不仅被表现在汉代陵墓中，而且也必然带给中原不少文化冲击，甚至对整个汉代社会都产生极其深远的影响。④

## （五）铜镜纹饰

从考古资料看，中国铜镜最早的考古发现在西北地区的齐家文化遗址。1975年在甘肃广河县齐家坪墓葬 M41 发现一枚铜镜，距今约 4000年。1977年在青海海南尕马台墓地 M25 发现一件七角星几何纹图案的铜镜，时间可能更早一些，这是目前我国发现时代最早的铜镜。中原地区较早的铜镜最早见于二里头遗址出土的十字纹铜镜和殷墟妇好墓，可能源于齐家文化。⑤ 十字纹和七角星纹是巴克特里亚青铜文明的标志。⑥ 铜镜最

---

① 吕静：《陕北汉画像石探论》，《文博》2004年第4期。
② 杨爱国：《从汉代艺术品中的胡人形象看当时的文化交流》，中国社会科学院考古研究所、新疆文物考古研究所编《汉代西域考古与汉文化》，科学出版社2014年版，第457页。
③ 王煜：《"车马出行—胡人"画像试探：兼谈汉代丧葬艺术中胡人形象的意义》，《考古与文物》2012年第11期。
④ 郝利荣、杨孝军：《徐州汉画像石中的"胡人"及其文化影响》，《大汉雄风——中国汉画学会第十一届年会论文集》，2008年；徐州史志网，http://www.pzgl.com//wenshim-insu/_ xuzhoushizhi_/17556.html。
⑤ 易华：《齐家华夏说》，甘肃人民出版社2015年版，第69页。
⑥ Fitzgerald Huber, L. G.: Qijia and Erlitou: the Question of Contacts with Distant Culture, *Early China*, 20, 1955, pp.17—67.

早可能来自西北游牧民族。①铜镜出现以后成为人们"照容颜""正衣冠"的主要生活用具，在日常生活中占有极其重要的地位。经过商代、西周、春秋、战国两三千年的发展，至汉代铜镜数量大增，制造精美，成为我国铜镜发展史上的第一个高峰时期。考古发现中铜镜以汉镜数量最多，其发展变化有三个重要阶段，即汉武帝时期、西汉末年王莽时期和东汉中期。②西汉前期是战国镜与汉镜的交替时期，直到西汉中期汉武帝前后。比之战国时期，汉镜在制作形式和艺术手法上有很大发展。汉武帝以后，随着中西间文化交流的发展，铜镜制作工艺和装饰艺术中也融入了域外文化元素。

中国各地都有汉代铜镜的考古发现，特别是位于西北地区的甘肃、宁夏、青海、新疆等地，新中国成立以来出土了大量的汉代铜镜。由于西北地区的特殊地理位置和历史背景，这些出土的汉代铜镜，不仅对研究当时社会政治、经济、思想文化、审美情趣等方面具有重要的参考价值，同时也是研究东西方文化交流的重要资料。③汉代铜镜制作工巧，铸有精美图案。汉代的铜镜有的纯为中国式，有的则在花纹图案中杂有西域意味，常常采用西域传入的动植物如葡萄、有翼兽、石榴、海兽、飞马、狮、犀、大象、孔雀、宝相花等作装饰图案，从而成为中外文化交流的重要载体。据清乾隆敕撰《宁寿古鉴》诸书著录，大部分汉镜直径仅三寸三四分，也有大到直径九寸六分的。通常称为海兽葡萄镜或海马葡萄镜的汉代铜镜，内层刻有翼飞马和海兽，外层列各种珍禽，以结枝葡萄和石榴作装饰图案。有一枚海兽葡萄镜图像十分繁富，内轮铸有六头海兽，有的作立状，有的作伏状，有的昂首高耸，有的纵身跳跃，中间隔有三匹有翼飞马，空间绕以结枝葡萄。外轮铸有四头海兽和两匹飞马，各以鸾凤、孔雀等六只禽鸟相间，又以结枝葡萄作点缀。海兽的图像出现在汉代工艺品上，是印度洋海上交通发展的反映。在"海兽葡萄镜"或"舞凤狻猊镜"钮上有怪兽，有人称为麒麟，似鹿，狮子头，角在鼻上。汉代孝堂山祠堂及六朝汉式镜上的孔雀，线条优美，姿态生动，为西徐亚式，而夹有汉代朴素雄伟与印度怪异之兴味。汉代铜镜装饰图案明显受到印度和西方风格的影响。拜占庭时期，罗马赖文那出土古棺，在葡萄唐草纹饰中刻有孔雀，象征不死的灵鸟。萨珊波斯和拜占庭装饰图像中流行飞马和狮子题

---

① 宋新潮：《中国早期铜镜及其相关问题》，《考古学报》1997年第2期。
② 李日训：《试论山东出土的汉代铜镜》，《汉代考古与汉文化国际学术研讨会》，2004年。
③ 徐征：《西北地区出土汉代铜镜初步研究》，硕士学位论文，郑州大学，2009年。

材。自通西域后，西域各国商人一定有将此类工艺品输入者，而中国铜镜工匠则吸收或参用了此类纹饰图案。

西汉晚期和东汉时期的铜镜上的铭文，也反映了当时中国与四夷或胡人的关系。其中常见的一类铭文是："（尚）氏作竟（镜）四夷服，多贺国（新）家人民息，胡虏殄灭天下复，风雨时节五谷熟。"其中某氏指铜镜制作者，镜通常铸造作"竟"，说"新"家时应该铸造作于王莽时代。"复"是免除徭役之意。① 有人释"氏"为"方"字之误，释"复"为"服"②，不当。据孔祥星等《中国铜镜图典》的介绍，这类铭文铜镜在山东、河南、江苏、浙江、江西、湖北、四川、陕西等地都有发现。③ 如浙江绍兴出土"周是神人车马画像镜"外区铭文为："吴向阳周是（当作'氏'）作竟四夷服，多贺国家人民息，胡虏飨灭天下复，风雨时节五谷熟，长保二亲得天力，传告后世乐无极。"④ 出土地点不详的"宋氏神人龙虎画像镜"铭文是："宋氏作上夷服，多贺君众人民息，胡虏除灭天下复，风雨时节五……"⑤ 又绍兴出土"柏氏吴王伍子胥画像镜"、浙江邛江出土"邹氏吴王伍子胥画像镜"皆有此类大同小异的铭文。山东滕州东小宫汉代墓地 M108 随葬的四神博局纹镜上的铭文云："王氏作镜四夷服，多贺新家人民息，胡虏殄灭天下复，风雨时节五谷熟，长保二亲乐毋够，大利兮。"⑥ 这是当时社会舆论和百姓愿望的反映。从汉武帝反击匈奴以来，连年的战争造成经济的凋敝和百姓徭役负担的加重，饱受战争之苦的广大人民渴望战胜敌人，获得休养生息，汉代铜镜上的这些铭文就是当时人民的心声。

---

① 战国时魏国考选武卒，考中者"复其户"，即免除全户徭役。秦商鞅变法，努力耕织致粟帛多者"复其身"，即免除本身徭役。秦始皇迁百姓三万户至琅玡台，"复十二岁"，即免除十二年的徭役。刘邦即位，"诸侯子在关中者复之十二岁"。汉代通例，爵位到五大夫，武功爵到千夫，才得"复"。汉代的对外战争加重了人民的徭役负担，人民向往和平，减轻徭役。
② 杨爱国：《从汉代艺术品中的胡人形象看当时的文化交流》，中国社会科学院考古研究所、新疆文物考古研究所编《汉代西域考古与汉文化》，科学出版社 2014 年版，第 460 页。
③ 孔祥星、刘一曼：《中国铜镜图典》，文物出版社 1992 年版。
④ 同上书，第 439 页。
⑤ 同上书，第 445 页。
⑥ 山东省文物考古研究所、滕州市博物馆：《滕州东小宫墓地》，《鲁中南汉墓》，文物出版社 2009 年版，第 226 页，图六五—1。

## （六）绘画

汉代绘画有壁画和帛画。壁画在汉代被广泛运用，殿堂、衙署、驿站、墓室都有壁画。汉武帝时鲁恭王刘余建灵光殿，绘有内容丰富多彩的大幅壁画。据王延寿《鲁灵光殿赋》描写："图画天地，品类群生，杂物奇怪，山神海灵，写载其状，托之丹青。千变万化，事各缪形，随色相类，曲得其情。"赋还详细记载壁画的内容："上纪开辟，遂古之初，五龙比翼，人皇九头，伏羲鳞身，女娲蛇躯。鸿荒朴略，厥状睢盱。焕炳可观，黄帝唐虞，轩冕以庸，衣裳有殊。下及三后，媱妃乱主；忠臣孝子，烈士贞女，贤愚成败，靡不载叙。恶以诫世，善以示后。"① 汉时在蜀"置两都尉，一居旄牛，主徼外夷；一居青衣，主汉人"。东汉时朱辅任益州刺史，其"郡尉（当作都尉）府舍皆有雕饰，画山神海灵奇禽异兽，以眩燿之，夷人益畏惮焉"。② 汉代这些壁画中的"杂物奇怪""奇禽异兽"有的取材于域外物象。

汉代地面建筑今皆不存，考古发现的主要是墓室壁画，其内容表现出外来因素的影响。希腊罗马流行的忍冬纹图案在西汉时已开始在中国流行，洛阳西汉卜千秋墓壁画中便有忍冬纹，可能是汉地所见最早的此种图案。甘肃武威东汉墓出土的屏风用忍冬纹装饰，新疆民丰东汉墓出土丝织物上绣有忍冬图形。此后忍冬纹成为一种变化繁富的装饰纹样，成为佛教石窟壁画主要的装饰图案和中国绘画艺术的传统纹样。1971年，内蒙古和林格尔发现的东汉墓壁画上有"仙人骑白象"的内容，骑者身穿红衣，头部已残泐，乃西域佛画题材。壁画中有《猞猁图》，画面上画一盘子，盘子中有珠状的舍利子。其时代在东汉桓、灵之际。③ 墓室壁画中有不少车马出行图和杂技百戏的内容，其中有来自域外的素材，前已叙述，此不复论。

汉代也在布帛上作画。汉明帝时派人到天竺求佛，回来时得到了画在棉布（白叠）上的佛像，这是佛教美术传入中国的最早记录。帛画保存下来的数量极少，只在南方汉墓中有所发现，也能见到域外文化影响的线索。长沙马王堆一号西汉墓出土的灵魂升天帛画上，下部绘有一裸体力士踏在两条身尾交叉的鳌鱼之上，双手托举象征大地的横木。有人认为此裸

---

① （南朝·梁）萧统：《文选》卷11，上海书店1988年影印本，第154页。
② 《后汉书》卷86《西南夷列传》，第2857页。
③ 俞伟超：《东汉佛教图像考》，《文物》1980年第5期。

体力士是大禹的父亲鲧在治水失败后被罚托举大地和治服制造地震的鳖。但也有人认为该画中还绘制有飞天的羽人等形象,它们与希腊、罗马雕刻中常见的裸体天使和爱神埃洛斯的形象都或多或少存在着某种微妙的联系,因此不妨把这些因素视为中外文化交流的产物。①

汉代出现一批以善画牛马而著称的画家。《西京杂记》记载:"元帝后宫既多,不得常见,乃使画工图形,案图召幸之。诸宫人皆赂画工,多者十万,少者亦不减五万。独王嫱不肯,遂不得见。匈奴入朝,求美人为阏氏。于是上案图,以昭君行。及去,召见,貌为后宫第一,善应对,举止闲雅。帝悔之,而名籍已定。帝重信于外国,故不复更人。乃穷案其事,画工皆弃市,籍其家资皆巨万。画工有杜陵毛延寿,为人形丑好老少,必得其真。安陵陈敞、新丰刘白、龚宽,并工为牛马飞鸟众势,人形好丑不逮延寿。下杜阳望亦善画,尤善布色,樊育亦善布色。同日弃市,京师画工于是差稀。"② 其中陈敞、刘白、龚宽都是活跃在元帝宫廷中的画家,工于牛马,其画马素材有的应该也取材于域外输入的骏马形象。这样的画应该有帛画,也有壁画。不仅元帝宫廷中如此,汉代社会上应该有不少善于画马的画家,因为我们现在还能看到不少汉代墓画壁画中的车马出行图,就是这些画家的作品。

绘画方面还表现在佛教画像艺术的传入。汉代传入佛教绘画,明帝时派人到天竺,曾获取佛像归国。《高僧传·竺法兰传》记载,汉明帝派蔡愔等至天竺国"寻访佛法",蔡愔等除了"于西域获经","又于西域得画释迦倚像,是优田王栴檀像师第四作也。既至洛阳,明帝即令画工图写,置清凉台中及显节陵上"。③ 清凉台在洛阳南宫,显节陵乃汉明帝显陵,位于河南省洛阳市邙山以南。优填王画释迦倚像本属神话,说汉明帝使者获之,固不可信,前人多有怀疑者,颇有道理。但使者回国,因崇信佛教,画像崇拜符合中国传统,未必没有其事。《后汉书·西域传》"天竺"条记载:"世传明帝梦见金人,长大,顶有光明,以问群臣。或曰:'西方有神,名曰佛,其形长丈六尺而黄金色。'帝于是遣使天竺问佛道法,

---

① 湖南省博物馆:http://www.hnmuseum.com/hnmuseum/collection/collectionContent1.jsp. 2011-03-02.
② (晋)葛洪:《西京杂记》卷2,《汉魏丛书》,吉林大学出版社1992年影印本,第304页。
③ (南朝·梁)释慧皎:《高僧传》卷1《摄摩腾传》《竺法兰传》,中华书局1992年版,第1—3页。

遂于中国图画形像焉。"① 牟融《牟子理惑》记载，蔡愔等 18 人于大月氏写佛经回，汉明帝为之建寺，"时于洛阳城西雍门外起佛寺，于其壁画千乘万骑绕塔三匝。又于南宫清凉台及开阳城门上作佛像。明帝时预修造寿陵，曰显节，亦于其上作佛图像"。② 这是佛教绘画传入中国之始。桓帝和灵帝时期佛教图像在中国已经相当普遍的流传，西起新疆，东至山东滕县、沂南等地，北至内蒙古和林格尔，南至四川彭山、乐山，都有佛教图像的发现。1959 年，新疆民丰县北尼雅遗址东汉末期墓葬出土两块白底蓝色腊缬棉布，有一块画有半身裸体菩萨像，手持花束，头后有项光。③ 东汉画像石上有不少佛教图像，证明东汉时确有刻画佛像之举。山东滕县出土的一块东汉画像石残块，有前后相随两匹六牙象的图像，图上只显出右半侧三牙，象身有人骑坐，但已残缺。六牙象的内容出于佛教传说，此画像石被认为是东汉章帝前后的佛教史迹。

西域艺术的传入和汉代艺术创作中域外元素的渗入，跟佛教传入中国一样，说明中外文化交流很早就不限于器物产品的交流，工艺美术、审美意识和宗教信仰比较容易突破国家和民族的界限在不同国家和地区进行传播和交流。通过文化交流，世界上各个国家和民族创造的精神文化产品为人类所共享。西域艺术的传入极大地丰富了汉民族艺术的内容和形式，中国传统艺术是在不断吸收外来文化成果的基础上日益走向丰富多彩的。

---

① 《后汉书》卷 88《西域传》，第 2922 页。
② （南朝·梁）释僧祐：《弘明集》卷 1，《中华大藏经》第 62 册，中华书局 1993 年影印本，第 714 页。
③ 新疆维吾尔自治区博物馆：《新疆民丰县北大沙漠中古遗址墓葬区东汉合葬墓清理简报》，《文物》1960 年第 6 期。

# 第十章 诗赋中的外来文化因子

文学是语言艺术，其内容是社会生活和时代精神的反映。随着丝绸之路的开拓和中外文化交流的开展，汉代社会生活中融入了越来越多的外来文明内容。汉代文学形式主要是诗和赋，社会生活中的外来文明必然引起诗人赋家的关注。汉代最有代表性的文学是赋，赋在汉代有骚体赋、大赋和抒情小赋几种形式；诗则主要有文人五言诗和乐府民歌。在这些文学形式中我们可以看到汉代外来文明成为文学作品中的新奇意象。

## 一 汉代诗赋中的外来文明意象

文人有作意好奇的习性，外来文明以其新奇容易激发诗人文学家写作的意趣。因此，汉代通过丝绸之路传入的外来的动物、植物、器物等都在汉代诗赋中得到描写和反映。但不是所有传入中国的域外物产都同样得到诗人作家的咏唱，他们往往对某些特定的物产更感兴趣，因为时代对文学有特殊的要求，诗人有独特的审美情趣。进入文学作品的域外物品往往被赋予了新的文化内涵和作家的情感因素。

汉代时得到不少域外动物，引起诗人注意的有马与骆驼。进入诗人赋家笔下的首先是域外良马，不仅成为艺术家创作的素材，也成为诗人们吟咏的对象。汉代传入中原地区的域外良马有匈奴马、乌孙马、大宛马、月氏马、果下马等，但受到青睐的只有乌孙马和大宛马。写到域外良马输入中国时，诗人并非纯客观地议论其传入中国的事件和器物本身，而是融入了诗人的审美、思想和情感。例如汉朝得到乌孙马，汉武帝高兴之余赋诗咏唱，他把域外良马输入中国看作是功业隆盛四夷归服的象征，其《西极天马歌》云："天马徕兮从西极，经万里兮归有德。承威灵兮降外国，涉流沙兮四夷服。"① 张骞出使西域至乌孙，回国时乌孙使节随之而来，并献汉朝好马数十匹。武帝喜欢乌孙马，称之为"天马"。及至李广利伐大宛获胜，得大宛汗血马，武帝觉得其优于乌孙马，故改称乌孙马为"西极天马"，称大宛马为"天马"，又作《天马之歌》云："太一贡兮天马下，沾赤汗兮沫流赭。骋容与兮跇万里，今安匹兮龙为友。"② 汉武帝好长生，相信方士的话，以为乘天马可以升天长生，故称西域好马为"天马"。他说这是贡献太一神的结果，太一之神赐下天马，只有龙才能与之匹配。黄帝乘龙升天，他要效法黄帝乘天马升天。天马入贡被汉人津津乐道，赋中称扬汉代外来文明之盛，喜欢以天马为例："龙雀蟠蜿，天马半汉"③；"天马之号，出自西域"。④ 在汉代诗歌中，"胡马"成为思乡意象。《古诗十九首》其一写游子思乡："行行重行行，与君生别离。相去万余里，各在天一涯。道路阻且长，会面安可知。胡马依北风，越鸟巢南枝。"⑤ 苏武《赠李陵》诗云："黄鹄一远别，千里顾徘徊。胡马失其群，思心常依依。"⑥ 胡马胡骑成为汉军的重要组成部分。陈琳《武军赋》写曹操征乌丸军容之盛："胡马骈足，戎车齐轨。"⑦ 骆驼来自北方游牧民族和西域国家，汉朝通过战争、贸易和赠遗获得周边民族和域外的骆驼，这种体态高大形状怪异的牲畜引起汉地人的好奇，在文学作品中则成为取乐的对象。汉乐府散乐中有《俳歌辞》一首，乃倡优戏中俳伎逗笑取乐之歌辞，其中写到骆驼："俳不言不语，呼俳噏所，俳适一起，狼率不止。生拔牛角，摩断肤耳；马无悬蹄，牛无上齿，骆驼无角，奋迅两耳。"⑧

汉代大赋是以铺张扬厉的手法歌颂大汉的富强和威德，在赋家夸张的描写中，异域遐方的物产进入中国内地。司马相如的《子虚赋》写楚使子虚盛夸楚地物产之丰，云梦泽中有"瑇瑁鳖鼋"⑨，在这里可以"网瑇

---

① 《史记》卷24《乐书》，第1178页。
② 司马迁《史记》、班固《汉书》皆误将咏大宛马当作咏渥洼水马，而把乌孙马误作咏大宛马。参见本书第一章《动物篇》。
③ （汉）张衡：《东京赋》，费振纲等辑校《全汉赋》，北京大学出版社1983年版，第441页。
④ （汉）刘梁：《七举》，费振纲等辑校《全汉赋》，北京大学出版社1983年版，第543页。
⑤ （南朝·梁）萧统：《文选》卷29，上海书店1988年影印本，第401页。
⑥ （南朝·梁）萧统：《文选》卷29，上海书店1988年版，第405页。
⑦ 费振纲等校注：《全汉赋》，北京大学出版社1983年版，第696页。
⑧ （宋）郭茂倩编：《乐府诗集》卷56，中华书局1979年版，第820页。
⑨ 《史记》卷117《司马相如列传》，第3004页。

瑁，钓紫贝"。① 而齐国乌有先生则称齐地"俶傥瑰伟，异方殊类，珍怪鸟兽，万端鳞崒，充牣其中者，不可胜纪"。② 亡是公则夸耀天子上林苑充满大量的异域物产，有奇禽异兽、奇花异草和珍珠宝石："其兽则庸旄貘犛，沈牛麈麋，赤首圜题，穷奇象犀"，"麒麟角端，騊駼橐驼"。③ 司马相如的《长门赋》写佳人居处："孔雀集而相存兮，玄猨啸而长吟；翡翠胁翼而来萃兮，鸾凤翔而北南。"④ 刘向《请雨华山赋》写华山之神奇："林旅象犀，庸游山陵。"⑤ 扬雄《羽猎赋》写到"钩赤豹，牵象犀"；"玄鸾孔雀，翡翠垂荣"。⑥ 东汉班昭《大雀赋》以安息雀入贡中国歌颂大汉威德："大家同产兄西域都护定远侯班超献大雀，诏令大家作赋曰：嘉大雀之所集，生昆仑之灵丘。同小名而大异，乃凤皇之匹畴。怀有德而归义，故翔万里而来游。集帝庭而止息，乐和气而优游。上下协而相亲，听《雅》《颂》之雍雍。自东西与南北，咸思服而来同。"⑦ 汉代赋家也有借异域禽鸟抒写个人怀抱的，如祢衡《鹦鹉赋》是一篇优秀的托物言志之作，赋从不同侧面赞叹鹦鹉这"西域之灵鸟"之超凡脱俗⑧，写其婧容丽姿、聪明辩慧和情趣高洁。以鹦鹉之奇美非凡，暗示自己高远志向和出众才华，以虞人奉命捕捉鹦鹉和鹦鹉被闭以雕笼，流飘万里，影射汉末权贵们压迫才志之士的行径以及他自己辗转流离的苦楚。阮瑀、王粲的《鹦鹉赋》旨意则与祢衡的作品不同，阮氏借鹦鹉"秽夷风而弗处，慕圣惠而来祖"歌颂当朝的圣明⑨，王粲则借入笼的鹦鹉之悲哀和孤独："听乔木之悲风，羡鸣友之相求。"⑩

汉代时从域外引种了一些植物，受到诗人赋家特别关注的是葡萄、石榴树、苜蓿等。汉代传入之西域石榴被称为"安息榴""若榴"等，东汉蔡邕《翠鸟诗》写到若榴："庭陬有若榴，绿叶含丹荣。"⑪ 曹植《弃妇篇》中咏石榴树："石榴植前庭，绿叶摇缥青。丹华灼烈烈，璀采有光

---

① 《史记》卷117《司马相如列传》，第3013页。
② 同上书，第3015页。
③ 同上书，第3025页。
④ （南朝·梁）萧统：《文选》卷16，上海书店1988年影印本，第212页。
⑤ 费振纲等辑校：《全汉赋》，北京大学出版社1983年版，第151页。
⑥ 《汉书》卷87上《扬雄传》上，第3547、3550页。
⑦ （唐）欧阳询：《艺文类聚》卷92《鸟部》，上海古籍出版社1982年版，第1596页。
⑧ 费振纲等辑校：《全汉赋》，北京大学出版社1983年版，第611页。
⑨ 同上书，第619页。
⑩ 同上书，第680页。
⑪ 逯钦立辑校：《先秦汉魏晋南北朝诗》（汉诗第7卷），中华书局1983年版，第193页。

荣。光华晔流离，可以处淑灵。"① 东汉李尤《德阳殿赋》写殿周围之植物："德阳之北，斯曰濯龙。蒲萄安石，蔓延蒙笼；橘柚含桃，甘果成丛。"② 苜蓿随大宛汗血马传入中国，汉代时离宫、别馆到处种植苜蓿，在写汉宫的乐府诗中自然写到苜蓿。乐府古辞《杂曲歌辞·蜨蝶行》："蜨蝶之遨游东园，奈何卒逢三月养子燕，接我苜蓿间。持之，我入紫深宫中。行缠之，傅欂栌间。雀来燕，燕子见衔哺来，摇头鼓翼，何轩奴轩！"③ 这是汉乐府诗中一首带有寓言性质的歌谣，写蜨蝶与燕子在苜蓿丛中相遇，燕子将它带到深宫中。这首诗对汉宫景物的描写，具有写实性。迷迭也是在汉代移植中国的，故汉代乐府诗有云："行胡从何方？列国持何来？氍毹毾㲪五木香，迷迭艾纳及都梁。"④ 樗蒲游戏所用的骰子有五枚，有黑有白，称为"五木"。这里是说樗蒲骰子用香木制成。司马相如的《上林赋》写天子上林苑中，植物有"樱桃蒲陶""荅遝荔支"等，"罗乎后宫，列乎北园"。⑤ 荔枝自交州（在今越南境内）传入，并且曾从交趾、九真等地移植中原试种。汉武帝平南越后，曾于长安建扶荔宫，移植龙眼、荔枝、橄榄、槟榔、柑橘等南方果树各百株。《三辅黄图》"甘泉宫"条记载："扶荔宫在上林苑中，汉武帝元鼎六年，破南越起扶荔宫（宫以荔枝得名），以植所得奇草异木。"但移植并不成功，"荔枝自交趾移植百株于庭，无一生者，连年犹移植不息。后数岁，偶一株少茂，终无华实。"⑥ 东汉王逸却有一篇《荔枝赋》描写荔支。赋先写四方向洛阳汉帝入贡方物，意谓荔枝乃南方所贡。接着描写荔枝树之美和果实之甘甜："乃睹荔支之树，其形也，暧若朝云之兴，森如横天之簹，湛若大厦之容，郁如峻岳之势。条干纷错，绿叶榛榛。角卵兴而灵华敷，大火中而朱实繁。灼灼若朝霞之映日，离离如繁星之着天。皮似丹罽，肤若明珰。润侔和璧，奇喻五黄。仰叹丽表，俯尝佳味。口含甘液，心受芳气。兼五滋而无常主，不知百和之所出。卓绝类而无俦，超众果而独贵。"⑦ 胡栗树从远方移植，蔡邕《伤胡栗赋》云："树遐方之嘉木兮，于灵宇之

---

① （三国·魏）曹植撰，赵幼文校注：《曹植集校注》卷1，人民文学出版社1984年版，第33页。
② 《艺文类聚》第62卷，上海：上海古籍出版社1965年版，第1122页。
③ （宋）郭茂倩编：《乐府诗集》卷61，中华书局1979年版，第885页。
④ 同上书，第1088页。
⑤ 《史记》卷117《司马相如列传》，第3025—3028页。
⑥ 佚名撰，何清谷校注：《三辅黄图校注》卷3《甘泉宫》，三秦出版社1995年版，第196页。
⑦ 费振刚等辑校：《全汉赋》，北京大学出版社1993年版，第517页。

前庭。"栗,壳斗科栗属植物,汉地旧有植物,在古代文献中最早见于《诗经》。但这里冠名"胡"字,又说"遐方之嘉木",应来自异域或边地。蔡邕也是托物言志,伤胡栗树,其实是自伤。在他笔下,胡栗树不仅有丰茂艳美的外形,而且有坚韧高洁的品格,正因为如此,它遭到嫉妒而招致祸患:"何根茎之丰美兮,将蕃炽以悠长。适祸贼之灾人兮,嗟夭折以摧伤。"① 周围的环境最终使它夭折。迷迭香是一种具有清香气息的香花,如在温暖的微风及热太阳下都会释放出香气。原产于南欧、北非、南亚、西亚,引种于暖温带地区。《法苑珠林·感应缘》云:"迷迭香,《魏略》曰:'大秦出迷迭。'《广志》曰:'迷迭出西海中。'"② 迷迭至迟汉末时已经移植中国。汉代乐府诗有云:"行胡从何方?列国持何来?氍毹毾㲪五木香,迷迭艾纳及都梁。"③ 曹丕《迷迭赋序》云:"余种迷迭于庭之中,嘉其扬条吐香,馥有令芳,乃为之赋",赋中云:"越万里而来征。"④ 曹植《迷迭香赋》云:"播西都之丽草兮,应青春而凝晖";"芳莫秋之幽兰兮,丽昆仑之芝英"。⑤ 王粲《迷迭赋》云:"惟遐方之珍草兮,产昆仑之极幽。受中和之正气兮,承阴阳之灵休。扬丰馨于西裔兮,布和种于中州。去原野之侧陋兮,植高宇之外庭。布萋萋之茂叶兮,挺苒苒之柔茎。色光润而采发兮,以孔翠之扬精。"⑥ 都强调其来自远方异域。陈琳、应玚等皆有同题之作,都热情洋溢地赞美迷迭的枝干花叶之美及其芳香之酷烈。⑦ 郁金香原产伊朗和土耳其高山地带,由于地中海的气候,形成郁金香适应冬季湿冷和夏季干热的特点。东汉朱穆《郁金赋》云:

> 岁朱明之首月兮,步南园以回眺。览草木之纷葩兮,美斯华之英妙。布绿叶而挺心,吐芳荣而发曜。众华烂以俱发,郁金邈其无双。比光荣于秋菊,齐英茂乎春松。远而望之,粲若罗星出云垂;近而观

---

① 费振刚等辑校:《全汉赋》,北京大学出版社1993年版,第517页。
② (唐)释道世撰,周叔迦、苏晋仁校注:《法苑珠林校注》卷36,中华书局2003年版,第1163页。
③ (宋)郭茂倩编:《乐府诗集》卷77,中华书局1979年版,第1088页。
④ 《艺文类聚》卷81《药香草部》,上海古籍出版社1982年版,第1394页;又见严可均《全三国文》卷4,《全上古三代秦汉三国六朝文》,中华书局1958年影印本,第1074页。
⑤ (三国·魏)曹植撰,赵幼文校注:《曹植集校注》卷1,人民文学出版社1984年版,第139—140页。
⑥ 《艺文类聚》卷81《药香草部》,上海古籍出版社1982年版,第1395页。
⑦ 同上书,第1395页。

之，晔若丹桂曜湘涯。赫乎扈扈，萋兮猗猗。清风逍遥，芳越景移，上灼朝日，下映兰池。观兹荣之瑰异，副欢情之所望。折英华以饰首，曜静女之仪光。瞻百草之青青，羌朝荣而夕零。美郁金之纯伟，独弥日而久停。晨露未晞，微风肃清。增妙容之美丽，发朱颜之荧荧。作椒芳之珍玩，超众葩之独灵。"①

西晋傅玄《郁金赋》则把郁金与外来的苏合香相比，云："气芳馥而含芳，凌苏合之珠（当作殊）珍"②，暗示郁金也是来自域外的殊珍。西晋左芬《郁金颂》则明言从域外传入："伊此奇草，名曰郁金，越自殊域，厥珍来寻，芬香酷烈，悦目欣心。明德惟馨，淑人是钦。窈窕妃媛，服之璃衿。永垂名实，旷世勿沉。"③她说郁金香"越自殊域"，就是说它来自域外。

随着汉代丝绸之路的开辟，域外香料输入中国。这种香料传入中国，有的经商贾贩运，有的经异国入贡。故汉代乐府诗有云："行胡从何方？列国持何来？氍毹毾㲪五木香，迷迭艾纳及都梁。"④香料被诗人咏及，常与女性有关。汉乐府《古诗为焦仲卿妻作》写刘兰芝室内装饰："红罗复斗帐，四角垂香囊。"⑤东汉时秦嘉任陇西郡上计掾，因公出差赴京师洛阳，接妻子回家。妻子在娘家因病未还，回信表达歉意。秦嘉写了《重报妻书》，信中罗列了几件赠妻之物及其用途，其中有"好香"四种。其《赠妇诗》亦咏其礼物："宝钗好耀首，明镜可鉴形。芳香去垢秽，素琴有清声。"⑥秦嘉是陇西人，诗书中提到赠妻之香可能来自西域。在汉代输入中国的香料中，胡椒是最著名和最常用的。椒泥用于涂屋壁，取其温暖和芳香，但这只能在皇室和贵族之家才能享用，因此出现"椒房"之称，本来凡用椒泥涂壁，皆可称为椒房，后来指后宫嫔妃居处，又用于皇后嫔妃的专称。椒本来包括辣椒、胡椒和花椒。辣椒是草本植物，果实可做菜或调味品；胡椒是藤本植物，果实可做调味品或药。花椒是落叶灌木或小乔木，果实种子，可供药用或调味。其果实简称"椒"，如椒盐、

---

① 《艺文类聚》卷81《药香草部》，上海古籍出版社1982年版，第1394页。
② 同上。
③ 同上。
④ （宋）郭茂倩编：《乐府诗集》卷77，中华书局1979年版，第1088页。
⑤ （南朝·陈）徐陵编，（清）吴兆宜注，程琰删补：《玉台新咏笺注》卷1，中华书局1985年版，第45页。
⑥ 同上书，第31页。

椒酒、椒桂（喻贤人）。胡椒未传入之前，所谓"椒"通常指花椒。楚辞《九歌·东皇太一》："蕙肴蒸兮兰藉，奠桂酒兮椒浆。"① 椒浆即椒酒，用椒浸制而成的酒。因酒又名浆，故称椒酒为椒浆，这种加入香料的酒古代多用以祭神。汉乐府诗《郊祀歌·五神》云："五神相，包四邻，土地广，扬浮云。挖嘉坛，椒兰房（一作芳）。"② 《赤蛟》写以椒浆祭神："勺椒浆，灵已醉，灵既享，赐吉祥。"③ 胡椒传入中国以后，以胡椒为原料的东西有时也简称椒，花椒与胡椒同为香料，性能功用相近，诗文中二者不易区分。汉代以前无"椒房"之称，汉代才出现这个词，可能与胡椒传入有关，这里的椒很可能包括花椒和胡椒。班固《西都赋》写长安汉宫："后宫则有掖庭椒房，后妃之室。"④ 曹操假为献帝策收捕伏皇后，说她"自处椒房，二纪于兹"。⑤ 香常用作熏燃，增加室内香味。司马相如《美人赋》写自己赴梁国，"途出郑卫，道由桑中，朝发溱洧，暮宿上宫"，上宫美人之室"芳香芬烈，黻帐高张"；"寝具既设，服玩珍奇；金鉔熏香，黻帐低垂"。⑥ 与熏香有关，汉代出现了香炉。香与香炉都进入诗人的赋咏。乐府古辞《古歌》写富贵之家宴客："上金殿，著玉樽；延贵客，入金门。入金门，上金堂，东厨具肴膳，椎牛烹猪羊。主人前进酒，弹瑟为清商。投壶对弹棋，博奕并复行。朱火扬烟雾，博山吐微香。清樽发朱颜，四坐乐且康。今日乐相乐，延年寿千霜。"⑦ 博山，即香炉。博山炉又叫博山香炉、博山香薰、博山薰炉等名，是汉、晋时期民间常见的焚香器具。常见的为青铜器和陶瓷器，炉体呈青铜器中的豆形，上有盖，盖高而尖，镂空，呈山形，山形重叠，其间雕有飞禽走兽，象征传说中的海上仙山博山而得名。

海外珠宝传入中国，珍贵无比。用来装饰器物和屋宇，或作为贵重的礼物馈赠。张衡《西都赋》写西汉宫殿："馆室次舍，采饰纤缛，裹以藻绣，文以朱绿。翡翠火齐，络以美玉。流悬黎之夜光，缀随珠以为烛。金户玉阶，彤庭辉辉。珊瑚琳碧，瓀珉璘彬，珍物罗生，焕若昆仑。"⑧ 汉

---

① （宋）洪兴祖：《楚辞补注》，中华书局1983年版，第56页。
② 逯钦立辑校：《先秦汉魏晋南北朝诗》（汉诗第4卷），中华书局1983年版，第153页。
③ 同上书，第154页。
④ （南朝·梁）萧统：《文选》卷1，上海书店1988年影印本，第5页。
⑤ 《后汉书》卷10下《献帝伏皇后纪》，第453页。
⑥ 费振刚等辑校：《全汉赋》，北京大学出版社1993年版，第97页。
⑦ 逯钦立辑校：《先秦汉魏晋南北朝诗》（汉诗第10卷），中华书局1983年版，第289页。
⑧ 费振刚等辑校：《全汉赋》，北京大学出版社1993年版，第414页。

乐府相和歌辞《陌上桑》写美女罗敷:"头上倭堕髻,耳中明月珠。"[1]鼓吹曲辞《有所思》向心爱的人表达爱情:"有所思,乃在大海南。何用问遗君,双珠玳瑁簪,用玉绍缭之。闻君有他心,拉杂摧烧之。摧烧之,当风扬其灰。从今以往,勿复相思,相思与君绝!"[2]汉代古诗《古绝句》云:"日暮秋云阴,江水清且深。何用通音信,莲花玳瑁簪。"[3]珍珠、玳瑁都是域外传入的珠宝,以此珍贵的礼物相赠,以表示爱之深;而当闻对方变心,又不惜摧烧之以表示恨之切。东汉杜笃《京师上巳篇》残句写洛阳贵族妇女的装饰:"妃戴翡翠珥明珠。"[4]曹丕《大墙上蒿行》写佩剑:"驳犀标首,玉琢中央。"[5]以双珠玳瑁簪相赠,或服饰翡翠明珠,犀角装饰剑柄,都是上层贵族之家。珠宝是贵重物品,本是贵族之家才能享用,但在文学中有时被用来夸张或渲染。例如《古诗为焦仲卿妻作》中写刘兰芝:"头上玳瑁光","耳著明月珰"。[6]写她的坐具:"移我琉璃榻,出置前窗下。"[7]从诗中来看,刘兰芝的母家和夫家都是普通家庭,非贵族之家。这样的描写只是用来衬托主人公的自尊和高尚,是民间文学中的夸张手法。曹植《美女篇》写采桑的美女:"攘袖见素手,皓腕约金环。头上金爵钗,腰佩翠琅玕。明珠交玉体,珊瑚间木难。"[8]一位采桑的女子未必如此盛饰装扮,诗人是在借美女不嫁以自况,抒写怀才不遇之感。用装饰之美映衬和渲染美女之美,暗寓个人才华之高。汉代人用珠宝装饰器物,比如用犀角装饰剑首、枕头,用象牙装饰食器、乐器,用玳瑁装饰席子,这些在诗中都有反映。《古乐府诗》云:"请说剑,骏犀标首,玉琢中央,六一所善,王者所杖。带以上车,如燕飞扬。"[9]古乐府诗句有云:"琉璃琥珀象牙盘"[10];曹丕《孟津诗》:"良辰启初节,高会构欢娱。通天拂景云,俯临四达衢。羽爵浮象樽,珍膳盈豆区。"[11]显然都是

---

[1] (宋)郭茂倩编:《乐府诗集》卷28,中华书局1979年版,第411页。
[2] 同上书,第230页。
[3] (南朝·陈)徐陵编,(清)吴兆宜注,程琰删补:《玉台新咏笺注》卷10,第469页。
[4] (唐)虞世南:《北堂书钞》卷135《服饰部》,学苑出版社1998年影印本,第2册,第389页。
[5] (宋)郭茂倩编:《乐府诗集》卷39,中华书局1979年版,第569页。
[6] (南朝·陈)徐陵编,(清)吴兆宜注,程琰删补:《玉台新咏笺注》卷1,第46页。
[7] 同上书,第51页。
[8] (三国·魏)曹植著,赵幼文校注:《曹植集校注》卷3,人民文学出版社1984年版,第384页。
[9] (唐)虞世南:《北堂书钞》卷122《武功部》,学苑出版社1998年影印本,第271页。
[10] 《太平御览》卷758《器物部》,上海古籍出版社2008年影印本,第7册,第700页。
[11] 逯钦立辑校:《先秦汉魏晋南北朝诗》(魏诗第4卷),中华书局1983年版,第400页。

在歌咏贵族生活。在司马相如的《上林赋》中，汉之离宫别馆内"玫瑰碧琳，珊瑚丛生"。① 其《美人赋》写美人之陈设："衵褥重陈，角枕横施。"② 刘桢《清虚赋》云："布玟瑎之席。"③ 玟瑎花纹美丽，因此被用来形容建筑之美。司马相如《长门赋》写佳人所居："致错石之瓴甓兮，象玟瑎之文章。"④ 王褒《洞箫赋》写洞箫之珍贵："般匠施巧，夔妃准法，带以象牙，掍其会合。"⑤ 据《北堂书钞》引刘向《别录》，刘向曾作《麒麟角杖赋》⑥。世本无所谓麒麟，也无所谓麒麟角杖，这是由犀角装饰的手杖产生的联想。扬雄《甘泉赋》写甘泉宫"壁马犀之瞵㻞王瑸"。颜师古注云："马犀者，马脑及犀牛角也。以此二种饰殿之壁。"⑦ 珠宝是奢侈品，贱珠宝是帝王勤俭的美德。扬雄《长杨赋》赞美汉文帝"躬服节俭"，"后宫贱玳瑁而疏珠玑，却翡翠之饰，除彫篆之巧"。⑧ 东汉班固《西都赋》写汉宫："翡翠火齐，流耀含英"，"珊瑚碧树，周阿而生"。⑨ 汉代人意识到追求珠宝是奢侈的表现，当提倡和赞美节俭时则称颂贱珠玉的美德。张衡《东京赋》在盛称东汉之盛世之后，又赞美汉帝尚贤节俭的美德："是以论其迁邑易京，则同规乎殷盘。改奢即俭，则合美乎斯干。登封降禅，则齐德乎黄轩。为无为，事无事，永有民以孔安。遵节俭，尚素朴，思仲尼之克己，履老氏之常足。将使心不乱其所在，目不见其可欲。贱犀象，简珠玉，藏金于山，抵璧于谷。翡翠不裂，玟瑎不蔟。所贵惟贤，所宝惟谷。民去末而反本，感怀忠而抱憝。于斯之时，海内同悦。"⑩ 车渠是分布于印度洋和西太平洋的一类大型海产双壳类软体动物，蕴藏于深海珊瑚间的一种蚌蛤，其贝壳属珍贵珠宝。汉末曹操曾获车渠，并用以制碗。有佚名《古车渠碗赋》序云："车渠玉属，多纤理缛文。出于西国，其俗宝之，小以系颈，大以为器。"⑪ 曹丕、曹植、应玚、王粲、徐干、陈琳等皆有《车渠碗赋》以讽咏，曹丕的作品极言车渠碗之美，

---

① 《史记》卷117《司马相如列传》，第3026页。
② 《艺文类聚》卷18《人部》，上海古籍出版社1982年版，第331页。
③ 费振刚等辑校：《全汉赋》，北京大学出版社1993年版，第719页。
④ （南朝·梁）萧统：《文选》卷16，上海书店1988年影印本，第212页。
⑤ （南朝·梁）萧统：《文选》卷17，上海书店1988年影印本，第229页。
⑥ （唐）虞世南：《北堂书钞》卷133《服饰部》，学苑出版社1998年影印本，第2册，第370页。
⑦ 《汉书》卷87上《扬雄传》上，第3526、3527页。
⑧ 《汉书》卷87下《扬雄传》下，第3560页。
⑨ 费振刚等辑校：《全汉赋》，北京大学出版社1993年版，第314页。
⑩ 同上书，第445页。
⑪ 《太平御览》卷808《珍宝部》，上海古籍出版社2008年影印本，第8册，第221页。

曹植则借咏车渠碗歌颂曹操的功德。陈琳的赋只流传残句："玉爵不挥，欲厌珍兮；岂若陶梓，为用便兮。"[1] 一方面肯定车渠碗的宝贵，一方面似乎说这样贵重的器皿还不如普通的碗更便于使用。应玚的赋云："惟兹碗之珍玮，诞灵岳而奇生。扇不周之芳烈，浸琼露以润形。"[2] 意谓车渠产于神山不周之山，从而说明车渠碗的珍贵，也说明它来自异域。徐幹的赋也写车渠碗的美观可爱："圜德应规，巽从易安。大小得宜，容如可观。盛彼清醴，承以琱盘。因欢接口，媚于君颜。"[3] 王粲的赋咏物写人，用车渠碗隐喻君子的美德。[4] 三国时人王沈著有《车渠觯赋》，其中有云："温若腾螭之升天，曜似游鸿之远臻。"[5] 觯，中国古代礼器中的一种，做盛酒用，流行于商朝晚期和西周早期。面对域外传入之奇珍异物，文人们喜欢进行集体歌咏。曹丕为五官中郎将时，曾以玛瑙装饰马勒，其《玛瑙勒赋并序》云："玛瑙，玉属也。出自西域，文理交错，有似马脑，故其方人因以名之。或以系颈，或以饰勒。余有斯勒，美而赋之。命陈琳、王粲并作。其词曰：有奇章之珍物，寄中山之崇冈。禀金德之灵施，含白虎之华章。扇朔方之玄气，喜南离之炎阳。歙中区之黄采，曜东夏之纯苍。苞五色之明丽，配皎日之流光。命夫良工，是剖是镌。追形逐好，从宜索便。乃加砥砺，刻方为圆。沉光内照，浮景外鲜。繁文缛藻，交采接连。奇章□□，的榇乐其间。嘉镂锡之盛美，感戎马之首饰。图兹物之攸宜，信君子之所服。尔乃藉彼朱藁，华勒用成。骈居列众寺，焕若罗星。"[6] 陈琳《马瑙勒赋》并序借马以赞颂曹丕："制为宝勒，以御君子。"[7] 王粲《马瑙勒赋》则称其为众宝之最："总众材而课美兮，信莫臧於马瑙。"[8]

随着丝绸之路的开辟，中外人员往来频繁。汉地人进入域外，异域风俗文化自然进入其歌咏中。汉乐府《杂曲歌辞·古歌》写一位流落异乡

---

[1] 费振刚等辑校《全汉赋》校记："出处失记。"北京大学出版社1993年版，第708页。按：此残句见于《康熙字典》之《子集中·人字部》"便"字条，未见更早出处。上海书店1985年影印本，第105页。
[2] 《艺文类聚》卷73《杂器物部》，上海古籍出版社1982年版，第1262页。
[3] 同上书，第1262页。
[4] 费振刚等辑校：《全汉赋》，北京大学出版社1993年版，第675页。
[5] 《太平御览》卷808《珍宝部》，上海古籍出版社2008年影印本，第8册，第221页。
[6] （清）严可均辑：《全三国文》卷4，《全上古三代秦汉三国六朝文》，中华书局1958年影印本，第1074—1075页。
[7] 费振刚等辑校：《全汉赋》，北京大学出版社1993年版，第705页。
[8] 同上书，第674页。

人的漂泊生活："胡地多飚风，树木何修修！"[1] 汉与匈奴的长期斗争造成双方的仇恨心理，乐府古辞《杂曲歌辞古胡无人行》云："望胡地，何险侧？断胡头，脯胡臆！"[2] 乌孙公主远嫁西域，语言不通，生活习惯不同，思念家乡，忧伤无限，乌孙人的生活习尚进入她的歌咏，《乌孙公主歌》曰："吾家嫁我兮天一方，远托异域兮乌孙王。穹庐为室兮旃为墙，以肉为食兮酪为浆。居常土思兮心内伤，愿为黄鹄兮归故乡。"[3] 匈奴人妇女喜涂燕脂，据佚名作者《西河旧事》记载，霍去病击匈奴，夺取河西走廊。匈奴失去祁连、焉支二山，忧伤地歌道："亡我祁连山，使我六畜不蕃息；失我焉支山，使我妇女无颜色。"[4] 汉末蔡琰流落匈奴，她的《悲愤诗》二首描写了她在匈奴的见闻，五言一首云："边荒与华异，人俗少义理。处所多霜雪，胡风春夏起。"[5] 骚体一首云："惟彼方兮少阳精，阴气凝兮雪夏零。沙漠壅兮尘冥冥，有草木兮春不荣。人似禽兮食臭腥，言兜离兮状窈停。岁聿暮兮时迈征，夜悠长兮禁门扃。不能寐兮起屏营，登胡殿兮临广庭。玄云合兮翳月星，北风厉兮肃冷冷。胡笳动兮边马鸣，孤雁归兮声嘤嘤。乐人兴兮弹琴筝，音相和兮悲且清。"[6] 这些描写都充满异域之感。她的长篇骚体诗《胡笳十八拍》更对匈奴之地的"殊俗"进行了淋漓尽致的铺写，表达内心强烈的凄苦。在这首诗里，她写胡地自然环境："云山万里兮归路遐，疾风千里兮扬尘沙"；"日暮风悲兮边声四起"，"原野萧条兮烽戍万里"；"杀气朝朝冲塞门，胡风夜夜吹边月"。写匈奴人："人多暴猛兮如虺蛇，控弦被甲兮为骄奢"；"鞞鼓喧兮从夜达明，胡风浩浩兮暗塞营"。写北方游牧民族习俗："毡裘为裳兮骨肉震惊，羯膻为味兮枉遏我情"；"俗贱老弱兮少壮为美，逐有水草兮安家葺垒。牛羊满野兮聚如蜂蚁，草尽水竭兮羊马皆徙"。[7] 这种"胡与汉兮异域殊风"和"天与地隔兮子西母东"构成蔡琰陷身匈奴和归汉时内心痛苦。

艺术交流是丝路文化的重要内容，随着中外交流的开展，域外艺术传入中国。首先是音乐。周边四夷和域外乐舞在汉廷的演奏，是皇威远达德

---

[1] 逯钦立辑校：《先秦汉魏晋南北朝诗》（汉诗第 10 卷），中华书局 1983 年版，第 289 页。
[2] 同上书，第 290 页。
[3] 《汉书》卷 66 下《西域传》下，第 3903 页。
[4] （宋）郭茂倩编：《乐府诗集》卷 84，中华书局 1979 年版，第 1186 页。
[5] 《后汉书》卷 84《董祀妻传》，第 2801 页。
[6] 同上书，第 2802 页。
[7] 逯钦立辑校：《先秦汉魏晋南北朝诗》（汉诗第 7 卷），中华书局 1983 年版，第 201—203 页。

化四被的象征。刘向《五经通义》曰:"舞四夷之乐,明德泽广被四表也。"① 异域音乐进入文学家的艺术描写中。司马相如《上林赋》写汉武帝时乐舞:"俳优侏儒,狄鞮之倡。"李善《文选》注引郭璞曰:"狄鞮,西戎乐名也。"② 倡是表演西域乐舞的艺人。班固《东都赋》写汉明帝永明时,"自孝武之所不征,孝宣之所未臣,莫不陆詟水慄,奔走而来宾。遂绥哀牢,开永昌,春王三朝,会同汉京。"汉廷举行盛大典礼,接待夷王来朝,其中有四夷乐舞表演:

> 是日也,天子受四海之图籍,膺万国之贡珍,内抚诸夏,外绥百蛮。尔乃盛礼兴乐,供帐置乎云龙之庭,陈百寮而赞群后,究皇仪而展帝容。于是庭实千品,旨酒万钟,列金罍,班玉觞,嘉珍御,太牢飨。尔乃食举《雍》彻,太师奏乐,陈金石,布丝竹,钟鼓铿锵,管弦烨煜。抗五声,极六律,歌九功,舞八佾,《韶》、《武》备,太古毕。四夷间奏,德广所及,伶侏兜离,罔不具集。万乐备,百礼暨,皇欢浃,群臣醉,降烟氛,调元气,然后撞钟告罢,百寮遂退。③

其中"四夷间奏,德广所及,伶侏兜离,罔不具集"。伶侏兜离即四方域外乐舞。《白虎通德论·礼乐篇》云:"典四夷之乐,明德广及之也。故南夷之乐曰兜,西夷之乐曰禁,北夷之乐曰昧,东夷之乐曰离。""谁制夷狄之乐,以为先圣王也。先王推行道德,和调阴阳,覆被夷狄,故夷狄安乐,来朝中国,于是作乐乐之。"④ 汉代杂技乐舞中也不少域外因素。张衡《西京赋》写西汉都城长安平乐观天子游赏时的杂技表演:"既定且宁,焉知倾陁?大驾幸乎平乐,张甲乙而袭翠被。攒珍宝之玩好,纷瑰丽以佁儗。临迥望之广场,程角觝之妙戏。乌获扛鼎,都卢寻橦。冲狭燕濯,胸突铦锋。跳丸剑之挥霍,走索上而相逢。华岳峨峨,冈峦参差。神木灵草,朱实离离。总会仙倡,戏豹舞熊。白虎鼓瑟,苍龙吹篪。女娥坐而长歌,声清畅而蜲蛇。洪涯立而指麾,被毛羽之襳襹。度曲未终,云起

---

① (唐)欧阳询:《艺文类聚》卷41《乐部》,上海古籍出版社1982年版,第737—738页。
② (南朝·梁)萧统:《文选》卷8,上海书店1988年影印本,第111页。
③ (南朝·梁)萧统:《文选》卷1,上海书店1988年影印本,第13—14页。
④ (汉)班固:《白虎通德论》卷上,《汉魏丛书》,吉林大学出版社1992年影印本,第155页。

第十章　诗赋中的外来文化因子　589

雪飞。初若飘飘，后遂霏霏。复陆重阁，转石成雷。礔砺激而增响，磅蓋象乎天威。巨兽百寻，是为曼延。神山崔巍，欻从背见。熊虎升而挐攫之，猿狖超而高援。怪兽陆梁，大雀踆踆。白象行孕，垂鼻磷囷。海鳞变而成龙，状婉婉以蝹蝹。舍利牙牙，化为仙车，骊驾四鹿，芝盖九葩。蟾蜍与龟，水人弄蛇。奇幻儵忽，易貌分形（一作形）。吞刀吐火，云雾杳冥。画地成川，流渭通泾。东海黄公，赤刀粤祝。冀厌白虎，卒不能救。挟邪作蛊，于是不售。尔乃建戏车，树修旃。侲僮程材，上下翩翻。突倒投而跟絓，譬陨绝而复联。百马同辔，骋足并驰。撞末之技，态不可弥。弯弓射乎西羌，又顾发乎鲜卑。"①李尤《平乐观赋》写东汉都城洛阳的平乐观游戏充满异域内容："尔乃大和隆平，万国肃清。殊方重译，绝域造庭。四表交会，抱珍远并。杂逻归谊，集于春正。玩屈奇之神怪，显逸才之捷武。百僚于时，各命所主。方曲既设，秘戏连叙。逍遥俯仰，节以韬鼓。戏车高橦，驰骋百马。连翩九仞，离合上下。或以驰骋，覆车颠倒。乌获扛鼎，千钧若羽。吞刀吐火，燕跃鸟峙。陵高履索，踊跃旋舞。飞丸跳剑，沸渭回扰。巴渝隈一，逾肩相受。有仙驾雀，其形蚴虬。骑驴驰射，狐兔惊走。侏儒巨人，戏谑为耦。禽鹿六驳，白象朱首。鱼龙曼延，崛岉山阜。龟螭蟾蜍，挈琴鼓缶。"②刘梁《七举》有云："秦俳赵舞，奋袖低仰。跳丸□（弄）剑，腾虚蹈空。"③其中不少乃来自域外的杂技和魔术表演。

域外乐器受到中国人喜爱，在汉地乐舞表演中开始采用外来乐器，并加以仿制或改造，或为域外乐器乐曲谱写曲词。箜篌源出波斯，汉代传入中国，并且相当普及，《古乐府歌诗》云："集会高堂上，长弹箜篌。"④汉乐府民歌《古诗为焦仲卿妻作》写刘兰芝自述身世："十五弹箜篌，十六诵诗书。"⑤箜篌经中国传到朝鲜。汉乐府《相和歌辞》中之《相和曲·箜篌引》与这种乐器有关。《箜篌引》，乐府古词题曰《公无渡河》，史载："朝鲜津卒霍里子高妻丽玉所作也。高晨起刺船而濯，有一白首狂夫披发提壶，乱河流而渡，其妻随而止之，不及，遂堕河而死。于是援箜篌而鼓之，作《公无渡河》之曲，声甚凄怆，曲终，亦投河而死。霍里

---

① 费振刚等辑校：《全汉赋》，北京大学出版社1993年版，第419—420页。
② （唐）欧阳询：《艺文类聚》卷63《居处部》，上海古籍出版社1982年版，第1134页。
③ 费振刚等辑校：《全汉赋》，北京大学出版社1993年版，第544页。
④ （唐）虞世南：《北堂书钞》卷110《乐部》，学苑出版社1998年影印本，第197页。
⑤ （南朝·陈）徐陵编，（清）吴兆宜注，程琰删补：《玉台新咏笺注》卷1，中华书局1985年版，第43页。

子高还,以其声语其妻丽玉,玉伤之,乃引箜篌而写其声,闻者莫不堕泪饮泣焉。丽玉以其曲传邻女丽容,名之曰《箜篌引》。"《箜篌引》歌曰:"公无渡河,公竟渡河,堕河而死,将奈公何!"汉代"又有《箜篌谣》,不详所起。"① 现存其词与箜篌无关。② 后来的诗人以《箜篌引》或《公无渡河》为题赋诗者甚多。中原地区本有笛,汉代中原传入羌笛,羌笛可能与印度乐器有关,汉地人称为胡笛、羌笛与汉地笛相区别。《后汉书·五行志一》记载:"灵帝好胡服、胡帐、胡床、胡坐、胡饭、胡空侯、胡笛、胡舞,京都贵戚皆竞为之。"③ 羌笛双管,故马融《笛赋》云:"近世双笛从羌起,羌人伐竹未及已,龙吟水中不见已,截竹吹之声相似。"④ 羌笛原为四孔,为短笛,经汉代音乐家京房改造成为五孔,以符合五音的观念。⑤ 故又有长笛、短笛之分。在汉代的乐舞表演中,长笛、短笛被同时应用于演奏,汉乐府古辞《前缓声歌》云:"长笛续短笛,欲今皇帝陛下三千岁。"⑥《古歌》云:"长笛续短笛,愿陛下保寿无极。"⑦ 胡笳是北方游牧民族使用的哨子,其音悲切,故汉代古诗有云:"啼呼哭泣,如吹胡笳。"⑧

汉代流行神仙传说,在人们的想象中神仙的生活当不同于凡人。域外传入的物品与汉地产品不同,珍贵而稀奇,因而在文学作品中被文学家想象成为神仙们生活的用具。汉乐府古辞《陇西行》便借用来表示神仙生活与凡世不同:

> 天上何所有,历历种白榆。桂树夹道生,青龙对道隅。
> 凤皇鸣啾啾,一母将九雏。顾视世间人,为乐甚独殊。
> 好妇出迎客,颜色正敷愉。伸腰再拜跪,问客平安不。
> 请客北堂上,坐客毡氍毹。清白各异樽,酒上正华疏。

---

① (宋)郭茂倩编:《乐府诗集》卷 26,中华书局 1979 年版,第 377 页。
② (宋)郭茂倩编:《乐府诗集》卷 87,中华书局 1979 年版,第 1229 页。
③ 《后汉书》志第 13《五行志》一,第 3272 页。
④ 费振刚等辑校:《全汉赋》,北京大学出版社 1993 年版,第 498 页。
⑤ (元)马端临:《文献通考》卷 138《乐》(十一),中华书局 1986 年影印本,第 1226 页。
⑥ (宋)郭茂倩编:《乐府诗集》卷 65,中华书局 1979 年版,第 377 页。
⑦ (唐)虞世南:《北堂书钞》卷 111《乐部》,学苑出版社 1998 年影印本,第 204 页、
⑧ 逯钦立辑校:《先秦汉魏晋南北朝诗》(汉诗第 12 卷),中华书局 1983 年版,第 344 页。

酌酒持与客，客言主人持。却略再拜跪，然后持一杯。①

这首诗写天上仙境之乐。氍毹是来自西域国家的羊毛或兽毛制品，是贵重物品，诗人想象神仙之家地铺氍毹，邀请客人席地而坐，举行酒宴。被列入汉乐府《舞曲歌辞》的淮南小山《淮南王》诗写淮南王得道升仙后的生活："淮南王，自言尊，百尺高楼与天连。后园凿井银作床，金瓶素绠汲寒浆。"② 金银器是域外物品，诗人想象这种贵重的器物乃神仙奢侈生活所用。天上仙境实则地上人间贵族生活写照。

## 二　汉代诗赋中的胡人形象

秦汉以后，中华民族的统一国家基本形成，汉族同境内少数民族及周边民族的交往日益频繁。汉武帝以后，经西北丝路和海上交通入华的域外人日益增多。东汉时中外交往和交流更加扩大，正如《后汉书·东夷列传》所云："自中兴之后，四夷来宾，虽时有乖畔，而使驿不绝，故国俗风土，可得略记。"③ 反映了西汉以来中原与周边域外各民族间的交往关系。正像马雍先生所指出的，从西汉中期至东汉中期，"中亚人已频繁地往来于中国。从东汉后期开始，更掀起了一股前所未有的中亚人来华的热潮"。④ 从在这种交往中，大量域外胡人入华，他们有的经商，有的成为汉人的奴仆，有的从事各种娱乐伎艺，不仅为中原人民所喜爱，为汉廷王侯贵族所欣赏，他们异于汉人的形象也引起好奇，甚至被嘲弄。如前所述，汉代各种造型艺术中有不少胡人形象，而在语言艺术中也可见到对胡人形象的描写。这种形象出现在东汉后期北方作家的诗赋中，描写的基本上是中亚胡人。汉代诗人辛延年的《羽林郎》写一位胡姬拒绝无赖调戏的故事：

昔有霍家奴，姓冯名子都。依倚将军势，调笑酒家胡。

---

① （南朝·陈）徐陵编，（清）吴兆宜注，程琰删补：《玉台新咏笺注》卷1，中华书局1985年版，第12页。
② （宋）郭茂倩编：《乐府诗集》卷54，中华书局1979年版，第792页。
③ 《后汉书》卷85《东夷列传》，第2810页。
④ 马雍：《东汉后期中亚人来华考》，收入氏著《西域史地文物丛考》，文物出版社1990年版，第46页。

> 胡姬年十五，春日独当垆。长裾连理带，广袖合欢襦。
> 头上蓝田玉，耳后大秦珠。两鬟何窈窕，一世良所无。
> 一鬟五百万，两鬟千万余。不意金吾子，娉婷过我庐。
> 银鞍何煜爚，翠盖空踟蹰。就我求清酒，丝绳提玉壶。
> 就我求珍肴，金盘脍鲤鱼。贻我青铜镜，结我红罗裾。
> 不惜红罗裂，何论轻贱躯！男儿爱后妇，女子重前夫。
> 人生有新故，贵贱不相逾。多谢金吾子，私爱徒区区。①

辛延年，东汉人，身世不详。②"酒家胡"即当垆卖酒的胡人妇女。这首诗告诉我们，汉代有大量的胡人胡女在中原从事各种工作，尤其是从事商业性、娱乐性工作。胡姬的穿戴也颇具异域色彩，"大秦珠"即来自罗马的珍珠。酒店的器具"金盘"、调笑酒家胡的霍家奴坐骑披挂的是"银鞍"之类金银器也是来自域外。诗中的"霍家"即西汉大将军霍光之家，但在这里并不能坐实理解，只是权贵豪家的代称而已。

赋是汉代的代表性文学，其中也有描写胡人形象的作品。《汉书·艺文志》杂赋列"杂四夷及兵赋二十篇"③，杂四夷赋可能就是这类描写、歌咏或嘲弄胡人的作品。西汉焦延寿卜筮书《易林·噬嗑》之《萃》卜辞云："乌孙氏女，深目黑丑，嗜欲不同，过时无偶。"④可见当时嘲笑胡女胡人的作品不少，所以焦氏才把它写进占卜辞中，形容错过时机将有不利后果。在赋中对胡人形象进行描写的，如蔡邕《短人赋》：

> 侏儒短人，僬侥之后。出自外域，戎狄别种。去俗归义，慕化企

---

① （南朝·陈）徐陵编，（清）吴兆宜注，程琰删补：《玉台新咏笺注》卷1，第24—25页。
② 按：郭茂倩《乐府诗集》将此诗收入《杂曲歌辞》，曰"后汉辛延年"。参见《乐府诗集》卷63，中华书局1979年版，第909页；游国恩《西汉乐府歌辞和文人五言诗的创作》考证是东汉和帝时人，参见《教师报》1956年9月11日、25日、28日；陈直《汉铙歌十八曲新解》则认为乃西汉末人，载《人文杂志》1959年第4期；方祖燊《汉诗研究》考证为西汉人，《方祖燊全集》（七），台北文史哲出版社2008年版。此诗收入南朝陈陵编《玉台新咏》，清吴兆宜考证，"羽林郎"之称最早见于《后汉书·百官志》，故谓"东汉杂曲歌辞"。辛延年当为东汉时人。
③ 《汉书》卷30《艺文志》，第1752页。
④ （汉）焦延寿：《易林》卷2，中国国家图书馆编《原国立北平图书馆甲库善本丛书》，国家图书馆出版社2013年影印本，第512册，第997页。

## 第十章 诗赋中的外来文化因子 593

踵。遂在中国，形貌有部。名之侏儒，生则象父。唯有晏子，在齐辨勇。匡景拒崔，加刃不恐。其馀尨公，劣厥倭㜮。画喷怒语，与人相距。蒙眛嗜酒，喜索罚举。醉则扬声，骂詈咨口。众人恐忌，难与并侣。是以陈赋，引譬比偶。皆得形象，诚如所语。其词曰：雄荆鸡兮鹜鹏鹅，鹖鸠雒兮鹁鶂雉。冠戴胜兮啄木儿，观短人兮形若斯。(巴巅马兮柙下驹——据《蔡中郎集》补)，蛰地蝗兮芦䖦蛆。茧中蛹兮蚕蠕顿，视短人兮形若斯。木门闑兮梁上柱，弊凿头兮断柯斧。鞞鞈鼓兮补履獛，脱椎柄兮捣薤杵。视短人兮形如许。①

又如汉末繁钦的《明口赋》，残存14字，据其内容亦写胡人形象："唇实范绿，眼惟双穴。虽蜂膺眉鬢，梓……"② 繁钦另有《三胡赋》莎车人、康居人和罽宾人，云："莎车之胡，黄目深精，员耳狭颐。康居之胡，焦头折额，高辅陷无，眼无黑眸，颊无馀肉。罽宾之胡，面象炙猬，顶如持囊，䁽目赤眦，洞頵仰鼻"；又云："额似鼬皮，色象委橘"。③ 这三个国家都是西域古国，都是处于丝绸之路要道的国家，张骞出使西域后与汉朝来往频繁，他们的商贾和使节来到中原地区，汉地人得以见到他们的形象，所以引起繁钦的吟咏。繁钦的这两篇赋引起钱钟书的注意，他曾对这两篇残赋有如下解说：

> 《全后汉文》卷九三……徐干《明口赋》："唇实范绿，眼惟双穴。虽蜂膺眉鬢，梓……"④ 按题与文皆讹脱，而一斑窥豹，当是嘲丑女者。同卷有繁钦《三胡赋》，描摹胡人状貌之恶，则干此篇题倘为《胡女赋》耶？"眼惟双穴"与《三胡赋》之"黄目深睛"、"眼无黑眸"剧类。"蜂膺"或是"蜂准"之误，杜甫《黄河》所谓"胡人高鼻"。目深鼻高乃胡貌特征，《世说·排调》即记王导笑胡人康僧渊之"目深而鼻高"；《南部新书》戊卷载唐睿宗咏壁画胡人头："唤出眼！何用苦深藏？缩却鼻！何畏不闻香？"；《云溪友议》卷中载陆岩赠胡女诗："眼睛深却湘江水，鼻孔高于华岳山"；睿宗下句谓鼻塌亦能闻香，故不须高耳。"范"疑"规"之讹，如《淮南子·

---

① (唐)徐坚等编：《初学记》卷19《人部》，中华书局1962年版，第463页。
② (唐)虞世南：《北堂书钞》卷158《地部》，学苑出版社1998年影印本，第587页。
③ 费振刚等辑校：《全汉赋》，北京大学出版社1993年版，第642页。
④ (汉)繁钦：《明口赋》，《北堂书钞》卷158《地部》，严可均《全后汉文》卷93系于繁钦，钱钟书误作徐干赋。

说山训》"画西施之面、规孟贲之目"之"规",画也,"规"误为"轨",三写复误为"范";"眉"疑"蝐"之讹,谓鬓毛森刺,犹李颀《古意》之言"鬓如蝟毛磔"。①

繁钦的这两篇赋作,都是嘲弄胡人的。汉唐之间大量胡人入华,他们的形象和言行受到汉地人们的好奇、挖苦和嘲笑。蔡邕和繁钦的赋代表了这种风气,可以与大量胡人俑的出现相印证。胡人形象还被雕刻到建筑物上,王褒《鲁灵光殿赋》写建筑师把胡人与飞禽走兽、神仙玉女一起雕刻在灵光殿上,并对胡人形象进行了生动的状写:"绿房紫菂,窋咤垂珠,云棼藻棁,龙桷雕镂。飞禽走兽,因木生姿。奔虎攫挐以梁倚,仡奋䰄而轩鬐。蛟龙腾骧以蜿蟺,颔若动而躨跜。朱鸟舒翼以峙衡,腾蛇蟉虬而绕榱。白鹿孑于欂栌,蟠螭宛转而承楣。狡兔跧伏于柎侧,猨狖攀椽而相追。玄熊冉炎以断断,却负载而蹲跠。齐首目以瞪眄,徒徒而狋狋,胡人遥集于上楹,俨雅跽而相对。仡欺䰨以雕䏶,幽頵頟而睽睢。状若悲愁于危处,憯顰蹙而含悴。神仙岳岳于栋间。玉女窥窗而下视。忽瞟眇以响像,若鬼神之仿佛。"② 从把胡人与禽兽神仙同样作为艺术表现的对象来看,汉人是把胡人当作另类人看待的。

## 三 汉代诗赋中和抚四夷的天下观

刘邦在秦末动乱和楚汉相争中胜出,建立了强大的汉王朝。西汉建立之初,汉高祖尚忧边境不宁,故有"安得猛士兮守四方"之叹。③ 随着国家的安定和强盛,汉人志吞八方的雄心便滋长起来,汉人的理想已经不仅仅是处理好域内之事,还追求四夷安抚,天下大定。汉乐府诗《安世房中歌》云:"王侯秉德,其邻翼翼。显明昭示,清明鬯矣。皇帝孝德,竟

---

① 钱钟书:《管锥编》(第三册),中华书局1979年版,第1044页。
② 费振刚等辑校:《全汉赋》,北京大学出版社1993年版,第528页。
③ 《史记》卷8《高祖本纪》,第389页。

全大功，抚安四极。"① "冯冯翼翼，承天之则。吾易久远，烛明四极"；"嵤嵤即即，师象山则。呜呼孝哉，案抚戎国，蛮夷竭欢。象来致福，兼临是爱，终无兵革"。② 在宋人郭茂倩编《乐府诗集》中，《安世房中歌》属"郊庙歌辞"。郊庙歌辞是祭祀天地、太庙、明堂、籍田、社稷时所用乐歌。

汉武帝败匈奴、灭朝鲜，平南越，征服西域，其开疆拓土的辉煌功业为中外交通和交流创造了良好局面。这些正是汉乐府诗歌功颂德的好题材。《鼓吹曲辞》中的《铙歌·上之回》歌颂汉武帝的功业："上之回，所中益。夏将至，行将北，以承甘泉宫。寒暑德，游石关，望诸国，月支臣，匈奴服，令从百官疾驱驰，千秋万岁乐无极！"③ 史载元封四年（前107年）冬，武帝行幸雍，祠五畤，通回中道，遂北出萧关。沈建《乐府广题》云："汉曲皆美当时之事。"④ 此诗即歌颂武帝此行。上之回者，即上幸回中宫；所中，即行在所。萧关、回中之地过去是汉与匈奴较量的地方，如今匈奴远遁，边地安定，武帝行幸于此，便彰显了北击匈奴的胜利，所以诗人赞美之。在汉代的周边民族中，与汉朝关系最重要的非匈奴莫属，西汉前期与匈奴的关系表现出被动挨打的局面，征服匈奴是让汉人感到最自豪的事件。汉乐府鼓吹曲辞《铙歌·远如期》云："远如期，益如寿。处天左侧，大乐万岁，与天无极。雅乐陈，佳哉纷。单于自归，动如惊心。虞心大佳，万人还来，谒者引向殿陈，累世未尝闻之。增寿万年亦诚哉！"⑤ 以匈奴单于为代表的众多异族归顺，汉廷上诸国蕃王被引上殿，向汉天子祝寿，这是汉天子文治武功的胜利。

辉煌的功业更加刺激了汉人的以汉朝为中心的域中观念，自认为汉文

---

① 现在流传的汉代《安世房中歌》应是经孝惠帝时夏侯宽、汉武帝时司马相如等据汉高祖唐山夫人《汉房中祠乐》歌辞改编而成。据《汉书》记载，《安世房中乐》原为高祖唐山夫人所作《汉房中乐》，"孝惠二年，使乐府令夏侯宽备其箫管，更名《安世乐》"。宋人郭茂倩云："郊庙歌辞……两汉已后，世有制作。其所用于郊庙朝廷，以接人神之欢者，其金石之响，歌舞之容，亦各因其功业治乱之所起，而本其风俗之所由。武帝时，诏司马相如等造《郊祀歌》诗十九章，五郊互奏之。又作《安世歌》诗十七章，荐之宗庙。"参见氏编《乐府诗集》第1卷，中华书局1979年版，第1页。逯钦立指出："乐与辞非一事，此质之汉志可知，似不得即署唐山夫人。"参见逯钦立辑校《先秦汉魏晋南北朝诗》（汉诗卷第4卷），中华书局1983年版，第146页。唐山夫人所作当为歌辞，而乐府谱以乐曲。
② 逯钦立辑校：《先秦汉魏晋南北朝诗》（汉诗第4卷），中华书局1983年版，第146页。
③ 同上书，第156页。
④ （宋）郭茂倩编：《乐府诗集》卷16，中华书局1979年版，第227页。
⑤ 同上书，第231页。

明是最先进的文明，而周边都是文化落后的异族，要树立大汉王朝世界中心的地位。汉武帝命司马相如等人把歌咏大汉功德的《安世歌》加以改编谱曲，用于郊庙祭祀。汉武帝君臣联唱诗《柏梁诗》中，大将军卫青的诗句是"和抚四夷不易哉！"舍其诗云："蛮夷朝贺常会期。"① 汉郊庙歌辞《郊祀歌·西颢》云："西颢沆砀，秋气肃杀。含秀垂颖，续旧不废。奸伪不萌，妖孽伏息。隅辟越远，四貉咸服。既畏兹威，惟慕纯德。附而不骄，正心翊翊。"霍去病《霍将军歌》写自己的理想："四夷既护，诸夏康兮。国家安宁，乐无央兮。载戢干戈，弓矢藏兮。麒麟来臻，凤皇翔兮。与天相保，永无疆兮。亲亲百年，各延长兮。"②《郊祀歌·惟泰元》云："灭除凶灾，烈腾八荒；钟鼓竽笙，增加舞翔翔。招摇灵旗，九夷宾将。"③ 郊祀歌是祠祭太乙、后土的乐歌，"武帝定郊祀之礼，祠太乙于甘泉，就乾位也；祭后土于汾阴，泽中方丘也。乃立乐府，采诗夜诵。"④ 汉人告成功于天地，表示汉朝追求的是通过恩威并施实现四夷咸服的局面，首先是和为贵，但也不放弃武力的征服，让四夷畏威怀德，真正的心悦诚服。扬雄《羽猎赋》写汉朝恩威并施，文武兼用："于兹乎鸿生巨儒，俄轩冕，杂衣裳，修唐典，匡雅颂，揖让于前。昭光振耀，响忽如神，仁声惠于北狄，武义动于南邻，是以旃裘之王，胡貉之长，移珍来享，抗手称臣。"⑤ 其《长杨赋》颂汉武帝威德："圣武勃怒，爰整其旅，乃命票、卫，汾沄沸渭，云合电发，飙腾波流，机骇蜂轶，疾如奔星，击如震霆，砰輷輘，破穹庐，脑沙幕，髓余吾。遂猎乎王廷。驱橐它，烧蠹蠡，分梨单于，磔裂属国，夷坑谷，拔卤莽，刊山石，蹂尸舆厮，系累老弱，兖鋋瘢耆、金镞淫夷者数十万人，皆稽颡树额，扶服蛾伏，二十余年矣，尚不敢惕息。夫天兵四临，幽都先加，回戈邪指，南越相夷，摩节西征，羌僰东驰。是以遐方疏俗殊邻绝党之域，自上仁所不化，茂德所不绥，莫不跷足抗手，请献厥珍，使海内淡然，永亡边城之灾，金革之患。"⑥

东汉明帝时经营西南夷取得成效。永平十二年（69年），哀牢王柳貌派儿子率种人内属，明帝以其地置哀牢、博南二县，割益州郡西部都尉所

---

① 逯钦立辑校：《先秦汉魏晋南北朝诗》（汉诗第1卷），中华书局1983年版，第97页。
② （宋）郭茂倩编：《乐府诗集》卷60，中华书局1979年版，第882页。
③ （宋）郭茂倩编：《乐府诗集》卷1，中华书局1979年版，第4页。
④ 《汉书》卷22《礼乐志》，第1045页。
⑤ 《汉书》卷87《扬雄传》上，第3552页。
⑥ 《汉书》卷87《扬雄传》下，第3561页。

领六县,合为永昌郡,意图打通博南道。"博南县西山,高三十里,越之度兰仓水。"这是一件有意义的事业,因为过博南山,可以经兰仓水(今澜沧江)通缅甸和印度。但博南道道途艰辛,"始通博南山,度兰仓水,行者苦之"。行人歌曰:"汉德广,开不宾。度博南,越兰津。度兰仓,为他人。"① 汉王朝和抚四夷的政策收到良好效果,周边民族向慕汉文化,纷纷表示臣服。明帝时益州刺史朱辅宣示汉德,咸怀远夷。自汶山以西,前世所不至,正朔所未加。白狼、槃木、唐菆等百余国,皆举种称臣奉贡。白狼王唐菆作诗三章,歌颂汉德,其属下译为汉语,献之东汉朝廷。其一《远夷乐德歌》曰:

大汉是治,与天合意。吏译平端,不从我来。闻风向化,所见奇异。多赐缯布,甘美酒食。昌乐肉飞,屈伸悉备。蛮夷贫薄,无所报嗣。愿主长寿,子孙昌炽。

其二《远夷慕德歌》曰:

蛮夷所处,日入之部。慕义向化,归日出主。圣德深恩,与人富厚。冬多霜雪,夏多和雨。寒温时适,部人多有。涉危历险,不远万里。去俗归德,心向慈母。

其三《远夷怀德歌》曰:

荒服之外,土地墝埆。食肉衣皮,不见盐谷。吏译傅风,大汉安乐。携负归仁。触冒险狭。高山岐峻。缘崖磻石。木薄发家。百宿到洛。父子同赐。怀抱匹帛。传告种人。长愿臣仆。②

对大汉恩德和汉文化的热爱、仰慕和感念洋溢于深情咏唱。

诗人们歌唱汉王朝和抚四夷的功业,蔡邕《酸枣令刘熊碑诗》:"天临保汉,实生□勋。明试赋授,夷夏已亲。"③ 但也有保守的人对夷狄文化抱拒斥态度。《后汉书·陈禅传》记载:"永宁元年(120年),西南夷

① 《后汉书》卷86《南蛮西南夷列传》,第2849页。
② 同上书,第2854—2857页。
③ 逯钦立辑校:《先秦汉魏晋南北朝诗》(汉诗第7卷),中华书局1983年版,第194页。

掸国（在今缅甸北部）王诣阙献乐及幻人，能吐火，自支解，易牛马头，明年元会，作之于庭，安帝及群臣共观，大奇之。"陈禅认为这是夷狄之戏，是不正当的游戏，朝廷不宜演出。《华阳国志》记载，巴郡陈纪山（陈禅），时任司隶校尉，严明正直，西房献眩，王庭试之，分公卿以为嬉。纪山独不视，京师称之。不仅京城里赞扬陈纪之的正直行为，家乡的人也为他感到自豪，巴人歌唱他："筑室载直梁，国人以贞真。邪娱不扬目，狂行不动身。奸轨僻乎远，理义协乎民。"① 此所谓"邪娱"即指来自域外的魔术表演。

汉代输入大量外来文明，这些文明成果的获得是中外交流的辉煌成就。汉代人认为这与汉武帝开疆拓土密切相关，因此在歌颂汉武帝功业的同时，也不断提起汉代的外来文明成果。杜笃《论都赋》云：

> 孝武因其余财府帑之蓄，始有钩深图远之意。探冒顿之罪，校平城之雠，遂命票骑，勤任卫青，勇惟鹰扬，军如流星，深入匈奴，割裂王庭，席卷漠北，叩勒祁连，横分单于，屠裂百蛮。烧屬帐，系阏氏，燔康居，灰珍奇，椎鸣镝，钉鹿蠡，驰坑岸，获昆弥，虏倭侲，驱骡驴，驭宛马，鞭駃騠。拓地万里，威震八荒。肇置四郡，据守敦煌。并域属国，一郡领方。立侯隃北，建护西羌。捶驱氐、僰，寥狼邛莋。东擽乌桓，蹂轔濊貊。南羁钩町，水剑强越。残夷文身，海波沫血。郡县日南，漂概朱崖。部尉东南，兼有黄支。连缓耳，琐雕题，摧天督，牵象犀，椎蚌蛤，碎琉璃，甲瑇瑁，戕觜䚦。于是同穴裒褐之域，共川鼻饮之国，莫不袒跣稽颡，失气房伏。非夫大汉之盛，世藉廱土之饶，得御外理内之术，孰能致功若斯！②

在作者看来，那些奇禽异兽和珠宝珍奇所以为汉所有，是汉武帝时代军事斗争的战果，是汉代内外政策的辉煌胜利，四夷入贡是域外文明输入的主要途径。在东汉作家笔下，东汉更超越西汉，域外珍奇输入中国之多，班固《西都赋》写长安西郊之上林苑："四百余里，离宫别馆，三十六所，神池灵沼，往往而在。其中乃有九真之麟，大宛之马，黄支之犀，条支之鸟。逾昆仑，越巨海，殊方异类，至三万里。"③ 而东汉更盛于汉武，其

---

① （晋）常璩著，任乃强校注：《华阳国志校补图注》卷1《巴志》，上海古籍出版社1987年版，第17页。
② 费振刚等辑校：《全汉赋》，北京大学出版社1993年版，第267页。
③ 同上书，第313页。

《东都赋》云:"自孝武所不能征,孝宣所不能臣,匈不陆龙水慄,奔走而来宾。遂绥哀牢,开永昌,春王三朝,会同汉京。是日也,天子受四海之图籍,膺万国之贡珍。内抚诸夏,外接百蛮。"① 李尤《函谷关赋》歌颂东汉中兴,"皇汉之休烈":"会万国之玉帛,徕百蛮之贡琛。"② 其《辟雍赋》歌颂东汉文明昌盛:"是以乾坤所周,八极所要,夷戎蛮羌,儋耳哀牢,重译响应,抱珍来朝。南金大路,玉象犀龟。"③ 张衡《东京赋》写东汉盛世:"孟春元日,群后旁戾,百僚师师,于斯胥泊。藩国奉聘,要荒来质。具惟帝臣,献琛南贽。当觐乎殿下者,盖数万以二。"在对外关系方面,"惠风广被,泽泊幽荒。北燮丁令,南谐越裳,西包大秦,东守乐浪,重舌之人九译,佥稽首而来王。"④ 这分明是两汉时代皇威远被四夷入贡的热情颂歌。

---

① 费振刚等辑校:《全汉赋》,北京大学出版社1993年版,第330页。
② 同上书,第376页。
③ (汉)陆贾等撰,费振刚等辑校:《全汉赋》,北京大学出版社1993年版,第380页。
④ 同上书,第445页。

# 余　论

英国地理学家哈·麦金德在《历史的地理枢纽》（1904年）一书中提出"心脏地带"观点和"新月形地带"理论。他认为欧亚大陆的中部和北部是世界的心脏，欧亚腹地是一个面积广袤的地带，有大片草原和沙漠，周围有山系环绕，北方有北冰洋水系，由此形成陆权力量所依赖的天然要塞，是海权力量无法深入的天然要塞。世界上有两条重要的新月形地带，一是内新月形地带，又称欧亚大陆边缘新月形地带，心脏地带的东西两面和南面是呈新月形的边缘地区，由海路可以到达。这里孕育了欧洲、西亚、印度、中国等伟大的文明。二是外新月形地带，包括南北美洲、撒哈拉沙漠以南的非洲以及大洋洲，又称为海岛新月形地带。[①] 内新月形地带是世界古代文明最早发达地区。相比较而言，中国文明处于新月形地带最东端，远离其他古代文明地区，与其他文明之间地隔高山大川、戈壁沙漠和汪洋大海，因此中外交通和文明互传存在天然的障碍。

从文化形态看，中国传统文化具有相对独立性。这种独立性不仅表现在它的产生是自本自根的，还表现在它的发展和变化是沿着自身的规律演变的。这与它赖以产生和发展的自然地理环境存在密切关系。在古代交通和通讯条件的制约下，中国与其他文明的交流发展缓慢，中国地大物博的丰富资源也造成其缺乏对域外文化的强烈依赖性。考古发现中国与域外文化的交流发生很早，但其规模有限。中国人早就知道世界上有其他民族和文化的存在，对域外的认识不断扩大，但他们所熟悉的主要是东亚大陆。对他们来说，其他地区是什么样子是模糊的，得之于传闻的信息往往是神话般的传说，似是而非。从远古神话到《山海经》，直到涉及汉武帝时代之前有关域外的著作，诸如《穆天子传》《西京杂记》《海内十洲记》、张华《博物志》、王嘉《拾遗记》等都是如此。中国人按照自己

---

[①] ［英］A. 麦金德：《历史的地理枢纽》，林尔蔚、陈江译，商务印书馆2009年版，第62—63页。

的宇宙图式和地理观念编排着域外的世界，形成这样的地理书或博物志，其中有某种真实性，更多的是奇闻和想象。汉武帝以前中国文化基本上是独立于世界之外的文明，纵览汉武帝以前的中国文化，那是一个相对封闭和自立的状态，自力更生是其发展的基本动因。随着人类交通条件的进步和不同国家和地区的联系日益加强，这种局面早晚会被打破。

人类对异域物产的好奇和对异域文明的渴望促使人们不畏艰险，从事文化的交流。世上本没有路，走的人多了，也便成了路。"踏平坎坷成大道"可以形容古代中外交通开辟的历程。世界上不同地区和国家、民族之间的交往和交流很早便开始了，其时间之早超出一般人的想象。尽管先秦时期中外交通与文化交流就已经发生，但得到国家有效的组织、有意识的提倡和大力推行并形成较大规模，不能不承认在中国历史上是从汉武帝时代开始的。从汉武帝通西域、伐匈奴、平南越和并朝鲜，至汉灵帝"好胡服、胡帐、胡坐、胡饭、胡空篌、胡笛、胡舞，京师皆竞为之"[1]，是历史合乎逻辑的发展。两汉时期交通四方，获得域外珍奇，域外珍奇又刺激汉朝人与域外交流的欲望，这种互为因果的主客观互动推动了汉代中外交通、交往和交流不断发展，从而推动了旧大陆不同国家、地区和民族文明的跃升。通过本书的考察，可以知道两汉时期中外文化交流的成果十分辉煌。中国的精美丝绸传播四方，换来了域外各种物产源源不断地输入。这是一个中外交通和交流获得重大突破的时代，其辉煌成果和伟大意义值得我们认真探讨。

张骞是令人钦佩的伟大人物，他不畏艰险勇于开拓的精神被后世赞扬，在中外文化交流史上具有标志性意义。实际上汉武帝时代有几个重大事件具有与之同等重要的历史意义，汉武帝平南越，海上丝绸之路进入新时代；汉武帝时击灭卫氏朝鲜，建立汉四郡，在与东亚诸国的交流和交往上意义重大；汉朝反击匈奴，取得决定性胜利，扭转了被动挨打局面。尤其是汉军的历次出征，从匈奴手中夺取河西走廊和西域，对保证西域稳定和维持丝绸之路通畅起了重大作用。这些都和张骞出使西域在中外关系史上具有同样的地位。汉代中外交通和交流的开展所取得的辉煌成就是由多种因素造成的。汉武帝时代是中外交通与文化交流的一个重要时期。汉朝抗击匈奴、张骞通西域、武帝平南越和朝鲜半岛汉四郡的建立是中外文化交流史上具有标志性的事件，标志着中外文化交流进入一个新时期，迎来

---

[1] 《后汉书》志第13《五行志》，中华书局1965年点校本，第3272页。

了中外文化交流的第一个高潮。中国丝绸开始大量输出域外，成为欧亚大陆普遍欢迎的产品。同时，周边民族和域外各国各种珍禽奇兽、奇花异草和器物产品也随着中外贸易和文化交流进入中国。不仅有物质文化产品，也有精神文化产品，南亚佛教和西域艺术也大规模传入中国。如前所论，汉朝获得大量外来文明成果。

汉武帝是一位开拓进取的皇帝，反击匈奴的胜利让汉王朝的声威远达异域。汉武帝时期中外交通与交流取得了空前的发展。汉代建立之初，由于匈奴的强盛，阻断了中西交通的开展，造成中原地区与西域的隔绝。为了联合大月氏和乌孙夹击匈奴，张骞两次出使西域，"西北国始通于汉矣"。[①] 张骞出使西域之后，汉朝通过河西走廊进入西域，越过葱岭进入中亚、西亚、南亚甚至埃及的道路逐渐走通。汉武帝平南越后，汉朝使节出太平洋，进入印度洋，来到了印度和斯里兰卡，与东来的罗马人共同完成了东西方海上交通的连接。汉朝对匈奴战争的胜利，使东北亚和西域各民族纷纷归附汉朝。汉朝灭卫氏朝鲜后，朝鲜半岛北部直接进入汉王朝统治之下，半岛南部也受到汉文化的强烈辐射。通过朝鲜半岛，日本感受到汉文化的巨大魅力，开始遣使入贡，开始踏上有意识向中国学习的道路。汉武帝努力打通西南夷道，发展了与西南地区各民族的联系。其开疆拓土和对外交往的辉煌功业，开创了中外交通与交流的新局面。从此中外交往不断扩大，中国开始大踏步融入世界的进程，在慷慨奉献自己的文明成果的同时，还造成周边民族和域外国家的内属和入贡，带动了大量异域物产的输入。从丝绸之路发展史看，汉武帝时代是开拓时期。中外文化交流经过数千年的发展，至此才形成规模，为此后的发展奠定了基础。

促进中外交通和交流进入这样一个新局面有各种条件。在经过六十多年休养生息，经济发展和国力强盛之时，汉武帝及时改变了统治方针，变无为为有为，积极进取，成功了扭转了北方被动挨打的局势；又向西、西南、南方和东北方向扩展势力，其气魄之雄伟史无前例。对周边民族和域外国家军事上的胜利是创造这一局面的重要推动力量。"武帝情存远略，志辟四方，南诛百越，北讨强胡，西伐大宛，东并朝鲜"。[②] 其开疆拓土

---

[①] 《史记》卷123《大宛列传》，中华书局1982年第2版，第3169页。
[②] （汉）蔡邕：《遣兵击鲜卑议》，《后汉书》卷90《鲜卑传》，第2990页。

和对外交往的辉煌功业,开创了中外交通与文化交流的新局面。① 中外交往不断扩大,造成了周边民族和域外国家的内属和入贡,同时带来了大量异域物产的输入。历来把汉代域外文明的输入归功于汉武帝的开疆拓土。汉宣帝《褒先帝诏》颂扬汉武帝的功业云:"孝武皇帝躬仁谊,厉威武,北征匈奴,单于远遁;南平氐羌、昆明、瓯骆两越;东定薉、貊、朝鲜,廓地斥境,立郡县,百蛮率服,款塞自至,珍贡陈于宗庙。"② 东汉杜笃《论都赋》云:

> 孝武因其余财府帑之蓄,始有钩深图远之意。探冒顿之罪,校平城之雠,遂命票骑,勤任卫青,勇惟鹰扬,军如流星,深入匈奴,割裂王庭,席卷漠北,叩勒祁连,横分单于,屠裂百蛮。烧屬帐,系阏氏,燔康居,灰珍奇,椎鸣镝,钉鹿蠡,驰坑岸,获昆弥,虏偻侲,驱骡驴,驭宛马,鞭駃騠。拓地万里,威震八荒。肇置四郡,据守敦煌。并域属国,一郡领方。立侯隅北,建护西羌。捶驱氐、僰,寥狼邛莋。东攠乌桓,蹂轔濊貊。南羁钩町,水剑强越。残夷文身,海波沫血。郡县日南,漂槪朱崖。部尉东南,兼有黄支。连缓耳,琐雕题,摧天督,牵象犀,椎蚌蛤,碎琉璃,甲瑇瑁,戕觜觿。于是同穴裘褐之域,共川鼻饮之国,莫不袒跣稽颡,失气虏伏。非夫大汉之盛,世藉雍土之饶,得御外理内之术,孰能致功若斯!③

武帝开创的事业,后世发扬光大,西汉后期,中国与域外交通的局面已经打开,但西北陆路匈奴的势力成为汉与西域交通的阻碍力量,海上交通受限于造船水平和航海能力的落后,中外文化互传仍然有限。东汉时汉朝在西域建立了比较牢固的统治,并最终彻底击败了匈奴,海上交通条件有了很大的改善,于是与域外的交流便出现了新的规模。两汉时欧亚大陆存在

---

① 按:近代论中外交通,其实包括了中外交通、交流和交往等多种含义,例如方豪《中西交通史》、向达《中西交通史》、冯承钧《中国南洋交通史》等,都是在这个意义上使用"交通"一词的。随着语言的变化,交通、交流与交往的词义具有互相区分的明确的概念。本文取这些词的现代意义,交通指道路、路线和途径,交流指彼此间文化的互相传播,交往指双方的政治关系和经济等方面的往来。至于"中外"之"中"与"外"一般以现在中国版图为界限,但也考虑到两汉时期疆域和势力范围的实际状况,有时论述时把周边民族(包括可能活动在今天版图之内的古代民族)与中原地区的交通、交流和交往也加以论及。
② 《汉书》卷75《夏侯胜传》,第3156页。
③ 费振刚等辑校:《全汉赋》,北京大学出版社1993年版,第267页.

四大文明中心，即罗马、安息、印度和中国，其他地区的文化往往受其辐射和影响。因此，中外交通的发展水平主要看当时中国与罗马、安息和印度间的交往和交流。西汉末和东汉初，佛教开始传入中国，中国与印度的交通发展到新的层次。经过长时间的酝酿，东汉末年佛教在中国的传播出现了一个小小的高潮。西汉时中国与罗马便互相知道对方的存在，中国人知道极西有一个国家被称为"黎轩"，罗马人也知道极东有一个国家叫"赛里斯"，但受到安息的阻隔而不能相通。东汉时中国人不仅得到了大秦的珠宝，大秦人还通过海上交通来到了东汉的首都洛阳。张骞出使西域时已经知道西亚有一个文明国家安息，但也是到东汉时安息人才更多的来到中国。根据我们的考察，从文献记载和考古发现来看，中国境内所得域外文明以东汉时期数量大增。在东汉人的生活中已经有更多的"洋味"的内容。从与东亚国家的关系看，东汉时日本遣使来到中国，接受东汉光武帝赐的倭奴国王印。从外来文明输入的情况来看，从数量、种类和范围上来说东汉时大大超过了西汉的水平。世界的历史是一个从分散走向整体的发展过程，东汉时中国日益融入旧大陆文化发展大格局中，从此中国的历史与域外文明的发展便密不可分，不再是孤立的自我的存在。《后汉书·西南夷列传》史官论曰：

> 汉氏征伐戎狄，有事边远，盖亦与王业而终始矣。至于倾没疆陲，丧师败将者，不出时岁，卒能开四夷之境，款殊俗之附。若乃文约之所沾渐，风声之所周流，几将日所出入处也。著自山经水志者，亦略及焉。虽服叛难常，威泽时旷，及其化行，则缓耳雕脚之伦，兽居鸟语之类，莫不举种尽落，回面而请吏，陵海越障，累译以内属焉。故其录名中郎、校尉之署，编数都护、部守之曹，动以数百万计。若乃藏山隐海之灵物，沉沙栖陆之玮宝，莫不呈表怪丽，雕被宫幄焉。又其賨嫁火毳、驯禽封兽之赋，轙积于内府；夷歌巴舞、殊音异节之技，列倡于外门。岂柔服之道，必足于斯？然亦云致远者矣。

两汉与域外的交往不断扩大，中外交流取得前所未有之成就。这种成就不仅是赫赫武功事征四夷的结果，也是文教德治的辉煌成果。汉民族的先进文明吸引周边民族和域外国家倾心仰慕和学习，纳贡称臣。班固《东都赋》颂扬汉明帝时的功业，云：

> 至于永平之际，重熙而累洽，盛三雍之上仪，修衮龙之法服，铺

鸿藻，信景铄，扬世庙，正雅乐。人神之和允洽，群臣之序既肃。乃动大辂，遵皇衢，省方巡狩，穷览万国之有无，考声教之所被，散皇明以烛幽。然后增周旧，修洛邑，扇巍巍，显翼翼。光汉京于诸夏，总八方而为之极。是以皇城之内，宫室光明，阙庭神丽，奢不可逾，俭不能侈。外则因原野以作苑，顺流泉而为沼，发蘋藻以潜鱼，丰圃草以毓兽，制同乎梁邹，谊合乎灵囿。若乃顺时节而蒐狩，简车徒以讲武，则必临之以《王制》，考之以《风》《雅》，历《驺虞》，览《驷铁》，嘉《车攻》，采《吉日》，礼官整仪，乘舆乃出。于是发鲸鱼，铿华钟，登玉辂，乘时龙，凤盖飒丽，和銮玲珑，天官景从，寝威盛容。山灵护野，属御方神，雨师泛洒，风伯清尘，千乘雷起，万骑纷纭，元戎竟野，戈铤彗云，羽旄扫霓，旌旗拂天。焱焱炎炎，扬光飞文，吐焰生风，吹野燎山，日月为之夺明，丘陵为之摇震。遂集乎中囿，陈师案屯，骈部曲，列校队，勒三军，誓将帅。然后举烽伐鼓，申令三驱，轻车霆激，骁骑电骛，由基发射，范氏施御，弦不失禽，辔不诡遇，飞者未及翔，走者未及去。指顾倏忽，获车已实，乐不极般，杀不尽物，马踠余足，士怒未渫，先驱复路，属车案节。于是荐三牺，效五牲，礼神祇，怀百灵，觐明堂，临辟雍，扬缉熙，宣皇风，登灵台，考休徵。俯仰乎乾坤，参象乎圣躬，目中夏而布德，瞰四裔而抗棱。西荡河源，东澹海漘，北动幽崖，南趋朱垠。殊方别区，界绝而不邻。自孝武之所不征，孝宣之所未臣，莫不陆詟水栗，奔走而来宾。遂绥哀牢，开永昌，春王三朝，会同汉京。是日也，天子受四海之图籍，膺万国之贡珍。①

东汉张衡《东京赋》称扬东汉之声威："惠风广被，泽洎幽荒。北燮丁令，南谐越裳，西包大秦，东过乐浪。重舌之人九译，金稽首而来王。"② 马融《广成颂》歌颂汉之声威达于四夷云："明德曜于中夏，威灵畅乎四荒，东邻浮巨海而入享，西旅越葱岭而来王，南徼因九译而致贡，朔狄属象胥而来同。"③ 李尤《辟雍赋》写汉朝兴太学，重文教，先进文明造成世界各国入朝纳贡：

---

① （南朝·梁）萧统：《文选》卷1，上海书店1988年影印本，第11—12页。
② （南朝·梁）萧统：《文选》卷3，上海书店1988年影印本，第45页。
③ 《后汉书》卷60上《马融传》，第1967页。

> 太学既崇,三官既章。灵台司天,群耀弥光。太室宗祀,布政国阳。辟雍嵩嵩,规矩圆方。阶序牖闼,双观四张。流水汤汤,造舟为梁。神圣班德,由斯以匡。喜喜济济,春射秋飨。王公群后,卿士具集。攒罗鳞次,差池杂遝。延忠信之纯一兮,列左右之貂珰。三后八番。师尹群卿,加休庆德,称寿上觞。戴甫垂毕,其仪跄跄。是以乾坤所周,八极所要。夷戎蛮羌,儋耳哀牢。重译响应,抱珍来朝。南金大路,玉象犀龟。①

班固、张衡、马融、李尤都强调汉朝的文治武功,吸引了周边四夷的称臣入贡,首先是自身文明成果的奉献,其次才是域外文明成果的获得。

他们概括了汉代强盛四夷纳贡的盛况以及域外文明输入的内容和途径,但并不全面。古代中外文化交流的内容和途径非常复杂。法国汉学家布尔努瓦这样描述:"矿物、植物、动物在20个世纪之前是怎样从一个国家传到另一个国家呢?某些植物是通过近邻关系而几近于自动传播的。另一些产品是通过使节之手而从一个地区逐渐地传到另一个地区的,如作为'贡物'或'礼物',或者是通过商贾们的媒介作用。这些传播有时具有军事的原因,或者是与经济实力的迫切需要有关,通过权力和暴力、劫持或绑架、抢劫而完成,还有某些传播是通过阴谋诡计而走私完成的;最后,某些传播又是通过王室通婚而完成的。"② 其说不免笼统或者片面,但也说明了古代文化交流途径的复杂性。古代文化交流的途径与近现代极不相同,汉代中外交流的动因和途径有其特殊性。

这里需要说明的是,汉代中外交流和外来文明的"中"与"外"的范围,并不像我们今天所谓中外文化交流的界限那么明确和清晰。本课题研究基本上立足于今天中国的疆域,以此为界划分"中"与"外",但也考虑到历史上疆界的变动与所谓"中外"在不同历史时期的不同含义。具体到汉代,其中外的区分当时表述为"汉"与"胡",从胡人那里得到的就可以说是外来的,是与汉文化对应的异质文化。汉代的"胡"却是包括今天看来也是外国和今天看来属于中国境内的民族,这里主要涉及汉代边疆民族与周边民族和国家,这些民族有的已经消失在历史的长河中,如匈奴、鲜卑等,有的依然活跃在中华民族大家庭中,如羌、西南夷、挹娄等。还有汉代视为境内,今天却成为外国的,如交趾的一部分。更有汉

---

① 费振刚等辑校:《全汉赋》,北京大学出版社1993年版,第380页。
② [法]布尔努瓦:《丝绸之路》,耿昇译,山东画报出版社2001年版,第256页。

代开始作为异域，后来进入汉朝境内，再后来又脱离汉朝统治的地区，如西域。这里有一定的复杂性，甚至具有一定的政治敏感性。考虑到本课题研究的主旨之一在于说明汉文化的生长是在不断吸收异质文明的基础上走向壮大的，当时被称为"胡"的民族，其文明成果的输入在当时是作为外来的东西看待的，就像上引李尤的《辟雍赋》所写"是以乾坤所周，八极所要。夷戎蛮羌，儋耳哀牢。重译响应，抱珍来朝。南金大路，玉象犀龟"。其中写到的在今天看来是中国境内和我们中华民族大家庭内部的成员，因此在本书中依然作为汉文化之外的异质文化加以论述。历史是一个发生、发展与变迁的过程，我们不能完全站在今天的立场上观察汉代的"中"与"外"，还应该从汉代特定历史时期的时间维度看当时"汉"与"胡"的关系。在本书的论述中，我们也谈到了匈奴、鲜卑、西南夷、挹娄以及西域各民族与汉朝的交往与交流。我们从这种观点出发，观察汉代中国与域外交流，其外来文明输入的途径主要有如下方面。

战争曾经是推动汉朝与域外交往的重要动因，甚至可以说汉朝与域外大规模的交往起源于战争的需要。战争会造成交战国之间的交往、贸易的暂时中断，但也从某种意义上加强了双方的联系，还造成一种特殊的文化交流的机会。战争双方都有必要研究和关注对方的状况，"知己知彼，百战不殆"。这种研究和关注必然造成对对方的了解、学习和借鉴。战争还造成俘虏和掠夺，也是获取对方文化成果的机会。战争还要求建立连盟，拉拢各方对付共同的敌人。张骞出使西域这个中外文化交流史上划时代意义的重大事件，跟汉朝对匈奴的战争有关。汉武帝为了拉拢大月氏和乌孙以夹击匈奴，达到"断匈奴右臂"的目的，先后两次派张骞出使西域。张骞出使西域的直接目的没有达到，却种桃得李，打开了中西交通的隔绝状态，从而造成了伟大的"凿空"之举。汉朝与西域的交通和交往得以展开，战争手段是重要因素。张骞出使西域之后，卫青、霍去病等率军进击匈奴获胜和李广利远征大宛对于中西交通的开展都具有重要意义。《汉书·西域传》云："汉兴至于孝武，事征四夷，广威德，而张骞始开西域之迹。其后骠骑将军击破匈奴右地，降浑邪、休屠王，遂空其地，始筑令居以西，初置酒泉郡，后稍发徙民充实之，分置武威、张掖、敦煌，列四郡，据两关焉。自贰师将军伐大宛之后，西域震惧，多遣使来贡献，汉使西域者益得职。"[①] 汉武帝以后实现了经过海上交通与海外国家的交通和交往，那是汉朝出兵平南越的直接成果。平南越的战争使汉朝获得大量沿

---

[①] 《汉书》卷96上《西域传》上，第3873页。

海地区的物产，而且为此后的海外贸易活动创造了条件。因此讲到汉代中西间海上交通，《汉书·地理志》云："自合浦、徐闻南入海，得大州，东西南北方千里，武帝元封元年略以为儋耳、珠崖郡。……自日南障塞徐闻、合浦船行可五月，有都元国，又船行可四月，有邑卢没国；又船行可二十余日，有谌离国；步行可十余日，有夫甘都卢国。自夫甘都卢国船行可二月余，有黄支国，民俗略与珠厓相类。其州广大，户口多，多异物，自武帝以来皆献见。"① 与朝鲜半岛和日本的交往在汉武帝时代也进入一个新时期，"汉四郡"的建立是新时期的开始。元封三年（前108年），汉武帝派遣的水陆两路大军，夹击王险城。卫右渠被他的部下所杀，卫满朝鲜灭亡。在对朝鲜半岛的战争中汉朝得到其地物产，无须赘言。汉武帝灭了卫氏朝鲜后，在其管辖地先后设置了乐浪、临屯、玄菟和真番四郡。声威所及，远在乐浪之外的海岛国家日本也向汉王朝称臣纳贡，"乐浪海中有倭人，分为百余国，以岁时来献见云"。② 北方对匈奴的战争，虽然从汉朝建立起就持续不断，而摆脱被动局面取得军事优势则是从汉武帝时代开始的，汉朝在对匈奴的战争中也获得不少战利品。武帝元朔二年（前127年）《益封卫青》诏书中表彰卫青进击匈奴的战功，云："执讯获丑，欧马牛羊百有余万。"③ 李广利远征大宛，获得大批汉武帝孜孜以求的汗血宝马。汉武帝还努力开通"西南夷道"和"灵山道"④，加强了与西南各民族的联系。汉成帝时，扬雄著《校猎赋》，颂扬汉朝的功德："仁声惠于北狄，武义动于南邻。是以旃裘之王，胡貉之长，移珍来享，抗手称臣。"⑤ 又著《长杨赋》论汉武帝的武功："夫天兵四临，幽都先加；回戈邪指，南越相夷；靡节西征，羌僰东驰。是以遐方疏俗殊邻绝党之域，自上仁所不化，茂德所不绥，莫不蹻足抗手，请献厥珍。"⑥ 东汉时对匈奴战争的胜利和对西域的经营，保证了丝绸之路的通畅，发展了与西南夷、朝鲜、日本、东南亚、南亚、西亚以及大秦的关系，让东汉王朝获得更多的域外珍奇。故《后汉书·和帝纪》传论云："自中兴以后，逮于永元，虽颇有弛张，而俱存不扰，是以齐民岁增，辟土世广。偏师出

---

① 《汉书》卷28下《地理志》下，第1671页。
② 同上书，第1658页。
③ 《汉书》卷54《卫青传》，第2473页。
④ 《汉书》卷57《司马相如传》下，第2580—2581页。
⑤ 《汉书》卷87《扬雄传》上，第3552页。
⑥ 《汉书》卷87《扬雄传》下，第3561页。

塞，则漠北地空；都护西指，则通译四万。"①

贸易本身是互通有无的经济活动，国际间的贸易是世界上各个国家、地区和民族间文化交流的主要途径。古代贸易有两种形式，一是国家政府组织的贸易，二是商人经营的个体贸易，其共同特点都是物质交换，汉代古代中外商人共同完成了这种交换。在漫长的历史时期内，丝绸之路上奔波着无数的商人和商队。"天下熙熙，皆为利来；天下攘攘，皆为利往"是对商业目的的准确概括。② 商人们跋山涉水，甘冒风波之险和旅途之苦，长途贩运，从事交换，为的是牟利。"利"趋使着历代无数的商人或商队在极其艰苦的条件下进行商品贩运，同时促进了彼此间的文化交流。在相当长的历史时期内，中国的丝绸是世界各地各个民族共同喜欢的产品，丝绸贸易开辟了世界上最长的一条商道，带动了中外物质文化的交流。不仅物质文化产品，精神文明的产品同样是历代商人贩卖的对象，商人贸易与文化交流也是密切相关的。汉代中外贸易活动大规模的开展是从汉武帝时代开始的，按照《史记·大宛列传》记载，张骞出使西域，了解到西域各国对中国丝绸的喜爱和渴求，同时也了解到中国所需要的西域各国的物产，汉与西域的贸易随之出现了前所未有的兴盛局面。来往于丝绸之路上的外国商使络绎不绝，"西北外国使，更来更去"③；汉朝往西去的"使者相望于道，诸使外国一辈大者数百，少者百余人……汉率一岁中使多者十余，少者五六辈。远者八九岁，近者数岁而返"。④ 而在汉朝平南越之后，汉朝商使便冒风波之险，经海路西行，远至印度、斯里兰卡从事商贸交换活动，"有译长，属黄门，与应募者俱入海市明珠、璧流离、奇石异物，赍黄金，杂缯而往。所至国皆禀食为耦，蛮夷贾船，转送致之"。⑤ 汉代个体商贾的活动也值得注意。西汉焦延寿卜筮书《易林》中卜辞有云："东市齐鲁，南贾荆楚，羽毛齿革，为吾利宝。"⑥ 实际上是当时东西奔走南北往来的商人活动的反映。《汉书·地理志》记载粤地："处近海，多犀、象、毒冒、珠玑、银、铜、果布之凑，中国往商贾者多取富焉。"⑦ 这些物产有的来自海外，中国内地商人往南方沿海地区经商，

---

① 《后汉书》卷4《和帝纪》，第195页。
② 《史记》卷129《货殖列传》，第3256页。
③ 《史记》卷123《大宛列传》，第3173页。
④ 同上书，第3170页。
⑤ 《汉书》卷28《地理志》下，第1671页。
⑥ （汉）焦延寿：《易林》卷3《家人》"蛊"条，中国国家图书馆编《国立原北平图书馆甲库善本丛书》，国家图书馆出版社2013年影印本，第512册，第1041页。
⑦ 《汉书》卷28《地理志》下，第1670页。

把这些海外输入的珍货转手贩卖到中原地区,以此致富。在与朝鲜半岛的交往中,汉朝商业活动也深入到今朝鲜境内的汉四郡:"郡初取吏于辽东,吏见民无闭臧。及贾人往者,夜则为盗,俗稍益薄。"① 商人唯利是图的行为破坏了那里一向的淳朴之风。汉与匈奴之间尽管不断发生军事上的冲突,但边境地区长期存在互市贸易,汉景帝时,"复与匈奴和亲,通关市,给遗匈奴";汉武帝即位,"明和亲约束,厚遇,通关市,饶给之"。② 在各关口都有所谓"关市",这是汉地与匈奴百姓之间交易的固定场所,农耕与游牧民族间必需的物质交换得以正常进行,汉朝从互市中获得匈奴的骆驼马牛羊等草原地区产品。马邑之战中穿插活动于汉匈之间的聂壹就是一位在汉地和匈奴交界地区经商的人。汉与匈奴和亲关系破裂,双方进行军事对抗,"然匈奴贪,尚乐关市,嗜汉财物,汉亦尚关市,不绝以中之"。③ 原因是这种边境互市对双方都是有利的。不仅与匈奴如此,汉与周边民族都存在互市贸易。《后汉书·乌桓鲜卑列传》记载,汉与乌桓"岁时互市"④;与鲜卑"通胡市,因筑南北两部质馆"。⑤

使节往还是国家、政府之间的官方交往活动,这种活动具有政治、经济、军事和文化等多方面的性质。在这种交往中双方会互赠礼品,这些礼品往往都是代表本国特色的物品。这是古代各个国家和民族间文化交流的一条重要渠道。中国地大物博,又是世界上最文明的国家,因此在这种交往中很早就形成优势地位,中国人很早就形成文化上的优越感。古代统治者往往以大国天子自命,在与异域交往中取居高临下之姿态,视周边和域外民族为"四夷",把其他国家和民族来访称为"朝",称出访其他国家和民族为"使";其他国家和民族向汉朝赠送礼品称为"贡献",把赠送其他国家和民族礼品称为"赏赐"。汉武帝追求的政治理想是"日月所烛,莫不率俾。周之成康,刑错不用,德及鸟兽,教通四海。海外肃慎,北发渠搜,氐羌徕服"。⑥ 四夷入贡是"教通四海"的象征。西汉文学家司马相如《谕巴蜀民檄》盛赞汉武帝的功业造成四夷入贡,云:"陛下即位,存抚天下,辑安中国。然后兴师出兵,北征匈奴,单于怖骇,交臂受事,屈膝请和。康居西域,重译请朝,稽首来享。移师东指,闽越相诛;

---

① 《汉书》卷28下《地理志》,第1658页。
② 《史记》卷110《匈奴列传》,第2904页。
③ 同上书,第2905页。
④ 《后汉书》卷90《乌桓鲜卑列传》,第2982页。
⑤ 同上书,第2986页。
⑥ 《汉书》卷6《汉武帝纪》,第160页。

右吊番禺,太子入朝。南夷之君,西棘之长,常效贡职,不敢怠惰,延颈举踵,喁喁然,皆争归义,欲为臣妾。"①《汉书·西域传》论汉武帝交通四方获各国贡献的盛况:

> 孝武之世,图制匈奴,患其兼从西国,结党南羌,乃表河西,列四郡,开玉门,通西域,以断匈奴右臂,隔绝南羌、月氏。单于失援,由是远遁,而幕南无王庭。遭值文、景玄默,养民五世,天下殷富,财力有余,士马强盛。故能睹犀布、玳瑁则建珠崖七郡,感枸酱、竹杖则开牂柯、越巂,闻天马、蒲陶则通大宛、安息。自是之后,明珠、文甲、通犀、翠羽之珍盈于后宫,蒲梢、龙文、鱼目、汗血之马充于黄门,巨象、狮子、猛犬、大雀之群食于外囿。殊方异物,四面而至。于是广开上林,穿昆明池,营千门万户之宫,立神明通天之台,兴造甲乙之账,落以随珠和璧,天子负黼依,袭翠被,冯玉几,而处其中。设酒池肉林以飨四夷之客,作巴俞都卢、海中砀极、漫衍鱼龙、角抵之戏以观视之。②

张骞出使西域、汉武帝平南越和灭卫氏朝鲜之后,与周边各民族和国家交往频繁,汉朝在这种朝贡中获得不少域外珍奇。据汉代文献记载,自汉武帝以后,屡有称周边民族和域外国家来献的记载。《汉书·武帝纪》记载,元狩二年(前121年)夏"南越献驯象、能言鸟"。③ 元狩六年(前117年),"冬十月,赐……蛮夷锦各有差"。④ 四夷来访皆称"贡""献",赠送礼品给周边或域外民族皆用"赐"或"赏赐"。⑤ 李广利伐大宛获胜,汉之声威震动西域。《汉书·武帝纪》记载,天汉元年"匈奴归汉使者,使使来献"⑥;二年秋,"渠黎六国使使来献"。⑦《汉书·西域传》记载,楼兰国"降服贡献"⑧;罽宾国"遣使献","罽宾实利赏赐贾

---

① 《史记》卷117《司马相如列传》,第3044页。
② 《汉书》卷96《西域传》下,第3928页。
③ 《汉书》卷6《汉武帝纪》,第176页。
④ 同上书,第179页。
⑤ 《汉书·西域传》记载,张骞出使乌孙,"昆莫见骞如单于礼,骞大惭,谓曰:'天子至赐,王不拜,则还赐。'昆莫起拜,其他如故。"可见当时处理彼我关系时非常重视"赐"字的使用。
⑥ 《汉书》卷6《汉武帝纪》,第202页。
⑦ 同上书,第203页。
⑧ 《汉书》卷96上《西域传》,第3877页。

市，其使数年而一至"①；安息国"以大鸟卵及犁靬善眩人献于汉"②；康居"遣子侍汉，贡献"③；大宛"岁献天马二匹"④；乌孙"发使送骞，因献马数十匹报谢"，"使使献马"。⑤ 经过汉武帝以来的军事打击，匈奴日益衰落，因此对汉称臣。匈奴使节入朝，向汉朝贡献，并恢复和亲关系。宣帝神爵二年（前60年），"匈奴单于遣名王奉献，贺正月，始和亲"。"呼韩邪单于款五原塞，愿奉国珍朝三年正月"。这件事被汉朝大臣视为"自古未之有也"的大事。⑥ 此后匈奴单于来皆称"来朝"。东汉时南匈奴降汉，北匈奴日益衰落，则"遣使称臣，诣敦煌奉献"。⑦ 在西域国家中，乌孙最早与汉朝建立友好关系，并发展为和亲关系。哀帝元寿二年（前1年）"春正月，匈奴单于、乌孙大昆弥来朝"。⑧ 这件事"汉以为荣"。⑨ 汉朝置西域都护以后，西域国家更多地入汉朝贡，"其来贡献则相与报"。⑩ 南方海外国家来访赠送礼品，亦称"献"。平帝时，王莽秉政，为了炫耀威德，吸引域外国家入贡，"元始元年春正月，越裳氏重译献白雉一，黑雉二。"⑪ 元始"二年春，黄支国献犀牛"。东汉时"四夷来宾，虽时有乖畔，而使驿不绝"。⑫ 由于汉朝掌握了西域的控制权，丝绸之路通畅，因此西域国家向汉朝"贡献"更加频繁，汉朝由此得到更多的外来器物产品。击灭匈奴之后，汉朝在亚洲处于中心地位，与当时欧亚大陆上贵霜王国、安息王国和大秦王国成为政治舞台上四大帝国，不仅与这些强大帝国发生交往，而且接受周边各落后和弱小国家的入朝贡献。因此，史书上记载东汉后期周边民族和域外国家向中国中原政权朝贡的材料更多。除了西域，东亚、东北亚和东南亚、南亚诸海外国家，远至西亚安息、欧洲大秦，皆有贡献之举。汉朝在朝鲜半岛置四郡后，影响所及，日

---

① 《汉书》卷96上《西域传》，第3886、3887页。
② 同上书，第3890页。
③ 同上书，第3892页。
④ 同上书，第3895页。
⑤ 同上书，第3902、3903页。
⑥ 《汉书》卷8《汉宣帝纪》，第270页。
⑦ 《后汉书》卷4《殇帝纪》，第196页。
⑧ 《汉书》卷11《汉成帝纪》，第344页。
⑨ 《汉书》卷96《西域传》下，第3910页。
⑩ 同上书，第3928页。
⑪ 《汉书》卷12《汉平帝纪》，第348页。
⑫ 《后汉书》卷85《东夷列传》，第2810页。

本开始与汉朝发生关系，"乐浪海中有倭人，分为百馀国，以岁时来献见"。① 东汉时倭人"使驿通于汉者三十许国"。② 《后汉书·光武帝纪》记载，建武中元二年（57年）正月，"东夷倭奴国王遣使奉献。"③ 此后屡见记载。如《后汉书·安帝纪》记载，永初元年（107年）"冬十月，倭国遣使奉献"。④ 东北亚诸族扶余、高句骊、东夷韩国等屡有奉献。永初三年（109年）正月，"高句骊遣使贡献"⑤，包括今缅甸境内的西南夷从东汉初便臣服贡献。《后汉书·明帝纪》记载，永平十七年（74年），"西南夷哀牢、儋耳、僬侥、槃木、白狼、动黏诸种，前后慕义贡献；西域诸国遣子入侍"。⑥ 西域极远之大秦国亦遣使贡献。《后汉书·桓帝纪》记载，延熹九年（166年）九月，"大秦国王遣使奉献"。章怀太子注："时国王安敦献象牙、犀角、玳瑁等"。⑦ 《后汉书·西域记》记载，班超遣甘英西使归来后，"远国蒙奇兜勒皆来归服，遣使贡献"。⑧ 蒙奇兜勒被认为是马其顿之音译。⑨ 《后汉书·灵帝纪》记载，灵帝熹平二年（173年），"冬十二月，日南徼外国重译贡献"；"三年春正月，夫余国遣使贡献"。⑩ 西域诸国在东汉时都"遣子入侍"，朝贡不断。至献帝建安七年，

---

① 《汉书》卷28下《地理志》下，第1658页。"倭人"当指日本。颜师古注引如淳曰："如墨委面，在带方东南万里。"又引臣瓒曰："倭是国名，不谓用墨，故谓之委也。"颜师古云："如淳云'如墨委面'，盖音委字耳，此音非也。倭音一戈反，今犹有倭国。《魏略》云倭在带方东南大海中，依山岛为国，度海千里，复有国，皆倭种。"
② 《后汉书》卷85《东夷传》，第2820页。
③ 《后汉书》卷1《光武帝纪》，第84页。
④ 《后汉书》卷5《安帝纪》，第208页。
⑤ 同上书，第212页。
⑥ 《后汉书》卷2《明帝纪》，第121页。
⑦ 《后汉书》卷7《桓帝纪》，第318页。
⑧ 《后汉书》卷88《西域记》，第2910页。
⑨ "蒙奇兜勒"指何国，是一国，还是两国，向有争议，多数学者认为乃"马其顿"之音译。参见张星烺《中西交通史料汇编》（一）"古代中国与欧洲之交通"，上海书店1991年影印辅仁大学图书馆本，第38页。在公元2世纪前叶的西方文献中，有马其顿商人遣使到达中国（Seres，希腊、罗马人对中国的称呼）首都赛拉（Sera，洛阳）的记载，或许与中国文献这一记载有关。成书于公元150年的罗马地理学家托勒密的著作《地理志》记载：有一位名叫马埃斯、又名蒂蒂亚诺斯的马其顿人（Macedones）记录了从石堡到赛拉城的路程。他自己没有到过中国，而是派遣手下的人去的。在另一处又说，这条道路遥远崎岖，旅途中伴随着强劲的风暴。为走完这段路，马埃斯手下的人总共花了七个月的时间（托勒密《地理志》第1章，第11节）。托勒密在书中说明，他所引用的材料来源于马利努斯的著作，马利努斯为推罗人。参见［法］戈岱司编《希腊拉丁作家远东古文献辑录》，耿昇译，中华书局1987年版，第21—23页。
⑩ 《后汉书》卷8《灵帝纪》，第335页。

中原大乱,"于阗国献驯象"。① 史书上记载各国入贡或奉献的贡物,有的明言何物,有的只是笼统交代,因此我们并不清楚每次进献的贡物是什么,只能从其国物产的记载中了解一些信息。这种官方的入贡,不仅仅是器物产品,也有精神产品,如宗教、艺术等。魏晋时人鱼豢《魏略·西戎传》记载,西汉末哀帝时,博士弟子景卢曾受大月支使臣伊存"口授浮屠经"。② 西汉时安息国曾献"大鸟卵及黎轩善眩人"③;东汉时在今缅甸的掸国曾遣使向汉朝"献乐及幻人"④,汉代中国从这种"贡献"中获得大量域外文明成果。

宗教本身就是文化,宗教的传播就是文化交流,同时宗教又是文化交流的载体和媒介。宗教是古代最容易突破民族、国界和政治隔阂进行文化交流的媒介和载体。在中外文化交流史上,宗教作为文化交流的一种载体,发挥过重要的作用。佛教产生于南亚,最早是汉代传入中国的,西汉末已有大月氏使节向中国人口授浮屠经,东汉末年西域入华僧人翻译出第一批佛经。随着佛教传入中国,印度富有思辨性的哲学、逻辑学天文、历法以及文学、音乐、绘画、雕塑、舞蹈等都伴随着佛教的传入而来,大大丰富和充实了魏晋到隋唐七百年间的中国思想学术与社会文化生活。汉末东来的域外高僧不少人都会一些方术,有的僧人还在自然科学方面有一定的造诣。康僧会《安般守意经序》称安世高"博学多识,贯综神模,七正盈缩,风气吉凶,山崩地动,针脉诸术,睹色知病;鸟兽鸣啼,无音不照"。⑤《高僧传·安清传》说他"外国典籍及七曜五行医方异术,乃至鸟兽之声,无不综达"。⑥ 七正即七政、七曜,指日月和金、木、水、火、土五星。"风气吉凶"则是占卜之术。"山崩地动"则是地质学、地震知识。这段记载说明他懂天文学、医学和其他自然科学知识。来自安息国的安清曾译《㮈女耆域因缘经》,其中记载神医耆域诸奇术;东汉末年来华的印度高僧竺律炎和大月氏高僧支越曾译有《佛说佛医经》,说明汉时印度古医书已经传入中国并有汉译本问世。

除了上述几个方面之外,还有一种容易为人们忽略的途径和方式,就是民间的交往和交流。这是一种持久不断而一直存在的交流,而常常又是

---

① 《后汉书》卷9《献帝纪》,第382页。
② 《三国志》卷30《乌丸鲜卑东夷传》,裴松之注引,第859页。
③ 《史记》卷123《大宛列传》,第3173页。
④ 《后汉书》卷51《陈禅传》,第1685页。
⑤ (南朝·梁)释僧祐:《出三藏记集》卷6,中华书局1995年版,第244页。
⑥ (南朝·梁)释慧皎:《高僧传》卷1《安清传》,中华书局1992年版,第4页。

无迹可循不为古代史书所记载的途径和方式，然而我们不能忽视这一途径和方式的重要性。统治者为了获取生活的奢侈品，不惜代价遣使远出，厚待贡使，用中国的丝绸和黄金去换取异域珍禽奇兽、佳果名卉或珠宝，他们的活动被记入史册。与此同时，人民却在进行着最有利于社会和经济发展的交流活动，一个明显的事实就是棉花、粮食作物及其种植技术的传播，这些在封建社会中促进经济增长的重要因素常常看不到统治者的有意提倡，也看不到史书上的认真记载。这是人民的自发的活动，它源于社会生活的需要。汉代棉花种植已经从南亚传入中国西南地区，但其传播方式和途径，却不见史书的具体记载。

在现代化的交通和通讯技术出现之前，中外交通和交流的传统方式主要就是上述几种，汉代开启了这些传统的交流途径和方式。交通的发展是文化交流的前提和条件，贸易、宗教、使节往还和各种器物产品的传播首先必须有道路交通。汉代时中国与域外的交通受地理环境的影响，主要存在如下路线：一是通过欧亚大草原与西北游牧民族的交通；二是通过丝绸之路绿洲路与中亚、西亚和南亚的交通；三是通过海上交通与东亚、东南亚、南亚以及更远的安息、大秦的交通；四是通过南方丝绸之路与西南夷、南蛮和缅甸、印度间的交通。各条路线因自然的人为的因素时有盛衰，呈此起彼伏的状况。关于汉代中外交通的发展，笔者在《丝绸之路的起源》一书已有专门论述，此不复赘。大体来说，两汉时以绿洲路和海路的利用更为重要。

杨联陞谈到汉代帝国，有一个新鲜的比喻："整个帝国的网络系统类似于一个巨大的酒瓶，尽管这个酒瓶里大多数时候都装着旧酒，但它能够不时地容纳一些新酒。"① 外来文明为汉代社会生活带来新气象，汉代人的知识信仰和家常日用都开始有了更多的"洋味"，这是汉代社会与先前古老中国的重要区别之一。有人认为汉代统治者喜爱西域生活方式，造成东汉末年的胡化风尚。汉灵帝的提倡导致东汉末年西域文化的传播达到了高潮，从汉宫到京师洛阳，从京师洛阳到广大社会，盛行西域风尚。《后汉书·五行志》记载："灵帝好胡服、胡帐、胡床、胡坐、胡饭、胡箜篌、胡舞，京都贵戚皆竞为之。"② 这是一种倒因为果的见解。从汉武帝时起，由于汉通西域，西域大量物品传入，丰富多彩而又新奇有趣的异域

---

① ［美］余英时：《汉代贸易与扩张》杨序，邬文玲等译，上海古籍出版社2005年版，第3页。
② 《后汉书》志第十三《五行志》，第3272页。

风物以及生活方式，越来越引起上层贵族社会的爱好，于是追求异域特色的珍奇物品和生活方式成为其奢侈生活的一部分，从西汉到东汉这种弥漫于宫廷社会的胡风呈越来越浓的表现。例如灵帝好"胡帐"，即北方和西北游牧民族的穹庐，西汉焦延寿卜筮书《易林》卷一《讼》之"遁"条云："欧脱康居，慕仁入朝。湛露之义，三爵毕恩，复归旧庐。"① 居穹庐是北方和西域民族的居住方式，实际上西汉已经出现，被视为"非吾习俗"，并引起人们的忧虑。同书同卷《屯》之"屯"条云："安息康居，异国穹庐，非吾习俗，使我心忧。"② 同书卷二《谦》之"比"条又云："安息康居，异国穹庐，非吾邦域，使伯忧戚。"③ 同书卷四《兑》之"师"条又云："安息康居，异国穹庐，非吾习俗，使伯忧惑。"④ 《三辅黄图》卷三记载奇华殿："在建章宫旁，四海夷狄器服珍宝，火浣布、切玉刀、巨象、大雀、师子、宫马，充塞其中。"⑤ 同书同卷记载曜华宫云："梁孝王好营宫室，苑囿之乐，作曜华宫。……其诸宫观相连，延亘数十里，奇果异树、珍禽怪兽毕有，王日与宫人宾客弋钓其中。"⑥ 坐在铺地的毡毯上饮酒，也是游牧民族的习尚。《东观汉记》记载："景丹率众至广阿，光武出城外，按马，坐毡毺氍上设酒肉。"⑦ 也是效仿胡人的生活方式。梁冀也是一个典型的例子，《后汉书·梁冀传》记载，桓帝时，梁冀当权，"遣客出塞，交通外国，广求异物"。梁冀与其妻孙寿皆大起第舍，"图以云气仙灵，台阁周通，更相临望；飞梁石磴，陵跨水道；金玉珠玑，异方珍怪，充积臧室。远致汗血名马，又广开苑囿……奇禽驯兽，飞走其间"。不要说皇帝权臣，连当时豪富之家也喜好异域之物，《三辅黄图》卷四记载，茂陵富民袁广汉修筑林园，"奇禽珍兽，委积其间"，说明此风已弥漫朝野和社会上下。本来传统社会对这股胡化风气有强烈的抵制，但由于灵帝的以身作则，让大家都摆脱了观念上的束缚，于是竞相仿效。灵帝即位时年方十二岁，正是好奇的年龄，对于域外的生活方式产

---

① （汉）焦延寿：《易林》卷1《讼》，中国国家图书馆编《国立原北平图书馆甲库善本丛书》，国家图书馆出版社2013年影印本，第512册，第962页。
② （汉）焦延寿：《易林》卷1《屯》"屯"条，《国立原北平图书馆甲库善本丛书》，第512册，第956页。
③ 同上书，第982页。
④ 同上书，第1082页。
⑤ 佚名撰，何清谷校注：《三辅黄图校注》卷3《建章宫》，三秦出版社1995年版，第168页。
⑥ 同上书，第209页。
⑦ 《太平御览》卷708《服用部》，上海古籍出版社2008年影印本，第7册，第371页。

生强烈的好奇心是很自然的。因此，灵帝喜好域外生活方式，是长期以来域外生活习尚的刺激和汉代此种社会风气流行的结果。

古代的中外文化交流意义如何？人们有不同的认识。否定者以为古代中外交往的主要目的是满足统治者奢侈享受的需要，对经济发展、人民生活和文明进步没有什么意义。

汉武帝在中外交通和文化交流史上具有独特的地位。从他开始，不仅两汉历朝统治者，而且中国历代统治者都大力开展对外交往活动。对于统治阶级所开展的对外交往、经济贸易和文化交流活动，以及这种活动的价值和作用，历来存在不同的认识和评价，褒贬不一。汉武帝是大力开展对外交往活动的第一位皇帝，因此历来成为议论的中心人物，对其开拓西域的动机和功过有很多议论和评价。历史上关于汉武帝开展对外交往活动的议论，反映了历代中国人制定对外政策、处理对外关系以及开展外交活动的原则和指导思想。

日本学者藤田丰八说："汉武帝于陆地辟西域之道，于海上开南海之路，在中国文化上，与以绝大之影响，是无可否认者。"① 汉武帝开拓四方的功业彪炳史册，得到热情的颂扬。《汉书》卷七十下《叙传》下论列《匈奴传》《西南夷两越朝鲜传》《西域传》之旨意云：

> 於惟帝典，戎夷猾夏；周宣攘之，亦列《风》、《雅》。宗幽既昏，淫于褒女，戎败我骊，遂亡丰鄗。大汉初定，匈奴强盛，围我平城，寇侵边境。至于孝武，爰赫斯怒，王师雷起，霆击朔野。宣承其末，乃施洪德，震我威灵，五世来服。王莽窃命，是倾是覆，备其变理，为世典式。述《匈奴传》第六十四。②
> 
> 西南外夷，种别域殊。南越尉佗，自王番禺。攸攸外寓，闽越、东瓯。爰泊朝鲜，燕之外区。汉兴柔远，与尔剖符。皆恃其阻，乍臣乍骄，孝武行师，诛灭海隅。述《西南夷两越朝鲜传》第六十五。③
> 
> 西戎即序，夏后是表。周穆观兵，荒服不旅。汉武劳神，图远甚勤。王师驔驔，致诛大宛。媵媵公主，乃女乌孙，使命乃通，条支之濒。昭、宣承业，都护是立，总督城郭，三十有六，修奉朝贡，各以

---

① ［日］藤田丰八：《榻及氍毹氍毺㲪考》，《中国南海古代交通丛考》，何健民译，商务印书馆 1936 年版，第 510 页。
② 《汉书》卷 70 下《叙传》下，第 4267 页。
③ 同上书，第 4268 页。

其职。述《西域传》第六十六。①

对汉武帝功业是充分肯定的。但对汉武帝苦心经营四方,甚至不惜代价远征大宛,其意义大家的认识并不一致。汉武帝开拓西域的行为也受到很多批评。在桓宽著名的《盐铁论》里,我们便听到两种截然不同的声音。那些受大司马大将军霍光操纵的贤良和文学以"贵道德而贱用兵"为理由,攻击武帝的长期用兵是"废道德而任兵革"。对汉武帝经营西域,御史大夫桑弘羊和文学之间发生了一场尖锐的争执,争论是围绕征大宛而展开的。桑弘羊说:

> 初贰师不克宛而还也,议者欲使人主不遂忿,则西域皆瓦解而附于胡,胡得众国而益强。先帝绝奇听,行武威,还袭宛,宛举国以降,效其器物,致其宝马。乌孙之属骇胆,请为臣妾。匈奴失魄,奔走遁逃,虽未尽服,远处寒苦浇确之地,壮者死于祁连、天山,其孤未复。故群臣议以为匈奴困于汉兵,折翅伤翼,可遂击服。②

他极力强调远征大宛的重大意义。文学们不以为然,他们反驳说:

> 有司言外国之事,议者皆徼一时之权,不虑其后。张骞言大宛之天马汗血,安息之真玉大鸟,县官既闻如甘心焉,乃大兴师伐宛,历数期而后克之。夫万里而攻人之国,兵未战而物故过半,虽破宛得宝马,非计也。当此之时,将卒方赤面而事四夷,师旅相望,郡国并发。黎人困苦,奸伪萌生,盗贼并起。守尉不能禁,城邑不能止。然后遣上大夫衣绣衣以兴击之。当此时,百姓元元,莫必其命。故山东豪杰,颇有异心。③

关于伐大宛的原因和后果,双方持完全对立的观点。在文学、贤良看来,武帝之意在于听信张骞之言,不过欲得汗血宝马、真玉大鸟而已。实际上伐大宛获宝物,连汉武帝也视为重要战果,其《封李广利为海西侯诏》云:"贰师将军李广利征讨厥罪,伐胜大宛,赖天之灵,从溯河山,

---

① 《汉书》卷70下《叙传》下,第4268页。
② (汉)桓宽撰,王利器校注:《盐铁论校注》卷8《西域》,中华书局1992年版,第500页。
③ 同上书,第501页。

涉流沙，通西海，山雪不积，士大夫径度，获王首虏。珍怪之物毕陈于阙。"① 对此次伐宛大捷，武帝欣赏的重要内容就是获"珍怪之物"。

至东汉时，武帝开拓西域之举受到更多的批判，人们大都持有与贤良文学相同的意见，班固虽然肯定了汉武帝击败匈奴解除了北边威胁的功劳，却也强调了武帝为求异物而扩大对外交通的动机，还批判了其行为所造成的严重后果。《汉书·西域传赞》云：

> 孝武之世，图制匈奴，患其兼从西国，结党南羌。乃表河曲列西郡（宋祁曰："新本西作四"），开玉门通西域，以断匈奴右臂，隔绝南羌、月氏。单于失援，由是远遁，而幕南无王庭。遭值文、景玄默，养民五世，天下殷富，财力有余，士马强盛，故能睹犀布玳瑁，则建珠崖七郡；感枸酱竹杖，则开牂柯越巂；闻天马蒲陶，则通大宛安息。自是之后，明珠、文甲、通犀、翠羽之珍，盈于后宫；蒲梢、龙文、鱼目、汗血之马充于黄门；巨象、师子、猛犬、大雀之群，食于外囿。殊方异物，四面而至。于是广开上林，穿昆明池，营千门万户之宫，立神明通天之台，兴造甲乙之帐，落以随珠和璧。天子负黼依，袭翠被，凭玉几而处其中。设酒池肉林，以飨四夷之客；作巴俞都卢海中，砀极曼衍鱼龙角抵之戏，以观视之。及赂遗赠送，万里相奉，师旅之费，不可胜计。至于用度不足，乃榷酒酤，管盐铁，铸白金，造皮币，算至车船，租及六畜。民力屈，财用竭，因之以凶年，寇盗并起，道路不通。直指之使，始出衣绣，杖斧断，斩于郡国，然后胜之。是以末年遂弃轮台之地，而下哀痛之诏。岂非仁圣之所悔哉！且通西域，近有龙堆，远则葱岭、身热、头痛、县度之厄，淮南杜钦、扬雄之论，皆以为此天地所以界别区域，绝外内也。《书》曰："西戎即序，禹既就而序之。"非上威服致其贡物也。西域诸国，各有君长，兵众分弱，无所统一，虽属匈奴，不相亲附。匈奴能得其马畜旃罽，而不能统率，与之进退。与汉隔绝，道里又远，得之不为益，弃之不为损，盛德在我，无取于彼。②

班固之后，对汉武帝开拓西域历来持否定态度。说他好大喜功，图慕虚名，奢侈浪费，穷兵黩武，将他与隋炀帝并称。唐太宗批评汉武帝、隋炀

---

① 《汉书》卷61《李广利传》，第2703页。
② 《汉书》卷96《西域传》下，第3928—3929页。

帝说:"前代帝王,大有务广土地,以求身后之虚名,无益于身,其民甚困。假令于身有益,于百姓有损,朕必不为,况求虚名而损百姓乎!"①《贞观政要》卷九记载,贞观十七年(643年),太宗欲伐高丽,房玄龄表示反对,他说:"臣观古之列国,无不强陵弱,众暴寡。……昔汉武帝屡伐匈奴,隋主三征辽左,人贫国败,实此之由,惟陛下详察",太宗曰:"善!"② 唐代凉州都督李大亮在给唐太宗所上表章也说:"孝武扬威远略,海内虚耗,虽悔轮台,追已不及。至于隋室,早得伊吾,兼统鄯善,且既得之后,劳费日甚,虚内致外,竟损无益。"③《隋书·西域传》史臣传论将秦皇、汉武和隋炀帝相提并论,云:

> 自古开远夷,通绝域,必因宏放之主,皆起好事之臣。张骞凿空于前,班超投笔于后,或结之以重宝,或慑之以利剑,投躯万死之地,以要一旦之功,皆由主尚来远之名,臣殉轻生之节。是知上之所好,下必有甚者也。炀帝远见寡宏侈,掩吞秦汉;裴矩方进《西域图记》以荡其心,故万乘亲出玉门关,置伊吾、且末,而关右暨于流沙,骚然无聊生矣。若使北狄无虞,东夷告捷,必将修轮台之戍,筑乌垒之城,求大秦之明珠,致条支之鸟卵,往来转输,将何以堪其敝域哉!古者哲王之制,方五千里,务安诸夏,不事要荒。岂威不能加,德不能被?盖不以四夷劳中国,不以无用害有用也。是以秦戍五岭,汉事三边,或道僅相望,或户口减半。隋时恃其强盛,亦狼狈于青海。此皆一人失其道,故亿兆罹其毒。若深思即叙之义,固辞都护之请,返其千里之马,不求白狼之贡,则七戎九夷,侯风重译,虽无辽东之捷,岂及江东之祸乎!④

根据这一段论述,汉武帝时"户口减半"和隋朝的灭亡,都是统治者对外政策造成的。《隋书》由唐初宰相魏征等奉敕编撰,其著史之目的是"多识前古,贻鉴将来"。⑤ 唐王朝是在隋朝的废墟上建立起来的,唐初统治者目睹隋王朝大厦土崩瓦解的过程,深以为诫。为了谋求长治久

---

① (唐)吴兢:《贞观政要》卷9《征伐》,上海古籍出版社1978年版,第261页。
② 同上书,第263页。
③ 同上书,第276页。
④ 《隋书》卷83《西域传》,第1859—1860页。
⑤ (唐)高祖李渊:《命萧瑀等修六代史诏》,《唐大诏令集》卷81,中华书局2008年版,第466页。

安,他们时时处处以前代兴亡为鉴。在贞观君臣的论议中,经常展开对秦、汉、隋等朝灭亡的原因的探讨,他们常常把秦皇、汉武、隋炀帝的各种举措施与其身死国灭联系起来。于是他们的对外政策和开疆拓土自然也成为其衰亡的原因之一。特别是唐初经济尚未恢复之时,贞观君臣更反对"以四夷劳中国""以无用害有用"。上引史臣评论,就代表了贞观之初太宗君臣的这种思想。在这种思想指导下,汉武帝和隋炀帝在开拓疆域和对外交往方面的过失就被过分强调了。

贞观君臣把对外用兵军事扩张和扩大与域外的交往进行贸易交流相混淆,因此在批判汉武、隋炀扩张的同时,把中外交往和交流的成就以及积极影响也一起否定了。我们不赞成否定古代文化交流成果的观点。首先,这种文化交流的直接结果是丰富了人类的精神和物质生活。地球上不同地区有不同的自然环境,不同地区的人们有着不同的思维和生活方式,因此有着不同的文化创造,文明传播让全人类共享这些成果,大大提高了人类的幸福指数。汉代对外交流让汉朝人享受到四面八方异域的文明成果,改变和丰富了他们的物质生活和精神面貌。中国人吃到了来自西域的美味的葡萄和来自南方的荔枝、龙眼;骑上了骏捷的乌孙马、大宛马和月氏马;穿上了来自东北亚和北方草原民族的貂裘,戴上了用海外国家和民族的犀角、象牙、玳瑁、珍珠装饰的发簪、耳饰……在精神生活上,观赏了来自域外的魔术、杂技、驯象、驯马的表演;信仰上有了佛的崇高,心理上有了新的慰藉。其次,应该看到古代的中外交往和交流对人类文明提升的推动作用。古代的交流并不像论者所言,仅仅是为了满足统治者奢侈享受的需要,交往和交流的内容是非常丰富的。在中外交流中不仅有器物产品,也有精神文化方面的内容。这种物质和精神文化的互相传播促进了世界上不同国家和民族间的相互接触和认知,加强了世界上不同地区和民族间的相互联系,加速了人类文明的进步。古代世界是在各个国家和民族间的不断交往互动、互相借鉴学习中共同向更高层次的文明迈进的。那只小虫吐出的蚕丝,由蚕丝织成的绢帛成为古代欧亚大陆国际贸易的杠杆,撬动了古代各个国家和民族间的交流和交往,撬起了世界文明的不断跃升。中国人用它换来了世界各个地区的文明成果,丰富和提高了我们的物质生活和精神生活水平,我们是这种文化交流的受惠者。最后,文化交流推动了世界上不同国家、不同地区和不同民族之间的联系。现在地球已然成了地球村,全世界的人民都是地球村的居民,各种交通条件和通信技术已经把地球上各个角落的人连为一体。但这种全球化是从彼此分散隔离的状态中一步步走过来的,世界从分散走向整体是人类间交往和交流的结果,世界文明向更高层次发展是在交流中实现的。那种"各美其美，美人之美，美美与共，世界大同"的美好愿景只有通过文化交流才能实现。因此中外交流的意义又不能仅仅从当时双方互换获得了哪些具体器物产品来估量。汉代中外交通的创辟和交流的开展，开启了文明的互动，其意义十分重大和深远。中华文明是中华民族的伟大创造，但也不能否认博取域外文明成果是中国文化走向博大精深的重要源泉。探讨历史上的外来文明，有助于认识这个伟大文明能够持久生存并不断繁荣壮大的原因，也让我们认识到发展民族文化，必须向世界上一切优秀文明成果取开放态度。

回顾中外交通与文化交流的历程，可以知道汉代是丝绸之路发展的重要时期，中外交通和交流在规模和成就上是空前的。在全部中外交通和文化交流史上，这一时期特别是汉武帝时代以后的两汉时期都堪称一个高潮，而且是第一次高潮，不仅在当时成果丰硕，而且对后世影响深远。中国人对外部世界的了解和认识以及对外交往从此发生了质的飞跃。经济文化交流一经产生，就像一泻千里奔腾不息的江河，其本身潜在的动因推动这种交流必然发展下去，不以人们的意志而转移。尽管先秦时期中外交通与交流就已经发生，但得到国家有效的组织、有意识的提倡和大力推行，并形成较大规模，不能不承认在中国历史上是从汉武帝时代开始的。汉武帝时代在中西交通和文化交流上具有独特的地位。从他开始，不仅两汉历朝统治者，而且中国历代历朝统治者都大力开展以朝贡贸易为主的交往活动。历史研究喜欢追根溯源，这被人称为历史学家的源头崇拜。因为只有了解其源头，才能对一条江河的流向、流程有更清楚的认识。因此，汉代中外文化交流研究具有重要意义。

# 参考文献

## 一　汉文古籍

《别国洞冥记》　（东汉）郭宪著，《汉魏丛书》本，吉林大学出版社1992年版。
《博物志校正》　（西晋）张华著，范宁校正，中华书局1980年版。
《抱朴子》　（东晋）葛洪著，上海古籍出版社1990年版。
《抱朴子内篇校释》　（东晋）葛洪著，王明校注，中华书局1980年版。
《鲍参军集注》　（南朝·宋）鲍照著，钱仲联增补集说校，上海古籍出版社1980年版。
《北堂书钞》　（唐）虞世南编纂，学苑出版社影印1998年版。
《北齐书》　（唐）李百药撰，中华书局1972年版。
《北史》　（唐）李百药撰，中华书局1974年版。
《北户录》　（唐）段公路著，《丛书集成初编》中华书局1985年版。
《白居易集》　（唐）白居易，顾学颉校点，中华书局1979年版。
《避戎夜话》　（宋）石茂良撰，神州国光社1946年版。
《避戎夜话》　（宋）石茂良撰，上海书店1982年版。
《本草衍义》　（宋）寇宗奭撰，人民卫生出版社1990年版。
《本草纲目》　（明）李时珍著，陈贵廷等点校，中医古籍出版社1994年版。
《八家后汉书辑注》　周天游辑注，上海古籍出版社1986年版。
《楚辞补注》　（东汉）王逸注，（宋）洪兴祖补注，中华书局1957年版。
《曹植集校注》　（三国·魏）曹植著，赵幼文校注，人民文学出版社1984年版。
《春秋左传正义》　（周）左丘明传，（晋）杜预注，（唐）孔颖达疏，《十三经注疏》，中华书局影印1980年版。

《陈书》　（唐）姚思廉撰，中华书局1972年版。
《初学记》　（唐）徐坚等著，中华书局1962年版。
《长安志》　（北宋）宋敏求撰，张敏同校正，（清）毕沅校，光绪十七年，思贤讲舍覆灵岩山馆本重刊。
《册府元龟》　（北宋）王钦若等编，中华书局1960年版。
《都城纪胜》　（南宋）耐得翁撰，《文津阁四库全书》第195册《史部·地理类》，商务印书馆2005年版。
《陈氏香谱》　（宋）陈敬撰，影印《文渊阁四库全书》（子部150·谱录类）第844册，台湾商务印书馆1983年版，第241页。
《陈维崧集》　（清）陈维崧著，陈振鹏、李学颖点校，上海古籍出版社2010年版。
《长物志校注》　（明）文震亨原著，陈植校注，江苏科学技术出版社1984年版。
《池北偶谈》　（清）王士禛著，文益人校点，齐鲁书社2007年版。
《重修肃州新志》甘肃省酒泉县博物馆翻印，1984年版。
《东观汉记校注》　（东汉）刘珍等撰，吴树平校注，中华书局2008年版。
《大唐六典》　（唐）李隆基撰，李林甫注，三秦出版社1991年版。
《大业杂记辑校》　（唐）杜宝撰，辛德勇辑校，三秦出版社2006年版。
《大业杂记》　（唐）杜宝：《丛书集成初编》（第2738册），中华书局1985年版。
《大德南海志》　（残卷），（元）陈大震纂修，《宋元方志丛刊》，中华书局1990年版。
《杜诗详注》　（唐）杜甫著，（清）仇兆鳌注，中华书局1979年版。
《东京梦华录注》　（南宋）孟元老著，邓之诚注，中华书局1982年版。
《东汉会要》　（南宋）徐天麟著，中华书局1955年版。
《敦煌研究文集》敦煌研究院编，甘肃民族出版社2000年版。
《尔雅注疏》　（南朝·宋）邢昺注疏，《十三经注疏》本，上海古籍出版社1980年版。
《急就篇》　（汉）史游撰，《丛书集成初编》第1052册，中华书局1985年版。
《风俗通义》　（东汉）应劭著，《汉魏丛书》本，吉林大学出版社1992年版。
《管子》　（春秋）管仲撰，（唐）房玄龄注，（明）刘绩增注，《二十二子》，上海古籍出版社 1986 年版。

《国语集解》 （修订版），徐元诰撰，王树民、沈长云点校，中华书局 2002 年版。

《高注金匮要略》 （东汉）张仲景撰，（清）高学山注，上海人民卫生出版社 1956 年版。

《高似孙纬略校注》 （宋）高似孙著，左洪涛校注，浙江大学出版社 2012 年版。

《古今注》（西晋）崔豹著，焦杰校点辽宁教育出版社 1998 年版。

《古画品序》 （南朝·齐）谢赫著，人民美术出版社 1959 年版。

《广博物志》 （明）董斯张撰，江苏广陵古籍刻印社 1990 年版影印本。

《广韵校本》周祖谟著，中华书局 2011 年版。

《贵耳集》 （宋）张端义撰，《丛书集成初编》（第 2783 册），中华书局 1985 年版。

《觚賸》 （清）钮琇撰，上海古籍出版社 1986 年版。

《格致镜原》 （清）陈元龙撰，《文渊阁四库全书》（子部十一，类书类）第 1032 册，台湾商务印书馆服份有限公司 1986 年版。

《陔余丛考》 （清）赵翼撰，商务印书馆 1957 年版。

《龚自珍全集》 （清）龚自珍撰，上海人民出版社 1975 年版。

《韩非子》 （战国）韩非著，《二十二子》本，上海古籍出版社 1986 年

《韩诗外传》 （汉）韩婴撰，《汉魏丛书》本，吉林大学出版社 1992 年版。

《韩昌黎诗系年集释》 （唐）韩愈著，钱仲联集释，上海古籍出版社 1984 年版。

《海内十洲记》 （汉）东方朔撰，影印《文渊阁四库全书》（子部三四八·小说家类）第 1042 册，台湾商务印书馆 1983 年版。

《汉书》 （东汉）班固著，中华书局 1962 年版。

《汉纪》 （东汉）荀悦撰，张烈点校，中华书局 2002 年版。

《汉官六种》 （东汉）卫宏等撰，（清）孙星衍等辑，中华书局 1990 年版。

《淮南子》 （西汉）刘安撰，《二十二子》本，上海古籍出版社 1986 年版。

《淮南子校释》 （汉）刘安撰，张双棣校释，北京大学出版社 1997 年版。

《后汉纪校注》 （东晋）袁宏撰，周天游校注，天津古籍出版社 1987 年版。

《后汉书》 （南朝·宋）范晔撰，中华书局 1965 年版。
《华阳国志校注》 （东晋）常璩撰，刘琳校注，巴蜀书社 1984 年版。
《华阳国志校补图注》 （晋）常璩著，任乃强校注，上海古籍出版社 1987 年版。
《挥麈录》 （宋）王明清撰，景印《文渊阁四库全书》（子部三三四·小说家类）第 1038 册，台湾商务印书馆 1983 年版。
《汉书补注》 （清）王先谦撰，广陵书局 2006 年版。
《汉书西域传补注》 （清）徐松撰，《二十五史三编》（三），岳麓书社 1994 年版。
《江文通集汇注》 （南朝·梁）江淹著，（明）胡之骥注，中华书局 1984 年版。
《晋书》 （唐）房玄龄等撰，中华书局 1974 年版。
《羯鼓录 乐府杂录 碧鸡漫志》 （唐）南卓等撰，上海古籍出版社 1988 年版。
《旧五代史》 （宋）薛居正等撰，中华书局 1976 年版。
《金匮要略译释》 赵克光译释，上海科技出版社 1993 年版。
《金石录校注》 （北宋）赵明诚撰，金文明校注，广西师范大学出版社 2005 年版。
《金石萃编》 （清）王昶编，中国书店 1985 年版。
《金史》 （元）脱脱等撰，中华书局 1975 年版。
《旧闻证误》 （宋）李心传撰，中华书局 1981 年版。
《锦里耆旧传》 （宋）勾延庆撰，储铃铃校点，《五代史书汇编》（拾），杭州出版社 2004 年版。
《嘉庆雷州府志》 （清）雷学海修，陈昌齐等纂，《中国地方志集成·广东府县志辑》，上海书店 2003 年影印版。
《愧郯录》 （宋）岳珂撰，《笔记小说大观》八，江苏广陵古籍刻印社 1983 年版。
《癸辛杂识》 （南宋）周密撰，中华书局 1988 年版。
《论语译注》 杨伯峻著，中华书局 1980 年版。
《礼记正义》 （汉）郑玄注，（唐）孔颖达疏，《十三经注疏》，中华书局影印 1980 年版。
《吕氏春秋》 （战国）吕不韦著，《二十二子》本，上海古籍出版社 1986 年版。
《列子集释》 杨伯峻集释，中华书局 1979 年版。

《梁书》　（唐）姚思廉撰，中华书局1973年版。
《六臣注文选》　（南朝·梁）萧统编，（唐）李善等注，宋刊明州本，日本足利学校藏，人民文学出版社2008年影印版。
《六韬》　曹胜高、安娜译注，中华书局2007年版。
《李白集校注》　（唐）李白撰，瞿蜕园、朱金城校注，上海古籍出版社1980年版。
《刘禹锡集》　（唐）刘禹锡撰，上海人民出版社1975年版。
《岭外代答校注》　（宋）周去非著，杨武泉校注，中华书局1999年版。
《辽史》　（元）脱脱等撰，中华书局1974年版。
《留青日札》　（明）田艺蘅撰，上海古籍出版社1985年版。
《历代诗话续编》　（清）丁福保辑，中华书局1983年版。
《墨子》　（战国）墨翟撰，（清）毕沅校，《二十二子》本，上海古籍出版社1986年版。
《毛诗正义》　（汉）毛亨撰，郑玄笺，《十三经注疏》本，中华书局1980年版。
《穆天子传》　（西晋）郭璞注，《汉魏丛书》本，吉林大学出版社1992年版。
《梅尧臣集编年校注》　（北宋）梅尧臣著，朱东润编年校注，上海古籍出版社1980年版。
《名医别录》　（南朝·梁）陶弘景撰，尚志钧辑校，人民卫生出版社1986年版。
《明史》　（清）张廷玉等撰，中华书局1974年版。
《南方草木状》　（西晋）嵇含撰，景印《文渊阁四库全书》（史部·地理类）第589册。
《南方草木状》　（西晋）嵇含撰，《风土志丛刊》，广陵书社2003年版。
《南齐书》　（南朝·梁）萧子显撰，中华书局1972年版。
《南史》　（唐）李延寿撰，中华书局1975年版。
《南唐书》　（宋）陆游撰，《丛书集成初编》（第3854册），中华书局1985年版。
《农桑辑要校注》　元司农寺编纂，石声汉校注，中华书局2014年版。
《能改斋漫录》　（南宋）吴曾撰，上海古籍出版社1979年版。
《欧阳修全集》　（北宋）欧阳修著，中国书店1986年版。
《齐民要术今释》　（北齐）贾思勰著，石声汉校释，中华书局2009年版。

《齐东野语》　（宋）周密撰，中华书局1983年版。
《全上古三代秦汉三国六朝文》　（清）严可均校辑，中华书局1958年版。
《秋涧先生大全集》　（元）王恽撰，《元人文集珍本丛刊》（2），新文丰出版公司1985年影印版。
《全唐诗》　（清）彭定求等编，中华书局1960年版。
《全唐诗补编》陈尚君辑校，中华书局1992年版。
《全唐文》　（清）董诰等编，上海古籍出版社1990年版。
《全宋诗》北京大学古文献研究所编，北京大学出版社1991年版。
《清尊录》　（宋）廉布撰，（明）陶宗仪等编《说郛三种》，上海古籍出版社2012年版。
《清异录》　（宋）陶榖撰，影印《文渊阁四库全书》（子部三五三，小说家类）第1047册，台湾商务印书馆1983年版。
《契丹国志》　（南宋）叶隆礼撰，影印《文渊阁四库全书》，台湾商务印书馆股份有限公司2008年版。
《乾隆重修肃州新志》　《中国地方志集成·甘肃府县志辑》，凤凰出版社等2009年版。
《容斋随笔》　（南宋）洪迈撰，上海古籍出版社1978年版。
《日知录集释》　（清）顾炎武著、黄汝成集释，岳麓书社1994年版。
《尚书正义》　（唐）孔颖达等撰，《十三经注疏》本，中华书局1980年版。
《神农本草经》　佚名撰，（清）黄奭辑，中医古籍出版社1982年。
《神农本草经读》　肖钦朗校注，《新校注陈修园医书》，福建科学技术出版社1982年版。
《神农本草经辑注》　马继兴主编，人民卫生出版社1995年版。
《神农本草经》　佚名撰，张登本注译，新世界出版社2009年版。
《三秦记》　（东汉）辛氏著，张澍辑佚，二西堂丛书本。
《三秦记辑注 关中记辑注》　（东汉）辛氏等著，刘庆柱辑注，三秦出版社2006年版。
《三国志》　（西晋）陈寿著，中华书局1959年版。
《三辅黄图校正》　佚名著，陈直校正，陕西人民出版社1980年版。
《三辅黄图校注》　佚名著，何清谷校注，三秦出版社1998年版。
《三辅决录 三辅旧事 三辅故事》　（汉）赵岐等著，三秦出版社2006年版。

## 参考文献 629

《三才图会》 （明）王圻、王思义撰，上海古籍出版社1988年版。
《隋书》 （唐）魏徵等撰，中华书局1973年版。
《山海经》 佚名著，（晋）郭璞注，《二十二子》本，上海古籍出版社1986年版。
《山海经校注》 佚名著，袁珂校注，上海古籍出版社1980年版。
《山海经校译》 佚名著，袁珂校译，上海古籍出版社1985年版。
《史记》 （西汉）司马迁著，中华书局1982年版。
《释名疏证补》 （东汉）刘熙撰，（清）毕沅疏证，王先谦补，中华书局2008年版。
《搜神记》 （晋）干宝撰，中华书局1979年版。
《搜神后记》 （晋）陶潜撰，汪绍楹校注，中华书局1981年版。
《世说新语》 （南朝·宋）刘义庆撰，（梁）刘孝标注，上海古籍出版社1982年影印版。
《世说新语新校》 （南朝·宋）刘义庆著，李天华校，岳麓书社2004年版。
《述异记》 （南朝梁）任昉著，《汉魏丛书》本，吉林大学出版社1992年版。
《水经注》 （北魏）郦道元撰，上海古籍出版社1990年版。
《水经注校证》 （北魏）郦道元撰，陈桥驿校证，中华书局2013年版。
《说苑》 （西汉）刘向著，《汉魏丛书》本，吉林大学出版社1992年版。
《说文解字》 （东汉）许慎撰，中华书局1963年影印版。
《说文解字段注》 （清）段玉裁撰，成都古籍书店1981年版。
《宋书》 （南朝·齐）沈约撰，中华书局1974年版。
《宋人轶事汇编》 丁传靖辑，中华书局1981年版。
《隋书》 （唐）魏徵等撰，中华书局1973年版。
《松陵集》 （唐）皮日休撰，景印《文渊阁四库全书》（集部八，总集类），台湾商务印书馆股份有限公司1983年版。
《苏轼文集》 （北宋）苏轼撰，《三苏全书》第14册，语文出版社2001年版。
《圣武记》 （清）魏源，夏剑钦校点，《魏源全集》（第3册），岳麓书社2004年版。
《诗集传》 （南宋）朱熹撰，中华书局1958年版。
《事物纪原》 （宋）高承撰，《丛书集成初编》（第1211册），中华书局1985年版。

《四民月令校注》　（东汉）崔寔著，石声汉校注，中华书局2013年版。
《少室山房集》　（明）胡应麟撰，《文渊阁四库全书》（第1290册），台湾商务印书馆股份有限公司1986年版。
《孙诒让全集》　（清）孙诒让撰，中华书局2010年版。
《通俗文辑校》　（东汉）服虔撰，段书伟辑校，中州古籍出版社1993年版。
《通典》　（唐）杜佑著，王文锦等点校，中华书局1988年版。
《通志》　（南宋）郑樵撰，中华书局1995年版。
《唐语林校证》　（宋）王谠撰，周勋初校证，中华书局1987年版。
《唐音癸籖》　（明）胡震亨撰，上海古籍出版社1981年版。
《太平经合校》王明编，中华书局1960年版。
《太平御览》　（北宋）李昉等撰，上海古籍出版社2008年版。
《太平广记》　（北宋）李昉等编，中华书局1961年版。
《太平寰宇记》　（宋）乐史撰，中华书局2007年版。
《图经衍义本草》　（北宋）寇宗奭撰，《道藏》第17册，文物出版社、上海书店、天津古籍出版社1988年版。
《铁围山丛谈》　（宋）蔡絛撰，中华书局1983年版。
《王子年拾遗记》　（东晋）王嘉著，《汉魏丛书》本，吉林大学出版社1992年版。
《魏书》　（北齐）魏收撰，中华书局1974年版。
《魏源全集》　（清）魏源著，岳麓书社2005年版。
《文选》　（南朝·梁）萧统编，上海书店1988年影印版。
《文献通考》　（元）马端临撰，中华书局1986年版。
《王昌龄集编年校注》　（唐）王昌龄著，胡问涛、罗琴校注，巴蜀书社2000年版。
《王右丞集笺注》　（唐）王维撰，（清）赵殿成笺注，上海古籍出版社1984年版。
《武林旧事》　（南宋）四水潜夫（周密）辑，西湖书社1981年版。
《五灯会元》　（宋）普济编，中华书局1992年版。
《万历野获编》　（明）沈德符撰，中华书局1959年版。
《王士禛全集》　（清）王士禛著，齐鲁书社2007年版。
《新书》　（西汉）贾谊著，《汉魏丛书》本，吉林大学出版社1992年版。
《新唐书》　（宋）欧阳修等撰，中华书局1975年版。
《新五代史》　（宋）欧阳修等撰，中华书局1974年版。

《西京杂记》　（东晋）葛洪集，《汉魏丛书》本，吉林大学出版社 1992 年版。

《西汉会要》　（南宋）徐天麟著，中华书局 1955 年版。

《谢宣城集校注》　（南朝·齐）谢朓著，曹融南校注，上海古籍出版社 1991 年版。

《新校正梦溪笔谈》　（北宋）沈括撰，胡道静校注，中华书局 1957 年版。

《新增格古要论》　（明）王佐撰，浙江人民美术出版社 2011 年版。

《续博物志》　（宋）李石著，影印《文渊阁四库全书》第 1047 册，台湾商务印书馆 1983 年版。

《学林》　（宋）王观国撰，《丛书集成初编》（第 301 册），中华书局 1985 年版。

《香谱》　（宋）洪刍撰，影印《文渊阁四库全书》第 844 册《子部》，台湾商务印书馆 1983 年版。

《香乘》　（明）周嘉胄撰，影印《文渊阁四库全书》（子部 150·谱录类）第 844 册，台湾商务印书馆 1983 年版。

《逸周书》佚名撰，（西晋）孔晁注，《汉魏丛书》本，吉林大学出版社 1992 年版。

《仪礼注疏》　（东汉）郑玄注，（唐）贾公彦疏，《十三经注疏》，中华书局 1980 年影印版。

《盐铁论校注》　（西汉）桓宽著，王利器校注，中华书局 1992 年版。

《易林》　（西汉）焦延寿撰，中国国家图书馆编《国立原北平图书馆甲库善本丛书》据明末刻本影印，国家图书馆出版社 2013 年版。

《颜氏家训》　（南北朝）颜之推撰，中州古籍出版社 2008 年版。

《异物志》　（东汉）杨孚撰，（清）曾钊辑，《丛书集成初编》，中华书局 1985 年版。

《乐府杂录》　（唐）段安节撰，上海古籍出版社 1988 年版。

《乐府诗集》　（宋）郭茂倩编，中华书局 1979 年版。

《乐书》　（宋）陈旸撰，文渊阁四库全书本。

《异苑》　（南朝·宋）刘敬叔撰，影印《文渊阁四库全书》（子部三四八，小说家类）第 1042 册，台湾商务印书馆 1983 年版。

《异域志》　（元）周致中著，陆峻岭校注，中华书局 1981 年版。

《邺中记》　（晋）陆翙撰，《丛书集成初编》，商务印书馆 1937 年版。

《艺文类聚》　（唐）欧阳询撰，汪绍楹校，上海古籍出版社 1982 年版。

《元稹集》 （唐）元稹撰，中华书局1982年版。
《元曲选》 （明）臧懋叔编，中华书局1958年版。
《酉阳杂俎》 （唐）段成式撰，方南生点校，中华书局1981年版。
《意林》 （唐）马总撰，中国国家图书馆编《国立原北平图书馆甲库善本丛书》据明万历十六年徐元太刻本影印，国家图书馆出版社2013年版。
《意林》 （唐）马总撰，《续修四库全书》子部杂家类。
《玉溪生诗集笺注》 （唐）李商隐著，（清）冯浩笺注，上海古籍出版社1979年版。
《玉台新咏笺注》 （南朝·陈）徐陵编，（清）吴兆宜注，程琰删补，中华书局1985年版。
《杨万里集笺校》 （宋）杨万里著，辛更儒笺校，中华书局2007年版。
《玉海》 （南宋）王应麟撰，文渊阁四库全书本。
《演繁露》 （南宋）程大昌撰，《丛书集成初编》（第2738册），中华书局1985年版。
《雍录》 （南宋）程大昌撰，黄永年点校，中华书局2005年版。
《夷坚志》 （南宋）洪迈撰，何卓点校，中华书局2006年版。
《桯史》 （宋）岳珂撰，中华书局1981年版。
《阅微草堂笔记》 （清）纪昀撰，中华书局2013年版。
《竹书纪年统笺》 佚名撰，（清）徐文靖统笺，《二十二子》本，上海古籍出版社1986年版。
《周礼注疏》 （唐）贾公彦撰，《十三经注疏》本，中华书局1980年影印版。
《周易参同契》 （东汉）魏伯阳撰，《道藏》第20册，（北京）文物出版社、上海书店、天津古籍出版社1988年版。
《赵飞燕外传》 （西汉）伶玄撰，《汉魏丛书》，长春：吉林大学出版社1992年影印本版。
《众经目录》 （隋）法经等撰，《中华大藏经》第54册，中华书局1992年版。
《周书》 （唐）令狐德棻等撰，中华书局1971年版。
《贞观政要》 （唐）吴兢撰，上海古籍出版社1978年版。
《资暇集》 （唐）李匡义撰，辽宁教育出版社1998年版。
《中朝故事》 （五代）尉迟偓撰，《文渊阁四库全书》（第1035册），上海古籍出版社2003年

《资治通鉴》 （北宋）司马光编著，（元）胡三省音注，中华书局1956年版。

《证类本草》 （北宋）唐慎微撰，影印《文津阁四库全书》本，商务印书馆2005年版。

《遵生八笺》 （明）高濂撰，《文渊阁四库全书》子部十，杂家类，杂品之属，第571册，台湾商务印书馆股份有限公司，1986年。

## 二　佛教典籍

《阿那邠邸化七子经》 （东汉）安世高译，《中华大藏经》第34册，中华书局1988年版。

《北山录校释》 （唐）神清著，王闰吉校释，中国社会科学出版社2014年版。

《出三藏记集》 （南朝·梁）释僧佑撰，苏晋仁、萧鍊子点校，中华书局1995年版。

《大般涅槃经》 （东晋）法显译，《大正藏》（第12册），No.383，台湾新文丰出版公司1983年影印版。

《大唐西域记校注》 （唐）玄奘、辩机原著，季羡林等校注，中华书局2000年版。

《大慈恩寺三藏法师传》 （唐）慧立、彦悰著，孙毓棠、谢方点校，中华书局2000年版。

《法苑珠林校注》 （唐）释道世撰，周叔迦、苏晋仁校注，中华书局2003年版。

《翻译名义集》 （南宋）法云编，《中华大藏经》第84册，中华书局1994年版。

《佛祖统记校注》 （南宋）志磐撰，释道法校注，上海古籍出版社2012年版。

《佛说因缘僧护经》《大正藏》第17册，台湾新文丰出版公司1983年影印版。

《佛说奈女祇域因缘经》 《中华大藏经》第34册，中华书局1988年版。

《佛说佛医经》 （三国·吴）竺律炎、支越译，《中华大藏经》第51册，中华书局1992年版。

《佛教史》 杜继文主编，中国社会科学出版社1991年版。

《佛教与中印文化交流》　季羡林著，江西人民出版社1990年版。
《佛教东传与中国佛教艺术》　吴焯著，浙江人民出版社1991年版。
《梵网经》　（后秦）鸠摩罗什译，《大正藏》第24册，台湾新文丰出版公司1983年影印版。
《佛教史年表》　慈怡主编，台湾佛光出版社1987年版。
《高僧传》　（南朝·梁）释慧皎著，汤用彤点校，中华书局1992年版。
《广弘明集》　（唐）释道宣撰，《中华大藏经》第62—63册，中华书局1993年版。
《根本说一切有部毗奈耶经》　《中华大藏经》第38册，中华书局1989年版。
《弘明集》　（南朝·梁）释僧祐编，《中华大藏经》第62册，中华书局1993年版。
《汉魏两晋南北朝佛教史》　汤用彤著，北京大学出版社1997年版。
《开元释教录》　（唐）智升撰，《中华大藏经》第55册，中华书局1992年版。
《理惑论》　（东汉）牟融撰，《中华大藏经》第62册，中华书局1993年版。
《洛阳伽蓝记校注》　（北魏）杨衒之著，范祥雍校注，上海古籍出版社1978年版。
《历代三宝记》　（隋）费长房撰，《中华大藏经》第54册，中华书局1992年版。
《历代求法翻经录》　冯承钧著，山西人民出版社2014年版。
《摩诃摩耶经》　（北齐）昙景译，《大正藏》第12册，台湾新文丰出版公司1983年影印版。
《妙法莲华经》　（后秦）鸠摩罗什译，《中华大藏经》第15册，中华书局1985年版。
《妙法莲花经玄赞》　（唐）释窥基撰，《中华大藏经》第100册，中华书局1996年版。
《破邪论》　（唐）法琳撰，《中华大藏经》第62册，中华书局1993年版。
《入唐求法巡礼行记》　（日）圆仁撰，上海古籍出版社1986年版。
《四分律比丘戒本》　（后秦）佛耶舍译，（唐）怀素集，《大正藏》第22册，台湾新文丰出版公司1983年影印版。
《四十二章经》　《中华大藏经》第34册，中华书局1988年版。

《续高僧传》 （唐）道宣撰，郭绍林点校，中华书局2014年版。
《新编汉文大藏经目录》 吕澂著，齐鲁书社1980年版。
《优婆塞五戒威仪经》 （南朝·宋）求那跋摩译，《大正藏》第24册，台湾新文丰出版公司1983年影印版。
《一切经音义》 （唐）慧琳撰，徐时仪校注，上海古籍出版社2008年版。
《众经撰杂譬喻经》 （后秦）鸠摩罗什译，《大正藏》第4册，台湾新文丰出版公司1983年影印版。
《众经目录》 《中华大藏经》第54册，中华书局1992年版。
《增一阿含经》 （东晋）僧伽提婆译，《中华大藏经》第32册，中华书局1987年版。
《中国佛教史》 （第一卷），任继愈主编，中国社会科学出版社1985年版。
《中国佛教史》 （第二卷），任继愈主编，中国社会科学出版社1985年版。
《中国佛教史》 （第三卷），任继愈主编，中国社会科学出版社1988年版。
《中国佛教研究十八篇》 梁启超著，上海古籍出版2001年版。
《中国佛学源流略讲》 吕澂著，中华书局1979年版。
《中亚佛教艺术》 许建英、何汉民著，新疆美术摄影出版社1992年版。
《周叔迦佛学论著全集》 周叔迦著，中华书局2006年版。

# 三 汉文著述

北京大学历史系、东语系编：《中国与亚非国家关系史论丛》，江西人民出版社1984年版。
北京大学南亚研究所编：《中国载籍中南亚史料汇编》，上海古籍出版社1994年版。
陈垣：《史讳举例》，上海书店1997年版。
陈竺同：《两汉和西域等地的经济文化交流》，上海人民出版社1957年版。
陈寅恪：《寒柳堂集》，上海古籍出版社1980年版。
陈梦家：《汉简缀述》，中华书局1980年版。

陈直：《摹庐丛著七种》，齐鲁书社1981年版。
陈直：《汉书新证》，中华书局2008年版。
陈直：《居延汉简研究》，中华书局2009年版。
陈玉龙等：《汉文化论纲——兼述中朝中日中越文化交流》，北京大学出版社1993年版。
陈良：《丝路史话》，甘肃人民出版社1983年版。
陈佳荣等：《古代南海地名汇释》，中华书局1986年版。
陈良伟：《丝绸之路河南道》，中国社会科学出版社2002年版。
陈炎：《海上丝绸之路与中外文化交流》，北京大学出版社1996年版。
陈高华、陈尚胜著：《中国海外交通史》，台湾文津出版社1997年版。
陈尚胜：《五千年中外文化交流史》，世界知识出版社2002年版。
陈明：《印度梵文医典〈医理精华〉研究》，商务印书馆2014年版。
陈平：《北方幽燕文化研究》，群言出版社2006年版。
陈仁寿：《国家药典中药实用手册》，江苏科学技术出版社2004年版。
常任侠：《丝绸之路与西域文化艺术》，上海文艺出版社1981年版。
蔡鸿生主编：《广州与海洋文明》，中山大学出版社1997年版。
重庆市文物局、重庆市移民局编：《重庆库区考古报告集》（1998卷），科学出版社2003年版。
崔忠清主编：《山东沂南汉墓画像石》，齐鲁书社2001年版。
杜其堡编：《地质矿物学大词典》，商务印书馆1933年版。
段文杰主编：《中国美术全集·绘画编》（15），上海人民美术出版社1988年版。
邓廷良：《丝路文化》（西南卷），浙江人民出版社1995年版。
方豪：《中西交通史》，岳麓书社1987年版。
冯承钧原编，陆峻岭增订：《西域地名》，中华书局1980年版。
冯承钧：《中国南洋交通史》，商务印书馆1998年影印版。
冯文慈主编：《中外音乐交流史》，湖南教育出版社1998年版。
傅筑夫、王毓瑚编：《中国经济史资料》（秦汉三国编），中国社会科学出版社1982年版。
傅天仇主编：《中国美术全集》（雕塑编），人民美术出版社1985年版。
傅惜华主编：《汉代画像全集》（初编、二编），法国巴黎大学北京汉学研究所编，学苑出版社2014年版。
傅起凤、傅腾龙：《中国杂技史》，上海人民出版社1989年版。
费振刚等辑校：《全汉赋》，北京大学出版社1993年版。

甘肃省文物考古研究所等编：《居延新简》，中华书局1994年版。
关善明：《中国古代玻璃》，香港：香港中文大学文物馆2001年版。
郭守国、王以群主编：《宝玉石学》，学林出版社2005年版。
广西壮族自治区文物工作队、合浦县博物馆：《合浦风门岭汉墓：2003—2005年发掘报告》，科学出版社2006年版。
广西博物馆：《广西博物馆文集》（第一辑），广西人民出版社2004年版。
广东省文物考古研究所等：《华南考古》（1），文物出版社2004年版。
广州市文物管理委员会、广州市博物馆：《广州汉墓》，文物出版社1981年版。
广东省人民政府外事办公室、广东省社会科学院编：《广州与海上丝绸之路》，广东省社会科学院1991年版。
广州市文物管理委员会等：《西汉南越王墓》，文物出版社1991年版。
广州市文物考古研究所：《广州文物考古集》，文物出版社1998年版。
广东省文物考古研究所：《广东省考古五十年》，《新中国考古五十年》，文物出版社1999年版。
管振邦：《颜注急就篇译释》第3卷，南京大学出版社2009年版。
干福熹主编：《中国古代玻璃技术的发展》，上海科学技术出版社2005年版。
干福熹主编：《丝绸之路上的古代玻璃研究》，复旦大学出版社2007年版。
高文主编：《中国画像石全集》第7卷《四川汉画像石》，河南美术出版社2000年版。
湖南省博物馆：《湖南常德东汉墓》，《考古学集刊》（1），中国社会科学出版社1981年版。
湖南省博物馆、湖南省文物考古研究所等：《长沙楚墓》，文物出版社2000年版。
湖北省文物考古研究所等：《襄阳王坡东周秦汉墓》，科学出版社2005年版。
韩养民：《秦汉文化史》，陕西人民教育出版社1986年版。
华南农业大学农业历史遗产研究室编：《〈南方草木状〉国际学术讨论会论文集》，农业出版社1990年版。
黄文弼：《塔里木盆地考古记》，科学出版社1958年版。
黄晖：《论衡校释》，中华书局1990年版。
黄时鉴主编：《插图解说中西关系史年表》，浙江人民出版社1994年版。

黄时鉴：《东西交流史论稿》，上海古籍出版社1998年版。
黄新亚：《丝路文化》（沙漠卷），浙江人民出版社1995年版。
黄盛璋：《中外交通与交流史研究》，安徽教育出版社2002年版。
黄现璠：《古书解读初探》，广西师范大学出版社，2004年版。
合浦县志编纂委员会：《合浦县志》，广西人民出版社1994年版。
胡德生：《中国古代家具》，上海文化出版社1992年版。
胡平生、张德芳：《敦煌悬泉汉简释粹》，上海古籍出版社2001年版。
霍巍、王挺之主编：《长江上游早期文明的探索》，巴蜀书社2002年版。
胡之主编：《甘肃敦煌汉简》（四），重庆出版社2008年版。
胡文彦：《中国家具鉴定与欣赏》，上海古籍出版社1995年版。
胡凌、邹兰芝编：《全彩中国绘画艺术史》，宁夏人民出版社2002年版。
贺新民：《中国骆驼资源图志》，湖南科学技术出版社2002年版。
郝树声、张德芳：《悬泉汉简研究》，甘肃文化出版社2009年版。
黑龙江省农垦总局史志办编：《黑龙江农垦地名录》，齐长伐主编，人民中国出版社1997年版。
贾兰坡：《山顶洞人》，龙门联合书局1951年版。
贾兰坡：《中国大陆上的远古居民》，天津人民出版社1978年版。
季羡林：《中印文化关系史论丛》，生活·读书·新知三联书店1983年版。
季羡林：《文化交流的轨迹——中华蔗糖史》，经济日报出版社1997年版。
季羡林：《季羡林论中印文化交流》，王树英选编，新世界出版社2006年版。
金维诺主编：《中国美术全集·雕塑编》（1），人民美术出版社1988年版。
江玉祥主编：《古代西南丝绸之路研究》（第二辑），四川大学出版社1995年版。
江晓原、钮卫星：《天文西学东渐集》，上海书店出版社2001年版。
荆州地区博物馆：《江陵马山一号墓》，文物出版社1985年版。
焦德林主编：《中国画像石全集》第1卷《山东汉画像石》，山东美术出版社；河南美术出版社2000年版。
蒋英炬主编：《中国画像石全集》第1卷《山东画像石》，山东美术出版社2000年版。
蒋英炬主编：《中国画像石全集》第2卷《山东画像石》，山东美术出版社 2000 年版。

孔祥星、刘一曼：《中国铜镜图典》，文物出版社 1992 年版。

劳榦：《居延汉简考释·释文之部》（修订本），商务印书馆 1949 年版。

劳榦：《居延汉简图版之部》，台湾"中央"研究院历史语言研究所 1957 年版。

吕思勉：《中国民族史》，东方出版中心 1987 年版。

逯钦立辑校：《先秦汉魏晋南北朝诗》，中华书局 1983 年版。

林干编：《匈奴史论文选集》，中华书局 1983 年版。

林剑鸣：《秦汉社会文明》，西北大学出版社 1985 年版。

林梅村：《西域文明：考古、民族、语言和宗教新论》，东方出版社 1995 年版。

林梅村：《汉唐西域与中国文明》，文物出版社 1998 年版。

林梅村：《古道西风——考古新发现所见中西文化交流》，生活·读书·新知三联书店 2000 年版。

林梅村：《丝绸之路散记》，人民美术出版社 2004 年版。

林梅村：《丝绸之路考古十五讲》，北京大学出版社 2006 年版。

林梅村：《寻找楼兰王国》，北京大学出版社 2009 年版。

李济：《李济考古论文集》，文物出版社 1985 年版。

李明伟：《丝绸之路与西北经济社会研究》，甘肃人民出版社 1992 年版。

李明伟主编：《丝绸之路贸易史》，甘肃人民出版社 1997 年版。

李永林：《中国古代美术教育史纲》，广西美术出版社 2002 年版。

李天虹：《居延汉简簿籍分类研究》，科学出版社 2003 年版。

李健超：《汉唐两京及丝绸之路历史地理论集》，三秦出版社 2007 年版。

李治寰：《中国食糖史稿》，中国农业出版社 1990 年版。

李发林：《山东画像石研究》，齐鲁书社 1982 年版。

李零：《入山与出塞》，文物出版社 2004 年版。

李鸿宾主编：《中古墓志胡汉问题研究》，宁夏人民出版社 2013 年。

刘伯骥：《中西文化交通小史》，台湾正中书局 1953 年版。

刘盼遂：《论衡集解》，古籍出版社 1957 年版。

刘城淮：《中国上古神话》，上海文艺出版社 1988 年版。

刘迎胜：《丝路文化》（海上卷），浙江人民出版社 1995 年版。

刘迎胜：《丝路文化》（草原卷），浙江人民出版社 1995 年版。

刘锡淦、陈良伟：《龟兹古国史》，新疆大学出版社 1996 年版。

刘森林：《中国家具》，上海古籍出版社 1998 年版。

刘永新主编:《国家药典中药实用手册》,中医古籍出版社 2011 年版。

刘庆柱主编:《考古学集刊》(第一辑),中国社会科学出版社 1981 年版。

刘玉生:《方城汉画》,香港:天马图书有限公司 2003 年版。

联合国教科文组织、中国社会科学院考古研究所编:《十世纪前的丝绸之路和东西文化交流》(*Land routes of the Silk Roads and the cultural exchanges between the East and West before the 10th century*),新世界出版社 1996 年版。

柳洪亮:《新出吐鲁番文书及其研究》,新疆人民出版社 1997 年版。

洛阳区考古发掘队:《洛阳烧沟汉墓》,中国科学院考古研究所编辑,科学出版社 1959 年版。

洛阳市地方史志编纂委员会编:《洛阳:丝绸之路的起点》,中州古籍出版社 1992 年版。

罗振玉、王国维:《流沙坠简》,中华书局 1993 年版。

罗振玉:《流沙坠简》(外 7 种),罗继祖编,上海古籍出版社 2013 年版。

罗宗真:《魏晋南北朝考古》,文物出版社 2001 年版。

罗森:《中国古代的艺术与文化》,北京大学出版社 2002 年版。

黎虎:《汉唐外交制度史》,兰州大学出版社 1998 年版。

联合国教科文组织驻中国代表团、新疆文物局、新疆文物考古研究所:《交河故城——1993、1994 年度考古发掘报告》,东方出版社 1998 年版。

鲁迅辑:《古小说钩沉》,《鲁迅全集》(第 8 卷),人民文学出版社 1973 年版。

凌皆兵等编:《中国南阳画像石大全》,大象出版社 2015 年版。

龙应台:《百年思索》,南海出版公司 2001 年版。

马雍:《西域史地文物丛考》,文物出版社 1990 年版。

马承源、岳峰主编:《丝路考古珍品》,上海译文出版社 1998 年版。

马自树主编:《中国边疆民族地区文物集粹》,上海辞书出版社 1999 年版。

马汉国主编:《微山汉画像石选集》,文物出版社 2003 年版。

孟凡人:《楼兰新史》,光明日报出版社、新西兰霍兰德出版有限公司,1990 年版。

孟凡人:《楼兰鄯善简牍年代学研究》,新疆人民出版社 1995 年版。

孟宪实:《汉唐文化与高昌历史》,齐鲁书社 2004 年版。

穆舜英等主编:《楼兰文化研究论集》,新疆人民出版社 1996 年版。

毛民：《榴花西来——丝绸之路上的植物》，人民美术出版社2005年版。
南京博物院（曾昭燏）：《沂南古画像石墓发掘报告》，文化部文物管理局1956年版。
南阳汉代画像石学术讨论会办公室编：《汉代画像石研究》，文物出版社1987年版。
南阳文物研究所：《南阳汉代画像砖》，文物出版社1990年版。
内蒙古文物考古研究所、魏坚编著：《内蒙古中南部汉代墓葬》，中国大百科全书出版社1998年版。
青海省文物考古研究所：《上孙家寨汉晋墓》，文物出版社1993年版。
钱文忠：《印度书话：倾听恒河天籁》，江西教育出版社1999年版。
饶宗颐：《饶宗颐东方学论集》，汕头大学出版社1999年版。
荣新江、李孝聪编：《中外关系史：新史料与新问题》，科学出版社2004年版。
四川大学历史系编：《中国西南的古代交通与文化》，四川大学出版社1994年版。
四川省文物考古研究所编：《四川考古报告集》，文物出版社1998年版。
陕西省考古学会编：《陕西考古重大发现》（1949—1984），陕西人民出版社1986年版。
孙毓棠：《孙毓棠学术论文集》，中华书局1995年版。
孙家洲主编：《额济纳汉简释文校本》，文物出版社2007年版。
孙机：《汉代物质文化资料图说》，文物出版社1991年版。
孙机：《汉代物质文化资料图说》（增订本），上海古籍出版社2008年版。
孙机：《中国圣火》，辽宁教育出版社1996年版。
苏北海：《丝绸之路与龟兹历史文化》，新疆人民出版社1996年版。
尚衍斌：《西域文化》，辽宁教育出版社1998年版。
尚永琪：《莲花上的狮子——内陆欧亚的物种、图像和传说》，商务印书馆2014年版。
石声汉：《石声汉农史论文集》，中华书局2008年版。
石云涛：《早期中西交通与交流史稿》，学苑出版社2003年版。
沈福伟：《中西文化交流史》（第2版），上海人民出版社2006年版。
沈宜扬：《湖北当阳刘家冢子东汉末年画像石墓发掘简报》，《文物资料丛刊》（1），文物出版社1977年版。
史语所简牍整理小组编：《居延汉简补编》，"中央"研究院历史语言研究所1998年版。

史金波、白滨、吴峰云编：《西夏文物》，文物出版社1988年版。
宿白：《魏晋南北朝史唐宋考古文稿辑丛》，文物出版社2011年版。
邹文主编：《世界艺术全鉴》（外国雕塑经典），人民美术出版社2000年版。
宋兆麟：《中国民间神像》，学苑出版社1994年版。
山东省文物考古队：《曲阜鲁国故城》，齐鲁书社1982年版。
山东省博物馆、山东省文物考古研究所：《山东汉画像石选集》，齐鲁书社1982年版。
山东省文物考古研究所、滕州市博物馆：《滕州东小宫墓地》，《鲁中南汉墓》，文物出版社2009年版。
山西省考古研究所：《侯马乔村墓地（1959—1996）》，科学出版社2004年版。
谭蝉雪主编：《敦煌民俗画卷》，《敦煌石窟全集》（25），商务印书馆1999年版。
汤池主编：《中国画像石全集》第4卷《江苏、安徽、浙江汉画像石》，山东美术出版社；河南美术出版社2000年版。
汤池主编：《中国画像石全集》第5卷《陕西、山西汉画像石》，山东美术出版社2000年版。
王世选、梅文昭修纂：《民国宁安县志》，民国十三年（1924）铅印本。
王云五编：《百科名汇》，商务印书馆1931年版。
胡适、蔡元培、王云五编：《张菊生先生七十寿辰纪念论文集》，商务印书馆2012年版。
王国维：《观堂集林》，中华书局1959年版。
王伯敏：《中国绘画史》，上海人民美术出版社1982年版。
王仲殊：《汉代考古学概说》，中华书局1984年版。
王克芬：《中国舞蹈发展史》，上海人民出版社1989年版。
王炳华：《丝绸之路考古研究》，新疆人民出版社1993年版。
王炳华：《西域考古历史论集》，中国人民大学出版社2008年版。
王世襄：《锦灰堆》，生活·读书·新知三联书店2004年版。
王树英主编：《中印文化交流与比较》，中国华侨出版社1994年版。
王孝先：《丝绸之路医药学交流研究》，新疆人民出版社1994年版。
王镛主编：《中外美术交流史》，湖南教育出版社1998年版。
王宗维：《汉代丝绸之路的咽喉——河西路》，昆仑出版社2001年版。
王建中主编：《中国画像石全集》第6卷《河南汉画像石》，河南美术出版社 2000 年版。

王建中：《汉代画像石通论》，紫禁城出版社 2001 年版。

王子今：《秦汉交通史稿》（增订版），中国人民大学出版社 2013 年版。

王子今：《秦汉边疆与民族问题》，中国人民大学出版社 2011 年版。

王子今：《秦汉文化风景》，中国人民大学出版社 2012 年版。

王子今：《秦汉区域文化研究》，中国人民大学出版社 2012 年版。

王素：《高昌史稿》（统治编），文物出版社 1998 年版。

王素：《高昌史稿》（交通编），文物出版社 2000 年版。

王颋：《内陆亚洲史地求索》，兰州大学出版社 2012 年版。

王永平：《游戏、竞技与娱乐——中古社会生活透视》，中华书局 2010 年版。

王永平：《从"天下"到"世界"：汉唐时期的中国与世界》，中国社会科学出版社 2015 年版。

王玉哲主编：《中国古代物质文化》，高等教育出版社 1990 年版。

闻宥集撰：《四川汉代画像选集》，群联出版社 1955 年版。

文物编辑委员会编：《文物资料丛刊》（第四辑），文物出版社 1981 年版。

文物出版社编：《新中国考古五十年》，文物出版社 1999 年版。

汶江：《古代中国与亚非地区的海上交通》，四川省社会科学院出版社 1989 年版。

伍加伦等主编：《古代西南丝绸之路研究》（第一辑），四川大学出版社 1990 年版。

吴山主编：《中国工艺美术大辞典》，江苏美术出版社 1990 年版。

吴传钧、吕余生主编：《海上丝绸之路研究——中国·北海合浦海上丝绸之路始发港理论研讨会论文集》，科学出版社 2006 年版。

魏坚主编：《额济纳汉简》，广西师范大学出版社 2005 年版。

魏坚编著：《内蒙古中南部汉代墓葬》，中国大百科全书出版社 1998 年版。

向达：《中西交通史》，岳麓书社 2012 年版。

新疆社会科学院考古研究所编：《新疆考古三十年》，新疆人民出版社 1983 年版。

新疆维吾尔自治区博物馆、新疆文物考古研究所：《中国新疆山普拉：古代于阗文明的揭示与研究》，新疆人民出版社 2001 年版。

夏鼐：《中国文明的起源》，文物出版社 1985 年版。

夏鼐主编：《中国大百科全书》（考古学卷），中国大百科全书出版社

1986 年版。
夏鼐：《考古学论文集》（外 1 种），河北教育出版社 2000 年版。
夏鼐：《夏鼐文集》，社会科学文献出版社 2000 年版。
谢桂华等：《居延汉简释文合校》，文物出版社 1987 年版。
谢端琚：《甘青地区史前考古》，文物出版社 2002 年版。
许新国：《西陲之地与东西方文明》，燕山出版社 2006 年版。
雪犁等主编：《中国丝绸之路辞典》，新疆人民出版社 1994 年版。
萧亢达主编：《广州文物考古集》，文物出版社 1998 年版。
咸阳市文物考古研究所：《塔儿坡秦墓》，三秦出版社 1998 年版。
许永璋：《中国与亚非国家关系史考论》，香港社会科学出版社有限公司 2004 年版。
徐复主编：《广雅诂林》，江苏古籍出版社 1992 年版。
西藏自治区文学术界联合会编：《西藏艺术》（绘画卷），上海人民美术出版社 1991 年版。
熊铁基：《秦汉文化史》，东方出版中心 2007 年版。
席泽宗主编：《中国科学思想史》，科学出版社 2009 年版。
西安市文物保护考古所：《西安南郊秦墓》，陕西人民出版社 2004 年版。
邢义田：《画为心声：画像石、画像砖和壁画》，中华书局 2011 年版。
信立祥：《汉代画像石综合研究》，文物出版社 2000 年版。
俞伟超：《战国秦汉考古》，北京大学考古研究室 1973 年版。
俞剑华：《中国画论类编》，人民美术出版社 1986 年版。
郁龙余：《中印文学关系源流》，湖南文艺出版社 1987 年版。
余太山：《嚈哒史研究》，齐鲁书社 1986 年版。
余太山：《两汉魏晋南北朝与西域关系史研究》，中国社会科学出版社 1995 年版。
余太山：《西域文化史》，中国友谊出版公司 1996 年版。
余太山：《两汉魏晋南北朝正史西域传研究》，中华书局 2003 年版。
余太山主编：《内陆欧亚古代史研究》，福建人民出版社 2005 年版。
余太山：《两汉魏晋南北朝正史西域传要注》，中华书局 2005 年版。
余太山：《早期丝绸之路文献研究》，上海人民出版社 2009 年版。
余太山：《古代地中海与中国关系史研究》，商务印书馆 2012 年版。
殷晴：《丝绸之路与西域经济》，中华书局 2007 年版。
殷晴：《丝绸之路经济史研究》，兰州大学出版社 2012 年版。
杨宪益：《译余偶拾》，山东画报出版社 2006 年版。

杨作龙、毛阳光主编：《洛阳考古集成》（秦汉魏晋南北朝卷），北京图书馆出版社 2007 年版。

杨森：《敦煌壁画家具图像研究》，民族出版社 2010 年版。

杨军：《夫余史研究》，兰州大学出版社 2012 年版。

杨镰：《寻找失落的西域文明》，北京航空航天大学出版社 2010 年版。

杨泓：《中国古兵器论丛》，文物出版社 1985 年版。

杨代欣：《中国家具收藏与鉴赏》，巴蜀书社 2000 年版。

杨朝明、宋立林主编：《孔子家语通解》，齐鲁书社 2009 年版。

云南省博物馆：《云南晋宁石寨山古墓群发掘报告》，文物出版社 1959 年版。

云南省文物考古研究所等：《江川李家山——第二次发掘报告》，文物出版社 2007 年版。

易华：《齐家华夏说》，甘肃人民出版社 2015 年版。

张星烺：《中西交通史料汇编》，民国丛书本，上海书店辅仁大学丛书 1930 年影印版。

张星烺：《中西交通史料汇编》，朱杰勤校订，中华书局 2003 年版。

张安治主编：《中国美术全编》（绘画编），人民美术出版社 1986 年版。

张光福：《中国美术史》，知识出版社 1982 年版。

张维华主编：《中国古代对外关系史》，高等教育出版社 1993 年版。

张志尧主编：《草原丝绸之路与中亚文明》，新疆美术摄影出版社 1994 年版。

张弓：《汉唐佛寺文化史》，中国社会科学出版社 1997 年版。

张宏实：《法相庄严·管窥天珠》，淑馨出版社 1993 年版。

张宏实：《藏珠之乐》（Ⅰ），天地图书有限公司 1999 年版。

章利国：《希腊、罗马美术史话》，人民美术出版社 1999 年版。

章鸿钊：《石雅》，上海古籍出版社 1993 年版。

中国戏剧研究院编：《中国古典戏剧论著集成》，中国戏剧出版社 1959 年版。

中国科学院编译出版委员会名词室编订：《矿物学名词》，科学出版社 1957 年版。

中国社会科学院考古研究所编：《居延汉简甲编》，科学出版社 1959 年版。

中国社会科学院考古研究所编：《居延汉简甲乙编》，中华书局 1980 年版。

中国社会科学院考古研究所、河北省文物管理处：《满城汉墓发掘报告》，文物出版社1980年版。

中国社会科学院考古研究所编著：《陕县东周秦汉墓》，科学出版社1994年版。

中国社会科学院历史研究所编：《古代中越关系史料选编》，中国社会科学出版社1982年版。

中国美术全集编辑委员会：《中国美术全集》（绘画编）（2）《隋唐五代绘画》，人民美术出版社1984年版。

中国美术全集编辑委员会：《中国美术全集·绘画编》（3）（两宋绘画），文物出版社1988年版。

中国美术全集编辑委员会：《中国美术全集》（工艺美术编）（11）《竹木牙角器》，文物出版社1993年版。

中国美术全集编辑委员会：《中国美术全集》（绘画编）（12）《墓室壁画》，文物出版社1989年版。

中国美术全集编辑委员会：《中国美术全集》（绘画编）（20）《版画》，上海人民美术出版社1988年版。

中国文物精华编辑委员会编：《中国文物精华》，文物出版社1992年版。

中国农业科学院南京农学院中国农业遗产研究室编辑：《中国农业遗产选集》甲类第五种（上编），中华书局1957年版。

中国建筑史编写组：《中国建筑史》，中国建筑工业出版社1986年版。

中国社会科学院考古研究所：《陕县东周秦汉墓》，科学出版社1994年版。

中国社会科学院考古研究所：《洛阳烧沟汉墓》，科学出版社1956年版。

中国社会科学院考古研究所：《新中国的考古发现与研究》，文物出版社1984年版。

中国社会科学院考古研究所、新疆文物考古研究所编：《汉代西域考古与汉文化》，科学出版社2014年版。

《中国考古学研究》编委会：《中国考古学研究——夏鼐先生考古五十年纪念论文集》，科学出版社1986年版。

中山大学艺术史研究中心编：《艺术史研究》第1卷，广州：中山大学出版社1999年版。

朱杰勤：《中外关系史论文集》，河南人民出版社1984年版。

朱龙华：《世界历史》（上古部分），北京大学出版社1991年版。

周一良主编：《中外文化交流史》，河南人民出版社1987年版。

周菁葆:《丝绸之路上的音乐文化》,新疆人民出版社 1987 年版。
周发祥、李岫主编:《中外文学交流史》,湖南教育出版社 1999 年版。
周到主编:《中国画像石全集》第 8 卷《石刻线画》,河南美术出版社 2000 年版。
周康等:《中国古代化学史》,化学工业出版社 2009 年版。
杨伯达主编:《中国美术全编·工艺美术编》(10),文物出版社 1987 年版。
赵化成、高崇文等:《秦汉考古》,文物出版社 2002 年版。
郑岩:《逝者的面具:汉唐墓葬艺术研究》,北京大学出版社 2013 年版。
赵德云:《西周至汉晋时期中国外来珠饰研究》,科学出版社 2016 年版。

## 四 外文及中文译著

[古希腊] 希罗多德:《历史:希腊波斯战争史》,王嘉隽译,商务印书馆 1959 年版。
[古希腊] 阿里安:《亚历山大远征记》,李活译,商务印书馆 1979 年版。
《圣经》,中国基督教三自爱国运动委员会、中国基督教协会出版发行,上海 2008 年版。
[阿拉伯] 佚名:《中国印度见闻录》,穆根来等译,中华书局 1983 年版。
A De Waeleand Ernie Haerinck, Etched (Carnelian) Beads from Northeastand Southeast Arabia, *Arabian Archaeology and Epigraphy*, 2006:17.
[越南] 黎崱:《安南志略》,余思黎点校,中华书局 2000 年版。
[越南] 陶维英:《越南古代史》,刘统文、子钺译,商务印书馆 1976 年版。
[越南] 陈重金:《越南通史》,戴可来译,商务印书馆 1992 年版。
[泰] 黎道纲:《泰国古代史地丛考》,中华书局 2000 年版。
Elizabeth Mooreand U Aung Myint, "Beads of Myanmar (Burma): Line Decorated Beadsamongst the Pyuand Chin", *Journal of the Siam Society*, Bangkok, Thailand, Vol. 81.
[韩] 朴容大等编著:《增补文献备考》,明文堂 1959 年版。
[巴基斯坦] 穆罕默德·瓦利乌拉·汗:《犍陀罗艺术》,陆水林译,商务印书馆 1997 年版。
[瑞士] 德亢朵儿:《农艺植物考源》,俞德浚、蔡希陶编译,商务印书馆

1940年版。

［荷兰］戴闻达:《中国人对非洲的发现》,胡国强、覃锦显译,商务印书馆1983年版。

［荷兰］许理和:《佛教征服中国》,李四龙、裴勇等译,江苏人民出版社2003年版。

［意］白佐良、马西尼:《意大利与中国》,萧晓玲、白玉崑译,商务印书馆2002年版。

［瑞典］沃尔克·贝格曼:《新疆考古记》,王安洪译,新疆人民出版社1997年版。

Ba Sommastrom, *Archaeological Researches in the Edsen-gol Region Inner Mongolia*, Stockholm, 1956.（［瑞典］索马斯特罗姆:《内蒙古额济纳河流域考古报告》,斯德哥尔摩,1956年）

［新］尼古拉斯·塔林主编:《剑桥东南亚史》,贺圣达等译,云南人民出版社2003年版。

［埃及］穆斯塔法·埃尔—埃米尔:《埃及考古学:埃及古代建筑、雕刻与绘画》,林幼琪译,科学出版社1959年版。

［巴基斯坦］A. H. 达尼:《巴基斯坦简史》,四川大学外语系翻译组译,四川人民出版社1974年版。

［巴基斯坦］A. H. 丹尼、［俄罗斯］V. M. 马松主编:《中亚文明史》（第一卷）,芮传明译,中国对外翻译出版公司2000年版。

［匈牙利］雅诺什·哈尔马塔主编:《中亚文明史》（第二卷）,徐文堪、芮传明译,中国对外翻译出版公司2001年版。

［俄罗斯］B. A. 李特文斯基主编:《中亚文明史》（第三卷）,马小鹤译,中国对外翻译出版公司2003年版。

Victor Sariadini, *the Golden Hoard of Bactria*, *from the Tillyatepe Excavations in Northern Afghanistan*, Aurora Art Publishers, Leningrad, 1985.

［俄］H·A·库恩:《古希腊的传说和神话》,秋枫、佩芳译,生活·读书·新知三联书店2002年版。

［俄］普尔热瓦尔斯基:《走向罗布泊》,黄健民译,新疆人民出版社1999年版。

H. C. Beck, *Beads from Taxila*, Swati Publications, Delhi, 1941.

P. C. Bagchi, *India and China*, *A Thousand Years of Cultural Relations*, 1950.（［印度］巴格齐:《印度与中国千年的文化关系》,孟买,1950

年)

Moreshwar G. Dikshit, *History of Indian Glass*, University of Bombay, 1969.

R. N. Singh, *Ancient India Glass*, Archaeologyand Technology, Delhi: Parimal Publications, 1989.

Nirarika, Bharatiya kalam prakashan, *A Study of Stone Beads in Ancient India*, Delhi, 1993.

H. C. Beck, *Report on Selected Beads from 0 Harappa*, *Madro Sarup Vats*, *Excava-tionsat Harappa*, Mun-shiram Manorarlal Publishers Pvt. Ltd., New Delhi, 1997.

Manik Chandra Gupta, *A Study of Beads-from Kausambi*, Swbha Prakashan Allahabad, 1997.

[德] 夏德:《大秦国全录》,朱杰勤译,商务印书馆1964年 (F. Hirth, *China and the Roman Orient*, Shanghai and Hongkong, 1885.)。

A. Germann, *Die alten Seidenstrassen zwischen China und Syrien*, Berlin, 1910. ([德] 赫尔曼:《中国与叙利亚间的古代丝路》,柏林,1910年)

O. Maenchen-Helfen, "A Parthian Coin Legend on a Chinese Bronze", *AM*, n. s., III-1, 1952, pp. 1-6. ([德] 密兴·黑尔芬:《一种中国铜器上安息钱铭文》,《大亚细亚》(英) 1952年号第3卷第1期)

[德] 克林凯特:《丝绸古道上的文化》,赵崇民译,新疆美术摄影出版社1994年版。

[英] 奥雷尔·斯坦因:《西域考古图记》,中国社会科学院考古研究所译,广西师范大学出版社1999年。(*Serindia*: *Detailed Report of Explorations in Central Asia and Westernmost China*, Volumes I-V. Oxford, Clarendon Press, 1921.)

[英] 奥雷尔·斯坦因:《西域考古记》,向达译,商务印书馆2013年版。

[英] 奥雷尔·斯坦因:《从且末到若羌》,肖小勇译,《新疆文物》1990年第4期。

[英] H. 裕尔撰,[法] 考迪埃修订《东域行程录丛》,张绪山译,云南人民出版社2002年。(H. Yule & H. Cordier, *Cathay and the Way Thither*, London, 1915—1916.)

Gustavus Eisen, The Characteristics of Eye Beads from the Earliest Times to the Present, *American Journal of Archaeology*, Vol. 20, No. 1, 1916.

H. C. beck, *Classification and Nomenclature of Beads and Pendants*, Archaeologia, 77, 1928.

H. C. Beck, Notes on Sundry Asiatic Beads, *Man*, Vol. 30, 1930.

H. C. Beck, "Etched Carnelian Beads", *Anti-quaries Journa*l, Vol. 13, No. 1, 1933.

H. C. Beck and C. G. Seligman, Barium in Ancient Glass, *Nature*, 1934.

Ernest Mackey, "Decorated Carnelian Beads", *Man*, Vol. 33, Sep., 1933.

C. G. Seligman and P. D. Ritchie and H. C. Beck, Early Chinese Glass from Pre-Han to Tang's Times, *Nature*, 1936.

C. G. Seligman, The Roman Orient and the Far East, *Antiquity*, Volume XI, 1937.

C. G. Seligman and H. C. Beck, *Far Easten Glass: Some Western Origins*, Bulletin of the Museum of Far Eastern Antiquities, No. 10, 1938.

Ovov R. T. Janse, *Archaeological Research in Indo-China*, Harvard University Press, Cambridge Massachusetts, 1947.

Frederic Neuberg, *Glass in Antiquity*, translated by R. J. Charleston, London 1949.

W. G. N. Van Der Sleen, Trade-Wind Beads, *Man*, Vol. 56, Feb., 1956.

P. R. S. Moorey, *Materials and Manufactures in Ancient Mesopotamia: the Evidences of Archaeology and Art*, BAR International Series 237, 1985.

W. W. Tarn, *The greeks in Bactria and India*, Chicago, Ares Publishers, Inc, 1985.

Hugh Tait, *Five Thousand Years of Glass*, Chapter 1, British Museum Press, 1999.

[英] 理查德·格林菲尔德：《埃塞俄比亚新政治史》，钟槐译，商务印书馆1974年版。

[英] 杰弗里·巴勒克拉夫主编：《泰晤士世界历史地图集》，毛昭晰等译，生活·读书·新知三联书店1985年版。

[英] 李约瑟著，《中国科学技术史》（第一卷），科学出版社上海古籍出版社1990年版。

[英] I. L. 梅森（I. L. Mason）主编：《驯养动物的进化》，《驯养动物的进化》翻译组译，蓝之中总审校，南京：南京大学出版社1991年版。

[英] 保罗·G. 巴恩主编：《剑桥插图考古史》，郭小凌、王晓秦译，济南：山东画报出版社2000年版。

[英] 赫德逊：《欧洲与中国》，李申等译，中华书局2004年。（Hudson

. *Europe and China*, London, 1931.）

［英］A. 麦金德：《历史的地理枢纽》，林尔蔚、陈江译，商务印书馆2009年版。

V. Griessmaier, "Die granulierte Goldschnalle", *Wiener Beiträge zur Kulturgeschichte Asiens*, v.7（1933）. J. Ogden, *Jewellery of the Ancient World*, London, 1976.

Louis Sherr Dubin, *The History of Beads*, *from* 30000*B. C. to the Present*, Thames and Hudson, 1987.

George C Boon, Maria Dekowna, Gold-in-Glass Beads from the Ancient World, *Britannia*, Vol. 8, 1977.

Robert Theunissen, Peter Grave, and Grahame Bailey. "Doubtson Diffusion: Challenging the Assumed Indian Origin of Iron Age A-gate and Carnelian Beads in Southeast Asia", *World Archaeology*, Vol. 32, No. 1, 2000.

Maurya Jyotsna, "Distinctive Beads in Ancient India", BAR International Series 864, Oxford: *British Archaeological Reports*, 2000.

Bellina Bérénice, "Beads, Social Change and Interaction between India and Southeast Asia", *Antiquity*, Cambridge University Press, June, 2003.

Bellwood. Peter, *Southeast Asia from Prehistory to History*, Routledge Curzon, London and NewYork, 2004.

［英］加文·汉布里：《中亚史纲要》，吴玉贵译，商务印书馆1994年版。

J. G. Andersson, "Selected Ordos Bronzes", *THE Museum of Far Eastern Antiqulties*, 1933（5）.

Fitzgerald Huber, L. G., "Qijia and Erlitou: the Question of Contacts with Distant Culture", *Early China*, 20, 1955.

［法］伯希和等著，冯承钧译：《西域南海罗地考证译丛》（一），商务印书馆1962年版。

［法］伯希和等著，冯承钧译：《西域南海罗地考证译丛》（二），商务印书馆1962年版。

A. Salmony, *Sinosiberian Art in the Collection of C. T. Loo*, Paris, 1933.

［法］戈岱司编：《希腊拉丁作家远东古文献辑录》，耿昇译，中华书局2001年版。

E. Chavannes, *Six inscriptions chinoises de l' Asie Centrale d' après les estampages de M. Ch. – E. Bonin*, Paris, Imprimerie National, 1902.

［法］雷奈·格鲁塞：《东方的文明》，常任侠、袁音译，中华书局1999

年版。

［法］布尔努瓦:《丝绸之路》，耿昇译，济南：山东画报出版社2001年版。

［法］布尔努瓦:《丝绸之路——神祇、军士与商贾》，耿昇译，云南人民出版社2015年版。

［法］马伯乐:《马伯乐汉学论著选译》，伭晓笛、盛丰等译，中华书局2014年版。

［法］阿里·玛扎海里:《丝绸之路:中国—波斯文化交流史》，耿昇译，中华书局1993年版。

［法］莫尼克·玛雅尔:《古代高昌王国物质文明史》，耿昇译，中华书局1995年版。

［法］杜德兰（Alain Thote):《异质文化撞击与交流的范例——淅川下寺墓随葬器物的产地及相关问题》，刘玉堂、贾继东译，《江汉考古》1996年第2期。

［美］劳费尔:《中国伊朗编》，林筠因译，商务印务馆1964年。(Berthold Laufer, *Sino-Iranica: Chinese Contributions to the History of Civilization in Ancient Iran*, 1919.)

［美］W. M. 麦高文：《中亚古国史》，章巽译，中华书局1958年（W. M. Mcgovern, *The Early Empires of Central Asia*, University of North Carolina Press, 1939）。

Herbert Maryon, Metalworking in the Ancient World, *American Journal of Archaeology*, VoL. LⅢ, No. 2, 1949.

H. F. E. Visser, Some Remarks on Gold Granulation work in China, *Artibus Asiae*, VoL. 15, No. 1/2, 1952.

Leonard Woolly, *Alalakh An Account of the Excavations at Tell Atchana in the Hatay*, 1937–1949, Burlington House, 1955.

J. R. Franke, *An illustrated handbook of Art history*, New York. 1956.

E. H. Schafer, "War Elephants in Ancient and Medieval China", *Oriental*, Vol. 10, 1957.

［美］薛爱华:《撒马尔罕的金桃——唐代舶来品研究》，吴玉贵译，社会科学文献出版社2016年（Edward Hetzel Schafer, The Golden Peaches of Samarkand: A Study of T'ang Exotics. Berkeley and Los Angeles: University of California Press, 1963）。

K. Jettman, *The Art in Prairie*, New York, 1967. (［美］杰特曼:《草原艺

术》，纽约，1967年）

［美］萨拉柯耐尔：《西方美术风格演变史》，欧阳英、樊小明译，浙江美术学院出版社1992年版。

［美］斯塔夫里阿诺斯：《全球通史——1500年以前的世界》，吴象樱、梁赤民译，上海社会科学院出版社1996年版。

［美］朱学渊：《中国北方诸族的源流》，中华书局2002年版。

［美］余英时：《汉代的贸易与扩张》，邬文玲等译，上海古籍出版社2005年。（Trade and Expansion in Han China: A Study in the Structure of Sino-Barbarian Economic Relations, Berkeley, Ca.: University of California Press, 1967.）

Diana Lee Carroll, A Classification for Granulation in Ancient Metalwork, American Journal of Archaeogy, Vol. 78. No. 4, 1974.

Michele Emmer, Art and Mathematics: the Platonic Solid, Leonardo, Vol. 15, No. 4, 1982.

［美］巫鸿：《武梁祠：中国古代画像艺术的思想性》，柳扬、岑河译，生活·读书·新知三联书店2015年版。（The Wuliang Shrine, the Ideology of Early Chinese Pictorial Art, Stanford University Press, 1989.）

I. C. Glover, Early Trade between India and South-East Asia, Center for South-East Asia Studies, 1990.

John Mowat Erikson, The Universal Bead, W. W. Norton & Company, New York. London, 1993.

Howard LeVine, The Art of Mathematics, the Mathematics of Art, Leonardo, Vol. 27, No. 1, 1994.

Leonid T. Yablonsky, The Material Culture of the Saka and Historical Reconstruction, Nomads of the Eurasian Steppes in the Early Iron Ages, Zinat Press, Berkeley, CA, 1995.

David A. Grimaldi, Amber, Windows to the Past, Harry N. Abrams, Inc., In Association with the American Museum of Natural History, 1996.

Benno Artmann, A Roman Icosahedron Discovered, The American Mathematical Monthl, Vol. 103, No. 2, Feb. 1996.

Peter Francis Jr., Asia's Maritime Bead Trade: 300B. C. to the Present, University of Hawaii Press, Honolulu, 2002.

Joan Aruz, Art and Interconnections in the Third Millennium B. C., Art of the First Cities, the Third Millennium B. C. from the Mediterranean to the Indus,

The Metropolitan Museum of Art & Yale University Press,2003.

Pamela Gutman and Bob Hudson, *The Archaeology of Burma (Myanmar) from the Neolithic to Pagan*, *Southeast Asia: from Prehistory to History*, edited by Ian Glover and Peter Bellwood, Rutledge Curzon, 2004.

Fredrik Hiebertand L. Pierre Cambon, Afganistan: Hidden Treasures from the National Museum, Kabul. Washington, D.C.: *National Geographic Soeiety*, 2008.

［日］常盤大定，『支那に於ける仏教と儒教道教』、東京：東洋文庫、昭和五年（1930）。

［日］宇井伯寿，『支那仏教史』、東京：岩波書店，昭和十一年（1936）。

［日］安万侣：《古事记》，邹有恒、吕元明译，人民文学出版社 1963 年版。

［日］白鸟库吉：《东胡民族考》，方壮猷译，商务印书馆 1934 年版。

［日］白鸟库吉：《塞外史地论文译丛》（第一辑），王古鲁译，商务印书馆 1939 年版。

［日］白鸟库吉：《塞外史地论文译丛》（第二辑），王古鲁译，商务印书馆 1940 年版。

［日］白鳥庫吉，『西域史研究』，岩波書店刊行 1971 年版。

［日］塚本善隆，『支那仏教史研究』（北魏篇）、弘文堂書房 1942 年版。

［日］藤田豊八，〈支那に於ける刻石の由来：附「不得祠」とは何ぞや〉，『東洋学報』第 16 卷第 2 号，1927 年版。

［日］藤田豊八，『東西交涉の研究』（南海篇），萩原星文館昭和十八年（1943）。

［日］藤田豊八，『東西交涉の研究』（西域篇），萩原星文館昭和十八年（1943）。

［日］藤田丰八：《中国南海古代交通丛考》，何健民译，商务印书馆 1936 年版。

［日］福井康順，『道教の基礎的研究』、理想社 1952 年版。

［日］下中弥三郎编集，『世界美術全集』（3）、〈古代西アジア〉、［日］東京：平凡社昭和二十八年（1953）。

［日］下中弥三郎编集，『世界美術全集』（4）、〈古代エジプト〉、［日］東京：平凡社、昭和二十八年（1953）。

［日］下中弥三郎编集，『世界美術全集』（5）、〈ギリシア（希腊）〉Ⅰ，［日］東京：平凡社、昭和二十九年（1954）。

［日］岸邊成雄、林謙三，《唐代の楽器》，東京：株式會社音楽之友社、昭和四十三年（1968）。

［日］護雅夫，『漢とローマ』、東京：平凡社、1970年版。

［日］岸边成雄：《唐代音乐史的研究》，梁在平、黄志炯译，中华书局1973年版。

［日］林谦三：《东亚乐器考》，钱稻孙译，人民音乐出版社1999年版。

［日］内田吟風，『〈異物志〉考——その成立と遺文』、『森鹿三博士頌壽紀念論文集』、東京：同朋舍，1977年版。

［日］荻原云来编：《汉译对照梵和大辞典》，新文丰出版公司1979年版。

［日］土方定一编集，『大系世界の美術』第二卷、〈古代西アジア美術〉，［日］株式会社学習研究社1980年版。

［日］奈良国立文化財研究所、飛鳥資料館編，『高松塚拾年——壁画保存の步み』、『飛鳥資料館図録』第9冊，昭和五十七年（1982年）。

［日］镰田茂雄：《简明中国佛教史》，郑彭年译，上海译文出版社1986年（東京：岩波书店，1979年初版）。

［日］渥德尔：《印度佛教史》，王世安译，商务印书馆1987年版。

［日］宫治昭：《佛像的起源和秣菟罗造像》，谢建明译，《东南文化》1992年第5期。

［日］野上俊静等，《中国佛教史概说》，释圣严译，台湾商务印书馆股份有限公司1993年版。

［日］羽溪了谛：《西域佛教史》，贺昌群译，商务印书馆1999年版。

［日］松田寿男：《古代天山历史地理学研究》，陈俊谋译，中央民族学院出版社1987年版。

［日］永田英正，『居延漢簡の研究』、東京：同朋舍，1989年版。

［日］长泽和俊：《丝绸之路史研究》，钟美珠译，天津古籍出版社1990年版。

［日］前田正名：《河西历史地理学研究》，陈俊谋译，中国藏学出版社1993年版。

［日］田辺勝美、松島英子編，『世界美術大全集』（東洋編）、〈西アジア〉、小学館2000年版。

［日］足立喜六：《长安史迹研究》，王双怀等译，三秦出版社2003年版。

［日］林俊雄，『グリフィンの飛翔——聖獣からみた文化交流——』、東京：雄山閣，2006年版。

## 五　学术论文

郑文焯：《腊丁文金槃》，《神州大观》1915 年第 2 号。
余嘉锡：《牟子理惑论检讨》，《燕京学报》第 20 期，1936 年。
韩槐准：《龙脑香考》，《南洋学报》第 2 卷第 1 辑，1941 年 3 月。
蔡季襄：《汉西域大秦裹蹠金考》，《泉币》1943 年第 19 期。
陈垣：《禁不得辞举例》，《天津民国日报》1947 年 3 月 10 日。
安志敏：《河北省唐山市贾各庄发掘报告》，《中国考古报告》第六册，中国科学院考古研究所，1953 年。
四川省文物管理委员会：《成都羊子山第 172 号墓发掘报告》，《考古学报》1956 年第 4 期。
广州市文物管理委员会：《三年来广州市古墓葬清理和发现》，《文物》1956 年第 5 期。
刘铭恕：《试说近年出土的两组珠子》，《考古通讯》1956 年第 6 期。
方国瑜：《云南用贝作货币的年代及贝的来源》，《云南大学学报》1957 年第 12 期。
韩振华：《中国与印度东南亚的海上交通》，《厦门大学学报》1957 年第 2 期。
袁翰青：《我国化学工艺史中的制作玻璃问题》，《中国化学学会论文集》，1957 年。
湖南省文物管理委员会：《湖南零陵东门外汉墓清理简报》，《考古通讯》1957 年第 1 期。
广西省文物管理委员会（黄增庆）：《广西贵县汉墓的清理》，《考古学报》1957 年第 1 期。
何乃汉：《广西贵县东湖两汉墓的清理》，《考古通讯》1957 年第 2 期。
广西省文物管理委员会（黄增庆）：《广西贵县汉墓的清理》，《考古学报》1957 年第 1 期。
广州市文物管理委员会：《广州市龙生岗 43 号东汉木椁墓》，《考古学报》1957 年第 1 期。
李夏华、陶鸣宽：《东汉崖墓内的一尊石刻佛像》，《文物参考资料》1957 年第 6 期。
广州文物管理委员会：《黄花岗 003 号西汉木椁墓发掘简报》，《考古通讯》1958 年第 4 期。

广州市文物管理委员会：《广州东山象栏岗第二号木椁墓清理简报》，《文物》1958 年第 4 期。

朱龙华：《伊拉克共和国的古代文物》，《文物参考资料》1958 年第 9 期。

河南省文化局文物工作队：《一九五五年洛阳涧西区小型汉墓发掘报告》，《考古学报》1959 年第 2 期。

贵州省博物馆：《贵州清镇平坝汉墓发掘报告》，《考古学报》1959 年第 1 期。

贺梓城：《唐墓壁画》，《文物》1959 年第 8 期。

朱家溍：《漫谈椅凳及其陈设格式》，《文物》1959 年第 6 期。

甘肃省文物管理委员会：《酒泉下河清第 1 号墓和第 18 号墓发掘简报》，《文物》1959 年第 10 期。

浙江省文物管理委员会：《吴兴钱山漾遗址第一、二次发掘报告》，《考古学报》1960 年第 2 期。

浙江省文物管理委员会：《杭州水田畈遗址发掘报告》，《考古学》1960 年第 2 期。

湖南省博物馆：《长沙五里牌古墓清理简报》，《文物》1960 年第 3 期。

葛季芳：《云南昭通桂家院子东汉墓发掘》，《考古》1960 年第 5 期。

新疆维吾尔自治区博物馆：《新疆民丰县北大沙漠中古遗址墓葬区东汉合葬墓清理简报》，《文物》1960 年第 6 期。

黎金：《广州的两汉墓葬》，《文物》1961 年第 2 期。

陈直：《韩城汉扶荔宫遗址新出土瓦砖考释》，《考古》1961 年第 3 期。

冯文海：《山西文水北峪口的一座古墓》，《考古》1961 年第 3 期。

作铭（夏鼐）：《外国字铭文的汉代（？）铜饼》，《考古》1961 年第 5 期。

胡肇椿、张维持：《广州出土的汉代黑奴俑》，《中山大学学报》1961 年第 2 期。

贵州省博物馆：《贵州清镇平坝汉至宋墓发掘简报》，《考古》1961 年第 4 期。

罗哲文：《孝堂山郭氏墓石祠》，《文物》1961 年第 4、5 期合刊。

史树青：《新疆尼雅民丰遗址》，《文物》1962 年第 7、8 期。

吉敦谕：《糖和蔗糖的制造在中国起于何时》，《江汉学报》1962 年第 9 期。

云南省文物工作队：《云南昭通桂家院子东汉墓发掘》，《考古》1962 年第 8 期。

杨泓：《国内现存最古的几尊佛教造像实物》，《现代佛学》1962 年第 4 期。

石声汉：《试论我国从西域引入的植物与张骞的关系》，《科学史集刊》1963 年第 4 期。

河北省文化局文物工作队：《河北定县北庄汉墓发掘报告》，《考古学报》1964 年第 2 期。

曹吟葵：《云南昭通县白泥井发现东汉墓》，《考古》1965 年第 2 期。

郭远谓：《苏州吴张士诚母曹氏墓清理简报》，《考古》1965 年第 6 期。

湘乡县博物馆（文素心）：《湘乡西郊发现东汉墓》，《考古》1965 年第 12 期。

黑龙江省博物馆：《黑龙江饶河小南山遗址试掘简报》，《考古》1972 年第 2 期。

贵州省博物馆：《贵州安顺宁谷发现东汉墓》，《考古》1972 年第 2 期。

吴振录：《保德县新发现的殷代青铜器》，《文物》1972 年第 4 期。

南京市博物馆：《南京象山 5 号、6 号、7 号墓清理简报》，《文物》1972 年第 11 期。

嘉峪关市文物清理小组：《甘肃地区古代游牧民族的岩画——黑山石刻画像初步调查》，《文物》1972 年第 12 期。

安志敏：《金版与金饼——楚、汉金币及其有关问题》，《考古学报》1973 年第 2 期。

沙比提：《从考古发掘资料看新疆古代的棉花种植和纺织》，《文物》1973 年第 10 期。

新疆维吾尔自治区博物馆：《吐鲁番县阿斯塔那—哈拉和卓古墓群发掘简报（1963—1965）》，《文物》1973 年第 10 期。

定县博物馆：《河北定县 43 号汉墓发掘简报》，《文物》1973 年第 11 期。

作铭（夏鼐）：《我国出土的蚀花的肉红石髓珠》，《考古》1974 年第 6 期。

云南省博物馆：《云南晋宁石寨山古墓群发掘报告》，《考古学报》1975 年第 2 期。

洛阳博物馆：《洛阳涧西七里河东汉墓发掘简报》，《考古》1975 年第 2 期。

山东省博物馆、苍山县文化馆：《山东苍山元嘉元年画像石墓》，《考古》1975 年第 2 期。

黑龙江省博物馆：《东康原始社会遗址发掘报告》，《考古》1975 年第

3 期。

河南省博物馆：《灵宝张湾汉墓》，《文物》1975 年第 11 期。

罗西章：《扶风姜塬发现外国铭文铅饼》，《考古》1976 年第 4 期。

磁县文化馆：《河北磁县东陈村东魏墓》，《考古》1977 年第 6 期。

灵台县博物馆：《甘肃灵台发现外国铭文铅饼》，《考古》1977 年第 6 期。

宁安县文物管理所：《黑龙江宁安县东升新石器时代遗址调查》，《考古》1977 年第 3 期。

中国社会科学院考古研究所资料室：《西安汉城故址出土一批带铭文的铅饼》，《考古》1977 年第 6 期。

李正德等：《西安上林苑发现的马蹄金和麟趾金》，《文物》1977 年第 11 期。

程应林：《江西南昌市区汉墓发掘简报》，《文物资料丛刊》（1），北京：文物出版社，1977 年。

南京博物院：《徐州土山东汉墓清理简报》，《文博通讯》第 15 期，1977 年 9 月。

广东省博物馆：《广东徐闻东汉墓——兼谈汉代徐闻的地理位置和海上交通》，《考古》1977 年第 4 期。

甘肃居延考古队：《居延汉代遗址的发掘和新出土的简册文物》，《文物》1978 年第 1 期。

新疆博物馆考古队：《吐鲁番哈拉和卓古墓群发掘简报》，《文物》1978 年第 6 期。

李灿：《亳县曹操宗族墓葬》，《文物》1978 年第 8 期。

云南省博物馆文物工作队、四川大学历史系考古专业：《云南楚雄县万家坝古墓群发掘简报》，《文物》1978 年第 10 期。

杨伯达：《关于我国古玻璃史研究的几个问题》，《文物》1979 年第 5 期。

贵州省博物馆考古组：《贵州兴义、兴仁汉墓》，《文物》1979 年第 5 期。

步履：《汉代的长安》，《人文杂志》1979 年第 1 期。

张亚平、赵晋樟：《山西繁峙岩上寺的金代壁画》，《文物》1979 年第 2 期。

张守中等：《河北省平山县战国时期中山国墓葬发掘简报》，《文物》1979 年第 1 期。

史庆礼：《沙漠之舟》，《化石》1979 年第 1 期。

咸阳市博物馆：《陕西咸阳马泉西汉墓》，《考古》1979 年第 2 期。

汪宁生：《晋宁石寨山青铜器图像所见古代民族考》，《考古学报》1979

年第 4 期。

徐州博物馆：《论徐州汉画像石》，《文物》1980 年第 2 期。

常任侠：《汉唐间西域音乐艺术的东渐》，《音乐研究》1980 年第 2 期。

刘兴、肖梦龙：《江苏溧阳竹簀北宋李彬夫妇墓》，《文物》1980 年第 5 期。

河姆渡遗址考古队：《浙江河姆渡遗址第二期发掘的主要收获》，《文物》1980 年第 5 期。

俞伟超：《东汉佛教图像考》，《文物》1980 年第 5 期。

李宏涛、王丕忠：《汉元帝渭陵调查记》，《考古与文物》创刊号总第 1 期，陕西人民出版社，1980 年。

林向：《四川唐宋塔初探》，《四川地方史研究专集》，《四川大学学报丛刊》第五辑，1980 年。

贺新民、杨宪孝：《中国骆驼发展史》（上），《农业考古》1981 年第 1 期。

杨大山：《饶河小南山新发现的旧石器地点》，《黑龙江文物丛刊》1981 年第 1 期。

木铁：《摩崖喜见增新采》，《法音》1981 年第 4 期。

云友：《孔望山摩崖造像学术讨论侧记》，《史学月刊》1981 年第 5 期。

吕树芝：《江苏连云港孔望山东汉石象》，《历史教学》1981 年第 7 期。

俞伟超、信立祥：《孔望山摩崖造像的年代考察》，《文物》1981 年第 7 期。

阎文儒：《孔望山佛教造像的题材》，《文物》1981 年第 7 期。

河北省文物研究所：《河北定县 40 号汉墓发掘简报》，《文物》1981 年第 8 期。

南京博物院：《江苏邗江甘泉二号汉墓》，《文物》1981 年第 11 期。

湖南省博物馆：《湖南常德东汉墓》，《考古学集刊》（1），北京：中国社会科学出版社，1981 年。

南京博物院：《江苏邗江甘泉二号汉墓》，《文物》1981 年第 11 期。

朱杰勤：《中国杂技考》，《暨南大学学报》1982 年第 1 期。

阎孝慈：《孔望山佛教造象年代考辨》，《徐州师范学院学报》1982 年第 3 期。

兰日勇、覃义生：《广西贵县罗泊湾二号汉墓》，《考古》1982 年第 4 期。

杨文成、匡远滢：《四川广元石刻宋墓清理简报》，《文物》1982 年第 6 期。

龚廷万、庄燕和：《重庆南岸区的两座西汉土坑墓》，《文物》1982 年第 7 期。

步连生：《孔望山东汉摩崖佛教造像初辨》，《文物》1982 年第 9 期。

陕西地区文管会、茂陵博物馆：《陕西茂陵一号无名冢一号从葬坑的发掘》，《文物》1982 年第 9 期。

负安志：《谈"阳信家"铜器》，《文物》1982 年第 9 期。

易水：《漫谈胡床》，《文物》1982 年第 10 期。

昆明市文物工作队：《楚雄万家坝古墓群发掘报告》，《考古学报》1983 年第 3 期。

林秀贞：《宁安县东康遗址第二次发掘记》，《黑龙江文物丛刊》1983 年第 3 期。

山东省菏泽地区汉墓发掘小组：《巨野红土山西汉墓》，《考古学报》1983 年第 4 期。

范世民、周宝中：《馆藏部分玻璃制品的研究——兼谈玻璃史的若干问题》，《中国历史博物馆馆刊》（总第 5 期），1983 年。

陈增弼：《太师椅考》，《文物》1983 年第 8 期。

安家瑶：《中国早期玻璃器》，《考古学报》1984 年第 4 期。

魏殿臣：《汉代骆驼御车空心画像砖》，《史学月刊》1984 年第 1 期。

浙江省文物管理委员会等：《绍兴 306 号战国墓发掘简报》，《文物》1984 年第 1 期。

牟永抗：《绍兴 306 号越墓刍议》，《文物》1984 年第 1 期。

钟遐：《绍兴 306 号墓小考》，《文物》1984 年第 1 期。

湖南省博物馆：《湖南资兴东汉墓》，《考古学报》1984 年第 1 期。

马雍：《东汉后期中亚人来华考》，《新疆大学学报》1984 年第 2 期。

罗辉映：《牟子〈理惑论〉略析》，《法音》1984 年第 2 期。

孙机：《关于中国早期高层佛塔造型的渊源问题》，《中国历史博物馆馆刊》1984 年第 6 期。

盖山林：《阴山史前狩猎岩画研究》，《内蒙古师范大学学报》（自然科学版）1984 年第 1 期。

翁同文：《中国坐椅起源与丝路交通》，《东洋研究》1984 年第 1 期。

史美光等：《中国早期玻璃器检验报告》，《考古学报》1984 年第 4 期。

中国社科院考古研究所汉长安城工作队：《汉长安城发现西汉窖藏铜器》，《考古》1985 年第 5 期。

温玉成：《孔望山摩崖造像内容试析》，《中国历史博物馆馆刊》1985 年。

阮荣春：《孔望山佛教造像时代考辨》，《考古》1985 年第 1 期。
夏名采：《益都北齐石室墓钱刻画像》，《文物》1985 年第 10 期。
童恩正：《西藏考古综述》，《文物》1985 年第 9 期。
绵阳地区文化馆、绵阳市文物保管所：《四川绵阳市发现西汉初期墓》，《考古与文物》1986 年第 2 期。
春申：《孔望山摩崖三尊大石刻造像之考证》，《东南文化》1986 年第 1 期。
黄淼章：《广州汉墓中出土的玻璃》，《岭南文史》1986 年第 2 期。
阮荣春：《"东汉佛教图像"质疑——与俞伟超先生商榷》，《东南文化》1986 年第 2 期。
阎文儒：《关中汉唐陵墓石刻题材及其风格》，《考古与文物》1986 年第 3 期。
胡澍：《葡萄引种内地时间考》，《新疆社会科学》1986 年第 6 期。
贺新民、杨宪孝：《中国双峰骆驼起源考》，《中国农史》1986 年第 2 期。
李洪甫：《再论孔望山造像的时代》，《考古》1986 年第 10 期。
南京博物院、东海县图书馆（尤振尧、周晓陆）：《江苏东海庙墩遗址和墓葬》，《考古》1986 年第 12 期。
贵州省博物馆、贵州省赫章县文化馆：《赫章可乐发掘报告》，《考古学报》1986 年第 2 期。
湖北省博物馆：《湖北郧县砖瓦厂的两座东汉墓》，《江汉考古》1986 年第 2 期。
昭通地区文物管理所：《云南昭通市鸡窝院子汉墓》，《考古》1986 年第 11 期。
郭秀兰：《太平欢乐图》，《文物天地》1987 年第 1 期。
唐长寿：《乐山麻浩崖墓研究》，《四川文物》1987 年第 2 期。
黎金：《考古随笔》（一），《广州文博》1987 年第 2 期。
孙机：《洛阳金村出土银着衣人像族属考辨》，《考古》1987 年第 6 期。
常洪、王仁波：《试评茂陵东侧出土的西汉鎏金铜马——兼论天马和现代中亚马种的关系》，《农业考古》1987 年第 2 期。
陈振玉：《湖北发现战国西汉的骆驼图像》，《农业考古》1987 年第 1 期。
谢志成：《四川汉代画像砖上的佛塔画像》，《四川文物》1987 年第 4 期。
格勒：《新龙谷日的石棺葬及其族属问题》，《四川文物》1987 年第 3 期。
胡德生：《浅谈历代的床和席》，《故宫博物院院刊》1988 年第 1 期。
扬州博物馆：《江苏邗江姚庄 101 西汉墓》，《文物》1988 年第 2 期。

黄启善：《广西古代玻璃制品的发现及其研究》，《考古》1988 年第 3 期。

宁夏文物考古研究所等：《宁夏同心倒墩子匈奴墓地》，《考古学报》1988 年第 3 期。

张总：《中国早期佛教造像》，《美术研究》1988 年第 4 期。

张沛：《陕西旬阳出土汉代煤精狮》，《文博》1988 年第 6 期。

宜昌地区博物馆、宜都县文化馆：《湖北宜都陆城发现一座东汉墓》，《考古》1988 年第 10 期。

张柏忠：《内蒙古科左中期六家子鲜卑墓群》，《考古》1989 年第 5 期。

李刚：《从汉晋胡俑看东南地区胡人、佛教之早期史》，《东南文化》1989 年第 2 期。

唐长寿：《乐山麻浩、柿子湾崖墓佛像年代新探》，《东南文化》1989 年第 2 期。

汉中市博物馆（何新成）：《陕西汉中市铺镇砖厂汉墓清理简报》，《考古与文物》1989 年第 6 期。

史美光、周福征：《青海大通县出土汉代玻璃的研究》，《文物保护与考古科学》1990 年第 2 期。

乐平县文物陈列室：《江西乐平宋代壁画墓》，《文物》1990 年第 3 期。

王徽枢《辽宁抚顺煤田琥珀的矿物学特征》，《国外非金属矿与宝石》1990 年第 5 期。

黄正建：《唐代的椅子和绳床》，《文物》1990 年第 7 期。

王裕巽、徐蔚一：《千古饼钱谜 今朝辨分晓》，《钱币世界》（台湾）1990 年第 5 期。

临城县文化局：《河北临城县中羊泉东周墓》，《考古》1990 年第 8 期。

王长启：《汉代希腊文铅饼一枚》，《陕西金融》1990 年第 10 期。

赵彩秀：《馆藏十枚希腊文铅饼》，《陕西金融》1990 年第 11 期。

阮荣春《早期佛教造像的南传系统》，《东南文化》1990 年第 3 期。

宋治民：《广汉三星堆一号、二号祭祀坑几个问题的探讨》，《南方民族考古》（第三辑），成都：四川科技出版社，1990 年。

岑蕊：《试论东汉魏晋墓葬中的多面金珠用途及其源流》，《考古与文物》1990 年第 3 期。

阮荣春：《早期佛教造像南传系统》，《东南文化》1991 年第 1、2、3 期。

刘世旭：《四川凉山早期佛教遗迹考》，《东南文化》1991 年第 6 期。

广东省博物馆、顺德县博物馆：《广东顺德县汉墓的调查和清理》，《文物》1991 年第 4 期。

何志国：《四川绵阳何家山 1 号东汉崖墓清理简报》，《文物》1991 年第 3 期。

绵阳博物馆：《四川绵阳何家山 2 号东汉崖墓清理简报》，《文物》1991 年第 3 期。

宁夏文物考古研究所：《宁夏固原于家庄墓地发掘简报》，《华夏考古》1991 年第 3 期。

中国社会科学院考古研究所新疆工作队等：《新疆轮台县群巴克墓葬第二、三次发掘简报》，《考古》1991 年第 8 期。

张平：《拜城等地发现了新石窟》，《西域研究》1991 年第 3 期。

李刚：《汉晋胡俑发微》，《东南文化》1991 年第 3、4 期。

广东省博物馆、顺德县博物馆：《广东顺德县汉墓的调查和清理》，《文物》1991 年第 4 期。

唐长寿：《四川早期佛教遗物辨识》，《东南文化》1991 年第 5 期。

刘世旭：《四川凉山早期佛教遗迹考》，《东南文化》1991 年第 6 期。

贺云翱：《中国南方早期佛教艺术初探》，《东南文化》1991 年第 6 期。

李朝真：《云南大理出土胡俑及其相关问题之探讨》，《东南文化》1991 年第 6 期。

李刚：《汉晋胡俑发微》，《东南文化》1991 年第 3 期。

史占扬：《西南川滇缅印古道探论——兼述早期佛教之南传入蜀》，《东南文化》1991 年第 3 期。

［日］山田明尔等：《"早期佛教造像南传系统"研究概况及展望》，《东南文化》1991 年第 3 期。

广东省博物馆、顺德县博物馆：《广东顺德县汉墓的调查和清理》，《文物》1991 年第 4 期。

广东省博物馆、顺德县博物馆：《广东顺德陈村汉墓的清理》，《文物》1991 年第 12 期。

韩保全、程林泉：《西安北郊枣园汉墓发掘简报》，《考古与文物》1991 年第 4 期。

［日］木田知生：《江浙早期佛寺考——早期佛教造像南传系统研究》，《东南文化》1992 年第 1 期。

柳洪亮：《1986 年吐鲁番阿斯塔那古墓群发掘简报》，《考古》1992 年第 2 期。

李刚：《佛教海路传入中国论》，《东南文化》1992 年第 5 期。

何志国：《略论四川早期佛教造像》，《东南文化》1992 年第 5 期。

克由木·霍加、夏克尔·赛伊德：《柯尔加依岩画》，《文艺理论研究》1992 年第 6 期。

王宏凯《古棋戏樗蒲》，《文史知识》1992 年第 7 期。

吴焯：《佛教蜀身毒道传播说质疑》，《东南文化》1992 年第 5 期。

吴焯：《四川早期佛教遗物及其年代和传播途径的考察》，《文物》1992 年第 11 期。

永登县文化馆：《甘肃永登南关汉墓发现琥珀小猪》，《考古与文物》1994 年第 4 期。

何志国：《四川早期佛教造像滇缅道传入论——兼与吴焯先生商榷》，《东南文化》1994 年第 1 期。

朱大渭：《中古汉人由跪坐到垂脚高坐》，《中国史研究》1994 年第 4 期。

党顺民：《外文铅饼新探》，《考古与文物》1994 年第 5 期。

李银德：《徐州土山东汉墓出土封泥考略》，《文物》1994 年第 11 期。

汤惠生：《藏族饰珠/GZI 考略》，《中国藏学》1995 年第 2 期。

吴廷璆、郑彭年：《佛教海上传入中国之研究》，《历史研究》1995 年第 2 期。

合浦县博物馆：《广西合浦县丰门岭 10 号汉墓发掘简报》，《考古》1995 年第 3 期。

陈平：《试论宝鸡益门村二号墓短剑及有关问题》，《考古》1995 年第 4 期。

河南省文物考古研究所：《河南济源市赵庄汉墓发掘简报》，《华夏考古》1996 年第 2 期。

李英魁、高波：《黑龙江饶河县小南山新石器时代墓葬》，《考古》1996 年第 2 期。

胡德生：《古代的椅和凳》，《故宫博物院院刊》1996 年第 3 期。

康柳硕：《谈甘肃出土的铅饼》，《中国钱币》1996 年第 4 期。

盛利、于澎：《佛教海上传入述评》，《海交史研究》1997 年第 1 期。

宋新潮：《中国早期铜镜及其相关问题》，《考古学报》1997 年第 2 期。

汪海岚：《斯坦因从新疆地区搜集的钱币》，《西域研究》1997 年第 3 期。

夏雷鸣：《古楼兰人对生态环境的适应——罗布泊地区幕葬麻黄的文化思考》，《中国社会科学》1997 年第 3 期。

南阳市文物研究所：《南阳市教师新村 10 号汉墓》，《中原文物》1997 年第 4 期。

淄博市博物馆：《山东临淄商王村一号战国墓发掘简报，《文物》1997 年第 6 期。

王志远：《中国佛教初传史辨述评———纪念佛教传入中国 2000 年》，《法音》1998 年第 3 期。

王志远：《中国佛教初传史辨述评》，《法音》1998 年第 3 期。

齐东方：《中国早期金银工艺初论》，《文物季刊》1998 年第 2 期。

赵文俊、于秋伟：《山东沂南县近年来发现的汉画像石》，《考古》1998 年第 4 期。

冉昭德：《汉上林苑宫观考》，《东方杂志》四十二卷第十三号。

李伟男、李东黎：《南阳市新发现东汉胡奴陶俑》，《中原文物》1999 年第 3 期。

吴礽骧：《敦煌悬泉遗址简牍整理简介》，《敦煌研究》1999 年第 4 期。

童恩正：《古代中国南方与印度交通的考古学研究》，《考古》1999 年第 4 期。

管恩洁等：《山东临沂吴白庄汉画像石墓》，《东南文化》1999 年第 6 期。

王子初：《且末扎滚鲁克箜篌的形制结构及其复原研究》，《文物》1999 年第 7 期。

何双全：《西汉与乌孙交涉史新证——悬泉汉简所见西域关系史之一》，《台北第一届简帛学术讨论会论文》，中国文化大学编，1999 年 12 月 10—12 日。

新疆文物考古研究所（王炳华）：《尼雅 95 一号墓地 3 号墓发掘报告》，《新疆文物》1999 年第 2 期。

童恩正：《古代中国南方与印度交通的考古学研究》，《考古》1999 年第 4 期。

孙机：《建国以来西方古器物在我国的发现与研究》，《文物》，1999 年第 10 期。

刘云涛：《山东莒县双合村汉墓》，《文物》1999 年第 12 期。

郑岩：《汉代艺术品中的胡人图像》，《艺术史研究》第 1 卷，广州：中山大学出版社，1999 年。

新疆文物考古研究所：《新疆民丰县尼雅遗址 95MNI 号墓地 M8 发掘简报》，《文物》2000 年第 1 期。

安家瑶：《玻璃考古三则》，《文物》2000 年第 1 期。

甘肃省文物考古研究所：《甘肃敦煌汉代悬泉置遗址发掘简报》，《文物》2000 年第 5 期。

新疆博物馆考古队：《阿斯塔那古墓群第二次发掘简报（1959—1960）》，

《新疆文物》2000 年第 3—4 期合刊。

新疆博物馆考古队：《阿斯塔那古墓群第三次发掘简报》（1960 年 11 月），《新疆文物》2000 年第 3、4 期合刊。

新疆博物馆考古队：《阿斯塔那古墓群第十次发掘简报（1972—1973）》，《新疆文物》2000 年第 3—4 期合刊。

甘肃省文物考古研究所：《敦煌悬泉汉简内容概述》，《文物》2000 年第 5 期。

甘肃省文物考古研究所：《敦煌悬泉汉简释文选》，《文物》2000 年第 5 期。

陈文豪：《"第一届简帛学术讨论会"侧记》，《汉学研究通讯》第 19 卷第 2 期，2000 年。

张德芳：《从悬泉汉简看两汉西域屯田及其意义》，《敦煌研究》2001 年第 3 期。

赵志安：《汉代阮咸类琵琶起源考》，《黄钟》（武汉音乐学院学报）2001 年第 4 期。

张显成：《西汉遗址发掘所见"薰毒"、"薰力"考释》，《中华医史杂志》2001 年第 4 期。

黄凤春：《试论包山 2 号楚墓饰棺连璧制度》，《考古》2001 年第 11 期。

殷晴：《悬泉汉简和西域史事》，《西域研究》2002 年第 3 期。

蒋廷瑜：《汉代錾刻花纹铜器研究》，《考古学报》2002 年第 3 期。

曾维华：《论胡床及其对中原地区的影响》，《学术月刊》2002 年第 7 期。

新疆文物考古研究所：《新疆尉犁县营盘墓地 1999 年发掘简报》，《考古》2002 年第 6 期。

新疆文物考古研究所等：《新疆鄯善三个桥墓葬发掘简报》，《文物》2002 年第 6 期。

康柳硕：《从中国境内出土发现的古代外国钱币看丝绸之路上东西方钱币文化的交流与融合》，《甘肃金融》2002 年 S2 期。

蒋廷瑜、彭书琳：《汉代合浦及其海上交通的几个问题》，《岭南文史》2002 年增刊。

蒋廷瑜：《汉代錾刻花纹铜器研究》，《考古学报》2002 年第 3 期。

许结：《论汉代京都赋与亚欧文化交流》，《贵州大学学报》（社会科学版）2003 年第 1 期。

王开元：《西域文化对先秦两汉诗赋的影响》，《昌吉学院学报》2003 年第 1 期。

王进先、杨林中：《山西屯留宋村金代壁画墓》，《文物》2003 年第 3 期。

王相臣、唐仕英：《山东平邑县皇圣卿阙、功曹阙》，《华夏考古》2003 年第 3 期。

荣新江：《海路还是陆路——佛教传入汉代中国的途径和流行区域研究述评》，《北大史学》（9），北京：北京大学出版社，2003 年。

温玉成：《孔望山摩崖造像研究总论》，《敦煌研究》2003 年第 5 期。

宋晓梅：《从考古遗存引发关于南北两路佛教初传问题的思考》，《西域研究》2003 年第 2 期。

王国道、崔兆年：《青海卡约文化出土的金器》，《故宫博物院院刊》2003 年第 5 期。

广西壮族自治区文物工作队、合浦县博物馆：《广西合浦县九只岭东汉墓》，《考古》2003 年第 10 期。

周永卫：《南越王墓银盒舶来线路考》，《考古与文物》2004 年第 1 期。

陈明：《汉唐西域胡语医学文献中的宗教因素》，《中国学术》2004 年第 1 期，商务印书馆，2004 年。

石云涛：《3—6 世纪中西间海上航线的变化》，《海交史研究》2004 年第 2 期。

山东大学东方考古研究中心：《重庆市开县余家坝墓地 2002 年发掘简报》，《江汉考古》2004 年第 3 期。

向玉成：《乐山崖墓佛像与佛教传入问题》，《四川师范大学学报》2004 年第 3 期。

吕静：《陕北汉画像石探论》，《文博》2004 年第 4 期。

齐东方：《丝绸之路的象征符号——骆驼》，《故宫博物院院刊》2004 年第 6 期。

苏奎：《汉代胡人灯初探》，《四川大学学报》（哲学社会科学版）2004 年增刊。

暨远志：《金狮床考——敦煌壁画家具研究之二》，《考古与文物》2004 年第 3 期。

暨远志：《胡床杂考——敦煌壁画家具研究之三》，《考古与文物》2004 年第 4 期。

袁靖：《动物考古学研究的新发现与新进展》，《考古》2004 年第 7 期。

何志国：《论早期佛像在长江流域的传播——以汉晋考古材料为中心》，《东南文化》2004 年第 3 期。

贵州省文物考古研究所：《贵州兴仁县交乐十九号汉墓》，《考古》2004

年第 3 期。

郑州市文物考古研究所：《重庆市云阳县马粪沱墓地 2002 年发掘简报》，《文物》2004 年第 11 期。

李日训：《试论山东出土的汉代铜镜》，《汉代考古与汉文化国际学术研讨会》，2004 年。

易学钟：《略论滇王墓出土珠饰"蜻蜓眼"及其他》，《云南文物》2005 年。

张晓华：《对佛教初传中国内地的时间及路线的再考察》，《史学集刊》2005 年第 1 期。

何志国：《摇钱树佛像与印度初期佛像的关系》，《美术研究》2005 年第 2 期。

刘云涛：《山东莒县东莞出土汉画像石》，《文物》2005 年第 3 期。

何志国：《"仙佛模式"和"西王母＋佛教图像模式"说商榷——再论佛教初传中国南方之路》，《民族艺术》2005 年第 4 期。

李青会等：《一批中国古代嵌饰玻璃珠的化学成分的检测报告》，《江汉考古》2005 年第 4 期。

咸阳市文物考古研究所：《陕西咸阳杜家堡东汉墓清理简报》，《文物》2005 年第 4 期。

甘博文：《甘肃武威雷台东汉墓清理简报》，《文物》2005 年第 4 期。

刘克：《汉代画像石中的佛教环境生存智慧》，《安徽大学学报》2005 年第 6 期。

薛宗正：《古代于阗与佛法初传》，《西北民族研究》2005 年第 2 期。

刘克：《汉代画像石中的佛教环境生存智慧》，《安徽大学学报》2005 年第 6 期。

王新良：《山东临淄出土一件汉代人物圆雕石像》，《文物》2005 年第 7 期。

马怡：《尹湾汉墓遣策杞记》，《简帛研究（2002—2003）》，桂林：广西师范大学出版社，2005 年。

钱伯泉：《渥洼水天马史实新证》，《甘肃社会科学》2006 年第 3 期。

陈习刚：《中国古代葡萄、葡萄酒及葡萄文化经西域的传播》，《新疆师范大学学报》2006 年第 3 期。

刘国防：《西汉比胥鞬屯田与戊己校尉的设置》，《西域研究》2006 年第 4 期。

干福熹：《古代丝绸之路和中国古代玻璃》，《自然杂志》2006 年第 5 期。

李庆新:《从考古发现看秦汉六朝时期的岭南与南海交通》,《史学月刊》2006年第10期。

徐振杰:《中国早期佛教造像民族化与世俗化研究》,博士学位论文,山东大学,2006年。

钱伯泉:《甘肃出土的希腊文铅饼新探》,《新疆钱币》2007年第1期。

黄翠梅、李建纬:《金玉同盟——东周金器和玉器之装饰风格与角色演变》,《中原文物》2007年第1期。

张雪娟:《筚篥的源流及其历史演变》,《民族艺术研究》2007年第1期。

温虎林:《秦嘉、徐淑生平著作考》,《甘肃高师学报》2007年第3期。

干福熹、承焕生等:《中国古代玻璃的起源——中国最早的古代玻璃研究》,《中国科学》2007年第3期。

吴征镒等:《胡麻是亚麻,而非脂麻辨——兼论中草药名称混乱的根源和〈神农本草经〉成书年代及作者》,《植物分类学报》2007年第4期。

陈习刚:《先秦至魏晋南北朝时期的葡萄文化》,《许昌学院学报》2007年第4期。

黄翠梅、李建纬:《金玉同盟——东周金器和玉器之装饰风格与角色演变》,《中原文物》2007年第1期。

郝利荣、杨孝军:《江苏徐州贾旺汉画像石墓》,《文物》2008年第2期。

胡国强:《河南三门峡地区胡人灯俑》,《中原文物》2008年第4期。

赵德云:《西周至汉晋时期外来珠饰研究》,博士学位论文,四川大学历史文化学院,2008年。

新疆文物考古研究所、西北大学文化遗产与考古学研究中心:《新疆巴里坤县东黑沟遗址2006—2007年发掘简报》,《考古》2009年第1期。

刘兰芝:《车马出行在汉代壁画中的象征意义》,《美术界》2009年第10期。

敖昌群、王其书:《筚篥与羌笛——羌笛源流考辨续篇》,《音乐探索》2009年第4期。

陈习刚:《葡萄、葡萄酒的起源及传入新疆的时代与路线》,《古今农业》2009年第1期。

叶磊、高海平:《汉墓丹青——陕西新出土四组东汉墓室壁画车马出行图比较浅探》,《湖北美术学院学报》2010年第4期。

覃杰:《广州汉墓出土人物俑的发现和研究》,硕士学位论文,吉林大学考古学及博物馆学专业,2010年。

段治超:《浅析哀牢夷族群的民族流变》,《保山学院学报》2010年第

1 期。

魏翔、陈洪：《汉画像石中新发现的佛教故事考》，《东南文化》2010 年第 4 期。

沈珋：《霍去病墓及其石雕研究的回顾及思考》，《考古与文物》2010 年第 6 期。

侯立兵：《汉唐辞赋中的西域"水""马"意象》，《文学遗产》2010 年第 3 期。

石善伟：《东汉豪华墓葬演绎英雄爱美人》，《广州日报》2010 年 9 月 20 日。

王焕然：《汉代通西域对文学的影响》，《南都学坛》（南阳师范学院学报）2010 年第 6 期。

鞠桂兰、曹兆奇：《饶河小南山——阿速江江畔的金字塔》，《黑龙江史志》2010 年第 12 期。

雷云飞等：《佛教圣树诃子及其开发利用展望》，《广东林业科技》2010 年第 4 期。

郑红莉：《汉画像石"驯象图"试考》，《考古与文物》2010 年第 5 期。

李建纬：《先秦至汉代黄金制品工艺与身体技术研究——兼论其所反映的文化交流与身份认同问题》，博士学位论文，台南：台南艺术大学艺术创作理论研究所，2010 年。

李忠民：《从胡床到圈椅》，《中华遗产》2011 年第 6 期。

新疆文物考古研究所等：《新疆尼勒克县加勒克斯卡茵特墓地发掘简报》，《考古与文物》2011 年第 5 期。

李凯：《唐代鎏金人物纹方形银碗鉴赏》，《西安晚报》2011 年 7 月 31 日。

赵德云：《中国出土的蚀花肉红石髓珠研究》，《考古》2011 年第 10 期。

罗桦琳：《旧铸管厂工地挖出东汉铜钱》，《广州日报》2011 年 6 月 15 日。

索德浩、刘雨茂：《汉代胡人形象面具考——从成都金堂李家梁子 M23 出土的一件胡人形象面具谈起》，《考古与文物》2011 年第 5 期。

成倩等：《丝绸之路且末古国墓地出土玻璃器成分特点研究》，《玻璃与搪瓷》2012 年第 2 期。

王云鹏、张明军：《青州西辛战国墓出土金银器对草原丝绸之路的佐证》，《潍坊学院学报》2012 年第 3 期。

顾英华、周巧燕：《略论南阳汉墓中的"胡人"形象》，《中原文物》2012 年第 3 期。

李则斌等：《江苏盱眙县大云山汉墓》，《考古》2012 年第 7 期。

陈洪波：《汉代海上丝绸之路出土金珠饰品的考古研究》，《广西师范大学学报》2012 年第 1 期。

王煜：《"车马出行—胡人"画像试探：兼谈汉代丧葬艺术中胡人形象的意义》，《考古与文物》2012 年第 11 期。

陶敏：《罕见！汉墓里发现"蜻蜓眼"》，《扬州晚报》2012 年 8 月 4 日。

卜松竹：《随俑穿越 广州先民曾雇"昆仑奴"?》，《广州日报》2012 年 11 月 3 日。

郝利荣、杨孝军：《徐州汉画像石中的"胡人"及其文化影响》，徐州史志网，2012－2－21。http://www.pzgl.com//wenshiminsu/_ xzhoushizhi_ /17556.html。

刘民叔：《〈神农古本草经〉探析》，《中国中医基础医学杂志》2013 年第 4 期。

张涛：《浅析西汉时期剑舞发展及其乐舞思想》，《作家》2013 年第 20 期。

罗运兵：《我国骆驼的早期驯养与扩散》，《中国〈活兽慈舟〉学术研讨会论文集》（四川威远），2013 年。

程存洁：《感召正气 激发壮怀：写在千载家国情——广州文物瑰宝开展之前》，《广州日报》2013 年 1 月 25 日。

杨维中：《佛教传入中土的三条路线再议》，《中国文化研究》2014 年第 4 期。

刘英俊：《孔望山摩崖造像研究综述》，《艺术探索》2014 年第 5 期。

郑同修等：《山东青州西辛战国墓发掘简报》，《文物》2014 年第 9 期。

陈得芝：《刘郁（常德）西使记校注》，《中华文史论丛》（总第 117 期），北京：中华书局，2015 年。

王阳：《乳香之路：对丝绸之路的另一种认知》，《社会科学战线》2015 年第 7 期。

# 索　引

## A

阿哈—捷金马　13, 544
哀牢　28, 33, 48, 58, 72, 197, 198, 269, 270, 347, 355, 361, 385, 397, 398, 523, 588, 596, 599, 605—607, 613, 670
安息　20, 21, 23, 35—38, 81, 82, 90, 92, 93, 164, 196, 205, 210—213, 218, 239, 248, 257, 263, 274, 292, 298, 300, 328, 332—334, 349, 361, 364, 376, 377, 466—468, 477, 482, 486, 487, 502, 530, 531, 547, 560, 579, 604, 611, 612, 614—616, 618, 619, 649
安息雀　21, 37, 38, 579
安石榴　90—96
安荼论　241
艾　纳　257, 294, 295, 537, 580—582
安息香
安息香　168, 279, 298—300

## B

波斯　4, 17, 18, 23, 34, 36, 38, 39, 41, 58, 79—81, 87, 88, 90, 91, 94, 107, 118—120, 135—141, 148, 149, 163, 164, 173, 175, 192, 194, 205—207, 212, 214, 215, 217—219, 259—262, 264, 268, 271, 275, 280, 281, 283, 285, 287, 294, 298—300, 305, 314, 320—323, 330, 341, 353, 354, 373, 375—377, 380, 384, 390, 392, 435, 479, 504, 506, 509, 511, 512, 519, 521, 541—543, 547, 548, 562, 563, 572, 589, 647, 652
波斯银盒　137, 139, 205, 206, 320
玻　璃　24, 191—201, 333, 361, 362, 376, 384, 389, 406, 407, 411, 414—432, 440—443, 446, 448—450, 541, 637, 656, 659, 661—663, 666, 669—671
玻璃器　4, 191—193, 195—

200, 264, 431—433, 438, 440, 441, 443, 448, 661, 671

北狄　2, 45, 221, 232, 234, 235, 596, 608, 620

白玉　1, 16, 44, 115, 118, 215, 245, 372, 401, 449, 450, 648

白象　29, 30, 34, 35, 39, 67, 386, 529, 533, 534, 564, 565, 574, 589

白雉　28, 59—63, 72, 75, 612

白迭

北匈奴　2, 4, 46, 54, 250, 510, 612

斑鱼　72

辟邪　23, 25, 26, 29, 35, 36, 207, 274, 299, 357, 375, 377, 406, 427, 446, 448, 546—549, 565

帛叠（帛迭）　261, 269, 270

槟榔　141, 144, 300—302, 308, 319, 580

贝　19, 122, 135, 149, 175, 191, 194, 215, 250, 269, 300, 301, 331, 334—340, 347, 361, 387, 391—393, 395, 398, 403, 407, 412, 416, 422, 425, 441, 481, 585, 648, 656

笰箕　505, 514—516, 670

铍　519, 553

## C

葱岭　4, 39, 50, 84, 127, 214, 248, 263, 415, 457, 543, 602, 605, 619

翠羽　20, 32, 37, 44, 63—66, 69, 71, 73, 277, 330, 343, 344, 354, 356, 379, 381, 385, 393, 399, 401, 402, 450, 611, 619

蚕豆　128, 130, 131

沉香　279, 294, 296—298

砗磲（车渠）　194, 330, 331, 333, 338, 370, 375, 382, 386, 387

## D

大夏　1, 34, 36, 39, 44, 46, 50, 81, 82, 92, 94, 211, 248, 332, 377, 437, 447, 455, 456, 460, 477, 546, 562

大宛　1, 4—9, 12—14, 27, 32, 37, 38, 46—50, 67, 76, 81—83, 85, 87—90, 97—100, 102, 103, 114, 120, 123, 148, 212, 231, 262, 303, 305, 324, 332, 395, 460, 529, 530, 532, 544—546, 560, 577, 578, 580, 598, 602, 607—609, 611, 612, 614, 617—619, 621

大秦　4, 19, 20, 58, 119, 136, 141, 195—197, 210, 212, 247, 248, 259, 260, 262—264, 268, 274, 279,

索 引 675

284, 285, 288, 290—292, 294, 307, 308, 313, 326, 330, 333, 334, 336, 340, 344, 349, 354, 356, 364, 371, 376, 377, 379, 387, 395, 480, 481, 528, 530, 531, 535, 581, 592, 599, 604, 605, 608, 612, 613, 615, 620, 649, 656

大葱　123, 126—128

旦略　1, 44

东胡　1, 44, 220, 251, 654

敦煌　2, 4, 6, 7, 9, 10, 15, 20, 43, 46—49, 72, 73, 127, 150, 153, 154, 158, 159, 164, 167, 168, 170, 172—174, 176, 178, 180, 184, 186, 202, 247, 248, 284, 320, 322, 326, 327, 333, 363, 457, 459, 476, 509, 513, 598, 603, 607, 612, 624, 638, 642, 645, 666—668

滇越　28, 33, 198, 355, 398

单峰骆驼　40, 48

又峰驼

多面金珠　207, 406, 431, 433—436, 438, 439, 663

怛叉始罗　207, 434, 438

貂　10, 65, 73, 195, 203, 228, 249—255, 264, 331, 360, 374, 398, 606

貂皮　11, 227—230, 234, 248—251, 253, 254

貂裘　11, 248—251, 253, 621

丁零　56, 250

丁香　279, 282, 295

玳瑁（玳毒）　26, 64, 161, 260, 307, 313, 330, 333, 340—345, 347, 348, 354, 358, 360, 379, 381, 386, 394, 396, 401, 402, 481, 584, 585, 598, 603, 611, 613, 619, 621

斗兽　529

戴竿　526, 534

樗蒲　535—537, 580, 665

# F

副货国　4

符技（扶拔）

浮屠　83, 93, 452, 453, 455, 459—461, 463—468, 480, 481, 485, 488, 499, 500, 502, 503, 538, 539, 549, 614

浮屠祠　539

佛塔　334, 470, 471, 504, 537—539, 661, 662

佛寺　156, 167, 288, 462, 466, 467, 471, 491, 504, 537—539, 549, 576, 645, 664

翡翠　28, 57, 58, 63—65, 72, 198, 330—332, 338, 340, 344—348, 355, 359, 360, 378, 382, 397, 400, 401, 449, 579, 583—585

番红花　134, 147, 148, 290

夫馀　73, 226—229, 231, 252, 253, 264, 398

翡翠　　28，57，58，63—65，72，198，330—332，338，340，344—348，355，359，360，378，382，397，400，401，449，579，583—585

## G

姑他　　1，44
高昌　　4，81，85，271，515，518，643，652
果下马　　7，10，11，14，72，577
甘蔗　　144，146，147，306
高丽国　　232

## H

汗血马　　5—8，13，14，88，90，231，544，546，578，580
汉四郡　　2，237，601，608，610
画像石　　4，16，17，21，25，42，52，53，66，67，152，165，189，470，473，475，476，479，480，509，513，517，526—530，534，541，546，549，551—553，556，559—571，576，636—644，647，658，660，666，668—672
画像砖　　4，16，50，53，189，470，471，509，513，527，528，541，549，556，559—562，565，566，641，644，661，662
胡人俑　　4，473，550，551，554—560，571，594
胡骑　　14，15，578
胡麻　　96—108，110—117，129—131，164，303—305，320，321，670
胡饼　　97，98，101，107—109
胡床　　143，150—167，169—173，177—179，183—190，509，590，615，661，667，668，671
胡豆　　102—105，108，128—131，164，312
胡桃　　92，97，117—120，164，369
胡桃宫　　117，118
胡荾　　120—124
胡蒜　　104，123—126
胡葱　　89，105，126—128
胡瓜　　142—144，157，164
胡萝卜　　97，147
胡服　　98，151，154，178，254，509，558，590，601，615
胡帐　　98，151，509，590，601，615，616
胡坐　　98，151，152，509，560，590，601，615
胡饭　　98，106，151，509，590，601，615
胡空篌　　98，151，509，601
胡笛　　98，151，505，509，517，590，601
胡笳　　505，517，518，587，590
胡角　　505，518，520，521

索 引

胡舞　98，151，164，509，520，590，601，615
胡人俑
胡钱　212，213
胡椒　96，262，277，279—284，288，301，307，309，313，316，582，583
胡桐泪　321，322
胡粉　132，296，323，324，409
胡笾篌　509，615
胡汉交战图　566，568，570
胡姬　395，591，592
鍮石　16，208，214，215
汉墓壁画　4，574
黄支　27，62，75，164，196，201，333，396，430，598，603，608，612
黄支之犀　1，7，27，38，67，598
互市（关市、合市）　2，12，49，214，251，396，610
和亲　2，3，5，510，610，612
黄金　3，6，63，65，66，162，173—175，181，201—204，218，254，263，264，268，285—287，290，316，331，333，344，374，375，391，396，399，401，416，430，432，435—437，466，479，501，549，575，609，615，671
琥珀（虎魄、兽魄）　23—25，44，330，348—358，364，370，374，375，377，389，406，407，427，428，432，433，444—446，448，450，584，663，665
红蓝花　131—134，147，288，290，309，321
瀚海梨　149
楛矢　220—227，229—236
浑天仪　238，240，241
火浣布　7，32，231，245，246，264—268，333，340，616
火齐珠　192，359—363
黑盐　262，277，284，307—309，313
诃梨勒　313—318
诃子　314，315，671
幻人　522，528，530，531，534，535，598，614

**J**

建章宫　7，20，32，215，246，265，543，616
简帛文书　4
九真之麟　1，7，27，38，66，67，598
戴犁　1，44
駃騠　3，44，74，144，331，333
狻猊　19，20，22，572
罽　8，54，65，86，94，146，203，230，251，253，256—260，262—264，266，269，276，325，332，333，338，340，345，360，396，536，580，598，603，619

罽宾　32，33，36，48，54，55，58，71，82，87，88，134，141，197，212，257，259，260，262，288，308，333，354，356，457，459，464，593，611

九真之麟

居延汉简　15，16，42，49，98，129，131，213，327，636，639，641，644，645

桔柑

交趾（交阯）　57，60，64，67，71，144—146，216，280，300，301，304，319，339，381，393，394，402，467—469，473，492，493，580，606

交床　143，152，153，157，158，160，161，167，169，170，184，185，190

交椅（交倚）　154，160，161，165，170，171，173，176—185，187

酒杯藤　148

酒家胡　591，592

犍陀罗艺术（健陀罗艺术）　176，477—479，501，504，541，543，549，562，647

金银器　52，201，204—206，208，437—439，591，592，671

金珠　36，207，407，431—440，672

金钲　518

金鼓　518

角端弓　72，236—238，252

鸡舌香　278，279，295—298

## K

孔雀　22，23，28，32，38，46，57—59，64，65，72，198，264，338，347，355，397，412，413，452，477，543，572，579

昆仑　1，7，9，27，37—39，67，143，149，157，164，256，265，266，292，294，295，326，363—366，557，562，579，581，583，598，642，672

崆峒　1，44

渴盘陀　4

康居　4，8—10，44，46—48，54，72，73，82，231，248—250，258，332，466—469，482，483，593，598，603，610，612，616

栲栳圈　180，182

孔望山摩崖造像　469，474—477，480，565，660，661，668，672

箜篌　163，187，505—513，589，590，666

## L

骆驼（橐驼、馲驼、橐他）　1—4，10，21，32，38—54，88，164，287，529，530，546，561，562，569，577，578，610，638，660—662，668，672

鹿石

索 引

楼烦　1，14，44，521
良弓　1，44，220，227，237，238，510
良马　1—6，8—14，16，44，87，88，164，216，536，543—545，577
鎏金铜马　13，544，545，662
轮台诏　50
豇豆　128，130，131
荔枝（荔支）　85，86，141，144—146，300，302，319，320，580，621
龙眼　85，141，144—146，294，303，320，340，347，580，621
龙脑香　279，293，294，656
琉璃　16，23，64，174，191—198，207，215，217，251，262，308，326，330，332，333，350，359—362，366，372，374—377，389，390，396，399，417，419—421，429，432，440，442，444—446，584，598，603
料器　191，195，416
钾硅玻璃
漏刻　238，242—244
羚羊角　246，303，328
琅玕　260，308，326，330，333，360，362—368，373，375，377，398，400，448，584

## M

苜蓿　54，82，87—90，92，97，99，102，119，123，164，305，324，579，580
貉胡　1，44
玛瑙（马脑）　24，192，194，215—217，330，333，334，348，368—372，377，386，389，392，407—409，411，412，428，432，433，444，446，586
明珠　20，32，37，65，66，71，146，195，215，319，330—332，334，338，340，344，347，360，373，375，379，381，382，391—393，396，398—402，430，431，584，609，611，619，620
沐猴　32，54—56，333
茉莉花（末利花）　135—141
马具铠甲　216
鞯鞴　221，224，232—235
貊弓　236，237
棉花　260，261，269—272，615，658
迷迭香　279，294，295，581
麻浩崖墓佛像　470

## N

南越　3，26，27，31—33，58，63，67，68，72，136—139，141，144，145，205，206，216，276，277，284，294，300，307，318—320，324，332，338—340，343，374，378，379，382，384，385，

393，396，398，404，430，
438，440，480，507—509，
529，545，580，595，596，
601，602，607—609，611，617
南越王墓　137，139，206，
207，276，284，320，384，
385，404，410，421，422，
426，432，435，438，637，668
南匈奴　2，3，53，118，258，
397，612
弄丸　526—528
弄剑　525，526，528

## P

葡萄（蒲萄、蒲陶、蒲桃）
22，76—87，89—93，97，99，
102，119，123，164，263，
282，303，305，324，511，
542，543，572，579，621，
662，669，670
蒲类　4，44，45
琵琶　155，187，342，505，
509—514，667
平乐馆　532，533，546

## Q

奇华殿　7，20，32，215，246，
265，616
蜻蜓眼玻璃珠
龟兹　4，46，54，82，85，
211，220，248，298，299，
454，463，511—515，519，
539，540，639，641
羌胡　118—120，514

羌梨
羌笛　514—517，590，670
七曜　239，240，310，614
切玉刀　7，32，244—247，
265，266，616
且末　81—83，199，248，389，
457，506，507，520，620，
649，666，671
氍毹　255—257，259—262，
294，537，580—582，590，591
青木香　298，300
青琅玕　303，308，309，326，
364—367
青金石　330，331，346，373，
389—391，406，415，446，450
秦琵琶　511，512
曲项琵琶　506，512，513

## R

戎狄　1，44，592，604
戎菽　126，128—131
戎盐　97，303，307，308，
326，327
日晷　238，241，242，244
乳香　279，283—288，299，
320，385
乳香之路　283，286，287，672
肉苁蓉　303

## S

上林苑　1，7，20，27，32，
34，37，49，58，64，67，68，
71，72，74，76，83，93，95，
118，119，141，144，145，

索 引 681

149, 246, 249, 275, 293, 300, 319, 374, 522, 529, 532, 579, 580, 598, 659, 666

狮子（师子） 17—23, 25, 35, 46, 52, 129, 164, 175, 176, 274, 292, 334, 350, 353, 372, 432, 446—448, 525, 538, 542, 547, 554, 562, 569, 570, 572, 611, 641

蚀花肉红石髓珠 406—417, 425, 426, 431, 442, 671

石刻类史料 4

莎车 1, 4, 7, 44, 46—48, 248, 457, 520, 593

鄯善 4, 44—46, 51, 84, 231, 321, 325, 363, 395, 457, 520, 620

粟弋 4, 9, 81

掸国 28, 33, 198, 347, 355, 398, 522, 528, 530, 531, 597, 614

绳床 165, 167—173, 175, 177, 178, 183, 185, 663

肃慎 220—236, 252, 253, 610

苏合香 9, 261, 279, 289, 291—293, 582

水银 303, 305, 306, 366

石蜜 73, 85, 146, 262, 276, 277, 284, 303, 304, 306, 307, 309, 313, 318

珊瑚 44, 54, 55, 64, 95, 195, 251, 262, 308, 326, 330, 331, 333, 338, 346,

347, 354, 356, 357, 361, 364—366, 368, 370, 372—377, 382, 387, 389, 391, 398, 400, 415, 583—585

蚀花的肉红石髓珠 407—409, 413, 414, 658

沙门 157, 310, 370, 453, 454, 458, 461, 463, 464, 483, 484, 490, 491, 494, 498, 499, 501, 502, 539

竖箜篌 163, 506, 507, 509

善眩人 530, 611, 614

石窟 158, 176, 186, 194, 509, 515, 537—541, 574, 642, 664

三韩

**T**

吐火罗 4, 34, 38, 39, 454, 457

天马 1, 5—9, 12—14, 16, 82, 87, 88, 90, 97, 215, 217, 303, 305, 324, 331, 529, 533, 545, 567, 577, 578, 611, 612, 618, 619, 640, 662, 669

天禄 21, 29, 35, 36, 455, 546, 548, 549, 561, 562

天竺 32, 120, 210, 231, 239, 247, 260, 262, 277, 284, 285, 288, 292, 300, 307, 309, 310, 312, 313, 330, 333, 334, 344, 360, 361, 364, 366, 377, 379,

387，452，455，456，458，462—465，467，469，474，479—482，484，486，487，502，504，514，515，519，523，574，575

天山　4，19，84，248，415，512，540，548，562，618，655

条枝之鸟（条支大雀）　1

騊駼　3，14，44，49，66，67，72，74，125，144，399，579

铜马　2，9，13，215，544—546，554

铜奔马　13，544，545

铜镜　22，23，36，433，541，554，562，571—573，592，639，665，669

铜鼓　215，216，519，545

铜器　13，19，131，195，203，210，211，214，215，334，335，349，383，448，518，519，544，546，553，559，583，649，658，659，661，667

通犀　20，32，37，65，71，338，344，348，377，379—382，393，400，611，619

太师样　179，180

檀弓　230，236，237

氍毹　

跳丸　525，527—529，531，532，534，588，589

跳剑　528，534，535，589

吞刀　525，530，533，534，589

吐火　525，528，530，531，533，534，589，598

## W

卫氏朝鲜　450，601，602，608，611

文马　3，45

文甲　20，32，37，65，71，342—344，379，381，393，611，619

文罽　195，250，257，258，260，374

文贝　251，259，334，336，338，339，382

文豹　11，72

乌孙　4，5，16，36，45—48，55，72，73，142，250，257，258，512，546，578，587，592，602，607，611，612，617，618，666

乌孙马　4—6，8，13，577，578，621

乌秅　4，325

乌桓（乌丸）　11，220，251，333，402，598，603，610

渥洼水马　6，9，578

豌豆　84，128—131

勿吉　221，231—233，235

无花果　78，91，148，149

卧箜篌　187，507，509，510

五弘琵琶

倭国　354，358，450，612，613

倭人　252，450，608，612，613

## X

西域　2，4—6，8—10，12，13，18—23，25，29，32—39，44—46，48—50，53—55，58，62，65，68，70—74，76，81—85，87—92，94，95，98，101，103，105—107，117—121，123—128，130—135，138，142，143，147，148，150，164，165，168，169，172，175—177，190，194—197，199，202，203，205，210—217，219，220，239，244—246，248—250，255—268，274—278，280，284，285，291，292，295，299，303，306—310，313，318，321—326，328，332，333，343，344，348，354，356，358，360，363—366，370，372，376，377，379，381，382，386—388，390，393—396，398，408，416，422，427，437，455—466，468，473，474，477—481，484，486，487，490，491，494，497，498，500—502，504—506，512—516，518—520，522，523，526，527，529—532，534—536，538—541，546，547，555，558，560—562，564，566，567，569，571—576，578，579，582，586—588，591，593，595，601—604，607—621，626，633，635，636，639—642，644—646，649，651，654—656，658，660，664—669，671

西极　1，5，9，13，306，313，577，578

西极马　5

西王枣　149

小河—古墓沟墓地

象　2，6，7，9，13，16，17，19—35，37，38，42，44—46，51—57，59—65，67，69，71，72，74，75，78，85，86，89，91，92，94，95，97，104，114—117，119，120，140，153，154，158，171，177，179，180，185，190，198，203，205，207，214—216，219，222，226，228，229，232，237—240，242，246，262，263，265，277，284，287，290，292，297，307，312，313，330—336，338，340，342—345，347，348，351—355，357，360，363，365，367，370，372，379，381—386，392，394，397—401，411，412，426，428，430，437，443，446—448，450，456，463，465，469—471，473，475—477，479，480，488，491，497，500，501，504，507，509，511—

513, 520, 525, 528—530, 533, 534, 539, 541—558, 560—579, 583—585, 587, 589—595, 598, 599, 601, 603, 605—607, 609—611, 615, 616, 619, 653, 657, 658, 660, 668, 670—672

象人　22, 567

象戏　29, 530

象牙　30, 32, 33, 48, 60, 64, 65, 72, 137, 139, 161, 165, 173, 208, 293, 330, 333, 334, 344, 346, 350, 379—386, 481, 515, 536, 547, 561, 584, 585, 613, 621

象生造型珠　407, 443, 444

驯象　33, 34, 68, 529, 565, 567, 570, 611, 613, 621, 671

驯兽　74, 529, 533, 534, 616

匈奴　1—5, 10, 11, 13, 14, 17, 34, 36, 40, 44—46, 48, 49, 53, 54, 62, 72, 83, 97, 131, 132, 134, 142, 146, 152, 157, 195, 202, 204, 213, 214, 250, 251, 256—258, 261, 262, 275, 332, 344, 374, 382, 397, 416, 437, 455, 456, 510, 514, 517, 529, 544, 558, 560, 562, 569—571, 573, 575, 577, 587, 595, 598, 601—603, 606—608, 610—612, 617—620, 639, 663

悬泉置　4, 6, 7, 9, 15, 16, 20, 46, 48, 49, 72, 284, 320, 666

犀牛　25—30, 32, 33, 35, 36, 38, 75, 164, 217, 320, 334, 344, 378—382, 430, 585, 612

犀角　26—29, 58, 64, 65, 161, 303, 320, 330, 338, 344, 347, 372, 377—382, 481, 584, 585, 613, 621

希腊铭文铅饼

续弘胶

鲜卑　11, 12, 19, 24, 25, 72, 73, 220, 227, 228, 230, 237, 238, 251, 252, 259, 262, 264, 274, 285, 292, 352, 353, 364, 376, 387, 395, 402, 441, 459, 481, 531, 532, 589, 602, 606, 607, 610, 614, 663

薰陆　274, 283—285, 296—298, 320

寻橦　522, 525, 526, 532

## Y

有翼兽　21, 22, 541, 546—548, 561, 562, 572

月氏　1, 9, 20, 21, 34—36, 44, 45, 48, 82, 142, 211, 212, 257, 262, 263, 274, 275, 284, 291, 293, 298, 309, 311, 332, 371, 456, 459—464, 466, 468, 481, 484—487, 502, 543, 576,

602, 607, 611, 614, 619
月氏马　8, 9, 261, 395, 577, 621
野马　1, 9, 19, 44, 72, 237, 252, 304
焉耆　4, 81, 82, 248, 395, 454
于阗　4, 19, 34, 81, 82, 211, 231, 248, 263, 366, 390, 417, 419, 441, 457—459, 490, 491, 520, 529, 538, 562, 613, 643, 669
嚈哒　4, 34, 543, 644
越裳　59—63, 75, 599, 605, 612
鹦鹉　64, 65, 67—70, 74, 260, 565, 579
燕脂　131—133, 587
耶悉茗花　136—141
薏苡　144, 146, 303, 304, 319, 381, 402
薏苡仁　97, 303, 304, 319
倚床　171—173, 177, 185
银盒　204—206, 384, 410, 668

挹娄　73, 221, 224, 226—231, 252, 253, 369, 606, 607
郁金香　288—291, 581, 582
印度—太平洋珠　201, 406, 407, 427—431, 433
玉珠　222, 326, 398, 401, 405, 407, 409, 433, 444, 449, 450, 616
洋葱　127, 128
摇钱树　469—471, 669

## Z

指甲花　136, 140—142, 144
旃　195, 250, 256, 257, 260, 298, 374, 457, 458, 479, 532, 536, 587, 589, 596, 608, 619
紫贝　58, 334, 336—341, 578
珍珠　66, 304, 330, 337, 348, 360, 374, 375, 387, 391—398, 400, 402, 404, 405, 428, 431, 435, 449, 579, 584, 592, 621
装金玻璃珠
走索　525, 527, 532, 588

# 后　　记

　　本书尝试对汉代外来文明进行了综合性研究。学术界关于汉代外来文明的研究缺乏系统和深入，文献资料既丰富而又散乱，考古学材料日见迭出。笔者力图全面梳理传世文献和考古资料，从多个角度探讨汉代外来文明的内容、传入途径及其影响。丝绸之路与中外交流从汉武帝时代翻开新的篇章。从1998年我在北京外国语大学担任中外文化交流史课程教学开始，从阅读《史记·大宛列传》作为起步，我对汉唐时期相关历史文献进行了系统阅读，对与中外交流相关的考古资料和学术成果进行了认真的搜集和梳理，由此逐渐形成对汉代外来文明的初步认识，这本书算是我在这个领域里的阶段性成果。这些年来我的研究得到多方面的帮助和支持。北京外国语大学科研处对我的研究给予了大力支持，我曾多次申请到学校相关的科研课题，获得学校科研经费资助。2014年完成本书初稿，获国家社会科学基金后期资助项目立项，为本书的最终完成提供了经费支持。在申请国家社会科学基金后期资助项目和最后结项的过程中，曾得到国家社会科学基金办公室组织的匿名专家认真审阅，他们提出许多宝贵的意见，对本书的最后完成有极大助益。中国社会科学出版社宋燕鹏先生细心的审读和编辑，使本书避免了不少失误，生色不少。在此统致谢忱。汉代外来文明的研究还有很多工作要做，还有许多问题需要继续探讨，考古学成果还将不断地提供新的资料，我的研究只能算是前进道路上的一块铺路石而已，诚恳期待着学界前辈和同道批评指正。

作者
2016年12月于北京